ज्ञान गरिमा के
70 वर्ष

णाणं
पयासयं

भारतीय ज्ञानपीठ

भारतीय
ज्ञानपीठ

क्रान्तिकारी आन्दोलन : एक पुनर्पाठ

(अध्ययन)

क्रान्तिकारी आन्दोलन

एक पुनर्पाठ

सुधीर विद्यार्थी

भारतीय ज्ञानपीठ

लोकोदय ग्रन्थमाला : ग्रन्थांक 1272

ISBN 978-93-263-5445-5

क्रान्तिकारी आन्दोलन : एक पुनर्पाठ

(अध्ययन)

सुधीर विद्यार्थी

प्रथम संस्करण : 2016

मूल्य : 800 रुपये

प्रकाशक : **भारतीय ज्ञानपीठ**

18, इन्स्टीट्यूशनल एरिया, लोदी रोड, नयी दिल्ली-110 003

मुद्रक : विकास कम्प्यूटर्स ऐंड प्रिन्टर्स, दिल्ली-32

आवरण : महेश्वर

KRANTIKAARI AANDOLAN : Ek Punarpath

(Study)

By Sudhir Vidyarthi

Published by

Bharatiya Jnanpith

18, Institutional Area, Lodi Road, New Delhi-110 003

Ph. : 011-24698417, 24626467; 23241619 (Daryaganj)

Mob. : 9350536020; e-mail : bjnanpith@gmail.com

sales@jnanpith.net; website : www.jnanpith.net

First Edition : 2016

Price : Rs. 800

ज्ञानरंजन
और शेखर पाठक के लिए

यह पुनर्पाठ क्यों?

भारतीय क्रान्तिकारी आन्दोलन के पुनर्पाठ की ज़रूरत मैं बार-बार महसूस करता रहा हूँ। एक तो यह कि हमारे क्रान्तिकारी संग्राम का सही इतिहास अब तक लिपिबद्ध नहीं किया गया। सरकारें इस ओर से उदासीन बनी रहीं। यह स्वाभाविक भी था। इसके लिए अकादमिक ढंग के जो प्रयास हुए वे नाकाफी इसलिए भी थे कि वहाँ उस संग्राम के विचारधारात्मक पक्ष के प्रति एक नकार का भाव था। लेखकीय प्रतिबद्धता के अभाव में यह सम्भव भी नहीं था। क्रान्तिकारी घटनाओं की सही तस्वीर देख पाना किसी के लिए तभी मुमकिन है जब सत्तावनी क्रान्ति से भी बहुत पहले शुरू हो गये ब्रिटिश सत्ता के सम्पूर्ण प्रतिरोध को उसके वैचारिक विकास के साथ आँका-नापा जाए। क्रान्तिकारी संग्राम एक समझौता विहीन जनप्रतिरोध था जिसके एक शताब्दी लम्बे समय में असंख्य बलिदान हुए। यदि 1857 को ही सीमारेखा मान लिया जाए तो भी वह 1921 के असहयोग आन्दोलन तक 63 वर्ष अकेले ही अपने बल पर विदेशी साम्राज्यवाद से टकराता-जूझता रहा और उसके बाद भी उसने गाँधी के संग्राम से बहुत आगे बढ़कर क्रान्ति की अनोखी इबारतें रचीं। क्रान्तिकारी आन्दोलन सत्तावनी क्रान्ति में संगठित होकर एक बड़ी विप्लवी घटना के रूप में हमारे सामने उपस्थित है, लेकिन उसके बाद की अधिकांश घटनाएँ छापेमार लड़ाइयाँ जैसी थीं। यद्यपि वह एक व्यापक स्तर पर संगठित होकर 'काकोरी कांड' (1925) से पूर्व 'हिन्दुस्तान प्रजातन्त्र संघ' के गठन में हमें दिखाई पड़ता है जिसने थोड़ा आगे चलकर चन्द्रशेखर आज़ाद के सेनापतित्व और भगतसिंह के बौद्धिक नेतृत्व में 'हिन्दुस्तान समाजवादी प्रजातन्त्र संघ' में रूपान्तरित होकर ऐतिहासिक भूमिका का निर्वहन किया। इस दौर में इस संग्राम ने विशिष्ट वैचारिक ऊँचाई हासिल की और इसे संचालित करनेवाले क्रान्तिकारी स्वतन्त्रता से समाजवाद की ओर उन्मुख हुए। क्रान्तिकारी संग्राम विदेशों में भी घटित हुआ जिसका पृथक् महत्त्व है। काकोरी से बहुत पहले देश की आजादी के लिए गैर मुल्क में 'गदर पार्टी' का निर्माण एक अनोखी घटना है तो

दूसरी ओर राजा महेन्द्र प्रताप और मौलाना बरकतउल्ला के नेतृत्व में क्रान्तिकारियों की अन्तरिम सरकार का भी निर्माण हुआ। देश की धरती पर आज़ाद और भगतसिंह की शहादत के बाद यह संघर्ष थमा नहीं, बल्कि दूरस्थ प्रदेशों में फैलता-बढ़ता हुआ नेताजी सुभाषचन्द्र बोस की आज़ाद हिन्द फौज और 1946 की जहाजियों की बड़ी बगावत के उस मुकाम तक पहुँचा जिसने अन्ततः साम्राज्यवाद की जड़ें हिला दीं। क्रान्तिकारी आन्दोलन की जिन ऐतिहासिक घटनाओं की उपेक्षा हुई अथवा जिन्हें जानबूझकर ओझल किया जाता रहा उनमें गदर पार्टी आन्दोलन, चन्द्रसिंह गढ़वाली के नेतृत्व में हुआ पेशावर कांड, बंगाल के मास्टर दा सूर्यसेन की अगुआई का चटगाँव विद्रोह, मद्रास का क्रान्तिकारी घटनाक्रम तथा 1942 में राजनारायण मिश्र, हेमू कालाणी, फुलेनाप्रसाद श्रीवास्तव और लालपद्मधर सिंह की शहादत जैसी अनेक बेमिसाल कहानियाँ हैं। इस सशस्त्र युद्ध में बेगम हजरत महल, अजीजन बाई, दुर्गा भाभी, सुशीला दीदी, कल्पना दत्त जोशी, सुनीति घोष, वीणादास जैसी महिलाओं की हिस्सेदारी को आँकने में भी प्रायः चूक हो जाती रही। जेलों के भीतर का क्रान्तिकारी संग्राम विचित्र ढंग से अनदेखा बना रहा। देश की विभिन्न जेलों से लेकर काला पानी कहे जानेवाले अंडमान द्वीप में रहते हुए भी क्रान्तिकारियों ने कभी अपने संघर्ष को कैदी जीवन की अमानवीय कही जानेवाली स्थितियों में भी छोड़ा नहीं, न वे कमजोर पड़े। कारागार के भीतर रहते हुए इन क्रान्तिकारी सैनिकों ने अपनी लड़ाई के तौर-तरीके बदल लिये थे। यहाँ वे उन हथियारों को लेकर युद्धरत हुए जिसे भूख हड़ताल या अनशन कहा जाता है। इसका लम्बा सिलसिला बरेली, आगरा, फतेहगढ़, नैनी और देश की दूसरी जेलों के साथ ही अंडमान की सेल्युलर जेल के भीतर तेज़ी से चला। बरेली में बन्दी काकोरी कैदियों ने तो ऐतिहासिक भूख हड़ताल को कामयाबी के उस मुकाम तक पहुँचाया जिसके बाद ही आजादी के संग्रामियों को राजनीतिक बन्दी का दर्जा मिला। जेल के भीतर क्रान्तिकारियों की शहादत में रामरक्खा, यतीन्द्रनाथ दास, महावीर सिंह और मणीन्द्रनाथ बनर्जी जैसे नाम हैं तो दूसरी ओर भगतसिंह, योगेश चन्द्र चटर्जी, मन्मथ नाथ गुप्त, राजकुमार सिन्हा, शचीन्द्रनाथ बख्शी, मुकुन्दीलाल, शिव वर्मा, जयदेव कपूर, विजयकुमार सिन्हा और डॉ. गयाप्रसाद जैसे कितने ही क्रान्तिकारी दीर्घ अनशन चलाकर मृत्यु के द्वार तक पहुँच गये थे। कहना न होगा कि इन क्रान्तिकारियों के संघर्ष की यह अनूठी गाथा हमारे स्वातन्त्र्य-युद्ध की गौरवमयी थाती है।

आज़ादी के इस संघर्ष में पत्रकारिता का भी बड़ा योगदान था। 'चाँद', 'अभ्युदय', 'कर्मयोगी', 'भविष्य', 'स्वराज्य', 'प्रताप' और विदेशी धरती पर शुरू हुए 'गदर' जैसे अखबारों ने क्रान्तिकारी संग्राम को निरन्तर उग्र किया। इलाहाबाद

से छपनेवाले उर्दू साप्ताहिक 'स्वराज्य' के तो एक के बाद एक आठ सम्पादकों को काला पानी की सजाएँ मिलीं और नवें फरार घोषित हुए। यह निश्चित करना कई बार कठिन हो जाता है कि इन समाचारपत्रों को संचालित करनेवाले पत्रकारों ने कितनी बड़ी क्रान्तिकारी भूमिका अदा की।

इस पुस्तक में गदर पार्टी से लेकर 1946 के नौसेना विद्रोह तक की कतिपय प्रतिनिधि घटनाओं और चरित्रों को इस आशय से लिपिबद्ध करने का प्रयास किया गया है जिससे उस दुर्लभ ऐतिहासिकता को उसकी पूरी विचार चेतना के साथ उजागर किया जा सके जो उस आन्दोलन की भीतरी शक्ति बन गयी थी और जिसके जरिए उस विकास यात्रा को भी चीन्हा जा सके जो निरन्तर उर्ध्व होकर संघर्ष को अधिक जनपक्षधर बनाती चली गयी। यदि विचार और बड़ा लक्ष्य न होता तो यह संग्राम इतनी दूर तक नहीं जा सकता था। ब्रिटिश साम्राज्यवाद के प्रतिरोध के साथ ही नये समाज के निर्माण का क्रान्तिकारियों का सपना बहुत मुखर होकर 1928 से 1931 तक हमारे सामने आता है जिसके मुख्य प्रवक्ता बनकर भगतसिंह देश की जनता से सम्बोधित होते हैं। पर उससे पहले काकोरी के समय में रामप्रसाद बिस्मिल की आत्मकथा और अशफ़ाक़उल्ला की जेल डायरी और पत्रों से यह पता लगता है कि उस भूमि का निर्माण पहले ही शुरू हो चुका था जिस पर बाद में आज़ाद और भगतसिंह ने मिलकर क्रान्तिकारी आन्दोलन की गगनचुम्बी इमारत खड़ी की। तब एक ऐसे समाज के निर्माण का सपना क्रान्तिकारी खुली आँखों देखने लग गये थे जिसमें गैरबराबरी और शोषण न हो, जहाँ जाति-भेद और धर्म-भेद की दीवारें दिखाई न पड़ें और सभी को तरक्की का समान अवसर प्राप्त हो। यद्यपि 'गदर पार्टी' के जनवादी चरित्र को दबाने-छिपाने में तत्कालीन शासकों ने खासी मशक्कत की ताकि जनता की राजनीतिक चेतना के पैनाने की दिशा में काम करने को प्रतिबन्धित किया जा सके। इसे कौन जाने कि गदर पार्टी आन्दोलन ने ही हमारे धर्मनिरपेक्ष समाज की मजबूत नींव रख दी थी जिसके सूत्रधार लाला हरदयाल, करतार सिंह सराबा, मोहन सिंह भकना, काशीराम, पं. परमानन्द जैसे क्रान्तिधर्मी थे।

इस सम्पूर्ण संघर्ष की जमीन पर लिखी गयी धुँधलाती इबारतों को टटोलते-परखते मैं बार-बार इस तकलीफ से भर जाता रहा कि देश की आजादी के बाद जीवित बचे क्रान्तिकारियों की सरकार और समाज दोनों ने भयंकर उपेक्षा की। हम उस संघर्ष को वह सम्मान नहीं दे पाए जिसके वे हकदार थे और ऐसे में अधूरे छूट गये क्रान्तिकारी कार्यभार को आगे बढ़ाने का मार्ग ही अवरुद्ध हो जाता रहा। क्रान्तिकारी संग्राम के अधूरे लक्ष्यों को हासिल करना ही इतिहास लेखन का मेरा उद्‌देश्य है।

—सुधीर विद्यार्थी

अनुक्रम

'गदर पार्टी' का जनवादी पक्ष

1857 की क्रान्ति की गूँज दूर तक गयी। इसे अनेक लोगों ने गदर की संज्ञा दी थी। याद पड़ता है कि हिन्दी के साहित्यकार अमृतलाल नागर ने इसी गदर की स्मृतियों के फूलों को चुनने के लिए अब से 55 वर्ष पूर्व अवध के गाँवों और कस्बों की खाक छानी थी। गदर के वे फूल हमारी परम्परा और संघर्ष की गर्व करने लायक यादगारें हैं जिनमें लोक स्मृतियों का अनोखा तानाबाना है जो बताता है कि सत्तावन के उस महासंग्राम में जनता की किस हद तक हिस्सेदारी थी। यह कम आश्चर्यजनक नहीं है कि सन् सत्तावन के उस संघर्ष को अपने भीतर आत्मसात करते हुए लोक ने अपने कंठों से हज़ारों लोकगीतों की रचना करके उस क्रान्तिकारी चेतना को अमर बना दिया...।

उसी गदर की याद में सौ वर्ष पहले हिन्दुस्तानियों ने देश की आजादी के लिए विदेशी धरती पर 'गदर पाटी' की स्थापना की थी। यह अपने ढंग का सर्वाधिक जूनुन भरा तथा स्वतन्त्रता के लक्ष्य के प्रति पूर्ण समर्पित और व्यवस्थित युद्ध था जिसका सम्पूर्ण लेखा-जोखा अभी हमारी आँखों के सामने नहीं है।

वे बीसवीं सदी के शुरुआती दिन ही थे जब भारतीय, ख़ासकर पंजाबी आर्थिक संकट का शिकार होकर रोजी-रोटी के लिए विदेश जाने को विवश हुए थे जिनमें अधिकांश पेशे से किसान थे। वहाँ अमरीका में उन्हें रोजगार तो मिला पर उसके साथ जो कड़वा अनुभव उन्हें हासिल हुआ उससे ही वे देश की स्वतन्त्रता की ओर प्रवृत्त हुए। वे समझ गये कि सारी मुसीबतों की जड़ उनकी परतन्त्रता है और बिना आज़ाद हुए इसका समाधान नहीं। आजादी का क्या अर्थ हो सकता है इसे उन्होंने तब ही महसूस किया। उस धरती पर रहते उनसे पक्षपात और घृणा की जाती थी और उन्हें हेय दृष्टि से देखा जाता था। उनसे अकसर पूछा जाता—'भारत की जनसंख्या कितनी है?' वे जवाब देते—'तीस करोड़'। फिर सवाल होता—'भारत में अँग्रेज कितने हैं? 'सवा लाख के लगभग।' अब अमरीकन ताना देते कि तुम भेड़ें हो या आदमी?

एक भारतीय महाशय होटल में चाय पी रहे थे। उस जगह कुछ अमरीकन छात्र भी आ गये जिनके हाथ में एक एलबम था जिसमें विभिन्न देशों के झंडों के चित्र थे। उन्होंने उस भारतीय से पूछ लिया कि तुम्हारे देश का झंडा कौन-सा है? भारतीय ने यूनियन जैक पर उँगली रख दी। हँसकर बोले वे—''यह तो अँग्रेजों का झंडा है।'' भारतीय को मानना पड़ा कि उनका अपना कोई झंडा नहीं है। इस पर एक अमरीकन छात्र ने कहा कि तुम जिन्दा ही क्यों हो? हम तो पराधीनता का जीवन जीने की अपेक्षा मौत का आलिंगन करना पसन्द करते हैं।

सोहनसिंह भकना जो आगे चलकर 'गदर पार्टी' के पहले प्रधान बने, वे वहाँ काम की तलाश में अपने एक मित्र को किसी कारखानेदार के पास ले गये। पहले उसने बहुत सम्मान किया, फिर एकाएक बोला—'मेरा दिल करता है कि तुम्हें गोली से उड़ा दूँ।' पूछने पर उसने कहा कि तुम्हें शर्म नहीं आती। मुट्ठी भर गोरों की गुलामी करते हो। मैं तुम्हें बन्दूक और गोलियाँ देता हूँ। पहले अपना देश स्वतन्त्र कर आओ, फिर जहाज पर तुम्हारा स्वागत करनेवाला मैं पहला आदमी होऊँगा।'

वहाँ अमरीका में हिन्दुस्तानियों के साथ प्राय: इस तरह की घटनाएँ होतीं जो उन्हें भीतर तक आहत कर जातीं। उन्हें लगता कि सबसे बड़ा और पहला सवाल देश की आजादी का है, और कि स्वतन्त्रता के बिना जीवन का कोई अर्थ नहीं। यह भावना वहाँ मौजूद प्रवासी देशवासियों में फैलती चली गयी। लाला हरदयाल जब 1912 या 13 में वहाँ पहुँचे तो उन्हें बनी-बनाई जमीन मिली यानी भारतीयों के भीतर आजादी की ललक पहले ही जग चुकी थी और वे बगावत के लिए मानसिक रूप से तैयार हो चुके थे। सैनफ्रांसिस्को शहर में हरदयाल का पहला भाषण नास्तिकता पर हुआ जिसमें परमानन्द और ठाकुरदास मौजूद थे। लक्ष्य था वहाँ मौजूद लोगों में राजनीतिक विचार भरने का। इससे आग फैलने का काम शुरू हो चुका था। ऐसे में वहाँ 'हिन्दुस्तानी एसोसिएशन' नाम की एक संस्था का गठन किया गया जिसकी एक सभा में मुंशीराम, करीमबख्श, नवाबखान, केसरसिंह, बलवन्त सिंह और करतार सिंह के भाषण हुए। केसरसिंह प्रधान और बलवन्त सिंह मन्त्री चुने गये। इस संस्था के जो लक्ष्य निर्धारित किए गये थे—भारत से देशी भाषाओं के पत्र मँगवाने का प्रबन्ध करना, भारत से अमरीका में शिक्षा के लिए नवयुवकों को बुलाना ताकि वे राष्ट्रसेवा के लिए तैयार हो सकें तथा राजनीतिक विचार गोष्ठियों का आयोजन करना। बाद में एक 'हिन्दी एसोसिएशन' भी बनी जिसका लक्ष्य भी प्रत्येक धर्म के भारतीयों में एकता बढ़ाना, शिक्षा को बढ़ावा देना और अँग्रेजी सरकार का विरोध करना था। इसके अलावा पोर्टलैंड

में एक 'इंडियन एसोसिएशन' के होने का उल्लेख मिलता है। लाला हरदयाल के पहुँचने से भारतीयों में जोश बढ़ गया। वहाँ अमरसिंह, बालिराम, रामरखा थे ही। हरदयाल सात दिन तक सेंट जॉन में रहे और फिर अस्टोरिया में एक महत्त्वपूर्ण सभा हुई जिसमें हरदयाल और रामचन्द्र के भाषण हुए तथा अँग्रेजों को देश से खदेड़ने पर बल दिया गया। चन्दा एकत्र किया गया तथा 'गदर' नाम का पत्र निकालने का सुझाव रखा। अब 'हिन्दुस्तानी एसोसिएशन ऑफ द पैसिफिक कोस्ट' संस्था बनी तथा 'युगान्तर प्रेस' स्थापित किया गया। यह भी तय हुआ कि 'गदर' अखबार का प्रकाशन शुरू होगा और वह भारत तथा दूसरे देशों में 'गदर' अखबार मुफ्त बाँटा जाएगा। वहाँ की सभाओं में लाला लाजपतराय और दूसरे क्रान्तिकारियों का साहित्य भी वितरित किया गया। यही 'हिन्दी एसोसिएशन' ही बाद को 'गदर पार्टी' में तब्दील हो गयी। ऐसा सोहनसिंह भकना मानते थे। क्रान्तिकारी पं. जगतराम के एक बयान से पता चलता है कि 'गदर' अखबार के नाम को लेकर ही वहाँ के लोगों ने 'गदर पार्टी' का नाम दे दिया। यह सुविधाजनक भी था। रौलट रिपोर्ट में कहा गया है—'सैनफ्रांसिस्को में जो सरकारी मुकदमा 22 नवम्बर, 1917 को आरम्भ हुआ, उसमें इस्तगासे की ओर से पेश की गयी गवाही के अनुसार जर्मन एजेंटों और यूरोप में भारतीय क्रान्तिकारियों के साथ मिलकर हरदयाल ने 1911 से पहले अमरीका में एक आन्दोलन चलाने की योजना बनाई थी, और इस योजना के अनुसार कैलीफोर्निया में गदर पार्टी कायम की।'

जानने योग्य यह है कि 'गदर पाटी' की स्थापना से पहले ही वहाँ भारतीयों में देश की आजादी के लिए संघर्ष के बीज पनप चुके थे। जिसका परिणाम गदर आन्दोलन के रूप में सामने आया और लाला हरदयाल के वहाँ पहुँचने से पहले इसकी शुरूआत हो चुकी थी। पर साथ ही इसके पुष्पित और पल्लवित होने का श्रेय भी हरदयाल को दिया जाना चाहिए। उनके व्यक्तित्व ने वहाँ लगी आग में घी का काम किया। लोगों को बाँधने, संघर्ष की ओर ले जाने तथा उसे व्यापकता देने में वे कामयाब हो गये। इस 'गदर पार्टी' के अध्यक्ष बने सोहनसिंह भकना, हरदयाल मन्त्री और कोषाध्यक्ष नियुक्त हुए काशीराम।

यहाँ 'गदर पार्टी' की सम्पूर्ण संरचना को जानना-समझना इसलिए भी जरूरी होगा कि विदेशी धरती पर चला यह क्रान्तिकारी संग्राम 1857 के प्रथम स्वतन्त्रता आन्दोलन से प्रेरित और उसके बाद पहला सर्वाधिक व्यवस्थित और सुचिन्तित युद्ध था और कम बड़ी बात यह नहीं है कि इसके सदस्यों ने एक सदी पूर्व अपने राजनीतिक अभियान को जाति और धर्म की बाड़ेबन्दी से पूर्णतया मुक्त कर लिया था। इस पार्टी की नियमावली कुछ इस तरह थी—1. आजादी का हर एक इच्छुक बिना जाति या देश भेद के 'हिन्दुस्तानी एसोसिएशन' में शामिल हो सकता

है 2. गदर पार्टी के हर एक सिपाही का परस्पर कौमी रिश्ता होगा, न कि धार्मिक। न ही कभी 'गदर पार्टी' में धार्मिक चर्चा को स्थान दिया जाएगा। कोई भी धार्मिक विचारों को लेकर 'गदर पार्टी' में शामिल नहीं हो सकेगा। प्रत्येक भारतीय, भारतीय होता हुआ और प्रत्येक मनुष्य मनुष्य के नाते इसका सदस्य बन सकेगा 3. खाने-पीने की सबको छूट होगी। भले ही कोई मांस खाए या सब्जी, गाय या सूअर, हलाल या झटका। उसकी आजादी में हस्तक्षेप करने का किसी को अधिकार नहीं होगा और 4. एसोसिएशन का राष्ट्रीय गीत 'वन्देमातरम्' होगा।

'गदर पार्टी' ने अपने सदस्यों के लिए जिन कर्तव्यों का निर्धारण किया था उनमें उनका वैश्विक दृष्टिकोण स्पष्ट परिलक्षित होता है। वे संसार के किसी भी भाग में जहाँ कि पराधीनता के विरुद्ध युद्ध छिड़े, वहाँ 'गदर पार्टी' के सिपाही अपने कर्तव्य को इस तरह तय करते हैं कि वह आजादी तथा समानता के समर्थकों की हर जगह तन-मन-धन से मदद करेगा। वे भारत की आजादी के लिए किसी भी कुर्बानी के लिए अपने सदस्यों से आवाह्न करते हैं। गौरतलब यह है कि 'गदर पार्टी' अब से सौ वर्ष पूर्व भारत में अँग्रेजी राज्य को उखाड़ फेंककर पंचायती राज्य कायम करने के अपने प्राथमिक लक्ष्य को लोगों के सामने बहुत साफ तौर पर रखती है और यह संकल्प भी लेती है कि जब तक उसका एक भी सदस्य जीवित रहेगा, वह अपने कार्य और उद्देश्य को निरन्तर जारी रखेगा।

गदर आन्दोलन से सम्बन्धित सभी मुकदमों की कार्यवाहियों को देखने से पता चलता है कि उनमें न्यायाधीशों ने उसके पंचायती राज्य की स्थापना के लक्ष्य तथा उसके गैरधार्मिक दृष्टिकोण को छिपाने का प्रयत्न किया ताकि लोगों के मध्य उसके गैर-साम्प्रदायिक नजरिए के साथ ही जनवादी राज्य की दिशा में किए जा रहे प्रयत्नों का प्रचार-प्रसार न हो सके। मुकदमे में एक जगह लिखा है—'क्रान्तिकारियों के स्वराज्य की 'गदर' अखबार ने स्पष्ट व्याख्या की है...काफ़िरों को निकालकर भारत के आज़ाद शासक बनो...पंचायती राज्य द्वारा खुशी प्राप्त होती है...इस आन्दोलन का मन्तव्य यह है कि भारत के लोग गदर करें। घुन खाए वृक्ष की भाँति अँग्रेजी सरकार को जड़-मूल से उखाड़कर एक राष्ट्रीय सरकार कायम करें...।'

'गदर' अखबार का प्रकाशन 1 नवम्बर, 1913 को सैनफ्रांसिस्को से शुरू हुआ था। इसके पहले ही अंक में 1857 के गदर की याद दिलाई गयी थी। 17 फरवरी, 1914 के 'गदर' अंक में सिखों, मुसलमानों, राजपूतों के साथ पठानों से भी अपील की गयी थी कि वे अँग्रेजों के लिए न लड़कर अपनी आजादी के लिए लड़ें। इस अखबार की खूबी यह भी थी कि अनेक मजदूरों ने भी इसके लिए अपनी रचनाएँ दीं और इसकी सभाओं में उन्होंने भाषण देना सीखा। 'गदर',

अपने देश में ही नहीं, बल्कि पूरी दुनिया के किसी भी देश में मुक्ति-संघर्ष का प्रबल पक्षधर था। यद्यपि उसका पहला लक्ष्य अपने देश की स्वतन्त्रता ही था। उसमें एक विज्ञापन छपता था जो इस प्रकार है—'आवश्यकता है भारत में गदर के लिए जवाँमर्द सिपाहियों की। उजरत—मौत। इनाम—शहीद का अमर पद। पेंशन—आजादी। कार्यक्षेत्र—हिन्दुस्तान।' यह अखबार उर्दू, सिंधी, मराठी, पंजाबी आदि भाषाओं में छपता था। 'गदर' के कई अंक गुजराती में भी प्रकाशित हुए थे। सोहनसिंह जोश के अनुसार इसका एक अंक पश्तो भाषा में भी छपा था। कहा जाता है कि संयुक्त प्रान्त (अब उत्तर प्रदेश) के रघुवर दयाल गुप्त उर्दू किताबत में माहिर थे। उनके कहने पर 'गदर' के कुछ अंक हिन्दी में भी निकले। रघुवरदयाल 'गदर-आश्रम' सैनफ्रांसिस्को में उसकी स्थापना के समय से ही रह रहे थे। इसकी पूरी जिम्मेदारी लाला हरदयाल पर थी। सम्पादकीय विभाग में करतार सिंह सराबा भी थे। अन्य सहयोगियों में थे खेमचन्द, गोपालसिंह, गोधाराम, विष्णुगणेश पिंग्ले और खानखोजे। सराबा तब 18 साल के निरे नौजवान थे। अमरीका वे उँची शिक्षा प्राप्त करने गये थे पर उनमें राजनीतिक चेतना थी। बर्कले विश्वविद्यालय में रसायनशास्त्र की पढ़ाई छोड़कर उन्होंने देश की आजादी के लिए क्रान्ति का कठिन मार्ग चुन लिया। पहले अंक में हरदयाल के साथ सराबा थे। फिर रामचन्द्र, जगतराम, पृथ्वीसिंह, महबूब अली और इनायत खान इससे जुड़े। 'गदर' हर सप्ताह प्रकाशित होता था। करतार सिंह सराबा 'गदर' अखबार में काम करते समय गुनगुनाया करते थे—

सेवा देश दी जिदड़िए बड़ी ओखी
गल्ला करनियाँ ढेर सुखल्लियाँ वे
जिन्हा इस सेवा बिच पैर पाया
उन्हा लाख मुसीबताँ झल्लियाँ वे

(अर्थात्, ऐ दिल देश सेवा बड़ी कठिन है, बातें बनाना सरल होता है। जो लोग इस मार्ग पर चले उन्हें लाखों मुसीबतें झेलनी पड़ीं।)

'गदर' के पाठकों की संख्या जल्दी ही हजारों में पहुँच गयी। यह चार भाषाओं में छपने लगा। अमरीका से बाहर कनाडा, बर्मा, अर्जेंटाइना, पनामा, भारत तथा और भी कई देशों में जहाँ भारतीय अधिक थे, इसे मुफ्त भेजा जाता था। सिंगापुर में 'गदर' का प्रभाव जानने-देखने के लिए पं. परमानन्द की आत्मकथा का अंश दृष्टव्य है—'सिंगापुर में मैं अपने मित्रों से मिला। 'गदर' अखबार और कुछ दूसरी पुस्तकें जो आश्रम में भेजी गयी थीं, उन्हें बाँट दिया। खास किताबें थीं—'नीम हकीम खतरा-ए-जान', 'गदर की गूँज' और 'लैंड एंड लिबर्टी'

इत्यादि। जब घूम-घूमकर हम लोग वापस आये तो मीटिंग की तैयारी हुई। वहाँ के अफसर मेरे पहले दोस्त थे। उन्होंने करीब-करीब सब जिम्मेदार अफसर और सिपाही वहाँ बुला लिये थे। मैं मित्रों से बातें कर रहा था कि सब तैयारी हो गयी और लोग कहने लगे कि यहाँ पर किसको बोलने को कहें। पं. जगतराम से कहा गया तो उन्होंने इनकार किया। पृथ्वीसिंह ने और भाई केशरसिंह ने मुझे कहा कि आप ही बोलिए। मैं तो रोज ही बोलता था इसलिए यह काम मुझको करना पड़ा। मेरे 300 साथी थे और कुछ दूसरे मुसाफिर भी थे। सामने 200 के करीब फौज के सिपाही और देशी अफसर थे और कुछ शहर के लोग भी थे जिनमें मेरे पुराने जान-पहचान के लोग भी थे जो मुझे बड़े प्रेम की दृष्टि से देख रहे थे। दो वर्ष पहले मैंने यहाँ पर तीन लेक्चर भगवद्गीता पर दिए थे। उसकी याद बहुतों को अभी आती थी। आखिर पार्टी का आदेश मानकर मैंने अपना भाषण शुरू किया। बोलने से पहले यह बात अच्छी तरह समझ ली थी कि यह लेक्चर दूसरी तरह का लेक्चर नहीं है। फौज के सामने बोलने का अर्थ है फाँसी या गोली। ज्यों ही मैंने बोलना शुरू किया मेरे मन में तीन विचार चक्कर काट रहे थे। एक तरफ कर्तव्य, दूसरी तरफ पार्टी का आदेश और तीसरी तरफ देश के प्रति विश्वासघात। आखिर मेरे पार्टी के आदेश और कर्तव्य की विजय हुई। मैंने अपनी वह स्पीच शुरू की, जिसने सिंगापुर को रक्तरंजित कर दिया। दो महीने और 21 दिन के लिए शक्तिशाली ब्रिटिश साम्राज्य को उखाड़कर अलग फेंक दिया और सिंगापुर में भारतीय झंडा फहरा दिया।'

अँग्रेज सरकार ने 'गदर' के प्रचार-प्रसार को रोकने की भरसक कोशिशें कीं, पर वे भारत को छोड़कर कहीं इसमें कामयाब नहीं हुए। 'गदर' ने अपने समय में प्रवासी भारतीयों को देश की आजादी के सवाल से जोड़ने की बड़ी भूमिका अदा की। उसने साफ शब्दों में विदेशी जुए को उतार फेंकने के लिए हथियार उठाने का आह्वान किया। सरकारी फैसलों में भी माना गया कि यह अखबार हिंसा का पक्षपाती था और अँग्रेज-विरोधी था। इसका मूलमन्त्र था—'अँग्रेजों को भारत से खदेड़ देना।' प्रकाशन जगत में यह एक तहलका मचा देनेवाली विश्वव्यापी घटना थी। यह अत्यन्त खेदजनक है कि स्वतन्त्रता आन्दोलन के दिनों की बलिदानी पत्रकारिता के इतिहास में 'गदर' को अब तक उल्लेखनीय स्थान नहीं मिला। इस पर कोई शोध भी नहीं हुआ।

विदेशों में हिन्दुस्तान के देशभक्त लोगों ने जिन अखबारों का प्रकाशन किया उनमें 'गदर' का स्थान सर्वोच्च है। मदाम कामा का 'वन्देमातरम्', क्रान्तिकारी श्यामजी कृष्ण वर्मा का 'सोशियोलाजिस्ट' तथा बर्लिन से छपनेवाला 'तलवार' ऐसे ही अखबार थे। पर 'गदर' ने अपने पाठकों, जनता, फौज के सिपाहियों,

किसानों, मजदूरों से उनकी भाषा में बात की। वह अपने उस जमाने में ही पूर्ण स्वाधीनता, धर्मनिरपेक्षता, जनपक्षधरता और हिन्दू-मुस्लिम एकता के मूल्यों के लिए समर्पित था। भविष्य के क्रान्तिकारी संग्राम में इन आदर्शों और लक्ष्यों को सम्मिलित किए जाने का श्रेय 'गदर पार्टी' के अभियान को दिया जाना चाहिए। यह ध्यातव्य है कि जब 1922-23 में 'हिन्दुस्तान प्रजातन्त्र संघ' और आगे चलकर चन्द्रशेखर आज़ाद और भगतसिंह के नेतृत्व में 'हिन्दुस्तानी समाजवादी प्रजातन्त्र संघ' के रूप में आजादी का संग्राम सामने आया तो उसमें 'गदर पार्टी' के उच्च आदर्श ही सम्मिलित थे। 'गदर' अखबार जिस राजनीति का प्रचार-प्रसार कर रहा था वह पूरी तरह जनवादी चेतना से लैस थी। उसके नेता कोई पूँजीपति नहीं थे। हरदयाल जैसे बुद्धिजीवी थे तो उनके साथ पंजाब के किसान या सैनिक थे। उनकी शुमार किसी भी तरह से बड़े लोगों में नहीं थी। यद्यपि इनमें सिख अधिक थे पर उनके मध्य कोई धार्मिक भेदभाव या शिनाख्त नहीं थी। वे खालिस धर्मनिरपेक्ष थे और उनका दृष्टिकोण या मान्यताएँ अन्तर्राष्ट्रीयतावादी थीं। वहाँ वे एक साथ बैठकर भोजन करते, संग रहते और एकजुट होकर देश की आजादी के लिए संघर्ष करते थे। उनके बीच जातिभेद का नामोनिशान न था। पूरी दुनिया के क्रान्तिकारी उनके प्रेरणा-स्रोत थे। भारतीय क्रान्तिकारी आन्दोलन में आगे चलकर हिन्दुस्तानी समाजवादी प्रजातन्त्र संघ' ने इन्हीं सिद्धान्तों और आदर्शों से अनुप्राणित होकर विचार की नयी ऊँचाइयाँ प्राप्त कीं और करतार सिंह सराबा भगतसिंह के आदर्श बने। भगतसिंह हर समय अपनी जेब में सराबा की फोटो रखा करते थे। 'गदर पार्टी' की धर्मनिरपेक्षता का यही स्वरूप हम निरन्तरता में चन्द्रशेखर आज़ाद और भगतसिंह के नेतृत्व वाले संग्राम के बाद 'आज़ाद हिन्द फौज' और 1946 की नौसेना की बगावत में भी देख पाते हैं। उन दिनों 'गदर' अखबार में जो कुछ छपा उसी से प्रेरित होकर भारत में राधामोहन गोकुल ने मैजिनी और गैरीबाल्डी की जीवनियाँ हिन्दी में लिखीं। 'गदर पार्टी' ने तब 'गदर की गूँज' और 'गदर सन्देश' जैसे दो छोटे काव्य-संग्रह तथा भाई परमानन्द की लिखी 'तारीखे-हिन्द' पुस्तक छापी। एक और पुस्तक 'ऐलाने-जंग' भी बड़ी संख्या में छपाई गयी।

यह 'गदर पार्टी' की ही पहल थी कि विदेशों की धरती पर अपनी देश की मुक्ति के प्रयास अत्यन्त सघन हुए और विदेशी धरती पर क्रान्तिकारियों की अन्तरिम सरकार का गठन हुआ जिसके राष्ट्रपति क्रान्तिकारी राजा महेन्द्र प्रताप तथा प्रधानमन्त्री मौलाना बरकतउल्ला नियुक्त किए गये। यह दर्ज है कि तब ब्रुसेल्स में आयोजित अन्तर्राष्ट्रीय साम्राज्यवाद-विरोधी सम्मेलन में मौलाना स्वतन्त्र देश के प्रतिनिधि के तौर पर सम्मिलित हुए और वहाँ उन्हें वही सम्मान दिया गया जो किसी आज़ाद देश के प्रधानमन्त्री को दिया जाता है। उस समय वे लेनिन

से भी मिले थे। मौलाना जीवन भर देश की आजादी के प्रयत्नों में संलग्न रहे। उन्होंने गुलाम भारत में न लौटने की कसम खायी थी। अमरीका की धरती पर जब उनका निधन हुआ तब उनके साथियों ने उनकी वसीयत के अनुसार यह कहकर उन्हें कफन-दफन कर दिया कि देश स्वतन्त्र होने पर मौलाना की खाक को मादरे-वतन ले जाया जाएगा, लेकिन स्वतन्त्र भारत के प्रथम प्रधानमन्त्री भी मौलाना की अन्तिम इच्छा को भूल गये जबकि वे मौलाना के नाम और काम से सुपरिचित थे। पिछले दिनों मैंने अनेक बार मौलाना की कब्र को ससम्मान हिन्दुस्तान लाने की आवाज उठाई पर उसे किसी ने सुना नहीं। मौलाना की कब्र की खोजबीन मैं अनेक वर्षों से कर रहा था। दरअसल, जब मैं उसे कैलीफोर्निया में तलाश कर रहा था, तब वहाँ रह रहे मेरे मित्रों ने जाँच-पड़ताल के बाद मुझे बताया कि कब्र नहीं मिल पायी और इसका एक कारण यह भी हो सकता है कि कब्रें यहाँ कुछ अन्तराल के बाद नष्ट कर दी जाती हैं। पर मैं निराश नहीं हुआ। मेरी अथक तलाश जारी रही और उन्हीं कोशिशों का नतीजा था कि लम्बे समय बाद वह सैक्रोमेंटो में मिली और हमें उसकी तस्वीरें भी प्राप्त हुईं। मौलाना के अवशेष आज भी स्वदेश लौटने का इन्तजार कर रहे हैं। अब तो राजा महेन्द्र प्रताप भी नहीं रहे और उनके कोषाध्यक्ष रहे चम्पकरमन पिल्लै का भी निधन हुए काफी समय व्यतीत हो चुका है। यह हमारी कृतघ्नता है कि गदर के शहीदों को हम बहुत निर्लज्जता से विस्मृत कर बैठे। हमारे लिए इतिहास के बहुत मायने भी नहीं हैं। अपने भीतर इतिहास चेतना की अनुपस्थिति हमें वर्तमान का भी निर्माण नहीं करने देती। हम जान ही नहीं पाते कि हमारे बलिदानी पूर्वजों ने किस आजादी का सपना देखा था और वे किन लोगों के लिए संघर्षरत रहे थे।

'गदर पार्टी' जब बनी तब 'क्रान्ति के लिए भारत चलो' गदरवालों का नारा बन गया था। अपने इस अभियान में वे तेजी से चल पड़े। 'गदर पार्टी' के सदस्य, समर्थक और शुभचिन्तक उन दिनों अनेक देशों में थे। यह सच है कि वे सब बलिदान की उच्च भावना से अनुप्राणित थे। पर इस पार्टी को ताकत, विस्तार और गौरव प्रदान करनेवाले लाला हरदयाल ही थे। 'गदर पार्टी' का आवाहन कुछ इस प्रकार था—'तुम्हारा कर्तव्य स्पष्ट है। अपने देश लौट जाओ। भारत के प्रत्येक कोने में गदर की ज्वाला धधका दो। भारत पहुँचने पर तुम्हारे लिए हथियारों का बन्दोबस्त किया जाएगा। जितने हथियार विदेशों से मिलें, ले चलो। अगर फिर भी हथियारों की कमी अनुभव हो तो भारत में पुलिस थानों पर मिलकर हल्ला बोल दो और अँग्रेजों की पुलिस से हथियार लूट लो।'

और कुछ ही दिनों में हजारों प्रवासी भारतीय दुनिया के अनेक देशों से भारत में कूच करने लगे। उन्होंने चन्दा किया और जहाज किराए पर लिया। अब

उनके भीतर सिर्फ मुल्क को आज़ाद करने की धुन थी। पंजाब के लेफ़्टिनेन्ट गवर्नर ने 24 अप्रैल, 1917 को अपने भाषण में कहा था—'जब से महायुद्ध शुरू हुआ है तब से लेकर अब तक करीब आठ हजार प्रवासी भारतीय अमेरिका, कनाडा तथा सुदूर पूर्व के देशों से आए। इनमें से 1534 को भारत सुरक्षा कानून के अन्तर्गत प्रतिबन्धित किया गया।'

एक जापानी जहाज कम्पनी से 'कामागाटामारू' जहाज किराए पर लिया गया जिससे प्रवासी भारतीयों के 376 परिवारीजनों को सवार करके 4 अप्रैल, 1914 को हांगकांग से रवाना किया गया। वह शंघाई और नागासाकी होता हुआ 23 मई को बैनकोचर पहुँचा जहाँ इस जहाज को रोक लिया गया। फिर 29 सितम्बर को यह जहाज भारत में कलकत्ता के बजबज अड्डे पर जा लगा। ब्रिटिश सरकार इन यात्रियों को सीधे पंजाब के लेफ़्टिनेंट गवर्नर को सौंपना चाहती थी जिससे उन पर मुकदमे चलाए जा सकें। यहाँ यात्रियों और पुलिस में जमकर संघर्ष हुआ जिसमें 18 यात्री मारे गये। अनेक घायल हो गये। करीब 300 को गिरफ्तार कर मुल्तान भेज दिया गया। उनका सारा सामान और धन ब्रिटिश पुलिस के गुंडों ने छीन लिया। कहा जाता है कि जहाज के यात्रियों ने संघर्ष के समय 'महान क्रान्तिकारी मास्टर अमीरचन्द, अवध बिहारी और बसन्तकुमार विश्वास की जय' के नारे लगाए जिन पर दिल्ली में वायसराय पर बम फेंकने का मुकदमा चल रहा था तथा बाद को जिन्हें फाँसी पर चढ़ा दिया गया।

'गदर' का यह विप्लव सही अर्थों में भारत में जनविद्रोह का नेतृत्व करने के बड़े इरादे से खड़ा किया गया। उनकी मंशा और योजना थी कि वह भारतीय छावनियों में बगावत कराएगा जिसकी पूरी तैयारियाँ कर ली गयी थीं। इसके लिए पृथक्-पृथक् जिम्मेदारियाँ भी सौंप दी गयी थीं। जैसे जबलपुर छावनी में फौजियों को विप्लव के लिए तैयार करने का दायित्व नलिनी मोहन मुखोपाध्याय, अजमेर में प्रतापसिंह, बरेली छावनी में दामोदर स्वरूप सेठ, बनारस और दानापुर की छावनियों की जिम्मेदारी शचीन्द्रनाथ सान्याल, गोहाटी नरेन्द्रनाथ वंद्योपाध्याय, मेरठ विष्णु गणेश पिंग्ले, लाहौर और फिरोजपुर छावनियाँ करतार सिंह सराबा और रासबिहारी बोस के जिम्मे थीं तथा रावलपिंडी की छावनी को निधानसिंह के हाथों सौंपा गया था। लेकिन कृपालसिंह जैसे विश्वासघातियों के चलते उस महान क्रान्ति की योजना सम्पन्न नहीं हो सकी। बाहर से आये 279 गदरियों पर मुकदमा चलाया गया। इनमें से 46 को फाँसी और 64 को उम्रकैद की सजा दी और बाकी को दूसरी सजाएँ दी गयीं।

18 वर्ष की उम्र में फाँसी चढ़नेवाले करतार सिंह सराबा बहुत हौसले के क्रान्तिकारी थे। जिस रोज उन्हें फाँसी लगनेवाली थी, उनकी पड़ोस की बैरक

में आजीवन कारावास की सजा पाए पं. परमानन्द बन्द थे। सवेरे ही पंडित ने करतार को आवाज दी—'करतार, क्या कर रहे हो?' करतार बोले—'कविता लिख रहा हूँ, सुनोगे।' पंडित ने कहा—'सुनाओ।' करतार ने सुनाया—'जो कोई पूछे कौन हो तुम, तो कह दो बागी नाम हमारा। जुल्म मिटाना हमारा पेशा, गदर को करना है काम अपना।...श्रीपाठ पूजा यही हमारी, यही खुदा और राम अपना।'

पंडित सुनकर भावुक हो गये। कविता और क्रान्ति का साथ। पंडित ने जोर से करतार को जवाब में कहा—'हम तुम्हारे मिशन को पूरा करेंगे साथियो, कसम हर हिन्दी तुम्हारे खून की खाता है आज।'

कहा जाता है कि प्रगतिशील कविता का जन्म 1936 में हुआ। पर क्या करतार की इस कविता को प्रगतिशीलता के पैमाने पर नहीं परखा जाना चाहिए। जैसे कवि वैसे श्रोता। दोनों क्रान्ति के महारथी। एक फाँसी के मुहाने पर खड़ा शहीद होने को बेताब तो दूसरा आजीवन कारावास के लिए तिल-तिल मौत की ओर सरकने को सीखचों में कैद। दोनों क्रान्तिकारी, दोनों कवि। कविता और क्रान्ति की अनोखी जुगलबन्दी। अपने संग्राम के इतिहास को यहाँ से देखने के लिए हमें आँखें चाहिए। करतार सिंह सराबा के अतिरिक्त 'गदर पार्टी' के जो क्रान्तिकारी फाँसी पर चढ़ाए गये उनमें विष्णु गणेश पिंग्ले, पंडित काशीराम, डॉक्टर मथुरा सिंह, भाई भागसिंह, भाई वतनसिंह, मेवासिंह, बलवन्तसिंह, बंतासिंह, रंगासिंह, बाबू हरनाम सिंह और सोहनलाल पाठक हैं।

...मैंने करतार सिंह को नहीं देखा। बस उनकी शहादत को महसूस किया, उनके कीर्ति गान गाए लेकिन पंडित परमानन्द की हथेलियों को स्पर्श करने का मुझे सुअवसर मिला था। पंडित के हाथ उन दिनों बुढ़ापे में काँपने लगे थे। लम्बे केश, सफेद लम्बी ऋषियों सरीखी दाढ़ी। उनके हाथों को अपने हाथों में थामे मैं यही सोचता रहा कि इन भुजाओं ने ही कभी अंडमान में जेलर बारी के दर्प को चूर-चूर कर दिया था। यह वही परमानन्द थे जिन्होंने पूरे एशिया से साम्राज्यवाद के खात्मे का बड़ा सपना देखा था। मुझे किसी ने बताया कि 'गदर पार्टी' के बचे हुए सेनानियों का कैद में रहते भगतसिंह से संवाद भी हुआ था पर उसका ब्यौरा उपलब्ध नहीं। लेकिन करतार सिंह सराबा को अपना आदर्श मानने के भगतसिंह का एक रिश्ता गदर पार्टी के उस अनोखे क्रान्तिकारी संघर्ष से बनता है जिसके बारे में कहा जा सकता है कि अपने देश से हजारों मील दूर विपरीत परिस्थितियों और अत्यन्त कठिन समय में जीवनयापन के लिए गये श्रमिकों, किसानों और सेवानिवृत्त सैनिकों ने अपनी आजादी के लिए त्याग और बलिदान की जो इबारत दुनिया के ऐतिहासिक पटल पर उन दिनों दर्ज की, वह अन्यत्र दुर्लभ है। गदर आन्दोलन ने 1857 की क्रान्ति और काकोरी के जमाने के क्रान्तिकारी

प्रयत्नों के बीच के बड़े समय को अपनी कोशिशों से जिस अनूठेपन से भरा, वह हमारे लिए गर्व की बात है, और यह भी कि मुक्ति संग्राम में आगे चलकर उनके प्रयास धर्मनिरपेक्षता और जनपक्षधर राजनीति की बुनियाद बन सके। प्रतिवर्ष हजारों राजनेता, लेखक, संस्कृतिकर्मी, अमरीका की यात्रा पर जाते हैं, पर वहाँ पहुँचकर उनमें से किसी के कदम गदर पार्टी के भवन की ओर नहीं मुड़ते, न वे उस क्रान्तिकारी संग्राम के इतिहास का स्मरण करते हैं जिनके प्रति हमारे मन में गर्व होना चाहिए। यद्यपि 'गदर पार्टी' के उस भवन को अब 'गदर पार्टी' के स्मारक में तब्दील कर दिया गया है जिसमें एक पुस्तकालय के साथ ही गदर आन्दोलन और देश की आजादी के क्रान्तिकारी शहीदों की तस्वीरें लगा दी गयी हैं। 23 मार्च, 1976 को इस 'गदर मेमोरियल' का उद्घाटन हुआ और पहली बार 1990 के 18 नवम्बर को गदर के शहीदों की स्मृति में सेमिनार, गीत, स्लाइड शो आदि हुए। मार्च, 1992 से शहीद भगतसिंह दिवस के आयोजन का भी सिलसिला वहाँ चला। एक 'गदर मेमोरियल कमेटी' बनी जिसकी ओर से एक मासिक पत्र का प्रकाशन भी किया गया जिसका नाम था 'कॉल ऑफ दा मार्टस' यानी शहीदों की आवाज। अमरीका में लम्बे समय तक शिक्षक रहे हमारे मित्र डॉ. वेदप्रकाश वटुक ने मुझे बताया था कि इस मेमोरियल कमेटी के केसरसिंह आजीवन अविवाहित रहे। उन्होंने घर की बची-खुची चीज़ें भी इस संस्था को सौंप दीं। फिर उन्होंने अपने कुछ सम्बन्धियों को भारत से बुलाकर वहाँ रख लिया। वे खालिस्तानी बन गये। इसके बाद खालिस्तानियों ने यह दुष्प्रचार करना शुरू कर दिया कि गदरी तो खालिस्तान के लिए लड़े थे। सच्चे अर्थों में एक धर्मनिरपेक्ष जनवादी क्रान्तिकारी आन्दोलन के नितान्त गलत इस्तेमाल की यह गाथा सुनकर मेरा मन पीड़ा से भर गया। क्रान्तियों का अपहरण कोई नयी बात नहीं। पर गदर पार्टी के शहीदों और क्रान्तिकारियों के मिशन पर इस तरह राख डालना निर्लज्जता और खुली बेइमानी है। देश की क्रान्तिकारी और प्रगतिशील शक्तियों को इसके विरोध में खड़ा होना चाहिए। यह क्रान्तिकारी जनवादी चेतना को पीछे ढकेलने और नष्ट करने का खुला षड्यन्त्र है जो अत्यन्त निन्दनीय है। शहीदों की याद में देशभगत यादगार हाल, जालन्धर में भी गदरी मेले का आयोजन प्रतिवर्ष होता है, पर वहाँ भी गदर आन्दोलन के शहीदों और क्रान्तिकारियों की चेतना का प्रभाव दिखाई नहीं पड़ता। जिस आजादी की लड़ाई को धर्म की भूलभुलैयों से निकालने का बड़ा ऐतिहासिक कार्य 'गदर पार्टी' के क्रान्तिकारियों ने अपना बलिदान देकर सम्पन्न किया था, उनकी स्मृति को फिर से धर्म और सम्प्रदाय के खानों में बँटते देखना न केवल दर्दनाक है बल्कि यह इतिहास के प्रति अन्याय और धोखाधड़ी है। यह कार्यभार इस देश के प्रगतिशील वामपन्थी राजनीतिक और सांस्कृतिक दलों का है कि वे

आगे बढ़कर पूरी शक्ति से 'गदर पार्टी' की विरासत को बचाएँ और उसे आगे ले जाने के जरूरी दायित्व को पूरा करने की दिशा में कार्य करें। यह समय की माँग भी है। गदरी शहीद आज भी निशाने-मंजिल दिखा-दिखाकर दूर कहीं आकाश से हमें अपना लक्ष्य पूरा करने के लिए आवाज दे रहे हैं। एक शताब्दी की दीर्घ अवधि के बाद भारत की संसदीय राजनीति जिस तरह धर्म, साम्प्रदायिकता और जातिवाद के दलदल में फँसी है, उसे वहाँ से निकालने के लिए गदर आन्दोलन जैसी जनपक्षधर धर्मनिरपेक्ष राजनीति की बड़ी जरूरत है।

शहीद करतार सिंह के स्मारक का मुझे पता नहीं, पर उत्तर प्रदेश के राठ (हमीरपुर) के एक चौराहे पर पंडित परमानन्द की बहुत उपेक्षित-सी प्रतिमा लगी हुई है जो 'गदर आन्दोलन' की याद दिलाती है। पंडित बाद के दिनों में दिल्ली रहे थे। देश की राजधानी कहे जाने वाले इस महानगर को फुर्सत कहाँ कि वह दो पल ठहरकर पंडित के कृतित्व का स्मरण कर ले। कहना न होगा कि उनका व्यक्तित्व हिमालय से भी बड़ा था जिसकी ऊँचाई मापने के लिए हमारे गज छोटे पड़ जाते हैं।

देशभक्त अम्बाप्रसाद फारस में मारे जाते हों

तब हाई स्कूल में था मैं। विद्यालय में प्रार्थना के बाद हमारे कक्षाध्यापक ने एक छात्र को मंच पर बुलाकर उसका परिचय कराया। बताया कि उसके परिवार की आर्थिक स्थिति ठीक नहीं है। उसने देशभक्ति के गीतों की एक छोटी पुस्तिका छपाई है जिसे खरीदने के लिए हम सबसे कहा गया। उस लड़के ने मंच से एक गीत का सस्वर पाठ भी किया जिसका मेरे ऊपर बहुत प्रभाव पड़ा। गीत की पंक्तियाँ इस प्रकार थीं—'चुनरिया मोको ऐसी रंगा दे मेरे वीर/ स्वच्छ हाथ ही कती-बुनी हो/ काँग्रेस के रंग में हो/पीली हरी सफेद तिरंगी/गोट निराले ढंग में हो/ नौजवान हो खड़े सामने लिये शान्ति का तीर/ चुनरिया मोको...।' पूरा गीत मुझे स्मरण नहीं रहा, पर उसकी किसी अगली पंक्ति में गाया गया—'देशभक्त अम्बा प्रसाद फारस में मारे जाते हों...।'

उस छात्र का चेहरा और जोशीला स्वर अभी तक मेरे भीतर जीवन्त है। नाम याद नहीं रहा, पर यह जानता हूँ कि देश के बारे में जानने-सोचने की प्रक्रिया का यही प्रस्थान बिन्दु था मेरा। नहीं जानता था तब कि देशभक्त अम्बा प्रसाद कौन थे और दुनिया के भूगोल में फारस कहाँ है इसका भी मुझे पता नहीं था।

बाद में मैंने जाना कि ईरान में हिन्दुस्तानी देशभक्त अम्बा प्रसाद को 'आका सूफी' कहा जाता है और वहाँ उनकी समाधि पर प्रतिवर्ष मेला लगता है। लखनऊ में प्रगतिशील लेखक संघ के पचास साला जलसे में ईरान से आये लेखक प्रतिनिधियों से मैंने अम्बा प्रसाद के सम्बन्ध में संक्षिप्त बातचीत की थी, पर वे भी उससे अनभिज्ञ थे। मुझे यह जानकर हैरत हुई कि ईरान की विशेषज्ञ प्रसिद्ध हिन्दी कथा लेखिका नासिरा शर्मा भी सूफी के नाम और काम से अपरिचित हैं।

सूफी अम्बा प्रसाद का जन्म सन् 1858 को उत्तर प्रदेश के मुरादाबाद नगर में हुआ था, पर उनकी गतिविधियों का केन्द्र पूरा भारतवर्ष था। यहाँ तक कि उन्होंने विदेशों में भी देश की आजादी के लिए कठिन कार्य किया। ईरान की धरती पर उनकी शहादत हमारे लिए अत्यन्त गर्व की बात है। उनकी विशेषता

यह थी कि वे बम और पिस्तौल चलानेवाले क्रान्तिकारी नहीं थे। वे वकालत की उच्च शिक्षा प्राप्त करके पत्रकार के रूप में राजनीति में आए और अपनी लेखनी के बल पर भारतीय जनता में देशभक्ति की भावनाओं का संचार करते रहे। आज पत्रकारिता के इतिहास में सूफी अम्बा प्रसाद का नाम ढूँढ़े नहीं मिलता। उन्होंने 1890 में मुरादाबाद से 'जामुल इलूम' नामक उर्दू साप्ताहिक का प्रकाशन किया था। वे गुजराँवाला से प्रकाशित होनेवाले 'इंडिया' और पेशावर से छपनेवाले 'इन्कलाब' में अपने लेख लिखा करते थे। हिन्दू-मुस्लिम एकता के समर्थक सूफी जब ब्रिटिश सरकार के लिए सिर दर्द बन गये तो उन्हें लम्बी सजाएँ देकर जेल में डाल दिया गया। एक बार जेल से छूटे तो लाहौर जाकर 'हिन्दुस्तान' के सह-सम्पादक भी बने।

सूफी के क्रान्तिकारी जीवन की कहानी बहुत रोमांचक है। वे क्रान्तिकारी सरदार अजीतसिंह और लोकमान्य तिलक से बहुत प्रभावित थे। उन्होंने तिलक के भाषणों का अनुवाद भी पुस्तक रूप में प्रकाशित किया था। सूफी एक बार नेपाल में गिरफ्तार होकर लाहौर लाए गये, पर निर्दोष सिद्ध होने पर उन्हें छोड़ दिया गया। बाद में लाहौर में उनकी गतिविधियाँ निरन्तर तेज होती चली गयीं। उन्होंने वहाँ से 'पेशवा' नामक अखबार का प्रकाशन शुरू किया तो सरकार बहुत चिन्तित हुई। उन दिनों बंगाल में क्रान्तिकारी आन्दोलन जोर पकड़ रहा था और विपिनचन्द्र पाल के छूटने पर सूफी ने उनके सम्मान में एक विशाल जलसे का आयोजन किया था जिससे उन्होंने पंजाब की जनता से क्रान्ति के लिए उठ खड़े होने का आह्वान किया था। सरकार को भय पैदा हुआ कि कहीं बंगाल की भाँति पंजाब भी न जलने लगे। लेकिन इससे पहले कि सूफी सरकार की गिरफ्त में आते, वे लाला हरदयाल के साथ भागकर ईरान चले गये।

सूफी फ़ारसी के अच्छे ज्ञाता थे। वे ईरान जाकर भी अँग्रेजों के विरुद्ध प्रचार करते रहे। नतीजा यह हुआ कि थोड़े समय में ही वहाँ उन्होंने भारत के पक्ष में वातावरण तैयार कर लिया और वे ईरान में एक लोकप्रिय व्यक्ति बन गये। लोग उन्हें प्यार से 'आका सूफी' कहने लगे। वहाँ रहकर भी सूफी ने 'मोहिवानी वतन' पुस्तक लिखी जिसमें ईरान के क्रान्तिकारियों के शोषण की कहानी को दर्ज़ किया गया था। उन्होंने 'आबे हयात' अखबार भी वहाँ से निकाला। यह फ़ारसी में था। पर इस समय तक उस धरती पर भी उनकी गिरफ्तारी का जाल बुना जा चुका था। पकड़े जाने पर उन्हें मौत की सजा तजबीज की गयी, लेकिन अगले ही दिन जब उनकी कोठरी खोली गयी तो वे मृत पाए गये। ईरान में उनकी शवयात्रा में अश्रुपूरित नयनों से हजारों लोग सम्मिलित हुए। सुना है कि आज भी वहाँ उनकी कब्र पर प्रतिवर्ष मेला लगता है।

सूफी पत्रकारिता की बलिदानी परम्परा से प्रेरणा लेकर बाद को संयुक्त प्रान्त (अब उत्तर प्रदेश) में 'स्वराज्य' नाम से निकाले गये उर्दू अखबार के आठ सम्पादक काला पानी गये और नवें फरार घोषित हुए। भाई लद्धाराम उन सम्पादकों में से एक थे जिन्हें सूफी के दर्शन करने और निकट सम्पर्क में रहने का अवसर मिला था। याद आता है कि लद्धाराम ने एक बार सूफी के सम्बन्ध में अपनी यादों की कड़ियों को पं. बनारसीदास चतुर्वेदी के साथ साझा किया था। उनके वे संस्मरण बहुत अद्‌भुत और प्रेरक हैं जिनमें लद्धाराम की ज़िन्दगी की तस्वीरें उभरती हैं।

भगतसिंह ने 1928 में 'चाँद' के फाँसी अंक में सूफी का जीवन चरित्र लिखा जिसे हम यहाँ पूरा उद्धृत कर रहे हैं। इसे आगे चलकर शहीदे-आजम का ओहदा पानेवाले क्रान्तिकारी ने लिपिबद्ध किया है। इसलिए इसका हमारे लिये बड़ा महत्त्व है और इसे हम भगतसिंह के खास दस्तावेज़ों में शुमार कर सकते हैं :

आज भारतवर्ष में कितने लोग उनका नाम जानते हैं। कितने उनकी स्मृति में शोकातुर होकर आँसू बहाते हैं। कृतघ्न भारत ने कितने ही ऐसे रत्न खो दिए और क्षण-भर के लिए भी दुख अनुभव नहीं किया।

वे सच्चे देशभक्त थे। उनके हृदय में देश के लिए दर्द था। वे भारत की प्रतिष्ठा देखना चाहते थे। भारत को उन्नति के शिखर पर पहुँचाना चाहते थे, तो भी आज भारत के बहुत कम लोग उनका नाम जानते हैं। उनकी कदर भी की तो ईरान ने, आज यहाँ आका सूफी का नाम सर्वप्रिय हो रहा है।

सूफी का जन्म 1858 ई. में मुरादाबाद में हुआ था। आपका दाहिना हाथ जन्म से ही कटा था। आप हँसी में कहा करते थे—अरे भाई! हमने सत्तावन में अँग्रेजों के विरुद्ध युद्ध किया। मृत्यु हो गयी। पुनर्जन्म हुआ, हाथ कटे का कटा आ गया!

आपने मुरादाबाद, बरेली और जालन्धर में आदि कई शहरों में शिक्षा पायी। एफ. ए. पास करने के बाद आपने वकालत पढ़ी, परन्तु की नहीं। आप उर्दू के प्रभावशाली लेखक थे। आपने यही काम सम्भाला।

सन् 1890 में आपने मुरादाबाद से 'जामुल इलूम' नामक उर्दू साप्ताहिक पत्र निकाला। इसका प्रत्येक शब्द उनकी आन्तरिक अवस्था का परिचय देता था। वे हास्यरस के प्रसिद्ध लेखक थे, परन्तु इनमें गम्भीरता भी कम न थी। वे हिन्दू-मुस्लिम एकता के कट्टर पक्षपाती थे और शासकों की कड़ी आलोचना किया करते थे।

सन् 1897 में आपको राजद्रोह के अपराध में डेढ़ वर्ष का कारावास मिला।

जब 99 में छूटकर आए तो उत्तर प्रदेश के कुछ छोटे राज्यों पर अँग्रेज लोग हस्तक्षेप कर रहे थे। सूफी ने वहाँ के अँग्रेजों तथा रेजीडेंटों का खूब भांडाफोड़ किया। आप पर मिथ्या दोषारोपण का अभियोग चलाया गया और सारी जायदाद जब्त कर 6 साल का कारागार दिया गया। जेल में उन्हें अकथनीय कष्ट सहन करने पड़े, परन्तु वे कभी विचलित नहीं हुए।

सूफी जेल में बीमार पड़े। एक गलीज कोठरी में बन्द थे। उन्हें औषधि नहीं दी जाती थी, यहाँ तक कि पानी आदि का भी ठीक प्रबन्ध न था। जेलर आता और हँसता हुआ प्रश्न करता—सूफी, अभी तुम जिन्दा हो? खैर! ज्यों-त्यों कर जेल कटी और 1906 के अन्त में आप बाहर आए।

सूफी का निज़ाम हैदराबाद से घनिष्ठ सम्बन्ध था। जेल से छूटते ही वहाँ गये। निज़ाम ने उनके लिए एक अच्छा-सा मकान बनवाया। मकान बन जाने पर उन्होंने सूफी से कहा—'आपके लिए मकान तैयार हो गया है।' आपने उत्तर दिया—'हम भी तैयार हो गये हैं।' आपने वस्त्रादि उठाए और पंजाब के लिए चल दिए। वहाँ जाकर आप 'हिन्दुस्तान' अखबार में काम करने लगे। सुनते हैं वहाँ आपकी चतुरता, वाक्पटुता और समझदारी देखकर सरकार की ओर से 1000 रुपया मासिक जासूस विभाग में पेश किए गये थे, परन्तु उनकी अपेक्षा जेल और दरिद्रता को ही श्रेष्ठ समझा। बाद को 'हिन्दुस्तान' के सम्पादक से आपकी न बनी। आपने वहाँ से भी त्यागपत्र दे दिया।

उन्हीं दिनों सरदार अजीत सिंह से भारत माता सोसाइटी की नींव डाली और पंजाब के न्यू कालोनी बिल के विरुद्ध आन्दोलन आरम्भ कर दिया। सूफी का भी मेल उनसे बनने लगा। उधर वे भी इनकी ओर आकर्षित होने लगे।

सन् 1906 में पंजाब में फिर धर-पकड़ आरम्भ हुई तो सरदार अजीत सिंह के भाई सरदार किशनसिंह और भारत माता सोसाइटी के मन्त्री महता आनन्द किशोर के साथ वे नेपाल चल दिए। वहाँ नेपाल राज्य के गवर्नर जंगबहादुर से आपका परिचय हो गया। वे इनसे बहुत अच्छी तरह पेश आए। बाद को जंग बहादुर सूफी को आश्रय देने के कारण ही पदच्युत कर दिए गये। उनकी सम्पत्ति जब्त कर ली गयी। खैर, सूफी वहाँ पकड़े गये और लाहौर लाए गये। लाला पिंडी दास के पत्र 'यंग इंडिया' में प्रकाशित आपके लेखों के सम्बन्ध में ही आप पर अभियोग चलाया गया, परन्तु निर्दोष सिद्ध होने पर बाद में आपको छोड़ दिया गया।

तत्पश्चात सरदार अजीतसिंह भी छूटकर आ गये और सन् 1909 में जिस भारत माता बुक सोसाइटी की नींव डाली गयी उसका अधिकतर कार्य सूफी ही किया करते थे। आपने 'बागी मसीहा' या 'विद्रोही मसीह' नामक एक पुस्तक प्रकाशित करवाई जो बाद को जब्त कर ली गयी।

इसी वर्ष लोकमान्य तिलक पर अभियोग चलाया गया और उन्हें भी 6 वर्ष का कारावास मिला। तब देशभक्त-मंडल के सभी सदस्य साधु बनकर पर्वतों की ओर यात्रा करने निकल पड़े। पर्वतों के ऊपर जा रहे थे। एक भक्त भी साथ आया। साधु बैठे तो उस भक्त ने सूफी के चरणों पर सीस नवाकर नमस्कार किया। बड़ा जैंटलमैन था। खूब सूट-बूट पहने था। सूफी के चरणों पर सीस रखा और पूछने लगा—'बाबा जी, आप कहाँ रहते हैं?'

सूफी ने कठोर शब्दों में उत्तर दिया—'रहते हैं तुम्हारे सर में।'

'साधु जी, आप नाराज क्यों हो गये?'

'अरे बेवकूफ! तूने मुझे क्यों नमस्कार किया! इतने और साधु भी थे, इनको प्रणाम क्यों न किया?'

'मैंने आपको साधु समझा था।'

'अच्छा, खैर जाओ, खाने-पीने की वस्तुएँ लाओ।'

वह कुछ देर बाद अच्छे-अच्छे पदार्थ लेकर आया। खा-पीकर सूफी ने उसे फिर बुलाया और कहने लगे—'क्यों वे, हमारा पीछा छोड़ेगा या नहीं?'

'भला मैं आपसे क्या कहता हूँ जी?'

'चालाकी को छोड़। आया है जासूसी करने! जा, अपने बाप से कह देना कि सूफी पहाड़ में गदर करने जा रहे हैं।''

वह चरणों पर गिर पड़ा—'हुजूर, पेट की खातिर सब कुछ करना पड़ता है।'

आपने सन् 1909 में 'पेशवा' अखबार निकाला। उन्हीं दिनों बंगाल में क्रान्तिकारी आन्दोलन ने जोर पकड़ा। सरकार को चिन्ता हुई कि कहीं यह पंजाब को भी न जला डाले। अस्तु, दमनचक्र आरम्भ हुआ। तब सूफी जी, सरदार अजीतसिंह और जिया-उल-हक ईरान चले गये। वहाँ पहुँचकर जिया-उल-हक की नीयत बदल गयी। उसने चाहा, इन्हें पकड़वा दूँ तो इनाम भी मिलेगा और सजा भी न होगी। परन्तु सूफी ताड़ गये। उन्होंने उसे आगे भेज दिया। (फलस्वरूप वह) स्वयं ही पकड़ा गया और ये दोनों बच निकले।

ईरान में वे कैसे रहे, क्या हुआ, यह बातें तो किसी अवसर पर खुलेंगी परन्तु जो कुछ सुनने में आया, उसी का उल्लेख इस स्थान पर किया जाता है। ईरान में अँग्रेजों ने उनकी बहुत खोज की और उन्हें कई प्रकार के कष्ट सहन करने पड़े। कहा जाता है कि वे एक स्थान पर घेर लिये गये। वहाँ से निकलना असम्भव-सा हो गया। वहाँ व्यापारियों का एक काफिला ठहरा हुआ था। ऊँटों पर बहुत-से सन्दूक लदे थे। आगे वस्त्र आदि भरे थे। एक ऊँट के दोनों सन्दूकों में सूफी तथा अजीतसिंह को बन्द कर दिया गया और वहाँ से बचाकर निकाला गया।

फिर किसी अमीर के घर ठहरे। पता चल गया और घेर लिये गये। उसी समय उन दोनों को बुरका पहना जनाने में बिठा दिया गया। सबकी तलाशी ली गयी और अन्त में स्त्रियों की भी तलाशी ली जाने लगी। एक-दो स्त्रियों के बुरके उठाए भी गये, परन्तु मुसलमान लोग लड़ने-मरने को तैयार हो गये और फिर अन्य किसी स्त्री का बुरका नहीं उठने दिया गया। इस तरह वे दोनों यहाँ से भी बचे।

पीछे उन्होंने वहाँ 'आबे हयात' नामक पत्र निकाला और राष्ट्रीय आन्दोलन में भाग लेने लगे। सरदार साहिब के टर्की चले जाने पर वहाँ का सारा कार्य इन्हीं के सर पर आ पड़ा और फिर वे वहाँ आकर सूफी के नाम से प्रसिद्ध हुए। सन् 1915 में जिस समय ईरान में अँग्रेजों ने पूर्ण प्रभुत्व जमाना चाहा तो फिर कुछ उथल-पुथल मची थी। शीराज पर घेरा डाला गया। उस समय सूफी ने बायें हाथ से रिवाल्वर चलाकर मुकाबला किया था, परन्तु अन्त में आप अँग्रेजों के हाथ आ गये। उनका कोर्ट मार्शल किया गया। फैसला हुआ कि कल गोली से उड़ा दिए जाएँगे। सूफी कोठरी में बन्द थे। प्रातः समय देखा तो वे समाधि की अवस्था में थे। उनके प्राण-पखेरू उड़ चुके थे। उनके जनाजे के साथ असंख्य ईरानी गये। कई दिन तक नगर में उदासी छायी रही। सूफी की कब्र बनाई गयी। अभी हर वर्ष उनकी कब्र पर उत्सव मनाया जाता है। लोग उनका नाम सुनते ही श्रद्धा से सिर झुका लेते हैं। वे पैर से भी लेखनी पकड़कर अच्छी तरह लिख सकते थे। एक दिन एक महाशय कह रहे थे कि मुझे उन्होंने पैर से ही लिखकर एक नुस्खा दिया था।

एक और कहानी मित्रों ने सुनाई थी। पता नहीं कहाँ तक सच है। परन्तु बहुत सम्भव है वह सच हो। कहते हैं, जब भोपाल या किसी और स्टेट में रेजिडेंट कुछ गड़बड़ कर रहे थे और उसके हड़प करने की चिन्ता में थे, तो वहाँ का भेद प्रकाशित करने के लिए अमृत बाजार पत्रिका की ओर से सूफी वहाँ भेजे गये। यह बात 1890 के लगभग की है।

एक पागल-सा मनुष्य रेजीडेंट के बैरे के पास नौकरी की खोज में आया और अन्त में केवल भोजन पर ही रख लिया गया। वह पागल बर्तन साफ करता तो मिट्टी में लथपथ हो जाता। मुँह पर मिट्टी पोत लेता। वह सौदा खरीदने में बड़ा चतुर था, अस्तु, चीज़ें खरीदने वही भेजा जाता था।

उधर अमृत बाजार पत्रिका में रेजिडेंट के विरुद्ध धड़ाधड़ लेख निकलने लगे। अन्त में इतना बदनाम हुआ कि पदच्युत कर दिया गया। जिस समय वह स्टेट से बाहर पहुँच गया तो वह जंक्शन पर एक काला-सा आदमी हैट लगाए, पतलून-बूट पहने उसकी ओर आया। उसे देखकर रेजीडेंट चकित-सा रह गया। ये तो

वही है जो मेरे बर्तन साफ किया करता था! आज पागल नहीं है। उसने आते ही अँग्रेजी में बातचीत शुरू की। उसे देखकर रेजिडेंट काँपने लगा। आखिर उसने कहा, 'तुम्हें इनाम तो दिया जा चुका है, अब तुम तेरे पास क्यों आए हो?'

'आपने कहा था जो आदमी उस गुप्तचर को, जिसने कि आपका भेद खोला है, पकड़वाये तो आप कुछ इनाम देंगे?'

'हाँ, कहा तो था। क्या तुमने उसे पकड़ा?'

'हाँ, हाँ, ...इनाम दीजिए। वह मैं स्वयं ही हूँ।'

वह थर-थर काँपने लगा। बोला, 'यदि राज्य के अन्दर ही मुझे तेरा पता चल जाता तो बोटी-बोटी उड़वा देता।' खैर, उसने उन्हें एक सोने की घड़ी दी और कहा, 'यदि तुम स्वीकार करो तो जासूस विभाग से 1000 रुपये मासिक वेतन दिला सकता हूँ। परन्तु सूफी ने कहा, 'अगर वेतन ही लेना होता तो आपके बर्तन क्यों साफ करता?'

आज सूफी इस देश में नहीं हैं। पर ऐसे देशभक्त का स्मरण ही स्फूर्तिदायक होता है। भगवान उनकी आत्मा को चिर शान्ति प्रदान करे।

भगतसिंह ने सूफी अम्बा प्रसाद पर यह लेख 'चाँद' के फाँसी अंक में लिखा था जो फरवरी, 1928 में प्रकाशित हुआ था। इससे लगता है कि उन्होंने यह आलेख 1927 के अन्त में अथवा 1928 के एकदम शुरूआती दिनों में लिपिबद्ध किया होगा। क्रान्तिकारी के रूप में भगतसिंह के विकास की प्रक्रिया को जानने-समझने के लिए 1918 से लिखे उनके शुरूआती पत्रों से लेकर आगे चलकर 1924 में 'पंजाब की भाषा और लिपि की समस्या' जैसे गम्भीर विषय से होते हुए जब वे अराजकतावाद, धर्म और स्वतन्त्रता संग्राम, साम्प्रदायिक दंगे और उनका इलाज, अछूत समस्या, सत्याग्रह और हड़तालें, विद्यार्थी राजनीति से होते हुए केन्द्रीय असेम्बली में दिए गये उनके बयान और दस्तावेजों के साथ 'मैं नास्तिक क्यों हूँ' तक पहुँचकर पूर्णाहुति तक की उनकी विचार-यात्रा को देखना होगा। निश्चय ही सूफी पर लिखते समय वे ईश्वर पर भरोसा करनेवाले एक सामान्य नौजवान थे, फिर भी यह कम बड़ी बात नहीं है कि वे सूफी के क्रान्तिकारी सफरनामे को तब भी अपनी खुली और पैनी आँखों से देख-समझ पा रहे थे जबकि चेतना के स्तर पर अभी भगतसिंह को बहुत लम्बा सफर तय करना था जो आगे चलकर उनके मार्क्सवादी विचारों और धर्मनिरपेक्ष नास्तिक चिन्तन तक पहुँचने की प्रक्रिया थी।

जानने योग्य है कि काला पानी भेजे गये इलाहाबाद के छपनेवाले 'स्वराज्य' उर्दू साप्ताहिक के सम्पादक लद्धाराम कपूर सूफी के काफी निकट रहे थे। उनके संस्मरणों में सूफी का जो चित्र उभरता है वह दुर्लभ है। वे सूफी साहब के

'सहायक' उर्दू दैनिक में मुद्रक भी रह चुके थे। बाद को लद्धाराम चीन की यात्रा पर गये और वहाँ से लौटे तब उनके जेहन में ढेर सारे सवाल थे। वे अपनी इन्हीं जिज्ञासाओं को लेकर सूफी साहब के पास हाजिर हुए। हुआ यह था कि वहाँ लद्धाराम का हिन्दुस्तानियों की बड़ी अपमानजनक ज़िन्दगी से साक्षात्कार हुआ जिससे वे बहुत व्यथित हो गये। सूफी साहब से उन्होंने इसका खुलासा किया और पूछा कि इसका इलाज क्या है। सूफी साहब ने दो टूक कहा, 'इसका एकमात्र इलाज स्वराज्य ही है। गैर की गुलामी में हम कभी इज्जतदार आदमी नहीं बन सकते। स्वराज्य में सारे सवालों का हल हो जाता है। इस वास्ते हमको मुकम्मल आजादी की कोशिश करनी चाहिए। वह स्वराज्य तभी आ सकता है जब विदेशी लोग वहाँ से चले जाएँ।'

लद्धाराम के लिए यह गुरुमन्त्र था। सूफी साहब ने उनसे यह भी कहा था कि देश की उन्नति का काम पीढ़ी-दर-पीढ़ी करना पड़ता है तब कहीं जाकर देश आज़ाद होता है। सूफी साहब के भीतर यह पीड़ा थी कि उनके बाद उत्तर प्रदेश में उनके काम को आगे बढ़ानेवाला कोई नहीं है। उनके ऐसा कहते ही लद्धाराम तुरन्त इसके लिए प्रस्तुत हो गये। सूफी साहब के साथ रहकर वे क्रान्तिकारी पत्रकारिता के गुर सीखने लगे। उनके लिए पत्रकारिता देश की स्वतन्त्रता के लिए लड़े जानेवाले संग्राम का ही एक हिस्सा थी। वे करीब महीना भर सूफी साहब की सेवा में रहे। सूफी साहब ईरान में स्वतन्त्रता का युद्ध लड़ते हुए जीवन के अन्त की ओर चले गये। वहाँ उन्हें फाँसी की सजा तजबीज की गयी थी, पर जिस रोज उन्हें मृत्युदंड दिया जाना था, वे अपनी कोठरी में मृत पाए गये। इस तरह एक तूफानी जीवन का अन्त हो गया। उत्तर प्रदेश के मुरादाबाद में पैदा हुई एक शख्सियत ने दूर देश ईरान तक साम्राज्यवाद के विरुद्ध संघर्षरत रहकर अपने ढंग की अनोखी इबारत इतिहास के पन्नों में दर्ज कर दी। वे अपने पिता गोविन्द प्रसाद की छठी सन्तान थे। उनके छह भाई थे—कल्याणराय, ईश्वरी प्रसाद, ज्वाला प्रसाद, अंगन लाल और रामप्रसाद। सबसे छोटी एक बहन का नाम पार्वती देवी था। सूफी का जन्म गदर के ठीक एक साल बाद हुआ था। वे साँवले रंग के छोटे कद के थे। उनके दाहिने हाथ का पंजा जन्म से न था। पर यह स्थिति उनकी क्रान्तिकारी ज़िन्दगी में कभी आड़े नहीं आई। वे जीवट के बहुत धनी थे और धुन के पक्के। उनका विवाह भी हुआ लेकिन पत्नी के निधन के बाद वे पूरी तरह देश के काम में लग गये। उन्हें हिन्दी, उर्दू और फ़ारसी का अच्छा ज्ञान था। उनकी शिक्षा मुरादाबाद, बरेली और जालन्धर में हुई। लेखन कला में उन्हें अत्यन्त निपुणता प्राप्त थी। पत्रकारिता उनके लिए एक मिशन थी जिसके जरिए वे देश की आजादी के संग्राम को उग्र से उग्रतर बनाना चाहते थे। कह सकता

हूँ कि सूफी अपने इस लक्ष्य में बहुत हद तक कामयाब हुए। अपने शुरूआती दिनों में उन्होंने मुरादाबाद से उर्दू में 'सितारे हिन्द' अखबार अपने ही छापेखाने से निकाला जिसने पूरे शहर में हलचल मचा दी। उसके बाद 'जालुम उलूम' निकाला और बाद को यहीं से वे अमृत बाजार पत्रिका में कलकत्ता गये। कलकत्ता और साथ ही हैदराबाद में उनकी क्रान्तिकारी गतिविधियाँ सरकार को अखरने लगीं। ऐसा होने पर उन्होंने पंजाब की ओर रुख किया जहाँ वे 'हिन्दुस्तान' अखबार से जुड़ गये जहाँ कुछ अरसे बाद ही इसके मुख्य सम्पादक से तालमेल न बैठने पर उन्होंने इससे अलग होने का निर्णय ले लिया।

इसके बाद क्रान्तिकारी अजीतसिंह से सूफी का बहुत संग-साथ रहा। कलकत्ता से जब अजीतसिंह यह संकल्प लेकर लौटे कि पंजाब में भी खुला आन्दोलन चलाना है और खास तौर पर किसानों को संगठित करना है, उन्हीं दिनों सूफी अपने अखबार 'जीम उल वतन' में लिखे लेख के कारण पाँच साल की सजा काटकर छूटे थे। उनकी मुलाकात अजीतसिंह से हुई। और यह मिलन ऐसा संयोग बना कि दोनों ने मिलकर 'भारत माता सोसाइटी' की स्थापना कर डाली। इसके प्रमुख थे अजीतसिंह, सूफी अम्बा प्रसाद, सरदार किशन सिंह, सरदार स्वर्णसिंह, लाला हरदयाल, लाला लालचन्द फलक, मेहता नन्दकिशोर, महाशय घसीटाराम, लाला केदारनाथ सहगल आदि। देशभक्तों का कैसा अनोखा जमाबड़ा कि कोई किसी से कम नहीं। सब देश के लिए अपना सर्वस्व न्यौछावर करनेवाली भावना से सराबोर और संकल्पवान। इस सोसाइटी के दो लक्ष्य तय किए गये। पहला भाषणों के जरिए जनता को देश की आजादी के लिए जगाना और दूसरा प्रकाशन का कार्य जिससे अधिक-से-अधिक क्रान्तिकारी साहित्य लोगों के मध्य पहुँचाया जा सके। प्रकाशन के लिए भारत माता बुक एजेन्सी बनाई गयी। इसका लक्ष्य देश की जनता को झकझोरने के लिए सरकार विरोधी विप्लवी पर्चों और पुस्तकों का बड़ी संख्या में छापा जाना था। कहा जा सकता हे कि सूफी इस सोसाइटी के प्राण थे। भारत माता सोसाइटी ने इतिहास में परिवर्तनकामी भूमिका अदा की। वह ब्रिटिश साम्राज्यशाही के विरुद्ध कठिन संघर्ष का दौर था। अनेक भाषाओं के जरिए जनता के मध्य पहुँचने की नितान्त कठिन और दूरगामी योजनाएँ थीं उनकी। इसके लिए अखबार, पम्फलेट और किताबें ही जरिया बनीं। 'बागी मसीह' नाम की सूफी की पुस्तक तो अत्यन्त विस्फोटक थी। भारत माता सोसाइटी को उन दिनों 'छोटा सन् सत्तावन' कहा जाने लगा था। इससे इस आन्दोलन की व्यापकता का अनुमान लगाया जा सकता है। सरकार अजीतसिंह और सूफी की गतिविधियों से बहुत आतंकित थी। यह कम बड़ी बात नहीं है कि उन दिनों भारत माता सोसाइटी के काम का प्रचार सेना तक पहुँच गया था। सरकार के लिए

यह अत्यन्त खतरनाक स्थिति थी। लाला लाजपतराय ने अपनी आत्मकथा में स्वयं कहा है, '1906 में कलकत्ता-काँग्रेस के समय गरम लोगों की जो मीटिंग हुई थी, उसमें मैं जान गया था कि अजीतसिंह ने सूफी अम्बा प्रसाद की मदद से भारतमाता सोसाइटी की स्थापना की है और यह सोसाइटी गरम पक्ष के सिद्धान्तों का प्रचार करती है। इस समय तक अजीतसिंह कई बार मेरे पास आर्थिक सहायता के लिए आए थे, पर मैंने इसके लिए बहुत-सी शर्तें लगाई थीं, जिन्हें उन्होंने पूरा किया।' अजीतसिंह के क्रान्तिकारी जीवन की कथा बड़ी विचित्र और रोमांचकारी है। उसका पूरा मूल्यांकन अभी शेष है। भगतसिंह की माँ विद्यावती एक घटना का जिक्र करते हुए कहती थीं, 'भगतसिंह छोटा-सा था और अजीतसिंह उसे बहुत प्यार करते थे। वह भी उन्हें बहुत चाहता था। हमारे घर में एक झरोखेदार दीवार थी। भगत उसके पीछे छिप जाता और झरोखे में से अजीतसिंह को झाँककर किलकारी मारता। वे बहुत देर तक भगत के साथ यही आँख मिचौली खेलते रहे। भगत और उनकी यही आखिरी मुलाकात थी।' भगतसिंह उस समय दो साल के भी नहीं थे तभी अजीतसिंह सूफी अम्बा प्रसाद आदि के साथ अपनी मातृभूमि को छोड़कर विदेश की ओर चल दिए। वीरेन्द्र सिन्धु अपने कल्पना-नेत्रों से लिखती हैं कि 'यह विदाई रंग-बिरंगी थी। इसमें करुणा के भी रंग थे और उत्साह का भी।' उन्होंने आगे कहा, 'जब सरदार अजीतसिंह अपने साथी सूफी अम्बा प्रसाद आदि के साथ उस रात घर से बाहर निकले होंगे तो उनके मन में कैसा तूफान रहा होगा। सोचती हूँ तो कलेजा मुँह को आने लगता है और दम घुटने लगता है, पर तभी मन में आता है कि ऊँचा आदर्श और पवित्र लक्ष्य मनुष्य को इतना बल देते हैं कि बीहड़ वन भी चमन बन जाते हैं और गहरे समुद्र कागज की किश्तियों से पार करने लायक।'

जहाज से समुद्र की छाती को चीरते हुए वे ईरान पहुँच गये। विदेशी धरती पर पहुँचकर अजीतसिंह और सूफी अम्बा प्रसाद ने अलग-अलग लम्बी लड़ाइयाँ लड़ीं जिनका गौरवपूर्ण इतिहास है। सूफी अम्बा प्रसाद के जीवन का अन्त ईरान की धरती पर हुआ। आजीवन लड़ते हुए ज़िन्दगी व्यतीत करनेवाले वे एक मुकम्मल योद्धा थे। कलम उनका क्रान्तिकारी हथियार था। वे ईरान की धरती पर भी लड़ते-लड़ते शहीद हुए और अगर बाद को वे आज़ाद हिन्दुस्तान में भी जीवित रहते तो भी उनके जीवन का समापन सामाजिक असमानता और अन्याय के विरुद्ध संग्रामरत रहते हुए ही समाप्त होता। वे तो संघर्ष के लिए ही पैदा हुए थे और उसी के लिए मरना उनके जीवन का फलसफा था

सूफी अम्बा प्रसाद के क्रान्तिकारी जीवन और मुक्ति-युद्ध के लिए समर्पित उनकी पत्रकारिता की खोजबीन कौन करे। उस दौर की पत्रकारिता का इतिहास

'स्वराज्य', 'कर्मयोगी', 'प्रताप' और लद्धाराम के निकाले गये अखबारों के बिना पूरा नहीं होता। कुछ समय पहले सुना कि उत्तर प्रदेश के मुरादाबाद शहर में सूफी की स्मृति में भवन बनाने का प्रस्ताव भी पारित हुआ था । फिर पता नहीं उस योजना का क्या रहा। सूफी अम्बा प्रसाद स्मृति समिति भी बनी जिसने शहर में सूफी के नाम पर एक मार्ग के नामकरण का प्रस्ताव भी पारित किया। मुरादाबाद से जब कभी गुजरता हूँ तो सूफी की क्रान्तिकारी गतिविधियों का चित्र मेरे भीतर जीवन्त हो उठता है। भगतसिंह उनसे बहुत प्रभावित थे। सूफी उनकी प्रेरणा थे। देश की आजादी की लड़ाई में भगत सिंह के चाचा सरदार अजीतसिंह से सूफी का लम्बा संग-साथ रहा, इस नाते सूफी मुझे सदैव भगतसिंह के परिवार के सदस्य लगे। मैं जब कभी अजीतसिंह की तस्वीर देखता हूँ तो सूफी भी मेरे सम्मुख आ खड़े होते हैं। इन दोनों क्रान्तिकारियों ने बरेली में शिक्षा पायी। बरेली कालेज में जहाँ क्रान्तिकारी अजीतसिंह एक वर्ष तक शिक्षा प्राप्त करते रहे, वहाँ मैंने प्रयास करके उनकी तस्वीर लगवा दी है, पर मुरादाबाद में सूफी का भव्य स्मारक बनना चाहिए। सूफी के परिवार का तो मुझे पता नहीं, पर कुछ अरसा पहले किसी ने मुझे बताया था कि उनकी बहन पार्वती देवी पहाड़गंज दिल्ली में रहती हैं। पर यह भी बात पुरानी हो गयी है और मैं उनकी कोई खोजबीन नहीं कर सका। सूफी का परिवार मुरादाबाद जिले के अगवानपुर कस्बे का था। काजीमल का वहाँ अपना जाती मकान था जिनके दो बेटों में एक गोविन्द प्रसाद (सूफी के पिता) अगवानपुर से मुरादाबाद के कानूनगोयान मुहल्ले में आ बसे। अच्छा हो कि उस मकान की खोज-खबर हो जहाँ सूफी पैदा हुए। क्या एक शहर जो अब महानगर में तब्दील हो गया है? अपने इतिहास-पुरुष की स्मृतियों का संरक्षण नहीं कर सकता? सूफी देश के गौरव थे। उनकी जीवन-यात्रा उस जिजीविषा की याद दिलाती है जिसने स्वतन्त्रता के अनथक युद्ध में अपने प्राणों की आहुति दे दी। ईरान की धरती पर जिस किसी ने सूफी अम्बा प्रसाद की कब्र बनवाई उसके प्रति मेरा मन श्रद्धा से झुक जाता है। वहाँ उनके स्मृति-स्थल पर प्रतिवर्ष लोग जुटते हैं, यह हमारे लिए कम गौरव की बात नहीं है।

क्रान्तिकारी आन्दोलन की भीतरी तहें और 'बिस्मिल' का शहादतनामा

रामप्रसाद 'बिस्मिल' काकोरी कांड के नायक थे, लेकिन इससे पहले ही देश के क्रान्तिकारी आन्दोलन के इतिहास में वे अपनी जगह बना चुके थे। 'मैनपुरी षड्यन्त्र केस' के प्रमुख क्रान्तिकारियों में उनका शुमार था, पर सरकार इस मामले में उन्हें गिरफ्तार नहीं कर पायी थी। मैनपुरी के ज्यादा लीडर बाहर ही रहे। इसके नेता क्रान्तिकारी गेन्दालाल दीक्षित पकड़े भी गये लेकिन वे एक मुखबिर रामनारायण को जेल से लेकर निकल भागे। इससे मुकदमा कमजोर पड़ गया। यह योजनाबद्ध ढंग से किया गया था। इस केस की पैरवी देशबन्धु बैरिस्टर चितरंजन दास कर रहे थे।

मैनपुरी के मामले में बिस्मिल एकाएक नहीं आए थे। इससे पहले वे आर्यसमाज के प्रभाव में आकर क्रान्तिकारी चेतना को अर्जित कर चुके थे। उनका जन्म शाहजहाँपुर में हुआ था, जहाँ उनके पितामह नारायण लाल तोमरधार में चम्बल नदी के किनारे से भटककर आ गये थे। उनके दो बेटे थे—मुरलीधर और कल्याणमल। बिस्मिल मुरलीधर की सन्तान थे। जब वे नये शहर में आए तब परिवार भयानक संकट की चपेट में था जिसमें ज़िन्दगी जीना मुहाल हो रहा था। किसी तरह घटिया मोटा अनाज खाकर पेट भर लिया जाता और घर के सब सदस्य दूसरों के यहाँ मजदूरी की तलाश में भटकते रहते। फिर जैसे-तैसे जीने का सहारा बना। पिता कुछ पढ़-लिख गये और जी-तोड़ मेहनत करके दादी ने एक मकान खरीद लिया। मुरलीधर का विवाह हो गया। वे म्युनिसपैलिटी में काम भी करने लगे। पर उन्होंने इसे छोड़कर कचहरी में स्टाम्प बेचने का कारोबार शुरू कर दिया। धीरे-धीरे तीन बैलगाड़ियाँ खरीद लीं जिन्हें किराये पर चलाने लगे।

बिस्मिल का जन्म हुआ तो उनकी शरीर रक्षा के लिए बहुत से उपाय किए गये। गंडे, तावीज और जाने क्या-क्या। एक सफेद खरगोश उनके शरीर पर घुमाकर छोड़ दिया गया। कहा गया कि कोई बीमारी होगी तो जीव मर जाएगा। हुआ

भी ऐसा ही। कुछ और दवाई-उपचार भी किए गये।

वे सात वर्ष के हुए तो पिता ने ही हिन्दी अक्षरों की पहचान कराई। मुहल्ले के मौलवी साहब के मकतब में उर्दू पढ़ने भेजा जाने लगा। उनके बाद पाँच बहनें और तीन भाइयों का जन्म हुआ। परिवार में कुल प्रथा थी कि जन्मते ही कन्याओं को मार डाला जाए। लेकिन बिस्मिल की माता ने इसका विरोध किया। बिस्मिल कहा करते थे कि उनके खानदान में यह पहला ही समय था कि कन्याओं का पोषण हुआ। पर इनमें से दो बहनों और दो भाइयों का देहान्त हो गया। पिता बिस्मिल की शिक्षा का बहुत ध्यान रखते। भूल करने पर उनकी पिटाई लगती। एक बार वे उन्हें पढ़ा रहे थे। 'उ' लिखने को दिया जिसे वे लिख नहीं सके। खेलने चले गये। इस पर कचहरी से लौटने ही बिस्मिल को इतना पीटा गया कि बन्दूक का लोहे का गज टेढ़ा हो गया।

बिस्मिल पाँचवीं में थे। चौदह के रहे होंगे। तभी उनकी पिता के बक्से से पैसे चुराने की आदत पड़ गयी। उन्हें उपन्यास खरीदकर पढ़ने का चस्का लग गया। जहाँ से लेकर आते वे पिता की जान-पहचान के थे। उन्होंने मुरलीधर को खबर कर दी। इसी समय बिस्मिल को सिगरेट-भंग का शौक भी चढ़ गया। पिता को उनकी चोरी का पता लगा तो उनके उपन्यास वाली किताबें फाड़कर फेंक दी गयीं। वे दो बार उर्दू मिडिल में फेल भी हो गये।

अब उन्होंने अँग्रेज़ी पढ़ने की इच्छा व्यक्त की। पिता ऐसा नहीं चाहते थे। उनकी इच्छा थी कि बेटा व्यवसाय करे। पर माता के हस्तक्षेप के चलते उनकी पढ़ाई चल पड़ी। पड़ोस के देव मन्दिर में जाने लगे। वहाँ मुंशी इन्द्रजीत ने उन्हें सन्ध्या करने का सुझाव दिया। आर्यसमाज के बारे में जाना और व्यायाम करना शुरू कर दिया। 'सत्यार्थप्रकाश' पढ़ा। इससे जीवन की धारा ही परिवर्तित हो गयी। वे अब ब्रह्मचर्य के कठिन नियमों का पालन करने लगे। एक कम्बल को तख्त पर बिछाकर सोते और प्राय: चार बजे उठ जाते। रात्रि का भोजन त्याग दिया। सिर्फ दूध लेते। मिर्च, खटाई खाना छोड़ दिया। किसी के कहने पर पाँच वर्षों तक नमक नहीं खाया। वे अँग्रेज़ी के सातवें दर्जे में थे तभी शहर में सनातन धर्मी पंडित जगतप्रसाद आए। उन्होंने आर्यसमाज का खंडन किया। पं. अखिलानन्द को बुलाकर शास्त्रार्थ कराया गया। पिता ने उनसे कहा कि आर्यसमाज छोड़ दो। बिस्मिल ने जवाब दिया—'आर्यसमाज के सिद्धान्त सार्वभौम हैं, उन्हें कौन हरा सकता है?' पर पिता ज़िद पकड़ गये। मारने-मिटने पर आमदा हो गये। बात यहाँ तक बढ़ी कि बिस्मिल ने घर त्याग दिया। उनके पिता का गुस्सा था ही ऐसा। बिस्मिल रात भर किसी बाग में जाकर पेड़ पर बैठे रहे। दूसरे दिन आर्यसमाज मन्दिर में गये जहाँ सन्ध्या समय पं. अखिलानन्द व्याख्यान दे रहे थे। वे एक

पेड़ के नीचे खड़े होकर सुनने लगे कि पिता दो आदमियों को लेकर आए और पकड़कर स्कूल हेड मास्टर के पास ले गये जो ईसाई थे। उन्होंने पिता को समझाया कि मारना-पीटना ठीक नहीं। उसके बाद पिता ने कभी उन पर हाथ नहीं उठाया।

आर्यसमाज शाहजहाँपुर में स्वामी सोमदेव का आगमन हुआ। वे कुछ दिनों के लिए यहीं ठहर गये। उनकी तबियत भी कुछ अस्वस्थ थी। बिस्मिल उनकी सेवा में लग गये। यहाँ नौजवानों की आर्यकुमार सभा थी जिसका साप्ताहिक आयोजन प्रत्येक शुक्रवार को होता था। इसमें धार्मिक पुस्तकों का पठन-पाठन, निबन्ध लेखन और वाद-विवाद हुआ करते थे। बिस्मिल इसमें हिस्सेदारी करने लगे। उन्होंने इसकी सभाओं में बोलना शुरू कर दिया। इस सभा के युवक मेलों-बाजारों में प्रचारार्थ जाते। पर आर्यसमाज के सदस्यों ने ही आर्यकुमार सभा का विरोध किया जिससे इसकी गतिविधियाँ बन्द कर देनी पड़ीं।

बिस्मिल अपने जीवन में निरन्तर दृढ़ प्रतिज्ञ होते चले गये। एक बार वे रेल का तीसरे दर्जे का टिकट खरीद कर दूसरों के साथ इंटर क्लास में बैठ गये। इसका उन्हें बड़ा खेद हुआ। उन्होंने सबसे कहा कि यह तो एक तरह की चोरी है। सबको मिलकर इंटर क्लास का भाड़ा स्टेशन मास्टर को दे देना चाहिए। ऐसे ही एक बार पिता के कहीं बाहर जाने पर दीवानी के एक मुकदमे में कुछ जरूरत पड़ने पर वकील ने उनसे वकालतनामे पर पिता के हस्ताक्षर करने को कहा। पर बिस्मिल ने कहा कि यह तो नियम विरुद्ध होगा इसलिए वे ऐसा नहीं कर सकते। नतीजा यह हुआ कि मुकदमा खारिज हो गया।

बिस्मिल की छोटी बहन का विवाह तय हुआ। उनकी परीक्षा समाप्त होने के बाद उन्हें सम्मिलित होने ग्वालियर जाना था। गाँव के बाहर ही उन्हें पता लगा कि बरात में वेश्या आई है सो वे लौट आए। जो रुपये घर से लिये थे उससे वहाँ की रियासत से एक रिवाल्वर और गोलियाँ खरीद लीं और शाहजहाँपुर वापस आ गये।

बिस्मिल की माता उन्हें हर तरह की मदद करतीं। प्रोत्साहन देतीं। उनके व्यक्तित्व को गढ़ने में माता का बड़ा योगदान था। अपनी आत्मकथा में माँ पर उन्होंने एक अध्याय ही लिखा है—'ग्यारह वर्ष की उम्र में माता विवाह कर शाहजहाँपुर आई थीं। उस समय वह नितान्त अशिक्षित एक ग्रामीण कन्या के सदृश्य थीं। शाहजहाँपुर आने के थोड़े दिनों बाद दादी ने अपनी छोटी बहन को बुला लिया। उन्होंने माता को गृहकार्य की शिक्षा दी। थोड़े दिनों में माता ने घर के सब काम-काज को समझ लिया और भोजनादि का ठीक-ठीक प्रबन्ध करने लगीं। मेरे जन्म होने के पाँच या सात वर्ष बाद उन्होंने हिन्दी पढ़ना आरम्भ किया। पढ़ने का ठीक शौक उन्हें खुद ही पैदा हुआ था। मुहल्ले की सखी-सहेली जो घर

पर आया करतीं थीं, उन्हीं में जो कोई शिक्षित थीं, माता उनसे अक्षर बोध करतीं। इस प्रकार, घर का सब काम कर चुकने के बाद जो कुछ समय मिल जाता, उसमें पढ़ना-लिखना करतीं। परिश्रम के फल से थोड़े दिनों में ही वह देवनागरी पुस्तकों का अवलोकन करने लगीं। मेरी बहनों को छोटी आयु में, माता ही उन्हें शिक्षा दिया करती थीं। जब से मैंने आर्यसमाज में प्रवेश किया, तब से माता से खूब वार्तालाप होता। उस समय की अपेक्षा अब उनके विचार भी कुछ उदार हो गये हैं। यदि मुझे ऐसी माता न मिलती, तो मैं भी अति साधारण मनुष्यों की भाँति संसार-चक्र में फँसकर जीवन निर्वाह करता। शिक्षादि के अतिरिक्त क्रान्तिकारी जीवन में भी उन्होंने मेरी वैसी ही सहायता की है, जैसी मैजिनी की उनकी माता ने की थी। माता का सबसे बड़ा आदेश मेरे लिये यही था कि किसी की प्राण-हानि न हो। उनका कहना था कि अपने शत्रु को भी कभी प्राण-दंड न देना। उनके इस आदेश की पूर्ति करने के लिए मुझे मजबूरन दो-एक बार अपनी प्रतिज्ञा भंग भी करनी पड़ी थी।'

बिस्मिल आगे माता को सम्बोधित करते हुए लिखते हैं—'जन्मदात्री जननी, इस जीवन में तो तुम्हारा ऋण परिशोध करने के प्रयत्न करने का भी अवसर न मिला। इस जन्म में तो क्या यदि अनेक जन्मों में भी सारे जीवन प्रयत्न करूँ तो तुमसे उऋण नहीं हो सकता। जिस प्रेम तथा दृढ़ता के साथ तुमने इस तुच्छ जीवन का सुधार किया है, वह अवर्णनीय है। मुझे जीवन की प्रत्येक घटना का स्मरण है कि तुमने किस प्रकार अपनी दैवी वाणी का उपदेश करके मेरा सुधार किया है। तुम्हारी दया से ही मैं देशसेवा में संलग्न हो सका। धार्मिक जीवन में भी तुम्हारे ही प्रोत्साहन ने सहायता दी। जो कुछ शिक्षा मैंने ग्रहण की उसका भी श्रेय तुम्हीं को है। जिस मनोहर रूप से तुम मुझे उपदेश करती थीं उसका स्मरण कर तुम्हारी स्वर्गीय मूर्ति का ध्यान आ जाता और नतमस्तक हो जाता है। तुम्हें यदि मुझे ताड़ना भी देनी हुई तो बड़े स्नेह से हर एक बात को समझा दिया। यदि मैंने धृष्टतापूर्ण उत्तर दिया तब तुमने प्रेम-भरे शब्दों में यही कहा कि तुम्हें जो अच्छा लगे वह करो, किन्तु ऐसा करना ठीक नहीं, इसका परिणाम अच्छा न होगा। जीवनदात्री! तुमने इस शरीर को जन्म देकर केवल पालन-पोषण ही नहीं किया किन्तु आत्मिक, धार्मिक तथा सामाजिक उन्नति में तुम्हीं मेरी सदैव सहायक रहीं। जन्म-जन्मान्तरण परमात्मा ऐसी ही माता दें! यही इच्छा है।

'महान से महान संकट में भी तुमने मुझे अधीर न होने दिया। सदैव अपनी प्रेम-भरी वाणी को सुनाते हुए मुझे सान्त्वना देती रहीं। तुम्हारी दया की छाया में मैंने अपने जीवन-भर में कोई कष्ट न अनुभव किया। इस संसार में मेरी किसी भी भोग-विलास तथा ऐश्वर्य की इच्छा नहीं। केवल एक तृष्णा है। वह यह कि

एक बार श्रद्धापूर्वक तुम्हारे चरणों की सेवा करके अपने जीवन को सफल बना लेता किन्तु यह इच्छा पूर्ण होती नहीं दिखाई देती और तुम्हें मेरी मृत्यु का दुख संवाद सुनाया जाएगा। माँ, मुझे विश्वास है कि तुम यह समझकर धैर्य धारण करोगी कि तुम्हारा पुत्र माताओं की माता—भारतमाता की सेवा में अपने जीवन को बलिवेदी की भेंट कर गया और उसने तुम्हारे कुल को कलंकित न किया, अपनी प्रतिज्ञा पर दृढ़ रहा। जब स्वाधीन भारत का इतिहास लिखा जावेगा, तो उसके किसी पृष्ठ पर उज्ज्वल अक्षरों में तुम्हारा भी नाम लिखा जाएगा। गुरु गोविन्दसिंह की धर्मपत्नी ने जब अपने पुत्रों की मृत्यु का संवाद सुना था तो बहुत हर्षित हुई और गुरु के नाम पर धर्म-रक्षार्थ अपने पुत्रों के बलिदान पर मिठाई बाँटी थी। जन्मदात्री! वर दो कि अन्तिम समय भी मेरा हृदय किसी प्रकार विचलित न हो और तुम्हारे चरण कमलों को प्रणाम कर मैं परमात्मा का स्मरण करता हुआ शरीर त्याग करूँ।'

बिस्मिल के जीवन पर स्वामी सोमदेव का भी बहुत प्रभाव पड़ा। वे शाहजहाँपुर आते तो आर्यसमाज मन्दिर ही उनका ठिकाना होता। अध्यात्म के साथ सामाजिक और राजनीतिक विषयों में उनकी सघन रुचियाँ थीं। उनका ज्ञान अद्भुत था। बिस्मिल कहते हैं कि लाला हरदयाल भी उनसे परामर्श लिया करते थे। वे बिस्मिल से बार-बार कहते कि इन्ट्रेन्स करने के बाद योरोप की यात्रा अवश्य करना। इटली जाकर महात्मा मैजिनी की जन्मभूमि देखना। भाई परमानन्द के प्रति बिस्मिल बहुत आस्थावान थे। 1916 में जब प्रथम लाहौर षड्यन्त्र केस चला तो उसकी खबरें बिस्मिल को बहुत बाँधती थीं। उन्हें भाई परमानन्द की 'तवारीख हिन्द' पढ़कर बहुत सन्तोष मिला। इस मुकदमे में जब परमानन्द की सजा का समाचार पढ़ा तो उनके शरीर में आग लग गयी। उन्होंने प्रण कर लिया कि वे जीवन भर अँग्रेज़ी राज्य को विध्वंस करने का प्रयत्न करते रहेंगे।

स्वामी सोमदेव का देहान्त हो जाने के बाद बिस्मिल देश के लिए अधिक सोचने लगे। शाहजहाँपुर में पंडित श्रीराम वाजपेयी ने 'सेवासमिति' बनाई तो उसमें काम शुरू कर दिया। लोकमान्य तिलक के लखनऊ आने की खबर पाकर बिस्मिल का उत्साह तब देखते ही बनता था। तिलक के प्रति उनके भीतर गहरा आदर भाव था।

लखनऊ काँग्रेस के दफ्तर में आकर ही उन्हें पता लगा कि कोई 'गुप्त समिति' भी है जो हथियारों के बल पर देश को स्वतन्त्र कराने में विश्वास रखती है। बिस्मिल की चेतना को जैसे किसी ने झकझोर दिया। वे एक मित्र के माध्यम से उस समिति के सदस्य बन गये। समिति के पास धन की कमी थी। हथियार भी अधिक नहीं थे। उनके मन में आया कि एक पुस्तक प्रकाशित की जाए। 'अमरीका को स्वाधीनता कैसे मिली' लिखी जा चुकी थी। माता से कहा तो उन्होंने

इस काम के लिए 200 रुपये दिए। पुस्तक की बिक्री होने पर माता के रुपये वापस कर दिए। उसी समय 'देशवासियों के नाम सन्देश' नामक एक पर्चा भी छपवाया जिसे कई जिलों में लगवाया और बाँटा गया। 'अमरीका को स्वाधीनता कैसे मिली' को सरकार ने जब्त कर लिया। बिस्मिल ने कई हथियारों की खरीद-फरोख्त कर ली थी। उसी समय पंडित गेन्दालाल दीक्षित और ब्रह्मचारी दल सहित ग्वालियर में गिरफ्तार हो गये। मैनपुरी का मुकदमा चल पड़ा। इसमें बिस्मिल भी नामजद थे। पर वे फरार हो गये। उनका वह समय बहुत कठिनाई भरा रहा। मैनपुरी के मामले में सरकार का बहुत रुपया व्यय हो गया था, पर कोई बड़ा लीडर हाथ भी न आया। ऐसे में सरकार ने सबूत की कमजोरी के चलते आम माफी की घोषणा कर दी।

राजकीय घोषणा के पश्चात बिस्मिल शाहजहाँपुर आए। उस समय तक एक क्रान्तिकारी के रूप में लोग उनका नाम जानने लगे थे। अपने शहर में जब वे लौटकर आए तब उनके लिए सब कुछ बदला हुआ था। उन्होंने लिखा है—'कोई पास तक खड़े होने का साहस न करता था। जिसके पास मैं जाकर खड़ा हो जाता था, वह नमस्ते कर चल देता था। पुलिस का बड़ा प्रकोप था। प्रत्येक समय वह छाया की भाँति पीछे-पीछे फिरा करती थी। इस प्रकार का जीवन कब तक व्यतीत किया जाए। मैंने कपड़ा बुनने का काम सीखना आरम्भ किया। जुलाहे बड़ा कष्ट देते थे। कोई काम सिखाना नहीं चाहता था। बड़ी कठिनाई से मैंने कुछ काम सीखा। उसी समय एक कारखाने में मैनेजरी का स्थान खाली हुआ। मैंने उसी स्थान के लिए प्रयत्न किया। मुझसे पाँच सौ रुपये की जमानत माँगी गयी। मेरी दशा बड़ी सोचनीय थी। तीन-तीन दिवस तक भोजन प्राप्त नहीं होता था, क्योंकि मैंने प्रतिज्ञा की थी कि किसी से कुछ सहायता न लूँगा। पिता से बिना कुछ कहे मैं चला आया था। मैं पाँच सौ रुपये कहाँ से लाता। मैंने एक-दो मित्रों से केवल दो सौ रुपये की जमानत देने की प्रार्थना की। उन्होंने साफ इनकार कर दिया। मेरे हृदय पर वज्रपात हुआ। संसार अन्धकारमय दिखाई देता था। पर बाद को एक मित्र की कृपा से नौकरी मिल गयी। अब अवस्था कुछ सुधरी। मैं भी सभ्य पुरुषों की भाँति जीवन व्यतीत करने लगा। मेरे पास भी चार पैसे हो गये। वे ही मित्र, जिनसे मैंने दो सौ रुपये की जमानत देने की प्रार्थना की थी, अब मेरे पास चार-चार हजार रुपयों की थैली, अपनी बन्दूक, लाइसेन्स इत्यादि सब डाल जाते थे कि मेरे यहाँ उनकी वस्तुएँ सुरक्षित रहेंगी। इस समय के फेर को देखकर मुझे हँसी आती थी।'

'अमरीका को स्वाधीनता कैसे मिली' जब्त हो चुकी थी। अब बिस्मिल ने 'कैथेराइन' लिखी। पुस्तक के प्रकाशन में उन्हें घाटा हो रहा था। इसके बाद

'स्वदेशी रंग' लिखकर प्रकाशक को सौंप दी। फिर 'क्रान्तिकारी जीवन' लिखी जिसे कोई प्रकाशक छापने को तैयार न हुआ। वे 'राम' और 'अज्ञात' नाम से लेख भी लिखा करते थे जो विभिन्न पत्र-पत्रिकाओं में प्रकाशित हुए। बिस्मिल ने अरविन्द घोष की बंगला पुस्तक 'योगिक साधन' का अनुवाद भी किया। बनारस में एक प्रकाशक छापने को तैयार हुआ लेकिन कुछ समय बाद ही वह अपने साहित्य मन्दिर में ताला डालकर कहीं रफूचक्कर हो गया। 'बोलशेविक की करतूत' और 'मन का लहर' छपीं लेकिन उन्हें बेचने में प्रकाशक ने धोखाधड़ी की।

मैनपुरी षड्यन्त्र केस की आम माफी के बाद एक बार तो बिस्मिल ने क्रान्तिकारी कामों में हिस्सेदारी न करने का फैसला ले लिया था, पर फिर भी वे उसी ओर चल पड़े। वे स्वयं बताते हैं कि इसका कारण यह था कि मेरी तृष्णा न बुझी थी, मेरे दिल के अरमान न निकले थे। असहयोग आन्दोलन शिथिल हो चुका था। उन्होंने पहले एक बार असहयोगियों को टटोला। पर वहाँ ठंडापन मिला। वे लिखते हैं—'उनकी आशाओं पर पानी फिर चुका था। निज की पूँजी समाप्त हो चुकी थी। घर में व्रत हो रहे थे। आगे की भी कोई विशेष आशा न थी। काँग्रेस में भी स्वराज्य दल का जोर हो गया था। जिनके पास कुछ धन तथा इष्ट मित्रों का संगठन था, वे कौंसिलों तथा असेम्बली के सदस्य बन गये। ऐसी अवस्था में यदि क्रान्तिकारी संगठनकर्त्ताओं के पास पर्याप्त धन होता तो वे असहयोगियों को हाथ में लेकर उनसे काम ले सकते थे। जितना भी सच्चा काम करनेवाला हो, किन्तु पेट तो सबके है। दिन में थोड़ा-सा अन्न क्षुधा निवृत्ति के लिए मिलना परमावश्यक है। फिर शरीर ढँकने की भी आवश्यकता होती है। अतएव कुछ प्रबन्ध ही ऐसा होना चाहिए, जिसमें नित की आवश्यकताएँ पूरी हो जाएँ।'

बिस्मिल ने विपरीत परिस्थितियों में क्रान्तिकारी कार्यों का संचालन शुरू कर दिया। क्रान्तिकारी पर्चे आए तो उन्हें भी वितरित कराया। पर समिति के सदस्यों की बड़ी दुर्दशा थी। वे बताते हैं—'चने मिलना भी कठिन था। सब पर कुछ न कुछ कर्ज हो गया था। किसी के पास साबुत कपड़े तक न थे। कुछ विद्यार्थी बनकर धर्मक्षेत्रों तक में भोजन कर आते थे। चार-पाँच ने अपने-अपने केन्द्र त्याग दिए। पाँच सौ से अधिक रुपये मैं कर्ज लेकर व्यय कर चुका था। यह दुर्दशा देख मुझे कष्ट होने लगा। मुझसे भी भरपेट भोजन न किया जाता था। सहायता के लिए कुछ सहानुभूति रखने वालों का द्वार खटखटाया, किन्तु कोरा उत्तर मिला। मैं किंकर्त्तव्यविमूढ़ था। कुछ समझ में न आता था। कोमल-हृदय नवयुवक मेरे चारों ओर बैठकर कहा करते—पंडित जी, अब क्या करें? मैं उनके सूखे-सूखे मुख देख बहुत रो पड़ता कि स्वदेश-सेवा का व्रत लेने के कारण फ़कीरों से भी

बुरी दशा हो रही है। एक-एक कुर्ता तथा धोती भी ऐसी नहीं थी जो साबुत होती। लँगोट बाँधकर दिन व्यतीत करते थे। अँगोछे पहन कर नहाते थे, एक समय क्षेत्र में भोजन करते थे, एक समय दो-दो पैसे के सत्तू खाते थे। मैं पन्द्रह वर्ष से एक समय दूध पीता था। इन लोगों की यह दशा देखकर मुझे दूध पीने का साहस न होता था। मैं भी सबके साथ बैठकर सत्तू खा लेता था। मैंने विचार किया कि इतने नवयुवकों के जीवन को नष्ट करके उन्हें कहाँ भेजा जाए। जब समिति का सदस्य बनाया था, तो लोगों ने बड़ी-बड़ी आशाएँ बाँधी थीं। कइयों का पढ़ना-लिखना छुड़ाकर काम में लगा दिया था। पहले से मुझे यह हालत मालूम होती तो मैं कदापि इस प्रकार की समिति में योग न देता। क्या करूँ, कुछ समझ में नहीं आता था। अन्त में धैर्य धारण कर दृढ़तापूर्वक कार्य करने का निश्चय किया।'

लेकिन बंगाल आर्डनेन्स के निकलते ही गिरफ्तारियाँ हुईं जिसका असर यह हुआ कि नवयुवक निष्क्रिय हो गये। बिस्मिल उन कठिन दिनों के बारे में लिखते हैं—'क्या प्रबन्ध किया जाए, कुछ निर्णय नहीं कर सके। मैंने प्रयत्न किया कि किसी तरह एक सौ रुपया मासिक का कहीं से प्रबन्ध हो जाए। प्रत्येक केन्द्र के प्रतिनिधि से हर प्रकार से प्रार्थना की कि समिति के सदस्यों से कुछ सहायता लें, मासिक चन्दा वसूल करें पर किसी ने न सुनी। कुछ सज्जनों से व्यक्तिगत प्रार्थना की कि वे अपने वेतन में से कुछ मासिक दे दिया करें। किसी ने कुछ ध्यान न दिया। सदस्य रोज मेरे द्वार पर खड़े रहते थे। पत्रों की भरमार थी कि कुछ धन का प्रबन्ध कीजिए, भूखों मर रहे हैं। दो-एक को व्यवसाय में लगाने का भी इन्तजाम किया। दो-चार जिलों में काम बन्द कर दिया, वहाँ के कार्यकर्त्ताओं से स्पष्ट शब्दों में कह दिया कि हम मासिक शुल्क नहीं दे सकते। यदि निर्वाह का कोई दूसरा मार्ग हो, और उस पर ही निर्भर रहकर कार्य कर सकते हो तो करो। हमसे जिस समय हो सकेगा देंगे, किन्तु मासिक वेतन देने के लिए हम बाध्य नहीं। कोई बीस रुपये कर्ज के माँगता था, कोई पचास का बिल भेजता था और कइयों ने असन्तुष्ट होकर कार्य छोड़ दिया। मैंने भी समझ लिया—ठीक ही है, पर इतना करने पर भी गुजर न हो सकी।'

उस समय क्रान्तिकारी दल की स्थिति और तत्कालीन सामाजिक परिवेश को बिस्मिल ने अपने अनुभवों से गहराई से जान-समझ लिया था। दल में कुछ बनावटी तथा दिखावटी लोगों का आना भी उनके लिए चिन्तनीय पक्ष था। वे स्पष्ट कहते हैं कि इस प्रकार के मनुष्य प्रत्येक समाज तथा प्रत्येक जाति में पाए जाते हैं। इनसे क्रान्तिकारी दल भी मुक्त नहीं रह सकता। आत्मकथा में उन्होंने लिखा है—'नवयुवकों का स्वभाव चंचल होता है, वे शान्त रहकर संगठित कार्य करना बड़ा दुष्कर समझते हैं। उनके हृदय में उत्साह की उमंगें उठती हैं। वे समझते

हैं दो-चार अस्त्र हाथ आए कि हमने गवर्नमेन्ट को नाकों चने चबबा दिए। मैं भी जब क्रान्तिकारी दल में योग देने का विचार कर रहा था, उस समय मेरी उत्कंठा थी कि यदि एक रिवाल्वर मिल जाए तो दस-बीस अँग्रेजों को मार दूँ। इसी प्रकार के भाव मैंने कई नवयुवकों में देखे। उनकी बड़ी प्रबल हार्दिक इच्छा होती है कि किसी प्रकार एक रिवाल्वर या पिस्तौल उनके हाथ लग जाए तो वे उसे अपने पास रख लें। मैंने उनसे रिवाल्वर पास रखने का लाभ पूछा तो कोई सन्तोषजनक उत्तर नहीं दे सके। कई युवकों को मैंने इस शौक को पूरा करने में सैकड़ों रुपये बरबाद करते भी देखा है। किसी क्रान्तिकारी आन्दोलन के सदस्य नहीं, कोई विशेष कार्य भी नहीं, महज शौकिया रिवाल्वर पास रखेंगे।'

इन स्थितियों और जटिलताओं के मध्य झूल रहे थे बिस्मिल। बिना धन के होता कुछ दिखाई नहीं पड़ रहा था उन्हें। एकबारगी लग रहा था कि सारे मार्ग अवरुद्ध हैं। पर कुछ तो करना ही था। ऐसे में उन्होंने डाका डालना तय किया। पर किसी की व्यक्तिगत सम्पत्ति पर हाथ मारना उन्हें उचित नहीं लगा। सोचा, यदि लूटना है तो सरकारी माल क्यों न लूटा जाए। इसी उधेड़बुन में एक दिन वे रेल में जा रहे थे। गार्ड के डिब्बे के पास ही बैठे थे। देखा कि स्टेशन आने पर स्टेशन मास्टर एक थैली लाकर गार्ड के डिब्बे में डाल गया। कुछ खटपट की आवाज हुई। उतरकर देखा तो वहाँ एक लोहे का सन्दूक रखा था। इसी में थैली डाली जाती थी। अगले स्टेशन पर फिर वही दृश्य। बिस्मिल ने देखा कि लोहे का सन्दूक गार्ड के डिब्बे में किसी जंजीर से भी नहीं बँधा है। ताला भी नहीं। लखनऊ आने पर आमदनीवाला सन्दूक आसानी से उतार लिया गया। यह सब देखकर उन्होंने तय कर लिया कि इसी को लूटूँगा।

यह पृष्ठभूमि थी काकोरी रेलवे डकैती की जिसे बिस्मिल के नेतृत्व में 9 अगस्त, 1925 को काकोरी और आलमनगर के बीच सवारी गाड़ी रोककर दस क्रान्तिकारी नवयुवकों ने सम्पन्न किया था। बिस्मिल की आत्मकथा में काकोरी के घटनाक्रम से पूर्व बमरोली और बिचपुरी गाँवों की डकैतियों का जिक्र नहीं आता जो उनके नेतृत्व में डाली गयी थीं। शायद आत्मरचना में उनका उल्लेख करना तब उन्होंने उचित न समझा हो। यद्यपि बिस्मिल स्वयं ऐसे एक्शनों से ऊब गये थे और वे सरकार पर सीधा हमला करना चाहते थे। काकोरी कांड उनकी इसी सोच का नतीजा था। योजना की प्रशंसा में फूल बरसाने चाहिए कि जंजीर खींचकर चन्द मिनटों में रेल का धन लूटकर क्रान्तिकारी वहीं कहीं अँधेरे जंगलों में गायब हो गये। इस साहसपूर्ण अभियान में अशफ़ाक़उल्ला की भूमिका सर्वाधिक विशिष्ट थी। गार्ड के डिब्बे से सन्दूक जब तोड़ने के लिए नीचे गिरा लिया गया तब उस पर अनेक प्रहार किए गये, लेकिन वह टूटा नहीं। यह देखकर अशफ़ाक़

ने अपनी बलिष्ठ भुजाओं से उसे तोड़ने में मदद की। सरकार बौखला गयी। पुलिस सचेत हुई। खोजबीन शुरू हो गयी। शाहजहाँपुर में कुछ नये लोग दिखाई पड़ने लगे। पुलिस के विशेष सदस्य बिस्मिल से भी मिले। शहर भर में चारों तरफ चर्चा थी कि रेलवे डकैती किसने कर ली। शाहजहाँपुर में डकैती के एक-दो नोट निकल आए। जाँच में अब कुछ तेजी आ गयी। कुछ मित्रों ने बिस्मिल से कहा कि सतर्क रहो, तुम्हारी गिरफ्तारी जरूर हो जाएगी। पर बिस्मिल कुछ समझ नहीं पा रहे थे। सोचा यदि पकड़े भी गये तो उनके विरुद्ध पुलिस को क्या मिलेगा। अपनी बुद्धि पर कुछ ज्यादा ही भरोसा था उन्हें। दूसरों का कहा उन्हें समझ न आता था। वे इस तरह भी सोचने लग गये थे कि पकड़े जाने पर तो देश की सहानुभूति की परीक्षा भी हो जाएगी। जिस देश पर वे अपना बलिदान देने को उपस्थित हैं, उस देश के वासी उनके साथ कितना लगाव रखते हैं। उन्हें कुछ जेल का अनुभव भी प्राप्त करना था। वास्तव में वे काम करते-करते थक गये थे। भविष्य के कार्यों में अधिक नरहत्या का ध्यान करके उन्हें अजीब-सा महसूस होता। उन्होंने जैसे सब कुछ घटित होने के लिए छोड़ दिया था।

शाहजहाँपुर में उनकी गिरफ्तारी का वर्णन उन्हीं के शब्दों में—'रात्रि के समय ग्यारह बजे के लगभग एक मित्र के यहाँ से अपने घर पर गया। रास्ते में खुफिया पुलिस के सिपाहियों से भेंट हुई। कुछ विशेष रूप से उस समय भी वे मेरी देखभाल कर रहे थे। मैंने कोई चिन्ता न की और घर पर जाकर सो गया। प्रातःकाल चार बजने पर जगा, शौचादि से निवृत्त होने पर बाहर द्वार पर बन्दूक के कुन्दों का शब्द सुनाई दिया। मैं समझ गया कि पुलिस आ गयी है। मैं तुरन्त ही द्वार खोलकर बाहर गया। एक पुलिस अफसर ने बढ़कर हाथ पकड़ लिया। मैं गिरफ्तार हो गया। मैं केवल एक अँगोछा पहने हुए था। पुलिसवालों को अधिक भय न था। पूछा यदि घर में कोई अस्त्र हो तो दे दीजिए। मैंने कहा कोई आपत्तिजनक वस्तु घर में नहीं। उन्होंने बड़ी सज्जनता की। मेरे हथकड़ी इत्यादि कुछ न डाली। मकान की तलाशी लेते समय एक पत्र मिल गया, जो मेरी जेब में था। कुछ होनहार कि तीन-चार पत्र मैंने लिखे थे। डाकखाने में डालने को भेजे, तब तक डाक निकल चुकी थी। मैंने वे सब इस ख्याल से अपने पास ही रख लिये कि डाक के बम्बे में डाल दूँगा। फिर विचार किया जैसे बम्बे में पड़े रहेंगे, वैसे जेब में पड़े हैं। मैं उन पत्रों को वापस घर ले आया। उन्हीं में एक पत्र आपत्तिजनक था जो पुलिस के हाथ लग गया। गिरफ्तार होकर पुलिस कोतवाली पहुँचा। वहाँ पर खुफिया पुलिस के एक अफसर से भेंट हुई। उस समय उन्होंने कुछ ऐसी बातें कीं, जिन्हें मैं या एक व्यक्ति और जानता था। कोई तीसरा व्यक्ति

इस प्रकार से ब्यौरेवार नहीं जान सकता था। मुझे बड़ा आश्चर्य हुआ। किन्तु सन्देह इस कारण न हो सका कि मैं दूसरे व्यक्ति के कार्यों पर अपने शरीर के समान ही विश्वास करता था। शाहजहाँपुर में जिन-जिन व्यक्तियों की गिरफ्तारी हुई, वह भी बड़ी आश्चर्यजनक प्रतीत होती थी। जिन पर सन्देह भी न था, पुलिस उन्हें कैसे जान गयी। दूसरे स्थानों पर क्या हुआ कुछ भी न मालूम हो सका। जेल पहुँच जाने पर थोड़ा बहुत अनुमान कर सका कि सम्भवतः दूसरे स्थानों में भी गिरफ्तारियाँ हुई होंगी। गिरफ्तारियों के समाचार सुनकर शहर के सभी मित्र भयभीत हो गये। किसी से इतना भी न हो सका कि जेल में हम लोगों के पास समाचार भेजने का प्रबन्ध कर देता।'

वे आगे लिखते हैं—'जेल पहुँचते ही खुफिया पुलिसवालों ने यह प्रबन्ध कराया कि हम एक-दूसरे से अलग रखे जाएँ, किन्तु फिर भी एक-दूसरे से बातचीत हो जाती थी। यदि साधारण कैदियों के साथ रहते तब तो बातचीत का पूर्ण प्रबन्ध हो जाता, इस कारण से सबको अलग-अलग तन्हाई की कोठरियों में बन्द किया गया। यही प्रबन्ध दूसरे जिलों की जेलों में भी, जहाँ-जहाँ भी इस सम्बन्ध में गिरफ्तारियाँ हुई थीं, किया गया था। जेल अधिकारियों से मिलकर पुलिस यह भी प्रबन्ध करा देती है कि मुलाकात करनेवालों से घर के सम्बन्ध में बातचीत करें, मुकदमे के सम्बन्ध में कोई बातचीत न करें। सुविधा के लिए सबसे प्रथम यह परमावश्यक है कि एक विश्वासपात्र वकील किया जाए जो यथासमय आकर बातचीत कर सके। वकील के लिए किसी प्रकार की रुकावट नहीं हो सकती। वकील के साथ अभियुक्त की जो बातें होती हैं, उनको कोई दूसरा नहीं सुन सकता। क्योंकि इस प्रकार का कानून है, यह अनुभव बाद में हुआ। गिरफ्तारी के बाद शाहजहाँपुर के वकीलों से मिलना भी चाहा, किन्तु शाहजहाँपुर में ऐसे दब्बू वकील रहते हैं, जो सरकार के विरुद्ध मुकदमे में सहायता देने में हिचकते हैं।'

काकोरी के इस मुकदमे में शाहजहाँपुर के बनारसीलाल के भंडाफोड़ करने से सारा राज खुल गया था। इस सम्बन्ध में बिस्मिल के विचारों को जान लेना ज़रूरी लगता है—'मुझसे खुफिया पुलिस के कप्तान साहब मिले। थोड़ी-सी बातें करके अपनी इच्छा प्रकट की कि मुझे सरकारी गवाह बनाना चाहते हैं। थोड़े दिनों में एक मित्र ने भयभीत होकर कि कहीं वह भी न पकड़ा जाए, बनारसीलाल से भेंट की और समझा-बुझाकर उसे सरकारी गवाह बना दिया। बनारसीलाल बहुत घबराता था कि कौन सहायता देगा, सज़ा ज़रूर हो जाएगी। यदि किसी वकील से मिल लिया होता तो उसका धैर्य न टूटता। पं. हरकरननाथ शाहजहाँपुर आए, जिस समय वह अभियुक्त प्रेमकृष्ण खन्ना से मिले, उस समय अभियुक्त ने पं. हरकरननाथ से बहुत कुछ कहा कि मुझसे तथा दूसरे अभियुक्तों से मिल

लें। यदि वह कहा मान जाते और मिल लेते तो बनारसीलाल को साहस हो जाता और वह डटा रहता। उसी रात्रि को पहले एक इन्स्पेक्टर बनारसीलाल से मिले। फिर जब मैं सो गया तब बनारसी को निकालकर ले गये। प्रात:काल पाँच बजे के करीब, जब बनारसीलाल की कोठरी में से कुछ शब्द न सुनाई दिया, तो मैंने बनारसीलाल को पुकारा। पहरे पर जो कैदी था, उससे मालूम हुआ, बनारसीलाल बयान दे चुके। बनारसीलाल के सम्बन्ध में सब मित्रों ने कहा कि इससे अवश्य धोखा होगा, पर मेरी बुद्धि में कुछ न समाया था। प्रत्येक जानकार ने बनारसीलाल के सम्बन्ध में यही भविष्यवाणी की थी कि वह आपत्ति पड़ने पर अटल न रह सकेगा। इस कारण सबने उसे किसी प्रकार के गुप्त कार्य लेने की मनाही की थी। अब तो जो होना था सो हो ही गया।'

कौन था वह मित्र जिसने पकड़े जाने के भय से बनारसीलाल से भेंट की और समझा-बुझाकर उसे सरकारी गवाह बना दिया। बिस्मिल ने अपनी आत्मकथा में इसका नामोल्लेख नहीं किया है।

कुछ दिन बाद जिला कलक्टर मिले बिस्मिल से। कहा उनसे कि फाँसी हो जाएगी। बचना हो तो बयान दे दो। बिस्मिल कुछ न बोले। उसके बाद खुफिया पुलिस के कप्तान ने मिलकर उन्हें कुछ कागज दिखाए। बिस्मिल समझ गये कि मामला दूर तक पहुँच गया है। उन्होंने घुमाना चाहा। पर वह निष्फल रहा। सरकार को विश्वसनीय सूत्र हाथ आ चुके थे। फिर भी कप्तान ने कहा कि बंगाल से सम्बन्ध बताकर बोलशेविकों के बारे में वे बयान दे दें तो थोड़ी सज़ा दिला देंगे, फिर जेल से निकालकर इंग्लैंड भेज दिया जाएगा।

बिस्मिल इन प्रस्तावों पर मन-ही-मन हँसते रहे। इसके बाद गुप्तचर विभाग के अधिकारी आए तब बिस्मिल ने कोठरी से निकलने से ही मना कर दिया। वे बाहर से ही बातें करते रहे और परेशान होकर लौट गये।

अब शिनाख्तें हुईं। मुकदमा लखनऊ में चला। बिस्मिल कहते हैं—'लखनऊ जैसे जनाने शहर में मुकदमा हुआ, जहाँ अदालत में कोई शहर का आदमी न आता था। इतना भी तो न हुआ कि एक अच्छा प्रेस रिपोर्टर ही रहता, जो मुकदमे की सारी कार्यवाही, जो कुछ अदालत में होता था, प्रेस में भेजता रहता। इंडियन डेली टेलीग्राफ वालों ने कृपा की। यदि कोई अच्छा रिपोर्टर आ भी गया और जो कुछ अदालत की कार्यवाही ठीक-ठीक प्रकाशित हुई तो पुलिसवालों ने जज साहब से मिलकर तुरन्त उस रिपोर्टर को निकलवा दिया।'

बिस्मिल ने अपनी आत्मरचना में चीज़ों को बहुत साफ तौर पर लिखा और स्वीकार किया है। वे कहते हैं—'जनता की कोई सहानुभूति न थी। जो पुलिस के में आया, करती रही। इन सारी बातों को देखकर जज साहब का साहस बढ़

गया। उसने जैसा चाहा सब कुछ किया। अभियुक्त चिल्लाए—हाय! हाय! पर कुछ सुनवाई न हुई। और बातें तो दूर, श्रीयुत् दामोदर स्वरूप सेठ को पुलिस ने जेल में सड़ा डाला। लगभग एक वर्ष तक वे जेल में तड़फते रहे। सौ पौंड से केवल छियासठ पौंड वजन रह गया। कई बार जेल में मरणासन्न हो गये। नित्य बेहोशी आ जाती थी। लगभग दस मास तक कुछ भी भोजन न कर सके। जो कुछ छटाँक-दो छटाँक दूध किसी प्रकार पेट में पहुँच जाता था, उससे इस प्रकार की विकट वेदना खड़ी होती थी कि कोई उनके पास खड़ा होकर छटपटाने के दृश्य को देख न सकता था। एक मेडिकल बोर्ड बनाया गया, जिसमें तीन डॉक्टर थे। उनकी कुछ समझ में न आया, तो कह दिया कि सेठ को कोई बीमारी ही नहीं है।'

जेल से अदालत लाए जाते समय दामोदर स्वरूप सेठ और राजेन्द्र लाहिड़ी दो ही ऐसे क्रान्तिकारी थे जो 'भारतीय प्रजातन्त्र की जय' के नारे लगाया करते थे। क्रान्तिकारियों की प्रगतिशीलता को जानने-समझने के लिए इस तथ्य पर गौर किया जाना चाहिए कि काकोरी के ये नौजवान स्वतन्त्रता से प्रजातन्त्र की यात्रा की तरफ बढ़ गये थे जबकि काँग्रेस आगे चलकर 1929 तक 'पूर्ण स्वतन्त्रता' के प्रस्ताव तक पहुँच पाने में भी लड़खड़ा रही थी। इस ज़रूरी पक्ष की ओर भी ध्यान दिया जाना चाहिए कि काकोरी के क्रान्तिकारी यद्यपि धार्मिक आस्थाओं के थे, बावजूद इसके उनके मध्य धर्म और ईश्वर जैसे सवालों पर तर्क और बहसें शुरू हो चुकी थीं। राजेन्द्र लाहिड़ी और मन्मथनाथ गुप्त अनीश्वरवाद की चर्चाएँ करने लग गये थे। प्रगतिशीलता का यही वह प्रस्थान-बिन्दु था जिस पर निकट भविष्य में भगतसिंह को नयी इबारत गढ़नी थी। काकोरी के मामले से पूर्व शचीन्द्रनाथ सान्याल और योगेशचन्द्र चटर्जी की अगुवाई में जिस क्रान्तिकारी संगठन का निर्माण हुआ था उसे 'हिन्दुस्तान प्रजातन्त्र संघ' का नाम दिया गया, जिसका एक संविधान भी गढ़ा गया जो 'पीला पर्चा' के नाम से विख्यात हुआ। इसमें लिखा गया था कि क्रान्तिकारी एक ऐसे समाज का निर्माण करना चाहते हैं जिसमें एक मनुष्य के द्वारा दूसरे मनुष्य का शोषण नहीं होगा और न ही एक राष्ट्र के द्वारा दूसरे राष्ट्र का। संगठन का जाल पूरे देश में फैलाने की चेष्टाएँ की गयीं। यह पहला अवसर था जब क्रान्तिकारियों ने अखिल भारतीय स्तर पर अपने दल को विस्तारित करने का व्यापक ताना-बाना बुना। काकोरी का मुकदमा जब लखनऊ में चला और उसकी कार्यवाही काफी आगे बढ़ गयी तब तक अशफ़ाक़उल्ला और शचीन्द्रनाथ बख्शी गिरफ्तार नहीं हुए थे। वे दोनों बाद को पकड़े गये तब उन पर पूरक मुकदमा चला। इस मामले को देश भर में बहुत ख्याति मिली। बिस्मिल अपने मुकदमे को स्वयं देख रहे थे। जिस दिन सफाई की बहस उन्होंने

समाप्त की, सरकारी वकील ने उठकर मुक्त कंठ से उनकी प्रशंसा की कि सैकड़ों वकीलों से अच्छी बहस की।

जिस दिन खुफिया पुलिस को मालूम हुआ कि बिस्मिल 8, 9 व 10 अगस्त, 1925 को शाहजहाँपुर में नहीं थे, अधिक जाँच होने लगी। इसी समय यह रहस्य भी खुला कि बिस्मिल की क्रान्तिकारी दल सम्बन्धी डाक गवर्नमेन्ट स्कूल शाहजहाँपुर के इन्दुभूषण मित्र नाम के एक विद्यार्थी के पास आती है। स्कूल के हेडमास्टर द्वारा इन्दुभूषण के पास आए पत्रों की नकल कराकर अदालत में हार्टन साहब के पास भेजी जाती रही। इन्हीं पत्रों से हार्टन को मालूम हुआ कि मेरठ में प्रान्त की क्रान्तिकारी समिति की बैठक होनेवाली है। हार्टन साहब को एक पत्र बिस्मिल की हस्तलिपि में भी हाथ आ गया जिसमें इस तरह लिखा गया था—'दादा का श्राद्ध नं. 1 पर 13 सितम्बर को मेरठ में होगा, अवश्य पधारिए। मैं अनाथालय में मिलूँगा।

आपका—'रूद्र।'

इन्दुभूषण के पास आए पत्रों से ही पता लगा कि कुछ वस्तुएँ बनारस में किसी विद्यार्थी की कोठरी में बन्द हैं। अनुमान किया गया कि वे हथियार होंगे। तलाशने पर हिन्दू विश्वविद्यालय के एक विद्यार्थी की कोठरी में दो रायफलें मिलीं। इन्दुभूषण ने ही बिस्मिल की गिरफ्तारी की सूचना एक पत्र से बनारस भेजी थी। वह रामनाथ पांडेय था, जिसे भेजे जा रहे एक पत्र को पुलिस ने गिरफ्तारी के समय बिस्मिल के घर से पकड़ लिया था। इन्दुभूषण के गिरफ्तार होने के बाद उसकी डाक में एक मध्य प्रान्त से मिला जिसे हेडमास्टर ने सीधे हार्टन साहब को भेज दिया, जिसके आधार पर ही मोहनलाल खत्री का चान्दा में पता चला और रामकृष्ण खत्री पकड़ लिये गये। देखा जाए तो सारा खुलासा ही शाहजहाँपुर के बनारसीलाल और इन्दुभूषण ने किया था। बनवारी लाल भी इकबाली मुलजिम हो गये। वे रायबरेली जिला काँग्रेस कमेटी के मन्त्री भी रह चुके थे। असहयोग में भी जेल हो आए थे। लेकिन पुलिस की धमकी से घबरा गये। वे पार्टी के एकमात्र ऐसे सदस्य थे जिस पर समिति का सबसे अधिक धन व्यय किया गया। लेकिन उसने बयान दिया कि रामप्रसाद डकैतियों के रुपये से अपने परिवार का निर्वाह करता है। यह अत्यन्त पीड़ादायक था। बिस्मिल ने इस पर कहा है—'इस बात को सुनकर मुझे हँसी भी आई, हृदय पर बड़ा आघात लगा कि जिनकी उदर-पूर्ति के लिए प्राणों को संकट में डाला, दिन को दिन और रात को रात न समझा, बुरी तरह से मार खायी, माता-पिता का कुछ भी ख्याल न किया, वही इस प्रकार आक्षेप करें।'

बिस्मिल ने उन सब विश्वासघातों को दर्ज किया है जो उनके साथ हुए

थे। साथ ही वे यह भी कहते हैं कि मैंने तो सब बातों को जानकर ही इस मार्ग पर पैर रखा था। मुकदमे से पहले संसार का कोई अनुभव ही नहीं था। न कभी जेल देखी, न किसी अदालत का कोई तजुर्बा था। जेल आकर मालूम हुआ कि किसी नयी दुनिया में पहुँच गया। ...इस प्रकार का कोई अनुभव का ज्ञान न रखते हुए भी एक प्रान्त की क्रान्तिकारी समिति का सम्पूर्ण भार लेकर उसका संचालन कर रहा था। बात यह है कि क्रान्तिकारी कार्य की शिक्षा देने के लिए कोई पाठशाला तो है ही नहीं। यही हो सकता था कि पुराने अनुभवी क्रान्तिकारियों से कुछ सीखा जाए। न जाने कितने व्यक्ति बंगाल तथा पंजाब के षड्यन्त्रों में गिरफ्तार हुए, पर किसी ने भी यह उद्योग न किया एक प्रकार की पुस्तक लिखी जाए जिससे नवागन्तुकों को कुछ अनुभव की बातें मालूम होतीं। बिस्मिल ने अपनी आत्मकथा में अपने परिवार के शुरूआती जीवन के बारे में विस्तार से लिखा है। अपनी दादी, माँ और पिता की चर्चा की है तथा अपने बचपन और कुमारावस्था के उन दिनों का सघन विश्लेषण किया जब एक क्रान्तिकारी के रूप में उनका विकास हो रहा था। जेल के भीतर फाँसी की कोठरी में बैठकर अपने अनुभवों को शायद इसीलिए उन्होंने लिपिबद्ध किया था कि भविष्य के क्रान्तिकारी युवक पूर्व के घटनाक्रम से सीखकर आगे का रास्ता तय करें। इसलिए वे क्रान्तिकारी आन्दोलन के परिणामों पर भी एक निष्पक्ष आलोचनात्मक दृष्टि डालते हैं—'ग्यारह वर्ष पर्यन्त यथाशक्ति प्राणपण से चेष्टा करने पर भी हम अपने उद्‌देश्य में कहाँ तक सफल हुए। क्या लाभ हुआ। इसका विचार करने से कुछ अधिक प्रयोजन सिद्ध न होगा, क्योंकि हमने लाभ-हानि अथवा जय-पराजय के विचार से क्रान्तिकारी आन्दोलन में योग नहीं दिया था। हमने जो कुछ किया वह अपना कर्तव्य समझ कर किया। कर्तव्य-निर्णय में हमने कहाँ तक बुद्धिमत्ता से काम लिया, इसका विवेचन करना उचित जान पड़ता है। राजनैतिक दृष्टि से हमारे कार्यों का इतना ही मूल्य है कि कतिपय होनहार नवयुवकों के जीवन को कष्टमय बनाकर नीरस कर दिया, और उन्हीं में से कुछ ने व्यर्थ में जान गँवाई। कुछ धन भी खर्च किया। हिन्दू शास्त्र के अनुसार किसी की अकाल मृत्यु नहीं होती। रह गया धन का व्यय, सो इतना धन तो भले आदमियों के विवाहोत्सवों में व्यय हो जाता है। गण्यमान्य व्यक्तियों की तो केवल विलासिता की सामग्री का मासिक व्यय इतना होगा, जितना कि हमने एक षड्यन्त्र के निर्माण में व्यय किया। हम लोगों को डाकू बताकर फाँसी और काले पानी की सजाएँ दी गयी हैं। किन्तु हम समझते हैं कि वकील और डॉक्टर हमसे कहीं बड़े डाकू हैं। वकील-डॉक्टर दिन-दहाड़े बड़े-तालुकेदारों की जायदादें लूटकर खा गये। वकीलों के चाटे हुए अवध के तालुकेदारों को ढूँढ़े रास्ता भी दिखाई नहीं देता और वकीलों की ऊँची अट्टालिकाएँ उन पर खिलखिलाकर हँस

रही हैं। इसी प्रकार लखनऊ में डॉक्टरों के भी ऊँचे-ऊँचे महल बन गये। किन्तु राज्य में दिन के डाकुओं की प्रतिष्ठा है। अन्यथा रात के साधारण डाकुओं और दिन के इन डाकुओं (वकीलों और डॉक्टरों) में कोई भेद नहीं है। दोनों अपने-अपने मतलब के लिए बुद्धि की कुशलता से प्रजा का धन लूटते हैं।

'ऐतिहासिक दृष्टि से हम लोगों के कार्य का बहुत बड़ा मूल्य है। जिस प्रकार भी हो, यह तो मानना ही पड़ेगा कि गिरी हुई अवस्था में भी भारतवासी युवकों के हृदय में स्वाधीन होने के भाव विराजमान हैं। वे स्वतन्त्र होने की यथाशक्ति चेष्टा भी करते हैं। यदि परिस्थितियाँ अनुकूल होतीं तो यही इने-गिने नवयुवक अपने प्रयत्नों से संसार को चकित कर देते।

'भारतवर्ष के इतिहास में हमारे प्रयत्नों का उल्लेख करना की पड़ेगा, किन्तु इसमें भी कोई सन्देह नहीं है कि भारतवर्ष के राजनैतिक, धार्मिक तथा सामाजिक किसी प्रकार की परिस्थिति इस समय क्रान्तिकारी आन्दोलन के पक्ष में नहीं है। इसका कारण यही है कि वातावरण उस तरह का नहीं है जो क्रान्तिकारी संग्राम को जमीन देने में सहायक हो सके। भारतवासियों में शिक्षा का अभाव है। वे साधारण सामाजिक उन्नति करने में भी असमर्थ हैं। फिर राजनैतिक क्रान्ति की बात कौन कहे। राजनैतिक क्रान्ति के लिए सर्वप्रथम क्रान्तिकारियों का संगठन ऐसा होना चाहिए कि अनेक विघ्न बाधाओं के उपस्थित होने पर भी संगठन में किसी प्रकार त्रुटि न आए। सब कार्य यथावत् चलते रहें। कार्यकर्त्ता इतने योग्य तथा पर्याप्त संख्या में होने चाहिए कि एक की अनुपस्थिति में दूसरा स्थान पूर्ति के लिए सदा उद्यत रहे। भारतवर्ष में कई बार कितने ही षड्यन्त्रों का भंडा फूट गया और सब किया कराया काम चौपट हो गया। जब क्रान्तिकारी दलों की यही अवस्था है तो फिर क्रान्ति के लिए उद्योग कौन करे। देशवासी इतने शिक्षित हों कि वे वर्तमान सरकार की नीति को समझकर अपने हानि-लाभ को जानने में समर्थ हो सकें। वे यह भी पूर्णतया समझते हों कि वर्तमान सरकार को हटाना आवश्यक है या नहीं। साथ ही उनमें इतनी बुद्धि भी होनी चाहिए कि किस रीति से सरकार को हटाया जा सकता है। क्रान्तिकारी दल क्या है। वह क्या करना चाहता है। क्यों करना चाहता है। इन सारी बातों को जनता की अधिक संख्या समझ सके, क्रान्तिकारियों के साथ जनता की पूर्ण सहानुभूति हो, तब कहीं क्रान्तिकारी दल को देश में पैर रखने का स्थान मिल सकता है। यह तो क्रान्तिकारी दल की स्थापना की प्रारम्भिक बातें हैं। रह गयी क्रान्ति, सो वह तो दूर की बात है।'

बिस्मिल क्रान्ति के बारे में गम्भीरता से विचार करते हैं। वे अपने देश में भी क्रान्ति के प्रयत्नों को दुनिया भर की क्रान्तियों को सामने रखकर ही देख-परख रहे थे। वे कहते हैं—'क्रान्ति का नाम भी बड़ा भयंकर है। प्रत्येक प्रकार

की क्रान्ति विपक्षियों को भयभीत कर देती है। जहाँ पर रात्रि होती है तो दिन का आगमन जान निशिचरों को दुख होता है। राजनैतिक क्रान्ति तो बड़ी भयावनी होती है। प्रत्येक सरकार के सहायक अमीर और ज़मींदार होते हैं। ये लोग कभी नहीं चाहते कि उनके ऐशो-आराम में किसी प्रकार की बाधा पड़े। इसलिए वे हमेशा क्रान्तिकारी आन्दोलन को नष्ट करने का प्रयत्न करते हैं। यदि किसी प्रकार दूसरे देशों की सहायता लेकर, समय पाकर क्रान्तिकारी दल क्रान्ति के उद्योग में सफल हो जाए, देश में क्रान्ति हो जाए तो भी योग्य नेता न होने से अराजकता फैलकर व्यर्थ की नरहत्या होती है और उस प्रयत्न में अनेक सुयोग्य वीरों तथा विद्वानों का नाश हो जाता है। इसका ज्वलन्त उदाहरण सन् 1857 का गदर है। यदि फ्रांस तथा अमेरिका की भाँति क्रान्ति द्वारा राजतन्त्र को पलकर प्रजातन्त्र स्थापित कर भी लिया जाए तो बड़े-बड़े अधिकार धनियों को प्राप्त हो जाते हैं। देश के शासन में धनिकों का मत ही उच्च आदर पाता है। धन-बल से देश के समाचारपत्रों, कल-कारखानों तथा खानों पर उनका ही अधिकार हो जाता है। मजबूरन जनता की अधिक संख्या धनिकों का समर्थन करने को बाध्य हो जाती है। जो दिमागवाले होते हैं, वे भी समय पाकर बुद्धिबल से जनता की खरी कमाई से प्राप्त किए अधिकारों को हड़पकर बैठते हैं। स्वार्थ से वशीभूत होकर वे श्रमजीवियों तथा कृषकों को उन्नति का अवसर नहीं देते। अन्त में ये लोग भी धनिकों के पक्षपाती होकर राजतन्त्र के स्थान में धनिकतन्त्र की ही स्थापना करते हैं। रूसी क्रान्ति के पश्चात यही हुआ था। रूस के क्रान्तिकारी इस बात को पहले से ही जानते थे। अतएव उन्होंने राज्य-सत्ता के विरुद्ध युद्ध करके राजतन्त्र की समाप्ति की। इसके बाद जैसे ही धनी तथा बुद्धिजीवियों ने रोड़ा अटकाना चाहा कि उसी समय उनसे भी युद्ध करके उन्होंने वास्तविक प्रजातन्त्र की स्थापना की।'

बिस्मिल आगे लिखते हैं—'मैं इस समय इस परिणाम पर पहुँचा हूँ, यदि हम लोगों ने प्राणप्रण से जनता को शिक्षित बनाने में पूर्ण प्रयत्न किया होता, तो हमारा उद्योग क्रान्तिकारी आन्दोलन से कहीं अधिक लाभदायक होता, जिसका परिणाम स्थायी होता। अति उत्तम होता यदि भारत की भावी सन्तान तथा नवयुवक वृन्द क्रान्तिकारी संगठन करने की अपेक्षा जनता की प्रवृत्ति को देशसेवा की ओर लगाने का प्रयत्न करें और श्रमजीवी कृषकों का संगठन करके उनको जमींदारों तथा रईसों के अत्याचारों से बचाएँ। भारतवर्ष के रईस तथा जमींदार सरकार के पक्षपाती हैं। मध्य श्रेणी के लोग किसी-न-किसी प्रकार इन्हीं तीनों के आश्रित हैं। कोई तो नौकरीपेशा है और कोई व्यवसाय भी करते हैं, उन्हें इन्हीं के मुँह की ओर ताकना पड़ता है। रह गये श्रमजीवी तथा कृषक—सो उनको उदरपूर्ति के उद्योग से ही समय नहीं मिलता जो धर्म, समाज तथा राजनीति की ओर कुछ

ध्यान दे सकें। मद्यपानादि दुर्व्यसनों के कारण उनका आचरण भी ठीक नहीं रह सकता। व्यभिचार, सन्तान-वृद्धि, अल्पायु में मृत्यु तथा अनेक प्रकार के रोगों से जीवन भर उनकी मुक्ति नहीं हो सकती। कृषकों में उद्योग का तो नाम भी नहीं पाया जाता। यदि एक किसान को जमींदार की मजदूरी करने या हल चलाने की नौकरी करने पर ग्राम में आज से बीस वर्ष पूर्व दो आने रोज़ मिलते थे, तो आज भी वही वेतन बँधा चला आ रहा है। जिसके हृदय में भारतवर्ष की सेवा के भाव उपस्थित हों, या जो भारतभूमि को स्वतन्त्र देखने या स्वाधीन बनाने की इच्छा रखता हो, उसे उचित है कि ग्रामीण संगठन करके कृषकों की दशा सुधारकर, उनके हृदय से भाग्य-निर्भरता को हटाकर उद्योगी बनाने की शिक्षा दे। कल-कारखाने, रेलवे, जहाज तथा खानों में जहाँ कहीं भी श्रमजीवी हों, उनकी दशा को सुधारने के लिए श्रमजीवियों के संघ की स्थापना की जाए, ताकि उनको अपनी अवस्था का ज्ञान हो सके और कारखानों के मालिक मनमाने अत्याचार न कर सकें और अछूतों को, जिनकी संख्या इस देश में लगभग छः करोड़ है, पर्याप्त शिक्षा प्राप्त कराने का प्रबन्ध हो तथा उनको सामाजिक अधिकारों में समानता मिले। जिस देश में छः करोड़ मनुष्य अछूत समझे जाते हों, उस देश के वासियों को स्वाधीन बनाने का अधिकार ही क्या है। इसी के साथ ही साथ स्त्रियों की दशा भी इतनी सुधारी जाए कि वे अपने आपको मनुष्य जाति का अंग समझने लगें। वे पैर की जूती तथा घर की गुड़िया न समझी जाएँ।'

दलितों और स्त्रियों की यह पक्षधरता बिस्मिल को भारतीय क्रान्तिकारी आन्दोलन का विशिष्ट क्रान्तिकारी तय करती है। वे पहले क्रान्तिकारी योद्धा हैं जिन्हें दलित और स्त्री मुक्ति के बिना क्रान्ति अधूरी लगती है। वे स्पष्ट कहते हैं कि इतना कार्य हो जाने के बाद भारत की जनता का अधिकांश शिक्षित हो जाएगा, वे अपनी भलाई-बुराई समझने के योग्य हो जाएँगे, उस समय प्रत्येक आन्दोलन जिसका शिक्षित जनता समर्थन करेगी, अवश्य सफल होगा। संसार की बड़ी-से-बड़ी शक्ति भी उसके दबाने में समर्थ न हो सकेगी। बिस्मिल रूस का उदाहरण देते हुए बताते हैं कि वहाँ जब तक क़िसान संगठन नहीं हुआ, रूस सरकार की ओर से देश सेवकों पर मनमाने अत्याचार होते रहे। जिस समय से 'कैथेराइन' ने ग्रामीण संगठन का कार्य अपने हाथ में लिया, स्थान-स्थान पर कृषक सुधारक संघों की स्थापना की, घूम-घूमकर रूस के युवक तथा युवतियों ने जारशाही के विरुद्ध प्रचार आरम्भ किया, तभी से किसानों को अपनी वास्तविक अवस्था का ज्ञान होने लगा और वे अपने मित्र तथा शत्रु को समझने लगे, उसी समय से जारशाही हिलने लगी। श्रमजीवियों के संघ भी स्थापित हुए। रूस में हड़तालों का आरम्भ हुआ उसी समय से जनता की प्रवृत्ति को देखकर मदान्धों के नेत्र खुल

गये।'

बिस्मिल ने कैथोराइन की जीवनी लिखी थी। उसके पीछे उनकी यही दृष्टि और प्रतिबद्धता थी। वे देश के नौजवानों से बार-बार सम्बोधित होते हैं—'भारतवर्ष में सबसे बड़ी कमी यही है कि देश के युवकों में शहरी जीवन व्यतीत करने की बान पड़ गयी है। युवकवृन्द साफ-सुथरे कपड़े पहनने, पक्की सड़कों पर चलने, मीठा, खट्टा तथा चटपटा भोजन करने, विदेशी सामग्री से सुसज्जित बाजारों में घूमने, मेज-कुर्सी पर बैठने तथा विलासिता में फँसे रहने के आदी हो गये हैं। ग्रामीण जीवन को वे नितान्त नीरस तथा शुष्क समझते हैं। उसकी समझ में ग्रामों में अर्धसभ्य या जंगली लोग निवास करते हैं। यदि किसी अँग्रेजी स्कूल या कालेज में पढ़नेवाला विद्यार्थी किसी कार्यवश अपने किसी सम्बन्धी के यहाँ ग्राम में पहुँच जाता है, तो उसे वहाँ दो-चार दिन काटना बड़ा कठिन हो जाता है। वह या तो कोई उपन्यास ले जाता है जिसे अलग बैठे पढ़ा करता है, या पड़े-पड़े सोया करता है। किसी ग्रामवासी से बातचीत करने से उसका दिमाग थक जाता है, या उससे बातचीत करना वह अपनी शान के ख़िलाफ़ समझता है। ग्रामवासी जमींदार या रईस जो अपने लड़कों को अँग्रेजी पढ़ाते हैं, उनकी भी यही इच्छा रहती है कि जिस प्रकार हो सके उनके लड़के कोई सरकारी नौकरी पा जाएँ। ग्रामीण बालक जिस समय शहर में पहुँचकर शहरी शान देखते हैं, इतनी बुरी तरह से उन पर फैशन का भूत सवार हो जाता है कि उनके मुकाबले फैशन बनाने की चिन्ता किसी को भी नहीं। थोड़े दिनों में ही उनके आचरण पर भी इसका प्रभाव पड़ता है और वे स्कूल के गन्दे लड़कों के हाथों में पड़कर बड़ी बुरी-बुरी कुटेवों के घर बन जाते हैं। उनसे जीवन-पर्यन्त अपना ही सुधार नहीं हो पाता। फिर वे ग्रामवासियों का सुधार क्या खाक कर सकेंगे।'

बिस्मिल असहयोग आन्दोलन की असफलता पर भी ध्यान केन्द्रित करते हैं—'इस आन्दोलन में कार्यकर्ताओं की इतनी अधिक संख्या होने पर भी सबके सब शहर के प्लेटफार्मों पर लेक्चरबाजी करना ही अपना कर्तव्य समझते थे। ऐसे बहुत थोड़े कार्यकर्ता थे जिन्होंने ग्रामों में कुछ कार्य किया। उनमें भी अधिकतर ऐसे थे जो केवल हुल्लड़ कराने में ही देशोद्धार समझते थे। परिणाम यह हुआ कि आन्दोलन में थोड़ी-सी शिथिलता आते ही सब कार्य अस्त-व्यस्त हो गया। इसी कारण महात्मा देशबन्धु चितरंजन दास ने अन्तिम समय में ग्राम-संगठन ही अपने जीवन का ध्येय बनाया था।'

बिस्मिल बार-बार गाँव की ओर लौटते हैं। वे संकेत करते हैं कि कैथोराइन ने इसी प्रकार का कार्य किया था। उदरपूर्ति के निमित्त कैथोराइन के अनुयायी ग्रामों में जाकर कपड़े सीते या जूते बनाते और रात्रि के समय किसानों को उपदेश देते

थे। वे कहते हैं कि जिस समय उन्होंने अँग्रेजी में 'कैथोराइन—ग्रांड मदर ऑफ रशियन रिवोल्यूशन' पढ़ी तो उन पर उसका जबरदस्त प्रभाव पड़ा। उसके बाद ही 'कैथोराइन' नाम से हिन्दी में पुस्तक प्रकाशित कराई। बिस्मिल की इच्छा थी कि ये भी उसी प्रकार काम करें, पर बीच में ही क्रान्तिकारी दल में फँस गये। वे बहुत दृढ़ता से कहते हैं—'अभी पचास वर्ष तक क्रान्तिकारी दल को भारतवर्ष में सफलता नहीं मिल सकती, क्योंकि यहाँ की स्थिति उसके उपयुक्त नहीं। अतएव क्रान्तिकारी दल का संगठन करके व्यर्थ में नवयुवकों के जीवन को नष्ट करना और शक्ति का दुरुपयोग करना आदि बड़ी भारी भूलें हैं। इससे लाभ के स्थान पर हानि की सम्भावना बहुत अधिक है। नवयुवकों को मेरा अन्तिम सन्देश यही है कि वे रिवाल्वर या पिस्तौल को अपने पास रखने की इच्छा को त्यागकर सच्चे देशसेवक बनें। पूर्ण स्वाधीनता उनका ध्येय हो और वे वास्तविक साम्यवादी बनने का प्रयत्न करते रहें।'

बिस्मिल आतंकी तरीके से क्रान्तिकारी आन्दोलन को चलाने के पक्षधर नहीं रह गये थे। उन्होंने अपने आन्दोलन के सारे उतार-चढ़ावों, कठिनाईयों और परिस्थितियों को देखा-परखा था। उनके पास दृष्टि थी जिससे इतिहास को खंगालने के साथ ही भविष्य का रास्ता भी वे देख पा रहे थे। वे अनुभवों से भी समृद्ध थे। अपनी आत्मकथा उन्होंने गोरखपुर के फाँसीघर में शहादत के तीन दिन पहले तक लिखी। यह अत्यन्त कठिन है कि मृत्यु सामने खड़ी हो और व्यक्ति देश, समाज और अपने समय के सवालों से रूबरू होकर उनके हल तलाशने में लगा हो...

बिस्मिल की आत्मरचना का सर्वश्रेष्ठ वह है जहाँ वे अपने मित्र और क्रान्तिकारी साथी अशफ़ाक़उल्ला खाँ से सम्बोधित होते हैं। उनकी वह जीवनयात्रा जिसमें वे अशफ़ाक़ के साथ-साथ क्रान्ति के दुर्गम रास्ते पर चले और एक साथ फाँसी के फन्दे तक पहुँचे, बहुत दुर्लभ और रोमांचक है। उनके सफरनामे में दोनों जिन्दगियाँ बहुत मार्मिकता के साथ दर्ज हुई हैं। आत्मरचना के इस हिस्से को पढ़कर लगता है कि मानो बिस्मिल कोई कविता रच रहे हों। वह एक क्रान्तिकारी हृदय की सार्थक अभिव्यक्ति है। अशफ़ाक़ के लिए वे लिखते हैं—'मुझे भली-भाँति याद है, जबकि मैं बादशाही ऐलान के बाद शाहजहाँपुर आया था, तो तुमसे स्कूल में भेंट हुई थी। तुम्हारी मुझसे मिलने की बड़ी हार्दिक इच्छा थी। तुमने मुझसे मैनपुरी कांड के सम्बन्ध में कुछ बातचीत करनी चाही थी। मैंने यह समझकर एक स्कूल का मुसलमान विद्यार्थी मुझसे इस प्रकार की बातचीत क्यों करता है, तुम्हारी बातों का उत्तर उपेक्षा की दृष्टि से दे दिया था। तुम्हें उस समय बड़ा खेद हुआ था। तुम्हारे मुख से हार्दिक भावों का प्रकाश हो रहा था। तुमने अपने

इरादे को यों ही नहीं छोड़ दिया, अपने निश्चय पर डटे रहे। जिस प्रकार हो सका काँग्रेस में बातचीत की। अपने इष्ट मित्रों द्वारा इस बात का विश्वास दिलाने की कोशिश की कि तुम बनावटी आदमी नहीं, तुम्हारे दिल में मुल्क की खिदमत करने की ख्वाहिश थी। अन्त में तुम्हारी विजय हुई। तुम्हारी कोशिशों ने मेरे दिल में जगह पैदा कर ली। तुम्हारे बड़े भाई मेरे उर्दू मिडिल के सहपाठी तथा मित्र थे, यह जानकर मुझे बड़ी प्रसन्नता हुई। थोड़े दिनों में ही तुम मेरे छोटे भाई के समान हो गये थे, किन्तु छोटे भाई बनकर तुम्हें सन्तोष न हुआ। तुम समानता का अधिकार चाहते थे, तुम मित्र की श्रेणी में अपनी गणना चाहते थे। वही हुआ। तुम सच्चे मित्र बन गये। सबको आश्चर्य था कि एक कट्टर आर्यसमाजी और मुसलमान का मेल कैसा? मैं मुसलमानों की शुद्धि करता था। आर्य समाज मन्दिर में मेरा निवास था, किन्तु तुम इन बातों की किंचितमात्र चिन्ता न करते थे। मेरे कुछ साथी तुम्हारे मुसलमान होने के कारण घृणा की दृष्टि से देखते थे, किन्तु तुम अपने निश्चय में दृढ़ थे। मेरे पास आर्यसमाज मन्दिर में आते-जाते थे। हिन्दू-मुस्लिम झगड़ा होने पर, तुम्हारे मुहल्ले के सब कोई तुम्हें खुल्लमखुल्ला गालियाँ देते थे, काफ़िर के नाम से पुकारते थे, पर तुम कभी भी उनके विचारों से सहमत न हुए। सदैव हिन्दू-मुस्लिम ऐक्य के पक्षपाती रहे। तुम एक सच्चे मुसलमान तथा सच्चे स्वदेशभक्त थे। तुम्हें यदि जीवन में कोई विचार था, तो यही कि मुसलमानों को खुदा अक्ल देता, कि वे हिन्दुओं के साथ मिल करके हिन्दोस्तान की भलाई करते। जब मैं हिन्दी में कोई लेख या पुस्तक लिखता तो तुमने सदैव यही अनुरोध करते कि उर्दू में क्यों नहीं लिखते, जो मुसलमान भी पढ़ सकें। तुमने स्वदेशभक्ति के भावों को भलीभाँति समझने के लिए हिन्दी का अच्छा अध्ययन किया। अपने घर पर जब माता तथा भ्राता से बातचीत करते थे, तो तुम्हारे मुँह से हिन्दी शब्द निकल जाते थे जिससे सबको बड़ा आश्चर्य होता था।

'तुम्हारी इस प्रकार की प्रवृत्ति देखकर बहुतों को सन्देह होता था, कि कहीं इस्लाम-धर्म त्यागकर शुद्धि न करा लो। पर तुम्हारा हृदय तो किसी प्रकार अशुद्ध न था, फिर तुम शुद्धि किस वस्तु की कराते? तुम्हारी इस प्रकार की प्रगति ने मेरे हृदय पर पूर्ण विजय पा ली। बहुधा मित्र मंडली में बात छिड़ती कि कहीं मुसलमान पर विश्वास करके धोखा न खाना। तुम्हारी जीत हुई, मुझमें तुममें कोई भेद न था। बहुधा मैंने तुमने एक थाली में भोजन किया। मेरे हृदय से यह विचार ही जाता रहा कि हिन्दू-मुसलमान में कोई भेद है। तुम मुझ पर अटल विश्वास तथा अगाध प्रीति रखते थे। हाँ, तुम मेरा नाम लेकर नहीं पुकार सकते थे। तुम तो मुझे सदैव 'राम' कहा करते थे। एक समय जब तुम्हें हृदय-कम्प का दौरा हुआ, तुम अचेत थे, तुम्हारे मुँह से बारम्बार 'राम', 'हाय राम' शब्द निकल रहे

थे। पास खड़े हुए भाई बान्धवों को आश्चर्य था कि 'राम' 'राम' कहता है। कहते कि 'अल्लाह' 'अल्लाह' कहो, पर तुम्हारी 'राम-राम' की रट थी। उसी समय किसी मित्र का आगमन हुआ, जो 'राम' के भेद को जानते थे। तुरन्त मैं बुलाया गया। मुझसे मिलने पर तुम्हें शान्ति हुई, तब सब लोग 'राम! राम!' के भेद को समझे।

'अन्त में इस प्रेम, प्रीति तथा मित्रता का परिणाम क्या हुआ? मेरे विचारों के रंग में तुम भी रंग गये। तुम भी एक कट्टर क्रान्तिकारी बन गये। अब तो तुम्हारा दिन-रात प्रयत्न यही था कि जिस प्रकार हो मुसलमान नवयुवकों में भी क्रान्तिकारी भावों का प्रवेश हो। ये भी क्रान्तिकारी आन्दोलन में योग दें। जितने तुम्हारे बन्धु तथा मित्र थे सब पर तुमने अपने विचारों का प्रभाव डालने का प्रयत्न किया। बहुधा क्रान्तिकारी सदस्यों को बड़ा आश्चर्य होता कि मैंने कैसे एक मुसलमान को क्रान्तिकारी दल का प्रतिष्ठित सदस्य बना लिया। मेरे साथ तुमने जो कार्य किए, वे सराहनीय हैं। तुमने कभी भी मेरी आज्ञा की अवहेलना न की। एक आज्ञाकारी भक्त के समान मेरी आज्ञा पालन में तत्पर रहते थे। तुम्हारा हृदय बड़ा विशाल था। तुम्हारे भाव बड़े उच्च थे।

'मुझे यदि शान्ति है तो यही कि तुमने संसार में मेरा मुख उज्ज्वल कर दिया। भारत के इतिहास में यह घटना भी उल्लेखनीय हो गयी कि अशफ़ाक़उल्ला ने क्रान्तिकारी आन्दोलन में योग दिया। अपने भाई-बन्धु तथा सम्बन्धियों के समझाने पर कुछ भी ध्यान न दिया। गिरफ्तार हो जाने पर भी अपने विचारों में दृढ़ रहे। जैसे तुम शारीरिक बलशाली थे, वैसे ही मानसिक वीर तथा आत्मा से उच्च सिद्ध हुए। इन सबके परिणामस्वरूप अदालत ने तुमको मेरा सहकारी (लेफ़्टिनेन्ट) ठहराया गया और जज ने मुकदमे का फैसला लिखते समय तुम्हारे गले में जयमाल (फाँसी की रस्सी) पहना दी। प्यारे भाई, तुम्हें यह समझकर सन्तोष होगा कि जिसने अपने माता-पिता की धन-सम्पत्ति को देश-सेवा में अर्पण करके उन्हें भिखारी बना दिया, जिसने अपने सहोदर के भावी भाग्य को भी देश-सेवा की भेंट कर दिया, जिसने अपना तन-मन-धन सर्वस्व मातृ-सेवा में अर्पण करके अपना अन्तिम बलिदान भी दे दिया, उसने अपने प्रिय सखा अशफ़ाक़ को भी उसी मातृभूमि की भेंट चढ़ा दिया।

'असगर' हरीम इश्क में हस्ती ही जुर्म है,
रखना कभी न पाँव यहाँ सर लिए हुए।'

काकोरी के इस मुकदमे में बिस्मिल, अशफ़ाक़, रोशनसिंह और राजेन्द्र लाहिड़ी को फाँसी की सजाएँ मिलीं और शेष को लम्बी-लम्बी कैद की सजाएँ।

काकोरी की यह घटना हमारे क्रान्तिकारी संग्राम का एक ऐतिहासिक पड़ाव है। इस मायने में भी कि यह न केवल ब्रिटिश सरकार को थर्रा देनेवाला क्रान्तिकारी क्रियाकलाप था, बल्कि इस अर्थ में भी कि गाँधी के असहयोग आन्दोलन की निराशाजनक समाप्ति के बाद भारतीय राजनीति में जो एक खालीपन व्याप्त हो गया था, उसे भरने में इस कांड ने एक बड़ी भूमिका अदा की। दूसरे इस घटना ने तब देश का ध्यान साम्प्रदायिकता से हटाकर संग्राम की ओर लगाया। काकोरी के इस मामले में बिस्मिल और अशफ़ाक़ का एक साथ फाँसी पर चढ़ना कौमी एकता का बड़ा उदाहरण बना। दोनों सर्वथा भिन्न धार्मिक आस्थाओं के थे। पर देखने योग्य यह है कि देश की स्वतन्त्रता के बड़े सवाल पर धर्म उनके मार्ग में बाधक नहीं हुआ। ऐसा होता भी कैसे। वे हिन्दू थे न मुसलमान। आर्यसमाजी थे न कट्टर इस्लाम के पाबन्द। वे थे तो सिर्फ क्रान्तिकारी। मुझे लगता है कि जब हम उन्हें आर्यसमाजी और मुसलमान दर्ज कर राष्ट्रीय एकता का प्रतीक बताकर प्रस्तुत करते हैं तो कहीं-न-कहीं उनकी क्रान्तिकारी चेतना को छोटा और अनदेखा भी कर रहे होते हैं। हर क्रान्तिकारी चीज़ों का अतिक्रमण करता है, तोड़ता है। आर्यसमाज का एक 'कन्सेप्ट' है शुद्धिकरण। बिस्मिल आर्यसमाज में थे तब शुद्धिकरण करते थे। अपनी आत्मकथा में वे लिखते हैं कि अशफ़ाक़उल्ला और उनकी मित्रता देखकर अशफ़ाक़ के मुहल्ले और आसपास के लोग कहते थे कि कहीं शुद्धि न करा ले। लेकिन वे शुद्धि किस वस्तु की कराते, उनमें तो कुछ अशुद्ध था ही नहीं। यहाँ आर्यसमाजी होते हुए बिस्मिल शुद्धिकरण के कन्सेप्ट को पूरी तरह खारिज और निरर्थक साबित कर देते हैं, और अशफ़ाक़उल्ला भी इस्लाम की आस्थाओं के विपरीत बेड़ी बजा-बजाकर अपनी मातृभूमि की वन्दना और भजन गाते हैं तथा भारत माता की इबादत करते हैं। इन दोनों क्रान्तिकारी को हिन्दू या मुसलमान के खाने में बैठाना इनकी क्रान्तिकारी चेतना की नासमझी और अनदेखी होगी। यह उनके खालिस क्रान्तिकारित्व पर सवालिया निशान भी होगा।

बिस्मिल अपने अन्तिम दिनों में क्रान्तिकारी संग्राम को छापेमार लड़ाइयों से दूर एक जन आन्दोलन बनने की अपरिहार्यता पर गम्भीरतापूर्वक विचार करने लगे थे। किसानों और मजदूरों की शक्ति का अहसास उन्होंने कर लिया था। साहित्य और प्रचार को वे क्रान्ति का अनिवार्य पहलू मानते थे। अपने जीवनकाल में उन्होंने कई लेख लिखे और अनेक पुस्तकों की रचना की। उनकी आत्मकथा को फूचिक की आत्मकथा के समकक्ष रखा जा सकता है। वे कवि और शायर भी थे। 'सर फरोशी की तमन्ना' उनकी रचना है या नहीं, इस पर विवाद रहा पर यह ग़ज़ल उन्हीं के नाम से मशहूर हुई। वे इसके अनोखे गायक भी थे।

काकोरी के क्रान्तिकारियों का जेल से लेकर अदालत तक यह समूहगान था जिसने तत्कालीन वातावरण को क्रान्तिकारी बनाने में बड़ी भूमिका अदा की। फाँसी पर चढ़ने के पूर्व काकोरी का यह नायक देश की स्थिति पर विचार करते हुए कहता है कि ईश्वर उन्हें पुनः भारत भूमि पर जन्म दे ताकि वे नये शरीर से दलितों का उद्धार कर सकें। सामाजिक आन्दोलन में दलितों के पक्ष में खड़े होनेवाले बिस्मिल पहले क्रान्तिकारी थे। भारतीय क्रान्तिकारी संघर्ष के इतिहास में बिस्मिल का कृतित्व भगतसिंह जैसे बौद्धिक क्रान्तिकारी की आधारभूमि बनाता है जहाँ पहुँचकर धर्म और ईश्वर के घेरे पूर्णतया ध्वस्त होते गये।

तुर्की में 'बिस्मिल शहर'

तुर्की देश में एक राज्य है दियारबाकिर, जिसका अर्थ होता है 'बागियों का दियार'। हिन्दी में इसे विद्रोहियों का इलाका या भूखंड कहा जा सकता है। तुर्की के दक्षिणी-पूर्वी अनातोलिया क्षेत्र के इस दियारबाकिर प्रान्त के पूर्व में बिस्मिल के नाम पर एक जिला है। यह वही भारतीय क्रान्तिकारी रामप्रसाद 'बिस्मिल' हैं जिन्हें 9 अगस्त, 1925 के प्रसिद्ध 'काकोरी कांड' में अपने तीन अन्य क्रान्तिमार्गियों के साथ 19 दिसम्बर, 1927 को ब्रिटिश हुकूमत ने फाँसी पर चढ़ा दिया था। दियारबाकिर में 'बिस्मिल जिला' और 'बिस्मिल शहर' की स्थापना 1936 में अतातुर्क कमाल पाशा ने की थी। बिस्मिल का नाम उनकी शहादत के समय तक हिन्दुस्तान में क्रान्ति का प्रतीक बन चुका था और कमाल पाशा उनसे बहुत प्रभावित थे। नवम्बर, 1922 में 'प्रभा' पत्रिका में बिस्मिल ने 'विजयी कमाल पाशा' शीर्षक से एक लेख भी लिखा था। यह ठीक वही समय है जब मुस्तफा कमाल ने तुर्की में एक गणतन्त्र होने की घोषणा करके सुल्तान अब्दुल वहीद खाँ गाजी को अपदस्थ कर दिया जो एक अँग्रेज़ी जहाज़ से माल्टा भाग गया। यद्यपि उसके स्थान पर अब सुल्तान अब्दुल मजीद खां को खलीफा नियुक्त किया गया था, पर एक गणतन्त्र के साथ सत्ताविहीन सुल्तान का मुसलमानों के खलीफा के तौर पर क्या औचित्य हो सकता था। कमाल पाशा ने अन्ततः खिलाफत का भी अन्त कर दिया और तुर्की अन्य राज्यों की तरह एक पूर्ण गणतान्त्रिक राज्य बन गया।

रामप्रसाद 'बिस्मिल' का क्रान्ति और कलम से समान रिश्ता था। वे अपने समय में 'राम' और 'अज्ञात' जैसे छद्म नामों से विभिन्न पत्रिकाओं में लेख लिखा करते थे। उन्होंने कुछ पुस्तकें भी लिखीं और छपवाईं जिनमें 'कैथराइन या स्वाधीनता की देवी' और 'बोलशेविकों की करतूत' मशहूर हैं। अपनी शहादत से दो दिन पूर्व तक बिस्मिल ने गोरखपुर के फाँसीघर में जेल अधिकारियों की नज़र बचाकर अपनी जिस आत्मकथा को लिपिबद्ध करते रहे, उसे तीन खेपों में चुपके से बाहर

भेजा गया था। इसे बिस्मिल की शहादत के कुछ दिनों बाद ही 1927 में सबसे पहले भजनलाल बुकसेलर द्वारा आर्ट प्रेस सिंध ने 'काकोरी षड्यन्त्र' शीर्षक से पुस्तकाकार छापा था। बाद को वह गणेशशंकर विद्यार्थी के 'प्रताप प्रेस' से प्रकाशित हुई। बिस्मिल की इस कृति में कमाल पाशा का जिक्र है। वे लिखते हैं कि गाजी मुस्तफा कमाल पाशा जिस समय तुर्की से भागे थे उस समय केवल इक्कीस युवक उनके साथ थे। कोई साजो-समान न था, मौत का वारंट पीछे-पीछे घूम रहा था। पर समय ने ऐसा पलटा खाया कि उसी कमाल ने अपने कमाल से संसार को आश्चर्यचकित कर दिया। कमाल पाशा के प्रति बेहद आस्थावान बिस्मिल की इस आत्मरचना की तुलना पं. बनारसीदास चतुर्वेदी ने चेकोस्लोवाकिया के शहीद फूचिक की जेल के भीतर लिखी कहानी से की थी, जिसे बिस्मिल की शहादत के सोलह वर्ष बाद लिपिबद्ध किया गया था। नितान्त कठिन परिस्थितियों में मौत के फन्दे के सामने बैठकर उकेरी गयी बिस्मिल की इस क्रान्तिकथा में एक शहीद का हृदय बोलता है। उनके साम्राज्यवाद विरोधी संघर्ष की यही अनुगूँज कमाल पाशा तक पहुँचकर बाद को तुर्की की धरती पर एक बड़ी इबारत के रूप में दर्ज हो गयी।

1936 में कोन्या से भारी संख्या में तुर्की भागकर आए कुर्द विस्थापितों को बसाने के लिए जिस जिले को बनाया गया था, बाद में तुर्की के राष्ट्रपति मुस्तफा कमाल पाशा ने शहीद रामप्रसाद 'बिस्मिल' के नाम पर इसका नाम 'बिस्मिल जिला' रखा। इस जिले के अन्तर्गत इसका मुख्यालय 'बिस्मिल शहर' के नाम से जाना जाता है। यह पहाड़ियों के बीच बसी एक खूबसूरत बस्ती है जो अपने आकर्षक पार्कों के लिए देश में प्रतिष्ठित है। पूरे जिले का क्षेत्रफल 1,737, 28 वर्ग किलोमीटर (670.77 वर्गमील) है। भौगोलिक दृष्टि से यह समुद्र तल से 550 मीटर ऊँचाई पर अवस्थित है। वर्ष 2012 की जनगणना के अनुसार इस जिले की कुल जनसंख्या शहरी व ग्रामीण क्षेत्र को मिलाकर 1,11,746 है। यहाँ के अधिकांश निवासी कुर्द ही हैं। बिस्मिल शहर की जनसंख्या 60,150 है। इस समय बिस्मिल शहर के मेयर केमिले एमिनोग्लू हैं जो 'पीस एंड डेमोक्रेटिक पार्टी' से जुड़े हैं। बिस्मिल जिले में दो कस्बे हैं—तेपी और यूकारिसलेट, जिनकी आबादी क्रमशः 4320 तथा 2091 है। इस जिले में 13 गाँव भी हैं जिसमें सबसे बड़े गाँव उलुतुर्क की जनसंख्या 4575 हैं। अन्य गाँवों के नाम हैं—अरालिक, बडेमली, सेलटिकली, इलियासिक, गोकसु, कजांसि, कोकालर, कोसिलि, मिरजाबे, सिनानकोई, तुर्कनहासि और उक्तेपि।

तुर्की गणराज्य की स्थापना 29 अक्टूबर, 1923 को मुस्तफा कमाल पाशा ने की थी। वे उसके प्रथम राष्ट्राध्यक्ष बने। उन्होंने इस देश को एक वास्तविक

धर्मनिरपेक्ष राज्य बनाने में बड़ी परिवर्तनकारी भूमिका अदा की। उन्होंने राज्य की सभी शिक्षा संस्थाएँ सरकारी मन्त्रालयों के अधीन कर दीं और मुस्लिम धार्मिक मदरसों को अगले दिन ही बन्द कर दिया। 1924 में कमाल पाशा ने तुर्की में नया संविधान लागू कर दिया। कमाल पाशा ने अपने देश में खलीफा की कट्टर धार्मिक सत्ता को अपने क्रान्तिकारी अभियान से बेदखल करके शासन की बागडोर सम्भाली थी। यह खासकर किसी मुस्लिम राष्ट्र में अनोखी क्रान्ति थी जिसमें कमाल पाशा ने सत्ता सम्भालने के बाद डंके की चोट पर मुसलमानों से कह दिया कि वे मस्जिद के भीतर मुसलमान हैं, बाहर सिर्फ तुर्की नागरिक हैं और खुदा तथा मुल्लाओं की जगह मस्जिद के अन्दर है। उन्होंने अपने देश में स्त्रियों की पर्दा प्रथा पर पाबन्दी लगा दी तथा सत्ता सम्भालने के तुरन्त बाद तुर्की को राजभाषा के रूप में प्रतिष्ठित कर दिया। इन क्रान्तिकारी कदमों के लिए कमाल पाशा को दुनिया के इतिहास में एक विशिष्ट स्थान प्राप्त है।

तुर्की में खलीफा की सत्ता की वापसी के लिए हमारे देश में भी खिलाफत आन्दोलन 1921 चलाया गया जिसे गाँधी ने अपने असहयोग के अभियान के साथ जोड़ लिया था। देखा जाए तो यह गाँधी का सर्वथा समय और प्रगति विरोधी कदम था। वे खलीफा की उस धार्मिक कट्टर सत्ता के पक्ष में जा खड़े हुए जो पूर्णतया जनविरोधी थी। ऐसा करके उन्होंने हिन्दुस्तान के मुसलमानों को क्रान्तिकारी चेतना के विपक्ष में ले जाकर खड़ा कर दिया। उनकी यह अक्षम्य ऐतिहासिक भूल थी। प्रथम तो यह कि खिलाफत आन्दोलन का भारतीय मुसलमानों से कोई रिश्ता नहीं था। गाँधी यदि देश की आजादी के सवाल पर यहाँ के मुसलमानों को अपने साथ जोड़ पाते तब ज़्यादा बेहतर होता। गाँधी के इस क्रान्ति विरोधी कदम का नतीजा यह हुआ कि उस दौर में भारतीय मुसलमानों के लिए स्वाधीनता का प्रश्न खिलाफत के मुकाबले दोयम दर्जे का हो गया और खिलाफत के समाप्त होते ही वे अपने घरों को लौट गये। गाँधी या उनके असहयोग आन्दोलन के साथ देश के मुस्लिम समुदाय की यह निरपेक्षता या विमुखता अत्यन्त घातक सिद्ध हुई। चाहें तो भविष्य के स्वतन्त्रता युद्ध पर भी हम इनके प्रभाव की नाप-जोख कर सकते हैं, पर मूल्यांकन की निष्पक्ष दृष्टि के बिना यह किसी तरह सम्भव नहीं है। भारतीय समाज में साम्प्रदायिक अलगाव की एक गहरी लकीर इतिहास के इसी मोड़ पर खिंच गयी थी जिसे बाद को मिटाया नहीं जा सका। यहाँ मुझे काकोरी कांड के प्रमुख क्रान्तिकारी मन्मथनाथ गुप्त का कथन याद आता है। वे खिलाफत आन्दोलन को अपने आपमें एक मूर्खतापूर्ण धार्मिक आन्दोलन कहा करते थे। इस इतिहास पर अपनी टिप्पणी में उन्होंने कहा था—'*भारत के पिछड़े हुए कट्टर मुसलमानों के लिए ही यह सब सम्भव था। इसका उद्‌देश्य था कि तुर्की*

को पूरे तौर-तरीके से उसी स्थिति में ला दिया जाए, जैसी स्थिति में वह पहले था। यानी तुर्की साम्राज्य कायम रखा जाए। यह किसी भारतीय मुसलमान ने नहीं पूछा कि अरब के मुसलमान तुर्की के अधीन रहना भी चाहते हैं या नहीं। उन्होंने यहाँ बैठे-बिठाए ही यह तय कर लिया कि अरब के मुसलमान तुर्की के अधीन उनके साम्राज्य में रहना चाहते हैं और उन्हें रहना ही चाहिए। मजे की बात यह है कि राष्ट्रीय आन्दोलन के हमारे नेताओं और गाँधी ने मुसलमानों को साथ रखने के लिए खिलाफत समस्या को राष्ट्रीय आन्दोलन का एक दूसरा पहिया बना दिया। परिणाम यह हुआ कि जब कमाल पाशा ने खिलाफत का पद ही समाप्त कर दिया तो भारतीय मुसलमान राष्ट्रीय आन्दोलन से बाहर चले गये।'

स्वाधीनता आन्दोलन से मुस्लिमों की यह दूरी आगे चलकर कौमी एकता के क्षत-विक्षत होने का एक बड़ा कारण बनी। यहाँ जवाहरलाल नेहरू का दृष्टिकोण भी जान लेना हमारे लिए उचित होगा। उन्होंने अपनी आत्मकथा में लिखा है—*'1921 में खिलाफत आन्दोलन को जो प्रमुखता दी गयी उसके कारण बहुत-से मौलवियों तथा मुस्लिम धार्मिक नेताओं ने राजनीतिक संग्राम में प्रमुख भाग लिया। उनके कारण आन्दोलन को एक स्पष्ट धार्मिक रंग प्राप्त हुआ। साधारण रूप से मुसलमान इससे बहुत अधिक प्रभावित हुए। बहुत-से पाश्चात्य भावापन्न मुसलमान, जो विशेष धार्मिक प्रवृत्ति के नहीं थे, अब दाढ़ी रखकर तथा अन्य तरीकों से धार्मिक कट्टरता प्रदर्शित कर कदम-से-कदम मिलाकर चलने लगे। मौलवियों का प्रभाव तथा सम्मान जो नये विचारों और प्रगतिशील पाश्चात्यीकरण के कारण धीरे-धीरे घटता जा रहा था, अब फिर से बढ़ गया और वह मुस्लिम समाज पर छा गये। अली बन्धु जो धार्मिक विचारों के थे, इस प्रक्रिया में सहायक सिद्ध हुए। इसी प्रकार गाँधी भी इसमें सहायक सिद्ध हुए क्योंकि वह मौलवियों और मौलानाओं को बहुत अधिक सम्मान देते थे।'*

असहयोग को खिलाफत आन्दोलन से मिला देने के दूरगामी घातक परिणाम हुए। उस समय के राष्ट्रीय संग्राम में खिलाफत को गूँथ देने से थोड़ी देर को भले ही यह लगा हो कि स्वतन्त्रता संग्राम की गति द्रुत हुई है, पर ऐसा था नहीं। इससे मुक्ति के उस युद्ध को बड़ी हानि पहुँची जिसे भारतीय राजनीति में तब बहुतों ने गाँधी के नये प्रयोग के तौर पर देखा ही नहीं बल्कि उसमें बढ़-चढ़कर हिस्सेदारी भी की थी। ऐसे लोगों में भविष्य के वे क्रान्तिकारी भी थे जिनके कन्धों पर आगे चलकर इतिहास को बड़ी जिम्मेदारियाँ सौंपनी थीं। मन्मथनाथ गुप्त, रोशनसिंह, चन्द्रशेखर आज़ाद, विष्णुशरण दुबलिश, रामदुलारे त्रिवेदी और बजरंगबली गुप्त जैसे नौजवानों ने असहयोग में हिस्सेदारी करने के बाद ही क्रान्तिकारी मार्ग का अनुसरण करके अपनी नयी भूमिकाएँ निभाने का जरूरी दायित्व

पूरा किया।

रामप्रसाद 'बिस्मिल' काकोरी में आने से पहले एक सुदीर्घ क्रान्तिकारी यात्रा तय कर चुके थे। वे 1918-19 के प्रसिद्ध मैनपुरी षड्यन्त्र के मामले में एक प्रमुख अभियुक्त थे जो बंगाली क्रान्तिकारियों के प्रभाव से मुक्त अपनी तरह का पहला उत्तर भारतीय विप्लवी प्रयास था। क्रान्तिकारियों की ओर से इस मुकदमे की पैरवी प्रसिद्ध बैरिस्टर देशबन्धु चित्तरंजनदास ने की थी। बिस्मिल इस केस में फरार बने रहे और तब ही प्रकट हुए जब सरकारी सबूत की कमजोरी और बड़े क्रान्तिकारी नेताओं के गिरफ्त में न आने के चलते मुकदमे में सभी को आम माफी दे दी गयी। यह जानने योग्य है कि इसके बाद भी बिस्मिल ने गाँधी के असहयोग की तरफ एक बार भी मुड़कर नहीं देखा। वे मानते थे कि असहयोग आन्दोलन असफल और शिथिल हो चुका था। पर उन्हें आशा थी कि देश के नवयुवक जिन्होंने उसमें भाग लिया था, उनमें से अधिकतर क्रान्तिकारी आन्दोलन में सहायता देंगे और पूरी लगन से काम करेंगे। उन्होंने असहयोगियों को खूब टटोला, पर गाँधी के इन सिपाहियों के भीतर तो बुरी तरह अकर्मण्यता और निराशा घर कर चुकी थी। ऐसे में बिस्मिल की आशाओं पर पानी फिर गया और वे क्रान्तिकारी संग्राम के पुनर्गठन में तेजी से जुट गये। सच तो यह है कि गाँधीवादी संग्राम की ओर उनका आकर्षण तनिक भी नहीं था। शायद खिलाफत आन्दोलन का चरित्र और उसके बरअक्स कमाल पाशा का क्रान्तिकारी अभियान ही वह बिन्दु था जिसने बिस्मिल को अतातुर्क की और आकर्षित किया और वे 'विजयी कमाल पाशा' के घोर प्रशंसक बन गये। मुझे अभी वह संक्षिप्त पत्र-व्यवहार उपलब्ध नहीं हो सका है जिसका सूत्रपात बिस्मिल और कमाल पाशा के मध्य होने की सूचनाएँ प्राप्त हुई हैं।

तुर्की के बीसवीं सदी के महान क्रान्तिकारी कवि नाज़िम हिकमत (1902-1963) की एक कविता 'सामराजी दीवार' है जिसमें दीवार का रूपक उस साम्राज्यवादी वर्चस्व के लिए प्रयुक्त हुआ है, जो समूची दुनिया को अपनी गिरफ्त में लिये हुए था। इसमें पश्चिमी तुर्की के तटवर्ती शहर इसमरना और बम्बई के नौसैनिक विद्रोह (1946) जैसी साम्राज्यवाद-विरोधी विस्फोटक घटनाओं को जिस तरह एक सूत्र में पिरोया है, उसमें नाज़िम हिकमत की व्यापक विश्व-दृष्टि के साथ ही इस तथ्य की भी पुष्टि होती है कि तब हमारे देश में मुक्तियुद्ध के घटनाक्रमों का तुर्की की साहित्य-संस्कृति पर प्रभाव पड़ रहा था। बिस्मिल और कमाल पाशा के जुड़ाव को इस नजरिये से भी देखा जाना चाहिए।

अतातुर्क कमाल पाशा के निधन (1938) पर हमारे देश की संसद (तब केन्द्रीय असेम्बली) में प्रश्नोत्तर काल के बाद भूलाभाई देसाई ने एक शोक प्रस्ताव

पेश करते हुए कहा था—*'यह ठीक है कि कमाल पाशा के देहावसान का भारत से कोई ताल्लुक नहीं, मगर फिर भी यह एक ऐसी घटना हो गयी कि हाउस को इस सम्बन्ध में अपने विचार प्रकट करने देने चाहिए। ...कमाल अतातुर्क ने वह उत्साह दिखाया जिसमें उसने टर्की को उन्नति के मार्ग में रोड़ा अटकानेवाली तमाम परम्पराओं को तोड़-फोड़ दिया। एक ही दिन में लिपि और पर्दे को चलता किया तथा मर्द व औरत में समानता पैदा कर दी। 15 साल के शासनकाल में उसने एक ऐसी व्यवस्था कायम कर दी कि उसमें कोई भी खलल पैदा नहीं कर सकता। अध्यक्ष से प्रार्थना है कि वे इस्मत पाशा तक हाउस की संवेदना पहुँचा दें।'*

बिस्मिल और अतातुर्क कमाल पाशा का रिश्ता दो देशों की क्रान्तिकारी चेतना का अनूठा संगम है जब इन जमीनों पर साम्राज्यवादी वर्चस्व के विरुद्ध सशस्त्र संघर्ष जारी थे। देखना यह होगा कि कमाल पाशा अपने मुल्क में कामयाब हुए। उन्होंने खलीफा की धार्मिक सत्ता को पूरी तरह ध्वस्त करके प्रगतिशील तुर्की का निर्माण सम्भव किया जबकि उनकी धरती पर बसा बिस्मिल शहर आज भी हमें अपने यहाँ बागियों का राज्य—दियारबाकिर बनाने का उलाहना दे रहा है। क्या भारत में हम कमाल पाशा के नाम पर एक शहर नहीं बसा सकते। मैं बार-बार सोचता हूँ कि क्या बिस्मिल कमाल पाशा की तरह साम्राज्यवाद से सन्मुख सशस्त्र संघर्ष करना चाहते थे। मुकदमे के दौरान बिस्मिल की यह आकांक्षा थी की वे किसी तरह जेल से छुड़ा लिए जाएँ। क्रान्तिकारी दल ने बाहर इसके लिए सघन प्रयास भी किए लेकिन वे कामयाब नहीं हो पाए। विलम्ब होते देख बिस्मिल ने जेल के भीतर से एक ग़ज़ल के माध्यम से पार्टी सदस्यों को उलाहना भी भेजा था—*'मिट गया जब मिटने वाला फिर सलाम आया तो क्या/दिल की बरबादी के बाद उनका पयाम आया तो क्या।'* मजिस्ट्रेट ने इसे इश्क का कोई कलाम समझकर बाहर भेजने की अनुमति दे दी। दरअसल, बिस्मिल फाँसी के फन्दे में लटककर प्राण नहीं देना चाहते थे। उनका हौसला था कि वे कैद से बाहर आकर साम्राज्यवाद से एक बार हथियारबन्द संघर्ष करें। ग़ज़ल की इन पंक्तियों के माध्यम से वे बाहर सक्रिय अपने साथियों को यह सन्देश देना चाहते थे कि कुछ करना है तो जल्दी करो, वरना फाँसी के फन्दे में लटकी उनकी लाश को तुमने छुड़ा भी लिया तो उसका क्या होगा। मैं जानता हूँ कि बिस्मिल को जेल से निकाल न पाने की अपनी नाकामयाबी पर पार्टी के सदस्य तब बहुत निराश हुए थे जिनमें भगतसिंह भी एक था।

तो क्या बिस्मिल कमाल पाशा बनना चाहते थे अथवा उनके भीतर कमाल पाशा बनने की सम्भावनाएँ थीं? यद्यपि फाँसी के फन्दे तक पहुँचने के अन्तिम

कुछ क्षणों में उन्हें तत्कालीन राजनीतिक परिस्थितियों के बीच क्रान्तिकारी आन्दोलन की सफलता में भी सन्देह होने लग गया था। क्रान्ति कर्म के लिए जिस तरह के सहयोग की अपेक्षा उन्होंने अपने समय में नौजवानों से की थी, वह किसी भाँति पूरी नहीं हुई। उत्तर भारत में क्रान्तिकारी संगठन के ढाँचे को मजबूती से खड़ी करने के लिए उन्होंने बहुत श्रम और शक्ति व्यय की। पर वे बार-बार निराश हुए। ऐसे में उन्हें जनता को शिक्षित बनाने की जरूरत शिद्दत से महसूस होती रही। वे मानने लग गये थे कि शायद शिक्षा के अभाव में उनके क्रान्तिकारी प्रयासों को पर्याप्त स्पेस नहीं मिल सका। अपनी इसी सोच के चलते उन्होंने अन्त में कहा भी था कि नवयुवकों को मेरा अन्तिम सन्देश यही है कि वे रिवाल्वर या पिस्तौल को अपने पास रखने की इच्छा को त्यागकर सच्चे देशसेवक बनें। पूर्ण स्वाधीनता उनका ध्येय हो और वे वास्तविक साम्यवादी बनने का प्रयत्न करते रहें।

बावजूद इसके बिस्मिल धर्म के मामले में कमाल पाशा के निकट नहीं दिखाई पड़ते हैं। यद्यपि धर्म के प्रश्न पर वे एक क्रान्तिकारी की तरह चीजों का अतिक्रमण करते तो नजर आते हैं पर तथ्य यह भी है कि उन्हें अपने विचारों और योजनाओं को असली जामा पहनाने का पर्याप्त अवसर नहीं मिला और वे जल्दी ही फाँसी के फन्दे में झुला दिए गये। बिस्मिल और अशफ़ाक़उल्ला की क्रान्तिकारी चेतना का विकास आगे चलकर भगतसिंह के समय में बहुत मुखर और पैना होकर सामने आता है जहाँ समाजवाद के बड़े लक्ष्य को तय करने के साथ ही धर्म की बेड़ियाँ भी तेजी से टूटती दिखाई पड़ती हैं। देखा जाए तो क्रान्तिकारी संग्राम की उस विचार-भूमि का वास्तविक निर्माण बिस्मिल और उनके क्रान्तिकारी दल 'हिन्दुस्तान प्रजातन्त्र संघ' के जरिए ही सम्पन्न हुआ था जिस पर चन्द्रशेखर आजादी के सेनापतित्व और भगतसिंह के बौद्धिक नेतृत्व ने आगे चलकर संघर्ष और चेतना की नयी इमारत खड़ी की और उसकी अनुगूँज हमें 1946 की नौसेना की बगावत तक बहुत स्पष्ट दिखाई पड़ती है।

मेरे लिए कमाल पाशा का अर्थ एक खालिस धर्मनिरपेक्ष सत्ता से है जो सब तरह के धार्मिक बन्धनों से मुक्त हो। तुर्की में एक मुस्लिम शासक ने अपनी क्रान्तिकारी भूमिका से सर्वथा नयी इबारत रच दी जो दूसरे किसी के लिए फिर सम्भव ही नहीं हो पायी। यहाँ तक कि दुनिया भर में धर्म के मसले पर कम्युनिस्ट सत्ताएँ भी प्रायः लुंज-पुंज और भीतरी तौर पर ढुलमुल ही बनी रहीं। कमाल पाशा ने अपने कृतित्व से हमारे देश के काकोरी कांड के एक क्रान्तिकारी सैनिक और नेतृत्वकर्त्ता को बेहद प्रभावित किया और वे खुद उसके प्रभामंडल की छाया तले तुर्की की धरती पर 'बिस्मिल शहर' का निर्माण सम्भव कर पाये। आज जिस

तरह तुर्की के भूगोल में बागियों का एक राज्य भारतीय क्रान्तिकारी के नाम पर सुनहरे हरूफ़ों में दर्ज है, ठीक वैसा ही कोई उद्यम हमें कमाल पाशा के क्रान्तिकारी कर्म को सम्मान देने के लिए अपनी जमीन पर करना चाहिए। कमाल पाशा हमारे लिए एक क्रान्तिकारी आदर्श की तरह हैं जिन्होंने अपने मुल्क में रामप्रसाद 'बिस्मिल' की शहादत की रोशनी जला दी। यह एक तरह से बिस्मिल की क्रान्तिकारी चेतना का विस्तार भी है।

अशफ़ाक़उल्ला की डायरी के हरूफ़

1921 के असहयोग आन्दोलन की सफलता के बाद जिस भारतीय क्रान्तिकारी दल का पुनर्गठन 'हिन्दुस्तान प्रजातन्त्र संघ' के रूप में हुआ वह देश के स्वतन्त्रा आन्दोलन में मील का पत्थर साबित हुआ। देखा जाए तो उत्तर भारत में इस क्रान्तिकारी संगठन का सूत्रपात करनेवाले योगेशचन्द्र चटर्जी और शचीन्द्रनाथ सान्याल जैसे क्रान्तिकारी नेता थे। पहली बार व्यापक स्तर पर बनाए जानेवाले 'हिप्रस' का एक संविधान बना जिसे 'पीला पर्चा' कहा गया जिसमें लिखा गया था कि भारत के क्रान्तिकारी एक ऐसे समाज का निर्माण करना चाहते हैं जिसमें एक मनुष्य के द्वारा दूसरे मनुष्य का तथा एक राष्ट्र के द्वारा दूसरे राष्ट्र का शोषण सम्भव नहीं होगा। यहाँ यह जान लेना भी जरूरी है कि क्रान्तिकारियों ने कलकत्ते की अपनी एक बैठक में गाँधी के असहयोग के नये प्रयोग को धैर्य के साथ देखना तय करके अपनी गतिविधियों को थोड़े समय के लिए विराम लगा दिया था। लेकिन चौरी-चौरा की हिंसा के बहाने असहयोग की निराशाजनक समाप्ति ने उन्हें फिर से अपने छोड़े हुए हथियार उठाने को विवश कर दिया। अब वे तेजी से अपने उसी मार्ग पर चल पड़े जो गाँधी से सर्वथा भिन्न था। उत्तर भारत में दल के नेता रामप्रसाद 'बिस्मिल' नयी उधेड़-बुन में थे। उनके पास 1918-19 के मैनपुरी मामले का सुदीर्घ अनुभव था जिसमें फरार रहते हुए वे सरकारी आम माफी के बाद ही सामने आए। पर इस बार वे पुरानी छापेमार लड़ाइयों से विलग सरकार पर सीधा हमला करना चाहते थे। 9 अगस्त, 1925 को उनके नेतृत्व में काकोरी रेलवे स्टेशन के निकट सवारी गाड़ी रोककर सरकारी खजाने को हथियाने की कार्रवाही ब्रिटिश हुकूमत को क्रान्तिकारियों की खुली चुनौती थी। इस अभियान में हिस्सेदारी करनेवाले थे क्रान्तिकारियों में अशफ़ाक़उल्ला खाँ प्रमुख थे जिन्हें बिस्मिल और दो अन्य साथियों रोशनसिंह तथा राजेन्द्रनाथ लाहिड़ी के साथ 1927 में फाँसी पर चढ़ा दिया गया। अन्य क्रान्तिकारी लम्बी कैद की सजाएँ देकर जेल में डाल दिए गये। काकोरी कांड का ऐतिहासिक महत्त्व यह है कि उसने असहयोग

आन्दोलन की निराशाजनक समाप्ति के बाद देश का ध्यान साम्प्रदायिकता से संग्राम की ओर मोड़ा और चारो तरफ व्याप्त राजनीतिक शून्य को भरने की बड़ी कोशिश की। अशफ़ाक़ और बिस्मिल का आजादी के लिए एक साथ फाँसी चढ़ना तब कौमी एकता की बड़ी मिसाल बनकर सामने आया। देखने योग्य यह भी है कि उन दिनों काँग्रेस जिसने घुटनों के बल चलना शुरू ही किया था उसके बरअक्स काकोरी के क्रान्तिकारी 1922-23 में ही स्वतन्त्रता के सवाल से आगे बढ़कर प्रजातन्त्र को अपना लक्ष्य निर्धारित कर चुके थे। उनके दल के नाम में 'प्रजातन्त्र' निहित था और इस मुकदमे के लिए जेल से अदालत जाते समय क्रान्तिकारी दामोदर स्वरूप सेठ व राजेन्द्रनाथ लाहिड़ी 'भारतीय प्रजातन्त्र की जय' के नारे लगाया करते थे। क्रान्तिकारियों की प्रगतिशीलता को जाँचने-परखने की यह हमारे लिए कसौटी हो सकती है। यह भी द्रष्टव्य है कि अशफ़ाक़ और दल के नेता रामप्रसाद 'बिस्मिल' पूरी तरह ईश्वर में आस्था रखनेवाले लोग थे। लेकिन इस युग में मन्मथनाथ गुप्त सरीखे नौजवान क्रान्तिकारी उस अनीश्वरवाद की ओर बढ़ने लग गये थे जिसका सम्पूर्ण विकास आगे चलकर भगतसिंह में दिखाई पड़ता है जिन्होंने जेल के भीतर 'मैं नास्तिक क्यों हूँ' जैसा विचारपूर्ण पर्चा लिखा जो भारतीय क्रान्तिकारी संग्राम का महत्त्वपूर्ण दस्तावेज़ है।

बिस्मिल अपने प्रारम्भिक जीवन से ही कलम से अपना नाता जोड़ चुके थे। वे 'राम' और 'अज्ञात' नाम से पत्र-पत्रिकाओं में लेख लिखा करते थे। उन्होंने शहीद गेन्दालाल दीक्षित, गमीनी युद्ध और कमाल पाशा पर भी रचनाएँ लिखीं। बिस्मिल ने कई पुस्तकें भी लिपिबद्ध कीं जिनमें 'कैथराइन की जीवनी' और 'बोलशेविकों की करतूत' प्रमुख हैं। 19 दिसम्बर, 1927 को शहादत के दो दिन पूर्व तक गोरखपुर के फाँसीघर में बैठकर वे अपनी आत्मकथा 'निज जीवन की छटा' को चोरी-छिपे शब्दबद्ध करते रहे जिसकी तुलना चेकोस्लोवाकिया के क्रान्तिकारी शहीद फूचिक के आत्मकथ्य से की जा सकती है। अशफ़ाक़उल्ला खाँ क्रान्तिकारी दल में बिस्मिल के दाहिने हाथ थे। वे निर्भीक और सुलझे हुए क्रान्तिकारी होने के साथ शायर भी थे। बताना होगा कि काकोरी के मामले में लम्बे समय तक वे पुलिस के हाथ नहीं आए और तब तक काकोरी के मुकदमे की कार्यवाही काफी आगे बढ़ चुकी थी। बाद में पकड़े जाने पर शचीन्द्रनाथ बख्शी के साथ लखनऊ में ही उन पर पूरक मुकदमा चलाया गया जिसमें उन्हें 1927 में 19 दिसम्बर को फैजाबाद जेल में फाँसी दे दी गयी। मरने से पूर्व कहे गये अशफ़ाक़ के दो शेर बहुत मशहूर हैं—*'कुछ आरजू नहीं है है आरजू तो यह है/ रख दे कोई जरा-सी खाके वतन कफन में।'* और दूसरा है—*'तंग आकर हम भी उनके जुल्म के बेदाद से/ चल दिए सूए अदम जिन्दाने फैजाबाद से।'*

अशफ़ाक़ ने कई ग़ज़लें लिखीं। यहाँ तक कि जिन दिनों वे फरार थे तब बिहार के डाल्टनगंज में छद्म नाम से रहे जहाँ उन्होंने खुद को मथुरा जिले का एक कायस्थ बताया। यहाँ रहकर उन्होंने बंगला भाषा भी सीख ली। कभी-कभी वे बंगला में गीत भी गाते। जिस इंजीनियर के पास वे काम करते थे, वह शायरी का बहुत शौकीन था। उसे जब अशफ़ाक़ के बारे में पता लगा कि वे शायरी भी कर लेते हैं, तो वह बहुत प्रसन्न हुआ। एक स्थानीय मुशायरे में अशफ़ाक़ ने जब कुछ अच्छे शेर पढ़े तो इंजीनियर महाशय ने खुश होकर उनका वेतन बढ़ा दिया। शायरी में वे अपना पूरा नाम अशफ़ाक़उल्ला खाँ 'हसरत' वारसी लिखा करते थे। अशफ़ाक़ की लिखी रचनाएँ पृथक् मूल्यांकन की माँग करती हैं पर अभी उनकी ओर किसी का ध्यान नहीं गया। जेल के भीतर जाकर उन्होंने न केवल अपने भाई रियासतउल्ला खाँ, माँ मजहरउलनिसा बेगम को लम्बे विचारपूर्ण पत्र लिखे जो उनके जिन्दगीनामे का ढंग से खुलासा करने के साथ ही उनके बचपन से लेकर फाँसी के तख्ते तक पहुँचने की संक्षिप्त जीवन यात्रा को बहुत बिखरे रूप में हमारे सम्मुख प्रस्तुत करते हैं, जहाँ से एक ओर उनकी पारिवारिक पृष्ठभूमि तो दूसरी ओर क्रान्तिकारी यात्रा से भी साझा किया जा सकता है। अशफ़ाक़ के पास कलम की ताकत थी और ईमानदारी तथा संघर्ष की सम्पदा भी जो उनकी डायरी में सर्वत्र द्रष्टव्य है।

अशफ़ाक़ सच्चे देशभक्त थे। मादरे-वतन के लिए अपनी जिन्दगी कुर्बान करने वाले इस नौजवान से फरारी हालत में पंजाब के सुप्रसिद्ध क्रान्तिकारी लाला केदारनाथ सहगल ने कहा था—'जेल में फ्रंटियर के एक मशहूर लीडर के साथ कैद रहा था और उन्होंने मुझसे कहा था कि जब कभी किसी पॉलिटिकल कार्यकर्ता को खुफिया तौर पर सरहद पार कराना हो तो उसका इन्तजाम हम कर सकते हैं। आप चाहें तो हम हिफाजत से आपको अँग्रेजी राज्य की सीमा से बाहर भेज सकते हैं।' अशफ़ाक़ ने उत्तर दिया था—*''मैं हिन्दुस्तान से भागना नहीं चाहता। भई, किसी मुसलमान को भी फाँसी चढ़ने दो।'* अशफ़ाक़ कहा करते थे—*'हिन्दुओं में तो खुदीराम और कन्हाईलाल दत्त सरीखे कितने ही शहीद हो गये पर मुसलमानों में तो मैं अकेला हूँ। मेरे ऊपर पूरी कौम की जिम्मेदारी है।'* यह जानने योग्य है कि फाँसी पर जाने के वक्त उनका वजन बढ़ गया था। शहादत के रास्ते पर जाते हुए वे बहुत उल्लसित थे। और उस अन्तिम दिन जेल अधिकारियों का बुलावा आते ही बहुत शान्त चित्त से उन्होंने कुरान शरीफ का बस्ता गले में लटकाया और 'लब्बैक' कहते हुए उस कत्लगाह की ओर चल दिए जिसे वतन के लिए शहीद होनेवाले अपने खून से पवित्र कर देते हैं।

मेरे हाथों में कुरान की वह प्रति है जिसके शुरूआती खाली पृष्ठों में अशफ़ाक़

की हस्तलिपि है। डायरी के वे पन्ने भी जो उन्हें एक मजबूत और विचारवान क्रान्तिकारी साबित करने के लिए पर्याप्त हैं। मैं बार-बार देख रहा हूँ कि अपनी जेल डायरी में अशफ़ाक़ ने हिन्दुस्तान की आजादी का एक खूबसूरत नक्शा भी बनाया था और उसे शक्ल देते हुए वह खूब-खूब रोये थे। जेल की डायरी के इन सफहों पर उनके आँसुओं के निशानों को साफ-साफ पढ़ा जा सकता है। यह खेदजनक है कि देश की स्वतन्त्रता के बाद मुस्लिम कौम में पैदा हुए अशफ़ाक़ जैसे क्रान्तिकारी नायकों को पूरी तरह विस्मृत कर दिया गया जबकि उनके जिन्दगीनामे को सामने रखकर नौजवानों की क्रान्तिकारी चेतना को पैनाने का काम किया जा सकता था। अशफ़ाक़ की डायरी की यह इबारत हमारे राष्ट्रीय आन्दोलन के इतिहास की सबसे कीमती धरोहर है। इसे पढ़कर यह जानने-समझने में हमें आसानी होगी कि किस तरह एक मुस्लिम जमींदार परिवार में पैदा हुए अशफ़ाक़ जनपक्षधरता के उस मुकाम पर पहुँचने में कामयाब हुए जहाँ उन्होंने बहुत स्पष्ट ढंग से यह रेखांकित किया कि अगर हिन्दुस्तान आज़ाद हुआ और बजाय हमारे गोरे आकाओं के हमारे वतनी भाई सल्तनत व हुकूमत की बागडोर अपने हाथ में ले लें और तफरीको-तमीज अमीर व गरीब, ज़मींदार व काश्तकार में रहे तो ऐ खुदा मुझे ऐसी आज़ादी उस वक्त तक न देना जब तक तेरी मखलूक (संसार के जीव) में मसावात (बराबरी) कायम न हो जाए। मेरे इन ख्यालात से मुझको इशतिराकी (कम्युनिस्ट) समझा जाए तो मुझे इसकी फिकर नहीं।

...और कब्र के किनारे से वे देशवासियों के नाम सन्देश में यह भी दर्ज कर सके—'कम्युनिस्ट ग्रुप से अशफ़ाक़ की गुजारिश है कि तुम इस गैर मुल्क की तहरीक को लेकर जब हिन्दुस्तान में आए हो तो तुम अपने को गैरमुल्की ही तसव्वुर करते हो, देसी चीजों से नफरत, विदेशी पोशाक और तर्जेमआशरत के दिलदादा हो, इससे काम नहीं चलेगा। अपने असली रंग में आ जाओ। देश के लिए मरो, देश के लिए जियो। मैं तुमसे काफी तौर से मुत्तफिक हूँ और कहूँगा कि मेरा दिल गरीब किसानों के लिए और दुखिया मजदूरों के लिए हमेशा दुखी रहा है। मैं अपने अयामे फरारी में भी अकसर इनकी हालत देखकर रोया किया हूँ क्योंकि मुझे इनके साथ दिन गुजारने का मौका मिला है। मुझसे पूछो तो मैं कहूँगा कि मेरा बस हो तो मैं दुनिया की हर मुमकिन चीजें इनके लिए वक्फ कर दूँ। हमारे शहरों में रौनक इनके दम से है। हमारे कारखाने उनकी वजह से आबाद और काम कर रहे हैं। हमारे पम्पों से इनके ही हाथ पानी निकालते हैं, गरज कि दुनिया का हर एक काम इनकी वजह से हुआ करता है। गरीब किसान बरसात के मूसलाधार पानी और जेठ-बैसाख की तपती दोपहर में भी खेतों पर जमा होते हैं और जंगल में मंडलाते हुए हमारी खुराक का सामान पैदा करते हैं।

यह बिलकुल सच है कि वह जो पैदा करते हैं, जो वह बनाते हैं उनमें उनका हिस्सा नहीं होता, हमेशा दुखी और मफलूकुल हाल रहते हैं। मैं इत्तिफाक करता हूँ कि इन तमाम बातों के जिम्मेदार हमारे गोरे आका और उनके एजेंट हैं। मगर इनका इलाज क्या है कि उनको उस हालत पर ले आएँ कि वह महसूस करने लगें कि वह क्या हैं। इसका वाहिद जरिया यह है कि तुम उन जैसी बजा-किता इख्तियार करो और जन्टिलमैनी को छोड़कर देहात का चक्कर लगाओ। कारखानों में डेरे डालो और उनकी हालत स्टडी करो और उनमें एहसास पैदा करो। तुम कैथरीन, ग्रांड मदर ऑफ रशिया की सवानेहउम्री पढ़ो और वहाँ के नौजवानों की कुर्बानियाँ देखो। तुम कालर टाई और उमदा सूट पहनकर लीडर जरूर बन सकते हो, मगर किसानों और मजदूरों के लिए फाइदेमन्द साबित नहीं हो सकते। दीगर पालिटिकल जमाअतों से मुत्तहिद होकर काम करो और अपनी मद्दापरस्ती से किनारा करो कि यह फिजूल है जो तुम्हें दूसरी जमाअतों से अलग किए हुए है। मेरे दिल में तुम्हारी इज्जत है और मैं मरते हुए भी तुम्हारे सयासी मकसद से बिलकुल मुत्तफिक हूँ। मैं हिन्दुस्तान की ऐसी आज़ादी का ख्वाहिशमन्द था जिसमें गरीब खुश और आराम से रहते और सब बराबर होते। खुदा मेरे बाद वह दिन जल्द लाए जबकि छत्तर मंजिल लखनऊ में अब्दुल्ला मिस्त्री लोको वर्कशाप और धनिया चमार, किसान भी मिस्टर खलीकुज़्जमा और जगतनारायण मुल्ला व राजा साहब महमूदाबाद के सामने कुर्सी पर बैठे नजर पड़ें। मेरे कामरेडो—मेरे रिवोल्यूशनरी भाइयो! तुमसे मैं क्या कहूँ और तुमको क्या लिखूँ? बस यह तुम्हारे लिए क्या कुछ कम मुसर्रत की बात होगी, जब तुम सुनोगे कि तुम्हारा एक भाई हँसता हुआ फाँसी पर चला गया और मरते-मरते खुश था।'

अशफ़ाक़ ने अन्त में यह भी कहा—'इस नामुकम्मल काम को, जो हमसे रह गया है, तुम पूरा करना। तुम्हारे लिए उत्तर प्रदेश में मैदानेअमल तैयार कर दिया। इससे ज्यादा उम्दा मौका तुम्हारे हजार प्रोपेगंडे से न होगा। स्कूल और कालिजों के तुलबा हमारी तरफ दौड़ रहे हैं। अब तुम्हें बहुत अर्से तक दिक्कत न होगी—*'उठो-उठो सो रहे हो नाहक पयामे बाँगे जरस तो सुन लो/ बढ़ो कि कोई बुला रहा है निशाने-मंजिल दिखा-दिखाकर'*।

अपने क्रान्तिकारी मुहिम से अशफ़ाक़ और काकोरी के उनके साथियों ने जो जमीन तैयार की, ठीक उनकी शहादत के बाद उसे चन्द्रशेखर आज़ाद और भगतसिंह के खालिस क्रान्तिकारी नेतृत्व ने संघर्ष और विचार के स्तर पर और अधिक उर्वरा बनाया। यहाँ हम अशफ़ाक की डायरी की अत्यन्त दुर्लभ सामग्री प्रस्तुत कर रहे हैं जो उस इतिहास और समय पर रोशनी डालने के साथ ही देश की आजादी के लिए मर-मिटने वाले एक क्रान्तिकारी नौजवान की जुबानी भी

है तिसने इन संक्षिप्त पृष्ठों में अपनी जिन्दगी को तनिक भी दबाया-छिपाया नहीं है। वे स्पष्ट करते हैं कि अपने शुरूआती दिनों में वे पेन इस्लामिस्ट विचारों से ग्रस्त थे, पर जल्दी ही वे इससे मुक्त हो गये। फिर भी इसका उनके मन में बहुत पछतावा बना रहा। इसके लिए उन्होंने अपने मौलवी को भी जिम्मेदार माना है। 1857 में अपने खानदान की भूमिका पर भी वे बहुत निर्मम तरीके से कलम चलाते हैं। वे जिन्दगी की उस जद्दोजहद और डिस्अपोइंटमेंट्स का भी खुलकर जिक्र करते हैं अन्ततः जिनके चलते वे क्रान्तिकारी रास्ते पर मजबूत होकर आगे बढ़े और साहस के साथ फाँसी के फन्दे तक का सफर पूरा किया। डायरी का बड़ा हिस्सा उन्होंने अपने भाई रियासतउल्ला खाँ के कहने पर लिपिबद्ध किया था जिसमें उनकी जिन्दगी की कुछेक छवियाँ दर्ज हैं। सजा-ए-मौत ने उन्हें कुछ और बड़ा काम करने का अवसर नहीं दिया। बच्चों के लिए लिखने की उनकी बड़ी आकांक्षा थी जिसे वे पूरा नहीं कर पाए।

अशफ़ाक़ की नीचे दी जा रही डायरी का अनुवाद कई वर्ष पहले फहीम साहब प्राध्यापक इस्लामिया कालेज फीरोजाबाद ने किया था :

(1)

अहदे शाहजहाँ बादशाह में मेरे मूरिसे आला खान नजर मुहम्मद खाँ दाऊदजई, पठान कबाएल नवाह पेशावर गुलबैले से, शाहजहाँपुर में मय दीगर कबायल के आकर आबाद हुए। जो इस वक्त खानदाने कदनखेल के नाम से पुकारा जाता है, और मेरा नानिहाल कौम खलील खानदान हाफिजखेल के नाम से पुकारा जाता है। ये दोनों खानदान अपनी शराफत और खरेपन में मशहूर हैं और आपस में शादी व ब्याह हुआ करते हैं। मेरा दादिहाल या कदनखेल गवर्नमेंट की नजर में कुछ ऐसा बावकअत नहीं है। ख्वाह कभी हुआ हो। मगर सन् 1857 के गदर के बाद से उनका कोई रसूख नहीं रहा। मैंने सेंट्रल जेल, लखनऊ में एक किताब अँग्रेजी में, जो मुझको इत्तफाकन मिल गयी थी, पढ़ी थी। जिसका न शुरू था न आखिर था। जो मैं उसका नाम लिखता। मगर हाँ, मुझको उससे यह जरूर मालूम हो गया कि दादिहाल ने क्या किया और मेरे नानिहाल के क्या कारनामे हैं। गरज कि मैं पहले दादिहाल का ही जिक्र करूँगा। जबकि यह शाहजहाँपुर में आकर आबाद हुए, यहाँ की असली बस्ती गूजरों की थी। मुसलमानों के तहत व तसर्रूफ में आई। तमाम करीब के देहात पर अफगानों का कब्जा हो गया। इसी तरह हमारे खानदान के लोगों को मवाजिआत मिले और हमारे मूरिसे आला ने मवाजिआत खरीद लिए और यहाँ चैन से रह बस गये। मगर इन्होंने न तरक्की की कोशिश की, और न नामो नमूद की ख्वाहिश की। बेफिक्रे आरामतलब बने

रहे, और गरज कि आज यह हाल है कि एक भी शख्स ग्रेजुएट पैदा न कर सके। न तो माली हालत सुधारी और न तरक्की हासिल की। इल्म से इनको नफरत, हाथ-पैर हिलाने से इनको दुश्मनी, और अँग्रेजी पढ़ने को एक बड़ा कुफ्र समझा किए। खुदा-खुदा करके खानदान में चन्द अफराद पैदा हुए। खुदा उनकी रूहों को जन्नत में जगह दे। उन्होंने अपने बच्चों को स्कूल में दाखिल कराया। मगर वह जरासीम जो फिजाए खानदान में मौजूद थे, वह लोग जो एक अँग्रेजी तालिब इल्म को एक दिन स्कूल जाने से बाज रखने से जन्नत की कुंजी हासिल करने का हकदार समझते थे। उनके पीछे इस बुरी तरह से पड़ते थे और स्कूल जाने से बाज रखते थे। गरज कि कसरत (बहुमत) की हमेशा फतह है और किल्लत (अल्पमत) की शिकस्त। यों ये गरीब भी उनके निशाना बन गये और इन्ट्रेंस भी पास न कर सके। चुनांचे इसी दौर से मुझको भी गुजरना पड़ा। मुझको निहायत गम और अफसोस होता है, जबकि मैं अपनी तालीम की तरफ गौर करता हूँ। इसमें मैं भी खतावार हूँ, मेरे सरपरस्त बिलकुल नहीं। क्योंकि वे गरीब तरीके-तालीम से वाकिफ ही न थे। यूँ मैं बाकायदा बड़ा और हट्टा-कट्टा पहलवान हो गया जब अँग्रेजी पढ़ने का शौक हुआ। और खैर खुदा का शुक्र है कि उर्दू-फ़ारसी ही पढ़ा दी थी। जो मैं आज उर्दू में अपनी जिन्दगी का नोट लिख रहा हूँ और सच पूछिये तो वही पुराना रवैया तालीम का अब तक हमारे यहाँ चला आ रहा है कि मौलवी साहब 20-30 लड़कों को लिये हुए उर्दू की तालीम दे रहे हैं और डंडा बरसा रहे हैं। मगर अब वह जमाने के साथ बदलता जा रहा है। और मौलवी साहब बेचारे अनका (नापैद) हो रहे हैं। अब या तो मुदर्रिस सहाब हैं, या मास्टर साहब। और अब लोगों को अँग्रेजी तालीम की जरूरत महसूस होने लगी है। अन्धों में काना राजा मसल मशहूर है। खानदान भर के तार वगैरा मुझसे पढ़वाये जाते थे। अब देखना यह है कि यह नयी औलाद भी जिसमें से मेरे बाद की तो अपने उसी पुराने रवैये पर चलने से अपने को सुपूत होने का दावेदार समझते हैं, चल रही है और जिसका मुझे गम है। मगर हाँ उसके बाद की नस्ल उम्मीद अफजा हालत में परवरिश पा रही है। जो उम्मीदों का मावा व मलजा है। ये लोग जिस तरह पर अपनी माली हालत और खानदानी इम्तीआजात दरियावुर्द कर चुके हैं, उसी तरह पर अपनी ताकत, कुव्वत व जोशो-खरोश को भी अलविदा कह चुके हैं। इन लोगों को महज तकदीर पर शाकिर रहना और गुजिश्ता अफसाने ही दुहराना बस एक काम रह गया है। मुझे फिर उसी किताब का हवाला देना पड़ता है कि जिस तरह पर गदर के पहले और बाद को मेरे खानदान में किस्सागोई जिन्नात के बारे में हुआ करती थी, वैसी ही मेरे जमाने तक थी और वह अब तक है। ये लोग किस्मत पर इतना भरोसा किये हुए हैं

कि दुनियावी अमूर में कोशिश करना गुनाहेअजीम समझते हैं। इसका मुझे दुख है, वह बयान के बाहर है और मैं उम्मीद करता हूँ कि अब मौजूदा नस्ल और आने वाली नस्ल अपने को फखरे खानदान बनाएगी। और तालीम व तरक्की की आला मैराज पर पहुँचने की कोशिश करेगी। अगर मैं जिन्दा रहूँगा तो मुझको भी, वरना मेरी रूह को खुश करेगी। मगर हाँ, जहाँ सब बुराइयाँ हैं, वहाँ इनकी स्प्रिट काबिलेतारीफ है, गो कि बाज घरों में पस्तहिम्मती और अपने को नाकारा समझना इनकी जिन्दगी की जुजेआजम बन गया है। मेरी रगों में वह खून था, जो मुझको आज फाँसी की कोठरी में बन्द कराये हुए है और मैं इस पर खुश हूँ। बाज औकात मुझको ताज्जुब होता है कि मैं ऐसे खानदान से ताल्लुक रखनेवाला कैसे निकला। यह तो मेरे बाप के खानदान के हालात हैं, जिस पर आखिर में मुझको यह कहना पड़ता है कि खुदाया इनको दीदये बीना दे और औलादों को जब तक इनके बुजुर्ग ऐश-ब-इशरत और सुस्ती व काहिली के देवता को पूजते रहें, नाफरमान बनाये रखे, ताकि कुछ अपना, वतन का, कौम का भला कर सकें।

ननिहाल यानी माँ के खानदान के हालात अच्छे हैं। गदर 1857 ई. से लेकर इस वक्त तक सरकारी ओहदों पर चले आते हैं और गदर के बाद से तो सरकार की नाक के बाल हो गये हैं। मेरी माँ के दादा और उनके भाई सब-जज और डिप्टी कलक्टर थे। जबकि गदर शुरू हुआ तो उन्होंने मुल्क का साथ न दिया। न नवाब साहब का साथ दिया बल्कि जासूसी का काम किया। जो मुझको जेल की किताब से मालूम हुआ और जो कुछ मैंने सुना मुझे यह लिखते हुए अब शर्म नहीं आती, हाँ केस से कब्ल अगर मुझको जरूरत महसूस होती तो हरगिज भी न लिखता क्योंकि जहाँ तक मेरा ताल्लुक है मैं इसको बायसे सदनंग समझता हूँ कि जब मुल्क के लोगों को एहसासे आजादी पैदा हो और वह अपना खून मिस्ल पानी के बहायें, अपने बच्चों की कुर्बानी कुर्बानगाहे वतन पर चढ़ाएँ, अपनी दौलत, आबरू, मकान, गरज की हर शय हँसी-खुशी के साथ आजादी और महज आजादी-ए-मजहब के लिए निसार कर दें, फिर उनके साथ फरेब करना, उनके खिलाफ साजिश करना, उनकी स्कीमों को तहस-नहस करने की कोशिश करना और वतनी दुश्मनों की इमदाद करना अगर शर्म और हजार शर्म की बात नहीं तो और क्या है? मुझे जमानये तालिबेइल्मी अपने चन्द दोस्तों से हमेशा जिल्लत उठानी पड़ी, जब वह कहते थे कि तुम खानयीने वतन की औलाद हो, मैं उन अहबाब का नाम लिखना नहीं चाहता हूँ। चूँकि उनको शर्म आएगी कि वह इस वक्त अपने गले में गुलामी का पट्टा डाले हुए हैं या सरकारी कचहरियों में कुंजड़ों और कुंजड़ियों की तरह बार रूम में दुकानें लगाए हुए बैठे हैं। उस वक्त उनको फख्र था कि उनके आबा और अजदाद उस गिरोह के एक बड़े रूक्न थे जिसने

आजादी का अलम बुलन्द किया था। खैर, मैंने अपनी कुर्बानी से इस धब्बे को जो 1857 ई. में मेरे ननिहाल के बुजुर्गों ने अस्मते वतन पर लगाये थे, अपने खून से और नौजवान व मासूम खून से धो डाले। क्या इस खानदान का इसको कफ्फारा (प्रायश्चित) समझा जा सकता है। ख्वाह यह हो या न हो, मेरी आने वाली नस्ल पर यह एतराज न होगा कि यह उस खानदान से ताल्लुक रखते हैं, जो खाएन था। बल्कि मेरी कुर्बानी से लोग रहम करेंगे और उनको अशफ़ाक़ के खानदान का एक मेम्बर ख्याल करके बुजुर्गों की गलतियाँ फिर अजसरे नौ याद न करेंगे। मुझे ननिहाल के खानदान के बारे में बस इतना ही लिखना है, अब मुझको अन्देशा है कि यह खानदान अब तरक्की करने के काबिल न हो सके। चूँकि अब नौजवान तरक्की करने के बजाय अपने बुजुर्गों पर ही नाज करने को अपना शआर बनाये हुए हैं। और यही सिम्मे कातिल (मार डालनेवाला जहर) है कि बुजुर्गों की तारीफ में लगे रहें या उन पर फख्र करते रहें। इन्सान को खुद इम्तयाजी हैसियत हासिल करना चाहिए। बुजुर्गों पर फख्रो मुबाहात (घमंड करना) की जरूरत नहीं। यूँ मैं दादा की तरफ कौम परस्त और ननिहाल की तरफ से अँग्रेज परस्त पैदा हुआ, मगर माँ का खून कमजोर था, यूँ वतनी आजादी का जज्बा ताकतवर रहा और वतन, प्यारे वतन के लिए आज मौत के तख्ते पर खड़ा हुआ हूँ।

(2)

मेरी माँ खानदान खलील (अफगान) खानदान हाफिज खेल की एक मेम्बर थीं। उनके वालिद कोर्ट इन्स्पेक्टर पुलिस, उनके दादा सब-जज थे जो अय्यामे-गदर में आजादी के पुजारियों के हाथों मारे गये थे। मेरी माँ की तालीमी हालत अच्छी-खासी थी और निहायत अक्लमन्द थी। उन्होंने हम लोगों को ऐसी अच्छी तरबियत दी कि आज हम जवान होने पर चारों भाई उनसे इतना डरते हैं कि उनके खिलाफ-हुक्म कुछ भी नहीं कर सकते। मेरे वालिद साहब मुहम्मद शफीकउल्ला खाँ सब-इन्स्पेक्टर पुलिस थे, मगर खुदा के फजलोकरम से मेरे पैदा होने से पेश्तर ही वह मुस्तैफी (त्यागपत्र देना) हो चुके थे और गो कि वह मेरी कम उमरी में ही दुनिया से गुजर गये। खुदा उनको जिवारेरहमत में जगह दे और उनके कारनामों को, जो अयामेमुलाजमत में किये थे, फरामोश करे, जिनकी वह हमेशा माफी माँगते रहे। वह मुझे पुलिस के कारनामे बतौर किस्से के सुनाया करते थे, जो मुझे अकसर अभी तक याद हैं और फिर उनका सामना भी किया। और वह सबक भी जो कभी थ्योरिटिकल था, अब प्रैक्टिकल सूरत में मिल गया। गरज कि किब्ला वाालिद साहब भी मेरी वालिदा के हुक्म के ताबे रहते थे। मेरे तीन भाई और एक बहन और हैं। बड़े भाई मुहम्मद शर्फउल्ला खाँ, मँझले भाई मुहम्मद रियासतउल्ला

खाँ, संझले भाई मुहम्मद शहनशाह खाँ हैं। इस तरह हम चार भाई और एक बहन हैं। मैं अपनी वालिदा और वालिद की आखिरी औलाद हूँ। मेरे सब भाई शादीशुदा हैं। वालिद जबकि वह पुलिस की मुलाजमत पर थे और काफी पैदा कर लेते थे, सुना है कि बड़े और मँझले भाई पर बहुत कुछ सर्फ किया। नतीजा कुछ भी नहीं निकला। बस वह अब शहरों के नाम अँग्रेजी में लिख लेते हैं और पढ़ भी लेते हैं और वह वैसे ही हैं जैसे खानदान कदनखेल के और मेम्बर हैं। मेरे मँझले भाई जो उर्दू मिडिल पास हैं और अँग्रेजी उन्होंने सातवाँ दर्जा पास करके छोड़ दी, पर हमारे खानदानी बुजुर्गों की करमफर्मायी ज्यादा है। उनकी हालत वाकई इस काबिल थी कि वह किसी काबिल हो जाते। मगर भला हो उन अँग्रेजी के दुश्मनों का, जो अँग्रेजी की किताब को हाथ लगाना, हाथ का नजिस हो जाना समझते थे। एक दिलचस्प किस्सा मशहूर है कि हमारे एक अजीज अपनी अँग्रेजी की एक किताब अपने एक करीबी रिश्तेदार के यहाँ इत्तफाकन भूल आए तो उन्होंने नौकर से चिमटे से पकड़वाकर उसको अलग रखवा दी। अगर वह साइंस से वाकिफ होते तो यह जानकर कि धातु जो कि कंडक्टर है, तो हरगिज चिमटे से न थमवाते, बल्कि लकड़ी की चीज से अलहैदा करवाते। गरज कि मैं बहुत बच्चा था, मौलवी साहब किबला खुदा उनको गरीक रहमत करे जो मेरे भाइयों को पढ़ाते थे, उनके पास मैं भी भेजा गया। चूँकि गैरमामूली दिमागी हालत थी, मैं बिस्मिल्लाह जो कि एक रसम हमारे यहाँ है, उसके होने से पेश्तर ही बाकायदा कायदा बगैरह खत्म कर चुका था और यूँ ही मेरी बिस्मिल्लाह ही न हुई कि मैं बाकायदा पढ़ने-लिखने लगा। गरज कि मौलवी साहब ने उसी पुराने तरीके पर पढ़ाना शुरू किया और रफ़्ता-रफ़्ता उर्दू-फ़ारसी में बड़ी-बड़ी किताबें अखलाक मोहसनी, अनवार सहेली पढ़ा दी और उर्दू में तो वह कई लाहौर की किताबें पढ़ाया करते थे। चूँकि उर्दू किताबों का जखीरा मेरे घर में मेरी वालिदा का काफी था। मैंने दिल भर कर उर्दू पढ़ी और शायद कोई किताब बाकी रही हो, जो किस्सा-कहानियों की न पढ़ी हो। शाहनामा, तिलस्महोशरूबा वगैरह बहुत पढ़ा करता था और मुझको जंग के हालात पढ़ने में हमेशा से दिलचस्पी थी और मैं पढ़कर मस्त रहता था और अमली सूरत भी पैदा करने की कोशिश करता था जिसका नतीजा यह निकलता कि मौलवी साहब मुझे कान पकड़कर उठाया-बैठाया करते थे। थी तो वह सजा, मगर वह कसरत का काम देती थी और मैं अपने खानदान के भाइयों में सबसे छोटा होने पर भी सबको जमीन झँका देता था, मुहल्ले में हमेशा जंग छिड़ी रहती थी, क्योंकि मैं एक जंगजू लड़का था, मारपीट का बाजार गरम रहता था। उस पर यह सजा तजबीज की गयी कि फुरसत ही न दी जाए कि यह शरारत करे। चुनांचे मौलवी साहब के साथ दोपहर को जाना

और फिर शाम को मगरिब के वक्त तक साथ रहना, जब मगरिब की नमाज पढ़कर मौलवी साहब घर वापस जाएँ उस वक्त मुझे छुट्टी मिले। बस वैसा ही मजा अब आ रहा है कि फाँसी की कोठरी है और हम हैं। बाहर कुछ भी तमाशा हो, कुछ भी हो, न बाहर निकल सकते हैं, न देख सकते हैं। यही हाल जब था कि बाहर के लड़कों के खेलने की आवाज सुना करते थे और दिल मसोस-मसोस कर रह जाते थे। सबक में मौलवी साहब खुश रहते थे, मगर शरारत के वक्त और ज्यादा खुश कि सैकड़ों बैठक करा लेते थे या यों समझिए कि मौलवी साहब मुझे पहलवान बनाने का शौक रखते थे। हमारे मौलवी साहब का तरीक-ए-तालीम निराला था। काबिलियत में उनकी शक नहीं। इल्मेरिआजी में महारत रखते थे। मगर हम ऐसे बदकिस्मत कि हमेशा रिआजी में ही कमजोर रहे। वह सबक कम देते थे, मगर अँग्रेजी तालीम का खाका बहुत उड़ाते थे और अँग्रेजी की दोस्ती को जहन्नुम जाने का जरिया समझते थे। अँग्रेजी पोशाक से सख्त नफरत थी और ऐसे-ऐसे किस्से गढ़-गढ़कर सुनाया करते थे कि जिनका महज नतीजा यह निकला कि हम लोग आज तक कोट-पतलून पहनते हुए झिझकते हैं। गो कि अब अकसर इस वक्त के दोस्तों के साथ बैठकर हँसते हैं मगर अब पता चलता है जब प्यारे महात्मा गाँधी ने भी वही तालीम दी कि देशी वजा रखो और देशी कपड़ा पहनो। प्यारे मौलवी साहब की बातें याद आईं। एंटी ब्रिटिश स्प्रिट उनमें ज्यादा थी चुनांचे उस वक्त के ग्रुप में से इस वक्त हम सिर्फ दो मौजूद हैं जो उनकी उम्मीदों के मुआफिक निकले। गो कि एक बहुत आगे निकल गया। शायद वह आज जिन्दा होते तो खुश होते। मैं तो उनकी मर्जी के मुताबिक उनको मिलता, क्योंकि विदेशी ख्यालात मुझमें कुछ नहीं और अँग्रेजों के खिलाफ स्प्रिट भी है। मगर सैयद हबीब अहमद एंटी ब्रिटिश तो हैं मगर कोट-पतलून के दिलदादा जरूर हैं और यह उनकी पुरानी आदत हो चुकी है और वह और भी आगे बढ़ गये हैं। खैर उनको उनके मकासिद में खुदा कामयाब करे। एक और भी उनके शागिर्द थे—मिस्टर अयूब अहमद सब्र, जिन्होंने जेल भी काटी है। और हम तीनों शायद उनकी रूह को खुश करते हों। गरज कि अब न वह मौलवी साहब हैं, न वह जमाना है। फाँसी की कोठरी है और हम हैं। जब मैं जवान हुआ तो वह बदकिस्मती से 14 बरस का खासा जवान, पहलवान मालूम होता था और मुझे फाँसी महज मोटा-ताजा होने की वजह से दी जाएगी और यह बात प्रासीक्यूटर की बहस में आई। खैर अँग्रेजी जुबान पढ़कर जबकि रियाजी बिलकुल सिफर थी, स्कूल में जब दाखिल हुआ। अब जैसे ही हमने अँग्रेजी शुरू की तो हमारे खानदान के लोगों में खलफिशार पैदा हुआ। चूँकि फिजाये खानदान में अजीब किस्म के जरासीम मौजूद थे और कम उम्र लड़कों में चूँकि

अक्ल की कमी होती है जो उनसे प्यार से बोला, उसी के दोस्त हो गये। चुनांचे मेरा भी यही हाल हुआ। 3-4 साल में मैं और बड़ा हुआ। और कभी मास्टर ने गलती पर डाँटा तो मैं भी ऐंठ गया, जिसका नतीजा आपस में खलफिशार और मेरी बदबख्ती व बदकिस्मती निकली। और मैं भी वैसा ही था कि बुजुर्गों पर नाज करता और किस्मत पर शाद रहता था। गंडे तावीजों की मदद से पास होने की उम्मीद रखता, वक्त को लहोबो-लुआब में और किस्सा-कहानियों के सुनने में सर्फ करना मेरा काम हो गया। फिर एक जमाना जल्द वह आ गया कि तुर्कों और ईसाइयों में जंग छिड़ गयी। बस फिर क्या था, लोगों को प्रोपेगंडे का मौका हाथ आया और इधर मेरी भी दबी हुई आग दहकने लगी और तालीम की तरफ से लापरवाही। क्योंकि अँग्रेजी हमारे दुश्मनों की जुबान थी, नफरत होने लगी और अखबार बीनी हमारा शुआर (काम) हो गया। किताबें लेकर स्कूल चले तो जाते थे मगर लापरवाही के साथ, नतीजा क्या निकला नामुरादी व नाकामी। लेकिन तरबीयत वालिदा के हाथ में थी, जो कामयाबी के साथ जारी रही और तालीम मेरे महज जौक व शौक पर मुनहसिर थी, वह चौपट हो गयी। चूँकि मैं बचपन से ही गजबनाक और लड़ाकू था। यूँ लड़के तो फिर लड़के थे, मास्टरों से भी न दबता था वह भी अगर कुछ नहीं कह सकते थे तो इतना उनसे हो सकता था कि इत्मिहान में ख्याल रखें, और अकसर हमारे मास्टर पृथ्वीसिंह साहब आँजहानी कहा करते थे कि 'खाँ साहब! अप्रैल के महीने का भी ख्याल है।' और वे बेचारे अपना वायदा पूरा करते थे। मैं था परवाहे नबाशुद (लापरवाह)। जब छठे दर्जे में था, जामेट्री का कोर्स सिर्फ छः घंटे में पूरा खत्म करके सुबह को इम्तिहान देकर छः में से पाँच सवाल हल किये थे। जबकि एक दिन पहले मुझे जामेट्री की एक लाइन भी याद न थी। खैर आज यह सब हाल अपने आनेवाले बच्चों के लिए छोड़े जाता हूँ कि मुझे किन-किन वाकियात का सामना करना पड़ा और तक्मीले-तालीम में कौन-कौन-सी बातें हारिज हुईं। इस पर वह गौर करें और उनसे परहेज़ करें। खैर अब गम बेकार है। मुझे अपने बचपन का जब ख्याल आता है और उस जमाने के चन्द एक वाकियात याद आते हैं तो हँसी आ जाती है चूँकि मैं बचपन से ही मार्शल स्प्रिट लिये हुए पैदा हुआ था। मुझे अगर मेले से कोई चीज लाने का शौक था तो वह टीन की तलवार होती थी। एक मरतबा मैंने अपने वालिद से कहा कि मियाँ आप मुझे एक तलवार मोल ला दें। उन्होंने जवाब दिया—'बेटा! तुमसे कोई छीन लेगा।' उस पर मैंने जवाब दिया—'आप चाँदी की तलवार न लाएँ बल्कि लोहे की ला दें, वह कोई न छीनेगा।' इस पर मेरी वालिदा और वालिद हँस पड़े और कहा, अच्छा। और मेरा यह तकाजा उनसे हमेशा जब तक वे जिन्दा रहे, होता रहा। उस वक्त तलवार

पर लाइसेंस था। ये मुझे अपनी जिन्दगी का किस्सा याद रहेगा। और इस सवाल जवाब से लोग हिसाब लगा सकते हैं कि मैं कितना बड़ा था। चुनांचे यही स्प्रिट मैं अपने भतीजे और भतीजी में भी पाता हूँ कि वह बजाए गेंद और खिलौनों के मेले से तमंचा और चाकू लाते हैं। खुदा वह स्प्रिट उनमें कायम रखे और उन्हें आला तालीम से हमकिनार करे। मेरे बचपन के वाकियात मेरी माँ और मेरे भाइयों से मालूम हो सकते हैं और वही इसमें कुछ इजाफा कर सकते हैं। जैसा मैं लड़नेवाला था वैसा ही फैयाज (सखी, दानी) भी था। अपनी माँ का दूध दूसरों को पिलवा देता था, यही बात मेरी माँ भी बता देंगी।

(3)

मैं स्कूल जाने लगा। वहाँ मेरे बहुत दोस्त थे। मैं भी दूसरों का दोस्त था। मगर यह स्कूल अँग्रेजी था। वहाँ मेरी मार्शल स्प्रिट का नतीजा मिस्टर मनोहरलाल ज्योतिषी के बेंत थे। खुदा ने एक-दो वाकियात से साफ बचाया। फिर भी मैं फूँक-फूँककर कदम रखने लगा। मगर इस जमानये-तालिबेइल्मी का मुझे सबसे ज्यादा शिकवा आज भी इस फाँसी की कोठरी में बन्द होने पर भी एक ओर महज एक दोस्त से है। जिसको मैं दिलोजान से ज्यादा मुहब्बत करता था। जिसके लिए मैं दुनिया व माफीहा (संसार) से कतई बेखबर था। जो मेरा दीनो ईमान था। जो कि मेरा सब कुछ था। भाई की तरह प्यारा, दोस्तों के दायरे में अफजल, मगर उसने हमेशा दुख पर दुख, तकलीफ पर तकलीफ दी। मैं उसका नाम न लिखूँगा, जाननेवाले जानते हैं, पढ़नेवाले समझ जाएँगे, वह खुद जान जाएँगे वह खुद समझ जाएँगे (मैं यह किस्सा नजरअन्दाज कर जाता, मुझे इस जमन(बारे में) आइन्दा लिखना है, यों इसका लिखना जरूरी समझा)। खुदा उनका भला करे, परवान चढ़ाए, बाल-बच्चों में खुश रखे। मुझको जो-जो भी मायूसियाँ उठानी पड़ीं और मेरी तालीम को नुकसान पहुँचाने का बाइस हुई वह मेरी इन्हीं करमफरमा की करमफरमाइयाँ थीं। और इन तमाम बातों ने मिलकर मुझे किसी काबिल न बनाया। गो कि वह खुद भी मेरी तरह ही रहे। खैर वह मजे में हैं चूँकि वह अपनी और महज अपनी ही खिदमत करना जानते थे और मैं दूसरों के लिए भी कुछ करने का ख्वाहिशमन्द था। और मैं बहुत मशकूर हूँ कि मुझको रिवोलूशनरी इन तमाम डिसअपोइंटमेंट्स (नाउम्मेदियों) ने ही बनाया और मैंने जहाँ तक तजुरबाह किया मैं इसी नतीजे पर पहुँचा कि यह डिसअपोइंटमेंट्स ही हैं जो इनसान को उसकी मौत से बेखौफ बना देते हैं। मुहब्बत का माद्दा जिसके दिल में होगा वही देश के लिए, देश-भाइयों के लिए, सबके लिए कुछ कर गुजरेगा। मसअलए तस्सवुफ में इश्केमजाजी, इश्केहकीकी का जीना है, मैंने तो ऐसा ही

पाया। यह वही मुहब्बत का माद्दा है जो वतन की तरफ रूजू हो गया और मैं मौत का इन्तजार कर रहा हूँ। मैं फखरिया कहूँगा कि मैं और वह दोस्त मिस्ल भाई के थे। मैं उससे हकीकी भाई जैसा प्यार करता था और वह मुझे सौतेले भाई जैसा प्यार! मुझे बच्चों को नसीहत मकसूद है कि उनको किस दौर में गुजरना है और किन-किन मसाइब से मुकाबला करना है। तालिबेइल्मी की जिन्दगी निहायत खतरनाक है। एहतियात शर्त है।

(4)

जब यूरोप की फिजा पर हिलाल के इर्द-गिर्द ईसाइयत का तूफान उठ रहा था, तब खिलाफत के झंडे को सरनगूँ करने के लिए यूरोप के तसलीसपरस्त जमा हो रहे थे, जबकि आले उस्मान के कमजोर न नहीफ बदन के चारों तरफ ईसाई जागो-जगन इकट्ठे हो रहे थे जबकि हमारे यूरोपीय चौधरी कभी आरमीनियन्स लोगों को और कभी बल्गारिया व सर्वियावालों को इटली सामान हर्ब पहुँचा-पहुँचाकर इश्तआल दे रहे थे कि जो पाओ ले लो, जो मिले न छोड़ो, मासूम तुर्कों का खून तुम्हारे लिए हलाल है। इटली बढ़कर तराबलुस को हड़प करना चाहता है। बल्गारिया, सर्विया, थरेस और अदरना, एड्रियानोपल वगैरह-वगैरह दाब बैठे हैं। वहाँ नित नये मजालिम ढाये जाने लगे हैं। उस वक्त एक दर्द भरी आवाज, दुख की पुकार, साहिले मगरिब से बुलन्द हुई है। दीवारे-जबल से टकराती है तो उसकी आवाजे बाजगश्त हिन्दुस्तान में सुनाई देती है। वादिये दरगाये नील के मुसलमान ही उससे बेचैन नहीं होते, गंग और जमन के दुआबे के मुसलमान कलमागो मुसलमान और बिलादे हिन्द के कलमा अशहद इनलाइलाह इल्ललाह पढ़ने वाले मुतास्सिर हो जाते हैं। यह आवाज तो हम जैसी है। लहजा दूसरा है तो वह भी लब्बैक कहते हैं और खुदा के शेर यहाँ भी खड़े हो जाते हैं। अगर वहाँ अनवर व शकरी दस्ते हकपरस्त में तलवार लेकर मैदान में कूद पड़ते हैं तो इधर भी अहले दिल गर्दन में झोलियाँ डालकर दर-दर की भीख माँगते फिरते हैं और रुपये से उनका खजाना पुर कर देते हैं। यों बाहमी उखवत और इत्तहादे इस्लामी की बुनियाद पड़ती है और भूला हुआ वायदा याद आता है। खोई हुई मंजिल दिखाई पड़ती है, भाई-भाई मिलते हैं। प्रोपेगंडा फैलता है, जिसका असर नौजवान मुसलमानों पर यह पड़ता है कि इटली का माल (जो सख्त तरीन दुश्मन उस वक्त में था) जला दिया जाता है और उसके खिलाफ शोरिश पैदा की जाती है। तुर्की ख्वातीन की हुब्बुलवतनी, नौजवान तुर्कों की सरफरोशियाँ तालिबाओं का हिजाब, कालिज व स्कूल की कुर्बानियाँ एक नयी स्प्रिट पैदा कर देती हैं। मेरी वालिदा जो बाकायदा तालीम हासिल किए हुए थीं,

बराबर अखबार की मुस्तकिल खरीदार बन गयीं और मैं भी बराबर अखबार पढ़ने लगा। तब मैंने जाना कि मुसलमान और भी कहीं हैं, क्योंकि उस वक्त तक मैं जुगराफिया से नावाकिफ था और महज हिन्दुस्तान को ही मुकम्मल दुनिया ख्याल करता था। जैसे मेंढक कुएँ को तसव्वुर करता है। चूँकि मैं पठान था और यह कौम आमतौर पर सेंटीमेंटल (जाहिल) ख्याल की जाती है। गो कि मैं अब ऐसा नहीं हूँ। इन ख्यालात में डूब गया और रोजोशब इसी दुआ में रहता था कि तुर्क हिन्दुस्तान फतह कर लें और यहाँ बादशाह बन जाए तो हम खलीफाये वक्त की रियाया बन जाएँ और अगर अफगानिस्तान ने हुकूमत कायम कर ली तो क्या है, फिर भी हम हकदार ही हैं। अंग्रेज से नफरत पैदा हो गयी। मेरा तो यही ख्याल था कि यही बानिये फसाद हैं और इनकी हुकूमत ही नेस्त व नाबूद होना चाहिए। और यह इस तरह से हो कि अफगानिस्तानी या तुर्क लोग हमला कर दें और हम लोग इनसे बगावत कर दें। फिर इनकी सल्तनत दरहम-बरहम हो जाएगी और हम बजाय ईसाइयों के मुसलमानों की रियाया हो जाएँगे। ईसाई सल्तनत खराब व खस्ता हो जाएगी। मुमकिन है ऐसे ही ख्याल बाज हिन्दुओं में भी हों कि चीन या जापान यहाँ आ जाए तो अच्छा है। गो कि बंगाल के अन्दर उस जमाने में कुर्बानियाँ कुर्बानगाहे वतन पर चढ़ाना शुरू हो गयी थीं। जिसके किस्से मैं सुना करता था। मगर वैसे ही रंग अमेजी के साथ जैसे कि हमारे किस्से व हमारे देश के वाकियात दूसरों की जबानों पर आ जाते हैं। गरज कि मेरा उस वक्त का ख्याल आज मुझे बहुत जलील मालूम होता है कि हम एक का हलकयेगुलामी उतारकर दूसरे की गुलामी का जुआ अपने कन्धों पर रखने में मुसर्रत-सी महसूस करते थे। खैर! वह मेरी नासमझी का जमाना था। हाँ, मेरा ख्याल उस जमाने में या उसके बाद हिन्दुओं के खिलाफ बहुत था और बाद को बहुत हो गया था। चूँकि हमारे करमफरमा एक मास्टर साहब थे। जिनका अगर मैं नाम लिखूँगा तो उन्हें मुफ्त में शर्मिन्दगी हासिल होगी और वह मेरे मास्टर थे। जब मैं गवर्नमेन्ट स्कूल में पढ़ता था वह हमेशा हिन्दू-मुस्लिम में इम्तियाज रखते थे। जो मैं अब कहूँगा कि उस्ताद का कमीनापन है। और यही लोग मुल्क के असल में दुश्मन हैं। मगर आज मेरा दिल ऐसा ही कुशादा (खुला हुआ) एक हिन्दू के लिए भी है जैसा मुसलमान के लिए। खैर! उस वक्त के लीडर अब भी इत्तिहादे इस्लामी पर आमिल हैं। गो कि एक हद तक मैं भी उनसे इत्तिफाक करता हूँ कि भाई समझने में कोई नुकसान नहीं। मदद करना हमारा फर्ज है क्योंकि हम फैयाज मुल्क के फैयाज बाशिन्दे हैं। मगर किसी की हुकूमत अपने ऊपर कुबूल करना हमारी पस्तहिम्मती और बदबख्ती है। यह किसी तरह हमारे शायानेशान नहीं। दुनिया में इन्कलाब व तगयुरात (तब्दीलियाँ) कितनी तेजी से हुआ करते

हैं। कल मैं क्या था और आज मैं क्या हूँ? कल मैं तुर्की की हुकूमत अपने ऊपर बायसेसद नाजो इफतिखार और जरियऐ बख्शिश समझता था और आज बदतरीन जिल्लत। *आज मैं तो हर विदेशी हुकूमत के बुरा समझता हूँ और साथ ही साथ हिन्दुस्तान की ऐसी जम्हूरी सल्तनत को भी जिसमें कि कमजोरों का हक हक न समझा जाये, या हुकूमत के सरमायादारों और जमींदारों के दिमागों का नतीजा हो, या जिसमें मसावी (बराबर) हिस्सा मजदूरों और काश्तकारों का न हो, या बाहम इम्तियाज व तफरीक रखकर हुकूमत के कवानीन बनाए जाएँ। मैं तो कहूँगा कि अगर हिन्दुस्तान आज़ाद हुआ और बजाय हमारे गोरे आकाओं ने हमारे वतनी भाई सल्तनत व हुकूमत की बागडोर अपने हाथ में ले लें और तफरीकोतमीज अमीर व गरीब, जमींदार व काश्तकार में रहे तो ऐ खुरा मुझे ऐसी आजादी उस वक्त तक न देना जब तक तेरी मखलूक (संसार के सभी जीव, में मसावात (बराबरी) कायम न हो जाए। मेरे इन ख्यालात से मुझको इशतिराकी (कम्युनिस्ट) समझा जाए तो मुझे इसकी फिकर नहीं।* मेरा खुदा पर भरोसा है। उसे मानता हूँ। वह सबको एक ही सूरत में पैदा करता है और एक ही सूरत पर मारता है। उसके ख्वाने करम से सबको खाने के लिए मिलता है। बदमाश बदमाशी से, लूटेरा लूट से, जालिम जुल्म से अपना पेट पालते हैं, वकील मुवक्किलों से, जमींदार काश्तकारों से, सरमायादार मजदूरों से जोंक की तरह चिमटकर उनका खून चूसते हैं और वह कमजोर हैं, इसलिए लुट जाते हैं। यह सब कानून खुदाबन्दी के खिलाफ है। इसका खात्मा करना निहायत ज़रूरी है और उसके खिलाफ जंग फर्ज है। गरज कि मेरा मकसद जल्द यह मुख्तसर नोट लिखना है। देखिए कल क्या होगा। अपनी राय अगर मौका मिला तो बाद को लिखूँगा। अच्छा मैं इत्तिहादे इस्लामी, पैन इस्लामिस्ट एक जमाने तक रहा, मगर यह जमाना वह था जब मुझे जिन्दगी का शऊर हासिल नहीं हुआ था। यह जमाना उस जमाने के करीब का है, जब खुदीराम बोस, कन्हाईलाल दत्त ने अपनी कुर्बानी से बंगाल को हिला दिया था और जिससे तमाम हिन्दुस्तान काँप उठा था।

कभी-कभी कहानियाँ सुनने में आती थीं और बंगाली बमों का हाल सुनते थे तो दिल में ख्वाहिश पैदा होती थी कि हम भी ऐसे होते। मगर यह मालूम न था कि एक दिन हम भी कन्हाईलाल दत्त और खुदीराम बोस की तरह फाँसी की कोठरी में बन्द होंगे और हमारा तजकरा भी तुल्बा में उसी तरह होगा जैसे हम लोग उनके जिक्र किया करते थे। और फिर क्या मालूम कि हमारा जिक्र करनेवाले भी इस तरह इस कोठरी को आबाद करें! एक दिन मैं स्कूल जा रहा था कि यकायक सुना कि दिल्ली में वायसराय बहादुर पर किसी ने बम मार दिया और स्कूल बन्द हो गया, फिर तो खुशी की इन्तहा न रही। चलो एक पन्थ दो

काज, छुट्टी मिली और एक नया वाक्या भी जहूर में आ गया। फिर तो बाजारों में गप्पें खूब सुनीं। जैसी कि अब हम पर बाहर होती हैं। वैसी तब भी बाहरवाले न जाननेवाले करते थे। आप महात्मा रासबिहारी बोस की कैफियत से बखूबी वाकिफ होंगे। मैं भी वाकियात समझने के काबिल था। और वह जगह भी देखी जहाँ वह अय्यामे फरारी में रहते थे। खैर, वह कामयाब बाहर निकल गये। हम कोठरी में बन्द हैं।

(नोट—निहायत मुश्किलात के साथ यह मुख्तसर अलफाज लिख रहा हूँ, जब तकमील को पहुँच जाए और ऐसे हाथों में पहुँचे जो इसे शाया करने का इरादा करें तो मेरे ख्यालात को वजाहत के साथ मेरे मतलब को नजरअन्दाज न करते हुए लिखकर और तसहीह जरूरी करके किताब की सूरत में ले आएँ, और बाद को लिखूँगा। हस्बुल हुक्म भाई साहब मुहम्मद रियासतउल्ला लिख रहा हूँ)।

(5)

सन् 1918 में जबकि मैं मिशन स्कूल के सातवें दर्जे में पढ़ रहा था, स्कूल में एकाएक पुलिस आ गयी। मैं मिशन स्कूल (शाहजहाँपुर) के एक छोटे दर्जे का तालिबेइल्म था जबकि मैनपुरी साजिश का मुकदमा चला, हमारे स्कूल में भी इस केस का अप्रूवर यानी सरकारी गवाह शनाख्त की गरज से लाया गया था और उसने 10वें दरजे से राजाराम भारतीय को गिरफ्तार कराया और भी दो-एक लड़कों पर शुबह जाहिर किया। और वह भी हिरासत में ले लिये गये। गरज कि वह दिन भी अजीब दिन था। पुलिस की लाल पगड़ियाँ स्कूल के चारों तरफ दिखाई पड़ती थीं। यह एक नयी बात थी कि स्कूल का तालिबेइल्म इस सूरत में गिरफ्तार हुआ। गो कि बंगाल में यह एक मामूली बात और आय-दिन का मामला है। मगर उत्तर प्रदेश में यह बात कहाँ थी? गरज कि अजीब दहशत व खौफ स्कूल पर छाया हुआ था और हर एक लड़का अपनी जान की खैर मनाता था। मैं उस रोज जरा देर से गया था। कोई लड़का अन्दर से बाहर नहीं निकल सकता था। और हर दर्जे में शनाख्त हो रही थी। मैं भी अपने दर्जे में खामोशी से जा बैठा। मगर नफ्से-मामला मालूम करने को बेचैन था जो मेरी नेचर में था। चूँकि मैं स्कूल का एक हाकी खेलनेवाला और आज़ाद ख्याल तालिबेइल्म था, मास्टर साहब से पूछने को झुका, मगर मास्टर साहब बताने से डरे कि एक लड़के ने कहा—राजाराम ने कहीं डाका मारा है और वह गिरफ्तार किये गये हैं। और भी लड़के गिरफ्तार हुए हैं। अब मुझे राजाराम की फिक्र हुई कि यह लड़का कौन है। क्योंकि राजाराम एक सीधा और खामोश लड़का था। यों अकसर तुलबाये स्कूल उससे वाकिफ

न थे। मेरी उसकी मुलाकात बाद उसकी रिहाई के हुई तो मुझे यकीन न आता था कि एक भोला लड़का रिवोल्यूशनरी भी हो सकता है। खैर! उसी रोज शाहजहाँपुर में भी तलाशियाँ शुरू हो गयीं। चूँकि दर्जे के मेरे एक साथी ने मुझको अलहदा ले जाकर कहा, 'राजाराम एक खुफिया सोसाइटी का मेम्बर था, न डाकू है न कातिल।' मैंने हँसकर कहा तुम भी मालूम होते हो। तुम्हें भी गिरफ्तार करा दूँगा। इस पर *उसने निहायत बहादुरी से कहा कि मैं देश के लिए मरने को तैयार हूँ। उसने कुछ ऐसी शान और तर्ज से कहा था कि मैं उसको कभी न भूला।* अब शहर में चंडूखाने की खबरें उड़ने लगीं। जिसका अन्दाजा उस वक्त तो मैं न कर सका था मगर अब जब अपने ऊपर पड़ी, तो समझ में आया कि गप्पाष्टक के सामने राई पहाड़ बन जाती है। अब सुना कि रामप्रसाद (बिस्मिल) मफरूर हो गये और भी चन्द लड़के मफरूर हैं। हमारी टीम का एक प्लेयर मि. कालीचरण भी पं. कालीचरण के धोखे में बुलाये गये। गरज कि अजीब लुत्फ और खौफ के दिन थे। लुत्फ तो ऐसी तबियतों के लिए था जो हमेशा नयी चीज चाहती थीं और खौफ के दिन उनके लिए कि जो जरा-सी बात पर इखतिलाजे कल्ब (दिल की धड़कन) महसूस करते हैं और उसी पुराने रवैये को ही पसन्द करते हैं, ख्वाह तरक्की में हों या तनज्जुल में। अब गिरफ्तारियों में मफरूरियों के बाद केस मैनपुरी डिस्ट्रिक्ट में चलाया गया, और अखबारवालों की किस्मत जाग गयी। इससे मुल्कवालों को मालूम हुआ कि लड़के भी कुछ करना चाहते हैं। गो कि यह लड़कों का ही एक खेल था। चूँकि बेसिलसिले बेताल्लुक स्कूल व कालिजों के तुलबा हुकूमत बर्तानिया को टोपीदार बन्दूक या बम के गोलों से हिन्दुस्तान से न हटा सकते। मगर नौजवान खून चूँकि गरम होता है, इसे हर मुश्किल काम आसान मालूम होता है। यूँ इन लोगों का दिमाग चकरा गया था। मैं उनके जज्बात, उनकी हुब्बुलवतनी, उनके ईसार (त्याग) का दिल से कायल हूँ। मगर इन पाक जज्बात का खून किसी नाआकबत अन्देश (अदूरदर्शी) हाथ से हो गया था। अगर ऐसे नौजवान किसी आज़ाद मुल्क में पैदा होते तो मैं बगैर किसी रुकावट के कहूँगा नेशन्स बिल्डर्स की फेहरिस्त में इनका भी नाम पाया जाता। यह आसान काम नहीं है कि मौत का मुकाबला करने को और मजमे में अपने आपको काटे जाने के लिए इनसान अपने को खुशी से पेश कर दे। *ऐ वतनी मुहब्बत तेरी अदाएँ भी निराली और अनोखी हैं।* अगर एक तरफ तू नैपोलियन बोनापार्ट को सरजमीने फ्रांस का एक चहीता फरजन्द बना देती है तो दूसरी तरफ दूसरे के लिए दुश्मने जाँ और खूँख्वार बनाकर सेंट हेलेना में बन्द करा देती है। गरज कि एक के लिए जो शहद है और उसी वक्त में दूसरे के लिए जहरेहलाहल है। एक के लिए नवैदेहयात (जीवन को निमन्त्रित करनेवाला है) है तो दूसरे के लिए पैगामेमौत।

हब्बुकुवतनी तू प्यारी से प्यारी चीज है और जालिम से जालिम है। तेरे कदमों पर कितने ही ऐसे नौजवानों के सर होंगे जो काट-काटकर चढ़ा दिए गये होंगे। और कितने ही ऐसे मनचले नौजवान तेरी एक अदा पर हँसते हुए रन में खत्म हो गये। स्पार्टा का हीरो तेरे ही नाम पर कुर्बान हो गया। जापान के तुलबा ने तेरी ही मुस्कराहट पर अपने को दरियाबुर्द कर दिया। होरेशस फौज के मुकाबले में तनहा खड़ा लड़ा किया और खून से लथपथ हो गया। गरज कि इन नातजर्बेकार नौजवानों के कारनामे पब्लिक के सामने आए और यह एक आम मसल मशहूर है कि खरबूजे को देखकर खरबूजा रंग पकड़ता है। और स्कूल के लड़कों का यह आम तरीका है कि जिस दिन स्कूल में दाखिल होने को आएँगे, गरीब सीधे-सादे देहाती पोशाक में होंगे, मगर एक साल के अन्दर ही गले में टाई होगी और पाँवों में बूट जूता। वह तेलिया चमड़े का ही क्यों न हो। एक कोट-पतलून का भी होना जरूरी समझा जाएगा। गरज कि इसी किस्म की बातें खूब कलियाँ-फूल लगा-लगाकर लोग जो बातूनी और कायल थे, किया करते थे। चूँकि मैं भी नौजवान था और खूब मोटा-ताजा था इसलिए कि मैं कसरत वगैरह का बचपन ही से शौकीन था और अब वही बदकिस्मती से मेरी फाँसी का बाइस हुआ। क्योंकि हमारे मुकर्रम जनाब मिस्टर खैरात नबी से पब्लिक प्रासीक्यूटर ने अपनी बहस में मेरा मोटा-ताजा होना जाहिर किया था और इसीलिए मुझको अपने पूरे गिरोह में सबसे सख्त और ज्यादा सजा मिली। गरज कि मैनपुरी कांसपीरेसी के बाद मेरी हालत बदल गयी। और जब मैं आठवीं क्लास में पास होकर आया, मेरे कोर्स में इंगलिश की किताब के दो सबक थे—एक तो 'लव आफ कंट्री' (वतनी मुहब्बत)। सर वाल्टर स्काट की लिखी हुई नज़्म और दूसरा सबक जिसमें होरेशस का किस्सा था जिसमें कि उसने एक स्पीच दी थी जबकि मुल्क पर गनीम ने चढ़ाई की थी और उसने कहा था कि अगर पुल तोड़ दिया जाए तो टाइबर नदी को पार करके फौज नहीं आ सकती और न कोई दूसरा रास्ता है। मैं जाता हूँ और इस तंग रास्ते में मैं मय तीन साथियों के खड़े होकर लडूँगा और इधर पुल नदी में तोड़ कर डाल दिया जाए। गरज कि ऐसा ही हुआ और रोम बच गया। मेरे मास्टर साहब ने कुछ ऐसी तर्ज से इस सबक को पढ़ाया कि तन-बदन में आग लग गयी और इस सबक का मुनदर्जा जैल (निम्नांकित) यह हिस्सा इस वक्त तक याद है...

मेरी हुब्बुलवतनी की बुनियाद महज इसी सबक से पड़ी। सैकड़ों किताबें पढ़ लीं और हजारों लेक्चर सुन डाले, मगर न मालूम स्कूल की वह कौन-सी साअत थी, जिस दिन यह सबक मास्टर साहब ने पढ़ाया था। मैं अपने आपको रोक न सका और मैं खूब रोया। गरज कि मुझे हुब्बुलवतनी के प्लेटफार्म पर

लानेवाली और वतन की मुहब्बत की आग भड़कानेवाली सबसे अव्वल नजम और यही सबक था। इसके बाद मेरे एक मास्टर साहब ने जिनका नाम अब मैं मसलेहतन नहीं ले रहा, क्योंकि इससे मुमकिन है कि उन्हें कुछ परेशानी महसूस हो, मुझे एक किताब दी और कहा कि मैं तुमको यह बिलकुल देता हूँ क्योंकि तुम इसके अहल (योग्य) साबित होते हो। उसका नाम था 'दुनिया भर के मुहिब्बानेवतन'...। मैंने उसको पढ़ा और यह इम्प्रेशन मेरे दिल पर पड़ा कि वतन पर जो मर मिटा, उसने जिन्दगीयेजावेद (अमर) पायी। अब मुझे किताबें पढ़ने का शौक पैदा हुआ। और अपनी गफलतों पर अफसोस हुआ कि इतनी उम्र फिजूल खेलने-कूदने में गँवाई और तालीम की कमी का बाइस हुई। चूँकि हुब्बुलवतनी के लिए तालीम एक लाजमी अम्र था। अगर जजबाते हुब्बुल वतनी बच्चों में शुरू से पैदा किये जाएँ और दुनिया के बड़े लोगों की जिन्दगियाँ पढ़ाई जाएँ तो बच्चा पढ़ने का हमेशा शौकीन रहेगा और बड़ा होकर बिगड़ेगा नहीं। वह समझदार बनेगा और अक्लमन्दी से रास्ता चलेगा। गरज कि इसी तगौदौ (दौड़-धूप) में रहा और कई बरस गुजर गये। चूँकि मैं काफी जवान हो गया था और तालीम में कम था। खौफेतवालत से मुख्तसर लिख रहा हूँ। मेरा इरादा आगे चलकर बच्चों को नसीहत करना है। बनारसीलाल अप्रूवर मुझको मिला करते थे। मुझे उस वक्त तो क्या बल्कि कई साल तक यह पता न चला यह कौन हैं और इनकी गुजशता जिन्दगी क्या है? इन हजरत ने रामप्रसाद बिस्मिल का जिक्र छेड़ा और राजाराम भारतीय इन्हीं के घर पर रहते थे। मुझे यकायक यह शक पैदा हुआ कि यह भी मैनपुरी कांसपीरेसी का मेम्बर है। लिहाजा अपने से ज्यादा मुल्क का खैरख्वाह समझकर मैं इज्जत करने लगा और इस जमाने में ज्यादा बैठक इसके घर हुई। मैं और जलसों में बराबर शामिल होता था। यह भी जानते थे *मैंने गाढ़ा पहनना शुरू कर दिया था।* और उन्होंने मुझको जो कुछ राजाराम से सुना था, सुनाना शुरू किया और अपने आपको पक्का देशभक्त साबित कर दिया। और यह आजकल फैशन है कि अपने आपको रिवोलूशनरी बताया जाए। जैसा कि अय्यामे-फरारी में एक साहब ने अपने को मुझ पर साबित किया। जिसे मैं उसके मौके पर हवालेकलम करूँगा। *एक दिन बनारसीलाल ने मुझे एक किताब 'आनन्दमठ' जो हिन्दी में थी, सुनाई। मैं उस वक्त हिन्दी बहुत कम जानता था।* फिर बनारसीलाल ने मुझसे कहा खुफिया सोसायटी ऐसी है। बनिस्वत इस हाहाकार के कांसपीरेसी का कायल तो मैं उनके मिलने से पहले ही हो चुका था। जबकि मैं हिजरत (फरार होनेवाला) था। एक साहब ने मुझको रोक दिया और कहा कि तुम हिन्दुस्तान में रहकर भी बहुत कुछ कर सकते हो। तुम खुफिया सोसायटी में शामिल हो जाओ। *चुनांचे रिवोलूशनरी बनने की बुनियाद पड़ गयी और मैं भी राजी हो गया।*

मगर मुझको मुसलमान तबके से हमेशा नाउम्मीदी ही हाथ आयी। और राहेअमल पर कोई भी न आया। मैं ही एक उल्लू था कि इसी धुन में था। मियाँ बनारसीलाल मुझे अकसर गमगीन नज़र आते थे और यह असर दोस्तों से छूट जाने का था। अलावा *इसके कॉंग्रेस वाले जो कल मदद का वायदा कर चुके थे, अपने-अपने रास्ते लग गये थे। और इसके अलावा उल्टा बेवकूफ बनाते थे।* इन बातों का असर मुझ पर यह पड़ा कि मैं हमेशा बेचैनी महसूस करने लगा। मगर किससे कहूँ, न कोई हमनशीन, न राजदार है, जिसके सामने गम की कहानी कहूँ। फिर मैंने बनारसीलाल से कहा कि रामप्रसाद के पास चलो। और मुझको इंट्रोड्यूज करा दो। गो कि रामप्रसाद मेरे बड़े भाई के क्लासफेलो उर्दू स्कूल में रह चुके थे, और आपस में दोस्त थे। मेरे भी स्कूल फेलो रह चुके थे मगर मेरे ताल्लुकात न थे। चूँकि रामप्रसाद शुरू से ही खासी शख्सियत रखनेवाले इनसान थे और कसरती व होशियार तालिबेइल्म थे, आमतौर पर मशहूर भी थे। *मैंने ख्याल किया कि रामप्रसाद से मिलो शायद वहाँ दवा मिल जाय। और कोई तस्कीन कल्ब (मन को शान्ति देनेवाली) की सूरत निकल आये।* गरज कि एक दिन खन्नौत के किनारे एक जलसा हुआ। रामप्रसाद ने उसमें एक मुख्तसर-सा लेक्चर दिया और शुरू में यह शेर पढ़ा : *'बहे बहरे-फना में जल्द यारब लाश बिस्मिल की, कि भूखी मछलियाँ हैं जौहरे शमशीरे कातिल की।'*

जो मुझे अब भी याद है। इसे मैंने कंडैम्ड सैल में मुलाकात के वक्त पढ़ा था। मैंने भी कुछ कहा था। गरज कि बनारसी ने हम दोनों का इंट्रोडक्शन करा दिया। गो कि इससे कब्ल भी एक दिन मैं रामप्रसाद से मिला था। मगर वह इतनी सर्द—मेहरी (उदासीनता) से मिले थे कि मुझे बहुत दुख हुआ था जिसकी वह माफी अकसर माँग लिया करते थे। गरज कि अब हमारी मुलाकात पं. रामप्रसाद बिस्मिल कंडैम्ड सैल काकोरी केस, से हो गयी (इससे आगे लिखने का अवसर अशफ़ाक़ को नहीं मिला)।

अशफ़ाक़ की दूसरी डायरी बहुत बाद को मिली जो संक्षिप्त और अत्यन्त जर्जर है। जिसके कुछ पृष्ठ और उनके कुछ हिस्से दीमक की भेंट चढ़ गये। इसे तलाश करने में मेरी सहयोगी युवा लेखिका कविता भारत का बहुत योगदान रहा। उन्होंने अशफ़ाक़उल्ला के घर उनके पौत्र शादाबउल्ला खाँ से इसकी प्रति प्राप्त करके 'नाज़िम' अखबार से जुड़े रहे रामपुर के आजीवन कारावास बन्दी जफर अली खाँ से बरेली केन्द्रीय कारागार में जाकर लिप्यन्तरण कराया। यह वास्तव में बहुत मेहनत का काम था जिसे पूरा करने में कविता ने जिस लगन व निष्ठा का परिचय दिया उसी का यह प्रतिफल है। इसके चार पृष्ठों को मेरे अनुरोध पर डॉ. बदरे

आलम ने भी लिखवाने की मेहरबानी की। हम उनके भी आभारी हैं। डायरी में जिन जगहों पर कागज फटा है वहाँ...से संकेत किया गया है। कुछ वर्ष पहले शहीद अशफ़ाक़ के पुराने घर को तुड़वाकर जब नया तामीर किया जा रहा था तभी एक पुराने बक्से के चोरी चले जाने से उसमें रखे अशफ़ाक़ के कुछ खत भी लापता हो गये। बहुत तलाश करने पर भी नहीं मिले। इसका मुझे बड़ा दुख रहा। मैं उन दिनों शाहजहाँपुर में ही था। खोजबीन करने पर मिली इस दूसरी डायरी में अशफ़ाक़ के लिखे कुछ फुटकर नोट्स हैं जो उन्होंने विभिन्न समयों में जेल के भीतर दर्ज किये हैं। इसमें कुछ भी सिलसिलेवार नहीं है। अपनी जिन्दगी और विचारों को लिखने का उन्हें ठीक से मौका नहीं मिला। बहुत छोटे आकार की इस डायरी का कागज पुराना होने तथा लिखावट के धुँधले हो जाने से पढ़ने में अनेक जगहों पर बहुत असुविधा हुई है। इसका रखरखाव भी ठीक-ठाक नहीं रहा। फिर भी हम शहीद की उस अमानत को यहाँ ज्यों-का-त्यों प्रस्तुत कर रहे हैं—

घुल के मिट्टी में मिले खाद बनें या ज़र्रा बनें।

गरीब मुफ़लिस शख़्स खुदा बन्द करीम और कौम की निगाह में पचास ताजदारों से ज्यादा मकबूस व बाइज्जत है जो ख़िदमते वतन के लिए ज़िन्दा रहा और उसने आज़ादी के लिए साँस ली। वतनपरस्ती का जज्बा किस कदर तरक्की करता है इसी कदर आजमाइश व मुसीबत की पुकार अपने हमराह लाता है। अग़यार की जानिब से तख़वीफ का तहदीद और तरग़ीब व करीस के मोटे जाल तैयार किये जाते हैं, लेकिन सच्चा मुहब्बे वतन हर वक्त इम्तेहान में कामयाब ही उतरता है। *काबिले सताइश हैं वह हस्तियाँ जिन्होंने अपना मकसदे जिन्दगी आज़ादी-ए-वतन को बना लिया और काबिले परसतिश हैं वह माँएँ जिन्होंने ऐसे बच्चे पैदा किये।*

सर कटाने की हविस बढ़ गयी कुछ और नसीम,
बानी-ए-जुल्म हुई जब से तबीयत उसकी।
वतन हमेशा रहे शादकाम और आज़ाद,
हमारा क्या है अगर हम रहे रहे न रहे।
बुलबुल को गुल मुबारक गुल को चमन मुबारक।
शैदाए बोस्ताँ को सुरूर व सुखन मुबारक।
रंगीन तबीयतों को रंगीन सुखन मुबारक।
हम बेकसों को अपना प्यारा वतन मुबारक।
हम सितम लाख सहें शाले बेदाव में।

हम रहें या ना रहें ऐसे रहें याद में।
इसकी परवाह है किसे शाह के नाशाद रहें।
हम उजड़ते हैं तो उजड़े वतन आबाद रहे, सदा रहे।

कौन वाकिफ था यूँ सर पे...आयेगी।
बैठे बिठलाए हुकूमत यह ग़ज़ब ढायेगी।
बुजदिलों को सदा मौत से डरते देखा।
गो के सौ बार उन्हें रोज़ ही मरते देखा।
मौत से वीर को हमने नहीं डरते देखा।
तख्त-ए-मौत पे भी खेल ही करते देखा।
मौत इक बार जब आनी है तो डरना क्या है।
हम सदा खेल ही समझा किये मरना क्या है।

नज़्में

खुदाया देख ले हम कैसे ख्वार होके चले, तेरे ही नाम पे प्यारे निसार होके चले।
ख़राब व ख़स्ता व ज़ार व क़तार होके चले, वतन से आह ग़रीब अलदयार होके चले।
निशाना-ए-सितम सद हजार होके चले
जनाब माफ़ हो ये गुफ्तगू-ए-बे तासीर, मुक़द्दरात में चलती नहीं कोई तदबीर।
हमारी तरफ से...। (कागज फटा)
फिराये देखिये हमको कहाँ कहाँ तक़दीर, असीरे गर्दिश जलील व निहार होके चले।
तेरे ही वास्ते आलम में हो गये बदनाम, तेरे सिवा नहीं रखते किसी से हम कुछ काम।
तेरे ही नाम को जपते हैं हम सुबह और शाम, वतन ना दे हमें तर्के वफ़ा का इलज़ाम।
आबरू पे तेरी हम निसार होके चले।

(फरवरी 1925, अय्यामे फरारी में लिखी गयी)

जुर्रत

मादरे हिन्द तेरे चाहने वाले न रहे, माता जो सदा तेरे थे दीवाने न रहे।
बाइसे नाज जो थे अब वह फसाने न रहे, जिन तरानों में अज़्म था वह तराने न रहे।
खिड़कियाँ छूप दीं सब रोजन दरवाजे बन्द हैं आज, जेल में हाय तेरे शेर बबर बन्द हैं आज।
घर छूटा बार छूटा अहले वतन छूट गये, माँ छुटी बाप छुटा भाई बहिन छूट गये।
वक्त तो यह है कि हा-ए सजन छूट गये, हम भी कह उठते हैं माँ हमसे चमन छूट गये।

अपना ये अहद सदा से था कि मर जायेंगे, नाम माता तेरे इश्क में कर जायेंगे। अपनी अम्मां की फ़क़त आँख का तारा हम थे, उनकी उम्मीदों उनके बुढ़ापे का सहारा हम थे। बहिन भाई की उम्मीदों का सहारा हम थे, ग़ैर मुअल्लिज मोहब्बत का सितारा हम थे।

(फरवरी 1926, अय्यामे फरारी में लिखी गयी)

23 अगस्त, 26

दुनिया तुझको बुजदिल कमीना कहेगी और तू कहीं का न रहेगा। अगर तू दरम्याने सफ़र ही निवाला-ए-अजल हो गया तो तुझसे आइन्दा आनेवाले सबक लेकर तेरे रास्ते में रद्दो बदल कर लेंगे या जहाँ तक तू आया है वहाँ तक ही तेरे नक़्शे क़दम पर आ पहुँचेंगे और गौहरे मुराद की जानिब सफर शुरू करेंगे और अगर तू इन तक़ालीफ़ का सामना करके मंजिले मकसूद पर पहुँच गया तो आनेवाली नसलें तुझको पिदर कौम कहकर तेरे क़दमों को बोसा दिया करेंगी और बच्चे तेरा गीत गाया करेंगे। तेरा काम तेरी कौम के वास्ते होगा मगर दुनिया की कौमें तेरे अमर तेरे अक़वाल को इज्जत से देखेंगी और इस पर आमिल होंगी। *ईमानदारी-सच्चाई-अस्मतबाज़ी-ईसार-हुब्बुलवतनी, ये पाँच चीजें तेरे जमीर में होना चाहिए। अज़्म-इस्तक़लाल-बहादुरी तेरे दिल में फिर कामयाबी-तरक्की तेरे क़दमों में होगी।*

ख़्याल वारसी थाट्स ऑफ ए वार इन रिटिन इन दिसम्बर 1925 (अँग्रेजी में)

दौराने जिन्दगी में इंसान पर ऐसे-ऐसे हालात पेश आ जाते हैं और ऐसे-ऐसे सानेहात का इसको सामना करना पड़ जाता है जिनका महज बार व दीगर तजरूबा बल्कि महज ख़्याल ही एक रूहानी कोफ्त व अज़ियत का बाइस बन जाता है। खुदा वन्द आलम ने निज़ाम आलम को कुछ इस तरह तरतीब दिया है कि जिसको समझने से इनसानी दिमाग क़ासिर है। कोई भी नहीं वाक़िफ़ के आइन्दा उसकी किस्मत में क्या लिखा है और किन-किन राहतों का हक़दार या किन-किन मसाइब का शिकार होता है—ज्योतिषी-रमाल-जफ़र दाँ-अपने अपने फन में खुद को ज़मीन और आसमान में दौड़ाये फिरते हैं। ज़मीन की पूछो तो आसमान की बताते हैं। कोई सितारों का शम्स लेकर हस्बे कायदा ज्ञान देता है। कोई कैसे और कोई सवाल करने वाले को जवाब देकर रुखसत करता है मगर अपनी खुद ख़बर नहीं के कल क्या होगा।

ज्योतिष विद्या एक ऐसी शै है जो आना जरूरी है और हर इनसान जिसने बिसात दुनिया ये मोहरे बसाये इससे मात जरूर खाएगा। शहनशाह हो फ़क़ीर-

अमीर हो या गरीब—हर रूह का एक शैह देकर खुद इख़्तेयार हो जाएगा। अपने-अपने मज़हब के मुताबिक़ वह मसले आदागौन को मानते हैं। अहले इस्लाम का अक़ीदा है कि इनसान एक मर्तबा मरकर वारे दीगर दुनिया में पैदा न होगा। हमको इस मसले पर बहस करना मक़सूद नहीं। हाँ, यह जरूर कहेंगे के मौत और बेहतरीन मौत, आला व अफ़ज़ल मौत जिस पर हजारों क्या बल्कि लाखों जिन्दगियाँ कुर्बान हैं, वह मौत किसी आला मकसद के हुसूल की खातिर के लिए मौत एक मर्तबा आती है, मगर एक मौत ऐसी भी है जो रोज़ आती है किसी का क़ौल—ब्रेव डाइज वन्स, व्हाइल कावर्ड डेली (बहादुर एक ही मर्तबा मरता है जबकि बुजदिल रोज मरता है)। बहादुरी की मौत बुज़दिली की जिन्दगी से कहीं अफ़ज़ल और बेहतर है। दुनिया में, संसार में ऐसे काम हमेशा करना चाहिए जिससे मख़लूख़ खुदा का भला हो ख़्वाह फिर उस काम में कितना ही ख़तरा हो मुँह न मोड़े, आग के आतिशी पहाड़ दरम्यान में हाइल हो, दरिया-ए-ज़ख़ार जिसकी मौजें आसमान से बातें करती हों। नहनगाने खून आशाम मुँह बोले हुए मुन्तज़र बैठे हों। ऐसे रास्ते को शेर आँख बन्द कर और दरीं दरिया-ए-बे या बाँ दरीं तूफ़ान मौज अफ़ज़ा सरांगन्दीम वसम-उल-सहर बहादर मर्द सीमा कहकर फाँद पड़, तब मुझे गौहर मकसूद हाथ लगेगा (आगे लेख अस्पष्ट है)।

नाजां जिसपे तू था अब व शमशीरें कहाँ, पाया जिसने हिमाला अब वह तकबीरें कहाँ।
वह मुईन व गौतम व नानक सी तसवीरें कहाँ, हम सीना गीतों की वह पहली तकदीरें कहाँ।
वह शुजाअत और जुर्रत अब कहानी रह गयी, अब जो कुछ बाकी रहा वह नशरयानी रह गयी।

जला दिया दिल को मेरे इसकी बरगश्ता निगाहों ने,
गिरी है बिजलियाँ जिस पर मैं इस ज़रमन का हामिल हूँ।

मुल्क की ख़ातिर मेरी दुनिया में यह तौक़ीर हो, हाथ में हो हथकड़ी और पैर में ज़ंजीर हो।
तेरी आँखों के लिए मिलती गले शमशीर हो, सूली हो फाँसी मिले या मौत दामनगीर हो।
इससे भी बढ़कर मेरी हर कसम की तफ़रीर हो, कबर हो हिन्द में दोज़ख नया तामीर हो।
अपने हाथों ही में अपना सर कटाना है हमें, मादरे हिन्द को सर भेंट चढ़ाना है हमें।
मौत बेहतर है वही जोके हो राहे हक में, वरना पीता है है इक जाम फ़ना गर में।
अज़ी अपनी गुलामी वे बसी आज़ रहा, हो गये राहे वतन पे जो फिदा अमर रहा।
ना हो एक कदम राह तलब पे तरमीम, होगा वही हो है मंजूर खुदाबन्द करीम।

मर गया अच्छा हुआ, ग़म मिट गया, दुख कट गया। (आगे लेख अस्पष्ट है)

सभी सामान-ए-इशरत थे मज़े से अपनी कटती थी,
वतन के इश्क़ ने हमको हवा दिखवाई जिन्दाँ की।
खुदा वाक़िफ़ है जैसी भी गुज़रती है, गुजरती है
सुनोगे दास्ताँ क्या यार तुम बीमारे हिजराँ की।
मिसाले क़ैस दीवाना किसी लैला की खातिर में,
महीनों ठोकरें खाया किया कोहो बियाबाँ की।
बहमदल्ला चमक उट्ठा सितारा मेरी किस्मत का,
कि तकलीदे हकीकी की अता शाहे शहीदाँ की।
इधर खौफे खिजाँ आशियाँ का डर उधर दिल को,
हमें यकसाँ है तफरीहे चमन और कैद जिन्दाँ की।
जिबहसाई दरे हजरत की हसरत अपना ईमाँ है,
मुबारक हजरते वाइज को ख्वाहिश बागे रिजवाँ की।

फ़रियाद या मादर-ए-वतन

आह! ऐ हिन्दोस्तान ऐ सर ज़मीन अजू जा,
तेरे फरजन्दों की है इस दौर में हालत तबाह।
चार सू ज़िल्लत के मारे फिर रहे हैं आह! आह!
ठोकरों पर ठोकरें हैं और मिलती नहीं पनाह।
उठ खुदा के वास्ते और इनकी कुछ इमदार कर,
तू छाती से लगाकर इनके दिल को शाद कर।
कोई अफ्रीका में गरदिशे अय्याम है,
कोई यूरोप में शिकार चर्ख बेलगाम है।
जिस तरफ़ देखो बेचारों का बुरा अंजाम है,
इनकी किस्मत रंज व गम का आलाम है।
चैन व राहत तो एक ख़्वाब परेशाँ हो गयी,
ऐश व इशरत एक दम आँखों से पिनहा हो गयी।
शहर जो आबाद कल थे आज वह बर्बाद है,
मालिक ताज व नगीं व नरेश भी नाशाद है।
माइल खुद व जफ़ा राहबर नईम बेदाद हैं,
उठ खुदा के वास्ते हम क़ाबिले इमदाद हैं।
चाहने वालों से तेरे जेलखाने भर गये...

ग़ज़ल

बहार आई हुई शोरिश जुनूने फितना सामाँ की,
इलाही खैर करना तू मेरे जेबो गरीबाँ की।
सही जजबाते हुर्रियत कहीं मेटे से मिटते हैं,
अबस हैं, धमकियाँ दारोरसन की और जिन्दाँ की।
वह गुलशन जो कभी आबाद था गुजरे जमाने में,
मैं शाखे खुश्क हूँ हाँ हाँ उसी उजड़े गुलस्ताँ की।
नहीं तुमसे शिकायत हम सफीराने चमन मुझको,
मेरी तकदीर ही में था कफस और कैद जिन्दाँ की।
करो जब्ते मुहब्बत गर तुम्हें दावाए उलफत है,
खमोशी साफ बतलाती है ये तस्वीरे जानाँ की।
यूँ ही लिक्खा था किस्मत में चमन पैराये आलम ने,
कि फसले गुल में गुलशन छूट कर है कैद जिन्दाँ की।
ज़मी दुश्मन जमाँ दुश्मन जो अपने थे पराये हैं,
सुनोगे दास्ताँ क्या तुम मेरे हाले परीशाँ की।

(इस ग़ज़ल का एक शेर अन्यत्र उपलब्ध है जिसे नीचे दिया जा रहा है—सु. वि.)

ये झगड़े और बखेड़े मेट कर आपस में मिल जाओ,
ये तफरीके अबस है तुम में हिन्दू और मुसलमाँ की।

× × ×

हरगिज़ नमीरद आनके दिलश जिन्दा शुद ब इश्क
सब्त अस्त जरीद-ए-आलम दवामे मा

—मुहम्मद अशफ़ाक़उल्लाह ख़ाँ वारसी
अलमुतखल्लिस व हसरत माखूज काकोरी कान्सप्रेसी केस
शह पर जाग व ज़मन ज़ीबाए सैद-व-कैद निस्त

(आगे डायरी में लिखी 4 पँक्तियाँ बहुत अस्पष्ट हैं—सु. वि.)

सुस्त कामचोर और काहिल व्यक्ति पानी पर बुलबुले या हवा में धुएँ की तरह विलुप्त होकर अपने होने का कोई निशान छोड़े बगैर जिन्दगी गुज़ार कर दुनिया से चले जाते हैं।

मत कीजिए...जैसा बहुत से....नौजवान करते हैं...कुछ असाधारण करने की सनक में उदास होकर कौने में बैठे रहने या फालतू घूमने-फिरने की बजाय आप साहस और दृढ़ निश्चय से अपने काम में लग जाइए।

बच्चों और दोस्तों के नाम जो मेरे हिन्दुस्तान को मेरी माँ, मेरी पालनहार

और मेरी मादरे-वतन

(मैं पूछता हूँ) तुम्हारे पैर इतने बदहवास और अस्त-व्यस्त क्यों हैं? तुम्हारे मुख की दैवी आभा...(इसके बाद की दो पंक्तियाँ अस्पष्ट हैं)

मेरी मातृभूमि!

जब तीन सौ मिलियन आवाजें कोरस में (समूहगान) तुम्हारी वन्दना करते हैं तब न कोई शर्म होती है न कोई तकलीफ होती है न कोई दुख। जब तीन सौ मिलियन स्वर आवाज से आवाज मिलाकर गाते हैं, ओ मेरी मातृभूमि!

यहीं महात्मा गौतम बुद्ध हुए। महान गौतम बुद्ध जिन्होंने दुखी मानवता के लिए निर्वाण का द्वार खोला और आधी से ज्यादा दुनिया उनके चरणों पर झुकती है और अपार स्नेह से उनकी पूजा करती है।

महाराजा अशोक ने अपने कार्यों को...से...तक फैलाया।

ओ मेरी देवी! ओ मेरे जीवन! ओ मेरे स्वर्ग! मेरी मातृभूमि! अब कोई शर्म नहीं है, कोई दर्द नहीं है, कोई तकलीफ नहीं है, कोई दुख नहीं है, जब तीन सौ मिलियन देशवासियों की आवाजें एक स्वर से समूहगान गाते हैं।

1. मौत को साक्षात् सामने देखकर भी लोग उस परिस्थिति में प्रसन्न और सन्तुष्ट रहे जैसे मैं रहता हूँ।

2. जीवन मृत्यु के स्वप्न के अतिरिक्त कुछ नहीं है...

3. जीवन और मृत्यु अगल-बगल में साथ-साथ खड़े रहते हैं। यदि आप किसी चीज से प्यार करते हैं और वह भी पूरी निष्ठा के साथ तो निश्चय ही मौत के लिए तैयार रहिये।

4. प्रेम करनेवालों के लिए मृत्यु सम्पूर्ण सन्तुष्टि के अतिरिक्त कुछ भी नहीं है।

5. देशभक्ति अपने साथ तरह-तरह की मुसीबतें और तकलीफें लेकर आती है। पर जब कोई व्यक्ति यह मार्ग चुन लेता है तो उसे ये सारी मुसीबतें और तकलीफें आरामदायक और आनन्दप्रद लगने लगती हैं। इसी कारण हमने अपने वतन पर जान निछावर करने का संकल्प किया है।

6. केवल अपने राष्ट्रप्रेम की खातिर मैंने इतनी यातनाएँ झेली हैं।

7. मेरी कोई इच्छा शेष नहीं है। हाँ, अगर कोई इच्छा है तो केवल यह कि मेरे बच्चो मैं तुम्हें उस उद्देश्य के लिए संघर्ष करता देखूँ जिसके लिए मुझे दंडित किये जाने की सम्भावना है।

8. (मुझे मालूम है) मेरे बाद मेरे भाई-बहिन और मित्र लोग मेरे लिये रोएँगे पर मैं अपने भाइयों और दोस्तों की मातृभूमि के प्रति बेवफाई और संवेदनहीनता के लिए रो रहा हूँ।

9. मेरे बच्चो और मेरे बुजुर्गो (मेरे लिए) रोना नहीं। मैं अमर हूँ।...

स्टेशन सिधौली, मौजा रामगढ़ी
मियाँ मुस्तफा हुसैन शाह, राइन के मियाँ
हई स्टेशन—आग़ामीर की डियूढ़ी—
सीतापुर जानेवाली रेल पर छोटी लाइन से जाना चाहिए।

1. अगर जिन्दगी का मकसद बच्चे पैदा करना है और खाना-पीना है तो ऐ इनसान तुझमें और जानवरों में क्या फर्क है।

2. वह इनसान कंकर पत्थर से भी बदतर है जिसमें जज़्बा हुब्बुलवतनी मौजूद न हो।

3. उस माँ को फख्र करना चाहिए जिसका बच्चा वतन पर कुर्बान हो जाए।

4. मुबारक हैं वह माँएँ जिन्होंने ऐसे बच्चे पैदा किए जो जज़्बा हुर्रियत अपने दिलों में पाते हैं।

5. मौत आने के लिए है जान जाने के लिए है।

6. मुसीबत में अज़्ज़ाँ मुँह फेर लेते हैं और दोस्त किनारा कर लेते हैं, मगर ग़ैर मदद करते हैं।

मुहम्मद अशफ़ाक़उल्लाह ख़ाँ वारसी 'हसरत'

ख्याल आता है जिस दम दिल में चुभता है सिनाँ होकर,
रहे क्यों कब्जा-ए-अगियार में हिन्दोस्ताँ होकर।
शहीदाने वतन का खून एक दिन रंग लायेगा,
चमन में फूट निकलेगा यह बरगे अर्गवाँ होकर।
फकत दारोरसन ही कामयाबी का जरीया है,
मकासिद तक यह पहुँचायेगी हमको निर्दबाँ होकर।
नहीं वाकि़फ थे मादर और पिदर इस अमरे शुदनी से,
कि आफत में पड़ेंगे उनके बच्चे नौजवाँ होकर।
सता ले ऐ फलक मुझको जहाँ तक तेरा चाहे,
सितम परवर सितम झेलूँगा शेरे नेसताँ होकर।
करूँ मैं इनकिलाबे दहर का शिकवा मआज अल्लाह,
है ति़फ मुझ पर डरूँ गर जेल से मैं नौजवाँ होकर।

(इस ग़ज़ल का भी आखिरी एक शेर इस डायरी में शामिल नहीं है जिसे यहाँ दिया जा रहा है—सु. वि.)

दहलता है कलेजा दुश्मनों का देखकर 'हसरत' ,
चला करते हो जब बेड़ी पहनकर शादमाँ होकर।
ज़िन्दगी बाद .फना तुझको मिलेगी हसरत,
तेरा जीना तेरे मरने की बदौलत होगा।

अज़ हसरत वारसी शाहजहाँपुरी

ऐ मातृभूमि तेरी सेवा किया करूँगा, मुश्किलें हजार आवें हरगिज न मैं डरूँगा।
निश्चय कर चुका हूँ इसमें नहीं है सन्देह, तेरे लिए जियूँगा तेरे लिए मरूँगा।
फाँसी मिले मुझे या हो जन्म कैद मेरी, बेड़ी बजा बजाकर तेरा भजन करूँगा।
फट्टा यह मूँज का फिर फूलों की सेज होगा, इसको बिछाके जब तेरी गोद में पड़ूँगा।
चक्की की हो मुशक्कत या रामबाँस (व) कोल्हू, सब कुछ मैं तेरी ख़ातिर किया करूँगा।

अपने हाथों ही से सर अपना कटाना है हमें,
मादर-ए-हिन्द पे फिर भेंट चढ़ाना है।
मिस्ल परवाना के रखते नहीं कच्चा माल और .ज़र
इक .फ़क़त जाँ है वह तुझपे मिटाना है हमें!
किस तरह मरते हैं इसरार वतन भारत पर,
यह तमाशा है जो दुनिया को दिखाना है हमें।
तजरो ख़ार हवादिस है तो डर क्या हसरत,
कौम की नाव किनारे से लगाना है हमें।

ग़ज़ब रंगीनियाँ थीं गर यह हाय इब्तेदाई की,
हुई है जिनसे दामाने मुहब्बत पर यह गुलकारी
खुशी से ख़त्म करे सख़्तियाँ जो फिरंग अपनी,
के हम आज़ाद हैं बेगान रंग दिल आज़ादी
वह जुर्म आरजू पर जिस क़दर चाहें स.ज़ा दें हमें
जिसे ख़ुद ख़्वाहिश की त.फ़रीर है मुल्जिम हूँ इक़रारी
चमन में दौरे .फ़सले गुल है लेकिन वर से महरूमी,
क़यामे बुलबुल मजबूर रहम बाग़बाँ कितना
हमारे दास्ताने मजबूरी भी सुना देखो
गु.ज़र तेरा सवाये बादे सबा उनके मकाँ तक है
इक मैं हूँ सो क्या हूँ महरूम फरागत हूँ
इक दिल है सो क्या दिल है मजबूर व परेशाँ

देख ऐ सनम जानाँ यह नक़्शे मोहब्बत हैं
बनते हैं बा-दुश्वारी मिलते हैं बा आसाँ
या रब हमारे बाद भी बज़्मे शराब में
साक़ी के दम दौरे मय अरग्वाँ रहे
रस्मे ज़फ़ा कामयाब देखिये कब तक रहे
हुब्बे वतन मत ख़्वाब देखिये कब तक रहे
दौलते हिन्दोस्ताँ अ़ग़याद में
बेसदो बेहिसाब देखिये कब तक रहे

हूँ दौलत व हशमत पर अरबाबे हविस नाज़ाँ
याँ बे सरो-सामानी-अमाने मोहब्बत है
हवाई इ़ज़्ज़त से मग़मूम न हो मुसर्रत
कब तक ना बरतेंगे याराने वतन तेरी
बदनहवाए वफ़ा क्यूँ शिकवा संज जो रहे हसरत
दयारे शौक़ में ऐ महवे ग़म ऐसा भी होता है
(आगे लिखावट अस्पष्ट है)

तस्वीरे नाक़ामी-अज़ ममनून हसन खाँ

जोश पर अल्लाह कैसा दीद-ए-खूनरेज है
अश्क का हर एक क़तरा आज तूफ़ान खेज है
आतशे मायूसी-ए-दिल आह कितनी तेज है
जो नज़र के सामने मंजर है ग़म अंगेज है

टूटती है रोज मुझ पर बलाए नागहाँ
मेरी दुश्मनी हो गयी बर्क़े हवादिस बेगुमाँ
हूँ गिरफ्तारे बला किया किया परेशानी नहीं
दामने क़िस्मते में मेरे तार आसानी नहीं
उ़फ़ मेरी तक़दीर में आसदह सामानी नहीं
कौन सा रंजे अयाँ या दर्दे पिन्हानी नहीं
मैं हूँ किया गोया मुजस्सम ग़म की एक तस्वीर हूँ
बेकसों की यास हूँ बिगड़ी हुई तकदीर हूँ
...नारसा हूँ आद बे तासीर हूँ
रास जो आती नहीं अफसोस वह तदबीर हूँ
गुल भी क़िस्मत से हमारे वास्ते अबख़ार हैं

राहतें जिनको समझते थे वे अब आज़ार हैं
गो नहीं रोता मगर रोने के.............

..
मेरे नाले बढ़के कर देते हैं मुझको बेकरार
आद बनकर तीर हो जाती है मेरे दिल के पार
क़ाबले इबरत है मन्जर मेरे दिल ग़मगुसार
मेरी आँखें हाल पर रोती हैं मेरे ज़ार-ज़ार
वाए नाकामी उठ जाती हैं ये आँखें जिधर

..
रंजो व ग़म आफत मुसीबत दरदे दिल दरदे जिगर
कौन-सी आफ़त है आरिफ़ जो नहीं मेरे सर
अच्छा है अहमे जौरे किए जाएँ सख्तियाँ
फैलेगी यूँ ही शोरिशे—हुब्बे वतन तमाम

जान को महवे ग़म बना दे को वफ़ा निहाद कर,
बन्दा-ए-इश्क़ तू यूँ आदाब आह मुराद कर।
ऐ के नजाते हिन्द की ज़िम्मे है तुझको आरज़ू,
हिम्मत सर बुलन्द से यास बाँ अदा कर।
इक़ से बजिद दोस्त वक़्त पे जो करे गुरेज़,
इसको ना शेवा समझ इसपे न एतेमाद कर।
इन्ताअत गुज़ार हूँ दिल मुसर्रत पसन्द का,
नाकामियाँ हैं मेरे लिए कामरानियाँ
वस्ल की बनती हैं इन बातों में तदबीरें कहीं।
आरज़ूओं से फिरा करती हैं तक़दीरें कहीं।

दिलों की फ़िक्र दो आलम में कर दिया आज़ाद,
तेरे जुनूँ का ख़ुदा सिलसिला दराज़ करे।
फ़र्द का जुनूँ पड़ गया जुनूँ का फ़र्द,
जो चाहे आप का हुस्न करिश्मा साज़ करे।
क्या ताम्मुल है मेरे क़त्ल में ऐ बाज़ू-ए-यार
एक की वार में सर तन से जुदा किया है
हुईं नाकामियाँ बदनामियाँ रुसवाइयाँ क्या-क्या
ना छुई है लेकिन कुए जानाँ की हवादारी
कह दो दायाँ का गुलहाँ फ़िकर है इतनी...खुदा से रन्हाकारी।

मणीन्द्र! तुम मर नहीं सकते

फतेहगढ़ में मेरा आवास जिला जेल के दूसरी ओर रेलवे लाइन के ठीक उस पार था, दुछत्ते पर। ट्रेन गुजरती तो क्वार्टर के दरवाजे और खिड़कियाँ सन्तूर बजाने लगते। रात में जेल के घंटों की आवाज कानों में पड़ती तो समय का भी पता लग जाता। एक रोज किसी से केन्द्रीय कारागार का पता पूछा। वह बोला—इस चौराहे से पछाँह की तरफ सड़क-सड़क चले जाओ। आधा घंटा लगेगा पैदल पहुँचने में।

मेरे पास वाहन नहीं था। पैदल चलना मुझे वैसे भी बहुत भाता है। मौसम अभी गर्म नहीं हुआ था। दोनों तरफ ईंट-भट्ठे के लिए खुदे खेत। सूरजमुखी, पपीता और आलू की फसलें। अमरूद के बगीचे। यहाँ बहुतायत में पैदा होने वाला अमरूद बड़ा, गोरा-चिट्ठा, लाल चित्ती वाला और स्वादिष्ट होता है। मुझे इलाहाबाद के अमरूद याद आने लगे और ज्ञानरंजन की कहानी 'अमरूद का पेड़' भी। मार्खेज का अमरूद पर लिखा एक अद्‌भुत संस्मरण है—'फ्रैगरेंस ऑफ गुआवा'। यह सब सोचते मैं अमरूद तोड़ने के लिए ललचाने लगा। पर वैसा करना मुझे ठीक नहीं लगा।

अब मैं केन्द्रीय कारागार के मुख्य द्वार के बाहर सड़क पर था। दाहिनी ओर जाती सड़क के थोड़े फासले पर चौराहा दिखाई पड़ रहा था जहाँ अनेक अस्थाई दुकानें आबाद थीं। जेल परिसर के बायीं ओर 1934 में भूख हड़ताल करके शहीद हुए क्रान्तिकारी मणीन्द्रनाथ बनर्जी की प्रतिमा। काकोरी केस में क्रान्तिकारियों को फाँसी दिलाने में खुफिया विभाग के जितेन्द्र बनर्जी की काफी जिम्मेदारी थी और इसके लिए बाद में उन्हें 'रायबहादुरी' भी मिली थी। 17 दिसम्बर, 1927 को जब राजेन्द्रनाथ लाहिड़ी को गोंडा जेल में फाँसी पर लटकाया गया तो खबर पाकर मणीन्द्र बहुत बेचैन हो गये। कई दिनों तक वे गुमसुम बने रहे। फिर संकल्प किया कि वे लाहिड़ी की फाँसी का बदला जरूर लेंगे। 10 जनवरी, 1928 को जितेन्द्र बनर्जी बनारस आए। मणीन्द्र ने उन्हें कहीं पर देख

लिया। एक साथी ने उनके इस काम में लगने को कहा, पर वह नहीं आया तो मणीन्द्र अकेले ही जुट गये। शाम 6 बजे का वक्त। संयोग से उसी दिन मणीन्द्र का 19वाँ जन्मदिन था। दशाश्वमेघ घाट पर बंगाल के शेर विपिनचन्द्र पाल का भाषण था। तारीख थी 13 जनवरी। कड़ाके की सर्दी। जितेन्द्र कालीतल्ला काली माँ का दर्शन कर पैदल ही गुदैलिया स्थित मारवाड़ी अस्पताल के आगे मठ की तरफ पहुँचे ही थे कि मणीन्द्र ने यह कहते हुए उन्हें गोली मार दी कि राजेन्द्र दा को फाँसी दिलाने का पुरस्कार यह लो! पहली गोली पेट में लगी, दूसरी कहीं अन्यत्र चली गयी। मणीन्द्र 'रायबहादुर' को धूल चटाकर निकल भागने में सफल हो गये। लेकिन अचानक फिर लौट पड़े और घायल पड़े 'रायबहादुर' के पास जाकर कहा—'रायबहादुर, काकोरी का इनाम मिल गया तुम्हें।' जितेन्द्र बनर्जी उस समय कुछ होश में था। वह चिल्लाया—'पकड़ो, यही गोली चलानेवाला है।' लोग मणीन्द्र पर टूट पड़े। वे पकड़े गये और इस मामले में उन्हें दस साल की सजा दे दी गयी। मणीन्द्र को भेजा गया फतेहगढ़ की केन्द्रीय जेल में।

1935 के आरम्भ में काकोरी के क्रान्तिकारी मन्मथनाथ गुप्त भी बरेली से फतेहगढ़ भेज दिए गये। यद्यपि वे बरेली जेल में राजनीतिक कैदियों के अधिकारों के लिए बड़ा संग्राम कर चुके थे, लेकिन यहाँ आए तो बहुत शंकित थे। वे समझते थे कि इस जेल में कोई क्रान्तिकारी कैदी नहीं है। पर जब उन्हें जेल के फाटक से एक छोटी बैरक में भेजा गया तो वहाँ मणीन्द्र बनर्जी मिले। मन्मथनाथ उन्हें पाकर बहुत खुश हुए। अब कानपुर के एक नौजवान क्रान्तिकारी रमेशचन्द्र गुप्त भी यहाँ आ गये। रमेश ने चन्द्रशेखर आज़ाद के विश्वासघाती वीरभद्र तिवारी पर गोली चलाई थी, इसी से उन्हें सजा हुई थी। यशपाल भी आए जो आगे चलकर हिन्दी के यशस्वी कथाकार हुए।

फतेहगढ़ जेल में राजनीतिक कैदी आपस में बहुत मुश्किल से मिल पाते थे। मणीन्द्र अधिक इधर-उधर जाना पसन्द भी नहीं करते थे। न ही यशपाल। मन्मथ अवश्य तिकड़म से 'सी' श्रेणी के कैदियों से मिलने और खबरें पाने का अवसर निकाल लेते थे!

मणीन्द्र, मन्मथ नाथ और यशपाल यहाँ गहन अध्ययन में लग गये...

फतेहगढ़ जेल से जेलर गंडासिंह एकाएक चला गया। उसके स्थान पर आया लेडली। उसने 'सी' श्रेणी के एक राजनीतिक बन्दी चन्द्रमा सिंह को मारा। चन्द्रमा ने इसके विरोध में फौरन अनशन कर दिया। रमेशचन्द्र गुप्त को इसी समय कोठरी, बेड़ी और चक्की दे दी गयी। तय यह हुआ कि सभी राजनीतिक कैदी भूख हड़ताल करेंगे। हड़ताल के तीसरे-चौथे दिन ही इन लोगों को पृथक्-पृथक् कर दिया गया। अनशन में मणीन्द्र का स्वास्थ्य गिरने लगा। इस बीच अनशनकारियों

को धमकी भी दी गयी। पर चन्द्रमा सिंह ने अचानक अनशन तोड़ दिया। सभी भौचक्के। बाद को कुछ अजीब परिस्थितियों के बीच मन्मथ और यशपाल ने भी अनशन खत्म किया। लेकिन मणीन्द्र की हालत बुरी तरह गिर गयी थी। वे बिस्तर पर पड़ गये। अधिकारी उन्हें अस्पताल ले गये। परीक्षा से पता लगा कि उनके पेशाब में अल्बुमेन जा रहा है। हृदय भी कमजोर हो गया है। कैसे एक-एक इंच मौत की ओर खिसकते हुए मणीन्द्र फतेहगढ़ केन्द्रीय जेल में 20 जून, 1934 को शहीद हो गये। उनके बलिदान के समय मन्मथनाथ और यशपाल उनके साथ थे।

...फतेहगढ़ केन्द्रीय कारागार के मुख्य द्वार के एक ओर अहाते में ही मणीन्द्र बनर्जी की प्रतिमा लगी है, पर इस ओर किसी का ध्यान नहीं। जेल के दरवाजों पर मुलाकातियों का जमावड़ा है। हलचल और शोर भी। क्रान्तिकारिणी दुर्गा भाभी के प्रयत्नों से मणीन्द्र की यह प्रतिमा 15 जून, 1985 को स्थापित की गयी थी। पर यहाँ इस शहीद की याद में कोई मेला नहीं जुड़ता। मैं दो फूल मणीन्द्र की प्रतिमा पर चढ़ाकर उन्हें प्रणाम कर लेता हूँ। मुझे मणीन्द्र के भाई मोहित बाबू और बसन्त कुमार बनर्जी की याद आती है। मोहित बाबू से मेरी भेंट शहीद चन्द्रशेखर अज़ाद की बलिदान अर्द्धशताब्दी पर इलाहाबाद में हुई थी। वसन्त बाबू से कई वर्षों तक मेरा पत्र-व्यवहार रहा। पहाड़ के रूद्रपुर से कुछ वर्ष पहले मेरे शाहजहाँपुर निवास पर कृपापूर्वक पधारे भी थे। तब उन्होंने मणीन्द्र से सम्बन्धित कुछ सामग्री और चित्र भी मुझे भेंट किये जिनमें एक चित्र उनकी माँ सुनयना तथा एक माँ के साथ उनके अन्य सभी भाइयों का है।

केन्द्रीय कारागार से पैदल ही लौटा। दुपहरी हो चुकी थी। मुझे थोड़ी थकान लगी। मणीन्द्र को याद करते नींद आ गयी। उठा तो मणीन्द्र का चेहरा बार-बार सामने। मैं टहलते हुए अपने दफ्तर की ओर निकल गया। सामने गंगा की धारा। मुझे यहाँ भी मणीन्द्र का बलिदान याद आता रहा...मणीन्द्र गुमनाम चले गये। उनकी मृत्यु पर किसी ने आँसू नहीं बहाए, न शोक सभा हुई और न ही कोई मातमी धुन बजी, लेकिन सुना कि जेल के भीतर तो मामूली कैदियों ने भी शोक किया था। वे कैदी मणीन्द्र को सुदामा कहा करते थे। रमेशचन्द्र गुप्त उन्हें युधिष्ठिर कहते थे। जेल के भीतर जो साथी थे, वे मणीन्द्र की मृत्यु से बहुत दुखी हुए थे। पता नहीं मणी की माँ ने कहाँ बैठकर सुना होगा पुत्र का मृत्यु-पथ पर चले जाना।

माँ सुनयना! मुझे नहीं पता कि इतिहास तुम्हें कैसे याद करेगा या विस्मृत कर देगा जैसे उसने रामप्रसाद बिस्मिल, अशफ़ाक़उल्ला, विजय कुमार सिन्हा और भगतसिंह की माँओं के साथ किया।

माँ! तुम मणी को बलिपथ पर भेजकर भी शायद हर पल अपने उस लाड़ले को तलाशती रहीं। मणी का चेहरा तुमने मन्मथ में देखा। सन् 1937 में लम्बी सजा काटकर जब मन्मथ बाहर आए तो तुम्हीं ने उन्हें आश्रय दिया था। कितने उत्साह से तुम अपने अन्य पुत्रों और उन्हें देखती रहीं। और भी न जाने क्या-क्या देखते—सहते हुए तुम 23 फरवरी, 1962 को हमसे विदा ले गयीं...

शाम का सुरमई धुँधलका अपनी चादर तानने लगा है। गंगा के जल की नीली लहरें और गहरे रंग की होने लगीं। मैं कभी जलधारा तो कभी किनारों को निहारता बहुत खामोश बैठा हूँ। लहरों के उछलने-गिरने की आवाज मेरे कानों को साफ सुनाई पड़ रही है। सोच रहा हूँ कि यहीं कहीं किसी जगह मणीन्द्र की चिता धू-धू कर जली होगी। मैं गंगा से उसका अता-पता पूछता हूँ पर कोई उत्तर नहीं मिलता। कौन जाने तब से भगीरथी अपना कितना पानी सागर तक बहा चुकी। उन दिनों वह शहीद मणीन्द्र की अस्थियों को भारी मन से बहाकर बंगाल की खाड़ी तक अपने साथ ले गयी होगी...

मैं क्वार्टर पर लौट आया हूँ। मेरे मित्र सुदेश भट्ट खाने पर बुलाने आ गये। उनका आवास निकट ही है। देर रात आकर मैंने मन्मथ की डायरी में मणीन्द्र के आत्मबलिदान की गाथा को फिर से पढ़ना शुरू किया। इसे शाहजहाँपुर से लेकर आया था। सोचा था कि इसका पुनर्पाठ मणीन्द्र के स्मारक पर ही बैठकर करूँगा। पर वहाँ सम्भव नहीं हो पाया। बेहद मार्मिक संघर्ष गाथा। एकला चलने की अनूठी मिसाल। 25 जून, 1934 को फतेहगढ़ जेल में मणीन्द्र की शहादत के पाँचवें दिन लिखा था इसे मन्मथनाथ ने। शायद किसी के लिए वैसा लिखना सम्भव नहीं है। मणीन्द्र के क्रान्तिकारी व्यक्तित्व को जानने-समझने के लिए यह आज भी सर्वोत्तम दस्तावेज है। इसके शब्द-शब्द में उस क्रान्तिकारी के समझौताविहीन युद्ध और उसकी जिजीविषा की आँच है। मद्धिम रोशनी में भी इसके हरूफ़ मुझे साफ नजर आ रहे हैं—

20 जून का प्रभात अपने साधारण रूप में हमारी बैरक में प्रकट हुआ। उसके सुनहले अवगुंठन के पीछे एक महान अनर्थ दुबककर शिकार की घात लिए बैठा था। पर हमें इसका लेशमात्र भी ज्ञान नहीं था। 9 बजे दिन के समय में एक जर्मन पुस्तक को साक्षी रखकर अपनी विचारधारा में बहा जा रहा था। यशपाल भी कुछ पढ़ रहे थे। इतने में जेल की भाषा में रिपोर्ट मिली कि बड़े जेलर बी क्लास की ओर आ रहे हैं। हम उनके असमय आगमन के कारण का अनुमान लगा रहे थे कि इतने में ही वह जूते चर्र-मर्र करते स्वयं ही आ पहुँचे।

हमारे साथी यशपाल तथा मैंने जेलर की ओर प्रश्नसूचक दृष्टि से देखा। उन्होंने भी भूमिका न बाँधकर एकदम कहना आरम्भ कर दिया—मि. बनर्जी की

हालत बहुत खराब है। क्या आप उनसे मिलना चाहेंगे?'

हम दोनों ने एक साथ ही कहा—'अवश्य, अवश्य। पर मामला क्या है?'

उत्तर के लिए प्रतीक्षा किए बिना ही मैं जल्दी रवाना होने के लिए तैयार होने लगा। कामरेड पाल जेलर से बातें करने लगे। तीन मिनट के अन्दर ही हम जेलर के साथ अस्पताल की ओर चल पड़े। रास्ते में और पूछताछ की तो उसके उत्तर में जेलर ने कहा—'आगामी कुछ मिनटों के अन्दर मि. बनर्जी का मरना निश्चित है।'

इसके बाद भी उन्होंने कुछ कहा, पर क्या कहा, यह मैं समझ नहीं सका। इस खबर को सुनते ही हमारे चित्त की अवस्था विभ्रान्त-सी हो गयी और हम लम्बे-लम्बे डग भरते हुए अस्पताल की ओर चलने लगे। अस्पताल जाकर क्या देखता हूँ कि मणीन्द्र नंगे शरीर दो तकियों के ऊपर औंधा होकर पड़े हैं। और कुछ धीमे-धीमे कराह रहे हैं। यह भी देखा कि उनकी देखभाल के लिए नियुक्त कैदी परिचारक पास ही निर्लिप्त रूप से बैठा है। शिथिल वृन्त एवं पतनोन्मुख पुष्प की भाँति मणीन्द्र का मुख निष्प्रभ एवं मलिन हो गया था। हमने एक ही दृष्टि में सारी परिस्थिति भाँप ली।

मैं सीधा मणीन्द्र की खाट पर बैठ गया और झपटकर उसे उठाकर हृदय से लगा लिया। ऐसा करना हमारी भूल हो सकती है, पर हमें ऐसा जान पड़ा कि हमारे आते ही उसके मुख की कातर मुद्रा कुछ देर के लिए अन्तर्हित हो गयी। मैंने जोर से पुकार कर कहा—'मणि-मणि, मैं आ गया हूँ।'

मणीन्द्र ने कहा—'हाँ-हाँ, तुम मन्मथ हो, तुम मुझे खूब जोर से पकड़े रहो, अब मैं जा रहा हूँ।'

मैंने कहा—'देखो मणीन्द्र, आने-जाने की बात सब फजूल है।' और मैं फिर उसे सुनाने लगा कि बीमारी में किस प्रकार दामोदर सेठ 122 पौंड से 32 पौंड के रह गये थे...एक चम्मच फल का रस भी हजम नहीं होता था। किस प्रकार राजकुमार सिन्हा बरेली में इतने अस्वस्थ हो गये थे कि एक चम्मच हारलिक दूध भी नहीं पचा पाते थे। फिर भी वह आज जीवित हैं, मरे नहीं, स्वस्थ हैं।

मणीन्द्र इन कहानियों को अच्छी तरह जानता था। कोई मेरी गढ़ी हुई बातें नहीं थीं। इसलिए मैंने स्पष्ट देखा कि वह प्रभावित हो रहा है।

मैंने देखा कि उसने अभी तक यशपाल की उपस्थिति अनुभव नहीं की। इसलिए मैंने कहा—'मणीन्द्र, मि. यशपाल पास ही बैठे हैं। क्या तुम उन्हें नहीं देख पा रहे हो?'

मणीन्द्र ने इसके उत्तर में आँखें खोलकर देखा, पर उसे कुछ भी सूझ नहीं पड़ा तो वह निराश होकर बोला—'नहीं, मैं कुछ भी नहीं देख पा रहा हूँ। बायीं

आँख से एकदम कुछ नहीं, दाहिनी आँख से जरा धुँधला-सा देख रहा हूँ। मि. पाल, आप बैठिए।'

यह सुनते ही मैं इतना मर्माहत हो गया कि हमारे हाथ-पैर शिथिल हो गये यशपाल ने मणीन्द्र को पकड़ लिया, क्योंकि मैं खाट से छिटककर जमीन पर जा पड़ा। खैरियत यह हुई कि मैंने लोहे की खाट के पाये को पकड़ लिया। मैंने जल्दी से कमीज उतार डाली। ऐसा लगा कि मैं बेसुध हो जाऊँगा, पर जीवन में कभी बेसुध नहीं हुआ था, उस दिन भी नहीं हुआ। इस विह्वल आपेहीन अवस्था में मैंने दो मिनट ही बिताये होंगे, फिर मेरा आत्मबल जाग्रत हो उठा और उस दिन जब तक मणीन्द्र जीवित रहे, तब तक मैं फिर आपे से बाहर नहीं हुआ।

एक गिलास पानी पीकर मैं पुनः कमर कसकर मणीन्द्र के पास पहुँचा। मैं यह जानता था कि दृष्टिहीनता का यह लक्षण बहुत ही खराब है और जीवन-रूपी प्रदीप में अत्यन्त तैलाभाव सूचित करता है। फिर मैं मणीन्द्र को बराबर समझाने लगा कि वह कुछ नहीं है। मणीन्द्र मेरी बातों को ध्यान से सुनता रहा, उसने प्रतिवाद नहीं किया। वह अच्छे लड़के की भाँति मेरे व्याख्यान को हजम करने लगा। यशपाल ने इस बीच में बी श्रेणी की बैरक से ओडोक्लोन की शीशी मँगाई और मणीन्द्र के सीने पर ओडोक्लोन मलने लगे।

मैं मणीन्द्र को इस प्रकार पकड़कर जेलर से पूछने लगा—'इनके घरवालों को इनकी क्या खबर दी गयी है?' इसके उत्तर में मुझे बताया गया कि एक तार बनारस दिया गया है। मैंने कहा, यह यथेष्ट नहीं है। इसके अतिरिक्त मैंने कहा कि जो तार दिया गया है उसका शब्द-विन्यास ठीक नहीं है। उसकी परिस्थति की भयंकरता स्पष्ट नहीं होती। खैर, तर्क-वितर्क के बाद जेलर ने सरकारी खर्च से दो-तीन और तार भेजना स्वीकार किया। इसके फलस्वरूप मेरठ, इलाहाबाद तथा बनारस में तार भेजे गये।

तार भेजने की व्यवस्था कर लेने के बाद मैंने जेलर से पूछा कि आईजी को क्या रिपोर्ट दी गयी है। उसके उत्तर में मुझे बतलाया गया कि सोमवार के दिन मेजर भंडारी ने आईजी को रिपोर्ट दी है। मैंने कहा—'लिखा है तो अच्छी बात है, पर ऐसी अवस्था में मणीन्द्र को बहुत पहले छोड़ देना चाहिए था। बहुत-से कैदी स्वास्थ्य की खराबी के कारण प्रतिवर्ष छोड़े जाते हैं, यह तो आप जानते ही होंगे। फिर आप यह भी जानते हैं यदि मणीन्द्र की कुछ भारी हानि हुई तो जनता उसका भारी विरोध-प्रदर्शन करेगी और इसके फलस्वरूप यदि कोई कमीशन बैठे तो कोई आश्चर्य नहीं। आप जानते हैं कि लखनऊ जेल में जब अवधसिंह मर गये थे तब बाद में कैसा तूल-तवील मचा था।'

इस प्रकार कुछ गम्भीर रूप से, तथा कुछ परिहास में, मैं जेलर को सहज

सत्य बातें समझा रहा था। वह भी पुराना खुर्राट था। मेरी बातों का नॉनकम्मिटल उत्तर दे रहा था। मणीन्द्र हम लोगों की बातें बड़े ध्यान से सुन रहा था। यशपाल और मैं विशेष रूप से उसका ध्यान बँटाने के लिए तथा उसे दिखाने के लिए कि उसकी अवस्था जरा भी खराब नहीं है, इधर-उधर की बात कर रहे थे। कहा जा सकता है कि हम अभिनय कर रहे थे।

तब यशपाल और मैंने मणीन्द्र की बाँहों की परीक्षा की। स्पष्ट ही इन्जेक्शन के चिह्न मौजूद थे। मुझे जरा सन्देह हुआ, पर मैंने सुझाव दिया कि पिटूटीन का इन्जेक्शन दिया गया होगा। हम सबने इस अनुमान को सत्य के रूप से ग्रहण किया, पर मणीन्द्र ने कहा कि उस इन्जेक्शन से उसे कोई राहत नहीं मिली बल्कि उस समय से उसकी अवस्था इतनी खराब हो गयी कि इन्जेक्शन का कोई प्रभाव नहीं था।

मणीन्द्र की श्रवण एवं विचार-शक्तियाँ अन्त तक प्रखर थीं। वह यशपाल के प्रश्नों के उत्तर बराबर अँग्रेजी में तथा मेरे प्रश्नों के उत्तर बँगला में देते जा रहे थे। उन्हें बीच-बीच में साँस का दारूण कष्ट हो रहा था और वह बड़े करुण ढंग से कराह रहे थे। यह कराहना सुन-सुनकर हम लोगों का हृदय भीतर-ही-भीतर बैठा जा रहा था। परन्तु हाय, उस यंत्रणा को कुछ भी कम करना हमारे वश की बात नहीं थी। बीच-बीच में हम उसे चम्मच से बर्फ का पानी पिला रहे थे।

ऐसे में हमें अकस्मात् याद आया कि डॉक्टर मुकर्जी नाम के एक सज्जन शहर में रहते हैं। मैंने जेलर साहब से कहा, पर मुझे बताया गया कि वे बहुत दिन हुए शहर से चले गये हैं। इसके बाद मणीन्द्र ने स्वयं ही स्मरण कर अपने एक रिश्तेदार का नाम बताया जो इसी शहर में रहते हैं और सरकारी स्कूल में मास्टर या हेडमास्टर हैं। जेलर उस समय चला गया था, पर वहाँ पर इस नाम के किसी व्यक्ति का पता नहीं लगा था।

जब मैं अस्पताल में आया तभी मुझे बताया गया था कि कम्पाउंडर शहर में मणीन्द्र के लिए कोई दुर्लभ दवा लेने गया है और जेलर का सूबेदार भी सामरिक अस्पताल में मणीन्द्र के लिए ऑक्सीजन लाने के लिए गया है। जब उसकी दशा इतनी खराब हो गयी और जीवन में कोई आशा न प्रतीत हुई तब ये सब उपचार होने लगे। हाय, दो दिन पूर्व यदि ये बातें की जातीं।

बड़े डॉक्टर ने मुझे यह बतलाया कि कम्पाउंडर जिस दवा को लेने के लिए गया है, वह फर्रूखाबाद के सदृश जंगली एवं अभागे शहर में शायद ही मिले।

विगत 24 घंटों में मणीन्द्र ने दो औंस से अधिक पेशाब नहीं किया था। उसका मूत्राशय एकदम बेकार हो रहा था और उसकी कार्यशक्ति चली-सी गयी थी।

सात दिन तक न सोने के कारण, यहाँ तक कि लेटना भी सम्भव न होने के कारण उसकी जीवनशक्ति उतार की निम्नतम अवस्था में आ गयी थी। 14 मई वाले अनशन के समय से ही उसके पेशाब में अल्बुमेन-क्षरण हो रहा था। वह अनशन के समय अपनी इस शिकायत को भली-भाँति जानता था। मेजर भंडारी ने बार-बार उसे यह कहकर सावधान कर दिया था और कहा था कि आपके लिए अच्छा होगा कि आप अनशन तोड़ दें। यह भी एक कारण था जिसके फलस्वरूप मैंने अपने साथियों को 23 मई को अनशन तोड़ने के लिए परामर्श दिया था।

यदि अनशन के बाद भी मणीन्द्र की ठीक-ठाक चिकित्सा-सेवा तथा पथ्य का प्रबन्ध होता तो वह न मरते, इसमें मुझे कुछ भी सन्देह नहीं है। जिस व्यक्ति का मूत्राशय विध्वस्त हो गया हो, उसे मामूली बी श्रेणी के कैदी के समान मांस खाने के लिए देना असाधारण गलती थी। आश्चर्य तो यह है कि उसे रक्तचाप की बीमारी थी, पर जब वह मरने के पाँच दिन पूर्व अस्पताल गया, तभी उसका निदान हुआ। पहले कभी रक्त या उसके चाप की परीक्षा नहीं की गयी। जब परीक्षा हुई तब मालूम हुआ कि उसे रक्तचाप है। नियमत: 125 के लगभग होना चाहिए था। मैं कोई डॉक्टर नहीं हूँ, अत: इस सम्बन्ध में कोई सम्मति नहीं दे सकता। पर सामान्य बुद्धि से मैं भी इतना समझता हूँ कि रक्त का चाप एकाएक रातोरात 200 नहीं हो गया। पथ्य के सम्बन्ध में जो बर्बरता दिखाई गयी, वह पहले ही बता दिया गया है। इस सम्बन्ध में साधारण चोर-बदमाशों के साथ जितनी उदारता की जाती है, उसके साथ उतनी भी नहीं की गयी। बार-बार कहने पर भी आबोहवा बदलने के लिए उसे दूसरे जेल में नहीं भेजा गया। नियमानुसार उसे अनशन के बाद मेडिकल ग्राउंड पर छोड़ देना चाहिए था। क्या यह बात सत्य नहीं है कि प्रतिवर्ष उससे भी कम बीमारी के कारण सैकड़ों खतरनाक कैदी छोड़ दिए जाते हैं।

लगभग 11 बजे दिन के समय उसकी अवस्था कुछ अच्छी प्रतीत हुई। मैं या यशपाल बराबर मणीन्द्र को थामकर बैठे हुए थे और आवश्यकतानुसार स्नेह के साथ उसके घुँघराले बालों, सिर तथा हाथ पर हाथ फेरते जाते थे। वह हमारे इस आदर को पसन्द कर रहा था। पर जब साँस का कष्ट होता था, तब वह घबड़ाकर हम लोगों से हाथ छुड़ा लेता था और निराश होकर कराहने लगता था।

उस समय मणीन्द्र ने कहा कि कोई मामा थे, मरने से पूर्व उनकी भी ऐसी ही अवस्था हुई थी। मैंने फिर मणीन्द्र को शान्त करने के लिए अपना व्याख्यान शुरू कर दिया, जिसका भाव यह था—'मणीन्द्र, तुम क्रान्तिकारी हो। क्या तुम अभी शहीद हो सकते हो, जबकि तुम्हारा काम बाकी पड़ा हुआ है।'

मणीन्द्र मानो कुछ सोचने लगा।

उसकी दृष्टि-शक्तिहीन बड़ी-बड़ी आँखें एक बार पुनः प्रदीप्त हो उठीं। उसके बाद उसने धीमे तथा दृढ़ स्वर में कहा—'मरने से मैं नहीं डरता, न कभी डरता था, मुझे दुख है यह कि मैं रोग से मर रहा हूँ।'

पर मणीन्द्र रोग से नहीं मर रहा था, वह दो महान उद्‌देश्यों के लिए मर रहा था। अनशन पन्द्रह आने और दंडित होना एक आना उसकी असामयिक मृत्यु का कारण थे। उसने राजनीतिक कैदियों की अवस्था उन्नत करने के लिए अनशन किया था। वह जेल में भारत की स्वाधीनता के लिए आया था।

मैंने मणीन्द्र को बतलाया कि रणधीर सिंह, रमेशचन्द्र आदि इस जेल के राजनीतिक कैदी उसकी तीमारदारी के लिए बड़े उत्सुक हैं, पर उनको अवसर नहीं दिया जाएगा।

12 बजे के समय जब हमने समझ लिया कि मणीन्द्र की अवस्था उतनी खराब नहीं है जितनी कि जेलर ने हमें बताई थी, तो हमने निश्चय किया कि एक-एक कर दोनों व्यक्ति नहाने-खाने से निपट लें। इसके पहले ही हम लोगों ने मणीन्द्र को जरा-सा दूध अंडे की सफेदी में फेंटकर बड़ी खुशामद से पिलाया था। मुझे एक और भी काम था—बाहर चोरी से पत्र भेजना। उसे भी करना था। मैं ही पहले गया। 15 मिनट से भी कम समय के अन्दर मैं अपनी बैरक से नहा-खाकर लौट आया। रास्ते में कई जगह पर कैदियों से सुना कि मणीन्द्र के मरने की खबर जेल में फैल चुकी है, पर मैं यह जानता था कि यह गलत है। उस समय बड़े जोर की धूप पड़ रही थी, बस इतना ही मुझे अपनी इस यात्रा के सम्बन्ध में स्मरण है।

मैं केवल कुछ मिनटों तक ही अनुपस्थित था, पर मणीन्द्र इसी बीच मेरे लिये व्याकुल हो रहे थे। वह चार बार यशपाल से मेरे विषय में पूछ चुके थे, इसलिए जब मैं दृष्टि-पथ में आ गया तो तुरन्त ही यशपाल ने मणीन्द्र से जोर से कहा—'वह आ रहे हैं, आप शान्त होइए।'

मैंने दौड़कर, जाकर उसे पहले की तरह ही थाम लिया और यम के साथ युद्ध करने लगा। मणीन्द्र को, देखभाल करने वाला कैदी सम्भवतः हम लोगों के उदाहरण से उत्साहित अथवा लज्जित होकर अब धीरे-धीरे उसके पैरों को दबा रहा था। मैंने आते ही मणीन्द्र से कहा—'भाई, मैं आ गया।' मन-ही-मन उस समय मैं पश्चाताप कर रहा था कि मैं क्यों गया।

मणीन्द्र के भाई या माता उस समय तक नहीं पहुँच पाये थे, अतः वह कहने लगा—'तुम्हीं लोग मेरे भाई हो, हमारा यहाँ कौन है।' वह बार-बार माँ-माँ कर कराह रहे थे।

इतने में कम्पाउंडर दवा लेकर लौट आया। उसने कहा—'यह दवा शहर की किसी फार्मेसी में न थी, एक प्राइवेट प्रैक्टीशनर के पास इस दवा का केवल 5 ड्राम मिला।' खैर, जल्दी ही दवा तैयार कर दी गयी।

मैं भौतिकवादी हूँ, इसलिए सम्भवत: विज्ञान के ऊपर मेरी श्रद्धा जरा अधिक है। मैंने आशा की कि अब कुछ अलौकिक बात होगी, पर विज्ञान इस क्षेत्र में बड़ी देर से आया था। इसके अतिरिक्त विज्ञान अभी पूर्ण भी नहीं है।

दवा देने के बाद मैंने सोचा कि दवा उधर अपना कार्य करे, इधर मैं मणीन्द्र के मन के बुझते हुए आशा-प्रदीप की बत्ती तनिक उकसा दूँ। मणीन्द्र की प्राण-रक्षा के लिए मैं थोड़ी देर के लिए किसी प्रकार कुसंस्कार के हाथों आत्मविक्रय करने के लिए तैयार था। यह बात सुनकर कोई क्रान्तिकारी मित्र हँसे तो हँस सकता है। मैं जानता था कि मणीन्द्र किसी समय घोर ईश्वरवादी थे। घंटों बैठकर ध्यान लगाते तथा जप किया करते थे। मैंने सोचा, सम्भवत: उसके मानस में ईश्वरवाद की एक चिनगारी छिपी हो। मैंने सोचा, यदि उसी को प्रज्जवलित कर आज उसके मन में आशा का उद्रेक किया जाए तो बुराई क्या है। इसलिए मैंने मणीन्द्र को खूब जोर से थामकर अपना भी समस्त भूतपूर्व ईश्वर-विश्वास एकत्र कर जोरों से कहा—'हे भगवान, यदि तू है तो मणीन्द्र को रोग-मुक्त कर। मणीन्द्र ने जाने या अनजाने में कभी किसी प्रकार का दुष्कृत्य नहीं किया है।' इत्यादि।

इस प्रकार मैं कितनी देर तक ऊलजलूल प्रार्थना करता रहा। पता नहीं, पर मुझे इतना स्मरण है कि मेरी दोनों आँखें आँसुओं से भर गयी थीं। अवश्य 'यदि तू है' इस वाक्यांश को मैं अपनी प्रार्थना से निकाल न सका।

उस समय हमारे पास कोई न था। अकेले कमरे में मैं बैठा और मणीन्द्र। मणीन्द्र और मैं। दूर बैठकर एक साठ साल का बूढ़ा कैदी ऊँघते-ऊँघते पंखा खींच रहा था। दोपहर का सन्नाटा।

मणीन्द्र ने मेरी प्रार्थना तथा दुर्बलता को आत्मसमर्पण करना पसन्द नहीं किया। उसने मेरी प्रार्थना को बीच में ही टोकते हुए कहा—'(अँग्रेजी में) टट! टट! चुप-चुप! भगवान कहाँ है! न्याय कहाँ है! इस जगत में दुष्ट हमेशा सुख भोगते हैं और अच्छे लोग कष्ट सहते हैं।'

इस तिरस्कार से मेरी आकृति मलिन-सी हो गयी। मैंने फिर उसके सामने ईश्वर का नाम लेने की व्यर्थ चेष्टा नहीं की। मणीन्द्र की इन बातों से सहज में ही यह गलत धारणा हो सकती थी कि वह निराशावादी हो गया है, पर मानो इसी का निराकरण करने के लिए उसने थोड़ी देर बाद कहा—'तुम लोग कह रहे हो कि रात को मेरे पास रहोगे, पर उससे व्यर्थ कष्ट ही मिलेगा। मैं अपने लिए किसी को कष्ट देना नहीं चाहता।'

उन्हें कष्ट देना नहीं पड़ा था, क्योंकि जब रात आई तो वह सब प्रकार की तीमारदारी के पार होकर जेल के मुर्दाघर में पड़े थे।

मणीन्द्र वास्तविकता के प्रति अन्धा नहीं था, पर साथ ही उसके मन में अपने सहजीवियों के प्रति प्रेम तथा सहानुभूति एक बड़ी मात्रा में वर्तमान थी। इस सहानुभूति रूपी मन्दाकिनी का उत्सस्थल कहाँ था, यह कौन जाने।

इसके बाद यशपाल लौट आए और उधर सूबेदार भी ऑक्सीजन लेकर सामरिक अस्पताल से लौट आया। 15 मिनट तक श्वास-प्रक्रिया के द्वारा फेफड़े में ऑक्सीजन प्रविष्ट कराया गया। पर इससे कुछ लाभ होता प्रतीत नहीं हुआ। बीच-बीच में एक चम्मच दूध, पानी या एक टुकड़ा बर्फ देना जारी रहा। दो बजे के बाद फिर दवा दी गयी। इसके बाद मणीन्द्र स्वयं ही पानी माँगने लगा और उसका शरीर पसीजने लगा, पर सैकड़ों चेष्टा करने पर भी पेशाब नहीं उतरा। साँस का कष्ट बारम्बार उसी तरह उभरने लगा। माँ का तथा मेरा नाम लेकर कराहना जारी रहा। हाथ के तलुओं पर मैंने हाथ धरकर देखा कि वे ठंडे हो रहे हैं। ऐसे समय में मणीन्द्र ने यह भी शिकायत करनी प्रारम्भ की कि पैर भी सुन्न हो रहे हैं। मैंने मणीन्द्र को थामने का भार यशपाल पर छोड़कर, रगड़ने की प्रक्रिया द्वारा यह प्रयत्न किया कि उसके पैरों में फिर चेतना आ जाए। चेतना आई, पर एक पैर में चेतना लाने के पूर्व ही दूसरा पैर सुन्न पड़ने लगा। तब मैंने दोनों हाथों से दोनों पैर एक साथ रगड़ना प्रारम्भ किये। मणीन्द्र ने कहा—'ठीक हो रहा है।' पर ठीक क्या खाक होता। फेफड़ा अलग खराब हो रहा था। मूत्राशय जवाब दे चुका था, शरीर में जीवनी-शक्ति एकदम न थी, दवाइयाँ बेकार जा रही थीं, फिर हम करते तो क्या करते।

मणीन्द्र ने इस समय कहा—'सीने में कुछ अटक रहा है, जरा हाथ से मल दो।' इसलिए मैं वैसा ही करने लगा।

मणीन्द्र बीच-बीच में कराहना बन्द कर देता था और कहता था कि साँस का कष्ट जरा कम है। मालूम होता था मानो वह थोड़ा सोना चाहता है। मैं जरा आशान्वित हुआ। सोचा, इस बार मौत टल गयी। मूत्राशय की ओर से कोई भी आशा नहीं मिली। सभी बेकार हो गये, पर न मालूम कैसा शक्तिशाली मस्तिष्क उसे मिला था कि वह अन्तिम साँस तक एकदम ठीक काम दे रहा था। केवल मस्तिष्क से ही यदि जीना सम्भव होता, तो मणीन्द्र चिरजीवी होता।

पैरों का सुन्न पड़ना तथा हाथों का ठंडा होना जारी रहा। हमारे मन में आशा और निराशा का द्वन्द्व हो रहा था। सच बात तो यह थी कि मैं कुछ हत्बुद्धि हो रहा था। मुझे स्वयं ही सान्त्वना, यहाँ तक कि चिकित्सा की आवश्यकता थी। ऐसे समय में यदि माता या प्रभास बनर्जी आ जाते। मैंने आज पहली बार अनुभव

किया कि मेरे साहस में त्रुटि है।

चार बजे के कुछ पूर्व हम लोगों ने निश्चय किया कि मणीन्द्र को बर्फ मिलाकर जरा दूध दिया जाए, पर मणीन्द्र ने यशपाल से कहा—'(अँग्रेजी में) आई डोंट फील लाइक टेकिंग' लेने की इच्छा नहीं है।

हम लोग पिलाने के लिए तर्क-वितर्क कर रहे थे, इतने में टन-टन करके चार बजे। देखते-देखते दवा आ गयी। मैंने अपने हाथ से उसे दवा पिलाई, पर मणीन्द्र ने कहा—'जल्दी करो जल्दी।'

उसे निगलने में कष्ट हो रहा था। साँस का कष्ट फिर उठा। सम्भवत: इस बार आक्रमण उससे सहन नहीं हुआ। उसको कई दिन से केवल बड़ी तेज़ जहरीली दवा दी जा रही थी। उसकी हालत ही इतनी खराब थी।

मैं बराबर उसे पकड़े रहा। ठीक सवा चार बजे के समय वह मेरे सीने पर लुढ़क गया। मैंने उसके शिथिल मस्तक को अपनी गोद में रख लिया। मैं 'मणीन्द्र-मणीन्द्र' कहकर जोर से चिल्लाया, पर कुछ भी उत्तर नहीं मिला। यशपाल उस समय डॉक्टर को बुलाने गये, पर डॉक्टर उस समय सो रहे थे। उनके लिए तो ऐसी घटना नित्य की बात थी। वह क्या जानते थे कि भारतवर्ष की एक उदीयमान विभूति लुप्त हुई जा रही है।

अन्त में जब डॉक्टर आए तो मणीन्द्र के हाथ-पैर छटपटा रहे थे और कभी-कभी उसके मुख से एक अस्पष्ट और रुकी हुई कराह निकल रही थी। डॉक्टर ने फौरन पेट्रटीन का इन्जेक्शन दिया, पर कोई परिणाम नहीं निकला। दूसरे ही क्षण डॉक्टर ने स्टेथोस्कोप लगाकर कहा—'सब समाप्त हो गया, कुछ भी नहीं है।'

इस प्रकार मेरे मित्र, साथी, छात्र तथा कुछ अंशों में पथ-प्रदर्शक का अन्त हो गया।

मैं मूढ़तावश आशा कर रहा था कि शायद कोई भूल हुई होगी, इसलिए मैं एक बार डॉक्टर से तथा एक बार यशपाल से पूछता था—'क्यों, क्या कोई भी आशा नहीं है?'

डॉक्टर ने मेरे मुख की ओर ध्यान से देखकर कहा—'नहीं!'

यह 'नहीं' बड़ा भीषण था। मैं उस समय यह समझ नहीं पाया कि मुझे आश्चर्य अधिक था या दुख!!!

इसके बाद मैंने यशपाल से पूछा—'क्या आप समझते हैं, मणीन्द्र शहीद हो गये।'

उन्होंने कहा—'हाँ।'

इतना 'हाँ' के कहते ही मैंने यन्त्रचालित की भाँति मणीन्द्र का चरणस्पर्श किया। हत्बुद्धि होने पर भी मैं अपने देश के एक शहीद के प्रति अपना कर्तव्य नहीं भूला।

आजादी के रणबाँकुरों के लिए अन्दमान के बाद सबसे अधिक खराब मानी जानेवाली यह केन्द्रीय कारागार तब बियावान में बनायी गयी थी जबकि आज इसके आसपास बस्तियाँ उग आई हैं। इस जेल तक पहुँचना तब कितना कठिन रहा होगा। यहाँ की कोई खबर बाहर जाना उन दिनों सम्भव नहीं रहा होगा। मणीन्द्र का बलिदान 'लाहौर षड्यन्त्र केस' से जुड़ी भगतसिंह, राजगुरु और सुखदेव की 1931 की फाँसियों के बाद की विशिष्ट घटना है जिसने क्रान्तिकारी चेतना को अपने समय में ठंडा नहीं पड़ने दिया।

मैं उठकर क्वार्टर से बाहर टहलने आ गया। इन क्षणों में मैं फिर से मणीन्द्र की माँ के बारे में सोचने लगा। पता नहीं उस जननी ने कैसे झेला होगा अपने पुत्र का बिछोह। कितना हाहाकार निकला होगा उसकी छाती से जिससे उतरा दूध बचपन में मणीन्द्र ने पिया था। कौन जाने उस माँ ने तो मणीन्द्र के मुकदमे के लिए चन्दा लेना भी स्वीकार नहीं किया था। कहा था—'मेरे पास साधन है तो क्यों लूँ।' अपनी सम्पत्ति बेचकर मुकदमे की पैरवी करती रहीं वे। ब्रिटिश सरकार के भय से मणीन्द्र के सभी भाई घर से हट गये थे। प्रभाष बाबू गाँधी आश्रम मेरठ में अन्य भाइयों के साथ रहने लग गये। वहीं 1932 में भूपेन्द्रनाथ बनर्जी ने सत्याग्रह किया। बीमार हुए। छूटे। लेकिन 1933 में उनका देहावसान हो गया। माँ बेटे को नहीं देख पायी। उन्हें क्या पता था कि एक साल बाद ही मणीन्द्र भी बलिपथ पर जाकर उनसे बिछुड़ जाएगा। माँ सुनयना! मुझे नहीं पता कि इतिहास तुम्हें कैसे याद करेगा या विस्मृत कर देगा जैसे उसने रामप्रसाद बिस्मिल, विजयकुमार सिन्हा या भगतसिंह की माँओं के साथ किया।

माँ! तुम मणी को बलिपथ पर भेजकर भी शायद हर पल अपने उस लाड़ले को तलाशती रहीं। मणी का चेहरा तुमने मन्मथ में देखा। 1937 में सजा काटकर जब मन्मथ जेल से बाहर आए तब तुम्हीं ने उन्हें आश्रय दिया था। कितने उत्साह से तुम अपने अन्य पुत्रों के साथ उन्हें देखती-पोसती रहीं और न जाने क्या-क्या सहते-झेलते तुम भी 23 जनवरी, 1962 को हमसे विदा ले गयीं।

मणीन्द्र का पूरा परिवार ही क्रान्तिकारी विचारों का था। पिता ताराचरण बाबू प्रसिद्ध होम्योपैथिक चिकित्सक थे। उनका विवाह कलकत्ता की सुनयना से हुआ। वे अपने साथ बंगाल के विद्रोही संस्कार लेकर आईं। बहुत साहसी महिला थीं वे। आठ सन्तानों में मणीन्द्र तीसरे थे। बड़े थे जीवनधन, फिर प्रभाष बाबू, मणीन्द्र, फणीन्द्र, अमिय, भूपेन्द्र, मोहित और बसन्त बाबू।

फतेहगढ़ जिन दिनों रहा तब मुझे मणीन्द्र की शहादत और माँ सुनयना की बार-बार याद आती थी। मैं अकसर केन्द्रीय कारागार के परिसर में लगी मणीन्द्र की प्रतिमा पर पहुँच जाता। मणीन्द्र को छोड़कर दूसरे भाइयों के साथ माँ सुनयना

की तस्वीर मेरे झोले में रखी है जिसे बसन्त बाबू ने मुझे भेंट किया था। वह बड़ी धरोहर है मेरे लिए।

...20 जून, 1993 को हमारी कोशिशों से पहली बार केन्द्रीय कारागार के बाहरी परिसर में मणीन्द्र का बलिदान दिवस मनाया गया। 'कानपुर सिटी बम केस' के पुराने क्रान्तिकारी अनन्तराम श्रीवास्तव के सहयोग से यह सम्भव हो पाया। वे कन्नौज से कई बार चलकर आए और दौड़-धूप की। अध्यापक के. के. प्रजापति ने मणीन्द्र का बड़ा चित्र बनाकर दिया। खुफिया पुलिस ने कार्यक्रम के पहले मुझसे छानबीन की थी—'मणीन्द्र बनर्जी क्या नक्सलवादी थे?' मैंने कहा कि नक्सलवाद की शुरूआत 1967 में हुई जबकि यह क्रान्तिकारी देश की आजादी के संग्राम में हिस्सेदारी करते हुए बहुत पहले 1934 में अनशन करते हुए शहीद हो गया था। मुझे मणीन्द्र की छपी संक्षिप्त जीवनी उन्हें देनी पड़ी। केन्द्रीय कारागार के पदाधिकारी भी आयोजन में सम्मिलित हुए। मैंने शाहजहाँपुर से काकोरी शहीद अशफ़ाक़उल्ला के पौत्र अशफ़ाउल्ला खाँ तथा कानपुर से क्रान्तिकारी रमेशचन्द्र गुप्त को भी बुलाया। रमेश इस कारागार में रह चुके थे। 'शाहजहाँपुर बम कांड' के सुदामा प्रसाद इस जिले के रूलापुर गाँव से अखबार की खबर पढ़कर चले आए थे। मैं उनसे पहली बार मिला। कानपुर से ही हमारे मित्र सुलेखक जगदीश जगेश ने भी यहाँ आकर हिस्सेदारी की। कुछ स्वतन्त्रता संग्राम सेनानियों ने आगे बढ़कर सबसे पहले मणीन्द्र की प्रतिमा पर पुष्प चढ़ाये। जेल के भीतर मणीन्द्र किस बैरक में थे और कहाँ मरे, इसकी शिनाख्त नहीं हो पायी।

आज़ाद के इतिहास पर धूल की परतें

वह चन्द्रशेखर आज़ाद के बलिदान का अर्धशती वर्ष था यानी 1981 का साल। शहादत हुई थी उनकी 27 फरवरी, 1931 को इलाहाबाद के अल्फ्रेड पार्क में। कम्पनी बाग का वह सुनसान इलाका उस रोज क्रान्तिकारी संग्राम के अनोखे रक्तरंजित अध्याय का साक्षी बना जब 'हिन्दुस्तान समाजवादी प्रजातन्त्र संघ' का सेनापति ब्रिटिश पुलिस अधिकारियों और उनके सिपाहियों से घिरा अपनी एक पिस्तौल और चन्द कारतूसों से अभिमन्यु की भाँति संघर्ष करते हुए शहीद हो गया...

हम उसी बलिदान स्थल पर मूक खड़े थे। आज़ाद को श्रद्धांजलि देने आए उनके दल के पुराने क्रान्तिकारी साथी आज उत्साह और गर्व से भरे हुए थे। वहाँ थे रामकृष्ण खत्री, भवानीसिंह रावत, भवानी सहाय, शचीन्द्रनाथ बख्शी, पं. किशोरी लाल, जयदेव कपूर, शिव वर्मा, प्रकाशवती और कामरेड रमेश सिन्हा। हम सब इस शहर के रसूलाबाद घाट पर बनी आज़ाद की जर्जर समाधि पर भी पुष्प अर्पित करने गये जिसे कुछ दिनों बाद ही इलाहाबाद नगरपालिका के एक इंजीनियर ने तुड़वा दिया था और हम अपने विरोध के बावजूद उसका पुनर्निर्माण नहीं करवा सके। क्रान्तिकारी भवानीसिंह तब गढ़वाल के अपने गाँव नाथोपुर से चलकर हमारे पास शाहजहाँपुर आए और फिर इलाहाबाद की धरती पर पहुँचकर उन्होंने वे स्मृतियाँ भी हमसे साझा कीं जब 27 फरवरी, 1931 को इस शहर के कटरा मुहल्ले के एक मकान में आज़ाद के साथ रहते हुए उनके बलिदान की खबर मिलने पर वे फरार हो गये थे। बहुत प्रात: ही आज़ाद उनसे बोले थे—'किसी व्यक्ति से मिलना है। लौटकर चाय-नाश्ता करूँगा।' यह कहकर पार्टी का वह 'कमांडर-इन-चीफ' अपनी सदरी की भीतरी जेब में पिस्तौल डालकर लम्बे डग भरता हुआ अल्फ्रेड पार्क के उन झुरमुटों में जा बैठा जहाँ उनकी भेंट साथी सुखदेव राज से हुई। किसी योजना पर बतियाते हुए कुछ पल ही बीते होंगे कि एकाएक एक गोली उनके कान के पास से निकलती चली गयी। उन्होंने पिस्तौल सम्भाल

ली और अपने साथी को निकल जाने को कहा। तभी दूसरी गोली उनकी जाँघ में आ लगी। वहाँ खड़े मौलसिरी के वृक्ष की आड़ लेकर अब उन्होंने मोर्चा सम्भाल लिया। अँग्रेज पुलिस अधिकारी नॉट बाबर और दरोगा विश्वेश्वर सिंह के छक्के छुड़ाते हुए थोड़े ही पलों के उस सन्मुख संग्राम में अन्ततः आज़ाद के रक्त से वह युद्धभूमि लाल हो गयी। वे शहीद हो गये...

अगले दिन 'अभ्युदय' में छपा—''प्रयाग में सनसनी फैलाने वाला गोलीकांड। क्रान्तिकारी और पुलिस में गोलियाँ चलीं। प्रसिद्ध क्रान्तिकारी चन्द्रशेखर आज़ाद का देहान्त। दूसरा साथी चला गया। सीआईडी अफसर घायल। आज़ाद के खून से सनी मिट्टी लोग ले गये।'' छपा यह भी था कि कल प्रयाग में आज़ाद का खून होने के कारण प्रयाग के सारे नगर में सुबह से ही पूरी हड़ताल रही। चौक, कटरा, दारागंज, कीटगंज, मुट्ठीगंज आदि समस्त मुहल्लों में लोगों ने शोक मनाया और दुकानें बन्द रखीं। चूँकि आज़ाद की लाश लोगों को नहीं मिली थी और स्थानीय विद्यार्थी संघ के लोग उनके शव का जुलूस निकालना चाहते थे, इसलिए उनकी अस्थियों का जुलूस निकाला गया। यह जुलूस शहर में घूमता हुआ एक पार्क में समाप्त हुआ। वहाँ सभा हुई जिसमें बाबू पुरुषोत्तम दास टंडन, श्रीमती कमला नेहरू और पं. शिवविनायक मिश्र के व्याख्यान हुए।

उस रोज सब ओर आज़ाद की बहादुरी के किस्से थे। कोई कहता था कि आज़ाद ने अपनी कनपटी पर अन्तिम गोली मार ली...। वे ब्रिटिश पुलिस के हाथों नहीं पड़ना चाहते थे...अपने नाम आज़ाद को सार्थक कर दिया उन्होंने...अनोखे निशानेबाज थे आज़ाद, अकेले ही पूरी पुलिस टुकड़ी के होश उड़ा दिए। जवाहरलाल नेहरू ने यह बलिदान गाथा सुनी तो कहा कि इस लड़के की शहादत ने आज इलाहाबाद वालों का सिर ऊँचा कर दिया। ये वही नेहरू थे जिन्होंने अपनी आत्मकथा में आज़ाद को फासिस्ट मनोवृत्ति का बताया था। आज़ाद की शहादत के बाद पुलिस अधिकारी नॉट बाबर ने अपने बयान में कहा—''ठाकुर विश्वेश्वर सिंह से मुझे सन्देश आया कि उसने एक व्यक्ति को अल्फ्रेड पार्क में देखा जिसका हुलिया आज़ाद से मिलता है जो क्रान्तिकारी मफरूर है। मैं अपने साथ मोहम्मद जमान और गोविन्दसिंह कांस्टेबिल को लेता गया। जब हम उस जगह पहुँचे जहाँ समाचार लानेवाले ने विश्वेश्वर सिंह को छोड़ा था तो वहाँ उन्हें विश्वेश्वर सिंह नहीं दिखाई दिया। मैंने कार दूर खड़ी कर दी और दोनों व्यक्तियों की ओर बढ़ा। मेरे पीछे कांस्टेबिल थे। लगभग दस गज के फासले पर खड़े होकर पूछा कि ये कौन हैं। उत्तर में उन्होंने पिस्तौल निकाल कर गोलियाँ चला दीं। मेरी पिस्तौल तैयार ही थी। जैसे ही मैंने देखा कि मोटा आदमी (आज़ाद) पिस्तौल निकाल रहा है, मैंने उसके गोली चलाने के क्षण भर पहले ही गोली चला दी। साथी

अपनी मैगजीन खाली कर कूदकर भाग गया। मेरे साथ जो तीन आदमी थे उन्होंने गोलियाँ कुछ तो मोटे आदमी पर और कुछ दूसरे व्यक्ति पर चलाईं। जब कि मैं मैगजीन निकालकर दूसरी भर रहा था, मुझे मोटे व्यक्ति ने गोली मारी जिससे मैगजीन गिर पड़ी जो मेरे दाएँ हाथ में थी। तब मैं एक पेड़ (मौलसिरी) की ओर भागा जो वहाँ से दस गज पर था। सिपाही पास की खाई में जा छिपे। इसी बीच विश्वेश्वर सिंह एक झाड़ी में रेंगकर पहुँचा। वहाँ से उसने मोटे आदमी पर गोली चलाई। जवाब में मोटे आदमी ने गोली चलाई जो विश्वेश्वर सिंह के मुँह पर लगी। मैं पिस्तौल न भर सका। जब-जब मैं दिखाई देता, मोटा व्यक्ति मुझ पर गोली चलाता रहा। आखिर वह पीठ के बल गिर पड़ा। मैं नहीं कह सकता कि उस पर किसी ने गोली चलाई या वह पहले के जख्मों से मर गया। इसी बीच लोग जमा हो गये। इसी बीच एक व्यक्ति एक बकशाट गन लेकर आया जो भरी थी। मैं नहीं जानता था कि मोटा आदमी सचमुच मरा है या बहाना कर रहा है। इसलिए मैंने उस आदमी से उसके पैरों का निशाना मारने को कहा। उस आदमी ने बन्दूक चलाई। उसके बाद मैं मोटे आदमी के पास गया तो वह मरा पड़ा था। उसका साथी भाग गया। मुझे पता नहीं कि वह घायल हुआ भी था या नहीं।''

नॉट बाबर की रिपोर्ट यह बताती है कि अकेले आज़ाद ने सशस्त्र पुलिस का बहुत वीरता से मुकाबला ही नहीं किया बल्कि उसके छक्के छुड़ा दिए। यह आज़ाद का रणकौशल था और अचूक निशानेबाजी जिसने नॉट बाबर के हाथ में थमी पिस्तौल नीचे गिरा दी और पुलिस इन्स्पेक्टर विश्वेश्वर सिंह का दाहिना जबड़ा घायल कर दिया। इस सन्मुख युद्ध में उनके मन-मस्तिष्क की दृढ़ता को भी बहुत गहराई से चीन्हा जा सकता है। देखने योग्य यह है कि आज़ाद की लाश तो पोस्टमार्टम के लिए भेज दी गयी लेकिन जहाँ आज़ाद का रक्त पड़ा था वहाँ जनता ने पुष्प बरसाये और उस मौलश्री के वृक्ष को भी पूजा जिसने कुछ क्षण ही सही आज़ाद को लड़ने के लिए सहारा और सुरक्षा प्रदान की थी। अँग्रेजी हुकूमत ने यह नजारा देखा तो उस पेड़ को ही कटवा डाला जो एक तरह से आज़ाद की अन्तिम निशानी और उस युद्ध का सर्वाधिक मुखर साक्षी बना तनकर खड़ा दिखाई पड़ रहा था। शक्तिशाली हुकूमतें भी किस तरह प्रतीकों से डरने लग जाती हैं...

23 जुलाई, 1906 को मध्य प्रदेश के झाबुआ जिले के भावरा गाँव में आज़ाद का जन्म हुआ था। पिता सीताराम तिवारी उत्तर प्रदेश में उन्नाव के बदरका के निवासी थे। भावरा वे रोजगार के सिलसिले में जा पहुँचे थे। आज़ाद का जन्म यहीं हुआ था। एक गरीब ब्राह्मण परिवार जो पूरी तरह रूढ़ियों में बँधा था। भीलों

का इलाका जहाँ वे पले-बढ़े। ऐसे में पढ़ना-लिखना क्या। वे थोड़े से बड़े हुए ही थे कि एक मोती बेचनेवाले के साथ बम्बई चले गये। वहाँ उन्हें कुछ मजदूरों की सहायता से जहाजों को रंगनेवाले रंगसाजों का काम मिल गया और उन्हीं की सहायता से उनके साथ के लोगों को कोठरी में लेटने भर की जगह भी। वे शाम को मजदूरी करके अपनी कोठरी पर आते। किसी तरह मूँगफली-भेल आदि खाकर पानी पी लेते। लेकिन धीरे-धीरे उन्हें यह जिन्दगी बहुत बदतर लगने लगी। सोचने लगे कि इतने कष्ट उठाकर घर छोड़ने की क्या जरूरत थी। और एक दिन उन्होंने वहीं से बनारस की राह ले ली जहाँ उन्नाव के पं. शिवविनायक मिश्र उन्हें मिल गये। उनकी सहायता से वहाँ उन्हें एक संस्कृत पाठशाला में प्रवेश भी मिल गया जिसमें ब्राह्मण बच्चों को संस्कृत की शिक्षा और भोजन नि:शुल्क दिया जाता है। पर पारिवारिक रूढ़ियों-बन्धनों से मुक्त होकर और अपनी शुरूआती संस्कृत की पढ़ाई से पीछा छुड़ाकर उनके विद्रोही व्यक्तित्व ने जल्दी ही नये रास्ते की तलाश कर ली और वह साधारण बच्चा उन दिनों देश की आजादी के लिए चलाये जा रहे गाँधी के असहयोग आन्दोलन में जा शामिल हो गया। प्रेरणा क्या, गाँधी की आँधी तब न जाने देश के कितने छात्रों-नौजवानों को देश की राजनीति की ओर बहा ले गयी थी। साधारण कुर्ता और धोती। चौदह साल की अल्प उम्र। भारत माता और महात्मा गाँधी की जय बोलते हुए आखिर एक रोज उन्हें पकड़ लिया गया। मजिस्ट्रेट ने नाम पूछा तो बोले—'आजाद।' पिता का नाम —'स्वराज्य।' घर—'जेलखाना।' इस गुस्ताखी पर बालक चन्द्रशेखर को 14 बेंतों की सजा मिली। पर उस रोज से वे 'आज़ाद' कहे जाने लगे। सवालों के जवाब उन्होंने पहले से सोचे या रटे नहीं थे। जो उन क्षणों में मन में आया बोल दिया। यह किसी के कहे 'तीन शब्दों का अमर इतिहास' है और एक बालक का जुनून भी जिसकी देश की आजादी के संग्राम में हिस्सेदारी करने की अदम्य इच्छा थी।

आज़ाद उस दिन से किशोर स्वतन्त्रता सेनानी बन गये। गाँधी की फौज के अनगढ़ सिपाही। कहा जाता है कि बेतों की सजा मिलने और छूटने के बाद आज़ाद का बनारस के ज्ञानवापी में अभूतपूर्व स्वागत हुआ। वे छोटे थे इसलिए उन्हें मेज पर खड़ा किया गया। इस अवसर पर उन्होंने कुछ कहा भी पर भीड़ में वह सुनाई नहीं पड़ा। उन्हीं दिनों की आज़ाद की एक दुर्लभ तस्वीर है जिसमें वे चरखे के पास खड़े दिखाई पड़ते हैं। स्थिर और शान्त बालसुलभ चेहरा। मानो अपनी नन्ही आँखों से तब वे देश का वर्तमान और भविष्य एकटक निहार रहे हों।

गाँधी ने चौरी-चौरा की हिंसा के बहाने तेजी से चल रहे असहयोग आन्दोलन को एकाएक अवरुद्ध कर दिया। इससे उनके साथी और सहयोगी भी नाराज और

निराश हुए। भारतीय क्रान्तिकारियों ने गाँधी के स्वतन्त्रता आन्दोलन के इस नये प्रयोग को बहुत धैर्य के साथ देखते हुए अपने हथियारों को एक तरफ रख दिया था। ऐसा कलकत्ते की एक गुप्त बैठक में क्रान्तिकारियों ने बाकायदा तय किया था। पर असहयोग की निराशाजनक समाप्ति उन्हें फिर से क्रान्तिकर्म की ओर प्रेरित करने लगी। लगा कि आजादी के लिए गाँधी का रास्ता पर्याप्त नहीं है। ऐसे में अपने छोड़े हुए शस्त्र उठाकर वे फिर मैदान में आ डटे। चन्द्रशेखर आज़ाद, मन्मथनाथ गुप्त और आगे चलकर 'काकोरी कांड' में फाँसी पानेवाले रोशनसिंह एक वक्त में असहयोग के ही सक्रिय सिपाही बनकर राजनीति में कूदे जिन्हें भविष्य में क्रान्तिकारी संग्राम में अपनी बड़ी और महत्त्वपूर्ण भूमिकाएँ तय करनी थीं।

आज़ाद भी गाँधी-मार्ग छोड़कर क्रान्ति-पथ पर चले आये। असहयोग के बाद जैसे ही 'हिन्दुस्तान प्रजातन्त्र संघ' के रूप में क्रान्तिकारी दल का नये सिरे से गठन हुआ और उसका संविधान 'पीला पर्चा' लिखा गया, आज़ाद का उससे गहराई से जुड़ाव हो गया। यह क्रान्तिकर्म की ओर उनका अनोखा रूपान्तरण था। दल के नेता रामप्रसाद बिस्मिल ने उनकी असाधारण कार्यक्षमता और लगन देखकर 18 वर्ष की उम्र में ही उन्हें अपने पहले बड़े क्रान्तिकारी अभियान 'काकोरी ट्रेन लूट कांड' में सम्मिलित कर लिया। यह 9 अगस्त, 1925 की ऐतिहासिक घटना है जब बिस्मिल के नेतृत्व में दस नौजवानों ने अदम्य साहस से काकोरी और लखनऊ के बीच चलती रेल रोककर सरकारी खजाना हथिया लिया। उन दिनों ब्रिटिश सरकार को क्रान्तिकारियों की यह खुली चुनौती थी जिसमें वे कामयाब हुए। इसके बाद क्रान्तिकारियों की धर-पकड़ में दल के नेता रामप्रसाद बिस्मिल सहित अनेक लोग सरकार के हाथ में आ गये। नहीं पकड़े गये तो आज़ाद और कुन्दनलाल। इन लोगों ने ऐसी डुबकी लगाई कि पुलिस ढूँढ़ती ही रह गयी। क्रान्तिकारी के रूप में आज़ाद की यह कड़ी परीक्षा थी। आज़ाद अनोखे ढंग से फरार हो गये। उन्होंने साधु वेश धरा, मोटर ड्राइवरी की लेकिन वे गुप्त होकर चुप नहीं बैठ गये। काकोरी के मुकदमे के दौरान भी वे बेहद सक्रिय बने रहे। उन दिनों की यादों को ताजा करते हुए अशफ़ाक़उल्ला के भाई रियासतउल्ला खाँ ने बताया था—"मैं अशफ़ाक़उल्ला से फाँसीघर में मिला। अशफ़ाक़उल्ला ने मुझसे पूछा कि क्या मुकदमा लड़ने के लिए पैसों की जरूरत है। इस पर मैंने कहा कि तुम कैदी हो। तुम क्या कर सकते हो। पर अशफ़ाक़ ने कहा—मैं आपको पैसे भेजूँगा। मैं शाहजहाँपुर लौट गया। इसके एक हफ्ते बाद जब मैं खाना खा रहा था तो कोई मुझसे मिलने आया तो मैंने देखा कि एक नौजवान खड़ा है। मैंने पूछा कि क्या मामला है। नौजवान बोला—अशफ़ाक़ ने आपको कुछ पैसे भेजे हैं, यह कहकर उसने मुझे रुपयों का एक थैला दिया। मैंने पूछा कि आपका नाम

क्या है? इस पर वह बोला—मैं आपको सब कुछ बताऊँगा पर पहले मुझे एक माचिस दीजिये। मैंने सवेरे से बीड़ी नहीं पी है। मैंने वह थैला ले लिया और माता को सौंप दिया और उनसे पूछकर माचिस लेकर नौजवान से मिलने पहुँचा। पर वहाँ कोई नहीं था। उस थैले में 200 रुपये थे। एक हफ्ते बाद मैं अशफ़ाक़ के पास गया और मैंने सारी बात बताई। इस पर अशफ़ाक़ ने मुस्कराकर कहा—वे चन्द्रशेखर आज़ाद थे।''

और फिर काकोरी मामले में 19 दिसम्बर को उत्तर भारत के चार बड़े क्रान्तिकारियों को ब्रिटिश साम्राज्यवाद ने फाँसी के फन्दों में झुला दिया। बिस्मिल को गोरखपुर, अशफ़ाक़उल्ला फैजाबाद, रोशनसिंह इलाहाबाद में और राजेन्द्र लाहिड़ी को गोंडा की जेल में शहादत के रास्ते पर जाना पड़ा। सिर्फ अशफ़ाक़ की ही लाश उनके घरवालों को उनके खानदानी कब्रिस्तान में दफनाने के लिए दी गयी। रियासतउल्ला खाँ ने यह भी बताया कि जब वे अशफ़ाक़ की लाश शाहजहाँपुर ला रहे थे तो एक आदमी बालामऊ स्टेशन पर मुझसे मिला। वह व्यक्ति सूट पहने था। वह मालगाड़ी के अन्दर आ गया और बोला—मैं शहीद की एक झाँकी चाहता हूँ। मैंने अशफ़ाक़ का चेहरा खोल दिया। उन्होंने तीन बार अशफ़ाक़ को सलामी दी। वे लालटेन पकड़कर देख रहे थे। मैंने देखा कि उनकी आँखों में आँसू हैं। फिर उन्होंने कहा—अब ढँक दीजिये। मैंने उनका नाम पूछा तब उन्होंने कहा—मुझे लालटेन दीजिये। मैं अभी लौटकर आता हूँ। उसके बाद वे फिर नहीं लौटे। मैंने सोचा कि हो न हो, वह चन्द्रशेखर आज़ाद हों। मुझे दुख हुआ कि मैं उनसे बात नहीं कर सका। आज़ाद बहुत बहादुर आदमी थे। यह दुख की बात है कि वह भी बाद में शहीद हो गये। उनका नाम कयामत तक सोने के हरफों में लिखा रहेगा।

काकोरी की फाँसियों के बाद तो दल के गठन और उसके संचालन की सम्पूर्ण जिम्मेदारी ही आज़ाद के कन्धों पर आ पड़ी। वे सर्वसम्मति से पार्टी के 'कमांडर-इन-चीफ' नियुक्त कर लिये गये। 14 वर्ष के एक किशोर असहयोगी से यात्रा प्रारम्भ करके भारतीय क्रान्तिकारी दल के अजेय सेनापति बनने तक की आज़ाद की महागाथा अत्यन्त घटनाबहुल और रोमांचकारी है। उनके नेतृत्व में देश भर के शहर कानपुर, इलाहाबाद, झाँसी, लाहौर, आगरा, दिल्ली, सहारनपुर, ग्वालियर, शाहजहाँपुर उनकी क्रान्तिकारी गतिविधियों के प्रमुख केन्द्र बने। काकोरी के बाद आज़ाद के नेतृत्व में दिल्ली की गादोड़िया डकैती हुई, उन्हीं की अगुआई में लाहौर में लाला लाजपतराय पर साइमन कमीशन का विरोध करते हुए जानलेवा हमले का बदला लेने के लिए पुलिस अफसर सांडर्स पर गोलियाँ चलाई गयीं, दिल्ली की केन्द्रीय असेम्बली में भगतसिंह और बटुकेश्वर दत्त ने पर्चे और बम

भी उनके ही निर्देश और नेतृत्व में फेंके, लाहौर में भगतसिंह को जेल से छुड़ाने की योजना भी आज़ाद ने अपने दल के सदस्यों को लेकर बनाई जो किन्हीं कारणों से कामयाब नहीं हो पायी और उत्तर भारत से बाहर जाकर क्रान्तिकर्म के लिए जाते हुए भुसावल रेलवे स्टेशन पर पकड़े गये भगवानदास माहौर व सदाशिव मलकापुरकर ने उस पूरे अभियान ही नहीं बल्कि अदालत के भीतर मुखबिरों पर गोली चलाने की कार्यवाही भी आज़ाद के निर्देशन में ही सम्पन्न की थी। ऐसे में झाँसी से लेकर ग्वालियर और भुसावल तक पार्टी की सक्रिय गतिविधियों के जरिये उसका विस्तार करने में अकेले आज़ाद की भूमिका बहुत महत्त्वपूर्ण हो जाती है। आज़ाद अपनी पार्टी के बहुत चहेते सेनापति थे। साथियों को प्यार-सम्मान, उनकी भूमिकाओं का निर्धारण, किस ऐक्शन में किसे कब और कहाँ भेजा जाना है यह सब तय करने और निर्णय लेने की जिम्मेदारी आज़ाद की थी। खतरनाक अभियानों और संकट की घड़ी में कुशल और निर्णायक क्रान्तिकारी नेता होना उन्होंने अनेक बार साबित किया। वे हरदम अपने फैसले बहुत कड़ाई से लागू करते और अभियान पर चल पड़ते। जानने योग्य यह है कि दल का प्रत्येक सदस्य उनकी क्षमताओं पर बहुत भरोसा करता था। यहाँ तक कि उनके लिए अपना बलिदान देने में उसे गर्व की अनुभूति होती थी। साथ ही आज़ाद की सहृदयता ने पार्टी को बड़ी मजबूती प्रदान की। उनके नेतृत्व में क्रान्तिकारी दल की प्रगति और उसके विस्तार को जानना सचमुच हमें रोमांचित कर जाता है। यह देखना और भी हैरत भरा है कि उन्हीं के समय में पार्टी ने 'समाजवाद' को अपना लक्ष्य घोषित किया और विचार की सर्वोच्च ऊँचाई हासिल करते हुए वे भगतसिंह जैसे बौद्धिक क्रान्तिकारियों के कदम-से-कदम मिलाकर चलने में कभी हिचके नहीं। उनकी प्रगतिशीलता को जानने के लिए आज़ाद के जीवन के उन पहलुओं को नजरअन्दाज नहीं किया जाना चाहिए कि ब्राह्मण परिवार में जन्म लेने के बाद भी पूजा-पाठ और धर्म की बेड़ियों से उन्होंने पूरी तरह मुक्ति पा ली थी। क्रान्तिकर्म के लिए उन्होंने घर-परिवार को पूरी तरह छोड़ दिया था। अपने घरबार का अता-पता भी वे कभी किसी को बताते नहीं थे। एक बार दल के अपने साथी सदाशिवराव मलकापुरकर को लेकर वे जरूर भावरा गये और उन्हें अपनी माँ से भी मिलवाया, लेकिन यह भी निर्देश दिया कि यह बात कभी किसी को बताएँगे नहीं। आज़ाद अपने कर्म और चिन्तन से सम्पूर्ण क्रान्तिकारी थे। उन्होंने दल में केन्द्रीय समिति के फैसलों के ऊपर अपने निर्णय कभी नहीं लादे। वे साम्राज्यवाद के कट्टर शत्रु थे और पूँजीवादी समाज व्यवस्था को समाप्त कर समाजवाद की स्थापना उनके जीवन का उद्देश्य था। मन्मथनाथ गुप्त ने उनका मूल्यांकन करते हुए एक बार कहा भी था कि भगतसिंह अनेक पुस्तकों के अध्ययन-

मनन के बाद क्रान्ति के जिस सोपान पर पहुँचे, आज़ाद अपने जीवन और तजुर्बों से वहाँ पहुँच गये थे। लेकिन आज़ाद पर कुछ दर्ज करते हुए नेहरू जैसा बुद्धिजीवी आखिर चूक ही गया। नेहरू ने उन्हें फासिस्ट मनोवृत्ति का बताया जबकि वे फासिज़्म को व्याख्यायित नहीं कर पाये। अपनी आत्मकथा में नेहरू ने लिखा है कि वह (आज़ाद) यह मानने को तैयार नहीं था कि शान्तिपूर्ण साधनों से ही हिन्दुस्तान को आजादी मिल जाएगी। आज़ाद ने यह भी तर्क किया कि आगे कभी सशस्त्र लड़ाई का मौका आ सकता है पर वह आतंकवाद न होगा। क्या ऐसा कहनेवाला फासिस्ट हो सकता है। नेहरू से आज़ाद के यह तर्क उन्हें बौद्धिक क्रान्तिकारी की श्रेणी में ला खड़ा करते हैं। गाँधी और गाँधीवादी निरन्तर क्रान्तिकारियों की आलोचना करते हुए उन्हें 'हिंसक', 'हत्यारे' और 'फासिस्ट' कहते रहे, पर आश्चर्य होता है कि गाँधी ने क्रान्तिकारियों की जो आलोचना की उसे भारतीय जनता सिरे से खारिज करती रही। उसने गाँधी को सम्मान दिया तो आज़ाद को प्यार करने में भी कोई कोताही नहीं की। हैरत नहीं कि भगतसिंह और आज़ाद पर हमारे देश की कम पढ़ी-लिखी या अपढ़ ज़नता ने सर्वाधिक लोक गीत रचे और गाये। अपने जीते आज़ाद किंवदन्ती बन गये थे। उनका जीवन बहुत सादा था और जरूरतें बहुत कम। उनका रहन-सहन एक सामान्य व्यक्ति के समान था। जनसाधारण के बीच उनकी गजब की लोकप्रियता थी। वे सही अर्थों में लोकनायक थे। देश के लोगों में उनके प्रति अद्‌भुत प्यार और सम्मान था। याद आता है 'दिल्ली षड्‌यन्त्र केस' के क्रान्तिकारी काशीराम का एक प्रसंग। काशीराम जब दिल्ली में थे तब एक बार पुलिस उनके पीछे पड़ गयी। आगे-आगे काशीराम पीछे पुलिस के सिपाही। काशीराम दौड़ते-दौड़ते थक गये। आखिर एक गली में मुड़कर उन्होंने एक अनजाने घर का दरवाजा खटखटा दिया। एक महिला बाहर आई। काशीराम को कुछ न सूझा। एकाएक बोल पड़े—'मैं चन्द्रशेखर आज़ाद का साथी हूँ। पुलिस मेरे पीछे पड़ी है।' इतना कहना था कि उस महिला ने उन्हें घर के भीतर छिपा लिया। पुलिस थोड़ी देर में उस दरवाजे पर आयी लेकिन 'यहाँ कोई नहीं आया' कहकर उस महिला ने काशीराम को पुलिस के हाथों पड़ने से बचा लिया। यह जनता के मध्य आज़ाद के जनप्रिय होने का प्रमाण था। साधारण जनता के बीच उनके नायकत्व का साक्ष्य हमें तब भी मिलता रहा जब आजादी प्राप्त होने के बाद के अनेक वर्षों तक गाँव-देहात के मेलों-बाजारों में पान की दुकानों पर लगी चन्द्रशेखर आज़ाद और भगतसिंह की तस्वीरें हम देखते थे। ट्रकों के दोनों ओर के दरवाजों पर भी इन शहीदों की फोटुएँ लगाई जाती थीं। 1981 में जब आज़ाद और भगतसिंह की बलिदान अर्द्धशताब्दी आई तब हमने तत्कालीन प्रधानमन्त्री इन्दिरा गाँधी और केन्द्रीय संचार मन्त्री सीएम स्टीफन से

यह माँग की थी कि इन अमर शहीदों की स्मृति में भारत सरकार डाक टिकट जारी करे। हमारे अनुरोध को स्वीकार न किये जाने का दुख तब हमें और भी सालता रहा जब गुलाम भारत के अन्तिम वायसराय और हमारे आज़ाद मुल्क के पहले गवर्नर जरनल लार्ड माउंटबेटन ही नहीं, संजय गाँधी पर भी डाक निकाले गये। मुझे याद आता है कि उन दिनों उपराष्ट्रपति एम. हिदायतुल्ला ने अपने एक बयान में माउंटबेटन की प्रशंसा करते हुए कहा कि यदि वे प्रयास न करते तो देश को आजादी इतनी जल्दी नहीं मिल पाती। अपने साम्राज्यवादी आकाओं के प्रति हमारे सत्ताधारियों की कृतज्ञता (गुलाम मानसिकता) का यह नमूना भर है। हमें जानना चाहिए 15 अगस्त, 1947 की तारीख की सही असलियत तो तब ही हमारे सामने प्रकट हो गयी जब आज़ाद भारत की हुकूमत में 1948 में ही 'हंस' में छपे कवि शंकर शैलेन्द्र के गीत 'भगतसिंह से' को लोकप्रिय सरकार के विरुद्ध जनता में घृणा फैलाने का जिम्मेदार मानते हुए जब्त कर लिया था। उन दिनों इस पत्रिका के सम्पादक अमृतराय और नरोत्तम नागर थे। यह विचारोत्तेजक गीत आजादी के नाम पर 1947 के समझौते का पर्दाफाश करने के साथ ही यह देखने-जानने की आँखें भी हमें प्रदान करता है कि वह मात्र सत्ता का हस्तान्तरण था, पूर्ण स्वतन्त्रता नहीं और हम ब्रिटिश कामनवेल्थ के अंग बने रह कर वैसा प्रमाणित भी करते रहे।

आज़ाद ने अपने जीवन में कुछ दस्तावेजी लिखा या बोला नहीं। आज़ाद के कानपुर के साथी सुरेन्द्रनाथ पांडेय बताया करते थे कि आज़ाद अपने अन्तिम दिनों में विस्तृत जनआन्दोलन की आवश्यकता अनुभव करने लगे थे और वे गुप्त आतंककारी घटनाओं और कार्यों के अब और अधिक किये जाने की असामयिकता और अनुपयोगिता को हृदयंगम कर चुके थे। अपनी शहादत के पूर्व के समय में उन्होंने दल को विघटित करने का उपक्रम भी किया था। पर ऐसा वे दल के प्रति विश्वासघात करनेवालों की गतिविधियों के चलते ही करने को विवश हुए थे। आज़ाद बहुत सहृदय और भावुक भी थे। बात दिल्ली असेम्बली में बम फेंकने के बाद की है। सब लोग झाँसी केन्द्र पर थे। आजाद, कुन्दनलाल, सदाशिवराव, माहौर, वैशम्पायन और राजगुरु वहाँ थे। शिव वर्मा भी पहुँच गये। सब इकट्ठे होकर उनसे यह जानने को उत्सुक थे कि दिल्ली के बम कांड के बाद क्या। आज़ाद को घेर लिया गया। गिरफ़्तारी दे चुके भगतसिंह और दत्त के बारे में अधिक-से-अधिक सुनने के लिए। अपने इन दोनों क्रान्तिकारी साथियों के चित्र देखकर सभी की आँखों में आँसू झलक आए। पर आज़ाद किसी तरह अपने को सम्भाले रहे। उसी समय सामने रखे अखबार पर किसी साथी का पाँव पड़ गया जिसमें भगतसिंह और दत्त के फोटो छपे थे। आज़ाद ने यह देखा तो नाराज हो

उठे। फिर तो उनकी भी आँखें भर आईं। किसी तरह बोले—'अब यह लोग देश की सम्पत्ति हैं, शहीद हैं। देश इनको पूजेगा। अब इनका दर्जा हम लोगों से बहुत ऊँचा है। इनके चित्रों पर पैर रखना देश की आत्मा को रौंदने के बराबर है।' यह कहते-कहते उनका स्वर भर्रा गया। अब दोनों साथियों को छुड़ाने की बात होने लगी। शिव वर्मा बोले—'मैं और जयदेव इस काम को कर लेंगे।' आज़ाद ने फौरन मना कर दिया। बहुत भीतर से वे कठिनाई से कह सके—'अब मैं अलग-अलग साथियों को ऐक्शन में नहीं झोंकूँगा। दल के सेनापति के नाते क्या मेरा यही काम है कि लगातार नये-नये साथी जमा करूँ, उनसे अपनापन बढ़ाऊँ और फिर योजना बनाकर अपने ही हाथों उन्हें मौत के हवाले कर दूँ और मैं आराम से बैठकर आग में झोंकने के लिए नये सिरे से नया ईंधन बटोरना शुरू कर दूँ।' इसके बाद थोड़ा रुककर कहा—'अब अगर चलना ही होगा तो सब लोग एक साथ चलेंगे...।'

बम्बई के लेमिंग्टन रोड पर जब दुर्गा भाभी, पृथ्वीसिंह आज़ाद और सुखदेव राज ने उनसे अनुमति लिए बगैर जल्दबाजी में गर्वनर पर गोलियाँ चला दीं। तब पहले वे बहुत नाराज हुए। अपनी पार्टी के सदस्यों को बिना किसी तैयारी के बड़े खतरे में डालने के लिए वे कभी कतई सहमत नहीं होते थे। भगतसिंह को जेल से छुड़ाने की योजना के दिनों में अपने दल के महत्त्वपूर्ण साथी भगवतीचरण को बम परीक्षण में खोकर उन्हें बहुत सदमा पहुँचा था। वे अपने साथियों को बहुत प्यार करते थे और उनके लिए कुछ भी करने को तैयार होते थे। कभी किसी एक्शन में ऐसा नहीं हुआ कि उन्होंने लड़ने के लिए दूसरे को आगे भेज दिया हो और स्वयं पीछे रहकर नेतृत्व का डंका बजाया हो। उनमें बड़े-से-बड़ा खतरा उठाने का अद्‌भुत साहस था। बलशाली थे ही। कठिन परिस्थितियों में वे अपने मस्तिष्क में तुरन्त योजनाओं को गढ़ लेते और उनमें कामयाब भी होते थे। उन पर विभिन्न षड्‌यन्त्रों में सक्रिय रूप से सम्मिलित होने के आरोप थे। ऐसे में वे पकड़े जाते तो फाँसी की सजा तजवीज होती। लेकिन फन्दे में झुलाने से पहले उन्हें यातनाएँ भी दी जातीं, यह आज़ाद बखूबी जानते थे। कभी इस तरह की बात चल पड़ती तो वे स्वाभाविक निडरता से बोल उठते—'इन हाथों में पुलिस की हथकड़ियाँ कभी नहीं पड़ेंगी।' और वे अपनी बलिष्ठ कलाइयों पर नजर डालने लगते। पुलिस को धोखा देने और उससे निपटने में उनका दिमाग बहुत तेज था। एक बार वे छद्म वेश में झाँसी में एस पी के ड्राइवर का काम भी करते रहे। वहाँ से जब वे एकाएक गायब हुए तभी पुलिस को उनके आज़ाद होने की सूचना मिली जिनकी गिरफ्तारी के लिए बहुत पहले वारंट निकाला जा चुका था। जिन परिवारों में वे आश्रय पाते थे उनमें रामचन्द्र मुसद्दी की पत्नी श्रीदेवी मुसद्‌दी

के वे स्नेहपात्र थे तो तारा अग्रवाल के भाई और मास्टर रूद्रनारायण की पत्नी के चहेते देवर तथा माहौर की माता के प्यारे बिटवा बनकर उन घरों में वे इस तरह घुलमिल जाते थे कि किसी को उनके बाहरी होने का अनुमान ही नहीं होता था।

आज़ाद कम पढ़े-लिखे थे, यह उनकी हस्तलिपि से भी विदित होता था। हिन्दी पुस्तकें वे स्वयं पढ़ लेते थे तो अँग्रेजी की किसी जरूरी पुस्तक को किसी से पढ़वाकर सुन लेते थे। दल के सदस्यों के साथ वैचारिक बहसों में उनकी समान हिस्सेदारी हुआ करती थी। उनके पत्र का एक ही नमूना हमें प्राप्त होता है जिसकी प्रतिलिपि झाँसी के राजकीय संग्रहालय में सुरक्षित है। इस पत्र की इबारत देखिए—'श्रीमान मन्त्री साहब, नगर काँग्रेस कमेटी बनारस। आपके वहाँ से जो धोती व दो लँगोट दिए गये थे, वो कपड़े जिला जेल बनारस में मुंशी हरनारायण लाल जिला बस्ती तहसील बाँसी को दे दिया गया। तारीख 9.9.22 —आज़ाद।' समझा जाता है कि पत्र में कपड़ा का अर्थ पिस्तौल-गोली से है।

आज़ाद की पिस्तौल जो अन्तिम दिन 27 फरवरी, 1931 को उनके पास थी, हमें मुश्किल से प्राप्त हुई। वह उनकी सबसे बड़ी स्मृति है। पर उनके तलाश करने में हमें काफी वक्त लग गया। तब उत्तर प्रदेश सरकार के मुख्यमन्त्री थे चन्द्रभानु गुप्त। आज़ाद के साथियों ने उनसे अनुरोध किया कि उसका पता लगाया जाए। बहुत खोजबीन के बाद जानकारी मिली जो इलाहाबाद के सरकारी मालखाने के रजिस्टर में दर्ज थी—'कोल्ट पिस्तौल पीटीएफए मैन्युफैक्चर्स कं. हार्टफोर्ड सिटी (अमरीका), पेटेंडेट अप्रैल 20, 1897, दिसम्बर 22, 1903, कोल्ट ओटोमैटिक कैलिवर, 32, रिमलैस एंड स्मोकलैस।' इसके साथ ही यह नोट भी लिखा हुआ था कि वह पिस्तौल नॉट बाबर एसएसपी को, जिनकी पहली गोली से आज़ाद घायल हुए थे, इंग्लैंड जाते समय भेंट कर दी जिसे वह अपने साथ इंग्लैंड ले गये। नॉट बाबर उत्तर प्रदेश सरकार से पेंशन पाते थे, अतः उन्हें तुरन्त यह पिस्तौल वापस करने के लिए लिखा गया। कोई उत्तर न मिलने पर तब केन्द्र सरकार से मदद माँगी गयी। याद पड़ता है कि इंग्लैंड स्थित भारतीय उच्चायुक्त अप्पा साहब ने इसमें बड़ी मदद की। वह नॉट बाबर से मिले और उनके समझाने-बुझाने पर पिस्तौल को उस पूर्व ब्रिटिश पुलिस अधिकारी ने इस शर्त पर लौटाने की बात कही कि भारत सरकार उन्हें एक अनुरोध पत्र लिखने के साथ ही इलाहाबाद के अल्फ्रेड पार्क में लगी आज़ाद की प्रतिमा की एक फोटोग्राफ उन्हें भेजे। इस तरह आज़ाद का वह पिस्तौल देश वापस आया और उसे लखनऊ के संग्रहालय में संरक्षित किया गया है। आज़ाद के पास एक माउजर पिस्तौल भी था पर उस अन्तिम रोज उनकी जेब में कोल्ट ही था। सांडर्स वध में आज़ाद

ने माउजर का इस्तेमाल किया था।

आज़ाद के एक चित्र को लेकर मुझे अनेक प्रगतिशील मित्रों ने कई बार कुरेदा जिसमें उनके नंगे बदन पर जनेऊ दिखाई पड़ रहा है और उनका एक हाथ मूँछ पर है। इस पर टिप्पणी करने वाले यह बताना चाह रहे थे कि आज़ाद पोंगापन्थी ब्राह्मण थे, जनेऊ पहननेवाले जिनका प्रगतिशीलता से कोई वास्ता नहीं था। ऐसे लोगों को मैं बताना चाहता हूँ कि उस तस्वीर की ऐतिहासिकता को जानें। शुरूआती दिनों में जब उनके शरीर पर जनेऊ था और वे उन दिनों पहलवानी-कसरत किया करते थे। ऐसे में किसी क्षण अचानक चुपके से कैमरा लेकर उनके मित्र मास्टर रूद्रनारायण सामने फोटो खींचने आ खड़े हुए। आज़ाद ने उन्हें रोकना चाहा लेकिन मास्टर साहब जब नहीं माने तो आज़ाद अखाड़े में ही खड़े-खड़े बोले—'अच्छा, जरा मूँछ ठीक कर लेने दो।' और उनका हाथ मूँछों पर चला गया कि तस्वीर खिंच गयी। आज़ाद ने अपने जीवन में उत्तरोत्तर प्रगति की, क्रान्तिकर्म और विचारों को भी। उन्होंने कभी पीछे मुड़कर नहीं देखा। अपने क्रान्तिकारी कृतित्व से उन्होंने अपने समय में इतिहास के पहिये को जिस तेजी से घुमाया उसका उदाहरण देखने में नहीं आता। लेनिन कहा करते थे कि प्रत्येक क्रान्तिकारी की जिन्दगी दो-ढाई साल से अधिक नहीं होती। इस अवधि में उसे लगकर काम करना चाहिए अन्यथा किसी रोज पुलिस के हाथों मार दिया जाएगा और बिना कुछ किये धरे जेल जाने पर डिमारलाइज हो जाएगा। आज़ाद ने पार्टी का नेतृत्व करते हुए साढ़े छह साल का सक्रिय क्रान्तिकारी जीवन जिया जो दुनिया में रिकार्ड है। 1923-24 से लेकर उनके नेतृत्व सम्भालने और फिर उनकी शहादत के समय तक क्रान्तिकारी दल ने उनकी अगुआई में लगातार ऊँचाइयों को छुआ। 'हिन्दुस्तान प्रजातन्त्र संघ' से लेकर 'हिन्दुस्तान समाजवादी प्रजातन्त्र संघ' में उसके रूपान्तरण तक का इतिहास सचमुच हमारी थाती है। हंसराज रहबर कहा भी करते थे कि आज़ाद और भगतसिंह की शहादत के बाद 'हिसप्रस' के विघटन से जो स्थान रिक्त हुआ उसकी कभी भरपाई नहीं हो पायी। यद्यपि यह कार्यभार देश के प्रगतिशील कम्युनिस्ट दलों का था जिसे उन्होंने पूरा नहीं किया। रहबर इस भूल को उन दलों का ऐतिहासिक गुनाह मानते थे।

आज़ाद के जीवन का आईना सही अर्थों में उनका क्रान्तिकारी कृतित्व है जिसे देख पाने के लिए खास आँखें चाहिए। निरे किताबी बुद्धिजीवी के लिए उनका मूल्यांकन करना आसान भी नहीं है। आज़ाद की जगह जनता के मध्य थी। उनके जीवन और क्रान्तिकर्म पर कविताएँ, महाकाव्य रचे गये, ढेरों, संस्मृतियाँ लिपिबद्ध की गयीं जिनमें आज़ाद का संघर्ष ध्वनित होता/बोलता है। उनकी जिन्दगी के चित्रों को सामने लाने के लिए भगवानदास माहौर, शिव वर्मा, रामकृष्ण खत्री,

काशीराम, दुर्गा भाभी, सदाशिवराव मलकापुरकर, शचीन्द्रनाथ बख्शी, राजाराम शास्त्री, रमेशचन्द्र गुप्त, विश्वनाथ वैशम्पायन, मन्मथनाथ गुप्त, भवानीसिंह रावत, सुखदेव राज, सुरेन्द्र शर्मा, तारा अग्रवाल, राजेन्द्रपाल सिंह वारियर, श्रीदेवी मुसद्दी आदि उनके संगी-साथियों ने गम्भीर और आत्मीय प्रयास किए। लिखा यशपाल ने भी उस दौर पर लेकिन आज़ाद पर लिखते समय उनकी कलम की स्याही में थोड़ी कमी रह गयी थी। आज़ाद का उनका मूल्यांकन नितान्त पक्षपातपूर्ण था। कौन जाने कि 'दादा कामरेड' और 'पार्टी कामरेड' में उन्होंने आज़ाद को ओछा और नीचा साबित करने की असफल कोशिशें कीं और 'सिंहावलोकन' को सेल्फ डिफेन्स में लिखा। उन्होंने घटनाओं को बहुत तोड़ा-मरोड़ा और मनमर्जी से गढ़ा भी। ऐसा करते हुए यशपाल बहुत उलझते चले गये और अन्ततः अनेक बार उन्हें निरुत्तर होना पड़ा। शिव वर्मा कहा भी करते थे—'आज़ाद के बारे में अधिकांश लोगों ने या तो कल्पना के सहारे लिखा है या फिर दूसरों की सुनी-सुनाई बातों को एक जगह बटोरकर रख दिया है। कुछ लोगों ने उन्हें जासूसी उपन्यास का नायक बनाकर उनके चारों ओर तिलिस्म खड़ा करने की कोशिश की है। दूसरी ओर कुछ ऐसे लोग भी हैं जिन्होंने अपने को ऊँचा दिखाने के ख्याल से उन्हें निरा जाहिल साबित करने का प्रयत्न किया है। फलस्वरूप उनके बारे में अजीब-अजीब धारणाएँ बन गयी हैं—उनमें मानव सुलभ कोमल भावनाओं का अभाव था, वे केवल अनुशासन का डंडा चलाना जानते थे, वे क्रोधी एवं हठी थे, किसी को गोली से उड़ा देना उनके बाएँ हाथ का खेल था, उनके निकट न दूसरों के प्राणों का मूल्य था न अपने प्राणों का कोई मोह, उनमें राजनीतिक सूझबूझ नहीं के बराबर थी, उनका रुझान फासिस्टी था, पढ़ने-लिखने से उनकी पैदाइशी दुश्मनी थी आदि। कहना न होगा कि आज़ाद इनमें से कुछ भी न थे। और जाने-अनजाने उनके प्रति इस प्रकार की धारणाओं को प्रोत्साहन देकर लोगों ने उनके व्यक्तित्व के प्रति अन्याय ही किया है।'

आज़ाद की जिन्दगी की टुकड़े-टुकड़े दास्ताँ जब हम मनोहरलाल त्रिवेदी, महाराज खलकसिंह जू देव, पं. शिवविनायक मिश्र, बाबा पृथ्वीसिंह आज़ाद, मुंशीराम शर्मा 'सोम', रियासतउल्ला खाँ, भवानी सहाय, प्रो. नन्दकिशोर निगम, वटुकनाथ अग्रवाल, पं. पद्मकान्त मालवीय, जितेन्द्रनाथ सान्याल, इन्द्रपाल, मास्टर छैलबिहारी लाल, मनमोहन गुप्त की यादों में भी तलाश करते-देखते हैं तो हमें आज़ाद का दूसरा ही रूप दिखाई पड़ता है। उनके व्यक्तित्व का यह बड़प्पन था कि वे एक ऐसे सेनानायक के रूप में हमारे मुक्तियुद्ध के इतिहास के पृष्ठों में दर्ज हैं जिनकी छवि अपने सिपाहियों के दिल के भीतर बहुत आत्मीय ढंग की दिखाई पड़ती है। क्रान्तिकर्म में ऐसा भावनात्मक लगाव 'आज़ाद हिन्द फौज'

के नेताजी सुभाषचन्द्र बोस के प्रति ही उनके सैनिकों में दृष्टिगोचर होता है। आज़ाद अपने दल के सदस्यों के सेनापति ही नहीं थे, वे उनके परिवार के अग्रज भी थे जिन्हें हर साथी की छोटी-से-छोटी आवश्यकता का ध्यान रहता। मोहन (बटुकेश्वर दत्त) की दवाई नहीं आई, हरीश (जयदेव कपूर) को कमीज की आवश्यकता है, रघुनाथ (राजगुरु) के पास जूता नहीं है, बच्चू (विजयकुमार सिन्हा) का स्वास्थ्य ठीक नहीं है, आदि उनकी रोज की चिन्ताएँ थीं। यह रेखांकित किया जाना चाहिए कि दिल्ली में जब यह फैसला हो गया कि भगतसिंह और बटुकेश्वर दत्त ही असेम्बली में बम फेंकने जाएँगे तो शिव वर्मा और जयदेव कपूर को छोड़कर बाकी सब साथियों को आदेश दिया गया कि वे दिल्ली से बाहर चले जाएँ। आज़ाद को झाँसी जाना था। जब वे चलने लगे तो शिव दा उन्हें स्टेशन तक छोड़ने आए। रास्ते में आज़ाद उनसे बोले—'प्रभात (पार्टी का नाम), अब कुछ ही दिनों में यह दोनों (भगतसिंह और दत्त) देश की सम्पत्ति हो जाएँगे। तब हमारे पास इनकी यादें भर रह जाएँगी। तब तक के लिए मेहमान समझकर इनकी आराम-तकलीफ का ध्यान रखना।' उस दिन रास्ते भर वे भगतसिंह और दत्त की ही बातें करते रहे। वे भगतसिंह को इस काम के लिए भेजने के पक्ष में नहीं थे, पर सुखदेव और स्वयं भगतसिंह की ज़िद के सामने उन्हें यह कठिन फैसला मानना पड़ा। आज़ाद अन्दर से भगतसिंह को खोने के विचार से दुखी थे।

याद आता है भगतसिंह की जन्मशती जहाँ बड़े पैमाने पर सामाजिक-सांस्कृतिक-राजनीतिक संगठनों ने मनाकर उनके योगदान को रेखांकित किया वहाँ सरकार, खासकर पंजाब में सत्ता प्रतिष्ठान ने भी उन आयोजनों में भरपूर मदद की। इस अवसर पर भगतसिंह को न केवल बिकाऊ माल में तब्दील किया गया, उनकी स्मृति को सत्ता प्रतिष्ठान का मोहताज बना दिया गया, वहीं दूसरा षड्यन्त्र उनके साथ बहुत बेशर्म तरीके से उनके सिर पर पगड़ी पहनाने का भी हुआ। अर्थ यह कि भगतसिंह जैसे क्रान्तिकारी चिन्तक को स्मरण करनेवालों ने उन्हें जाति और धर्म के खाने में ला पटका। बिना यह जाने-समझे कि वे पूरी तरह धर्मनिरपेक्ष थे और मार्क्सवादी रास्ते से नये समाज का निर्माण करना चाहते थे तथा उन्होंने अपना अन्तिम आलेख 'मैं नास्तिक क्यों हूँ' लिखकर अपने चिन्तन को निर्भीकता से लोगों के सामने रखने का प्रयास किया। यही नहीं, संसद में भी भगतसिंह की पगड़ीधारी स्टेच्यु लगा दी गयी। पर चन्द्रशेखर आज़ाद को उनके जन्मशती वर्ष में याद करने में सरकारों और लोगों ने कोताही बरती। क्रान्तिकारी गतिविधियों के दिनों में जो शहर, खासकर कानपुर, आगरा, दिल्ली, ग्वालियर, झाँसी, सहारनपुर और इलाहाबाद उनकी सक्रियता के प्रमुख केन्द्र रहे,

वहाँ भी उनकी स्मृति के नाम पर गजब का सन्नाटा पसरा रहा। उनके पैतृक घर बदरका (उन्नाव) में प्रतिवर्ष एक मेला सरकारी तामझाम से लगता है पर उसमें आज़ाद और उनकी विचारधारा कहीं नहीं होती। शर्मनाक यह रहा कि आज़ाद का शताब्दी वर्ष बीतते-बीतते उनके जन्मस्थान भावरा में उनकी कुटिया जिला प्रशासन की ओर से ढहा दी गयी। गाँव के लोग चीखते-चिल्लाते रहे पर अन्ततः आज़ाद का वह स्मारक हमारी आँखों के सामने ही विकास के नाम जमीन्दोज कर दिया गया और हम कुछ नहीं कर पाये। हम सातार तट पर आज़ाद के उस कुटिया के भीतर खड़े हैं जिसमें काकोरी की फरारी के बाद आज़ाद साधु वेश में काफी समय तक छिपकर रहे। यहाँ से एक सुरंग सातार के किनारे तक जाती है। निकट ही आज़ाद की एक आदमकद प्रतिमा लगी है। सातार सूख गयी है। उसमें पानी नहीं रहा। आज़ाद इसके जल में नित्य नहाते होंगे। नदी की तलहटी को इन दिनों खोदकर गहरा किया जा रहा है जिससे बरसात में बहाव बन सके। आज़ाद की स्मृति भी सातार की भाँति विलुप्त न हो जाए कहीं, मैं इसी चिन्ता में उस कुटिया की जर्जर दीवारें अपनी उँगलियों से स्पर्श कर रहा हूँ। इसके बाद मुझे वह रुदन भी सुनाई पड़ने लगता है जब स्वतन्त्रता के बाद आज़ाद की माँ जगरानी देवी को पं. बनारसीदास चतुर्वेदी और आज़ाद के अभिन्न मित्र भगवानदास माहौर और सदाशिवराव मलकापुरकर यहाँ लेकर आए थे। अपने शहीद पुत्र की याद में जगरानी देवी दहाड़ मार कर रोयी थीं बिलख-बिलख कर। सदाशिव ही थे जो किसी तरह उन्हें सम्भालते-बटोरते रहे। जिन दिनों भावरा में आज़ाद की माँ भूखों मर रही थीं तब बनारसीदास चतुर्वेदी को उनका ध्यान आया। उन्होंने वृद्धा की खोज-खबर ली और झाँसी में भगवानदास माहौर के घर लाकर उन्हें रखा गया। सेवा में जुटे सदाशिव जी। एक रोज माँ कहने भी लगीं—'चन्दू (चन्द्रशेखर) अगर जिन्दा होता तो क्या वह सदू (सदाशिव) से ज्यादा सेवा करता।' पर हम उस माँ को एक बार भी राष्ट्रीय शहीद की माँ होने का गौरवबोध नहीं करा पाये। यह हमारी असफलता थी। वे नहीं जानती थीं कि उनका बेटा क्यों शहीद हो गया और कि वह आजादी के लिए संग्राम करनेवाली बड़ी क्रान्तिकारी पार्टी का सर्वोच्च सेनापति था। वे तो कहती थीं—'उसकी किसी से क्या दुश्मनी थी जो वह मार दिया गया।' यह लिखते-कहते हुए मेरी कलम काँप जाती है कि अपने अन्तिम दिनों में आज़ाद की माँ जगरानी देवी को अपने पेट का गड्ढा किसी तरह कोदों जैसे निम्न कोटि के अनाज को खाकर भरना पड़ा था। आज़ाद जैसे शहीद की स्मृति और उनकी मुर्दा निशानियों को कौन जिन्दा रखे जब उनके सबसे बड़े जिन्दा स्मारक (उनकी माँ) की सुरक्षा और देखभाल करने से हम चूक जाते रहे। इसे हमारे राष्ट्रीय अपराधों में गिना जाना चाहिए।

देख रहा हूँ कि आज़ाद की माँ की समाधि झाँसी में बना दी गयी है पर उस पर फूल चढ़ाने का साहस नहीं होता मेरा। हमारे मन में लज्जा है और हम सचमुच कितने कृतघ्न हैं।

आज़ाद की एक और स्मृति इन दिनों मिटने के कगार पर है। दिल्ली के गाडोदिया एक्शन के बाद आज़ाद अपने साथियों—विश्वम्भर दयाल, रामचन्द्र, हजारीलाल, मास्टर छैलबिहारी और भवानीसिंह को लेकर गढ़वाल के नाथोपुर गाँव चले गये। यह उनके साथी भवानीसिंह का गाँव था। तब भवानीसिंह के पिता जीवित थे जो फौज में रह चुके थे। भवानीसिंह उन दिनों दिल्ली में शिक्षा प्राप्त कर रहे थे। ऐसे में उन्होंने अपने पिता को बताया कि वे सब उनके कालेज के सहपाठी हैं और आज़ाद रेंज आफीसर। पिस्तौल और रायफल, गोलियाँ साथ में ले ली थीं। भवानीसिंह के घर पर भी रायफल थी। दिल्ली से कोटद्वार तक रेल और फिर 10 मील मोटर से चलकर दुगड्डा पहुँचे और वहाँ से गढ़वाल के नाथोपुर गाँव। आज़ाद 10 दिन तक घने जंगलों में अपने साथियों को निशाने की ट्रेनिंग देते रहे। जब लौटने लगे तब उन्होंने रास्ते में एक वृक्ष पर निशाना साधते हुए गोली दागी। वह गोली आज भी उस पेड़ के अन्दर मौजूद है। आजादी के बाद भवानीसिंह ने वहाँ एक चबूतरा बनाकर आज़ाद का स्मारक निर्मित कर दिया। फिर उन्होंने शासन को अनेक बार उसे विकसित किये जाने के लिए पत्र लिखे, लेकिन कोई उत्तर नहीं। आज़ाद की यादों को अपने भीतर समेटे हुए वह वृक्ष भी अब ढहने-गिरने की कगार पर है। पर किसे फुर्सत है शहीदों की यादगारों से सँवारने-बचाने-बनाने की। अचानक साथी प्रियंवद मुझे बताते हैं कि कानपुर के 100 वर्ष पुराने तिलक हाल वाले पुस्तकालय, जहाँ, काँग्रेस कमेटी का दफ्तर है, उसे बहुत अरसे बाद खोला गया है। अब उसका जीर्णोद्धार हो रहा है। उसमें चन्द्रशेखर आज़ाद की एक टोपी सुरक्षित है। शीशे के बाक्स में रखी सफेद काँग्रेसी टोपी की तरह जिस पर नीली धारियाँ हैं। सुनकर मैं भावुक हो जाता हूँ। आज़ाद की उस दुर्लभ स्मृति को स्पर्श करने का भाव मन में आता है। मन-ही-मन आज़ाद के चित्र को प्रणाम करता हूँ। मैं प्रियंवद से कहता हूँ कि 'हिन्दुस्तान समाजवादी प्रजातन्त्र संघ' के उस अजेय सेनापति की निशानियाँ कब हमारी राष्ट्रीय धरोहर बनेंगी, हमें उस दिन की प्रतीक्षा है। अपने मुक्तियुद्ध के इतिहास और उन शहीदों के प्रति हमारे भीतर सम्मान जगे तभी तो नयी पीढ़ी को संघर्ष की वह विरासत हम साहस के साथ सौंप सकेंगे जो नये शोषणमुक्त समाज के निर्माण के लिए रोशनी का काम करेगी। आज देश में दलीय राजनीति का दलदल बजबजा रहा है। जाति और धर्म के टंटे। सब ओर शोषण और घोटाले-दर-घोटाले। पूँजी का अनाप-शनाप विस्तार और उनका नंगा नाच। दूसरी ओर आबादी के एक बड़े हिस्से

को अपनी गुजर-बसर के लिए 20 रुपये प्रतिदिन में काम चलाना पड़ता है। हमारा कोई-कोई भूखंड भूख से बिलख रहा है तो कहीं किसान आत्महत्याएँ कर रहे हैं। ऐसे में हमें आज़ाद की स्वतन्त्रता का वह सपना याद आता है जिसे वे अकसर गुनगुनाया करते थे—'जेहि दिन हुई है सुरजवा/अरहर के दलिया चावल के भतुवा/खूब कचरि के खैबो ना।' जिस दिन देश स्वतन्त्र हो जाएगा उस रोज अरहर की दाल और भात खूब पेट भर कर खाएँगे। भूखे पेट के लिए इससे ज्यादा आजादी का अर्थ भी क्या हो सकता है।

स्वतन्त्रता-प्राप्ति के इतने लम्बे समय बाद जब मैं चन्द्रशेखर आज़ाद के किसी भी उपेक्षित और बदहाल स्मारक का ध्यान करता हूँ, तब मैं बार-बार सोचता हूँ कि आज़ाद की स्मृतियाँ आखिर किसके लिए। ऐसे में मुझे उनके साथी भगवानदास माहौर का कथन शिद्दत से याद आता है—'अमर शहीद क्रान्तिकारी सेनानी चन्द्रशेखर आज़ाद का स्मारक अशिक्षित, कुसंस्कारग्रस्त, गरीबी में पड़ी हुई जनता का क्रान्ति के मार्ग पर उत्तरोत्तर बढ़ते जाने का स्मारक है, अदम्य साहस, व्यवहारिक सूझ-बूझ और साथियों के लिए हार्दिक स्नेह, त्याग और बलिदान के लिए सतत तत्परता के द्वारा प्राप्त नेतृत्व का स्मारक है, और साम्राज्यवाद के विरुद्ध आमरण दृढ़ निश्चयी युद्ध और समाजवाद की स्थापना के लिए निर्भयता से बढ़ते जाने का स्मारक।'

आज़ाद की यादों की सार्थकता भी इसी में है।

यतीन्द्रनाथ दास की शहादत यानी 63 दिन लम्बी मौत का हलफनामा

वह 63 दिन लम्बी मौत थी, जिसमें वे पल-पल जलते हुए शहीद हो गये...

नाम था उनका यतीन्द्रनाथ दास। बंगाल में उन्हें 'जतीन दास' कहकर पुकारा जाता है। भारत को स्वतन्त्र कराने में जिन असंख्य युवकों ने अपने प्राणों की आहुति दे दी, उनमें यतीन्द्रनाथ दास का स्थान बहुत ऊँचा है। साम्राज्यवाद से लड़ते हुए दीर्घ अनशन में उन्होंने लाहौर की वोर्स्टल जेल में अन्तिम साँस ली थी। वह 13 सितम्बर, 1929 का दिन था। समय था दोपहर एक बजे का।

आज 1979 का 13 सितम्बर है और घड़ी भी दोपहर का एक बजा रही है। यानी पूरे पचास वर्ष का वक्फा। कौन जाने इस अवधि में लाहौर से लेकर कलकत्ता तक के दरियाओं में कितना पानी बह चुका। हम सब खामोश खड़े हैं यहाँ कलकत्ता के कालीबाड़ी श्मशान भूमि में। सामने जो चिताएँ जल रही हैं, वैसे ही अर्धशती पूर्व यतीन्द्र की चिता धू-धूकर जली होगी इस जगह। सुना है कि बंगाल तब बहुत रोया था। यतीन्द्र की अरथी के पीछे जितनी भीड़ थी, वैसा सम्मान यहाँ के लोगों ने सिर्फ गुरुदेव रवीन्द्रनाथ ठाकुर को दिया था। इतिहास में यतीन्द्र की विदाई का वह वक्त उनके भाई किरनचन्द्र दास की आँखों में घूम रहा है इस वक्त। मैं उनके निकट खड़े होकर बार-बार उस चेहरे को देख-पढ़ रहा हूँ। उनकी आँखों में सघन सन्नाटा है। शायद कुछ नमी भी।

स्मृति-सभा शुरूहोने वाली है। श्मशान भूमि के निकट इस स्थल पर पश्चिम बंगाल के मुख्यमन्त्री ज्योति बसु आ चुके हैं। पर कोई तामझाम नहीं। सभास्थल के प्रवेशद्वार पर सिर्फ दो सिपाही सफेद वर्दी पहने ड्यूटी पर हैं। किरन दा और जयदेव कपूर मंच पर हैं। पं. किशोरी लाल भी। दोनों यतीन्द्र के जेल के साथी हैं। लाहौर षड्यन्त्र केस में इनको काला पानी की सजा मिली थी। आज यहाँ यतीन्द्र की शहादत को याद करने के लिए पुराने क्रान्तिकारियों का जमावड़ा है। जितेन्द्रनाथ सान्याल, शचीन्द्रनाथ सान्याल की पत्नी प्रतिभा सान्याल, भगतसिंह

की बहन बीवी अमर कौर, उनके भाई कुलतार सिंह, भान्जे प्रो. जगमोहन सिंह और क्रान्तिकारी भगतराम तलवार भी आ गये हैं। मैं जयदेव के साथ यतीन्द्र के घर दो दिन पहले ही पहुँच गया था। कुलतार सिंह भी सपत्नीक हमारे साथ आए थे। किरण दा के घर पर भोजन आदि की हमारी व्यवस्था थी। तीसरे दिन हम सब सरकारी अतिथि गृह में पहुँचे और फिर शुरू हुआ यतीन्द्र को याद करने का सिलसिला। आज सभा में मेरी भेंट क्रान्तिकारी प्रकाशन मिर्जापुर के स्वर्गीय बटुकनाथ अग्रवाल की सुपुत्री श्रीमती उर्मिला अग्रवाल से भी हुई। वे अब कलकत्ते में ही रहती हैं।

ज्योति बसु बंगला में बोले। बंगाल के क्रान्तिकारी गणेश घोष आए हैं। मैं उन्हें बार-बार देख रहा हूँ। उनसे पहले कभी नहीं मिला था। उन्हें देखकर चटगाँव केस, मास्टर दा सूर्यसेन और प्रीतिलता की शहादत सब एक साथ याद आता है। आयोजन में सभी ने यतीन्द्र के क्रान्तिकारी जीवन और उनके बलिदान के कठिन क्षणों को याद किया। जब बंगाल की लड़कियों ने समूह में 'एकला चलो रे' गीत गाया तो सबकी आँखें भर आईं। बहुत मार्मिक था सब कुछ। सभा की समाप्ति के बाद उर्मिला मुझे अपने घर ले गयीं और मिर्जापुर के क्रान्तिकारी प्रकाशन से बटुकनाथ अग्रवाल ने जो पुस्तकें प्रकाशित की थीं, वे सब उन्होंने मुझे सौंप दीं। बटुक के बुलावे पर मैं एक बार भी मिर्जापुर नहीं जा सका। इसका पछतावा मन में बना हुआ था। वहाँ उन्होंने अपने प्रयासों से 'शहीद उद्यान' की स्थापना की जिसमें शहीदों की अनेक प्रतिमाएँ हैं। कई क्रान्तिकारी सम्मेलन भी वे मिर्जापुर में कराते रहे। पं. बनारसीदास चतुर्वेदी उन्हें 'शहीदों का आराधक' कहते थे। क्रान्तिकारियों और शहीदों की याद के लिए वैसा काम देश भर में किसी ने नहीं किया। बटुकनाथ की पुत्री से मिलकर मैं आज बहुत प्रसन्न हूँ।

दूसरी सभा 'गोर्की सदन' में थी जिसमें पं. किशोरीलाल ने अद्भुत भाषण दिया। अध्यक्षता की थी नलिनी गुहा ने। इस आयोजन में भारत स्थित वियतनाम के राजदूत भी मंच पर थे। कलकत्ते में मैं ठहरा तो जयदेव के साथ था पर मेरा ज्यादा समय पं. किशोरीलाल के सान्निध्य में व्यतीत हुआ। कलकत्ते की नेशनल लाइब्रेरी से लेकर क्रान्तिकारियों से जुड़े अनेक स्थानों की बस से सम्पन्न हुई पूरे दिन की उस यात्रा में भी मैं पंडित के ही साथ बना रहा। मुझे उनसे बातें करने का खूब अवसर मिला। उनकी जिन्दगी और तत्कालीन क्रान्तिकारी संघर्ष के अनेक पहलुओं पर मैंने उनसे घंटों चर्चा की। जयदेव ने पहुँचते ही मुझसे कह दिया था कि हम सबकी तो और बात है, पर भाई किशोरीलाल बुनियादी सिंसयरिटी, लगन और निष्ठा के आदमी हैं। तुम उनसे जितना निकाल सको वह फायदे का रहेगा। पंडित पर संस्मरण लेखन के लिए ऐसा करना मुझे जरूरी भी लगा। यतीन्द्र

के जीवन के विभिन्न पहलुओं पर भी मैं उनसे बार-बार पूछता-टटोलता रहा। वह पूरा सप्ताह जैसे यतीन्द्रमय हो गया था मेरे लिए।

यतीन्द्र का जन्म 27 अक्टूबर, 1904 को कलकत्ता में हुआ था। वे अभी 9 वर्ष के ही थे कि इनकी माता सुहासिनी देवी का निधन हो गया। माँ की मृत्यु का यतीन्द्र के बालमन पर बहुत असर पड़ा। वे माँ के बारे में अकसर पूछने लगते तो उनसे कह दिया जाता कि उन्हें चिकित्सा के लिए स्वर्ग के अस्पताल भेजा गया है। वे फिर प्रश्न करते कि स्वर्ग का अस्पताल कहाँ है, तब चन्द्रमा की ओर इशारा कर दिया जाता। यतीन्द्र उस समय छोटे ही थे पर माँ के स्वभाव, उनके आत्मविश्वास और कर्त्तव्यनिष्ठा का उनके जीवन पर बड़ा प्रभाव पड़ा। ऐसा यतीन्द्र बाद को कहा भी करते थे।

उनके पिता बंकिम बिहारी दास एक प्रतिष्ठित व्यक्ति थे। उन्हीं की देख-रेख में यतीन्द्र की शिक्षा हुई। 1920 में जब वे मैट्रिक उत्तीर्ण ही कर पाये थे कि देश में असहयोग आन्दोलन का बिगुल बजने लगा। गाँधी के नेतृत्व में पहली बार देशवासी बड़ी संख्या में सड़कों पर निकल आए। लोगों को विश्वास दिलाया गया कि यदि इस कार्यक्रम को सफलतापूर्वक चलाया जाएगा तो एक वर्ष में स्वराज्य मिल जाएगा।

असहयोग की लहर तब जिन बहुत से नौजवानों को बहा ले गयी उनमें यतीन्द्र भी थे। वे कालेज छोड़कर मुहल्ले की काँग्रेस कमेटी में काम करने लगे। उत्साह से भरे-पूरे इस युवक ने तब खुली आँखों से देश के भविष्य का सपना देखना शुरू कर दिया था। उन्हें विदेशी कपड़े की एक दुकान पर पिकेटिंग करने के अपराध में जेल की सजा दे दी गयी। देशभक्ति के लिए यह पहला पुरस्कार था जिसे पाकर यतीन्द्र बहुत खुश थे। पर जेल के भीतर रहकर उनके स्वास्थ्य पर विपरीत प्रभाव पड़ा। फिर बाहर आकर उन्हें पता लगा कि चौरी-चौरा में उत्तेजित और आक्रोशित जनता ने थाने को घेरकर आग लगा दी जिसके कारण गाँधी ने आन्दोलन को स्थगित कर दिया। यतीन्द्र इससे निराश हो गये। अब उन्होंने पुनः कालेज जाना शुरू कर दिया। लेकिन भीतर तो एक बेचैनी थी जो उन्हें बैठने नहीं दे रही थी। वे काँग्रेस के रचनात्मक कार्यों के हिस्सेदारी करने लगे। वहाँ भी जाना शुरू कर दिया जिन मंडलियों में व्यायाम आदि की शिक्षा दी जाती। इन्हीं दिनों उन्होंने तारकेश्वर सत्याग्रह में भी भाग लिया। यह आन्दोलन देशबन्धु चितरंजन दास ने महन्त द्वारा किये जाने वाले भ्रष्टाचार और अन्य कुकृत्यों के विरुद्ध किया था। 1923 में बंगाल में भीषण बाढ़ आई तो यतीन्द्र वहाँ भी पहुँच गये और नेताजी सुभाष की देखरेख में बाढ़ पीड़ितों की सेवा-सहायता करने लगे। अब वे सोचते तो देश के बारे में और करते तो देश के लिए। उनके भीतर भी

अनेक योजनाएँ कुलबुलाती रहतीं, पर अभी कोई जमीन नहीं मिल पा रही थी। 1924 में पंजाब में हुए हिन्दू-मुस्लिम दंगों की आँच बंगाल तक पहुँची। यतीन्द्र ने कलकत्ते की भोली-भाली जनता को इस आग से बचाने के लिए कठिन परिश्रम किया। सेवाभाव का तो इन दिनों उन पर जैसे नशा छाया हुआ था। दक्षिण कलकत्ता की सेवा समिति और तरुण समिति के माध्यम से वे असहाय और पीड़ित जनों की सहायता में जुटे रहने लगे। इन समितियों के पुस्तकालयों में यतीन्द्र ने राष्ट्रीय संग्राम की कुछ पुस्तकों का अध्ययन कर डाला।

यतीन्द्र इसी समय प्रसिद्ध क्रान्तिकारी संगठनकर्त्ता शचीन्द्रनाथ सान्याल के संपर्क में आये। सान्याल यद्यपि उत्तर भारत में क्रान्तिकारी प्रयासों में संलग्न थे लेकिन वे फरार होकर उन दिनों कलकत्ता में थे। उन्होंने यहाँ भी मजबूत क्रान्तिकारी संगठन तैयार कर लिया जिससे यतीन्द्र भी जुड़ गये। अब वे खूब सक्रिय थे। उन्होंने कई ऐसे अड्डे बना लिए जहाँ क्रान्तिकारी छिपकर रह सकते थे।

कलकत्ते में उन दिनों कई क्रान्तिकारी दल लड़ाइयों में लगे हुए थे। सान्याल ने दक्षिण कलकत्ता के नेशनल स्कूल के भवन में सबको इकट्ठा किया। उन्होंने प्रस्ताव रखा कि सभी क्रान्तिकारी दलों को मिलाकर 'हिन्दुस्तान प्रजातन्त्र संघ' के नाम से एक बड़ा क्रान्तिकारी संगठन बनाया जाए जिसका स्वरूप अखिल भारतीय हो। सान्याल की यह पहल देश की आजादी के संग्राम में एक नया मोड़ ले आयी। उनका प्रस्ताव स्वीकार कर लिया गया। दल की ओर से दो दस्तावेज भी तैयार किये गये जो आगे चलकर 'क्रान्तिकारी' तथा 'पीला पर्चा' के नाम से विख्यात हुए...

कलकत्ते के इस यतीन्द्र स्मृति आयेजन में जो भी क्रान्तिकारी आए हैं, मैं उन्हीं के साथ उस छापेखाने में खड़ा हूँ जिसमें 'पीला पर्चा' छपा था। मैं उस पुरानी काली मशीन को छूकर देखता हूँ और बंगाल की क्रान्तिकारी धरती को सलाम करता हूँ। सरकारी दस्तावेजों में इस पर्चे का उल्लेख 'एलो लीफलेट' नाम से किया गया है। इन पर्चों को गुप्त रूप से छपवाने और वितरित करने की जिम्मेदारी यतीन्द्र और उसके साथियों ने निभाई थी। यतीन्द्र के एक विश्वासपात्र ने ही रात में इस प्रेस से इस पर्चे को छापा था। खास बात यह थी कि पर्चे को देश भर में एक ही दिन बाँटा गया था। बंगाल में यह काम उन्होंने परितोष बनर्जी, विश्वनाथ मुखर्जी आदि की मदद से कुशलतापूर्वक सम्पन्न किया था। सरकार समझ गयी थी कि इस पर्चे के पीछे शचीन्द्रनाथ सान्याल का हाथ है, पर यतीन्द्र का नाम भी छिपा नहीं रह गया था। यतीन्द्र अब एक संगठनकर्ता की खूबियों से लैस हो गये थे। वे खूब जोश से भरे हुए थे।

यतीन्द्र अब एक तरह से कलकत्ते में क्रान्तिकारी संगठन के कर्त्ता-धर्त्ता बन

गये थे। छोटी उम्र में ही उनकी गिनती महत्त्वपूर्ण लोगों में की जाने लगी। सान्याल अकसर कहा करते थे कि समय आने पर यतीन्द्र दिखा देगा कि वह किस मिट्टी का बना है। यतीन्द्र को जो भी काम सौंपा जाता वह उसे पूरी लगन और योग्यता से सम्पन्न करते। उन दिनों क्रान्तिकारी संगठन आर्थिक संकट में था। जनता से सीधे सहायता न मिल पाने के कारण क्रान्तिकारी छोटी-मोटी डकैतियाँ डालकर काम चलाया करते थे। यतीन्द्र ने कुछ यूरोपियन फर्मों में लूट के जरिये धन एकत्र किया। फिर उसी से 6 माउजर पिस्तौल खरीदे। इनमें से दो बनारस केन्द्र को तथा 4 उत्तर भारत के क्रान्तिकारी संगठनकर्ता रामप्रसाद 'बिस्मिल' के पास भेज दिये गये। यतीन्द्र जो भी काम करते उसमें कामयाब होते। उन्हें सहायता करनेवाले भी मिलते चले जाते। कलकत्ते के कम्युनिस्ट कार्यकर्ता कुतुबुद्दीन ने उनकी बहुत मदद की। कई जहाजी कर्मचारियों को उन्होंने विदेशों से हथियार आदि लाने के लिए राजी कर लिया था। दरअसल, यह सब एक बड़े क्रान्तिकारी युद्ध की तैयारी थी जिसके जरिये विदेशी शासन से जल्दी देश को मुक्त कराया जा सके।

दल ने चोरी-छिपे कुछ हथियार मँगाये थे और उनकी बिल्टियाँ छुड़ाने की समस्या सुलझ नहीं पा रही थी। पेट्रोल स्टेशन पर काम करने वाले फणीन्द्र भी क्रान्तिकारी दल से जुड़ चुके थे। उन्होंने सूचना दी कि शुक्रवार, शनिवार और रविवार—इन तीन दिनों की पैट्रोल पम्प की आमदनी लेकर सोमवार को प्रात: 11 बजे कम्पनी का दरबान बैंक में जमा करने जाएगा। इंडो-वर्मा पेट्रोलियम कम्पनी का यह पैट्रोल स्टेशन केओडातल्ला के टालीगंज रोड पर दक्षिण की ओर कुछ दूरी पर था। रास्ते पर आने-जाने वालों की काफी भीड़ थी। दरबान एक थैले में रुपये लेकर बैंक की ओर चला। साथ में एक और दरबान था। उसके हाथ में पके बाँस की लाठी थी। रास्ते पर भय का कोई कारण नहीं था, इस कारण दरबान बेफिक्र थे। दो कम उम्र के लड़के कुछ दूरी पर साइकिल लिये खड़े थे। दोनों ने कुर्ता-पायजामा पहन रखा था। उनके सिरों पर रूमाल बँधा था और होंठ पान से लाल थे। वे साइकिलें एक तरफ खड़ी करके बीड़ियाँ सुलगाने लगे। ठीक उसी समय दरबान सामने आ गये। युवकों ने बीड़ियाँ फेंकीं और उनमें से एक ने दरबानों की ओर लपककर एक-एक मुट्ठी पिसी हुई लाल मिर्च दोनों की आँखों में झोंक दी। दोनों दरबान खड़े होकर आँखें मलने लगे। अवसर पाकर यतीन्द्र ने कैश वाला थैला छीना और दोनों साथी साइकिलें उठाकर भागने लगे। यतीन्द्र के साथी को इसी समय दो हवाई फायर करने पड़े जिससे भीड़ इधर-उधर हो गयी। एक निश्चित स्थान पर पहुँचकर उन्होंने कपड़े बदले, एक साथी के यहाँ हथियार जमा किये, कालेज स्ट्रीट के पास की एक दुकान पर कैश रखा और कालेज में चुपचाप जाकर अपनी कक्षाओं में बैठ गये।

यतीन्द्र और उनके साथी ने जिस योजनाबद्ध ढंग से यह कार्य किया, उससे उनकी सूझबूझ और साहस का पता लगता है। उन्होंने खिरदपुर गोदियों के निकट चाय और पान-बीड़ी की एक दुकान भी खोल रखी थी ताकि दूसरे देशों से क्रान्तिकारी जो गोला-बारूद और निषिद्ध सामान मँगवाते थे, उसको सम्भालकर ठिकानों पर पहुँचाया जा सके।

आर्थिक संकट के समय विवश होकर क्रान्तिकारियों को डकैतियाँ डालनी पड़ती थीं। पर इन कार्यों को करने के बाद उन्हें कष्ट होता था। वे लोगों की पीड़ा को भली-भाँति समझते थे और चाहते थे कि उनके कार्यों से किसी देशवासी को कष्ट न हो। देश और समाज को अधिक सुखी और सम्पन्न देखने के लिए ही उन्होंने क्रान्ति का रास्ता अपनाया था और इसके लिए वे अपना जीवन बलिदान करने को तैयार थे। धन-संग्रह के उपायों पर सोचते हुए एक दिन उनके मन में विचार आया कि यदि लूटना है तो क्यों न सरकारी माल पर हाथ डाला जाए। यह योजना रामप्रसाद 'बिस्मिल' के मस्तिष्क की उपज थी जो 9 अगस्त, 1925 को लखनऊ के निकट काकोरी और आलमनगर के बीच सहारनपुर से आती पैसेन्जर ट्रेन को रोककर सम्पादित की गयी। इस मामले की पकड़ा-धकड़ी में 40 क्रान्तिकारी पुलिस के हाथ आ गये। मुकदमा चला और चार क्रान्तिकारियों—रामप्रसाद बिस्मिल, अशफ़ाक़उल्ला खाँ, रोशनसिंह और राजेन्द्रनाथ लाहिड़ी—को फाँसी की सजा दे दी गयी। दूसरे क्रान्तिकारियों को कारावास की सजा देकर जेलों में डाल दियाा गया। काकोरी का मुकदमा शुरू हुआ तब यतीन्द्र भी 7 सितम्बर को पुलिस की गिरफ्त में आ गये थे। कलकत्ता जेल में उनकी शिनाख्त के लिए इसी केस में मुखबिर बने बनारसीलाल और इन्दुभूषण को लाया गया, पर वे उन्हें पहचान नहीं सके। सरकार को जब उन पर मुकदमा चलाने का कोई आधार नहीं मिला तब उन्हें बंगाल अध्यादेश के अधीन नजरबन्द कर दिया गया। मेदिनीपुर जेल में यतीन्द्र गर्मियों के मौसम में बीमार पड़ गये। उन्हें चिकित्सा के लिए अलीपुर सेन्ट्रल जेल लाया गया, जहाँ दक्षिणेश्वर बम केस के लोग बन्दी थे। एक पुलिस अधिकारी की कथित हत्या का मामला जब उठा तो यतीन्द्र को मैमनसिंह (अब बांग्लादेश) की जेल में स्थानान्तरित कर दिया गया। बात यह थी कि उक्त पुलिस अधिकारी कुछ राजनीतिक बन्दियों को अपनी ओर मिलाकर उनसे गुप्तचरी का काम लेना चाहता था। इससे क्रान्तिकारियों में रोष व्याप्त था और उन्होंने उस पुलिस अधिकारी को अपना निशाना बना दिया।

मैमनसिंह जेल में यतीन्द्र और उनके साथी पन्नालाल मुखर्जी को जेल अधिकारी अकारण तंग करने लगे। यतीन्द्र यह कब सहनेवाले थे। अन्ततः एक दिन जेल कर्मचारियों से राजबन्दियों का झगड़ा हो गया। दोनों क्रान्तिकारी खूब

पिटे। मामला अदालत में गया, पर यतीन्द्र और पन्ना बाबू ने इस तानाशाही के विरोध में 21 दिन की भूख हड़ताल कर दी। बाहर कोहराम मच गया। लिखा-पढ़ी शुरू हो गयी। नतीजा यह हुआ कि जेल अधीक्षक को माफी माँगनी पड़ी। यतीन्द्र ने इसके बाद ही अनशन तोड़ा। पर जेल अधिकारियों ने अब यतीन्द्र को बंगाल से सैकड़ों मील दूर मियांवाली (अब पाकिस्तान) की बदनाम जेल में भिजवा दिया जहाँ उन्हें बहुत कष्ट उठाने पड़े। तेज गर्मी के चलते उन्हें आँखों का रोग हो गया। इसी समय यतीन्द्र की छोटी बहन बहुत बीमार पड़ गयी। यतीन्द्र वापस बंगाल लाये गये और डेढ़ महीना उन्हें घर में नजरबन्द रखा गया। फिर उन्हें चटगाँव के पिछड़े हुए इलाके में नजरबन्द किया गया। यहाँ उन्हें लोगों की बोली भी समझ में नहीं आती थी। अक्टूबर के महीने में उन्हें फिर कलकत्ता लाया गया और इसके बाद रिहा कर दिये गए। इस बीच उनकी बहन की मृत्यु हो चुकी थी। यतीन्द्र के लिए यह बड़ा सदमा था। पर यह संघर्ष उनकी भविष्य की बड़ी लड़ाई की पूर्व पीठिका थी।

यतीन्द्र ने अब बंगवासी कॉलेज में प्रवेश ले लिया। उन्होंने यहाँ रहकर नौजवानों को क्रान्तिकर्म के लिए जोड़ना शुरू कर दिया। उनके निकट जल्दी ही युवकों और छात्रों का साहसी दल तैयार हो गया। अब वे भूमिगत क्रान्तिकारी आन्दोलन के प्राण और केन्द्रबिन्दु बन गये थे। पुलिस और सरकार उनसे भय खाने लगी। अपनी प्रतिभा और लगन के बल पर उन्होंने कलकत्ता में क्रान्तिकारी आन्दोलन को बहुत सशक्त बना दिया।

1928 के भारतीय राष्ट्रीय काँग्रेस के कलकत्ता अधिवेशन के समय क्रान्तिकारी अपने मतभेद भुलाकर स्वयंसेवक दल को संगठित करने लग गये। इस अधिवेशन की अध्यक्षता पंडित मोतीलाल नेहरू ने की थी। स्वयंसेवक दल के सर्वोच्च सेनापति के पद पर नेताजी सुभाषचन्द्र बोस को सुशोभित किया गया। दल को सैनिक स्तर का स्वरूप देने के लिए सभी को फौजी वर्दियाँ दी गयीं और पदों के नाम भी फौजी ढंग के थे। यतीन्द्र को मेजर बनाया गया और उनके साथ एक और नवयुवक सत्यगुप्त को मेजर का पद दिया गया। इसी तरह दक्षिण कलकत्ता तरुण संघ के एक अन्य वरिष्ठ क्रान्तिकारी विनयराज भी यतीन्द्र के साथ मिलकर कार्य करने लगे। उस समय और भी नवयुवक सामने आए जिनके कार्यों और बलिदान की भावना से क्रान्तिकारी आन्दोलन को शक्ति मिली।

1928 का वर्ष राजनीतिक हलचलों का था। सब ओर गहमागहमी थी। लगने लगा था कि कुछ होनेवाला है। 'साइमन कमीशन' भारत आया तो उसका हर जगह विरोध किया गया। ऐसे ही एक जनप्रदर्शन का नेतृत्व करते हुए लाला लाजपतराय पर लाठियाँ पड़ीं और कुछ दिन बाद उनका प्राणान्त हो गया। यह

19 नवम्बर की बात है। इस घटना से सर्वत्र रोष व्याप्त हो गया। पूरे देश में झल्लाहट थी। सब इसे राष्ट्रीय अपमान मान रहे थे। ठीक एक महीने बाद ही चन्द्रशेखर आज़ाद के नेतृत्व में राजगुरु और भगतसिंह ने लाहौर में पुलिस अफसर जे. पी. सांडर्स को मारकर लाला की मौत का बदला लेकर यह दिखा दिया कि देश के नौजवानों का खून ठंडा नहीं हो गया है।

सांडर्स-वध के बाद क्रान्तिकारियों को लाहौर से बाहर निकलना एक समस्या थी। फरार होने से पूर्व भगतसिंह केश, कड़ा और कंघा आदि से लैस एक सिख युवक थे, पर उन्होंने अपने केश कटवाकर साहबी लिबास पहना और सिर पर हैट लगाकर क्रान्तिकारी दुर्गा भाभी के साथ कलकत्ता आ गये। यहाँ उन्होंने यतीन्द्र से भेंट की। भाभी के पति भगवतीचरण वोहरा उन दिनों कलकत्ता में ही थे।

पर भगतसिंह बंगाल की धरती पर आकर चुप बैठने या छिपने के लिए नहीं आए थे। वे चाहते थे कि यहाँ कोई बम बनानेवाला मिल जाए। यतीन्द्र इस कला को जानते थे। उन्होंने यतीन्द्र को साथ काम करने के लिए राजी कर लिया। उसी समय की घटना है—भगतसिंह यतीन्द्र के पास ही ठहरे थे। सवेरे तड़के उन्होंने देखा कि एक ग्वाला भैंस दुह रहा है। उन्हें दूध बहुत पसन्द था। भगतसिंह ने एक छलांग में ही चारपाई छोड़ दी और ग्वाले के पास पहुँचकर कच्चे दूध की पूरी बाल्टी पी डाली। ग्वाले ने यह जो देखा तो हैरान। यतीन्द्र ने ग्वाले को दूध का एक रुपया दे दिया। बाद में दिल्ली असेम्बली में भगतसिंह और बटुकेश्वर ने जब बम फेंका और उनकी तस्वीरें अखबारों में छपीं तब उस ग्वाले ने भगतसिंह को पहचान लिया। वह उसी समय यतीन्द्र को दूध की कीमत वापस करने आया। कहा कि उसे अभिमान है कि इस तरह एक बड़े क्रान्तिकारी से उसकी भेंट हुई, पर वह उनके यहाँ रहने और ठहरने की बात किसी से नहीं कहेगा।

उत्तर भारत में उन दिनों आगरा क्रान्तिकारी दल का केन्द्र बन गया था। वहाँ हींग की मंडी में एक मकान किराये पर लेकर बम बनाने का कारखाना स्थापित किया गया। रसायन आदि जमा किये गये। बम के खोल भगतसिंह कलकत्ता से अपने साथ लाये थे। यतीन्द्र निश्चित समय पर यहाँ आ गये और साथियों को बम बनाना सिखाने लगे। बम के खोल का गठन, विस्फोटक तैयार करने की विधि, भरने का तरीका, टोपियाँ और पतीले के लिए गन काटन बनाने का हुनर उन्होंने सबको समझाया। चन्द्रशेखर आज़ाद, भगतसिंह, सदाशिवराव मलकापुरकर और फणीन्द्र ने झाँसी से 20 मील दूर जाकर यहीं बनाए गये एक बम का परीक्षण भी किया। सब ठीक-ठाक रहा तो यतीन्द्र ने दो बम और भरे तथा कलकत्ता चले गये।

यतीन्द्र बहुत ही मृदु स्वभाव के थे। प्राय: वे गम्भीर और शान्त रहते।

पर उनके व्यवहार में एक आकर्षण था जिसके कारण वे उत्तर भारत के क्रान्तिकारी साथियों के बीच जल्दी ही घुलमिल गये, जैसे उनसे उनका पुराना परिचय हो। यतीन्द्र दल के उद्देश्यों, नीतियों और कार्यप्रणाली से पूरी तरह सहमत थे। वे चाहते थे कि अब ऐसे काम किए जाएँ जिनसे जनता का सीधा सम्पर्क हो। उनका ध्यान इस ओर था कि क्रान्तिकारी अभियानों से जनता अपनत्व महसूस करे।

8 अप्रैल, 1929 को दिल्ली की केन्द्रीय असेम्बली (अब संसद) में पास किये जानेवाले दो अत्यधिक दमनकारी कानूनों के विरोध में दल के निर्णयानुसार भगतसिंह और बटुकेश्वर दत्त ने बमों का विस्फोट करते हुए क्रान्तिकारी दल की नीतियों और उद्देश्यों को स्पष्ट करते हुए जो पर्चे फेंके, वह इसी सोच का नतीजा था। फेंके गये बम आगरा केन्द्र पर ही बनाए गये थे। वे उतने शक्तिशाली नहीं थे जिनसे कोई जनहानि हो सके। एक बड़ा धमाका करके सभी का ध्यान आकर्षित करने के लिए इस कार्यवाही को सम्पन्न किया गया था। इसके बाद भगतसिंह और दत्त ने वहीं गिरफ्तारी दे दी। ऐसा पहले से निश्चित था। उन्होंने नारे भी लगाए—'इन्कलाब जिन्दाबाद! साम्राज्यवाद मुर्दाबाद! दुनिया के मजदूरो एक हो!'

इसके बाद कुछ और क्रान्तिकारियों की गिरफ्तारियाँ हुईं। इकबाली गवाहों ने पुलिस को सब कुछ बता दिया। फणीन्द्र मुखबिर बन गया था। उसे कलकत्ते लाया गया। यहाँ उसने यतीन्द्र की शिनाख्त की। यतीन्द्र 14 जून, 1929 को सुबह इजरा रोड और लैंडस्डाउन (अब शरत बोस रोड) के चौक पर पुलिस के हाथ आ गये। उनके मकान की तलाशी ली गयी। कोई आपत्तिजनक वस्तु पुलिस के हाथ नहीं लगी जिसके आधार पर उनके ऊपर मुकदमा चलाया जा सकता। पर वे कलकत्ते से लाहौर भेज दिए गये जहाँ 'लाहौर षड्यन्त्र केस' के नाम से मुकदमा चलाया जा रहा था। भगतसिंह और दत्त को भी दिल्ली असेम्बली बम केस के बाद इसी मुकदमे में लाहौर भेज दिया गया। 10 जुलाई, 1929 को स्पेशल मजिस्ट्रेट की अदालत में यतीन्द्र ने अपनी शिनाख्त कार्यवाही में की गयी अनियमितताओं की ओर ध्यान आकर्षित कराया। उनका कहना था कि उन्हें रेल के कुल छह कुलियों के साथ खड़ा किया गया जिनके कपड़े गन्दे और अधनंगे थे जिस कारण पंजाबी कुलियों के बीच एक बंगाली नवयुवक को पहचान लेना कोई मुश्किल बात नहीं थी। यतीन्द्र ने दलील दी कि उन्हें बंगालियों के साथ खड़ा करके शिनाख्त कराई जाए, पर उनकी यह बात नहीं मानी गयी। उनकी दूसरी शिकायत थी कि उन्हें हथकड़ी लगाई गयी जो सम्मानित राजनीतिक बन्दियों को नहीं लगाई जाती। मजिस्ट्रेट ने कहा कि यह पंजाब पुलिस का दस्तूर है।

लाहौर में राजनीतिक बन्दियों की सारी सुविधाएँ छीन ली गयीं। उनके साथ आम कैदियों और अपराधियों जैसा व्यवहार करना शुरू कर दिया गया। उन्हें जेल

में चोर-डाकुओं और दूसरे जघन्य अपराधियों के साथ रखा जाता। क्रान्तिकारी इस ज्यादती को भला कब सहन करनेवाले थे। उन्होंने तय किया कि वे इस अन्याय का प्रतिरोध जेल के भीतर करेंगे। सींखचों के भीतर आ जाने से साम्राज्यवाद के विरुद्ध उनके संघर्ष की इतिश्री नहीं हो जाती।

भगतसिंह और दत्त ने राजनीतिक कैदियों के अधिकारों के लिए जेल में भूख हड़ताल शुरू कर दी। यह लड़ाई नयी नहीं थी। इससे पहले क्रान्तिकारी रामरक्खा अन्दमान में अनशन करते हुए अपनी जान दे चुके थे। काकोरी के कैदियों ने भी बड़े पैमाने पर जेल के भीतर भूख हड़तालें कीं। भगतसिंह और दत्त देश भर में लोकप्रिय हो चुके थे। वे नौजवानों के हीरो थे। उनका 'इन्कलाब जिन्दाबाद' का नारा देश में गूँजने लगा था। इसलिए उनकी इस भूख हड़ताल ने देश भर में तहलका मचा दिया। 30 जून को पंजाब और बंगाल में 'भगतसिंह-दत्त' दिवस मनाया गया। उन दिनों भगतसिंह-दत्त जैसे एक ही नाम बन गया था।

अनशन के कई दिन हो चुके थे, पर सरकार खामोश थी। भगतसिंह और दत्त ने स्पष्ट कर दिया कि वे अपनी इस लड़ाई को अपने स्वार्थ के लिए नहीं, अपितु सभी राजनीतिक बन्दियों की सुविधाओं और अधिकारों के लिए जारी रख रहे हैं।

कुछ साथियों ने प्रस्ताव रखा कि लाहौर केस के सभी लोग भूख हड़ताल कर दें ताकि सरकार पर जल्दी दबाव बन सके। पर यतीन्द्र इस पक्ष में नहीं थे। उन्हें अनशन का अनुभव था और वे जानते थे कि यह लड़ाई सबसे कठिन है और उसे अन्त तक पहुँचाने के लिए बलिदान की आवश्यकता होगी। उनका मानना था कि भावावेश में भूख हड़ताल की घोषणा कर देना ठीक नहीं होगा। उन्होंने कहा—'इस हड़ताल का ऐलान कर हम लोग एक लम्बे संघर्ष में उतर रहे हैं। जो एक मायने में रिवाल्वर या पिस्तौल की लड़ाई से कहीं ज्यादा कठिन है। अनशन द्वारा तिल-तिल कर अपने को खपाकर इंच-इंच मौत की ओर सरकने की अपेक्षा पुलिस की गोली का शिकार होकर या फाँसी पर झूलकर मर जाना आसान है। पर एक बार अनशन के मैदान में उतरकर पीछे हटना क्रान्तिकारियों की प्रतिष्ठा को गिराना होगा। ऐसी स्थिति में संघर्ष में कूदकर वापस लौटने की अपेक्षा आरम्भ से ही उसमें न शरीक होना कहीं बेहतर होगा।'

यतीन्द्र ने स्पष्ट किया कि जहाँ तक उनका सम्बन्ध है, वे एक बार अनशन आरम्भ हो जाने पर उस समय तक पीछे नहीं हटेंगे, जब तक सरकार हमारे माँगपत्र को स्वीकार नहीं कर लेती। लड़ाई की ओर एक भी कदम उठाने से पहले वे साथियों में बातचीत करके हर पहलू पर चर्चा कर लेना चाहते थे। उनका मानना था कि हमारी भूख हड़ताल का उद्देश्य भी सरकार और जनता के सम्मुख स्पष्ट

होना चाहिए। उन्होंने दूसरे साथियों को सलाह दी कि वे एक दिन का समय लेकर अच्छी तरह फैसला कर लें और जो साथी अपने को अनशन के लिए तनिक भी कमजोर पायें, वे अनशन प्रारम्भ न करें। यदि कुछ साथी अनशन में भाग नहीं लेते, तो भी सबके बीच वे उसी तरह सम्मानित क्रान्तिकारी माने जाएँगे, जिस तरह दूसरे लोग।

भगतसिंह और दत्त ने अनशन शुरू कर दिया। अनशनकारियों की माँगों पर जयदेव कपूर ने मजिस्ट्रेट के सामने घोषणा की कि यदि भगतसिंह की माँगें नहीं मानी जाएँगीं तो 13 जुलाई से वे भी अनशन प्रारम्भ कर देंगे। सरकारी वकील ने दो दिन का समय माँगा। पर क्रान्तिकारी अपनी बात पर अड़े हुए थे। उन्होंने साफ कह दिया कि भूख हड़ताल जारी रहेगी और अगर सरकार ने क्रान्तिकारियों की माँगें स्वीकार कर लीं तो अनशन समाप्त हो जाएगा।

पंजाब सरकार ने यह चाल चली कि मेडिकल ग्राउंड पर राजनीतिक कैदियों को विशेष व्यवहार दिया जा सकता है। भगतसिंह और दत्त इसके लिए तैयार नहीं हुए। वे जानते थे कि सरकार इससे पहले काकोरी के क्रान्तिकारियों को इसी प्रकार चकमा दे चुकी है। उनका कहना था कि जब तक हमें राजनीतिक कैदियों के रूप में विशेष व्यवहार, पढ़ने-लिखने की सुविधा आदि नहीं दी जाती, वे अनशन जारी रखेंगे। पर सरकार ने इसे अनसुना कर दिया।

फैसले के अनुसार भगतसिंह और दत्त के समर्थन में 13 जुलाई से वह ऐतिहासिक भूख हड़ताल प्रारम्भ हो गयी जिसे आगे चलकर इतिहास में अपनी खास जगह तय करनी थी। क्रान्तिकारी, जिनमें यतीन्द्र भी थे, तय कर चुके थे कि भूख हड़ताल के बीच बीमार पड़ जाने पर वे मुँह से किसी तरह की दवाइयाँ आदि नहीं लेंगे और यदि जेल अधिकारी अनशन तुड़वाने के लिए बलपूर्वक दूध पिलाएँगे तो उनका डटकर विरोध किया जाएगा।

क्रान्तिकारियों की भूख हड़ताल की खबरें देश भर में फैल गयीं। पंजाब में जनता उत्तेजित थी। लाहौर के एक अखबार 'मुस्लिम आउटलुक' ने इस विषय पर सरकार की कड़ी भर्त्सना की और कहा, 'जनता ज्यादा देर तक खामोश नहीं रहेगी।' अखबार ने सार्वजनिक हड़ताल का भी सुझाव दिया। 14 जुलाई को लाहौर और दूसरे शहरों में जुलूसों, सभाओं और प्रदर्शनों का सिलसिला शुरू हो गया। काँग्रेस और नौजवान भारत सभा ने घर-घर जाकर लोगों से क्रान्तिकारियों के लिए चन्दा इकट्ठा किया। इस तरह दस हजार रुपये अनशनकारियों का मुकदमा लड़ने के लिए जमा हो गये।

17 जुलाई को अदालत की कार्यवाही के बाद मजिस्ट्रेट ने जेल अधिकारियों को लिखा कि जो क्रान्तिकारी सरकार द्वारा दी जानेवाली सुविधाओं का प्रस्ताव

स्वीकार नहीं करते और अदालत की कार्यवाही में बाधा डालते हैं, उन्हें दंडित किया जाए। मजिस्ट्रेट ने अनशनकारियों के साथ उनके सम्बन्धियों की मुलाकात के सभी प्रार्थनापत्र रद्द कर दिए। 18 जुलाई को लाहौर में प्रदर्शनकारियों और भूख हड़तालियों के लिए चन्दा जमा करनेवालों पर पुलिस ने लाठियाँ चलाईं। मौलाना जफर अली खाँ, सरदार मंगलसिंह और अमरनाथ शर्मा आदि नेताओं को गिरफ्तार कर लिया गया। प्रसिद्ध क्रान्तिकारी धन्वन्तरि भी लाठियों से पिटे। विधान परिषद् में नेशनलिस्ट पार्टी के नेता डॉ. मुहम्मद आलम ने ब्रिटिश प्रधानमन्त्री को एक तार भेजकर अनशनकारियों का समर्थन किया और कहा कि अँग्रेज सरकार ने जिस तरह आयरलैंड के स्वतन्त्रता सैनानी मैक्स्विनी को भूख हड़ताल की यातनाएँ देकर मार डाला, उसी तरह भारत के क्रान्तिकारी भगतसिंह, बटुकेश्वर दत्त और उनके साथी जान की बाजी लगा रहे हैं। उन्होंने इस बात पर भी आश्चर्य प्रकट किया कि ब्रिटेन की मजदूर सरकार जो गरीबों की समर्थक होने का दावा करती है, हिन्दुस्तान में दमन की कठोर नीति अपना रही है।

कानपुर के एक समाचार पत्र 'मजदूर' ने भूख हड़ताल पर टिप्पणी करते हुए लिखा कि अगर भगतसिंह और दत्त की भूख हड़ताल के कारण 'कुछ' हो गया तो ब्रिटिश सरकार के विरुद्ध भारत में जनरोष उसी तरह उमड़ पड़ेगा, जिस तरह आयरलैंड में मक्स्विनी की शहादत पर अँग्रेजी राज की जड़ें हिल गयी थीं।

उत्तर प्रदेश के प्रमुख हिन्दी साप्ताहिक 'प्रताप' ने ब्रिटिश सरकार को चेतावनी दी कि लोग किसी तरह धोखे में नहीं आएँगे और राजबन्दियों को सुविधाएँ देने का जो ढोंग वह रच रही है, उससे सरकार की पोल खुल जाएगी। उसने माँग की कि अँग्रेजी अफसरशाही राजबन्दियों की विशेष श्रेणी को स्वीकार करे क्योंकि संसार के सभी सभ्य देशों मे यही परिपाटी है।

ब्रिटेन की कम्युनिस्ट पार्टी ने भगतसिंह के मुकदमे के बारे में लिखा—'अदालती कार्यवाही तो मात्र एक दिखावा है। राजनीतिक दमन का अभूतपूर्व दृष्टान्त तो यह है कि भारत के राजबन्दियों पर अमानुषिक अत्याचार हो रहे हैं और 'लेबर सरकार' दमन और अत्याचारों द्वारा गुलाम देशों की जनता के दिलों में डर और आतंक पैदा करना चाहती है ताकि कोई भी जन आन्दोलन साम्राज्य को चुनौती न दे सके।'

दस दिन बाद क्रान्तिकारियों की हालतें खराब होने लगीं। सरकार द्वारा नियुक्त डॉक्टरों के एक दल ने आकर देखभाल करना शुरू कर दिया। ग्यारहवें दिन बलात्पान कराया जाने लगा यानी आठ-दस तगड़े आदमी एक क्रान्तिकारी को पकड़कर गिरा देते और फिर वे लोग उसे दबाकर एक सिर पर, दूसरा छाती पर बैठ जाता। बाकी लोग हाथ-पैर पकड़ लेते। डॉक्टर एक लम्बी रबड़ नली

नाक के रास्ते पेट में घुसेड़ने की कोशिश करता और सारा दूध उस नली के सहारे पेट में पहुँचा दिया जाता। क्रान्तिकारी शक्ति रहते इस अमानुषिक अत्याचार का विरोध करते। लेकिन एक भूख हड़ताली आठ-दस लोगों के सामने क्या कर सकता था। डॉक्टर जब नाक के रास्ते रबड़ की नली पेट में घुसेड़ने की कोशिश करता, तो भूख हड़ताली खाँसकर नली को मुँह में ले लेते और फिर दाँतों से दबाकर लेट जाते। डॉक्टर लाख कोशिश करता, पर उसकी हार होती। यतीन्द्र को इस कसरत का पहले से अनुभव था, इसलिए डॉक्टर को पहले ही दिन उनके सामने पराजित होना पड़ा। डॉक्टर ने इसे चुनौती माना और 'कल देखूँगा' कहकर भुनभुनाता हुआ चला गया।

तीसरे दिन यानी 26 जुलाई को डॉक्टर ने फिर यतीन्द्र को धर दबोचा। आठ-दस आदमियों ने जब यतीन्द्र को गिराकर काबू में कर लिया, तो डॉक्टर ने रबर की नली नाक के रास्ते डाल दी, जिससे यतीन्द्र का दम घुटने लगा, पर उन्होंने मुँह नहीं खोला और दूसरी नली पेट में न जाकर उनके फेफड़ों में चली गयी। दम घुटने के कारण यतीन्द्र की आँखें उलट गयी थीं, पर डॉक्टर बिना कुछ देखे पूरा एक सेर दूध उनके फेफड़ों में भरकर चला गया। यतीन्द्र को छटपटाते देख उनके साथी भी वहाँ पहुँच गये। घटना को देखकर अन्य साथियों ने शोर मचाना शुरू किया। यतीन्द्र को रह-रहकर खाँसी आ रही थी और साँस लेने में वे कठिनाई अनुभव कर रहे थे। शरीर का तापमान भी तेजी से बढ़ रहा था। लगभग आधे घंटे बाद डॉक्टरों के एक दल ने वापस आकर देखा तो उनके होश उड़ गये। उन्होंने यतीन्द्र को जमीन से उठाकर चारपाई पर डाला और उनके मुँह में दवाई डालने लगे। तभी अर्धमूर्छित अवस्था में भी यतीन्द्र में न जाने कहाँ से चेतना आ गयी कि उन्होंने कसकर अपना मुँह बन्द करते हुए जोर से अँग्रेजी में कहा— 'नहीं।' उन्होंने साथियों के कहने पर भी न तो इन्जेक्शन लिया और न कोई दवा ही खायी। इस स्थिति में अब बल प्रयोग का तो प्रश्न ही नहीं था। डॉक्टर परेशान थे और यतीन्द्र को निमोनिया बताकर चले गये।

घटना के दो-तीन घंटे बाद यतीन्द्र ने आँखें खोलीं। खाँसी का वेग अब धीमा पड़ गया था और वे कुछ राहत महसूस कर रहे थे। एक नजर अपने साथियों की ओर देखकर उनके चेहरे पर मुस्कराहट तैर गयी। धीमे स्वर में उन्होंने कहा— 'अब मैं उनकी पकड़ में नहीं आ सकूँगा।'

उस दिन उनकी संकल्प शक्ति देखकर सभी दंग रह गये थे...

जेल के महानिरीक्षक ने सरकार को रिपोर्ट भेजी—'बन्दी यतीन्द्रनाथ दास ने बलपूर्वक खुराक दिए जाने का जबर्दस्त मुकाबला किया और कल शाम वे बेहोश हो गये। उनके फेफड़ों में तकलीफ है, उनको दवाई दी जा रही है, लेकिन वे

मुँह द्वारा कोई खुराक या दवाई लेने से इनकार करते हैं और भूख हड़ताल पर डटे हुए हैं। उनको बलपूर्वक खुराक भी नहीं दी जा सकती क्योंकि वे मुकाबला करते हैं जिससे उनकी हालत और भी खराब हो जाएगी।

डॉक्टर ने रिपोर्ट दी कि छह अभियुक्त अदालत में उपस्थित होने की स्थिति में नहीं हैं। वे भूख हड़ताल पर हैं। उन्हें जबरदस्ती खुराक दी जा रही है, पर यह नहीं कहा जा सकता कि वे कब तक भूख हड़ताल पर रहेंगे या इस तरह अदालत में पेश होने में असमर्थ रहेंगे।

मजिस्ट्रेट ने स्थिति की गम्भीरता को समझ लिया था, पर उसने आदेश दिया कि अभियुक्तों की अनुपस्थिति में ही मुकदमे की कार्यवाही चलती रहेगी क्योंकि भूख हड़ताल की स्थिति क्रान्तिकारियों ने जानबूझ कर स्वयं पैदा की है।

जितेन्द्र नाथ सान्याल ने स्पेशल मजिस्ट्रेट को केस की सुनवाई के दौरान बताया कि अभियुक्त यतीन्द्र नाथ दास अदालत के नोटिस में यह बात लाना चाहते हैं कि जबर्दस्ती खुराक दिए जाने के कारण उनकी हालत बहुत नाजुक हो गयी है।

यतीन्द्र की हालत दिन-प्रतिदिन गिरती जा रही थी, पर उनके शान्त और सौम्य चेहरे पर संकल्प का भाव ज्यों-का-त्यों था। एक अगस्त को जेल अधिकारियों की रिपोर्ट थी कि यतीन्द्र प्रतिक्षण कमजोर होते जा रहे हैं। शिव वर्मा और यतीन्द्र को अब जबर्दस्ती खुराक देना भी बन्द कर दिया गया है क्योंकि वे दोनों पूरी शक्ति के साथ खुराक देनेवाले कैदियों का मुकाबला करते हैं जिससे डर है कि परिणाम अच्छे न हों। उनको उन रोगियों की सूची में रखा गया है, जिनका जीवन खतरे में होता है। जेल अधिकारियों की एक गुप्त रिपोर्ट में कहा गया है कि यतीन्द्र की हालत पहले की तरह बिगड़ी हुई है। उनको बताए बिना उन्हें 'विमटो' में ब्रांडी ग्लूकोज तथा अंगूर का रस मिलाकर दिया जा रहा है—इस तरह शायद वे आठ या नौ दिन और जीवित रह सकें—अगर इस दौरान उनको कोई विशेष संघर्ष करना पड़ा या कोई और गड़बड़ हो गयी तो उनकी मृत्यु भी हो सकती है। श्री वर्मा की हालत भी उसी तरह है जैसे यतीन्द्र की। विधान परिषद् के सदस्य डॉक्टर गोपीचन्द भार्गव ने जेल में जाकर यतीन्द्र से भेंट की। जेल अधिकारियों ने उनकी बातचीत की जो रिपोर्ट दी, वह इस प्रकार है—

डॉ. गोपीचन्द : नमस्कार, दास मोशाय।

यतीन्द्र नाथ : (धीमे स्वर में) नमस्कार डॉक्टर मोशाय।

डॉ. गोपीचन्द : आप दवाई क्यों नहीं लेते और पानी पीना क्यों छोड़ा?

यतीन्द्र नाथ : मैं मरना चाहता हूँ।

डॉ. गोपीचन्द : क्यों? इसका कारण?

यतीन्द्र नाथ : मैं देश के लिए और अपने साथी राजबन्दियों को उचित सम्मान दिलाने के लिए अपनी जिन्दगी कुर्बान करना चाहता हूँ।

पंडित मोतीलाल नेहरू ने 'फ्री प्रेस' के साथ एक साक्षात्कार में कहा कि वे भूख हड़तालियों के पेट में बलपूर्वक खुराक उतारने के तरीकों की निन्दा करते हैं। उन्होंने यह भी कहा कि पंजाब सरकार को अपना हठ छोड़ देना चाहिए। उन्होंने तर्क किया कि इसी तरह के मामले में ब्रिटेन के प्रधानमन्त्री लायड जार्ज को झुकना पड़ा था तब पंजाब की सरकार ऐसा क्यों नहीं कर रही। वहाँ राजबन्दियों की विजय हुई थी।

किरन दा ने यतीन्द्र पर जो कुछ लिखा वह हमारे लिए बहुत महत्त्वपूर्ण है। उन्होंने क्रमानुसार यतीन्द्र की हालत और जेल की कार्यवाहियों को लिपिबद्ध किया है। 5 अगस्त, 1929 की जेल की रिपोर्ट थी—'यतीन्द्र की हालत पूर्ववत खराब होती जा रही है। नब्ज 52 प्रति मिनट और तापमान 95 डिग्री रह गया है। हाथ-पाँव ठंडे हो चुके हैं। उन्हें शिकायत है कि उनकी टाँगें निश्चेष्ट हो गयी हैं केवल सादा पानी पीते हैं। सुखदेव ने अपने सम्बन्धियों के साथ मुलाकात के दौरान भूख हड़ताल समाप्त कर दी है और जेल अधिकारियों को सूचना दी है कि वे बाहर से खाना मँगवाना चाहते हैं।'

6 अगस्त को पंजाब सरकार की रिपोर्ट थी—'यतीन्द्र की हालत कल रात बिगड़ गयी। भगतसिंह ने यतीन्द्र से अनुरोध करना स्वीकार कर लिया कि वे दवाई खा लिया करें और अपनी शक्ति बनाए रखने के लिए कोई पौष्टिक पदार्थ भी ग्रहण करें और भगतसिंह यतीन्द्र से मिले भी थे और उनसे अपील भी की थी—यह समाचार अखबारों में प्रकाशित नहीं होना चाहिए।'

जेल की रिपोर्ट में कहा गया था—'दास की हालत गम्भीर हो रही है। आज वे और भी ज्यादा मजबूती से इनकार कर रहे हैं कि उन्हें कोई ताकत बढ़ानेवाली कोई खुराक दी जाए...'

अनशनकारियों के साथ जनता की हमदर्दी इस हद तक बढ़ती जा रही है कि नरम दल के लोग जो अकसर सरकार का साथ देते रहे थे, वे भी क्रान्तिकारियों की माँगों को जायज कहने लगे। उनकी सहानुभूति अब अनशनकारियों के साथ थी और वे महसूस करने लगे थे कि जेलों के नियम में परिवर्तन होने चाहिए। जैसे ही भूख हड़ताली क्रान्तिकारियों के बारे में समाचार पत्रों में कुछ छपता, चारों तरफ हलचल मच जाती। जनता की हमदर्दी बढ़ती जा रही थी। लोग रोष में थे और भड़क रहे थे। यतीन्द्र की निरन्तर बिगड़ती हालत ने सभी के भीतर असन्तोष भर दिया था। क्या होगा? क्या सरकार नहीं झुकेगी?

क्या अनशनकारियों की जीत होगी या वे यों ही मर जाएँगे, देश भर में

यही चर्चाएँ थीं सरकार भी चिन्तित थी कि अगर यतीन्द्र की शहादत हो गयी तो कहीं पंजाब और दूसरी जगहों पर स्थिति सम्भाल पाना कठिन न हो जाए। अब तो काँग्रेस के नरमी भी क्रान्तिकारियों के पक्ष में सोचने-विचारने लग गये थे। उनकी भी चाहत थी कि राजबन्दियों के लिए जेलों के नियम यथाशीघ्र बदले जाएँ।

गणेशशंकर विद्यार्थी भी लाहौर पहुँचकर भूख हड़तालियों से मिले। भगतसिंह से उनकी देर तक चर्चा हुई जिसमें जेल अधिकारियों के अपमानजनक व्यवहार के साथ ही क्रान्तिकारियों से अनशन के दौरान की जानेवाली ज्यादतियों पर भी बातें हुईं। गणेशशंकर ने स्थिति की जटिलता को तुरन्त भाँप लिया। वे स्वयं भूख हड़ताली क्रान्तिकारियों के जीवन के लिए चिन्तित हो उठे। भगत सिंह ने उनसे साफ कह दिया—'हमें मौत का तनिक भी डर नहीं क्योंकि हम अपने आदर्श के लिए मरना जानते हैं। भीष्म प्रतिज्ञा है कि ब्रिटिश सरकार की अत्यन्त अहंकारपूर्ण और विवेकशून्य व्यवस्था के विरुद्ध वीरतापूर्वक संघर्ष करते हुए हम मातृभूमि की बलिवेदी पर अपने प्राण दे दें।'

गणेशशंकर ने लाहौर से अपनी वापसी पर कानपुर में एक प्रेस भेंट में कहा—'मैंने लाहौर की दोनों—बोर्स्टल और सेन्ट्रल-जेलों में लाहौर षड्यन्त्र केस के भूख हड़ताली अभियुक्तों से भेंट की। भगतसिंह के साथ मेरी बातचीत बहुत समय तक चलती रही। उन्होंने कहा कि उनकी माँग यह है कि राजनीतिक बन्दियों का यह अधिकार मान लिया जाए कि उनके साथ साधारण अपराधियों का सा व्यवहार नहीं होगा। उन्होंने आरोप लगाया कि सरकार ने उन्हें अलग-अलग कोठड़ियों में बन्द कर दिया है और उन्हें चोर-डाकुओं और अभ्यस्त मुज़रिमों के साथ रखा जाता है, उनसे पाठ्य सामग्री छीनकर सरकार उनकी मानसिक मृत्यु को निकट ला रही है, उनको वैज्ञानिक विषयों या साहित्यिक विषयों पर किताबें अपने पास रखने की अनुमति नहीं और उनको जो खुराक दी जा रही है उसे देखकर तो यह प्रकट होता है कि सरकार उनको धीरे-धीरे मार डालने पर उतारू है। उनको जो खाना मिलता है वह भद्दा और घटिया किस्म का होता है जबकि अभियुक्त पढ़े-लिखे नवयुवक हैं और उनका जीवन स्तर काफी ऊँचा रहा है।

'इस हालत में राजबन्दी, जो अपने ध्येय के लिए मरना जानते हैं, अपना यही कर्तव्य मानते हैं कि सरकार के साथ जीवन के अन्तिम श्वास तक संघर्ष किया जाए। सरदार भगतसिंह ने यह भी कहा कि मुझे अपनी कोई चिन्ता नहीं। मैं तो जिस कोठड़ी में बन्द हूँ, उसी में संघर्ष करता हुआ अपने प्राण दे दूँगा, लेकिन मैं यह बर्दाश्त नहीं कर सकता कि राजबन्दियों को सरकार इसी तरह

यातनाएँ देती रहे।

'सरकार एक तरफ तो दावे करती है कि राजबन्दियों के साथ अच्छा सलूक हो रहा है लेकिन इस ढोल का पोल तो उस समय खुल गया जब हमारे कुछ साथियों ने, जो भूख हड़ताल पर नहीं हैं, सरकार पर विश्वास करते हुए जेल अधिकारियों से अच्छी खुराक की माँग की तो उनका उपहास उड़ाया गया और ताना दिया गया कि जेल जेल है, इसमें 'नेडू होटल' जैसे प्रबन्ध नहीं किये जा सकते।

'सरदार भगतसिंह ने जेल अधिकारियों के इस अपमानजनक और उद्दंड व्यवहार पर गहरा रोष प्रकट किया और पुलिस कर्मचारियों के व्यवहार की भी निन्दा की और उन्होंने उन तरीकों की भी कड़ी आलोचना की जो राजबन्दियों को जबर्दस्ती खुराक देते समय अपनाए जाते हैं। एक नली को उनकी नासिकाओं में घुसेड़कर उनके पेट में खुराक पहुँचाई जाती है। क्या ऐसे तरीकों को सभ्य या मानवीय कहा जा सकता है?

'सरदार भगतसिंह ने दृढ़ निश्चय के साथ कहा, 'हमें मौत का तनिक भी डर नहीं क्योंकि हम अपने आदर्श के लिए मरना जानते हैं और फिर हम अपनी आँखों से देखते हैं—अँग्रेजी सरकार एक जघन्य गोरे अपराधी के साथ तो नरमी बरतेगी लेकिन हमें कोई सुविधा देने को तैयार नहीं—तो फिर हमारी तो यही भीष्म प्रतिज्ञा है कि ब्रिटिश सरकार की अत्यन्त अहंकारपूर्ण और विवेकशून्य व्यवस्था के विरुद्ध वीरतापूर्वक संघर्ष करते हुए मातृभूमि की बलिवेदी पर अपने प्राण दे दें।'

अमृतसर से काँग्रेसी नेता डॉक्टर सैफुद्दीन किचलू, कन्या गुरुकुल जालन्धर की संस्थापिका कुमारी लज्जावती आदि अनेक व्यक्ति जेल में यतीन्द्र और उनके साथियों से मिलने आए, पर इसके लिए उन्हें आज्ञा नहीं दी गयी। यतीन्द्र की हालत बहुत खराब थी और वे किसी तरह अनशन तोड़ने को तैयार नहीं थे। उन्होंने यह कह दिया था कि अगर उनकी माँगें पूरी न की गयीं तो वे भूख हड़ताल पर डटे रहेंगे और अपना जीवन दे देंगे।

इसी दौरान डॉ. गोपीचन्द भार्गव, श्रीमती पार्वती देवी और सरदार किशनसिंह (भगतसिंह के पिता) भगतसिंह की कोठरी में आए। वे भूख हड़तालियों से मिले। वे क्रान्तिकारी अनशनकारियों के शरीर पर चोटों के निशान देखकर बहुत दुखी हुए। यतीन्द्र के साथ खुराक देते समय कुछ ज्यादा ही खींचातानी की जाती थी। वे अर्द्धमूर्छित अवस्था में पड़े हुए थे। शरीर पूरी तरह शक्तिहीन हो चुका था। मानो जीवनीशक्ति एकदम चुक गयी हो। उन्हें कुछ भी बोलना नितान्त मुश्किल हो रहा था। जरा-सी चेतना लौटती तो वे मन्द स्वर में कुछ कहने का प्रयास

करते पर उनके भीतर बहुत बेचैनी थी। सघन पीड़ा उन्हें घेरे हुई थी। पर विचारशक्ति में कोई कमी नहीं दिखाई पड़ रही थी और वे इस परिस्थिति में भी अपने निर्णय पर अटल थे।

जेल अधिकारियों ने यतीन्द्र के पिता को सूचना भेज दी। जेल अधिकारियों ने उनके भाई किरनचन्द्र दास से अनुरोध किया कि वे हर समय यतीन्द्र के पास रहें और उनकी देखभाल व निगरानी रखें। यतीन्द्र के अलावा शिव वर्मा, कमलनाथ तिवाड़ी तथा जयदेव कपूर भी बहुत अशक्त हो रहे थे। जयदेव को तो ज्वर भी था।

अब 16 अगस्त आ गया। पंजाब सरकार ने जेलों में राजबन्दियों की समस्याओं पर विचारार्थ एक समिति गठित की जिसमें सरकारी पक्ष के लोग तो थे ही, कुछ बाहरी व्यक्तियों को भी रखा गया। उत्तर प्रदेश सरकार ने जो जेल इनक्वाइरी कमेटी बनाई थी, उसने भी राजदरबारियों की बुनियादी हालत पर कोई विचार नहीं किया, न ही अलग श्रेणी स्वीकार की।

17 अगस्त को अनशनकारियों की स्थिति अत्यधिक चिन्ताजनक हो गयी।

21 अगस्त को डॉ. गोपीचन्द भार्गव और पुरुषोत्तम दास टंडन बोर्स्टल जेल पहुँचे। उनके साथ भगतसिंह और बटुकेश्वर दत्त को भी सेन्ट्रल जेल से वहाँ जाने की अनुमति दे दी। किरन दा के अनुसार वे यतीन्द्र से मिलने उनकी बैरक में गये जिसे एक अस्पताल में तब्दील कर दिया गया था। यतीन्द्र ने अस्पताल जाने से इनकार कर दिया था, इसलिए बैरक में ही यह व्यवस्था की गयी थी। किरन दा ने वहाँ हुई बातचीत का जो विवरण बताया वह इस प्रकार है—

पुरुषोत्तम दास टंडन : अब आपकी तबियत कैसी है?

यतीन्द्रनाथ दास : मैं ठीक हूँ।

टंडन : आपको जीवित रहने का प्रयत्न करना चाहिए। किसी तरह आपकी जिन्दगी बची रहे।

यतीन्द्र नाथ : मैं जीवित तो हूँ।

टंडन : लेकिन इस तरह बिना दवाई के और ताकत देनेवाली किसी खुराक के आप कैसे जिदा रहेंगे?

यतीन्द्र नाथ : मुझे अपनी निश्चय शक्ति पर विश्वास है। सरकार पर मैं भरोसा नहीं करूँगा। मैंने जो कदम उठाया है उसे वापिस नहीं लूँगा। लेकिन मुझे पूरा विश्वास है कि मेरा आत्मबल मुझे मरने नहीं देगा।

टंडन : मेरे विचार से आपको डॉ. गोपीचन्द भार्गव की सलाह माननी चाहिए। आपको हम यह नहीं कहेंगे कि आप विशेष रूप से ताकत की दवाई खाओ, लेकिन यह तो हो सकता है कि आप कोई ऐसी दवाई जरूर लें जो कम-से-कम दो सप्ताह तक आपको जीवित रख सके ताकि आप अपनी आँखों से

देख लें कि आपकी कुर्बानी किस तरह सफल हुई है।

यतीन्द्र नाथ : यह नहीं हो सकता, इस तरह मुझे चौदह दिन और यातनाएँ भुगतनी पड़ेंगी।

भगतसिंह : आपने मेरा सुझाव मान लिया जो मैंने पिछली मुलाकात में दिया था और एनीमा लेना मान गये। आपका धन्यवाद।

यतीन्द्र नाथ : पिछली बार आपकी बात मान ली थी। लेकिन अब आप यहाँ क्यों आए हैं? मैं आपकी बात नहीं मानूँगा।

टंडन : भगतसिंह यहाँ अपनी इच्छा से नहीं आए, हमने अनुरोध किया था कि वे हमारे साथ यहाँ आएँ।

यतीन्द्र नाथ : सरदार भगतसिंह आपने मुझे बड़ा निराश किया है। आपको यहाँ नहीं आना चाहिए था।

भगतसिंह : मैं तो इन महानुभावों के अनुरोध पर यहाँ आया हूँ। मेरा तो आपसे यही नम्र निवेदन है कि आप कम-से-कम चौदह दिन और जीवित रहने की कोशिश करें और देखें कि जो तपस्या आप कर रहे हैं उसका क्या परिणाम निकलता है। अगर हमारी माँगें पूरी कर दी गयीं तब तो अच्छी बात है अन्यथा हम सब या हममें से कुछ साथी तो अपनी जान पर खेल जाएँगे।

यतीन्द्र नाथ : ये लोग आपको जबर्दस्ती खुराक कैसे देने में सफल होते हैं। आप मुकाबला करते हैं कि नहीं?

भगतसिंह : मैं तो यथाशक्ति मुकाबला करता हूँ लेकिन ये लोग जबर्दस्ती खुराक देने में सफल हो जाते हैं। मेरा यह संघर्ष तो दो साल तक चल सकता है। मेरा नाक काफी बड़ा है और जेलवाले मेरी नासिका में नली आसानी से डाल सकते हैं और मेरे पेट में खुराक पहुँचा देते हैं। मैं तो फिर कहूँगा कि आप केवल जीवित रहने के लिए कम-से-कम एक पाव दूध जरूर पी लिया करें।

डॉ. गोपीचन्द : नहीं, नहीं। यतीन्द्र बहुत कमजोर हो गये हैं। ये दूध नहीं पी सकते। इन्हें दूध हजम नहीं होगा। अगर यह डॉक्टरों की सलाह के मुताबिक दवाई लेते रहें तो दो सप्ताह और ये जीवित रह सकते हैं।

टंडन : डॉक्टर भार्गव ठीक कहते हैं। आपको जेल के डॉक्टरों पर विश्वास नहीं, तो कोई बात नहीं, लेकिन डॉ. भार्गव पर तो आपको भरोसा है। मैं आपको वचन देता हूँ कि ये आपको ऐसी दवाई देंगे जिससे आप सोलह दिन तक किसी तरह जीवित रह सकें।

डॉ. गोपीचन्द : जो वचन टंडन ने दिया है, मैं उसी के मुताबिक आपको दवाई दूँगा और इसके साथ मैं यह भी कहता हूँ कि मेरी दवाई लेकर अगर आप महसूस करें कि आपमें कुछ ताकत आ गयी है तो आप एक दो दिन के लिए

दवाई बन्द कर सकते हैं ताकि आप फिर कमजोर हो जाएँ।

यतीन्द्र नाथ (डॉ. भार्गव से) : मैंने आपकी सलाह पर एनीमा लेना मान लिया और मुझे कुछ आराम महसूस हुआ, लेकिन अब मैं केवल पानी और बरफ ही लूँगा इसके सिवाय और कुछ नहीं।

भगतसिंह : केवल बरफ और पानी—इससे तो आप जीवित नहीं रह सकते। आपको कुछ तो ताकत की खुराक लेनी चाहिए।

यतीन्द्र ने भगतसिंह की भी बात नहीं मानी। उन्होंने थोड़ा-सा दूध लेने से भी साफ इनकार कर दिया। भगतसिंह फिर भी उनसे यही कहते रहे कि वे उनका कहा मान लें। उन्होंने वचन दिया कि उसके बाद वे उनसे कुछ और खाने-पीने को नहीं कहेंगे। यतीन्द्र ने उत्तर दिया कि वे सिर्फ वही दवाई ग्रहण करेंगे जिसे डॉ. भार्गव देंगे।

29 अगस्त आ गयी...

यतीन्द्र ने इस जेल के अधीक्षक के सम्मुख अपनी अन्तिम इच्छा व्यक्त की। कहा कि मृत्यु के बाद उनका पार्थिव शरीर उनके भाई के सुपुर्द कर दिया जाए और उनका अन्तिम संस्कार कलकत्ता के कियोडतोला श्मशानघाट पर किया जाए जहाँ उनकी माँ और बहन की अन्त्येष्टि की गयी थी।

मृत्यु के मुहाने पर खड़े यतीन्द्र का यह कथन कितना भयावह था। एक सन्नाटा पसर गया उन क्षणों में वहाँ। शब्द गूँगे हो गये। समय ने भी जैसे आगे बढ़ने से अपने पैर ठिठका लिये हों। अधीक्षक अपने आँसू नहीं रोक सके। रुँधे गले से मुश्किल से कह पाए—'मैं उच्चाधिकारियों को इस सन्दर्भ में आदेश के लिए पत्र लिखूँगा...।'

मौत अभी कुछ कदम दूर खड़ी थी, पर वह यतीन्द्र को दिखाई पड़ने लगी थी। वे उससे सम्वाद कर रहे थे। न तो उदास थे वे और न कोई पछतावा ही उन्हें सता रहा था। चेहरे पर पूर्ण सन्तुष्टि थी। उनके कमजोर मुखमंडल पर गहरे आत्मविश्वास की झलक थी जिसे हर कोई देख पा रहा था। यह एक जिन्दा शहीद से साक्षात्कार था। जिस किसी ने इस जीवित बलिदानी की उस छवि को देखा वह धन्य हो गया।

किरन दा अपना कलेजा थामे भाई की जिन्दा लाश को बंगाल ले जाने की व्यवस्था में जुट गये। कितना कठिन था यह सब।

मैं उन्हीं किरन दा को आज उनके कलकत्ते के आवास में दुतल्ले पर जयदेव कपूर और कुलतार सिंह के साथ बैठा निहार रहा हूँ। उनके गोरे चेहरे पर इस क्षण तनिक पीड़ा झलक आई है। गुलाबी होंठ कसे हुए हैं और मुट्ठियाँ भी बन्द हैं गोया वह अपने को सम्भाल रहे हों। एकाएक बोले मुझसे—'सुधीर, मैं

अब तक नहीं रोया। भाई ने कहा था मुझसे रोना नहीं। अब जतीन दास के बलिदान की अर्धशती पूरी होने के बाद रोऊँगा मैं...।'

कितनी कठिनाई से कह सके थे किरन दा यह मुझसे। होंठों में हलका-सा कम्पन हुआ था, पर आँसू नहीं निकले। वे तो उनके अपने भीतर भरे हुए थे। इस वक्त वे लाहौर जेल के उन दृश्यों से दो-चार हो रहे होंगे जिन्हें वहाँ यतीन्द्र की देखभाल करते रहकर उन्होंने दीर्घ अवधि तक जिया-भोगा। हम सबने चाय पी ली जो देर से सामने मेज पर रखी ठंडी हो चुकी थी। जयदेव दा ने ही सन्नाटा तोड़ा—'किरन उठो। अब हम लोगों को गेस्ट हाउस में जाकर ठहरना होगा। और भी लोग आ चुके होंगे वहाँ...।

हम फिर वहीं लौट आए। यानी लाहौर की वह जेल जहाँ यतीन्द्र मृत्यु की गोद में सो जाने की अपनी तैयारी में संलग्न थे और किरन दा उनकी मृत देह को कलकत्ता ले जाने का प्रबन्ध कर रहे थे। किरन दा ने लाहौर में रेल अधिकारियों को लिखा कि वे सारा किराया आदि रेल को अदा करेंगे। उन्होंने 'प्रताप' लाहौर के संचालक महाशय कृष्ण के बेटे वीरेन्द्र को शिमला भेजा ताकि वे काँग्रेस विधायकों के जरिये सारी व्यवस्था ठीक-ठाक करा दें। वीरेन्द्र ने यह जिम्मेदारी बखूबी निभाई।

किरन दा ने बताया कि जब यह समाचार यतीन्द्र के साथियों के बीच पहुँचा तो वे इसके लिए तत्पर हो गये कि यतीन्द्र की वह अन्तिम यात्रा दिल्ली से होकर गुजरे ताकि दिल्ली की जनता भी ब्रिटिश सत्ता की उस बेरहमी को अपनी आँखों से देख सके जिसने यतीन्द्र को मौत के मुँह में निमर्मता से ढकेल दिया। तय हुआ कि तूफान एक्सप्रेस जो सुबह लाहौर से चलकर शाम को दिल्ली पहुँचेगी उसी में यतीन्द्र की अरथी रहेगी।

अब दूसरी ओर का दृश्य देखिए। एक ओर सम्भावित मृत्यु की सारी तैयारियाँ हो रही हैं और यतीन्द्र हैं कि कुछ खास लोगों से मुलाकात भी कर रहे हैं। डॉ. गोपीचन्द भार्गव, सरदार सार्दूल सिंह कवीशर और भगतसिंह के पिता सरदार किशन सिंह यतीन्द्र से साक्षात्कार कर रहे हैं। मौत दूर ठिठकी खड़ी इस दृश्य को मुँह छिपाकर देख रही है। वह भी यतीन्द्र की जीवनी शक्ति देखकर भौचक खड़ी उन्हें नमन कर रही है...

डॉ. गोपीचन्द : दास मोशाय, आपने हमारे साथ जो फैसला किया था उस पर आप कायम नहीं रहे।

यतीन्द्र नाथ (धीमे स्वर में) : मैंने तो अपना वचन पूरा किया है। मैंने कहा था कि मैं 14 दिन तक मरनेवाला नहीं। इसके बाद यतीन्द्र ने जितेन्द्र नाथ सान्याल से कहा—'ठीक है, अभी 14 दिन पूरे नहीं हुए लेकिन 4 सितम्बर को

14 दिन पूरे हो जाएँगे और तब तक मेरी मृत्यु नहीं होगी।'

मृत्यु के नजदीक खड़े होकर सूखी हड्डियों तक बचे एक क्रान्तिकारी का कैसा अद्भुत बयान! उस पल यह सुनकर आकाश भी यतीन्द्र के चरणों पर झुककर रोया होगा...

अब देखिये साम्राज्यवाद की चाल कि उसने क्रान्तिकारियों की माँगों पर सहानुभूतिपूर्वक विचार करने का आश्वासन दिया और यतीन्द्र को बिना किसी शर्त के रिहा करने का वचन दिया, क्योंकि वे भूख हड़ताल समाप्त करने को तैयार नहीं हैं। लेकिन भीतरी सच यह था कि यतीन्द्र की रिहाई बिना शर्त नहीं होनी थी। सरकार उन्हें जमानत पर छोड़ रही थी और उसने अपनी ओर से एक व्यक्ति जगदीश चन्द्र को जमानत के लिए तैयार भी कर लिया था। सरकार जानती थी कि यतीन्द्र अब बचेंगे नहीं। वह उनकी जिद और चारित्रिक दृढ़ता को समझ चुकी थी।

सरकार का जमानत का ऐसा प्रस्ताव न तो यतीन्द्र को स्वीकार था, न उनके भाई किरन और न ही यतीन्द्र के किसी साथी को। क्रान्तिकारियों के भीतर रोष था और उनमें से कुछ ने फिर भूख हड़ताल शुरू कर दी। जेल की जाँच कमेटी ने फिर भी किरन दा से अनुरोध किया के वे रिहाई के लिए तैयार हो जाएँ और यह भी कहा कि यतीन्द्र पर लगे मुकदमों को सरकार वापस ले लेगी। पर किरन दा भी अडिग थे। उन्हें भी ऐसा करने का कोई लाभ नहीं लगा। यतीन्द्र कब तक जिन्दा रह सकेंगे, यह सवाल सभी के सामने था। वे उन्हें उस गौरव से वंचित नहीं करना चाहते थे जो एक शहीद को मिलता है। यतीन्द्र जो शहादत की दहलीज पर खड़े थे, बेखौफ, बेफिक्र। उनकी कमजोर आँखों से भी बलिदान का ताप झलक रहा था। शहीद का ओहदा सबको नहीं मिलता। यतीन्द्र इसके सबसे बड़े दावेदार थे। भगतसिंह को उन्होंने पीछे छोड़ दिया था। यतीन्द्र बहुत दूर निकल चुके थे, एक लम्बी और गौरवपूर्ण यात्रा पर जहाँ से पीछे मुड़कर देखना सम्भव नहीं होता। यतीन्द्र ऐसा चाहते भी नहीं थे कि कोई उन्हें अपने सुमार्ग से विचलित कर सके।

...रेल अधिकारियों ने कहा कि यतीन्द्र के पार्थिव शरीर को कलकत्ता ले जाने के लिए 600 रुपये किराया देना होगा तथा मृत शरीर को सुरक्षित रखने के लिए कुछ दवाइयाँ आदि भी प्रयोग में लायी जाएँगी। किरन दा ने बंगाल काँग्रेस के प्रधान नेताजी सुभाष चन्द्र बोस को तार भेज कर पैसे मँगवा लिये। 15 सितम्बर, 1929 को वह धनादेश उन्हें मिल भी गया।

यतीन्द्र की शवयात्रा के लिए उनके भाई ने बंगाल से रुपये मँगवाए हैं,

इस समाचार के छपते ही पंजाब में सब ओर हल्ला हो गया। यह तो बहुत अपमानजनक है। क्या पंजाबी सूबे के लोग इसकी व्यवस्था नहीं कर सकते। किरन दा से कहा गया कि वे बंगाल से आए रुपयों को वापस कर दें। कई लोगों ने किरन दा के पास चेक से पैसे भेजे। दिल्ली से एक पंजाबी मुसलमान ने उन्हें 50 रुपये का चेक पहुँचाया। किरन दा को भी पंजाब की जनता की भावनाओं को स्वीकार करना पड़ा। उन्होंने तार से प्राप्त 600 रुपये 'ट्रिब्यून' के सम्पादक बाबू कालिनाथ राय को दे दिए ताकि उसे सुभाष बाबू को सौंप दिया जाए।

अब सरकार और पुलिस की चिन्ताएँ बढ़ गयीं। वह चाहती थी कि यतीन्द्र का अन्तिम संस्कार लाहौर में ही कर दिया जाए और उनकी राख ही कलकत्ता ले जायी जाए। उसे खौफ था कि यदि यतीन्द्र की मृत देह कलकत्ता ले जायी जाती है तो जनता में उत्तेजना फैल सकती है। यदि लोग हिंसा पर उतारू हो गये तब क्या होगा। रेल विभाग पर दबाव डाला गया पर वह नहीं माना। उसका कहना था कि उसे अपने काम को व्यापारिक ढंग से चलाना है और यदि यतीन्द्र की मृत देह को ले जाने के लिए वाजिब किराया अदा किया जाता है तो उसे इनकार करने का कोई आधार ही नहीं बनता। हैरत होती है कि सरकार ने कलकत्ता के कालीबाड़ी के पुजारी पर दबाव डालकर किरन दा को यह कहलवाया कि यतीन्द्र की शवदाह क्रिया लाहौर में ही कर दी जाए क्योंकि ऐसा किया जाना सूर्यास्त से पूर्व जरूरी है।

यतीन्द्र के लिए लाहौर के अखबारों में खूब छप रहा था। एक खबर थी कि बोर्स्टल जेल के 500 विचाराधीन कैदियों ने अनशनकारी क्रान्तिकारियों के समर्थन में एक शाम को खाना नहीं खाया। 5 सितम्बर को बम्बई में प्रान्तीय काँग्रेस कमेटी की बैठक सरोजनी नायडू की अध्यक्षता में सम्पन्न हुई जिसमें भूख हड़तालियों के साहस की सराहना की गयी और यतीन्द्र के अन्तिम संस्कार के लिए 101 रुपये भेजे गये।

7 सितम्बर को छपा—'यतीन्द्र को बहुत तेज बुखार है और तीन-चार बार वमन हुआ। पिछले एक सप्ताह से वे सो नहीं सके। आज सुबह वह बहुत ही कमजोर हो गये और एकदम निश्चेष्ट पड़े थे। कल से उन्होंने पानी पीना भी छोड़ दिया है। उनके भाई किरन जो उनकी देखभाल करते हैं, वे भी बीमार हो गये हैं और कल से जेल से बाहर भी नहीं आए जैसा कि पहले आया करते थे, क्योंकि उन्हें किसी अनिष्ट के हो जाने की आशंका दिखाई देती है।'

उसी दिन अमृतसर की काँग्रेस कमेटी की भी बैठक हुई जिसमें यतीन्द्र की चर्चा हुई। डॉ. सन्तराम सेठ ने किरन दा को तार दिया कि अमृतसर के नागरिक इस बात को अपने नगर के लिए अपमान की बात समझते हैं कि यतीन्द्र के अन्तिम

संस्कार के लिए किरन ने बंगाल से आए रुपये स्वीकार किये, और उन्होंने कहा कि इतनी रकम तो अमृतसर आसानी से भेज देगा। यतीन्द्र की शवयात्रा के लिए बंगाल से रुपया आए यह स्थिति अमृतसर सहन नहीं कर सकता। अमृतसर के जलियाँवाला बाग में एक जनसभा भी हुई जिसमें इसके लिए धन भी एकत्रित किया गया।

9 सितम्बर का समाचार—'यतीन्द्र रात भर बेचैन रहे। उनको आज बुखार नहीं। आप न तो पानी पीते हैं और न ही कोई दवाई लेते हैं। आज की नब्ज की गति 80 है।'

समाचार और भी थे—'शिव वर्मा की हालत अचानक खराब हो गयी। बयान किया जाता है कि परसों उनको जो जबर्दस्ती खुराक दी गयी उसके कारण यह नयी तकलीफ पैदा हुई है। उनको खून की उल्टी आई है।'

'विजय, अजय और किशोरी लाल कोठरियों में हैं। मालूम होता है उनको भी खून की उल्टी आई है—उनकी हालत इतनी कमजोर है कि उन्हें जबर्दस्ती खुराक नहीं दी जा सकती।'

पूरा देश यतीन्द्र के लिए चिन्तित था। सबका ध्यान उन्हीं की ओर था। सबके मनों में था कि अगले क्षण पता नहीं क्या होगा।

10 सितम्बर के समाचार और भी चिन्ताएँ बढ़ा देनेवाले थे—'लाहौर से प्राप्त यतीन्द्र के बारे में जो नवीनतम खबर मिली है वह बड़ी ही निराशापूर्ण और चिन्ताजनक है। यतीन्द्र एकदम निश्चेष्ट पड़े हैं, जीवन के चिह्न एकदम लुप्त हो रहे हैं। उनके मस्तिष्क में रक्त नहीं रहा। उनके बोलने और देखने की शक्ति नष्ट हो गयी है। उनकी हालत ऐसी है कि कोई अनुभवी डॉक्टर ही उनके शरीर में कहीं छिपी मद्धिम-सी गति को महसूस कर सकता है।'

'अन्य भूख हड़तालियों की हालत भी इसी तरह खराब हो रही है। उनको तेज बुखार है और खून की उल्टियाँ हो रही हैं।'

'काँग्रेस की ओर से नियुक्त डिफेन्स कमेटी ने यह फैसला किया है कि यदि यतीन्द्र का प्राणान्त हो जाए तो उनके पार्थिव शरीर को कलकत्ता ले जाने के सभी प्रबन्ध किए जाएँ। लाहौर के लाला दुलीचन्द और डॉ. गोपीचन्द को सभी प्रबन्ध करने का अधिकार दिया गया है।'

'खबर है कि किरन जिला मजिस्ट्रेट और बोर्स्टल जेल के अधीधक से पत्र-व्यवहार कर रहे हैं ताकि उन्हें उनके भाई का मृतक शरीर मिल जाए।'

इस बीच कुछ ऐसी भी खबर उड़ी कि भूख हड़तालियों ने अनशन समाप्त कर दिया है, पर इसकी पुष्टि नहीं हो पायी। शायद यह सरकार की कोई चाल हो।

किरन दा पर कुछ प्रतिबन्ध भी लगा दिए गये। वे जिस तरह बिना रोक-

टोक जेल में अपने भाई की सेवा-टहल करने के लिए आते-जाते थे, अब उनकी तलाशी ली जाने लगी। किरन दा ने इस पर आपत्ति व्यक्त की। कहा कि यदि ऐसा किया गया तो वे अपने भाई की देखभाल के लिए उपस्थित नहीं हो सकते।

अगले दिन भगतसिंह ने सरकारी नीति पर कठोर शब्दों में कहा—'यतीन्द्र तो अब मरणशैय्या पर है। सरकार ने उनको रिहा नहीं किया, इसका क्या कारण हो सकता है?'

सरकारी वकील : सरकार जमानत पर रिहा करने को तैयार है।

भगतसिंह : लेकिन जमानत की रिहाई वाली बात किसी को मंजूर नहीं। यतीन्द्र की जिन्दगी बचाने के लिए क्या सरकार उन्हें बिना किसी शर्त के छोड़ नहीं सकती थी? जेल से बाहर जब उनका स्वास्थ्य ठीक हो जाता है तो वे दूसरी बार गिरफ्तार किए जा सकते थे, लेकिन जो व्यक्ति जीवन की अन्तिम साँसें ले रहा है वह कहीं भाग तो नहीं जाएगा। शायद आपको मालूम है कि काकोरी केस के अभियुक्त सेठ दामोदर स्वरूप, जो बहुत बीमार थे, बिना शर्त रिहा कर दिए गये थे और वे अब तक जेल से बाहर हैं।

सरकारी वकील : लेकिन इस मामले में तो सरकार ज्यादा से ज्यादा जो नरमी दिखा सकती थी उसने दिखाई है। और सरकार ने जमानत पर रिहाई वाली शर्त पर कायम रहने का जो फैसला किया है वह अच्छा ही है और ऐसा ही होना चाहिए। यतीन्द्र थे ही किसी और मिट्टी के बने। जब चल पड़े तो पीछे मुड़कर देखना उनके स्वभाव में नहीं था। वे हिमालय की तरह अडिग और अचल थे। वे ही थे जिन्होंने भूख हड़ताल तोड़ने के मामले में भगतसिंह का अनुरोध भी ठुकरा दिया, जबकि प्रारम्भ वे अनशन के कदम का विरोध कर रहे थे। यतीन्द्र के इस तरह दृढ़ प्रतिज्ञ होने का अनुमान भगतसिंह को था, पर वे उन्हें मृत्यु के मुँह में जाने नहीं देना चाहते थे।

12 सितम्बर की चिकित्सीय रिपोर्ट इस तरह थी—'यतीन्द्र को बुखार है। प्रात: तापमान 100 डिग्री था। शाम को 99 डिग्री। नब्ज 130 प्रति मिनट है। बहुत तेज और अनिश्चित। बेचैनी और खाँसी की शिकायत बनी हुई है। विचार शक्ति अभी तक अक्षुण्ण है। उनको पानी, जिसमें ग्लूकोज मिला हुआ होता है, दिया जा रहा है, लेकिन ग्लूकोज वाली बात यतीन्द्र को मालूम नहीं।'

...और अब आ गया 13 सितम्बर। प्रात: काल था। यतीन्द्र के बचने की कोई आशा पहले भी न थी, और आज भी स्थितियों में कोई परिवर्तन नहीं था।

यतीन्द्र कुछ देख नहीं पा रहे थे। एकाएक उन्होंने अपने भाई किरन की ओर आँख भर निहारा। खूब ध्यान से देखा जैसे अन्तिम बार उन्हें भर देख लेना

चाह रहे हों। किरन दा के चेहरे पर हलकी-सी मुस्कराहट आई। किंचित् होंठ हिले। यतीन्द्र ने उन्हें अपने पास बुलाया। कहा—'मैं अपने आपको पहले भारतीय समझता हूँ, बंगाली तो जरूर हूँ लेकिन मैं सारे भारत का हूँ इसलिए मैं नहीं चाहता कि मेरे शरीर को लाहौर की कालीबाड़ी में ले जाया जाए।' फिर उन्होंने धीरे से कहा कि मेरे अन्तिम संस्कार के लिए पंजाब के लोगों की भावनाओं का भी ध्यान रखा जाए क्योंकि वे उन्हें बहुत प्यार करते हैं। शायद यतीन्द्र को लगने लगा कि सरकार उनके शव को बंगाल नहीं ले जाने देगी।

आज सब कुछ ठीक-ठाक था। हर रोज की तरह। वैसी ही सुबह। उसी तरह की डोलती हवाएँ। सूरज की रोशनी और वृक्षों का हिलना-डुलना भी पहले जैसा ही। चिड़ियों की चहचहाहट भी जेल की चहारदीवारी के भीतर गूँज रही थी किसी संगीत की मानिन्द। यतीन्द्र ने फिर धीरे से किरन दा से कहा—'मैं यह नहीं चाहता कि मेरा संस्कार लाहौर की कालीबाड़ी में किया जाए।' ऐसा कहना उनका बुदबुदाने जैसा था। अत्यन्त क्षीण स्वर, बहुत अस्पष्ट और ठहरकर कुछ सोचकर बोलने जैसा।

विजय दा (विजय कुमार सिन्हा) उनके निकट आ गये थे। उन्होंने एक पल को यतीन्द्र का चेहरा देखा, फिर उनकी नब्ज पर हाथ रखा। यतीन्द्र ने धीमे-से कुछ कहा जो सुनाई नहीं दिया। क्या यह यतीन्द्र का अन्तिम क्षण है। विजय दा घबराए। वे देख रहे थे कि उनकी नब्ज निरन्तर गिरती जा रही है। किसी भी पल सब कुछ समाप्त हो सकता है।

किरन दा दौड़े-दौड़े जेल के दफ्तर में गये। उन्होंने फोन पर 'फ्री प्रेस', डॉ. गोपीचन्द और पंजाब सरकार के जेल विभाग के उप-महानिरीक्षक को यतीन्द्र की स्थिति की सूचना दी। इसके बाद वे जल्दी ही यतीन्द्र के पास लौट आए। यतीन्द्र का दम घुटने लगा था, बीच-बीच में हिचकियाँ भी आ रही थीं। सभी को लगा कि यह उनका अन्त है...

यतीन्द्र ने पहले ही कह रखा था कि जब उनका आखिरी पल हो तो रवीन्द्र नाथ ठाकुर का वह गीत गाया जाए—'एकला चलो रे।' किरन दा और विजय दा ने मिलकर वह गीत गाया। एक अपने सगे भाई को अन्तिम विदाई दे रहा था और दूसरा अपने क्रान्तिकारी साथी को इस गीत की पंक्तियों के माध्यम से आखिरी सलाम कह रहा था। कैसे रहे होंगे वे पल और दोनों के रुदन भरे स्वर। न पहले और न ही इसके बाद फिर कभी किसी ने इस गीत को इस तरह गाया होगा—'जदि तोर डाक सुने कोई न आशे तवे एकला चलो रे' अर्थात हे यात्री, अगर कोई तुम्हारा साथी कोई भी न हो तो भी तुम चलो, अकेले ही आगे बढ़ो।

रचना भी धन्य हो गयी, रचनेवाला भी और मृत्यु शैया पर अन्तिम नींद में लिप्त होने जा रहा वह शहीद भी जिसका नाम यतीन्द्र नाथ था और बंगाल जिसे प्यार से 'जतीन दास' के नाम से पुकारता था...

जेल अधिकारी भी वहाँ आ जुटे थे। डॉक्टर मेजरपुरी भी समझ चुके थे कि यतीन्द्र के वे अन्तिम पल हैं। जेल के सभी बन्दियों को कोठरियों और बैरकों में बन्द कर दिया गया। कहीं यतीन्द्र की मृत्यु के समय कोई हंगामा न हो जाए।

इस जेल में सजा काट रहे पंजाब के देशभक्त मास्टर मोतासिंह समझ गये कि यतीन्द्र की शहादत का समय आ गया है। उन्होंने अपनी बैरक से ही 'यतीन्द्रनाथ दास जिन्दाबाद' का जोरदार नारा लगाया। फिर तो सब ओर से तेज नारों के स्वर ऐसे गूँजे कि बाहर तक खबर लग गयी। जनता जेल के दरवाजे पर जमा होने लगी। पुलिस को उसे रोके रखने का इन्तजाम करना पड़ा।

किरन दा ने दौड़कर लाल गुलाब के फूल मँगवाए। यतीन्द्र को यह फूल बहुत पसन्द थे और उन्होंने कहा भी था कि उनके मृत शरीर पर लाल गुलाब ही रखे जाएँ। यह व्यवस्था जेल अधिकारियों ने तुरन्त करा दी। किरन दा ने अपने पिता और नेताजी सुभाष चन्द्र बोस को अविलम्ब यह सूचना भिजवाने को कहा। सुबह से किरन दा ने कुछ भी नहीं खाया था। वे तो यतीन्द्र के निकट ही थे और उन्हें भरी आँखों अन्तिम यात्रा पर जाता हुआ देख रहे थे। यह सब कितना भयावह था। दोपहर को 1 बजे यतीन्द्र ने प्राण त्याग दिए। उस समय उनका सिर किरन दा की गोद में था...

यतीन्द्र शहीद हो चुके थे। एक ऐसी शहादत जिसमें वे प्रतिपल मृत्यु की ओर बढ़ते ही चले गये। वे अपने किए भारतीय स्वातन्त्र्य-युद्ध में एक अनोखे इतिहास के रचयिता बन गये।

मैं कलकत्ते के अमिता घोष मार्ग के 1 नम्बर आवास के दुतल्ले पर बैठे हुए किरन दा को बार-बार देख रहा हूँ। उन आँखों में झाँक रहा हूँ जिन्होंने यतीन्द्रनाथ दास को देखा था। मैं बलिदान की उस अमर कथा को शब्द-ब-शब्द सुन रहा हूँ और जिसे कागज पर उतारते हुए मेरी आँखों से अश्रुधारा बहने लगी है। मैं एकाएक उठकर किरन दा के चरणस्पर्श करता हूँ, उनकी गोरी कमजोर उँगलियों को अपने हाथों में थाम लेता हूँ जिन्होंने यतीन्द्र को छुआ था...

जेल की जरूरी कार्यवाही के बाद शहीद यतीन्द्र का शव किरन दा और यतीन्द्र के साथी जेल के भीतरी दरवाजे तक ले जाते हैं। फिर बाहरी दरवाजे तक यह जिम्मेदारी जेल के वार्डरों ने सम्भाली। बाहर 'इन्कलाब जिन्दाबाद और 'यतीन्द्रनाथ दास अमर रहें' के नारों के बीच डॉ. गोपीचन्द भार्गव को मजिस्ट्रेट

ने उनका शव सौंप दिया। वहाँ बहुत से लोग थे—डॉ. मुहम्मदआलम, डॉ. सैफुद्दीन किचलू, सरदार सार्दूलसिंह कवीशर, डॉ. बनारसीदास, भगतसिंह के पिता सरदार किशन सिंह, लाहौर के लाला दुलीचन्द आदि। इन सबने शहीद की अरथी को कन्धा दिया। बटुकेश्वर दत्त की बहन प्रमिला और दुर्गा भाभी भी वहाँ थीं। भीड़ बहुत थी। अनुमान है कि करीब 25 हजार लोग रहे होंगे। सब बड़े जोश में थे। यतीन्द्र की अरथी के निकट पहुँचकर सब यतीन्द्र को देखना और कन्धा लगाना चाहते थे। सारे शहर में हड़ताल थी। सब ओर शोक की लहर। पर जनता जोश में थी। जुलूस जेल रोड से लिटन रोड और पुरानी अनारकली, मालरोड के चौक से होता हुआ नगरपालिका बाजार के पास से लाहौरी गेट और सुत्तर मंडी पहुँचा। किरन दा को भी लोगों ने कन्धों पर उठा लिया था। लोगों को दिल्ली गेट तक पहुँचते-पहुँचते पाँच घंटे लग गये। नारों से आकाश गुंजायमान हो रहा था। कहीं कौमी गीत, कहीं बैंड-बाजे तो कहीं छाती पीटकर शोक की अभिव्यक्ति। चौकमती पर तो लोगों ने अरथी पर रुपये-पैसे भी बरसाए। जहाँ तक आँखें देख सकें वहाँ तक लोगों के सिर ही सिर। अपार भीड़। सबके भीतर देशभक्ति का जज्बा हिलोरें ले रहा था। यतीन्द्र बंगाल के थे पर लग रहा था कि वे इसी पंजाब की धरती के पुत्र हैं। ऐसा दृश्य लाहौर के इतिहास में पहले कभी नहीं देखा गया।

किरन दा की आँखें कभी अपने शहीद भाई की अरथी को देखतीं तो कभी जनता के उस हुजूम को जो उस शहादत को अभूतपूर्व सम्मान दे रही थी। लोग किरन के चेहरे में यतीन्द्र को देख रहे थे।

दिल्ली गेट में जहाँ जुलूस खत्म हुआ, वहीं म्यूनिसिपल मैदान में एक शोकसभा का आयोजन किया गया। ऊँचे चबूतरे पर शहीद यतीन्द्र की अरथी जिस पर निरन्तर पुष्पों की वर्षा हो रही थी। डॉ. गोपीचन्द भार्गव ने भी ऐसा ही किया और साथ में यह भी कहा कि वे भविष्य में कभी ऐसी संस्थाओं की सदस्यता नहीं स्वीकार करेंगे। उनके भीतर इस बात की पीड़ा थी कि वे विधान परिषद् में रहे होने के बावजूद यतीन्द्र के जीवन को नहीं बचा पाए।

इसके बाद नौलखा पुलिस थाने के पास शहीदगंज में जुलूस का समापन हो गया। अब अरथी को रेल साइडिंग पर ले जाया गया। डॉ. गोपीचन्द ने यतीन्द्र के शव को कुछ टीके लगवाए और फिर उसे शव पेटिका में रखवा दिया गया।

अब शहीद यतीन्द्र नाथ को हावड़ा तक लम्बी यात्रा करनी थी जहाँ पहुँचकर उन्हें बंगाल की अपनी मिट्टी में मिल जाना था।

लाहौर से इस विदाई के समय किरन दा ने जो वक्तव्य दिया वह इस प्रकार

है—''लाहौर से जाने से पहले यह मैं अपना कर्तव्य समझता हूँ कि पंजाब निवासियों के प्रति आभार प्रकट करूँ। यह मात्र एक औपचारिकता नहीं, लेकिन मैं हार्दिक धन्यवाद कर रहा हूँ और सच्चे दिल से आप सबका अनुगृहीत हूँ। मैं पंजाब में अढ़ाई महीने रहा, यहाँ की जनता ने मुझे इतना प्यार किया और सहृदयता से मेरी सहायता की कि बयान करने के लिए मुझे पर्याप्त शब्द नहीं मिल रहे। मैं पंजाब निवासियों का नतमस्तक अभिवादन करता हूँ। आपने बड़ी सहृदयता दिखाई है और इतिहास में पंजाब के नाम को और भी ऊँचा किया है। मेरे मन में आपके प्रति कृतज्ञता की जो भावना है उसे मैं आपके सामने कैसे बयान करूँ। मैं तो यही कहूँगा कि पंजाब में रहनेवाले हमारे बन्धु और साथी मेरे इस आभार प्रदर्शन को स्वीकार करें—इन दिनों जिस कठिन अग्निपरीक्षा से हम गुजरे हैं, उसमें आपने सदा ही हमारे साथ सहानुभूति दिखाई, हमारे प्रति आदर और सम्मान दिखाया और उदारता से हमारी सहायता की—एक बार फिर आप सबका धन्यवाद।''

किरन दा का यह वक्तव्य अगले रोज यानी 14 सितम्बर को लाहौर में 'ट्रिब्यून' में प्रकाशित हुआ था। पिछले दिन पं. मोतीलाल नेहरू ने केन्द्रीय धारासभा में यतीन्द्र की शहादत पर एक स्थगन प्रस्ताव का नोटिस दिया था जिसमें सरकार के रवैये की निन्दा के साथ ही क्रान्तिकारियों के अनशन का जिक्र था जिसके लिए यतीन्द्र ने बलिदान दिया था। इसके साथ ही एक अन्य समाचार बहुत मार्मिक था जिसमें लिखा था कि केन्द्रीय धारासभा के गैर सरकारी सदस्यों ने साधारणतया और स्वराज्य पार्टी के सदस्यों ने सर जार्ज शुस्टर की जलपान पार्टी का बायकॉट किया था। मोतीलाल ने अपने दल के सदस्यों को एक सचेतक भी जारी किया था—'यतीन्द्रनाथ दास ने अपने विश्वास और सिद्धान्तों के अनुसार बलिदान के मार्ग पर चलते हुए देश की आजादी के लिए अपनी जिन्दगी कुर्बान कर दी। हमारे लिए यही उपयुक्त है कि हमारा कोई भी सदस्य इस जलपान समारोह में शामिल न हो और अमर शहीद की पुण्य स्मृति में हमारी श्रद्धांजलि का एक रूप यह भी हो सकता है।'

'ट्रिब्यून' लाहौर ने तो कुछ इस तरह लिखा था—'यतीन्द्र दास भी ईसा मसीह की तरह शहीद थे। संसार ने प्रभु मसीह को नतमस्तक होकर तभी स्वीकार किया जब काँटों का ताज पहनाकर सूली पर यातनाओं से उनका प्राणान्त कर दिया गया, इसी तरह यतीन्द्र दास का नाम भी शहीदों में सवोपरि है। ब्रिटिश सरकार ने यतीन्द्र दास को शहीद करके सम्मानित किया, यद्यपि उसका उद्देश्य उन लोगों के दिलों में भय पैदा करना था जो ब्रिटिश साम्राज्य को चुनौती देते हैं।'

'लिबर्टी' कलकत्ता में छपा था—'कमल से भी ज्यादा कोमल और वज्र

से भी अधिक कठोर—ये शब्द थे उन लोगों के जिन्होंने लाहौर जेल में मृत्यु से युद्ध करते हुए यतीन्द्र दास के दर्शन किए थे। यतीन्द्र के व्यक्तित्व में यही तो मुख्य गुण था, अपने निश्चय पर अडिग और अजेय रहना ही तो वीरता का लक्षण है, उसमें एक भी अँग्रेज स्त्री या पुरुष नजदीक न फटकता।'

...और लाहौर में 14 सितम्बर की इस सुबह का नजारा तो अजब ही था। लोग तड़के ही घरों से निकल पड़े। उनके हृदय उमड़े पड़ रहे थे। सबके हाथों में लाल गुलाब के फूल थे और यतीन्द्र के नाम के जयकारे। ट्रेन प्रातः ही रवाना होने को थी और जो भी पहुँचा वह शहीद के अन्तिम दर्शन कर उन्हें अपनी पुष्पांजलि अर्पित करने को उतावला था। उस रोज प्लेटफार्म टिकटों की बिक्री बन्द कर दी गयी थी। वहाँ तिल रखने को जगह शेष न थी। कुछ लोग यह भी चाहते थे कि लाहौर से अगले स्टेशन का टिकट मिल जाए और वे वहाँ तक अपने प्यारे शहीद यतीन्द्र को विदा कर आएँ। भीड़ के मध्य जैसे-तैसे किरन दा उस डिब्बे में सवार हो गये। ट्रेन के रवाना होने से पूर्व सभी ने शवपेटिका पर पुष्पवर्षा की और स्वयंसेवकों ने सलामी दी। किरन दा के साथ अविनाश चन्द्र बाली और मोहनलाल गौतम भी जा रहे थे जो डिफेन्स कमेटी के सदस्य थे। बटुकेश्वर दत्त की बहन प्रमिला थीं और दुर्गा भाभी भी अपने बेटे शची के साथ रवाना हो रही थीं। ट्रेन चली तो लोगों ने देखा कि बहुत से लोग उस डिब्बे की छतों पर चढ़े हैं जिसमें यतीन्द्र की शवपेटिका रखी है। डिब्बे के दरवाजे पर एक काला झंडा और यतीन्द्र की तस्वीर लगाई गयी थी।

लाहौर छावनी स्टेशन पर पंजाब प्रान्त के दानवीर सर गंगाराम के पोते आफताब राय आए जिनकी कोठी स्टेशन के सामने ही थी। उन्होंने शवपेटिका पर गुलाब जल छिड़का। लोगों ने 'यतीन्द्रनाथ दास जिन्दाबाद' के नारे लगाए। बठिंडा में भी ऐसा ही दृश्य था।

दिल्ली में जनता का सैलाब ही उमड़ आया। सब यतीन्द्र के शव को देखना चाहते थे। पर यह सम्भव नहीं था। स्टेशन की इमारतें और बाहर की जगहें लोगों से ठसाठस भरी थीं। दूर तक सिर्फ भीड़ ही दिखाई पड़ रही थी। सबके दिलों में यतीन्द्र थे। कुछ ही लोग उस डिब्बे तक पहुँचकर शव पेटिका देख पाए। दूर से ही पुष्पवर्षा करनेवालों की कमी न थी। दिल्ली में कई सभाएँ हुईं। एक जगह क्रान्तिकारी लाला हनुवन्त सहाय, पंडित इन्द्र जी, लाला देशबन्धु गुप्त तथा अन्य नेताओं ने श्रद्धापूर्वक यतीन्द्र के संघर्ष को याद करते हुए उनके प्रति सम्मान व्यक्त किया।

मथुरा स्टेशन पर जब ट्रेन पहुँची तो उसी तरह जनता ने यतीन्द्र को अपनी

श्रद्धांजलि अर्पित की। ट्रेन जैसे ही रवाना हुई तो उसी डिब्बे में किरन दा को भगवतीचरण और चन्द्रशेखर आज़ाद मिले और आगरा आने पर वे उन्हें सान्त्वना देकर गाड़ी से चुपचाप उतर गये। ये दोनों ही क्रान्तिकारी उन दिनों फरार थे। आज़ाद को जब पता चला कि गाँधी उस रोज आगरा में ही ठहरे थे और वे यतीन्द्र को श्रद्धांजलि देने रेलवे स्टेशन पर नहीं आए तो उन्हें गहरी पीड़ा हुई। इस पर गाँधी ने 17 अक्टूबर, 1929 के 'यंग इंडिया' में अपने विचारों को यों व्यक्त किया था—'मैं यह समझता हूँ कि इस मामले में अपनी राय जाहिर न करूँ तो अच्छा ही है क्योंकि वीर जतीन ने जिस उद्देश्य के लिए मरण व्रत रखा था उसको नुकसान पहुँचेगा। इस समय राष्ट्र के सामने बहुत-सी महत्त्वपूर्ण समस्याएँ हैं जिन पर मेरे विचार यद्यपि बड़े सुस्पष्ट और निश्चित हैं और जिनमें मैं कोई समझौते की गुंजाइश नहीं देखता। तथापि मैं उनके सन्दर्भ में एकदम खामोश रहना ही उचित समझता हूँ। मेरा यह भी मत है कि सार्वजनिक सेवा करनेवाले प्रत्येक व्यक्ति का कभी-कभी यह भी कर्तव्य बन जाता है कि अगर उसे लोगों की नाराजगी का या इससे भी ज्यादा कड़ी सजा का सामना करना पड़े तो भी उसे खामोश रहना चाहिए। और उसे जब कर्तव्य की पुकार हो तो निडर होकर अपनी बात कहने से चूकना नहीं चाहिए, चाहे इसकी कीमत अपनी जिन्दगी देकर भी चुकानी पड़े।'

यतीन्द्र को याद करने के मामले में गाँधी के विचार किस तरह उलझे हुए हैं, इसे इस आलेख से जाना जा सकता है। अनशन को प्राय: गाँधीवादियों का हथियार माना गया है, पर मेरे जानते गाँधी सहित किसी गाँधीवादी ने अनशन में अपने प्राण नहीं दिए। वे किसी भी तरह लड़ाई को उस मुकाम तक ले जाने के पक्षधर ही नहीं थे जहाँ उनके प्राणों पर बन आए। वे साम्राज्यवाद के हितों को ध्यान में रखकर ही कोई कदम उठाते थे। हाँ, आगरा में श्रीचन्द दोनेरिया और श्रीकृष्णदत्त पालीवाल ने स्टेशन पर आकर यतीन्द्र के प्रति सम्मान व्यक्त किया। टुंडला और शिकोहाबाद में भी जनता यतीन्द्र के नारे लगा रही थी। कानपुर शहर में एक बड़ी सार्वजनिक सभा हुई जिसमें मौलाना हसरत मोहानी ने यतीन्द्र की शहादत पर शोक प्रस्ताव प्रस्तुत किया था।

जवाहर लाल नेहरू की श्रद्धांजलि इस प्रकार थी—"भारत की स्वतन्त्रता के लिए अनेक वीरों ने अपने प्राणों की बलि दी है। आज शहीदों की इस आकाश गंगा में एक देदीप्यमान नक्षत्र की वृद्धि हुई है। हमारे नौजवानों में से एक और आगे निकला है और हँसते-हँसते अपने प्राणों को देश की आजादी के लिए बलिदान कर दिया है। जतीन ने जो कुछ किया अपनी आत्मा की आवाज पर

ठीक ही किया, इसलिए अगर हम उनके लिए कुछ शोकपूर्ण शब्द कहें, यह ठीक नहीं और उनकी कुर्बानी तो इतनी महान है कि हम उनकी प्रशंसा में कुछ कहें भी तो क्या कहें। कई सप्ताह की लम्बी और यातनापूर्ण तपस्या के बाद जतीन ने स्वतन्त्रता प्राप्त कर ही ली और एक ऐसे संसार में चले गये, जहाँ अँग्रेजी साम्राज्य का कोई अमल-दखल नहीं। मैंने लाहौर जेल के अस्पताल में जतीन को देखा था—क्या मैं उस चेहरे को कभी भूल सकता हूँ—जिसमें एक सुकुमारी कन्या की सी कोमलता थी। लेकिन इसके साथ ही मैंने यह भी महसूस किया कि उसी चेहरे में लोहे की सी सख्ती और फौलाद की ताकत और बरफ की शीतलता दिखाई देती है और ऐसा चेहरा उसी वीर का हो सकता है जिसकी गणना देश की विभूतियों में होती है। जतीन तो अपना कर्तव्य पूरा करके सफल हुए—लेकिन हम किधर जाएँगे—हमारे सैकड़ों नौजवान ऐसे हैं, जो जेल की काल कोठड़ियों में अपने यौवन और उमंगों भरी जिन्दगी को दाँव पर लगाए बैठे हैं—और देश सेवा कर रहे हैं, लेकिन जिनके साथ इनसानों का सा सुलूक नहीं हो रहा। यह जुल्म कब तक होते रहेंगे। और यह कहाँ का न्याय है कि देश के बहादुर नौजवानों को इतनी यातनाएँ भुगतनी पड़ें। वह दिन कब आएगा कि ये देशभक्त आज़ाद और खुली हवा में साँस ले सकेंगे और एक स्वतन्त्र आकाश के नीचे विचरेंगे। आखिर भूख हड़ताल करने की स्थिति ही क्यों आए? क्या यह हकीकत नहीं कि हमारे देश में उपज के इतने साधन हैं कि सबकी आवश्यकताएँ पूरी हो सकती हैं। तो फिर परिश्रमकर्त्ता मजदूरों और किसानों को भूख का शिकार क्यों होना पड़े और उनको बोझा खींचनेवाले पशुओं का सा जीवन क्यों बिताना पड़े। आओ, हम कमर कस कर तैयार हो जाएँ, अपने दिलों को मजबूत कर लें और परमात्मा से प्रार्थना करें कि हमें भी उसी रास्ते पर कदम उठाना सिखाए जिस पर चलते-चलते जतीन शहीद हो गये हैं। हमें अब यह प्रतिज्ञा करनी है—जिस किसी को हम अपना प्रिय या इष्ट मानते हैं उसके नाम पर—कि हम गुलामी और शोषण का अन्त करके रहेंगे। लेकिन याद रखिए—करनी कथनी कहीं ज्यादा महान होती है—और जब हम अपनी आँखों के सामने जतीन को देश पर कुर्बान होता देख चुके हैं तो फिर कुछ कहने की गुंजाइश ही क्या रह गयी है। नतमस्तक होकर आओ, हम प्रार्थना करें कि परमात्मा हमें आगे बढ़ने की शक्ति प्रदान करे और हम संघर्ष जारी रखें, चाहे यह कितना ही लम्बा क्यों न हो और हमें कितनी ही कुर्बानियाँ क्यों न देनी पड़ें—यह संघर्ष हमारी अन्तिम विजय तक चलता रहे—ऐसा हमारा निश्चय है।''

यतीन्द्र नाथ दास की अनशन में हुई शहादत पर यहाँ हम गाँधी और नेहरू

की अभिव्यक्तियों के अन्तर को स्पष्टत: चीन्ह सकते हैं। नेहरू के भीतर यतीन्द्र और उनके संघर्ष के प्रति सम्मान का गहरा भाव विद्यमान था।

यतीन्द्र के शव को लेकर गाड़ी जब कानपुर पहुँची तब वहाँ का दृश्य तो और भी विचित्र था। पाबन्दियों के बावजूद हजारों की संख्या में लोग स्टेशन पर मौजूद थे। पुरुषोत्तम दास टंडन और पं. बालकृष्ण के साथ जवाहर लाल नेहरू सबसे पहले उस डिब्बे में गये। नेहरू के कहने पर शव पेटिका खोली गयी। उन्होंने सिसकियाँ भरते हुए शहीद के चरण स्पर्श किए। वे बहुत भावावेश में थे, व्याकुल भी। ज्यादा देर तक नहीं ठहर पाए। चेहरे पर उदासी और निराशा थी। आँसू थम रहीं रहे थे उनके। लाहौर षड्यन्त्र केस के क्रान्तिकारी विजय कुमार सिन्हा और अजय घोष की माता भी पधारी थीं। गणेशशंकर विद्यार्थी अस्वस्थता के चलते नहीं पहुँच सके।

अब ट्रेन इलाहाबाद के लिए रवाना हो गयी जहाँ इन्दिरा अपनी 'बाल सेना' के साथ उपस्थित थीं। प्रतिभा सान्याल भी यहाँ आईं। और फिर मुगलसराय, दमोह, आसनसोल होते हुए शाम होते-होते ट्रेन बर्दवान रेलवे स्टेशन पर पहुँच गयी। रास्ते पर के सभी स्टेशनों पर 'वन्दे मातरम', 'यतीन्द्र नाथ दास जिन्दाबाद' और 'इन्कलाब जिन्दाबाद' के नारे गुंजायमान होते रहे। यतीन्द्र की शहादत का समाचार सब जगह फैल चुका था। ट्रेन जिन स्थानों पर नहीं रुकती वहाँ भी लोगों की भीड़ उनकी याद और सम्मान में नारे लगाते दिखाई पड़ रही थी।

16 सितम्बर को दो दिन की यात्रा के बाद यतीन्द्र का शरीर अपनी मातृभूमि की गोद में आ गया। हावड़ा स्टेशन पर ही नेताजी सुभाषचन्द्र बोस, देशबन्धु चितरंजनदास की विधवा श्रीमती बसन्ती देवी, श्रीमती कमला नेहरू, कुमारी प्रभावती दास गुप्त, डॉक्टर विधानचन्द्र राय, रामप्रसाद मुखर्जी आदि लोग मौजूद थे। शव पेटिका को प्लेटफार्म नं. 1 पर रख लिया गया था। स्टेशन से लेकर सड़कों तक लोग ही लोग थे। सब शोक संतप्त थे। वे अपने उदास चेहरों से बंगाल के लाल को सम्मान देने आए थे। कोई कहीं से भी चढ़कर शहीद को देखने का प्रयास कर रहा था तो कोई-कोई खम्भों पर से झाँक रहे थे। शव के इर्द-गिर्द फूलों का ढेर लग गया। मानो आसमान से पुष्पवर्षा हो रही हो।

किरन दा और कुछ दूसरे साथी किसी अन्य रास्ते से घर तक गये जहाँ यतीन्द्र के पिता बैठै थे। सबने उनके चरणस्पर्श किए। फूल मालाएँ अर्पित कीं। किरन दा ने शान्त कहीं निहार रहे पिता बंकिम बिहारी बाबू को बताया कि किस तरह अपने अन्तिम समय में यतीन्द्र ने उन्हें अपना प्रणाम कहा तो वह भी भर आए, पर पुत्र वियोग का उनका दुख भीतर ही बना रहा। वे गरल की भाँति पी गये उसे। धैर्य की मूर्ति बने बंकिम बाबू ने यही कहा—'मेरे पुत्र की शहादत

ने मुझे गौरवान्वित कर दिया है...।'

यतीन्द्र का शव हावड़ा के टाउन हाल में रखा गया जहाँ जनता के लिए उनके अन्तिम दर्शनों का प्रबन्ध था। स्वयंसेवक वहाँ पहरा दे रहे थे और लोग पूरी रात पुष्पांजलि करने आते-जाते रहे। सभी हाथ जोड़े हुए थे। मन में शोक और वेदना उन्हें अस्थिर बना रही थी। तभी किसी ने किरन दा को सूचना दी कि उनके पड़ोस की कोई मुसलमान वृद्धा आयशा बेगम ने यतीन्द्र को बचपन से खिलाया था, वह बहुत बीमार है और उन्हें याद कर रही है। किरन दा उससे मिलने 18 सितम्बर को गये और अगले ही दिन उस बूढ़ी आयशा का निधन हो गया। वह यतीन्द्र के सदमे को बर्दाश्त नहीं कर पायी।

अन्त्येष्टि के लिए अन्तिम यात्रा शुरू हो गयी। डेढ़ लाख लोग अरथी के पीछे थे। लोग नंगे सिर और नंगे पाँव चल रहे थे। जनता बड़े-बड़े पोस्टर उठाए हुए थी। जुलूस जिधर से निकलता, सड़क के दोनों ओर से अरथी पर फूल बरसाए जाते और गुलाब जल छिड़का जाता। भुने हुए चावल और परमल भी शहीद के शव पर न्यौछावर किए गये।

अरथी को चिता के घेरे तक पहुँचने में डेढ़ घंटे का समय लग गया। लोग अरथी से उतरे फूलों को शहीद की निशानी के तौर पर घर ले जाना चाहते थे। 'अमर शहीद यतीन्द्र नाथ दास की जय' के गगनभेदी नारों के बीच जब अरथी चिता पर रखी गयी तो हजारों दर्शक फूट-फूट कर रो पड़े। किरन ने धार्मिक रस्में पूरी कीं—शरीर पर गंगाजल छिड़का और नये वस्त्रों से शरीर को ढँक दिया। इसी समय हेमेन्द्र दास गुप्ता ने यतीन्द्र के पिता का सन्देश एकत्रित जनसमूह को पढ़कर सुनाया—

'हे प्रभो! मैं तुम्हारे श्रीचरणों में अपने पुत्र 'यतीन्द्र' को अपने आँसुओं से भीगी भेंट के रूप में समर्पित करता हूँ। हमारी यही प्रार्थना है कि यतीन्द्र के इस पुनीत आत्मबलिदान के बाद जागृति आ जाए।'

इसके बाद नेताजी सुभाषचन्द्र बोस ने आगे बढ़कर यतीन्द्र के चरणों की धूल उठाकर अपने मस्तक पर लगाई। मातमी और शंखध्वनि के बीच किरन ने चिता को प्रज्जवलित कर दिया। पूरा शरीर जल चुका तो सभी ने मिलकर चिता पर गंगाजल छिड़का और एक-एक मुट्ठी भस्म के लिए लोगों में होड़ लग गयी।

इसी समय प्रो. नृपेन चक्रवर्ती, जिन्होंने बंगवासी कालेज में यतीन्द्र को पढ़ाया था, वे उपस्थित जनसमूह को सम्बोधित करने के लिए खड़े हुए। बोले वे—''यतीन्द्र को पूर्व (बंगाल) में गिरफ्तार करके पश्चिम (पंजाब) ले जाया गया, लेकिन ब्रिटिश सरकार उसे वहाँ नहीं रोक सकी। यतीन्द्र अन्त में कलकत्ता

लौटने में सफल हो गये। यतीन्द्र मेरे विद्यार्थी थे और उनकी शहादत से हम सबको देश के स्वतन्त्रता संग्राम को मजबूत करने की प्रेरणा मिलेगी।'' उन्होंने जनता से यह भी अनुरोध किया कि वे शहीद की भस्मी की शपथ लेकर यह प्रतिज्ञा करें कि आजादी की लड़ाई को इसके अन्तिम और निर्णायक चरण तक जारी रखेंगे ताकि जिस उद्देश्य के लिए इस नौजवान ने अपने प्राणों का बलिदान किया, वह पूरा हो जाए।

यतीन्द्र को देश भर में श्रद्धांजलियाँ दी गयीं। जगह-जगह उनकी स्मृति में सलामी परेड का आयोजन किया गया। यहाँ देशबन्धु पार्क में बंगाल वालंटियर्स कोर द्वारा एक भव्य और शानदार परेड का आयोजन किया गया। नेताजी सुभाष चन्द्र बोस जो बंगाल वालंटियर्स के सर्वोच्च सेनापति थे, वे परेड की कमान सम्भाल रहे थे। वहाँ हजारों की भीड़ थी। सुभाष बाबू ने सबसे पहले मुख्य अतिथि पंजाब के सुप्रसिद्ध नेता डॉ. शेख मुहम्मद आलम का स्वागत किया और कहा कि अमर शहीद यतीन्द्र नाथ दास इसी वालंटियर कोर के एक मेजर थे—वे हममें से ही एक थे—हमें गर्व है कि हमारे एक साथी ने देश के लिए अपने प्राण निछावर करके बंगाल वालंटियर कोर के यश और कीर्ति को चार चाँद लगा दिए। यतीन्द्र को परमात्मा ने दृढ़ आत्मबल का वरदान दिया था जिसके प्रताप से उन्होंने अपने आदर्श स्थापित किए—अनुशासन, दृढ़ निश्चय और निःस्वार्थ बलिदान की भावना। वालंटियर्स को इन आदर्शों को आत्मसात करना चाहिए। वालंटियर्स यतीन्द्र दास की स्मृति को अपने एक बहुमूल्य निधि और बपौती के समान समझें और यतीन्द्र के गुणों का अनुसरण करके वालंटियर्स अपने मार्ग पर अग्रसर होते जाएँ।

डॉ. मुहम्मद आलम ने कहा—''अमर शहीद यतीन्द्र दास केवल बंगाल के ही नहीं थे, सारे भारत को उन पर अधिकार है और सारा राष्ट्र उनकी स्मृति में नतमस्तक हैं। पंजाब की धरती पर उन्होंने प्राण दिए, इसलिए उनकी आत्मा तो पंजाब में है। बंगाल में केवल उनका शरीर आया। उनकी शहादत से पंजाब और बंगाल—भारत के दो महान प्रान्त एकता के सूत्र में बँध गये—और यह अटूट मित्रता एक दिन फल लाएगी। दोनों प्रान्त की जनता कन्धे से कन्धा मिलाकर देश की स्वतन्त्रता के लिए संघर्ष करेगी।' आगे डॉ. आलम ने जनता से पूछा—कौन कहता है कि यतीन्द्र दास चल बसे। आप पंजाब चलो और अपनी आँखों से देखो कि यतीन्द्र जिन्दा हैं, अमर हैं और उनके लिए पंजाब के निवासियों के दिल में जो जगह बन गयी है, सदा कायम रहेगी। सारी दुनिया में रोशनी देनेवाला सूरज पूरब में उदय होता है और पश्चिम में जाकर डूब जाता है, लेकिन

दुनिया जानती है कि जहाँ सूरज डूबता है उसके साथ ही एक नया चमकता हुआ सितारा पूरब में उदय होता है और पश्चिम में जाकर डूब जाता है। इस तरह भारत में गुलामी के अन्धेरे का अन्त होकर रहेगा। यतीन्द्र की शहादत से पंजाब निवासियों ने एक नयी दिशा पायी और वह यह कि वे अपने साम्प्रदायिक झगड़ों को भूल गये हैं। साम्प्रदायिकता का अभिशाप तो विदेशी शासकों और उनके टुकड़ों पर पलनेवाले देशद्रोहियों ने खड़ा कर दिया था। हम तो भारत में राष्ट्रवाद और भातृभावना के लिए प्रसिद्ध हैं—अमर शहीद यतीन्द्र दास जिन्दाबाद!''

जो लोग क्रान्तिकारियों को सिर्फ हथियारबन्द लड़ाई का पक्षधर मानते हैं उनके लिए जरूरी है कि वे यतीन्द्र के जीवन और कृतित्व को नजदीक से देखें। क्रान्तिकारियों का रास्ता हिंसा का कदापि नहीं था। यद्यपि वे इसे बहुत जरूरी तत्त्व के रूप में ही प्रयोग करते थे। उन्होंने यह भी कभी नहीं माना कि पकड़े जाने या जेल में कैद हो जाने से उनकी लड़ाई किसी भाँति थम जाती है, बल्कि बन्दी जीवन में रहते हुए वे हमेशा नये औजारों से अपनी लड़ाई को निरन्तर तेज करते रहे। कभी थके या थम कर नहीं बैठे। जेल में होनेवाले अत्याचारों के विरुद्ध तो उनके संघर्ष की दीर्घ गाथा है जिसे लिपिबद्ध करने के लिए पोथे चाहिए। अन्दमान से लेकर देश भर की जेलों में उनकी लड़ाई की इबारत स्वर्णिम अक्षरों में दर्ज है। भूख हड़तालों का लम्बा रिकार्ड सिर्फ क्रान्तिकारियों के पास है। इस लड़ाई में जान देनेवाले क्रान्तिकारियों में रामरक्खा, महावीर सिंह, मणीन्द्रनाथ बनर्जी जैसे महान आत्मबलिदानियों के नाम आते हैं तो दूसरी ओर योगेशचन्द्र चटर्जी, भगतसिंह, डॉ. गयाप्रसाद, शिव वर्मा, विजय कुमार सिन्हा, जयदेव कपूर ही नहीं, बल्कि काकोरी केस के मन्मथनाथ गुप्त, राजकुमार सिन्हा, मुकुन्दीलाल, शचीन्द्रनाथ बख्शी आदि ने बरेली के केन्द्रीय कारागार में ऐतिहासिक भूख हड़तालें करके राजबन्दियों के अधिकारों की जिस लड़ाई को जीता, वह बहुत रोमांचक है जिसे पढ़ने के लिए आँखें चाहिए। अनशन जैसे हथियार से किसी संघर्ष को अन्जाम तक पहुँचाने के लिए इतिहास में सिर्फ क्रान्तिकारी ही याद किए जाएँगे।

...मैं किरन दा के चरण स्पर्श करके क्रान्तिकारी जयदेव कपूर के साथ कलकत्ता से लौटने लगा हूँ। सप्ताह भर पहले हावड़ा स्टेशन पर हमें लेने किरन दा ही आए थे। वापसी में भी वे हमें छोड़ने आए हमने अपनी इस यात्रा में कलकत्ते का 'महाजती सदन' देखा जो नेताजी सुभाष की स्मृतियों से जुड़ा है और बाहरी कलकत्ते की एक भरी सभा में मैंने भगतसिंह की बहन अमर कौर के साथ यतीन्द्र पर लिखी पुस्तिका भी बड़ी संख्या में वितरित की। किरन दा के परिवार में जो स्नेह मिला, उसकी स्मृतियाँ तो सदैव बनी रहेंगी।

किरन दा अब नहीं रहे। उनके बेटे मिलन चन्द्र दास को मेरी संक्षिप्त-सी याद है जिसके सहारे कभी-कभी उनसे बतिया लेता हूँ। उनके घर पहुँचकर फिर से एक बार यतीन्द्र और किरन दा की स्मृतियों को प्रणाम करने की इच्छा मन में बनी हुई है।

भगतसिंह का लोक नायकत्व

लोकगीतों में शहीद भगतसिंह को सर्वाधिक याद किया गया। इससे उनकी लोकप्रियता का भी पता लगता है। अलीगढ़ जिले के सासनी कसबे के मोहन लाल गुप्त ने भगतसिंह पर रसिया लिखा। भोजपुर के होली गीत में भगतसिंह की याद में अंजरिया भीग जाती है। डॉ. राजेन्द्र रंजन के एक बुन्देली लोकगीत में एक क्रान्तिकारी कहता है कि दुष्ट शासको मेरे गले में तुम फाँसी का फन्दा क्यों नहीं डाल देते। मुझे विश्वास हो रहा है, जल्दी करो, मैं स्वर्ग जाकर भगवान से हजारों भगतसिंह माँग लाऊँगा—

दुष्ट मुँए मोरे पल-पल होत अवार,
क्यों डरो डार गले फाँसी,
सूधा सूरा स्वर्ग को जाऊँ
और हर से माँग भगतसिंह को लाऊँ
भारत को हजार।

त्रिलोकचन्द 'महरुम' ने अपनी रचनाओं और 'शहीद भगतसिंह' और 'देय अय हिलाले शाम' में मुक्ति-संघर्ष में भगतसिंह के योगदान को गाया है। अरजन टन कवि ने लिखा है—

भगत-भगत-सी देशदा भगत प्यारा
सुखदेव ने मुल्क जगा दित्ता
प्यारे राजगुरु कमाल कर दित्ता
सबक गबरूआं ताई सखाल दित्ता

बब्बर अकालियों द्वारा निकली गयी 'बब्बर गूँज' में एक अनाम कवि ने लिखा है—

नधड़क कइ देवो जा फिरंगिआ नूँ
बब्बर बड्ढेगा बाँग गनेरिया जी,

फाँसियाँ, काल कोठड़ियाँ डंडियाँ,
हथिकड़ियाँ छंणकांणा जी, गदरी जोथियाँ, भगतसिंह दीआँ
अमर पंजाबी शाना जी।

श्रीकृष्ण पहलवान ने नौटंकी के माध्यम से स्वतन्त्रता आन्दोलन को अनोखा स्वर दिया। राष्ट्रीय भावना से ओत-प्रोत बहुत-सी नौटंकियाँ जनता के बीच लिखी और खेली गयीं जिनमें 'गाँधी हरन' से लेकर 'कौमी दलेर', 'बलिया बलिदान', 'बलिया का शेर', 'नेताजी सुभाषचन्द्र बोस', 'जुल्म की आग' और 'शहीद भगतसिंह' आदि थीं। हाथरस के उस्ताद मुरलीधर ने 'जलियाँवाला बाग' स्वाँग लिखा। इसी पर आधारित श्रीकृष्ण पहलवान ने 'खूने नाहक' लिखा जिसमें जलियाँवाला बाग की बर्बरतापूर्ण घटना की अभिव्यक्ति थी। 'कौमी दिलेर' में सत्याग्रह तथा देशभक्ति के जज्बे के साथ कौमी एकता की भी अनुगूँज थी। उनकी नौटंकी 'बलिया का शेर' में बलिया के क्रान्तिकारी नायक शहीद चित्तू पांडे के बलिदान की रोमांचक गाथा को अनोखा स्वर प्रदान किया गया। इसी पृष्ठभूमि पर लखनऊ के श्री मनीन्द्रनाथ गोस्वामी उर्फ पं. कक्कू ने बलिया बलिदान की नौटंकी लिखी थी जिसे पूर्वी उत्तर प्रदेश तथा बिहार में खूब लोकप्रियता मिली। यहाँ तक कि 'हिज मास्टर वायज' ने इसके रिकार्ड तैयार कराए। श्रीकृष्ण पहलवान अपनी नौटंकियों के जरिए इस बड़ी जिम्मेदारी को बखूबी निभाते रहे। आश्चर्य होता है कि नौटंकियों के कम पढ़े-लिखे वे लोग किस तरह देश के बड़े सवालों से तब रूबरू हुए थे। नौटंकी के एक कलाकार वसीम अहमद बताया करते थे कि श्रीकृष्ण पहलवान तथा भग्गू दादा की नौटंकी मंडली के अलावा फतेहपुर के मुन्नूलाल तिवारी की मंडली की भी इस दिशा में विशिष्ट भूमिका रही है। उनके अनुसार मुन्नूलाल तो सदैव राष्ट्रीय भावधारा की नौटंकियाँ ही प्रस्तुत करते थे। उन्हें और कोई नौटंकी पसन्द ही नहीं आती थी। दर्शक उनके खेलों को देखने के लिए बड़ी संख्या में पहुँचते। मध्य प्रदेश के अनेक जिलों में उनकी नौटंकियों की धूम थी। दर्शक सिर्फ देखते ही नहीं, बल्कि कलाकारों का सम्मान भी किया करते थे। और यह सब तब था जब कि ऐसी नौटंकियों के छापने और खेले जाने पर प्रतिबन्ध था। कई बार ऐसा होता था कि अँग्रेज पुलिस उन्हें पकड़ लेती या प्रदर्शन रोक देती। उन्हें डराया-धमकाया जाता। तब वे अपने प्रदर्शन रोक देते या फिर जगह बदलकर खेलने लगते। बताया जाता है कि कन्नौज में औरैया (इटावा) के श्रीकृष्ण बलदेव शर्मा को पुलिस नौटंकी के स्टेज से उठाकर ले गयी और जेल में बन्द कर दिया क्योंकि वे ब्रिटिश सत्ता के दमन और शोषण का विरोध कर रहे थे। इन स्थितियों में कई बार नौटंकी कलाकार धार्मिक और पौराणिक कथाओं को इस तरह प्रस्तुत करते कि सीधे तौर पर वह राष्ट्रीय भावना

की बात न कह कर अप्रत्यक्ष ढंग से उस सन्देश को जन-जन तक पहुँचा देते। हल्द्वानी निवासी पं. कन्हैयालाल चतुर्वेदी की नौटंकी 'पिता पुत्र अर्थात् प्रह्लाद का सत्यव्रत' में कुछ इस तरह राष्ट्रीय आन्दोलन को स्वर दिया गया है—

इस अधरम के शोक में भारत है भरपूर।
लेकिन दहशत के सबब हैं सब ही मजबूर।।
दहशत में सब मजबूर हैं लगता न किसको बुरा।
सत धर्म पर जो चल रहा, अन्याय पापी का छुरा।।
ऐसा बनाया जो एक्ट वीरन सहा जाता नहीं।
किस तरह पाओ फतह, तुम शान्ति के हथियार से।
भगवान ही रक्षा करे, अन्यायियों के वार से।।

'उफ भारत सपूत' नौटंकी के एक पात्र का संवाद देखिए—

मुसीबत कौम के सर की अगर हो चाहती हरना।
अभी तुमको पड़ेगी और भी कुर्बानियाँ करना।।
मसल कर मामता को फेंक दो जल्दी से सीने से।
जिए भी गर गुलामी में तो क्या सार है जीने में।।

श्रीकृष्ण पहलवान ने भगतसिंह की जीवनी को आधार बनाकर नवयुवकों को स्वतन्त्रता आन्दोलन में सहभागिता के लिए जिस प्रकार प्रेरित किया वह अद्भुत है। यह उनके साहस की भी मिसाल है। उनकी इस नौटंकी का 'पलना गीत' बहुत मशहूर हुआ—

भोली सूरत पर जाए निसार हमारे प्यारे ललना।
गोद में लेकर तुझको खिलाऊँ, मुख छबि पर बलिहारी जाऊँ।
कर सोलह श्रृंगार झुलावै, तुम्हें हम पलना।।
जुग-जुग जीवो कुँवर हजारी, अमर होय यश कीर्ति तुम्हारी।
गुण गाए संसार शत्रु दल हो दलना।।
वीर देशव्रतधारी बनना, दीनों के हितकारी बनना।
भगतसिंह सरदार नहीं प्रण से टलना।।

और किसी अज्ञात कवि की निम्न पंक्तियाँ बहुत लोकप्रिय हुईं—

फाँसी का झूला झूल गया मर्दाना भगतसिंह।
दुनिया को सबक दे गया मस्ताना भगतसिंह।।
राजगुरु से शिक्षा लो दुनिया के नवयुवको।

सुखदेव से पूछो कहाँ मस्ताना भगतसिंह।।
रोशन कहाँ, अशफ़ाक़ और लहरी, कहाँ बिस्मिल।
आज़ाद से था सच्चा दोस्ताना भगतसिंह।।
स्वागत को वहाँ देवगण में इन्द्र के होंगे।
परियाँ भी गाती होंगी यह तराना भगतसिंह।।
दुनिया की हर एक चीज को हम भूल क्यों न जाएँ।
भूले ना मगर दिल से तेरा मुसकाना भगतसिंह।।
भारत के पत्ते-पत्ते पे सोने से लिखेंगे।
राजगुरु, सुखदेव और मस्ताना भगतसिंह।।

फरीदाबाद के हमारे मित्र राजेन्द्र चोपड़ा विभाजन से पूर्व लाहौर में रहते थे। पिछले दिनों उनकी माँ बीमार थीं तो उन्होंने मुझे बताया कि जब भगतसिंह को चोरी से फाँसी चढ़ा दिया गया तब वहाँ तीन वक्त चूल्हे नहीं जले थे। उस समय औरतें कुछ ऐसे गीत गाती थीं और रोती थीं—

भारत माँ पुकारदी भगतसिंह प्यारया
देश दी खातिर अपणी जान नूं वारया
अद्धी रात वेले तेगूँ जालमाँ फाँसी ते चाड़या
भगतसिंह दिलेर ने राजगुरु, सुखदेव ने...

मित्र कवि अग्निशेखर ने भी कालेज के दिनों में एक दोस्त से सुना पंजाबी गीत मुझे लिखकर भेजा जो उन्हें अभी तक याद है—

मेरे वीर भगतसिंह नूँ मैं सुनिया
जेल दे अन्दर मार दिता
ओ नारे लान्दा जान्दा सी
ओ गीत वतन दे गान्दा सी
उनूँ पकड़ के जालमा ने मैं सुनिया
जेल दे अन्दर मार दिता

उदे टोटे-टोटे कर दिते
उदे पोटे-पोटे कर दिते
सतलुज दियाँ लहराँ ने मैं सुनिया
फुलाँ ठाँगू तार दिता।

मेरे भगतसिंह नूँ मैं सुनिया
जेल दे अन्दर मार दिता।

पंजाबी भाषा के लोकगीत 'घोड़ी' में भगतसिंह पर खूब गाया है। यह बहुत लोकप्रिय और चर्चित गीत है। इसमें दूल्हा बरात जाने और दूल्हन लाने के समय घोड़ी पर चढ़ता है। यहाँ भगतसिंह घोड़ी पर चढ़ते हैं और इसे रचनेवाले लोक कवि ने दुल्हन की जगह 'मौत' को भगतसिंह के बयाहने जाते दिखाया है। शहादत यानी फाँसी पर जाने का अनोखा चित्रण इस लोक कविता में प्रस्तुत हुआ है—

आवो भैणों रल गावीए घोड़ियाँ
जंआ ते होई ए तियार वे हाँ,
मौत कुड़ी नु परनावण चल्लिया
देशभगत सरदार वे हाँ।

(अर्थात, आओ बहनों मिलकर घोड़ियाँ गाएँ। बरात तो चलने के लिए तैयार है। मौत दुल्हन को ब्याहने के लिए देशभक्त सरदार चला है।)

फाँसी दे तखते वाला खारा बणा के,
बैठा तूँ चौकड़ी मार वे हाँ
हँझूआँ दे पाणी भर नाहवो गड़ोली
लहूँ दी रत्ती मोहली धार वे हाँ।

(अर्थात फाँसी के तख्ते को पटरी बनाकर तुम चौकड़ी मारकर बैठे हो। लोटे में आँसुओं के जल को भरकर नहाओ। लहू की लाल मोटी धार बनी है।)

फाँसी दी टोपी वाला मुकुट बणा के
सिहरा तूँ बद्धा झालरदार वे हाँ।
जंडी ते वड्डी लाडे जोर जुलम दी
सबर दी मार तलवार वे हाँ।

(अर्थात, फाँसी की टोपी वाला मुकुट बनाकर तुमने झालरों वाला सेहरा पहना है। बड़े जोर जुल्म की जंडी को तुमने सब्र की तलवार से काट दिया है।)

राजगुरु ने सुखदेव सरबाले
चढ़िया ते तूँ ही विचकार वे हाँ
वाग फड़ाई तैथों भैंणा ने लैणी
भैणाँ दा रखिया उधर वे हाँ।

(अर्थात, राजगुरु और सुखदेव तुम्हारे सरवाले बने हैं और तुम उनके बीच में चढ़कर बैठे हो। घोड़ी की लगाम पकड़ाने का शगुन तुमने बहनों से उधार रखा है।)

हरीकिशन तेरा बणिया वे साँढू
ढुक्के ते तुसीं इको बार वे हाँ
पैंती करोड़ तेरे जाँई वे लाड़िया
कई पैदल ते कई सवार वे हाँ।

(अर्थात, शहीद हरिकिशन तुम्हारा साढू बना है। तुम दोनों एक ही द्वार पर पहुँचे हो। ओ दूल्हे, तुम्हारे पैंतीस करोड़ बराती हैं, कुछ पैदल और कुछ सवारियों पर हैं।)

कालीआँ पुशाकाँ पाके जँआ जु तुर पईं,
ताइर वीर होइया ए तिओर वे हाँ।

(अर्थात, काली पोशाकें पहनकर बारात जब चल पड़ी तो तायर भी तैयार हो गया।)

बरेली के पुराने पत्रकार धर्मपाल गुप्त 'शलभ' ने मुझे सुनाया कि उनकी माँ एक लोकगीत कुछ इस तरह गाती थीं जो उन्हें पूरी तरह याद नहीं है—

देखो महाभारत के फेर
दुवारा आसार बने
धर्म युधिष्ठिर बने मालवीय
कर्ण बहादुर राय
दुर्योधन बन आये देश में
देखो वायसराय
तेईस मार्च के लाहौर के अन्दर
जयद्रथ बना था मजिस्ट्रेट
गाँधी कृष्ण मुरारी बने।

वे बताते हैं कि भगतसिंह की फाँसी के अगले रोज बरेली में किला से एक झाँकी निकाली गयी थी जिसमें खपच्चियों से लाहौर जेल का नमूना बनाया गया था और एक लोकगीत की पंक्तियाँ गाई जा रही थीं—

देता था लाल परचे लाहौर के थानों में।
हो जाओ सावधान ये कहता था सरदार भगतसिंह।।

मैंने शलभ से कहा कि बमलट की भी एक रचना है, जिसकी शुरूआती पंक्तियाँ इस प्रकार हैं—

आजादी का दीवाना था सरदार भगतसिंह।
फाँसी पर गया झूल वो सरदार भगतसिंह।
आलम की एक शान था सरदार भगतसिंह।
हर बागी का अरमान था सरदार भगतसिंह।
लाहौर का रहने वाला था वो शेर-ओ-बब्बर दिल।
आजादी की थी चाह उसे सरदार भगतसिंह।

'बेधड़क भजन ग्रन्थावली' में पृथ्वीसिंह बेधड़क ने लिखा है—

दोहा—*लायलपुर पंजाब का एक है बंगा ग्राम।*
किशन सिंह का पुत्र था भगतसिंह था नाम।।
राधे.—*एक रोज भगतसिंह अपने चाचा की गोदी में खेलते थे।*
एक अँग्रेज पास में बैठे हुए झूठे पापड़ बेलते थे।।
टोपी उतारकर भगतसिंह ने मुँह पर चपत एक लगाया।
बोला अपने चाचा से यह मेरे देश में क्यों आया।।
उस दिन कुछ जमींदार खेतों में गन्ना बोते थे।
पिता भगत को साथ लिए उस जगह औषधि टोहते थे।।
भगतसिंह ने फौरन ही कहा हाली से पकड़ जुवा।
आधे खेत में जमींदार बन्दूक और पिस्तौल बुवा।।
जिस रोज भगतसिंह ने भाई, स्कूल में मैट्रिक पास किया।
होनहार एक युवक बनेगा माता ने विश्वास किया।।
एक दिन माता ने शादी का जिक्र किया।
माता हर वक्त करें क्यों मेरी सगाई की चिन्ता।।
मगर मुझे है अपने देश की स्वतन्त्रताई की चिन्ता।
अगर हमारी शादी होगी होजा नारी की चिन्ता।।
लड़का होते ही हो जावेगी मुझे तियारी की चिन्ता।
आज झोपड़ी में रहता हूँ नहीं अटारी की चिन्ता।।
स्वतन्त्रताई की चिन्ता में जुड़े लुगाई की चिन्ता।
अब कच्चे गुलाम हैं फिर सच्चे गुलाम होजाँगे।।
काम देश का कर न सकूँगा अच्छे गुलाम हो जाएँगे।
बाग-बगीचे पशु महल चुबच्चे गुलाम हो जाएँगे।।
कुछ दिन तक मुझे रहे पढ़ाई की चिन्ता।2।

साहूकार गुलामी में इससे कंगाली अच्छी हो।
खूबसूरत बदमाश नार से काली-काली अच्छी हो।।
बेइज्जती के हलवे से मट्ठे की प्याली अच्छी हो।
वक्त पर नहर नहीं आवे तो कुँवे रहट की नाली अच्छी हो।
जिस रास्ते से आजादी हो मुझे उसी राह की चिन्ता।3।
तू कहे घुड़चढ़ी देख लूँ मैं फाँसी चढ़ी दिखाऊँगा।
जल्दी आने वाली है वह शुभ की घड़ी दिखाऊँगा।।
जहाँ तू कंगना बाँधना चाहती वहाँ हथकड़ी दिखाऊँगा।
भगवान को जाकर फिर अपनी भूखी अंतड़ी दिखाऊँगा।।
पृथ्वीसिंह बेधड़क को फिर हो कविताई की चिन्ता।4।

शहीद भगतसिंह पर बेधड़क के कुछ और लोकगीत हैं—

दोहा—सुन सुन ऐसी बात को रह गयी मात उदास।
कर लिया था कुछ साल में उसने बी. ए. पास।।
राधे.—लाला लाजपतराय को एक दिन सांडर्स ने मारा था।
उस अँग्रेज को गोली मार कर भगत ने बदला तारा था।।
खत्म साण्डर्स को करके फिर असेम्बली में आया है।
जहाँ पर लगान बढ़ता था बम मारकर बिल रुकवाया है।।
भागना चाहता भग जाता लेकिन वह बहादुर भगा नहीं।
जिससे मृत्यु हो जावे बम किसी के ऐसा लगा नहीं।।
गिरफ्तार हो गया और काले पानी की सजा हुई।
केस दूसरा कत्ल का था सजा फाँसी की सुना दई।।
फाँसी से एक दिन पहले छोटा भाई आया है।
माता की गोदी में बैठकर हाहाकार मचाया है।।

(2)

मत रोवे मेरी माया भगतसिंह पैदा और करूँगी,
भगतसिंह पिन इर्विन कार्ड बने, भगतसिंह सुई इर्विन रिकार्ड बने,
भगत मेरा अबके लार्ड बने, लार्ड गल कटवा आज धरूँगी।।
सम्बन्ध भाई से छूटेगा, नसीबा आज तेरा फूटेगा।
तेरा वीरण फाँसी टूटेगा, भगतसिंह तेरा ही नाम धरूँगी।।
तू रोवे माँ खुशी मनावे, भगतसिंह को फाँसी आवे।
भारत स्वतन्त्र हो जावे, फिर मैं कुछ ना कष्ट भरूँगी।।
बन तू भगतसिंह-सा ढेटा, तू भी तो उसी गोद में लेटा।

सदा बेधड़क बनो बेटा, मैं भी फिर इस तरह मरूँगी।।
भगतसिंह की बहन अमर कौर रोती-रोती आयी है।
माँ ने बेटी लई गोद में इस भाँति बतलाई है।।

(3)

भगतसिंह भक्ति करन गया कल को मुक्ति हो जावेगी हे,
लार्ड इर्विन आतताई के, पूरे अरमान हों आतताई के।
जगत में तेरे भाई के, दुनिया सदा गीत गावेगी हे।
मेरी बेटी तेरा भाई, वतन का सच्चा वीर सिपाही।
मिल जायेगी स्वतन्त्रताई, तेरे भाई को फाँसी जो आवेगी हे।।
वो इकला न हवालात में, राजगुरु सुखदेव साथ में।
हथकड़ी जो उसके हाथ में, देख लिए एक दिन रंग दिखावेगी हे।।
छन्द कथ पृथ्वीसिंह कहे गाके, जा घर बैठो खुशी मनाके।
तेरे भाई का जिकर चलाके, दुनिया निशदिन शीश झुकावेगी हे।।

(4)

मेरी प्यारी तेरा भगत आज फाँसी के ऊपर लटकेगा,
हाय हाय आज गजब होवेगा, सारा भारत रोवेगा।
इर्विन सुख की नींद सोवेगा काँटा कोई न आँख में करकेगा।।
भगतसिंह की स्वर्गलोक की त्यारी, मुझे एक फिकर है बड़ी भारी।
रात दिन उसका दोस्त प्यारा बी. के. दत्त अकेला भटकेगा।।
जिनको तू लाड़ लड़ाया करती, दूध-दुद्धी का प्याया करती।
भगतसिंह कह बुलाया करती, आज सैयाद कलेजा सटकेगा।।
हाय हाय ब्रिटिश गवर्नमेंट, जुल्म तेरे नाम हुए पेटेंट।
पृथ्वीसिंह पार्लियामेंट में चर्चिल चटक चटक कर मटकेगा।।

(5)

चले भारत के तीन सपूत वतन की धीर बँधाने को,
चले भगतसिंह आगे-आगे कहते भाग हमारे जागे।
आजादी की मली भभूत चले गलफाँसी खाने को।।
जीव कभी नहीं मरता तीनों ने आवाज लगाई।
अब देह धारें मजबूत तजें इस महल पुराने को।।
आज ही जन्म दूसरा धारें, धर इर्विन के बदला तारें।

जितने हैं योरुप के ऊत जन्म लें उन्हें मिटाने को।।
छन्द कथ पृथ्वीसिंह गाता है, सारा जग यह बतलाता है।
शमाँ पर नित जलता अवधूत, मजा आता परवाने को।।
दोहा— *भगतसिंह चल दिए मौत से करने प्रीत।*
माता घर पर गा रही थी यह घुड़चढ़ी का गीत।।

(6)

सखी गावो री मंगलाचार भगत मेरा फाँसी चढ़े।
संग राजगुरु दी सुखदेव चले,
कैसी आ रही अजब बहार भगत मेरा फाँसी चढ़े।।
जिसके कंगना हाथों में हथकड़ियाँ बनी,
गले में तौक फूलों जैसा हार।। भगत मेरा...
तीनों रस्सी केले की शोभा दे रहीं,
तख्ते कुंड हवन मजेदार।।
आर्डीनेन्स की पुस्तक संस्कार विधि,
नत्थन करन चला संस्कार।। भगत मेरा...
इतनी कहकर पृथ्वीसिंह सारी रोने लगीं,
अब तो भारत की सुनिये करतार।। भगत मेरा...
जितनी सखी वहाँ पर थीं, वो सारी रोती जाती थीं।
भगतसिंह की माता उनको इस भांति समझाती थीं।।

(7)

क्या हुआ मर जाएगा अहले वतन के वास्ते।
बुलबुलें मर जाती हैं अपने वतन के वास्ते।।
मेरा भगतसिंह फाँसी चढ़े इसमें नयी कोई बात ना।।
सड़ चुकी है जेल में दुनिया गवन के वास्ते।
फूल से फूला बाग कोई उजड़न को हो।
बागबाँ को चाहिए मर जा गुलशन के वास्ते।।
यज्ञ भारत का अब होएगा जरूर।
मिल गयी सामग्री जो चाहती हवन के वास्ते।।
उधर तीनों चल दिए जय बोल भारत मात की।
खुद मरने के वास्ते और दुष्ट दमन के वास्ते।।

(8)

ऐसे कहते थे तीनों भाई, हम तो जाते हैं अपने वतन को।
कल को जन्म दूसरा धारेंगे, बम इंग्लैंड में जाकर मारेंगे।।
रेडी होजा रे ओ आतताई, हम तो जाते हैं अपने वतन से।
नहीं फिक्र मरन का होवेगा, दुखियारा बेचारा रोवेगा।।
प्यारे दत्त से है अलविदाई, हम तो जाते हैं अपने वतन से।
डौन-डौन विद यूनियन जैक, अप-अप दी नेशनल फ्लैग।।
इतनी कह करके फाँसी खाई, हम तो जाते हैं अपने वतन से।
ऐसा नारा लगाया था तीनों ने, पृथ्वीसिंह को बुलवाया तीनों ने।
फिर दुनिया में गा कविताई, हम तो जाते हैं अपने वतन से।।
दोहा—कितने भाई कहते हैं, उनकी देही के टूक किए।
तेल डालकर मिट्टी का सतलज दरिया फूँक दिए।।

मेरठ के डॉ. वेदप्रकाश वटुक ने एक लोकगीत की अधूरी पंक्तियाँ एक रोज मुझे सुनाईं—

मत अइयो तेईस तारीख
महीना बाइस का कर लेईंगे।...

लोकगीतों की विशेषता यह होती है कि उनके रचनाकार का नाम अकसर हमें पता नहीं होता। अनेक बार उनका रचा जाना सामूहिक प्रक्रिया होती है। उसमें लोक चिन्तन की अभिव्यक्ति होती है बिना किसी बनावट या कृत्रिमता के। भगतसिंह पर देश भर की समस्त भाषाओं और बोलियों में अनगिनत लोक गीतों की रचना हुई। इनकी संख्या असंख्य है। इन्हें पढ़कर जाना जा सकता है कि भारतीय जनमानस उनकी फाँसी से कितना उद्वेलित था। इनके केन्द्र में भगतसिंह हैं, पर उसमें चन्द्रशेखर आज़ाद, सुखदेव, राजगुरु, बटुकेश्वर दत्त, यतीन्द्र नाथ दास ही नहीं, भगतसिंह की माँ विद्यावती, पिता सरदार किशनसिंह, बहन बीबी अमर कौर के साथ उनके भाईयों को भी उस गाँव देहात की सामान्य जनता ने विस्मृत नहीं किया है। हमें लोकमानस के इस बौद्धिक कौशल को देखकर आश्चर्य होता है। इन लोकगीतों में भीतर ब्रिटिश साम्राज्यवाद के प्रति नफरत का भाव है और उसे अपने देश से भगाने के लिए की जा रही उसकी कोशिशों के रूप में भी देखा जा सकता है। यह जानकर भी हैरत होती है कि किस तरह कहीं, किसी के द्वारा रचे जाकर ये लोकगीत जल्दी ही अपनी भौगोलिक सीमाएँ लाँघकर देश भर के बच्चों, युवाओं और बूढ़ों के गले का कंठहार बनकर गूँजने लगे। लोकगीतों के साथ यह स्वाभाविक रूप से होता रहा है कि एक से दूसरी जगह

पहुँचते-पहुँचते उनमें कई तरह के परिवर्तन होते रहते हैं। वे लिपिबद्ध न होकर स्मृतियों में गूँजते हुए अपना सफर तय करते हैं। कई बार पीढ़ी-दर-पीढ़ी। इन्हें कविता के कलापक्ष से जोड़कर देखने-मापने का कोई अर्थ नहीं है। इनके भीतर आक्रोश है तो देश के लड़ने की उमंग भी और अपने शहीदों के प्रति सम्मान का अनोखा भाव वहाँ सर्वत्र दिखाई पड़ता है। 'सावर गोरिया' कजरी लोकगीत में अपने शहीदों को खोने का दर्द इस ढंग से व्यक्त हुआ है—

करवा करके गजब तेइस मारच को सबको रुला दिया।
सात बजे के वक्त शाम को फाँसी उनको लगा दिया।
भगतसिंह, राजगुरु, सुखदेव पर क्या आफत ढहा दिया।
चुपके से मिट्टी का तेल छिड़का पीछे से जला दिया।
क्या गजब किया अन्यायी,
नहीं लाश किसी ने पाई,
क्या कहने का रह गया एक अफसाना, सावर गोरिया।
होत सवेरा हिन्दुस्तान में शोर सुनो तत्काल हुआ।
शोक छा गया भारत में बस सभी जगह हरताल हुआ।
समझौते के मौके पर अन्यायी सभी को खयाल हुआ।
हाय सितम! आजादी पर भारत का पूत हलाल हुआ।
नया हुआ उपद्रव भारी,
जो मेरे वीर बलधारी,
कहे मारकंडे महाराज बना के गाना, सावर गोरिया।

एक और लोकगीत में भगतसिंह की फाँसी के बाद जनता का किस तरह आह्वान किया गया है यह देखते ही बनता है—

भारत को गुलामी से आज़ाद करा लेंगे।
इस तरजे हुकूमत को हम मिलकर मिटा देंगे।।
सरदार भगतसिंह का कर देंगे मिशन पूरा।
और दत्त के चरणों में सिर अपना झुका देंगे।।
हिम्मत जो करो मिल के ऐ हिन्दू मुसलमानों।
हमको जो मिटाते हैं हम उनको मिटा देंगे।।
डंडों से डराते हो क्यों हमको पुलिस वालो।
आजादी की खातिर हम सिर अपना कटा देंगे।।
यह कह दो हुकूमत से कि जुल्म किए जाओ।
हम जुल्म की, जालिम की हस्ती को मिटा देंगे।।

अपने प्रिय शहीद भगतसिंह को खोने का दर्द किसी अज्ञात कवि की रचना में इस प्रकार व्यक्त हुआ कि वह तो पहले ही 27 फरवरी, 1931 को क्रान्तिकारी दल के सेनापति चन्द्रशेखर आज़ाद की इलाहाबाद के अल्फ्रेड पार्क में हुई शहादत से गमजदा है और अब मार्च की 23 तारीख को उसने भगतसिंह के साथ राजगुरु और सुखदेव को खो दिया तब तो उसे सारा संसार ही सूना दिखाई पड़ने लगा—

ऐ भगतसिंह आज तू दूनिया से न्यारा हो गया।
हाय! सूना अब तो यह संसार सारा हो गया।।
था महीना मार्च का, तारीख थी, तेईसवीं।
सात बजते ही वतन का गुल सितारा हो गया।।
राजगुरु सुखदेव भी देकर गये रंजो-गम।
हाय! भारतवर्ष मेरा बेसहारा हो गया।।
एक तो दिल पर जमा था, गम मुझे आज़ाद का।
तेरे जाते ही भगतसिंह गम दुबारा हो गया।।
अब किताबों में फकत तेरी कहानी रह गयी।
दूर आँखों से मेरा वह गुल हजारा हो गया।।
आबे-हस्ती पै घिरी है गम की एक कैसी घटा।
दूर गोदी से कि अब भारत का प्यारा हो गया।।
ऐ भगतसिंह आज तू दुनिया से न्यारा हो गया।
हाय! सूना अब तो यह संसार सारा हो गया।।

भगतसिंह पर लिखी कविताएँ बेशुमार हैं पर जो लोक में रची-बसी हैं उनका पृथक् महत्त्व है। इससे लोक के भीतर भगतसिंह की गहरी पैठ का पता मिलता है। उनकी शहादत ने बता दिया कि वे वास्तविक अर्थों में इस देश के लोक नायक थे। जन-जन का जो आदर और प्यार उन्हें मिला वह अन्यत्र दुर्लभ है। भगतसिंह की यह लोक छवि उन्हें और भी बड़ा क्रान्तिकारी बनाती है। अपने जीते वे एक ऐसे क्रान्तिद्रष्टा बन गये जिसने जनमानस को सर्वाधिक प्रभावित किया। शायद इसीलिए उन्हें शहीदों की कतार में 'शहीद-ए-आज़म' का दर्जा मिला।

भगतसिंह तुम्हारा भी तो है लाहौरियाँ दा!

पिछले कुछ अरसे से पाकिस्तान की धरती पर शहीदे आजम भगतसिंह को याद किया जाता रहा है। यह हमारे लिए अत्यन्त सुखद है। भगतसिंह को उनके दो साथियों राजगुरु और सुखदेव के साथ लाहौर की सेन्ट्रल जेल में 23 मार्च, 1931 को ब्रिटिश हुकूमत ने फाँसी पर चढ़ा दिया था। 'लाहौर षड्यन्त्र केस' के नाम से हिन्दुस्तान समाजवादी प्रजातन्त्र संघ के उनके साथी क्रान्तिकारियों पर मुकदमा इसी शहर में चला था। यहीं उन्होंने चन्द्रशेखर आज़ाद के नेतृत्व में लाला लाजपतराय की लाठी प्रहार से हुई मृत्यु का बदला लेने के लिए अँग्रेज पुलिस अफसर सांडर्स पर गोलियाँ चलाई थीं। उनका जन्म भी इसी पंजाब प्रान्त में लायलपुर के बंगा गाँव में हुआ था। देश विभाजन के पश्चात यह हिस्सा पाकिस्तान में चला गया और लायलपुर का नाम बदलकर फैसलाबाद हो गया। भगतसिंह का पैतृक घर भारत के पंजाब प्रान्त के नवांशहर का खटकड़कलाँ गाँव है जहाँ प्रतिवर्ष इस शहीद की स्मृति में मेला लगता है।

लाहौर जेल में भगतसिंह, राजगुरु और सुखदेव को जिस स्थान पर फाँसी की सजा दी गयी थी, वह आज जर्जर और उपेक्षित अवस्था में है। इसके दरवाजे और छतें टूट गयी हैं। पाकिस्तान ने वहाँ इन शहीदों का स्मारक बनाने का वादा कुछ समय पहले किया था जो अब तक पूरा नहीं हुआ। वर्ष 2007 में भगतसिंह के जन्म शताब्दी वर्ष में पाकिस्तान पंजाब प्रान्त के तत्कालीन गवर्नर ने यह आश्वासन दिया था कि फाँसीवाले उस स्थान पर भगतसिंह का स्मारक बनाया जाएगा। ढाई-तीन साल पहले पाकिस्तान के अधिकारियों ने लाहौर के शादमान चौक का नाम भगतसिंह के नाम पर रखने की एक भारतीय एनजीओ की माँग ठुकरा दी थी। 'पीस स्टडीज़' के निदेशक ने पाकिस्तान के तत्कालीन राष्ट्रपति परवेज मुशर्रफ से 2007 में भगतसिंह की 100वीं जयन्ती की पूर्व सन्ध्या पर यह प्रस्ताव रखा था जो पूरा नहीं हुआ। पाकिस्तान के पंजाब प्रान्त के गवर्नर सेवानिवृत्त लेफ्टिनेंट जनरल खालिद मकबूल ने कहा था कि भगतसिंह ने आजादी के लिए

लड़ाई क्रान्तिकारी तरीके से शुरू की थी और उनकी विचारधारा ने युवाओं को काफी प्रभावित किया था। यह खबर जनरल मकबूल के हवाले से 'द डेली टाइम्स' ने दी थी। 'दियाल सिंह रिसर्च और सांस्कृतिक फोरम (डी. एस. आर. सी. एफ.) के निदेशक डॉ. जाफर चीमा ने कहा था कि देश के लिए कुर्बान होनेवाले भगतसिंह को मौलाना जफर अली खान ने शहीद का खिताब दिया था। उस समय शहीद भगतसिंह के परिवार से ताल्लुक रखने का दावा करनेवाले मुहम्मद इकबाल विर्क ने कहा था कि वह लाहौर के संग्रहालय में भगतसिंह से जुड़ी चीज़ों की प्रदर्शनी लगाएँगे। जनरल मकबूल का कहना था कि जाँच-पड़ताल के बाद अगर विर्क के दावे को सही पाया गया तो भगतसिंह से जुड़ी चीज़ों को संग्रहालय में पेश किया जाएगा।

लाहौर का एक अग्रणी शैक्षणिक संस्थान वहाँ के ब्रैडला हॉल को जो अब खंडहर में तब्दील हो गया है, उसे उसका पुराना वैभव लौटने के लिए प्रयत्नशील रहा। भगतसिंह और दूसरे अनेक क्रान्तिकारियों की स्मृति से जुड़ी इस जगह को लाहौर के 'इन्स्टीट्यूट फॉर सेक्युलर स्टडीज़' की अगुआई में सँवारने की भी कोशिशें की गयीं। इसकी प्रमुख सईदा दीप हैं। वे भगतसिंह से बचपन से ही प्रभावित रही हैं और भगतसिंह से जुड़े स्थलों को पुराना गौरव दिलाने के लिए संघर्ष कर रही हैं। तीनेक वर्ष पहले पता चला था कि 23 मार्च को वहाँ भगतसिंह की याद में होनेवाले कार्यक्रम का नेतृत्व सईदा करेंगी। कराची की जानी-मानी लेखिका जाहिदा हिना ने अपने लेख में भगतसिंह को पाकिस्तान का सबसे महान शहीद करार दिया था। उन्होंने कहा कि देश के विभाजन के बाद पाकिस्तान में भी लोगों के दिलों में भगतसिंह के लिए सम्मान में जरा भी कमी नहीं आई। भगतसिंह के जन्मस्थल लायलपुर (अब पाकिस्तान का फैसलाबाद) के गाँव बंगा तक नम्बर 105 को जानेवाली सड़क का नाम 'भगतसिंह रोड' है। इस सड़क का नामकरण फरहान खान ने किया था जो सेवानिवृत्त तहसीलदार हैं। उनकी उम्र अब 85 के आसपास होगी। लाहौर में भगतसिंह के गाँव की तरफ जो सड़क घूमती है, वहाँ भगतसिंह की एक तस्वीर लगी हुई है। पाकिस्तान के कुछ बुद्धिजीवी 'सांझे लोग' नाम से वेबसाइट चलाते हैं जिस पर भगतसिंह की ज़िन्दगी का ब्यौरा दर्ज है। पाकिस्तानी कवि और लेखक अहमद सिंह ने पंजाबी भाषा में 'केड़ी माँ ने जन्मया भगतसिंह' लिखी है। सईदा दीप का उद्देश्य ब्रैडला हॉल को 1947 का रूप देना था जब यह एक महत्त्वपूर्ण शिक्षा केन्द्र की तरह जाना जाता था। यह कभी पंजाब का मुख्यालय हुआ करता था। इसमें स्थापित नेशनल कालेज में ही भगतसिंह ने शिक्षा पायी थी। यह इमारत अब जर्जर हो चुकी है। फिर भी यह हमारी साझी विरासत और मुक्ति संघर्ष का अनोखा स्मारक

है। सुना तो यह भी था कि ब्रैडला हॉल को एक ऐसे संग्रहालय का दर्जा दिया जाएगा जो भगतसिंह और स्वतन्त्रता आन्दोलन को समर्पित होगा। इस इन्स्टीट्यूट का नाम परिवर्तित करने के साथ ही सईदा शादमान चौराहे का नाम भी भगतसिंह के नाम पर रखवाना चाहती थीं जहाँ भगतसिंह और उनके साथियों को फाँसी पर झुलाया गया था। पाकिस्तान सरकार ने लाहौर सेन्ट्रल जेल को तुड़वा दिया था। अब वहाँ शादमान नाम से एक कॉलोनी स्थापित है। शादमान चौक वाले ट्रैफिक चौराहे पर ही भगतसिंह, राजगुरु और सुखदेव को फाँसियाँ दी गयी थीं। सईदा दीप के जेहन में देश की आजादी के लिए इन कुर्बानियों की खास जगह है। उन्होंने इस सम्बन्ध में एक याचिका भी दायर की। यह उल्लेखनीय है कि सईदा अपने छात्र जीवन से ही शहीदे-आजम की प्रशंसक रही हैं। उन्होंने 'डेली टाइम्स' में स्पष्ट कहा भी था कि साल-दर-साल यहाँ भगतसिंह की अहमियत में कमी आई है जिसमें खास भूमिका जनरल जियाउल हक जैसे हुक्मरानों के शासनकाल की रही है। जानने योग्य यह भी है कि उच्चतम न्यायालय के अधिवक्ता आबिद हसन मिंटो ने भी भगतसिंह से जुड़े इस संस्थान को पुराना गौरव लौटा देने के लिए काफी प्रयास किए। सईदा का सपना बंगा में शहीदे-आज़म का स्मारक बनाए जाने का है। उनके इस अभियान में वे लोग भी साझा करने को तैयार हैं जो इस समय भगतसिंह के घर में रहते हैं। उन्होंने कहा कि स्मारक बनाए जाने की स्थिति में वे मकान से कब्जा छोड़ देंगे।

पाकिस्तान के जाने-माने वकील आबिद हसन मिंटो भी भगतसिंह के प्रशंसक हैं। उनका कहना है कि पाकिस्तान में इस शहीद के नाम से जुड़े सभी स्थलों को पुराना रूप मिलना चाहिए। यह इस क्रान्तिकारी शहीद को सच्ची श्रद्धांजलि होगी। यही नहीं बल्कि पाकिस्तान का एक अन्य संगठन 'वर्ल्ड पंजाब काँग्रेस' भी निरन्तर इस बात की माँग करता रहा है कि स्वतन्त्रता सेनानी भगतसिंह का देश के नायकों की तरह वहाँ सम्मान किया जाना चाहिए क्योंकि वे किसी एक देश या धर्म तक सीमित नहीं थे। इस संगठन ने कहा है कि भगतसिंह ने दमन, चरमपन्थ और तानाशाही के खिलाफ सभी सीमाओं के पार जाकर लड़ाई लड़ी। इस संगठन के अध्यक्ष फाखर जामन के अनुसार वे विगत 20 वर्षों से शहीदे-आजम का स्मारक बनाने की कोशिश कर रहे हैं। जामन फाँसी स्थल का नाम 'भगतसिंह चौक' रखने के पक्ष में हैं और कहते हैं कि यही समय है जब पंजाब के इस महानायक को श्रद्धांजलि देने के लिए स्मारक स्थापित कर सकते हैं। यह वर्ष भर पहले की ही बात है जब उन्होंने उम्मीद जताई कि दोनों देशों के बीच मित्रवत सम्बन्धों के लिए काम कर रहे शान्ति समूह और बुद्धिजीवी इस मुद्दे को उठाने के लिए भारत सरकार पर दबाव बनाएँगे। जामन ने उन्हीं

दिनों यह सवाल भी जरूरी तौर पर उठाया था कि जब दोनों मुल्कों में आवाजाही के लिए व्यापारियों को बहु प्रवेश वीजा मिल सकता है तो लेखकों और बुद्धिजीवियों को क्यों नहीं। यह संयोग ही है कि 23 मार्च की जिस तारीख को लाहौर में भगतसिंह और उसके साथियों को फाँसी पर लटकाया गया था, उसी तारीख को 1940 में मुस्लिम लीग ने अपने लाहौर अधिवेशन में पाकिस्तान बनाने का प्रस्ताव किया था। अब पाकिस्तान में 23 मार्च को 'पाकिस्तान दिवस' मनाया जाता है। लेकिन तीनेक वर्ष पहले इस ऐतिहासिक दिवस पर यहाँ जो कुछ हुआ वह कुछ अलग ढंग का था। एकदम बदला-बदला नजारा। शादमान चौक पर 30 से ज्यादा लोग तेज धूप में घंटों प्रदर्शन करते रहे। इनमें सामाजिक कार्यकर्ता, फैक्टरी मजदूर, कुछ वामपन्थी, अलग-अलग यूनिवर्सिटियों के छात्रों के साथ कुछेक छोटे बच्चे भी थे। वे सब 'जिन्दा हैं, भगतसिंह जिन्दा हैं', 'वी सैल्यूट भगतसिंह', 'हर जुल्म का एक जवाब, इन्कलाब जिन्दाबाद' जैसे नारे लगा रहे थे। उनकी माँग भी वही थी यानी शादमान चौक को भगतसिंह चौक घोषित करो। वे बार-बार कह रहे थे कि अनेक वर्षों से उनकी यह माँग नहीं मानी जा रही है, ऐसे में उन्होंने स्वयं ही उस स्थान पर भगतसिंह चौक का साइन बोर्ड लगाने का फैसला किया है। वे प्रदर्शनकारी वहाँ सूरज ढलने के बाद तक डटे रहे। फिर रात को मोमबत्तियाँ जलाकर मार्च निकाला। बेहद उत्साहित थे सब। वहाँ मौजूद सोन्या कादिर ने निर्भीकता से कहा कि, 'पाकिस्तान में भगतसिंह के आदर्शों को फिर से जिन्दा करना बहुत जरूरी है। यहाँ लोग गरीबी में रहे हैं। धार्मिक कट्टरता की समस्या मुँह बाये खड़ी है। भगतसिंह की विरासत याद दिलाती है कि हम सभी इनसान हैं और हमें शोषण से मुक्त होना है।'

याद आता है पाकिस्तान में एक नाम आमिर जलाल का। वे वहाँ पंजाब यूनिवर्सिटी के छात्र हैं और यूनिवर्सिटी स्टुडेन्ट फेडरेशन (यू.एस.एफ.) के संयोजक भी। कभी यह संगठन उस 'इस्लामी-जमीयत-ए-तुल्बा' का विरोध करने के लिए बना था क्योंकि उसकी स्थापना जियाउल हक की तानाशाही के समय प्रगतिशील, वामपन्थी और अमन के पक्षधर छात्र संगठनों को कुचलने के लिए की गयी थी। मुझे नहीं पता कि यूनिवर्सिटी स्टुडेन्ट फेडरेशन की अब क्या स्थिति है। शायद बन्द पड़ी हो। पर 2010 में 23 मार्च को लाहौर में लापता व्यक्तियों के मुद्दे पर एक सेमिनार आयोजित हुआ जिसमें आमिर जलाल पहुँचे। उस रोज वे भगतसिंह पर जोरदार ढंग से बोले। उनका कहना था कि भगतसिंह भी लापता हैं और अगर हमें खुद को खोजना है तो उन्हें भी खोजना होगा। जलाल जैसे नौजवानों के इस कथन पर हमें ध्यान देना होगा कि यू.एस.एफ. ने धर्मनिरपेक्षता, बहुलतावाद और लोकतन्त्र जैसे मूल्यों का समर्थन किया। हमें अपनी प्रेरणाएँ दूसरों

के अलावा भगतसिंह के आदर्शों से भी मिलीं। हम दोस्तों के साथ अकसर उनकी चर्चा किया करते थे।

खबर बलूचिस्तान की भी है। वहाँ राष्ट्रवादियों के खिलाफ पाँच सैन्य अभियान चलाए जा चुके हैं जिनमें हजारों बलूच कार्यकर्ता पकड़े गये। इनमें कई तो गायब हैं। 'बलूच स्टुडेन्ट्स आर्गनाइजेशन' के सदस्य भी भगतसिंह के प्रति आस्थावान हैं। उन्होंने भी शादमान चौक पर भगतसिंह को अपनी श्रद्धांजलि अर्पित की। लोगों को याद होगा 2007 से 2009 तक पाकिस्तान के वकीलों ने सैन्य तानाशाह परवेज मुशर्रफ के खिलाफ जोरदार अभियान चलाया। पाकिस्तान की धरती पर यह एक अलग ढंग का आन्दोलन था। इस राजनीतिक चेतना ने ही अन्ततः मुशर्रफ की विदाई की पटकथा लिखनी शुरू की। मुझे तब यह देख-जानकर खुशी हुई कि उन प्रदर्शनों में भगतसिंह के नारे थे और लोगों की जुबान पर 'सरफरोशी की तमन्ना' जैसा क्रान्तिकारी गीत बोल रहा था। उन रैलियों में शामिल एक नौजवान वकील उमर चौधरी का कहा देखिए—'उपमहाद्वीप के हिस्से में ब्रिटिश राज के खिलाफ चले संघर्ष में गैर मुसलमानों की भूमिका को आसानी से भूल जाते हैं। भगतसिंह के साथ ऐसा ही हुआ। यह बात पाठ्य-पुस्तकों में कहीं नजर नहीं आती कि मोहम्मद अली जिन्ना भगतसिंह का समर्थन करते थे। वैसे इसमें हैरानी की भी कोई बात नहीं है। भगतसिंह प्रतिरोध का प्रतीक हैं तो वे उस सरकार के लिए हीरो कैसे हो सकते हैं जो लोगों का प्रतिनिधित्व नहीं करती।'

पाकिस्तान नियन्त्रित कश्मीर में एक संगठन है 'जम्मू-कश्मीर नेशनल स्टुडेंट्स फेडरेशन (जे.के.एन.एस.एफ.)' जो निरन्तर पाकिस्तान सरकार के सहयोग से चल रहे जेहादी कैम्पों का खुलेआम विरोध करता है। इस संगठन की सोच और गतिविधियों की सूचनाएँ प्रायः मीडिया में दबा दी जाती हैं। पाक सरकार भी ऐसा ही चाहती है। यह भी सच है कि इसके अनेक कार्यकर्ताओं का पाकिस्तानी एजेंसियाँ अपहरण कर चुकी हैं। हमारे लिए यह जानना सुखद है कि इसकी रैलियों में लहराते पोस्टर/तस्वीरों में भगतसिंह और चे-ग्वेरा होते हैं। सुनेंगे आप कश्मीरी छात्र दानिश खान का बयान— 'आप जैसे ज्यादातर बाहरी लोगों के लिए यह एक अनूठी घटना है लेकिन कश्मीर के नौजवानों के लिए भगतसिंह की जिन्दगी और उनकी लड़ाई प्रेरणा और हौसले का स्रोत है। वे पाकिस्तान को जबरिया कब्जा जमाकर बैठी ताकत के रूप में देखते हैं, ठीक उसी तरह जैसे भगतसिंह ब्रिटिश हुकूमत को देखते थे।'

देश विभाजन के 52 वर्षों बाद पाकिस्तान में सम्भवतः पहली बार भगतसिंह की शहादत की बरसी मनाई गयी थी। 23 मार्च को लाहौर में सम्पन्न हुए इस आयोजन में राजनीतिक कार्यकर्ताओं, लेखकों, पत्रकारों, संस्कृतिकर्मियों और छात्रों

ने बेहद अपनेपन से हिस्सेदारी करते हुए इस क्रान्तिकारी शहीद को अपनी श्रद्धांजलि अर्पित की। प्रसिद्ध इतिहासकार डॉ. लाल बहादुर वर्मा भी उसमें उपस्थित थे। उन्होंने बताया कि कार्यक्रम में मौजूद लोगों ने माना कि दोनों देशों की जनता को और करीब लाने में भगतसिंह का व्यक्तित्व और उनके विचार प्रेरणास्रोत बन सकते हैं। उन्होंने यह भी बताया कि और एक वर्ष पहले 23 मार्च को लाहौर में एलन बुड्स की प्रसिद्ध पुस्तक 'रीजन इन रिवोल्ट' के उर्दू संस्करण के विमोचन समारोह का बड़ा भाग भगतसिंह की स्मृति को समर्पित था जिसकी अध्यक्षता प्रख्यात उर्दू दैनिक 'जंग' के वरिष्ठतम स्तम्भकार और अनेक लोकप्रिय टीवी धारावाहिकों के लेखक मनु भाई ने की थी। मुझे यह भी पता लगा कि पाकिस्तान के प्रतिष्ठित पाक्षिक 'जद्दोजहद' के सम्पादक मंजूर अहमद ने इस अवसर पर कहा था कि उन्हें आज इस बात पर शर्मिन्दगी महसूस हो रही है कि वे उसी शहर कसूर के रहनेवाले हैं जिसके बाशिन्दे गुलाम मोहम्मद खाँ ने भगतसिंह और उनके दो साथियों की फाँसी के दस्तावेज पर दस्तखत किए थे जब किसी दूसरे हिन्दुस्तानी ने ऐसा करने से इनकार कर दिया था। आज पाकिस्तान में गुलाम मोहम्मद का कोई नामलेवा नहीं है जबकि भगतसिंह को बुजुर्ग पीढ़ी बहुत प्यार और इज्जत से याद करती है। यह भी जानने योग्य है कि 23 मार्च, 1931 की शाम को इन तीनों क्रान्तिकारियों की फाँसी के बाद उनके शरीर के टुकड़े करके सतलज के किनारे जलाते समय अँग्रेजी फौजी अफसर जिस हिन्दू पंडित और सिख ग्रन्थी को ले गये थे, वह भी कसूर के ही रहनेवाले थे। पाकिस्तान में भगतसिंह और उनके शहीद साथियों को जानने वाले आज बहुत कम हैं। मुझे यह भी बताया गया कि इस कार्यक्रम में वहाँ भगतसिंह की तस्वीर नहीं थी लेकिन भारत से पहुँचे एक प्रतिनिधि के पास इस शहीद का एक छोटा चित्र था जिसे बड़ा करके वहाँ लगाया गया। यह कम सम्मानजनक नहीं है कि पाकिस्तान में सिंधी शायर शेख अयाज ने 'इन्स्टीट्यूट ऑफ सिंधियालॉजी' से प्रकाशित अपनी पुस्तक में भगतसिंह और उनके साथियों को फाँसी पर चढ़ने से पहले के विचारों पर एक काव्यात्मक नाटक की रचना की। इतिहास और संस्कृति का यह सवाल अब बेमानी नहीं है कि सरहद पार शहीदे आजम की क्रान्तिकारी चेतना और शहादत की याद दोनों देशों के मध्य बहुत से मसलों को सुलझाने की दिशा में हमें रोशनी दिखाने का काम कर सकती है। भगतसिंह हमारा है तो तुम्हारा भी तो है लाहौरियाँ दा। वर्ष 2007 में शहीद भगतसिंह के भांजे प्रो. जगमोहन सिंह ने पाकिस्तान की यात्रा की। वह शहीदे-आजम का जन्मशती वर्ष था। उन्होंने भी बताया था कि पाकिस्तान के पंजाब प्रान्त के तत्कालीन गवर्नर ने वादा किया था कि भगतसिंह को फाँसी दिए जानेवाली जगह पर शहीद का स्मारक बनाया जाएगा, पर वह पूरा नहीं हुआ।

...अब नयी खबर यह है कि पाक की धरती पर भगतसिंह का स्मारक बनाए जाने का सिलसिला टूट गया है। यह सुनना हमारे लिए अत्यन्त दुखद है। इससे पहले हुआ यह था कि एक सरकारी समिति (पैनल) ने 'जमात-उद-दावा' (जे.यू.डी.) जैसे उग्रवादी संगठनों के कड़े विरोध को नज़रअन्दाज करते हुए शादमान चौक का नाम भगतसिंह के नाम पर रखने का एलान कर दिया था, लेकिन जे.यू.डी. से जुड़े 'तहरीक-ए-हुरमत-ए-रसूल' ने गोल चक्कर को शहीदे-आजम के नाम पर बनाने के विरोध में लाहौर हाई कोर्ट में एक याचिका दायर की जिस पर न्यायाधीश नसीर सईद शेख ने पंजाब सरकार और लाहौर जिला प्रशासन ने 29 नवम्बर, 2012 तक आपत्ति/जवाब माँगते हुए नाम बदले जाने पर रोक लगा दी। आतंकी संगठन इसका विरोध पहले ही कर रहे थे। याचिका दायर करनेवाले स्थानीय व्यापारी जाहिद बट्ट ने दावा किया था कि भारतीय खुफ़िया एजेन्सी रॉ ने इस मुद्दे को उठाने के लिए 'भगतसिंह फाउंडेशन' को धन दिया है। उनका यह भी कहना था कि फाउंडेशन ने 'दिलकश लाहौर समिति' के साथ लाबिंग की है। इस समिति की ओर से गोल चक्कर का नाम भगतसिंह के नाम पर रखने की सिफारिश आई है।

'जमात-उद-दावा' के नेता 'तहरीक-ए-हुरमत-ए-रसूल' के प्रमुख मौलाना अमीर हम्जा ने तो यहाँ तक कहा कि उनका संगठन किसी भी स्थान का नाम हिन्दुओं, सिखों या ईसाइयों के नाम पर रखने की मंजूरी नहीं देगा। उनका कथन है कि पाकिस्तान एक इस्लामिक देश है और ऐसे विचारों की सराहना नहीं की जा सकती है। 'जमात-उद-दावा' ने एक पत्र में कड़े शब्दों में जिला प्रशासन प्रमुख नूरूल अमीन मेंगल और अन्य सरकारी अधिकारियों को एक हिन्दू स्वतन्त्रता सेनानी के नाम पर उस स्थान का नामकरण करने के खिलाफ चेतावनी दी। मामला आगे बढ़ा तो 'दिलकश लाहौर समिति' ने अपना पक्ष रखते हुए कहा कि गोलचक्कर का नाम बिना देरी किए बदल दिया जाए। इस सम्बन्ध में सामाजिक कार्यकर्ताओं ने पाकिस्तान की एक अदालत में दो आवेदन कर उस स्थान को शहीद भगतसिंह के नाम पर रखे जाने की चुनौती देने के मामले में उन्हें भी पक्षकार बनाने के लिए कहा। कार्यकर्ता तैमूर रहमान और सईदा दीप ने वकील यासीर लतीफ हमदानी के जरिए लाहौर हाई कोर्ट में दो आवेदन करते हुए याचिकाकर्ता के इस तर्क का उत्तर देने का प्रयास किया कि यह गलत छवि बनाई गयी है कि फव्वारा चौक का नाम भगतसिंह के नाम पर रखना 'पाकिस्तान के खिलाफ साजिश' है। आवेदनों में यह भी कहा गया है कि भगतसिंह की याद में ऐसा किया जाना 'देशभक्ति' का बड़ा कदम है। साथ ही यह भी स्पष्ट किया गया कि भगतसिंह गैर साम्प्रदायिक स्वतन्त्रता सैनानी थे जिन्होंने मुसलमानों सहित सभी की आजादी

के लिए संघर्ष किया। यह जानने योग्य है कि 'तहरीक-ए-हुरमत-ए-रसूल' ने पहले इस स्थान का नाम चौधरी रहमत अली के नाम पर रखे जाने का समर्थन किया था जिसके विरोध में भगतसिंह के पक्षधरों ने यह दलील दी थी कि अली ऐसे लेखक थे जिन्होंने पाकिस्तान के संस्थापक मुहम्मद अली जिन्ना पर हमला किया था। उन्होंने बताया कि यह सही है कि पाकिस्तान का नाम अली ने सुझाया था लेकिन 1947 में नये मुल्क के बनने के बाद ही उन्होंने उससे सारे रिश्ते तोड़ लिये और उसके बाद हमेशा ब्रिटेन में रहे और जिन्ना तथा मुस्लिम लीग के खिलाफ लिखा। पाकिस्तान के 'द एक्सप्रेस ट्रिब्यून' ने इस पर टिप्पणी करते हुए लिखा था कि जो दलीलें भगतसिंह के विरोध में दी जा रही हैं उससे एक बात साफ हो जाती है कि दूसरे मजहबों के प्रति हमारी सहिष्णुता घटती जा रही है और नासमझी बढ़ती जा रही है। हालाँकि, इस रवैये को बदलने की पुरजोर कोशिश हुई है। स्कूली किताबों में भगतसिंह को शामिल किया गया है लेकिन अब भी मुल्क की एक बड़ी आबादी यह नहीं जानती कि भगतसिंह हमारे लिये कुर्बान हो गये। पंजाब में जारनवाला के पास उनका जन्म हुआ था। उनकी तालिम लाहौर में ही हुई। इसी मिट्टी में वे खाक भी हो गये। ऐसे में, अलग मजहब की वजह से ही क्या हम उन्हें सच्ची श्रद्धांजलि नहीं देंगे?

पर मैं नहीं जानता कि बावजूद इसके पाकिस्तान के हुक्मरान, वहाँ की अदालतों में बैठे जज उस मुल्क की कट्टरपन्थी ताकतों के विरुद्ध किसी फैसले को अंजाम देंगे। यह भी आश्चर्यजनक है कि भारत के प्रगतिशील, वामपन्थियों और भगतसिंह के नाम पर संगठन चलानेवालों ने भी पाक की उन कट्टरवादी शक्तियों के खिलाफ कोई बयान तक जारी नहीं किया जो लाहौर की धरती पर भगतसिंह को जन्मते ही मारने पर उतारू हो गये। यह कम निराशाजनक स्थिति नहीं है। ग्लोबल हो रही दुनिया में कितने संकुचन हैं। यह दुखद है कि पूरी दुनिया से साम्राज्यवाद के खात्मे का सपना देखनेवाले एक अनोखे क्रान्तिकारी से उसका जन्मस्थान, कर्मभूमि और बलिदान की धरती छीन कर उसे दर-बदर कर दिया गया। पर वह शहीदे-आजम युगों तक अपनी क्रान्तिकारी चेतना के साथ दुनिया भर के नौजवानों के दिलों में हर पल धड़कता रहेगा। अब नया तथ्य यह भी सामने आया है कि 1928 में ब्रिटिश पुलिस अफसर सांडर्स की हत्या के बाद दर्ज की गयी एफ.आई.आर. में भगतसिंह का नाम नहीं था। भगतसिंह की फाँसी के 83 वर्ष पश्चात उन्हें निर्दोष साबित करने की मुहिम को लाहौर पुलिस से मिली इस जानकारी के बाद मजबूती मिली है। एफ.आई.आर. मिलने के बाद लाहौर हाईकोर्ट ने चीफ जस्टिस से अपील की है कि इस मामले की सुनवाई के लिए उच्च खंडपीठ का गठन करे। भगतसिंह मेमोरियल फाउंडेशन के अध्यक्ष

इम्तियाज कुरैशी ने याचिका दायर कर सांडर्स हत्या के मामले में भगतसिंह पर दर्ज एफ.आई.आर. की कापी माँगी थी। उनकी फाँसी के आठ दशक बाद लाहौर पुलिस ने कोर्ट के आदेश से अनारकली पुलिस थाने के रिकार्ड से एफ.आई.आर. पाने में सफलता हासिल की है। 17 दिसम्बर, 1928 की शाम को 4:30 बजे दो अज्ञात बन्दूकधारियों के खिलाफ उर्दू में यह प्रथम सूचना रिपोर्ट दर्ज की गयी थी। शिकायतकर्त्ता और चश्मदीद पुलिस अधिकारी ने कोर्ट में गवाही दी थी कि मैंने एक व्यक्ति का पीछा किया, जिसका कद 5 फीट 3 इंच था, हिन्दू चेहरा था, छोटी मूँछें थीं, दुबला और कठोर शरीर था, सफेद पायजामा और ग्रे कुर्ता पहने था। उसने काली क्रिस्टी जैसी टोपी भी पहनी थी। खबर है कि लाहौर पुलिस के निरीक्षक ने अदालत को इस प्रथम सूचना की रिपोर्ट की कापी सौंप दी है।

क्या शहीदे-आजम फिर से पाकिस्तान की धरती पर जिन्दा हो सकेंगे? लाहौर में इसकी अनुगूँजें सुनाई पड़ती हैं तो यह हमारे लिए बहुत सुखद है।

उन्होंने शत्रु की अदालत को मान्यता नहीं दी

महावीर सिंह डीएवी कालेज कानपुर में पढ़ने गये तो क्रान्तिकारियों के सम्पर्क में आए। यह असहयोग आन्दोलन के बाद का जमाना था और काकोरी की ऐतिहासिक सरकारी खजाने की लूट नौजवानों को रोमांचित किए हुए थी। क्रान्तिकारियों ने कालेज के छात्रों में से कई को अपने दल में सम्मिलित कर लिया था। शिव वर्मा और जयदेव कपूर इसी कालेज में शिक्षा प्राप्त कर रहे थे और उन्होंने क्रान्तिकारी दल की सदस्यता ग्रहण कर ली थी। महावीर सिंह भी उससे जुड़ गये। उस समय इसी कालेज के छात्रावास में बैठकर क्रान्तिकारी युवक काकोरी के बन्दी क्रान्तिकारियों को जेल से छुड़ाने की योजनाएँ बनाते और उनका संचालन करते। भगतसिंह और सुखदेव पंजाब से आकर इसी कालेज के छात्रावास में ठहरते और दल के कार्यक्रमों को लेकर विचार-विमर्श करते। उस समय काकोरी केस के नेता रामप्रसाद बिस्मिल को जेल से निकालने की बात सर्वोपरि थी। क्रान्तिकारी सब कुछ छोड़कर इस योजना को कामयाब बनाने में संलग्न थे।

इसी बीच एटा से महावीर सिंह के पिता का पत्र आया। लिखा था—'तुम्हारी शादी की बात तय कर दी है।'

पत्र पढ़ते ही महावीर सिंह उदास हो गये। साथी के हाथ में उसे देते हुए उन्होंने धीरे से कहा—'मैं कालेज छोड़कर कहीं चला जाऊँगा। तुम मेरी व्यवस्था कर दो, नहीं तो शादी का चक्कर मेरे क्रान्तिकारी जीवन को तबाह कर देगा।'

साथी ने सलाह दी कि वे पिता को साफ-साफ लिख दें। एक क्षण सोचने के बाद महावीर सिंह ने पिता को लिखा—'मैंने देश सेवा का मार्ग चुन लिया है और शादी मेरे इस मार्ग में बाधक होगी।'

लेकिन पिता का जो उत्तर आया वह और भी गजब का था। महावीर सिंह को मुँह माँगी मुराद मिल गयी। पिता ने लिखा था मुझे यह जानकर बड़ी खुशी हुई कि तुमने अपना जीवन देश के काम में लगाने का निश्चय किया है। मैं तो समझता था कि हमारे वंश में पूर्वजों का खून अब नहीं रहा और उन्होंने दिल

से गुलामी कुबूल कर ली है। तुम्हारा पत्र पाकर आज मैं अपने को बड़ा भाग्यशाली समझ रहा हूँ।

शादी की बात जहाँ चल रही थी, उन्हें आज जवाब लिख दिया है। निश्चिन्त रहो, मैं ऐसा कोई काम नहीं करूँगा जो तुम्हारे मार्ग में बाधक हो। देश की सेवा का जो मार्ग तुमने चुना है, वह बड़ी तपस्या का और कठिन मार्ग है। लेकिन जब तुम उस पर चल ही पड़े हो तो पीछे न मुड़ना, साथियों को धोखा मत देना और अपने बूढ़े पिता के नाम का ख्याल रखना।

तुम जहाँ भी रहोगे, मेरा आशीर्वाद तुम्हारे साथ चलेगा।

तुम्हारा पिता,
—देवीसिंह

पिता का ऐसा पत्र पाकर कौन नौजवान खुशी से भर नहीं जाएगा। उनके भीतर उमंगों का सागर लहरा उठा। अब वे अपने सुविचारित रास्ते पर बेहिचक चल पड़े। देश की स्वतन्त्रता के लिए अपना सर्वस्व अर्पित कर देने की ख्वाहिश ने उनकी कल्पनाओं में पंख लगा दिए।

महावीर सिंह का जन्म 16 सितम्बर, 1904 को उत्तर प्रदेश में एटा जिले के शाहपुर टहला गाँव में हुआ था। वे बचपन से ही विद्रोही प्रकृति के थे। उनकी शुरुआती शिक्षा अपनी बुआ खेतल कुँवर के पास रहकर हुई जो कासगंज के जूनियर हाई स्कूल में मुख्य अध्यापिका थीं। राष्ट्र के लिए कुछ करने की बात पता नहीं उनके भीतर कब समा गयी। वे 1920-21 के दिन थे। एटा जिले की तहसील कासगंज के सरकारी अधिकारियों ने अपनी राजभक्ति के प्रदर्शन के लिए एक अमन सभा बुलाई, जिसमें जिलाधीश और पुलिस कप्तान आए। स्कूलों के इन्सपेक्टर आए। उमीर-उमरा, रायबहादुर और खान बहादुर आए। भीड़ के नाम पर जिन स्कूली बच्चों को जबरदस्ती लाया गया, उनमें महावीर सिंह भी थे। भाषण देने जो भी आता, वह ब्रिटिश हुकूमत की तारीफ के पुल बाँधता, उसके गुणगान करता। बच्चों के लिए यह सब बातें व्यर्थ की थीं। सुनते-सुनते वे उकता रहे थे, पर अपने अध्यापकों के डर से कोई हिलने का नाम नहीं ले रहा था। एकाएक उनके बीच से किसी ने जोरदार नारा लगाया—'महात्मा गाँधी की जय।' दूसरे बच्चों ने भी आवाज मिलाकर गाँधी की जय का उद्‌घोष किया। फिर तो खूब नारे लगे। अमन सभा इस गड़बड़ी के चलते स्थगित कर दी गयी। जिलाधीश ने लड़कों के पिता का पता लगाने का निर्देश दिया। महावीर सिंह पकड़े गये। उन्हें सजा मिली। पर वे इससे तनिक भी विचलित नहीं हुए, बल्कि उनका मन और भी पक्का हो गया। अब वे देश की आजादी की लड़ाई लड़नेवाले बहादुर सिपाहियों

के बीच अपनी गिनती करने लगे।

महावीर सिंह 1925 में जब कानपुर पढ़ने आए तो असहयोग आन्दोलन का ज्वार ठंडा पड़ चुका था, लेकिन जनता के मन में असन्तोष तो था ही। भीतर कुछ खदबदा रहा था। इस राजनीतिक शून्य को भरने के लिए क्रान्तिकारी फिर आगे आये। वे जानते थे कि देश की आजादी के लिए संग्राम की जरूरत है जिसके लिए बलिदान देना होगा।

महावीर सिंह कालेज में पहुँचकर क्रान्तिकारियों की इसी टोली के सम्पर्क में आए और सदस्य बन गये। उनके मन में भी यही था। उनकी मस्त और खुली तबियत ने उन्हें जल्दी की साथियों का चहेता बना दिया। इसी समय पिता के पत्र ने उन्हें चिन्तित कर दिया। साथी शिव वर्मा ने उन्हें समझाया कि वे अपने इरादों की स्पष्ट जानकारी पिता को दे दें। महावीर सिंह ने वही किया। पिता का जो उत्तर आया उससे वे फूले नहीं समाए और उछलते हुए उन्होंने अपने साथी को गले से लगा लिया। क्रान्ति की डगर पर चलने के लिए वे अब मुक्त होकर जैसे आकाश में उड़ान भरने के लिए अपने पर तौल रहे हों।

काकोरी के मुकदमे में क्रान्तिकारियों की फाँसियों और लम्बी सजाओं के बाद निराशा का जो माहौल था, उसे दूर करने के लिए तेजी से काम करने की योजनाएँ बनीं। दल की ओर से तय किया गया कि कुछ साथी मोटर चलाने की ट्रेनिंग के लिए लाहौर भेजे जाएँ। वहाँ सारी व्यवस्था होते ही महावीर सिंह पढ़ाई छोड़कर रवाना हो गये। लेकिन हुआ यह कि उस जगह ढंग का खाना न मिलने से वे अत्यन्त दुर्बल हो गये और उन्हें पेचिश व संग्रहणी ने बुरी तरह घेर लिया। दो छटाँक दूध भी हजम नहीं होता था।

कानपुर में शिव वर्मा के क्रान्तिकारी कार्यों की भनक पुलिस को लगी तो उन्हें भी पढ़ाई छोड़कर फरार होना पड़ा। लाहौर पहुँचे वे। वहाँ महावीर सिंह को देखा तो हैरत में पड़ गये। वे बोले—'कुछ दिन के लिए पिता के पास एटा चले जाओ। तुम पर वारंट भी नहीं है। ठीक हो जाने पर फिर वापस चले आना।'

मित्र का सुझाव सुनकर महावीर सिंह ने उनके चेहरे पर आँखें गड़ा दीं। पूछा—'पिताजी की चिट्ठी याद है। उन्होंने कहा था कि पीछे मुड़कर मत देखना। उसमें घर का मायामोह आदि सब शामिल था। और उन्होंने वे शब्द बहुत सोच-समझ कर लिखे थे।'

फिर हँसकर बोले—'तुम चिन्ता मत करो। सब ठीक हो जाएगा।'

शिव दा उसके बाद अमृतसर चले गये। महावीर सिंह भी धीरे-धीरे स्वस्थ हो गये। अब उन्होंने दल का कार्य हाथ में ले लिया। पंजाब नेशनल बैंक पर छापा मारने की योजना बनी। पहले दिन बैंक पर गये भी। लेकिन महावीर सिंह

को अपने साथियों को जिस कार से बैंक से वापस लाना था, वह भरोसे के लायक नहीं थी। इसलिए योजना स्थगित कर दी गयी।

'साइमन कमीशन' भारत आने पर लाहौर पहुँचा तो वहाँ उसका जोरदार विरोध किया गया। काले झंडे दिखाए गये। विरोध जुलूस पर लाठियाँ चलीं जिसमें लाला लाजपतराय बुरी तरह घायल हो गये और कुछ ही दिनों में उनका प्राणान्त हो गया। क्रान्तिकारी इस राष्ट्रीय अपमान से तिलमिला उठे और उन्होंने इसका बदला लेने की योजनाएँ बना डालीं। भगतसिंह, राजगुरु, चन्द्रशेखर आज़ाद और महावीर सिंह ने पुलिस अफसर सांडर्स को मारकर ब्रिटिश शासन को यह दिखा दिया कि देश की युवा पीढ़ी राष्ट्र के सम्मान के लिए सब कुछ करने को तैयार है।

सांडर्स को मारकर लाला की मृत्यु का बदला लेने के इस साहसपूर्ण कदम से क्रान्तिकारी रातोरात देश की जनता के दुलारे बन गये। महावीर सिंह एकाएक फिर अस्वस्थ हो गये। सुखदेव ने उनसे कहा—'लाहौर का वातावरण इन दिनों काफी गर्म है। तुम कुछ दिनों के लिए अपने इलाके में चले जाओ।'

कानपुर चले आए वे। वहाँ से फिर अपने गाँव भी गये। लेकिन एक जगह ठहरे नहीं। आज यहाँ तो कल वहाँ रहकर इलाज कराते रहे।

8 अप्रैल, 1929 को भगतसिंह और बटुकेश्वर दत्त ने दिल्ली की केन्द्रीय असेम्बली में बम फेंका तो क्रान्तिकारियों की धर-पकड़ शुरू हो गयी। भगतसिंह और दत्त ने घटनास्थल पर ही गिरफ्तारी दे दी थी। बाद में महावीर सिंह पकड़े गये कासगंज में हीरालाल बुकसेलर के मकान में। उनकी गिरफ्तारी का वर्णन उनके भाई बलवीर सिंह के शब्दों में सुनिये—'आपको तथा आपके परिवारवालों को यह मालूम था कि सांडर्स हत्याकांड के मामले में आपकी खोज अवश्य की जा रही है। फिर भी आपके पिता ने आपको सर्विस दिला देना उचित समझा। अत: कासगंज में म्युनिस्पिलटी में आपको क्लर्क की पोस्ट दिलवा दी। तदानुसार आपने वहीं कार्य आरम्भ कर दिया। आप वहीं कासगंज में अपनी बुआ जी, पिताजी और छोटे भाई बलवीर सिंह के साथ एक मकान किराए पर लेकर रहने लगे। इसी बीच आपको पकड़ने के लिए काफी दौड़-धूप हो रही थी। आपके एक मित्र को कानपुर से जानकारी प्राप्त हुई कि पुलिस आपकी खोज करती हुई आपके गाँव शाहपुर टहला पहुँच रही है। इसलिए वह मित्र पुलिस के पहुँचने से पहले ही शाहपुर टहला पहुँचे और वहाँ आपके चाचा से मिले। उन्होंने आपके चाचा से जानकारी ली कि महावीर सिंह कहा हैं। तब आपके चाचा ने बताया—'वह तो कासगंज में है। क्यों क्या बात है?' तब उसने बताया कि पुलिस महावीर की तलाश में यहाँ आ रही है। अत: आप उनको किसी प्रकार सूचना भिजवा

दीजिए। चाचा ने कहा कि आप ही क्यों नहीं जाकर उन्हें सूचित कर देते। यह कहकर उन्होंने कासगंज के मकान का पता बता दिया। इसके बाद चाचा ने घर जाकर महावीर सिंह की माता को यह बात बताई तो माता ने सोचा कि हो सकता है कि यह व्यक्ति सीआईडी का ही सदस्य हो। अत: उन्होंने एक विश्वसनीय व्यक्ति को सीधा रास्ता बताकर उससे पहले वहाँ पहुँचने को कहा। माता का भेजा आदमी उससे पूर्व मकान पर पहुँच गया। पिता ने महावीर सिंह को संस्कृत पाठशाला जो कि शहर से कुछ दूर एक बाग में थी वहाँ जाने को कह दिया और स्वयं उस आदमी की प्रतीक्षा करने लगे। थोड़ी देर पश्चात् वह मित्र भी वहाँ पहुँच गया। उन्होंने महावीर सिंह के बारे में पूछा। आपके पिता ने कह दिया कि वह एक सम्बन्धी के यहाँ ग्वालियर गये हुए हैं। अत: मित्र ने एक पत्र लिखकर देते हुए कहा कि उनके आते ही यह पत्र उनको अवश्य दे दें और कहिएगा कि कानपुर से उनके मकान का पता लगाकर पुलिस चल दी है और वह अब कासगंज में है। महावीर सिंह तो वहीं थे, अत: उनके छोटे भाई बलवीर सिंह को पिता ने पत्र लेकर आपके पास भेज दिया। आपने पत्र पढ़ा और कहा कि चिन्ता की कोई बात नहीं है यह तो अपने मित्र ही हैं और यह कहकर आप मकान को चल दिए। यह मित्र 18 जून, 1929 को आए थे। यह आपसे मिले और एकान्त में बातचीत की। पिता ने रात को आपसे कहा कि तुम कुछ दिन के लिए बाहर चले जाओ ताकि इस समय तुम गिरफ्तारी से बच जाओ। मैं तुम्हारा प्रबन्ध कर दूँगा। परन्तु आपने इस बात पर ध्यान नहीं दिया और आप वहीं रहे। आपने उसी दिन पाठशाला से आते समय रास्ते में अपने छोटे भाई से कहा था—'बलवीर मैं अब बच नहीं सकता। गिरफ्तार हो जाऊँगा और फिर नहीं मालूम वापस आऊँ अथवा नहीं। अत: अब माता जी, पिता और बुआ की सेवा का भार तुम्हारे ऊपर है। इनका पूरा ध्यान रखना।'

'19 जून को प्रात:काल करीब 6 बजे जबकि आप स्नान करके सन्ध्या कर रहे थे तब मकान मालिक हीरालाल आए और कहा कि पुलिस आई हुई है तथा महावीर सिंह को बुला रही है। आपके छोटे भाई यह सुनकर बाहर आकर पुलिस से बात करने लगे। इधर महावीर को यह मालूम पड़ा तो पहले आप मकान की छत पर जाने के लिए सोचने लगे और कुछ पग बढ़ा भी दिए, किन्तु पता नहीं क्या सोचकर आप फिर मुड़ गये और पुलिस के सामने आ खड़े हुए। पुलिस उनकी तलाशी लेकर मकान की तलाशी लेने लगी। करीब 9 बजे आप गिरफ्तार कर लिये गये। घरवालों ने सोचा कि आपको एटा ले जाया जाएगा और वहाँ पर आपकी गिरफ्तारी की सूचना छपी तब पता चला कि आप लाहौर षड्यन्त्र के मुकदमे में लाहौर ले जाए गये हैं। आपको यहाँ पहले किला गुर्जर सिंह में

पुलिस ने रखकर पूछताछ की और जब पुलिस अपने उद्देश्य में कामयाब न हो सकी तो आपको जेल भेज दिया गया।'

24 जून, 1929 को महावीर सिंह ने नत्थूराम मजिस्ट्रेट, लाहौर की अदालत में जो बयान दिया, वह इस प्रकार है—

'मैंने 1925 में एटा सरकारी हाई स्कूल से मैट्रिक पास करके जुलाई, 1925 में डीएवी कालेज कानपुर में दाखिला लिया। चूँकि वहाँ मेरी हाजरियाँ भी कम थीं और मैंने कालेज के टेस्ट भी पास नहीं किए थे, इसलिए मुझे 1927 में दूसरे साल के इम्तिहान में भी बैठने नहीं दिया गया था, जो फिर मैंने 1928 में दिया था। जून में मेरे भाई की शादी होनी थी, मैं घर वापस चला गया, परन्तु मुझे हिन्दी साहित्य सम्मेलन का माध्यमिक इम्तिहान देना था इसलिए 9 जून को इसकी तैयारी करने के लिए वापस (कानपुर) आ गया था, तब मुझे शिव वर्मा नाम का एक युवक मिला जिसका पार्टी का नाम 'प्रभात' था। उसने 1927 में इंटरमीडिएट का इम्तिहान दिया। आमतौर पर वह और मैं साम्यवाद के बारे में मुख्य रूप से चर्चा किया करते, और हमारे विचारों में सहमति हो जाने पर मैं भी इंडियन सोशलिस्ट रिपब्लिकन एसोसिएशन में शामिल हो गया। इस संगठन का मुख्य काम जनसाधारण में साम्यवाद का प्रचार और क्रान्ति के जरिए आजादी हासिल करना था।

'इसी दौरान मेरा परिचय एक बंगाली युवक विजय कुमार सिन्हा से भी हो गया, जिसका पार्टी का नाम 'बच्चू' था। साथ ही मेरा परिचय सुरेन्द्रनाथ पांडेय, ब्रह्मदत्त और डॉ. गयाप्रसाद के साथ भी हो गया। ब्रह्मदत्त पढ़ाई में मुझसे एक साल पीछे था। 24-25 जून, 1928 को एक व्यक्ति, जिसको मैंने पहले नहीं देखा था, शिव वर्मा ने मुझसे मिलाया और उसने मुझे उसके साथ पंजाब जाकर उनके आदेश अनुसार कार्य करने को कहा। 28 जून को मैं शिव वर्मा के साथ लखनऊ होते हुए हरदोई गया। बाद में मुझे पता चला कि उपरोक्त व्यक्ति को 'विजेलर' कहते हैं, जिसने मुझे बताया कि मुझे हरदोई स्टेशन पर कोई मिलेगा जो वहाँ लखनऊ एक्सप्रेस से पहुँचेगा, और मैं उसके साथ पंजाब पहुँच जाऊँ। मैं और शिव वर्मा दोनों 28 जून को हरदोई पहुँच गये। शिव वर्मा वहीं का रहनेवाला है। मैं उसके साथ उसके घर पर ही ठहरा और अगले सवेरे शिव वर्मा ने मुझे एक खाली पड़े हुए मकान में छोड़ दिया। रात को मैं रेलवे स्टेशन हरदोई पहुँच गया ताकि मैं शाम को लखनऊ एक्सप्रेस पकड़ सकूँ। शिव वर्मा भी मेरे साथ था। उसने मेरे लिए लाहौर का टिकट खरीदा और उसने मुझे एक पक्के रंग और छोटी-सी मूँछवाले दरमियाने कद के दुबले से और अँग्रेजी और उर्दू बोलनेवाले नौजवान से मिलाया जो हैट और खाकी निक्कर पहने हुए था, जिसके

साथ मैंने लाहौर जाना था। वह पीछे से ही इस गाड़ी में बैठा आ रहा था। कुछ देर बाद मुझे पता चला कि उसका नाम राजबली है, मज़ाक में हम उसको कालीचरण भी कहते थे। (यह कैलाशपति था—लेखक)

'मैं उसके साथ 30/6/1928 की शाम के 6 बजे लाहौर पहुँचा। वहाँ वही व्यक्ति 'विलेजर' लाहौर रेलवे प्लेटफार्म पर हमें लेने आया हुआ था। वह हम दोनों को रेलवे स्टेशन से बाहर ले गया जहाँ उसने हमें एक सिख युवक (भगतसिंह—लेखक) से मिलाया जो खद्दर के कपड़े पहने हुए था जिसके पास एक साइकिल थी। उसके साथ हम शाह आलमी दरवाजे के पास मन्दिर के नजदीक एक होटल में चले गये। उस मन्दिर के पास ही एक तालाब था। हम सबने उस होटल में खाना खाया। उसके बाद हम पास ही के एक मकान में गये। यशपाल भी वहीं रहता था। हम तीनों तो वहीं ठहरे जबकि सिख युवक अपनी साइकिल पर कहीं चला गया। उसके चले जाने के बाद 'विलेजर' ने मुझे निर्देश दिया कि मुझे उस (सिख युवक) के कहने के अनुसार कार्य करना होगा। साथ ही उसने मुझे यह निर्देश दिया कि मैं भूलकर भी किसी को, यहाँ तक यशपाल को भी अपना असली नाम नहीं बताऊँगा। कुछ दिन बाद राजबली वहाँ से चला गया और हमने शहर में ही एक मकान किराए पर ले लिया। मुझे इस (मकान की बदली की) मकसद के बारे में कुछ जानकारी नहीं थी। 'विलेजर' ने मुझसे कुछ देर लाहौर में ही रहकर मोटर सीखने को कहा। मैंने भारत मोटर कम्पनी, जिसका मैनेजर लाला दीनानाथ था, में दाखिला ले लिया। 'विलेजर' मेरे साथ कम्पनी में गया और वहाँ 30 रुपये फीस जमा कराए। इसके बाद मैंने केवल 15 रुपये दिए थे। यह कोर्स कुल तीन महीने का था और कुल फीस 60 रुपये थी। शायद मैंने यह दाखिला 4 जून को लिया था। दाखिला लेने के बाद मैंने 5 रुपये महीने वाला मकान किराए पर लिया, जो कि सुन्दर निवास बिल्डिंग, लक्ष्मण गली, ग्वालमंडी लाहौर में स्थित था। मेरे पास एक कमरा ही था, जहाँ मैं अकेला ही रहता था। कभी-कभार 'विलेजर' मुझे वहाँ मिलने के लिए आया करता था। बाद में मुझे पता चला कि उसको 'स्वामी' भी कहते हैं। राजबली भी मुझसे डॉक्टर गया प्रसाद के साथ गोल बाग, लाहौर में दो-चार बार मिला होगा। सितम्बर के मास में मैं बीमार पड़ गया, अत: कालीचरण मेरी देखभाल करने के लिए वहीं मेरे पास ही रहा। मैंने उससे उसके लाहौर में रहने का कारण पूछने का प्रयास किया तो उसने मुझे टाल दिया। मेरे ठीक होने पर वह वहाँ से चला गया और मैं फिर से ड्राइवरी सीखने लग पड़ा। मैं करीब दस दिन गैर हाजिर रहा हूँगा। तीसरे या चौथे दिन प्रभात मुझे आकर मिला, और शाम को वापस चला गया। करीब चार दिन के बाद मुझे फिर से बुखार हो गया, जिसके कारण मेरा मुँह नहीं खुलता

था। मैं लगभग 12-14 दिन बिस्तर पर पड़ा रहा। शिव वर्मा मुझे 5 अक्टूबर को मिला। उसने मुझे एक पत्र लिखकर दिया और कहा, तुम बुखार के कारण कमजोर हो गये हो। तुम यह पत्र लेकर फिरोजपुर में डॉक्टर गयाप्रसाद के यहाँ चले जाओ, जो वहाँ डॉक्टर निगम नाम से डॉक्टरी कर रहा है और वहाँ अपना इलाज कराओ। मैं 6 अक्टूबर को सवेरे 11 बजे फिरोजपुर डॉक्टर निगम के यहाँ पहुँच गया। वहाँ एक गोपालदास नाम का व्यक्ति भी था, जिसने लाहौर में मेरी शिनाख्त भी की थी। बाद में मुझे उसका असली नाम पता चला जो जयगोपाल था। वहाँ वह नौकर के रूप में रह रहा था। वहाँ मुझे पेचिश हो गयी और मैं बहुत कमजोर हो गया, जिसके कारण मुझे एक महीने तक वहाँ ठहरना पड़ा। अक्टूबर के आखिर या नवम्बर के शुरू में 'विलेजर' मुझसे मिला। उसने मुझे वापिस लाहौर जाकर उसी मकान में ठहरने के लिए कहा। मैं नवम्बर में फिर लाहौर आ गया।

'यहाँ मैं रामचन्द्र (किशोरीलाल—लेखक) नाम के एक युवक को पहली बार मिला जिसने मुझे बताया कि मुझे 'स्वामी' ने यह कहकर भेजा है कि मैं अपना यह मकान छोड़कर, जो मकान उसने ले रखा है, उसमें चला जाऊँ। रामचन्द्र देखने में गोरे रंग, छोटे कद का था। एक आँख से कुछ भैंगा था, जिसके बाजू पर 'के. एल.' (अँग्रेजी में—लेखक) का पक्का निशान था। छोटी-छोटी मूँछें थीं। वह देखने में पंजाबी ही लगता था, और वैसे था भी पंजाबी ही। 9 नवम्बर को मैं उस वाले मकान में चला गया, जो शहर के अन्दर था। यह अराई बिल्डिंग, मोजंग में स्थित था। वहाँ पर चौकीदार कोई हिन्दू था, जिसका नाम मुझे याद नहीं रहा। रामचन्द्र ने यह मकान मेरे नाम (प्रताप सिंह) किराए पर लिया था। वही नाम मैंने भारत मोटर स्कूल में भी लिखवाया था। किरायानामा भी प्रताप सिंह सुपुत्र देवीसिंह के नाम पर था। दिवाली से एक दिन पहले 'स्वामी' ने मुझे कहा कि मैंने फिरोजपुर डॉ. निगम के पास जाकर वहाँ के कुछ व्यक्तियों को यहाँ लाना है, जो वहाँ पहुँच चुके हैं, परन्तु मुझे वहाँ से अकेले ही निराश होकर लौटना पड़ा क्योंकि वे लोग असल में वहाँ पहुँच ही नहीं पाए थे।

'कुछ दिन बाद गोपालदास (जयगोपाल—लेखक) आकर मुझे मेरे मकान पर मिला और मुझे यूनिवर्सिटी के मैदान में ले गया जहाँ स्वामी पहले से ही मौजूद था। मुझे स्वामी ने बताया कि जिन लोगों ने फिरोजपुर पहुँचना था वे अब यहाँ पहुँच चुके हैं और मैं अभी ही बाम्बे एक्सप्रेस वे से वहाँ चला जाऊँ। अगर ऐसा न कर पाऊँ तो कल चला जाऊँ। उसने यह भी बताया कि गोपालदास मुझे रेलवे स्टेशन पर मिलकर मुझे कपड़ों का सूटकेस देगा। मैंने उन लोगों को फिरोजपुर से लाहौर लाना है। मैं उसी दिन फिरोजपुर, वह कपड़ों का सूटकेस

लेकर शाम को पाँच बजे डॉ. निगम के यहाँ पहुँच गया। डॉ. निगम खुद वहाँ मौजूद नहीं था। वहाँ पर एक मोटा-सा, पक्के रंग और दरमियाने कदवाला व्यक्ति जिसके चेहरे पर चेचक के दाग थे, मौजूद था (चन्द्रशेखर आजाद—लेखक)। उसके दाएँ बाजू पर एक पुराने जख्म का निशान था। उसने मुझे बताया कि इस जख्म के कारण उसका दायाँ बाजू कमजोर हो गया था। इतने में डॉ. निगम भी वहाँ आ गया जिसके साथ वह सिख युवक भी था जिसको मैंने साइकिल के साथ पहले लाहौर में देखा था, परन्तु अब उसके केश नहीं थे। उसका नाम मुझे रणजीत बताया गया था, परन्तु मैंने जब उसकी फोटो देखी तो पता चला कि असल में वह भगतसिंह था। मैंने कपड़े उनको दे दिए और अगले दिन ऊपर बताए हुए व्यक्ति पंडित के साथ अगली सुबह लाहौर आ गया। पंडित लाहौर छावनी के स्टेशन पर ही उतर गये थे, जहाँ से जयगोपाल उनको लेकर चला गया और जो मुझे मेरे मोजंगवाले मकान में मिले। वे मुझे चौबारे से नीचे बाहर ले गये और थोड़ी दूर खड़े दो और व्यक्तियों से मिलाया, जिनमें एक रघुनाथ था, जो मेरे से कुछ लम्बा, चेहरे पर चेचक के निशान और उसके सामने वाले दाँत एक-दूसरे से कुछ हटकर, आँखें अन्दर को धँसी हुई और चौड़ा नाक था जो देखने में नवयुवक ही लगता था। उसकी मूँछें अभी फूट ही रही थीं (राजगुरु—लेखक) दूसरे आदमी का नाम तो मुझे मालूम नहीं हुआ लेकिन वह देखने में मेरे कद में कुछ छोटा, दुबला, चौड़ा माथा और छोटी-छोटी धँसी हुई आँखें, चेहरा कुछ लम्बा था। उसकी आयु 24-25 वर्ष थी (कुन्दनलाल—लेखक)।

'मैं इन दोनों को जयगोपाल के साथ अपने कमरे में ले गया। जयगोपाल ने बताया कि स्वामी ने मुझे इनको पास ठहराने को कहा है। रघुनाथ के पास बादामी रंग का एक थैला था और दूसरे के पास एक छोटा-सा बिस्तर था। मैं इनको खाना खिलाने के लिए नयी अनारकली के हिन्दू होटलों में ले गया। हमें वहाँ पता चला कि लाला लाजपतराय की मृत्यु हो गयी है। जयगोपाल उस समय मेरे साथ नहीं था। हमने लाला के दाह संस्कार में शामिल होने का पहले तो मन बना लिया, परन्तु फिर छोड़ दिया। हम अजायबघर देखने चले गये। उसी शाम आठ बजे भगतसिंह, स्वामी और पंडित मेरे कमरे में आए और वहीं ठहरे। रामचन्द्र और जयगोपाल भी मेरे यहाँ आते-जाते रहते थे।

'एक दिन पंडित जी, भगतसिंह, स्वामी और कुछ दूसरों ने जिक्र किया कि अपने पास पैसों की सख्त कमी है। इसलिए पंजाब नेशनल बैंक में डाका डाला जाए। इस प्रकार यह तय किया कि मैं भगतसिंह के साथ जाकर टैक्सी लाऊँगा। भगतसिंह और पंडित के पास एक सन्दूक था जिसमें एक माउजर पिस्तौल, जो स्वयंचालित पिस्तौल थे, जिनमें से एक पूरी तरह काम नहीं करता

था। इसके अलावा दो ठीक और दो खराब रिवाल्वर भी थे। कालीचरण और रघुनाथ कुछ दिनों से किसी और मकान में रह रहे थे। कालीचरण लाहौर से बाहर किसी जगह से होकर आया था। बाकी व्यक्तियों ने बैंक के अन्दर जाना था। यह तय हुआ कि जब टैक्सी वहाँ पहुँचेगी तो मैं गाड़ी के बीच बैठा रहूँगा और भगतसिंह टेलीफोन दफ्तर के पास पिस्तौल लेकर खड़ा रहेगा। कालीचरण ने टेलीफोन की तारें काटनी थीं। जयगोपाल और रामचन्द्र ने खजांची के पास जाकर नकदी हासिल करनी थी। और त्रिलोकचन्द (हंसराज वोहरा—लेखक) नाम के व्यक्ति ने, जो लम्बे कद, गोरे रंग, दुबला, दाढ़ी-मूँछ साफ किए हुए, खूब पढ़ा-लिखा लगता था, दो साइकिलों के साथ बैंक से कुछ दूरी पर खड़े रहना था। यह फैसला किया गया था कि टैक्सी को दयाल सिंह कालेज के पास छोड़ दिया जाए।

'तब अगले दिन दो थैलियाँ जो अदालती कमरे में पड़ी हैं, पंडित ने जयगोपाल और रामचन्द्र को दी थीं, और मुझे एक पिस्तौल दिया गया जिसकी मैगजीन खराब थी और जिसमें सिर्फ तीन ही कारतूस थे। जयगोपाल और रामचन्द्र को छोड़कर हम सबके पास कोई न कोई हथियार था। मैं और भगतसिंह 10 बजे रेलवे स्टेशन से टैक्सी लेकर पहुँचे। टैक्सी ड्राइवर एक मुसलमान था। शालीमार से वापसी के समय मैंने टैक्सी चलाने की कोशिश की, लेकिन सफल नहीं हुआ। चूँकि हमें देरी हो रही थी, हमने टैक्सी लारेंस गार्डन में ही छोड़ दी और इस तरह बैंक डकैती की योजना बीच में ही रह गयी। भगतसिंह लारेंस गार्डन में ही रहा, जबकि मैं एक ताँगे में सवार होकर दूसरे साथियों को सूचित करने के लिए पंजाब नेशनल बैंक पहुँचा। मैंने पंडित जी और दूसरे साथियों को सूचित कर दिया। रात को मोजंग के मकान में हमारी बैठक हुई।

'कुछ ही दिनों बाद हम लोगों (पंडित जी, भगतसिंह, स्वामी रामचन्द्र और मैं) ने फैसला किया कि लाला लाजपतराय की मृत्यु का बदला, स्कॉट को मार कर लेना चाहिए, जिसने लाला को चोटें पहुँचाई थीं। यह भी तय हुआ कि अगर उसको न मार पाए तो दूसरे गोरे अफसर को मार दिया जाए। तब जयगोपाल को पुलिस दफ्तर के पास निगरानी रखने को कहा गया, ताकि वह स्कॉट की दफ्तर में आने-जाने के समय की जानकारी प्राप्त कर ले, जबकि पंडित जी, भगतसिंह और रघुनाथ ने स्कॉट को मारना था। इस तरह 17 दिसम्बर को सवेरे मैं, पंडित जी, भगतसिंह, जयगोपाल, रघुनाथ, रामचन्द्र और त्रिलोकचन्द ने मोजंगवाले मकान में नाश्ता किया। उसके बाद मैं कुछ देर के लिए बाहर निकल गया। जब मैं बाहर निकल रहा था तो मुझे जल्दी से वापस आने और फिर वहीं मौजूद रहने को कह दिया गया। मेरे वापस आने से पहले ही वे लोग जा चुके थे और

कमरे को ताला लगा हुआ था, जिसकी दूसरी चाबी मेरे ही पास थी।

'शाम के चार-पाँच बजे के करीब भगतसिंह, रघुनाथ और पंडित साइकिलों पर वापस पहुँचे जो काले रंग की थीं। उन्होंने खाना खाया और फिर वापस चले गये। जयगोपाल आया और वहीं मेरे पास उसी मकान में सोया। अगले दिन मैंने अखबार में पढ़ा कि सांडर्स को मार दिया गया है। अगले दिन शाम को रामचन्द्र मेरे पास आया और मुझे जयगोपाल के साथ फिरोजपुर जाने को कहा, जहाँ वह भी अगले दिन आकर कपड़े वगैरा ले जाएगा। बाकी सब लोगों ने वहाँ से अपनी-अपनी चीजें हटा ली थीं, और सिर्फ मेरा सामान ही वहाँ रह गया था। उससे अगले दिन रामचन्द्र सारा सामान ले गया। मैं और जयगोपाल फिरोजपुर में डॉ. निगम के पास पहुँच गये। हमने लाहौर 19 दिसम्बर को छोड़ा था। स्वामी हमें फिरोजपुर में फिर जनवरी में मिला था।

'मैं सेहत खराब हो जाने के कारण स्वामी से आज्ञा लेकर अपने गाँव चला गया। 24 मई, 1929 को मैंने म्यूनिसिपल बोर्ड में क्लर्क की नौकरी कर ली। कुछ ही दिन बाद मुझे गिरफ्तार कर लिया गया और यहाँ (लाहौर) लाया गया। मैंने यहाँ से एक चिट्ठी शिव वर्मा के हाथ अपने पिता को भेजी थी, जिसमें मैंने अपना अता-पता नहीं लिखा था। शिव वर्मा ने वह चिट्ठी डाक से भेज दी।

'स्वामी मुझसे कुछ लम्बा, गोरा, छोटी-छोटी मूँछें, दुबला-पतला, पढ़ा-लिखा पंजाबी युवक था।'

क्रान्तिकारी दल में महावीर सिंह की सक्रियता और हिस्सेदारी के साक्ष्य पहले ही मिल गये थे। उनका यह बयान चीजों की पूर्णता स्वीकारोक्ति था। क्रान्तिकारियों की यह रणनीति अपने काम और लक्ष्यों का जनता के बीच प्रचार-प्रसार के बड़े मकसद के लिए थी। दिल्ली की केन्द्रीय असेम्बली में बम फेंकने के बाद गिरफ्तारी देने का भगतसिंह और बटुकेश्वर दत्त का निर्णय इसकी शुरूआत थी जिसमें उन्होंने पहले ही अदालत को मंच के रूप में इस्तेमाल करने की योजना का प्रारूप निर्धारित कर लिया था।

बोर्स्टल जेल लाहौर से महावीर सिंह ने अपनी बहन को एक पत्र लिखा था—'प्यारी बहन! इतने समय तक जो मैंने पत्र नहीं भेजा उसका कारण यह है कि मैं तुम्हें अथवा और लोगों को चिन्तित नहीं करना चाहता था। परन्तु मुझे शोक है कि पिता और बाबा बहुत व्याकुल हुए और बाबा तो यहाँ तक कि नश्वर शरीर ही छोड़ गये। यह तो आनन्द का अवसर होना चाहिए था। मैं अपने प्यारे देश तथा जाति के लिए मरना एक उत्तम कार्य समझता हूँ। यही एक कर्तव्य-पथ है। मैं विचार करता हूँ कि मैंने कोई ऐसा काम नहीं किया जिससे किसी को लज्जा उठानी पड़े। कारागार में आया हूँ तो देश के लिए। तुम अपने को निर्बल

तथा असहाय न समझो। यदि तुम साहस करो तो संसार के उच्च शिखर पर पहुँच सकती हो। परन्तु उसके लिए आवश्यकता है स्वाभिमान की, हृदय की विशालता की और कर्तव्य-पथ पर दृढ़ रहने की। मेरा तुम्हारे लिये यही एक आदेश है कि तुम विद्या प्राप्त करो—पुस्तकावलोकन करो जो तुम्हें आनन्ददायक तथा पथ प्रदर्शक होगी। मुझे दुख है कि मैं तुम्हें इस समय यहाँ से कोई भी सहायता नहीं पहुँचा सकता। शायद आगामी जीवन में कभी अवसर प्राप्त हो सके।'

मुकदमा चला। पूरे देश की इस पर निगाहें लगी थीं। क्रान्तिकारी हर रोज कुछ-न-कुछ ऐसा करते जिसकी अखबारों में चर्चा रहती। उन्होंने तय कर लिया था कि गिरफ्तार हो जाने से साम्राज्यवाद के विरुद्ध उनका संघर्ष किसी तरह थम नहीं गया है। यह लड़ाई अनवरत जारी रहेगी। उसके तरीके और हथियार बदल जाएँगे, पर युद्ध तो निरन्तर तीव्रतर होता जाएगा। भगतसिंह अदालत से अपनी बातों को जनता तक पहुँचाने की सुविचारित योजना के तहत अपनी कार्यवाही को अंजाम दे रहे थे जिसका दल को लाभ भी मिला।

महावीर सिंह, जयदेव कपूर, भगतसिंह, किशोरी लाल, डॉक्टर गया प्रसाद जैसे तगड़े क्रान्तिकारियों का प्राय: पुलिसवालों से झगड़ा हो जाने पर उन्हें मार खानी पड़ती थी। जेल के भीतर जब राजनीतिक कैदियों के माँगों और साम्राज्यवाद की मुखालफत के लिए अनशन का निर्णय लिया गया, तो महावीर सिंह इस लड़ाई में पूरे जोश के साथ शामिल हो गये। सरकार ने पहले भूख हड़ताल को गम्भीरता से नहीं लिया। सोचा, अनशन जैसी ज्यादा मुश्किल और लम्बी लड़ाई को ये कम उम्र के लड़के अधिक दिन तक जारी नहीं रख सकेंगे। पर वे तो फौलाद के बने थे। 10 दिन बिना खाए-पिए निकल गये तो बिस्तर पर पड़ने लगे। सरकार को चिन्ता हुई। क्या करे। उसने डॉक्टरों का एक बोर्ड उनकी देखभाल के लिए नियुक्त कर दिया। बलपूर्वक दूध पिलाने की कार्यवाही डॉक्टरों ने शुरू की। रबर की नली को नाक या मुँह के रास्ते पेट में डालकर दूध उतारने के तरीकों का क्रान्तिकारियों ने विरोध करना शुरू किया। ऐसे में अच्छी खासी कुश्ती हो जाती और डॉक्टर अपमान महसूस करते। अब क्रान्तिकारियों पर बल का इस्तेमाल किया जाने लगा। चार-पाँच तगड़े आदमी दबोच लेते और नली से दूध उड़ेल दिया जाता। महावीर सिंह ताकतवर थे। उन्हें काबू करने में डॉक्टरों को आधा घंटा लग जाता।

क्रान्तिकारियों के प्रचार के तौर-तरीकों से भयभीत होकर सरकार ने 1930 में तीसरे अध्यादेश से इस मुकदमे की कार्यवाही को जल्दी समाप्त करने का निर्णय ले लिया। लाहौर उच्च न्यायालय के तीन जजों का एक ट्रिब्यूनल बनाया गया और केस मजिस्ट्रेट की अदालत से उठाकर उसे सौंप दिया गया। ट्रिब्यूनल को

विशेष अधिकार प्राप्त थे। यानी अभियुक्तों की गैर हाजिरी में भी मुकदमा हो सकता था, जब भी उसे लगे कि दोष प्रमाणित हो रहा है, वह शेष साक्ष्यों को बिना सुने सुनवाई समाप्त कर देगा और उसके फैसले की कोई अपील भी नहीं की जा सकती थी। कुल मिलाकर यह सरकार की धाँधलेबाजी थी। महावीर सिंह ने शत्रु की अदालत को मान्यता देने से इनकार कर दिया। उसके साथ चार अन्य क्रान्तिकारियों—कुन्दनलाल, बटुकेश्वर दत्त, डॉक्टर गया प्रसाद और जितेन्द्रनाथ सान्याल ने अदालत और सरकार के विरुद्ध एक बयान जारी किया। इस बयान को क्रान्तिकारियों की राजनीतिक समझ और उनकी दृढ़ इच्छाशक्ति के सबूत के तौर पर देखना जरूरी है—

...हमारा दृढ़ विश्वास है कि साम्राज्यवाद लूटने खसोटने के उद्देश्य से संगठित हो गये एक विस्तृत षड्यन्त्र को छोड़कर और कुछ नहीं है। साम्राज्यवाद मनुष्य द्वारा मनुष्य का तथा एक राष्ट्र द्वारा दूसरे राष्ट्र को धोखा देकर शोषण करने की नीति के विकास की अन्तिम अवस्था है। साम्राज्यवादी अपने लूट-खसोट के मंसूबों को आगे बढ़ाने की गरज से केवल अपनी अदालतों द्वारा ही राजनीतिक हत्याएँ नहीं करते, वरन् युद्ध के रूप में कत्लेआम, विनाश तथा अन्य कितने वीभत्स एवं भयानक कार्यों का संगठन करते हैं। ऐसे लोगों को, जो उनकी लूट-खसोट की माँगों को पूरा करने से इनकार करते हैं, या उनके तबाह करने वाले घृणित मंसूबों का विरोध करते हैं, उन्हें गोली से उड़ा देने में वे जरा भी नहीं हिचकिचाते। 'न्याय तथा शान्ति का रक्षक' होने के बहाने वे शान्ति का गला घोंटते हैं, अशान्ति की सृष्टि करते हैं, बेगुनाहों की जानें लेते हैं और सभी प्रकार के जुल्मों को प्रोत्साहन देते हैं।

'हमारा यह विश्वास है कि मनुष्य होने के नाते हर व्यक्ति आजादी का हकदार है, उसे कोई दूसरा व्यक्ति दबाकर नहीं रख सकता। हर मनुष्य को अपनी मेहनत का फल पाने का पूरा अधिकार है और हर राष्ट्र अपने साधनों का पूरा मालिक है। यदि कोई सरकार उन्हें उनके इन प्रारम्भिक अधिकारों से वंचित रखती है तो लोगों का अधिकार है—नहीं, उनका यह कर्तव्य है कि ऐसी सरकार को उलट दें, उसे मिटा दें। चूँकि ब्रिटिश सरकार इन उसूलों से, जिनके लिए हम खड़े हुए हैं, बिलकुल परे है, इसलिए हमारा यह दृढ़ विश्वास है कि क्रान्ति के द्वारा मौजूदा हुकूमत को समाप्त करने के लिए सभी कोशिशें तथा सभी उपाय न्यायसंगत हैं। हम परिवर्तन चाहते हैं—सामाजिक, राजनीतिक तथा आर्थिक, सभी क्षेत्रों में आमूल परिवर्तन। हम मौजूदा समाज को जड़ से उखाड़कर उसके स्थान पर एक ऐसे समाज की स्थापना करना चाहते हैं जिसमें मनुष्य द्वारा मनुष्य का शोषण असम्भव हो जाए और हर व्यक्ति को हर क्षेत्र में पूरी आजादी हासिल

हो जाए। हम महसूस करते हैं कि जब तक समाज का पूरा ढाँचा ही नहीं बदला जाता और उसकी जगह पर समाजवादी समाज की स्थापना नहीं हो जाती तब तक दुनिया महाविनाश के खतरे से बाहर नहीं है।

'रही बात उपायों की—शान्तिमय अथवा दूसरे—जिन्हें हम क्रान्तिकारी आदर्शों की पूर्ति के लिए काम में लाएँगे। हम कह देना चाहते हैं कि इसका फैसला बहुत कुछ उन लोगों पर निर्भर करता है जिनके पास ताकत है। क्रान्तिकारी तो सबका फायदा चाहने के सिद्धान्त पर विश्वास करने के नाते शान्ति के ही उपासक हैं—सच्ची और टिकनेवाली शान्ति के, जिसका आधार न्याय तथा समानता पर है, न कि कायरता पर आधारित तथा संगीनों की नोक पर बचाकर रखी जानेवाली शान्ति के...।'

यह इस बयान का कुछ अंश है। इसके अन्त में कहा गया था कि हम पर ब्रिटिश सरकार के विरुद्ध युद्ध छेड़ने का अभियोग लगाया गया है। हम ब्रिटिश हुकूमत की बनाई हुई किसी भी अदालत से न्याय की आशा नहीं करते और इसलिए हम इस न्याय के नाटक में भाग नहीं लेंगे।

7 अक्टूबर, 1930 को महावीर सिंह को सात अन्य साथियों सहित आजन्म कारावास की सजा दे दी गयी। सभी सोचते थे कि उन्हें फाँसी का फन्दा मिलेगा। वे स्वयं मस्ती के साथ हँसकर कहते थे—'मैं राजपूत क्षत्रिय की तरह मरूँगा।' क्रान्तिकारी पंडित किशोरी लाल ने कलकत्ते की अपनी यात्रा में अपने संस्मरणों में मुझे बताया था कि सजा सुनाए जाने के पश्चात पुलिस सुपरिटेंडेंट मार्गन मुझे और महावीर सिंह को मुबारकबाद देने आया। बोला—'बड़े सौभाग्यशाली हो तुम। मैंने फाँसी दिलाने का पूरा यत्न किया था लेकिन तुम बच गये। यह तुम्हारी खुशकिस्मती है।' किशोरीलाल ने उत्तर दिया—'खुशकिस्मती कैसी। मैं तो फाँसी की सजा न पाकर शहीद होने के गौरव से वंचित रह गया...।'

सजा सुनाए जाने के पश्चात कुछ दिनों तक पंजाब की जेलों में रखकर महावीर सिंह और डॉक्टर गया प्रसाद को सुदूर दक्षिण के वेल्लारी केन्द्रीय कारागार भेज दिया गया।

1930-31 के सत्याग्रह का वक्त था वह। बेल्लारी केन्द्रीय कारागार में सत्याग्रही आन्दोलनकारियों के कारण खूब रौनक थी। लाहौर षड्यन्त्र के केस के ये दोनों क्रान्तिकारी जेल में पहुँचे तो वहाँ के कायदे-कानून मानने से साफ इनकार कर दिया इन्होंने यानी कैदी नम्बर की तख्ती सीने पर नहीं लटकाएँगे, टोपी नहीं पहनेंगे, परेड पर बिस्तरा आदि रखकर खड़े नहीं होंगे। उनकी इस घोषणा के कारण उन्हें हर समय काल कोठरी में बन्द रखा जाता और परेड के दिन जबरदस्ती वर्दी पहनाकर, पीछे हथकड़ियाँ लगाकर खड़ा कर दिया जाता। सीने पर कैदी नम्बर की

तख्ती लटका दी जाती और सिर पर खास तनीदार टोपी पहनाकर इस तरह बाँध दी जाती कि उसे सिर हिलाकर गिराया न जा सके। लेकिन सुपरिन्टेन्डेन्ट आता देखकर ये दोनों क्रान्तिकारी बैठ जाते या लेट जाते।

उसी समय सत्याग्रहियों पर लाठी चार्ज हुआ। महावीर सिंह और डॉक्टर गया प्रसाद ने उसके विरोध में काम न करने की हड़ताल का नेतृत्व किया। अधिकारी उनकी इन गतिविधियों से नाराज हो गये और उनसे बदला लेने की सोचने लगे। बेल्लारी जेल का सुपरिन्टेन्डेन्ट मुक्केबाज था। वह डॉक्टर गया प्रसाद और महावीर सिंह पर अपनी मुक्केबाजी आजमाता रहता। एक बार इसी मुक्केबाजी के कारण गया प्रसाद 36 घंटे तक जेल के अस्पताल में बेहोश पड़े रहे और जब होश आया तो फिर अपने हिस्से के मुक्के उन्हें खाने पड़े। बेल्लारी जेल में यह जोर अजमाइश पूरे डेढ़ साल तक चलती रही।

एक दिन ऐसा हुआ कि सुपरिन्टेन्डेन्ट घूमता हुआ यों ही हाते में चला आया। उसने महावीर सिंह की कोठरी खुलवाई और वार्डरों को आदेश दिया कि उन्हें बाहर लाकर खड़ा करें। वे बाहर लाए गये। हथकड़ी नहीं डाली गयी थी। सुपरिन्टेन्डेन्ट ने रोज की तरह मुक्केबाजी शुरू कर दी। महावीर सिंह ने एक ही झटके से हाथ छुड़ाकर जेल सुपरिन्टेन्डेन्ट के मुँह पर ऐसा मुक्का मारा कि वह हड़बड़ाकर कई कदम पीछे हट गया। उस दिन से मुक्केबाजी तो खत्म हो गयी पर महावीर सिंह को इस दुस्साहस के लिए 30 बेंत झेलने पड़े। और बेंत भी लोहे की टिकटी में बाँधकर इस तरह लगाए गये कि जहाँ भी पड़े वहाँ की खाल उधड़ती चली गयी। बड़े साहस के साथ महावीर ने इस सजा को झेला और 'इन्कलाब जिन्दाबाद' का नारा बुलन्द करते रहे। मार खाकर सीना ताने हुए वे किसी घायल शेर की तरह अपनी कोठरी की ओर लौट आए। फिर साथी जयदेव कपूर को राजमहेन्द्री जेल में एक छोटा-सा सन्देश भेजा—'भैया, तुमने अग्निपरीक्षा राजमहेन्द्री जेल में पहले ही पास कर ली। मैंने वह परीक्षा बेल्लारी जेल में अच्छे नम्बरों से उत्तीर्ण कर ली है।'

बेल्लारी जेल से महावीर सिंह ने जो पत्र लिखे वे उनके अदम्य साहस और धैर्य का साक्ष्य तो हैं ही, उनमें उनकी क्रान्तिकारी चेतना की उपस्थिति को गहरे से चीन्हा जा सकता है। यह भी द्रष्टव्य है कि क्रान्तिकारियों को जेल के भीतर कितने अमानवीय कष्ट झेलने पड़े पर वे उत्पीड़न को सहन करते हुए देश की आजादी का बड़ा सपना अपनी आँखों में सँजोए रहे। इन पत्रों में पिता से उनके संवाद में कैदी जीवन की विषम स्थितियों की झलक तो है ही, जेल के साथी क्रान्तिकारियों के संघर्ष की दिल हिला देनेवाली छवियाँ भी हमें दिखाई पड़ती हैं। क्रान्तिकारियों के आपसी रिश्तों की मजबूत डोर भी मुक्ति-युद्ध की

इस परम्परा का सुखद साक्ष्य है। देश के लिए अपना घर-बार छोड़कर वे नौजवान किस तरह एक सूत्र में बँध गये थे जहाँ न जाति-धर्म और प्रान्तीयता की दीवारें थीं और न ही निजी स्वार्थों के लिजलिजे घेरे। देश की आजादी के अपने बड़े लक्ष्य के लिए उनका एकजुट संघर्ष इतिहास की अनोखी और रोमांचकारी घटना है जिसमें वे प्रतिपल अपना रक्त देकर बलिदान की नयी इबारत रच रहे थे। ऐसा कुछ जो इससे पहले कभी घटित नहीं हुआ। विचार की सम्पदा ने इस संघर्ष को और भी सम्पन्न बना दिया था। अपना घर-बार और जीवन के प्रति मोह छोड़कर क्रान्तिकारी ऐसे मार्ग पर चल पड़े थे जो देश की मुक्ति और खुशहाली का था। महावीर सिंह के जीवन की झाँकी पिता और उनके मध्य हुए संवाद से बहुत मुखर होकर हमारे सामने आती है। क्रान्तिकर्म में लिप्त एक नौजवान और घर की चाहरदीवारी के भीतर बैठा एक बूढ़ा पिता किस तरह अपने विचारों का आदान-प्रदान करते हैं, यह पिताजी के नाम लिखे गये महावीर सिंह के पत्रों से विदित होता है। हम दोनों की मन:स्थितियों की कल्पना कर सकते हैं जिसमें सर्वाधिक प्रशंसनीय यह है कि न तो महावीर सिंह हमें किसी क्षण अपने क्रान्तिकारी संघर्ष से विचलित दिखाई पड़ते हैं और न ही निपट देहात में जीवनयापन कर रहे उनके वृद्ध पिता की आँखों में निराशा का कोई भाव कभी झलकता है। दोनों अद्‌भुत गौरव से भरे हुए हैं। हम यहाँ जेल से पिता को लिखे महावीर सिंह के चार पत्रों को दे रहे हैं। जिनमें तीन केन्द्रीय कारागार बेल्लारी से भेजे गये थे और एक सेल्युलर जेल अन्दमान से।

सेन्ट्रल जेल, बेल्लारी

11/11/1931

बखिदमत जनाब वालिद साहब,

दाम इकबालह मैं बखैरियत आपकी खैरियत हमेशा नेक मतलूब। आपकी एक फरद से मालूम हुआ कि बलवीर घर पर आ गया है और घर पर अब काम करने लगा है। इसलिए मुझे बेहद खुशी हुई और हमारा खयाल है कि बेटी सरोजिनी भी बखैरियत होगी।

भाइयों की शादी तो बखैरियत हो गयी होगी और जनाब वालिदा साहिबा भी आ गयी होंगी और बुआ साहिबा की तन्दुरूस्ती की बावत भी लिखिएगा। मुझे उर्दू की लुगत एक जिल्द और उर्दू की लियाकत पैदा करनेवाली कुछ किताबें भेज दीजिएगा। इसके अलावा अगर आप हिन्दी में 'तिलक गीता रहस्य' और 'कुतुबा' का इंतजाम कर सकते हों तो वे भी साथ में भेज दें तो अच्छा ही हो। अगर आप इन जरूरतों के अलावा एक हिन्दी मासिक पत्रिका 'माधुरी' जिसका पता यह है—माधुरी प्रेस, लखनऊ है, से एक कॉपी हमारे पते से भिजवा दें तो

बहुत अच्छा। इसके वास्ते एक लिफाफे में 9–10 आने के टिकट लगाकर बन्द कर भेज दें और पता मेरा लिख देवें कि अगर पसन्द हुआ तो सालाना चन्दा भेज कर मुस्तकित खरीददार बन जाऊँगा। इसी तरह एक एक उर्दू रसाला जिसका पता यह है—किरती प्रेस, अमृतसर, पंजाब जिसके वास्ते 6 आने के टिकट अन्दर लिफाफा रवाना करने होंगे। जनाब, बुआ जी, वालिदा साहिबा, चाची साहिबा, चाचा वगैरह सब लोगों को पैर छूना कबूल हो। भाई बहनों को नमस्ते कहना। हमारे डॉक्टर साहब (गया प्रसाद) की राय है कि बलवीर अभी एक और वर्ष आपके पास रहकर पढ़े और तजुरबा हासिल करे तो निहायत ही अच्छा रहेगा, क्योंकि जमाने की रफ्तार इसी तरह पर जा रही है। उसके वास्ते कुछ डॉक्टरी किताबें बाजुबान उर्दू लिखता हूँ। अगर आप जरूरत समझें मँगवा कर इस्तेमाल में लाएँ। मेटीरिया मैडिका हिस्सा एक और चार, इसमें दवाएँ और उनकी मिकदार खुराक और उनका इंग्लिश हिन्दी नाम व शनाख्त वगैरह–वगैरह तमाम हालात हैं और हर एक दवा के साथ इस दवा के मुकरब नुस्खा भी है जो कि यूरोप वगैरह के डॉक्टर अपनी पूरी जिन्दगी में बड़ी कोशिशों से हासिल कर पाए थे, मखजने हिकमत हिस्सा एक व चार ये किताब बीमारी की शनाख्त अजरूप डॉक्टरी और साथ ही हिकमत से दिया है फिर इलाज अजरूह डॉक्टरी मुनफरिद और हिकमद मुनफरिद दवाओं से और मुकररिव डॉक्टरी नुस्खा जात मशहूर–मशहूर यूरोपीय डॉक्टरों के और हिकमत में मशहूर अतबा के नुस्खा जात से दिया है। पता यह है—मैनेजर रिसाला 'मखजन हिकमत' शाही मुहल्ला, लाहौर। यहाँ से एक रसाला बनाम 'मखजने हिकमत' निकलता है जिसका चन्दा सालाना दो रुपये है। इस खत के साथ एक खत बाखत अँग्रेजी निम्न पते पर बहुत जल्द रवाना फरमाइएगा। हम और डॉक्टर (गया प्रसाद) दोनों पास–पास रहते हैं और डॉक्टर साहब ने आपको और वालिदा साहिबा को पैर छूना कहा है।

आपका पुत्र,

महावीर सिंह।

अँग्रेजी में तिरछा लिखा है—मि. बी.एस. वर्मा बी.ए. एल.टी. एच.आर. हाई स्कूल, शाहजहाँपुर (यू. पी.) (नोट : यह पता क्रान्तिकारी शिववर्मा के भाई श्रीयुत विद्या सागर वर्मा का है जो शाहजहाँपुर में प्राध्यापक थे।—लेखक)

सेन्ट्रल जेल, बेल्लारी।

31 मई, 1932

पूज्यवर पिताजी तथा बुआ जी,

सेवा में निवेदन यह है कि आपका कृपा पत्र बहुत दिनों के बाद पाकर अत्यन्त हर्ष हुआ। आगे समाचार है कि हम आजकल चैन से हैं पर पिछले कुछ

महीनों में जैसा कि आपने शायद विचारा हो हम लोग आपत्ति ग्रसित रहे जिसका विवरण देने में असमर्थ हैं क्योंकि यह जेल है। यहाँ पर रोना और चिल्लाना भी माना है, और इन्हीं कारणों से लगभग 6 महीने से पत्र लिखने का अवसर नहीं मिला। आपको इस लम्बे समय में हाल समाचार न मिलने से कष्ट अवश्य ही हुआ होगा, परन्तु विवश था और फिर आप तो जानते हैं कि मनुष्यत्व प्राप्त करने के लिए कितने ही भयानक कष्टों का सामना करना पड़ता है जिसका अनुभव आपको खूब है। ऐसा विचार कर आप इस समय के विप्लव अथवा कभी भविष्य में आनेवाले विलम्बों की कोई परवाह और न ही कोई चिन्ता करें।

आपने यह बहुत अच्छा किया कि बलवीर सिंह को कार्याभ्यास कराने के लिए रामपुर में वास किया है। उसके वैद्यक के साथ ही कुछ हिकमत और कुछ डॉक्टरी ज्ञान करा दें, क्योंकि हम लोग पश्चिमी सभ्यता अथवा पश्चिमी चिकित्सा से सर्वथा अनभिज्ञ रहने में सफलता तथा ज्ञान पूर्ण रीति से नहीं पा सकते। इस कारण आप उर्दू में लाहौर के एक प्रसिद्ध हकीम डॉक्टर की लिखी हुई 'मेटीरिया मैडिका' 2 भाग और 'मखजन हिकमत' 2 भाग मंगवा लें। ये किताबें बहुत ही अच्छी हैं और ये चारों किताबें करीब 20 या 22 रुपये की हैं। किताबें मिलने का पता—मैनेजर, रिसाला मखजन हिकमत, शाही मुहल्ला, लाहौर है। एक किताब 'हमारे शरीर की रचना' 2 भाग लगभग 7 रुपये की है। लखनऊ में किसी बड़ी दुकान अथवा गंगा पुस्तकमाला में मिल सकती है।

आप लोगों के स्थापित मंडल का संगठन अथवा नियम सन्तोषजनक है, पर साथ ही ध्यान रहे कि इसमें गरीबों से किसी प्रकार का जाति-भेद तथा धर्म-भेद न रखकर अधिक ध्यान दिया जाए क्योंकि पतितों व गरीबों के कष्टों का उत्तरदायी, समाज व सरकार है, वे बिचारे तो केवल शिकार हैं। परन्तु आप बलवीर को वैद्याचार्य बनाने के साथ-साथ नेक मनुष्य बनाने का भी प्रयत्न करें जिससे धैर्य, सहिष्णुता, त्याग और दया जैसे गुणों का उसके हृदय में वास होवे, जो दूसरों के कष्टों को देखकर पिघल जावे। किसी प्रकार का भेदभाव न रखकर सबके लिए प्रेम-भंडार हो। उसे आप समझाएँ कि वह मनुष्य का बड़प्पन उसके धन, बल, बुद्धि से न देख अधिकतर हृदय से देखे। ऐसी शिक्षाओं को प्राप्त करने के लिए पूर्वीय तथा पश्चिमीय महात्माओं के जीवन-चरित्रों तथा उपदेशों को अच्छी प्रकार देखे। मैंने आपसे कई बार प्रार्थना की है कि एक मासिक पत्र आप अवश्य मँगाएँ। पत्र 'विशाल भारत' जो कलकत्ता से निकलता है, का मूल्य 6 रुपया वार्षिक है या 'त्यागभूमि' जो हिन्दी सस्ता साहित्य मंडल अजमेर से निकलता है या और कोई जो आप उचित समझे मँगवा लिया करें। बलवीर को अँग्रेजी सीखने का प्रयत्न करना चाहिए। केवल एक घंटा प्रतिदिन काफी है।

मुझे इससे बहुत प्रसन्नता हुई कि बेटी सरोजनी भी वैद्यक में उन्नति कर रही है। उसको भी उन बातों के ज्ञान की जरूरत है जो कि ऊपर बलवीर को होना चाहिए। उसे मुझे गुरु नहीं केवल 'भाई' समझना चाहिए। इस शब्द को मैं संसार में सबसे श्रेष्ठ समझता हूँ, क्योंकि साम्यवादी ऐसा ही चाहते हैं।

मेरी पूज्य बुआ तो शायद बहुत शिथिल और निर्बल हो गयी होंगी। आप उनके स्वास्थ्य का ध्यान रखें और उन्हें मेरा चरण स्पर्श कहें। माताजी तथा उनसे मेरे लिए दुखी न रहने को कहिए। ककाजू, माता जी, चाचा आदि को चरण स्पर्श कहिएगा। मैं यहाँ अकेला नहीं हूँ। यहाँ पर मेरे साथ, मेरे साथी बटुकेश्वर दत्त और डॉ. गया प्रसाद भी हैं। हम साथ-साथ कुशलपूर्वक हैं। हो सके तो लगभग 15 रुपए का मनीआर्डर कर दीजिए। उसमें सिर्फ मेरा पता लिखिएगा।

लल्ली के दोनों पुत्रों, जिनका मैं नाम तक नहीं जानता, को मेरा प्यार भेजना और अगले पत्र में उनके नाम भी लिखिएगा। कुँवर साहब और लल्ली को नमस्ते।

बुआ जी, फूफा तथा चाचा चतुर सिंह को प्रणाम कहिएगा। भद्रवास के दादा सरदार सिंह का लल्लू का कुशल समाचार अगले पत्र में लिखिएगा, उनको मेरी नमस्ते भी कहना। मेरे मित्र वर्ग का समाचार देना कि वे आजकल क्या कार्य करते हैं। अधिक क्या लिखूँ। दत्त का त्रिचरापल्ली जेल में ट्रांसफर हो गया है।

आपका आज्ञाकारी पुत्र,
महावीर

वेल्लारी
8/8/1932

पूज्यवर,

आपका कृपा पत्र प्राप्त हुआ परन्तु जो पत्र आपने सीधा रजिस्टर्ड भेजा था वह अभी तक तीन सप्ताह से दफ्तर में ही पड़ा हुआ है। हिन्दी पढ़नेवाला वहाँ मुश्किल से ही कोई मिलता है। यही कारण है कि वह पढ़ाने के लिए कानपुर अथवा लाहौर कहीं भेजा गया है और उसे वहाँ से वापिस आने पर ही प्राप्त कर सकूँगा। खैर समाचार तो मिल ही गया है। सम्प्रति हम लोग कुछ अच्छी तरह हैं पर भविष्य में निकट ही फिर उन्हीं कष्टों की आशा की जाती है। बन्धुवर दत्त त्रिचरापल्ली जेल भेज दिए गये हैं और जयदेव कपूर राजमहेन्द्री तथा कमलनाथ तिवारी वैलूर जेल में हैं।

आपने पत्र में लिखा था कि हमारे उत्तरदायी संरक्षकगण असमर्थ और पराधीन हैं। हमें उनके साथ कुछ झगड़ा वगैरा नहीं करना चाहिए। परन्तु आप यह ध्यान रखें कि हमारी दुनिया और आपकी दुनिया बिलकुल विपरीत है। आप अपनी

दुनिया में स्वतन्त्र हैं। आपको मान-अपमान से सर्वदा बाधित होने का कोई अवसर नहीं है। परन्तु यहाँ उठते-बैठते, चलते-फिरते, पग-पग पर अपमान सहने पड़ते हैं, ठोकरें खानी पड़ती हैं, गालियाँ सुननी पड़ती हैं। ऐसी दशा में मेरा तीन वर्ष का अनुभव बताता है कि यह जगह मनुष्य के स्वभाव को, किसी भी हालत में क्यों न हो, बदल देती है। उसके लिए सिर्फ दो ही उपाय बाकी रह जाते हैं—एक तो उनकी नीच आज्ञाओं का पालन करना और धमकी तथा अपमान चुपचाप सहन करना—जो कि मनुष्य को बिलकुल आत्महीन, स्वार्थी तथा भीरू बना देता है। आत्मदृढ़ता तथा विश्वास का लोप हो जाता है। ऐसा मनुष्य बाहर निकलकर भी चारों ओर सिवाय निराशा और घोर अंधकार के कुछ भी नहीं देखता। ऐसी हालत में वह और भी पतित हो जाता है। ऐसे उत्साहहीन पुरुष का जीवन केवल भार स्वरूप होकर दुखदाई हो जाता है। इसमें यदि कोई कहे शान्ति तथा नम्रता है तो उसका खयाल बिलकुल गलत है। ऐसी जगह में क्षमा की आवश्यकता नहीं है, क्योंकि आप जानते हैं कि ये चीजें गुण उसी दशा में कहीं जा सकती हैं जब उनके विरुद्ध होनेवाली दुष्टताओं का दमन करनेवाला हर प्रकार का बल मनुष्य में हो और ऐसी ही हालत में शान्तिपूर्वक उनको क्षमा कर देना एक अनुपम गुण होता है और शान्ति एक दैवी सौन्दर्य। लेकिन जब अत्याचारी यह देखता है कि वह बलवान है और दूसरा पुरुष उसका कुछ भी नहीं कर सकता है ऐसा खयाल करके हर प्रकार के अमानवीय कृत्यों को करने पर उतारू हो जावे तो मनुष्य का कर्तव्य यह है कि वह उसके विरुद्ध अवश्य खड़ा हो, नहीं तो वह क्षमाशील तथा शान्तिप्रिय होने के स्थान पर भीरू और कायर ही होगा। ऐसा मेरा ही मत नहीं बल्कि महात्मा गाँधी का भी है। हाँ! दूसरा उपाय यह है कि मनुष्य को उपरोक्त बड़े मनुष्यों के सिद्धान्त के अनुसार बुराई के खिलाफ जिस प्रकार हो सके तन-मन-धन से कमर बाँध के खड़ा हो जाना चाहिए। ऐसी हालत में जो मनुष्य ऐसा कार्य करता है वह इन आत्महीन दुराचारियों से कहलाता है—बदमाश, उद्दंड, और कानून को न मानने वाला—और फिर उसे कष्टों को सहन करना पड़ता है। पर अत्याचारी कष्ट पहुँचाकर थक जाते हैं तो फिर मनुष्य के साथ दुर्व्यवहार करने की सहज में उतनी चेष्टा नहीं करते हैं। इसलिए जो आदमी इस चारदीवारी के अन्दर प्रवेश करे तो पहले वह हमारे संरक्षकों की भाषा के अनुसार उद्दंड व बदमाश बने। तभी वह मान रक्षा पा सकता है। कायर बनने से हर हालत में अपमान ही मिलेगा जो शारीरिक कष्टों में बहुत ही दुखदायी होता है। आप विश्वास रखें कि ये उपवास तथा गहने इत्यादि हमें बिलकुल कष्ट नहीं देते वरन् चौगुनी खुशी देते हैं क्योंकि हम खयाल करते हैं कि हम अत्याचार के विरुद्ध लड़ रहे हैं। रही बात हमारे संरक्षकगण के व्यवहार की तो बातें तो

वे जितना सरकार चाहती है उससे दस गुणा करते हैं। दो-चार गाली सुनाना या बेंत की शरण की परीक्षा करना तो मामूली बात है। सरकार की मंशा है कि हम लोग भेड़ों की तरह रखे जाएँ तो ये लोग उतना भी नहीं रखना चाहते। एक गड़रिया अपनी भेड़ों को अच्छी से अच्छी घास या सुखमय स्थान देने की सर्वदा चेष्टा करता रहता है—परन्तु यहाँ जितना बुरा हो सके उतना बुरा खाना और दस झरोखों वाले कपड़े देते हैं और जब काम की बात आती है तो कोल्हू का बैल भी उसके सामने सिर झुका देता है और सरकारी आज्ञा के विरुद्ध खाने के उपरान्त ही समय से एक घंटा पहले ही ले जाकर बन्द कर दिए जाते हैं और वे लोग बेचारे भेड़ों की तरह मार बर्दाश्त करके इनकी इच्छानुसार कार्य करते रहते हैं। इस प्रकार की बिगड़ी हुई जो इन सैयादों की आदत है उसे हमारे ऊपर भी कभी-कभी उपयोग में लाने की चेष्टा करते हैं और इसी कारण हम लोगों के साथ झगड़े हो जाते हैं। अभी तक हम अपने जीवन-मरण के साथियों को आपके पत्र के साथ अकसर पत्र लिख दिया करते थे जिससे उनको हमारा समाचार विदित हो जाया करता था और आपके पत्र के साथ भेजे हुए उनके पत्रों से हमें उनका समाचार प्राप्त हो जाया करता था, पर अब इस गुलशन के माली ने यह आजादी छीन ली है। अब केवल एक पत्र लिख सकते हैं और पा सकते हैं। पूज्यवर, अपने भद्रवास के ठाकुर सरदार सिंह का तथा मेरे मित्रों के विषय में पूरा विवरण नहीं लिखा। कृपया पूरा वृत्तान्त शीघ्र लिखिएगा। मुझे यह सुनकर अतीव आनन्द है कि मैं शीघ्र ही एक भावी पिता का बड़ा भाई बनूँगा। ऐसा सुनने में आया है कि भारत मन्त्री श्रीमान सैमूयल होन महाशय हम पर बड़े कृपालु हैं और शीघ्र ही हमें दो सौ आदमियों सहित एक समुद्र परिवेष्ठित द्वीप (काला पानी) की सैर कराएँगे। इसमें भी एक अपूर्व आनन्द ही होगा। यह आपका खयाल ठीक नहीं है कि मैं घर के लिए घबराया करता हूँ क्योंकि मैं जानता हूँ कि जिसे छोड़ ही दिया उसके लिए घबराना क्या, पर हाँ माता और बुआ के वृद्धत्व तथा निर्बलता का कभी-कभी खयाल आ जाता है, परन्तु मैं उसमें अधीर नहीं होता क्योंकि मैं जानता हूँ कि मैं उनको किसी प्रकार की मदद तथा सेवा नहीं कर सकता हूँ। मेरे साथी डॉ. गया प्रसाद को मेरे जैसे दौरे गत सितम्बर से शुरू हो गये थे व अब तक लगभग उन्हें 9 बार दौरे पड़ चुके हैं वे दवा पी रहे हैं। और पिछले तीन माह से दौरा भी नहीं आया है परन्तु दिमागी गड़बड़ी अभी भी मालूम होती है। परन्तु मुझे गत 4 वर्ष से अधिक वर्ष हुए कोई ऐसी शिकायत नहीं है। मेरा स्वास्थ्य अच्छा है, परन्तु मुलाकात के वजन से करीब 15 पौंड कम है। डॉ. साहब भी वजन में गिर गये हैं। मुझे इसका बड़ा दुख है कि जिनके लिए हममें से तीन आदमी (भगतसिंह, राजगुरु, सुखदेव) हँसते-हँसते फाँसी के तख्ते पर झूल

गये और बाकी ने आजन्म कारावास को सहर्ष आलिंगन किया उन्हीं मनुष्यों (गरीब किसानों) पर ठाकुर मुंशी सिंह ज्यादती करते हैं। यह उन्हें उचित नहीं है। आप उन्हें समझावें। बच्चों की शिक्षा का उचित प्रबन्ध करावें। लल्ली व बेटी सरोजनी देवी को मेरा आशीर्वाद कहिएगा। भाइयों को प्यार। माता जी, बुआ जी, दाऊजी तथा चाची वर्ग को चरण स्पर्श कहना। दीदी कंचन कुँवर को पैर छूना तथा बच्चों को प्यार कहिएगा। मि. मोरमुकुट तथा हीरालाल को भी हाथ जोड़कर नमस्ते कहिएगा। वसुन्धरेवालों को तथा भाई फूल सिंह जिसे मैं केवल आपके पत्र द्वारा ही जानता हूँ नमस्ते कहिएगा। अधिक क्या लिखूँ। सब कुशल हैं। मिलने की सूचना उन्हें देना।

आपका आज्ञाकारी,
महावीर सिंह

कृपया एक जिल्द 'कार्ड फॉर जस्टिस' मूल्य 5 रुपये जो सूची पत्र रामा कृष्णा एंड को. बुकसेलर्स लाहौर के यहाँ मिलेगी, मँगाकर बाहर दर्ज पते पर भेजना।

(उर्दू हस्ताक्षर)

1933 के आरम्भ में महावीर सिंह और उनके कुछ साथी अन्दमान की सेल्यूलर जेल भेज दिए गये। वहाँ पहुँचकर उन्होंने फिर अपने पिता कुँवर देवीसिंह को एक पत्र लिखा—

पोर्ट ब्लेअर, अन्दमान

परमपूज्य पिता जी,

आपको आश्चर्य होगा कि उपरोक्त स्थान पर मैं कब आ गया। यही पहेली हल करने मैं जा रहा हूँ। तारीख 19 जनवरी को मैं प्रात:काल लगभग ग्यारह बजे जेलर साहब सेन्ट्रल जेल बेल्लारी आये और कोठरी का दरवाजा खोलकर सूचना दी कि तुम्हारा ट्रांसफर है, पर यह नहीं बताया कहाँ को है। पूछने पर केवल इतना कहा कि शायद पंजाब में नये लाहौर कांसप्रेसी केस में गवाही देने के लिए मद्रास भेजे जाओगे। अस्तु, 19 तारीख की सन्ध्या को जब मैंने सेन्ट्रल जेल मद्रास में पैर रखा तो मेरे जीवन मरन के साथी श्रीयुत भाई कमलनाथ तिवारी के दर्शन लगभग दो वर्ष बाद हुए और रात को भाई बी.के. दत्त और भाई कुन्दनलाल की आवाजें सुनीं। आप स्वयं जान सकते हैं कि मुझे कितनी प्रसन्नता हुई। परन्तु अलस्सुबह फिर कुछ निराशा की झलक नजर आई तब देखा कि तिवारी भाई और भाई दत्त और कुन्दनलाल हमसे पहले पृथक्-पृथक् ले जाए गये हैं। परन्तु वह 15 मिनट बाद फिर हर्ष में बदल गयी। और मोटर लारी में फिर मिल गये। बहुत दिनों का वियोग मिट गया। उस समय तक हम मन की खिचड़ी

पका रहे थे और मिलने के आनन्द में विह्वल थे। परन्तु यह पता नहीं था कि कहाँ जा रहे हैं। सोचते थे कि शायद पंजाब जावें बाद यहाँ आवें। परन्तु हमारी लारी बन्दरगाह पर पहुँची और विख्यात महाराजा जहाज के दर्शन हुए। उस समय समझा कि हम लोग अन्दमान यानी 'काला पानी' जा रहे हैं। मातृभूमि से तथा बन्धु वर्ग से सदैव के लिए अथवा कम से कम 18 साल के लिए पृथक् हो रहे हैं। जिस जननी की गोद में पले हैं और धूलि में लेटे हैं उसके दर्शन से भी वंचित हो रहे हैं। आप लोगों की पदार्विन्द की रज से सदैव के लिए दूर हो रहे हैं। ऐसी दशा में प्यारे देश को छोड़ते हुए हृदय में कितना कष्ट हुआ। परन्तु साथ ही साथ प्रसन्नता भी हुई जो कि इसके सन्मुख कुछ अधिक ही थी। वह भी एक साथ, क्रान्तिकारी की दर्शनाभिलाषा पुण्य पवित्र तीर्थ स्थान की जिसको कि भाई रामरक्खा मल ने अपनी समाधि बनाकर पवित्र किया है और दूसरे बंगाली तथा सिक्ख वीरों की तपोभूमि रही है। और साथ ही आशा थी कि हमारे जीवन के बन्धुगण सर्वदा साथ रहेंगे और भी अनेक अपने कन्धे से कन्धा सटानेवाले भाइयों के दर्शन होंगे। अस्तु, 23 जनवरी की सन्ध्या को विस्तृत नील गम्भीर जलराशि की 850 मील से अधिक लम्बी यात्रा करके हम इस पोर्ट ब्लेअर की जेल में पहुँचे जहाँ पर अपने वर्तमान साथियों को मिलने के लिए उत्कंठित पाया। उनकी वैसी ही दशा हो रही थी जैसी हमारी थी। यहाँ सम्प्रति लगभग 40 के बी क्लास के तथा 24 सी क्लास के राजनीतिक कैदी हैं। कुछ लोगों की निकट भविष्य में आशा रखते हैं। हमारी जेल तिमंजला है और पास ही कुछ गजों के फासले पर नीलास्व राशि गम्भीर गर्जन के साथ किनारे पर टक्कर मारता है, जो ऊपर से चीख पड़ता है। यह द्वीप समूह जंगलों से भरा हुआ सुना जाता है जिसमें केवल नंगे रहनेवाले असभ्य लोग रहते हैं। परन्तु खुली हुई जगहों पर कुछ भारतीय लोग भी बस गये हैं जिनकी भाषा हिन्दुस्तानी है। इन लोगों में से बहुत से कैदी हैं, कुछ सरकारी नौकर हैं और कुछ तिजारती लोग भी हैं। अभी हाल में तो जेलवालों का कुछ ठीक हाल मालूम होता है। लेकिन आगे की कह नहीं सकते। हमारे पुराने साथियों में अभी हमारे साथ डॉ. गयाप्रसाद, मि. बी. के. दत्त, भाई कुन्दनलाल तथा कमलनाथ तिवारी हैं। बाकी तीन साथी अभी मद्रास सूबे में होंगे जो कि शायद अभी भी हंगर स्ट्राइक पर होंगे। हमारे में तीन-चौथाई से अधिक संख्या बंगाल प्रदेशवालों की है।

पूज्यवर, शायद आप चिन्तित होंगे कि मैंने इतने दिनों से पत्र क्यों नहीं लिखा। इसका कारण थी घनघोर घटायें जो चारों ओर मंडरा रही थीं। तनिक भी शान्ति का अवसर नहीं देती थीं। इसी कारण मैं उनमें फँसकर पत्र लिखने का सुयोग न पाया। अब यह बहुत दिनों बाद पत्र लिख रहा हूँ जिससे आप शान्ति

लाभ करेंगे। परन्तु पिता आप शान्ति हर दशा में रक्खें क्योंकि आप जानते हैं कि हमें कष्टों में आनन्द और सुख मालूम होता है। अब कुछ इस कारागार में वास करने तथा अपने ध्येय को सन्मुख रखते हुए कष्ट भी सुख ही प्रतीत होता है और यही है हमारा जीवन और जहाँ ये बातें हममें नहीं रहीं तो समझिए कि हम मर गये। इसलिए आप या हमारी पूज्य बुआ तथा माता इस बात का ध्यान रखते हुए कभी कोई चिन्ता न करें और सर्वदा शान्तिपूर्वक आनन्दित रहें।

प्यारे भाई का क्या हाल है इसकी सूचना शीघ्र दीजिएगा। उसे केवल वैद्य ही बनाने का उपदेश न देना। पर साथ ही साथ मनुष्य बनाना भी बतलाना। आजकल मनुष्य वही हो सकता है जिसे वर्तमान वातावरण का ज्ञान हो, जो मनुष्य के कर्तव्य जानता ही न हो परन्तु उसे पालन भी करता हो। उसे सिखलाना कि उसका जीवन उसका नहीं बल्कि समाज का है इसलिए यह समाज की धरोहर को आलस्य तथा आरामतलबी तथा स्वार्थपरता में डालकर समाज के सामने कृतघ्न न साबित हो।

इससे शारीरिक तथा मानसिक दोनों ही प्रकार की उन्नति करता रहे क्योंकि दोनों आवश्यक हैं। शारीरिक पौष्टिक अन्न तथा व्यायाम से तथा मानसिक अध्ययन से। उसे आजकल के वातावरण का ज्ञान करने के लिए समाचार पत्र तथा ऐतिहासिक, साम्पत्तिक तथा राजनीतिक, सामाजिक पुस्तकों का अवलोकन (अध्ययन) को कहिए। समाज से मेरा मतलब आर्य समाज अथवा अन्य संकीर्णताव्यंजक समाज से नहीं है। परन्तु जन साधारण का है। क्योंकि वे धार्मिक समाज मेरे सामने संकीर्ण होने के कारण कोई भी मूल्य नहीं रखते हैं, और साथ ही इस संकीर्णता तथा स्वार्थपरता तथा अन्यायपूर्ण होने के कारण सब धर्मों से दूर रहना चाहता हूँ और दूसरों को भी ऐसा उपदेश देता हूँ। केवल एक बात मानता हूँ उसको सबसे बढ़कर तथा मनुष्य तथा समाज का कल्याणकारी समझता हूँ वह है 'मनुष्य का मनुष्य तथा प्राणीमात्र के साथ कर्तव्य बिना किसी जाति भेद, रंग भेद, धर्म तथा धन भेद के।' यही मेरा उपदेश बेटी सरोजनी को है और दूसरे हमारे भाइयों को भी है।

पूज्यवर आज जब मैं देखता हूँ कि सब बहनें समाज की सेवा के लिए अपने को तन, मन, धन से लगाए हुए हैं। अभागा मैं ही ऐसा हूँ जिसके ऐसी कोई बहन नहीं। यद्यपि यह मेरी संकीर्णता है। क्योंकि अपने मन के अनुसार दूसरी बहनें भी अपनी ही हैं और वैसी ही समझता भी हूँ। परन्तु मैं उनकी संख्या में बढ़ती चाहता हूँ जिसकी कुछ आशा मैं अपनी पूजनीय जिया महताब कुँवरि से करता था। उनका बहुत समय से कोई समाचार नहीं पाया है। यदि हो सके, मेरा चरणस्पर्श कहिएगा। श्रीमान दादा सरदार सिंह को जो मेरे पहले पहल गुरु

और आपके शिष्य हैं, सादर प्रणाम कहें। धनराज सिंह का हाल लिखना, चाचा वर्ग तथा सब माताओं को चरणस्पर्श, भाइयों को नमस्ते। पूज्य बुआ तथा माता को प्रणाम, लली दोनों बहनों को, मुंशी सिंह को नमस्कार, भानजे तथा भतीजों को प्यार। इति शुभम्। पत्र भेजिएगा।

पता, महावीर सिंह पी. आई. 68 सेलुलर जेल, पोर्ट ब्लेअर (अन्दमान)

आपका आज्ञाकारी पुत्र

महावीर

इस पत्र पर कोई तिथि अंकित नहीं है। लेकिन स्पष्ट है कि महावीर सिंह ने इसे 23 जनवरी, 1933 को अन्दमान पहुँचने के पश्चात लिखा था। पत्र से हमें महावीर सिंह का धर्म और जीवन के प्रति दृष्टिकोण का पता लगता है। बहुत साधारण भाषा में उनके हृदय के उद्गारों का यह खजाना उनकी मन:स्थिति की ओर भी संकेत करता है जब वे अन्दमान की धरती पर पहुँचकर सेल्युलर जेल के माहौल में स्वयं को एक राजनीतिक बन्दी के रूप में पाकर वहाँ रहने के लिए तैयार कर रहे थे।

अन्दमान की हालत उन दिनों बहुत खराब थी। वहाँ कैदियों से पशुवत् व्यवहार किया जाता था। क्रान्तिकारियों ने जेल अधिकारियों के दुर्व्यवहार तथा वहाँ की अव्यवस्था के खिलाफ लड़ाई लड़ने का फैसला ले लिया। इसके लिए उन्होंने अनशन का रास्ता अपनाया। चार-पाँच दिन तो यों ही व्यतीत हो गये। छठे दिन जेल के अधिकारियों ने भूख हड़ताल को तुड़वाने के लिए बलपूर्वक दूध पिलाने का कार्यक्रम शुरू किया। क्रान्तिकारी विजय कुमार सिन्हा अन्दमान में महावीर सिंह के साथ ही थे। उन्होंने उस समय का जो आँखों देखा हाल लिखा, उसके कुछ अंश यहाँ दिए जा रहे हैं—'अन्दमान के डॉक्टरों को कुछ अनुभव नहीं था कि भूख हड़तालियों से कैसा बर्ताव किया जाना चाहिए। जब लाहौर में यतीन्द्रनाथ दास शहीद हो गये थे तो ब्रिटिश भारत सरकार के जेलों के इन्सपेक्टर जनरलों का एक सम्मेलन हुआ था जिसमें कुछ नियम बनाए गये थे। उनमें से एक नियम यह भी था कि पहले की तरह जरा-सी हालत बिगड़ने पर भूख हड़तालियों को जबरदस्ती दूध न पिलाया जाए। जब वे बिलकुल मरने को हों, तभी जबरदस्ती दूध पिलाने का काम किया जाए।

'अन्दमान के डॉक्टरों और अफसरों ने भी ऐसा ही किया जिसके कारण भूख हड़ताली कैदियों की हालत बहुत खराब हो गयी। महावीर सिंह की हालत बेहद बिगड़ गयी। वह लाहौर षड्यन्त्र केस के सबसे तगड़े आदमियों में से था। उनका सीना चौड़ा था, शरीर भरा-पूरा और उस पर फहराती दाढ़ी। उन्हें देखकर

पुराने जमाने के राजपूतों की याद हो आती थी। शारीरिक रूप से बहुत तगड़े होने के बावजूद अब वह बहुत कमजोर हो गये थे। उनकी यह आठवीं या नौवीं भूख हड़ताल थी। उनकी भरसक यही कोशिश रहती थी कि उन्हें रबड़ की नली से भी भोजन न कराया जाए।

'डॉक्टरों ने जब महावीर सिंह की नाक से नली चढ़ाई तो वह पेट में न जाकर फेफड़े में घुस गयी। डॉक्टर तो जबरदस्ती करने पर आमादा थे। नली अन्दर जाते ही डॉक्टरों ने दूध डालना शुरू कर दिया। नतीजा यह हुआ कि महावीर सिंह जोरों से खाँसते रहे और उन्हें उबकाई आती रही। फिर भी डॉक्टरों ने उन्हें नहीं छोड़ा और वे तब तक उनके भीतर दूध डालते रहे जब तक कि उनकी नब्ज एकदम गिर गयी और वह बेहोश न हो गये। उनके फेफड़े दूध से एकदम भर गये थे। हालाँकि डॉक्टरों को परिस्थिति समझ में नहीं आई, फिर भी वे इतना समझ गये थे कि खतरा है। इसलिए उन्होंने महावीर सिंह को तुरन्त स्ट्रक्चर पर डालकर अस्पताल भिजवा दिया।

'क्या महावीर सिंह ने पहले दिन ही यह निश्चय कर लिया था कि हममें से किसी के अन्तिम बलिदान से ही विजय प्राप्त होगी। महावीर भी इस प्रक्रिया में शामिल थे और इस दिशा में वह हम सभी की अगुवाई ही तो कर रहे थे। जब महावीर सिंह अस्पताल ले जाए जा रहे थे तो आसपासवाली कोठरियोंवाले साथियों ने यह सब कुछ देखा तो ऊँचा-ऊँचा चीखकर बाकी साथियों को भी सावधान कर दिया। उन सबने चीख-चीखकर डॉक्टरों से महावीर के बारे में पूछना चाहा, परन्तु उत्तर नहीं मिला। केवल एक मात्र वार्डन जो ड्यूटी पर था उसने आकर कहा—'बाबू, आप लोगों का भाई बीमार हो गया है।' परन्तु यह कोई जवाब थोड़े ही था। साथियों की अन्तरात्मा बता रही थी कि महावीर हमेशा के लिए उन्हें छोड़कर जा रहे हैं। वे समझ गये कि कोई खास बात हुई है और महावीर सिंह अब शायद नहीं रहे। लाहौर सेन्ट्रल जेल में यतीन्द्रनाथ दास के शहीद होने पर उनके साथियों को मौका दिया गया कि वे उनका अन्तिम दर्शन कर लें, और यतीन्द्रनाथ दास ने अपने साथियों की गोद में ही अन्तिम साँस ली थी। यहाँ तक कि क्रान्तिकारी साथियों को उनके शव को जेल के फाटक तक ले जाने दिया गया था, जहाँ एक लाख से भी अधिक जनता यतीन्द्रनाथ के प्रति श्रद्धांजलि अर्पित करने के लिए नंगे सिर मौन खड़ी थी। पर अन्दमान में इस प्रकार की कोई सुविधा न दी गयी, और यह भी नहीं बताया गया कि क्या हो रहा है।

'लेकिन यहाँ के पत्थर दिल प्रभुओं के अपने ही मापदंड थे। सारा दिन हमने बेचैनी में ही बिताया। शाम को हमें विश्वास हो चुका था कि महावीर हमें

छोड़कर चला ही गया है। वह अपने बुजुर्ग रामरक्खा के पाँव पर पाँव रखता हुआ विदा हो चुका था। यह वही रामरक्खा थे जो आज से 15 साल पहले बर्मा साजिश केस में आजीवन कारावास का दंड पाकर फरवरी, 1918 को यहाँ पहुँचकर दो मास के अन्दर ही बिलकुल इसी तरह शहीद हुए थे।'

महावीर सिंह के बारे में कोई खबर नहीं मिलने से जेल में क्रान्तिकारियों के बीच बहुत उत्तेजना फैल गयी। उन्होंने शोर मचाना शुरू किया। यद्यपि भूख हड़ताल ने उन्हें अशक्त बना दिया था फिर भी वे अपनी शक्ति भर 'इन्कलाब जिन्दाबाद' का नारा लगाते रहे। जेल अधिकारी दुविधा में थे। इन बन्दियों के तेवरों में किसी सम्भावी संकट का संकेत अनुभव कर रहे थे। आखिर जेलवालों ने बहुत बड़े बल प्रयोग के साथ इन्हें जबरदस्ती कोठरियों मे ढकेल दिया। झड़पों में कई साथियों को चोटें भी आईं। उस दिन अपने साथी महावीर सिंह को अन्तिम विदाई देनेवाले ये नारे कभी भुलाए नहीं जा सकते...।

17 मई, 1933 की यह घटना इतिहास में दर्ज हो गयी। महावीर सिंह अपने साथियों को छोड़कर शहीदों की टोली में जा मिले। जेल अधिकारियों ने रात के अँधेरे में चुपके से उस क्रान्तिकारी शहीद के शव को समुद्र की लहरों के हवाले कर दिया। कोई साथी उन्हें अन्तिम विदाई नहीं दे सका। देश की स्वाधीनता के लिए आजीवन लड़ने का संकल्प लेनेवाले उस युवा क्रान्तिवीर को उस दिन दो गज कफन और दो गज ज़मीन भी नसीब नहीं हुई। विजय दा कहते हैं—'हमें यह निश्चित तौर पर मालूम नहीं कि महावीर सिंह के साथ उनके अन्तिम क्षणों में क्या बीती थी। जब हमारी भूख हड़ताल समाप्त हुई थी तो हमने सुना था कि उनके मृतक शरीर को पत्थरों से बाँध व जकड़कर बहुत सवेरे ही गहरे समुद्र में डुबो दिया गया था। किसी प्रकार की फूल-मालाएँ भेंट नहीं की गयी। जिसे श्रद्धा-सुमन अर्पित करने थे वह समुद्री मछलियों के मुँह में ही गया होगा। महावीर की शहीदी के पश्चात भी यह हड़ताल एक माह तक और चलती रही और अन्त में हमारी ही विजय हुई, परन्तु कितनी बड़ी कीमत चुकाकर!'

महावीर सिंह के सन्दर्भ में मुझे शाहपुर से कानपुर, लाहौर और फिर बेल्लारी से लेकर अन्दमान के सुनसान टापुओं पर बसी सेल्युलर जेल तक की उनकी अनथक क्रान्तिकारी कथा याद आती है जिसमें उन्होंने कभी पीछे मुड़कर देखा नहीं। महावीर सिंह की एक नोट बुक के पहले पन्ने पर उनकी प्रिय पुश्किन की एक छोटी कविता लिखी हुई थी—

मैंने देखा मृत्यु निमन्त्रण उसके द्वारे आया,
अत्याचारी से आगे बढ़ कर जो पहले टकराया।

बन्द हो गया है मेरा भी आज भाग्य का द्वार,
लेकिन कहो बिना बलि किसने पाया आजादी उपहार।
मातृभूमि के लिए खुशी से देता हूँ मैं प्राण,
इसका मुझे पूर्ण भान है, यह मेरा अनुमान।
और पिता! मैं अपने दिल से,
महानाश के उस सुन्दर नक्षत्र राशि की
पूजा करता हूँ,
वरता हूँ।

यह कविता महावीर सिंह के विप्लवी जीवन का खुलासा करने के लिए पर्याप्त है।

...लो, अपने कामरेड भगवतीचरण से मिलो

लाहौर के निकट रावी नदी के किनारे जखीरे (जंगल) में एक बम विस्फोट में हुई क्रान्तिकारी भगवतीचरण वोहरा की शहादत अनेक प्रश्नों के साथ बार-बार मेरा पीछा करती रही है...

28 मई, 1930 का वह दिन जब भगवती भाई अपने सहयोगी क्रान्तिकारी विश्वनाथ वैशम्पायन और सुखदेव राज के साथ उन बमों का परीक्षण करने निकले जिनका भगतसिंह और बटुकेश्वर दत्त को जेल से छुड़ाने के लिए होनेवाले 'ऐक्शन' में इस्तेमाल किया जाना था। क्रान्तिकारी लाहौर में डेरा डाले हुए थे और उन्हें भरोसा था कि वे भगतसिंह और दत्त को जबरदस्ती जेल से छुड़ा लेंगे। दल के सेनापति चन्द्रशेखर आज़ाद की अगुवाई में यह क्रान्तिकारी कार्यवाही सुनिश्चित की गयी थी। दुर्गा भाभी और सुशीला दीदी भी इसके लिए वहाँ पहुँच चुकी थीं तथा मास्टर छैलबिहारी लाल, यशपाल, मदनगोपाल, वैशम्पायन और सुखदेव राज भी। इस अभियान के लिए बमों को क्रान्तिकारियों ने स्वयं तैयार किया था। इन्हीं में से एक बम को परीक्षण के लिए फेंकते समय जखीरे में भगवतीचरण के हाथ में ही विस्फोट हो गया जिससे वे गम्भीर रूप से घायल होकर गिर पड़े। सुखदेव राज का पैर भी जख्मी हो चुका था। मृत्यु से जूझते हुए भगवती भाई उसी रात देश के लिए बलिदान हो गये। अपने अन्तिम क्षणों में उन्होंने कहा था—

''आज़ाद से मिल पाता।''

''काश, यह मृत्यु दो दिन बाद होती।''

''दुख है भगतसिंह को छुड़ाने में भाग न ले सका।''

भगतसिंह और बटुकेश्वर दत्त दिल्ली की केन्द्रीय असेम्बली (अब संसद) में 8 अप्रैल, 1929 को ट्रेड डिस्प्यूट बिल और पब्लिक सेफ्टी बिल को पारित किए जाने के विरोध में बम का धमाका करके अपने दल की नीतियों ताथा उद्देश्यों को उजागर करने वाले लाल रंग के छपे हुए घोषणा पत्र फेंककर अपनी गिरफ्तारी

दे चुके थे। इस मुकदमे के बाद ही वे लाहौर जेल से अदालत तक पुलिस की गाड़ी से ले जाए जाते थे। क्रान्तिकारियों ने उन्हें ऐसे ही किसी अवसर पर हमला करके छुड़ाने की योजना बनाई थी।

भगवतीचरण दुर्गा देवी के पति थे और वे दोनों ही क्रान्तिकारी दल के सक्रिय और समर्पित कार्यकर्ता थे। दुर्गा भाभी के नाम से देश के स्वाधीनता संघर्ष में विख्यात इस महिला की वीरगाथा किसी से छिपी नहीं है। सांडर्स वध के पश्चात भगतसिंह को छद्मवेश में सुरक्षित कलकत्ता पहुँचाने का कठिन और जोखिम भरा कार्य भाभी ने ही सम्पन्न किया था। तब वे 'साहब' (भगतसिंह) के साथ 'मेम साहब' बन कर रेल के कूपे में गयी थीं। उनका तीन साल का बेटा शची उनकी गोद में था। पर इन परिस्थितियों में भी भाभी डरी नहीं, न पीछे हटीं। हैट लगाए भगतसिंह के साथ जब वे उनकी पत्नी के रूप में कलकत्ता रेलवे स्टेशन पर उतरीं तब भगवती भाई ने रोमांचित होकर कहा था, "तुम्हें आज समझा।"

इन्हीं भाभी ने कितने ही क्रान्तिकारियों को अपने घर पर आश्रय और मदद दी। भाभी के क्रान्तिकारी जीवन की एक साहसिक गाथा बाद को बम्बई के लेमिंग्टन रोड पर क्रान्तिकारी पृथ्वीसिंह आज़ाद के साथ गवर्नर पर गोलियाँ चलानी थीं। त्याग और बलिदान की इस जीवन्त प्रतिमूर्ति ने क्रान्तिकारी संग्राम के पश्चात लखनऊ को अपनी कर्मभूमि बनाया और वहाँ लखनऊ मांटेसरी इंटर कालेज की स्थापना की जिसके परिसर में बने उनके आवासीय कमरों में अब उनके सपनों का 'शहीद स्मारक एवं स्वतन्त्रता संग्राम शोध केन्द्र' बन गया है।

इसी विद्यालय के प्रांगण में बैठकर भाभी ने एक दिन मुझसे कहा था, "ये जो शहीदों की बलिदान अर्धशताब्दी (वर्ष 1979-81 जिसमें यतीन्द्रनाथ दास, भगवतीचरण, चन्द्रशेखर आज़ाद, भगतसिंह, राजगुरु और सुखदेव के बलिदान के पचास साल पूरे हुए थे) मेरे जीवन में आ गयी, यह बहुत दुखदायी रही।" फिर तुरन्त ही वे सम्भलकर बोलीं, "उनकी मृत्यु तो बहुत अच्छी हुई। वैसी किसे नसीब होगी।" यह कहकर वे अपने क्रान्तिकारी दिनों की स्मृतियों में कहीं गहरे खो गयी थीं।

सन् 1930 में जब भगवती भाई शहीद हुए तो भाभी ने अपनी डबडबायी आँखों को चुपचाप पोंछ डाला था। उस दिन भैया (चन्द्रशेखर आज़ाद) ने उन्हें धैर्य बँधाते हुए कहा था, "भाभी, तुमने देश के लिए अपना सर्वस्व दे दिया है। तुम्हारे प्रति हम अपने कर्तव्यों को कभी नहीं भूलेंगे।"

आज़ाद का स्वर सुनकर भाभी के होंठों पर दृढ़ संकल्प की एक रेखा खिंच गयी थी। वे उठ बैठीं। बोलीं, "पति नहीं रहे, लेकिन दल का काम चलेगा, रुकेगा नहीं। मैं करूँगी।"

और भाभी दूने वेग से क्रान्ति की राह पर चल पड़ीं। वे बढ़ती गयीं जिस रास्ते पर जाना था उन्हें। मार्ग में दो पल बैठकर कभी सुस्ताया नहीं। छाँव देखकर कहीं ठहरी नहीं। चलती रहीं—

भगतसिंह और दत्त को जेल से छुड़ाने के लिए आज़ाद और उनके साथी चले तो भाभी ने आज़ाद से आग्रह किया, ''संघर्ष में मुझे भी चलने दीजिए। यह हक सर्वप्रथम मेरा है।''

आज़ाद ने इसकी स्वीकृति नहीं दी। योजना कामयाब भी नहीं हो पायी। कहा जाता है कि भगवती भाई की शहादत का समाचार जानकर भगतसिंह ने स्वयं ही इसके लिए मना कर दिया था।

भाभी जेल में भगतसिंह से मिलीं। फिर लाहौर से दिल्ली पहुँचीं। गाँधी वहीं थे। यह कराची काँग्रेस से पहले की बात है। भगतसिंह की रिहाई के सवाल को लेकर भाभी गाँधी के पास गयीं। रात थी। कोई साढ़े ग्यारह का वक्त था। बैठक चल रही थी। नेहरू वहीं घूम रहे थे। वे सुशीला दीदी और भाभी को लेकर अन्दर गये। गाँधी ने देखा तो कहा, ''तुम आ गयी हो। अपने को पुलिस में दे दो। मैं छुड़ा लूँगा।''

''गाँधी ने समझा था कि अपने संकट से मुक्ति पाने आई हैं वे। भाभी तुरन्त बोलीं, ''मैं इसलिए नहीं आई हूँ। दरअसल, मैं चाहती हूँ कि जहाँ आप अन्य राजनीतिक कैदियों को छुड़ाने की बात कर रहे हैं, वहाँ भगतसिंह, राजगुरु और सुखदेव को छुड़ाने की शर्त भी वाइसराय के सामने रखें।''

गाँधी इसके लिए सहमत नहीं थे। भाभी सारी स्थिति समझ गयीं और उन्हें प्रणाम करके वापस चली आईं।

लेमिंग्टन रोड गोली कांड में भाभी को फरार घोषित किया गया था। वारन्ट में भाभी का नाम 'शारदा बेन' लिखा था और उनके पुत्र का 'हरीश'। उनके लाहौर के तीन मकान जब्त हो गये थे। इलाहाबाद के भी दो। भगवतीचरण के नाम वारन्ट पर पहले ही सब कुछ कुर्क हो चुका था।

कितना कुछ सहा उन दिनों भाभी ने। बताया मुझे कि राजर्षि पुरुषोत्तमदास टंडन ने उनसे बहुत स्नेहपूर्वक कहा था, ''बेटी, मेरे यहाँ रहो।'' भाभी उनके पास 5-6 महीने ठहरीं। फिर चली आईं। अपने को गिरफ्तार कराया। बयान देने के लिए उन पर बहुत जोर डाला गया। लेकिन भाभी झुकने वाली कहाँ थीं। हार मान गये पुलिसवाले।

मैं भाभी का चेहरा देखता था तो बार-बार होंठों पर आ जाता था—भाभी एक अनवरत यात्रा हैं।

''कब तक चलोगी, भाभी?''

कहती थीं, ''बस, अब अन्त ही समझो। किसी दिन भी हीरामन उड़ सकता है। मैं मर जाऊँ तो कैप्टन रामसिंह (आज़ाद हिन्द फौज) का बैंड बुलवा लेना। आशिक का जनाजा है जरा धूम से निकले।''

मैं भाभी का क्षीण होता शरीर देखने लगता था...

मैंने भाभी से कई बार उनके क्रान्तिकारी जीवन के सम्बन्ध में जानने का प्रयास किया। लेकिन हर बार उनका यही कहना होता था मुझसे, ''भगवतीचरण (पति) के सम्बन्ध में छोड़कर बाकी सब पूछ सकते हो। उनकी चर्चा चलने पर मैं कई दिन तक सामान्य नहीं रह पाती।'' पर जब बातचीत चलती तो भाभी भगवती भाई के अनेक मार्मिक संस्मरण मुझे सुना देती थीं। बताया था, ''एक दिन चन्द्रशेखर आज़ाद दिल्ली में भगवतीचरण से मिलने आए थे। सामना होते ही दो असाधारण काया एक दूसरे के हृदय से लिपट गयीं। कई क्षण तक दोनों मूक रहे। सिर्फ आँसुओं की चन्द बूँदें उनकी आँखों से ढली थीं। और उसके बाद वे खिलखिलाकर हँस पड़े। उस हँसी में क्या रहस्य था, किसी ने न समझा। पार्टी का काम और संगठन बड़े जोश और जीवट से होने लगा। बड़ी-बड़ी आशाएँ और उमंगें दिलों में हिलोरें लेने लगीं। किन्तु यह सब कितना क्षणिक और अस्थायी था। ठीक एक वर्ष बाद भगतसिंह को जेल से निकालने की योजना में हम सब लोग लाहौर में जाकर इकट्‌ठे हुए। भगतसिंह और बटुकेश्वर दत्त को छुड़ाने के लिए जो बम बने थे, उनमें से एक का परीक्षण करके देखना था। दोपहरी थी। तेज धूप और तपन। रावी तट पर वे (भगवतीचरण), सुखदेव राज और विश्वनाथ वैशम्पायन बढ़ते जा रहे थे। परीक्षण के लिए जब घने जंगल में एक स्थान पर रुके तो सबसे पहले सुखदेव राज ने बम फेंककर देखना चाहा। बम हाथ में लेने पर पता चला कि उसकी पिन ठीक नहीं बैठी है। फिर वैशम्पायन ने स्वयं उसको फेंकने का आग्रह किया, लेकिन वे किसी तरह नहीं माने। कहने लगे—तुम लोग पीछे हट जाओ, मैं फेंकता हूँ और जैसे ही दोनों साथियों को पीछे कर उन्होंने बम फेंकना चाहा कि पिन निकलते ही बम फट गया।

''एक भयंकर आवाज और चतुर्दिक धुएँ के बादल। वे (भगवती चरण) क्षत-विक्षत हो वहीं गिर गये। और फिर नहीं उठे। उनका एक हाथ कलाई से कट गया था और दूसरे हाथ की उँगलियाँ ही उड़ गयी थीं। पेट में भारी जख्म हो गया । आँतें बाहर लटक रही थीं। यह विवरण मुझे बच्चन (वैशम्पायन) ने बताया था। मरते समय भी उनके होंठों पर मुस्कराहट थी। कोई चिन्ता थी तो यही कि दल का काम रुके नहीं। उनका यही सन्देश था। सुखदेव राज घायल हो चुके थे। वैशम्पायन नीरव अश्रुपात कर रहे थे। उनसे भगवती भाई ने कहा

था—अपनी भाभी का साथ देना...

"और फिर उस रोज शाम को वह दीपक (भगवतीचरण) अपने समस्त अरमानों को लिये हुए सदा के लिए बुझ गया। चार बजे शाम को सुखदेव राज लौटे थे। ताँगे से उतरते समय लँगड़ा कर चल रहे थे। उनका पैर आगे से जख्मी था। जूता कट गया था। सुखदेव राज को लिटा दिया गया। उजाला होने से पहले ही आज़ाद, धन्वन्तरि आदि रावी तट पर गये। नदी में इतना पानी नहीं था कि शव-प्रवाह हो पाए, इसलिए वहीं जंगल में गड्ढा खोदकर शहीद का शव दफना दिया गया। बाद में पुलिस ने वह जगह खोजी और अस्थियाँ बीन कर अदालत भेजीं... ।"

इतना कहकर भाभी चुप हो जातीं और मैं भी कुछ पूछने की हिम्मत नहीं कर पाता। खामोश आँखों से देखता रह जाता उन्हें...

मैंने जब-जब भाभी से भगवती भाई के सम्बन्ध में गहराई से कुछ जानना चाहा तो वे प्रायः बात को किसी दूसरी ओर मोड़ दिया करती थीं। मैं उन प्रश्नों की छानबीन करना चाहता था जिसके चलते यशपाल ने भगवती भाई के अन्तिम संस्कार की घटना को 'सिंहावलोकन' में सर्वथा काल्पनिक कथा (शव का जल प्रवाह) का रूप दे दिया। वैशम्पायन ने अपनी पुस्तक 'अमर शहीद चन्द्रशेखर आज़ाद' और सुखदेव राज ने 'जब ज्योति जगी' में सुखदेवराज ने लिखा है कि भगवती भाई का अन्तिम संस्कार करने के लिए आज़ाद, धन्वन्तरि और मदनगोपाल गये थे, जबकि यशपाल ने अपने संस्मरणों (सिंहावलोकन) में लिखा है कि अन्तिम संस्कार करने वे स्वयं, भैया, आज़ाद और बच्चन (वैशम्पायन) गये थे। मास्टर छैलबिहारी लाल ने अपनी संस्मृतियों में जो भी लिखा वह सब यशपाल के हवाले से दिया गया है। छैलबिहारी लाल से 1974 में मेरा पत्र-व्यवहार हुआ था। तब वे नवीन शाहदरा दिल्ली के उल्धनपुरा में रहते थे। मेरे अनुरोध पर उन्होंने आज़ाद और भगवती भाई के संस्मरण विस्तार से लिखकर भेज दिए थे। वैशम्पायन लिखते हैं कि भगवती भाई के शव को एक गड्ढा खोदकर गाड़ दिया गया, जिसे बाद में मुखबिर बने इन्द्रपाल की शिनाख़्त पर पुलिस द्वारा अस्थियाँ निकालकर अदालत में पेश की गयीं। ऐसा ही होना सुखदेवराज ने और कामरेड रामचन्द्र ने भी अपनी प्रसिद्ध पुस्तक 'नौजवान भारत सभा तथा हिन्दुस्तान सोशलिस्ट रिपब्लिकन एसोसिएशन' में उल्लिखित किया है। का. रामचन्द्र ने तो स्पष्ट लिखा है, "In the meanwhile Inder Pal was arrested. He was tortured and nercilessly beaten and agreed to become an approver. He related the story of the death of Bhagwati Charan and took the police to the place where Bhagwati Charan lay in the lap of mother earth. The Police dug out the bones, produced them before the court and kept them in a box in the court."

दुर्गा भाभी ने भी अपने एक आलेख में वैशम्पायन के बताए विवरण के आधार पर लिखा है कि भगवती भाई के शव को ज़मीन्दोज़ कर दिया गया। वे बहुत भावुक शब्दों में कहती हैं कि कहीं जंगल में गड्ढा खोदकर शहीद के शव को दफना दिया गया। बाद में पुलिस ने वह जगह खोजी और अस्थियाँ बीनकर अदालत में भेजीं। भाभी के संस्मरणों में हमें यह भी मिलता है, "...वे पुलिस के हाथ कभी नहीं आए। हाँ, पुलिस के हाथों आया उनका मिट्टी में पड़ा हुआ शरीर।"

फिर क्या कारण था कि यशपाल ने 'सिंहावलोकन' में शहीद भगवतीचरण के शव को चादर में बाँधकर रावी की धारा में प्रवाहित किया जाना दिखाया। शायद वे इन्द्रपाल के द्वारा शव को गाड़े जाने की जगह शिनाख़्त किए जाने के अपराध को पूरी तरह छिपाना चाहते थे और इसीलिए उन्होंने उसे कथा रूप देकर सम्पूर्ण घटनाक्रम को बदलकर रख दिया। मैं जानता हूँ कि भगतसिंह के बचे-खुचे साथियों ने भी इस मामले में सघन जाँच-पड़ताल करने या तह में जाने का प्रयास नहीं किया। जयदेव कपूर ने भगवती भाई पर अपने आलेख में शव को जल प्रवाह किया जाना ही दिखाया है। 1979 के शुरू के दिनों की बात है जब मैंने ऐसे ही अनेक प्रश्नों को लेकर जयदेव दा से विस्तार से बातचीत की। उसके कुछ ही अरसे बाद ही शहीद यतीन्द्रनाथ दास की बलिदान अर्धशताब्दी कार्यक्रम में कलकत्ता जाते हुए वे मुझसे मिलते ही बोले, "मैंने 'सिंहावलोकन' को दुबारा पढ़ लिया है। मैं कह सकता हूँ कि यशपाल ने उसे सेल्फ डिफेन्स में लिखा है।"

दूसरी ओर शिव वर्मा ने अपने एक शुरुआती आलेख में भगवतीचरण की शहादत के पश्चात शव को रावी नदी में प्रवाहित किए जाने का उल्लेख किया है, जबकि बाद में अपनी मशहूर पुस्तक 'संस्मृतियाँ' में 1983 में प्रकाशित तृतीय संस्करण में अन्तिम आलेख के रूप में भगवतीचरण की शहादत पर वैशम्पायन के संस्मरणों के आधार पर लिखा है, "धन्वन्तरि, आज़ाद और मदनगोपाल ही पौ फटने से पूर्व ही गैती और फावड़ों की व्यवस्था करके रवाना हो गये और सूरज निकलते-निकलते वे शव को धरती माता की गोद में सुला लौट आए। दाह संस्कार करना खतरे से खाली नहीं था। नदी में इतना पानी भी नहीं था कि शव को प्रवाह कर दिया जाता।" अर्थात् शिव दा के दो आलेखों में एक ही घटना का नितान्त भिन्न विवरण हमें देखने को मिलता है।

सुशीला दीदी पर 'दीदी सुशीला मोहन' नाम से स्व. सत्यदेव विद्यालंकार ने जो पुस्तक लिखी उसके परिशिष्ट में 'दीदी की रामकहानी' शीर्षक के अन्तर्गत

उनके द्वारा कही गयी क्रान्तिकारी जीवन की घटनाओं का ब्यौरा है। इसमें उन्होंने रावी के किनारे की बम विस्फोट की घटना का उल्लेख करते हुए लिखा है, ''अफसोस उन्हें (भगवतीचरण को) बचाया न जा सका। वहीं रावी नदी के तट पर मृत शरीर को दफना दिया गया। वे रावी नदी के पवित्र तट पर सदा के लिए चिर निद्रा में सो गये।''

द्वितीय लाहौर षड्यन्त्र केस में इन्द्रपाल ने मुखबिर होकर पुलिस को इस घटना की जानकारी दी तथा भगवतीचरण के शव को तलाश करने में पुलिस की मदद की। पुलिस ने उनकी अस्थियाँ मिट्टी छानकर एकत्र कीं और अदालत में पेश कीं। सुखदेव राज ने अपने संस्मरणों में लिखा है, ''मुझे याद है कि अदालत में एक बक्स की ओर संकेत करते हुए एक पुलिस सार्जेंट डेविडसन ने मुझसे कहा था—Meet your friend Bhagwati Charan (अपने मित्र भगवतीचरण से मिलिए) बाद में मुझे मालूम हुआ कि उस बक्से में भगवतीचरण की अस्थियाँ हैं जिन्हें पुलिस ने मुकदमे के सिलसिले में अदालत को भेजी हैं।''

इस षड्यन्त्र के एक अभियुक्त गुलाब सिंह ने अपनी पुस्तक 'अंडर द शैडो ऑफ गैलोज' के अध्याय 5 के पृष्ठ 132 पर लिखा है, ''इन्द्रपाल ने अपने बयान में कहा है कि नये तरह का बम तैयार किया और एक शाम भगवतीचरण, सुखदेव राज और वैशम्पायन के साथ उसका परीक्षण करने गये। जैसे ही पंडित भगवतीचरण उस बम को फेंकने वाले थे कि घोड़े के ढीले होने के कारण वह उनके हाथ ही में फट गया।'' इस पुस्तक में पृष्ठ 135 पर आगे लिखा है, ''जंगल के किनारे ही कब्र खोदकर साथियों ने शव को कब्र में दफना दिया। उस समय साथियों की आँखों से अश्रु थम नहीं रहे थे।''

आगे चलकर इन्द्रपाल को यह बात स्वीकार करनी पड़ी कि उसकी सहायता से पुलिस ने लाश ढूँढ़ निकाली। मिट्टी छानकर हड्डियाँ प्राप्त कर उन्हें मुकदमे में पेश किया गया। इन्द्रपाल को भी यह बात यशपाल ने ही बताई थी कि लाश दफना दी गयी है। वैशम्पायन ने आज़ाद पर लिखी अपनी पुस्तक में इस सारे षड्यन्त्र का भंडाफोड़ किया है। उन्होंने स्पष्ट कहा है, ''यशपाल ने सम्भवतः यह (भगवतीचरण के शव का जल प्रवाह किया जाना) इसलिए लिखा है कि वह मुखबिर इन्द्रपाल के अपराध को जनता की दृष्टि में हलका करना चाहता था। जहाँ-जहाँ इन्द्रपाल का उल्लेख 'सिंहावलोकन' में आया है, उसके प्रति सहृदयता प्रकट की गयी है। इसमें मुझे आपत्ति नहीं। परन्तु जब घटनाओं का गला घोंट कर यह सहृदयता प्रदर्शित की जाए तो वह इतिहास के साथ गद्दारी होगी, इतिहासकारों को गुमराह करना होगा। इन्द्रपाल के गद्दार होने पर भी यशपाल ने भैया (आज़ाद) के मुख से उसकी तारीफ 'सिंहावलोकन' में कराई

है जबकि भैया ऐसा कुछ कभी नहीं कह सकते थे। इस विषय में एक बात और उल्लेखनीय है कि यशपाल के कथनानुसार उसके दो चेले थे—जयगोपाल और इन्द्रपाल। बाद में दोनों ही मुखबिर हो गये।''

देखने योग्य यह भी है कि यशपाल ने 'सिंहावलोकन' में मुखबिर बने इसी इन्द्रपाल की तसवीर को आज़ाद, धन्वन्तरि, शिव वर्मा, जयदेव कपूर और डॉ. गया प्रसाद जैसे क्रान्तिकारियों के मध्य स्थान दिया है। जाँचा यह भी जाना चाहिए कि यशपाल ने 'सिंहावलोकन' में तो भगवती भाई के शव को जल प्रवाह किया जाना लिखा है लेकिन पृथक् से अपने एक लेख 'हमारे क्रोपाटकिन : भगवतीचरण' ('उत्सर्ग' सं. हिमांशु जोशी) में वे इस सम्पूर्ण कथा से पूरी तरह बचकर निकल जाते हैं।

यह सर्वविदित है कि एक बार भगवती भाई पर खुफिया पुलिस का आदमी होने का सन्देह किया गया था। बात बहुत दूर तक गयी और सुखदेव सहित दल के अनेक सदस्य उन्हें लेकर शंकाओं के जाल बुनने लगे। भगवती भाई एक सम्पन्न परिवार के व्यक्ति थे। उनके पिता पं. शिवचरण बोहरा आगरा से लाहौर आकर बस गये थे। लेकिन उनके दादा थे गुजरात के। पिता रेलवे में ऊँचे ओहदे पर थे और अँग्रेज सरकार ने उन्हें रायबहादुर का खिताब दिया था। भगवती भाई का विवाह 13-14 वर्ष की उम्र में ही दुर्गा देवी से हो गया था। वे क्रान्तिकारी दल से जुड़े तब शादीशुदा थे। लेकिन पत्नी उन्हें क्रान्तिपथ पर जाने से रोक नहीं पायी, बल्कि दुर्गा स्वयं भी उसी रास्ते पर निर्भीकता से चल पड़ीं। गोद में तीन साल के बेटे शची को लेकर क्रान्ति के रास्ते पर इन दोनों ने जिस तरह लम्बे डग भरे वह एक रोमांचकारी गाथा है। भगवती भाई और दुर्गा भाभी दोनों ही क्रान्तिकारियों को पर्याप्त आर्थिक मदद भी करते थे। इससे भी कुछ लोगों को सन्देह हुआ। इसे जिन 'खास लोगों ने हवा दी उनमें एक नाम जयचन्द्र विद्यालंकार का आता है। जयचन्द्र के छात्र रहे थे भगवती भाई। अपने इतिहास ग्रंथ 'भारतीय क्रान्तिमार्ग राष्ट्रीय विचारधारा : 1920 के बाद' में जयचन्द्र ने लिखा है कि उनकी बहन की एकमात्र सन्तान विद्या उन दिनों जालन्धर कन्या महाविद्यालय में पढ़ रही थी जिसका रिश्ता मैनपुरी केस के पुराने अभियुक्त चन्द्रधर जौहरी से तय हुआ था जिसमें दहेज के रूप में सोने की बंगड़ियाँ दी जानी थीं। काकोरी केस के क्रान्तिकारियों को छुड़ाने के लिए दुर्गा भाभी ने अपनी सोने की बंगड़ियाँ फंड के लिए देने का प्रस्ताव किया। जयचन्द्र ने कहा कि दुर्गा की सोने की वे बंगड़ियाँ पैसे देकर विद्या के विवाह के लिए ले ली जाएँ। बात यहाँ तक पहुँची कि यह कहा जाने लगा कि यदि दुर्गा देवी बिना बंगड़ियाँ के रह सकती हैं तो विद्या का विवाह बिना दहेज के क्यों नहीं हो सकता। मामला उलझ गया और कानों-कान यह

उड़ी कि जयचन्द्र ने यह अफवाह फैलाई कि भगवती भाई का सम्बन्ध सी.आई.डी. से है। जयचन्द्र यह जरूर कहते हैं कि उनकी ओर से भगवती भाई पर सन्देह का कारण मात्र इतना था कि भगवती की ओर से आतंकवादी कार्यों के लिए साथियों को उकसाना और असाधारण रूप से खुलकर खर्च करने से उत्पन्न शंका और उस धन के आगम स्रोतों के कारण ही उन्होंने साथियों को आनेवाले सम्भावित खतरे से सावधान किया था। बाद में जयचन्द्र ने इस मामले में खेद व्यक्त करते हुए कहा था, ''मुझे आज दुख और पश्चाताप है कि भगवतीचरण को उस पथ से भटकाने वाली किन्तु विशुद्ध भावना के कारण उसके विरुद्ध उस रूप में प्रचार कर उसकी निष्कपट आत्मा को उतना मानसिक कष्ट पहुँचाया। लेकिन दुर्गा की बंगड़ियों को उसी कीमत पर विद्या के विवाह के लिए खरीदे जाने का उस समय का मेरे प्रस्ताव का मेरे एक क्रान्तिकारी होने के नाते का कोई सम्बन्ध नहीं था और न उस रूप में मुझे बहन की रकम को स्पर्श करने का कोई नैतिक या सामाजिक अधिकार ही था। इतनी बात मैं यहाँ इसलिए कह रहा हूँ कि मेरे खिलाफ इस बात को लेकर कुछ लोग आजकल काफी प्रचार कर रहे हैं।'' यहाँ यह भी उल्लेखनीय है कि यशपाल और सुखदेवराज ने अपने संस्मरणों में लिखा है कि सोने की बंगड़ियाँ देने का प्रस्ताव सुशीला दीदी का था, भाभी का नहीं।

आज़ाद के कानों तक भी यह सब पहुँचा। शायद वे भी बहुत समय तक भगवती भाई से नहीं मिले तो इसके पीछे साथियों का उनके विरुद्ध यही प्रचार था। लेकिन भगवती भाई तो खरा सोना थे। आगे चलकर समय ने यह सच कर दिखाया। लेकिन क्या ऐसे मतभेदों और विवादों के चलते क्रान्तिकारी दल के लक्ष्यों और आदर्शों की समय-समय पर बड़ी क्षति नहीं हुई।

सवाल और भी थे, जैसे—वायसराय की गाड़ी के नीचे बम विस्फोट की घटना का श्रेय भगवती भाई को नहीं दिया जाता जबकि वे ही उसके प्रमुख योजनाकार और सम्पादक थे। यह भी कि जिन भगवती भाई को क्रान्तिकारी आन्दोलन का मस्तिष्क माना गया और उन्होंने गाँधी के 'कल्ट ऑफ द बम' का अत्यन्त तर्कपूर्ण उत्तर 'फिलासफी ऑफ द बम' लिखकर प्रस्तुत किया जो भारतीय क्रान्तिकारी संग्राम का ऐतिहासिक दस्तावेज बन गया, उसे सामने रखकर भगवती भाई के क्रान्तिकर्म का मूल्यांकन क्यों नहीं किया जाता।

नौजवान भारत सभा लाहौर का घोषणापत्र 6.4.1928 को भगवतीचरण वोहरा बी. ए. प्रचार मंत्री नौजवान भारत सभा द्वारा अरोड़ वंश प्रेस लाहौर से मुद्रित और प्रकाशित हुआ था। एक अन्य दस्तावेज 'हिन्दुस्तान सोशलिस्ट रिपब्लिकन एसोसिएशन' का घोषणापत्र है जिसे लाहौर काँग्रेस के अवसर पर दुर्गा भाभी तथा अन्य क्रान्तिकारी साथियों ने वितरित किया था, वह भी भगवती भाई का ही लिखा

हुआ है। यह पर्चा खुफिया पुलिस द्वारा पकड़ लिया गया था और वहीं से इसकी प्रति उपलब्ध हो पायी। भगवती भाई के बौद्धिक पक्ष को जानने के लिए ये तीन दस्तावेजी सबूत पर्याप्त हैं।

नौजवान भारत सभा की स्थापना लाहौर में 1926 में की गयी थी जबकि उक्त घोषणापत्र 1928 में लिखा गया। इस सभा के संस्थापकों में भगतसिंह, सुखदेव, भगवतीचरण आदि युवा थे। यह क्रान्तिकारी आन्दोलन का खुला मंच था जिसमें आम सभाओं, बयानों, पर्चों आदि के माध्यम से क्रान्तिकारियों के उद्देश्यों और विचारों का प्रचार-प्रसार किया जाना तय किया गया था। भगतसिंह इसके प्रथम महामन्त्री थे और भगवती भाई प्रथम प्रचार मन्त्री। धन्वन्तरि, एहसान इलाही, कामरेड रामचन्द्र, यशपाल भी इसके प्रमुख सदस्यों में थे। कहा जाता है कि समाजवाद की ओर झुकाव रखनेवाले काँग्रेस के अनेक नौजवान भी खिंचकर इस ओर चले आए थे। सभा मैजिक लैंटर्न द्वारा क्रान्तिकारी शहीदों के चित्रों का प्रदर्शन और साथ-साथ कमेन्टरी के रूप में उस आन्दोलन के संक्षिप्त इतिहास से भी जनता को अवगत कराया जाता था। प्रचार का यह सशक्त माध्यम था, जिसके कर्त्ताधर्ता भगवती भाई थे।

प्रिंसिपल छबीलदास के छोटे-छोटे ट्रैक्टों के जरिए सभा के कार्यकर्ताओं और जनता में राजनीतिक चेतना फैलाने के लिए काम किया जाता था। नौजवान भारत सभा को अपने समय में जिन लोगों का सहयोग प्राप्त था उनमें डॉ. सत्यपाल, डॉ. सैफुद्दीन किचलू, केदारनाथ सहगल, पिंडीदास, लालचन्द फलक और सोहनसिंह जोश भी थे। नौजवान भारत सभा की भूमिका को इसलिए भी अनदेखा नहीं किया जा सकता क्योंकि तत्कालीन राजनीतिक कार्यक्रम से वह जनता को निरन्तर परिचित करा रही थी। इस सम्बन्ध में काकोरी केस के प्रमुख क्रान्तिकारी और लेखक मन्मथ नाथ गुप्त ने अपनी एक टिप्पणी में कहा था, "नौजवान भारत सभा के युग्म कर्णधार और निर्माता भगतसिंह और भगवतीचरण थे। सभा इस नेतृत्व के प्रदर्शन में एक के बाद एक विजय प्राप्त करती रही। भगवतीचरण यदि इस अत्यन्त महत्त्वपूर्ण संस्था के प्रचारमन्त्री थे तो इससे यह प्रमाणित होता है कि क्रान्तिकारी नेताओं का विश्वास जन सम्पर्क के मामले में भगवतीचरण पर अधिक था। यह सभा अपने युग में ही लगभग पौराणिक महत्त्व की हो चुकी थी, साथ ही रोमांचकारी भी। क्रान्तिकारियों के इस खुले मोर्चे में नौजवानों को क्रान्तिकारी बनाया जाता था। यह समाजवादी संस्था थी और क्रान्तिकारी धर्मनिरपेक्षता की प्रतिपादक भी। इसकी सबसे बड़ी उपलब्धि यह थी कि उसने लिबलिब—तू भी भला मैं भी भला किस्म की धर्मनिरपेक्षता से ऊपर उठकर क्रान्तिकारी धर्मनिरपेक्षता का आविष्कार और प्रतिपादन किया। यह गाँधीवादी-जवाहरवादी काँग्रेसी छापवाली धर्मनिरपेक्षता

से अलग है। इसमें दोनों (अरे दोउन ने राह न पाई—कबीर) को गलत दिखाने का साहस किया गया है। भगतसिंह और भगवतीचरण ने चन्द्रशेखर आज़ाद के आदेश और सहयोग से 'बम का दर्शन' लिखा जो अपने में एक महत्त्वपूर्ण अभिलेख है। यदि इसमें भगतसिंह के अदालती बयान और 'हिन्दुस्तान रिपब्लिकन एसोसिएशन' के संविधान को जोड़ दिया जाए तो यह बेजोड़ दस्तावेज बन सकता है।''

जानने योग्य है कि नौजवान भारत सभा का यह घोषणापत्र 8-9 सितम्बर, 1928 को दिल्ली के फीरोजशाह कोटला के खंडहरों में काकोरी केस की फाँसियों के बाद क्रान्तिकारी दल की बुलाई गयी बैठक से पाँच महीने पहले लिखा गया था। सीधे-सीधे नौजवान साथियों को सम्बोधित इस घोषणापत्र में व्यक्त विचारों की राजनीतिक परिपक्वता को साफ तौर पर चीन्हा जा सकता है और यह भी ध्यातव्य है कि अपने स्वर्णिम इतिहास के उद्धरणों को सामने रखकर देश की तत्कालीन सामाजिक व राजनीतिक परिस्थिति पर बहुत तार्किक ढंग से विचार किया गया है। अर्थात नौजवानों को यह स्मरण कराया गया है कि अपनी उपजाऊ भूमि और खानों के बावजूद क्यों भारत सबसे गरीब देशों में से एक हो गया है और जहाँ साक्षरता का अनुपात सिर्फ पाँच प्रतिशत है। यहाँ पर मृत्यु दर सर्वाधिक है और नयी-नयी व्याधियाँ उसे घेरती जा रही हैं। यह भी बताया गया है कि इस अव्यवस्था के मध्य लार्ड बर्केनहेड के शब्दों में ''हमने भारत को तलवार के सहारे जीता और तलवार के बल से ही हम उसे अपने हाथ में रखेंगे'' का अर्थ क्या है। इसलिए नौजवानों का आवाहन है कि वे जागें और उठें।

पर्चे में युवाओं को उनके भीतर छिपी शक्ति का अहसास कराते हुए कहा गया है कि सार्वभौमिक भाईचारे के सिद्धान्त की माँग है कि मनुष्य द्वारा मनुष्य का और राष्ट्र द्वारा राष्ट्र का शोषण असम्भव बना दिया जाए, सबको बगैर भेदभाव के समान अवसर प्रदान किए जाएँ, जबकि भारत में ब्रिटिश शासन इन सब बातों का ठीक उल्टा है और हम उससे किसी प्रकार का सरोकार नहीं रखेंगे।

नौजवान भारत सभा इस घोषणापत्र के जरिए धार्मिक अन्धविश्वास और कट्टरपन पर तीखा प्रहार करते हुए प्रगति में उन्हें सबसे बड़ी बाधा मानती है। वह उन्हें रास्ते का रोड़ा बताते हुए उनसे हर हालत में छुटकारा पा लेने का आवाहन करती है। यहाँ हिन्दुओं के दकियानूसीपन और मुसलमानों की धर्मान्धता को नजरअन्दाज नहीं किया गया है और कहा गया है कि सभी सम्प्रदायों में संकुचित दृष्टिकोण आदि के चलते ही विदेशी शत्रु हमें गुलाम बनाए रखे हैं। खास बात यह है कि इसमें ऐसे नौजवानों को आमन्त्रण दिया गया है जो बिना उम्मीदों के निर्भीक होकर देश के लिए लड़ने को तैयार हों जबकि उन्हें न तो कोई सम्मान

मिलेगा, न उनके लिए कोई आँसू बहायेगा और बगैर किसी प्रशस्ति गान के उन्हें मृत्यु का आलिंगन करने को तैयार रहना होगा। अत्यन्त समझदारी से रचा गया यह घोषणापत्र युवाओं को यह बताता है कि उन्हें बाहरी दुश्मन के साथ ही अन्दरूनी शत्रु से भी मोर्चा लेना है और उनकी असली लड़ाई अपनी अयोग्यताओं के विरुद्ध होगी।

यहाँ आजादी की अपनी महान अन्धकारपूर्ण विरासत को विस्मृत नहीं किया गया है बल्कि उसे सामने रखकर समझौतापरस्त शक्तियों की कलई खोली गयी है और देश के समक्ष भावी क्रान्तिकारी कार्यक्रम की रूपरेखा को प्रस्तुत करते हुए बताया गया है कि उनका स्वराज्य जनता द्वारा प्राप्त ही नहीं अपितु जनता के लिए भी होगा। नौजवान भारत सभा ने अपनी इस मुहिम को आसान नहीं माना है बल्कि कहा है कि रूसी नवयुवकों की भाँति हमारे हजारों मेधावी नौजवानों को अपना बहुमूल्य जीवन इस उद्देश्य के लिए बलिदान देना पड़ेगा। उन्हें गाँवों में रहकर जनता को यह अवगत कराना होगा कि भारतीय क्रान्ति वास्तव में क्या है और क्रान्ति का अर्थ सिर्फ यह नहीं है कि उनके मालिकों की तब्दीली मात्र हो जाए। एक नयी व्यवस्था का जन्म और एक नयी राजसत्ता को जमीन पर उतारने का संकल्प है उनका। सभा इस गलतफहमी में भी नहीं थी कि यह सुकार्य जल्दी सम्पन्न हो जाएगा। उसका यह भी मानना था कि एक क्रान्तिकारी से उसका मतलब यह कतई नहीं है कि वह केवल बम और पिस्तौल से लैस कोई आदमी होगा।

मैजिनी और गैरीबाल्डी का उल्लेख करते हुए नौजवान भारत सभा ने अपने पूर्वज शहीदों गुरुगोविन्दसिंह, करतार सिंह, भाई बालमुकुन्द और अवधबिहारी को भुलाया नहीं है, बल्कि उस समृद्ध क्रान्तिकारी परम्परा से अपने को जोड़ते हुए राष्ट्रनिर्माण के लिए हजारों अज्ञात स्त्री-पुरुषों के बलिदान की जरूरत को रेखांकित किया है जो अपने सुख व हितों के बजाय तथा अपने एवं अपने प्रियजनों के प्राणों के मुकाबले देश की अधिक चिन्ता करते हों।

करतार सिंह अध्यक्ष रिपब्लिकन प्रेस अरहवन, भारत से प्रकाशित 'हिन्दुस्तान सोशलिस्ट रिपब्लिकन एसोसिएशन' का घोषणापत्र भी भगवती चरण ने ही लिखा था, जिसे लाहौर काँग्रेस में दुर्गा भाभी व अन्य क्रान्तिकारियों ने वितरित किया था। प्रारम्भ में ही इस घोषणापत्र को जारी करने की आवश्यकता को रेखांकित करते हए कहा गया है कि एसोसिएशन सशस्त्र संगठन द्वारा देश में क्रान्तिकर्म के लिए दृढ़ संकल्प है। उन्होंने यह भी चिह्नित करने का सार्थक प्रयत्न किया है कि मानवीय स्वभाव भ्रमपूर्ण और यथास्थितिवादी होने के कारण भयभीत होता है। वे स्पष्ट करते हैं कि क्रान्ति एक ऐसा करिश्मा है जिससे प्रकृति स्नेह करती है और जिसके बिना कोई प्रगति नहीं हो सकती, न प्रकृति में और न ही इन्सानी

कारोबार में। 'हिसप्रस' के इस घोषणापत्र में भगवती भाई ने यह भी कथन किया है कि क्रान्ति बिना सोची-समझी हत्याओं और आगजनी की दरिन्दा मुहिम नहीं है और न ही यहाँ-वहाँ चन्द बम फेंकना और गोलियाँ चलाना है और न ही यह सभ्यता के सारे निशान मिटाने तथा समयोचित न्याय और समता के सिद्धान्त को खत्म करना है। क्रान्ति कोई मायूसी से पैदा हुआ दर्शन भी नहीं है। वे बहुत स्पष्ट कहते हैं कि क्रान्ति ईश्वर विरोधी हो सकती है लेकिन मनुष्य विरोधी नहीं। यह एक पुख्ता और जिन्दा ताकत है। 'गोलियों का राग' जिसके बारे में कवि गाते आए हैं, सच्चाई रहित हो जाएगा अगर क्रान्ति को समूची सृष्टि से खत्म कर दिया जाए। क्रान्ति एक नियम है, क्रान्ति एक आदेश है और क्रान्ति एक सत्य है।

इस घोषणापत्र में यह भी घोषित किया गया है कि क्रान्तिकारियों का कृत्य उतावलेपन में किया जानेवाला कोई मामूली काम नहीं है। भगवती भाई दृढ़ता से बयान करते हैं कि क्रान्तिकारियों के विचार बेहद मजबूत और तेज तर्रार हैं। साथ ही वे अपने इस आलेख में गाँधी द्वारा चलाए जा रहे आजादी के संग्राम और उनके तौर-तरीकों को पूरी तरह नामंजूर करते हैं। वे डंके की चोट पर कहते हैं कि महात्मा हमारे लिए असम्भवताओं का एक दार्शनिक है, और सिर्फ अहिंसा के रास्ते से कभी भी स्वतन्त्रता प्राप्त नहीं कर सकते। उनका तर्क है कि दुनिया सिर तक हथियारों से लैस है और कौम के नौजवान कच्ची नींद के ऐसे सपनों से रिझाए नहीं जा सकते।

'हिसप्रस' की ओर से बहुत स्पष्ट शब्दों में कहा गया है कि वे हिंसा पर यकीन करते हैं—अपने आपमें अन्तिम लक्ष्य के रूप में नहीं, बल्कि एक नेक परिणाम तक पहुँचने के लिए अपनाए गये तौर तरीकों के नाते। इस घोषणापत्र में माना गया है कि क्रान्तिकारियों को उनकी आतंकवादी नीति के कारण कई बार सजाएँ हुई हैं लेकिन उनका मुद्दा कभी आतंकवाद नहीं होता, तो भी वे विश्वास करते हैं कि आतंकवाद के रास्ते ही क्रान्ति आ सकती है। उन्होंने आगे कहा है कि अँग्रेज सरकार का मुँह तोड़ने के लिए इन तरीकों का इस्तेमाल करना ही कारगर तरीका है और इसी रास्ते से सरकारी दमन का मुकाबला किया जा सकता है। भारतीय समाज के भीतर फैली लाचारी और मायूसी की भावना को सिर्फ इसी तरीके से दूर किया जा सकता और खोए हुए आत्मविश्वास को बनाया जा सकता है।

सिर्फ हथियारबन्द लड़ाई पर ही नहीं, बल्कि क्रान्तिकारियों का ध्यान साम्राज्यवादी लूट की तरफ भी था जिसके चलते भारत के मेहनतकश वर्ग की हालत बहुत गम्भीर हो गयी है और उनकी आशाएँ अब सिर्फ साम्राज्यवाद पर

टिकी हैं। वे मानते हैं कि सिर्फ समाजवाद ही पूर्ण स्वराज्य और सब भेदभाव खत्म करने में सहायक हो सकता है। 'हिसप्रस' की सारी उम्मीदें देश की नौजवान पीढ़ी पर केन्द्रित हो जाती हैं। इसलिए क्रान्ति की अमरता के लिए नौजवानों का आवाहन करते हुए कहा गया है कि देश के हर कोने और हर दिशा में बिखर जाओ और भावी क्रान्ति के लिए जिसका आना निश्चित है, लोगों को तैयार करो। अँग्रेजी साम्राज्य के विरुद्ध नवयुवकों के उर्वर हृदयों में एक उकसाहट और नफरत भर दो, ऐसे बीज डालो जो कि उगें और बड़े वृक्ष बन जाएँ। तभी व्यक्तिगत मुक्ति भी सुरक्षित होगी और मेहनतकश की सरदारी और प्रभुसत्ता को सत्कारा जाएगा। हम ऐसी ही क्रान्ति का सन्देश दे रहे हैं।

'बम का दर्शन' क्रान्तिकारी आन्दोलन का सर्वाधिक महत्त्वपूर्ण और विचारोत्तेजक दस्तावेज है। स्वतन्त्रता संग्राम के दिनों में भारतीय क्रान्तिकारियों ने अपने समझौताविहीन संघर्ष के लिए जितना औपनिवेशिक दमन सहा और ब्रिटिशों द्वारा उनकी छवि को धूमिल करने का प्रयास किया गया, उससे अधिक आलोचना उन्हें काँग्रेस और गाँधी की झेलनी पड़ी। 23 दिसम्बर, 1929 को क्रान्तिकारियों ने अँग्रेज वायसराय की गाड़ी को उड़ाने का साहसिक प्रयास किया जो कामयाब नहीं हुआ। इस बम विस्फोट में वायसराय बच गये, तब गाँधी ने 'यंग इंडिया' में क्रान्तिकारियों की इस कार्यवाही की घोर निन्दा करते हुए एक कटुतापूर्ण लेख 'कल्ट ऑफ द बम' लिखा जिसमें उन्होंने क्रान्तिकारियों को गुमराह नौजवान और आजादी की राह में रोड़ा अटकाने वाला तक कहा। 'हिन्दुस्तान समाजवादी प्रजातन्त्र संघ' ने इसका प्रत्युत्तर देने का फैसला किया। भगवती भाई को यह दायित्व सौंपा गया। उन्होंने 'बम का दर्शन' लिखकर क्रान्तिकारियों की कार्यप्रणाली, उद्‌देश्यों और उनके समझौताविहीन संघर्ष के औचित्य को रेखांकित करते हुए अत्यन्त तर्कपूर्ण ढंग से विस्तृत उत्तर लिखा, जिसे 26 जनवरी, 1930 को देश भर में वितरित किया गया। कहा जाता है कि इस आलेख को जेल के भीतर भगतसिंह ने अन्तिम रूप दिया था। क्रान्तिकारियों द्वारा इसे पूरे देश में एक ही दिन बाँटे जाने से यह भी स्पष्ट हो गया कि क्रान्तिकारी संगठन अब राष्ट्रव्यापी हो गया है जो उनकी शक्ति और संगठनिक क्षमता को भी प्रदर्शित करता है। क्या तब यह औपनिवेशिक सत्ता के लिए चुनौतीपूर्ण और चिन्ताजनक बात नहीं थी?

क्रान्तिकारियों ने यह स्पष्ट कहा था कि भारतीय राष्ट्रीय काँग्रेस ने गाँधी से साठ-गाँठ करके भारतीय क्रान्तिकारियों के विरुद्ध आन्दोलन प्रारम्भ कर दिया है, लेकिन क्रान्तिकारी अपने सिद्धान्तों तथा कार्यों की आलोचना से नहीं घबराते हैं बल्कि वे ऐसी आलोचना का स्वागत करते हैं क्योंकि वे इसे इस बात का स्वर्णावसर मानते हैं कि ऐसा करने से ही क्रान्तिकारियों के मूलभूत सिद्धान्तों तथा

उच्च आदर्शों को जो उनकी प्रेरणा तथा शक्ति के अनवरत स्रोत हैं, लोगों को समझने का अवसर मिलता है और यह क्रान्तिकारियों के विरुद्ध किए जा रहे भ्रमात्मक प्रचार से उत्पन्न होनेवाली गलतफहमियों को दूर कर सकेगा।

भगवती भाई ने अपने इस विद्वतापूर्ण आलेख में हिंसा और अहिंसा के प्रश्न पर भी खुलकर विचार किया था। उन्होंने कहा कि हिंसा का अर्थ है अन्याय के लिए किया गया बल प्रयोग। परन्तु क्रान्तिकारियों का यह उद्देश्य नहीं है। क्रान्तिकारियों के प्रयत्नों को आप चाहें जिस नाम से पुकारें, आप इन्हें हिंसा के नाम से सम्बोधित नहीं कर सकते, क्योंकि ऐसा करना कोष में दिए गये इस शब्द के अर्थ के साथ अन्याय होगा।

'हिसप्रस' के इस दस्तावेज में यह स्पष्ट अंकित किया गया था कि देश को क्रान्ति से ही स्वतन्त्रता प्राप्त हो सकती है। वे जिस क्रान्ति के लिए प्रयत्नशील हैं और जिस क्रान्ति का रूप उनके सामने स्पष्ट है, उसका अर्थ केवल यह नहीं है कि विदेशी शासकों तथा उनके पिट्ठुओं से क्रान्तिकारियों का केवल सशस्त्र संघर्ष हो, बल्कि इस सशस्त्र संघर्ष के साथ-साथ नवीन सामाजिक व्यवस्था के द्वार देश के लिए मुक्त हो जाएँ। और अधिक खुल कर क्रान्तिकारियों की ओर से यह भी कहा गया था कि क्रान्ति पूँजीवाद, वर्गवाद तथा कुछ लोगों को ही विशेषाधिकार दिलानेवाली प्रणाली का अन्त कर देगी। यह राष्ट्र को अपने पैरों पर खड़ा करेगी, उससे नवीन राष्ट्र और नये समाज का जन्म होगा। क्रान्ति से सबसे बड़ी बात तो यह होगी कि वह मजदूर तथा किसानों का राज्य कायम कर उन सब सामाजिक अवांछित तत्त्वों को समाप्त कर देगी जो देश की राजनीतिक शक्ति को हथियाए बैठे हैं।

देश की नयी पीढ़ी की मानसिक गुलामी और धार्मिक रूढ़िवादिता पर प्रहार करते हुए उनसे मुक्ति के लिए क्रान्तिकारी बेचैन थे। वे राष्ट्र की गुलामी का चित्र, उसके कारण और स्वतन्त्र होने की उसकी इच्छाशक्ति को अपनी खुली आँखों से देख रहे थे। वे जानते थे कि आतंकवाद और क्रान्ति में अन्तर क्या है। लेकिन यह भी उनके मस्तिष्क में साफ था कि आतंकवाद सम्पूर्ण क्रान्ति नहीं और क्रान्ति भी आतंकवाद के बिना पूर्ण नहीं हो सकती। वे मानते थे कि आतंकवाद आततायी के मन में भय पैदा कर पीड़ित जनता में प्रतिशोध की भावना जाग्रत कर उसे शक्ति प्रदान करता है। इससे आत्मविश्वास पैदा होता है और अस्थिर भावना वाले लोगों में हिम्मत आती है। उनका मानना था कि भारत में भी आतंकवाद क्रान्ति का रूप धारण कर लेगा और अन्त में क्रान्ति से ही देश को सामाजिक, राजनीतिक तथा आर्थिक स्वतन्त्रता प्राप्त होगी।

भगवती भाई ने कहा कि जो लोग अहिंसा की बात करते हैं, वे वाइसराय

के समर्थन और क्रान्तिकारियों के विरोध में गाली-गलौच की भाषा का इस्तेमाल करते हैं तथा क्रान्तिकारियों को बुजदिल और उनके कार्यों को घृणित कहते हैं। उन्होंने उस छद्म का भी पर्दाफाश किया कि क्रान्तिकारियों का निन्दा प्रस्ताव काँग्रेस में कितने कम बहुमत से सारी कोशिशों के बाद पारित हो सका और एक बार तो यह कहने की भी जरूरत आ पड़ी थी कि यदि वे (सदस्य) गाँधी का नेतृत्व चाहते हैं तो उन्हें इस प्रस्ताव को सर्वसम्मति से पारित करना चाहिए। और इस तरह जाहिर हो गया कि अहिंसा का गढ़ कही जानेवाली काँग्रेस में क्रान्तिकारियों के आदर्शों में विश्वास रखनेवाले लोग भी उपस्थित हैं। उन्होंने गाँधी के जनता की नब्ज को पहचानने के दावे पर भी पर्याप्त प्रश्नचिह्न लगाया। क्रान्तिकारी पूरी तरह आशान्वित थे कि वह दिन दूर नहीं जब लोग क्रान्तिकारी विचारधारा को सक्रिय रूप देने के लिए हजारों की संख्या में आएँगे।

गाँधी के हृदय परिवर्तन के सिद्धान्त की धज्जियाँ उड़ाते हुए इस घोषणापत्र में सवाल किया गया है कि क्या वे बता सकते हैं कि भारत में कितने शत्रुओं का हृदय परिवर्तन कर गाँधी उन्हें भारत का मित्र बनाने में समर्थ हुए हैं। वे कितने ओडायरों, डायरों तथा रीडिंग और इरविन को भारत का दोस्त बना सके। क्या गाँधी की विचारधारा से सहमत होकर इंग्लैंड को अहिंसा द्वारा सुझा-बुझा कर इस बात को स्वीकार करने के लिए तैयार किया जा सकता है कि वह भारत को स्वतन्त्रता दे दे।

किसी दुराव-छिपाव के साथ नहीं बल्कि क्रान्तिकारी स्पष्टत: कहते हैं कि यदि वायसराय की गाड़ी के नीचे बमों का ठीक से विस्फोट हुआ होता तो भारत का एक शत्रु उचित सजा पा जाता। क्रान्तिकारियों ने कहा कि वे उस दिन की प्रतीक्षा में हैं जब काँग्रेसी आन्दोलन से अहिंसा की यह सनक समाप्त हो जाएगी और वह क्रान्तिकारियों के कन्धे से कन्धा मिलाकर पूर्ण स्वतन्त्रता के सामूहिक लक्ष्य की ओर आगे बढ़ेगी। उन्होंने गाँधी के उस कुतर्क का भी उत्तर दिया कि जब-जब हिंसा का प्रयोग हुआ है तब-तब सैनिक खर्च बढ़ा है। वे प्रश्न करते हैं कि देश में सरकार ने विभिन्न वैधानिक सुधार किए, गाँधी हमें उसमें उलझाते क्यों हैं। ब्रिटिश सरकार ने तो यह टुकड़े वैधानिक आन्दोलनकारियों के सामने फेंके थे जिससे उन्हें उचित मार्ग पर चलने से पथभ्रष्ट किया जा सके। ब्रिटिश सरकार ने उन्हें तो यह घूस दी थी जिससे वे क्रान्तिकारियों का समूल नष्ट करने की उनकी नीति के साथ सहयोग करें। क्रान्तिकारियों ने तो अपना लक्ष्य शासन सुधार कभी नहीं माना बल्कि स्वतन्त्रता के अपने लक्ष्य के लिए वे बिना किसी हिचकिचाहट के अपना बलिदान दे रहे हैं। अपने प्रयत्नों से ही देश को स्वतन्त्रता के मार्ग पर बहुत आगे बढ़ा ले गये हैं और यह बात उनसे राजनीतिक मतभेद

रखनेवाले लोग भी स्वीकार करते हैं।

इस पर्चे में गाँधी के उस कथन को भी झुठलाया गया है कि हिंसा से प्रगति का मार्ग अवरुद्ध होकर स्वतन्त्रता पाने का दिन स्थगित होता जाता है। वे असहयोग आन्दोलन के समय हुई जन जागृति को अहिंसा का परिणाम नहीं मानते बल्कि अहिंसा तथा गाँधी की समझौता नीति से उन शक्तियों में फूट पड़ जाना देख पाते हैं जो सामूहिक मोर्चे के नारे से एक हो गयी थीं। बारदोली सत्याग्रह में अहिंसा के सिद्धान्त की असफलता के साथ ही क्रान्तिकारी यह बताते हैं कि अब तक इस अहिंसा को एक ही आशीर्वाद मिला और वह था असफलता का। इसलिए क्रान्तिकारी बहुत अधिकारपूर्वक यह मानने से नहीं चूकते कि स्वतन्त्रता और गुलामी में कोई समझौता नहीं हो सकता।

गाँधी अपने लेख 'क्ल्ट ऑफ द बम' में यहाँ तक पहुँच गये कि उन्होंने सभी विचारशील लोगों से कहा कि वे लोग क्रान्तिकारियों से सहयोग करना बन्द कर दें और उनके कार्यों की निन्दा करें। लेकिन 'हिसप्रस' ने इससे चिन्तित न होकर पलट वार करते हुए कहा है कि क्रान्तिकारी उनके धमकाने से कदापि हार माननेवाले नहीं। वे किसी तरह अपने उद्‌देश्य और सिद्धान्तों को नहीं छोड़ सकते। करतार सिंह प्रेजीडेन्ट के नाम से जारी किए गये इस राजनीतिक समझदारी भरे पम्फलेट में क्रान्तिकारियों की ओर से प्रत्येक देशभक्त से यह भी निवेदन किया गया कि वह उनके साथ गम्भीरतापूर्वक युद्ध में शामिल हो। गाँधी के प्रति साफ शब्दों में टिप्पणी की गयी कि कोई व्यक्ति अहिंसा और ऐसे ही अजीबोगरीब तरीकों से मनोवैज्ञानिक प्रयोग कर राष्ट्र की स्वतन्त्रता के साथ खिलवाड़ न करे। स्वतन्त्रता राष्ट्र का प्राण है। हमारी गुलामी हमारे लिए लज्जास्पद है। उन्होंने जनता से सवाल किया कि क्या वह चाहती है कि अपने अपमान को भुलाकर हम ब्रिटिश शासकों को क्षमा कर दें। हम बदला लेंगे, जो जनता द्वारा शासकों से लिया गया न्यायोचित बदला होगा। कायरों को पीठ दिखाकर समझौता और शान्ति की आशा से चिपके रहने दीजिए। हम किसी से भी दया की भिक्षा नहीं माँगते हैं और हम भी किसी को क्षमा नहीं करेंगे। क्रान्तिकारी दम-खम के साथ घोषित करते हैं कि उनका युद्ध विजय या मृत्यु के निर्णय तक चलता ही रहेगा। देखना यह भी जरूरी है कि जहाँ क्रान्तिकारी पूरे विश्वास और शक्ति के साथ 'क्रान्ति चिरजीवी हो' का नारा लगाते हैं, वहीं गाँधी इन क्रान्तिकारियों के दुश्मन बने रहकर वायसराय के मित्र होकर क्यों खड़े दिखाई पड़ते हैं। क्या यह हमारे इतिहास की विडम्बना नहीं है कि स्वतन्त्रता आन्दोलन की दो धाराएँ एक दूसरे को काटती हुई चलती हैं। यह जनता की शक्ति ही थी कि बयालिस के आन्दोलन में इनका सुखद मिलन हुआ पर 1946 के नौसेना विद्रोह में फिर वे छिटक गयीं और यही

कारण था 15 अगस्त, 1947 के नाम पर हम ठगे गये।

भगवती भाई स्वतन्त्रता और समाजवाद के जिस सपने को लेकर बलिदान हुए वह तो अभी भी आधा-अधूरा है। उनकी शहादत के बाद आज़ाद भी 27 फरवरी, 1931 को इलाहाबाद के अल्फ्रेड पार्क में ब्रिटिश पुलिस का मुकाबला करते हुए सन्मुख युद्ध में मारे गये और उसके कुछ दिनों बाद ही 23 मार्च, 1931 को लाहौर जेल में भगतसिंह, राजगुरु और सुखदेव को फाँसियों पर झुला दिया गया। भगवती भाई, आज़ाद और भगतसिंह की यह क्रान्तिकारी त्रिमूर्ति यदि कुछ दिन और जीवित रही होती तो क्रान्तिकारी संग्राम इतने त्रासद ढंग से बिखर न गया होता। देश का यह दुर्भाग्य कि वह फिर से इस त्रिमूर्ति को पैदा नहीं कर सका। आज़ाद के सशक्त और सुलझे नेतृत्व में भगवती भाई और भगतसिंह जैसे बौद्धिक क्रान्तिकारियों के एक साथ संग्रामरत रहते क्रान्तिकारी युद्ध के लिए ज्यादा सुखद और सम्पन्न स्थितियाँ निर्मित हुई होतीं और समाजवाद के संघर्ष को यों स्थगित होते देखने की पीड़ा झेलने को देश अभिशप्त न होता।

औपनिवेशिक दासता से मुक्ति के पश्चात क्रान्तिकारी शक्तियों के एजेंडे पर सामन्तवाद, साम्प्रदायिकता और बाजार की गिरफ्त से देश को बचाने की बड़ी जिम्मेदारी आ पड़ी है। भगवती भाई जैसे क्रान्तिकारियों के त्याग और बलिदान की राजनीति इस कठिन समय में हमारे लिए प्रेरक और रोशनी देनेवाली हो सकती है।

एक बेचैन आदमी जो बहुत याद आता है

चन्द्रसिंह गढ़वाली 1972 में मेरे शहर शाहजहाँपुर में आए थे टाउन हाल में 'शहीद मेला' का उद्‌घाटन करने। पतलून, कमीज, स्वेटर, आँखों पर मोटा चश्मा और सिर पर हैट। थोड़ा झुककर चलने लगे थे वे। उन्होंने शहीद चित्र प्रदर्शनी भी देखी जिसे जसवन्तसिंह बेदी दिल्ली से लेकर आए थे। दो सौ बड़े-बड़े तैल चित्र सबके नीचे बलिदानियों के नाम के साथ उनका संक्षिप्त परिचय अंकित था। गढ़वाली ने सभा को सम्बोधित भी किया। देश के स्वतन्त्रता आन्दोलन में क्रान्तिकारियों की भूमिका के साथ ही उन्होंने 'पेशावर कांड' पर भी कुछ कहा लेकिन वह विस्तार से नहीं था। उन्हें बोलने में दिक्कत हो रही थी। बोली का लहजा पहाड़ियों जैसा था। मैं अब तक उन्हें तस्वीरों में देखता आया था। आज वे सम्मुख थे। मेरे भीतर बहुत कुछ घुमड़ रहा था उनसे जानने-पूछने के लिए, लेकिन मैं खामोश ही बैठा रहा। लगा कि इन क्षणों में उन्हें देख लेना ही पर्याप्त है। पेशावर का वह गढ़वाली योद्धा आज मेरे सामने है, यह क्या कम बड़ी बात थी। उस दिन उनसे सुने थोड़े से संस्मरण मुझे मन्त्र जैसे लगे और वे मुझे आजादी के 'बूढ़े शेर' प्रतीत हुए थे।

सोचता रहा जवानी के दिनों में वे कैसे रहे होंगे जब पेशावर की पल्टन में रहते हुए उन्होंने देश की आजादी के निहत्थे आन्दोलनकारियों पर गोली चलाने से इनकार कर दिया था। स्वतन्त्रता संग्राम का वह अद्‌भुत और निर्णायक पल था जब 23 अप्रैल, 1930 को उन्होंने अँग्रेज फौज अधिकारियों के आदेश की धज्जियाँ उड़ा दीं। यह आजादी की सबसे बड़ी अहिंसक लड़ाई थी जिसके सूत्रधार चन्द्रसिंह गढ़वाली बन गये थे। वे बखूबी जानते थे कि सेना में इस हुक्म उदूली की सजा क्या होगी, पर वे भीतर से ऐसा फैसला लेने को कटिबद्ध हो चुके थे। परिणाम की चिन्ता उन्हें नहीं थी। और हुआ भी वही। उनका कोर्ट मार्शल किया गया। नौकरी से हटा दिए गये और फिर लम्बे कठोर कारावास की सजा। उनके

साथ 16 अन्य सिपाहियों को भी जेल हुई और 43 लोग नौकरी से बरखास्त कर दिए गये।

पेशावर की यह घटना देश की सीमाओं के पार तक चर्चा का विषय बन गयी। यह विदेशी हुकूमत को हिला देनेवाली कार्रवाई थी। अँग्रेज जिस मुल्क में फौज के बल पर शासन कर रहे थे, वही फौज अब बगावत के रास्ते पर उतर आई है। ऐसे में गोरे हुक्मरानों के लिए चिन्ता का विषय था। पर गढ़वाली को अपनी फिक्र नहीं थी। वे तो इतिहास रच चुके थे जो देश के फौजी सिपाहियों के लिए प्रेरित करने वाला था। उन्होंने साबित कर दिया कि एक फौजी का भी देश की जनता के प्रति कोई कर्तव्य होता है। वह निरा तनख्वाह लेनेवाला एक सिपाही या ओहदेदार नहीं होता। देश का मुक्ति-युद्ध जब चल रहा हो तब सिपाही भी उससे किस तरह विरत रह सकता है। गढ़वाली का यह कृत्य किसी आवेश में नहीं, बल्कि वह एक वीर योद्धा का सोचा-समझा निर्णय था। उन्होंने वही किया जो देश हित के लिए ठीक लगा। ऐसा करके अब वे ब्रिटिश फौज के वेतन पानेवाले सिपाही न रहकर स्वतन्त्रता के बड़े संग्रामी में तब्दील हो चुके थे। चन्द्रसिंह जब फौज में भर्ती हुए, उसके बाद उन्हें दूसरे मुल्कों में भी जाने का अवसर मिला। लौटे तो लगा कि उन्होंने दुनिया देख ली है। लड़ाइयों की हिस्सेदारी ने उन्हें मजबूत भी बना दिया। देश-दुनिया की हलचलें भी अब उनको प्रभावित करने लग गयी थीं। इन्हीं दिनों उनके भीतर एक सवाल कुलबुलाने लगा था कि क्या वे सिर्फ भाड़े के सिपाही बने रहेंगे। क्या इस जिन्दगी का भी कोई अर्थ होता है जो दूसरों के हुक्म पर अपनी जान देने की कीमत वसूल करता है। अब वे एक ऐसे बेचैन आदमी में रूपान्तरित हो चुके थे जो देश की हालत जानने के लिए जनसभाओं में जाने और अखबारों को पढ़ने का जोखिम उठाने लगे। सोचने लगे कि बजाय अँग्रेजों की फौज के यदि वे देश की आजादी के सिपाही होते तब कितना अच्छा होता। पर अपनी तरह के वे अकेले नहीं थे। उनके साथी थे हरकसिंह धपोला, नारायणसिंह गुसाईं, पानसिंह राणू और शेरसिंह बुटौला। इनके भीतर भी ऐसी ही देशभक्ति की भावनाएँ हिलोरें मार रही थीं और वे भी आजादी के लिए चल रहे संग्राम को देखकर उद्वेलित हो रहे थे। 1857 के संग्राम के बाद यह पहला मौका था जब स्वतन्त्रता की लड़ाई की आँच बैरकों तक पहुँचने लग गयी थी। इसमें नये सिपाही अधिक थे जिनमें अभी जोखिम उठाने की क्षमता थी और जो देश की हलचलों से सीधे प्रभावित हो रहे थे।

1920 के दिन थे जब गढ़वाली फौज से कुछ दिनों के लिए छुट्टी पर घर आए थे। वे गढ़वाल के दूधातोली में सैणसेरा, पट्टी चौथान के निवासी थे। उनके पिता थे जाथली सिंह। जंगलों से घिरा इलाका। खेती का पेशा। यहाँ पढ़ाई-

लिखाई का कोई अर्थ नहीं था। ऐसे में चन्द्रसिंह को भी स्कूल नहीं भेजा गया। पर वे अपनी कोशिशों से प्राथमिक कक्षाओं तक थोड़ा बहुत पढ़ना सीख गये। जन्म हुआ था उनका 24 दिसम्बर, 1891 को। वे चौदह वर्ष के थे तभी उनका विवाह हो गया। शायद घर की आर्थिक स्थिति ने ही उन्हें भागकर फौज में जाने को विवश कर दिया। फिर तो दुनिया घूमते और गुनते रहे। ...जब वे छुट्टी पर आए तब राजनीतिक हलचलें तेज थीं। वह असहयोग का समय था। जगह-जगह जलसे और तकरीरें। लैंसडौन छावनी में 'गाँधी टोपी' पहनने पर रोक लगा दी गयी थी। गाँधी उस समय देहरादून आने वाले थे। सुना तो चन्द्रसिंह देहरादून पहुँच गये। गाँधी नहीं आए तो वे उनकी खोज में दिल्ली जा लगे। संयोग से मोतीलाल नेहरू से उनकी मुलाकात हो गयी और उन्होंने अपने मन की बात कह डाली। नेहरू का उत्तर था कि सेना से त्यागपत्र देकर ही काँग्रेस के काम में लगना सम्भव होगा। पर तुरन्त ऐसा कर पाने की स्थिति नहीं बन पायी।

इसके बाद चन्द्रसिंह आर्यसमाज के सम्पर्क में आए जिसका उनके जीवन पर बड़ा प्रभाव पड़ा। लैंसडौन में आर्यसमाज के संस्थापक मास्टर टेकचन्द वर्मा थे जिनकी संगत ने उनके भीतर बहुत कुछ बदलकर रख दिया। अब वे पंडे-पुजारियों को लूटमार करनेवाला समझने लगे। उन्हें लगा कि पत्थरों की पूजा करना निरर्थक है और श्राद्ध, ज्योतिष, जन्मपत्र, स्वर्ग-नर्क, जातीय भेदभाव के प्रति उनके भीतर घृणा पनपने लगी। वे फौज में रहते हुए आर्यसमाज, काँग्रेस और देश के संग्राम की बातें करते और कुछ करने की सोचते रहते। लोगों को बताते कि फौज की सेवा नहीं बल्कि देश सेवा बड़ी चीज है। वे अखबार पढ़ते तो उन्हें देश भर की राजनीतिक हलचलों का पता चल जाता। 'प्रताप' जैसे अखबार उनकी चेतना को माँज रहे थे। बोल्शेविक षड्यन्त्र के मुकदमे ने उनकी आँखें खोल दीं। उन्हें लगने लगा कि दुनिया में गरीबों और मजदूरों का भी राज हो सकता है और अमीरी व गरीबी कोई दैवीय नहीं, मनुष्य की खड़ी की गयी व्यवस्था है जिसे बदला जा सकता है। इस बीच काकोरी कांड, सांडर्स-वध, असेम्बली बम केस और लाहौर के मुकदमे जैसी कार्यवाहियाँ देश को झकझोर रही थीं। चन्द्रसिंह गढ़वाली भी इस सबसे अछूते नहीं थे। रूस की खबरें मिलतीं जो उन्हें और भी हिलाकर रख देतीं। वे अपने साथियों से भी इनकी सघन चर्चा करते। कभी-कभी सिपाहियों को जंगल में ले जाकर बैठाते और पूछते—'यहाँ से तुम अपनी पल्टनों से जाओगे। यदि वहाँ तुम्हें काँग्रेसवालों पर गोली चलाने का हुक्म दिया जाएगा तो क्या करोगे?' फिर वे उन्हें देशभक्ति का पाठ पढ़ाते और उन्हें अपने कर्तव्यों के प्रति जागरूक करते। उन दिनों सब तरफ भगतसिंह की बातें। वे सिपाहियों से कहते कि तुम अपने दूसरे साथियों को बताओ कि इस समय

देश में क्या हो रहा है। उन्होंने एक सांकेतिक भाषा ईजाद की कि यदि तुम्हारी पल्टनों में मेरी इन बातों का खूब प्रचार हो रहा है तब चिट्ठयों में लिखना—'यहाँ अच्छी वर्षा हो रही है।'

1929 की बात है। गाँधी, नैनीताल, रानीखेत, अल्मोड़ा और कौसानी होकर बागेश्वर आनेवाले थे। चन्द्रसिंह छुट्टी पर घर आए हुए थे। उन्होंने गाँधी से मिलने की योजना बना डाली। सिविल वर्दी और फौजी टोपी पहनकर वे गाँधी की सभा में अगली पंक्ति में बैठ गये। गाँधी ने उन्हें देखा तो कहा कि मैं इस फौजी टोपी से नहीं डरता। क्या ये मुझे यहाँ डराने के लिए बैठे हैं। इस पर सभी लोग हँस पड़े। चन्द्रसिंह ने तपाक से कहा—'अगर कोई मुझे दूसरी टोपी दे तो मैं इसे उतारकर पहनने को तैयार हूँ।' किसी ने एक टोपी अपने झोले से निकालकर उनकी ओर बढ़ा दी। चन्द्रसिंह ने टोपी को गाँधी की ओर फेंककर कहा—'मैं बूढ़े के हाथ से टोपी लूँगा।' गाँधी ने टोपी उन्हें दे दी। चन्द्रसिंह ने उसे लेकर सिर पर रखकर प्रतिज्ञा की कि मैं इसकी कीमत चुकाऊँगा।' सभा में तालियाँ बज उठीं। चन्द्रसिंह भीतर से बहुत भावुक हो उठे और संकल्प से उनकी मुट्ठियाँ भिंच गयीं। उन्हें लगा कि अब वे कुछ और हैं, देश के लिए कुछ करने को कटिबद्ध मुक्ति-पथ के ताकतवर राही।

किसे पता था कि टोपी का बदलना इतिहास का अनोखा मोड़ साबित होने वाला है। पर अभी भविष्य उसकी प्रतीक्षा कर रहा था। इसका अनुमान न चन्द्रसिंह को था और न ही गाँधी को। वहाँ बैठे लोगों ने भी इसे एक साधारण घटना समझकर विस्मृत कर दिया। पर चन्द्रसिंह के भीतर तो कुछ तेजी से बजने लगा था। वह देशराग था जिसे उस समय सिर्फ वही सुन पा रहे थे—अनोखा राग मानो वह रणभेरी हो।

चन्द्रसिंह अपनी फौज की नौकरी पर लौट चुके थे। एक दिन नारायण सिंह ने उन्हें एक कागज की पुड़िया लाकर दी। बोले—'जब मैं चलने लगा तो काँग्रेसियों ने रोककर नमक की यह पुड़िया दी है। यही है गाँधी का नमक।' चन्द्रसिंह की खुशी का ठिकाना न था। उन्होंने उसमें से थोड़ा सा नमक स्वयं खाया और दूसरों को बाँट दिया।

एक दिन अपने कम्पनी के गोदामी केदार जो उनके गाँव के रहनेवाले थे, से चन्द्रसिंह ने मन की बात बता दी। बोले उनसे—'अगर में पकड़ा जाऊँ तो घर पर जाकर पिताजी को बता देना कि उनका बेटा किसी बुरे काम में जेल नहीं गया है।' पर केदार ठीक से कुछ अनुमान नहीं लगा पाए। एक दिन मेजर ब्रांस्किल ने चन्द्रसिंह से पूछा—'चन्द्रसिंह, तुम्हारी कई शिकायतें मेरे पास आई हैं। तुम आर्यसमाज और काँग्रेस में जाते हो? अगर यह बात सच है तो तुम्हें सख्त सजा

दी जाएगी।' उसने एक सूबेदार को उन पर निगरानी रखने के लिए कह दिया।

अब चन्द्रसिंह ने केदार को बता दिया कि उन पर निगरानी रखी जाने लगी है। ऐसे में लोग उनके पास रात को अखबार पढ़ने न आएँ। उन्होंने गाँधी का नमक देते समय भी कहा था कि इसे साथियों में बाँट देना।

चन्द्रसिंह अब सतर्क हो गये। वे चुपके से साथियों से कहते—'जब काँग्रेसी भाई हमारे देश की आजादी के लिए अँग्रेजों से लड़ रहे हैं, क्या ऐसे समय हमें उनके ऊपर गोली चलानी चाहिए? हमारे लिए गोली चलाने से यही अच्छा होगा कि अपने को गोली मार लें। देश के साथ गद्दारी करना अपने खानदान से धोखा करना होगा।'

22 को आदेश मिला कि जब कभी किसी कम्पनी पलाटून या सेक्शन को किसी बाहरी अफसर की ओर से पेशावर शहर के अन्दर विद्रोहियों पर गोली चलाने का हुक्म दिया जाए तो हुक्म देनेवाले अफसर के हस्ताक्षर एक फार्म पर करा लेना चाहिए। यह फार्म बटालियन के दफ्तर में मिलेगा जिसे लेकर हर एक ओहदेदार अपने पास रख ले।'

अब साफ लगने लगा कि पेशावर में आन्दोलनकारियों पर गढ़वालियों पर गोली चलानी पड़ेगी।

शाम को बैरक में गिनती हो गयी। चन्द्रसिंह और उनके साथियों ने बैठकर मशविरा किया। इनमें थे ठाकुर शेरसिंह बुटौला, नारायण सिंह गुसाईं, रामकृष्ण सिंह, दौलतसिंह और चन्द्रसिंह। मुद्दा यह था कि अगर हमारी पलटन की किसी कम्पनी को काँग्रेसियों पर गोली चलाने का हुक्म दिया जाए, तब क्या करना चाहिए? सबने आपस में बातचीत करके फैसला किया कि ऐसा करके गढ़वाल के ऊपर हम कलंक का टीका नहीं लगने देंगे। हम आन्दोलनकारियों पर गोली चलाने से इनकार कर देंगे। इससे तो अच्छा है कि खुद गोली खाकर मर जाएँ। तय हुआ कि जिस वक्त हमें गोली चलाने का आदेश दिया जाए, तब हम अपने आदमियों को ऐसा करने से रोकें। अब वे अपने मनों में पक्का इरादा कर चुके थे।

वक्त अगले दिन यानी 1930 के अप्रैल की 23 तारीख पर आकर ठहर गया...

पेशावर में रोज की तरह सवेरा हुआ। सूरज की किरणों ने अपनी आभा बिखेरी और फौज में सब कुछ पूर्वघटित होने लगा। पश्चिमोत्तर का यह सीमा प्रान्त भी देश की आजादी के लिए आन्दोलित था। पठान संगठित हो रहे थे। खान अब्दुल गफ्फार खान के नेतृत्व में खुदाई खिदमतगार तैयार हो रहे थे। यहाँ भी सविनय अवज्ञा आन्दोलन की बयार थी। दो दिन पहले से ही हलचल थी। काँग्रेसी महासमिति ने जो प्रतिनिधिमंडल यहाँ भेजा उसे एक दिन पहले ही अटक

में रोक दिया गया था। इसके विरोध में 23 को हड़ताल हो गयी। दुकानों पर धरना दिया जाने लगा। सवेरे ही कुछ लोग गिरफ्तार भी कर लिये गये, पर जुलूस निकला और शाही बाग में सभा हुई। सरकार ने नाकेबन्दी तो बहुत की, पर कोई नतीजा नहीं निकला। तभी गढ़वाली फौज की एक कम्पनी को आगे बढ़ने का हुक्म दिया गया। कहा गया—"पाँच मिनट के अन्दर फालिन हो जाएँ।" चन्द्रसिंह ने कम्पनी का फालिन करा दिया। हवलदार मेजर ने हाजिरी ली। इस समय कम्पनी का कमांडर रिकेट आ गया।

काँग्रेस का जुलूस निकल रहा था। सारी पलटन सड़क पर मार्च कर रही थी। सिपाहियों की संगीनें जुलूस की तरफ थीं। हुक्म मिला—'संभलो।' सिपाही संभल गये। राष्ट्रीय झंडा आन्दोलनकारियों के हाथ में था। एक जोशीले नेता कभी उर्दू तो कुछ पश्तों में भाषण दे रहा था। गढ़वाली सैनिक जुलूस के एकदम पास खड़े थे। कप्तान रिकेट जोर से चिल्लाया—'हटाओ इनको यहाँ से।' वह जोर से बोला—'हट जाओ, नहीं तो गोली चलेगी।' पर जुलूस के लोग तो जैसे अटल बने खड़े थे। कोई टस से मस नहीं हुआ। गोली का भय उन्हें तनिक भी विचलित नहीं कर रहा था।

रिकेट ने हुक्म दिया—'गढ़वाली थ्री राउंड फायर' (तीन बार गोली चलाओ)।

चन्द्रसिंह रिकेट के बाएँ तरफ खड़े थे। उसी वक्त उन्होंने जोर से कहा—'गढ़वाली सीज़फायर' (गढ़वालियों, गोली मत चलाना।) यह सुनते ही गढ़वालियों ने अपनी-अपनी रायफलें जमीन पर खड़ी कर दीं। अजब नजारा था। फौज में ऐसा पहले किसी ने देखा, न सुना था। गोली नहीं चली। रिकेट को मानो काठ मार गया। एक गढ़वाली सैनिक ने अपनी बन्दूक एक पठान के हाथ में देते हुए कहा—'लो भाई, अब आप हमको गोली मार दो।'

निहत्थे आन्दोलनकारियों की यह बहुत बड़ी जीत थी। अब देसी फौज उनके साथ खड़ी थी। समय जैसे ठहर गया था वहाँ और इतिहास ने करवट ले ली थी। एक पल में सब कुछ बदल चुका था। यह सब पलक झपकते एक बड़ी सुर्ख इबारत में तब्दील हो गया जिसे लिखनेवाले थे चन्द्रसिंह और उनके बहादुर साधारण सिपाही।

एक पल को कप्तान रिकेट की तन्द्रा भंग हुई हो जैसे। वह चन्द्रसिंह से कड़क कर बोला—'क्यों, क्या बात?'

उत्तर बहुत सहज और निर्भीकता से दिया गया, पर उसमें दृढ़ता थी—'निहत्थों पर गोलियाँ नहीं चलाएँगे।' गढ़वाली फौज अपने देशवासियों के खून से अपने हाथ रंगने को तैयार नहीं थी। गढ़वाली का यह फैसला जैसे पत्थर की लकीर बन चुका था।

30 गोरों की पलाटून दस मिनट के भीतर वहाँ उपस्थित हो गयी। दो मशीनगनें एक ट्रेंच मोटर से जुलूस पर अन्धाधुन्ध फायरिंग करने लगी। चन्द्रसिंह और उनके बगावती सिपाही यह दृश्य अपनी आँखों से देख रहे थे। वे भीतर से उबल रहे थे। एक पठान ने यह देखा तो उसका खून खौल गया। उसने मोटर की बगल में रखे पेट्रोल के कुप्पों को खोलकर उसमें आग लगा दी। उसमें बैठे चार गोरे जलकर भस्म हो गये। भीड़ तितर-बितर हो गयी। अब वहाँ कुछ तड़पती हुई लाशें, बिखरा-फैला खून और हौलनाक सन्नाटे के सिवा कुछ नहीं था। साम्राज्यवाद इसी तरह के खूनी खेल खेलता है और अपनी कब्रें भी खोदता है।

पर जनता भी अब उत्तेजित हो गयी। वह सिपाहियों पर हमलावर हो उठी। जो भी उसके हाथ लगता, उसी से चोट करती। शहर में मार्शल ला लागू कर दिया गया। पुलिस और फौजियों से सड़कें भर गयीं। चन्द्रसिंह और उनके विद्रोही सिपाहियों को भी पुलिस थाने में ले जाकर बैठा दिया गया। लेकिन चन्द्रसिंह तो अब 'हीरो' बन चुके थे—देशभक्त विद्रोही गढ़वाली टुकड़ी के महानायक। उनके भीतर गर्व था और आत्मसम्मान से मन हिलोरें ले रहा था। उन्होंने अपने साथियों से कहा —'भाइयो, कल आप लोगों ने पेशावर में जो कुछ किया, बहुत अच्छा किया। हमने गढ़वाल की लाज रख ली, लेकिन आज आपको फिर पेशावर शहर में ले जाया जा रहा है। सुनने में आ रहा है कि खान अब्दुल गफ्फार खां और अम्ब रियासत की ओर से शहर की मदद के लिए आदमी आ रहे हैं। आज शहर में उनके ऊपर गोली चलाने के लिए आप लोगों से कहा जाएगा। मुझे आशा है, गढ़वाल के माथे पर कलंक का टीका नहीं लगने देंगे। आप लोग जानते हैं कि ग्यारह साल पहले जलियाँवाला बाग में नम्बर 6 गोरखा बटालियन ने निहत्थी जनता के ऊपर गोली चलाई थी। आज उनके नाम के खिलाफ काली झंडी दिखलाई जाती है। मालाबार में मोपलों के ऊपर 1-18 रायल गढ़वाली रायफल ने जुल्म किया था, आज भी पलटन के मोपला डॉक्टर आपको बुरी नजर से देखते हैं। यह सब बात आपको मालूम है। काँग्रेसियों के ऊपर जुल्म करना अपने देश के साथ गद्दारी करना है। अगर आज हम आठ सौ गढ़वाली सिपाही यहाँ पेशावर में काँग्रेस के नाम पर अपनी जान देंगे तो हम दुनिया में हमेशा जिन्दा रहेंगे और हमारे गढ़वाल का मुँह सदा के लिए उज्ज्वल रहेगा, देश में हमारा गुण गाया जाएगा। एक दिन तो मरना ही है, फिर क्यों न देश के लिए मरें।...'

सब सिपाहियों ने एक स्वर से कहा—'अगर आप शहर नहीं जाएँगे तो हम लोग भी नहीं जाएँगे।' उन्होंने इस्तीफे देने का फैसला कर लिया।

अब कोई हुक्म नहीं माना जा रहा था। सूबेदार ने गुस्से में कहा—'अरे, कम्पनी को क्या हो गया है? क्यों भाई, क्या बात है? चन्द्रसिंह बोले—'तुम

जाकर कर्नल को रिपोर्ट दो कि हमारा पलाटून बागी हो गया है, न जाने किसने उनको बरगला दिया है। लेकिन खबरदार, किसी का नाम मत लेना।'

अब तो दृश्य ही बदल चुका था। सैनिक 'इन्कलाब जिन्दाबाद' के नारे लगा रहे थे। वे सब सिर पर कफन बाँधकर अपनी बैरकों से निकल पड़े। अफसर देखकर हैरान थे। अँग्रेज अफसरों ने सूबेदार त्रिलोकसिंह बिष्ट को भेजा जिसने जवानों के सामने एक भाषण दिया, पर कोई सुनने को तैयार ही न था। जवान एक साथ चीखे—'चले जाओ, चले जाओ अँग्रेजी कुत्तों, भागो नहीं तो तुम्हारे लिए अच्छा न होगा।'

वे सब एक हो गये थे और भीतर से जल रहे थे।

आधे घंटे बाद ए. कम्पनी में एक अफसर आया। वह अपनी बात को बहुत नरमी से कहने लगा। उसने चन्द्रसिंह को बुलाकर कहा—'चन्द्रसिंह हवलदार, यहाँ आओ।'

'क्या बात है?' चन्द्रसिंह का सवाल था।

'आपकी बड़ी मेहरबानी होगी अगर आप कम्पनी के हथियारों को गोदाम में जमा करा दें।'

चन्द्रसिंह ने कहा—'क्या आपका खयाल है कि इस बगावत का जिम्मेदार मैं ही हूँ।'

'नहीं, मैं इसलिए कह रहा हूँ कि आप पुराने हवलदार हैं। आपका कहना शायद लोग मान जाएँ। यह बहुत अच्छा होगा।'

अफसर समझाकर चला गया। चन्द्रसिंह ने हथियारों को बेकार समझ कर जमा कर देना उचित समझा। उन्होंने कहा—'जो कुछ हमें करना था, कर चुके। हथियार उठाने के लिए काँग्रेस और महात्मा गाँधी का हुक्म नहीं है। आप लोग मेरी बात मान लें और अपनी-अपनी रायफलें गोदाम में जमा कर दें।'

चन्द्रसिंह की बात लोगों को अच्छी नहीं लगी। वे बोले—'हम तो अपनी-अपनी रायफलें लेकर घर चले जाएँगे और 99 गोलियों को खत्म करके आखिरी गोली से अपना अन्त कर लेंगे।'

पर आखिरकार हथियार जमा करा दिए गये। गढ़वाली सैनिकों को यह अपनी भूल लग रही थी।

सब तरफ गढ़वाली पलाटून की जय-जयकार हो रही थी।

26 अप्रैल की शाम को चन्द्रसिंह को कर्नल का बुलावा आया। मेजर ब्रोन्सकिल बोला—'चन्द्रसिंह अब तुम कैद कर लिये गये हो।' चन्द्रसिंह ने कुछ बोलना चाहा, पर उनसे कहा गया—बोलो मत, अब तुम कैदी हो गये हो।' कैमरे से चन्द्रसिंह की एक तस्वीर उतारी गयी। अब उन्हें मोटर में बैठा दिया गया।

मेजर और पुलिस अधीक्षक उन्हें लेकर तोपखाने की तरफ रवाना हो गये। चन्द्रसिंह को हवालात कोठरी में डाल दिया गया और पहरेदारी कड़ी कर दी गयी। सब जानते थे कि विद्रोह का सरगना यही है। उनके सहित कुल 67 आदमी गिरफ्तार किए गये थे, जिनमें नारायण सिंह गुसाईं भी थे। पूरी बटालियन ने बगावत की थी पर अँग्रेज चाहते थे कि इसका प्रचार पूरी दुनिया में न हो। ब्रिटिश सरकार पेशावर की इस घटना को मामूली दिखाने का प्रयत्न कर रही थी। पर चन्द्रसिंह ने तय किया कि वे बगावत की जिम्मेदारी अपने ऊपर लेंगे ताकि साथियों को मौत की सजा से बचाया जा सके। पर उन्होंने यह भी कहा कि कोर्ट-मार्शल में जब तक कोई वकील न मिले, तब तक सब बयान देने से इनकार करेंगे। अँग्रेज फौज अफसर 24 की घटना दिखाना चाहते थे, जबकि मामला 23 का था।

चन्द्रसिंह का कहना था कि उनका मुकदमा सिविल कोर्ट में भेजा जाए क्योंकि फौजी अदालत से उन्हें न्याय की उम्मीद नहीं थी। उन्होंने वकील भी माँगा और साफ कह दिया कि अगर ऐसा नहीं किया गया तो वे मुकदमे की कार्रवाई में हिस्सा नहीं लेंगे, उन्हें गोली से उड़ा दिया जाए।

चन्द्रसिंह कैद में थे। वे चाहते तो एक अवसर ऐसा आया था जब भाग सकते थे, पर उन्होंने ऐसा नहीं किया। उनके सामने भगतसिंह और यतीन्द्रनाथ दास की जेलों में भूख हड़ताल के किस्से थे जिसमें यतीन्द्र ने तो अपना बलिदान दे दिया था।

वकील की माँग नामंजूर कर दी गयी। चन्द्रसिंह ने उसी दिन भूख हड़ताल शुरू कर दी। अब मामला थोड़ा लुढ़का। कहा गया कि वकील मिल सकता है, पर उसका खर्चा सरकार नहीं देगी। चन्द्रसिंह ने कहा—'वे देंगे।'

'सब साथियों से सलाह करके गढ़वाल के बैरिस्टर मुकुन्दीलाल के नाम का प्रस्ताव दिया गया जो स्वीकार हो गया। पर फीस के नाम पर उन्हें बताया गया कि तुम लोग कैदी हो। तुम्हारी सारी जायदाद जब्त हो गयी है, पैसा कहाँ से दोगे?

चन्द्रसिंह बोले—'अभी हम लोग हवालाती हैं। हमारी सजा नहीं हुई है। ऐसे में हमारी जायदाद जब्त नहीं हो सकती। ऐसा कोई कानून नहीं है जो हमारे रुपयों को जब्त कर ले।'

मुकुन्दीलाल के साथ ही एक फौजी अँग्रेज अफसर पी. चेलन को भी उन्होंने अपने लिए मांगा। चेलन ने सारी बातें पूछीं। कहा—'मैं भरसक तुम्हारी मदद करूँगा। मैं तुम्हारा पक्का दोस्त हूँ।' उसने यह भी कहा कि सरकार 23 अप्रैल की बात छिपाना चाहती है, वह 24 की बगावत का आरोप लगा रही है। लेकिन वे उन लोगों को राजनीतिक बन्दी बनाने की कोशिश करेंगे। मुकुन्दीलाल भी उनसे आकर मिले।

2 जून, 1930 को काबुल में फौजी अदालत बैठी। अखबारों ने इसे 1857 के बाद पहली फौजी बगावत कहा। लोगों में उत्साह था। सब ओर पहरा था। बैरिस्टर मुकुन्दीलाल उपस्थित हो चुके थे। अभियुक्त भी। दो भारतीय संवाददाता आए। उन्होंने देखा कि चन्द्रसिंह के दोनों हाथ हथकड़ियों से बँधे हैं और कमर में जंजीरें पड़ी हैं।

कर्नल वाकर ने कहा—'मुझे 18 अप्रैल को रिपोर्ट मिली थी कि चन्द्रसिंह काँग्रेस और आर्यसमाज में जाता है और कम्पनी के लोगों को भड़काता है। मैंने उसे खुद शाही बाग की काँग्रेस की सभा में देखा था।' चन्द्रसिंह ने कहा—'तभी कार्यवाही क्यों नहीं की गयी?' मामला चला। गवाहियाँ गुजरीं। बहसें हुईं। अन्त में बैरिस्टर मुकुन्दीलाल ने कहा—'मैं यहाँ गढ़वाल के एक प्रतिनिधि के रूप में बोल रहा हूँ। मैं गढ़वाल का निवासी हूँ और पाँच साल से गढ़वाल की ओर से विधान सभा का मेम्बर हूँ। गढ़वाल की पाँच लाख जनता का इस तरह विश्वासपात्र हूँ। मैं केवल वकील के तौर पर नहीं, बल्कि जनता के प्रतिनिधि के रूप में बोल रहा हूँ। अगर इन गढ़वालियों ने जो सेवाएँ सरकार की अब तक की हैं, और जिस तरह उन्होंने फ्रांस और दूसरी लड़ाइयों में अपनी राजभक्ति का परिचय बहादुरी से दिया है, उसे यहाँ दोहराने की जरूरत नहीं है। इसका जरूर खयाल रखना चाहिए।'

8 जून को मुकदमे की कार्यवाही समाप्त हो गयी। दूसरे अफसर उठकर चले गये। चन्द्रसिंह ने अध्यक्ष से पूछा—'जनरल साहब, क्या मैं यह जान सकता हूँ कि क्यों मुझे यहाँ नम्बर एक मुजरिम बनाया गया है? मेरे ऊपर क्यों इतनी जबर्दस्त निगरानी की जाती है? मैं भी अपने 60 साथियों में से एक हूँ जिनके ऊपर भी वही कसूर लगाया गया है, फिर यह भेदभाव क्यों?'

मुकुन्दीलाल के जाते-जाते चन्द्रसिंह ने उनसे इतना कहा—'आप हमारा सन्देश गढ़वाल में लेते जाएँ और हमारा नमस्ते कहकर गढ़माता से कहें कि हम तेरे अन्न-जल से तेरी ही गोद में पले थे, इसलिए आज तेरी ही इज्जत और शान की खातिर मरने जा रहे हैं। माता, हमारी गलतियों को माफ करना। ...हमारी अन्तिम इच्छा यही है कि आप हमारी इस बात को गढ़वाल की जनता के सामने रख दें।'

उन्होंने चिट्ठी भी लिखकर मुकुन्दीलाल की जेब में डाल दी, जिसमें लिखा था—'माननीय बैरिस्टर साहब, मेरा आपके ऊपर पूरा विश्वास है। वैसा ही जैसा कि एक मासूम बच्चा अपनी माँ के प्रति करता है। दूसरी बात मैं अपने पूज्य पिता के बारे में कहना चाहता हूँ। मेरे पिता जाथली सिंह भंडारी, मौजा मासो, पट्टी चौथान, डाकखाना बूगीधार, जिला गढ़वाल में रहते हैं। मेरी एक लड़की

है, जिसका नाम देवमती है। उसकी माँ का देहान्त हो गया है। मेरी दो स्त्रियाँ मौजूद हैं—भगीरथी और नवीना। मेरे दो छोटे भाई हैं। मुझे आशा है कि आप खुद मेरे घर जाकर मेरे पूज्य पिताजी और कुटुम्ब को सान्त्वना देकर समझाएँगे और कहेंगे कि मेरी मौत पर उन्हें खुश होना चाहिए, क्योंकि मैं किसी बुरे काम के लिए नहीं मर रहा हूँ। मुझे आशा है, आप और गढ़वाल के लोग मेरे दुखी कुटुम्ब को नहीं भूलेंगे।'

चन्द्रसिंह को मौत की सजा नहीं दी गयी। टक्कर ने फैसला सुनाया—'हिज मैजिस्टी के हुक्म से बगावत में शामिल होने के कसूर पर ए. कम्पनी के क्वार्टर मास्टर हवलदार चन्द्रसिंह को निम्न सजा दी जाती है—1. जिन्दगी भर काला पानी 2. सारी जायदाद जब्त 3. ओहदेदारी से उतारकर सिपाही दर्जे में रखना और 4. सिपाही से नाम काटकर खारिज कर देना।

आदेश होते ही फौज के अधिकारी चन्द्रसिंह पर टूट पड़े। सारी बटालियन के सामने उन्हें बेइज्जत किया जाने लगा। उनके सिर से टोपी उतारकर उसमें से बैज और चेनस्टाप फाड़कर फेंक दिया गया। फिर उनकी वर्दी का बिल्ला नोचा गया। अच्छे आचरण का फीता, रायल रस्सी, तमगे आदि नोच डाले गये। उस समय उनके पास चार तमगे थे—फ्रांस युद्ध, सामान्य सेवा, विक्टोरिया सर्विस और वजीरिस्तान के तमगे। इसके बाद बर्दी के बटन न खोलकर आस्तीन को कैंची से काट कर चन्द्रसिंह को बिलकुल नंगा कर दिया गया।

चन्द्रसिंह ने इस कार्यवाही के लिए अफसरों को धन्यवाद दिया। उनके साथियों की आँखों में आँसू थे। उनमें से एक हवलदार शेरसिंह बुटौला ने रुँधे गले से चन्द्रसिंह के हाथ पर दस का नोट रखकर कहा—'प्यारे भाई, जाओ। जिन्दा रहे तो फिर मिलेंगे।' पर इतना कहना कितना मुश्किल था उन पलों में।

चन्द्रसिंह अपनी कोठरी में भेज दिए गये। गोरे सार्जेन्ट से मिन्नत करके एक हिन्दू और दूसरा मुसलमान भाई चन्द्रसिंह से मिलने आए। वे खूबानियाँ, एक गिलास दही, एक जोड़ा धोती और पगड़ी लेकर आए थे। मुलाकात की इजाजत दे दी गयी। कहा उन्होंने—'हम सरहद की तरफ से वीर गढ़वाली को पगड़ी देने आए हैं।'

चन्द्रसिंह को अपने किए का यह सबसे बड़ा पुरस्कार लगा।

रात्रि के तीन बजे थे। तीन अँग्रेज अधिकारी अब उनके सामने खड़े थे। बोले—'चन्द्रसिंह कोठरी से बाहर निकलो। अपना सामान भी साथ में ले लो।' था ही क्या उनके पास। एक गीता की पोथी और दस रुपये का नोट। अब उनकी तलाशी ली जाने लगी और पास खड़ी मोटर चन्द्रसिंह को जेल की तरफ ले गयी।

जेल के फाटक के भीतर घुसने से पहले उन्होंने गाया—'सुजलां सुफलां

मलयज शीतलां मातरम, वन्देमातरम्!'

वह एबटाबाद की जेल थी जिसमें उन्हें 12 जून को कैद कर दिया गया था। वहाँ उनकी तलाशी ली गयी थी। उनसे गीता और दस का नोट भी रखवा लिया गया।

अब चन्द्रसिंह की नयी जिन्दगी की शुरुआत थी। एक सजायाफ्ता कैदी की जिन्दगी। जेल का बियावान यानी तन्हाई की भुतहा कोठरी। तीन कदम लम्बी और दो कदम चौड़ी। इसमें ही तीन फीट चौड़ा, साढ़े छह फीट लंबा और डेढ़ फीट ऊँचा एक चबूतरा। पास में आटा पीसने की चक्की। पास ही पेशाब और पाखाने की जगह। एक मूँज की चटाई, दो पुराने कम्बल और एक घड़ा पानी। कपड़ों के नाम पर घुटने तक का जाँघिया, आधे बाँह की दो सूती कमीजें, एक लाल टोपी, लोहे का एक तसला और कटोरा। कोठरी में असहनीय दुर्गन्ध और घनघोर अँधेरा।

चन्द्रसिंह इसी कोठरी में ढकेल दिए गये। उनकी दुनिया अब इतनी ही थी जहाँ सिर्फ सवेरा ही थोड़ा उजाला फैलाएगा। चन्द्रसिंह के दूसरे 16 साथी भी इसी तरह जेल में पहुँचा दिए गये।

सवेरे का दृश्य और भी भयानक था। चन्द्रसिंह को बेड़ियाँ पहनाई जाने लगीं। एक बड़ा जमादार यह देखकर रोने लगा। बोला—'चन्द्रसिंह, हमारा कोई बस नहीं। हम आपकी क्या मदद करें। आपने मुसलमानों की जान बचाने के लिए सब कुछ किया, लेकिन आज मैं खुद मुसलमान होकर मजबूर हूँ और आपके पैरों में बेड़ियाँ डलवा रहा हूँ।'

जमादार जी, आप इसे बेड़ी न समझें, यह मर्दों का गहना है'—उन्होंने बेफिक्र होकर कहा।

उस दिन चन्द्रसिंह के पैरों में पड़ी बेड़ियाँ छह साल तक रहीं...

दूसरे लोग अलग रखे गये ताकि कोई बवाल न हो। अगला दिन हुआ। जेल का बाबू उनका जेल-टिकट बनाने के लिए आया। डॉक्टर बाबू ने जाँच की। वजन किया गया। बाबू ने चन्द्रसिंह से खद्दर की धोती और पगड़ी ले ली जो उन्हें सरहद के भाइयों ने भेंट की। उन्हें 18 सेर गेहूँ पीसने की मशक्कत दे दी गयी। जेलर ने रात को जंजीर लगाने के लिए कहा, पर अधीक्षक बोला—'रहने दो। ये भागनेवाला कैदी नहीं है।' उसने चन्द्रसिंह से कहा—'जब बाहर से कोई अफसर आए तब पीसने लगना, बाकी समय बैठे रहना।' उसने जेलर से भी कहा—'देखो, यह जवान चक्की नहीं पीसेगा।' उसने उन्हें साथियों से भी मिलने की इजाजत दे दी। अधीक्षक कहने लगा—कोर्ट-मार्शल ने आप लोगों को राजनीतिक कैदी नहीं माना है। आप लोग 'बी' क्लास के लिए दरख्वास्त दे दें।'

कर्नल ने चन्द्रसिंह से बहुत पूछा कि उन्हें बगावत करने के लिए किसने उकसाया। पर जो था उन्होंने सही-सही बता दिया। क्रान्तिकारी दल से उनके सम्पर्क सूत्र की तलाश की जा रही थी, पर उन्होंने तो किसी क्रान्तिकारी को देखा भी नहीं था। सुना था बस। वे 'बी' क्लास की भिक्षा माँगने को तैयार न थे। सो चन्द्रसिंह ने राजनीतिक कैदी का दर्जा पाने के लिए भूख हड़ताल शुरू कर दी। इससे वे काफी कमजोर हो गये। वे वहाँ से डेरा इस्माइल खाँ की सेन्ट्रल जेल में रवाना कर दिए गये। उनके साथी भी विभिन्न जेलों में जा चुके थे।

डेरा इस्माइल खाँ में चन्द्रसिंह की स्थिति बहुत नाजुक हो गयी। यहाँ की गर्मी उन्हें बर्दाश्त नहीं हो रही थी। पर उनकी भूख हड़ताल जारी रही। तीस दिन हो चुके थे। वे लगभग बेहोश थे। उनके ससुर ने यहाँ आकर उनसे अनशन समाप्त करने की बहुत मिन्नत की। पर उन्होंने साफ कह दिया—'आप मेरे पिता के समान हैं। मैं आपकी इज्जत करता हूँ। लेकिन इन दिनों मैं जिस मकसद के लिए लड़ रहा हूँ वह बहुत बड़ा है। मैं देशवासियों से विश्वासघात नहीं कर सकता।' उन्होंने पं. गोविन्दबल्लभ पन्त, बैरिस्टर मुकुन्दीलाल और कुछ दूसरे नेताओं के अनशन तोड़ने के अनुरोध पत्र उनके सामने रख दिए जिनमें लिखा था कि वे उनके लिए लड़ रहे हैं।

चन्द्रसिंह ने अनशन तोड़ दिया।

अब उन्हें दरी के कारखाने में काम दे दिया गया था। एक दिन वहाँ के बाबू ने उन्हें ऊपर बैठे देख लिया। अकड़कर वह बोला—'तेरे लिए क्या कुर्सी ला दूँ। नीचे नहीं बैठ सकता।' चन्द्रसिंह ने जबाव दिया—'जिस कुर्सी की तुम इतनी परवाह करते हो, मैं उस पर पेशाब करके आया हूँ। खबरदार, मेरे लिए आगे कभी कुछ कहा।' उसने चन्द्रसिंह को पिटवाने की योजना बना डाली। पर मैनेजर ने उसे डपटते हुए कहा—'उसे तुम जानते नहीं। वह चन्द्रसिंह है। क्या जेल में बगावत करवाना चाहते हो। उससे कुछ मत कहना। ...ये फौज में अफसर थे। देश के लिए सजा भुगत रहे हैं।' बाबू चुप मार गया।

चन्द्रसिंह ने किसी तरह अखबार मँगाना शुरू कर दिया।

1931 में गाँधी-इरविन समझौता हुआ जिसके तहत जेलों से काँग्रेसी रिहा कर दिए गये। पर चन्द्रसिंह के साथ ऐसा नहीं हुआ। कहा गया—'अगर रिहाई चाहते हो तो सरकार से लिखित माफी माँगो।' पर चन्द्रसिंह ने सुनकर अनसुना कर दिया। अधीक्षक ने उन्हें अपने दफ्तर में बुलाकर एक प्रार्थनापत्र पर हस्ताक्षर कराने चाहे। उसमें लिखा था—गाँधी-इरविन समझौते से सारे काँग्रेसी कैदी छोड़ दिए गये हैं। मैं आइन्दा ऐसा अपराध नहीं करूँगा। मुझे माफ कर दिया जाए।'

चन्द्रसिंह ने सुना तो मुकर गये। कहा कि मैं माफी माँगकर रिहा नहीं होना

चाहता। वे डिप्टी कमीश्नर के समझाने पर भी नहीं माने। कहा—'मेरा नाम अगर अँग्रेजों की काली किताब में रहेगा तो देश की सुनहरी किताब में भी दर्ज होगा।' उन्होंने साफ कह दिया कि वे हथकड़ी और बेड़ियों से नहीं डरते। गाँधी ने उनके लिए कुछ नहीं किया।

चन्द्रसिंह बरेली सेन्ट्रल जेल में भेज दिए गये। उस दिन 20 अप्रैल, 1936 का दिन था। उनके साथी नारायण सिंह यहाँ पहले से थे। कोशिश करने पर वे उन्हीं के साथ रख दिए गये। यहाँ उनकी बेड़ियाँ काट दी गयीं। पीछे छह साल उन्होंने बड़े कष्ट में बिताए। उस समय बरेली जेल में क्रान्तिकारी रमेशचन्द्र गुप्त और यशपाल बन्द थे। बंगाल रेगुलेशन 3 के नजरबन्द रक्षितराय, बी. दास और अजमेर के कामरेड ज्वाला प्रसाद शर्मा भी यहीं थे। थोड़े दिनों में रमेशचन्द्र और यशपाल नैनीताल भेज दिए गये।

चन्द्रसिंह और नारायण सिंह को राशन सम्भालने की जिम्मेदारी सौंपी गयी। अब वे ईमानदारी से गल्ला तुलवाते, अच्छा-खराब भी देखते। ठेकेदार को यह बर्दाश्त नहीं हुआ। उसने रिश्वत की पेशकश की, पर चन्द्रसिंह को यह कहाँ मंजूर था। ऐसे में उसने चन्द्रसिंह पर हमला करवा दिया।

अजमेर में कामरेड ज्वाला प्रसाद शर्मा से मिलकर चन्द्रसिंह की जिन्दगी तब्दील होने लगी। उनके भीतर से ईश्वर और धर्म दरकने लग गये। वे भौतिकवाद को समझने-बूझने लगे। उन्हें महसूस होने लगा कि ऊँच-नीच, जात-पात, गरीबी-अमीरी सब आदमी के खड़े किए हुए षड्यन्त्र हैं। चन्द्रसिंह कम्युनिस्ट हो गये।

चन्द्रसिंह ने इस जेल में बहुत लड़ाई लड़ी। फौजी रहे होने के नाते उन्हें परेड की जिम्मेदारी सौंपी गयी। पर इसके लिए उन्होंने मना कर दिया। ऐसे में अधीक्षक ने उनकी नम्बरदारी तोड़ दी और फिर से चक्की पर लगवा दिया। उन्होंने वहाँ भी काम करने से इनकार कर दिया और लिखकर दे दिया कि यदि इस पर कुछ नहीं किया गया तो भूख हड़ताल कर दूँगा। उसी रोज एक काँग्रेसी स्वयंसेवक बरेली से छूटकर गढ़वाल गया। उसने वहाँ चन्द्रसिंह की भूख हड़ताल के बारे में लोगों को बता दिया। अब तो सब ओर हलचल हो गयी। बात किसी तरह लखनऊ में काकोरी के क्रान्तिकारी रामकृष्ण खत्री तक पहुँची। उन्होंने उसे अखबारों में छपवा दिया। बरेली के क्रान्तिकारी दामोदर स्वरूप सेठ को इसकी खबर मिली तो उन्होंने अधीक्षक से लिखा-पढ़ी की। ऐसे में मामला शान्त हो गया। चन्द्रसिंह मशक्कत से बच गये। उन्हें रोज आधा सेर दूध लिखकर अस्पताल में भी रखवा दिया गया।

1937 में उत्तर प्रदेश में काँग्रेसी मन्त्रिमंडल बना लेकिन पन्त सरकार चन्द्रसिंह को भूल गयी। तब मुश्किल से काकोरी कैदी ही छोड़े गये। बरेली जेल से अल्मोड़ा

के बद्रीदत्त पांडे और बरेली के पृथ्वीराज सिंह निरीक्षण के लिए आए तब उन्हें पता लगा कि चन्द्रसिंह को 'बी' क्लास नहीं दिया गया है। उन्होंने सरकार से सिफारिश की। इसके बाद चन्द्रसिंह और नारायण सिंह को 'बी' क्लास मिला।

कुछ समय बाद जवाहर लाल नेहरू भी इस जेल में उनसे मिलने आए। ऐसी चर्चा थी कि पेशावर कांड के कैदियों की सजा आधी कर दी जाएगी। नारायण सिंह तो छूट गये, पर चन्द्रसिंह यहीं रह गये। अब यशपाल भी फिर से इस जेल में आ गये थे। वे उनके पड़ोस की बैरक में ही थे। पर थोड़े ही दिनों में चन्द्रसिंह को नैनी जेल भेज दिया गया।

नैनी में शिव वर्मा, जयदेव कपूर, डॉ. गयाप्रसाद, विजय कुमार सिन्हा, शम्भूनाथ आज़ाद जैसे बड़े क्रान्तिकारी बन्द थे। वे सब यहाँ चन्द्रसिंह के आने की खबर से बहुत प्रसन्न हुए। इन लोगों ने उनके स्वागत की तैयारियाँ कीं। वे सबसे खूब घुले-मिले। उनके विचार और भी मँज गये। यहाँ क्लास होते और पढ़ाई भी होती। राजनीतिक पैनापन उनके भीतर पूरी तरह उतरने लगा। सबसे खास बात यह हुई कि नैनी की इसी जेल में चन्द्रसिंह का नामकरण हुआ। सबने उन्हें 'बड़े भाई' कहा। चन्द्रसिंह भंडारी से चन्द्रसिंह गढ़वाली और अब वे 'बड़े भाई' बन गये।

फिर 'बड़े भाई' लखनऊ जेल में पहुँचे। उस समय काँग्रेस के अध्यक्ष नेताजी सुभाषचन्द्र बोस थे। वे जेल में आकर राजबन्दियों से मिले। तब 'बड़े भाई' ने उन्हें अपनी रिहाई के लिए एक दरख़्वास्त दी। सुभाष उनसे मिलकर बहुत भावुक हो गये। वे जानते थे कि चन्द्रसिंह को मुक्त करने के लिए अँग्रेज तैयार नहीं होंगे। यहाँ पं. सुन्दरलाल और आचार्य नरेन्द्र देव भी उनसे मिलने आए। सुन्दरलाल ने उनसे पूछा—'आपके जीवन का लक्ष्य क्या है?' चन्द्रसिंह ने कहा—'मृत्यु के भय से मुक्त होना। इस शब्द को हमारे कोश से निकाल देना चाहिए। जब मौत अवश्यम्भावी है तो उससे भय का कोई अर्थ नहीं।'

सुन्दरलाल ने अपनी जब्त हुई पुस्तक 'भारत में अँग्रेजी राज' की एक प्रति उन्हें दे दी।

रफी अहमद किदवई ने एक बार चन्द्रसिंह से कुछ पूछा तो बोले—'बहुत साल हो गये पिता के दर्शन किए। वह बहुत वृद्ध हो गये हैं।' किदवई ने उन्हें महीने भर के लिए अल्मोड़ा भिजवा दिया। पिता जेल में आए तो उनकी दोनों पत्नियों भगीरथी और गौरा (नवीना) को भी साथ लेते आए। उन्होंने भगीरथी से कहा—'मेरा छूटने का समय निश्चित नहीं है। बीस वर्ष की सजा है। तब तक तुम बैठी मेरी प्रतीक्षा करो यह ठीक नहीं। इसलिए मैं तुमको भी छोड़ देना चाहता हूँ।' भगीरथी की आँखों में आँसू आ गये। बोलीं—'जीते पति को कैसे

छोड़ दूँ। यह मुझसे नहीं हो सकता।'

'बड़े भाई' का भर आया।

पेशावर कांड के सैनिकों के साथ देश और समाज ने अच्छा बर्ताव नहीं किया। गढ़वाल की जनता ने अपने वीर नेता के नाम पर वहाँ 'चन्द्रसिंह नगर' बना रखा था। पंडित नेहरू के वहाँ पहुँचने पर सबने उनसे 'बड़े भाई' की रिहाई कराने के लिए कहा। नेहरू ने सारी बातें नोट कर लीं। पर चन्द्रसिंह नहीं छूटे। काँग्रेसी नेता सत्ता मिलते ही उन्हें भूल गये। वे देहरादून जेल में रखे जाते तो कभी लखनऊ में।

आखिर 26 सितम्बर, 1941 को 11 साल 3 महीने और 18 दिन के बाद उनकी रिहाई का हुक्म आ गया। पर उनके सामने कुछ शर्तें रख दी गयीं। जैसे वे न तो गढ़वाल जाएँगे और न ही कोई राजनीतिक व्याख्यान देंगे। 'बड़े भाई' ऐसी बातें मानने को क्यों तैयार होते। पर अधीक्षक ठाकुर सिंह जो गढ़वाली थे, उनकी बात मानकर वे तैयार होकर बाहर आ गये। ठाकुर सिंह ने उनके सामने उनकी पत्नी के प्रति उनका कर्तव्य समझाकर तैयार किया था।

20 अक्टूबर को वे इलाहाबाद जाकर 'आनन्द भवन' में पहुँचे। शहरवासियों को उनके यहाँ होने की बात से बहुत प्रसन्नता हुई। एक दिन विश्वविद्यालय के छात्रों ने उनके स्वागत में एक सभा की जिसकी अध्यक्षता पं. मदनमोहन मालवीय ने की जहाँ मालवीय ने गाँधी की अहिंसा पर उस रोज व्यंग्य भी किया। कहा—'कहाँ हैं ऐसे अहिंसक? गढ़वाली वीरों के पास आधुनिक हथियार थे, जिन्हें चलाना वे अच्छी तरह जानते थे, लेकिन सब रहते हुए भी उन्होंने हथियारों का प्रयोग नहीं किया और सरकार की आज्ञा न मानते हुए अपने को मौत के मुँह में झोंक दिया। गाँधी को अहिंसा का रोग है। वह इन्हें बागी कहते हैं। ऐसी अहिंसा का उदाहरण कहीं नहीं मिल सकता।'

चन्द्रसिंह गढ़वाली के सामने रोजी-रोटी की समस्या थी। उन्होंने कई काम किए। एक दिन गाँधी से भी मिले। गाँधी ने पूछा—'क्या रहने के लिए आए हो?' बोले—'नहीं, आपके दर्शन करने और आश्रम देखने आया हूँ। फिर लौट जाऊँगा।' चले तो गाँधी ने कहा—'तुम्हें खर्च-वर्च के लिए जरूरत होगी?' चन्द्रसिंह गढ़वाली ने अपने हाथों को दिखाते हुए कहा—'बापू मेरे हाथों में ताकत है। मैं अब जेल से बाहर हूँ, घास काटूँगा, अपना खर्च चला लूँगा।'

क्रान्तिकारी जयदेव कपूर ने एक बार मुझे सुनाया था कि पं. नेहरू भी गढ़वाली को 'बड़े भाई' कहकर पुकारते थे। देश के आज़ाद होने पर उत्तर प्रदेश में पन्त मन्त्रिमंडल ने उन्हें 30 रुपये महीने पेंशन स्वीकृत की। चिट्ठी देखकर चन्द्रसिंह आगबबूला। उसे फाड़कर उन्होंने पन्त को वापस कर दिया। लिख दिया

कि काँग्रेसियों को सौ रुपये और मुझे तीस। नेहरू ने सुना तो एक दिन मुलाकात होने पर कहा—'बड़े भाई, नाराज क्यों हो। पेंशन क्यों नहीं लेते?' गढ़वाली ने सारी बात बता दी। उन्होंने कहा कि सरकार मुझे एकमुश्त कुछ रकम दे दे ताकि मैं सहकारी बैंक की देनदारी को चुकता कर सकूँ। नेहरू उस दिन उन्हें सिर्फ आश्वासन दे सके।

गढ़वाली को आज़ाद हिन्दुस्तान में अनेक कष्ट उठाने पड़े। स्वाभिमानी लड़ाकू गढ़वाली का जीवन बहुत अभावों में व्यतीत हुआ। एक अक्टूबर, 1979 को उनका निधन हो गया। उनकी इच्छानुसार अन्तिम यात्रा में उन्हें 'लाल झंडा' ही ओढ़ाया गया। उत्तराखंड के दूधातोली में उनकी समाधि है, पर जीवित रहते जिस धरती पर 'भरतनगर' को बसाने का उन्होंने सपना देखा था वह पूरा नहीं हुआ।

उनके न रहने के बाद सरकारी कर्जे के लिए गढ़वाली की सम्पत्ति नीलाम होने को थी। यह 1983 की बात है। उनके पुत्र आनन्द गढ़वाली तब बहुत परेशान थे। मैंने अखबारी आन्दोलन चलाया। 'दिनमान' और 'ब्लिट्ज' ने इसमें मेरी मदद की और जमीन नीलाम होने से बच गयी। अपने 1 मार्च 1983 के पत्र में आनन्द ने बहुत दर्द के साथ मुझे लिखा था—

> 'आपका पत्र श्री भवानीसिंह रावत दुगड्डा वालों द्वारा हमें प्राप्त हुआ। आपका स्नेह एवं इस अनाथ परिवार पर महान अनुकम्पा बनी रही। हमें अति प्रसन्नता है। आज हम यह समझ रहे हैं कि अभी हमारे पिताजी प्रत्यक्ष हमारे सामने हैं। जैसा कि आप जानते ही हैं, पिताजी आजीवन फकीर ही रहे। हमारा परिवार भी जगह-जगह खानाबदोशों की तरह अपना जीवन यापन करता रहा। अन्ततः पिताजी को हमें जिन्दा रखने के लिए ऋण-साहूकारों की तरफ जाना पड़ा। उन्हें बाद में यह उम्मीद थी कि अब पेंशन से मैं सब ऋण अदा कर दूँगा। लेकिन दुर्भाग्यवश वे स्वप्न अधूरे ही रहे। आज हम पर लगभग 22 हजार रुपया ऋण है, चल-अचल सम्पत्ति लीज की 10 एकड़ भूमि ही मात्र है। अन्य भारत सरकार द्वारा दिया गया 1972, 15 अगस्त का ताम्रपत्र है। हमारे पास कोई रोजगार नहीं है, न ही हम इतना ऋण देने में समर्थ हैं। रहने को मकान नहीं है। यहाँ छप्पर बाँधकर रहते हैं। खेती वर्षा पर निर्भर है। बच्चों की शिक्षा का भी एक अहम प्रश्न है। अन्य विपदाएँ होती ही रहती हैं। कभी बैल मर जाता है। कभी झोंपड़ी में भी अग्निकांड हो जाता है। काश हमने जन्म ही न लिया होता या पिताजी को फाँसी ही चढ़ा दिया जाता। खैर, क्षमा करें भावुकता के लिए। अभी

यह ऋण वसूली चल रही है, कभी भी हमें सड़क पर फेंक दिया जा सकता है। यहाँ लोगों को आपके पत्र से जानकारी हो गयी है। हमारे तरह के लोग अब बहुत राहत महसूस कर रहे हैं। आप श्री बहुगुणा से भी पत्र-व्यवहार करें तो अति अच्छा होगा। मैं भी उन्हें लिख रहा हूँ। हमारे बच्चे आपको प्रणाम कहते हैं। आप एक बार यहाँ आने की कृपा करें, जिससे आपको हमारी सारी स्थिति का ज्ञान हो सके। सभी शुभचिन्तकों तक हमारी सेवा पहुँचा दें। ज्यादा क्या लिखूँ। पत्रोत्तर की प्रतीक्षा में।'

आनन्द का यह पत्र हमारे लिए किसी तकलीफ से कम न था। क्रान्तिकारियों के परिवारों को सरकारी उपेक्षा पर कितना रोऊँ, पर समाज ने भी तो उनका साथ नहीं दिया। चन्द्रसिंह कम्युनिस्ट पार्टी के पूरे समय के कार्यकर्ता रहे। एक चुनाव भी लड़ा, लेकिन पराजित हो गये। जिस किसी ने उस त्यागी पेशावर के विद्रोही सैनिक को टीन के भोंपू से अपना चुनाव प्रचार करते देखा, वही दंग रह गया। पर गढ़वाल की जनता ने उनकी बात पर कान नहीं दिया। मैं तो यही सोचकर पीड़ा से भर जाता हूँ।

फिर जैसे-तैसे गढ़वाली का जन्मशताब्दी वर्ष आया और हम सरकार से उनकी स्मृति में डाक टिकट जारी करा सके। एक समय मैंने चन्द्रशेखर आज़ाद के साथी भवानी सिंह रावत से निवेदन करके गढ़वाली के संस्मरण लिपिबद्ध करा लिये थे। सुना था कि डॉ. रशीद जहाँ ने भी उन पर कुछ लिखा, पर बहुत तलाश करने पर भी वह हाथ नहीं आया। कुछ वर्ष पहले मेरे अनुरोध पर कथाकार विद्यासागर नौटियाल ने उन पर अपनी संस्मृतियाँ लिखकर मुझे भेज दी थीं।

अब तो उत्तराखंड बन गया है। गैरसैंण को इस पहाड़ी प्रदेश की राजधानी बनाने की मैंने भी अनेक बार माँग की और यह भी कहा कि उसके मुख्यालय पर वीर चन्द्रसिंह गढ़वाली की आदमकद कांस्य प्रतिमा लगाई जाए। वह तो नहीं हुआ परन्तु पेशावर कांड के उस बलिदानी के परिवार को बिजनौर वन प्रभाग के जिस कौड़िया रेंज में 10 एकड़ भूमि 90 वर्ष के लिए 1975 में हेमवतीनन्दन बहुगुणा सरकार ने लीज पर दी थी, उसे 2010 में एक नोटिस भेजकर खाली कराने को कहा गया। मैंने उत्तराखंड के तत्कालीन मुख्यमन्त्री डॉ. रमेश पोखरियाल 'निशंक' से बरेली आने पर उस भूमि को गढ़वाली परिवार से न छीने जाने के लिए ज्ञापन दिया। पर मुझे सिर्फ एक सरकारी पत्र से सूचित किया गया कि मेरा ज्ञापन सम्बन्धित विभाग को कार्यवाही के लिए भेज दिया गया है। उसके बाद क्या हुआ, मुझे अब तक पता नहीं।

अब तो गढ़वाली का बेटा आनन्द भी नहीं रहा। उसके बाद उस घर से मेरा नाता ही टूट गया। मुझे नहीं मालूम कि उनके परिवारजन किस स्थिति में

हैं और वहाँ कौन है?

2012 में मैंने चन्द्रसिंह गढ़वाली की स्मृति में बरेली केन्द्रीय कारागार के भीतर एक द्वार के नामकरण के साथ ही स्मृतिपटल तथा उनकी तस्वीर भी लगवा दी है। वहाँ रहे और भी दस क्रान्तिकारियों की याद के लिए भी मैं ऐसा करा सका। क्रान्तिकारियों की स्मृति-रक्षा का मेरा यह अभियान आगरा केन्द्रीय कारागार में भी पूरा हो चुका और इन दिनों नैनी केन्द्रीय कारागार में जारी है। उसके बाद बनारस और फतेहगढ़ के केन्द्रीय कारागारों में भी इसे कराने का मेरा बड़ा लक्ष्य है।

विद्यासागर नौटियाल आजादी के बाद चन्द्रसिंह गढ़वाली के साथ जेल में रहे। उन्होंने जो कुछ उन पर लिखा था वह अधूरा ही है। उसकी कुछ और किस्तें वे मेरे लिये लिखना चाहते थे, पर ऐसा नहीं कर पाए और समय हाथ से निकल गया। जो लिखा वह बहुत दिलचस्प है और उसे मैं यहाँ उद्धृत कर रहा हूँ—

बनारस में था तो कामरेड रूस्टम सैटिन ने मुझे अपने अनगिनत किस्सों के साथ यह भी बताया कि एक बार पौड़ी-गढ़वाल पार्टी की जिला कमेटी की मीटिंग में प्रदेश पार्टी की ओर से भाग लेने के लिए वे कोटद्वार पहुँचे। मीटिंग में उस दिन के लिए विचारणीय विषय-सूची तैयार की जा रही थी तो चन्द्रसिंह गढ़वाली ने यह बात कही कि उन्हें पार्टी से एक माह की छुट्टी की जरूरत है। इस बात पर मीटिंग में आज ही विचार कर लिया जाना चाहिए। इस बिन्दु को भी सूची में रख लिया जाए। मीटिंग खत्म होने के आसार हो आये। अध्यक्ष की ओर से बैठक की समाप्ति की घोषणा होने से पहले 'बड़े भाई' ने हड़बड़ी में कहा—'अभी मेरी अर्जी पर तो विचार हुआ ही नहीं। उस पर आज ही फैसला होना चाहिए।' साथियों की कुछ समझ में नहीं आया बड़े भाई किस चीज के बारे में बोल रहे हैं। पूछा गया—'किस चीज के बारे में विचार करवाना चाहते हैं?'

'मुझे एक महीने की छुट्टी चाहिए।'

'छुट्टी की आपको ऐसी कौन-सी जरूरत पड़ गयी बड़े भाई?'

'मेरा बहुत जरूरी काम है।'

'बताइए तो सही ऐसा कौन-सा काम है कि आप एक महीने तक पार्टी से अलग रहना चाहते हैं?'

एक के बाद एक सवाल पूछे जाने लगे। एक-एक कर करीब-करीब सभी साथियों की ओर से आग्रह किया जाने लगा कि बड़े भाई अपने उस विशेष काम का खुलासा करें जिसकी वजह से उन्हें एक महीने तक पार्टी के कामों से विरत रहना पड़ेगा।

बहुत देर हो गयी। साथी पूछते-पूछते थक गये पर बड़े भाई से कारण का खुलासा नहीं करवा सके। वे अपनी छुट्टी दिए जाने की माँग पर अड़े रहे। पर कारण नहीं बता रहे थे।

आखिर कामरेड रूस्टम सैटिन ने उन्हें यह बात समझाई कि पार्टी में किसी का ऐसा कोई व्यक्तिगत कारण नहीं हो सकता जिसके बारे में पार्टी को जानने का हक न हो। इसलिए जो भी कारण हो वे उसे पार्टी की बैठक में साफ-साफ बता दें। अगर जरूरत हुई तो पार्टी भी उस काम में सहयोग कर सकती है जिसके लिए उन्हें छुट्टी की माँग करनी पड़ रही है।

'मुझे अंडरग्राउंड जाना है।'

सभी साथी अचम्भे में पड़ गये। पार्टी अब भूमिगत नहीं। तिलंगाना संघर्ष से बाहर निकलने के बाद पार्टी कानूनी तौर पर पूरे देश में खुलेआम काम कर रही है। किसान सभा, लोकसभा के चुनावों में वैधानिक तौर पर खुलकर हिस्सा लेने लगी है। पूरे भारत में पार्टी की ओर से अब कहीं भी सशस्त्र संघर्ष नहीं चलाया जा रहा है। बड़े भाई के खिलाफ इस बीच किसी अदालत से भी कोई वारन्ट नहीं निकल पाया कि उन्हें किसी गिरफ्तारी से बचने की जरूरत पड़ गयी हो।

'आपको अंडरग्राउंड जाने की जरूरत क्यों पड़ रही है बड़े भाई?'

'वह मेरी व्यक्तिगत बात है। मुझे एक महीने तक अंडरग्राउंड रहने की सख्त जरूरत है।'

'आपको किस बात की परेशानी है?'

'मैं भगीरथी से अंडरग्राउंड जाना चाहता हूँ। यह मुझे बहुत परेशान करती है। मैं कुछ दिन आराम से रहना चाहता हूँ।'

बड़े भाई की पत्नी—कामरेड भगीरथी उस मीटिंग में मौजूद थीं।

बरेली की आइजेटनगर सेन्ट्रल जेल में सुपरिन्टेन्डेन्ट मोहम्मद हाफिज (नन्हें मियाँ) एक अनुभवी बुजुर्ग हाकिम थे। वे बड़े भाई के बारे में काफी कुछ जानते थे। अँग्रेजी राज के दौरान जवाहरलाल नेहरू, एम. एन. राय सरीखे बड़े-बड़े नेताओं के जेलर रह चुके थे। वे बड़े भाई की बहुत इज्जत करते थे। बड़े भाई ने अपने लिये दाँतों का नया सेट बनाए जाने की माँग सुपरिन्टेन्डेन्ट के सामने पेश की। सुपरिन्टेन्डेन्ट ने कहा—'दाँतों का नाप लेना पड़ेगा। दाँत बम्बई से बनकर आएँगे।'

उस दौरान सन् 1963 में बरेली सेन्ट्रल जेल में भारत सुरक्षा अधिनियम के तहत बगैर कारण बताए, बगैर आरोप लगाए या किसी तरह का मुकदमा चलाए काँग्रेसी राज की धींगामस्ती में जबर्दस्ती कैद में रखे जा रहे हम कुछ आठ कम्युनिस्ट थे। मेरे अलावा मोहन उप्रेती, चन्द्रसिंह गढ़वाली, गोपालदत्त तिवाड़ी,

हरसहाय सिंह, नन्दन सिंह बिष्ट, कृपाल सिंह रावत और श्रीकृष्ण भट्ट।

हाफिज साहब हमारे वार्ड में रोज निरीक्षण करने आते थे। बिला नागा। किसी को कोई भी शिकायत होती तो पूछते। उसका निराकरण करने की भरसक कोशिश करते। और साथियों की असुविधाओं का तो निराकरण हो जाता। पर बड़े भाई के दाँतों के बनाने की बात पर कभी अगली कार्यवाही नहीं हो सकी। बड़े भाई अपनी उस माँग को सुपरिन्टेन्डेन्ट के सामने हर रोज उठाते रहते।

'और मेरे दाँतों के सेट का क्या हुआ साहब?'

एक दिन बड़े भाई को मुलाकात के लिए मुख्य फाटक पर बुलाया गया। उनकी पत्नी भगीरथी कोटद्वार से उनसे मिलने बरेली आई थीं। बरेली जिला प्रशासन ने भेंट करने की इजाजत देने से पहले उन्हें बहुत परेशान किया। तीन दिन तक उन्हें बरेली शहर में रुके रहना पड़ा। मुलाकात पूरी हो जाने पर काफी देर के बाद गुस्साए हुए बड़े भाई हमारे वार्ड में लौटे। उस वक्त बाहर से वार्ड की ओर बढ़े आ रहे लोग पंक्तिबद्ध होकर इस क्रम से चल रहे थे कि — सबसे आगे बड़े भाई, उनसे करीब दस फुट पीछे सर्कल जेलर, उनके पीछे अपनी दोनों हथेलियों को आपस में मिलाकर और अपने बदन से उन्हें आगे किए हुए एक पक्का (कैदी नम्बरदार), उसके पीछे दो मशक्कती कैदी, एक के बाद एक। सैनिक अनुशासन की तर्ज पर मार्च करता हुआ यह काफिला जैसे ही वार्ड में पहुँचा, चन्द्रसिंह गढ़वाली हमारे बीच रह गये। जेलर ने आगे बढ़कर विनीत स्वर में निवेदन किया—'साहब! आप अपने दाँत ले लीजिए।'

'मैं इन दाँतों को अब नहीं रख सकता। ये घिस गये हैं, इनसे कुछ खाया नहीं जाता। रोज-रोज कच्ची चीजें निगलते रहने से मेरे पेट में कृमि रोग हो गया है।'

'साहब! मुझसे कोई गलती हुई हो तो माफ कर दें। पर आप अपने इन दाँतों को रख लें।'

'तुम लोग मुझको रोज-रोज धोखा देते रहते हो— दाँत आज बनाएँगे, कल बनाएँगे।'

उन दोनों के बीच तकरार बढ़ने लगी थी। अपनी पत्नी भगीरथी से उनको जिला प्रशासन द्वारा बेवजह परेशान किए जाने की बात सुनकर बड़े भाई की परेशानी बढ़ गयी थी। उन्हें गुस्सा आ गया था। जिला प्रशासन के खिलाफ अपना गुस्सा वे जेल प्रशासन पर उतारने लगे थे। मुलाकात कर लेने के बाद वार्ड की ओर लौटते हुए रास्ते में तीन बड़े-बड़े खाली मैदानों को वे उसी गुस्से के तहत पार करने लगे थे। अचानक उन्हें अपने दाँतों के सही न होने से पैदा होने वाली परेशानी की भी याद हो उठी। उन्होंने जेलर को दाँतों के बारे में डाँटना शुरू कर दिया।

जेलर ने उस मामले में अपने को बेबस बताते हुए अपना पल्ला झाड़ना चाहा। बड़े भाई ने क्रोध में अपनी न जाने किस युग की बनी दँतावलियों को जबड़ों से बाहर निकाला और खाली मैदान की जमीन पर दे पटका। जेलर भौचक्का और बेहद परेशान। उसने पक्के से दाँतों का सेट अपने हाथ से उठा लेने को कहा। पक्का दाँतों के उन्हीं सेटों को परम आदरपूर्वक अपनी हथेली में उठाए जेलर के पीछे-पीछे चला आ रहा था। हमारे सामने इस किस्से का बयान करते हुए जेलर हमसे निवेदन कर रहा था कि हम बड़े भाई को अपने दाँतों के सेट फिर से अपने मुँह में लगा लेने को राजी कर लेंगे। बड़े भाई रौद्र रूप धारण किए थे। वे किसी की सुन ही नहीं रहे थे।

'साहब! मेरी ओर से आपके दाँतों को बनवाने में कोई कोताही नहीं बरती जाती। मैं ईश्वर से डरने वाला आदमी हूँ।'

'मैं तेरे ईश्वर से भी नहीं डरता।'

छह महीने तक बड़े भाई की हम सबसे कुट्टी जारी रही। उस दौरान लम्बी बैरक के आखिरी छोर पर बने पट्टे पर बिछे अपने बिस्तर पर वे इस ढंग से बैठते कि हममें से किसी पर भी उनकी नजर न पड़े। और अगर पड़ ही जाए तो वह हमें न दिखाई दे। यानी कि कहीं हमसे नजरें न लड़ बैठें। हमारी तरफ आने से वे जानबूझकर बचते रहते थे। लेकिन बैरक से बाहर निकलने का एकमात्र दरवाजा हमारी ही तरफ था। लिहाजा कभी उस ओर आना ही पड़ा तो गर्दन झुकाकर नजरें फर्श पर गड़ाते हुए चलने लगते थे। एक दिन खटास पैदा करनेवाला एक किस्सा नौजवान ब्लाक प्रमुख कृपालसिंह रावत के साथ हो गया था। बड़े भाई के मुँह से यों ही निकल गयी किसी बात पर वह नौजवान पूरे वेग के साथ गुस्से में भरकर, गालियाँ देता हुआ बड़े भाई को मारने दौड़ पड़ा था। हम तीन लोगों ने किसी तरह रावत को जकड़ लिया था। बाद में उनका खाना अलग बनने लगा था। हाफिज मियाँ ने उनको एक अलग मशक्कती कैदी दे दिया था, जो अलग से एक आदमी का खाना बनाने लगा था।

अपने बिस्तर पर बड़े भाई हमारी ओर पीठ किए बैठते और एक लम्बा-मोटा रजिस्टर खोलकर तन्मय होकर दिन भर उस पर कुछ लिखते रहते थे।

रोज सुबह पचासे के कुछ ही देर बाद हमारी चाय पहुँच जाती थी। जेल की बैरकों में बन्द कैदियों के खुलते ही हमारा मशक्कती रसोइया हमारी बैरक में पहुँच जाता। वह हमारी सातों लालटेनें उठाकर ले जाता। उनके अन्दर बचा हुआ मिट्टी का तेल चूल्हे पर उड़ेल देता। लकड़ियाँ झरझराती हुई जलने लगतीं। लम्बी बैरक के एक छोर पर अकेले बैठे बड़े भाई को पता लग जाता कि हम लोग चाय के घूँट मार रहे हैं पर उनकी चाय का कहीं अता-पता न लगता। वे

मन मसोसकर रह जाते। हम लोग दूसरी चाय पीते रहते तब बड़े भाई का मशक्कती उनकी चाय लेकर पहुँच जाता। कई बार उनसे डाँट खाने के बाद उसने एक दिन हमारी चाय के जल्दी बन जाने का भेद खोलकर बता दिया—उनके चूल्हे पर सात लालटेनों का तेल उंडेला जाता है। आपकी अकेली लालटेन से कितना तेल निकलेगा?

अपने मशक्कती से प्राप्त इस महत्त्वपूर्ण, अत्यन्त गोपनीय सूचना को बड़े भाई अपने मन में छुपाकर नहीं रख सके। कुछ ही देर बाद हाफिज मियाँ दौरा करते हुए वार्ड में पहुँचे। उस दिन बड़े भाई अपने दाँतों के सेट बनवाने की बात कहना भूल गये या उन्होंने जानबूझकर, सोची-समझी रणनीति के तहत वह बात नहीं कही और मोरचा बदल दिया। उस दिन मोरचा हमारे खिलाफ खुल गया था।

'इस जेल में मिट्टी के तेल की चोरी होने लगी है।'

'कौन करता है चोरी?'

'ये लोग करते हैं। इनकी लालटेनों पर जो रात का तेल बचता है उसे रोज चूल्हे में डाल दिया जाता है। रात खुलते ही इनकी चाय हाजिर हो जाती है।'

'...और आपकी चाय?'

'वह तो बहुत देर से बन पाती है। मेरे चूल्हे पर मिट्टी का तेल नहीं डाला जाता।'

इस पूरे दौरान हम सबकी भूमिका महज श्रोताओं की थी। उस संवाद में हमारी ओर से कोई दखलन्दाजी करने की नौबत नहीं आई।'

'आइन्दा आपकी चाय भी टाइम से बन जाएगी बड़े भाई—आप फिकर न करें।'

उस रात बड़े भाई बेहद खुश थे। छह महीनों की कुट्टी खत्म हो गयी थी और हमारी फिर से अप्पा हो गयी थी। उस रात हम सबने किसी पुराने जमाने की तरह साथ बैठकर खाना खाया। देश व दुनिया ही ताजा राजनीतिक घटनाओं पर आपस में बैठकर विश्लेषण किया। कार्यक्रम पूरा हो जाने के बाद बड़े भाई एक लम्बा रजिस्टर लेकर मेरे बिस्तर पर आए।

'ले रे नौटियाल। तुम लोगों से कुट्टी का एक फायदा ये हुआ कि मैंने भगीरथी की जीवनी लिख दी। अब तू इसे ठीक कर दे। जेल से बाहर जाकर इसे छपवा लिया जाएगा।

यह जीवनी मेरे पास नहीं रह पायी। उस पर संशोधन आदि का काम करने का मुझे अवसर नहीं मिला। कुछ ही समय बाद मेरे अलावा बाकी सभी साथियों की इलाहाबाद उच्च न्यायालय ने याचिकाएँ मंजूर कर लीं और उन्हें रिहा कर

दिया। मोटे रजिस्टर पर लिखी उस जीवनी को लेकर बड़े भाई नैनी सेन्ट्रल जेल से अपने घर चले गये। उसके बाद उस जीवनी का पता नहीं चला। उन लोगों की रिहाई के बाद मुझे एक साल तक जेल में ही रहना पड़ा था। न जाने वह कहाँ लुप्त हो गयी।

बड़े भाई के जनसेवा को समर्पित जीवन के दुखों, अभावों और संघर्षों में साथ देने वाली, विषम परिस्थितियों में अविचलित उनकी जीवन संगिनी वीरांगना भगीरथी देवी की जेल में एकचित्त होकर लिखी गयी वह जीवनी कभी प्रकाश में नहीं आ सकी।

विद्यासागर नौटियाल ने मेरे अनुरोध पर गढ़वाली पर संस्मरणों की आगे की किस्तें लिखना स्वीकार किया था, पर वह काम फिर पूरा नहीं हो पाया और उनका निधन हो गया। गढ़वाली की जेल में लिखी भगीरथी देवी की जीवनी खो जाने का मुझे बड़ा दुख रहा। बहुत पता किया लेकिन वह मुझे नहीं मिली।

क्रान्तिकारी भवानी सिंह रावत ने अपने एक पत्र में मुझे लिखा था जिस समय देश के आज़ाद होने पर गढ़वाली जेल से छूटे और केन्द्रीय सरकार ने उनके गढ़वाल में प्रवेश की पाबन्दी हटा दी, तब उन्होंने उनके गढ़वाल में आने के समय स्वागत का आयोजन किया था। उन दिनों उनके साथ (शहीद) नागेन्द्र सकलानी उनके गाँव नाथोपुर में ही ठहरे थे। मैं, नागेन्द्र और अपने परम स्नेही आदित्यराम दुदपुड़ी के साथ गढ़वाली से मिलने नजीबाबाद पहुँचे। लेकिन उस समय तक केन्द्रीय सरकार का पाबन्दी हटाने का आदेश वहाँ नहीं पहुँचा था। ऐसे में जिलाधीश गढ़वाल ने तार द्वारा सूचनाएँ मँगवाने का प्रबन्ध किया। गढ़वाली के स्वागत समारोह में एक सभा हुई, जिसमें पुलिस और गुप्तचर विभाग सारी सूचनाएँ एकत्र करता रहा। वे दूसरे दिन कोटद्वार पहुँचे और फिर अपने घर धुर्बपुर में रहने लगे। रावत ने मुझे यह भी बताया कि गढ़वाली अपने पास एकत्र साहित्य डिग्री कालेज कोटद्वार को देना चाहते थे। न जाने उनके निधन के बाद उस सामग्री का क्या हुआ। पता नहीं उनसे किसी ने पूछा या नहीं कि आखिर भगीरथी देवी की जीवनी कहाँ बिला गयी।

इस मामूली से दिखनेवाले आदमी का इतिहास बहुतों ने दर्ज किया है। राहुल सांकृत्यायन ने उनकी बड़ी जीवनी लिखी। मेरे मित्र डॉ. शेखर पाठक ने 'पहाड़' से दो बार उनके जीवन और प्रासंगिकता को रेखांकित करते हुए पुस्तिकाएँ जारी कीं। याद आता है कि 'बुग्याल' पत्रिका ने सरिता शर्मा के संपादन में 1984 में उन पर गढ़वाली भाषा में एक विशेषांक प्रकाशित किया था। हिन्दी के प्रख्यात कथाकार रमाप्रसाद घिल्डियाल 'पहाड़ी' ने तो 1945 में ही गढ़वाली में उनकी संक्षिप्त जीवन 'बड़ा-भैजी' नाम से छपवाई थी। कमल जोशी और उनके साथियों

ने भी कभी उन पर कुछ लिखा था। पर इस सबको तलाश करना आज बहुत दुष्कर कार्य है। फिर भी मैं उसके सूत्र बटोरता रहता हूँ। शेखर पाठक ने गढ़वाली से दो-तीन बार मुलाकातें कीं। गढ़वाली के वे अन्तिम दिन थे। पर उस चर्चा में उनके जीवन का ढंग और विचारयात्रा के अनोखे चित्र उपस्थित हैं—

28 जनवरी, 76 को जब मैं कोटद्वार पहुँचा तो अपने को कौतूहल और उत्साह से भरा पाया। सोचता था कैसे होंगे चन्द्रसिंह गढ़वाली? कई चक्कर लगाने के बाद 30 जनवरी की शाम को लगा कि वे घर मैं हैं, क्योंकि दरवाजे खुले थे। बाहर से उनका कमरा एक दुकान की तरह लगता था। कमरे में एक झुर्रीदार चेहरेवाला बूढ़ा आदमी लिहाफ ओढ़े बैठा था। मुझे आता देख लिहाफ हटाया तो फौजी बनियान पहने दिखा, बन्दरछाप टोपी और चश्मा भी। फोटो तो देखा था, अतः पहचानने में देर नहीं हुई। मैंने प्रणाम कहा तो छोड़ दिया लिहाफ उन्होंने फिर ओढ़ लिया और जाड़े से अपने को बचाते हुए अपनी कमजोर आँखों से शाम के धुँधलके में वे मुझे देखने लगे और पहचानने की निरर्थक कोशिश करने लगे। खड़े-खड़े मैंने कहा कि मैं अल्मोड़े से आया हूँ। उनके चेहरे पर कोई विशेष भाव उस कम रोशनी में नहीं पढ़ा जा सका। वे कुछ गणमणाट सा करते हुए कहने लगे तो मैंने कह डाला कि मैं कुमाऊँ विश्वविद्यालय का शोध छात्र हूँ। उन्होंने बैठो कहा तो मैं आज्ञा पालन कर बैठ गया। मैं सोच ही रहा था कि उजाले के लिए पूछँ तो उन्होंने मुझसे 'उठो' कहा। मैं हड़बड़ाकर उठा, यह मानकर कि स्टूल में कुछ टूटने लायक रहा होगा।

वे बोले—वो बटन है, बिजली जलाओ। मैंने बटन दबाया। कमरा रोशन हो गया। अब मैं उनको और समस्त कमरे को देख सकता था। वे चुप बैठे रहे। फिर कान में सुनने का यन्त्र लगाने लगे। शायद ये क्षण उन्होंने मुझे कमरे का निरीक्षण करने के लिए दिए होंगे।

छोटा-सा कमरा। एक तख्त, एक मेज तथा एक सोफा कमरे में था। एक रैक में उनका प्रिय साहित्य रखा था। किताबों-पत्रिकाओं के साथ कुछ फाइलें भी। कीलों में कुछ कपड़े टंगे थे। एक कील पर भगतसिंह स्टाइल की टोपी थी। दीवार पर क्रम से लेनिन, स्टालिन, राहुल, भगतसिंह, नेहरू (के साथ स्वयं), वी. वी. गिरि (के साथ स्वयं), नागेन्द्र सकलानी, हेमवतीनन्दन बहुगुणा तथा दिवंगत पत्नी भगीरथी देवी के फोटो टँगे थे। तख्त पर मोटी चादर बिछी थी। मेज पर किताबों की बगल में तीन दाने अमरूद के आपस में बातचीत-सी कर रहे थे जिनमें एक बुजुर्ग (पका) लग रहा था। मैंने यह सब देखा। कुछ चीजें पुनः देखीं, जैसे भगतसिंह और नागेन्द्र सकलानी के फोटो। अन्त में मेरी नजर तखत के करीब ही रखी लाठी पर गयी। इन चीजों में रम सकना मेरे लिए मुश्किल

था। चन्द्रसिंह गढ़वाली के बिना से सब सामान अर्थहीन ही थे। मैंने उनकी ओर देखा और लगा कि एक आदमी की उपस्थिति किस तरह अर्थवत्ता रच डालती है। ब्रेख्त की एक कविता के हिस्से भी मेरे भीतर धक्का-मुक्की-सी करने लगे।

'दीवार की फोटुओं को देख लो'—वे बोले। मैंने कहा कि सब देख ली हैं। ये सब देखे भी हैं, सिवाय भगीरथी देवी के। उन्होंने सुनने की मशीन कान में डाली।

'अच्छी बात है, बैठो।' वे बातचीत करने के मूड में शायद आने लगे थे। मैं उनके तखत पर ही बैठ गया और टेप तैयार कर लिया। अपनी 85 साल की जिन्दगी के तमाम किस्से वे बताते चले गये। वे सब बातें परिचित थीं। फिर भी पता नहीं क्यों हर बार उनकी कहानी अधिक नयी, आकर्षक और ताजा लगती थी। उनके मुख से उनकी कहानी और उनका जमाना सुनना एक दुर्लभ अनुभव था क्योंकि कहानी सुनते समय उनके चेहरे पर भी कहानी पढ़ी देखी जा सकती थी। सभी भाव, रंग, रस चेहरे पर आते-जाते रहते थे।

उन्होंने बताया कि पेशावर की बगावत एक सामूहिक काम था। जरूर मुझे एक महत्त्वपूर्ण रोल अदा करना पड़ा था। हरकसिंह धपोला की भूमिका कम समझते हो क्या? वह तो मेरा सलाहकार था। हाँ, इतना जरूर था कि मैं आर्य समाज से प्रभावित था तो कोई गाँधी और स्वराज्य आन्दोलन से। पर इन प्रभावों से मैं और हम सभी कौंसियस हुए थे।

'...पहले कटोरे का पानी लोटे में उड़ेल दो। शिकार पक रहा है सादा। कटोरे में ठंडा पानी डाल दो, फिर होगी बात।' मैंने आज्ञा का पालन किया। कटोरा गर्म था। चिमटी आदि नहीं थी। मफलर से यह काम हो गया। अपनी जगह बैठ गया।

'हर विचार की अपनी बर्कत होती है और उमर भी। शुरू में मुझे साम्यवाद कैसे पचता? और फिर गढ़वाल में जब आर्य समाज पहले पहुँचा तो मुझ पर असर पड़ना ही था। पर बाद में लगा कि विचारों की दुनिया कंगाल नहीं है और भी बड़े विचार हैं और स्वाभाविक था कि मैं कम्युनिस्ट बन गया। यदि यशपाल, रमेश सिनहा से मुलाकात न होती या पी. सी. जोशी. का साथ ना मिला होता, तब भी देर-सवेर मैं यही बनता। बाद में सी.पी.एम. का हो गया मैं, क्योंकि वही असली है। यद्यपि मैं पार्टी का काम नहीं करता, पर मेम्बर हूँ। विचारधारा है। एक बार पार्टी में बात हुई कि चन्द्रसिंह काम नहीं करता तो पी. सुन्दरैया बोला कि वह (चन्द्रसिंह) जो काम करता है, जनता उसके साथ होती है। उसके पीछे जनता है। कौन कम्युनिस्ट अपने मुलुक के लिए काम नहीं करता?

वे सहज बताते रहे—तुम्हें पता नहीं? या तुम्हें कम लगता हो, काम करता

रहा। भरतनगर बसाओ, दूधातोली में उत्तराखंड विश्वविद्यालय बनाओ, सड़क बनाओ, तराई में जमीन की गड़बड़ ठीक करो। सब कुछ हुआ नहीं पर लगा रहा।

अरे भाई, विचार की भूख जनता में है कहाँ? मैं काँग्रेसी होता तो गले में फूल और बंगले में घर होता और मैं बूढ़ा-बीमार यदि जवान नहीं भी तो सेठ तो हो ही जाता। पर कम्युनिस्ट थे। सरकार तो खैर खतरनाक समझती ही थी, जनता से भी बहुत ज्यादा प्यार नहीं मिला। पर तुम लोगों को मिलेगा। ठगों को अब समझने लगी है जनता—वे कुछ भावुक से थे।

मुझ पर गाँधी का असर नहीं पड़ा, पर मैंने उनका आदर किया। उनके आश्रम के नियम बेढंगे थे। पर मैं व्यक्तिगत तौर पर उसे उच्च कोटि का आदमी समझता हूँ। उसका एक सैकेंड भी फालतू नहीं था। एक साथ दो काम भी कर देता था वह। मैंने उसकी विचारधारा को नहीं माना। इस समय इन्दिरा गाँधी का जो काम चल रहा है, वह साम्यवाद के आधार का जैसा लगता है। देश की खबर पूरी नहीं आती। हो सकता है असलियत कुछ और ही हो। लोग कहते हैं। इन्द्रा (गाँधी) फासिस्ट है पर बात अभी झूठी लगती है। इस देश में यह रास्ता सम्भव नहीं है। क्रान्तिकला का विज्ञान कहता है कि मेरा नेतृत्व उ (वह) करेगा जिसके पीछे अन्तर्राष्ट्रीय साम्यवाद और प्रगतिशील ताकतें हों। बीस सूत्र तो अच्छे हैं पर इमेरजैंसी का खतरा यह है कि इसमें अच्छी बात भी भद्दी हो जाती है।

हमारे संस्कारों में फासिस्ट तत्त्व है। हम बेगार लेते हैं। हरिजनों को दबाते-ठगते हैं। क्या यह नीचता नहीं है? गड़बड़ कहाँ नहीं है? बन्द समाज में ज्यादा गड़बड़ होती है, चाहे पता सबको नहीं चलता। किसी देश की गति कुछ दल या लोग नहीं रोक सकते। सच्चा मार्क्सवाद देश की उन्नति नहीं रोक सकता। इन्द्रा जो कर रही है वह असल में कैसा कर रही है या खाली प्रचार का खेल चल रहा है, पता नहीं चलता। वह चाहे भी तो प्रशासन और सेठ लोग कुछ नहीं होने देंगे। नौजवानों को सावधान रहना चाहिए।

देखो, अब शिकार तैयार हो गया होगा। बात फिर करेंगे। वे उठने लगे। मैंने कहा कि मैं कर लूँगा आप बताएँ तो सही। देखो, डबलरोटी का पाकेट है, उसे ला—कुर्सी के नीचे कागज में लिपटी डबलरोटी निकाली। कितने टुकड़े हैं? मैंने बताया— आठ। चार तू ले, चार मैं। मैंने कहा, नहीं आप छह लेंगे और मैं दो।

उनकी एक फोटो भी ली। उन्होंने बन्दरछाप टोपी मुझे पहनने को दी।

फिर उनके पास अक्टूबर 78 में कोटद्वार जाना हुआ। इस बार वे ऊपर की मंजिल में रहने लगे थे। मैं गया तो देखा वे बच्चों की तरह पैर मोड़कर सोए

थे। कमल जोशी के सुझाव पर उठाना ठीक नहीं लगा और एक चिट उनके सिरहाने रख हम चले आए। तीसरी बार कमल और मैं मार्च 79 को उनसे मिलने आए। मकान अब बड़ा तो था पर कमरा पहले जैसा ही था। दीवारों में फोटो नहीं टँगी थीं। किताबें- फाइलें भी नहीं नजर आ रही थीं। मेज पर ताम्रपत्र जरूर था और सिरहाने बरांडी कोट मोड़कर डाला हुआ था। पैजामा और फौजी बनियान पहना था। सिर पर बन्दरछाप टोपी थी जो 1976 में फोटो खींचते समय मुझे पहनने को दी थी। आँखों में पहले की तरह चश्मा और कानों में तेज सुनने की मशीन थी। इस बार वे निश्चित रूप से कमजोर थे और हर बात दो-तीन बार दोहरा कर सुनानी पड़ती थी। 'नैनीताल समाचार' के लिए वे चिट्ठी-पत्री डाला करते थे। यहीं से बात शुरू हुई। बोले, अखबार ठीक है पर अभी विचारोंवाला नहीं हैं। मैंने कहा कि आपके पार्टी पत्रों से ज्यादा उसमें विचार है और पहाड़ों से यदि किसी पत्र को व्यापक मंच का काम करना है तो उसे प्रगतिशील और स्पष्ट दृष्टि का होकर भी दलीय से ऊपर होना पड़ेगा और यह स्थिति बिना विचार की नहीं है। वे समझाने लगे—तुम लोग तीर मारते हो खूब। पर यह नहीं देखते कि यह लगता कहाँ है। कितना घाव करता है यह भी तुम्हें पता नहीं रहता। अब तुम नये लड़के हमसे तेज, लड़ाकू नहीं निकले तो तुम लोगों के पैदा होने का क्या फायदा? इस मुलुक में हराम की तो भौत खा रहे हैं। कुछ अलग लोग भी तो हों। बात देश की राजनीति की ओर मोड़ने लगा तो वे नहीं माने। बोले—कुमाऊँ-गढ़वाल पर रिसर्च कर रहे हो तो गहरे में जाना। आजकल बेमानी होने लगी है। ऐसा न हो कि अमन सभा और रायबहादुरी वाले स्वतन्त्रता सेनानी बन जाएँ।

मैंने बताया कि हमारे मन में व्यापक अध्ययन का खाका है। ऐसा नहीं होगा। फिर उन्होंने खुद विषय बदला और कहने लगे—आपातकाल गया, पर ऐसा समझना कि इसे जे.पी. या मोरारजी या इस-उसने किया। यह जनता ने किया। पर जनता एक से मूड में नहीं रहती। इसे समझो।

...आँखें जब से खराब हुईं अखबार भी छूट गया। जोशी (पी. सी.) ने बहुत पढ़वाया मुझे। देवीदत्त के भाई (सुमित्रानन्दन पन्त) की कविता भी पढ़ी मैंने, पर वे सुन्दर ही सुन्दर लगती हैं। 'पहाड़ी' ने मुझे अपनी कहानी पढ़ाई थी। उसके पास से मुझे शेखर जोशी की किताब मिली थी। उसमें बड़ी बात है। सब तो नहीं पढ़ सका हूँ। मैं साहित्य को समझने वाला भी कहाँ हुआ?

बैरिस्टर तथा धूलिया (भैरवदत्त) से भी मिलना। अगली सुबह हम उनकी फोटो खींचने गये। उन्होंने आधी बाँह का कुरता और कच्छा पहना था। सिर पर कैप। हमसे कहने लगे कि ऐसी फोटो खींचो कि पीछे भरतनगर नजर आए। फोटो

खींची और उनके साथ अपनी भी। इस बार पता नहीं क्यों लग रहा था कि वे अस्वस्थ हैं। हालाँकि वे कहते थे कि मैं ठीक हूँ। उदास जैसे लगे— फिर आना। पता नहीं हम कब चल देंगे। अपनी हिफाजत करना। इस दिन लग रहा था कि उनके भीतर की मिठास प्रकट हो रही है। जो कभी-कभी प्रकट होती थी।

फिर वे चले ही गये। उस दिन 1979 के अक्टूबर की पहली तारीख थी।... मैं पेशावर में बने चन्द्रसिंह गढ़वाली के स्मारक पर लगा पत्थर देख रहा हूँ जिस पर उर्दू और अँग्रेजी में उनका विवरण लिखा हुआ है। उत्तराखंड सरकार ने पिछले दिनों 'वीर चन्द्रसिंह गढ़वाली पर्यटन योजना' भी संचालित की। पर यह सब उनकी स्मृति के लिए प्रर्याप्त नहीं है। क्या उनके सपनों का भरतनगर नहीं बसाया जा सकता जिसकी माँग मैं वर्षों से करता आ रहा हूँ। मैं चन्द्रसिंह गढ़वाली पर जिस पुस्तक का सम्पादन करना चाह रहा था, वह काम ही अब तक मेरे आलस्य के चलते पड़ा हुआ है। उनके पुत्र आनन्द गढ़वाली के निधन के बाद मैंने भी उनके घर-परिवार का हाल जानने की कोशिश नहीं की। मैं स्वयं शर्मिन्दा हूँ इसके लिए।

याद है कि 1992 में मुझे सूचना मिली थी कि 'चन्द्रनगर' यानी गैरसैंण में उत्तराखंड की राजधानी की स्थापना के लिए आधारशिला भी रख दी गयी। ऐसा तब उत्तराखंड क्रान्ति दल ने किया था। गढ़वाली की आदमकद प्रतिमा की स्थापना के लिए एक बैंक एकाउंट भी खोला गया। फिर उस पूरे अभियान का कुछ पता नहीं चला। उन दिनों सरकार ने इस पूरे मामले को अत्यन्त गम्भीरता से लिया था और उसकी जाँच के आदेश भी किए गये थे। प्रदेश सरकार ने इसे अराजकता का मामला मानते हुए अल्मोड़ा तथा चमोली जिला कमेटी को सौंप दिया था। पर्वतीय क्षेत्र का मुद्दा उन दिनों राजनीतिक दलों के लिए बहुत अहम था, पर उसमें चन्द्रसिंह गढ़वाली की स्मृति का कार्य भी इस तरह खींचतान में पड़ जाएगा, इसकी मुझे आशा नहीं थी। मैं आज भी गढ़वाली की स्मृति-रक्षा के लिए पहाड़ के अपने जिन मित्रों से बतियाता रहता हूँ, उनमें शेखर पाठक प्रमुख हैं। उन्हें बुलाकर मैंने बरेली केन्द्रीय कारागार के भीतर बनवाए गये 'चन्द्रसिंह गढ़वाली द्वार' को दिखाया तब वे बहुत प्रसन्न हुए। पता नहीं कब पहुँचूँगा मैं दूधातोली में उनकी समाधि पर फूल चढ़ाने। वह जगह आज भी उपेक्षित और उदास है। मुझे उस बेचैन आदमी की याद हमेशा सताती रही है जो देश की सबसे बड़ी अहिंसक क्रान्ति का फौजी नायक था और जिसने कम पढ़े-लिखे होने के बावजूद जेल के भीतर गहन अध्ययन और चिन्तन से उस चेतना को अपने भीतर गहराई से उतारा जिसके जरिए शोषण मुक्त समाज की कल्पना साकार हो सकती है। क्या यह नहीं देखा जाना चाहिए कि गढ़वाली सिपाहियों की उस

बगावत से ही नेताजी सुभाष को प्रेरणा मिली कि यदि वे आज़ाद हिन्द फौज के जरिए मुक्ति संग्राम में उतरते हैं तो देश के सिपाही उन पर गोली चलाने में जरूर हिचकिचाएँगे और वही क्षण उनकी विजय का होगा। 1946 में शाही नौसेना का बड़ा विद्रोह इसी का विस्तार था जो थल और वायु सेना तक पहुँचने लग गया। देश से ब्रिटिश सत्ता के पैर उखड़ने का यही सबसे बड़ा कारण था। यह गढ़वाली के सपने का ही फैलाव था जिसने साबित कर दिया कि देश की फौज देशवासियों की हिफाजत के लिए होती है, उनका संहार करने के लिए नहीं।

दुख है कि स्वतन्त्र भारत में भी 'बड़े भाई' चन्द्रसिंह गढ़वाली को बहुत अभाव और दुख झेलने पड़े। कई बार वे दर-दर भटके। स्वतन्त्र भारत की सरकारों ने ही नहीं देश की जनता ने भी उनकी ओर से मुँह फेर लिया। हम अपने क्रान्तिनायकों का सम्मान देने में हमेशा चूक जाते रहे। पेशावर के उस महान संघर्ष को नेतृत्वकर्त्ता ऐसी बदतर जिन्दगी जीने का कतई हकदार न था। कहना न होगा कि 'लाल झंडे' को ओढ़ने की उनकी आखिरी ख्वाहिश को पूरा करनेवाले भी गढ़वाली के साथ न्याय नहीं कर सके।

लगता है कि वह क्रान्तिकारी नायक अपनी शुरुआती जिन्दगी से लेकर अन्त तक अकेला ही सफर करता रहा। जय हो गढ़वाली! मुझे भरोसा है कि देश और पेशावर इतिहास से तुम्हारे लिखे को मिटा पाना किसी के लिए सम्भव नहीं है।

बरेली केन्द्रीय कारागार में क्रान्तिकारियों का संघर्ष

यों तो अन्दमान सहित देश की सभी जेलों के भीतर क्रान्तिकारियों ने अपने साम्राज्यवाद विरोधी संघर्ष की अनोखी इबारत रची। इस मायने में अन्दमान द्वीप समूह में बनी वाइपर आइलैंड और वहाँ की सेल्युलर जेल की यातनाओं और वहाँ क्रान्तिकारियों के संघर्ष और बलिदान का इतिहास बेजोड़ है। किसी अज्ञात कवि ने तब नारे के रूप में कहा भी था—'बसेगा हिन्द पीछे को, बसेगा अन्दमान पहले' अर्थात इतने देशभक्त अन्दमान भेजे जा चुके होंगे तब जाकर कहीं देश आज़ाद होगा। पराधीनता के इस युग का चित्र देखना हो तो अकबर इलाहाबादी की इन पंक्तियों में हमें ढूँढ़ना होगा—

साँस लेते हुए भी डरता हूँ,
यह न समझें कि आह भरता हूँ।
इतनी आजादी भी गनीमत है,
साँस लेता हूँ बात करता हूँ।
शेख साहब खुदा से डरते हों,
मैं तो अँग्रेज से डरता हूँ।

उन्होंने और लिखा—

आबरू चाहो अगर, अँग्रेज से डरते रहो,
नाक रखते हो तो तेगे तेज से डरते रहो।

पर देखने योग्य यह है कि ब्रिटिश युग की जेलों में अमानवीय यातनाएँ और वहाँ का घोर दमन भी क्रान्ति-योद्धाओं को अपने लक्ष्य से किसी तरह विचलित नहीं कर सका, बल्कि वे वहाँ नये हथियारों और तरीकों से लैस होकर अपने रक्त से साम्राज्यवाद की पतनगाथा को लिखने का काम निरन्तर अन्जाम देते रहे। अन्दमान ही नहीं, बल्कि अलीपुर, हिजली, देवली, लाहौर, फतेहगढ़,

आगरा और बरेली की जेलों में भी अनोखे क्रान्तिकारी संघर्ष की कहानियाँ दर्ज हैं। इसके अलावा देश की अनेक जेलों के भीतर क्रान्तिकारियों को फाँसी पर चढ़ाया गया। कोई चाहे तो कारागारों के भीतर दर्ज होते रहे उस इतिहास की विस्तार से खोजबीन कर सकता है जिसकी ओर अभी किसी का ध्यान नहीं गया। अन्दमान जानेवाले क्रान्तिकारियों ने अपनी स्मृतियों के रूप में कई बार कुछ लिखा भी है। उत्तर भारत के प्रमुख क्रान्तिकारी नेता शचीन्द्रनाथ सान्याल ने अपनी प्रसिद्ध कृति 'बन्दी जीवन' लिखी पर उसमें अन्दमान के अनुभव कम, क्रान्तिकारी संग्राम का विश्लेषण अधिक है। स्वयं मैंने ही क्रान्तिकारी रामचरण लाल शर्मा की लिखी अन्दमान की अप्राप्य कहानी 'काला पानी का ऐतिहासिक दस्तावेज' को नेशनल बुक ट्रस्ट से पुस्तक के रूप में छपवाया जिसके तीन संस्करण प्रकाशित हो चुके हैं। इसके अतिरिक्त और भी कई पुस्तकें व संस्मरण छपे जिससे सुदूर उस सागर द्वीप के जेल के भीतर संघर्ष को चीन्हा जा सकता है। अन्दमान में क्रान्तिकारी रामरक्खा ने अनशन में जान दी। भगतसिंह के साथी महावीर सिंह भी सागर पार भूख हड़ताल में शहीद हुए। इन्दुभूषण ने वहीं आत्मबलिदान दिया। क्रान्तिकारी त्रैलोक्यनाथ चक्रवर्ती, वारीन्द्र-दल के उपेन्द्र, सावरकर का संघर्ष, सरदार भानसिंह की शहादत, पं. परमानन्द का जेलर बारी पर प्रहार और इस सबसे पहले शेर अली का वायसराय लार्ड मेयो पर जानलेवा हमला इस बात का साक्ष्य है कि क्रान्तिकारियों ने कैदखाने में जाकर अपने संघर्ष को किसी तरह थमने या कमजोर पड़ने नहीं दिया। सच कहूँ तो वे अनवरत योद्धा थे। उनकी जिजीविषा ने उस लड़ाई को हर बार एक नया रंग दिया।

बीसवीं सदी के शुरुआत का वह समय हमें याद रखना होगा। 1912 में देश की राजधानी में वायसराय लार्ड हार्डिंग का दिल्ली-दरबार। शोभा-यात्रा में ही भारत के प्रखर क्रान्तिकारी नेता रासबिहारी बोस की योजना के अनुसार राजस्थान वीर जोरावर सिंह बारहठ ने साम्राज्यवाद के दर्प को चूर-चूर करने के लिए वायसराय के हौदे पर बम फेंक दिया। उस समय उनके भतीजे प्रतापसिंह उनके साथ थे। अकल्पनीय, रोमांचक और जिद भरा क्रान्तिकारी कारनामा। वायसराय लहूलुहान हो गया। देश दहल उठा। थर्रा गया ताकतवर इंग्लैंड और पूरी दुनिया सन्नाटे की जद में। इसके बाद युवा प्रतापसिंह को 'बनारस षड्यन्त्र केस' में गिरफ्तार कर केन्द्रीय कारागार बरेली में लाकर रखा गया। शचीन्द्रनाथ सान्याल ने 'बन्दी जीवन' में 'प्रताप की कहानी' शीर्षक से एक अध्याय ही लिख दिया है। बरेली जेल के भीतर प्रतापसिंह को क्रान्ति-पथ से विचलित करने की अनेक कोशिशें की गयीं। पर सब व्यर्थ। ऐसे में उन्हें पुलिस पहरे में हजारीबाग जेल में बन्दी उनके पिता क्रान्तिकारी केसरीसिंह बारहठ के पास बरेली से रेल में बैठाकर

ले जाया गया। सोचा गया कि शायद इस तरह पिता के सम्मुख पहुँचकर उनका क्रान्तिकारित्व डिग जाए पर वे तो अटल थे। पिता ने उन्हें आया देखकर आशय पूछा। पुलिस अधिकारियों ने दिल्ली और कोटा षड्यन्त्र में फँसाए गये काराबद्ध केसरीसिंह से कहा—'ठाकुर साहब, प्रताप को आपसे मिलाने के लिए लाए हैं। उनसे आप कह दीजिए कि वह सच्ची बात बतला दें, प्रताप और आप छोड़ दिए जाएँगे।' पुत्र की ओर कटु दृष्टि से देखते हुए केसरी सिंह ने कठोर स्वर में कहा—'प्रताप, तुम अपने कर्तव्य से विमुख होकर उद्देश्य से फिर सकते हो, लेकिन याद रखना अपने पिता की गोली का निशाना नहीं चुका सकोगे। यदि तुम विचलित होकर टूट गये तो केसरीसिंह की गोली तुम्हारे सीने में होगी। यहाँ से छूटते ही सबसे पहले मैं तुम्हें जान से मारूँगा।' पिता के चरणों में प्रणाम करते हुए प्रताप ने कहा—'दाता, मैं आपका पुत्र हूँ। मुझसे स्वप्न में भी देशद्रोह न होगा। ये लोग नाहक ही यहाँ मुझे घसीट लाए थे।' यह था एक पिता और पुत्र का अन्तिम मिलन और इतिहास के पन्नों पर दर्ज क्रान्तिकारी बाप व बेटे का अनोखा सम्वाद। प्रतापसिंह अडिग खड़े थे अपने क्रान्तिकारी पिता के सम्मुख। उन्हें वापस लाकर बरेली केन्द्रीय कारागार में असहनीय यातनाएँ दी गयीं जिसके चलते 24 मई, 1918 को बरेली जेल के भीतर ही प्रताप की शहादत हो गयी और जेल की चहारदीवारी के भीतर ही वहीं किसी कोने में रात के अँधेरे में उन्हें चुपके से दफन कर दिया गया। राजस्थान की धरती का वह वीर बेटा समा गया बरेली की माटी में। उस रोज किसी ने उनकी याद में न आँसू बहाए, न फूल चढ़ाए और न ही उनके लिए कोई शोक गीत गाया गया। पूरी तरह गुमनाम रही शहीद की वह अन्तिम यात्रा।

यह सच है कि केन्द्रीय कारागार बरेली में शहादत पाए प्रतापसिंह बारहठ की वीरगाथा यहीं पूरी नहीं होती। उनके सम्बन्ध में यह याद करना जरूरी लगता है जो राव गोपाल सिंह खरवा जैसे क्रान्तिकारी ने कभी कहा था कि विधाता ने सौ रंघड़ (वीर क्षत्रिय) मांगकर एक प्रताप को बनाया था। पर विधाता ही क्यों, प्रताप-जननी माणिक कुँवर ने भी ऐसा पुत्र जाया था जिसने क्रान्ति-मार्ग पर बन्दी बनने के बाद प्रलोभन दिए जाने पर यह सुनने के बाद कि तुम मुक्त कर दिए जाओगे, तुम्हारे पिता भी जेल से छोड़ दिए जाएँगे, चाचा का वारन्ट रद्द कर दिया जाएगा। तुम्हारी सारी जागीर और गृह लौटा दिए जाएँगे, और प्रताप से यह भी कहा गया कि तुम्हारे लिए तुम्हारी माँ फूट-फूट कर रोती है, परन्तु प्रताप पर इसका कोई प्रभाव नहीं पड़ा। 24 घंटे तक सोचने का समय दिए जाने के बाद जब वायसराय के विश्वासपात्र मन्त्री सर चार्ल्स क्लीवलैंड उनके

पास वापस आए तब प्रताप ने साहस और क्रान्तिकारी दृढ़ता के साथ तुरन्त उत्तर दिया—मैं अपनी एक माता को हँसाने के लिए तैंतीस कोटि पुत्रों की माताओं को रुलाना नहीं चाहता।' पर माँ भी तो वैसी ही थी। प्रताप जिन दिनों क्रान्ति के मार्ग पर चलने के लिए घर से निकले और नहीं लौटे तब उनके एक मित्र से यह सुनकर उस जननी ने कहा था—'ठीक है, परन्तु उसने मुझसे नाहक ही छिपाया। मैं उसे तिलक करके विदा करती।'

1930 में पेशावर में निहत्थी आन्दोलनकारी जनता पर फौज की ओर से गोली चलाने से इनकार करनेवाले चन्द्रसिंह गढ़वाली को आजीवन कारावास की सजा देकर 20 अप्रैल, 1936 को डेरा इस्माइल खाँ से बरेली भेज दिया गया। वे 22 अप्रैल की शाम को बरेली सेन्ट्रल जेल के फाटक पर पहुँचे। जेल पहुँचते ही मालूम हुआ कि उनके अभिन्न मित्र नारायण सिंह गोसाईं यहीं मौजूद हैं। जेलर को पता लगा कि नारायण सिंह उनके गहरे दोस्त हैं। उसने उन्हें दूसरी बैरक में रखना चाहा। जब नारायण सिंह को ज्ञात हुआ कि चन्द्रसिंह आ रहे हैं तो उन्होंने भी उनको अपनी बैरक में रखवाने के लिए बड़ी कोशिश की। गढ़वाली भी अपने मित्र के साथ ही रहना चाहते थे। बड़ी कहा-सुनी के बाद उन्हें नारायण सिंह वाली बैरक में भेजना स्वीकार किया गया। दोनों मित्र छह साल बाद मिले। नारायण सिंह सारे बैरक में बहुत सज्जन माने जाते थे।

यह जानना जरूरी होगा कि चन्द्रसिंह गढ़वाली ने फौज में रहते हुए ही वहाँ का अनुशासन भंग कर अपने देश की जनता का साथ दिया था। वे सेना में होकर स्वयं को क्रान्ति के लिए तैयार कर चुके थे। उन्होंने अपना पक्ष चुन लिया था एक क्रान्तिकारी के रूप में उनका यह अनोखा रूपान्तरण था। जेल में आने के दूसरे दिन ही चन्द्रसिंह कपड़ा गोदाम में ले जाए गये। लाल टोपी और लाल धारी वाली फतुही। नीचे घुटनों तक जाँघिया। इसमें एक पुराना था जिसे लेने से चन्द्रसिंह ने मना कर दिया। इस पर गोदाम के बाबू ने उन्हें जेलर के सामने खड़ा कर दिया। जेलर ने रौब झाड़ना चाहा। चन्द्रसिंह बोले—''धौंस से काम नहीं चलेगा। मैं ऐसा कैदी नहीं हूँ जिसके साथ आप मनमानी कर सकें। मुझे सुपरिन्टेन्डेन्ट के सामने पेश कर दीजिएगा, मैं निपट लूँगा।'

जेलर ने कुछ सोचा और फिर कहा—'इन्हें यहाँ से ले जाओ।'

गोदाम ले जाने पर चन्द्रसिंह ने सरहद से लाए अपने कपड़ों को पहना। बाबू बोला—'यहाँ आप इन कपड़ों को नहीं पहन सकते।'

'मैं पहनूँगा, जो मर्जी हो कर लो'—वे कड़ककर बोले।

पुराने कपड़ों को पहनकर ही चन्द्रसिंह गोदाम से बाहर निकलने लगे। आखिर बाबू को परेशान होकर उन्हें नये कपड़े देने पड़े। इसी समय उनके पैरों

की बेड़ियाँ काटकर फिर सुपरिन्टेन्डेन्ट के पास पहुँचाया गया। सुपरिन्टेन्डेन्ट ने पूछा—'क्या आप उन गढ़वालियों में से हैं जिन्होंने पेशावर में गोली चलाने से इनकार कर दिया था?'

'जी, हाँ।'

सोमवार को जेल के कैदियों की परेड थी। चन्द्रसिंह और नारायण सिंह निकट ही खड़े थे। देखकर सुपरिन्टेन्डेन्ट बोला—'चन्द्रसिंह आप ठीक तो हैं?'

जेलर ने याद दिलाया—'ये नारायण सिंह भी तो चन्द्रसिंह के साथी हैं.....।'

उस समय बरेली सेन्ट्रल जेल में यशपाल और वीरभद्र शूटिंग केस में क्रान्तिकारी रमेशचन्द्र गुप्त जो कानपुर के रहनेवाले थे, यहाँ 'बी' क्लास कैदी थे। बंगाल रेगुलेशन 3 के द्वारा नज़रबन्द रक्षित राय, बी. दास. और अजमेर के कामरेड ज्वाला प्रसाद शर्मा भी इसी जेल में थे। चन्द्रसिंह के डेरा इस्माइल खाँ के इस जेल में आने की बात सुनकर दोनों बंगाली नौजवान उनसे मिलने के लिए उत्सुक हो गये, लेकिन उनके पास किसी कैदी के आने की अनुमति नहीं थी। चन्द्रसिंह भी कहीं आ-जा नहीं सकते थे। बंगाली लोगों ने सुपरिन्टेन्डेन्ट से बात की तो उनका उत्तर था—'यदि चन्द्रसिंह नम्बरदार बन जाएँ तो वह आपके पास आ सकते हैं, लेकिन वह नम्बरदारी लेने से इनकार करते हैं। अच्छा मैं कोशिश करूँगा।'

चन्द्रसिंह इसके लिए तैयार नहीं हुए। अब गोदाम में गल्ला भरने का काम उन्हें दे दिया गया। सुपरिन्टेन्डेन्ट बोला—'आपको मैंने इसलिए गल्ला भरने के काम पर लगाया है ताकि ठेकेदार खराब राशन न देने पाए और ठेकेदारों से मिलकर जेल के कर्मचारियों का राशन न खा जाए। मुझे विश्वास है कि आपके हाथ में रहने से कैदियों को अच्छा राशन मिलेगा।'

हुआ यह कि चन्द्रसिंह और नारायण सिंह ने अपने हाथों से बोरियाँ तौलना और सही गल्ले की पहचान करना शुरू कर दिया। जेलर कहता—'गेहूँ अच्छे हैं, खराब नहीं हैं।' इस पर चन्द्रसिंह बोले—'गेहूँ घुने, पुराने और सड़े हुए हैं।' ऐसे में ठेकेदार जेल कर्मचारियों को क्यों रिश्वत देता। एक रोज उसने सौ रुपये का नोट चन्द्रसिंह को पकड़ाना चाहा। उन्होंने न केवल उसे लेने से इनकार किया अपितु इसकी रिपोर्ट सुपरिन्टेन्डेन्ट को कर दी। नतीजा यह हुआ कि सारे जेल कर्मचारी एक ओर और दूसरी तरफ दो गढ़वाली चन्द्रसिंह और नारायणसिंह। कर्मचारियों ने गुंडों को सिखा-पढ़ाकर उन पर दो बार हमला भी करवाया, पर दोनों क्रान्तिकारी डटे रहे।

जब युक्त-प्रदेश (अब उत्तर प्रदेश) के गवर्नर के बरेली केन्द्रीय जेल में आने की सूचना मिली तो सुपरिन्टेन्डेन्ट इन दोनों क्रान्तिकारियों से बोला—

'चन्द्रसिंह, नारायण सिंह आप दोनों हमारे लिए एक जरूरी काम करें। इस जेल में गवर्नर साहब आने वाले हैं। मेरी इच्छा है कि उन्हें यहाँ कैदियों की परेड, खेल-तमाशा दिखाया जाए, जिसे देखकर बरेली जेल को सारे युक्त-प्रदेश में नमूना माना जाए। कैदियों को भी तन्दुरुस्त रहकर हँसी-खुशी से कैद काटने का मौका मिल जाएगा।' दोनों क्रान्तिकारियों ने इसके लिए 'हाँ' कह दिया। उन्होंने 24 कैदी चुन लिये और तीन महीने के प्रयास से उन्हें कवायद, व्यायाम, खेल-कूद आदि सिखाकर फौजी सिपाहियों जैसा बना दिया। जेलों में इन्स्पेक्टर जनरल ने उनकी परेड देखी तो बहुत खुश हुए। उन्होंने दोनों की जेल मियाद में दो महीने का रैमिशन दिया। अन्य कैदियों को भी यही लाभ मिला। बरेली डिवीजन के कमांडर ने तो उनके सिखाए कैदियों की परेड देखकर उनके जेल टिकट पर सिफारिश करते हुए लिखा कि मेरे खयाल से इनके सिखाए कैदी नहीं, बल्कि फौज के सिपाही हैं। यूपी की दूसरी जेलों में भी ऐसा ही होना चाहिए।

रक्षित और दास बंगाल बुला लिये गये। कामरेड ज्वाला प्रसाद शर्मा को जेल में ही कहीं अन्यत्र भेज दिया गया। इन तीनों ने दस-दस रुपया जमा करके तीस रुपया चन्द्रसिंह और नारायण सिंह के नाम जमा करा दिया जिससे 'बी' क्लास मिलने पर उन्होंने अपने लिये चीजें खरीदीं। चन्द्रसिंह और नारायण सिंह अब अपनी बैरक में फिर से आ गये और उन्होंने कैदियों को परेड सिखाना शुरू कर दिया। सवेरे एक घंटा सर्किल (चक्कर) में आकर वे परेड करा कर लौट जाते। जेल कर्मचारियों को यह पसन्द नहीं था सो वे कैदियों को भड़काते—'इससे तुम्हें क्या फायदा होगा। कहीं लड़ाई हुई तो उसमें भेजकर तुम लोगों को मरवा दिया जाएगा। जेल की खुराक इतनी कम है कि परेड और कसरत करते तुम कमजोर भी हो जाओगे।' चन्द्रसिंह ने यह सुनकर कहा—'मैं तब तक परेड नहीं कराऊँगा जब तक मुख्य जेलर साहब परेड करते कैदियों को देखने नहीं आएँगे।

चन्द्रसिंह ने परेड करानी बन्द कर दी। जेलर ने उनकी गैरहाजिरी की रिपोर्ट दे दी। मुख्य जेलर सुपरिन्टेन्डेन्ट के सामने उनके टिकट पर लिखकर पेश करके कहा—'इसने फौज में भी हुक्म अदूली की थी, और यहाँ भी हर वक्त मुँह फट जवाब देता रहता है।'

सुपरिन्टेन्डेन्ट ने पूछा—'क्यों जी, परेड पर क्यों नहीं गये?'

'मैं परेड कराने के लिए जेल नहीं आया हूँ'—वे बोले। सुपरिन्टेन्डेन्ट ने कहा—'अच्छा, तुम्हारी नम्बरदारी तोड़ी जाती है, और चक्की में तीन सेर अनाज पीसने को दिया जाएगा।'

चन्द्रसिंह ने काम करने से मना कर दिया। एक दरख्वास्त लिखकर कहा कि यदि इस पर ध्यान न दिया गया तो दूसरा कदम उठाऊँगा। इसके बाद उन्होंने

सूचना देकर भूख हड़ताल भी शुरू कर दी। यह खबर एक काँग्रेसी के छूटकर गढ़वाल पहुँचने पर फैल गयी। राजनीतिक बन्दियों की निरीक्षण कमेटी के सदस्य काकोरी के क्रान्तिकारी रामकृष्ण खत्री को लखनऊ में इसकी सूचना मिली तो उन्होंने समाचार पत्रों में छपवा कर बरेली के क्रान्तिकारी दामोदर स्वरूप सेठ को लिख दिया। सेठ ने सुपरिन्टेन्डेन्ट से पूछा तो उत्तर मिला कि यह खबर गलत है, चन्द्रसिंह बिलकुल ठीक है। इसके बाद जेल अधिकारी ने चन्द्रसिंह की खुशामद करके फिर से नम्बरदार बना दिया और रोज आधा सेर दूध लिखकर उन्हें महीने भर के लिए अस्पताल भी भेज दिया।

1936 में सम्पन्न विधानसभा चुनावों में युक्त-प्रान्त में काँग्रेस की जीत से पहाड़ के इन दोनों क्रान्तिकारियों को लगा कि वे अब छूट जाएँगे। काकोरी के बन्दी छोड़े गये, पर सरकार ने कह दिया कि काकोरी के लोगों ने छूटने के बाद हिंसात्मक भाषण दिए हैं इसलिए बाकी कैदी रिहा नहीं होंगे। बरेली जेल के निरीक्षण में ठाकुर पृथ्वीराज सिंह (बुधौली वाले) और बद्रीदत्त पांडे (अल्मोड़ा) भी थे। वे आए तो चन्द्रसिंह को कार्यालय में बुलाकर उनकी पीलीवर्दी देखकर खुश होते हुए कहा—'हमें खुशी है कि आपको 'बी' क्लास मिल गया।' चन्द्रसिंह ने हँसकर कहा—'यह 'बी' क्लास नहीं, नम्बरदार की वर्दी है।'

पृथ्वीराज सिंह और बद्रीदत्त की सिफारिश पर चन्द्रसिंह और नारायणसिंह दोनों को 'बी' क्लास मिल गया। पर दो महीने बाद नारायण सिंह की रिहाई का हुक्म आ गया। केन्द्रीय विधान सभा में पूछने पर चन्द्रसिंह के बारे में सरकार ने कहा कि चन्द्रसिंह को छोड़कर पेशावर कांड के बाकी कैदियों की आधी सजा कम कर दी जाएगी। चन्द्रसिंह को आजन्म काला पानी की सजा थी। उनके साथ सरकार किसी रियायत को तैयार नहीं थी क्योंकि वह जानती थी कि पेशावर कांड का दिमाग यही व्यक्ति था।

गाँधी ने उनकी रिहाई के लिए कुछ नहीं किया। थोड़े समय बाद जवाहरलाल नेहरू यहाँ चन्द्रसिंह से मिलने आए। बरेली से नारायण सिंह के छूटने के बाद यशपाल जो यहाँ से नैनीताल भेज दिए गये थे, फिर से यहीं आ गये। चन्द्रसिंह के पड़ोस में ही उनकी बैरक थी। अब राजबन्दियों को जेल के भीतर पुस्तक, पत्र लिखने की सुविधा मिल गयी थी। युक्त-प्रान्त की सरकार ने यह भी तय किया कि सभी राजबन्दियों को 'बी' क्लास देकर नैनी में रख दिया जाए। सो चन्द्रसिंह को भी नैनी जेल भेजने का हुक्म आ गया। चलते समय जेल के फाटक पर वार्डन ने चन्द्रसिंह से मिलकर माफी माँगते हुए कहा—'अब तक जो कुछ हुआ, भूल जाएँ। नैनी में इन बातों को दोहराना नहीं चाहिए।'

एक बात यह कि बरेली के केन्द्रीय कारागार में रहते हुए चन्द्रसिंह गढ़वाली

ने अपनी पत्नी भगीरथी देवी पर एक पुस्तक लिखी थी जो बाद में कहीं खो गयी। यह जानने योग्य है कि महापंडित राहुल सांकृत्यायन ने गढ़वाली की बड़ी जीवनी लिखी जिसमें एक अध्याय उन्होंने 'बरेली जेल' शीर्षक से अंकित किया है।

कहना न होगा कि जेल के सभी राजनीतिक बन्दी चन्द्रसिंह गढ़वाली का बहुत सम्मान करते थे। उनसे उनका मेल-मिलाप बढ़ा। बाद में उनको साथ में ही रख दिया गया। यह उनके लिए अलग तरह का अनुभव था। कई प्रान्त, भूभागों और भिन्न भाषा-भाषी के लोगों से मिलकर वे अपने अन्दर भी बदलाव महसूस करने लगे। राजनीतिक चर्चाएँ होने का विशेष लाभ हुआ उन्हें। कामरेड ज्वाला प्रसाद शर्मा के संग-साथ से उनके मस्तिष्क से ईश्वर और धर्म का विचार ही जाता रहा। अब वे भौतिकवाद की ओर झुके। उन्हें मानव समाज के विकास का वास्तविक बोध हुआ। उनकी आँखों ने अब दूर तक देखना शुरू कर दिया। चन्द्रसिंह का यह नया जन्म था। जेल से छूटने के बाद आज़ाद भारत में उन्होंने कम्युनिस्ट पार्टी से गढ़वाल में चुनाव भी लड़ा था जिसमें वे कामयाब नहीं हुए। उनका निधन एक अक्टूबर 1979 को दिल्ली में हुआ। उत्तराखंड के दूधातोली में उनकी समाधि है। याद आता है कि उनकी इच्छानुसार मरने के बाद उन्हें 'लाल झंडा' ही ओढ़ाया गया।

गाँधी ने एक बार देशवासियों से यह भी कहा था—'गढ़वाली को मत भूलना।' पर लोग भूल गये। इनमें काँग्रेसी भी थे। पं. नेहरू उन्हें 'बड़े भाई' कहा करते थे। पर आज़ाद भारत में जब चन्द्रसिंह गढ़वाली ने उत्तर प्रदेश में पन्त की सरकार के भेदभाव के चलते काँग्रेसियों को 100 के मुकाबले 30 रुपये महीने पेंशन लेना अस्वीकार कर दिया तब भी देश का प्रधानमन्त्री उन्हें सिर्फ आश्वासन ही दे सका जबकि तब वे सहकारी बैंक की अपनी देनदारी से मुक्ति भर चाहते थे। उसके बाद 1983 की बात है जब मैंने उनकी जमीन-जायदाद को कर्जे की नीलामी से बचाया था। 'दिनमान' और 'बिल्ट्ज' ने उन दिनों इस अभियान में मेरी बहुत मदद की। कुछ वर्ष पहले हमारे बहुत अनुरोध पर उन पर डाक टिकट भी निकला। दुख होता है कि उनका जीवन अभावों में ही व्यतीत हुआ। पर वह लम्बी कहानी है। वे अपने सिद्धान्तों और विचारों पर जीवन भर अडिग बने रहे। बहुत स्वाभिमानी, जिद्दी, और मुँह फट व्यक्ति थे। उनमें मैंने सदैव एक सम्पूर्ण क्रान्तिकारी को देखा।

वैसे तो चन्द्रसिंह गढ़वाली के पेशावर मामले को अन्तर्राष्ट्रीय कीर्ति मिली थी, पर प्रखर वामपन्थी चिन्तक एम.एन. राय जो बाद में कम्युनिज्म के रास्ते से हटकर मानववाद (रैडिकल ह्यूमनिज्म) के प्रचारक तथा पैरोकार हुए, उन्हें भी बरेली के केन्द्रीय कारागार में रखा गया था। राय रूस और चीन में भी रहे। वहाँ

उनका प्रभाव और बहुत ख्याति थी। अन्तर्राष्ट्रीय कम्युनिस्ट आन्दोलन से उनका ताल्लुक था। वे देश की स्वाधीनता के भी सैनिक थे। उन्होंने अनेक पुस्तकें लिखीं। उनका अधिकांश लेखन अँग्रेजी में है जिससे हिन्दी भाषी जनता उनसे अपरिचित ही बनी रही। हिन्दी में उनकी विचारधारा का प्रभाव साहित्यकार सच्चिदानन्द हीरानन्द वात्स्यायन 'अज्ञेय', प्रभाकर माचवे और बरेली के ही लेखक और कवि निरंकारदेव सेवक पर था। वाम विचारों के लोग उन्हें प्राय: नकारते रहे। उनके समय में देहरादून स्थित उनका आवास 13, मोहिनी रोड भारतीय राजनीति में विचार का बड़ा केन्द्र था। आज वहाँ उनका संग्रहालय और पुस्तकालय है। उन्होंने एलिन से विवाह किया था। राय का निधन 21 जनवरी, 1954 को देहरादून में हुआ।

बरेली केन्द्रीय कारागार के इतिहास के वे सर्वाधिक गौरवमय क्षण हो सकते हैं जब प्रसिद्ध 'काकोरी कांड' (9 अगस्त, 1925) के क्रान्तिकारी यहाँ बन्दी जीवन व्यतीत करने लाए गये। ये क्रान्तिकारी थे मन्मथनाथ गुप्त, शचीन्द्रनाथ बख्शी, मुकुन्दीलाल और राजकुमार सिन्हा। मुकुन्दीलाल 'मैनपुरी केस' (1918) के पुराने क्रान्तिकारी थे जो पता नहीं क्यों सरकार की आम माफी के बाद भी उस मामले में साढ़े छह साल की पूरी सजा काटकर ही बाहर आए जबकि दूसरे लोग उस घोषणा के बाद ही रिहा कर दिए गये थे। मुकुन्दीलाल अपनी सजा के बाद जैसे ही छूटे क्रान्तिकारी नेता रामप्रसाद बिस्मिल उन्हें काकोरी के एक्शन में ले गये जिसमें उन्हें आजीवन कारावास की सजा दी गयी। बरेली केन्द्रीय कारागार में पहुँचे काकोरी के इन क्रान्तिकारियों ने राजनीतिक बन्दी का दर्जा पाने के लिए यहाँ लम्बी भूख हड़ताल की जिसे तब भगतसिंह ने भी लाहौर जेल से अपना समर्थन सन्देश भेजा था। अनशन की दीर्घ और कठिन लड़ाई को सफल बनाने में बाहर रहे बरेली के क्रान्तिकारी दामोदर स्वरूप सेठ का भी बड़ा योगदान था। उन्होंने क्रान्तिकारियों के अनशन की खबरें बाहर लाने और अखबारों में छपे समाचारों की कतरनें भीतर भेजने का इन्तजाम कर लिया था। क्रान्तिकारी अपने इस मुश्किल संघर्ष के प्रति इतने दृढ़ थे कि एक बार मन्मथनाथ गुप्त ने जेल से बाहर अपने साथियों को यह सन्देश भेज दिया था कि उन्हें अब उनकी भूख हड़ताल तुड़वाने की फिक्र न कर उनकी लाशों का बन्दोबस्त करना चाहिए। अपने लक्ष्य के प्रति ऐसा समर्पण था इन क्रान्तिकारियों का। मैं नतमस्तक हूँ उनके त्याग और बलिदान के सम्मुख। काकोरी के क्रान्तिकारियों का योगदान सिर्फ रामप्रसाद बिस्मिल, अशफ़ाक़ उल्ला खाँ, ठाकुर रोशनसिंह और राजेन्द्रनाथ लाहिड़ी की फाँसियाँ ही नहीं मान लिया जाना चाहिए, बल्कि उससे आगे बढ़कर जेल के

भीतर उनका दीर्घकालीन संघर्ष और 'हिन्दुस्तान प्रजातन्त्र संघ' के विचारपूर्ण लक्ष्य को रेखांकित किया जाना मुझे जरूरी लगता है। काकोरी की घटना ने ही देश का ध्यान असहयोग आन्दोलन की असफलता के बाद पैदा हुए राजनीतिक शून्य से संग्राम की ओर मोड़ा।

मन्मथनाथ गुप्त जब जनवरी, 1928 में केन्द्रीय कारागार बरेली पहुँचे तो यहाँ पहले से बन्दी काकोरी के कैदी राजकुमार सिन्हा और मुकुन्दीलाल अपने अधिकारों के लिए भूख हड़ताल पर थे। ऐसा हवालात में ही क्रान्तिकारियों ने तय कर लिया था कि जो जिस जेल में भेजा जाए वह वहाँ अपने अधिकारों के लिए अनशन करेगा। इस जेल का अधीक्षक कर्नल हालरायड 45 साल का था। स्वभाव से झक्की। यद्यपि ऊपर से उसे हिदायत भेजी गयी थी कि वह अनशन के दौरान राजकुमार और मुकुन्दीलाल को बलात्पान कराए, पर कर्नल ने इसे मानने से इनकार कर लिया। डॉक्टर के रूप में उसका कहना था कि यह मेरी इच्छा पर निर्भर है कि मैं बलात्पान कराऊँ या न कराऊँ। उसका वक्तव्य था कि बलात्पान की तकनीक का आविष्कार इसलिए नहीं हुआ है कि जो चाहे इनकार करे और उसे बलात्पान कराया जाए। यह आविष्कार रोगियों के लाभ के लिए हुआ है। बलात्पान न कराने के कारण राजकुमार सिन्हा और मुकुन्दीलाल की हालत बहुत जल्दी खराब हो गयी। मुकुन्दीलाल ने 32वें दिन और राजकुमार ने 38 दिन बाद अनशन तोड़ा। देश भर में बिना बलात्पान के यह भूख हड़ताल का रिकार्ड था। राजकुमार ने अनशन के पूरे दिनों में पानी के सिवा कुछ नहीं लिया था इसलिए उन्होंने जब उपवास तोड़ा तो वे बहुत अशक्त हो गये। उनके शरीर के अंग शिथिल हो गये थे। वे हरदम बिस्तर पर पड़े रहने लगे और एक समय उनके पेट में ऐसी पीड़ा हुई कि ऐसा लगने लगा कि उनका अन्त निकट है। हालरायड ने इस दौरान उन्हें एनीमा भी नहीं दिया जो जरूरी था।

मन्मथनाथ गुप्त इस अनशन के आठ महीने बाद बरेली पहुँचे थे। तब तक राजकुमार सिन्हा ही हालत कुछ ठीक हो चुकी थी। पर ऐसा होते ही उन्हें चक्की पीसने का काम दे दिया गया। हालरायड ने ऐसा बदले की भावना से किया था। पर क्रान्तिकारी भी किसी तरह कम न थे। राजकुमार ने पूरी चक्की पीसी। मन्मथनाथ के वहाँ पहुँचते ही उन्हें भी हालरायड ने चक्की दी, पर ऐंग्लो-इंडियन जेलर टाइन पुराना और अनुभवी था। उसे लगा कि ऐसा करने से जेल प्रशासन संकट में पड़ जाएगा। उसने मन्मथनाथ के जेल-टिकट को देखकर समझ लिया था कि वे जेल का काम करने से मना करते रहे हैं। टाइन चाहते थे कि मन्मथनाथ हालरायड की बात न माने और झगड़ा पैदा हो जाए। इसलिए टाइन ने उन्हें रस्सी

बटने का काम दिया। राजकुमार को भी यही काम मिला। धीरे-धीरे दोनों क्रान्तिकारियों और जेल प्रशासन के बीच एक अलिखित समझौता सा हो गया कि वे जेल का कोई काम नहीं करेंगे, चक्कर के अन्दर चाहे जहाँ घूमेंगे और देखने में मामूली कैदियों की तरह रहेंगे। यह क्रान्तिकारियों की जीत थी। सरकार उन्हें राजनीतिक कैदी मानने से इनकार कर रही थी पर एक तरह से विशेष कैदी का दर्जा उन्हें मिल गया था। श्रम नहीं करना पड़ रहा था उन्हें अब। वे न चक्की पीसते थे, न रस्सी बटते थे। सो उनके पास बहुत वक्त था जिसका उपयोग वे अध्ययन में करने लगे। पर संकट यह था कि जेल में बाहरी दुनिया से वे अपरिचित ही बने रह जाते थे। इस संकट से मुक्ति के लिए उन्होंने कुछ जमादारों को चुपके से बाहर से अखबार मँगाने के लिए राजी कर लिया। उन्हें हिन्दी साप्ताहिक 'प्रताप' भी मिलने लगा।

इसके अलावा यह खास तौर पर ध्यान देना चाहिए कि किस तरह क्रान्तिकारियों के परिवारों की महिलाएँ तब देश की आजादी के इस संघर्ष में मूक रहकर अपना योगदान दे रही थीं। राजकुमार सिन्हा की बहन सुशीला घोष बाहर के अखबारों से उनके लिए जरूरी कतरनें काटकर भेज दिया करती थीं। वह उन्हें पैसे और कुछ खाने की चीजें पहुँचाने की व्यवस्था भी कर लेती थीं। ऐसी प्रतिबद्धता थी तब उस संग्राम के प्रति घर के सदस्यों की भी। इसे कौन-सा इतिहास लेखक दर्ज करेगा।

सजा तो चल ही रही थी। वे हर रात अलग बैरक में सोते। इसमें जेल अधिकारी भी कुछ नहीं कर सकते थे। अन्य कैदी जेल में जिस तरह का जीवन जीते थे उनके संग-साथ रहना तकलीफदेह तो था ही। वे न सफाई की तरफ ध्यान देते, न ही अपने स्वास्थ्य के प्रति सचेत होते। विचार की दुनिया से भी उनका कोई वास्ता न था। उन्होंने टाइन को बताया तो उन्हें तीन अगल-बगल की बैरकों में तीन कोठरियाँ चुनने के लिए कहा गया। बंगाल के प्रतुल भट्टाचार्य और गणेश घोष जेल के एक अहाते में थे। उन्होंने उनसे सम्पर्क किया। उनके पास कुछ बहुत अच्छी पुस्तकें थीं जिन्हें वे माँगकर पढ़ने लगे। प्रतुल और घोष के पास युद्ध-विद्या, गुरिल्ला-युद्ध आदि पर साहित्य था। उन्हें खाने-पीने की भी सुविधा थी। ऐसे में वे काकोरी वालों को मक्खन आदि चीजों के साथ और भी कुछ वस्तुएँ देने लगे। परन्तु किताबों के पठन-पाठन के अलावा उन्हें विचार-विमर्श की जरूरत महसूस होती। ऐसा महसूस करके टाइन को बंगाली नजरबन्दों ने कुछ कीमती उपहार देने शुरू किए, जैसे बढ़िया जूते और मिट्टी के तेल से चलनेवाला पंखा। बिजली तब बहुत कम जगहों पर थी सो पंखा कीमती तो था ही। कर्नल हालरायड इतवार को जेल में नहीं आता था। उस रोज आता तो

अस्पताल देखकर दस बजे दिन तक निकल जाता था। इसलिए उस दिन जमादार काकोरी वालों को दुबाड़ा चक्कर के इन नजरबन्दों के अहाते में ले जाता था जो 200 गज के अन्दर था। तब वहाँ का दृश्य देखने लायक होता। काकोरी वाले कैदी पोशाक को छोड़कर अपने कपड़े पहन लेते। टूथपेस्ट से दाँत साफ करते, बालों में तेल डालते, कंघी करते, आइना देखते और चाय के साथ टोस्ट, चाकलेट, मिठाई आदि खाते। अखबार पढ़ते। राजनीति पर चर्चा होती। खास खबरों पर विशेष जोर दिया जाता। बंगाली नजरबन्द कहते कि वे जल्दी छूट जाएँगे लेकिन बाहर जाकर फिर वहीं से लड़ाई की शुरुआत कर देंगे जहाँ वे उसे छोड़कर आए थे। उन्होंने काकोरी वालों के सामने प्रस्ताव रखा कि उत्तर भारत में हाल ही में जो क्रान्तिकारी घटनाएँ हुई हैं उन पर बंगला में वे कुछ सामग्री तैयार कर दें, ताकि उसे जेल से छूटने पर वे छपवा सकें।

मन्मथनाथ गुप्त ने अपने संस्मरणों में मुझे बताया कि जब तक कर्नल हालरायड बरेली सेन्ट्रल जेल के सुपरिन्टेन्डेन्ट थे उस समय तक उनके साथ जेल अधिकारियों का कोई झगड़ा नहीं हुआ क्योंकि हालरायड दस्तखत करनेवाले एक यन्त्र के अतिरिक्त और कुछ नहीं थे। हेड जेलर मिस्टर टाइन उन्हें नाक पकड़कर जिधर चाहते उधर घुमाते रहते थे। और टाइन ऐसे थे जो जेल में किसी प्रकार का, ख़ास तौर पर राजनीति बन्दियों से कैसा भी बखेड़ा नहीं चाहते थे। मिस्टर टाइन को सरकारी तनख्वाह चार सौ रुपये माहवार मिलती थी पर उसकी आमदनी महीने में दो हजार से कम न थी। जेल में कैदियों से घूस लेना आम बात थी। ठेकेदारों से भी बड़ी रकम हासिल होती थी। टाइन काकोरी के इन राजनीतिक बन्दियों को समझ गया था कि वे किस मिट्टी के बने हैं और झुकने या दबनेवाले नहीं है। जानना होगा कि तब अखबारों की सहानुभूति और सहयोग क्रान्तिकारियों के प्रति था सो टाइन और क्रान्तिकारियों के मध्य एक मौन समझौता-सा हो गया था।

लेकिन हालरायड जैसे ही हटा तो उसकी जगह पर आ गये मेजर रामनारायण भंडारी सुपरिन्टेन्डेट होकर जिससे स्थितियाँ बदल गयीं। भंडारी स्वयं सब कामों का कराना, देखना और संचालित करना चाहता था। वे कैदियों की शिकायतों को सुनने लगे। किसी अधिकारी की शिकायत होने पर उसकी छानबीन करते। इससे भयभीत रहनेवाले साधारण कैदी भी मुखर होने लगे। वे जानना चाहते थे कि कैदियों को राशन आदि पूरा और सही मिल रहा है अथवा नहीं। पर वे यह भी निगरानी रखते कि कोई कैदी मशक्कत से बच न पाए। पर जल्दी ही वे भी उसी रंग में ढल गये, यानी उन्हें भी लगने लगा कि नौकरशाही के भीतर ईमानदारी और श्रम का कोई मतलब नहीं है। बावजूद इसके वे कैदियों के लिए आदर्श थे। उन्होंने काकोरी के इन राजनीतिक बन्दियों पर भी वैसी कोई पाबन्दी नहीं

लगाई, अर्थात वे चक्कर और कारखानों में घूम-फिर सकते थे और उनकी गतिविधि पर कोई रोक नहीं थी। वे अन्ततः थे तो साधारण कैदी ही। सो उनके लिए भी यह था कि सुबह तड़के बैरक खुलते ही अपने कारखाने जाएँ, वहाँ पर अपना काम करेंगे और फिर शाम को जब पचासा बजेगा, उस समय बैरक में लौटेंगे। काकोरी वाले सवेरे कारखाने में जाते लेकिन सुपरिन्टेन्डेन्ट की गश्त के बाद यानी बारह बजे दिन में वे अपने चक्कर में लौट आते। तब से छह बजे बैरक बन्द होने तक वे चक्कर में जहाँ चाहे घूमते या बैठते। इस मायने में वे असाधारण कैदी हो चुके या मान लिये गये थे क्योंकि वे मशक्कत नहीं करते थे।

जेलर ऐसा चाहते थे, क्योंकि इससे उन्हें फायदा था। हुआ भी ऐसा कि मेजर भंडारी से कुछ बदमाश कैदियों की खींचतान हो गयी। यानी उन कैदियों से जो जेल में मशक्कत करने से मना करते थे और अफसरों पर हमले आदि कर देते थे। जेलों में ऐसे कैदियों को थोड़े ही दिनों में अलग चिह्नित कर लिया जाता था। उनसे कुछ काम नहीं लिया जाता था। वे तिकड़म से चीजें प्राप्त कर लेते थे और उन्हें खाने-पकाने की आजादी मिल जाती थी। वे और भी बहुत-सी बातें छिप-छिपाकर करते होते। मेजर भंडारी ने ऐसे कैदियों को सही कर दिया। पर वे कैदी भी कम न थे। जब उनकी मशक्कत पर निगरानी की गयी तो वे दूसरे सीधे-सादे कैदी का किया हुआ काम अपने हिस्से में दिखाने लग गये। उन दिनों यहाँ के जेलरों की अजीब स्थिति हो गयी। वे मेजर भंडारी और बदमाश कैदियों के बीच झूलने लगे।

मन्मथनाथ गुप्त के जरिए ही मैं एक भयंकर बदमाश कैदी की दास्तान बताना चाहूँगा। उसका नाम था फकीर मुहम्मद। उसने किसी भी दबाव में आत्मसमर्पण करने से इनकार कर दिया। उस कैदी का अजीब मामला था। वह फौजदारी के किसी मामले में पाँच साल की सजा पाकर जेल में आया था किन्तु धीरे-धीरे जेल में ही उसकी सजा बढ़ाकर तीस साल हो गयी। उसे तीन बार से अधिक 30-30 बेंतों की सजा मिल चुकी थी। बताया जाता था कि वह अन्दमान भी हो आया था। वह क्रान्तिकारी सावरकर और पं. परमानन्द की बातें सुनता था। उसे इस बात का गर्व था कि वह उनके साथ रह चुका है। मन्मथनाथ के अनुसार वह बदमाशों का बदमाश था। परन्तु वह बुरा आदमी नहीं था। वे कहा करते थे कि उसके भीतर दोष इतना भर था कि उसमें वीरता की एक गलत धारणा थी।

वह पढ़ा-लिखा न था, पर कैदी उसकी इज्जत करते थे। उसकी बातें सब ध्यान से सुनते थे। मन्मथनाथ को इस बात पर अफसोस था कि एक बहादुर व्यक्ति समाज-विरोधी रास्ते पर जा पड़ा है। पर उनके भीतर उसके प्रति प्रशंसा का भाव था। जब सभी बदमाश कैदियों ने आत्मसमर्पण कर दिया फिर भी फकीर मुहम्मद

डटा रहा। वह झुका नहीं। मेजर भंडारी ने उसका हिस्ट्री-टिकट उठा लिया जो काफी मोटा हो चुका था। देखकर उसकी त्योरियाँ चढ़ गयीं। पर उन्हें लगा कि उसे झुकाया नहीं जा सकता। उन्होंने काफी प्रयास किए लेकिन व्यर्थ रहे। एक दिन भंडारी दौरे पर आए तो उसने पाखाने का गमला उन पर दे मारा। वे बच गये। फिर भी उन्होंने फकीर मुहम्मद को सजा नहीं दी क्योंकि उसे पहले ही कोठरी और बेड़ी की सजाएँ दी जा चुकी थीं। बेंत उसे लगाए नहीं जा सकते थे क्योंकि उसकी उम्र अधिक हो चुकी थी और डॉक्टरी सलाह से ऐसा किया जाना उचित नहीं था। यद्यपि तीन और ऐसे कैदी थे जो भंडारी के काबू में नहीं आ पा रहे थे।

मेजर भंडारी के आने से पहले ही एक जेल कमीशन नियुक्त हुआ था। इस कमीशन के तीन सदस्य थे—सर ल्युइस स्टुवर्ड (अध्यक्ष), पंडित जगतनारायण और हाफिज हिदायत हुसैन। इस कमीशन का मन्त्री बनाया गया था कर्नल पामर को। कमीशन का उद्देश्य था कि वह जेल-व्यवस्था को गहराई से जाँच परख कर उसमें सुधार और अच्छा बनाने की सिफारिश करे। नैनी और बनारस की जेलों में जो हंगामे हो चुके थे शायद उसी के परिणामस्वरूप इस तरीके पर ध्यान दिया गया था। कमीशन जब जेल में आया तो उसने काकोरी बन्दियों के बयान दर्ज किए। यह बातचीत विस्तार से हुई थी।

मन्मथनाथ गुप्त जब जेल में आए थे, उन्होंने अपराध-विज्ञान पर काफी पुस्तकें पढ़ ली थीं उन्हें इस विषय को गहराई से जानने में रुचि इसलिए भी बढ़ गयी थी कि वे जेल नाम की प्रयोगशाला में उपस्थित थे जहाँ वे पूर्व के निष्कर्षों को ज्यादा जाँच-परख सकते थे। बताते थे कि करीब-करीब सभी काकोरी वालों जिनमें उनके अलावा शचीन्द्रनाथ सान्याल, विष्णुशरण दुबलिश और राजकुमार सिन्हा थे, कमीशन के समक्ष बहुत लम्बे-लम्बे बयान दिए थे। यह जरूरी था कि उनके कथन सरकार और व्यवस्था के लिए काफी असुविधाजनक हो सकते थे पर थे वे सत्य के निकट। एक महत्त्वपूर्ण बात यह थी कि स्वयं सर ल्यूइस स्टुवर्ड ने तब मन्मथनाथ से कहा था कि वे जेल में हो रहे अप्राकृतिक अपराधों पर कुछ कहें और इसे रोके जाने के तरीके क्या हो सकते हैं। उत्तर में उन्होंने कहा था कि ऐसा किया जाना सम्भव नहीं है। अदालतें अभियुक्तों को दीर्घ अवधि की सजाएँ देकर जेल में तो डाल देती हैं पर उन्हें सोचना चाहिए कि इतने समय तक कोई ब्रह्मचारी बनकर नहीं रह सकता। यह नितान्त असम्भव है और यह भी ऐसे कैदी जो न तो शिक्षित ही हैं और न ही उनके पास विचार या सिद्धान्तों की कोई पूँजी है। निश्चय ही कमीशन इस तरह की चीजों और तर्कों को क्यों मान्यता देता। इसके साथ ही मन्मथनाथ गुप्त ने जेल के भीतर कैदियों से रिश्वत

लिये जाने का सवाल उठाया और कहा कि जेल अधिकारी भ्रष्ट होते हैं। उन्होंने जोर देकर कहा कि राजनीतिक कैदियों को पृथक् रखे जाकर उनसे विशेष व्यवहार किया जाना चाहिए।

कमीशन की रिपोर्ट प्रकाशित हुई तो उसमें यह बयान पूरी तरह गायब थे। ऐसे में क्या होना-जाना था। उन्हें पूरी तरह टाल दिया गया था। वैसे भी व्यवस्था यथास्थितिवादी होती है। उसे कोई भी तब्दीली आसानी से स्वीकार्य नहीं होती। हाँ, शचीन्द्रनाथ सान्याल ने जो बयान दिया था उसकी कमीशन ने इसलिए प्रशंसा की थी क्योंकि उसमें जेलों के भीतर घूसखोरी के लिए नम्बदरादों को जिम्मेदार माना गया था। मन्मथ कहा करते थे कि शचीन्द्र दादा का यह बयान बहुत ही दुर्भाग्यपूर्ण था जिसे ढाल बनाकर जेल अधिकारियों ने दूसरे काकोरी कैदियों के बयानों को बिलकुल काट दिया था। कमीशन की यह रिपोर्ट भी पहले की तरह ही रद्दी की टोकरी के लायक ही साबित हुई अर्थात उसके आने के बाद जेलों में कोई परिवर्तन नहीं हुआ। उन काकोरी कैदियों के लिए जिनका सम्बन्ध डकैती से नहीं था उनके लिए एक बाड़ा बनाने की संस्तुति भी कमीशन ने की थी।

उन्हीं दिनों जेलों के आई.जी. ने जेल सुपरिन्टेन्डेन्ट के नाम एक पत्र भी भेजा जिसमें लिखा था कि अब कड़ी जिल्दवाली जो पुस्तकें कैदियों के नाम से भेजी जाएँगी उनकी जिल्द को तोड़कर जाँच होगी कि उनके भीतर रखकर कोई आपत्तिजनक वस्तु तो जेल के भीतर नहीं आ रही है। उसी समय की बात है कि काकोरी के इन कैदियों के नाम से एक पार्सल आया जिनमें कई किताबें इंग्लैंड की छपी और वहीं से बँधी हुई थीं। मेजर भंडारी ने उस पार्सल को बिना पूछे ही तुड़वा डाला तथा किताबों की जिल्दें भी खुलवा दीं। किताबों की यह दुर्दशा देखकर क्रान्तिकारियों को रोना आ गया। वे गुस्से से भर उठे, पर क्या करते। उन्होंने इस सम्बन्ध में एक प्रार्थनापत्र आई.जी. को भेज दिया।

जेल के भीतर क्रान्तिकारियों ने अपनी लड़ाई के साथ-साथ अध्ययन का सिलसिला भी जारी रखा। यही उन्हें वैचारिक चेतना से सम्पन्न करता था और भीतरी लड़ाई के लिए ताकत देता था। इससे वे देश और दुनिया की सामाजिक और राजनीतिक हलचलों और समस्याओं से वाकिफ होते थे। वे अब अँग्रेजी के अतिरिक्त योरोपीय भाषाओं को भी सीखने लग गये थे। काकोरी के पूरक मुकदमे में आजन्म सजा पाए शचीन्द्रनाथ बख्शी भी तब तक बरेली केन्द्रीय कारागर में जा चुके थे। एक दिन यह हुआ कि मन्मथनाथ गुप्त अपने रोज के नियम के अनुसार दिन के एक बजे कारखाने के चक्कर में लौट रहे थे। जबकि आम तौर पर कैदी पाँच या छह बजे लौटते हैं। ऐसे में उन्हें जमादार ने रोका। वे नहीं रुके और कहासुनी हो गयी। बात कुछ ज्यादा ही बढ़ गयी थी। शाम को जेलर

श्रीकृष्ण चक्कर में आए तो जमादार ने शिकायत की और यह भी कहा कि मन्मथनाथ उसे मारने के लिए तैयार हो गये। इसके बाद सभी क्रान्तिकारियों ने इस सम्भावित लड़ाई पर विचार-विमर्श किया। उन्होंने पूरी बात लिखते हुए दामोदर स्वरूप सेठ को एक पत्र बाहर भेजा जिसमें कहा कि वे सब तरह से तैयार रहें और जरूरत पड़ने पर यदि वे अनशन करें तो पाँच मिनट के भीतर उसके तार सब जगह भिजवा दें।

अगले दिन मेजर भंडारी के सामने मन्मथनाथ गुप्त की पेशी हुई। भंडारी ने कोई सवाल-जवाब नहीं किया, बल्कि सीधे ही उन्हें दो महीने की डंडा-बेड़ी की सजा दे दी। मन्मथनाथ ने भी स्वयं न कुछ बताया और न बोले, लेकिन जैसे ही डंडा-बेड़ी की सजा सुनाई गयी। उन्होंने फौरन ही अनशन की घोषणा कर दी और कहा कि सजा गलत तरीके से दी जा रही है। भंडारी कुछ नहीं बोला। उसने जमादारों से उन्हें ले जाने का आदेश दिया। उन्हें उसी दिन बेड़ी पहना दी गयी। उनके साथी चक्कर में उनकी प्रतीक्षा कर रहे थे। सजा की सूचना उन्हें मिल चुकी थी। मन्मथ जैसे ही पहुँचे उन्होंने बता दिया कि वे अनशन घोषित कर चुके हैं। सभी साथी क्रान्तिकारियों ने उनका पूरा समर्थन किया। लेकिन तय यह हुआ कि दूसरे साथी उनकी सहानुभूति में अनशन तब शुरू करेंगे जब यह खबर बाहर ठीक से पहुँच जाए। यह तरीका गुपचुप रखा गया। अगले दिन मन्मथनाथ गुप्त की फिर पेशी हुई क्योंकि वे अनशन शुरू कर चुके थे। मेजर भंडारी आज और भी कड़क थे। उन्होंने उनको एक महीने की कोठरी दे दी। सजा का यह तरीका पहले ही तय कर लिया गया था। वह यहाँ से सीधे कोठरी में ले जाए गये। वहाँ पहुँचते ही उन्हें अपने साथियों से लिखित सूचना मिल गयी थी कि परेशान होने की जरूरत नहीं है और लड़ाई की सारी तैयारी कर ली गयी है। उनसे यह भी कहा गया कि बाहर आज सूचनाएँ भेज दी जाएँगी और सभी साथी कल से अनशन की शुरुआत कर देंगे।

यह सचमुच कठिन लड़ाई थी जिसे क्रान्तिकारी कैद में रहकर लड़ रहे थे। मैं यही तो कहता हूँ कि क्रान्तिकारी कैद में भी निरन्तर संग्रामरत रहे। वे कभी ठहरे या रुके नहीं। काँग्रेसियों की तरह उन्होंने जेलों के भीतर रहकर आरामदायक जीवन नहीं बिताया। ...तो मन्मथनाथ गुप्त को चार नम्बर बैरक की कोठरी में भेज दिया गया। यह बैरक कोठरी वाली थी और बहुत खराब थी। वे बताते थे कि वहाँ सूरज की रोशनी नहीं पहुँचती थी। इतना अँधेरा था कि कुछ सूझे ही न। ये कोठरियाँ 1880-90 के समय में बर्मा की स्वतन्त्रता के युद्ध-बन्दियों के लिए बनाई गयी थीं। इस तरह क्रान्तिकारियों का संघर्ष कोई मामूली नहीं था। आज इसे लोग नहीं जानते कि देश के लिए उन्होंने कितने कष्ट सहे,

अपनी जिन्दगी के कितने पलों को अपनी धरती की मुक्ति के लिए कुर्बान कर दिया।

अगले दिन दो साथियों ने अनशन की घोषणा कर दी। मेजर भंडारी अब भी अकड़ते रहे और सजा की बात करते रहे। पर जब उन्होंने अखबारों में इस अनशन का समाचार देखा तो वे दंग रह गये। घबराए भी। उन्हें पहले यह अनुमान नहीं था कि काकोरी के इन राजनीतिक बन्दियों के बाहर इतने सक्रिय और प्रभावशाली साथी हैं। क्या इसका श्रेय बरेली के ही क्रान्तिकारी दामोदर स्वरूप सेठ को नहीं देना चाहिए। इसीलिए मैं बार-बार कहता हूँ कि सेठ की क्रान्तिकारी भूमिका का मूल्यांकन किया जाना अभी शेष है जिसकी ओर किसी का ध्यान नहीं है। सभी ने जान बूझकर क्रान्तिकारी मुकुन्दीलाल को इस अनशन से दूर रखा था। अनशन करने की जो लिखित सूचना सरकार को भेजी गयी थी उसमें किताबों की जिल्द काटे जाने का मामला भी उठाया गया था और साथ ही राजनीतिक बन्दियों के लिए विशेष व्यवहार का भी। जानना-समझना होगा कि क्रान्तिकारी बहुत सूझ-बूझ से इस लड़ाई को आगे ले जा रहे थे। उन्होंने खूब सोच लिया कि अनशन तो नितान्त कठिन लड़ाई है, यदि उसे दूर और देर तक जारी रखना पड़ा तो वे इसे राजनीतिक बन्दियों के विशेष व्यवहार की माँग से जोड़ देंगे। लेकिन हुआ यह कि सुपरिन्टेन्डेन्ट ने जल्दी ही मन्मथनाथ की बेड़ी काटना और उनकी कोठरी की सजा भी रद्द करना तय कर लिया। घोषित तो नहीं, पर अप्रत्यक्ष तौर पर यह भी मान लिया गया कि वे कैदी मशक्कत भी नहीं करेंगे और पहले की तरह रहेंगे।

बाहर जो समाचार छप रहे थे उनकी कतरनें भीतर क्रान्तिकारियों के पास गुपचुप ढंग से आ रही थीं। अनशन का छठा दिन हुआ कि मुकुन्दीलाल को उनसे मिलने की अनुमति दे दी गयी। उन्होंने सुपरिन्टेन्डेन्ट की ओर से यह प्रस्ताव रखा कि यदि वे अनशन तोड़ना मंजूर करें तो उनकी बेड़ी काट दी जाएगी और कोठरी से निकाल दिया जाएगा। तब उन्होंने किताबों के मामले में भी उन्हें बात करने भेजा। सुपरिन्टेन्डेन्ट ने यह भी मान लिया। उसने यह आश्वासन दिया कि भविष्य में वे तब तक उनके लिए आई किताबों की जिल्द नहीं काटेंगे जब तक वे यह सन्देह न करें कि उनमें कोई गैर कानूनी वस्तु छिपी हुई है और उस हालत में भी जिल्द की मरम्मत सरकारी खर्चे पर होगी। यह शर्तें मानी जाते ही अनशन तोड़ दिया गया। उनकी बेड़ियाँ कट गयीं और वे कोठरी से बाहर आ गये। मेजर का रुतबा क्रान्तिकारियों पर नहीं चला। वे अब बुझ-से गये थे। यही नहीं, उन्होंने अनशन करनेवाले क्रान्तिकारियों के गिरते स्वास्थ्य का समाचार पढ़ा तो उन्होंने उनके लिए एक पौंड दूध भी बाँध दिया। यह बड़ी जीत थी।

लाहौर षड्यन्त्र के मामले के क्रान्तिकारी भी वहाँ अनशन शुरू कर चुके थे। यह 1929 की बात है। भगतसिंह ने तो पहले ही दिल्ली में रहते अनशन शुरू कर दिया था। शायद मई में ही। लाहौर कैदियों ने उनके 30 दिन बाद यानि 22 जून को अनशन की शुरुआत की। बरेली में काकोरी वालों की भूख हड़ताल स्थानीय माँगों को लेकर थी, पर वे चाहते थे कि उनकी यह लड़ाई लाहौर वालों से जुड़े और उन्हें ताकत दे। काकोरी वालों ने पहले अनशन के जरिए जिस विशेष व्यवहार की लड़ाई को जीता था वह अन्ततः चिकित्सीय आधार था। लाहौर वाले ऐसा नहीं चाहते थे कि उन्हें डॉक्टरी कारणों से विशेष व्यवहार मिले। वे इसके लिए कतई तैयार नहीं थे। उन्होंने उस लड़ाई को वहीं से और मजबूती से उठा लिया। बटुकेश्वर दत्त की हालत इस अनशन में चिन्ताजनक हो गयी और बंगाल के यतीन्द्रनाथ दास 63 दिन बाद 13 सितम्बर, 1929 को इसी में शहीद हो गये। भगतसिंह इस अनशन में गणेशशंकर विद्यार्थी को बता चुके थे कि काकोरी कैदियों की भाँति विशेष व्यवहार के लिए किसी झाँसे में नहीं आएँगे।

यतीन्द्रनाथ दास की शहादत का समाचार बरेली में काकोरी वालों को मिला तब उन्हें लगा कि सरकार क्रान्तिकारियों को डराना चाहती है। इसलिए उन्होंने भी अनशन शुरू कर दिया। इस बार इसका स्थानीय शिकायतों से कोई ताल्लुक नहीं था। यह पूरी तरह से राजनीतिक अनशन था। पर यहाँ के अधिकारी उसे अपने विरुद्ध ही मान रहे थे। क्रान्तिकारियों को फौरन ही बर्मा के युद्ध-बन्दियों के लिए बनी कोठरियों में डाल दिया गया। इस बार बाहर सूचनाएँ जाने और आने पर अधिक सख्ती कर दी गयी। पर इस अनशन की विशेषता यह थी कि इसमें करीब तीन सौ मामूली कैदी भी शामिल हो गये। यतीन्द्र की शहादत ने देश को हिला दिया था। मेजर भंडारी के बारे में मन्मथनाथ गुप्त बताया करते थे कि वह वैसे तो ठीक-ठाक सुपरिन्टेन्डेन्ट था पर कैदियों को गैर कानूनी तरह से पिटवाने में उसे मजा आता था। लेकिन जब मामूली कैदियों ने भी अनशन कर दिया तो वह बहुत घबराया उसने सब अनशनकारियों को कोठरियों में बन्द करवा दिया और एक-एक करके निकलवाकर उनकी पिटाई करवाई जब तक उन्होंने खाना लेना स्वीकार नहीं कर लिया। कुछ कैदी फिर भी अनशन पर डटे रहे। पर वे भी जल्दी टूट गये। काकोरी के क्रान्तिकारियों का यह अनशन सितम्बर के अन्त तक चला। कोई स्थानीय एमएलसी जिनका नाम पता नहीं, वे जेल में काकोरी वालों को यह बताने आए कि लाहौर में उनका अनशन समाप्त हो गया है सो वे भी इसे तोड़ दें।

पर इस बार काकोरीवालों के लिए यह अनशन अधिक कष्टकर रहा क्योंकि वे अनशन की पिछली लड़ाई से अभी पूरी तरह उबर नहीं पाए थे कि यह दूसरी

लड़ाई उनके सिर पर आ पड़ी थी।

लाहौर का अनशन समाप्त हो गया था। सरकार ने कमीशन बनाया। शायद वह चीजों को टालना चाहती थी। यह समझकर फरवरी, 1930 को लाहौर के क्रान्तिकारियों ने फिर अनशन कर दिया। जैसे ही बरेली वालों को इसकी सूचना मिली वे भी इसके लिए तैयार हो गये। पर इस बार अधिक दृढ़ता के साथ। उन्होंने सोच लिया कि इस बार वे आर-पार लड़ाई लड़ेंगे और बिना माँगें पूरी होने पर यदि लाहौर वाले अनशन तोड़ भी देंगे तो भी वे पीछे नहीं हटेंगे। यह तय करके काकोरी के चारों साथी अनशन पर चले गये। उन्होंने सरकार को अपनी माँगें स्पष्ट कर दीं। मेजर भंडारी फिर सख्त हो गये। उन्होंने उन्हीं बर्मा वाली कोठरियों में उनको डाल दिया। यह अनशन 7 फरवरी को शुरू हुआ था, जबकि 16 जनवरी को मन्मथनाथ गुप्त के पिताजी का निधन हो गया था। बाबू श्रीप्रकाश ने जेल अधिकारियों को यह समाचार यह कह कर भिजवाया था कि उन्हें यह दुखद सूचना बहुत सँभाल कर दें। पर जेल अधिकारियों की निष्ठुरता को देखिए कि जब मन्मथ की कोठरी रात के लिए बन्द हो रही थी तब उन्हें यह बताया गया। यह नौकरशाही की विकट हृदयहीनता थी। जिस रोज मन्मथनाथ गुप्त ने अनशन शुरू किया वह उनका बाइसवाँ जन्मदिवस था। कैसा रहा होगा तब उनके मन में। अपने जन्म की तिथि को सोचकर और दूसरी ओर पिता को उन स्थितियों में खोने की पीड़ा। आज कौन जाने उनका त्याग। वे खूब समझते थे कि इस बार की लड़ाई ज्यादा कठिन होगी। इसका निपटारा आसान नहीं होगा। सो वे मृत्यु तक जाने का फैसला कर चुके थे। सरकार जानती थी कि अनशनकारी बलात्पान से अपनी लड़ाई को देर तक जारी रख पाते हैं इसलिए उसने इस बार उतना ही बलात्पान तय किया जिससे उनकी मौत न होने पाए यानी जीवन किसी तरह चलता रह सके। मेजर भंडारी छुट्टी पर जानेवाले थे लेकिन इस अनशन के शुरू हो जाने से उन्हें ड्यूटी पर रोक दिया गया। इससे वह और भी खिन्न हुआ। वह तो उसे डर था कि कहीं समाचारपत्रों में कुछ ऐसा-वैसा न छप जाए अन्यथा वह अपने स्वभाव के अनुसार अनशनकारियों की पिटाई करवा देता।

यहाँ इन क्रान्तिकारियों के त्याग और बलिदान के सम्मुख हमें नतमस्तक होना पड़ता है। ...अब क्रान्तिकारियों को रात-दिन कोठरियों में बन्द रखा जाने लगा था। बरेली में जबरदस्त ठंड थी और कोठरियों के भीतर सर्दी से बचाव का कोई रास्ता नहीं। बर्फ की मानिन्द फर्श। सीले हुए। गन्दे। दरवाजे तभी खुलते जब उनका वजन किया जाता या पानी भरना होता या फिर सफाई होती। पहले रात में उन्हें एक लालटेन दे दी गयी थी। लेकिन बाद में उसे भी छीन लिया गया था।

उन कठिन रातों का मीजान कौन लगाए। मेजर भंडारी ने यह दिखाना चाहा कि उन्हें अनशन की कोई परवाह नहीं है। सो वे एक सप्ताह तक इन क्रान्तिकारी कैदियों से मिलने ही नहीं आए। इसके बाद आए तो भी अनशन के बारे में कुछ नहीं कहा-पूछा। केवल नाड़ी देखी और चले गये। अनशनकारियों का वजन तो घट ही रहा था और नाड़ी भी धीमी गति से चलने लगी थी। जेल प्रशासन ने बहुत चाहा कि अनशन का कोई समाचार बाहर न जाए पर क्रान्तिकारी उसे तिकड़म से भेज ही देते और वह सब अखबारों में छप जाता। इन क्रान्तिकारियों की विशेषता यह थी कि इस बार उन्होंने अपनी लड़ाई को पूरी तरह लाहौर के क्रान्तिकारियों के साथ जोड़ कर बड़े संग्राम में तब्दील कर दिया था। अब अखबारों में जो छपता वह व्यापक आधार वाला था। उसमें स्थानीय शिकायतें नहीं होती थीं। साथ ही अखबार वाले यह भी करते कि अनशन के समाचारों के साथ काकोरी के मामले का विवरण और इन क्रान्तिकारियों की संक्षिप्त जीवनियाँ भी छापकर पाठकों तक पहुँचाने लग गये थे। इससे उनकी लड़ाई को बल मिल रहा था।

क्रान्तिकारियों के इस अनशन के प्रति गाँधी का नजरिया ठीक नहीं था। उन्हें क्रान्तिकारियों की अनशन की लड़ाई भी पसन्द न थी। दरअसल, उनके लिए सवाल अहिंसा या हिंसा का था ही नहीं। वे स्वतन्त्रता संग्राम पर अपना एकछत्र अधिकार चाहते थे और उसे उनकी शर्तों पर जनता से संचालित करवाना चाहते थे। हिंसा-अहिंसा की बात तो उनके लिए कोरा बहाना थी। यदि ऐसा न होता तो उन्हें क्रान्तिकारी अनशनकारियों की लड़ाई का समर्थन और सहयोग करना चाहिए था। इसमें हिंसा कहाँ थी और इस रास्ते को वे स्वयं अपनाते थे। पर गाँधी ने कभी भी क्रान्तिकारियों के इस मार्ग का पक्ष नहीं लिया बल्कि सदैव उदासीन बने रहकर एक तरह से इसके विरोध में ही खड़े रहे। हाँ, यह जरूर था कि आम काँग्रेसी अवश्य क्रान्तिकारियों के पक्ष में था। उसे इनसे सहानुभूति थी। क्रान्तिकारियों के प्रति गाँधी का रवैया तो हमेशा पक्षपातपूर्ण रहा। वे अँग्रेजों से ज्यादा आगे बढ़कर उनकी आलोचना करते रहे।

दूसरी जेलों के राजनीतिक कैदियों ने भी अनशन करके इन क्रान्तिकारियों का अनोखा साथ दिया। देश में एक लहर उठी। यतीन्द्रनाथ दास के बलिदान का यह नतीजा था। सरकार भी नहीं चाहती थी कि इस अनशन से दूसरा यतीन्द्रनाथ पैदा हो और उसके लिए मुश्किलें खड़ी हो जाएँ। यतीन्द्र की अरथी के पीछे बंगाल में रिकार्ड भीड़ थी। यह बंगाली जनता की क्रान्तिकारी चेतना का नमूना था। ऐसा सम्मान उसने फिर किसी को नहीं दिया। इन परिस्थितियों और जन दबाव में सरकार ने एक अपील प्रकाशित की जिसमें कहा गया था —'कुछ समय से भारत सरकार इस विषय पर विचार करती रही है कि जेल नियमों में कुछ

सुधार होने चाहिए। यह मामला प्रान्तीय सरकारों के विचारार्थ भेजा गया था, और उन लोगों ने गैरसरकारी जनमत की सलाह से अपने मन्तव्य तैयार किए हैं। इसके बाद प्रान्तीय प्रतिनिधियों की एक कान्फ्रेंस हुई और भारत सरकार ने केन्द्रीय असेम्बली के कुछ प्रमुख सदस्यों के साथ तर्क-वितर्क किया। जो विषय विचारार्थ थे, वे बहुत जटिल तथा कठिन पाए गये, और उन पर तरह-तरह के मत आए हैं। भारत सरकार ने इन मतों पर उस हालत में पूरे तरीके से विचार किया है, जिस हालत में उनके मतों को पूर्णरूप से मानना सम्भव नहीं था। इन तर्क-वितर्कों तथा विचार-विनियमों के बाद भारत सरकार जिन नतीजों पर पहुँची है, और जिनका सारे भारतवर्ष में पालन होना चाहिए, वे ये हैं।'

सरकार ऊपर से यह दिखाना चाहती है कि उसे क्रान्तिकारियों के अनशन की खास फिक्र नहीं है। सरकार ने अवश्य 'ए', 'बी' और 'सी' श्रेणियाँ तय कर दी थीं और कैदियों के लिए काले-गोरे का भेद भी समाप्त कर दिया गया था। देखा जाए तो यह बहुत बड़ा परिवर्तन था जेल के भीतर। फिर भी भगतसिंह के ग्रुप तथा काकोरी के कैदियों ने जिन माँगों को अनशन के जरिए रखा था, वे बहुत दूर थीं। पर भगतसिंह आदि ने 19 फरवरी को अनशन खत्म कर दिया।

21 फरवरी को यानी लाहौर वालों का अनशन खत्म होने के बाद मेजर भंडारी ने यहाँ अनशनकारियों को विज्ञप्ति के साथ वहाँ के अनशन के समाप्त होने की बात कही। बरेली में भूख हड़ताल के 14 दिन हो चुके थे। चारों क्रान्तिकारियों की कोठरियाँ खोलकर स्ट्रेचरों पर लिटाकर बाहर निकाला गया। कहा गया उनसे कि वे सब एक राय होकर अनशन तोड़ना तय करें। पर साहस देखिए कि वे आपस में मशविरा करने के बाद इस परिणाम पर पहुँचे कि विज्ञप्ति पर्याप्त नहीं है। यह किस तरह मान लिया जाए कि प्रान्तीय सरकारें इस आधार पर कुछ सुधार करेंगी। सो उन्होंने फैसला दे दिया कि अनशन तब तक जारी रखा जाएगा जब तक कि स्पष्ट नतीजा नहीं निकलता। भगतसिंह और उनके साथियों की बात दूसरी थी। वे हवालाती थे इस कारण उन्हें विशेष व्यवहार मिल ही रहा था, और वे कुछ दिन विज्ञप्ति के आधार पर चीजों के लागू होने की प्रतीक्षा करते रह सकते थे। पर काकोरी के क्रान्तिकारियों की स्थिति दूसरी थी। उन्हें वर्गीकरण का कोई लाभ होगा या नहीं, यह प्रश्न भी था क्योंकि वे दुबाड़ा करार दिए जाकर खतरनाक और संगठित भी मान लिये गये थे। ऐसा प्रथम लाहौर षड्यन्त्र केस के कैदियों के साथ हो चुका था जो अन्त तक विशेष व्यवहार के हकदार नहीं माने गये। 1937-38 की बनी काँग्रेसी सरकार ने ही उन्हें 'सी' से 'बी' क्लास का दर्जा दिया था।

बरेली सेन्ट्रल जेल के अधिकारी तब यह मान बैठे थे कि जब लाहौर वालों

ने अनशन समाप्त कर दिया है तो यहाँ भी वह जारी नहीं रह सकेगा। पर यहाँ अनशन नहीं टूटा। इस बिन्दु पर यह जान लेना जरूरी होगा कि मन्मथनाथ गुप्त, शचीन्द्रनाथ बख्शी, राजकुमार सिन्हा और मुकुन्दीलाल इन चारों में मुकुन्दीलाल अनशन जारी रखने के पक्ष में नहीं थे। पर जब उन तीनों ने भूख हड़ताल न तोड़ने का फैसला लिया तो मुकुन्दीलाल भी उनके साथ हो गये। इन क्रान्तिकारियों के बाहर के मित्र, खासकर दामोदर स्वरूप सेठ की भी यह राय थी कि अनशन जारी न रखा जाए। पर इस सबसे उनके इरादों में कोई कमी नहीं आई। क्रान्तिकारी दल के शुभचिन्तक, मित्र और सदस्य बाहर भी थे। पर मैं यहाँ खास तौर पर यह बताना चाहूँगा कि बरेली जेल में भूख हड़ताल कर रहे इन क्रान्तिकारियों के पास देश के कोने-कोने से प्रतिदिन तार आते थे। इनमें एक भगतसिंह और उनके साथियों ने भी भेजा था कि उन्होंने अनशन तोड़ दिया है, और उनका यह अनुरोध है कि वे भी इसे समाप्त कर दें। शायद यह सोचकर कि सम्भव है यह तार न मिले सो भगतसिंह ने अपने पिता सरदार किशनसिंह से भी एक तार दिलवाया। यही नहीं भगतसिंह ने अदालत में इस तरह का बयान भी दिया। इससे देश भर के अखबारों का ध्यान इन काकोरी वालों की तरफ चला गया। अब यह बड़ा समाचार बन गया कि बरेली में काकोरी वाले अब भी अनशन पर हैं।

इतना लम्बा अनशन निश्चय ही बहुत मुश्किल भरा था। भूख हड़ताल की लड़ाई वैसे भी सबसे कठिन है। अनशनकारी निरन्तर क्षीण होते जा रहे थे। दिन कट जाते थे तो रातों का बीतना भयावह। उनके सामने बड़ा आदर्श था और वही उन्हें इस मोर्चे में ताकत दे रहा था। मुकुन्दीलाल ने कहा था जहाँ तक हो सकेगा वे सभी का साथ देंगे। उन्होंने 16वें दिन अनशन तोड़ दिया। इससे साथियों को दुख तो हुआ पर वे निराश नहीं हुए, न ही उन्हें आश्चर्य हुआ। मुकुन्दीलाल ने कोई वादाखिलाफी नहीं की थी। 18वें दिन बख्शी दादा की स्थिति इतनी नाजुक हो गयी कि उन्हें काल कोठरी से उठाकर अस्पताल ले जाना पड़ा। उनकी नाड़ी की गति 40 जा पहुँची। उन्हें जबरन बलात्पान कराना पड़ा। इसके बाद राजकुमार सिन्हा अस्पताल ले जाए गये। मन्मथनाथ गुप्त 20 दिन बाद वहाँ पहुँचे। यद्यपि वे उम्र में सबसे कम थे। उनका वजन 25 पौंड घट चुका था। वे इतने अशक्त हो चुके थे कि अस्पताल ले जाते समय उन्हें कई बार बेहोशी आई। सभी क्रान्तिकारी इतने कमजोर हो गये थे कि उन्हें बिस्तर पर अपने आप करवट लेना भी कठिन था। अस्पताल में उनको ऐसी कोठरियों में ले जाकर रखा गया जहाँ संक्रामक बीमारियों का खतरा था। पर यहाँ दीवारों में जंगले थे जिससे उन्हें थोड़ा खुलापन लगा। वहाँ से उन्हें रोशनी दिखाई दी। पेड़-पौधे भी।

मन्मथनाथ गुप्त को जो बलात्पान कराया गया था उसमें उन्हें एक गिलास

दूध के साथ अंडे की सफेदी दी गयी थी। उससे उन्हें लगा कि वे अब बैठ सकते हैं। उन्होंने अपने दो अन्य अनशनकारी साथियों से बातचीत करनी चाही, पर वह सम्भव न था। रात में उनकी वार्ता हो सकी। यद्यपि बलात्पान एक कठिन प्रक्रिया है। तकलीफदेह भी। इसमें कई तगड़े लोग कैदी को गिराकर उसकी नाक में रबड़ की नली डालकर उसके पेट में तरल पदार्थ जबरदस्ती उतार देते हैं। इस खींचातानी से व्यक्ति की आँखों में आँसू आ जाते हैं।

मेजर भंडारी बहुत अच्छा डॉक्टर था। चिकित्सा की पत्रिकाओं में उसके लेख छपते रहते थे। वह यह भी जानता था कि एक बार बलात्पान के बाद कैदी बार-बार चाहता है कि उसके पेट में कुछ पहुँचे। इस मनोविज्ञान को जानते हुए वह बलात्पान कराए जाने से पहले कोठरी के बाहर एक मेज पर दूध का गिलास भी भरवा कर रख देता था। फिर कैदी की नाड़ी देखकर कहता कि आज इसकी जरूरत नहीं है। उसके यह कहते ही वे सारी चीजें वहाँ से हटा ली जातीं। इस तरह वह अनशनकारी को तोड़ना चाहता था। वह उन्हें सुनाने के लिए अकसर चलते हुए यह भी उच्चारित करता कि अनशन करने का कोई लाभ नहीं है।

पहले दिन के बाद मन्मथनाथ गुप्त को छब्बीसवें दिन और फिर तीसरी बार चालीसवें दिन बलात्पान कराया गया। यानी चालीस दिन में उनके शरीर में सिर्फ चार पौंड दूध रबर की नली से पहुँचाया गया था। ऐसे में यह मानो कि वह पूरा-पूरा उपवास ही था। वे केवल जिन्दा रहें इसके लिए ही प्रक्रिया तीन बार अपनाई गयी। सोचा जा सकता है कि इन परिस्थितियों में उनके भीतर कितनी जीवनी शक्ति बची होगी। उनकी नाड़ी की गति 36 तक पहुँच चुकी थी। अनशन बहुत धैर्य की लड़ाई है, कदम-कदम थका देनेवाली। इसमें कूदना आसान नहीं है। जिसके भीतर इस युद्ध को आर-पार लड़ने का माद्दा हो वही इसमें कूद सकता है।

एक कैदी को इन अनशनकारी क्रान्तिकारियों की देखभाल और सेवा के लिए लगाया गया था। वह एक जाट था। जवान। एक-एक कर कोठरी खोली जाती और क्रान्तिकारी इतने अशक्त हो गये कि वह जाट भीतर पहुँचकर दीवार के सहारे उन्हें बैठाता था। फिर उन्हें हाथ-मुँह धुलाता। उसके बाद बिस्तर पर लिटाकर उनकी मालिश करता। इससे उन्हें आराम तो मिलता परन्तु पूरे शरीर में दर्द की एक टीस उठती रहती। एक रोज मेजर भंडारी से मन्मथनाथ ने अपनी तकलीफ के बारे में बताया। बोले—'इसमें किसी दवाई से लाभ नहीं हो सकता। इसका इलाज भोजन ही है।'' अवश्य मालिश से कोई फायदा नहीं होता पर ऐसे में समय ठीक से कट जाता और इससे वे राहत महसूस करते। यहाँ मैं पुन: दामोदर स्वरूप सेठ का जिक्र करना चाहता हूँ। वह यह कि इन स्थितियों में अनशन करनेवाले क्रान्तिकारियों की डाक व्यवस्था अत्यन्त चौकस थी। एक जमादार बिला

नागा सेठ के घर आता और इस तरह उनकी खबरें वहाँ पहुँच जातीं और बाहर की सूचनाएँ, अखबारों की कतरनें आदि उनके पास आ जातीं। इस जमादार को सुशीला घोष काफी पैसे दिया करती थीं। जब बाहर से अखबारों में छपी खबरें पढ़ते तो क्रान्तिकारी उत्साह से भर जाते और उन्हें कष्टों के बीच भी अपना रास्ता आसान लगने लगता। उनके पास अनशन तोड़ने का अनुरोध करनेवालों का ढेर लग गया था। गाँधी को छोड़कर सभी ने उनसे इसके लिए अपीलें की थीं। अब तक सेठ भी समझ चुके थे कि काकोरी वाले अपनी लड़ाई से पीछे हटनेवाले नहीं हैं। शायद इसीलिए वे उन्हें और भी डटकर सहयोग करने लगे।

यहाँ तो चालीस दिन ही हुए थे जबकि भगतसिंह इससे पहले 114 दिन का अनशन कर चुके थे। मैंने पहले भी कहा कि अनशन की लड़ाई में भी सदैव क्रान्तिकारी ही आगे रहे, गाँधी या कोई गाँधीवादी कभी नहीं। ...सरकार अब काकोरी वालों के जीवन से ज्यादा नहीं खेल सकती थी। लड़ाई अब निर्णायक बिन्दु पर आ गयी थी। मुलाकातियों की संख्या बढ़ गयी थी और सरकार उन्हें रोक नहीं रही थी। मेजर भंडारी की जगह जो अधिकारी आने को थे वे सप्ताह भर नहीं आ सकते थे। इसलिए आगरा सेन्ट्रल जेल से फिलहाल मेजर जाफरी को बरेली भेज दिया गया। यदि अनशन न चल रहा होता तो डिप्टी मजिस्ट्रेट आकर चार्ज ले लेता लेकिन सरकार ने उन परिस्थितियों में त्वरित व्यवस्था की। उन्होंने आते ही अनशनकारियों को बलात्पान कराना शुरू कर दिया। पर इससे उनकी स्थिति में बहुत फर्क नहीं आ रहा था। अब उनकी शक्तिहीनता बढ़ती ही जा रही थी। अनुमान लगाया जा रहा था कि 70 दिनों से ज्यादा अनशन को क्रान्तिकारियों द्वारा खींचा नहीं जा सकता। क्या होगा और क्या न होगा की स्थिति में जाफरी को अपनी एक रिपोर्ट सरकार को भेजनी पड़ी। हालात इतने नाजुक हो चले थे कि जो भी क्रान्तिकारियों से मिलने आता वह उन्हें देखकर द्रवित हो उठता। उसके भीतर वेदना और चिन्ता का समावेश हो जाता। पर क्रान्तिकारियों ने तो मृत्यु से लोहा लेने की बात मन में ठान ली थी।

इस मध्य होली आई और चली गयी। बहुत-से कैदी उनसे मिलने आए। वे तो कहीं उठकर जा नहीं सकते थे। पूरी जेल में अनशन की बात फैल गयी थी। अजब दृश्य होता। कैदी आपस में बातें करते हुए अनशनकारियों की कोठरी के पास आते और उन्हें देखकर खामोश हो जाते। जेल से बाहर अनशनकारियों के समर्थन और उनकी माँगों को पूरा करने के लिए सभाएँ होने लगीं। अखबार उनकी खबरों से भरे होते। सम्पादकीय टिप्पणियाँ जल्दी-जल्दी छपने लगीं।

देश की जनता क्रान्तिकारियों के पक्ष में थी। इस मामले में गाँधी से उसका दिमागी तालमेल बिलकुल नहीं था। ...तो अनशन का 45वाँ दिन हो चुका था

पर क्रान्तिकारी अपने रास्ते पर अडिग थे। मुझे यह बात प्रतिक्षण याद रहती है कि उस रोज एक मुलाकाती ने मन्मथनाथ गुप्त से स्पष्ट कह दिया कि अब उन्हें उनके अनशन को तुड़वाने की फिक्र छोड़कर उनकी लाशों के सम्बन्ध में बन्दोबस्त करना चाहिए क्योंकि अब कुछ दिनों और घंटों की बात है। तो यह था उनका जीवट। इस साहस को सलाम करने को चाहता है। ...यह खबर पहुँची तो हलचल मच गयी। सभाएँ, जुलूस और नारे-प्रदर्शन। 46वें दिन गणेशशंकर विद्यार्थी मिलने आ गये। वे नवाब छतारी से मिलकर और यह आश्वासन लेकर आए थे कि अनशन क्रान्तिकारियों की माँगें मान ली जाएँगी। पर इसमें कुछ समय लगेगा। पर इस प्रस्ताव पर क्रान्तिकारी सहमत नहीं थे। उन्होंने विद्यार्थी से कह दिया कि उन्हें दुख है कि वे उनके अनुरोध को मान नहीं सकते। साथ ही वे यह स्मरण कराना नहीं भूले कि एक बार उनके कहने पर अनशन तोड़ा गया था लेकिन उसका कोई नतीजा नहीं निकला। यहाँ यह बताना होगा कि गणेशशंकर विद्यार्थी कैदियों के वर्गीकरण की माँग से सहमत नहीं थे। उनका कहना था कि इससे राजनीतिक कैदियों में भेदभाव पैदा हो जाएगा। काकोरी कैदियों से उनकी यह अन्तिम मुलाकात थी। इसके साल भर बाद ही वे कानपुर के हिन्दू-मुस्लिम दंगे में मार दिए गये।

नवाब छतारी के सन्देश से यह साफ हो गया था कि सरकार झुकनेवाली है पर देर कर रही है। मन्मथनाथ गुप्त तो यहाँ तक कहते थे कि शायद गणेशशंकर विद्यार्थी के चले जाने के बाद गोविन्द बल्लभ पन्त के यहाँ से एक तार मिला था जिसमें लिखा था कि उनकी माँगें मान ली गयी हैं और उन्हें अनशन खत्म कर देना चाहिए।

यहाँ बरेली जेल में जाफरी का निर्धारित समय समाप्त होते ही कैप्टन जी.एस. गिल सुपरिन्टेन्डेन्ट के पद पर आ गये। सिख थे पर दाढ़ी नहीं रखते थे। बहुत भले स्वभाव के थे। पत्नी उनकी अँग्रेज थी। वे इंग्लैंड में बहुत दिनों रहे थे इसलिए उनका रहन-सहन भी उन्हीं के माफिक हो गया था।

क्रान्तिकारियों को इससे थोड़ी राहत मिली। बाहर आन्दोलन तेज हो गया था और भीतर एक रात बख्शी दादा की हालत बहुत खराब हो गयी। गिल ने उन्हें जंगले से देखा और स्थिति का अनुमान लगा लिया। उन्होंने फौरन बलात्पान की आज्ञा दी। जेलर और डॉक्टर ने इसके लिए मना किया। कहा कि रात में कोठरी कैसे खुलेगी और दूध कहाँ से आएगा। लेकिन गिल ने कुछ नहीं सुना। उन्होंने जो कुछ सख्ती से किया उसकी खबर बाहर शहर में पहुँच गयी।

यह भी खबर बरेली में फैली कि काकोरी का कोई कैदी मर गया है। इसके बाद हुआ यह कि जुलूस बनाकर जनता हाथों में फूल-मालाएँ लिये नारे लगाती

हुई सेन्ट्रल जेल के फाटक तक आ गयी। काँग्रेस के स्थानीय नेतागण भी थे लेकिन पीछे। कैप्टन गिल ने उन लोगों को समझाया। कहा कि कोई मरा नहीं है। देश भर में एक लहर आ गयी। अखबारों में सम्पादकीय टिप्पणियों की बाढ़ आ गयी। उर्दू के 'वन्देमातरम्' ने लिखा था कि यदि अनशनकारियों में खुदा-ना-खास्ता कोई मर गया तो खून की नदियाँ बहेंगी और यह उचित ही होगा। हिन्दी दैनिक 'वर्तमान' ने लिखा है कि सरकार को याद रखना चाहिए कि जनता की सहनशक्ति की हद है।

एक दिलचस्प बात और कि एक रात कैप्टन गिल इन अनशनकारी क्रान्तिकारियों के पास आए और बोले—'जरा कल्पना तो कीजिए कि मैं कहाँ गया था। आप कभी कल्पना भी नहीं कर सकते कि मैं कहाँ गया था। मैं अभी आप लोगों के सम्बन्ध में रोज होनेवाली सभा में गया था। मैंने बिलकुल भेष बदल लिया था। वक्ताओं में से एक मुझे बड़ी गालियाँ सुना रहे थे और यह कह रहे थे कि मैं आप लोगों को सताकर मार रहा हूँ। ये काँग्रेसी लोग भी कितने रद्दी होते हैं।' फिर जाने क्यों कुछ ठहरकर वे कुछ सोचकर बोले—'यह अच्छा ही है कि वे हमें गालियाँ दे रहे हैं। जब अगली बार वे यहाँ आप लोगों से मिलने आएँ तो उनसे कह दीजिएगा कि वे मुझे और भी गालियाँ दें।'

भगतसिंह ने जेल में रहते हुए इस अनशन में काफी सक्रियता दिखाई। चन्द्रशेखर आज़ाद बहुत सतर्क और सक्रिय पार्टी सेनापति थे। उनसे कहीं चूक नहीं हो सकती थी। वे हर स्थिति पर नजर रखते थे। ठीक इसी समय आज़ाद का एक सन्देश काकोरी के इन अनशनकारियों को मिला कि उन्हें विश्वस्त सूत्रों से पता लगा है कि उनकी माँगें पूरी होने जा रही हैं। इसलिए वे अनशन तोड़ दें। आज़ाद के इस सन्देश में कुछ अलग नहीं था। पर आज़ाद ने इसके साथ ही यह भी कहा कि यदि इसके बाद उनके साथ धोखा हुआ तो जेलों के आई.जी. कर्नल पामर तथा कुछ अन्य बड़े अफसरों को गोलियों से उड़ाकर हम इसका बदला लेंगे।

मत्यु के नजदीक पहुँच चुके उन अनशनकारी क्रान्तिकारियों ने आज़ाद के सन्देश के उत्तर में अपने सेनापति को लिखकर यह उत्तर भेज दिया कि वे उनके सन्देश से बहुत विचलित हुए हैं और अब उनके सन्देश को प्राप्त करने के बाद हमारे लिए मृत्यु बहुत आसान हो गयी है। उन्होंने आज़ाद को लिखा था कि अब हमारे सम्बन्ध से परेशान न हों। इस बार हमने तय कर लिया है कि हम किसी भी तरह बीच में अनशन नहीं तोड़ेंगे, इसलिए हम आपके अनुरोध को नहीं मान सकते। भगतसिंह को लाहौर जेल से छुड़ाने की योजना आज़ाद के नेतृत्व में आकार ले रही थी। अन्तिम क्षणों में भगतसिंह स्वयं इसके लिए यदि

अनिच्छुक न हो जाते तो उनके द्वारा यह कार्यवाही सम्भव थी। उनकी सक्रियता की अनेक गाथाएँ हैं, पर यहाँ केवल इतना ही बताना चाहूँगा कि सत्याग्रह के दिनों में जब स्त्रियाँ जेल के भीतर जा रही थीं तब उनके साथ जेलों में दुर्व्यवहार होता था। उन दिनों कानपुर जेल में अमानुल्ला जेलर थे। उनका हुक्म था कि जेल में स्त्रियों को सिन्दूर लगाने और चूड़ियाँ पहनने की इजाजत नहीं दी जाएगी। इसके लिए स्त्रियों पर बल प्रयोग भी किया गया। आज़ाद ने यह सुनकर अमानुल्ला को लिख भेजा कि यदि वे स्त्रियों पर ऐसे अत्याचार करेंगे तो उन्हें गोली मार दी जाएगी। कर्नल पामर को उन्होंने तब भी धमकी भरा सन्देश भेजा था, जब छोटी-छोटी बातों के लिए सत्याग्रहियों पर जेलों में अत्याचार हो रहा था। उनकी धमकियों का बहुत असर पड़ा। आज़ाद के नाम से सरकारी अधिकारी काँपते थे।

काकोरी वालों की वह लड़ाई ही कुछ अजीब थी जहाँ से वे पीछे नहीं हट सकते थे। उन्होंने हार मानना स्वीकार भी नहीं किया। उनके सामने मर-मिटने के अलावा कोई रास्ता न था।

शचीन्द्रनाथ बख्शी ने एक बार बताया कि अनशन के 47वें या 48वें दिन उनकी बहन और पिता उनसे मिलने आए। जेल के अस्पताल में आकर वे मिले। चलते समय बख्शी दादा ने उनसे कहा कि वे फौरन बनारस लौट जाएँ। उन्हें मालूम था कि चन्द्रशेखर आज़ाद उन दिनों बरेली शहर में आए हुए हैं। आज़ाद को उन्होंने खबर भेज दी थी कि जेल से उन लोगों को भगाने की कार्यवाही न की जाए क्योंकि अनशनकारी काफी अशक्त हो चुके हैं और उनके लिए निकलकर आना सम्भव नहीं होगा। यद्यपि आज़ाद ने इसकी पूरी तैयारी कर ली थी। अनशन का 50वाँ दिन आते ही राजकुमार सिन्हा की तबियत बहुत खराब हो गयी। उसी समय अखबार से जानकारी मिली कि लखनऊ से एसोसिएटेड प्रेस ने यह खबर दी कि सब काकोरी कैदियों के वर्गीकरण का हुक्मनामा भेज दिया गया है। उसी समय सुपरिन्टेन्डेन्ट ने आकर उन्हें बताया कि आई.जी. दफ्तर से खास तौर पर टेलीफोन पर यह बताया गया कि सरकार ने काकोरी के सब कैदियों को वर्गीकरण में ले लिया है। पर क्रान्तिकारी फिर भी नहीं माने। उन्होंने कहा कि जब लिखित देख लेंगे तभी मानेंगे और उसके बाद ही अनशन तोड़ेंगे।

अनशन के 53वें दिन डाक से आदेश आ गया। उसे देखकर क्रान्तिकारियों ने कहा कि हुक्म तो ठीक है, पर वे अन्तिम फैसला तभी करेंगे जब उन्हें कोठरियों से स्ट्रेचरों पर निकालकर एक जगह इकट्ठा किया जाए। हमारे बीच मशविरा जरूरी है। आखिर ऐसा ही किया गया। और इस तरह अनशन खत्म कर दिया गया। 52 दिनों के बाद उन्होंने एक-एक गिलास गरम दूध दिया। वे बहुत कमजोर हो गये थे, पर इस बार विजयश्री उनके हाथों में थी। जो लड़ाई 1927 में शुरू

की थी उसका सुखद परिणाम अब सामने था उनके। वे खुश थे युद्ध के एक घायल विजयी योद्धा की भाँति। बड़ी बात यह भी थी कि उन्होंने अपनी इस लड़ाई को सभी राजनीतिक कैदियों के विशेष व्यवहार के लिए शुरू किया था, सिर्फ अपने लिए नहीं।

मन्मथनाथ गुप्त और राजकुमार सिन्हा ने मिलकर कुछ सामग्री तैयार की। दोनों बंगला जानते थे। ऐसा उन्होंने तुरत-फुरत किया क्योंकि वे शहीदों के प्रचार का कोई अवसर हाथ से जाने नहीं देना चाहते थे। गणेश घोष और प्रतुल भट्टाचार्य जब छूटे तो उन्होंने वह लिखी गयी सारी सामग्री मणीन्द्र नारायण राय के नाम से एक प्रगतिशील पत्रकार को दी जिन्होंने उसका सम्पादन करके 'काकोरी षड्यन्त्र' नाम से एक पुस्तक तैयार की जो छपने पर जब्त हुई और राय को 18 महीने की सजा हो गयी।

गणेशशंकर विद्यार्थी भी चाहते थे कि शहीदों पर कुछ प्रकाशित किया जाए। उन्होंने बरेली जेल में मन्मथनाथ गुप्त और दूसरे क्रान्तिकारियों को यह सन्देश भेजा। बाहर कोई ऐसा नहीं था जो इस पर लिख पाता। मन्मथनाथ ने एक पुस्तक तैयार की और उन्हें भेज दी। गोरखपुर जेल की काल कोठरी से रामप्रसाद बिस्मिल भी किसी तरह अपनी आत्मकथा की पांडुलिपि उन तक पहुँचा चुके थे। मन्मथनाथ गुप्त ने जो कुछ बाहर भेजा यानी वे दोनों पुस्तकें जिनमें एक बंगला और दूसरी हिन्दी में थी, वे भी छपने पर जब्त हो गयीं।

मन्मथनाथ गुप्त ने आगे चलकर डेढ़ सौ पुस्तकें लिखीं जो हिन्दी, अँग्रेजी और बंगला में थीं। देश आज़ाद होने के बाद वे भारत सरकार के प्रकाशन विभाग में सम्पादक भी रहे। 'योजना', 'बाल भारती' और 'आजकल' का सम्पादन भी उन्होंने सम्भाला। उनकी प्रसिद्ध पुस्तकों में 'भारत के क्रान्तिकारी आन्दोलन का इतिहास', 'भारत में सशस्त्र क्रान्तिकारी चेष्टा का रोमांचकारी इतिहास', 'दे लिव्ड डेंजरसली', 'वे अमर क्रान्तिकारी', 'अमर शहीद चन्द्रशेखर आज़ाद', 'क्रान्तिकारी आन्दोलन का वैचारिक विकास', 'एक क्रान्तिकारी की आत्मकथा', 'काकोरी के शहीद', 'सिर पर कफन बाँधकर' आदि प्रमुख हैं। इसके अलावा उपन्यास, कहानियाँ और आलोचना पर भी उनकी अनेक पुस्तकें हैं। मैं 30 वर्षों तक उनके निकट सम्पर्क में रहा। उन्होंने मुझे बहुत प्रोत्साहित किया। उनके करीब सौ-सवा सौ पत्र मेरे पास होंगे। उनका निधन 26 अक्टूबर, 2000 को 94 वर्ष की उम्र में दिल्ली में हुआ।

शचीन्द्रनाथ बख्शी काकोरी के प्रमुख क्रान्तिकारी थे। वे और अशफ़ाक़उल्ला खाँ इस मामले में देर से सरकार के हाथ आए। तब तक लखनऊ में मुख्य मुकदमे की कार्यवाही काफी आगे बढ़ चुकी थी इसलिए उन पर पृथक् से पूरक केस

चलाया गया जिसमें अशफ़ाक़ को फाँसी और बख्शी दादा को आजन्म कैद की सजा मिली। बख्शी दादा को बरेली भेजा गया तो उन्होंने भी उस ऐतिहासिक भूख हड़ताल में हिस्सा लिया था। जेल से छूटने के बाद उन्होंने विपुल लेखन किया। बहुत स्पष्टवादी थे वे। उन्होंने आत्मकथा भी लिखी। उनका निधन 22 अक्टूबर, 1984 को सुल्तानपुर में हुआ। मेरा उनसे अनेक वर्षों तक निकट सम्पर्क रहा। याद आता है कि इमरजेंसी के दिनों में वे हमारे शहर शाहजहाँपुर आए थे। मेरी उनसे अन्तिम भेंट इलाहाबाद में चन्द्रशेखर आज़ाद की बलिदान अर्धशताब्दी पर हुई थी।

और राजकुमार सिन्हा तो अपने ढंग के अनोखे क्रान्तिकारी थे। वे काकोरी के मामले में और उनके भाई विजय कुमार सिन्हा भगत सिंह वाले प्रसिद्ध 'लाहौर षड्यन्त्र केस' के अभियुक्त थे। कौन जाने कि विजय दा की गिरफ्तारी लाहौर के मामले में बरेली में हुई थी। तब वे बुधौली के ठा. पृथ्वीराज सिंह के घर पर छद्म रूप में रह रहे थे। दोनों सगे भाइयों की दो मामलों में गिरफ्तारी और यातनाओं के चलते उनकी बहन विक्षिप्त हो गयी थी। माँ को भी भयंकर कष्ट झेलने पड़े। राजकुमार सिन्हा 18 दिसम्बर, 1906 को कानपुर में जन्मे और 18 दिसम्बर, 1972 को उसी शहर में उनका निधन हुआ। इस परिवार का त्याग बहुत बड़ा है। आज इसे कौन जाने।

क्रान्तिकारी मुकुन्दीलाल के बारे में मैं पहले बता चुका हूँ जिन्हें कभी 'भारतवीर' कहा गया था। उनका क्रान्तिकारी जीवन बहुत लम्बा और त्याग बेजोड़ था। उन्होंने भी बरेली जेल के भीतर भूख हड़ताल में भाग लिया था। छूटने के बाद भी वे खरे और निर्भीक क्रान्तिकारी बने रहे। उसूलों के बहुत पक्के थे। आज़ाद भारत में उन्होंने बहुत अभाव और उपेक्षा झेली। यह हमारे लिए शर्मनाक था। 1972 में अक्टूबर की किसी तारीख को कानपुर में बीमारी के बाद उनका निधन हुआ। उनकी चर्चा आने पर मैं उनकी बाद की बेबस जिन्दगी को याद करके सिहर जाता हूँ। देश ने उनके साथ न्याय नहीं किया, पर वे अपना कर्तव्य पूरा कर चुपचाप और गुमनाम चले गये। किसी से कभी कोई शिकवा नहीं किया।

विष्णुशरण दुबलिश को काकोरी में दस वर्ष की सजा मिली। वे मेरठ के थे। आज़ाद भारत के संसद सदस्य भी बने। वे स्वेच्छा से अन्दमान चले गये थे। यह उनका बड़ा साहस और त्याग भी था। बहुत स्वाभिमानी थे वे। दबंग भी। कभी न झुकने वाले। बाद को वे बरेली जेल में भी रहे। मुझे याद है कि जीवन के अन्तिम दिनों में भी सरकार से इलाज के लिए धन लेने से उन्होंने मना कर दिया था। वे विचारों से पक्के समाजवादी थे। देश के लिए बड़ा काम किया उन्होंने। उनका निधन 17 नवम्बर, 1978 को मेरठ में हुआ। आज मेरठ शहर

के लोग भी दुबलिश को नहीं जानते। शायद उस शहर में भी उनका कोई स्मारक नहीं है।

यहाँ एक बात और बता देना मुझे जरूरी लगता है कि बरेली जेल में राजबन्दियों पर हो रहे अत्याचारों का विरोध करने पर क्रान्तिकारी शम्भूनाथ आज़ाद को छह माह के कठोर कारावास की सजा भुगतनी पड़ी। और 1944 में जब रिहा होने का समय आया तो बरेली जेल के दरवाजे पर ही शासन ने उन्हें नजरबन्द करके फतेहगढ़ कारागार भेज दिया। बरेली जेल की गड्ढा बैरक के नारकीय दमन के खिलाफ भी शम्भूनाथ आज़ाद ने दो-दो माह की अनेक भूख हड़तालें की थीं।

एक अन्य क्रान्तिकारी रमेशचन्द्र गुप्त जिन्होंने चन्द्रशेखर आज़ाद के प्रति विश्वासघात करनेवाले पर गोली चलाई थी, वे भी बरेली के केन्द्रीय कारागार में रहे। मुझे लम्बे समय तक उनके भी निकट रहने का अवसर मिला। वे कानपुर में थे और मैं प्राय: उनके पास पहुँच जाया करता था। एक बार फतेहगढ़ केन्द्रीय कारागार में शहीद मणीन्द्रनाथ बनर्जी के बलिदान दिवस पर मैंने उन्हें वहाँ बुलाया। तब वे बहुत अस्वस्थ होने पर भी मेरे निमन्त्रण पर आए थे। उनके पेट से पेशाब की नली एक थैले में लटकी हुई थी। मेरे अनुरोध पर वे उसी स्थिति में चलकर आए। बड़े जीवट के व्यक्ति थे। मुझ पर भरोसा करते थे। मेरे काम से सन्तुष्टि थी उन्हें। रमेश ने एक बार शहीद मणीन्द्रनाथ बनर्जी के भाई बसन्त बाबू से कहा था कि शहीदों की याद के लिए एक ट्रस्ट बनाकर और उसकी जिम्मेदारी सुधीर विद्यार्थी को हमें सौंपनी चाहिए। रमेश ने उरई में चन्द्रशेखर आज़ाद को धोखा देने वाले वीरभद्र तिवारी पर गोली चलाई थी जिसमें वे पकड़े गये और फतेहगढ़ तथा बरेली के कारागारों में रहे। हमारे अनुरोध पर ही उन्होंने अपनी आत्मकथा भी लिखी।

मैं यशपाल की क्रान्तिकारी भूमिका का आलोचक रहा हूँ। फिर भी मैंने उनकी स्मृति में बरेली केन्द्रीय कारागार के भीतर एक बैरक का नामकरण करवाया। किसी की भूमिका का आलोचक होना पृथक् बात है। मैं मानता हूँ कि यशपाल बड़े क्रान्तिकारी नहीं थे। उनकी क्रान्तिकारी गतिविधियाँ न तो बहुत प्रखर थीं और न ही वे कभी नेतृत्वकारी स्थिति में रहे। उस दौर का उनका कोई चिन्तन या विचार पक्ष भी सामने नहीं आता। पर बाद को वे हिन्दी के यशस्वी साहित्यकार हुए। अपने संस्मरणों में भगतसिंह पर तथ्यपरक लिखने के बाद चन्द्रशेखर आज़ाद पर उन्होंने जो कुछ लिपिबद्ध किया वह अत्यन्त पक्षपातपूर्ण है। उसे सभी ने नकारा। क्रान्तिकारी दल में उनके चलते विवाद भी हुए और बिखराव भी। प्रकाशवती से उनका विवाह बरेली के इसी केन्द्रीय कारागार के भीतर हुआ था। उनकी उल्लेखनीय कृतियों में 'झूठा सच' और 'सिंहावलोकन' हैं। 'विप्लव' का भी

प्रकाशन उन्होंने किया। उनका निधन 26 दिसम्बर, 1976 को लखनऊ में हुआ। मैं उनसे कभी नहीं मिला। बाद को प्रकाशवती से आज़ाद की बलिदान अर्द्धशती पर इलाहाबाद से भेंट हुई और एक बार दुर्गा भाभी के जन्मदिवस के अवसर पर लखनऊ मांटेसरी इंटर कालेज के प्रांगण में भी। शहीद सुखदेव के भाई मथरादास थापर से हुए उनके विवाद पर एक बार उनसे संक्षिप्त पत्र-व्यवहार भी हुआ जो यशपाल के ही प्रसंग में था। थापर ने जो कुछ यशपाल के प्रति कहा था मैं उससे सहमत था।

यह उल्लेखनीय बात है कि यशपाल का विवाह बरेली केन्द्रीय कारागार के भीतर ही हुआ था। यह 1936 की बात है। शायद अप्रैल का महीना रहा। यशपाल और प्रकाशवती के सम्बन्ध सर्वविदित हो चुके थे। यशपाल ने पहले पार्टी में इसे छिपाया। उन्होंने पहले यह बताया कि यह लड़की क्रान्तिकारी दल में आना चाहती है और वह अपने साथ 40 हजार रुपया भी लाना चाहती है। लम्बी चर्चा के बाद अन्ततः स्वीकृति दे दी गयी। बाद को यशपाल जब प्रकाशवती को लेकर आए तो बताया कि पूरा रुपया रास्ते में कहीं गिर गया है। तब ही लोगों को सन्देह हुआ था। इस रिश्ते की बात खुलकर सामने आने पर दल में विवाद भी हुआ। आज़ाद इससे नाराज हुए। पर यह अलग की बात है। ...अप्रैल के अन्त में प्रकाशवती अपने वकील बी. बनर्जी से मिलीं और उनके जरिए यशपाल से विवाह के लिए एक प्रार्थनापत्र बरेली के डिप्टी कमिश्नर पैडले के पास भेजा गया। यशपाल तब बरेली सेन्ट्रल जेल में थे। वकील बनर्जी को भी इस प्रार्थनापत्र पर उम्मीद नहीं थी पर अनुमति मिल गयी। उस समय यहाँ जेल के मेजर सुपरिन्टेन्डेन्ट डॉक्टर मेहरोत्रा थे। विवाह की तारीख तय होने पर यशपाल की माँ को लाहौर में सूचना भेज दी गयी तथा वे श्रीकृष्ण सूरी, पं. देवीप्रसाद शर्मा और प्रकाशवती को लेकर बरेली आ गये। सुबह दस बजे वे बरेली कमिश्नर के कोर्ट में पहुँचे। पैडले भी कोर्ट आ गये। पर यशपाल ने कोर्ट आने से मना कर दिया। कहा कि बेड़ी-हथकड़ी पहनकर वे शादी के लिए तैयार नहीं हैं। जेल से बाहर वे इसके बिना नहीं जा सकते थे। ऐसे में पैडले की सूझबूझ से यह रास्ता निकाला कि वे अपनी कार में प्रकाशवती और यशपाल की माँ को बैठाकर जेल में कार्यालय जा पहुँचें। उस रोज बरेली में ताँगेवालों की हड़ताल थी। सो सूरी और देवीप्रसाद शर्मा को जेल तक पहुँचने में दिक्कत हुई। तब ऑटो की व्यवस्था इस शहर में कहाँ थी। सूरी और शर्मा कुछ मिठाई ले आए थे। वे दोनों प्रकाशवती के पक्ष की ओर से रहे और यशपाल की तरफ से इसी जेल में बन्दी क्रान्तिकारी रमेशचन्द्र गुप्त ने भूमिका निभाई।

शादी की रस्म हस्ताक्षर करके और एक दूसरे को मिठाई खिलाकर पूरी

हुई। पैडले और मेजर मेहरोत्रा को मिठाई खिलाई गयी। कुछ कैदियों में मिठाई बाँटी गयी। यह सब कुछ घंटे भर में ही सम्पन्न हो गया। उस समय जेल की नियमावली में किसी कैदी को शादी की अनुमति न देने का कोई प्रावधान नहीं था। पर इसके बाद इसे लागू कर दिया गया। विवाह के रजिस्ट्रेशन के समय यशपाल से पूछा गया कि उनका धर्म क्या है? वे बोले—'रैशनलिज्म' (यानी बुद्धिवाद)। पैडले ने यह सुना तो हैरान रह गया। कागजों में यही लिखा गया। प्रकाशवती ने अपना धर्म सनातन लिखवाया। यद्यपि यशपाल का परिवार आर्यसमाजी था। यह विवाह जेल में पहला और अन्तिम था। सर महाराज सिंह बरेली जेल का निरीक्षण करने जब आए तब उन्होंने यशपाल से पूछा कि विवाह करके तुम्हें क्या मिला। जेल मैनुअल में विवाह न करने की एक धारा और जोड़ दी गयी। अब जेल में किसी की शादी नहीं हो सकती। इस तरह बरेली केन्द्रीय कारागार तब यशपाल और प्रकाशवती के विवाह का स्थल और साक्षी बना।

फतेहगढ़ केन्द्रीय कारागार में मैंने 1993 में पहली बार वहाँ शहीद हुए मणीन्द्रनाथ बनर्जी की स्मृति में एक आयोजन की शुरुआत की जो किसी तरह आज भी प्रतिवर्ष जारी है। इससे पूर्व हम वहाँ दुर्गा भाभी के सहयोग से मणीन्द्र की प्रतिमा जेल परिसर में लगवा चुके थे। बाद को वहाँ रहे वरिष्ठ अधीक्षक बी.आर. वर्मा ने मेरा नाम सुन रखा था। बरेली केन्द्रीय कारागार में उनकी तैनाती होने पर उन्होंने मुझसे मिलने की इच्छा व्यक्त की और बुलवाया। पूरी जेल दिखाई। मैंने उन्हें बताया कि इस जेल में जवाहरलाल नेहरू ही नहीं, बल्कि देश के अनेक विख्यात क्रान्तिकारी रहे थे। उनके नाम और कृतित्व से अवगत होकर वे बहुत प्रसन्न हुए। उनकी स्मृति-रक्षा के लिए मेरे प्रस्ताव पर उन्होंने कुछ द्वारों और बैरकों के नामकरण का निर्णय ले लिया। इससे मुझे प्रसन्नता हुई। तत्पश्चात उन द्वारों और बैरकों के दरवाजों पर क्रान्तिकारियों के जीवन-वृत्त से सम्बन्धित पत्थरों को लगवा दिया तथा कविता भारत के सहयोग से उन सभी क्रान्तिकारियों के चित्र भी केन्द्रीय कारागार को भेंट कर मुख्य स्थान पर टँगवा दिए। हमने इसी तरह आगरा और नैनी के केन्द्रीय कारागारों में भी क्रान्तिकारियों की स्मृति-रक्षा का कार्य सम्पन्न किया। 30-35 वर्ष पहले मैंने पं. बनारसीदास चतुर्वेदी और मन्मथनाथ गुप्त की प्रेरणा से शहीदों और क्रान्तिकारियों का काम शुरू किया था। पर अभी इस क्षेत्र में बहुत करने को शेष है। हमारा लक्ष्य अन्ततः शहीदों के उस समाज के निर्माण का है जो हर तरह के शोषण से मुक्त होकर बराबरी पर आधारित होगा... क्रान्तिकारियों का इन्कलाब आज भी हमारे एजेंडे पर है।

मद्रास में क्रान्तिकारी संग्राम

दक्षिण भारत में आजादी की लड़ाई के सूत्रों का वैसा सिलसिला हमें प्राप्त नहीं होता जिस तरह उत्तर के इलाकों में लड़ी गयी साम्राज्यवाद विरोधी संघर्ष की छवियों से हम सुपरिचित हैं। उत्तर भारत की सत्तावनी क्रान्ति का फैलाव भी देश के इस भूखंड में उस रूप में नहीं हो सका। लेकिन 'गदर' या 'सिपाही विद्रोह' कहे जानेवाले इस प्रथम स्वतन्त्रता युद्ध से लगभग 50 वर्ष पहले दक्षिण के विस्तृत इलाके—वर्तमान तमिलनाडु, केरल, कर्नाटक, आन्ध्र और महाराष्ट्र के कुछ हिस्सों में ब्रिटिश हुकूमत के विरुद्ध विद्रोह फूट पड़ा था। इस बगावत के पीछे विदेशी सत्ता द्वारा तब्दील किए गये खेतिहर रिश्ते थे जिसने किसानों को नष्ट होने की स्थिति में पहुँचा दिया था। दक्षिण भारत का पोलीगर विद्रोह आम जनता के इसी संघर्ष की व्यापक अभिव्यक्ति थी। ऐसा सिर्फ इतिहास की बिखरी कड़ियों को जोड़ने से ही विदित नहीं होता, बल्कि उस इलाके के गाँवों में प्रचलित वीरगाथाओं और लोकगीतों में भी इसकी झलक चीन्ही जा सकती है। दक्षिण का यह किसान विद्रोह आजादी के लिए लड़ी जानेवाली देश की पहली लड़ाइयों में से एक था। यहाँ के प्रशासनिक ढाँचे में राजा और प्रजा के मध्य सामन्तों के एक खास वर्ग को पोलीगर कहा जाता था। यद्यपि शासन तन्त्र में वे राजाओं के अधीन थे पर उन्हें स्वतन्त्र राजनीतिक हैसियत भी प्राप्त थी। वे किसानों से लगान वसूलते और शासकों को एक निश्चित रकम का भुगतान करते थे। इन पोलीगरों की अपनी स्वतन्त्र सत्ता थी और इनके ऊपर जनता के जान-माल की जिम्मेदारी भी होती थी। यानी पुलिस और न्याय व्यवस्था के साथ ही दूसरी प्रशासनिक इकाइयाँ भी उनके पास थीं जिनसे वे चीजों को संचालित किया करते थे। गाँवों की देखरेख, खेती-किसानी में सहयोग के अलावा जनता के धार्मिक कृत्यों में भी उनका सहयोग रहता था। टीपू सुल्तान की शक्ति को समाप्त कर देने के बाद अर्काट के नवाब के साथ 1792 में हुई 'कर्नाटक सन्धि' के जरिए ईस्ट इंडिया कम्पनी ने इस पोलीगरी व्यवस्था का दायित्व अपने हाथों में ले लिया। इसके पीछे कम्पनी

की साजिश थी कि वह पोलीगरों की स्वतन्त्र सत्ता को खत्म करने के बाद किसानों के शोषण के लिए वे सिर्फ बिचौलिए भर बने रह जाएँ। कम्पनी पोलिगरों से शासकों को दी जानेवाली निश्चित रकम के अलावा तरह-तरह के तोहफों और नजरानों की भी माँग करने लगी। कम्पनी के अफसर पोलीगरों को सार्वजनिक रूप से प्रताड़ित और बेइज्जत करने लगे। इस उत्पीड़न के विरोध में पांजालामकुरूचि के पोलीगर वीरा पांडया काटाबोम्मा ने बगावत का परचम उठा लिया। शिवगंगा के कारुडू पांडयन की सहायता से उन्होंने तिरूनालवेल्ली इलाके के पोलीगरों को अपने साथ लेकर किसानों की एक सेना ही बना डाली। अब वे कम्पनी के प्रशासन के खिलाफ युद्ध करने के लिए खुलकर खड़े हो गये। इस लड़ाई में अर्काट के नवाब और दूसरे राजा अँग्रेजों के पक्ष में थे। फिर भी विद्रोहियों ने अपने बल पर जमकर संघर्ष किया। मई, 1799 में गवर्नर जनरल लार्ड वेलेजली के निर्देश पर तिरुचिरापल्ली, तंजापुर और मदुरै से ब्रिटिश सेना तिरूनालवेल्ली में मेजर बैनरमैन के नेतृत्व में लड़ रही सेना से आ मिली और उन्होंने विद्रोही नेता काटाबोम्मा के मिट्टी के किले की घेराबन्दी कर ली। किसान आखिरी साँस तक लड़ते रहे। पर अन्त में वे खेत रहे। उनके पास नये हथियारों से लैस बेहतर सैन्य बल नहीं था। उनके पराजित होने का सबसे बड़ा यही कारण था। ब्रिटिश फौज ने कोटाबोम्मा को पकड़ लिया और 17 अक्टूबर, 1799 को उन्हें सार्वजनिक तौर पर फाँसी पर झुला दिया गया।

अब अँग्रेजी हुकूमत के दमन का दूसरा दौर शुरू हो गया। कोटाबोम्मा के समर्थक जो ग्रामवासी थे उनका जमकर उत्पीड़न किया गया। पर इसका विपरीत असर पड़ा। विद्रोह की चिंगारी और तीव्र हो उठी। असन्तोष दूर-दूर तक विस्तारित होता चला गया। कन्याकुमारी से कावेरी और मालाबार से कृष्णा नदी तक यह आश्चर्यजनक ढंग से फैला और वर्ष भर में ही इसने एक दक्षिण भारतीय विद्रोह का रूप ले लिया। महाराष्ट्र के सीमान्त किसान भी इससे जा जुड़े। खूब छापेमार लड़ाइयाँ हुईं। किसानों और देशभक्तों के हथियारों से लैस जत्थे अँग्रेजी फौज पर हमलावर होते-होते कोयम्बतूर तक आगे बढ़ गये। पर अँग्रेजों के जवाबी हमले ने स्थिति को नितान्त कठिन बना दिया। ऐसे में विद्रोही शिवगंगा के जंगलों में वापस चले गये। अपने को समेट-बटोर कर वे फिर युद्धरत हुए और आखिरी लड़ाई उन्होंने डिंडीगुल की पहाड़ियों में लड़ी। यहाँ यह बता देना जरूरी है कि सिर्फ छापेमार लड़ाइयों को ही अंजाम नहीं दे रहे थे, बल्कि वे बहुत स्पष्ट सोच से संचालित थे। उनकी घोषणाओं और पत्राचार में दिल्ली, गंगा और जम्बूद्वीप जैसे राष्ट्रीय प्रतीकों का चर्चा मिलता है। वे इस तथ्य से भली भाँति अवगत थे कि उत्तर भारत का विशाल भूभाग जो अभी ब्रिटिशों के अधीन नहीं

आया है, यदि वे अपनी यह लड़ाई हार जाते हैं तो उनकी आजादी भी सुरक्षित नहीं रहेगी। ऐसे में उनके लिए यह युद्ध बहुत महत्त्वपूर्ण हो गया था। अँग्रेजों को इस लड़ाई में बहुत नुकसान उठाना पड़ा। मद्रास काउंसिल के 1 दिसम्बर, 1801 के 'मिलिटरी कंसल्टेसंस' के मुताबिक मैसूर जीतने में उन्हें जितनी हानि उठानी पड़ी थी उससे ज्यादा यूरोपीय खून इस विनाशकारी विद्रोह में बहा। लेकिन दक्षिण की इस खास बगावत में देशवासियों का रक्त भी कुछ कम नहीं बहा। वे हर तरह से नष्ट होने के कगार पर पहुँच गये। दिसम्बर, 1801 तक कम्पनी ने देसी रजवाड़ों को साथ लेकर बगावती देशवासियों पर जबरदस्त ढंग से प्रहार किए। लोगों को दौड़ा-दौड़ा कर घेरकर मारा गया। असहाय ग्रामीणों का अमानवीय तरीके से कत्ल कर दिया गया। गाँव जला दिए गये। लहूलुहान विद्रोहियों को दौड़ने पर मजबूर किया जाता। जो विद्रोही नेता हाथ आता उसे फाँसी पर लटका दिया जाता। उनके कटे हुए सिर रास्तों के किनारे टाँग दिए जाते। इस तरह दक्षिण का यह महान विद्रोह अँग्रेजों की आधुनिक शस्त्रों से सजी सेना तथा देसी नवाबों और राजाओं के विश्वासघात के चलते विकट पराजय की दर्दनाक कथा में तब्दील हो गया। शायद इस बगावत जैसी ही पटकथा आगे चलकर देश के सत्तावनी संग्राम की लिखी जानी शेष थी। कमोबेश उस महायुद्ध की पराजय के कारण भी ठीक इसी तरह के थे। दक्षिण की इस लड़ाई से लेकर 1857 के महाविद्रोह तक देखें तो लगता है इस पूरी अवधि में आधुनिक राष्ट्रवाद की विचार शृंखला ने आकार लेना शुरू नहीं किया था। इन दोनों क्रान्तियों का नेतृत्व पारम्परिक आकार-प्रकार और विचार का था। वे तत्कालीन सामाजिक ढाँचे को बनाए रखने के लिए ही संग्राम कर रहे थे। ब्रिटिशों के पास नये सामाजिक और प्रशासनिक तन्त्र के साथ ही सेना का सर्वथा आधुनिक ढाँचा था। दूसरे यह भी कि देशवासियों का विदेशी सत्ता को विस्थापित करने के लिए पूरी तरह एकताबद्ध न होना भी इसके बड़े कारणों में शुमार किया जा सकता है। जो भी हो, देश की मुक्ति-युद्ध के सन्दर्भ में दक्षिण के इस महान विद्रोह के शहीदों और क्रान्तिकारियों का स्मरण और इतिहास का पुनर्पाठ मुझे जरूरी लगता है। एक अर्थ में हम इसे दक्षिण के लोक युद्ध की भी संज्ञा दे सकते हैं। भले ही इस संग्राम में शहादत देनेवाले कामयाब न हुए हों, पर दक्षिण के ग्रामीण अंचलों में इसके नायकों की वीरगाथाएँ आज भी लोगों की जुबान पर हैं। काटाबोम्मा, केराला वर्मा और मारडू पांडयन के संघर्ष की छटाएँ लोकगीतों में बहुत गहराई से उपस्थित हैं। यह विद्रोह की लोक स्वीकृति और उसके नायकों का लोक मानस के भीतर उतर जाने जैसा था। यह तथ्य है कि क्रान्ति के उन अगुआओं को पेशवा नाना साहब, रानी लक्ष्मीबाई,

तात्या टोपे या वीर कुँवरसिंह जैसी लोकप्रियता देश भर में नहीं मिल पायी। पर एक असफल क्रान्ति के भीतर ही दूसरी क्रान्ति के बीज छिपे होते हैं। वे देर-सवेर अनुकूल हवा-पानी पाकर प्रस्फुटित और पल्लवित होते ही हैं। कहा जा सकता है कि दक्षिण के इन बलिदानी शहीदों के प्रयत्न कतई निष्फल नहीं गये। इस विद्रोह की नींव पर ही भविष्य के स्वतन्त्रता संग्राम की इबारत लिखी जानी शेष थी, इतिहास जिसकी उत्सुकता से प्रतीक्षा कर रहा था...

मद्रास में नया अध्याय

मैं अब सीधे मद्रास में क्रान्तिकारी संग्राम की ओर आना चाहता हूँ। यहाँ विद्रोह की भावनाओं का संचार करनेवाले थे विपिनचन्द्र पाल जिन्हें उग्र राष्ट्रवादी कहा जाता है। बंगाल विभाजन के पश्चात वे 1907 में मद्रास प्रान्त आए थे। सिडीशन कमेटी की रिपोर्ट में लिखा है कि मद्रास में राजद्रोह की भावना का सूत्रपात विपिनचन्द्र पाल नामक एक प्रख्यात नेता के दौरे से हुआ। उन्होंने विशेषकर स्वेदशी, स्वराज्य और बायकॉट पर भाषण दिए।

पाल ने इस सूबे में ऐसी आग जलाई कि अँग्रेज भी उसका लोहा मानने लगे। कुछ इतिहासकार पाल को बंगाल का नेता मानते हैं, पर वे पूरे देश के थे। उनका दृढ़ मत था कि स्वराज्य जनता को प्रयत्न द्वारा प्राप्त करना चाहिए। सरकार से उपहार या पुरस्कार के रूप में नहीं। वे कहते थे कि यदि सरकार मुझसे आकर कहे कि लो स्वराज्य ले लो, तो मैं उत्तर दूँगा—उपहार के लिए धन्यवाद। परन्तु मुझे ऐसा कुछ स्वीकार नहीं है जो मैंने अपने बाहुबल से अर्जित न किया हो।

पाल बहुत अच्छे वक्ता थे और उच्चकोटि के पत्रकार भी। वे पूर्ण स्वराज्य के समर्थक थे। उन्होंने काँग्रेस में घुसी भिक्षावृत्ति को कभी पसन्द नहीं किया। वे मद्रास क्या आए कि इस जमीन पर क्रान्ति का बीजारोपण हो गया। उनके वहाँ पहुँचने का नतीजा यह हुआ कि राजमेहन्द्री कालेज के विद्यार्थियों की हड़ताल हो गयी। नौजवान देश की आजादी के लिए उठ खड़े हुए। ऐसे में सरकार ने पाल को बन्दी बना लिया। उन्हें छह महीने की सजा दे दी गयी। उनकी रिहाई 9 मार्च, 1908 को होनी थी। तभी मद्रास और टिनेवली में ब्रिटिश शासन के विरुद्ध आक्रोश व्यक्त होने लगा। गिरफ्तारियाँ हुईं। लेकिन इसके विरोध में जनता ने सरकारी दफ्तरों को आग लगाई। रजिस्ट्रार कार्यालय तो पूरा ही फूँक दिया गया। इस मामले में 27 लोगों को दोषी बताया गया। गिरफ्तारियों के विरोध में कृष्णास्वामी ने तमिलनाडु के करूर शहर में भाषण दिया जिसके कारण उन्हें पकड़कर जेल में डाल दिया गया। सरकार विरोधी भाषण के सिलसिले में सुब्रह्मण्यम शिव तथा चिदम्बरम पिल्ले को भी सजाएँ दी गयीं। 9 मार्च, 1908 को टिनेवली

में चिदम्बरम ने अपने भाषण में विपिनचन्द्र पाल की खूब प्रशंसा की। उन्हें 'स्वाधीनता के सिंह' की संज्ञा दी गयी तथा लोगों से कहा गया कि वे विदेशी वस्तुओं का बहिष्कार करें। यह भी बताया गया कि ऐसा करने पर दो माह के भीतर स्वराज्य मिल सकता है।

चिदम्बरम की गिरफ्तारी के सम्बन्ध में 'स्वराज्य' नामक तेलुगु पत्र ने लिखा था—'अरे फिरंगी! निष्ठुर बाघ! तुमने एक साथ तीन भले मानुष भारतीयों को ग्रस लिया और सो भी बिना कारण। तुमने स्वयं जो कानून बनाए, तुम उन्हें भी तो मानते नहीं जान पड़ते। भय से व्याकुल होकर तुमने न मालूम क्या-क्या शरारतें की हैं, न मालूम तुम्हारे खयाल कहाँ-कहाँ हैं। तुमने स्वयं अपना भंडाफोड़ कर लिया है। क्योंकि तुम मान चुके हो कि भारत में राष्ट्रीयता की हवा उठते ही तुम्हारी सारी जड़ हिल चुकी हैं।' इस लेख को छापने पर 'स्वराज्य' के सम्पादक को भी गिरफ्तार कर लिया गया और उन्हें सजा दी गयी।

17 मार्च, 1908 को कृष्णास्वामी नामक एक क्रान्तिकारी ने करूर (कोयम्बटूर) में कहा—'...टिउटीकोरिन के लोगों ने इतना उत्साह दिखलाया कि सरकारी इमारतों पर विदेशी होने के कारण हमला कर दिया, तो क्या वजह है कि करूर में ऐसा न हो...यहाँ एक देसी फौज है जिसके लोगों को बहुत कम वेतन मिलता है। फिर क्या कारण है कि वे स्वदेशी आन्दोलन के लिए अपनी मातृभूमि की सहायतार्थ अँग्रेजों के विरुद्ध बगावत नहीं करते...।'

एक मद्रासी उग्रवादी पाल से अत्यधिक प्रभावित हुए। उन्होंने पाल से बम बनाना सीखने की इच्छा प्रकट की। वे प्रान्त भर में आतंक फैलाकर अँग्रेजों का रहना दूभर कर देना चाहते थे और इस कार्य के लिए वे बम को अधिक महत्त्व देते थे। उनका विचार था कि किसी अमावस्या की रात्रि को 108 अँग्रेजों को बम द्वारा मार दिया जाए।

जब वंची अय्यर ने जिला मजिस्ट्रेट मि. ऐश को मारा

इन्हीं दिनों वंची अय्यर नाम के एक व्यक्ति पांडिचेरी आकर ठहरे। यहाँ रहकर उन्होंने पिस्तौल चलाना भी सीख लिया। वह इंग्लैंड में भी रह चुके थे। विनायक दामोदर सावरकर तथा श्यामजी कृष्ण वर्मा से उनकी घनिष्ठता थी। नीलकंठ ब्रह्मचारी तथा शंकर कृष्ण से भी वंची का परिचय था। ये दोनों व्यक्ति प्रान्त भर में पाल के विचारों का प्रचार-प्रसार कर रहे थे। वंची जनता से कहा करते थे कि अँग्रेजों को मारने से ही आजादी मिलेगी...और यह पवित्र कार्य एक जिला मजिस्ट्रेट मि. ऐश को मारकर शुरू कर दिया जाए। वंची का यह कथन उनके उग्र क्रान्तिकारी व्यक्तित्व की एक झलक देता है।

वंची को तो धुन सवार थी। वे कुछ करने पर तुले थे। 17 जून, 1911 को सुदूर दक्षिण के टिनेवली जिले में रेल जंक्शन पर एक धड़ाका हुआ। टिनेवली के जिला मजिस्ट्रेट को गोली मार दी गयी। यह साहसपूर्ण काम वंची का था। वंची का परिचय? बस इतना ही था कि वह एक देशभक्त था। उग्र देशभक्त। उसके जेब से मिले एक पुर्जे पर लिखा हुआ था—'प्रत्येक भारतीय स्वराज्य और सनातन धर्म को प्रतिष्ठित करने के लिए अँग्रेजों को यहाँ से निकालना चाहता है।... जिस पर राम, कृष्ण, अर्जुन, शिवाजी, गुरुगोविन्द सिंह सरीखों का राज्य था, उसी पर एक गोमांस-भक्षी जार्ज पंचम का राज्य है। यह कितनी शर्म की बात है।'

पुर्जे में यह भी दर्ज था कि तीन हजार मद्रासी जार्ज पंचम को गोली मारने की प्रतिज्ञा कर चुके हैं। टिनेवली षड्यन्त्र के दौरान ली गयी तलाशियों में दो पर्चे भी मिले थे। एक था 'अभिनव भारत समाज में प्रवेश' तथा दूसरा 'आर्यों के प्रति।' पहले पर्चे में प्रयुक्त प्रथम शब्द से ही स्पष्ट है कि इससे सावरकर भी जुड़े थे। वैसे पेरिस के क्रान्तिकारियों का यहाँ काफी प्रभाव पड़ा। सिडीशन कमेटी की रिपोर्ट में यह भी कहा गया कि मद्रास प्रान्त में जो कुछ भी हुआ वह बाहर के लोगों के कारण ही था। दूसरे पर्चे 'आर्यों के प्रति' में लिखा था—'ईश्वर के नाम पर प्रतिज्ञा करो कि तुम अपने देश से फिरंगी पाप को दूर करोगे तथा स्वराज्य कायम करोगे। यह प्रतिज्ञा करो कि जब तक भारतवर्ष में फिरंगियों का राज है, तब तक अपने जीवन को व्यर्थ समझोगे। जैसे तुम कुत्तों को मारते हो, उसी तरह तुम फिरंगियों का वध करो। तुम यदि छुरी पाओ तो उसी से मारो। यदि कुछ न मिले तो ईश्वर के दिए हाथ से ही उसको मारो।'

यह जानना जरूरी है कि वंची ने नीलकंठ ब्रह्मचारी और शंकर कृष्णा अय्यर के साथ एक विप्लवी समिति बनाकर ब्रिटिश सरकार को जबरदस्त चुनौती देने की योजना बनाई थी। वंची ट्रावनकोर के वन विभाग में लिपिक का कार्य करते थे और वे शंकर कृष्णा अय्यर के बहनोई थे। ऐश को गोली मारना टिनेवली की समिति ने ही तय किया था और यह भी निर्णय हुआ कि उसे वंची और कृष्णा अय्यर गोली मारेंगे। देश की आजादी के लिए दो सगे सम्बन्धियों का इस तरह क्रान्ति कर्म में बलिदान के लिए प्रस्तुत होना सचमुच दुर्लभ है। वंची ने इस कार्य के लिए दफ्तर से छुट्टी की दरख्वास्त दे दी। वे तीन माह का अवकाश लेकर ट्रावनकोर से पांडिचेरी चले गये। वहाँ ही उन्होंने निशानेबाजी सीखी। पांडिचेरी में एक दिन वंची ने अपने एक क्रान्तिकारी साथी से कहा कि ब्रिटिश दासता देश को पतन के गर्त में खींचे लिये जा रही है। इस स्थिति को अविलम्ब बदलने की जरूरत है और यह तभी सम्भव होगा जब भारत में मौजूद सभी अँग्रेजों का

संहार कर दिया जाए। इसकी शुरुआत होनी चाहिए टिनेवली के अँग्रेज जिला मजिस्ट्रेट को गोली मारकर क्योंकि इस अँग्रेज का मद्रास में देशभक्तों का दमन करने में बहुत बड़ा हाथ रहा है।

रौलट कमेटी की रिपोर्ट में लिखा है कि वंची ने जैसे भी हो ऐश को समाप्त करने का फैसला अन्तिम रूप से कर लिया था और उसी के लिए वे सब प्रकार से स्वयं को तैयार कर रहे थे कि कहीं गोली लक्ष्य से चूके नहीं। पकड़े जाने पर उनकी योजना व उद्देश्य को सब जान सकें इसके लिए उन्होंने तमिल भाषा में एक बयान लिखकर पहले ही जेब में रख लिया था। जिस दिन यह घटना हुई, वंची और कृष्णा अय्यर अपने शिकार की खोज में निकले। अँग्रेज जिला मजिस्ट्रेट उस समय टिनेवली स्टेशन पर खड़ी ट्रेन के प्रथम श्रेणी के डिब्बे में बैठे थे। प्लेटफार्म पर यात्री आ जा रहे थे। खासी चहल-पहल थी। एकाएक वहाँ गोलियों की आवाज गूँज उठी। सब भागने लगे। कोई बता नहीं पा रहा था कि क्या हुआ। जिला मजिस्ट्रेट ऐश खून से लथपथ डिब्बे के फर्श पर पड़े थे। चर्चा यही थी कि क्रान्तिकारियों ने ऐश को गोली मार दी। कृष्णा अय्यर तो निकल गये लेकिन वंची वहीं पकड़ लिये गये।

जो भी हो, टिनेवली में हुई इस घटना ने सिद्ध कर दिया कि मद्रास प्रान्त भी सो नहीं रहा है।

ऐश हत्या का समाचार जब विदेशों में पहुँचा तो खलबली मच गयी। डॉ. अविनाश भट्टाचार्य ने लिखा कि यह जानकर रिवोल्यूशनरी बेहद प्रसन्न हुए। सुप्रसिद्ध क्रान्तिकारी मादाम कामा ने इस पर कहा था—'क्रान्ति के नाम पर इस समय जो कुछ भी हिन्दुस्तान में घटित हो रहा है, वह सब दैवी ताकत के कारण ही है। क्रान्तिकारी 'भगवद्‌गीता' के बताए मार्ग पर चल रहे हैं।... एक तरफ तो दिल्ली में दरबार हो रहा है और दूसरी ओर टिनेवली तथा मेमनसिंह में ऐसा कुछ घट रहा है कि जिससे हम कह सकते हैं कि भारत एकदम सोयी हुई अवस्था में नहीं है। वह जागृत हो चुका है।' जानना होगा कि मेमनसिंह में राजकुमार नाम के एक पुलिस अफसर को क्रान्तिकारियों ने मार दिया था। मादाम कामा के कथन से यह जाहिर होता है कि 'भगवद्‌गीता' उस समय क्रान्तिकारियों की प्रिय पुस्तक थी।

ऐश को जिस ब्राउनिंग पिस्तौल से मारा गया था, उसे छत्रभुज अमीन नामक एक व्यक्ति लन्दन से लाया था। छत्रभुज 'इंडिया हाउस' में रसोइये का काम करता था। लन्दन में सक्रिय भारतीय क्रान्तिकारी सावरकर तथा सरदार सिंह राणा सशस्त्र क्रान्ति को जिन्दा रखने के लिए देश में छोटे अस्त्रों को पहुँचाने का प्रयत्न करते रहते थे। छत्रभुज जब बम्बई आए तो इन क्रान्तिकारियों के बक्से में उन्होंने

कुछ पिस्तौलें छिपाकर भेजी थीं। 1909 के फरवरी महीने में इसी तरह राणा 20 ऑटोमैटिक ब्राउनिंग पिस्तौलें तथा गोलियाँ हिन्दुस्तान भेज चुके थे। इन पिस्तौलों में से ही एक के द्वारा 21 दिसम्बर, 1909 को नासिक के मजिस्ट्रेट जैक्सन को क्रान्तिकारियों ने गोली का निशाना बना दिया था।

ऐश हत्याकांड में क्रान्तिकारियों पर आनेवाली मुसीबतों से मादाम कामा चिन्तित हो उठीं। वे चाहती थीं कि किसी तरह सावरकर और राणा को बचाया जाए और इसके लिए उन्हें कितनी ही बड़ी जोखिम उठानी पड़े। वे हर संकट के लिए तैयार थीं। क्रान्ति के मार्ग में रुकावट ही क्या। न किसी से कहा, न पूछा। सीधे ब्रिटिश कौंसल के दफ्तर में जा पहुँचीं मदाम कामा। उनका कार्ड पाकर कौंसल दरवाजे तक लपकते आ गये। वे उन्हें आदरपूर्वक अन्दर ले गये। उत्सुकता थी कि कामा क्यों आईं। वे क्या बात करना चाहती हैं? कौंसल जनरल उनके क्रान्तिकारी व्यक्तित्व और कृतित्व से परिचित थे। भीतर पहुँचते-पहुँचते कामा ने कहा—'मैं उस कुख्यात ब्राउनिंग पिस्तौल की कहानी बताने आई हूँ। इसमें कोई शक नहीं कि पिस्तौलें जिस बक्स में भेजी गयी थीं, वह बक्स सरदार सिंह राणा का था। पर वह पिस्तौलों के सम्बन्ध में कुछ भी नहीं जानते थे। यहाँ तक कि सावरकर भी नहीं जानते थे कि बक्स में क्या है। दोनों बिलकुल निर्दोष हैं। मैंने ही पिस्तौलें इकट्ठी कीं और मैंने ही उन्हें कौशल के साथ बक्से में बन्द किया था। मैंने ही उन पिस्तौलों को छत्रभुज अमीन के साथ बम्बई भेजा था। पिस्तौलों की पूरी जिम्मेवारी मेरी है, न कि किसी और की।'

मादाम कामा का यह बयान सुनकर कौंसल जनरल सोच नहीं पाए कि क्या करना चाहिए। वे असमंजस की स्थिति में थे। उन्होंने कामा द्वारा दिए गये वक्तव्य को अपने पास रख लिया और कामा को उसकी रसीद दे दी। फिर भी कामा को सन्तोष न हुआ। वे सोचने लगीं कि कहीं कौंसल जनरल उनके वक्तव्य को दबा न लें और सावरकर, राणा आदि इस मामले में फँस न जाएँ। अत: उन्होंने अपने बयान की एक प्रति बम्बई में बैप्टिस्टा के पास भेज दी। इतना होते हुए भी कामा के वक्तव्य पर ब्रिटिश सरकार की कोई प्रतिक्रिया नहीं हुई। सम्भवत: सरकार यह जान गयी थी कि कामा का बयान सीधा-सच्चा न होकर महज क्रान्तिकारियों के बचाव का एक उपाय है। अत: सरकार ने कामा के विरुद्ध कोई कदम नहीं उठाया। दूसरे यह कि अनुमान इस तरह भी था कि कामा को गिरफ्तार आदि करने से क्रान्ति की ज्वाला और तीव्र हो उठेगी जिस पर काबू रखना अत्यन्त कठिन होगा।

यहाँ यह तथ्य भी स्पष्ट करना चाहूँगा कि विदेशों में देश की आजादी के लिए किए जाने वाले प्रयत्नों का एक बड़ा और रोमांचकारी इतिहास है जिसे

क्रमवार लिखा जाना अभी शेष है। एक बार क्रान्तिकारी मन्मथनाथ गुप्त ने कहा था कि यदि प्रथम महायुद्ध (1914-18) में जर्मन पक्ष जीतता तो भारत अँग्रेजों के शासन से मुक्त हो जाता और तब न केवल इतिहास यह कहता कि सोहनसिंह, बरकतउल्ला, एम.एन.राय राजा महेन्द्रप्रताप, भूपेन्द्रनाथ दत्त, तारकानाथ दास आदि ने विदेशों में जो काम किया उसके मुकाबले गाँधी का दक्षिण अफ्रीका का यह काम 'बच्चों का खेल' था, बल्कि ये ही लोग स्वतन्त्र भारत का मन्त्रिमंडल बनाते।

उत्तर से दक्षिण की ओर

...1931 में लाहौर की बोस्टल जेल में कुछ क्रान्तिकारी युवक सजा काट रहे थे। इसी समय 'सिविल एंड मिलिटरी गजट' में मद्रास प्रान्त के अँग्रेज गवर्नर का दम्भपूर्ण भाषण प्रकाशित हुआ जिसमें कहा गया था कि दक्षिण भारत में क्रान्तिकारी गतिविधियों के चिह्न तक नहीं हैं। वहाँ की जनता शान्तिप्रिय और राजभगत है। बन्दी क्रान्तिकारी बन्तासिंह उर्फ हजारा सिंह, नित्यानन्द वात्स्यायन तथा शम्भूनाथ आज़ाद ने इसे एक चुनौती समझकर निश्चय किया कि जेल से छूटकर मद्रास प्रान्त में ही पार्टी का कार्य किया जाएगा और वहाँ सर्वप्रथम मद्रास के गर्वनर का वध करके इस चुनौती का जवाब देंगे। यह एक कठिन संकल्प था।

1932 में बन्तासिंह पूरी सजा काटकर रिहा हो गये। शम्भूनाथ आज़ाद तथा नित्यानन्द वात्स्यायन कुछ समय पूर्व ही बाहर हो चुके थे। सन् 32 के अक्टूबर माह में अमृतसर में क्रान्तिकारियों की एक बैठक हुई। इसमें भाग लेने वाले थे—सीतानाथ डे, रोशनलाल मेहरा, गोविन्दराम बहल, बन्तासिंह, शम्भूनाथ आज़ाद और छविदत्त वैद्य। यहाँ निर्णय लिया गया कि दक्षिण भारत में जाकर क्रान्तिकारी आन्दोलन की शुरुआत की जाए। अब इस योजना को जल्दी ही अमली जामा पहनाया जाने लगा।

इन क्रान्तिकारियों में शम्भूनाथ आज़ाद बाद में कचौरा घाट आगरा के अपने गाँव में आकर रहने लग गये थे। 1970 में जब उनसे मेरा सम्पर्क हुआ तब वे कुछ अस्वस्थ थे। फिर तो 12 अगस्त, 1985 को उनके निधन तक निरन्तर 15 वर्ष उनके साहचर्य में व्यतीत करने का मुझे सुयोग मिला। दादा शम्भूनाथ ने मेरे अनुरोध पर 27 मार्च, 1974 को अपने जीवन संघर्ष और साथी क्रान्तिकारियों के चित्रों सहित उनके जिन्दगीनामे का विस्तृत लेखा-जोखा मुझे लिखकर भेज दिया था। उसका उपयोग करने में मुझे बहुत विलम्ब हुआ। यहाँ जो भी सूचनाएँ हैं वे दादा शम्भूनाथ के विवरण और विभिन्न समयों और मुलाकातों में बताए गये उनके कथन ही हैं जिन्हें प्राय: मैं अपनी डायरी में भी अंकित कर लेता रहा। वे बताते थे कि साथी रोशनलाल मेहरा ने अपने घर से 6 हजार रुपया मद्रास

प्रान्त में एक्शनों आदि के लिए लाकर दिया। यह रुपया लाहौर के रामविलास शर्मा के पास जमा हुआ। उत्तर भारत के क्रान्तिकारियों का पहला ग्रुप नवम्बर, 1932 में, दूसरा फरवरी, 1933 तथा तीसरा ग्रुप अप्रैल, 1933 में दक्षिण पहुँचा।

1933 के प्रारम्भ में ही 'अन्तर्प्रान्तीय षड्यन्त्र केस' के सम्बन्ध में गिरफ्तारियों का सिलसिला चल पड़ा। उस समय लाहौर में रामविलास शर्मा के घर पर दो बंगाली युवक ठहरे हुए थे। सी.आई.डी. को कुछ सन्देह हो गया। फरवरी, 1933 में पुलिस ने उस मकान पर छापा मारकर रामविलास शर्मा तथा दोनों बंगाली नौजवानों को हथियारों सहित गिरफ्तार कर लिया। पार्टी का यह दुर्भाग्य कि रामविलास बाद में मुखबिर बन गया। उसने अपने पास जमा पार्टी का कई हजार रुपया भी पुलिस को सौंप दिया। यहीं से संगठन में बिखराव शुरू हो गया और धन की समस्या भी आ खड़ी हुई।

उटकमंड बैंक डकैती

1933 के 25 अप्रैल की दुपहरी। मद्रास के उटकमंड का बैंक। पुलिस के वेश में हथियारों से लैस पाँच व्यक्तियों ने देखते-ही-देखते बैंक का खजाना लूट लिया। यह क्रान्तिकारियों का कृत्य था जिसे बहुत साहसपूर्ण ढंग से अन्जाम दिया गया था। दिन-दहाड़े ऊटी शहर के मुख्य बाजार में डकैती। सब ओर हल्ला और सनसनी। इसमें हिस्सा लेने वाले क्रान्तिकारी युवक थे—बन्तासिंह, नित्यानन्द वात्स्यायन, बच्चूलाल, खुशीराम मेहता और रत्नम्। शम्भूनाथ आज़ाद को टैक्सी ड्राइवर की चौकसी के लिए जंगल में छोड़ दिया गया था। बन्तासिंह भीड़ में घिरी अपनी टैक्सी को बड़ी ही कुशलता से बचा ले गये। नीलगिरि पर्वत शृंखला की दुर्गम राहों पर वे द्रुत गति से टैक्सी को भगा सकने में कामयाब हो गये। सड़क के दोनों ओर खड़ी सशस्त्र पुलिस आँखें फैलाए देखती रह गयी। शासन सन्न रह गया। छानबीन शुरू हुई। दूसरे दिन ये क्रान्तिकारी ट्रेन से ई-रोड स्टेशन को आ रहे थे कि पुलिस के सिपाही पीछे पड़ गये। नित्यानन्द ने साहस किया और पुलिस सब-इन्सपेक्टर पर दो गोलियाँ दे मारीं। वह घायल हो गया लेकिन फिर भी वे नहीं बच सके। उन्हें पकड़ लिया गया। खुशीराम मेहता भी बम व पिस्तौल के साथ गिरफ्त में आ गये। पर बन्तासिंह और बच्चूलाल पुलिस पर फायर करते हुए किसी तरह निकलने में कामयाब हो गये। फिर भी हुआ यह कि उसी रात इन दोनों क्रान्तिकारियों को धान के खेत में पुलिस ने घेर लिया। मुकाबला हुआ। बन्तासिंह की पिस्तौल खराब हो गयी। बावजूद इसके फिर दोनों चकमा दे गये।

और फिर तीसरा दिन। बन्तासिंह और बच्चूलाल थके-हारे थे ही। भूख

से पस्त भी। जंगल में किसी तरह नींद आ गयी। कुछ ही समय बीता कि पुलिस ने आकर धर-दबोच लिया। बन्तासिंह को 38 साल की सजा देकर बिल्लारी केन्द्रीय कारागार में डाल दिया गया, जहाँ से वे आगे चलकर 'मद्रास सिटी बम केस' के क्रान्तिकारी इन्द्रसिंह गढ़वाली उर्फ प्रेमप्रकाश मुनि को लेकर रहस्यमय तरीके से भाग निकले। तीन ही दिन बीत सके कि चौथे दिन हैदराबाद के निकट पकड़ लिये गये। इसके बाद दोनों ने बच्चूलाल के साथ अन्दमान की सेल्यूलर जेल में भेज दिया गया। बच्चूलाल को इस मामले में 38 साल की काले पानी की सजा हुई थी। अन्दमान की यातनाओं का नतीजा यह हुआ कि बच्चूलाल 1934 में विक्षिप्त हो गये। शम्भूनाथ आज़ाद को ऊटी की राजनीतिक डकैती में 25 साल के कालेपानी की सजा मिली। परन्तु वे अभी गिरफ्तारी से दूर थे। 'मद्रास सिटी बम केस' में ही उन्हें पकड़ा जा सका।

रोशनलाल मेहरा की शहादत

1 मई, 1933 की रात। मद्रास शहर के रायपुरम क्षेत्र के निकट का समुद्र तट। 9 बजे का वक्त था। पर क्रान्ति का यह दीवाना अपनी धुन में मस्त एकला चला जा रहा था। समुद्र के किनारे अपने हाथ से बनाए बम का परीक्षण करने।

और फिर एक जोरदार धमाका। घटनास्थल पर लोगों की भीड़ जमा हो गयी। थोड़ी देर में पुलिस की टुकड़ी भी आ लगी। खून से लथपथ रोशनलाल मेहरा को पुलिस अधिकारी मद्रास के जनरल अस्पताल ले गये। वे बम की चपेट में आ गये थे। बम के टुकड़ों ने उनके शरीर को छलनी कर दिया था। दाहिना बाजू तो उड़ ही गया था। लेकिन चेहरे पर फिर भी दर्द का निशान न था। लड़खड़ाते स्वर में उसने 'पानी' कहा। लेकिन पानी कहाँ था। वहाँ तो सवाल पर सवाल पूछे जा रहे थे। उपचार तो बाद में होगा। जो कुछ पूछा जा रहा था उसके उत्तर में युवक ने इतना ही कहा—'मेरा नाम ईश्वर है। मेरा पता ईश्वर को ही मालूम है।'

निर्मम अधिकारी उसकी पीड़ा और कहे गये शब्दों की गहराई को क्यों समझते। रात्रि के ठीक 12 बजे रोशनलाल मेहरा मातृभूमि की बलिवेदी पर शहीद हो गये। यह उनका मूक बलिदान था।

उनके शव को पहचाना नहीं जा सका। मद्रास सरकार ने इसके लिए हजारों रुपये के ईनाम घोषित किए। पुलिस और सीआईडी के फैलाए गये सभी जाल निरर्थक साबित हुए। पंजाब, दिल्ली और बंगाल की गारद और खुफिया अधिकारी भी मद्रास पहुँच गये। पर सब व्यर्थ। रोशनलाल मेहरा के क्रान्तिकारी साथी अपने शहीद को दो फूल भी अर्पित नहीं कर पाए। कितना गुमनाम बलिदान। मेहरा

जब शहीद हुए तब उनकी उम्र 19 वर्ष की थी। वे 1914 में अमृतसर की गली नैनसुख में जन्मे थे। पिता धनीराम मेहरा और माता ललिता देवी। 1929 में वे क्रान्तिकारी दल के सदस्य बने थे। उन्होंने देश के लिए अपना सर्वस्व न्योछावर कर दिया। क्रान्तिकारी संग्राम को दक्षिण में विस्तारित करने के लिए अपने घर से 6 हजार रुपया लाकर देनेवाले वही थे ताकि अँग्रेज गवर्नर के दर्प को चूर किया जा सके। इतिहास में ऐसी मौन कुर्बानियों को कौन दर्ज करेगा।

मद्रास सिटी बम केस

ऊटी बैंक डकैती में गिरफ्तारी से बचे चारों क्रान्तिकारी—शम्भूनाथ आजाद, इन्द्रसिंह, हीरालाल कपूर और गोविन्दराम बहल इस प्रयास में थे कि किसी तरह मद्रास शहर से बाहर निकला जाए।

4 मई, 1933 की दुपहरी। पुलिस ने तम्बू चैट्टी स्ट्रीट में क्रान्तिकारियों का घर घेर लिया। कुछ सिपाही मकान में घुसे ही थे कि क्रान्तिकारियों की पिस्तौलें गरज उठीं। बाहर काफी पुलिस थी। अपने को फँसा देखकर क्रान्तिकारियों ने मकान को भीतर से बन्द कर लिया और हथियार आदि सामग्री लेकर वे छत पर जा चढ़े। फिर तो जमकर गोलीबारी। दिन में 12 बजे से लेकर शाम साढ़े पाँच बजे तक दोनों तरफ से खूब गोलियाँ चलीं। क्रान्तिकारी पुलिस तथा उसकी मदद करनेवाली भीड़ पर निशाना साधते और गोलियाँ बरसाते। घटना स्थल पर मोटर बसों के कई पुलिस दस्ते भी आकर शामिल होते रहे। अब क्रान्तिकारियों के पास केवल एक ही बम बचा था। फिर भी वे हार माननेवाले न थे। बम शम्भूनाथ आज़ाद के हाथ में था। हीरालाल कपूर से कहा गया ज्यों ही पुलिस दल मकान के नीचे आ जाए, वे संकेत करेंगे। लेकिन हीरालाल इस क्षण अन्धाधुन्ध पुलिस फायरिंग से विचलित हो गये। वे समय से पूर्व ही संकेत दे बैठे। मकसद पूरा नहीं हो पाया। चार-छह सिपाही ही उसके टुकड़ों से घायल हो सके। गोविन्दराम बहल पुलिस की गोलियों से शहीद हो गये। वे 20 साल के बेहद खूबसूरत नौजवान थे। चेहरे पर रेखें अभी आयी ही थीं कि मातृभूमि की गोद में चिरनिद्रा में लीन हो उन्होंने अन्तिम विदाई ले ली। शम्भूनाथ आजाद, इन्द्रसिंह गढ़वाली और हीरालाल कपूर निकल भागने के प्रयासों में पकड़ लिए गये। मुकदमा चला। 9 अगस्त, 1933 को मद्रास हाई कोर्ट के स्पेशल जज वास्टल वेल ने क्रान्तिकारियों को 20-20 साल की सजाएँ दीं। हीरालाल को मद्रास जेल में रखा गया। जहाँ नित्यानन्द वात्स्यायन भी थे। शम्भूनाथ आज़ाद अन्दमान भेजे गये। इन्द्रसिंह गढ़वाली को भी पहले बिल्लारी सेन्ट्रल जेल में रखने के बाद अन्दमान रवाना कर दिया गया।

बसेगा अन्दमन पहले...

'बसेगा हिन्द पीछे को, बसेगा अन्दमन पहले।'

किसी कवि ने उन दिनों कहा कि इतने क्रान्तिकारी अन्दमान की जेल में जा चुके होंगे, उसके बाद कहीं हिन्दुस्तान आबाद और आज़ाद होगा।

ऊटी बैंक डकैती तथा मद्रास सिटी बम केस के सभी क्रान्तिकारी अन्दमान भेज दिए गये। केवल नित्यानन्द वात्स्यायन तथा हीरालाल कपूर मद्रास की जेलों में रखे गये। सेल्यूलर जेल के राजबन्दी बाहर से साम्यवादी साहित्य माँगने लगे थे। अध्ययन और मनन का सिलसिला जारी था। दादा शम्भूनाथ आज़ाद ने एक रोज मुझे बताया—'जेल में साम्यवादी विचारधारा वाले कैदियों का एक संगठन था जिसे 'कांसिल्डेशन' कहा जाता था। भाई बन्तासिंह और मैं अँग्रेजी नहीं जानते थे। अत: दिन-रात परिश्रम करके अँग्रेजी भाषा का ज्ञान प्राप्त किया और साथ ही साथ राजनीतिक स्टडी सर्किल की विभिन्न क्लासों में जाते रहे। हम दोनों को शिक्षित करने में क्रान्तिकारी जयदेव कपूर, शिव वर्मा, बटुकेश्वर दत्त और कामरेड धन्वन्तरि ने बड़ा परिश्रम किया था।'

ये तीनों क्रान्तिकारी चन्द्रशेखर आज़ाद और भगतसिंह के निकटतम साथियों में थे। इस युग तक आते-आते क्रान्तिकारी दल के भीतर विचार चेतना अधिक मुखर होकर दिखाई पड़ने लगी थी। अन्दमान में क्रान्तिकारियों के गहन अध्ययन और चिन्तन ने उन्हें और अधिक पैनाया। मार्क्स का 'साम्यवादी घोषणापत्र' तथा 'समाजवाद वैज्ञानिक और काल्पनिक' यहाँ खूब पढ़ी गयीं। देश से अन्दमान के बन्दी क्रान्तिकारियों के लिए बहुत-सा साहित्य भेजा जाता। क्रान्तिकारी वहाँ अपने पैसों से भी 'न्यूयार्क टाइम्स', 'करेंट अफेयर्स' आदि पत्रों को मँगाने लगे। इस तरह बंगला, अँग्रेजी, हिन्दी, उर्दू, पंजाबी सभी भाषाओं का साहित्य वहाँ जमा हो गया। जयदेव कपूर ने कलकत्ते की यात्रा में मुझे बताया था कि वे तथा गोपाल आचार्य अन्दमान में एक पुस्तकालय के संचालक थे। दो हस्तलिखित पत्र भी निकाले—'दुनिया की खबरें' तथा 'दि काल'। 'दि काल' एक गम्भीर मासिक पत्रिका थी जिसके सम्पादक मंडल में जयदेव कपूर, शिव वर्मा, विजयकुमार सिन्हा, गोपाल आचार्य तथा धन्वन्तरि थे।

राजनीतिक स्टडी में सोवियत क्रान्ति की पुस्तकें पढ़ाई जातीं। रवीन्द्र और नजरूल को भी पढ़ा जाता। गोष्ठियों में विभिन्न पक्षों पर बातचीत होती तो साम्यवादियों और गैर साम्यवादियों में वाद-विवाद भी हो जाता। सघन बहसें चर्चाओं को ज्यादा दिलचस्प बना देतीं। दादा शम्भूनाथ के पास इन गतिविधियों की ढेर सारी स्मृतियाँ प्राय: कुलबुलाती थीं। मुझे याद आता है कि जब जयदेव

दा ने मुझसे गोपाल आचार्य की चर्चा की और बताया कि वे जीवित हैं तब मैं उनसे मिलने को बेचैन हो उठा। 1979 में शहीद यतीन्द्रनाथ दास की बलिदान अर्धशताब्दी पर कलकत्ता की यात्रा में जयदेव दा और भगतसिंह के भाई कुलतार सिंह के साथ गोपाल आचार्य की अनेक जगहों पर हमने तलाश की, पर वे नहीं मिले। न वे आयोजन में हिस्सेदारी करने आए। अब तो जयदेव दा का भी निधन हो गया तब गोपाल आचार्य के बारे में किससे बातें करूँ। गोपाल आचार्य से मिलना मेरे उन दिनों के सपनों में से एक था। पर वह साकार नहीं हो पाया। हम उनसे बिना सम्पर्क किए ही कलकत्ता से वापस आ गये।

अन्दमान में जेल के उत्पीड़न और वहाँ के पशुवत व्यवहार से राजबन्दी तंग आ चुके थे। अन्दमान में बन्दी रहे क्रान्तिकारी उपेन्द्र के शब्दों में—'उठने पर लात और बैठने पर झाड़ू। सो यही हालत जेल में होती रही। खाने की चीजें देखकर मन में वैराग्य उत्पन्न हो गया। रंगूनी चावल या भात या मोटी रोटी तो किसी तरह चल जाती। पर छिलकेदार कच्चे केले, छोटे-छोटे आलू, पोई का साग, घुइयाँ की जड़ें, कंकड़ और चूहे की लेंडी की जो तरकारी बनती थी उसे देखकर आँखों में आँसू आ जाते थे। ...नारियल और सरसों का तेल निकालना पड़ता था। कोल्हू और नारियल के छिलके की पिटायी—यह सबसे बड़ी मशक्कत थी। ...हेमचन्द, सुधीर, इन्दु को जिस कोल्हू में भेजा गया, वह हाथ से चलता था। हर रोज हरेक को 10 पौंड सरसों का तेल और 30 पौंड नारियल का तेल निकालना पड़ता था। बड़े-बड़े पहलवान भी कोल्हू में पस्त हो जाते थे। इसलिए यह कल्पनीय है कि हमारी दशा क्या थी। क्रान्तिकारियों ने जेल के उत्पीड़न से बचने के लिए अनेक बार भूख हड़ताल का सहारा लिया। 1937 में क्रान्तिकारियों के घोषित आमरण अनशन की अवधि तीन माह तक खिंची। इसमें बन्तासिंह ने अपनी भूख हड़ताल पूरे तीन महीने बाद तोड़ी थी। वे अद्भुत लड़वैये थे।

और फिर...

अनशन समाप्त हुआ। अनशनकारियों की विजय हुई। राजबन्दियों के पहले जत्थे में बन्तासिंह अपने साथियों सहित देश वापस भेज दिए गये। इन्द्रसिंह गढ़वाली, खुशीराम मेहता तथा उन्हें लाहौर सेन्ट्रल जेल में रखा गया। कुछ बन्दियों को पंजाब तथा उत्तर प्रदेश की जेलों में भेजा गया। राजबन्दियों की भूख हड़ताल, प्रचार तथा अनेक दबावों के चलते 18 जुलाई, 1838 को पंजाब सरकार ने बन्तासिंह और उनके साथियों को लाहौर जेल से मुक्त कर दिया। बावजूद इसके पंजाब के पुलिस अधिकारियों ने उन्हें अपने सूबे से निष्कासित करने के आदेश जारी कर दिए।

शहीद बन्तासिंह उर्फ हजारा सिंह

बन्तासिंह इसके बाद 'कीर्ति किसान' मासिक के मेरठ कार्यालय पर आ गये। इन्द्रसिंह गढ़वाली भी मेरठ में जिला कम्युनिस्ट पार्टी के कार्यालय में आकर रहने लगे। बन्तासिंह ने टाटा नगर के कारखाने में काम करना शुरू कर दिया। आखिर वे ठहरे क्रान्तिकारी। एक दिन वहाँ श्रमिकों की हड़ताल हुई तो नेतृत्व सम्भाल लिया। पिकेटिंग के समय फैक्टरी अधिकारियों ने लोहे के तारों से भरे मोटर ट्रक को उनके ऊपर चढ़ा दिया। वे घटनास्थल पर ही शहीद हो गये। बन्तासिंह ने मोटर ट्रक के अगले पहियों को पूरी ताकत से पकड़ रखा था।

शहीद बन्तासिंह का जन्म पंजाब के होशियारपुर जिले के ग्राम बल्लड़ी में 1906 को हुआ था। दादा शम्भूनाथ आज़ाद के एक पत्र से मालूम हुआ कि उनके दो भाई उस गाँव में अब भी रहते हैं। पर उनसे किसी तरह सम्पर्क नहीं कर सका। असली नाम उनका बन्तासिंह ही था। हजारा सिंह फरारी जीवन में कहे जाने लगे। वे 1929 में रोजगार की तलाश में अमृतसर आए जहाँ कामरेड टहलसिंह पीतम के कारखाने में समय गुजार कर मोटर मैकेनिक तथा ड्राइवरी का काम सीख डाला। टहलसिंह भी वैसे ही थे। वे भी क्रान्तिकारी दल 'हिन्दुस्तान सोशलिस्ट रिपब्लिकन एसोसिएशन' के सदस्य थे। उन्होंने बन्तासिंह को भी पार्टी में भर्ती कर लिया। काम दिया गया फरार क्रान्तिकारियों को मोटर कार द्वारा हथियार, सामग्री तथा साहित्य पहुँचाना। 1930 में दिल्ली में क्रान्तिकारियों ने मोटर डकैती में जिस कार को इस्तेमाल किया था उसे बन्तासिंह के पास ही पकड़ा गया था। वे इस सम्बन्ध में गिरफ्तार भी किए गये, लेकिन सबूत के अभाव में सरकार को छोड़ना पड़ा। इसके बाद वे पार्टी के गुप्त पर्चे वितरित करते हुए फिर पुलिस के हाथ आ गये। अनेक यातनाएँ दी गयीं। पीटते-पीटते उनके आगे के केश उड़ा दिए गये। इस मामले में उन्हें एक साल की कैद की सजा मिली। लाहौर की वोस्टल जेल में शम्भूनाथ आज़ाद तथा नित्यानन्द वात्स्यायन से उनकी भेंट हुई। फिर तो क्रान्तिकारी इरादा और भी मजबूत हो गया। 1932 में रिहा हुए और तय कार्यक्रम के अनुसार क्रान्ति की पताका फहराने उत्तर से दक्षिण जा पहुँचे। वहाँ ऐक्शनों का लीडर उन्हें ही नियुक्त किया गया। ऊटी बैंक डकैती का मोर्चा उनकी देखरेख में ही संचालित हुआ था। यह बहुत साहस और सूझबूझ का काम था। फिर वे बिल्लारी सेन्ट्रल जेल से किस तरह एक साथी को लेकर निकल भागे, इसकी कहानी ही दूसरी है। वह सब किसी रोमांचकारी कथा की कड़ियों से कम नहीं। अन्दमान, आमरण अनशन, रिहाई और फिर छूटने के बाद उनका आन्दोलन में शहीद होना। धन्य हो बन्तासिंह। तुम लड़ने और बलिदान होने के लिए ही बने थे। पर तुम्हारी स्मृति अब किसके भीतर कौंधती होगी...

बच्चूलाल

क्रान्तिकारी बच्चूलाल के सम्बन्ध में दादा शम्भूनाथ आज़ाद ने जो बताया, वह उन्हीं के शब्दों में इस प्रकार है—'उनका जन्मस्थान पौड़ी गढ़वाल है। वह उस काल में अमृतसर नगर में रह रहे थे। यहीं से 1930 के प्रारम्भ में क्रान्तिकारी पार्टी में दाखिल हुए। उस समय उनकी उम्र 24 साल की थी। 1931 में उन पर अम्बाला मनौली केस चला था। ऊटी बैंक डकैती में भी उन्होंने बड़ी बहादुरी और मुस्तैदी से अपनी भूमिका निभाई थी। हजारों की भीड़ व पुलिसवालों को बैंक में घुसने से रोके रखने का कार्य अकेले बच्चूलाल भाई ने कर दिखाया। वे गिरफ्तार भी मुश्किल से हुए। जब अन्दमान में पागल हो गये तो 1937 के अन्तिम दिनों में उन्हें मेरे साथ नैनी सेन्ट्रल जेल भेज दिया गया। बाद को वे नैनी से बनारस पागलखाने इलाज के लिए ले जाए गये। 1938 में एक दिन पूछे जाने पर लाल बहादुर शास्त्री ने बताया था कि बच्चूलाल को बनारस पागलखाने से पूना के पागलखाने भेज दिया गया है। तब से अब तक साथी बच्चूलाल के बारे में कहीं से भी कोई जानकारी प्राप्त नहीं हो सकी। उनका जीवन अन्धकार के गर्त में लुप्त है।'

देश ने अपने इस बलिदानी क्रान्तिकारी की कोई खैर-खबर नहीं ली। वैसे तो जेलों के अत्याचारों से तंग आकर पता नहीं कितने क्रान्ति पथिकों का जीवन नष्ट हो गया। अन्दमान में रहते हुए वहाँ के उत्पीड़न से कई ने आत्महत्याएँ कर डालीं। कितने ही उस नारकीय जीवन में बीमार होकर मरे और बहुत से मार खाकर अपनी जीवन लीला समाप्त कर बैठे। अनशन से शहीद होनेवालों की भी एक लम्बी कहानी है। साम्राज्यवाद के अकथनीय जुल्मों ने जिन क्रान्तिकारियों को विक्षिप्त कर दिया उनमें उल्लासकर दत्त, सरेन कर, फणीदास गुप्ता, भूपेश बनर्जी, सरोज गुहा, भूपेश गुहा, हृदयदास, बिमल चक्रवर्ती, कुमुद मुखर्जी, धीरेन भट्टाचार्य, अभयदास जैसे अनेक नाम हैं। बताया जाता है कि अलीपुर षड्यन्त्र केस के उल्लासकर बाद में ठीक हो गये थे। उन्होंने अन्दमान पर एक पुस्तक की रचना की जो अप्राप्य है।

गोविन्दराम बहल

सुन्दर सुगठित व्यक्तित्व के मालिक गोविन्दराम बहल का जन्म 4 दिसम्बर 1914 को अमृतसर की लालावाली गली में हुआ था। उनके पिता थे ताराचन्द और माता धर्मकौर। 1930 में गोविन्दराम क्रान्तिकारी पार्टी के सदस्य बने। 1933 के आरम्भ में ही वे क्रान्तिकर्म के लिए मद्रास जा पहुँचे। 4 मई, 1933 को मद्रास शहर की तम्बू चैट्टी स्ट्रीट के निवास में अपने साथियों सहित सशस्त्र पुलिस से घेर

लिये गये लेकिन उन्होंने हार नहीं मानी। पाँच घंटे तक लगातार पुलिस से जूझे। जब कुछ भी न रहा तो पुलिस कमिश्नर पर जूता फेंककर मारा। लेकिन अँग्रेज पुलिस अफसर की गोलियों ने उनके प्राण ले लिये। 20 साल की उम्र में देश के लिए गोविन्दराम बहल की शहादत आज देशवासी विस्मृत कर चुके हैं।

नित्यानन्द वात्स्यायन

20 वर्ष की उम्र में क्रान्तिकारी दल के सदस्य बने। इनके पिता हीरानन्द शास्त्री मद्रास सरकार के भूतत्ववेत्ता विभाग में अधिकारी थे। बड़े भाई थे सच्चिदानन्द हीरानन्द वात्स्यायन 'अज्ञेय'। वे भी 'दिल्ली षड्यन्त्र केस' के अभियुक्त रहे। पार्टी ने सर्वप्रथम नित्यानन्द को मद्रास प्रान्त ही भेजा था। पार्टी के सामने आर्थिक संकट आ जाने पर नित्यानन्द ने ही बैंक डकैती की योजना बनाई थी। डकैती के पश्चात ई-रोड स्टेशन के निकट पुलिस अधिकारियों से मुकाबला करते हुए उन्हें गिरफ्तार कर लिया गया। 'अन्तर्प्रान्तीय षड्यन्त्र केस' से भी उनका सम्बन्ध था। दादा शम्भूनाथ आज़ाद ने काफी पहले मुझे बताया था कि लम्बे समय से नित्यानन्द विदेश में हैं। अब कुछ पता नहीं। मैं उनके लिए कभी अज्ञेय से पूछने का साहस नहीं कर सका।

खुशीराम मेहता

लायलपुर पंजाब के तादला गाँव में 2 अप्रैल, 1914 को जन्मे खुशीराम मेहता के पिता थे लब्बूराम मेहता और माता दुर्गादेवी। विद्यार्थी जीवन में ही काँग्रेस के आन्दोलन से जुड़कर जेल चले गये। 1932 में बोस्टल जेल से छूटते ही दक्षिण में क्रान्तिकारी अभियान पर साथियों के साथ जा पहुँचे। मद्रास की ऊटी बैंक डकैती में भाग लिया गिरफ्तार हुए और 38 साल की सजा देकर अन्दमान भेज दिए गये। वहाँ 1937 की प्रसिद्ध भूख हड़ताल में हिस्सेदारी की। इसके बाद आए लाहौर सेन्ट्रल जेल जहाँ से 1938 में पंजाब सरकार ने उन्हें रिहा कर दिया। क्रान्तिकारी साथी बन्तासिंह के साथ खुशीराम मेहता को भी पंजाब प्रान्त से निष्कासित कर दिया गया था।

1947 में खुशीराम का परिवार दिल्ली आ बसा। यहाँ उन्होंने 'एलैम्बिक कम्पनी' में लम्बे समय तक कार्य किया। वे भूतपूर्व अन्दमान राजबन्दियों की संगठन समिति के अध्यक्ष भी रहे। मेहता 'भारत-सोवियत मैत्री संघ' के महामन्त्री पद पर भी कार्य देखते रहे। उन्होंने सोवियत संघ की यात्रा भी की थी। 15 अगस्त, 1972 को देश की आजादी के लिए की गयी उनकी सेवाओं के लिए भारत सरकार की ओर से उन्हें ताम्रपत्र प्रदान किया गया। उनका निधन 17 अक्टूबर, 1972

को हुआ। अपने पीछे पत्नी विमला देवी और विवाह योग्य दो पुत्रियों को उन्होंने छोड़ा। दादा शम्भूनाथ आज़ाद ने ही मुझे एक बार बताया कि दिल्ली में उनकी गृहस्थी किराए के मकान में रहती है। खेद है कि मैं उनके घर-परिवार की कोई खोजबीन नहीं कर सका।

शम्भूनाथ आजाद

दक्षिण में जो क्रान्तिकारी अपनी जान की बाजी लगाकर मुक्ति का सशस्त्र संग्राम छेड़ने गये थे, उनमें मेरी भेंट दादा शम्भूनाथ आज़ाद से ही हुई थी। 1973 या 74 से ही मैं उनके निकट सम्पर्क में आ गया था। तब उनका निवास कचौरा घाट आगरा था। उन दिनों वे अस्वस्थ भी थे। फिर भी मेरे अनुरोध पर उन्होंने अपने क्रान्तिकारी जीवन के संस्मरण तथा साथियों के सम्बन्ध में प्रचुर जानकारी मुझे लिखकर भेजी थी। 27/3/1974 का उनका पत्र याद आता है जिसे मैं यहाँ पूरा उद्धृत कर रहा हूँ—'आपको मेरा कार्ड मिल गया होगा। आपके आदेशानुसार मैंने अपनी संग्रामी कहानी तो संक्षेप में लिख ली है, मगर मैं अपने निकटतम खास-खास साथियों से उसे पृथक् नहीं कर सकता हूँ। इसलिए मैंने सम्बन्धित साथियों का परिचय व विशेष घटनाओं का संक्षिप्त वर्णन भी लिख दिया है। आपसे आशा करता हूँ कि इस अप्रकाशित रोचक सामग्री को प्रकाशित करके वर्तमान नवीन पीढ़ी को समर्पित करने की कृपा करेंगे। मैं अपना फोटो और साथ में शहीद रोशनलाल मेहरा और शहीद गोविन्दराम बहल के फोटो भी प्रकाशन हेतु भेज रहा हूँ। रोशनलाल की शहादत के समय (शव) का फोटो भी मेरे पास है। उसे ही भेज रहा हूँ। शहीद गोविन्दराम बहल का फोटो उनकी शादी के समय का है जिसे मैं आपके पास प्रकाशन के लिए भेज रहा हूँ। मेरा खुद का फोटो 4 साल पहले का है। ताजा खिंचवाने का कोई मौका नहीं मिला है। कोई खास फर्क नहीं है। मैं आपके पास जितनी भी सामग्री प्रकाशन हेतु भेज रहा हूँ, उसमें जितनी गैर जरूरी समझें, उसे मुझे वापस भेज देने की कृपा करें। सम्पूर्ण सामग्री का निरीक्षण करने के बाद मुझे लिखें अपनी राय कि यह कैसी है। मैंने विस्तारित विवरण और अनेक छोटी-मोटी घटनाएँ और अनेक विचारादि छोड़ दिए हैं। अब इसका उपयोग करना आपके हाथों में है। देखेंगे कि आप कौन-सा स्वरूप उसे देते हैं। आप अपनी सामग्री जिसे आप प्रकाशित कराएँ, उसकी कुछ प्रतियाँ हमारे 'शहीद पुस्तकालय' को अवश्य भेजने की कृपा करें। आप अपने विचार अवश्य लिखें। पत्रोत्तर शीघ्र दें। आप सबों को सादर अभिवादन है।'

दादा शम्भूनाथ आज़ाद की उम्र 68 वर्ष की थी जब मैं उनसे मिला था। 26 जनवरी, 1906 को आगरा के कचौरा घाट में एक गरीब किसान परिवार में

जन्मे थे वे। अभी किशोर भी नहीं हो पाए कि पिता शंकरलाल रिछौरिया और माँ दुलारी देवी चल बसीं और उनकी इस अकेली सन्तान का जीवन शुरुआती दिनों से ही अत्यन्त संघर्षमय हो गया। किसी तरह पले-बढ़े तो देश की आजादी के संग्राम से जुड़ाव हो गया। सबसे पहले अमृतसर में जो आम हड़ताल हुई थी उसमें हिस्सेदारी करने पहुँच गये लाहौर की वोस्टल जेल। 1928 में अमृतसर की नौजवान सभा में भी कार्य किया। बताया उन्होंने कि 1929 में अनुशीलन पार्टी में भी वे कार्य करते रहे। इसी समय क्रान्ति का जो ताना-बाना बुना उसके चलते ही वे 7 दिसम्बर, 1930 को दिल्ली रेलवे स्टेशन पर पुलिस के हाथ आ गये और आर्म्स एक्ट की धारा 20 के अन्तर्गत 9 जनवरी को उन्हें लाहौर की वोस्टल जेल में डाल दिया गया। यहीं पर बन्दी क्रान्तिकारियों के मध्य योजना बनी कि छूटते ही दक्षिण में पार्टी का कार्य किया जाएगा। यह एक कठिन और बड़ा निर्णय था। पर वे सब हथियारबन्द होकर जा पहुँचे सुदूर दक्षिण के मद्रास प्रान्त जहाँ उन्हें नये सिरे से क्रान्ति की मशाल को अपनी आहुति देकर प्रज्वलित करना था। दादा शम्भूनाथ आज़ाद के पास इस अद्भुत क्रान्तिकारी अभियान की रोमांचक अनुगूँजें थीं जो हर बार उनसे मिलने पर ध्वनित होती थीं। मैं जब भी उनके निकट बैठता तो मद्रास के शहीद साथियों की चर्चा जरूर करता। वे बहुत भावुक हो जाते। कहते कि इतिहास ने इन बलिदानियों के साथ न्याय नहीं किया। मैंने उनसे बार-बार ऊटी बैंक डकैती के घटनाक्रम को जानने में दिलचस्पी दिखाई और तम्बू चैट्टी स्ट्रीट के मकान की पुलिस घेराबन्दी में हुई पाँच घंटे की गोलीबारी का रोमांचकारी विवरण सुनते रहकर मैं उनके चेहरे के भावों को पकड़ने की कोशिश में संलग्न बना रहता। गजब का हौसला। मन में तब मर मिटने का साहस था और बाद के दिनों में भी कुछ वैसा ही कर गुजरने की हसरत से मुकम्मल और भरे-पूरे लगते थे। 1983 में आगरा के नाविक विद्रोह सम्मेलन में खूब संग-साथ रहा उनसे। एक रात फिरोजाबाद के मित्र कैलाशचन्द्र वर्मा के घर पर उनके साथ ही ठहरा। आधी रात बातों में ही बीत गयी। अगले दिन पं. बनारसीदास चतुर्वेदी के घर भी गये और फिर एक आयोजन में मंच पर उनके साथ हिस्सेदारी। जब भी मिलते आत्मीयता से सराबोर कर देते। मैं हर बार उनका चेहरा देखता। सोचता कि यही वह शख्स है जिसके 18 वर्ष के लम्बे जेल जीवन में दाँत तोड़ दिए गये थे। अन्दमान में कितनी यातनाएँ झेलीं इसका कोई हिसाब नहीं। उन पर लाठियाँ बरसीं। लम्बी भूख हड़तालें कीं उन्होंने। जितना दबाया गया उन्हें उतना ही वे दृढ़ और मजबूत होते चले गये। अन्दमान से लौटे तो नैनी जेल में भी रहे। जहाँ से 1938 के अन्तिम चरण में रिहा हो सके। 1939 के अक्टूबर में फिर साढ़े चार माह के लिए कैद की सजा। उनसे ही यह जानने को मिला

कि बरेली जेल में राजबन्दियों पर हो रहे अत्याचारों का विरोध करने पर उन्हें 20 बेंत और छह माह के कठोर कारावास की सजा भी भुगतनी पड़ी। और 1944 जब रिहा होने का समय आया तो बरेली जेल के दरवाजे पर ही शासन नें नजरबन्द करके फतेहगढ़ कारागार भेज दिया। जेलों में भूख हड़ताल का तो उनके पास जैसे रिकार्ड था। जब भी भीतर राजबन्दियों का उत्पीड़न होता वे अनशन पर बैठ जाते। मद्रास सेन्ट्रल जेल में भी उन्होंने कठोर यातनापूर्ण स्थितियों के विरुद्ध भूख हड़ताल की। अन्दमान की प्रसिद्ध आम भूख हड़ताल में तो वे हिस्सेदार थे ही। उन्होंने बरेली जेल की गड्ढा बैरक के नारकीय दमन के खिलाफ भी दो-दो माह की अनेक भूख हड़तालें कीं। पर ये लड़ाइयाँ उन्हें शारीरिक तौर पर बहुत अशक्त बनाती चली गयीं। वे 'प्लूरिसी' रोग से ग्रस्त हो गये। 1945 में फतेहगढ़ जेल से रिहा हुए तब भी अपने जर्जर शरीर के साथ वे राजनीतिक कार्यों में संलग्न बने रहे। 47 के बाद से साम्यवादी दल के सदस्य बने तथा आगरा-इटावा परिक्षेत्र में सामंतवाद विरोधी किसान संघर्ष की अगुआई की। आजादी के बाद देश में वामपन्थी रुझान के जितने भी उग्र आन्दोलन हुए उन सबसे उनकी पूरी सहमति थी। पर धीरे-धीरे गिरते स्वास्थ्य, अभाव और कदम-कदम पर संघर्ष इन सबने उनकी जिन्दगी को कठिन बना दिया था। फिर तो क्षय रोग ने भी उन्हें दबोच लिया। 1961 का वर्ष ऐसा था जब उन्हें राजनीति से संन्यास लेना पड़ा। राजनीतिक स्थितियाँ भी तब उनके अनुकूल नहीं रह गयी थीं। बस उनके साथ थी अपने क्रान्तिकारी जीवन-यात्रा की अनमोल थाती और शहीद साथियों की अविस्मरणीय स्मृतियाँ जिन्हें जिन्दगी के इस मोड़ पर वे बार-बार झाँककर देख लेते थे। 1974 के ही एक पत्र में उन्होंने मुझे लिखा था—'बीमारी के कारण 1961 में विवश होकर मुझे राजनीतिक क्षेत्र त्यागना पड़ा। मेरे पास जीविका का कोई साधन नहीं था। अत: इसी काल में उत्तर प्रदेश सरकार ने 1958 से 50 रुपया मासिक पेंशन देना शुरू कर दी। इसके अलावा 2 अक्टूबर, 1969 से भारत सरकार भी 200 रुपया मासिक पेंशन दे रही है। केवल जीवन का यही एक साधन है। ग्राम कचौरा में अपने निवास स्थान पर ही मैंने अपने धन 13 हजार रुपये की लागत से क्रान्तिकारी शहीद साथियों की याद में 'शहीद स्मारक' बनवाया है जिसमें स्वाधीनता संग्राम तथा प्रगतिशील साहित्य का पुस्तकालय है। अकसर मैं अस्वस्थ रहता हूँ। चचेरे भाई का लड़का श्रीकृष्ण मेरी सेवा में है।'

पर इसके बाद जो कुछ हुआ उसने मुझे भीतर तक हिला कर रख दिया। 1978 की बात है। आगरा से प्रकाशित होने वाले 'युवक' के सम्पादक प्रेमदत्त पालीवाल जो स्वतन्त्रता सेनानी भी थे, उन्हें अचानक दादा शम्भूनाथ आज़ाद ने एक पत्र लिखा। इस पत्र पर कोई तिथि तो अंकित नहीं है पर इसे पालीवाल

ने अपनी पत्रिका के सितम्बर, 1978 के अंक में 'क्रान्तिकारी की पुकार' शीर्षक से प्रकाशित किया था। लिखा था—'गत दो साल से भिंड में था। वहाँ पर मेरे भाई के लड़के रहते हैं। मैं उनके पास ही बना रहा। गत वर्ष शरद ऋतु भर जुकाम, खाँसी आदि से पीड़ित रहा। गर्मियों में जौलाई व अगस्त भर बुखार, पठकन और सिरदर्द से अब तक परेशान हूँ। भिंड के डॉक्टर मलेरिया के इंजेक्शन और कुनैन की गोलियाँ देते रहे और फिर टाइफाइड का इलाज करते रहे। जब कोई आराम नहीं मिला तो 30 अगस्त को चला आया। गाँव के नामधारी डॉक्टरों ने भी मलेरिया का इलाज किया। भूख और नींद कई हफ्ते से गायब थी। फलतः मानसिक सन्तुलन खत्म हो गया और विक्षिप्त हो गया। 5 सितम्बर की रात एक बजे मूसलाधार बारिश व यमुना की बाढ़ में चल दिया। भयानक दृश्य दीखे तो मैं छाती-छाती पानी में चिल्लाने लगा। गाँव के दो सज्जनों ने बचा लिया। गाँव में जिन लोगों के साथ मैं रहा था, उन्होंने मुझे विश्वास दिला-दिलाकर मेरा सभी कुछ छीन-हथिया लिया। अब वे मेरा उपहास व उपेक्षा करते हैं। वे ऐसे हालात पैदा कर रहे हैं कि मैं 'शहीद भवन' को छोड़कर गाँव से सदैव के लिए चला जाऊँ जिसे मैंने रुपया अपना लगाकर अपने शहीद साथियों की याद में बनवाया है। उसी में रहता हूँ। आप जानते हैं कि मैं टीवी का पुराना रोगी हूँ। आपसे प्रार्थना है कि एक बार आप मेरी दर्दनाक कथा देख-सुन जाएँ। मेरे शरीर की किसी विशेषज्ञ द्वारा जाँच पूरी तौर से करा दें। डॉक्टर विशेषज्ञ जो इलाज बताएँ उसे सरकार से करवाने का प्रयास करें। सरकारी अस्पताल में भरती नहीं हूँगा। वहाँ धनवानों और बड़े साहबों के इलाज होते हैं। अब जीने की तमन्ना नहीं है, किन्तु आप सबों का प्रेम व सहानुभूति अवश्य चाहता हूँ। सबों से परामर्श करने तथा शीघ्र दर्शन देकर तसल्ली प्रदान करने की कृपा करें।'

समय गुजरता चला गया। दादा शम्भूनाथ कुछ स्वस्थ हुए। पत्रों से खैर-खबर मिल जाती रही। फिर लम्बे समय बाद उनसे मिलना हुआ। 1983 में दो बार आगरा और फीरोजाबाद में। 14 अगस्त, 1983 को ऊटी-मद्रास केस बलिदान अर्धशताब्दी कानपुर में मनाई गयी जिसमें दादा शम्भूनाथ आजाद, क्रान्तिकारी डॉ. गयाप्रसाद और राजेन्द्रपाल सिंह वारियार आए थे। इस आयोजन में कम्युनिस्ट पार्टी के संस्थापक सत्यभक्त को मैं ही मथुरा से लेकर कानपुर पहुँचा था। एस.एन. सेन बालिका विद्यालय मालरोड पर हुए इस आयोजन की अध्यक्षता साहित्यकार और क्रान्तिकारियों के अभिन्न सहयोगी मुंशीराम शर्मा 'सोम' ने की थी। आयोजक थे कामरेड शिवकुमार मिश्र जो नक्सलवादी आन्दोलन से जुड़कर ख्यात हो चुके थे। आनन्द माधव त्रिवेदी और महादेव प्रसाद मिश्र 'ब्राउन' भी इससे जुड़े थे। क्रान्तिकारी विजयकुमार सिन्हा, सदाशिवराव मलकापुरकर तथा विश्वनाथ माथुर

को भी आमन्त्रित किया गया था। शहीदे-आजम भगतसिंह के साथी और मार्क्सवादी कम्युनिस्ट पार्टी से जुड़े क्रान्तिकारी शिव वर्मा कानपुर में ही थे। आयोजकों ने उन्हें बुलाने का काफी प्रयास किया। पर वे इसके लिए तैयार नहीं हुए। मेरे कानपुर पहुँचने पर मुझे यह जिम्मेदारी सौंपी गयी कि मैं शिव दा को उनके घर जाकर कार्यक्रम में लाऊँ। आगरा के साथी शिवप्रकाश पचौरी के साथ मैं उनके घर गया। मेरे अनेक बार अनुरोध करने पर शिव दा का उत्तर था कि यह नक्सलवादियों का आयोजन है और वे हमें गाली देते हैं। मैंने शिव दा से तर्क किया कि यह ऊटी-मद्रास के शहीदों की स्मृति में कहीं भी होनेवाला पहला कार्यक्रम है। आप इसमें जरूर हिस्सेदारी करें। पर शिव दा अडिग थे। वे नहीं आये। उन दिनों दादा शम्भूनाथ आज़ाद का झुकाव भी नक्सलवाद की ओर हो गया था और वे उस दिशा में आशा भरी दृष्टि से देख रहे थे। इस समारोह में दादा शम्भूनाथ को सम्मानित भी किया गया था।

इसके बाद अचानक खबर मिली कि दादा शम्भूनाथ बहुत बीमार होकर लखनऊ के मेडिकल कालेज में भर्ती हैं। मैं क्रान्तिकारी जयदेव कपूर के साथ वार्ड नम्बर 11 में पहुँचा तो उनकी भतीजी साधना उनकी तीमारदारी में थी। चेहरे पर दाढ़ी बढ़ी हुई थी और वह क्रान्तिकारी योद्धा किसी घायल चीते की मानिन्द बिस्तर पर अशक्त पड़ा था। दूर तक भेदने की शक्ति से भरी-पुरी उनकी आँखों में मुझे पहले जैसा ही पैनापन दिखाई पड़ा। हम देर तक बातें करते रहे। साधना ने दो बोतल खून दिया था। वह पहले भी ऐसा कर चुकी थी। मेडिकल कालेज के वीराने में एक उदास क्रान्तिकारी का चेहरा देखकर उस क्षण मैं पीड़ा से भर गया। थोड़ी देर वे सहारा लेकर उठे भी, पर फिर वही शिथिलता। मैं कभी साधना के बेबस चेहरे को देखता तो कभी दादा शम्भूनाथ की कमजोर हो गयी भुजाओं को। दो घंटे रुक कर भारी मन से लौट आया मैं।

इसके बाद उनके निधन का समाचार। कचौरा घाट आगरा से 17 अगस्त, 1985 को उनके भतीजे श्रीकृष्ण शर्मा के पत्र से पता लगा कि 12 अगस्त को आगरा के एससन हॉस्पिटल में उनका निधन हो गया। 25 को गाँव में ही मत्युभोज था। आगरा के बिजलीघर से कचौरा घाट के लिए सीधी बसें जाती हैं। पर मैं वहाँ जाकर क्या करता। मैंने तो अपने शहर में ही मित्रों के बीच बैठकर उन्हें अपनी श्रद्धांजलि अर्पित की। बहुत याद आता रहा कि 1979 में उत्तर प्रदेशीय स्वतन्त्रता संग्राम सेनानी सम्मेलन तथा 1982 में मेरे द्वारा आयोजित अखिल भारतीय क्रान्तिकारी सम्मेलन में वे शाहजहाँपुर पधारे थे। तब दोनों बार उन्होंने मेरा आतिथ्य स्वीकार किया और घर पर मेरे साथ अपनी कई तस्वीरें खिंचवाईं।

सीतानाथ डे

सीतानाथ डे बंगाली युवक थे। उस समय उनकी उम्र 25 वर्ष की थी। क्रान्तिकारी अनुशीलन दल की ओर से उन्हें उत्तर प्रदेश तथा पंजाब का संगठनकर्त्ता बनाया गया था। मद्रास में भी पार्टी का कार्य उन्होंने जोरों से किया था। कलकत्ता में वे अन्तर्प्रान्तीय षड्यन्त्र केस के नेता माने गये थे। बनारस में एक दिन पुलिस की नजरों में चढ़ गये और पकड़कर कलकत्ता पहुँचा दिए गये। 1935 की किसी तारीख को पता चला कि सीतानाथ डे न्यू अलीपुर सेन्ट्रल जेल से फरार हो गये। लेकिन पुलिस की गिरफ्त से दूर नहीं जा सके। गिरफ्तार हुए और सजा पायी अन्तर्प्रान्तीय षड्यन्त्र केस में कुल 38 व्यक्तियों पर मुकदमा चलाया गया था। मुखबिर बने रामविलास शर्मा ने इस मामले में पुलिस की ओर से गवाही दी थी। वह बस्ती जिले के टुम्पापार गाँव के निवासी थे। मुझे आश्चर्य हुआ जब दादा शम्भुनाथ आज़ाद ने बताया कि रामविलास जेल जीवन का एकाध प्रमाणपत्र लेकर देशभक्त बन बैठा है। सरकार से उसे ताम्रपत्र और पेंशन भी मिली।

सीतानाथ डे के बारे में उन्हीं दिनों खबर मिली कि वे दिल्ली में हैं। पर सब ऐसे गुमनाम हुए कि किसी का अता-पता हाथ नहीं आया। लगा कि अपनी भूमिकाएँ निभा कर मंच के पीछे के अँधेरों में कहीं लापता हो गये वे।

इन्द्रसिंह गढ़वाली उर्फ प्रेम प्रकाश मुनि

क्रान्तिकारी आन्दोलन के इतिहास में प्रेम प्रकाश मुनि के नाम से उनका उल्लेख मिलता है। वे टिहरी गढ़वाल के किसी गाँव में पैदा हुए थे। 1929 में अमृतसर की नौजवान भारत सभा में कार्य करते हुए क्रान्तिकारियों से उनका परिचय हुआ और वे क्रान्तिकर्म में लिप्त हो गये। दिसम्बर, 1930 में वे दिल्ली में यमुना ब्रिज पर कई पिस्तौलों के साथ पुलिस के हाथ आ गये। पाँच साल की सजा हुई। मुल्तान जेल से छूटे तो दक्षिण जा पहुँचे। 4 मई, 1933 को मद्रास की तम्बू चैट्टी स्ट्रीट में पाँच घंटे तक पुलिस के सशस्त्र संघर्ष के चलते वे और उनके साथी पकड़ लिये गये। इस केस में उन्हें 20 वर्ष की सजा हुई। जब बिल्लारी सेन्ट्रल जेल के फाँसीघर में रखा गया तब वहाँ से एक रात बन्तासिंह के साथ रहस्यमय तरीके से भाग निकले। पर हैदराबाद के निकट चौथे दिन पकड़ लिये गये। बाद को बच्चूलाल और बन्तासिंह के साथ अन्दमान में कैद। यहाँ की प्रसिद्ध भूख हड़ताल में भी हिस्सेदारी। फिर भेज दिए गये लाहौर की सेन्ट्रल जेल। छूटने पर पंजाब प्रान्त से निष्कासित। द्वितीय विश्वयुद्ध के दौरान देवली कैम्प जेल में नजरबन्द भी रखा गया। वे मेरठ कम्युनिस्ट पार्टी के कार्यालय पर कार्य करते रहे। इसके बाद उनका कुछ भी सूत्र नहीं मिला। अपना काम पूरा करने के बाद

वे कहाँ अदृश्य हो गये कौन जाने। 1979 में मैंने शहीद चन्द्रशेखर आज़ाद के साथी क्रान्तिकारी भवानीसिंह रावत को गढ़वाल के पते पर पत्र लिखकर इन्द्रसिंह गढ़वाली उर्फ प्रेम प्रकाश मुनि के सम्बन्ध में पूछताछ की। उन्होंने लिखा—'इनके विषय में काफी छानबीन की, लेकिन पौड़ी गढ़वाल के तो यह नहीं थे। क्योंकि मेरा उनसे उस समय परिचय होता। अगर कहीं टेहरी गढ़वाल के रहे हों तो फिर भी पता चलता। यहाँ स्थानीय पत्रिका में उनके विषय में प्रकाशित किया गया था। कुछ पता नहीं कौन और कहाँ के थे।'

इन्द्रसिंह तुम देश के लिए अपना कर्तव्य पूरा कर कहाँ अनन्त में विलीन हो गये। कोई निशान नहीं छोड़ा तुमने जहाँ से तुम्हारी शिनाख्त की जा सके। सचमुच तुम मौनव्रती थे। मानो योगी जैसी किसी समाधि में जा बैठे हो।

जेल वार्डर जेम्स की देशभक्ति

बिल्लारी सेन्ट्रल जेल के वार्डर जेम्स की कथा के बिना क्रान्ति का यह अध्याय पूरा नहीं होता जिसे अपने कारनामों के चलते सात वर्ष के कठोर कारावास की सजा दी गयी थी। घटना इस प्रकार थी। ऊटी बैंक डकैती केस के क्रान्तिकारी बन्तासिंह तथा प्रेम प्रकाश मुनि बिल्लारी सेन्ट्रल जेल में थे। इन्हें फाँसी के कंडम सेल्स में रखा गया था। संयोग से वार्डर जेम्स की ड्यूटी कंडम सेल्स में लगा दी गयी। जेम्स इन दोनों का बड़ा सम्मान करता था। जेम्स के परिवार में विधवा माँ तथा विवाह योग्य बहन थी। उसकी जेल की नौकरी ही तीनों की जीविका का एकमात्र साधन थी। बन्तासिंह और प्रेम प्रकाश मुनि ने जेम्स से मिलकर फरारी की योजना बना डाली। कहा जाता है कि बन्तासिंह और मुनि ने जेम्स को देशभक्ति के विचारों में रंग लिया था और वह पार्टी में कार्य करने को तैयार हो गया। तय हुआ कि जेम्स दोनों साथियों को फाँसी की कोठरी से निकालकर उन दोनों से आकर मिल जाएगा। जेम्स फाँसी की कोठरियों की चाबियाँ बनवाकर ले आया। उसने रात्रि को अपनी ड्यूटी समाप्त होने के पूर्व कोठरियाँ खोलीं और ताले ज्यों-के-त्यों लगाकर साथियों को जेल से बाहर निकाल दिया। ड्यूटी बदलने पर दूसरे वार्डरों को चार्ज देकर वह अपने क्वार्टर पर आ गया।

बन्तासिंह व प्रेम प्रकाश मुनि जेल से फरार होकर जेम्स के गाँव में उसके आने की प्रतीक्षा करने लगे। जेम्स जब शाम तक घर नहीं पहुँचा तो उन्हें शंका हुई और वे हैदराबाद की ओर पैदल ही चल पड़े। उधर सवेरा होने पर पता चला कि कंडम सेल्स के दो कैदी रहस्यमय तरीके से फरार हो गये हैं तो जेल अधिकारियों ने रात्रि के ड्यूटी स्टाफ को हिरासत में ले लिया। इनमें जेम्स भी था। इसी के चलते वह अपने गाँव नहीं पहुँच पाया था। कोई सुराग न मिलने

पर पुलिस अधिकारियों ने जेल कर्मचारियों और उनके बाल-बच्चों को मारना-पीटना शुरू कर दिया। दो दिन तक जेम्स ने कोई भेद नहीं खोला। पर व्यर्थ की पिटाई देखकर उसने सोचा कि अब दोनों क्रान्तिकारी तो निकल ही चुके होंगे, उसने उनके जेल से निकलने की कथा बता दी। जेम्स की नौकरी समाप्त कर दी गयी। उसे सात साल की कड़ी कैद भी मिली। यह उस देशभक्त जेल वार्डर की बहुत बड़ी कुर्बानी थी। पर दूसरी ओर यह भी हुआ कि बन्तासिंह और प्रेम प्रकाश मुनि भी चौथे दिन हैदराबाद के निकट पुलिस के हाथ आ गये।

दक्षिण में क्रान्ति की अलख जगानेवाले इन क्रान्तिकारियों के साथ देशभक्त जेम्स भी मुझे बहुत याद आता है। न जाने जेम्स के परिवार पर क्या बीती होगी। बाद को वह कहाँ गया। क्या हुआ उसका यह सोचकर ही मैं दर्द से भर उठता हूँ। कौन जाने मेरे भीतर की हूक का कोई इलाज भी है क्या?

इतिहास के कितने ही जरूरी पृष्ठ इसी तरह गुमनाम होकर विलुप्त हो जाते हैं। समय की बहुत गहरी परत उन्हें और भी पीछे ढकेलकर ले जाती है।

एक नास्तिक की समाधि पर

पुराने क्रान्तिकारी और कम्युनिस्ट राधामोहन गोकुल के प्रपौत्र प्रकाश चन्द्र अग्रवाल का फोन मिला—'खोही चलने के लिए तुरन्त आगरा आ जाओ।'

प्रकाश कई वर्षों से मेरे साथ खोही की यात्रा पर जाने की योजना बना रहे थे पर बार-बार टलता रहा।

खोही के बारे में मुझे और प्रकाश को यही पता था कि वह हमीरपुर के निकट पहाड़ियों से घिरा एक छोटा-गाँव है जहाँ 3 सितम्बर, 1935 को 70 वर्ष की उम्र में राधामोहन गोकुल का निधन हो गया था। राधामोहन ने अपने समय में क्रान्तिकारियों को वैचारिक ऊर्जा से लैस करने का जरूरी कार्य सम्पन्न किया था।

हमने लोगों से खोही जाने का रास्ता पूछ लिया था। प्रकाश ने बताया कि कुछ वर्ष पहले उन्होंने आगरा के ही एक सज्जन को राधामोहन की समाधि का जीर्णोद्धार कराने के लिए कुछ रुपये देकर खोही भेजा था पर उन्होंने वहाँ कुछ कराया नहीं।

एक अप्रैल की दोपहर को हम आगरा से कानपुर के लिए चले। प्रकाश, उनकी पत्नी शैलबाला तथा उन लोगों के कुछ रिश्तेदार हमारे साथ थे। इनमें से ज्यादा लोगों के लिए राधामोहन सिर्फ उनके पूर्वज थे जिन्होंने देश की आजादी के लिए कुछ काम किया और कष्ट सहे। प्रकाश ने राधामोहन की विचार-यात्रा का गम्भीर अध्ययन किया था जो उनकी बातचीत से झलकता था। हमारी चर्चा में प्रथम कम्युनिस्ट कान्फ्रेन्स के आयोजक सत्यभक्त का भी नाम आया जिन्होंने 1925 में कानपुर के उस ऐतिहासिक अधिवेशन में राधामोहन और हसरत मोहानी का विशेष सहयोग लिया था। सत्यभक्त ने अपनी पुस्तक 'क्रान्तिपथ के पथिक' में विस्तार से राधामोहन का उल्लेख किया है तथा उन पर दो ट्रैक्ट भी लिखे। प्रकाश बहुत श्रद्धा से डॉ. रामविलास शर्मा को भी याद कर रहे थे जिनकी प्रसिद्ध पुस्तक 'भारत में अँग्रेजी राज और मार्क्सवाद' में राधामोहन को प्रेमचन्द और निराला की परम्परा का निर्माता और उसका अभिन्न अंग बताया गया है। रामविलास

ने अपने इस ग्रन्थ में राधामोहन की पुस्तक 'कम्युनिज्म क्या है' पर पूरा एक अध्याय ही लिपिबद्ध किया था। 152 पृष्ठों की राधामोहन की यह कृति 1925 में लिखी गयी थी जिसका प्रकाशन 1927 में हुआ। प्रकाशक स्वयं राधामोहन थे और पुस्तक मिलने का पता था—सोशलिस्ट बुक शाप, पटकापुर, कानपुर। पुस्तक के आवरण पृष्ठ पर हँसिया और हथौड़ा का चित्र बना हुआ था। उस समय तक देशवासियों ने या तो कम्युनिज्म का नाम सुना था या उसके बारे में थोड़ा बहुत जाना था। कम्युनिज्म के विरोधियों ने जनता को भ्रमित करने के लिए दुष्प्रचार भी कर रखा था। ऐसे में राधामोहन की यह पुस्तक एक सार्थक हस्तक्षेप थी। इसे लिखकर उन्होंने विचारों की दुनिया में एक हलचल पैदा करने की कोशिश की। धुन्ध को छाँटा और लोगों को रोशनी दी। शहीद भगतसिंह के सहयोगी क्रान्तिकारी शिव वर्मा राधामोहन के बड़े प्रशंसक थे। वे अकसर कहा करते थे कि 'कम्युनिज्म क्या है' उनके लिए साम्यवाद की कक्षा की पहली पुस्तक थी। राधामोहन ने अपनी इस पुस्तक में स्पष्ट किया था कि समाजवादी क्रान्ति का उद्‌देश्य समाज से एक प्रकार के शोषकों को समाप्त कर दूसरे प्रकार के शोषकों को राजसत्ता में लाना नहीं होता है बल्कि यह क्रान्ति शोषण को ही जड़ से उखाड़ फेंकती है। इस क्रान्ति के बाद उत्पादन के तमाम साधन जैसे—मिलें, कारखाने, बैंक, जमीन आदि शासक-जमींदार-पूँजीपति वर्ग की निजी सम्पत्ति नहीं रह जाते। इनके ऊपर सामाजिक मिल्कियत कायम हो जाती है।

कानपुर के नारायण प्रसाद अरोड़ा ने गोकुल के कुछ लेखों का संग्रह 'विप्लव' प्रकाशित किया था। इसकी समीक्षा लिखते हुए मुंशी प्रेमचन्द ने कहा था कि राधामोहन गोकुल हिन्दी के उन गिने हुए लेखकों में हैं जिन्होंने धार्मिक, सामाजिक और नैतिक विषयों पर स्वतन्त्र विचार किया और उनका निडर होकर पालन किया। प्रेमचन्द मानते थे कि राधामोहन के विचारों में मौलिकता है, गहरा अन्वेषण है और आदमी को कायल करनेवाली सच्चाई है। वे उनकी भाषा में स्वामी दयानन्द की-सी दृढ़ता तथा तेज देखते थे। नये विचारों के प्रतिपादन में वे उन्हें बनार्ड शॉ और ट्राटस्की की तरह निर्भीक पाते थे। 'माधुरी' में जब राधामोहन की लेखमाला प्रकाशित हुई जिसका पहला लेख था 'ईश्वर का बहिष्कार', तब प्रेमचन्द ने कहा था कि राधामोहन पक्के बुद्धिवादी हैं, वे क्यों मानने लगें लेकिन हम तो यही कहेंगे कि आपके रूप में महात्मा चार्वाक ने अवतार लिया है।

रामविलास शर्मा हिन्दी जनता की महान सांस्कृतिक विरासत में राधामोहन का योगदान बहुत मूल्यवान मानते थे। उन्होंने कहा था कि हर एक खेतिहर अपनी भूमि का मालिक हो, सबसे पहले यह माँग पेश करके राधामोहन ने सामन्त विरोधी क्रान्ति का महत्त्व घोषित किया था। स्वाधीनता आन्दोलन में फूट डालने का मुख्य

साम्राज्यवादी अस्त्र था सम्प्रदायवाद। राधामोहन ने उसको ध्वस्त करने का आवाहन किया है। वे निर्धन और अधिकारहीनों को नये प्रकाशपूर्ण संसार में आने का मार्ग दिखाते हैं। अछूतों और स्त्रियों के प्रति घृणा और उपेक्षा के भाव को वे पशुता का चिह्न मानते हैं। वास्तव में वे हिन्दू समाज के कट्टर वर्ग के अत्यन्त विरोधी थे। वह वर्णव्यवस्था न मानते थे, द्विज-शूद्र का भेद न मानते थे, ईश्वर और धर्म को अस्वीकार करते थे। वह प्रेमचन्द और निराला की परम्परा को बनानेवाले और उसका अटूट हिस्सा थे।

राधामोहन के प्रशंसकों में भगतसिंह केस में काला पानी की सजा पानेवाले क्रान्तिकारी विजय कुमार सिन्हा भी थे। क्रान्तिकारी सुरेन्द्रनाथ पांडेय भी मानते थे कि उनको आन्दोलन की ओर खींचने में राधामोहन की विशेष प्रेरणा थी। वे उन्हें हर तरह की मदद करते थे।

राधामोहन की रामविलास से मुलाकात निराला के यहाँ लखनऊ में हुई थी। 'मतवाला' से राधामोहन का घनिष्ठ सम्बन्ध था। निराला और आचार्य शिवपूजन सहाय इस साप्ताहिक का पूरा भार सँभाले हुए थे। राधामोहन नित्य ही इस पत्र के कार्यालय पहुँचते थे। शिवपूजन सहाय ने उन पर एक परिचयात्मक लेख लिखा था जो 'शिवपूजन रचनावली' के भाग-4 में दिया गया है। उनका जन्म गोपालगंज जिला प्रतापगढ़ में 1865 ई. में हुआ था। प्रतापनारायण मिश्र से भी उनका मिलना-जुलना था। निराला से उनकी घनिष्ठता ही थी। रामविलास कहते थे कि आर्थिक राजनीतिक विषयों में निराला की गति और रुचि का कारण राधामोहन का प्रभाव था। सामाजिक विषयों में निराला का क्रान्तिकारी दृष्टिकोण राधामोहन से मिलता-जुलता था। 'माधुरी' में नास्तिकता का समर्थन करते हुए राधामोहन ने 'प्रत्यक्षदर्शी' नाम से लेख लिखे थे। इसी नाम से उन्होंने 'मतवाला' में रूसी क्रान्ति पर भी अनेक लेख लिखे। इन लेखों की विशेषता यह थी कि वे निरन्तर भारत के इतिहास और उसकी स्थिति पर ध्यान देते चलते थे। यहाँ यह जान लेना जरूरी होगा कि धर्म के सम्बन्ध में राधामोहन का विचार था कि यदि आज धर्म (रिलीजन) संसार में न होता तो धर्म के नाम पर लोग क्यों आपस में लड़ते। हिन्दू, मुसलमान, ईसाई आपस में केवल धर्म की कल्पना ही के कारण तो लड़ते हैं। इसलिए धन व धर्म के भेद से जो वर्ग स्थापित हुए हैं उनके हटा देने से ही मनुष्यों का कल्याण है। समाजवादी व्यवस्था में धर्म को लेकर लड़ाई न होगी। वे ईश्वर को मिथ्या कल्पना से अधिक कुछ न मानते थे। अपने चर्चित आलेख 'ईश्वर का बहिष्कार' में वे लिखते हैं—'ईश्वर एक ऐसा कल्पित पदार्थ है जिसे कभी किसी ने अपनी ज्ञानेन्द्रियों से प्रत्यक्ष नहीं किया। इसलिए कि उसका सर्वथा अभाव है। ईश्वर कोई चीज है ही नहीं। जिस पदार्थ का अत्यन्त अभाव है, उसका अस्तित्व कभी

हो ही नहीं सकता। संसार में जितनी वस्तुएँ हैं, वे चाहे कितनी भी सूक्ष्म क्यों न हों, सबका प्रादुर्भाव प्रकृति से होता है, और प्रकृति-जन्य सारे पदार्थ किसी-न-किसी दशा में इन्द्रियग्राह्य होते हैं। उदाहरण के लिए जल को लीजिए। यह भाप की सूरत में आँखों को दिखाई देता है। यदि यह विश्लिष्ट होकर सूक्ष्मतम वायव्य हो जाए अर्थात गैर का रूप धारण कर ले, तो भी वह इन्द्रियों द्वारा जानने का विषय रहेगा। फिर देखिए बिजली बहुत ही सूक्ष्म रूप की वस्तु है, आँख, कान, नामक द्वारा इसे नहीं जान सकते। लेकिन बिजली की उत्पत्ति प्राकृत पदार्थों से होती है, और जब हम उसका व्यवहार किसी रूप में करते हैं तो द्रव्यों में उसे स्पष्ट देख सकते हैं कि काम कर रही है।

'यह बात ईश्वर नाम के पदार्थ में नहीं है क्योंकि उसे प्रकृति का निर्माता, संचालक और नाशकर्त्ता माना जाता है। प्रकट है कि जो वस्तु नहीं है—केवलमात्र एक काल्पनिक भाव है—उसे वास्तविक पदार्थ का बनना, बनाना या प्रकट हो जाना प्रत्यक्ष ही एक निर्मूल, अशुद्ध और मानव विज्ञान विरुद्ध एक कल्पना मात्र है। यदि हम इसे बल, शक्ति, किम्बा गति मानें तो भी हम द्रव्य के सिवा अन्यत्र इसे कहीं भी नहीं देखते। सारांश यह है कि प्रकृति से अलग कभी कोई शक्ति या कोई आवश्यक पदार्थ नहीं देखा गया। मन, ज्ञान, बुद्धि आदि सभी एक प्रकार के गुण या भाववाचक संज्ञाएँ हैं। इनका भी बोध हमें प्रकृति के द्वारा ही होता है। किसी खास दशा का निरीक्षण करके हम उसको एक नाम दे देते हैं, परन्तु वस्तुत: यह ऐसी कोई चीज नहीं है, जिसे हम प्रकृति से भिन्न मान लें।'

अपने इसी आलेख में राधामोहन कहते हैं—'लोग जो समय रोजे, नमाज, संध्या-पूजा और प्रार्थना में नष्ट करते हैं, उसे यदि समाज के किसी उपयोगी काम में लगावें, तो अपने भाइयों का और अपना बहुत कल्याण कर सकते हैं। यदि संसार में ईश्वर धर्म के व्यर्थ झगड़े मिट जाएँ, तो लोगों में फैले हुए झगड़ों का अन्त हो जाए। जब कोई मूर्ख से मूर्ख पिता भी अपना वश चलते अपने पुत्रों को लड़ने नहीं देता, तो यदि वास्तव में कोई खुदा होता—और सर्वशक्तिमान खुदा होता—तो वह अपनी सन्तान को कदाचित अपने नाम पर कुत्तों की तरह न लड़ाता। यदि खुदा शक्ति और बुद्धिवाला होता तो भी वह एक ही धर्म सारे संसार के लिए बनाता—सारे संसार की एक ही बोली और एक ही संस्कृति होती—जिससे इन झगड़ों का बीज ही न पड़ता। जो खुदा झगड़ों का बीज हो, जो धर्म मनुष्यों के लिए वास्तविक हितकर न हो, वह यदि वास्तव में कुछ हो भी तो विषयवत त्याज्य ही है।'

राधामोहन ने आगे कहा है—'फ्रांस का विद्वान वाल्टेयर कहता है यदि ईश्वर न भी हो तो भी हमें एक ईश्वर का आविष्कार करना जरूरी है क्योंकि जनता

को धर्म की जरूरत है।' हमें इस पंडित की बात पर हँसी आती है। पहले तो उपर्युक्त वाक्य के पढ़ने से प्रकट होता है कि वाल्टेयर को स्वयं ईश्वर नामक किसी पदार्थ की सत्ता का पूर्ण विश्वास न था, इसीलिए वह मूर्ख जनता को धोखे में डालने की नीयत से एक ईश्वर की कल्पना करने के फेर में पड़ा। दूसरे उसने ईश्वर के लिए 'हिम' कर्मवाचक, एकवचन, पुल्लिंग, प्रथम पुरुष का प्रयोग करके उसे मर्द करार दिया। इससे प्रकट होता है कि वह इस अजीब जानवर को मनुष्य मानने से उसकी सर्वशक्तिसत्ता, सर्वव्यापकता आदि की सारी बातें धूल में मिल जाती हैं। यही बात हिन्दू मुसलमानों के खुदा की भी है। तीसरे जनता को एक धर्म की दरकार है इसलिए एक खुदा का आविष्कार करना भी जरूरी है, यह भी बड़ी मजेदार बात है। जनता ने कभी खुदा नहीं माँगा, वाल्टेयर और उसी तरह के सोचनेवाले भद्र पुरुषों ने खामख्वाह एक खुदा गढ़कर जनता को अगणित बेहूदगियों का शिकार बना डाला। खुदा ही की कल्पना से इंजील, कुरान, पुराण को रक्तरंजित इतिहास का भंडारागार बनाया और घृणित कथाओं और भावों से मनुष्य जाति का सर्वनाश किया है। मैं तो महात्मा मिकाइल वेकुनिन को सराहता हूँ जो खुले शब्दों में मनुष्य जाति के हित के लिए वाल्टेयर को तुर्की वतुर्की जवाब देते हुए कहता है—यदि खुदा सचमुच होता, तो भी उसे धक्का देकर निकाल देना जरूरी होता। सच है धर्म और ईश्वर ऐसी ही बुरी कल्पना है। इनसे संसार का जब तक पीछा न छूटेगा, तब तक उसका कल्याण न होगा।'

क्रान्तिकारी आन्दोलन में भगतसिंह आगे चलकर 'मैं नास्तिक क्यों हूँ' में नास्तिकता की इस अवधारणा को विकसित करते हैं। प्रकाश ने राधामोहन के निर्भीक विचारों को सामने लाने के लिए बड़ा काम किया है। उन्होंने 1983 में उनकी स्मृति में एक बड़ा आयोजन आगरा में किया था। इसी में 220 पृष्ठों की एक स्मारिका नि:शुल्क वितरण के लिए छापी गयी थी जिसमें शिव वर्मा, रामविलास शर्मा, बनारसीदास चतुर्वेदी, विजय कुमार सिन्हा, सत्यभक्त, सुरेन्द्र नाथ पांडेय और हरगोविन्द सिंह के आलेखों के अतिरिक्त राधामोहन गोकुल के दो महत्त्वपूर्ण निबन्ध 'ईश्वर का बहिष्कार' और 'धर्म और ईश्वर' को भी जोड़ा गया था। राधामोहन गोकुल को शिव दा साम्यवाद का अपना प्रथम गुरु मानते थे। उनसे उनकी पहली मुलाकात का चित्र खींचते हुए उन्होंने कहा है—'राधामोहन गोकुल से मेरा प्रथम परिचय विजय कुमार सिन्हा के माध्यम से कानपुर में हुआ था। वह 1926 के दिसम्बर का महीना था, राधामोहन उन दिनों कानपुर के कराची खाने में एक मकान लेकर रह रहे थे। वह मकान एक प्रकार का गरीब लोगों के रहने का बाड़ा जैसा था। नीचे के हिस्से में मिलों के बहुत से मजदूर और ठेला लगानेवाले थे, ऊपर का हिस्सा राधामोहन ने ले रखा था। विजय को एक पुस्तक

वापस करनी थी, साथ में उन्होंने मुझे भी ले लिया। राधामोहन उस समय अपने कमरे में जमीन पर बैठे सब्जी काट रहे थे। समय रहा होगा दिन के 11 और 12 के बीच का। उन्होंने हम लोगों की ओर सर उठाकर देखे बगैर ही विजय से पूछा, 'कैसे आए?' उत्तर में वह पुस्तक विजय ने उनके आगे बढ़ा दी। उन्होंने उसी मुद्रा में चुपचाप पुस्तक लेकर जमीन पर रख ली, न तो हम लोगों से बैठने के लिए कहा और न ही मेरा परिचय पूछा। लगभग दो मिनट की खामोशी के बाद बड़े रूखे स्वर में विजय से कह दिया—'दूसरी पुस्तक फिर कभी आकर ले जाना।' चलते-चलते विजय ने संक्षेप में मेरा परिचय भी दे दिया—'अपने आदमी हैं, अच्छा काम कर रहे हैं, पढ़ने-लिखने में रुचि है, आपसे सहायता चाहते हैं।' मेरी ओर देखे बगैर सब्जी काटते-काटते उन्होंने फिर वही वाक्य दुहरा दिया—'फिर कभी आना।'

कुछ दिनों बाद मैं फिर उनके पास गया। इस बार वे दूसरे ही मूड में थे। अपने कमरे में एक चारपाई पर लेटे वे कोई पुस्तक पढ़ रहे थे। मुझे देखते ही पुस्तक बन्द कर दी और उठकर बैठ गये। कमरे में चारपाई के अलावा जमीन पर एक चटाई पड़ी थी और दो टूटे-फूटे मोढ़े चारपाई के पास पड़े थे। कमरे में कुछ सामान न होने के कारण वह अपने आकार में कुछ बड़ा लग रहा था। एक मोढ़े की ओर इशारा करते हुए उन्होंने बैठने के लिए कहा, फिर एक ही साँस में न जाने कितने प्रश्न पूछ डाले, 'क्या नाम है?' 'कहाँ के रहने वाले हो?' 'किस कालेज में पढ़ते हो?' 'किस क्लास के विद्यार्थी हो।' 'साइंस ली है या आर्ट्स?' 'घर में कौन-कौन है?' 'शादी हुई है या नहीं?' 'परिवार के लोगों का भरण-पोषण कौन करता है?' 'राजनीति में कब और कैसे आए?' 'विजय को कब से जानते हो?' 'कोर्स के अलावा और क्या-क्या पढ़ा है?' 'खाली बम पिस्तौल चलाना जानते हो या अन्तिम उद्‌देश्य के रूप में भी कभी कुछ सोचा है?' और न जाने क्या-क्या। संक्षेप में उनकी बातों का उत्तर दिया। यह जानकर कि मैं सन् 1921 के असहयोग आन्दोलन में भाग ले चुका हूँ, वे बहुत खुश हुए। और फिर स्वयं ही बोले, 'कालेज से अवकाश मिलने पर समय-समय पर आते रहना, मेरे पास तुम्हारे लिए बहुत सामग्री है।' उनके बीचवाले कमरे के दोनों छोर पर दो छोटे-मोटे कमरे और थे, एक में पुस्तकालय था और दूसरे को वे खाना बनाने के लिए इस्तेमाल करते थे। कमरे के सामने एक खुली छत थी जो अब गिर चुकी है। वह चुपचाप उठे और अपने पुस्तकालय से एक छोटा-सा पम्फलेट उठा लाए। शीर्षक था 'कम्युनिज्म क्या है?' यह उन्हीं की लिखी हुई पुस्तक थी। मेरी ओर बढ़ते हुए वे बोले, 'इसे एक बार नहीं, दो बार पढ़ना

और अगर कहीं कुछ समझ में न आए तो आकर मुझसे पूछ लेना।' पुस्तक लेकर जब मैं पढ़ने लगा तो मुझे रोककर बोले, 'देखो बगैर पढ़े पुस्तक वापस मत करना। मैं बहुत सख्त मास्टर हूँ। पढ़ने के बाद मैं प्रश्न पूछूँगा।'

शिव दा कहा करते थे कि मेरे लिए वह पुस्तक मार्क्सवाद की पहली कक्षा की पहली पुस्तक थी। इससे पूर्व उन्होंने रूसी क्रान्ति और बोल्शेविकों की उपलब्धियों के बारे में पढ़ा था लेकिन उस क्रान्ति के पीछे चालक शक्ति के रूप में जो वैज्ञानिक विचारधारा काम कर रही थी, उससे परिचित न था। इसका प्रथम ज्ञान मिला राधामोहन गोकुल से।

चन्द्रशेखर आज़ाद से भी शिव दा की पहली भेंट राधामोहन गोकुल के कानपुर निवास पर ही हुई थी। रात के लगभग नौ बजे राधामोहन गोकुल के मकान पर जाकर दरवाजा खटखटाया। राधामोहन ने दरवाजा खोला और कुछ कहे बगैर ऊपर छत की ओर इशारा किया। वहाँ खुली छत पर फैले चाँद के रुपहले प्रकाश में एक व्यक्ति चटाई पर उघारे बदन पल्थी लगाए अकेले बैठा हम लोगों की प्रतीक्षा कर रहा था—साँवला रंग, गठा हुआ तगड़ा जिस्म, औसत लम्बाई से कुछ नाटा कद, छोटी, तेज चुभती हुई आँखें, चेहरे पर चेचक के गहरे दाग। यह काकोरी केस के फरार अभियुक्त चन्द्रशेखर आज़ाद थे। ('संस्मृतियाँ')

राधामोहन पर क्रान्तिकारी बहुत भरोसा करते थे। क्रान्तिकारियों के राजनीतिक शिक्षण के लिए उन्होंने सदैव काम किया। उनके पास बहुत अच्छा पुस्तकालय था जिसमें कम्युनिज्म से सम्बन्धित अनेक पुस्तकें थीं। मार्क्स और एंगेल्स की प्रसिद्ध पुस्तिका 'कम्युनिस्ट घोषणापत्र' को वहीं से लेकर अनेक क्रान्तिकारियों ने पढ़ा और आत्मसात किया था। राधामोहन ने आगरा में भी मजदूरों में काम किया था और उनकी अनेक क्रान्तिकारी गतिविधियों की जानकारी मुझे सत्यभक्त ने दी। यह भी बताया कि उनके एक भाई के यहाँ लोहे की ढलाई का काम होता था और आगरा में भगतसिंह ने बम के खोल आदि उनके यहाँ ही ढलवाये थे। विजय दा का तो यहाँ तक कहना था कि राधामोहन ने कलकत्ते से इकट्ठा करके इतना रुपया दिया जिससे हम हथियार खरीद सके और दल के कार्यों के लिए पूरा समय देनेवालों के रहने और भोजन की व्यवस्था के लिए उचित स्थान उनके सहयोग से ही प्राप्त कर सके। लेकिन सबसे मुख्य बात यह है कि राधामोहन गोकुल ने क्रान्तिकारियों को विचार के स्तर पर माँजने और मोड़ने का ऐतिहासिक कार्य सम्पन्न किया। रामविलास तो यहाँ तक कहते हैं कि कानपुर के क्रान्तिकारियों में समाजवादी चेतना के प्रचार-प्रसार के लिए जिन दो व्यक्तियों को श्रेय दिया जाना चाहिए वे राधामोहन गोकुल और सत्यभक्त ही थे। इन दोनों ने तथा गणेशशंकर विद्यार्थी ने क्रान्तिकारियों को मजदूर सभा में काम करने की प्रेरणा

दी। शिव दा कहते हैं कि भगतसिंह जब भी कानपुर आता तो अन्य पुस्तकों के साथ नौजवान भारत सभा का कुछ-न-कुछ साहित्य अपने साथ अवश्य लाता था। राधामोहन गोकुल और सत्यभक्त के सम्पर्क ने कानपुर के हम सभी साथियों में समाजवाद की ओर रुझान पैदा कर दिया था। स्वर्गीय गणेशशंकर विद्यार्थी के नेतृत्व में हम लोगों ने कानपुर मजदूर सभा में दिलचस्पी लेनी आरम्भ कर दी। भगतसिंह ने हमारे इस रुझान को बल दिया और समाजवाद का अध्ययन तथा उस पर बहस आदि करने की प्रेरणा प्रदान की।

रामविलास ने अपने ग्रन्थ में राधामोहन की 'कम्युनिज्म क्या है' पुस्तक पर पूरा एक अध्याय ही लिखा है। वह कहा करते थे कि यह पुस्तक साम्यवाद के सिद्धान्तों का परिचय देनेवाली सामान्य कृति नहीं है। इसके हर पृष्ठ पर अन्याय के प्रति लेखक की तीव्र घृणा, श्रमिक जनता के प्रति गहरा प्रेम, क्रान्ति के प्रति अडिग निष्ठा अंकित है। पर वे यह भी मानते थे कि यह एक प्रारम्भिक पाठ्य-पुस्तक है और इससे यह आशा नहीं की जा सकती कि भारतीय क्रान्ति की अनेक पेचीदा समस्याओं का वह निराकरण करे। फिर भी औसत कम्युनिस्ट को समाजवाद के बारे में जितनी बातें जाननी ही चाहिए, वे सब यहाँ मौजूद हैं।

1925 में कानपुर में पहली कम्युनिस्ट कान्फ्रेन्स के संयोजक कामरेड सत्यभक्त के मैं अत्यन्त निकट रहा। अपने अन्तिम दिनों में उन्होंने अपने निजी संग्रहालय की अधिकांश पुस्तकें मुझे सौंप दी थीं और कम्युनिस्ट पार्टी की स्थापना सम्बन्धी दस्तावेज मन्मथनाथ गुप्त को। उन दिनों वे मथुरा में गायत्री तपोभूमि संस्थान के एक छोटे-से कमरे में रहते थे और अपनी गुजर-बसर के लिए उनकी प्रेस की प्रूफ रीडिंग जैसा काम देखा करते थे। वे राधामोहन गोकुल के बहुत नजदीक रहे और बाद को उन्होंने उनकी स्मृति-रक्षा के लिए भी बड़ा काम किया। अपनी पुस्तकों 'क्रान्ति पथ के पथिक' और 'क्रान्ति का आगमन' में उन पर उन्होंने काफी छापा। ट्रैक्ट भी लिखे। सही अर्थों में राधामोहन के कृतित्व को सामने लाने में उनका सबसे बड़ा योगदान रहा। उनसे मुझे राधामोहन को जानने के लिए पर्याप्त सामग्री उपलब्ध हुई। बताते थे वे कि अपने शुरुआती दौर में राधामोहन पं. प्रतापनारायण मिश्र के 'ब्राह्मण' मासिक में अवैतनिक मैनेजर बन कर भी काम करते रहे। 1890-91 के इसके कुछ अंकों में उन्होंने 'लाला राधामोहन : मैनेजर, ब्राह्मण (मासिक पत्र)' छपा देखा था। 1904 में राधामोहन आगरा के समाज सुधारकों के सहयोगी बने। बाद को वे कलकत्ता चले गये और वहाँ उन्होंने 1908 के आसपास 'सत्य सनातन धर्म' नाम के एक साप्ताहिक पत्र भी निकालना शुरू कर दिया। ऊपर से देखने पर लगता था कि इसका उद्देश्य समाज-सुधार जैसा है पर कलकत्ते के क्रान्तिकारी वातावरण से प्रभावित होकर उसमें तत्कालीन

राजनीति सम्बन्धी समाचार भी प्रमुखता से रहा करते थे। राधामोहन पुस्तकें भी लिखा करते थे। जब भी अखबार के काम से फुरसत मिलती वे अपनी किताबों को लिखने और छापने के लिए भी जुटे रहते। उनकी सबसे पहली पुस्तक 'देशभक्त लाजपत' थी जिसे उन्होंने लाला को देश निकाले का दंड देने के समय लिखा था। इसके बाद लिखी 'देश का धन' जो हिन्दी में इस तरह की पहली विचारोत्तेजक पुस्तक थी जो राधामोहन के क्रान्तिकारी नजरिए को भी प्रकट करती थी। रामविलास शर्मा ने उस पुस्तक के सम्बन्ध में कहा था—'देश का धन' में भारतेन्दु हरिश्चन्द्र और महावीर प्रसाद द्विवेद्वी की तरह वह (राधामोहन गोकुल) आधुनिक उद्योग धन्धों का विकास चाहते हैं। उद्योग धन्धों पर कहाँ तक अँग्रेजों का नियन्त्रण है, इसके प्रति वह सतर्क हैं। वह अँग्रेजों की दलाली करनेवाले व्यापारियों और नये उद्योग स्थापित करनेवाले व्यवसायियों में भेद करते हैं। वह जानते हैं कि वे व्यवसायी जहाँ तक उद्योग धन्धों का विकास कर सके हैं, वह अँग्रेजों की कृपा का फल नहीं है वरन् स्वदेशी आन्दोलन का परिणाम है।...राधामोहन गोकुल का कहना है कि देशी और विदेशी पूँजीपति, डाकू दोनों हैं, लेकिन जो डाकू देश का धन बाहर भेजता है वह ज्यादा खराब है, जो देश का धन देश में ही रहने देता है, वह उतना खराब नहीं है। जो देशी पूँजीपति विदेशी डाकू की दलाली करता है, वह अपना स्वतन्त्र उद्योग चलानेवाले देशी पूँजीपति से खराब है। देश परतन्त्र है और जब तक परतन्त्रता दूर न होगी, तब तक पूरी तरह औद्योगिक विकास न होगा। मशीनों से श्रम की उत्पादकता बढ़ती है। यदि सही ढंग से समाज व्यवस्था का संचालन किया जाए तो कारखानों में काम करनेवाले मजदूर थोड़े समय में आवश्यक माल बनाकर बाकी अवकाश का उपयोग अपने सांस्कृतिक विकास के लिए कर सकते हैं।'

अपनी इस पुस्तक को उन्होंने अत्यन्त साधारण भाषा में लिखा था ताकि सामान्यजन उसे समझ सकें। आम जनता को अर्थशास्त्र की समझ हो सके इसके लिए वे कहते हैं—'हिन्दी के सिवाय और किसी भाषा का लिखना-पढ़ना नहीं जानते, वे पढ़ सकें इस उद्देश्य से उन्होंने इस पुस्तक की रचना की। 'जाति' शब्द को इसीलिए उन्होंने व्याख्यायित करते हुए बताने की चेष्टा की कि एक देश के बसनेवाले जनसमूह को एक जाति कहते हैं। भारतवर्ष हिमालय से लेकर कन्याकुमारी पर्यन्त एक देश है। इसमें रहने वाले बंगाली, गुजराती, पंजाबी आदि सब चाहे जैन, सिख, मुसलमान, ईसाई, शैव, शक्ति, जो भी हो सब मिल-जुलकर एक हिन्दुस्तानी जाति हैं।'

'देश का धन' के बारे में हम कह सकते हैं कि वह अपनी शताब्दी के पहले दशक की हिन्दी की सर्वश्रेष्ठ वैचारिक कृति है। इसमें नागरी भाषा के

विकास के लिए भी उनकी चिन्ता दृष्टव्य है। यह संयोग ही है कि आचार्य महावीर प्रसाद द्विवेद्वी और राधामोहन गोकुल दोनों विद्वान एक ही समय में अपनी जिन पुस्तकों की रचना करते हैं वे अर्थशास्त्र से ही सम्बन्धित हैं। द्विवेदी ने 'सम्पत्तिशास्त्र' लिखा तो राधामोहन ने 'देश का धन'। दोनों आर्थिक असमानता को दूर करने में देश का भला देख रहे थे। राधामोहन ने 'भाषा तत्त्वदीपिका' पुस्तक भी लिखी। जिन जीवनियों की उन्होंने रचना की वे लाला लाजपतराय, गुरुगोविन्दसिंह जैसे चरित-नायकों पर हैं। नेपोलियन बोनापार्ट पर लिखी उनकी जीवनी को 1917 में बनारस के श्री लक्ष्मीनारायण प्रेस से छापा गया था।

राधामोहन गोकुल ने 'नीति दर्शन' नाम से दो भागों में भी एक पुस्तक छापी। 'सभा व वक्तृता' और 'नीति छन्दावली' भी उन्हीं दिनों प्रकाशित कीं। सत्यभक्त ने बताया कि उनके क्रान्तिकारी विचारों और समाज-सुधार के तौर-तरीकों को लेकर उन दिनों पं. झाबरमल्ल शर्मा से उनका मतभेद हो गया था। कलकत्ता रहकर राधामोहन का सम्पर्क जिन कुछ क्रान्तिकारियों से हुआ उनमें आशुतोष लाहिड़ी भी प्रमुख थे जो काला पानी भेजे गये थे। वे अपने प्रभाव से कुछ धनी मारवाड़ियों से क्रान्तिकारियों को मदद भी दिलाने लगे।

1914 में क्रान्तिकारियों द्वारा सेना में बगावत करने के सघन प्रयास किए गये थे। इन योजनाओं में रासबिहारी बोस के साथ राधामोहन गोकुल भी थे, पर अभी इसके प्रामाणिक सूत्रों की तलाश बाकी है। इन्हीं दिनों राधामोहन ने इटली के राष्ट्रवादी नेता जोसेफ मैजिनी का जीवन-चरित्र 'महात्मा मैजिनी' लिखा था। इस पुस्तक के माध्यम से वे देश के नौजवानों को आजादी के सशस्त्र संग्राम में सम्मिलित होने का आवाहन कर रहे थे। भूमिका में वे स्पष्ट लिखते हैं—'वह माई का लाल जन्मभूमि की सेवा-धर्म का जाननेहारा था। उससे हम आत्मसंयम सीख सकते हैं। मैजिनी कितना निरभिमान, सीधा-सादा व सदाचारी था। वह मानता था कि जातियाँ अपने भीतरी मामलों में सोलह आने स्वतन्त्र रहें। जातीय स्वतन्त्रता भी वैयक्तिक स्वातन्त्र्य के समान परम पवित्र। उसकी मान्यता थी कि हम अपनी पैतृक भूमि, ईश्वरप्रदत्त घर को प्यार करें, उसकी ही प्रतिष्ठा तथा भक्ति करें। जिन सहोदरों, सहोदराओं के साथ हम भाषा, भाव, मान, मर्यादा, इतिहास आदि से दृढ़ बँधे हैं उन्हें प्यार करें। और जैसे कोई मनुष्य जो अपने देश की सेवा में चूकता है, पिता के कर्तव्यों के पालन करने में अयोग्य होता है। वैसे ही कोई मनुष्य देशभक्त नहीं हो सकता, जब तक कि वह मनुष्यभक्त न हो। जिन दिनों यूरोपीय शक्तियाँ स्वेच्छाचारिणी होकर एक सूत्र में जिसे वे पवित्र सूत्र कहती थीं, आबद्ध हुईं, यूरोप का आकाश मेघाच्छन्न अन्धकारमय था। इस तमाच्छादित आकाश के तले जातियाँ निर्जीव, सुस्त और अवाक् पड़ी थीं। जब अन्याय की,

तारेविहीन सुनसान अँधेरी रात फैल रही थी इटली ने इस घृणित मौन को तोड़ा और उच्च स्वर से कहा—'जातियों का सिवा परमात्मा के दूसरा स्वामी नहीं है, कोई दूसरा शासक नहीं है, किन्तु उस शक्तिमान का नियम।'

राधामोहन ने मैजिनी की जीवनी को 'दूसरी गीता' समझकर पढ़ने का युवकों से आवाहन किया था। पर इससे यह भी स्पष्ट समझ लिया जाना चाहिए कि राधामोहन 1914 तक पहुँचते-पहुँचते पूरी तरह अनीश्वरवादी हो चुके थे। मैजिनी का जिन्दगीनामा दर्ज करते समय उन्होंने उसे वैसे का वैसा ही चित्रित किया। उन्होंने मैजिनी के आस्तिकवादी विचारों से पूर्णतया अपनी असहमति व्यक्त की। कहा था—'ईश्वर कोई चीज नहीं है, सिवा इसके कि गरीबों को ठगने के लिए ठगी का जाल है। यह जाल जितनी जल्दी तोड़ दिया जाए उतना ही अच्छा। जोसेफ मैजिनी और टामस पेन के सदृश्य मनुष्यभक्तों ने भी इस कल्पना में पड़कर ठोकरें खायीं, तो दूसरों की क्या गिनती।' वे आगे और भी कहते हैं—'टामस पेन के ज्योतिशास्त्र का बड़ी निपुणता के साथ वर्णन करने के पश्चात यह कह दिया गया कि वह सब ईश्वरीय चातुर्य का फल है, कोई तर्क नहीं है। जो भद्रपुरुष ईश्वरीय पुस्तकों का अपौरूषेय ग्रन्थ होना अस्वीकार करता हो और उनके खंडन में तर्क और इतिहास से काम लेता हो वही एक कल्पनामात्र के आधार पर अपनी प्रतिज्ञा सिद्धि मान ले, यह कितने बड़े आश्चर्य की बात है। इसी तरह महात्मा मैजिनी ने भी, अपने समय के एक अद्वितीय दार्शनिक होते हुए ईश्वर को सिद्ध करने में जो तर्क सामने रखा है, वह बहुत हास्यपद है।'

यहाँ यह ध्यान रखा जाना चाहिए कि राधामोहन के इन तार्किक विचारों ने 1908 के आसपास ही आकार लेना शुरू कर दिया था। उनके विचारों की विकास यात्रा सचमुच बहुत रोमांचक है।

राधामोहन ने इटली के क्रान्तिकारी जनवादियों के शीर्ष नेता जोसेफ गैरीबाल्डी की भी जीवनी लिखी। वे उसके इतने प्रशंसक थे कि उन्होंने उसे 'महात्मा गैरीबाल्डी' कहा। वे कहते हैं—'इसके (गैरी बाल्डी) चरित पाठ से हमारे हृदय-पटल पर अत्याचारों और अन्यायों से घृणा करने का भाव ऐसा अंकित होता है कि मिट नहीं सकता, चाहे यह अत्याचार कोई क्यों न करे, अपना हो या पराया अत्याचारी घृणा का ही पात्र है। चाहे यह अत्याचार शासक राजा की ओर से हो, चाहे स्वार्थी पुरोहितमंडल का काम हो, चाहे किसी वर्ग विशेष में हो...।'

गैरीबाल्डी की उनकी यह जीवनी 1922 में सतीदास मूंदड़ा, द्वारा प्रणवीर पुस्तकालय, नागपुर ने प्रकाशित की थी। वे साफ कहते थे—'नवयुवको! कोई उद्देश्य लेकर रहो, किन्तु वही उद्देश्य तुम्हारे जीवन भर, परम उद्देश्य बना रहे। निरूद्देश्य जीवन परित्याग कर दो। किसी बात के लिए जिओ। लगातार

हाय-हाय करनेवाले मत बनो, ऐसों को कोई नहीं पूछता।' स्वतन्त्रता राधामोहन के लिए प्राथमिक शर्त थी। जीवन और समाज दोनों के लिए। परतन्त्रता से उन्हें सख्त नफरत थी। विचारों की गुलामी को वे पसन्द नहीं करते थे। उनके जीवन पर दृष्टि डालते हैं तो पता चलता है कि अपने कृतित्व और विचार-शृंखला में भी वे निरन्तर प्रगति की ओर बढ़ते रहे। उनके पास एक सर्वथा प्रगतिशील नजरिया था जिसने संघर्ष के रास्ते पर चलने में उन्हें कमजोर नहीं पड़ने दिया। 1925 में ही उन्होंने 'माधुरी' में 'ईश्वर का बहिष्कार' लिखा तो लोग देखते रह गये जिसमें उन्होंने स्पष्ट कहा था कि ईश्वर कोई चीज है ही नहीं।

राधामोहन 1924 में ही कानपुर आ गये थे। यहाँ आकर क्रान्तिकारी संगठन में उनकी सक्रियता बढ़ गयी। वे क्रान्तिकारी सुरेश भट्टाचार्य से मिले। उन्होंने काकोरी कांड की गिरफ्तारियों के बाद संगठन को सक्रिय करने की योजनाओं पर गम्भीरता से विचार करना शुरू कर दिया। उन्हीं दिनों विजय कुमार सिन्हा को झाँसी भेजकर फरार चन्द्रशेखर आज़ाद को अपने यहाँ बुलाकर ठहराया और क्रान्तिकारी दल के सम्बन्ध में विचार-विमर्श किया। राधामोहन ने आज़ाद और भगतसिंह को सुझाव दिया कि वे पार्टी के नाम में 'साम्यवा़दी' शब्द जोड़ें। इसके बाद ही 'हिन्दुस्तान प्रजातन्त्र संघ' का नाम परिवर्तित करके 'हिन्दुस्तान समाजवादी प्रजातन्त्र संघ' किया गया। राधामोहन उसी समय से कम्युनिज्म के प्रचार में लगे थे। सत्यभक्त बताते थे कि राधामोहन की 'कम्युनिज्म क्या है' पुस्तक उन्होंने ही कानपुर के ब्राह्मण प्रेस से छपवायी थी। उस पर मिलने का पता सत्यभक्त का ही छपा था। ऐसे में जब आगे चलकर लाहौर में सांडर्स वध का मुकदमा चला तो उसकी जाँच के सिलसिले में सीआईडी के लोग राधामोहन के आगरा वाले मकान पर पहुँचे तो वहाँ उन्हें 'कम्युनिज्म क्या है' की डेढ़ सौ प्रतियाँ मिलीं। ऐसा उन्होंने सुरक्षा की दृष्टि से किया था, लेकिन पुस्तकों के पकड़े जाने पर राधामोहन के भाई ने कोई बात समझ में न आने पर सत्यभक्त का नाम ले दिया। नतीजा यह हुआ कि सत्यभक्त को आगरा पहुँचकर लिखा-पढ़ी करनी पड़ी और वे पुस्तकें उन्हें छह महीने बाद वापस मिल पायीं। क्रान्तिकारी दल का भी उन दिनों आगरा केन्द्र बन गया था। सम्भव है कि बम की खोलों की ढलाई का काम वहाँ राधामोहन के भाई के कारखाने में हुआ हो। कानपुर के नवगठित क्रान्तिकारी दल के लिए अस्त्र-शस्त्र संग्रह करने में भी राधामोहन ने बहुत मदद की थी। राधामोहन ने आगरा में भी क्रान्तिकारियों की बहुत सहायता की। वे एक तरह से क्रान्तिकारियों के मार्गदर्शक और प्रेरणा-स्रोत थे। पार्टी को विचार से लैस करने में उन्होंने बहुत बड़ी भूमिका का निर्वहन किया। भगतसिंह के प्रमुख सहयोगी विजय कुमार सिन्हा ने एक बार कहा था—'राधामोहन राष्ट्रीय नेताओं की उस

वन्दनीय श्रेणी में थे जिनकी चर्चा किए जाने पर मैं वर्तमान शताब्दी के उस युग में पहुँच जाता हूँ जबकि मुझे प्रथम बार 'हिन्दुस्तान रिपब्लिकन एसोसिएशन' में काम करने का अवसर मिला था। राधामोहन उससे पहले बंगाल में रहते थे और वहाँ के क्रान्ति दल की सक्रिय रूप से सहायता भी किया करते थे।'

क्रान्तिकारी सुरेन्द्रनाथ पांडेय ने अपनी स्मृतियों में डूबते हुए बताया—'जब कानपुर से प्रकाशित होनेवाले एक समाचार पत्र के संपादक के रूप में राधामोहन गोकुल यहाँ आ विराजे, तब हम लोगों का व्यक्तिगत सम्पर्क होते देर नहीं लगी। मैं, विजय कुमार सिन्हा, शिव वर्मा आदि क्रान्तिकारी उनके यहाँ एकत्रित होते और आयरलैंड तथा रूस की क्रान्ति के विवरण और उनके सिद्धान्तों पर विचार-विनिमय करते। फतेहगढ़ सेन्ट्रल जेल से जोगेशचन्द्र चटर्जी के निकालने के प्रयास की विफलता के पश्चात मैं, विजय कुमार सिन्हा, शिव वर्मा, डॉ. गयाप्रसाद और शहीद प्रवर महावीर सिंह क्रान्तिकारी पार्टी के कार्यकलापों को देश में व्यापक और ऊँचे स्तर पर लाने के लिए कानपुर से फरार हो गये थे। उसके बाद मैं कानपुर आया और राधामोहन गोकुल से मिला। हमारे सामने समस्या थी। अच्छे शस्त्रों का बड़े परिमाण में संग्रह करना। मैंने इस कार्य में राधामोहन गोकुल की सहायता चाही। उस समय उसकी उम्र 70 वर्ष के ऊपर रही होगी। किन्तु इस कार्य के परिणामस्वरूप सम्भावित जेल जीवन की विपत्तियों की परवाह न कर उन्होंने तुरन्त सहायता प्रदान की। मुझ फरार व्यक्ति को अपने साथ लेकर पहले आगरा गये, दो-तीन दिन उनके साथ मैं वहाँ उनके घर रहा। वहाँ क्रान्तिकारी कार्य की सहायता के लिए जिनसे मेरा परिचय कराया उनमें से एक प्रमुख व्यक्ति थे स्वर्गीय भगवानदास बैरी। आगे चलकर उन्होंने हमारे निवास के लिए और क्रान्तिकारी कार्य-कलापों के लिए एक मकान किराए पर दिलवाया। बाद में जोगेश बाबू के छुड़ाने का दूसरा प्रयास यहीं से किया गया। सेनापति चन्द्रशेखर आज़ाद, सरदार भगतसिंह आदि प्रमुख क्रान्तिकारी समय-समय पर इस मकान में ठहरे और बम-निर्माण का आयोजन यहीं हुआ।

'हाँ, आगरे में अस्त्र-शस्त्रों की प्राप्ति का सुयोग नहीं जुटा तब राधामोहन मुझे लेकर जयपुर और अजमेर भी गये। वहाँ भी इस कार्य की सफलता न देखकर वे मुझे इन्दौर ले गये और अपने पुराने मित्र नाथूलाल अग्रवाल से भेंट कराई। उनके द्वारा हमारे तात्कालिक उद्देश्य की पूर्ति का मार्ग खुल गया। इन्दौर हमारे दल का प्रमुख केन्द्र बन गया। वहाँ के विभिन्न कार्य-कलापों का विवरण छोड़कर मैं केवल एक बात का उल्लेख करूँगा। नाथूलाल अग्रवाल की दुकान पर मेरी भेंट उनके मित्र श्री बृजनारायण हक्सर से हुई। वे क्रान्तिकारी पार्टी के सुयोग्य कार्यकर्त्ता बन गये। मैंने उनसे कहा कि जिस विशाल ब्रिटिश साम्राज्यवाद से हमारा

क्रान्तिकारी संघर्ष है, वह यहाँ प्राप्त होने वाले थोड़े से शस्त्रों के द्वारा सफल नहीं हो सकेगा। इसके लिए ब्रिटिश साम्राज्यवाद के शत्रु देशों की सरकारों तथा यूरोप और अमेरिका में स्थित भारतीय क्रान्तिकारियों का सहयोग प्राप्त करना चाहिए और इसके लिए विदेश यात्रा का उपक्रम करना चााहिए। पास पड़ोस के कई रजवाड़ों से तो हक्सर ने मेरा परिचय कराया ही और उनमें से दो एक ने सहायक होना भी स्वीकार किया। किन्तु उसके साथ ही साथ उन्होंने अपने छद्म नाम से मेरे लिए पासपोर्ट भी लिए। इसके पश्चात सेनापति आज़ाद से मिलने के लिए मैं झाँसी गया। उसी दिन लाहौर बम फैक्ट्री में सुखदेव आदि के गिरफ्तार हो जाने की खबर आ गयी और मैं शिव वर्मा के साथ सहारनपुर बम फैक्टरी चला गया। वहाँ से लौटकर आज़ाद की सुरक्षा के लिए माउजर पिस्टल लेने के लिए कानपुर आया और उसी रात लाहौर कांसप्रेसी केस में अभियुक्त के रूप में गिरफ्तार करके लाहौर भेज दिया गया। मेरी गिरफ्तारी के बाद बृजनारायण हक्सर अकेले ही यूरोप गये, जहाँ से विदेशों में स्थित विभिन्न क्रान्तिकारियों के अतिरिक्त उन्होंने जर्मनी में हिटलर से भी भारत से ब्रिटिश साम्राज्य को हटाने के लिए मदद की असफल पेशकश की। हिटलर के साथ उनका चित्र अभी उनके परिवार जनों के पास सुरक्षित है। हक्सर की मृत्यु का समाचार मिलने पर महान क्रान्तिकारी रासबिहारी बोस ने लिखा था—'इन ब्रजनारायण हक्सर वी हैव लास्ट ऐ ज्वेल ऑफ इंडिया।'

'लाहौर से रिहाई के बाद कानपुर आने पर केवल एक बार थोड़ी देर के लिए राधामोहन गोकुल से मेरी भेंट हुई। वे तब कानपुर से हमीरपुर के ग्राम खोही में आश्रम बनाकर राजनीतिक कार्य कर रहे थे। उन्होंने मुझसे वहाँ आश्रम में आने का आग्रह किया, किन्तु वह सम्भव नहीं हुआ। लाहौर से लौटने के आठ-दस दिन के भीतर ही सेनापति आज़ाद के कहने से मैं फिर फरार हो गया था और उनके अन्तिम दिन तक उन्हीं के साथ रहा। बम्बई के दिल्ली षड्यन्त्र केस के वारंट पर गिरफ्तार हो जाने के कई वर्षों के बाद जब जेल से लौटा तो आदरणीय राधामोहन गोकुल का स्वर्गवास हो चुका था। अपने जीवनकाल में उन्होंने हम लोगों को क्रान्तिकारी विचारों से बहुत प्रभावित किया।'

1932 के बाद किसी समय राधामोहन के निबन्धों का संग्रह 'विप्लव' प्रकाशित हुआ। इसकी भूमिका में राव कृष्णपाल सिंह ने लिखा है—'मुझे हिन्दू सभा और दूसरी समाज-सम्बन्धिनी सभाओं में इनकी वक्तृता सुनने और इनके कई लेखों को पढ़ने का अवसर हुआ है। ...इनकी हार्दिक इच्छा यह है कि हिन्दू एक जाति हो, धर्म का बन्धन मनुष्य के ऊपर से हट जाए, स्त्रियाँ पुरुषों की भाँति स्वतन्त्र हों, छूत-अछूत का भेद मिटे और देश में कोई अन्न-वस्त्र के अभाव में

कष्ट न पावे। आप ईश्वर और धर्म के अस्तित्व को मिटाने की चेष्टा करते रहते हैं।'

यद्यपि भूमिका लेखक राधामोहन के विचारों से सहमत न थे। उन्होंने लिखा—'मैं पंडित के विचारों से किसी-किसी अंश में सहमत नहीं हूँ, फिर भी मेरी दृढ़ धारणा है कि इनके लेख पढ़ने और सुनने योग्य हैं।'

राधामोहन के विचारों के कुछ अंश देखिए—'आजकल भारत में अधिक दुराचार और कुकर्म ब्राह्मणों में ही देखा जाता है, या उन लोगों में जो इन ब्राह्मणों और धर्मयाजकों के गहरे भक्त हैं। इसका कारण धर्म ही है। पापमूलक धर्म न होता तो हमें तारकेश्वर, गया, प्रयाग, प्रभृति में सहस्रों बदमाशों के अड्डों को महन्त की गद्दी के नाम से देखने का दुर्भाग्य न प्राप्त होता, न मुसलमान मौलवी, मुल्ले, मुजावर, सज्जाद:नशीं, पीर और ख्वाजा मुसलमान जगत को मनुष्य जाति का शत्रु बनाकर उन्हें कठपुतली की तरह मनमाना नाच नचाते।'

'एशिया की बरबादी के कारण धर्म और खुदा ही हैं।'

'सिखानेवाले धनिक, पुरोहित और राज्य-कर्मचारियों में से कोई भी ईश्वर को नहीं मानता, पर हरेक ईश्वर को मानने का ढोंग रचता है। मैं पूछता हूँ कौन पंडित, मौलवी, पादरी, राजा-रईस और सेठ-साहूकार ऐसा है जो झूठ नहीं बोलता, फरेब नहीं करता और तमाम दुनिया की बदमाशियों से पाक है, इस हाल में कोई चतुर मनुष्य यह कैसे मान सकता है कि (ये) लोग ईश्वर की हस्ती के कायल हैं, परमात्मा की सत्ता को स्वीकार करते हैं।'

'विज्ञान पढ़ो, द्रव्यगत ईश्वर की उपासना से नये-नये आविष्कारों में लग जाओ। बड़े-बड़े आविष्कर्त्ताओं को ही अवतार, नबी और वली समझो, उन्हीं की खोज की पुस्तकों को धर्म पुस्तक मानो, संसार को अकारण धोखा देने से क्या लाभ?'

'मनुष्य जो धार्मिक विश्वास और ईश्वर की सत्ता को स्वीकार किए बैठा है, उसका कारण बेसमझी और अविचार इतना नहीं है, जितना दुख और हार्दिक असन्तोष। गरीब, फिर बेपढ़े लोगों का जीवन इतना बुरा है, उनको खाने-पहनने की इतनी तकलीफ है कि जब वे कुड़कुड़ाते और जलते हैं, तो सारा दोष किसी ऐसी शक्ति के मत्थे मढ़ देते हैं, जो उनसे भिन्न है। यदि वे ईश्वर के बदले अपने कष्टों का दायित्व जबरदस्त सतानेवाले और अधिकारप्राप्त लोगों पर डालें, तथा सामाजिक अतिक्रान्ति के लिए तैयार हों, तो ज्यादा अच्छा हो, इनका दुख दूर हो जाएँ।'

'ईश्वर को स्वामी, और मनुष्य को दास मानने से ही संसार में गुलाम और स्वामी की सृष्टि हुई।'

'आज हमारे देश के बड़े से बड़े विद्वान यदि ब्रिटिश गवर्नमेंट को निकाल देने के पहले ईश्वर को निकाल देते, धर्म की फाँसी अपने गले से निकाल फेंकते, तो उनमें कभी का इतना बल आ जाता कि अपने देश का शासन आप करते।'

'संसार में जितने धर्म-ग्रन्थ हैं, सबमें श्रेष्ठ और सुपाठ्य प्रकृति है। इस ग्रन्थ के किसी-किसी सूत्र के व्याख्याकार भी हुए हैं। उन्हें भी हम चाहें तो सहायता लेने के विचार से पढ़ें। कितने ही गणितज्ञ, भूगोल-खगोलवेत्ता, नयी-नयी खोज और आविष्कारों के कर्त्ता पंडित हुए हैं। इन्हीं के निश्चिन्त सार्वभौम निर्दोष प्राकृतिक नियमों के मानने से हमारी स्वाधीनता, स्वतन्त्रता तथा मनुष्यता स्थिर रह सकती है।'

'बिना विचार-स्वातन्त्र्य खोज असम्भव है। राजा और धर्म का भय बाधक है। खोज बुद्धि और तर्क के आधार पर होती है, अन्ध परम्परा के भरोसे सत्य की खोज होना सर्वथा असम्भव है।'

'कोई विचार कैसा भी पवित्र, शुद्ध और निर्दोष क्यों न हो, दूसरों का अधिकार है कि उसकी जाँच करें—उसकी आलोचना-प्रत्यालोचना करें। कौन जानता है कि कौन-सा विचार पवित्र है। कोई भी विचार मेरे लिए पवित्र नहीं है जिसकी बावत मैं यह न जान लूँ कि यह सच्चा है।'

'आजकल मनुष्य जाति में केवल दो ही प्रतिद्वन्द्वी दल हैं—एक सबल, अधिकारप्राप्त, जबर्दस्त लोगों का, और दूसरा निर्बल, जीवन-अधिकाररहित, सीधे लोगों का। कानून, सरकार, धर्मशास्त्र और पुरोहित केवल जबर्दस्तों के पृष्ठपोषक होते हैं, दीन दुखियों के नहीं—हमारा नित्यप्रति का अनुभव है।

'किसान भूखा मरता है, पर अपनी आय का तीन-चौथाई से अधिक राजा, जमींदार और साहूकार को चुपचाप सौंप देता है क्योंकि यह कानून की आज्ञा है। बेचारा ये न दे तो जिन्दा नहीं रह सकता। एक तरफ कैद, कुर्की, नीलामी का डर है और दूसरी तरफ बदनामी और नरक आदि का भय मारे डालता है। इन चक्की के दो पाटों के बीच में धन को, असल में, कमानेवाली प्रजा रात-दिन पिसी चली जाती है, पर उफ् तक नहीं कर सकती। इन्हीं कानूनों की प्रतिष्ठा करना रात-दिन हमें सिखलाया जाता है। कानून, शान्ति और नियम के नाम पर जनता की रक्षा के बहाने से मानव जाति का रात-दिन रक्त-शोषण करता है।'

'समस्त सम्पत्ति-सम्बन्धी कानूनों के बड़े-बड़े पोथे जिनसे जजों की मेज शोभा पाती है, जिन्हें डॉक्टर ऑफ ला, कौंसिल, बैरिस्टर, वकील लोग लिये फिरते हैं कुछ अर्थ नहीं रखते, सिवा इसके कि मानवजाति के श्रम के फल को छीनकर थोड़े से ठेकेदारों के हाथ में सौंप दें।'

'अपने हाथ से श्रम करके माल पैदा करनेवालों और चीजों के बनानेवालों

के स्वत्वों की रक्षा के लिए कोई भी कानून नजर नहीं आता।'

'जब कभी स्त्रियों को अवसर मिला है, उन्होंने दिखला दिया है कि वे पुरुष की शिक्षिका और गुरु बन सकती हैं। संसार के किसी भी काम में स्त्रियाँ अपनी नैसर्गिक निर्बलता के कारण पीछे नहीं रह सकतीं, अगर पुरुषों का अत्याचार इन पर न हो।'

'जिन स्त्रियों को बाहर खेतों आदि में काम करने का अवसर मिलता है, वे शारीरिक बल में कम नहीं होतीं। हम उन्हें घरों में बन्द करके अबला बनाते हैं। जिन्हें शिक्षा के मैदान में दौड़ने का मौका मिलता है, वे हमें फिसड्डी बना छोड़ती हैं। इसी तरह और बातों में भी अवसर मिलने पर वे पुरुषों से आगे बढ़ सकती हैं।'

...हमीरपुर रोड पर घाटमपुर पार करते हुए बीहड़ में बहती यमुना का दृश्य दिल्ली सरीखा नहीं था। फिर भी यह नदी मन्द-मन्द बह रही थी। यमुना का 'इन्दिरा पुल' पार करने के बाद हमीरपुर शहर के दूसरी ओर जाने पर बेतवा नदी पर बना 'संजय पुल' हमें दिखाई पड़ा। दोनों नदियों पर बने पुल नेहरू खानदान की स्मृति को समर्पित। सोचकर मन कसैला हो गया। क्या इन पुलों के नाम राधामोहन गोकुल और इस इलाके के काला पानी की सजा काटनेवाले बड़े क्रान्तिकारी पं. परमानन्द के नाम पर नहीं हो सकते थे। अन्दमान की जेल-यात्रा करनेवाले पंडित परमानन्द तो हमीरपुर की राठ तहसील के ही रहनेवाले थे और राधामोहन का कार्यक्षेत्र उनके अन्तिम वर्षों तक हमीरपुर-महोबा का यही क्षेत्र रहा है और क्रान्ति कर्म में लिप्त रहते हुए उनका निधन भी यहीं हुआ जब खोही को केन्द्र बनाकर वे गुप्त रूप से अपनी क्रान्तिकारी गतिविधियों को संचालित कर रहे थे।

राठ पहुँचकर हमने ब्रह्मानन्द डिग्री कालेज का रास्ता पूछा। कालेज के मुख्य द्वार पर ही पूर्व प्राचार्य डॉ. गोपीनाथ लोधी से हमारी मुलाकात हो गयी। अँग्रेजी के प्राध्यापक डॉ. एस. सी. शर्मा भी मिले। डॉ. शर्मा पं. परमानन्द पर अँग्रेजी में एक पुस्तक लिख चुके हैं। पंडित के सम्बन्ध में उन्होंने मुझसे देर तक बातें कीं और बताया कि राठ कस्बे में पंडित की एक प्रतिमा लग गयी है लेकिन वहाँ उन्हें कोई याद नहीं करता। मैंने अपनी पुस्तक 'आमादेर विप्लवी' में पंडित पर संस्मरण लिखते हुए उनके इस राठ कस्बे का स्मरण किया है। इस कालेज के प्राचार्य डॉ. लक्ष्मीनारायण अग्रवाल के कक्ष में बैठकर चाय पीते हुए मैंने सुझाव दिया कि यहाँ राधामोहन गोकुल और पं. परमानन्द जैसे क्रान्तिकारियों के चित्र लगने चाहिए। इस शिक्षा संस्थान की नींव कभी राधामोहन के रहते खोही गाँव

में ही पड़ी थी। इस कालेज के संस्थापक स्वामी ब्रह्मानन्द इसी जिले के बरहरा के रहनेवाले थे। वे 1967-77 तक हमीरपुर से सांसद भी रहे। 1984 में उनका देहावसान हो गया था। उनकी प्रतिमा का अनावरण करने राजीव गाँधी यहाँ 1991 में आए थे।

पूर्व प्राचार्य डॉ. लोधी ने कालेज पुस्तकालय से ब्रह्मानन्द पर छपी स्मारिका निकलवाकर मुझे भेंट की। इस महाविद्यालय के हिन्दी विभागाध्यक्ष डॉ. हरगोविन्द सिंह अब नहीं रहे। मुझे याद है कि राधामोहन के अन्तिम दिनों का एक मार्मिक शब्द-चित्र उन्होंने प्रस्तुत किया था। हरगोविन्द के माध्यम से ही उन दिनों मुझे यह सूचना प्राप्त हुई थी कि कानपुर के पटकापुर मुहल्ले के निवासी गोकुलराम वर्मा के एक जातीय मासिक पत्र के 1931 के किसी अंक में राधामोहन का एक महत्त्वपूर्ण लेख 'भारत की गति' प्रकाशित हुआ था जिसके साथ उनके पूरे पृष्ठ का रंगीन चित्र भी छापा गया था।

राधामोहन गोकुल की समाधि देखने के लिए कालेज में हमने खोही जाने का मार्ग पता किया। हमें बताया गया कि पहले कनकुआ गाँव जाना ठीक होगा। वहाँ के वृन्दावनसिंह के सुपुत्र शिवनारायण सिंह कभी उस विद्यालय के छात्र रहे थे जिसे खोही में राधामोहन ने संचालित किया था। अब शिवनारायण के भाई चन्द्रनारायण सिंह हैं जो विधायक रह चुके हैं।

कनकुआ पहुँचते-पहुँचते सूरज ने अपनी पीली चादर समेट ली थी और आसमान में सुरमई रंग घुलने लगा। हम एक विशाल पुराने हवेलीनुमा घर के बाहर खड़े थे। चूने की सफेद ताजा पुताई के बावजूद इमारत की ईंटें और दीवारें उसकी उम्र की मुखबिरी कर रही थीं। चन्द्रनारायण मिले। फिर गाँव के कुछ और लोग भी आ गये। मैंने प्रकाश का परिचय देते हुए अपनी यात्रा का उद्देश्य उन्हें बताया। कहा कि खोही में उनकी सीर है जहाँ राधामोहन गोकुल की समाधि बनी हुई है। हम उसी को देखने आए हैं। मुझे आश्चर्य हुआ कि वे राधामोहन के नाम से अपरिचित थे। उन्हें यह भी नहीं पता कि खोही के ही उनके किसी खेत में राधामोहन की समाधि है। उन्होंने स्वयं भी हमारे वहाँ चलने के लिए कोई उत्साह नहीं दिखाया। बोले—'रात को आप लोग यहीं ठहरकर सुबह खोही जाइए। इस जगह रुकने में कोई दिक्कत नहीं होगी।'

मुझे और प्रकाश को ठहरने का यह प्रस्ताव अच्छा लगा। देर हो ही चुकी थी। गाँव मेरे लिए उस स्मृति की तरह है जिसे बार-बार जीना चाहता हूँ। लेकिन साथ के कुछ लोगों के लिए यह रात कठिन थी। वे बिजली न होने और मच्छरों की चिन्ता में डूबने-उतराने लगे। मैं सोचने लगा कि राधामोहन 70 वर्ष पहले इसी इलाके में रहकर क्रान्तिकारी कार्य करते रहे और सुविधाओं में जीने-रहनेवाले

उनकी समाधि स्थल के ये 'तीर्थ यात्री' एक रात भी गाँव में बिताना पसन्द नहीं करते...

हम महोबा लौट आए। 'होटल चन्द्रकुँवर' के खुशनुमा माहौल में हमें रात बितानी थी। खाना खाने के बाद टहलते हुए हमने 'ऊदल चौक' देखा और महोबा का पान भी खाया।

अगली सुबह ऐतिहासिक महोबा पीछे छूटने लगा। ड्राइवर गाड़ी तेज चला रहा था। 25 किलोमीटर तक की कुल पहाड़ जानेवाली वह सड़क बहुत आकर्षक लग रही थी। दोनों तरफ छेउली (टेसू) के घने वृक्ष। लाल फूलों को छितराकर जैसे प्रकृति ने धरती पर मखमली चादर बिछा दी हो। इसी टेसू के फूल को पीसकर होली का रंग बनाया जाता है। इतना सारा टेसू मैंने पहली बार देखा। मन हो रहा था कि सब हाथों से समेट कर झोली में भर लूँ।

'कुल पहाड़' नाम मुझे कुछ विचित्र-सा लगा। यह भरपूर पहाड़ी इलाका है। इस कस्बे में थाना और तहसील भी हैं। अब सिर्फ 10 किमी. बेलाताल (जैतपुर) है।

बेलाताल पहुँचकर एक छोटे होटल पर हम चाय पीने के लिए रुके। यहाँ राधामोहन गोकुल का नाम भी कोई नहीं जानता। गाँव के दो लोगों ने बताया कि यहाँ 80 वर्ष से ऊपर के स्वतन्त्रता सेनानी पूरनसिंह परमार हैं, वे शायद राधामोहन गोकुल के नाम से परिचित हों। हम उनसे मिलने गये। हैरत की बात थी कि उन्हें भी राधामोहन गोकुल का नाम और खोही में उनकी समाधि होने का कुछ भी पता न था। अपने आसपास के इतिहास से इतना अपरिचय और उदासीनता। गाँधीवादियों ने वैसे भी उस आग को छूने की कोशिश नहीं की जो क्रान्तिकारियों के पास थी। वे उस विचार-यात्रा से भी पूरी तरह अनजाने रह गये जिसे राधामोहन गोकुल और भगतसिंह जैसे क्रान्तिकारियों ने जारी रखते हुए भारतीय स्वतन्त्रता आन्दोलन को चिन्तन और कर्म को नयी ऊँचाई दी।

बेलाताल से अजनर की पतली सड़क के दोनों ओर खजूर और छेउली का जंगल-सा उगा था। धरती पर तो मानो फूलों की रंगोली सजा दी थी किसी ने। आस-पास गहरे सुरमई रंग के मौन खड़े पहाड़। वृक्षहीन। सूने। दूर से दिखाई पड़नेवाले। मैंने देखा कि एक पहाड़ की चोटी पर किसी ने मन्दिर का एक छोटा-सा मॉडल रख दिया है। धर्म के ठेकेदार अपने लिए कैसी-कैसी जगहें तलाश कर लेते हैं। हो सकता है कि थोड़े दिन बाद वे उसे किसी देवी का जन्मस्थान घोषित कर दें और बड़ा मेला जुड़ने लगे....

खोही हम प्रात: 8:30 पर पहुँच गये। अजनर गाँव सभा की ही यह 1000 लोगों की छोटी-सी बस्ती। पूरी आबादी पहाड़ के नीचे बसी है। लगता है कि

पहाड़ ने उसके अस्तित्व को ज्यादा नहीं फैलने दिया। सिर्फ 150 घर होंगे।

हमें देखकर गाँव के कुछ लोग निकट आ गये। इनमें स्त्रियाँ भी थीं। उन्हें राधामोहन गोकुल के नाम-समाधि का कुछ पता नहीं। न उनकी चर्चा सुनी। हो सकता है कि नाम से उन्हें कोई संन्यासी ही समझ रहा हो और हम लोगों को उनका पुजारी, भक्त या अनुयायी।

70 वर्ष पहले का कोई साक्ष्य वहाँ नहीं था।

मैंने अपनी डायरी निकाल ली जिसमें उनकी समाधि का विवरण दर्ज था।

'यहाँ गोंड बाबा का चबूतरा कहाँ है? मैंने इस गाँव के जगदीश प्रसाद यादव से सवाल कर दिया। कई लोगों ने एक साथ सामने के दूसरी ओर बाँस के झुरमुट के पास बने चबूतरे की ओर इशारा किया। फिर हमने गाँव के बाहर नाले की तलाश की जिसके दूसरी ओर एक समाधि के चिह्न मिले।

मैंने प्रकाश से कहा—'यही है राधामोहन गोकुल की समाधि।'

समाधि के ऊपर उग आए नीम और छेउली के वृक्ष अब बड़े हो चुके थे जिनके तनों के फैलाव से समाधि पूरी तरह ध्वस्त हो गयी थी। कुछ निशान ही बाकी थे। चारों ओर चने के खेत थे जिनकी फसल कट चुकी थी और वे रूखे दिखाई पड़ रहे थे पर छेउली के फूल अपनी पूरी रंगत पर थे और वे उस समाधि पर बिखरकर उस क्रान्तिकारी के प्रति अपना सम्मान व्यक्त कर रहे थे।

प्रकाश और सब लोगों ने भी छेउली के थोड़े से फूल तोड़कर समाधि पर चढ़ाए...

हम समाधि के निकट खड़े दूर तक उस इलाके को देख रहे थे जो शहरी कोलाहल और रेल-मोटरों से अब भी कोसों दूर है। स्वामी ब्रह्मानन्द ने कभी इसी जगह विद्यालय चलाने की योजना बनाई थी। उनके सहयोगी थे रईस वृन्दावन सिंह कनकुआ वाले। राधामोहन खोही आए तो वे उम्र के 70वें वर्ष में प्रवेश कर चुके थे। कानपुर से जो नवयुवक उनके साथ आए थे। उनमें एक अशोक कुमार बोस भी थे। स्वामी ने विद्यालय का संचालन राधामोहन को सौंप दिया। अपने साथ आए युवकों को राधामोहन ने समझाया कि यह विद्यालय तो एक आड़ है। मुख्य लक्ष्य तो यहाँ रहकर शोषित-पीड़ित, निर्धन और अनपढ़ लोगों को संगठित करना है ताकि भावी क्रान्ति के लिए सशक्त पृष्ठभूमि तैयार हो सके। खोही में रहते हुए राधामोहन को जो सहयोगी आर्थिक सहायता भेजते रहते थे उनमें एक नाम कलकत्ता के गंगाप्रसाद भोतिका का है। जीवन के इस अन्तिम चरण में राधामोहन किसानों का संगठन कर रहे थे। उनके मस्तिष्क में बड़ी योजनाएँ थीं। अशोक कुमार बोस को एक सीआईडी इन्स्पेक्टर पर गोली चलाने पर पाँच साल की सजा हुई थी। छूटने पर वह भी हमीरपुर के खोही में राधामोहन

के पास आ गये। अशोक कुमार बोस के संस्मरणों में मिलता है—'दूसरे दिन राधामोहन ने मुझे अपना प्लान समझाया कि पढ़ाना तो हमारे लिए एक आड़ है। हमारा मुख्य ध्येय है गरीब, समाज के पीड़ित, अनपढ़ तथा अज्ञ किसानों को राजनीतिक दृष्टि से संगठित करना, गाँव-गाँव में सर्वहारा वर्ग की क्रान्ति के लिए सैकड़ों और हजारों विप्लव केन्द्र बनाना। उनका कहना था कि हमारा देश कृषि प्रधान है, आर्थिक और सामाजिक दृष्टि से बहुत पिछड़ा हुआ है और राजनीतिक रूप से तो पूरा गुलाम ही है। अतः जब तक सोए और खोए सर्वहारा किसानों को चैतन्य और संगठित नहीं किया जाएगा, तब तक किसी प्रकार की आजादी की उम्मीद करना व्यर्थ है। जब तक पैदावार के साधन सर्वहारा वर्ग के हाथ में नहीं आ जाएँगे, तब तक शोषण का अन्त और जनता की भलाई नहीं हो सकती।'

यद्यपि राधामोहन को 1930 में दो साल की सजा हो चुकी थी। जेल में रहते हुए वे बीमार पड़ गये फिर भी बाहर आकर काम करते रहे। जिस समय वे हमीरपुर के गाँवों में किसानों का संगठन कर रहे थे उस समय उनकी उम्र 70 के करीब थी। किसी ने पुलिस को सूचना दे दी कि कानपुर से जो बाबा खोही के विद्यालय में आया है वह लोगों को शासन के खिलाफ भड़काता तथा बम बनाना सिखाता है। खबर कलक्टर तक पहुँच गयी। राधामोहन बुलाए गये। बीमार थे इसलिए टट्टू पर बैठकर लम्बा सफर उन्हें तय करना पड़ा। यह अगस्त के दूसरे पखवारे की बात है।

कलक्टर ने धमकाया पर वे झुके नहीं। फिर भी यात्रा और बीमारी ने उन्हें बुरी तरह थका दिया था। खोही लौटते ही वे बिस्तर पर पड़ गये। घातक खूनी पेचिश हो गयी उन्हें। कानपुर से आए युवकों ने बहुत सेवा की उनकी। अशोक कुमार बोस ने बताया कि हम सभी साथियों ने तरह-तरह से सेवा-शुश्रूषा करके उनको रोगमुक्त करने की कोशिश की पर वीरान स्थान में चिकित्सा की उचित व्यवस्था न हो सकने से हमें उनको खो देना पड़ा। देश की एक महान हस्ती, एक चमकते हुए सितारे का अकस्मात अन्त हो गया। उसी गाँव में हमने उनकी समाधि बनाई और मैंने उसके सामने खड़े होकर यह प्रतिज्ञा की कि अपना सारा जीवन गरीब किसान, मजदूर अर्थात सर्वहारा वर्ग के सामाजिक आर्थिक और राजनीतिक उत्थान में लगाऊँगा और तब तक चैन नहीं लूँगा जब तक उद्देश्य की पूर्ति नहीं हो जाती।

जिस दिन राधामोहन गोकुल का निधन हुआ उस रोज 1935 के 3 सितम्बर की तारीख थी...

खोही गाँव में ही जहाँ विद्यालय चलता था, उसी के दक्षिण की ओर नाले के पास उनके पार्थिव शरीर की समाधि बना दी गयी है। उनके निधन का समाचार

सब जगह छपा। 'दैनिक विश्वामित्र' ने तो मुख पृष्ठ पर उनका बड़ा-सा चित्र देते हुए एक विशेषांक निकाला। खोही में जब उसकी प्रतियाँ भेजी गयीं तब ही लोगों को राधामोहन के काम के बारे में पता लगा। फिर तो खोही के उस विद्यालय पर भी शासन की निगाह कड़ी हो गयी और वह समाप्त हो गया।

अब खोही पहुँचना पहले की तरह कठिन नहीं रहा। पक्के मार्ग पर बसें और मोटरें दौड़ने लगी हैं। पर राधामोहन जैसे क्रान्तिकारी की स्मृति से जुड़ा वह विद्यालय और उनकी समाधि कहाँ है, इसे कोई नहीं जानता। इस जगह से लौटते हुए मुझे क्रान्तिकारी मन्मथनाथ गुप्त का यह कथन बार-बार याद आ रहा था—'राधामोहन गोकुल किसी दल में नहीं थे इसलिए किसी ने उनका ढिंढोरा नहीं पीटा।'

खोही से लौटते हुए प्रकाश मुझसे बोले कि वे जल्दी ही राधामोहन की समाधि पर पुनर्निर्माण कराएँगे। मेरे लिए यह यात्रा किसी तीर्थ पर जाने की मानिन्द थी।

'प्रताप' का युद्ध

गणेशशंकर विद्यार्थी की जेल डायरी के प्रकाशन पर डॉ. मधुलेखा विद्यार्थी ने अपनी आपत्ति व्यक्त करते हुए कहा कि सम्पादक ने इसमें संशोधन करके इसका मूल स्वरूप ही नष्ट कर दिया है। उनका विरोध था कि विशेष तौर पर विद्यार्थी की भाषा में हेर-फेर करके उसकी प्रमाणिकता के बारे में ध्यान न दिए जाने से इस डायरी को बहुत नुकसान पहुँचा है। कतिपय तथ्यात्मक त्रुटियों की ओर भी उनका संकेत था। बावजूद इसके स्वतन्त्रता आन्दोलन के इतिहास की इस अमूल्य निधि के प्रकाशन को तत्कालीन समय के दस्तावेजों के बीच एक महत्त्वपूर्ण कड़ी के रूप में देखा जाना चाहिए। गणेशशंकर की यह जेल डायरी एक पत्रकार और आजादी की लड़ाई लड़ रहे एक सैनिक की अभिव्यक्ति है जिसे उन्होंने 31 जनवरी, 1922 से 17 मई, 1922 की अवधि में लखनऊ जेल में रहते हुए लिपिबद्ध किया था। वह गाँधी के असहयोग का जमाना था। तब उस आन्दोलन के अनेक सैनिकों ने बड़ी संख्या में जेलों की यात्राएँ कीं। गणेशशंकर को स्वयं इस आन्दोलन में जेल पहुँचकर असहयोगियों से साक्षात्कार करने का अवसर प्राप्त हुआ और वे गहराई से उन जिन्दगियों के आर-पार देख पाए जो गाँधी की फौज के सिपाही बनकर स्वतन्त्रता का जयघोष कर रहे थे। तत्कालीन वातावरण और स्वतन्त्रता जैसी बड़ी लड़ाई में संलिप्त उन स्वतन्त्रता संग्राम सैनिकों की आस्थाओं और प्रतिबद्धताओं को चीन्हने और उसे व्यक्त करने में उनसे कोई चूक नहीं हुई। मनुष्य के स्वभाव और उसके चरित्र के वे पारखी थे। कह सकता हूँ कि उनके भीतर आत्मआलोचना का भी गजब का साहस था। यह कम बड़ी बात नहीं है कि अपनी जेल डायरी को शब्द देते समय वे उस समय के वातावरण और तत्कालीन सामाजिक-राजनीतिक सच्चाइयों को ब्योरेबार देखते-परखते चलते हैं। साथ ही हमें यह भी पता चलता है कि इसी देश में कभी गणेशशंकर विद्यार्थी जैसे पत्रकार तपती जमीन पर बैठकर अपनी जिम्मेदारी को बखूबी निभाते रहे। वह युग व्यवसायिक पत्रकारिता का नहीं था। लोग मिशनरी ढंग से इस क्षेत्र में काम करने आते थे और उल्लेखनीय बात

यह होती थी कि उन्हें बन्द कमरों में नहीं, बल्कि जनता के बीच जाकर अपनी जिम्मेदारी का निर्वहन करना पड़ता था। शायद इसी के चलते वे पत्रकार होते हुए भी देश के सच्चे जनप्रतिनिधि बनकर उभरे और उन्होंने देश को दिशा और नेतृत्व प्रदान किया। साम्प्रदायिकता की आग को बुझाने के बड़े काम के लिए अपने जीवन की आहुति देकर वे पत्रकारों के लिए जिस आदर्श की स्थापना कर गये, उसकी मिसाल अन्यत्र नहीं मिलती। वे जिस रास्ते पर चले, उस पर उनके पैरों के निशान आज भी बाकी हैं। उनकी यह जेल डायरी इस बात का बड़ा साक्ष्य है कि किसी प्रतिबद्ध पत्रकार की अपने देश और समाज के सवालों पर क्या भूमिका हो सकती है। उनकी रिहाई के पश्चात 'प्रताप' में 1922 की इस जेल डायरी का धारावाहिक प्रकाशन हुआ और बाद में इसे सूचना विभाग उत्तर प्रदेश ने भी छापा था।

'प्रताप' साप्ताहिक का प्रकाशन गणेशशंकर नवम्बर, 1913 में ही कर चुके थे। पर इससे पहले ही वे पत्रकारिता की दुनिया में प्रवेश कर चुके थे। 1907 से ही 'कर्मयोगी', 'अभ्युदय', 'सरस्वती' और 'स्वराज्य' जैसे पत्रों में उनके प्रारम्भिक लेखन को तलाशा जा सकता है। इसके जरिए गणेशशंकर देश की स्वतन्त्रता के सवालों ही से रूबरू थे। मुक्ति-युद्ध के उन दिनों में अपनी कलम के माध्यम से वे लोगों को जिस चेतना से जोड़ने की मुहिम चला रहे थे, उसकी शिनाख्त के लिए उसका पुनर्पाठ मुझे जरूरी लगता है। अपनी इसी खूबी और समर्पण के चलते 1910 में ही वे 'अभ्युदय' के सहायक सम्पादक नियुक्त किए गये।

'प्रताप' का प्रकाशन जब शुरू हुआ तब से ही यह पत्र मुक्ति-संग्राम की गाँधीवादी और क्रान्तिकारी धारा को एक साथ लेकर चल रहा था। बहुत कम पूँजी से उन्होंने यह अखबार चलाया। इसमें वे सम्पादकीय लिखने से लेकर प्रूफ देखने, पते लिखने और डाक में डालने जैसे काम स्वयं किया करते थे। यहाँ उनके सहयोगी थे शिवनारायण मिश्र। अपनी निर्भीकता, अभिव्यक्ति की क्षमता और स्पष्ट जनपक्षधर नीतियों पर चलने के कारण 'प्रताप' को ब्रिटिश सरकार का अनेक बार कोपभाजन बनना पड़ा। पर इस अखबार के जरिए जनता की क्रान्तिकारी चेतना को पैनाए रखने का बड़ा दायित्व उन्होंने सम्भाल लिया था। उनकी क्रान्तिकारी दृष्टि जहाँ विदेशी सत्ता की उत्पीड़नात्मक कार्यवाहियों पर थी, वहीं वे देश के किसानों और मजदूरों की स्थितियों को निरन्तर लक्ष्य करके उनके साथ मजबूती से खड़े दिखाई पड़ रहे थे। 'प्रताप' के अग्रलेखों और उसमें छपनेवाली सामग्री को देखकर अनुमान होता है कि विदेशी साम्राज्यवाद के विरुद्ध अत्यन्त कठिन संघर्ष के उस दौर में भी वे जनता के सवालों को गहराई से छू-

मथ रहे थे। माना जा सकता है कि 'प्रताप' का अपने पाठकों से बहुत अनोखे ढंग का सम्वाद था। यही कारण था कि उस दौर में वह जनता के बीच सर्वाधिक चहेता समाचार पत्र बन गया था। 'प्रताप' की ऐतिहासिक भूमिका का मूल्यांकन इन तथ्यों को सामने रखे बिना किसी तरह सम्भव नहीं है।

'प्रताप' की आर्थिक कठिनाइयाँ झेलते और उसमें कड़ी मेहनत करते हुए गणेशशंकर का स्वास्थ्य बहुत खराब हो गया था। एक सम्पादक के नाते उनका एक पैर हमेशा जेल में रहा। स्वाधीनता के बड़े लक्ष्य और पत्रकारिता के उच्च आदर्शों की स्थापना के लिए वे बड़ी से बड़ी कुर्बानी देने में कभी पीछे नहीं हटे और ब्रिटिश साम्राज्यशाही से कभी समझौता नहीं किया। 'प्रताप' उनके लिए अखबारनवीसी नहीं, बल्कि राष्ट्रीय जनजागरण का अभियान था। स्वाधीनता के संघर्ष के साथ ही सामन्तवाद और कुली प्रथा के विरोध में लिखते हुए उन्होंने जनता की लड़ाई का मोर्चा तय कर लिया था। उनकी कलम के बल पर ही सोलह पृष्ठों के इस साप्ताहिक की पृष्ठ संख्या बढ़कर चालीस तक पहुँच गयी थी। उस समय 'प्रताप' का मूल्य दो रुपये प्रति था और वह देश के दूरदराज इलाकों तक पहुँचता था। कहा जाता है कि सुदूर पहाड़ों में इस अखबार को पढ़ने-सुनने के लिए लोग डाकखानों पर श्रद्धालुओं की तरह जमा हो जाते थे। इसका एक कारण यह भी था कि गणेशशंकर अपने पाठकों का बहुत ध्यान रखते थे। यहाँ तक कि 'प्रताप' में विज्ञापनों का प्रकाशन भी वे बहुत सोच-समझकर किया करते थे। साथ ही वे ऐसे विज्ञापन भी न देते थे जिनमें लोग झूठी बातें कहकर जनता को ठगने का षड्यन्त्र करते थे। वे जिस विज्ञापनदाता के सम्बन्ध में शिकायत सुनते उसकी सच्चाई की जाँच करते और यदि वास्तव में वह विज्ञापनदाता छद्म साबित होता तो उसी समय बिना किसी बात की चिन्ता किए हुए कि उससे 'प्रताप' को कितनी आर्थिक हानि उठानी होगी, वे उसका विज्ञापन छापना बन्द कर देते थे। 'प्रताप' से जनता की सेवा हो, उससे किसी पाठक का कोई नुकसान न हो इस बात का वे बहुत ध्यान रखते थे। 'प्रताप' में जो सामग्री दी जाती थी, उसकी कसौटी यही थी। अश्लील बातों से भरे विज्ञापनों के लिए वहाँ कोई स्थान न था। जिस तरह आचार्य महावीर प्रसाद द्विवेदी पाठकों के प्रति इतने संवेदनशील थे कि वे अपने लेख कम और कम पढ़ी-लिखी पत्नी के समझ लेने पर ही छपने देते थे, उसी तरह गणेशशंकर की भी दृष्टि कलम चलाते समय आम पाठक पर टिकी रहती थी। गणेशशंकर के जीवनीकार देवव्रत शास्त्री ने लिखा है—'वह इस बात का बहुत खयाल रखते थे कि 'प्रताप' में कोई ऐसी चीज न प्रकाशित हो जिसे पाठक अच्छी तरह समझ ही न पाए और जिससे उनकी रुचि बिगड़ती हो। कई दफे ऐसा मौका आया कि हम लोग लेख और कविताएँ, खासकर कविताएँ

सम्पादित करके उनके पास ले गये पर कम्पोज होने के लिए देने से पहले प्रायः सब मैटर वह एक बार देख लेते थे और उन्होंने उनमें जिसे क्लिष्ट देखा, छपने से रोक लिया। एक दफे हमारे एक सहकारी मित्र ने एक कविता प्रकाशनार्थ देनी चाही। नियमानुसार विद्यार्थी ने सब मैटर के साथ उस कविता को देखा। उन्होंने उस कविता का अर्थ उन महाशय से पूछा। वे कुछ सन्तोषजनक अर्थ बता न सके। उन्होंने उसे निकालकर उसकी जगह दूसरी कविता देने को कहा। भाई बालकृष्ण को उस कविता का अर्थ मालूम था। कविता वास्तव में थी भी अच्छी, अतः उन्होंने उसे देने पर जोर दिया। विद्यार्थी ने उत्तर दिया—'भाई जिस कविता को हम लोग नहीं समझते, उसको हमारे अधिकांश पाठक नहीं समझ सकते। ऐसी कविता अच्छी होने पर भी हमारे किस मतलब की।'

'तहकीकात कर चुकने के बाद वह सत्य और न्यायपूर्ण बात के प्रकाशन करने से कभी हिचकते न थे। जाँच के बाद तो वह बड़ी से बड़ी विपत्ति का भी प्रसन्नतापूर्वक स्वागत करते थे। सम्पादकीय कर्तव्य के इस अंग का प्रतिपालन गणेश ने अपना तन-मन सब कुछ न्यौछावर करके किया। लोक सेवा का यह कर्तव्य सम्पादक का सबसे बड़ा कर्तव्य है और गणेश ने बड़ी से बड़ी कीमत देकर भी इसका आजन्म पालन किया। इस दिशा में वह लासानी थे। अपनी इसी कर्तव्यपरायणता के कारण उन्हें जाने कितनी बार जेल जाना पड़ा, जमानतें देनी और जब्त करवानी पड़ीं। न जाने कितने ज़मींदारों, ओहदेदारों, राजों और महाराजाओं की नाराजगी उठानी पड़ी और न जाने क्या-क्या कष्ट सहने पड़े। इस प्रकार के समाचार पाकर लोग अपना उल्लू सीधा करने की ताक में रहते हैं, मगर गणेश के उदात्त विचारों में इस प्रकार की गन्दगी कभी नहीं आई। वह बड़े से बड़े प्रलोभनों से भी विचलित नहीं हुए। पत्रकार के लिए अनेक विषयों का ज्ञान प्राप्त करना तथा और भी अधिक से अधिक जानकारी हासिल करने के लिए उत्सुक रहना विशेष गुण समझा जाता है।'

स्वतन्त्रता से पूर्व जब एक बार हिन्दी और हिन्दुस्तानी का विवाद जोरों पर था तो उन दिनों एक ओर गाँधी हिन्दुस्तानी भाषा की वकालत कर रहे थे तो दूसरी और पुरुषोत्तमदास टंडन इसके विरोध में खड़े थे। उस समय हिन्दुस्तानी अकादमी में एक विद्वान ने अपने भाषण में कहा था—'आप लोग हिन्दुस्तानी जबान की सृष्टि कर रहे हैं। पर क्या आपको मालूम है कि जुबान की सृष्टि हो चुकी है और उसका सृजनहार है—गणेशशंकर विद्यार्थी। अगर आपको मेरी बात का यकीन न हो तो आप एक बार 'प्रताप' में लिखे विद्यार्थी के लेखों को पढ़ जाइए। आप उन लेखों में शुद्ध हिन्दुस्तानी जबान पढ़कर आनन्द मग्न हो जाएँगे।'

हिन्दुस्तानी भाषा के इसी आचार्य ने पत्रकारिता के सम्बन्ध में जो कुछ सोचा,

वह हमारे सम्पादकों, लेखकों और पत्रकारों के लिए बहुत गौरतलब है। 'पत्रकार का दायित्व' लेख में उन्होंने लिखा था—'संसार के अधिकांश समाचार पत्र पैसे कमाने और झूठ को सच और सच को झूठ सिद्ध करने में उतने ही लगे हुए है जितने कि संसार के बहुत-से चरित्र-शून्य व्यक्ति। अधिकांश बड़े समाचार पत्र धनी-मानी लोगों द्वारा संचालित होते हैं। इसी प्रकार के संचालन के लिए वे हर समय, हर तरह के हथकंडों से काम लेना नित्य का आवश्यक काम समझते हैं। इस काम में वे इस बात का विचार करना आवश्यक नहीं समझते कि सत्य क्या है। सत्य उनके लिए ग्रहण करने की वस्तु नहीं है, वे तो अपने मतलब की बात चाहते हैं। संसार-भर में यह हो रहा है। इने-गिने पत्रों को छोड़कर, सभी पत्र ऐसा कर रहे हैं। जिन लोगों ने पत्रकारिता को अपना पेशा बना रखा है, उनमें ऐसे बहुत कम लोग हैं जो अपने चित्त को इस बात पर विचार करने का कष्ट उठाने का अवसर देते हों कि हमें सच्चाई की भी लाज रखनी चाहिए, केवल अपनी मक्खन रोटी के लिए दिन भर में कई रंग बदलना ठीक नहीं है। इस देश में भी दुर्भाग्य से समाचार पत्रों और पत्रकारों के लिए यही मार्ग बनता जा रहा है। हिन्दी पत्रों के सामने भी यही लकीर खिंचती जा रही है। यहाँ भी अब बहुत से साधारण समाचार पत्र सर्वसाधारण के कल्याण के लिए नहीं रहे, सर्वसाधारण उनके प्रयोग की वस्तु बनते जा रहे हैं। एक समय था जब इस देश में साधारण आदमी सर्वसाधारण के हितार्थ एक ऊँची भावना लेकर पत्र निकालता था, और उस पत्र को जीवन-क्षेत्र में स्थान मिल जाया करता था। आज वैसा नहीं हो रहा है। आपके पास जबरदस्त विचार हो, और पैसा न हो, और पैसेवालों का बल न हो, तो आपके विचार आगे न फैल सकेंगे, आपका पत्र न चल सकेगा। इस देश में भी समाचार पत्रों का आधार धन होता जा रहा है। धन ही से वे निकलते हैं, धन ही के आधार पर चलते हैं, और बड़ी वेदना के साथ कहना पड़ता है कि उनमें काम करनेवाले बहुत-से पत्रकार भी धन ही की कामना करते हैं। अभी यहाँ पूरा अन्धकार नहीं हुआ है, किन्तु लक्षण वैसे ही हैं। *कुछ दिन पश्चात यहाँ के समाचार पत्र भी मशीन के सदृश्य हो जाएँगे, और उनमें काम करनेवाले पत्रकार केवल मशीन के पुरजे। व्यक्तित्व न रहेगा, सत्य और असत्य का अन्तर न रहेगा, अन्याय के विरुद्ध डट जाने और न्याय के लिए आफतों के बुलाने की चाह न रहेगी, रह जाएगा केवल खींची हुई लकीर पर चलना।* मैं तो उस अवस्था को अच्छा नहीं कह सकता। ऐसे बड़े होने की अपेक्षा छोटे, और भी छोटे, किन्तु सिद्धान्तों वाले होना अच्छा। पत्रकार कैसा हो इस सम्बन्ध में दो रायें हैं। एक तो यह कि उसे सत्य या असत्य व न्याय या अन्याय के झगड़े में नहीं पड़ना चाहिए। एक पत्र में वह नरम बात कहे, तो बिना हिचक, दूसरे में वह गरम कह

सकता है, जैसा वातावरण देखे, वैसा करे, अपने लिखने की शक्ति से डटकर पैसा कमाए, धर्म और अधर्म के झगड़े में न अपना समय खर्च करे और न अपना दिमाग ही। दूसरी राय यह है कि पत्रकार की अपने समाज के प्रति बड़ी जिम्मेदारी है, वह अपने विवेक के अनुसार अपने पाठकों को ठीक मार्ग पर ले जाता है, वह जो कुछ लिखे, प्रमाण और परिणाम का विचार रखकर लिखे, और अपनी मति-गति में सदैव शुद्ध और विवेकशील रहे। पैसा कमाना उसका ध्येय नहीं, लोकसेवा ही उसका ध्येय है, और अपने काम से जो वह कमाता है, वह ध्येय तक पहुँचने के लिए एक साधन मात्र है। संसार के पत्रकारों में दो तरह के आदमी हैं। पहले दूसरे तरह के पत्रकार अधिक थे, अब इस उन्नति के युग में पहली तरह के। उन्नति समाचार पत्रों के आकारों-प्रकारों में हुई है। खेद की बात यह है कि उन्नति आचरणों में नहीं हुई। हिन्दी के समाचार पत्र भी कथित उन्नति के राजमार्ग पर आगे बढ़ रहे हैं। मैं हृदय से चाहता हूँ कि उन्नति उधर हो या न हो, किन्तु कम से कम आचरण के क्षेत्र में पीछे न हटें, और जो सज्जन इन पंक्तियों को पढ़ें, वे आचरण सम्बन्धी आदर्श को सदा ऊँचा रखें और समझें। पैसे का मोह और बल की तृष्णा भारतवर्ष में किसी भी नये पत्रकार को ऊँचे आचरण के पवित्र आदर्श से बहकने न दे।'

गणेशशंकर में एक अच्छे सम्पादक की सभी खूबियाँ मौजूद थीं। वे जहाँ निर्भीकतापूर्वक 'प्रताप' का सम्पादन और प्रकाशन करते रहे, वहीं कितने ही लोगों को लेखक और पत्रकार बनाने में उन्होंने भरपूर सहयोग दिया। उपन्यास सम्राट मुंशी प्रेमचन्द को हिन्दी में लिखने को उन्होंने ही प्रेरित और उत्साहित किया था। श्यामलाल गुप्त 'पार्षद' ने भी उन्हीं की प्रेरणा से प्रसिद्ध झंडा-गीत 'विजयी विश्व तिरंगा प्यारा' की रचना की थी। भगतसिंह भी काफी दिनों तक 'प्रताप' प्रेस में काम करते रहे और उन्होंने छद्म नाम से उनमें नियमित लेख भी लिखे।

'प्रताप' कार्यालय तो वैसे भी क्रान्तिकारियों का अड्डा था। काँग्रेस से जुड़े होने पर भी गणेशशंकर क्रान्तिकारियों को भरपूर सहयोग और संरक्षण प्रदान करते रहे। रहे। 'मैनपुरी षड्यन्त्र केस' से लेकर काकोरी और लाहौर के मुकदमों की पैरवी तक क्रान्तिकारियों के प्रति उनकी पक्षधरता देखने लायक थी। वे अपनी शक्ति भर बन्दी क्रान्तिकारियों को न्याय दिलाने की चेष्टा करते रहे और उनके परिवारवालों को सहायता पहुँचाने में भी उन्होंने कोई कोताही नहीं की। काकोरी कांड की फाँसियों के बाद वे रामप्रसाद बिस्मिल के माता-पिता, अशफ़ाक़उल्ला के भाई और शहीद रोशनसिंह की पत्नी, पुत्र व पुत्री को बड़ी मदद करते रहे। वे रोशनसिंह की पुत्री के विवाह में उनके गाँव नवादा भी गये और कहा कि रोशनसिंह के अभाव में इस पुत्री का पिता मैं हूँ। इस विवाह के ठीक पहले जब

हलके का एक दरोगा यह कह कर उसमें अड़चन डाल रहा था कि क्रान्तिकारी की लड़की से विवाह करनेवाले भी राजद्रोही समझे जाएँगे तब भी गणेशशंकर ने वहाँ जाकर उस दरोगा की लानत-मलानत की थी। उनकी जीवनी में लिखा है—'काकोरी के सजायाफ्ता नौजवानों ने अपने साथ होनेवाले दुर्व्यवहारों के कारण सन् 1927 में विभिन्न जेलों में अनशन शुरू कर दिया। इन अनशनकारियों में राजकुमार सिन्हा, रामकृष्ण खत्री, मुकुन्दीलाल, विष्णुशरण दुबलिश थे। विद्यार्थी दस दिन, पन्द्रह दिन, बीस दिन, पच्चीस दिन देखते रहे, पर सरकार टस से मस न हुई। विद्यार्थी ने होम मेम्बर को चिट्ठियाँ लिखीं, तार भेजे कि जनाब और कुछ न सही, इन्सानियत के ही नाते इन नौजवानों पर रहम खाकर प्राण बख्शे जाएँ। पर कुछ न हुआ। चालीस-चालीस, पैंतालिस-पैंतालिस दिन हो गये, मौत की नौबत पहुँच गयी, फिर भी जब कुछ होते न देखा तो विद्यार्थी का कोमल हृदय काँप उठा, उन्हें अनशन को बन्द कराने की सूझी क्योंकि प्राणरक्षा का अब कोई तरीका रह नहीं गया था। फतेहगढ़ जेल में दौड़े हुए गये और बहुत समझा-बुझाकर योगेश चटर्जी, गोविन्दचरण कार और रामदुलारे त्रिवेदी का 41 दिन के उपवास के बाद अनशन बन्द करने की बात सुनकर उन्होंने स्वयं ही वहाँ पहुँचना स्थगित कर दिया। इसी प्रकार 1929 में जब लाहौर षड्यन्त्र केस के सरदार भगतसिंह, बटुकेश्वर दत्त आदि क्रान्तिकारियों को अनशन करते दो-दो मास से भी अधिक हो गये थे, तो आप वहाँ भी दौड़े हुए गये और लोगों का अनशन बन्द कराने की पूरी चेष्टा की।'

काँग्रेस में रहकर इस तरह क्रान्तिकारी आन्दोलन को सहयोग करना गणेशशंकर ही के बूते की बात थी। वे संकीर्ण मनोवृत्ति के थे ही नहीं। वे हमेशा ऐसे व्यक्तियों की खूब प्रशंसा करते थे जिनसे उनका मतभेद होता था। पं. रामप्रसाद बिस्मिल की फाँसीघर में लिखी आत्मकथा का प्रकाशन उन्होंने 'प्रताप' प्रेस से ही किया था और उनकी विद्रोही मनचेरशा अवारी पर 'प्रताप' के एक अंक में प्रशंसनीय लेख भी लिखा था। काकोरी के क्रन्तिकारियों की फाँसियों पर 'प्रताप' के एक अग्रलेख में लिखी गयी उनकी मार्मिक टिप्पणी इसका सबसे बड़ा साक्ष्य है। 'वे दीवाने!' शीर्षक में उनके शब्द इस प्रकार थे—'अनुत्तरदायी? जल्दबाज? अधीर आदर्शवादी? लुटेरे? डाकू? हत्यारे अरे ओ दुनियादार? तू उन्हें किस नाम से, किस गाली से विभूषित करना चाहता है?

'वे मस्त हैं, वे दीवाने हैं, वे इस दुनिया के नहीं। वे स्वप्नलोक की वीथियों में विचरण करते हैं। उनकी दुनिया में शासन की कटुता से, माँ धरित्री का दूध अपेय नहीं बनता। उनके कल्पना लोक में ऊँच-नीच का, धनी निर्धन का, हिन्दू मुसलमान का भेद नहीं। इसी सम्भावना का प्रचार करने के लिए वे जीते हैं।

इसी दुनिया में उसी आदर्श को स्थापित करने के लिए वे मरते हैं। दुनिया के पठित मूर्खों की मंडली उनको गालियाँ देती है। लेकिन यदि सत्य के प्रचारक गालियों की परवाह करते तो शायद दुनिया में आज सत्य, न्याय, स्वातन्त्र्य और आदर्श के उपासकों के वंश में कोई नाम लेवा और पानी देवा भी न रह जाता। लोक रुचि अथवा लोकोक्तियों के अनुसार जो अपना जीवन यापन करते हैं, वे अपने पड़ोसियों की प्रशंसा के पात्र भले ही बन जाएँ, पर उनका जीवन औरों के लिए नहीं होता। संसार को जिन्होंने ठोकर मारकर आगे बढ़ाया वे सभी अपने-अपने समय में लांछित हो चुके हैं। दुनिया खाने, पीने, पहनने, ओढ़ने तथा उपयोग करने की वस्तुओं का व्यापार करती है। पर कुछ दीवाने चिल्लाते फिरते हैं—'सर फरोशी की तमन्ना अब हमारे दिल में है।'

'ऐसे कुशल किन्तु औघट व्यापारी भी कभी देखे हैं? अगर एक बार हम उन्हें देख लें तो कृतकृत्य हो जाएँ।'

फैजाबाद जेल के फाँसीघर से अशफ़ाक़उल्ला ने गणेशशंकर को एक पत्र लिखकर कहा था कि वे उनसे 19 दिसम्बर को लखनऊ स्टेशन पर मिलना न भूलें। 1927 के दिसम्बर की 19 तारीख ही फाँसी तय थी। उस रोज फाँसी के बाद अशफ़ाक़ की लाश उनके खानदानी कब्रिस्तान में दफनाने के लिए घरवालों को दे दी गयी। रेल के जिस डिब्बे से अशफ़ाक़ का मृत शरीर लाया जा रहा था, गणेशशंकर ने लखनऊ रेलवे स्टेशन पर पहुँचकर शहीद को प्रणाम किया और चेहरे से कफन हटाकर उनका चेहरा भी देखा। फिर परसी शाह फोटोग्राफर से उन्होंने अशफ़ाक़ का एक चित्र खिंचवाया और अशफ़ाक़ के भाई रियासतउल्ला खाँ से बोले—'तुम इनकी कच्ची कब्र बनवा देना। पक्की हम करा देंगे और इनका मकबरा ऐसा बनवाएँगे जिसकी नजीर यू.पी. में न होगी।'

गणेशशंकर के जीवन, उनके त्याग, आदर्श और सिद्धान्तप्रियता की चर्चा करते हुए एक प्रमुख सहयोगी पत्रकार कृष्णदत्त पालीवाल ने अपने संस्मरणों में बताया था—'जब मैं मुस्लिम कालेज अलीगढ़ से एम. ए., एल-एल. बी. पढ़ने गया तभी गणेश ने मुझे 'प्रताप' में जोतने के लिए 'प्रभा' का प्रकाशन शुरू कर दिया जिसका मैं 'देवदूत बी. ए.' के नाम से सम्पादन करता रहा।' 'प्रभा' के सम्पादकों में देवदूत के नाम के अतिरिक्त गणेश का नाम जाना पत्रिका की सफलता के लिए आवश्यक था परन्तु उसकी सम्पादकीय टिप्पणियों में मैं अपने स्वतन्त्र विचार व्यक्त करता था, जो कभी-कभी गणेश के विचारों के प्रतिकूल भी होते थे। ऐसे ही एक अवसर पर दैनिक पत्र ने गणेश पर यह आक्षेप किया कि 'प्रताप' में वे जो विचार व्यक्त करते हैं, 'प्रभा' में उसी के प्रतिकूल लिखते हैं। इस पर गणेश ने मुझे टोकने के बजाय उस पत्र के आक्षेप का यही उत्तर दिया कि 'प्रभा'

के दूसरे सम्पादक भी हैं। स्वयं 'प्रताप' से मैं 1920 में बहुधा असहयोग आन्दोलन के विरुद्ध अग्रलेख लिखता था, जबकि गणेश असहयोग आन्दोलन के परमभक्त और अनुयायी थे। मेरे इन विचारों के कारण 'प्रताप' को भारी हानि पहुँची। लोगों ने प्रेस को जला देने तक की धमकी दी। ग्राहक संख्या चौदह हजार से घटकर सात हजार रह गयी। लेकिन गणेश ने मुझसे यह नहीं कहा कि तुम यह क्या कर रहे हो?

'उनकी त्यागवृत्ति और सिद्धान्तप्रियता का एक और उदाहरण है। रायबरेली मानहानि केस आदि आघातों के फलस्वरूप दैनिक 'प्रताप' बन्द हो चुका था। उसके कुछ दिन बाद मई सन् 1922 में होनेवाली अखिल भारतीय काँग्रेस कमेटी की बैठक में शामिल होने के लिए गणेश और मैं लखनऊ जा रहे थे। कानपुर स्टेशन पर उसी गाड़ी में जाते हुए जमनालाल बजाज ने गणेश को देखकर उन्हें अपने पास बुला दिया। लखनऊ पहुँचकर गणेश ने मुझसे कहा कि जमनालाल कह रहे हैं कि दैनिक 'प्रताप' निकालो, उसके लिए दस हजार रुपये की सहायता मैं दे दूँगा। इस पर मैंने गणेश से कहा—'जमनालाल से रुपये लेकर दैनिक 'प्रताप' निकालना ठीक न होगा। यद्यपि जमनालाल आपका आदर करते हैं तथापि महात्मा गाँधी में उनकी श्रद्धा आपसे भी अधिक है। इसलिए सहज ही वे आपसे यह आशा करेंगे कि 'प्रताप' में महात्मा गाँधी के कार्यक्रम की आलोचना न की जाए। महात्मा के कार्यक्रम की आलोचना होने पर वे चाहें कुछ भी न कहें तब भी मन में तो यह अनुभव अवश्य करेंगे कि यह तो ठीक नहीं हो रहा। ...गणेश स्वयं तो महात्मा के अनन्य भक्त थे परन्तु चूँकि उन दिनों महात्मा के असहयोग आन्दोलन से सब बातों में सहमत नहीं था, इसलिए मेरे मनोभावों का खयाल करके गणेश ने जमनालाल की सहायता को स्वीकार नहीं किया। संसार में कितने लोग इस प्रकार के त्याग का परिचय दे सकते हैं।

'प्रताप' के दैनिक संस्करण का प्रकाशन होने पर महावीर प्रसाद द्विवेदी ने अपनी आशा और आशीष व्यक्त करते हुए लिखा था—'प्रताप, तुम्हारे आविर्भाव के समय ही तुम्हारे कार्य-कलाप देखकर हृदय में यह भाव उदित हुआ कि तुम कुछ काम कर दिखाओगे। यह सम्भावना सच निकली। अत्यन्त छोटे बीज के भीतर जिस प्रकार वट का प्रकाणु वृक्ष छिपा रहता है, उस तरह तुम्हारे आरम्भिक अवतार में तुम्हारा यह आज का आकार और प्रकार भी निहित था। थोड़े ही दिनों में बढ़कर तुमने अपना कर्तव्य छाया के आविष्कारक के सदृश भारतवासियों के अन्त:करण को सुखी कर दिया। अब तो तुम उस छाया के प्रभाव को और भी दूर-दूर तक बढ़ा रहे हो। यह तुम्हारी कर्तव्यनिष्ठा, सतत चिन्तन, कार्यतत्परता, सत्य, प्रीति और श्रम-सहिष्णुता का फल है।

'ईश्वर करे तुममें पूर्वोक्त गुणों का दिन-पर-दिन आधिक्य होता जाए, ईश्वर करे, तुम्हारे मार्ग पर चलनेवालों की कामनाएँ सफल हों, ईश्वर करे, किसी दिन तुम्हें सभ्य, शिक्षित और स्वतन्त्र देश इंग्लैंड के 'टाइम्स' की पदवी भारत में प्राप्त हो जाए। अपने देश को ही अपना आराधना-मन्दिर और देशवासियों को ही अपना आराध्य समझो। भेद-भाव से दूर रहो। सत्य का सदा आदर करो। कर्तव्य-पालन ही को अपना सबसे बड़ा धर्म मानो। न्याय-पथ से कभी भ्रष्ट न हो। परमात्मा को सर्वसाक्षी समझ कर अपनी आत्मा को अन्याय के लेश से भी संशलिष्ट न होने दो। न किसी के कोप से विचलित हो, न किसी के प्रसाद से कर्तव्य-च्युत। याद रखो, सर्वहित चिन्तक और सरल मार्गगामी सज्जन ही संसार में सफल काम होते हैं।

'एक बात और करो। विवेक को कभी हाथ से न जाने दो। जो करो, परिणाम पर ध्यान देकर सोच-समझकर करो। ऐसा न हो कि तुम्हारे किसी अपरिमाणदर्शी कार्य के कारण तुम्हारे मार्ग का अवरोध हो जाए अथवा तुम्हारी गति मन्द पड़ जाए। सर्वसाधारण जनों के सच्चे सेवक बनने की चेष्टा करो। उन्हीं के हितों को अपना हित समझो। उन्हीं की सन्तुष्टि, उन्हीं की उन्नति, उन्हीं की कार्य-सिद्धि को अपना सबसे बड़ा पुरस्कार जानो।'

पत्रकारिता के लिए ऐसे आदर्शों का परचम लेकर गणेशशंकर ने जिस रास्ते को तय किया, वह काँटों भरा था। फतेहपुर जिला राजनीतिक सम्मेलन का नेतृत्व करते हुए 1923 में उन्होंने कहा था—'मैं संग्राम का पक्षपाती हूँ। मैं समस्त सत्ताओं का विरोधी हूँ। फिर चाहे वह सत्ता मौजूदा नौकरशाही की हो या ज़मींदारी की, धनवानों की हो या ऊँची जातियों की।' इस सम्बन्ध में उन्होंने 29 जनवरी को हरदोई जेल में अपनी डायरी में लिखा था—'जीवन भर अमानुषिकता, असज्जनता के विरुद्ध लड़ता रहा। ईश्वर बल दे कि आगे भी लड़ सकूँ।'

'प्रताप' को जनता का जिस तरह अभूतपूर्व सहयोग मिला उससे गणेशशंकर के मन में एक ट्रस्ट के गठन का भी विचार आया। उनकी इस योजना से शिवनारायण मिश्र भी सहमत थे। अत: 15 मार्च, 1919 को प्रताप-ट्रस्ट का रजिस्ट्रेशन कराया गया जिसमें गणेशशंकर विद्यार्थी, शिवनारायण मिश्र, मैथिलीशरण गुप्त, डॉ. जवाहर लाल रोहतगी और लाला फूलचन्द थे। उस समय तक 'प्रताप' के सम्पादक-मुद्रक-प्रकाशक के रूप में गणेशशंकर का नाम ही जा रहा था। पर इसका मुद्रक-प्रकाशक शिवनारायण को बनाया गया। जानने योग्य है कि जब गणेशशंकर मजिस्ट्रेट के पास इस आशय का घोषणापत्र जमा करने गये तो उनसे जमानत की धनराशि एक हजार से बढ़ाकर दो हजार रुपये माँगी गयी। मजिस्ट्रेट मि. स्ट्राइफ ने यह भी कहा कि चूँकि नये प्रिंटर का इस 'बदनाम पत्र' से पुराना

सम्बन्ध है और पहले वाला प्रिंटर (गणेशशंकर) जो हाल में ही हुई कानपुर की मजदूर हड़तालों की खुली नेतागीरी करता रहा, ट्रस्ट में भी है। अत: प्रकाशक को चेतावनी दी जाती है कि उसे पत्र प्रकाशित करने की आजादी उस समय तक नहीं है जब तक वह मेरी अदालत में जमानत न दाखिल कर दे।

जमानत दाखिल कर दी गयी। लेकिन 'प्रताप' ऐसी चेतावनियों को माननेवाला कहाँ था। उसके अस्तित्व की शर्त ही देश में स्वतन्त्रता की अलख जगाने और जनता को सामन्ती उत्पीड़न के खिलाफ जंगजू बनाने में निहित थी।

काकोरी के विख्यात क्रान्तिकारी सुरेशचन्द्र भट्टाचार्य ने अपने संस्मरणों में जो कुछ लिखा है, वह 'प्रताप' और उसके सम्पादक गणेशशंकर के जिन्दगीनामे का बड़ा खुलासा करता है—'मेरी गिरफ्तारी बनारस में 1915 में हुई। 4 वर्ष मैं उरई में रहा। दिन भर बाहर रात में एक कोठरी में रहना पड़ता था। 4 साल बाद नजरबन्दी से छूटकर 'प्रताप' के स्थान पर 'दैनिक प्रताप' शुरू हुआ। इस बीच शचीन्द्र अन्दमान से आ गये। एक दिन बनारस में भेंट हुई। उन्होंने कहा कि फिर राइजिंग शुरू करनी है। लाहौर फिर एक लिंक बना। वहाँ अपने प्रतिनिधि जयचन्द्र विद्यालंकार की इतिहास की कक्षा में भगतसिंह पढ़ते थे। इस बीच में भगतसिंह की शादी की बात चली। शादी की बात सुनते ही भगतसिंह चिन्तित हुए। क्रान्ति के आन्दोलन का सम्बन्ध जयचन्द्र विद्यालंकार के जरिए था। उसने बताया कि शादी कैसे कर सकता हूँ, मुझे तो क्रान्तिकारी कार्य करने हैं। इस बीच शचीन्द्र का दौरा लाहौर हुआ। जयचन्द्र ने भगतसिंह की शादी के सम्बन्ध में शचीन्द्र से बात की। पार्टी के बारे में भी बात की। शचीन्द्र ने भगतसिंह को कानपुर भेजने की बात कही, वहाँ वे सुरक्षित रहेंगे और आन्दोलन में सहायता करेंगे। वहाँ मैं एक पत्र दूँगा सुरेश दा के लिए। तब हम जनरलगंज में रहते थे और 'वर्तमान' में काम करते थे। रायबरेली में एक शूटिंग केस हुआ जिस पर नवीन ने एक अग्रलेख लिखा। अखबार पर मानहानि का दावा चला। विद्यार्थी ने लेख वापस नहीं लिया, न क्षमा माँगी। 'प्रताप' के पूरे स्टाफ को रायबरेली जाना पड़ा। गणेश को सजा हुई। उन्होंने सम्पादकत्वेन उसकी जिम्मेदारी स्वयं पर ली। इसी बीच में मैं 'वर्तमान' प्रेस में चला गया। मैं लाहौर जानेवाला था पर 'वर्तमान' प्रेस में रह गया। एक दिन एडिटोरियल लिख रहा था, तब चपरासी ने सूचना दी कि कोई बाबू बुला रहा है। जाकर देखा तो एक सुन्दर नौजवान सरदार पगड़ी पहने खड़ा था। उन्होंने मुझे पत्र दिया। रामपाल पांडेय से एडिटोरियल लिखने के लिए कहकर मैं चला गया। रामनारायण बाजार में एक मकान था, जिसमें बंगाली मेस था। पास ही बटुकेश्वर दत्त रहते थे। मैंने उनसे कहा कि भगतसिंह बैठे हैं। तुम उनका साथ दो, वे अकेले हैं। जब गणेश को मालूम हुआ (डेढ़ साल

की सजा मानहानि के मामले में काट कर वापस आ गये थे, साप्ताहिक 'प्रताप' सुचारु रूप से निकलने लगा था) तो उन्होंने मुझसे कहा कि बलवन्त तुम्हारे पास आ गया है, वह जब तक रहेंगे 'प्रताप' में खाना खाएँगे। गणेश एआईसीसी के मेम्बर थे और भगतसिंह के पिता सरदार किशनसिंह भी एआईसीसी के मेम्बर थे। गणेश से फूलबाग में मुलाकात हुई। उन्होंने कहा कि सुरेश बाबू मैं चाहता हूँ कि तुम 'प्रताप' में फिर आ जाओ। मैं साप्ताहिक 'प्रताप' में आ गया। गणेश ने यह जानकर कि सरदार किशनसिंह एआईसीसी के मेम्बर का लड़का भगतसिंह ही कानपुर में है, तो उसे सुरक्षा में रखने के लिए 'प्रताप' में बुला दिया। मैंने कहा कि यदि एक नौजवान सिख लड़का वहाँ आए— तो पुलिस को शक हो सकता है। इस बीच दिल्ली में पहाड़गंज में हिन्दू-मुस्लिम झगड़ा हुआ। गणेश ने किराया दिया ताकि पहाड़गंज जाकर उसकी रिपोर्ट ले आएँ। भगतसिंह रिपोर्ट लाए। गणेश ने कहा कि उन्हें काम सिखाया करो। रामनारायण बाजार में 221 नम्बर मकान के मेस में बटुकेश्वर दत्त और भगतसिंह की दोस्ती हुई। तभी मन्मथनाथ गुप्त और आज़ाद दोनों आए और इनका परिचय मुझसे हुआ। ये दोनों उम्र में कम थे। आज़ाद वीर-स्पिरिटेड लड़का था। केस चलने की अवधि में भगतसिंह कई बार आए। इसके बाद नया आर्गनाइजेशन बना। उसके मुख्य बने भगतसिंह। विजय कुमार सिन्हा उनके दाहिने हाथ बने।'

बाद के दिनों में आन्ध्र प्रदेश के सिकन्दराबाद में रहने लगे कानपुर के प्रसिद्ध क्रान्तिकारी विजय कुमार सिन्हा जिन्हें मैं 'विजय दा' कहता था, उनसे गणेशशंकर और 'प्रताप' की क्रान्तिकारी भूमिका के बारे में जो कुछ मिला, वह इस प्रकार है—'जिन बहुत से लोगों को गणेशशंकर विद्यार्थी के निकट आने का सौभाग्य प्राप्त हुआ उनमें से एक मैं भी था। तब मैं कानपुर के पृथ्वीनाथ हाईस्कूल का एक छात्र था, जहाँ विद्यार्थी किसी समय अध्यापक रह चुके थे। मैं केवल बारह साल का था, जबकि राजनीति की ओर मेरा झुकाव होने लगा था। मैंने जलियाँवाला बाग नरसंहार की उड़ती-उड़ती खबर सुनी और रामलीला परेड ग्राउंड पर आयोजित सभा में यह मालूम करने के खयाल से गया था कि यह सब क्यों हुआ। मैदान के कोने में बुजुर्गों के बीच दबा-सा बैठा हुआ मैंने दुबले-पतले तथा बिखरे बालों वाले एक वक्ता को हमारे सैकड़ों देशवासियों के बर्बरतापूर्वक किए गये संहार के विरोध में रोषपूर्ण शब्दों पर धाराप्रवाह बोलते हुए सुना। मेरे मन पर गहरा असर हुआ और अपने बचकाने ढंग से इस बात पर अचरज करता हुआ कि इस प्रकार की अन्यायपूर्ण और दुष्टतापूर्ण बातें क्यों हुईं, मैं इन विचारों में डूबता-उतराता घर की ओर चल पड़ा। चार से भी अधिक दशाब्दियों के बीत जाने पर आज भी मैं अपनी आँखों के आगे विद्यार्थी के व्यक्तित्व के विविध रूप को देखता

हूँ—एक ऐसा सज्जन और निष्ठावान व्यक्ति जो मानवीय व्यवहार में कोई भी भद्दी तथा गलत बात बर्दाश्त नहीं कर सकता था। उनके इस रौबीले स्वभाव के बारे में बहुत अधिक उसी समय जानने को मिला। उनकी हृदयगत शालीनता प्रभावित किए बिना न रहती थी। जो भी उनके सम्पर्क में आता, उन जैसा ही हो जाता। मैंने देखा है कि उनकी शालीनता उन्हें घेरे रहनेवाले कार्यकर्त्ताओं के बीच से संकीर्णता एवं अश्लीलता को धो देती थी। चूँकि वे स्वत: अत्यन्त निष्ठावान थे, इसलिए जब कभी वे, विशेषतया जनसेवा के क्षेत्र में वांछनीय कार्य में छल-कपट तथा धोखेबाजी होते देखते थे, तब उन्हें मानसिक वेदना होती थी। 1925 में काँग्रेस अधिवेशन प्राय: समाप्ति पर था और उन्हीं दिनों एक रोज उन्हें अपने कार्यालय में उदास और खिन्न बैठे हुए मैंने देखा। कारण पूछने पर पहले तो उन्होंने बताना नहीं चाहा, परन्तु बाद में वे बोले कि कैम्पों में ठहरने के दौरान एक प्रमुख नेता द्वारा किए गये खर्च की मद के विषय में वे सोच कर दुखी हैं। स्वागत समिति के अध्यक्ष के नाते उनके पास उस नेता का निजी सचिव उपयोग हेतु टी-सेट लेने पहुँचा। चूँकि विद्यार्थी और अधिक महत्त्वपूर्ण काम में लगे हुए थे, उन्होंने उससे कहा कि टी-सेट खरीद कर उसका बिल भेज दे। पाँच रुपये के उस बिल पर उस नेता के दस्तखत थे, विद्यार्थी यह देखकर विक्षुब्ध हो गये। उन्हें आश्चर्य हो रहा था कि कितना व्यय उचित होगा। अगले वर्ष काँग्रेस का अधिवेशन गोहाटी में हुआ। मुझे यह देखकर आश्चर्य हुआ कि इन दिनों भी विद्यार्थी 'प्रताप' कार्यालय में बैठे सम्पादकीय कार्य में व्यस्त थे। मैंने कहा कि विद्यार्थी वहाँ कैसे नहीं आए। मुझे यह सुनकर और भी अधिक आश्चर्य हुआ कि उन्होंने अत्यन्त सरलता और अपनी स्वाभाविक गम्भीरता के साथ कहा, 'क्या जरूरत थी? मैं इतना महत्त्वपूर्ण नहीं हूँ कि काँग्रेस की पॉलिसी तय करने में हाथ डालूँ।' और यह उस समय हुआ जब विद्यार्थी का स्तर काफी ऊँचा हो चुका था। यू. पी. के थोड़े से सुविख्यात जनसेवकों में से एक थे और उनकी कीर्ति प्रान्त की सीमाओं को पार कर दूर-दूर तक पहुँच चुकी थी। विद्यार्थी ख्याति से सदैव दूर रहना चाहते थे और वह भी किसी प्रयत्न के साथ नहीं, बल्कि उस सरलता के साथ जिसका आन्तरिक स्रोत उनके चरित्र में निहित था। उनका जीवन तो कर्तव्य के प्रति समर्पित था। कर्तव्य जो किसी लक्ष्य की पूर्ति के लिए था, जिसे वे योग्य समझते थे। अब मैं उन्हें अच्छी तरह पहचानने लगा था और इसलिए मुझे कोई आश्चर्य न हुआ, जब सन् 1928 में एक दिन मुझे अपने दफ्तर में बुलाकर कहा कि उन्होंने अपने अधिकांश समय में पास ही के नरवल नामक गाँव के किसानों में चुपचाप काम करने का निश्चय किया है और वे हमारी पार्टी से पूरा समय देने वाले कार्यकर्ताओं के रूप में कुछ सहायता चाहते हैं। मैंने उन्हें बताया कि वे हमारे संगठन की

स्थिति भलीभाँति जानते हैं और इस दृष्टि से एकमात्र वहीं काम के लिए पाँच-दस सदस्यों को ही भेजना सम्भव होगा। हमारे क्रान्तिकारी दल ने पहले ही किसानों और मजदूरों में काम करना तय कर लिया था और इसलिए इस अवसर का स्वागत किया गया। स्वभाव और बौद्धिक क्षमता की दृष्टि से जिन साथियों को चुना गया, उसमें एक अजय कुमार घोष भी थे, जो अब भारतीय कम्युनिस्ट पार्टी के प्रधानमन्त्री हैं।

'अपने राजनीतिक जीवन के प्रारम्भ में गणेश ने सर्वसम्मत समाजवादी प्रवृत्तियों के साथ जन-सेवा-कार्य प्रारम्भ किया। अपने आस-पास उत्पन्न स्थितियों के अध्ययन से उन्हें यह विश्वास हो गया कि ब्रिटिश साम्राज्यवाद से वास्तविक लड़ाई लाखों की संख्या में केवल कुछ अवसरों पर भी भीड़ इकट्ठी करने मात्र से ही नहीं, बल्कि सुसंगठित जन-संस्थाओं से ही सम्भव है। इसलिए वे केवल किसानों में ही नहीं अपितु श्रमिक वर्ग में भी सक्रिय हो गये। उन दिनों एक रमजान अली ने कानपुर मजदूर सभा का संगठन किया था। सन् 1927 में जब कानपुर में अखिल भारतीय ट्रेड यूनियन काँग्रेस का अधिवेशन हुआ, गाँधी ने उसका पूरा समर्थन किया। स्वागत समिति के अध्यक्ष के रूप में उन्होंने श्रमिक आन्दोलन पर बल दिया। यह अधिवेशन इसलिए भी महत्त्वपूर्ण था कि लन्दन के फिलिप सम्राट और ब्रैडली उसमें शामिल हुए। उन्होंने सभी अच्छे कार्यकर्त्ताओं की सहायता की। इसी समय हरिहरनाथ शास्त्री, लाला लाजपतराय का पत्र लेकर कानपुर आए, जिसमें विद्यार्थी से प्रार्थना की गयी कि श्रमिक क्षेत्र में कार्य के लिए वे शास्त्री को यहायता दें। शास्त्री का गणेश को पूरा सहयोग मिला और वे शीघ्र की कानपुर के मजदूरों के नेता हो गये। इन्हीं दिनों (शौकत) उस्मानी भी कानपुर आए, जो सन् 1924 के कानपुर बोल्शेविक षड्यन्त्र में हाल ही में छूटकर प्रसिद्ध हो गये। वे ग्वालटोली में ठहरे हुए थे और अपने काम के सिलसिले में बहुधा विद्यार्थी से मिला करते थे। अन्तर्राष्ट्रीय कम्युनिस्ट पार्टी के सिद्धान्त में उनकी बड़ी आस्था थी और अपने उग्र वामपन्थी दृष्टिकोण को प्रकट करते हुए वे बहुधा विद्यार्थी से बहस छेड़ दिया करते थे, जिससे कि विद्यार्थी पूर्णतया असहमत थे। ऐसे किसी भी अवसर पर उस्मानी के साथ होते ही मैं यह अन्दाजा लगा लिया करता था कि अब मनोरंजन होगा। किन्तु, सभी सच्चे राजनीतिक कार्यकर्ताओं के प्रति गणेश की ऐसी स्नेहपूर्ण श्रद्धा थी कि वे न तो उस्मानी का दिल दुखाते थे और न तनिक झुँझलाते थे। इसके बदले में एक मुस्कान के साथ वे बहस को टाल दिया करते थे। यहाँ यह उल्लेखनीय है कि शौकत उस्मानी अपने समय में भारतीय कम्युनिस्टों में सर्वोच्च थे और इसके थोड़े समय बाद ही उन्होंने सीमान्त क्षेत्र द्वारा तृतीय अन्तर्राष्ट्रीय सम्मेलन में भाग लेने हेतु मास्को

पहुँचने की व्यवस्था कर ली।

'क्रान्तिकारियों के प्रति तो विद्यार्थी में अपार श्रद्धा और प्रेम था। उन्होंने यह अनुभव किया कि राष्ट्रीय संघर्ष में इस दल का सबसे अधिक त्याग था और विद्यार्थी के लिए यही काफी था। निहित खतरे की तनिक भी परवाह किए बगैर वे हम लोगों से निकट सम्पर्क रखते थे और अपनी प्रभावपूर्ण स्थिति द्वारा प्रत्येक सम्भव सहायता दिया करते थे। 'प्रताप' के स्तम्भों में और बालकृष्ण शर्मा 'नवीन' द्वारा संपादित मासिक 'प्रभा' के पृष्ठों में भारतीय क्रान्तिकारी आन्दोलन संघर्ष में बलिदान हुए शहीदों, विदेशों में काम करने वाले निष्कासितों और सीखचों में बन्द दीर्घकालीन कैदियों के सम्बन्ध में प्रोत्साहन एवं सम्मानपूर्ण लेख नियमित रूप से प्रकाशित होते रहते थे। जब सरकार ने काकोरी षड्यन्त्र का मुकदमा चलाया तो उत्तर प्रदेश में प्रथम जननेता थे जिन्होंने बचाव के लिए संगठन प्रारम्भ किया। जब अन्त में चार कैदियों को मृत्युदंड दिया गया तो उन्हें फाँसी से बचाने के लिए वे पागलों की भाँति जनता में इधर-उधर दौड़ने लगे। उन्होंने समस्त राजनीतिक विचारधाराओं के नेताओं द्वारा इस माँग को बुलन्द करते हुए सरकार के नाम एक अपील निकलवाई। इन दिनों मैं जब कभी उनसे मिला तो मुझे महसूस हुआ कि वे महान वेदना में हैं, क्योंकि वे जानते थे कि उनके प्रयत्नों की सफलता की बहुत कम आशा है। फिर भी, पत्रों से वक्तव्य देने, स्मरण-पत्रों पर हस्ताक्षर कराने और जननेताओं से मिलने के रूप में वे अन्तिम समय तक प्रयत्न करते रहे और सबसे अधिक महत्त्वपूर्ण था अपराधी बन्दियों की लम्बी भूख हड़ताल जिनके साथ साधारण बन्दियों जैसा व्यवहार किया जाता था और जो राजनीतिक बन्दियों को मिलनेवाली विशेष सुविधाओं की माँग कर रहे थे, जो उन्हें मुकदमा चलाने की अवधि में दी गयी थी। जब विद्यार्थी को यह पता लगा तो वे एक जेल से दूसरी जेल गये, बन्दियों से मिले और उन्होंने यह प्रयत्न किया कि इस प्रश्न का आखिरी निर्णय होने तक इन बन्दियों को कम से कम अस्थायी सुविधाएँ दे दी जाएँ। वे क्रान्तिकारियों के विशाल परिवार में बड़े भाई के समान थे और अपने छोटे भाइयों की प्रत्येक सम्भव सहायता के लिए वे सदैव उत्सुक रहते थे। जब कभी तनिक भी सहायता सम्भव होती तो भी विद्यार्थी अपार स्नेह और सान्त्वना के साथ उनके पास आ जाते। जब भूख हड़ताल में जतीन दास की हालत चिन्ताजनक हो गयी तो वे पहले राष्ट्रीय नेता थे जो जतीन बाबू के पास पहुँचे, और उनके शारीरिक कष्ट और दृढ़ संकल्प को देखकर विद्यार्थी इतने अधिक प्रभावित हुए कि सलाह और सुझाव का शब्द भी न कह सके। मिलने के लिए दी गयी अवधि में वे चुपचाप बैठे रहे और फिर जेल से चले आए। बाहर आकर वे भूख हड़तालियों की राजनीतिक माँगों के सम्बन्ध में देशव्यापी समर्थन प्राप्त करने में जुट गए।

सन् 1928 में वे एक दिन अपने दफ्तर में चिन्तित बैठे थे। मैंने जब कारण के सम्बन्ध में पूछा तो पता लगा कि यूरोप को भेजने के लिए उन्हें एक बड़ी धनराशि की आवश्यकता है। जवाहरलाल ने अपने यूरोप के दौरे से वापस आने पर विद्यार्थी को सूचना दी थी कि ब्रुसेल्स में साम्राज्यवाद के खिलाफ लीग के अधिवेशन में निर्वासित क्रान्तिकारी वीरेन चटर्जी उन्हें मिले थे। चटर्जी लीग में कार्य करते थे और उन्हें आर्थिक सहायता की आवश्यकता थी। जवाहरलाल जी ने विद्यार्थी से यह व्यवस्था करने की प्रार्थना की।

'उत्तर भारत के तत्कालीन प्रमुख क्रान्तिकारी विद्यार्थी से कभी-न-कभी और बहुधा 'प्रताप' प्रेस में ही मिल चुके थे। भगतसिंह ने जब सन् 1924 में शचीन्द्र सान्याल के सहयोग से रासबिहारी बोस से सहायता प्राप्त करने के लिए पंजाब में अपना घर छोड़ा तो वे 'प्रताप' प्रेस में कई दिनों तक ठहरे और विद्यार्थी के स्नेह से वे अत्यन्त प्रभावित हुए। 'प्रताप' के पृष्ठों में क्रान्तिकारी विषयों पर स्वतन्त्र रूप से लिखने की उन्हें अनुमति थी। होली के दिनों में बब्बर अकालियों की फाँसी पर उसी सप्ताह 'खून की होली' शीर्षक लेख प्रकाशित हुआ था। उन्हीं दिनों गंगा में भीषण बाढ़ आई। कई दिन-रात तक गणेश मौके पर सहायता जुटाने में लगे रहे और भगतसिंह सदैव ही उनके साथ रहकर काम में हाथ बँटाते रहे। कानपुर के क्रान्तिकारी संगठन के तत्कालीन प्रधान सुरेशचन्द्र भट्टाचार्य से भी विद्यार्थी सदैव निकट का सम्पर्क बनाए रहे। उन दिनों कानपुर और बनारस ही दो प्रमुख महत्त्वपूर्ण केन्द्र थे। सन् 1915 के पश्चात बनारस षड्यन्त्र प्रकरण में रासबिहारी बोस के दाहिने हाथ शचीन्द्रनाथ सान्याल को आजीवन कारावास का दंड दिया गया था किन्तु बाद में विश्व युद्ध के पश्चात उन्हें रिहा कर दिया गया। उत्तर भारत में उन्होंने पुनः संगठन का कार्य प्रारम्भ किया। इस सम्बन्ध में वे जब कभी कानपुर आए उनके और विद्यार्थी के मिलने की निश्चित व्यवस्था होती रही। मुझे पता लगा कि बाद में जब हम लोगों पर लाहौर में मुकदमा चलाया जा रहा था, तो अपनी बढ़ी हुई जिम्मेदारी और गतिविधियों के बीच महत्त्वपूर्ण बातों पर आज़ाद नियमित परामर्श लिया करते थे।

'अपने व्यक्तिगत जीवन में गणेश पहले आर्थिक संकट और गरीबी के कष्ट को भुगत चुके थे। पैसे की कमी के कारण ही वे इलाहाबाद में अपनी कॉलेज की शिक्षा चालू न रख सके और कानपुर करेंसी के दफ्तर में क्लर्क का पद स्वीकार करने के लिए मजबूर हो गये। मुझे विश्वास है कि उन पर इसकी गहरी प्रतिक्रिया हुई और अपने हर निकटस्थ व्यक्ति के कष्टों के प्रति वे अत्यन्त संवेदनशील बन गये थे। मुझे वह अच्छी तरह याद है कि जब पार्टी के निर्णय के अनुसार मुझे कानपुर में अपना घर छोड़ना पड़ा। गतिविधियाँ बहुत अधिक बढ़ चुकी थीं

और जहाँ तक सम्भव हो, पुलिस की नजर से बचने के लिए यह तय किया गया कि पंजाब और उत्तर प्रदेश के सभी प्रमुख क्रान्तिकारियों को एक दिन गायब होकर बाद में विभिन्न केन्द्रों में काम करना चाहिए। यह बात सन् 1928 की है। मेरे बड़े भाई को पहले ही काकोरी षड्यन्त्र में 10 वर्षों की सजा हो चुकी थी। परिवार में कोई दूसरा पुरुष सदस्य नहीं था। मैं अपनी माँ के लिए चिन्तित था, जिन्हें मैं घर में अकेला छोड़ आया था। मैं रात को 'प्रताप' प्रेस गया। उस समय हरी बाबू जो उस समय एक छोटे बच्चे थे, गणेश के टेबल पर बैठे पैर हिला रहे थे और अपने पिता के हाथ से गरम इमरती खा रहे थे। इस घरेलू दृश्य के बीच बाधा डालने से पहले तो मुझे हिचकिचाहट हुई, लेकिन देर हो रही थी, इसलिए मुझे अपने प्रस्थान का समाचार देना पड़ा। जब तक विद्यार्थी मेरी बात सुनते रहे, वे और सभी कुछ भूल गये और मुझे बड़ी देर तक गले से लगाए रहे। उनके गालों पर आँसू ढुलक रहे थे और उन्होंने मुझसे कहा, 'विजय बाबू, आप जाइए, माँ को हम देखेंगे।' बाद में पुलिस ने हमारे घर की मेरी फरारी और कैद के दिनों में कई बार तलाशी ली, क्योंकि उन्हें यह मालूम पड़ गया था कि माता और बहिन आज़ाद और क्रान्तिकारी दल के अन्य सदस्यों की सहायता करती थीं। जब तक गणेश जीवित रहे, तलाशी का पता लगते ही वे यह जानने के लिए हमारे घर आदमी भेजते थे कि किसी प्रकार की हानि तो नहीं पहुँचाई गयी और तलाशी कानून के अनुसार हुई है।

'गणेश के वे शब्द थोड़े थे लेकिन मैं प्रेस से चला आया, यह विश्वास लेकर कि अगर आवश्यकता पड़ी तो गणेश माता जी के पास अवश्य ही होंगे। सादगी का तो गणेश ने एक उदाहरण ही प्रस्तुत कर दिया था। जनता के काम से वे पैदल ही जाते और जब दूरी अधिक अथवा समय कम होने के कारण यह सम्भव न होता, तो वे गरीब आदमी की सवारी इक्का में ही चलते थे। वे साफ-साफ और सस्ती खादी पहनते थे। 'प्रताप' प्रेस में अगर अधिक व्यय वाली कोई मद ध्यान आकर्षित करती थी, तो वह थी उनकी लाइब्रेरी। वे अच्छी पुस्तकें पढ़ने के बड़े लोभी थे, विशेष रूप से समस्त देशों के स्वाधीनता संघर्ष के इतिहास और उनका भावनात्मक शक्तिपूर्ण साहित्य। विक्टर ह्यूगो उनका एक प्रिय लेखक था और उन्होंने 'प्रताप' प्रेस से ह्यूगो की कुछ रचनाओं का अनुवाद और प्रकाशन भी किया। प्रकाश पुस्तकालय में उन्होंने भारतीय, आयरिश और रूसी क्रान्तिकारियों द्वारा संचालित संघर्षों से सम्बन्धित अनेक पुस्तकों का प्रकाशन किया। इसमें विभिन्न देशों के राष्ट्रीय नेताओं की जीवनियाँ भी सम्मिलित थीं। गणेश अकसर कहा करते थे कि भारतीय संघर्ष के लिए संकल्पवान कार्यकर्त्ता उत्पन्न करने के लिए विश्व इतिहास और राष्ट्रीय समस्याओं का अध्ययन आवश्यक है। संघर्ष

के उन दिनों में विद्यार्थी के मन में संसदीय जीवन के प्रति कोई आकर्षण अथवा भ्रम नहीं था। लखनऊ में यू.पी. असेम्बली में पहली बार गये तो जनसाधारण के सम्बन्धित समस्याओं पर हिन्दी में बोले। कानपुर लौटकर उन्होंने मुझे बताया कि वहाँ का समस्त वातावरण सारहीन और अवास्तविक है।

'विद्यार्थी के जीवन के अन्तिम क्षणों अथवा दो-तीन दिनों के बारे में सोचने पर मेरी यही धारणा बनती है कि भगतसिंह के विचार ही वे शक्तिशाली तत्त्व थे, जो विद्यार्थी को प्रभावित किए हुए थे, जिन्होंने साम्प्रदायिक दंगे रोकने के लिए प्रयत्नों को लौह संकल्प का बल दिया था। भगतसिंह को हाल ही फाँसी पर लटकाया गया था। विद्यार्थी जानते थे कि सरदार जिन्हें वे इतना प्यार करते थे, इसीलिए मरे कि जिससे देश क्रान्तिकारी लक्ष्य की पूर्ति कर सके। फाँसी का समाचार जब कानपुर में फैला तो जनता का रोष विशुद्ध ब्रिटिश विरोध के रूप में ही व्यक्त होना स्वाभाविक था। बाद में जब गुर्गे प्रचारकों के प्रयत्न द्वारा उसने साम्प्रदायिक मोड़ लिया तो तूफान की तेजी को रोकने के सर्वोच्च प्रयास के रूप में विद्यार्थी ने अपने जीवन की बाजी लगा दी, ताकि शहीद की अन्तिम इच्छा का अन्त इतना दुखद न हो और वह भी विद्यार्थी के अपने नगर में। अपने इसी प्रयत्न में वे हमारे बीच से दूसरी दुनिया में चले गये—शहीदों की दुनिया में।

'चूँकि मेरा सम्बन्ध कानपुर से था, अत: विद्यार्थी के निकट रहने और उनके चरित्र की शालीनता के दर्शन करने के अवसर मुझे अपने अनेक साथियों की अपेक्षा अधिक मिले।'

क्रान्तिकारी विजय दा के संस्मरणों में गणेशशंकर के संघर्षपूर्ण जीवन का एक पूरा अध्याय छिपा है। स्वतन्त्रता आन्दोलन में जेल उनके लिए विश्वविद्यालय बनी। वहाँ रहकर उन्हें अपनी डायरी लिखने और साहित्यिक पुस्तकों को पढ़ने का भरपूर अवसर मिला। हरदोई जेल से भेजे गये उनके पत्रों से पता लगता है कि वे हर बार 10-15 पुस्तकें भेजने और लौटाने की बात लिखते रहते थे। विदेशी लेखकों में विक्टर ह्यूगो उन्हें बहुत पसन्द थे और उनके एक उपन्यास 'ला मिजरेबल' का उन्होंने अनुवाद भी किया। सनसनीखेज पत्रकारिता से उन्हें चिढ़ थी। 'चाँद' मासिक का 'मारवाड़ी अंक' निकलने पर उन्होंने उसकी कड़ी आलोचना की थी क्योंकि उस अंक में मारवाड़ी समाज का मखौल उड़या गया था जिससे वह अंक खूब बिका था।

गणेशशंकर ने 'प्रताप' के माध्यम से सिर्फ पत्रकारिता ही नहीं की, बल्कि जहाँ कहीं उन्हें कुछ गलत दिखता था तो उसके विरोध में वे सक्रिय रूप में सामने आकर खड़े हो जाते थे। एक बार बेड़िया (अछूत) के पीछे पुलिस के लोग बुरी तरह पड़े थे। उन्होंने लिखा-पढ़ी करके उसे पुलिस से बचाने के लिए

'प्रताप' प्रेस में बुलाकर ठहरा लिया। प्रेस के कर्मचारी उस अछूत का छुआ पानी नहीं पीते थे। लेकिन गणेशशंकर को जब भी पानी पीना होता था तो वे जानबूझकर उसी से पानी मँगवाते थे। मौका पड़ने पर वे ऐसे लोगों और मुसलमानों के बीच बैठकर खाना खाया करते थे। विचारों से वे पूरे क्रान्तिकरी थे और अपनी लेखनी के माध्यम से वे इसी क्रान्ति की आग को प्रज्वलित करते रहे।

गणेशशंकर के कुछ संस्मरण मुझे पं. बनारसीदास चतुर्वेदी से सुनने का अवसर मिला था। उनका कहना था कि हिन्दी पत्रकारिता अपनी चरमसीमा पर गणेशशंकर के ही व्यक्तित्व और कृतित्व से पहुँची। इस बारे में वे अपने गुरु आचार्य महावीर प्रसाद द्विवेदी से भी आगे बढ़ गये थे। पत्रकारिता के क्षेत्र में देवव्रत शास्त्री, दशरथ प्रसाद द्विवेदी और रमाशंकर अवस्थी इत्यादि उन्हीं की देन थे। कन्हैयालाल मिश्र 'प्रभाकर' भी उन्हीं की प्रेरणा प्राप्त करके आगे बढ़े थे। उनके शिष्यों में बालकृष्ण शर्मा 'नवीन' और पं. श्रीराम शर्मा का नाम भी उल्लेखनीय है। देखा जाए तो विद्यार्थी अपने समय में सम्पूर्ण पत्रकारिता क्षेत्र पर छाये हुए थे और अनेक नौजवान उनसे सीख लेकर आगे बढ़ रहे थे।

1931 में कानपुर में जब हिन्दू-मुस्लिम दंगा हुआ तो गणेशशंकर ने उस साम्प्रदायिकता की भर्त्सना करते हुए लिखा था—'रक्तपात और नरहत्या अच्छे काम नहीं। संसार के सुन्दर और सबल आदमियों का एक दूसरे के गला काटना कोई मनोहर दृश्य नहीं, वह आत्मा को कोई मृदु सन्देश देनेवाली चीज नहीं। वही लड़ाई लाख बार शुभ और अत्यन्त शुभ है, जो ऊँचे भावों को कार्य में परिणित करने के लिए लड़ी जाए, जिसके पश्चात मनुष्यों में मनुष्य को समझने की बुद्धि बढ़ सके और अपने स्वार्थ पर अपने से कमजोरों की बलि देने की प्रवृत्ति कम हो सके।'

25 मार्च, 1931 को कानपुर की ही एक सड़क पर साम्प्रदायिकता की आग को बुझाने का प्रयास करते हुए गणेशशंकर शहीद हो गये। उनके जीवनीकार देवव्रत शास्त्री ने उनके बलिदान का बहुत मार्मिक वर्णन लिखा है, जिसका कुछ अंश इस प्रकार है—'23 मार्च को भगतसिंह, सुखदेव, राजगुरु को फाँसी होने के कारण सारे भारत का वातावरण क्रान्तिकारी हो गया। कैसे कानपुर में इस वातावरण को हिन्दू-मुस्लिम दंगे में बदल दिया गया, यह इतिहास का एक अनोखा अध्याय है। 24 मार्च, मंगलवार 1931 को कानपुर में हिन्दू-मुस्लिम दंगा शुरू हुआ। विद्यार्थी निकले और झगड़े के स्थानों में पहुँचकर लोगों को शान्त करने, और उनकी प्राण-रक्षा करने और उनके मकानों और दुकानों को जलने एवं लुट जाने से बचाने की कोशिश करने लगे। शाम तक वह इसी धुन में मारे-मारे फिरते रहे।

'इसी बीच उनसे लोगों ने मुसलमानी मोहल्लों में हिन्दुओं पर होनेवाले

अत्याचारों का हाल कहा। यह जानते हुए भी जहाँ की बात कही जा रही है, वहाँ मुसलमान ही मुसलमान रहते हैं और इस समय बिलकुल धर्मान्ध होकर पशुता का तांडव-नृत्य कर रहे हैं, विद्यार्थी निर्भीकता के साथ उधर ही चल पड़े। उन्होंने रास्ते में मिश्री बाजार और मछली बाजार के हिन्दुओं को बचाया और वहाँ से चौबे गोला पहुँचे। वहाँ पर उन्होंने विपत्ति में फँसे हुए बहुत-से हिन्दुओं को सुरक्षित स्थानों पर भेजा। औरों के विषय में पूछ ही रहे थे कि मुसलमानों ने उन पर और उनके साथ के स्वयंसेवकों पर हमला करना चाहा। इस समय उनके साथ दो हिन्दू और एक मुसलमान स्वयंसेवक थे। मुसलमान स्वयंसेवक के यह कहने पर कि पंडित को क्यों मारते हो, उन्होंने तो सैकड़ों मुसलमानों को बचाया है, भीड़ ने उन्हें छोड़ दिया। थोड़ी ही देर बार मुसलमानों के एक दूसरे गिरोह का एक आदमी आगे बढ़ा। मुसलमान स्वयंसेवक ने उसे भी समझाया कि पंडित ने सैकड़ों मुसलमान भाइयों को बचाया है, इन पर वार न करो, पर उसने इस पर विश्वास न किया और भीड़ को विद्यार्थी को मारने का इशारा कर दिया। इसी समय कोई सज्जन विद्यार्थी को बचाने की गरज से उन्हें गली की ओर खींचने लगे। इस पर विद्यार्थी ने उनसे कहा—'क्यों घसीटते हो मुझे। मैं भागकर जान नहीं बचाऊँगा। एक दिन मरना तो है ही। अगर मेरे मरने से ही इन लोगों के हृदय की प्यास बुझती हो तो अच्छा है कि मैं यहीं अपना कर्तव्य पालन करते हुए आत्मसमर्पण कर दूँ।' विद्यार्थी यह कह ही रहे थे कि चारों ओर से उन पर और उनके स्वयं सेवकों पर मुसलमान टूट पड़े। लाठियाँ भी चलीं, छुरे भी चले और न जाने किन-किन अस्त्रों के वार हुए। मुसलमान स्वयंसेवक को थोड़ी मार के बाद मुसलमान समझकर छोड़ दिया गया। दोनों हिन्दू स्वयंसेवक बुरी तरह घायल हुए। इनमें भी जवाहरलाल नामक एक स्वयंसेवक तो वहीं स्वर्गवासी हुए, पर दूसरे की जान बच गयी। विद्यार्थी को कितनी चोट लगी, वह कितनी देर बाद मरे और वहाँ से उनकी लाश को कब, कौन, कहाँ ले गया, इसका कुछ भी ठीक-ठाक पता आज तक नहीं चला।'

26 तारीख को दिन भर विद्यार्थी की खोज होती रही। 27 मार्च को अस्पताल में उनकी लाश को किसी तरह पहचाना और फिर 29 को प्रात: उनका दाह संस्कार किया गया। पत्रकार जगत की वह प्रखर ज्योति सदा के लिए विलुप्त हो गयी। उनके बलिदान पर जवाहर लाल नेहरू ने कहा था—'गणेश जैसे जिए, वैसे ही मरे और अगर हममें से कोई आरजू करे और कोई अपने दिल की सबसे प्यारी इच्छा पूरी करना चाहे, तो इससे अधिक क्या माँग सकता है कि उसमें इतनी हिम्मत हो कि मौत का सामना, अपने भाइयों की और देश की सेवा कर सके और इतना खुशकिस्मत हो कि गणेश की तरह मरे वह शान से जिए और शान से मरे और

उन्होंने मरकर जो सबक सिखाया, वह हम बरसों जिन्दा रहकर क्या सिखाएँगे!'

गणेशशंकर अपने जीवन में भारतीय पत्रकारिता के क्षेत्र में बहुत उच्च नैतिक आदर्श स्थापित कर गये। उनका मार्ग कठिन जरूर है, पर उस पर चले बिना मौजूदा पत्रकारिता की वह खोई हुई पहचान वापस नहीं लौट सकती और न ही वह समय और समाज का भला कर सकेगी।

यहाँ हम फिर 'प्रताप' की जनपक्षधर भूमिका की ओर लौटते हैं। नीचे हम वे सम्पादकीय टिप्पणियाँ दे रहे हैं जो नवम्बर सन् 1921 में रायबरेली कांड को लेकर चलनेवाले 'प्रताप' मानहानि अभियोग में दिए गये जमानत-मुचलका पर विभिन्न समाचार पत्रों में लिखी गयी थीं—

(1) पाठकों को स्मरण होगा कि 'प्रताप' के सुविख्यात सम्पादक गणेशशंकर विद्यार्थी पर युक्त-प्रान्तीय सरकार ने कुछ दिनों पूर्व धारा 108 का प्रहार किया था। गणेशशंकर उस समय रायबरेली कांड के सम्बन्ध में 'प्रताप' पर चलाए गये मामले की पैरवी में लगे हुए थे। सरदार वीरपाल सिंह (रायबरेली का अत्याचारी ज़मींदार) के साथ उनका मुकाबला था। प्रकारान्तर से सरकार के साथ ही उनका मुकाबला हो रहा था। ऐसी परिस्थिति में विद्यार्थी पर 'पीछे से कायर वार' किया गया। युक्त-प्रान्तीय सरकार ने इस कमीनी हरकत से शायद यह फल सोचा होगा कि विद्यार्थी पन्द्रह हजार की जमानत तथा मुचलका न देंगे और एक साल के लिए कारावास ग्रहण कर लेंगे। ऐसा करने से प्रताप-मानहानि वाले मामले में सरकारी कूट चालों का भंडाफोड़ काफी तौर पर न हो सकेगा। किन्तु यह न हुआ। यद्यपि विद्यार्थी को सरकारी अदालतों की निष्पक्षता पर विश्वास न था, तथापि केवल सरकारी कुटिल कार्यवाही का भंडाफोड़ करने के लिए उन्होंने 'प्रताप' मानहानि के मामले में सफाई पेश की थी। प्रारम्भिक अदालत से इन्साफ जो होना था वही हुआ, पर अदालत में सरकारी तथा गैर सरकारी गवाहों की जुबान से जो बातें प्रकट हुई हैं, वे आज की सरकार को कलंकित करने के लिए भविष्य के इतिहास में अपना स्थान रखेंगी।

(2) मुकदमे के दौरान ही युक्त-प्रान्तीय सरकार ने विद्यार्थी की जुबान पर ताला डाला और राष्ट्र-धर्म के उस सच्चे उपासक को, आपद्-धर्म समझकर जमानत देनी पड़ी। इस समय जबकि प्रारम्भिक अदालत फैसला कर चुकी है, विद्यार्थी को चुपचाप बैठे रहना बुरी तरह खटका और उन्होंने 4 अक्टूबर को एक चिट्ठी लिखकर डिस्ट्रिक्ट मजिस्ट्रेट को सूचना दे दी कि मैं अपनी दी हुई जमानत रद्द करना चाहता हूँ और 10 दिनों के बाद, अपने को 108 के अपमानजनक बन्धन से मुक्त समझूँगा। एक वीर और त्यागी पुरुष के लिए देश की इस कठिन अवस्था के समय किसी राजनीतिक कार्य में भाग न लेते हुए चुपचाप बैठे रहना असम्भव था। विद्यार्थी ने इस अपमान की अपेक्षा एक वर्ष की जेल पसन्द की

और मजिस्ट्रेट से अपनी चिट्ठी का जवाब पाकर, वे स्वयं तारीख 16 अक्टूबर को कानपुर जेल के जेलर के पास पहुँच गये। हम गणेश को इस वीरोचित कार्य पर हार्दिक बधाई देते हैं। विद्यार्थी का यह आत्मसमर्पण, 'प्रताप' और विद्यार्थी की आज तक की परम्परा के अनुकूल ही हुआ है।

(साप्ताहिक 'कर्मवीर', 22 अक्टूबर, 1921)

गणेशशंकर विद्यार्थी एडिटर 'प्रताप', कानपुर अपनी आज़ाद खयाली' और 'दिलेराना तहरीरों' के लिए हमेशा दफ्तरी हुकूमत की आँखों में खटकते रहे। चुनांचे जब रायबरेली की गोलाबारी की वजह से ठाकुर वीरपाल सिंह ने 'प्रताप' के एडिटर व पब्लिशर पर तौहीन का दावा किया, तो दफ्तरी हुकूमत ने अपना मौका देखा और जरे दफा 108 जाब्ता फौजदारी विद्यार्थी से पाँच-पाँच हजार की दो जमानतें और पाँच हजार का एक मुचलका तलब किया। इससे आम खयाल की तसदीक हो गयी कि ठाकुर वीरपाल सिंह के मुकदमे में दफ्तरी हुकूमत की हमदर्दी है। श्रीयुत गणेशशंकर ने उस वक्त जमानत देना मुनासिब समझा और जमानत दे दी। लेकिन मुल्क की कुर्रहे हवाई ऐसा बन गया कि उन्होंने जेल की जिन्दगी को जरे दफा 108 बेकार पड़े रहने पर तरहीज दी।

('प्रकाश', 29 अक्टूबर, 1921)

हम सहयोगी 'प्रताप' के भूतपूर्व सम्पादक गणेशशंकर विद्यार्थी को उनकी इस बात पर बधाई देते हैं कि उन्होंने धारा 108 के अनुसार दी गयी जमानत को मनसूख कर दिया है। हम सभी जानते हैं कि श्रीयुत विद्यार्थी को धारा 108 के अनुसार जमानत देना या ठाकुर वीरपाल सिंह द्वारा दायर किए हुए मुकदमे में मुद्दालेह की हैसियत से पैरवी करना उनके असहयोगी मित्रों की इच्छा के बहुत खिलाफ था।...पर अब जबकि विद्यार्थी ने अपना उद्देश्य पूरा कर लिया, निष्कपटता और निर्भीकता से उन्होंने जेल जाना स्वीकार कर लिया और यह स्पष्ट साबित कर दिया कि जमानत का देना या मुकदमे का लड़ना जेल के भय से नहीं था, बल्कि केवल एक सिद्धान्त के अनुसार था। हम विद्यार्थी को उनकी जेलयात्रा के लिए बधाई देते हैं। *('स्वराज्य', प्रयाग, 27 अक्टूबर 1921)*

जिस समय गणेशशंकर विद्यार्थी रायबरेली में 'प्रताप' के मानहानि वाले मुकदमे में पूरी तरह फँसे हुए थे, उसी समय 23 मई को यू.पी. गवर्नमेंट की आज्ञा से कानपुर के जिला मजिस्ट्रेट ने 'प्रताप' के सम्पादक विद्यार्थी और उसके मुद्रक व प्रकाशक पं. शिवनारायण मिश्र से उसी रायबरेली के हत्याकांड से सम्बन्ध रखने वाले दो लेख प्रकाशित करने के कारण जिन्हें गवर्नमेन्ट की धारा 108 का अपराधी समझा, उनसे पाँच-पाँच हजार के मुचलके और इतने ही की दो जमानतें माँग लीं।

विद्यार्थी 'प्रताप' के सम्पादक पद से और मिश्र मुद्रक और प्रकाशक पद से इस्तीफा दे चुके थे। नये सम्पादक पं. कृष्णदत्त पालीवाल एम. ए. हुए थे और वे ही मुद्रक व प्रकाशक हुए। जब विद्यार्थी 'प्रताप' के मामले में फँसे थे तो उसी दशा में उसी मुकदमे से सम्बन्ध रखनेवाले लेखों के कारण जमानतें व मुचलके माँगना न केवल अन्यायपूर्ण था, किन्तु पूरी तरह गवर्नमेन्ट के संकीर्ण हृदय का भी परिचय देता था।

किन्तु इच्छा न होते हुए भी केवल रायबरेली हत्याकांड के रहस्य का भंडाफोड़ करने के भाव से प्रेरित होकर ही इन सज्जनों की जमानत और मुचलके दिए। अब जब 'प्रताप' का मुकदमा खत्म हुआ और रहस्य का भी भंडाफोड़ हो चुका, तब विद्यार्थी ने अपनी जमानतें और मुचलके रद्द करवा दिए और प्रसन्नता से सच्चे वीर की तरह जेल चले गये। स्वतन्त्रता देवी के मन्दिर में उसकी पूजा करने के लिए उद्यत होने पर हम विद्यार्थी को सच्चे हृदय से बधाई देते हैं, और इस बात के लिए ईर्ष्या करते हैं कि ऐसा सौभाग्य उन जैसे सच्चे वीरों को ही प्राप्त हुआ करता है। विद्यार्थी एक बड़े ही त्यागी, चरित्रवान, सच्चे, नम्र, निर्भीक, उच्च श्रेणी के सम्पादक हैं। दरिद्र होने पर भी उनके पास इतना बड़ा धन है कि बड़े-बड़े धन भी उनके सामने कोई चीज नहीं। ...विद्यार्थी की जेलयात्रा से सन्तोष है। पर गवर्नमेंट से दो-दो बातें करना चाहते हैं। 'प्रताप' वाले मुकदमे में पहले विद्यार्थी ही शामिल थे, फिर मिश्र भी ले लिए गये। जाब्ता फौजदारी की दफा 108 की कार्यवाही करके तो गवर्नमेन्ट 'प्रताप' और 'प्रताप' वालों का खात्मा कर देना चाहती थी, पर वह वार खाली गया। ऐसी दशा में जबकि विद्यार्थी या मिश्र 'प्रताप' के संचालन के लिए किसी प्रकार की कानूनी दृष्टि से जिम्मेदार नहीं थे, वैसी दशा में गवर्नमेन्ट के लिए अपनी मान-मर्यादा बनाए रखने के लिए यही उचित था कि वह विद्यार्थी व मिश्र से जमानतें व मुचलके न लेती, क्योंकि इन सज्जनों पर तो जो दफा 108 की कार्यवाही शुरू हुई वह 'प्रताप' के संचालन से ही सम्बन्ध रखती है। उनकी कुछ व्यक्तिगत बातों से सम्बन्ध नहीं था। 'प्रताप' से उनका सम्बन्ध होते ही दफा 108 की कार्यवाही खत्म हो जानी चाहिए थी। पर यदि यह भी मान लिया जाए कि उस समय हालात ठीक नहीं थे, तो अब मामला बिलकुल साफ और शान्त हो गया है। अब तो सब भूल गये हैं कि मुंशीगंज और फसतगंज में क्या हुआ था? क्या ऐसी दशा में गवर्नमेन्ट की विद्यार्थी और मिश्र के 'प्रताप' के सम्बन्ध में लिये गये जमानत व मुचलके खारिज न करना किसी भी तरह भी उचित नहीं कहा जा सकता है? चाहे तिबल दल के बड़े-बड़े लीडर लोग गवर्नमेन्ट के इस कार्य की दुन्दुभी बजाएँ, पर उनके ही दल के प्रतिष्ठित सहयोगी 'लीडर' ने जो यह लिखा है—'अर्थात यही समझा जाता

था कि गवर्नमेन्ट ने कमीनेपन और संकीर्ण हृदय से काम लिया है।'

यह ठीक है। यदि 23 मई को ऐसा समझने में कुछ सन्देह भी हो तो गवर्नमेन्ट के लिए ये विशेषण आज पूरी तरह उपयुक्त हैं। यदि गवर्नमेन्ट इन विशेषणों से नाराज है तो उसे जमानत व मुचलके शीघ्र रद्द करना चाहिए।

क्या माननीय मिनिस्टर मि. चिन्तामणि महाशय इस ओर गवर्नमेन्ट का ध्यान आकर्षित कर उसे अपने कर्तव्य-पालन पर सन्नद्ध करेंगे?

(*'भारत बन्धु', 27 अक्टूबर, 1921*)

गणेशशंकर विद्यार्थी एडिटर 'प्रताप'...(कागज फटा)...उन असहाब में हैं जिनके खलूस नियत (स्पष्ट भाषण) और हब्बुल-वतनी (देश-प्रेम) में किसी को शुबहा नहीं हो सकता। गवर्नमेन्ट की और आपकी अकसर मुठभेड़ हो चुकी है, लेकिन इस साल के शुरू में ही गवर्नमेन्ट ने दफा 108 जाब्ता फौजदारी की जो कार्यवाही आप और हम-असर 'प्रताप' के प्रिंटर व पब्लिशर साहब पर की है...हरगिज एक बुलन्द हौसला और बुलन्द...गवर्नमेन्ट के 'शायने-शान' नहीं कही जा सकती है। विद्यार्थी रायबरेली के मुकदमे में...थे जब पिछली खयाल के बमूजिब लोकल गवर्नमेन्ट...बेताल्लुक नहीं थी। ऐसी सूरत में गवर्नमेन्ट का यह बर्ताव आवाम की नजरों में बहुत ही बुरा और नामुनासिब हुआ है। विद्यार्थी जब आज कल एडिटरी अखबार से बिलकुल अलग हैं, ऐसी सूरत में... कार्यवाही... इजहारे नागवार...जी के मुताल्लिक आपने खत में कई गलत बयानियाँ की हैं। यह कहना कि विद्यार्थी ने गवर्नमेन्ट से कोई वादा किया, बिलकुल गलत है। गवर्नमेन्ट ने एक दफा 'प्रताप' के साथ किसी कदर रियायत जरूर की थी, मगर हमारा खयाल है कोई वादा नहीं हुआ था। लेकिन उसका नतीजा अच्छा ही रहा था। इस मर्तबा गवर्नमेन्ट की तरफ से यह कहना कि दफा 124 ए व 153 ए की कार्यवाही नहीं की गयी महज बकवास है। इसलिए गवर्नमेन्ट के रवैये से साफ जाहिर है कि अगर इन दफात की रू से मुकदमा कायम हो सकता तो उस वक्त विद्यार्थी के साथ कोई रियायत न होती। गवर्नमेन्ट का रवइया कुछ दिनों से बहुत ही इक्तदार पसन्दाना हो रहा है, जिसका हमको दिली अफसोस है।

(*'आजाद', 26 अक्टूबर, 1921*)

और अन्त में दी जा रही इस टिप्पणी के अखबार का नाम पता नहीं चल सका, पर यह भी उसी दौर की एक प्रतिक्रिया है जिससे अनुमान होता है कि इस प्रकरण की कितनी तीखी हलचल सब तरफ मची हुई थी।

'प्रताप' अपने जन्मकाल से ही नौकरशाही की निरंकुशतापूर्ण कार्यवाहियों का कड़ा आलोचक रहा है। किसानों और संयुक्त-प्रान्त की गरीब जनता का तो वह एकमात्र प्राण ही है। रायबरेली के मुंशीगंज हत्याकांड के सम्बन्ध में 'प्रताप'

ने बड़ी निर्भयता के साथ ऊँची आवाज उठाई थी, जिसका परिणाम यह हुआ कि उसके प्रसिद्ध सम्पादक गणेशशंकर विद्यार्थी तथा प्रकाशक शिवनारायण पर उन्हीं के एक भाई ने मान–हानि का मुकदमा चला दिया। हत्याकांड के सम्बन्ध में ही उनमें से प्रत्येक से धारा 108 के अनुसार सरकार ने पन्द्रह–पन्द्रह हजार की जमानतें और मुचलके लिये। उस समय विद्यार्थी को अपनी जान प्यारी नहीं थी, यदि प्यारा था तो उनका वह 'प्रताप' जिसके लिए आरम्भ से ही उन्होंने अपना सर्वस्व न्योछावर कर दिया था। इस कारण उस समय विद्यार्थी तथा मिश्र ने पन्द्रह–पन्द्रह हजार की जमानतें तलब कर दीं। 'प्रताप' की कठिनाइयों को समझने वाले कई लोगों में से कुछ ने उन पर प्रकट रूप से, कुछों ने गुप्त रूप से उन पर नीच से नीच आरोप भी आरोपित किए। निःसन्देह वे असहयोगी थे, और इस कारण उस हैसियत से मुचलके देना उनके लिए उचित न था। सम्भव है, उनका दृष्टिकोण भिन्न रहा हो, किन्तु यह कहना सर्वथा अज्ञानतामूलक होगा कि विद्यार्थी अपने को जेल की आपत्तियों से बचाने के लिए मुचलके दाखिल किए थे। इस कथन की सच्चाई अब पूर्ण रूप से सिद्ध हो गयी है।...मुचलका रद्द न कराते तो विद्यार्थी फैसले के अनुसार तीन ही मास के लिए जेल जाते। परन्तु उन्होंने अब अपनी खुशी से एक साल की सजा को मंजूर कर दिया है। नौकरशाही के चंगुल, 'प्रताप' को चिरंजीव रखकर फैसले से अधिक गुनी सजा को स्वीकार कर जेल जानेवाले विद्यार्थी की बुद्धिमानी, साहस और सच्ची देशभक्ति के लिए हम उन्हें हृदय से बधाई देते हैं और आशा करते हैं कि उनका उज्ज्वल बलिदान उनकी अनुपस्थिति में भी उनके प्यारे 'प्रताप' को और भी अधिक उत्साह और निर्भीकता से देश को धर्म–पथ पर आगे बढ़ाएगा।'

ऐसी टिप्पणियाँ या अग्रलेख तब देशभर के जिन अखबारों में प्रकाशित हुए थे, उनमें 'संसार', 'वैभव', 'माहेश्वरी', 'फक्कड़', 'अभ्युदय', 'कलकत्ता समाचार', 'शक्ति', 'युगान्तर', 'श्री वेंकटेश्वर समाचार' आदि के नाम भी उल्लेखनीय हैं।

इसी तरह सन् 1923 में जब गणेशशंकर जेल गये तब भी 'आज' से लेकर 'राजस्थान केसरी', 'भारतबन्धु', 'कर्तव्य', 'नवयुग', 'तरुण भारत', कूर्मांचल केशरी', 'लक्ष्मण' और 'लीडर' में उनके समर्थन और सरकार की निन्दा करते हुए समाचार प्रकाशित हुए थे।

मुझे मुंशीराम शर्मा की कविता की कुछ पंक्तियाँ याद आती हैं जिनमें 'प्रताप' की गौरवगाथा दर्ज हुई है—

कार्तिक, देवोत्थान, सुभण सम्वत सत्तर का।
शुभ मुहुर्त, शुभ घड़ी, समय शुभ, श्री शंकर का।।

चमका पुण्य 'प्रताप' प्रतापी श्री गणेश का।
जनता का प्रिय भक्त, मूर्त बलिदान देश का।।

इसी तरह गणेशशंकर की तीसरी जेल-यात्रा पर सुरेन्द्र शर्मा ने भी कहा था :

मातृभूमि स्वाधीन बनेगी, हम होंगे स्वच्छन्द सभी।
अमर रहे तेरा 'प्रताप' यह युद्ध न होगा बन्द कभी।।

गणेशशंकर के 'प्रताप' की इस क्रान्तिकारी जनपक्षधर भूमिका ने मुक्तिसंघर्ष के इतिहास में जिस इबारत को दर्ज किया वह वर्तमान पत्रकारिता के लिए एक मिसाल है और चुनौती भी है। 'प्रताप' के पौधे को अपना रक्त देकर सींचने वाले गणेशशंकर विद्यार्थी को याद करना एक निर्भीक और कर्तव्य पथ पर अडिग रहनेवाले सम्पादक के जिन्दगीनामे से रूबरू होना भी है।

'स्वराज्य' के आठ सम्पादक काला पानी, नवें फरार

9 नवम्बर, 1907। दिवाली का दिन। इस रोज ही इलाहाबाद के देशसेवक प्रेस से उर्दू साप्ताहिक 'स्वराज्य' का पहला अंक निकला जिसने भारतीय पत्रकारिता और स्वतन्त्रता संग्राम के इतिहास में बलिदान की अनोखी इबारत लिख दी। इस पत्र के आठ सम्पादकों को काला पानी की सजाएँ तथा नवें सम्पादक सरकार के हाथ न आने पर फरार घोषित किए गये। 'स्वराज्य' की शुरुआत करनेवाले थे उत्तर भारत में उग्र राजनीतिक विचारधारा के प्रवर्त्तक शान्तिनारायण भटनागर। इसके पहले अंक के प्रकाशन के अवसर पर कलकत्ता से मोतीलाल घोष ने अपने सन्देश में कहा था कि 'स्वराज्य' के सम्पादक अपना एक पाँव जेल में रखें और उत्तराधिकारी सम्पादक पूर्व निश्चित कर लें। घोष की यह भविष्यवाणी सही साबित हुई और इस समाचार पत्र के ढाई वर्ष के जीवन काल में केवल 75 अंक ही प्रकाशित हो सके। इसके आठ सम्पादकों में से चार को समुद्र पार अन्दमान भेजा गया।

यद्यपि उत्तर भारत में उग्र राजनीतिक विचारधारा की शुरुआत 'हिन्दी प्रदीप' के माध्यम से प्रसिद्ध हिन्दी लेखक पं. बालकृष्ण भट्ट कर चुके थे, पर 'स्वराज्य' के संस्थापक और सम्पादक शान्तिनारायण भटनागर ने उसी पथ पर अग्रसर होकर इलाहाबाद से 'स्वराज्य' के माध्यम से बलिदानी पत्रकारिता की जो मिसाल कायम की, वह अद्‌भुत है। पं. सुन्दरलाल तो यह भी बताते हैं कि लोकमान्य तिलक, लाला लाजपतराय और विपिनचन्द्र पाल की तकरीरों ने इलाहाबाद के नौजवानों में जादू का सा असर कर दिया था। चारों तरफ आजादी का जज्बा हिलोरें ले रहा था। अब वक्त आ गया था कि इन लहरों को एक धागे में पिरोया जाए और नौजवान साथियों को आजादी की लड़ाई के लिए दिमागी तौर पर तैयार किया जाए। तय हुआ कि आन्दोलन को सही तरीके से चलाने के लिए लाहौर, कलकत्ता और पूना की तरह इलाहाबाद को राष्ट्रीय विचारों के समाचार पत्रों का केन्द्र बनाया जाए। इलाहाबाद से गरम विचारों के हिन्दी और उर्दू के सप्ताहिक पत्र निकाले जाएँ। सुन्दरलाल मानते थे कि इलाहाबाद की यह खुशकिस्मती थी कि उन्हीं

दिनों शान्तिनारायण भटनागर वहाँ आ गये जो लाहौर से निकलनेवाले उर्दू साप्ताहिक 'हिन्दोस्तान' के सहायक सम्पादक रह चुके थे। उन्होंने उस जमाने के मशहूर पत्रकार लाला दीनानाथ से अखबार-नवीसी की तालीम पायी थी।

शान्तिनारायण उत्तर प्रदेश के मुजफ्फरनगर जिले के निवासी थे और क्रान्तिकारी भावनाओं से ओतप्रोत थे। विख्यात क्रान्तिकारी सूफी अम्बाप्रसाद की 'अंजुमन मुहब्बाने वतन' के वे सक्रिय सदस्य थे। उनकी उम्र तब 27 वर्ष की थी और वे ऊँचे-गोरे-छरहरे और ताकतवर नौजवान थे। उनके भीतर देशभक्ति के जज्बे के साथ ही कुछ कर गुजरने की चाहत उन्हें बेचैन किए हुए थी। फरवरी, 1881 में पैदा होनेवाले शान्तिनारायण डीएवी स्कूल शिमला में शिक्षा प्राप्त कर चुके थे। पहले वे 1901 के दिल्ली दरबार में लार्ड किचरन के कैम्प इन्चार्ज रहे थे। फौज की नौकरी सवा सौ रुपये महीने में शुरू की और 1907 में जब छोड़ी तब उन्हें दो रुपये मासिक वेतन मिलता था। हुआ यह कि आर्मी हेडक्वार्टर कलकत्ता में उनका तबादला कर दिया गया था। वहाँ ज्यादातर कर्मचारी गोरे थे। वे हिन्दुस्तानियों को नीचा समझते और दुर्व्यवहार करते। शान्तिनारायण के लिए यह सब बहुत तकलीफदेह था। उनके दाहिने हाथ में एक छोटा-सा रूल थमा रहता था और बायीं जेब में इस्तीफा। शान्तिनारायण अपने स्वभाववश कई अफसरों की खैर ले चुके थे। फिर भी वे टिके हुए थे। कलकत्ता काँग्रेस के बाद शान्तिनारायण का फौज की नौकरी में बने रहना नामुमकिन हो गया। उन्होंने यहाँ से इस्तीफा दिया और सीधे लाहौर चले आए जहाँ लाला दीनानाथ ने उन्हें 'हिन्दुस्तान' में ले लिया। वहाँ देशभक्त सूफी अम्बाप्रसाद भी थे। क्रान्तिकारी अजीत सिंह भी लाहौर में थे जो 'भारत माता' नाम का अखबार निकालते थे। वे भी अकसर 'हिन्दोस्तान' के दफ्तर में आ जाते।

उन दिनों अमरीका में सक्रिय 'गदर पार्टी' ने 'हिन्दोस्तान' में छपने के लिए हिन्दुस्तानी सिपाहियों के नाम एक पत्र भेजा। उसके प्रकाशित करने पर लाला दीनानाथ को तीन वर्ष की सजा मिली। लाला दीनानाथ के बाद चौधरी रामभुज दत्त ने 'हिन्दोस्तान' को खरीद लिया। इसके सम्पादक बने मेरठ के पंडित प्यारेलाल शर्मा। इसी बीच लाहौर से इलाहाबाद आकर शान्तिनारायण भटनागर ने यहाँ से उर्दू साप्ताहिक 'स्वराज्य' निकालने का फैसला किया।

गजब देखिए कि यह फैसला लेते ही शान्तिनारायण ने अपनी पत्नी को मायके रुड़की भेज दिया ताकि वे अपने मिशन के लिए पूरी तरह समर्पित होकर कार्य कर सकें। पत्नी हर कदम पर उनके साथ थी। उन्होंने अपने सारे जेवर शान्तिनारायण को सौंप दिए जिन्हें बेचकर 1000 रुपये मिले जो 'स्वराज्य' निकालने के लिए शुरुआती रकम के तौर पर उनके पास थी। लाहौर में ही उन्होंने 'स्वराज्य'

के पोस्टर छपवा लिये थे। उत्तर प्रदेश के अनेक शहरों में पोस्टर चिपकाते हुए वे खुद इलाहाबाद तक आए। शान्तिनारायण लाहौर में काम कर चुके थे और चाहते थे कि पंजाब जैसा क्रान्तिकारी वातावरण इस सूबे का भी बने। इलाहाबाद पहुँचकर उन्होंने जानसनगंज मुहल्ले में एक मकान और लीथो प्रेस का इन्तजाम कर लिया और नवम्बर, 1907 को ठीक दीपावली के अवसर पर 'स्वराज्य' का पहला अंक प्रकाशित कर दिया। थोड़े दिन पहले ही मांडले जेल से लाला लाजपतराय और सरदार अजीतसिंह रिहा हुए थे। शान्तिनारायण ने ऐलान किया कि 'स्वराज्य' का प्रकाशन इनकी रिहाई की खुशी में किया जा रहा है। इसे कौन जाने कि उत्तर प्रदेश में क्रान्तिकारी चेतना को निर्मित करने के लिए सर्वाधिक योगदान शान्तिनारायण भटनागर का ही था।

अब 'स्वराज्य' का रंग-रूप देखिए। इसके पहले पृष्ठ पर ही ऊपर सबसे पहले भारत माता की तस्वीर छपी होती थी जिसके दोनों तरफ दो शेर अपने बाजुओं में थमे ताज को भारत माता के सिर पर रख रहे हैं।

'स्वराज्य' छपा तो जल्दी ही उसकी लोकप्रियता बढ़ने लगी। देशभक्त नौजवान उसके निकट आने लगे। शान्तिनारायण ने जिस दिन 'स्वराज्य' निकाला उसी समय से उन्होंने अपनी सम्भावित गिरफ्तारी के चलते अगले सम्पादक की तलाश शुरू कर दी थी। अखबार के पहले ही पृष्ठ पर वे इस विज्ञापन को निरन्तर छापने लगे जिसमें लिखा होता था—'स्वराज्य' के लिए एक एडिटर चाहिए जो अँग्रेजी और उर्दू का विद्वान हो। जिसका एक पैर 'स्वराज्य' के दफ्तर में हो और दूसरा जेल में हो। तनख्वाह जौ की दो रोटी और एक प्याला पानी। इससे ज्यादा जो उसकी तकदीर में हो।' पं. सुन्दरलाल बताया करते थे कि जिन देशभक्तों ने 'स्वराज्य' की सम्पादकी के लिए अपनी अर्जियाँ दीं उनमें एक थे 'मिलाप' के संस्थापक खुशालचन्द्र 'खरसचन्द' जो बाद को आनन्दस्वामी के नाम से मशहूर हुए। और दूसरे उसी समय अमरीका से लौटे रामदास सरालिया। कई कारणों से शान्तिनारायण ने अपने बाद 'स्वराज्य' की एडिटरी के लिए रामदास सरालिया के नाम का फैसला किया।

शान्तिनारायण भटनागर के काम करने के ढंग और जिन्दगी का एक खाका पं. सुन्दरलाल से जो सुना वह इस प्रकार है—'स्वराज्य' के इर्द-गिर्द नौजवान देशभक्तों की टोली जमा हो गयी थी उससे इलाहाबाद के काम में नयी जिन्दगी और नयी बहार आ गयी। शान्तिनारायण ने हम लोगों से जो मदद माँगी वह हमने उन्हें खुशी-खुशी दी। फिर तो उनके साथ ऐसी मोहब्बत हो गयी जो सगे भाइयों में भी देखने को नहीं मिलती। आजकल के लोगों को उस जमाने के देशभक्त अखबारों के प्रकाशन की कैफियत की कल्पना भी नहीं हो सकती।

शान्तिनारायण 'स्वराज्य' के लिए खुद ही लेख लिखाते, खुद ही उसे लीथो पर उतारते, खुद ही छापते, खुद रैपर लगाते और खुद डाकखाने में जाकर उसे छोड़ आते। कभी मौका मिलता तो घूम फिर कर उसके लिए ग्राहक भी बनाते। मगर यह काम ज्यादातर हम उनके दोस्तों हमदर्दों के सुपुर्द था। शान्तिनारायण रोज अठारह-अठारह घंटे काम करते मगर थकने का नाम भी नहीं लेते। उन्हें शायरी का भी शौक था। उनकी निर्भीक नज़्में उस जमाने के नौजवानों की जबान पर चढ़ी हुई थीं। मुझे अब तक उनकी चन्द लाइनें याद हैं—*मिटा दे अपनी हस्ती, खौ़फ़ मत ला, दिल में 'नरायन'/मुहिब्बाने वतन की ईश्वर इमदाद करते हैं।'*

'स्वराज्य' में शान्तिनारायण ने 'बम क्यों फेंका गया' जैसे विचारोत्तेजक लेखों का प्रकाशन किया। अभी अखबार को छपते चार महीने ही हुए थे। बम के प्रसंग में यह क्रान्तिकथा 17 साल के किशोर खुदीराम बोस की थी जिसे ब्रिटिश हुकूमत ने फाँसी पर चढ़ा दिया था। नौजवान इससे बहुत प्रेरित थे। 'स्वराज्य' ने लिखा कि खुदीराम ने बम क्यों फेंका। फिर स्वयं ही इसका उत्तर भी दिया—'इसलिए कि रियाया तंग आ रही थी।' शान्तिनारायण ने अपने लेख के अंत में नज़्म की दो लाइनें भी दी थीं जिसमें खुदीराम बोस की माँ विलाप करते हुए कहती है—*'इस तरह फाँसी पे चढ़ के जान दी/क्या तुम्हें पाला था इस दिन के लिए?'* इस पहले लेख पर ही उत्तर प्रदेश शासन ने 7 अप्रैल, 1908 को उन्हें गिरफ्तार कर लिया। उन पर दफा 120बी, 124बी और 153ए का मुकदमा चलाया गया। 8 अप्रैल का दिन था जब वे इलाहाबाद के जिला मजिस्ट्रेट मैकनेयर की अदालत में पेश किए गये। मदनमोहन मालवीय ने जब सुना तो उन्होंने बाबू पुरुषोत्तमदास टंडन को उनकी तरफ से वकील बनाकर भेजा। पर शान्तिनारायण ने बचाव का कोई उपाय नहीं किया। वे मजिस्ट्रेट से बोले—'मैंने अपने मुल्क के लिए जो कुछ बेहतर समझा वह किया और अब आप अपने मुल्क के लिए जो कुछ बेहतर समझें करें।' मैकनेयर सुनकर दंग रह गया। उसने राजद्रोह का आरोप लगाकर उन्हें चार वर्ष के कठोर कारावास की सजा दे दी। दो अन्य लेखों पर भी उन्हें दो वर्ष की कठोर कैद की सजा और प्रत्येक पर पाँच सौ रुपये का जुर्माना हुआ। उन्हें कुछ दिन नैनी सैन्ट्रल जेल में रखा गया लेकिन बाद में वे आगरा केन्द्रीय कारागार भेज दिए गये। इस मामले की अपील इलाहाबाद के उच्च न्यायालय, वायसराय तथा गवर्नर जनरल से की गयी लेकिन कोई नतीजा नहीं निकला। अँग्रेज सरकार ने यह भी समझा कि 'स्वराज्य' के सम्पादक को दी गयी यह कठोर सजा इस अखबार की मौत साबित होगी। यद्यपि जुर्माना अदा न करने पर 'स्वराज्य' का प्रेस तक नीलाम कर दिया गया। पर इसके दूसरे सम्पादक रामदास सुरलिया ने पत्र के दो अंक प्रकाशित किए। उनके नाम वारंट जारी होने पर वे भूमिगत हो गये। फिर भी 'स्वराज्य' के लिए पुनः प्रेस स्थापित करने का कार्य

वे छिपे रूप से करते रहे। बताया जाता है कि तय यह हुआ था कि 'स्वराज्य' के प्रकाशन का दायित्व रामदास सरलिया देखेंगे और एडिटरी का काम बाबूराम 'हरी' के जिम्मे रहेगा। हरी उस समय 18 वर्ष के निरे नौजवान ही थे। छरहरे बदन और मझोले कद के हरी खूब गोरे-सुर्ख और छलछलाती आँखों वाले थे। चेहरे पर मूँछें अभी ठीक से आई भी नहीं थीं। पर वे अक्खड़ और निधड़क प्रवृत्ति के। उछाह से भरे हुए। उनके सम्पादकत्व में सिर्फ दो अंक निकले। उसी में हरी की एक कविता छपी थी जो उन्हें जानने के लिए पर्याप्त है—

तू क्यों हिन्द रोता व क्या चाहता है,
कोई दिन में झगड़ा मिटा चाहता है।
बदलने को है ज़ालिमों की हुकूमत,
नहूसत का कौवा उड़ा चाहता है।
निकल जाएँगे गैर खा-खाके जूते,
कोई दिन में बिस्तर बँधा चाहता है।
चलेंगी हवाएँ अब आज़ादियों की,
कि स्वराज्य छोटा-बड़ा चाहता है।
ख़मोशों के सेहरे ख़मोसाँ में भेजो,
कि अब हिंद में गुल मचा चाहता है।
'हरी' क्यों न रम जाए आज़ादियों में,
कि आज़ाद भारत हुआ चाहता है।

'स्वराज्य' का यह अंक जिसमें हरी की कविता प्रकाशित हुई थी, इसके छपने के एक हफ्ते बाद ही उन्हें गिरफ्तार कर लिया गया। उन पर वही धाराएँ लगाई गयीं जो शान्तिनारायण भटनागर पर निर्धारित की गयी थीं। जिला मजिस्ट्रेट मैकनेयर भी आश्चर्यचकित था कि हरी जैसे मासूम नौजवान के विरुद्ध सरकार का तख्ता पलटने जैसी कार्यवाही का मुकदमा लगाया गया है। पर अदालत में जब हरी की बारी आई तो उन्होंने कहा—'जब तक हिन्दुस्तान गुलाम है तब तक हिन्दुस्तान के हर बाशिन्दे का यह फर्ज है, खासकर हिन्दुस्तान के नौजवानों का कि वह हर मुमकिन तरीके से विदेशी हुकूमत को उखाड़ फेंकने की कोशिश करें और इस कोशिश में अपने आपको फना कर देने के लिए तैयार रहें।'

मुकदमा क्या था, बस एक ड्रामा जिसमें सब कुछ पहले से तयशुदा था। उनके तीनों लेख 'बम अथवा वायकॉट', 'जालिम' तथा 'जुल्म' आपत्तिजनक पाए गये। हरी को तीन विभिन्न आरोपों में मिली सात-सात वर्ष के काले पानी की सजा। मजिस्ट्रेट उन आरोपों में उन्हें फाँसी की सजा भी दे सकता था। ऐसे में

कम सजा मिलने पर हरी को बहुत दुख हुआ। अदालत से निकलते समय उन्होंने मजिस्ट्रेट से कहा—'*आह! सय्याद तू आया है मेरे पर काटने को/मैं तो खुश था कि छुरी लाया है सिर काटने को।*' उन्होंने यह भी कहा—'आप मेरे जिस्म को दूर अन्दमान की खूनी जेलों में बन्द कर सकते हैं, आप मेरी जबान पर ताला लगा सकते हैं, आप 'स्वराज्य' के एक-एक अंक को जब्त कर सकते हैं, लेकिन आप भारतवासियों के दिलों से आजादी की गूँज नहीं कुचल सकते। मैं जीता रहूँ या न रहूँ पर मेरे देशवासी निकट भविष्य में निश्चय ही आज़ाद हिन्दुस्तान में साँस लेंगे।'

जेल में झगड़ा होने के बाद में हरी की यह सजा और बढ़ा दी गयी। उन्हें अन्दमान भेज दिया गया।

हरी के बाद 'स्वराज्य' के सम्पादक बदलते ही रहे। अब बने होतीलाल वर्मा जो अनुभवी व्यक्ति थे। वे दुनिया के अनेक देशों में जा चुके थे। क्रान्ति कर्म के पहले से ही उनका नाम लोगों और सरकार की नजर में था। शासन को 1907 से ही उनकी तलाश थी जबकि वे 'अखबार-ए-आम', 'पंजाबी', 'वन्देमातरम्' और 'अमृत बाजार पत्रिका' के माध्यम से भारतीय सैनिकों को विद्रोह के लिए उकसा रहे थे। 25 मई, 1908 को आगरा कालेज के छात्रावास में 'स्वराज्य' के इस तीसरे सम्पादक के गिरफ्तार होते ही पत्र को एक और झटका लगा। खास बात यह थी कि होतीलाल पर दो अन्य अभियोग लगाकर सात और पाँच वर्ष की सजाएँ दे दी गयीं। उन पर एक अभियोग यह था कि उन्होंने अलीगढ़ से 'वंदेमातरम्' को एक आपत्तिजनक तार भेजा तथा दूसरा 'पंजाबियों के लिए सन्देश' जैसे विस्फोटक पम्पलेट का वितरण किया था।

अब 'स्वराज्य' के सम्पादन का दायित्व सम्भाला नन्दगोपाल ने। और इसके बाद मुंशीराम सेवक, रामचरण और लद्धाराम कपूर के कन्धों पर यह जिम्मेदारी आई। नन्दलाल यहाँ आने से पहले लाहौर से छपनेवाले 'इन्कलाब' का सम्पादन कर चुके थे। उनके पिता देहरादून के देशभक्त बैरिस्टर बुलाकीराम थे। अत्यन्त गम्भीर और संजीदा स्वभाव के नन्दगोपाल ने बहुत कठिन स्थितियों में 'स्वराज्य' का काम अपने हाथ में लिया। एक चुनौती के रूप में इस सम्पादन को सम्भालनेवाले नन्दगोपाल के इस निर्णय पर शासन में बहुत खलबली मच गयी। पंजाब की पुलिस ने उनके उग्र लेखन और क्रान्तिकारी गतिविधियों की जानकारी यूपी सरकार को भेज दी थी। यही कारण था कि ज्यों ही वे 'स्वराज्य' में आए, उन पर कठोर निगरानी रखी जाने लगी। उनके तीन लेखों 'परमेश्वर भक्ति', 'भारत की वास्तविक आवश्यकताएँ' तथा 'राष्ट्र की तरंगें' पर मुकदमा चलाकर उन्हें दस वर्ष के काला पानी की सजा दी गयी। यहाँ यह बता देना प्रासंगिक होगा कि उस समय तक

सीमित अवधि के लिए काला पानी की सजावाले बन्दियों को अन्दमान-निकोबार नहीं भेजा जाता था परन्तु यूपी के लेफ्टीनेंट गवर्नर जान हीवेट इन सम्पादकों को सबक सिखाने के लिए कालापानी भेजने पर तुले हुए थे और इसके लिए बार-बार भारत सरकार से आग्रह कर रहे थे। इसी का परिणाम हुआ कि बाबूराम हरी और होतीलाल वर्मा को अन्दमान भेज दिया गया। यही नहीं, बाद को शासन ने नन्दगोपाल और लद्धाराम को भी अन्दमान की सेल्यूलर जेल भेजा। लद्धाराम जिन दिनों अन्दमान भेजे गये तब वे ज्वर से पीड़ित थे। बीमारी की उस स्थिति में वहाँ रहकर वे कठिन परिश्रम नहीं कर सकते थे। परन्तु सरकार की क्रूरता देखिए कि उनकी डॉक्टरी जाँच कराकर यह घोषित कर दिया गया कि अन्दमान भेजे जाने पर उनके स्वास्थ्य पर कोई विपरीत प्रभाव नहीं पड़ेगा।

उस समय के दस्तावेजों से पता चलता है कि सीमित अवधि के लिए काला पानी के सजायाफ्ता कैदियों को अन्दमान के जेल अधीक्षक ने लेने से इनकार कर दिया था, लेकिन शासन ने इन पत्रकारों को इतना खतरनाक माना था कि उसने जोर देकर कलम के इन सिपाहियों को उन नारकीय यातनाओं को झेलने के लिए विवश कर दिया। उसने पोर्ट ब्लेअर स्थित जेल अधिकारियों को इस आशय के आदेश भी जारी किए कि राजद्रोह के लिए दंडित इन राजनीतिक बन्दियों को खतरनाक अभियुक्त मानकर पृथक् काल कोठरियों में ही रखा जाए ताकि वे एक दूसरे से मिल न सकें। इसके साथ ही उनसे कठोर श्रम कराया जाए। यद्यपि उस समय भारत तथा इंग्लैंड के समाचार पत्रों में सम्पादकों को ऐसी सजा दिए जाने के खिलाफ जबरदस्त हलचल हुई और ब्रिटिश संसद भी इस अनुगूँज से अछूता नहीं रहा। कलकत्ता के समाचार पत्र 'बंगाली' ने 1912 में अन्दमान की यातनाओं का जो विवरण प्रकाशित किया था, उससे पता लगा कि उस समय अन्दमान-निकोबार में 12-15 हजार कैदियों में राजनीतिक बन्दी केवल 30 थे, जिनमें 5 पंजाब तथा यूपी से भेजे गये थे और वे सब लेखक या पत्रकार थे। आज पत्रकारिता से जुड़े लोगों में कौन जाने कि इन सम्पादकों को पृथक् काल कोठरी में रखे जाने के अतिरिक्त कोल्हू में तेल पेरने, रस्सी बटाई या नारियल कूटने जैसे कठिन कार्य कराए जाते थे और मना करने पर उनके पैरों में बेड़ियाँ पहना दी जाती थीं व सीमित भोजन दिया जाता था। नन्दगोपाल को सात दिन तक सीधे खड़े रखनेवाली बेड़ी डाल दी गयी और काम से इनकार करने पर होतीलाल वर्मा को बहुत कठोर दंड देकर अपमानित किया गया। फिर भी चार साल की भयंकर यातनाएँ भी उन्हें झुका नहीं सकीं और वे जेल नियमों का विरोध तथा राजनीतिक कैदियों की सुविधाओं का सवाल बार-बार उठाते रहे। वे इस बात पर अड़े रहे कि अनशन करते समय राजनीतिक बन्दियों को कठोर श्रम न करना पड़े। हमें

यह ठीक-ठीक पता नहीं कि इन संपादक क्रान्तिकारियों को किस-किस तरह प्रताड़ित किया जाता रहा। जो थोड़ा बहुत विवरण 'बंगाली' अखबार या फिर इंग्लैंड से प्रकाशित होने वाले 'इंडिया जनरल' के माध्यम से लोगों तक पहुँचाता रहा, उसी से ऐसी जानकारियाँ मिल जाती रहीं। 1913 में तत्कालीन होम मेम्बर सर रेगीनाल्ड क्रेजक ने अन्दमान के सम्बन्ध में अपनी जाँच आख्या दी थी, पर उसमें भी पूरा लेखा-जोखा नहीं था। बस संकेत मात्र थे जिनसे कुछ अनुमान लगाया जा सकता था। पर इस रिपोर्ट के बाद भी अन्दमान की स्थिति में कोई सुधार नहीं हुआ।

बता दें कि सरकार ने बाद में रामदास सरालिया को भी गिरफ्तार करके जेल में डाल दिया था।

सरकार हैरत में थी कि एक सम्पादक को जेल में डालने और कड़ी सजा देने के बाद भी अखबार की जिम्मेदारी सम्भालने के लिए नौजवान हँसते-हँसते तैयार हो रहे थे। अब अखबार के जो ग्राहक थे उन्हें भी धमकाया और परेशान किया जाने लगा। लेकिन जिस जीवट के सम्पादक, वैसे ही बेखौफ 'स्वराज्य' के खरीदने-पढ़ने वाले। कोई किसी से कम नहीं। सब देशभक्ति और बलिदान की भावना से प्रेरित-संचालित। शान्तिनारायण भटनागर ने 'स्वराज्य' का जो पौधा लगाया उसे अपने रक्त से सींचकर पुष्पित-पल्लवित करनेवाले उन दिनों सब तरफ थे। सरकार सोचने लग गयी थी कि अगर 'स्वराज्य' जैसे अखबार बन्द नहीं हुए तो इस सूबे की हालत भी बंगाल जैसी हो जाएगी जिसे सम्भालना अत्यन्त कठिन होगा। अरविन्द बाबू की सलाह और नित्यानद चटर्जी के सहयोग से पं. सुन्दरलाल ने 'कर्मयोगी' का प्रकाशन भी यहाँ से शुरू कर दिया था। इसमें उनके दूसरे मददगार बने मंजरअली सोख्ता, लक्ष्मण प्रसाद, महादेव भट्ट, रासबिहारी शुक्ल और जगन्नाथ खन्ना। 'कर्मयोगी' धीरे-धीरे इलाहाबाद में आजादी के लड़वैयों का प्रमुख केन्द्र बन गया। यहाँ गणेशशंकर विद्यार्थी, आचार्य नरेन्द्रदेव, शिवप्रसाद गुप्त, सतीशचन्द्र विश्वास, बैरिस्टर मुकुन्दीलाल और ताराचन्द जैसे लोग आने-जाने लगे।

सरकार इन क्रान्तिकारी अखबारों को बन्द करने की योजना बनाने लगी। उसने 1910 के प्रेस एक्ट के जरिए छापा मार कर 'स्वराज्य' और 'कर्मयोगी' के दफ्तरों पर ताला डाल दिया। दोनों अखबार गैर कानूनी घोषित कर दिए गये। रौलट कमेटी ने लिखा—'यूपी के शान्त सूबे में सबसे पहला जोरदार और लगातार क्रान्तिकारी आन्दोलन नवम्बर सन् 1907 में इलाहाबाद से 'स्वराज्य' का प्रकाशन यूपी के ही रहने वाले शान्तिनारायन नाम के एक शख्स ने शुरू किया। शान्तिनारायन पहले पंजाब के एक समाचार पत्र के उपसम्पादक थे और लाजपतराय और अजीतसिंह

की रिहाई की खुशी में उन्होंने यह अखबार निकाला। शुरू से ही इस अखबार का रूप सरकार के खिलाफ था। उसका सरकार विरोध धीरे-धीरे तेज होता गया। आखिर में शान्तिनारायन को मुजफ्फरपुर हत्याकांड पर आपत्तिजनक लेख लिखने के लिए लम्बी कैद की सजा दे दी गयी। मगर 'स्वराज्य' एक के बाद दूसरे आए सम्पादकों के सम्पादन में बराबर जहर उगलता रहा। इन सम्पादकों में से तीन को आपत्तिजनक लेख लिखने के लिए काले पानी की सजाएँ मिलीं और बाकी को लम्बी-लम्बी कैद की सजाएँ।'

अब हम 'स्वराज्य' के नवें सम्पादक अमीरचन्द बम्बवाल की चर्चा करेंगे जो पकड़े नहीं गये और फरार घोषित हुए। वे मुकदमे के दौरान ही मफरूर हो गये थे और किसी भी तरह पुलिस की पकड़ में नहीं आए। उनके ऊपर लगाए गये आरोपों की वकालत पुरुषोत्तमदास टंडन कर रहे थे। 'स्वराज्य' के जिस अंक में बम्बवाल का लेख छपा था, उसके वितरित होने के पहले ही सरकार ने उसकी सब प्रतियाँ कार्यालय पर धावा बोलकर जब्त कर ली थीं। टंडन का तर्क था कि जब प्रतियाँ जनता तक पहुँच ही नहीं पायीं तो सरकार के खिलाफ असन्तोष या विद्रोह फैलाने का प्रश्न कैसे उठ सकता है। टंडन मुकदमे में कुछ गुंजाइश तलाश कर रहे थे, फिर भी उन्होंने बम्बवाल की जेब में 20 रुपये रखते हुए कहा— 'आप भाग जाइए।' और इस तरह पुलिस की आँखों में धूल झोंक कर वे काला पानी से साफ बच गये।

बम्बवाल का पूरा जीवन पत्रकारिता में बीता। 1905 में उन्होंने अपना पत्र 'फ्रंटियर मेल' निकाला था। तब से वे निरन्तर 67 वर्षों तक सम्पादक रहे और कितनी ही बार जेल यात्रा की। पं. बनारसीदास चतुर्वेदी ने मुझे फिरोजाबाद में बताया था कि सूरत काँग्रेस में तिलक पर जो जूता फेंका गया था, वह बम्बवाल के सिर से लगा और काफी खून निकला। बम्बवाल सरहदी प्रान्त के निवासी थे। खान अब्दुल गफ्फार खाँ को काँग्रेस का चबन्नियाँ मेम्बर उन्होंने ही बनाया था जो आगे चलकर 'सीमान्त गाँधी' के नाम से मशहूर हुए। सरहदी आन्दोलन में बम्बवाल बराबर सक्रिय रहे। बाद में उन्होंने क्रान्तिकारियों की कीर्ति-रक्षा का उल्लेखनीय कार्य किया। उनके पास सरहदी सूबे के इतिहास और वहाँ के क्रान्तिकारियों के बहुमूल्य संस्मरण थे। सम्भवत: उनके पास संकलित सामग्री का बड़ा हिस्सा चोरी चला गया था या किसी तरह नष्ट हो गया था। बहुत प्रयास करके इतिहास की जिन दुर्लभ और बिखरी चीजों का संचयन उन्होंने किया, उसका कोई उपयोग नहीं हो सका। हो सकता है कि उनके परिवारवालों के पास तब कुछ मसाला बचा रह गया हो। पर अब तो बहुत वक्त बीत चुका। मैं नहीं जानता कि वे सब वस्तुएँ कहाँ, किसके पास होंगी। सम्भव है कि समय ने उन्हें भी

लील लिया हो। उनके परिवार के बारे में मुझे इतना ही पता चला था कि वे मेहता मेहरचन्द बम्बवाल के पुत्र थे। कुल जमा ढाई वर्ष के थे तभी उनकी माता का निधन हो गया और छह वर्ष के होते-होते पिता नहीं रहे। वे उनकी एकमात्र बची हुई सन्तान थे। बम्बवाल का विवाह 1907 में हुआ था। उनके तीन बेटियाँ और पृथ्वीचन्द नाम का एक बेटा था जो साढ़े तीन वर्ष की उम्र में एक आकस्मिक दुर्घटना में चल बसा। यह भी बहुत हृदयबेधक था। हुआ यह कि उनका बेटा कहीं से चने खरीद कर लाया और अपना मुँह भर लिया। बड़ी बहन ने नाराज होकर उसके गाल पर एक थप्पड़ मार दिया जिससे उसी समय उसकी मृत्यु हो गयी। लड़की बहुत दुखी हुई। बम्बवाल प्रायः इसकी चर्चा किसी से नहीं करते थे। एक बार बातों-बातों में कहने लगे कि आगे चलकर जब बड़ी बेटी का पुत्र साढ़े तीन वर्ष का हुआ तो उसने उसे उनकी गोद में डाल दिया। यह कहते हुए बहुत रूआँसे हो गये थे वे। बेटे को खोने की पीड़ा उन्हें बेचैन कर दे रही थी।

पेशावर तथा रावलपिंडी में अनेक बार उनके घरों की तलाशियाँ हुईं। सरहदी सूबे के सभी आन्दोलनों में उन्होंने हिस्सेदारी की थी। वहाँ के चीफ कमिश्नर ने महात्मा गाँधी को जो गालियाँ दी थीं उस पर बम्बवाल ने जोरदार आन्दोलन किया था। इस पर वे नजरबन्द कर लिये गये। उनकी युवावस्था का एक किस्सा है। वे तब शहर काँग्रेस के मन्त्री थे। अपने कार्यालय के नीचे बाजार में खड़े थे कि वहाँ लगे झंडे को एक फौजी ने उनसे उतारने को कहा। ऐसा करने से मना करने पर वह उन पर घूँसे बरसाने लगा। ठोकरें भी मारीं। नगर मजिस्ट्रेट ने यह दृश्य देखा तो उसने बम्बवाल को बचा लिया।

बम्बवाल स्वतन्त्रता की रजत जयन्ती वर्ष तक जीवित रहे। पर जानता हूँ कि स्वतन्त्र भारत में उनका समय अच्छा नहीं व्यतीत हुआ। मृत्यु से छह माह पूर्व उन्होंने दादा चतुर्वेदी को एक पत्र लिखा था जो उनकी मनःस्थिति और पीड़ा का खुलासा करता है—'अगर मैं 1948 में मौलाना आज़ाद की पेशकश 200 रुपये की पेंशन से इनकार न कर देता तो इस वक्त तक मुझे 50 हजार रुपये से कुछ अधिक मिल गये होते। मुझे इस बात की कल्पना भी नहीं हो सकती थी कि आजादी मिल जाने पर भी आईसीएस में हमारे दुश्मन मौजूद रहेंगे और हमारे शासक उनके हाथ की कठपुतली बन जाएँगे। मैं 8 अगस्त को अपनी उम्र के 85 वर्ष पूरे कर लूँगा। इसलिए आप मेरी चिन्ता बिलकुल न करें। मेरे लिए यदि कुछ पेंशन दे भी दी गयी तो मैं उसे कब ले सकूँगा। भाई लद्धाराम के बेटे की परेशानियों से मैं बहुत परेशान रहता हूँ। लद्धाराम ने देश की आजादी के लिए कुर्बानियाँ न देकर धन-दौलत कमाने के साथ प्यार किया होता तो उनकी औलाद भी आज तालीमयाफ्ता होती। यह एक इत्तिफाक की बात है कि लाला हनुवन्त

सहाय फाँसी से बच गये। पुलिस की नालायकी और असावधानी से मैं भी और मेरा एक साथी भी किस्मत से बच गया।'

बम्बवाल जब तक जीवित रहे, वे बचे हुए क्रान्तिकारियों और उनके परिवारों की चिन्ता करते रहे। उन्हें पेंशन दिलवाने में संसद में जो प्रस्ताव लाया गया उसके लिए बम्बवाल ने बहुत प्रयत्न किए थे। लद्धाराम के सुपुत्र तिलकराज को पेंशन मिले इसके लिए भी बराबर जुटे रहे। एक बार उन्होंने पं. बनारसीदास चतुर्वेदी को एक पत्र में लिखा था कि यदि यूपी सरकार उन्हें पचहत्तर रुपये पेंशन देगी तब वे उसे लद्धाराम के बेटे को देंगे। पर जब उत्तर प्रदेश सरकार ऐसा करने को तैयार हुई और उसने उनकी उँगलियों तथा अँगूठे के निशान माँगे जिसे अपमानजनक समझ कर उन्होंने साफ मना कर दिया। एक बार केन्द्रीय सरकार से उन्हें चार सौ रुपये मिले जिसे उन्होंने राष्ट्रीय अभिलेखागार में क्रान्तिकारी आन्दोलन की सामग्री तलाश करने में खर्च कर दिए। उनके पास शहीद सेठ कासिम इस्माइल के सम्बन्ध में बहुत जरूरी सूचनाएँ थीं। चतुर्वेदी ने उनका एक बहुत महत्त्वपूर्ण पत्र 'धर्मयुग' में प्रकाशित करा दिया था।

10 फरवरी, 1972 को बम्बवाल नहीं रहे। उनका चले जाना एक जन्मजात पत्रकार और सरहदी सूबे के एक पुराने क्रान्तिकारी का हमारे बीच से उठ जाने जैसा था। पर हमें उनकी मृत्यु का समाचार तक अखबारों में नहीं मिला।

यहाँ मैं बाबूराम हरी और लद्धाराम की भी चर्चा करना चाहूँगा। यद्यपि वे प्रसंग आने पर मैं सहज नहीं रह पाता। मेरी आस्थाएँ डगमगाने लगती हैं और पीड़ा मुझे किसी कदर छीलने लगती है। काला पानी से निकलने के बाद हरी ने बहुत दुर्दिन देखे। पं. सुन्दरलाल के संस्मरणों से मुझे पता लगा था कि फेरी लगानेवाले बिसाती के रूप में उन्होंने अनेक वर्ष बम्बई की सड़कों पर गुजारे। वे दिन भर घूमते और रात को फुटपाथ पर सो जाते थे। फिर एक दिन बिजली के पंखे, हीटर और कुछ दूसरी चीजें बनाने का एक कारखाना ही वे चलाने लगे। पैसा भी हो गया, पर उससे कभी मोह नहीं हुआ। देशभक्तों और क्रान्तिकारियों की सहायता करते रहे। खुद बीमार पड़े। कैंसर हुआ। गले ने जवाब दे दिया। ऑपरेशन करके साँस की नली को पीछे गर्दन की तरफ निकाला गया। पर वे हिम्मत के कड़े थे। हार नहीं मानी।

इसके बाद हरी का कोई हाल नहीं मिला। इस दुनिया में वे अब कहाँ होंगे। ऐसे गुमनाम हुए कि फिर पता ही नहीं लगा। मिटे नामियाँ के निशां कैसे-कैसे।

और लद्धाराम कपूर। एक दिन मैंने सुना कि लद्धाराम के बेटों ने कासगंज में रिक्शे चलाए। काँप गया इस खबर से मैं। लद्धाराम का चित्र मैंने बार-बार

देखा और उन्हें प्रणाम किया। कभी वे क्रान्तिकारियों में 'फील्ड मार्शल' कहे जाते थे। शुरुआत से लेकर बाद तक की उनकी कथा कुछ इस प्रकार है—1890 में पंजाब का एक प्राइमरी स्कूल। उनके अध्यापक हीरा सिंह ने कहा—'लद्धाराम, तू बहुत देरी से स्कूल आता है। बड़ा आलसी लड़का है। मुर्गा बन। लद्धाराम मुर्गा बन गये। उम्र थी 6 वर्ष । कद में छोटे। कक्षा की सबसे अन्तिम पंक्ति में वे इसी तरह झुके बने रहे। अध्यापक महोदय सजा देकर किसी और काम में लग गये। वे भूल गये कि उन्होंने लद्धाराम को मुर्गा बनाया है। स्कूल की छुट्टी होने पर जब सब लड़के घर जाने लगे तब उन्होंने देखा कि एक लड़का अब भी मुर्गा बना हुआ है। वे लद्धाराम थे। उन्हें ताज्जुब हुआ। बोले—'अरे लद्धराराम! तू कई घंटों से लगातार मुर्गा बना हुआ है। रोया भी नहीं, नहीं तो मैं तुझे तभी छोड़ देता। अब तू घर जा।' लद्धाराम ने जवाब दिया—'मैं रोता क्यों' और वे हँसते-हँसते अपने घर चले गये।

दूसरा दृश्य देखिए—1910 का वर्ष। इलाहाबाद की अदालत। जज ने सुनाया कि मुजरिम लद्धाराम 'स्वराज्य' के सम्पादक को 30 वर्ष के कारागार की सजा दी जाती है। दो लेखों पर दस-दस वर्ष और एक कविता पर दस वर्ष। तीनों सजाएँ साथ चलेंगी।' थोड़े समय पहले ही इस अखबार का डिक्लेरेशन देते हुए उन्होंने कहा था—'स्वराज्य' अटल और अमर रहेगा।' चाहे आप इसके हर अंक के लिए एक सम्पादक गिरफ्तार करें, तो भी हम उसे बारह साल तक जारी रखेंगे।' ऐसा दृढ़ संकल्प था उनका। मुकदमे के दौरान उन्होंने निर्भीकतापूर्वक कहा था कि विलायत से कुछ डाकू चले आए और हिन्दुस्तान पर कब्जा कर लिया। मैं इसे किसी तौर पर कानून द्वारा स्थापित सरकार नहीं मानता। और वे अपने इस कथन पर भी अटल बने रहे। अपने मुकदमे की उन्होंने कोई पैरवी नहीं की और फैसले के खिलाफ अपील करने से भी इनकार कर दिया।

अगला दृश्य कुछ यों है—वर्ष 1912। अन्दमान की सेल्यूलर जेल। जेलर—'कैदी लद्धाराम को हुक्म दिया जाता है कि तुम्हारे हाथ में हथकड़ी बँधी रहेगी और बारह घंटे रोज बारह महीने तक तुम्हारे हाथ दीवार में बँधे रहेंगे। तुमने संगीन जुर्म किया है।' लद्धाराम ने काला पानी में रहते हुए आन्दोलन किया था कि राजनीतिक बन्दियों के साथ बेहतर व्यवहार किया जाए और इसी के लिए वे सजावार हुए थे। कुछ साथियों ने इशारे से कहा कि माफी माँग लो। पर लद्धाराम का जवाब था—'मैं माफी हर्गिज नहीं मागने का, भले ही साल भर के बजाय दो-तीन साल तक मेरे हाथ भींत से बँधे रहें। मैं आप सबकी तरफ से सजा भुगतूँगा। मैं नौकरशाही से लड़ने के लिए आया हूँ, क्षमायाचना करने के लिए नहीं।' ऐसे मजबूत इरादों के आजीवन लड़वैये थे क्रान्तिकारी लद्धाराम कपूर।

और फिर लम्बा समय व्यतीत हो गया। लद्धाराम ही नहीं, देश के बचे-खुचे क्रान्तिकारी आजादी मिलते ही उपेक्षा के गहरे भँवर में ढकेल दिए गये। भला हो पं. बनारसीदास चतुर्वेदी का जिन्होंने उन भूले-भटकों की खोज-खबर ली। चतुर्वेदी उन दिनों दिल्ली के नार्थ एवेन्यू में थे। राज्यसभा की सदस्यता उन्हें मिल गयी थी, पर वहाँ रहकर भी उन्होंने पूरा वक्त शहीदों के उपेक्षित परिवारों और क्रान्तिकारियों की सेवा में बिताया। उन्होंने पता मालूम करके लद्धाराम को एक पत्र लिखा। उत्तर तो नहीं मिला, पर एक रोज 74-75 वर्ष के एक वयोवृद्ध सज्जन उनके सामने आकर बैठ गये। बोले—'मेरा नाम लद्धाराम है। आपका कार्ड पहुँचा था। सो मैंने सोचा कि चलो मिल ही लूँ।'

'स्वराज्य' और 'फ्रंटियर मेल' के सम्पादक रहे अमीरचन्द बम्बवाल के मार्फत बनारसीदास चतुर्वेदी ने लद्धाराम का पता लगाने की कोशिश की थी। अत्यन्त कठिनता से यह जानकारी मिली कि वे अलीगढ़ जिले के कुतुबपुर—अमरपुर डाकखाना कौड़ियागंज में रहते हैं और उसी पते पर उन्होंने एक कार्ड डाल दिया था। लद्धाराम ने बताया कि वे साल भर तक इधर की जेलों में रहे, साढ़े तीन वर्ष अन्दमान में और 7 वर्ष दक्षिण भारत की जेलों में उन्होंने बिताए। करीब 4 वर्षों तक अपने गाँव में नजरबन्द भी रखे गये। पर बाद के दिनों में वे आज़ाद भारत में लोगों और सरकार के रवैये से बेहद विचलित थे। इतने कि उनके मुँह से फूट ही पड़ा—'इतने दुख तो अन्दमान द्वीप में भी मैंने नहीं झेले थे।' स्वतन्त्र भारत में दस वर्षों की उनकी तकलीफों का लेखा-जोखा दिल हिला देनेवाला था। पीड़ा का अथाह समन्दर उनके भीतर गरज रहा था। क्रान्ति का जो सिपाही ब्रिटिश हुकूमत से लड़ते-लड़ते कभी थका-झुका नहीं, वह उन दिनों पीड़ा से कराह-कराह उठता था। पेट भरने और तन ढँकने को पर्याप्त अन्न-वस्त्र का भी उनके पास अभाव था। शरीर जर्जर हो चुका था। एक आँख में मोतियाबिन्द और दूसरे से भी कम दिखाई पड़ने लगा था। वे शुरू से ही स्वावलम्बी रहे थे। किसी के आगे कभी हाथ नहीं पसारा। अपने दर्द को सामनेवाले से बयान करने की फितरत नहीं थी उनकी। फिर भी उन क्षणों में चतुर्वेदी के सम्मुख कुछ कहा और कुछ अनकहा भी व्यक्त होता चला गया। निराश होकर बोले थे वे—'अगर आज की हालत को स्वराज्य कहते हैं तब तो हमें अपनी जंगे-आजादी को फिर से शुरू करना पड़ेगा।' शब्द कहीं गहरे से छलक आए थे। इस कहे में क्षोभ भी था और उनके इरादों की एक हलकी-सी झलक भी दिखाई दे रही थी।

बीमारी ने लद्धाराम को तब ही चपेट में ले लिया था जिन दिनों वे कालापानी में थे। जेल अधिकारियों ने तब उन्हें मारने की भरपूर कोशिश की थी। एक बार मलेरिया से पीड़ित होने पर उन्हें बिलकुल नंगे-उघारे एक ठंडी कोठरी में डाल

दिया गया। सर्दी का मौसम और तीव्र ज्वर। पर लद्धाराम ने हँसते-हँसते उस कष्ट को झेला। जेलर जब उनकी तरफ आया तो वे बोले—'मेहरबानी करके यह तो बतलाइए कि किसी मेटीरिया मेडिका (डॉक्टरी की किताब) में यह बढ़िया दवाई लिखी है कि बुखार के मरीज को बिलकुल उघारा करके डाल दिया जाए।'

जेलर बोला—'दिस इज कोल्ड स्लो प्वायजनिंग एंड जुडिशियल डेथ।' यानी इसके मायने हैं धीरे-धीरे जहर देना और कानूनन मौत।

सुनकर लद्धाराम की आँखें खुली रह गयीं। किसी तिकड़म से उन्होंने यह समाचार अन्दमान से छुट्टी पर जा रहे एक सिपाही के हाथों देश में भेज दिया। अरविन्द घोष के भाई वारीन्द्र कुमार घोष उन दिनों अन्दमान में ही थे। उनसे परामर्श करके उन्होंने 'बंगाली' के संपादक को सारी गाथा लिखकर दी जिससे कलकत्ते में बड़ा आन्दोलन खड़ा हो गया। अपने भयंकर उत्पीड़न के बावजूद लद्धाराम ने अन्दमान में जेल अधिकारियों से लड़ना नहीं छोड़ा। इस संघर्ष का नतीजा यह हुआ कि लद्धाराम को भारत लौटाने का निर्णय कर लिया गया।

यह जानना जरूरी है कि लद्धाराम को 'फील्ड मार्शल' क्यों कहा गया। हुआ यह था कि एक बार अन्दमान में ही क्रान्तिकारियों की एक बैठक हुई जिसमें विचारणीय बिन्दु यह था कि स्वाधीन भारत का विधान वे किस प्रकार का बनाएँगे। कोई 15 दिनों तक विमर्श चलता रहा। लद्धाराम ने उसमें कहा कि यदि हमारे विधान के अनुसार बनी हमारी सरकार ने जुल्म किया तो मैं सबसे पहला भारतीय होऊँगा जो उसके खिलाफ भी विद्रोह करेगा। उनकी इस लड़ाकू-प्रवृत्ति को जानते-समझते ही साथियों ने उन्हें 'फील्ड मार्शल' की उपाधि दे दी।

उनका यह विद्रोही स्वभाव अन्त के दिनों तक बरकरार रहा।

दिल्ली का ही वाकया है। एक रोज लद्धाराम हार्डिंग बम केस के लाला हनुवन्त सहाय के घर पहुँचे। लाला अद्‌भुत क्रान्तिकारी थे। तब 75-76 वर्ष के हो चुके थे। घंटों दोनों विप्लवी बतियाते रहे। चलने लगे तो लाला उन्हें चाँदनी चौक तक छोड़ने आए। अचानक लद्धाराम बोले—'अगर यह नौकरशाही ठीक ढंग से नहीं चलती तो इसे हम अल्टीमेटम देंगे।' शायद वे नहीं जानते थे कि आज़ाद भारत की सरकार और नौकरशाही ब्रिटिश जमाने के हुक्मरानों से ज्यादा हृदयहीन है। पर उनके भीतर पुराना जोश विद्यमान था जो मन की सतह पर आ ही जाता था।

किसे पता था कि लद्धाराम भगत सिंह के राजनीतिक शिक्षक भी रहे थे। उनके पिता सरदार किशन सिंह से लद्धाराम की बड़ी मित्रता थी। अँग्रेजी की अनेक पुस्तकें भगत सिंह को उन्हीं के माध्यम से प्राप्त हुई थीं। एक विचित्र घटना यह हुई कि एक बार लद्धाराम और भगतसिंह की माता विद्यावती लाहौर से लौट

रहे थे। रास्ते में माता के पैर में साँप ने काट लिया। लद्धाराम ने तुरन्त ही काटे स्थान पर अपने मुँह से खून चूसकर कुल्ला कर दिया। इसका असर यह हुआ कि माता तो बच गयीं लेकिन लद्धाराम कुछ समय के लिए बेहोश हो गये। बाद में जब उन्होंने यह प्रसंग अपनी नवविवाहिता पत्नी को सुनाया तो वह बहुत नाराज हुईं। कहने लगीं कि तुम्हें कुछ हो जाता तो मेरा क्या होता। पर लद्धाराम तो अपनी धुन के थे। दूसरों के कष्टों में कूद पड़ना जैसे उन्होंने जन्म से ही सीख लिया था। तब चाहे उसके लिए प्राण ही क्यों न गँवाने पड़ें।

1952 में पंजाब सरकार ने उन्हें 50 रुपये महीने की पेंशन दी जो शायद दो-ढाई वर्ष के बाद बन्द भी हो गयी। फिर उस सरकार के नुमाइंदे पूछते रहे कि वे पेंशन लेंगे या जमीन। सरकार की इस कारगुजारी को याद करते हुए लद्धाराम अकसर हँसकर कहते थे—'यह बिलकुल वैसी ही बात है जैसे कोई आदमी एक हाथ में बिस्कुट ले और दूसरे में जलेबी, और किसी बच्चे को दिखाकर पूछे कि बिस्कुट लोगे या जलेबी। और जब वह हाथ बढ़ाए तो वह आदमी अँगूठा दिखा दे।'

पर देखिए कि आखिर आज़ाद हिन्दुस्तान की 'कृपालु सरकार' ने अन्तिम फैसला कर ही दिया। एन. के. मुखर्जी आईसीएस का 7 जनवरी, 1959 का पत्र उन्हें मिला जिसमें 20 रुपये महीने की पेंशन लद्धाराम के लिए स्वीकृत कर दी गयी। उस पत्र में यह भी लिखा था कि उनसे प्रार्थना की जाती है कि पंजाब सरकार से अपनी सहायता बढ़ाने के लिए कोई चिट्ठी-पत्री न करें।

अन्दमान जानेवाले क्रान्तिकारियों के 'फील्ड मार्शल' का भारत सरकार की ओर से किया गया यह सम्मान! हम शर्मसार हैं इसे जान-पढ़कर। मेरी कलम ठहर जाती है और शब्द अपना अर्थ खो बैठते हैं। दिमाग की नसें तनने लगती हैं। लद्धाराम की जिन्दगी की तस्वीरें मेरा पीछा नहीं छोड़तीं।

लद्धाराम के पास स्मृतियों का बड़ा अनमोल खजाना था। उनके जीवित रहते हुए हम बहुत कम उनसे ले पाए। सुप्रसिद्ध क्रान्तिकारी सूफी अम्बाप्रसाद से मिलने, बातचीत और संग-साथ रहने का उन्हें अवसर मिला था। उनकी जिन्दगी का वह अत्यन्त रोमांचकारी और आगे का सब कुछ बदल देनेवाला निर्णायक पल था। सुनिये उनसे वह कथा—

'सूफी साहब ने 'सहायक' नामक एक उर्दू दैनिक निकाला था जिसकी माँग दो-चार दिन में ही इतनी बढ़ गयी थी कि जितनी हम लोग छपा नहीं सकते थे। मैं उसका प्रिंटर था और वे उसके एडिटर। यह सन् 1908 के अन्त या 1909 के प्रारम्भ की बात है। सन् 1908 के आखिर में मैं चीन गया था। जब मैंने दूसरे आज़ाद मुल्कों के हाल-चाल देखे तो मेरे दिल में यह खयाल आया कि अन्य देशों के आदमी तो बड़ी इज्जत से रह रहे हैं और कोई हतक आमेज लफ्ज उनके

लिए इस्तेमाल नहीं कर सकता, लेकिन हिन्दुस्तान के लोगों को हर मुल्क में कुली नेटिव और काला आदमी कहकर पुकारा जाता है। चीन में मेरे दिल में यह विचार उत्पन्न हुआ कि अपने अपमान को दूर करने के लिए जब तक हम कोशिश नहीं करेंगे, यह हाल नस्ल-दर-नस्ल, पीढ़ी-दर-पीढ़ी चलेगा। फिर मुझे यह बात सुझी कि गैर मुल्क में रहकर यह काम सफलतापूर्वक नहीं हो सकता। इस खयाल से मैं शंघाई ई से वापस चला आया। वापस आने पर जब मैं घर (जिला गुजरात, पंजाब) में पहुँचा तो मुझे मालूम हुआ कि सूफी लाहौर में आए हैं। उन्हीं दिनों वे इलाहाबाद से छूटकर पंजाब पहुँचे थे। मेरे दिल में उनके दर्शन करने की अभिलाषा उत्पन्न हुई। मैं लाहौर आया तो ज्ञात हुआ कि वे सरदार अजीत सिंह के साथ मूंडी कटों की गली में रहते हैं। मैं उनसे मिलने गया तो दीख पड़ा कि एक पतला-दुबला आदमी गेरूए कपड़े पहने हुए बैठा है और बाएँ हाथ से लिख रहा है। उसका दाहिना हाथ कलाई से बिलकुल कटा हुआ था वे मजाक में कहा करते थे—'सन् 1857 के गदर में लड़ते हुए मेरा हाथ कट गया था और पुनर्जन्म लेने पर मैं बिना हाथ के ही हुआ था।' दरअसल, पैदाइश के वक्त से ही उनका दाहिना हाथ नहीं था।

'जब मैं उनके पास पहुँचा तो मैंने उनसे निवेदन किया—'मैं सूफी अम्बाप्रसाद के दर्शन के लिए ही आया हूँ।' तो उन्होंने फरमाया—'आइए, बैठिए। क्या आशा है?' तब मैंने समझा कि सूफी यही हैं। फिर मैंने अपने वे सवाल उनकी खिदमत में पेश किए जो कि चीन यात्रा से अपने साथ लाया था। उस वक्त मेरी ख्वाहिश बस इतनी ही थी कि मेरे देशवासियों के साथ जो अपमानजनक व्यवहार होता है, वह बन्द हो जाए। सूफी साहब ने तुरन्त जवाब दिया—'इसका एकमात्र इलाज स्वराज्य ही है। गैर की गुलामी में हम कभी इज्जतदार आदमी नहीं बन सकते। स्वराज्य में सारे सवालों का हल हो जाता है। हाथी के पाँव में सबके पाँव समा जाते हैं। इस वास्ते हमको मुकम्मिल स्वराज की कोशिश करनी है। वह स्वराज तभी आ सकता है जब विदेशी लोग यहाँ से निकाल दिए जाएँ।'

'इन बातों को करते-करते वे गम्भीर हो गये और मुझे नजर आया कि उनकी आँखों में आँसुओं की झलक है। वे कहने लगे—'देश की उन्नति का काम पीढ़ी-दर-पीढ़ी करना पड़ता है, तब कहीं जाकर देश आज़ाद होता है। मैंने इतने वर्षों तक यूपी में काम किया लेकिन आज तक मेरे बाद उस प्रान्त में काम को बढ़ानेवाला मेरे सामने नहीं आया। मैंने तुरन्त उनके चरण स्पर्श किए और निवेदन किया—'मैं आपकी सेवा में अपना काम आगे चलाने के लिए अपनी जिन्दगी सौंपता हूँ, लेकिन मैं बिलकुल अल्हड़ नौजवान आदमी हूँ कुल जमा 24-25 बरस का...और मुझे राजनीति का ज्ञान भी नहीं है। आप मुझे जितने गुरुमन्त्र दे सकते हैं, दे दें।'

वे कुछ मुस्कराए और कहने लगे—'अभी ठहरो।' वे इस खयाल में थे कि लाहौर से एक अखबार निकाला जाए जिसके जरिए प्रचार कार्य किया जाए। जब उन्होंने वह अखबार निकाला तो उसका प्रिंटर मुझे बना दिया। जैसा कि मैंने कहा है कि वह अखबार खूब चलने लगा।

'उन्होंने मुझसे कहा कि जितने उत्साह से हम लोग प्रचार करेंगे, उतनी ही जल्दी हमें आजादी मिलेगी। डरना नहीं बेटा! जो इस लाइन में आए हो तो निर्भय रहना। पहला गुरुमन्त्र इसी को समझो। बेखौफ होना ही इज्जत का वायस है। वे उर्दू-फ़ारसी के बहुत अच्छे ज्ञाता थे। उनका एक पत्र निकलता था 'जमए-उल-उलूम' यानी सब इल्मों का मजमुआ।

'एक दिन वे बाजार गये तो एक कबाड़ी के यहाँ से रद्दी के ढेर में उन्हें अकाल की एक रिपोर्ट मिली। ये सन् 1876 के अकाल के बारे में थी, जिसे इंग्लैंड से भेजे हुए कमीशन ने तैयार किया था। ये रिपोर्ट सन् 1881 में सरकार की ओर से छपी थी। हँसते हुए उन्होंने कहा कि आज मुझे बड़ा बढ़िया मसाला मिला है। कहर पड़ा सन् 1876 में और रिपोर्ट निकली है 1881 में। और उस रिपोर्ट में वे इस नतीजे पर पहुँचे हैं कि अमीर आदमी गरीब आदमियों की मदद करे। इसी रिपोर्ट पर तुरन्त उन्होंने एक मजमून लिखा 'पुराना झांसा', जिसमें उन्होंने यह बतलाया था कि हमारी मेहरबान गवर्नमेन्ट विलायत से चार आदमी का कमीशन बुलाती है और पाँच साल बाद उसका रिपोर्ट छपाती है, इत्यादि। उनके लेख ऐसे अजीब ढंग के होते थे कि फौरन लोगों के दिल पर असर कर जाते थे और इसी वजह से पंजाब में एक नयी जिन्दगी पैदा कर सके। उन दिनों कुछ देशभक्त उनसे मिलने भी आते थे—लाला लाजपतराय, लाला हरदयाल इत्यादि। एक दिन मैंने सूफी साहब और लाला हरदयाल की बातचीत सुनी। उन दोनों की यह राय हुई कि हिन्दुस्तान की आजादी के लिए यह निहायत ही जरूरी है कि यूरोपियन कौमों में कोई लड़ाई हो तभी हमारे मुल्क को फायदा पहुँच सकता है। दोनों ने यह मशविरा किया कि लाला हरदयाल दूर देशों में पश्चिम को जाएँ और सूफी फारस पहुँचें जिससे कि वे विदेशों में हिन्दुस्तान की आजादी की भावना को लोकप्रिय बना सकें। लाला हरदयाल यूरोप को रवाना हो गये और सूफी साहब सरदार अजीत सिंह के साथ फारस पहुँचे। जाते समय उन्होंने मेरी पीठ को थपथपाया था और कहा था—'चाहे जो कुछ भी हो इस काम को बगैर खौफ के करते रहना। अन्त में इसका नतीजा जरूर निकलेगा।' उनके चले जाने के बाद उनके और मेरे नाम सरकारी वारंट आ गये। वे पुराने झाँसे वाले लेख के बारे में थे। मैं उस अखबार का प्रिंटर था। वे तो चले गये लेकिन मुझे 9 महीने की सजा हो गयी। इस जेल से छूटते ही मुझे पता लगा कि 'स्वराज्य' के सम्पादक

नन्दगोपाल पकड़े गये हैं और 'स्वराज्य' खाली पड़ा है, इसलिए मैं इलाहाबाद को चल पड़ा।

'जो महीना भर सूफी साहब की सेवा में बीता, उसे मैं अपने जीवन का महान सौभाग्य मानता हूँ। उन दिनों कई बार उनसे बातचीत करने का मौका मुझे मिला था। उन बातचीतों को तो मैं भूल गया हूँ पर जो स्प्रिट उन्होंने मेरी आत्मा में भर दी थी, वह अभी तक ज्यों-की-त्यों मौजूद है। जब मैं अन्दमान से सन् 1920 में वापस आया तो एक भारतीय सिपाही ने जो उस वक्त शीराज के युद्ध क्षेत्र में मौजूद था, मुझे बतलाया कि शीराज में सूफी साहब को कोर्ट मार्शल करके मौत की सजा दे दी गयी और रात को उन्हें एक कोठरी में बन्द कर दिया गया। सवेरे उठकर जब कोठरी खोली गयी तो वे मरे पाए गये। शीराज में उनकी कब्र अब भी मौजूद है, और सुना है कि फारस के आदमी हर साल वहाँ मेला लगाते हैं। उनकी समाधि पर लिखा हुआ है 'हिन्दुस्तानी देशभक्त आका सूफी।'

'उस सिपाही ने सूफी साहब का एक फोटो भी दिया था जिसे मैंने भगतसिंह के पिता किशनसिंह को दिया। यह घटना सन् 1922-23 की है।

'एक बात कहना मैं भूल गया कि ''सूफी साहब के दर्शन जब मैंने लाहौर में किए तब वह चौदह वर्ष की सजा काट चुके थे। फिर उन्हें तीन साल की सजा हुई थी, फिर चार वर्ष की, फिर सात साल की।''

लद्धाराम का निधन कब हुआ, मुझे पता नहीं लगा। मैंने उनका एक महत्त्वपूर्ण आलेख 'शहीदों का आदर्श क्या था' पढ़ा था जिससे मुझे उनकी वैचारिक चेतना का आकलन करने में सुविधा हुई। इसे खास तौर पर उन्होंने 23 मार्च, 1931 को शहीद हुए भगतसिंह, राजगुरु और सुखदेव जैसे क्रान्तिकारियों के संघर्ष और सम्पूर्ण विल्पवी संग्राम के साथ जोड़कर देखा था। इसमें उस घटनाक्रम का भी जिक्र था जब उनके लिए साथी क्रान्तिकारियों ने 'फील्ड मार्शल जिन्दाबाद' के नारे लगाए थे।

आज कौन जाने कि 'स्वराज्य' के ये सम्पादक अपने समय के प्रगतिशील कलमकार भी थे। क्या उनके रचे-लिखे को प्रगतिशील साहित्य का दर्जा नहीं दिया जाना चाहिए। जो लोग यह मानते हैं कि प्रगतिशील साहित्य का जन्म 1936 में हुआ था, उन्हें मुक्ति-संघर्ष के बीच उकेरी गयी इन इबारतों को देख-पढ़ लेना चाहिए। पत्रकारिता के इतिहास में 'स्वराज्य' की जगह कहाँ और कितनी होगी, इसे समय ने विस्मृत कर दिया है। इस अखबार की भूमिका का मूल्यांकन स्वाधीनता आन्दोलन के लक्ष्यों और मूल्यों को सामने रखकर ही किया जाना सम्भव है। शान्तिनारायण भटनागर से लेकर अमीचन्द बम्बवाल तक भारतीय पत्रकारिता के ये अनोखे योद्धा हम सबके प्रणम्य हैं। आओ, इतिहास में इनका मुकाम तय करें।

‘चाँद’ जब अपनी सोलह कलाओं से चमक रहा था

1993 की बात है जब हिंदी के लेखक प्रफुल्लचंद्र ओझा ‘मुक्त’ ने कहा था— ‘स्मृतियाँ धुंधली हो गयी हैं, लेकिन प्राय: आधी शती पहले रामरख सिंह सहगल हिन्दी के क्षेत्र में जो प्रखरता लेकर आए थे और उन्होंने न केवल साहित्यिक, बल्कि सामाजिक और राजनीतिक क्षेत्र में भी जैसी अभूतपूर्व हलचल मचाई थी, उसकी याद मेरे मन में आज भी ताजा है। यह देखकर दुख होता है कि आज उनका नामलेवा भी कोई नहीं है। सहगल और ‘चाँद’ ने हिन्दी के एक युग का इतिहास बनाया था लेकिन आज वे दोनों स्वयं इतिहास की वस्तु हो गये हैं। इसमें सन्देह नहीं कि सहगल बड़े जीवट के और जुझारू प्रवृत्ति के आदमी थे और खतरे उठाने में उन्हें कोई हिचक नहीं होती थी। ‘चाँद’ तब अपनी सोलह कलाओं के साथ आसमान में चमक रहा था।’

आज हिन्दी पत्र-पत्रिकाओं के बहुत-से सम्पादक और प्रकाशक रामरख सहगल का नाम नहीं जानते। सहगल स्वतन्त्रता आन्दोलन के दौर में इलाहाबाद से प्रकाशित होने वाली पत्रिका ‘चाँद’ के सम्पादक थे। 1922 में उन्होंने ‘चाँद’ के प्रकाशन की शुरुआत की थी। कर्मवीर पंडित सुन्दलाल की विख्यात पुस्तक ‘भारत में अँग्रेजी राज’ का प्रकाशन रामरख सिंह सहगल ने ‘चाँद’ प्रेस से ही किया था। दो हजार प्रतियों का पहला संस्करण 18 मार्च, 1929 को प्रकाशित हुआ। 22 मार्च को अँग्रेज सरकार की ओर से जब्ती की आज्ञा लेकर पुलिस प्रकाशक के दफ्तर पहुँच गयी। इस बीच तीन दिन के अन्दर ही किसी तरह 1700 किताबें ग्राहकों के पास पहुँचा दी गयीं। बाकी 300 के करीब सरकार ने रेल या डाकखानों में पकड़ लीं। ग्राहकों के पते लगाकर देश भर में तलाशियाँ भी हुईं। इस जब्ती और तलाशी के खिलाफ सब जगह आवाज उठी। गाँधी ने ब्रिटिश सरकार की इस कार्यवाही का कड़ा विरोध किया। उन्होंने अपने पत्र ‘यंग इंडिया’ में इसे ‘दिन दहाड़े डाके’ की संज्ञा दी और देशवासियों से कहा कि तलाशी के अपमान को सह लें किन्तु अपने पास पुस्तक अपने हाथों से पुलिस को उठाकर

न दें और जहाँ तक हो सके, अपनी चीज बचा लें। गाँधी ने पुस्तक पढ़ने के बाद उस पर कई सम्पादकीय लिखे। उन लेखों में उन्होंने पुस्तक की प्रशंसा की और कहा कि यह अहिंसा के प्रचार और प्रसार का एक प्रशंसनीय प्रयत्न है। गाँधी ने लोगों से यहाँ तक कहा कि जब भी ब्रिटिश सरकार के कानून को तोड़कर सत्याग्रह करने का अवसर आए, तो इस पुस्तक के महत्त्वपूर्ण अंशों को नकल करके या छापकर और खुले वितरण करके लोग जेल जा सकते हैं। इनके बाद सत्याग्रह के दिनों में कई प्रान्तों, विशेषकर मध्य प्रान्त में अनेक लोग इसी पुस्तक के लिए सत्याग्रह करके जेल गये।

सहगल को इस पुस्तक की जब्ती से 50 हजार रुपये की चोट लगी। उन पर मुकदमा भी चला और वे महीनों अदालत के चक्कर काटते रहे। सरकारी विद्यालयों में उनकी पत्रिका 'चाँद' का खरीदा जाना प्रतिबन्धित कर दिया गया। शीघ्र जब्ती के बावजूद कुछ जो प्रतियाँ बाहर चली गयीं, वे पचास-पचास रुपये में बिकीं जबकि उसका छपा मूल्य दस या पन्द्रह रुपये था।

अपने शुरुआती दिनों में मैंने कर्मवीर पंडित सुन्दलाल पर दो ग्रन्थों का सम्पादन किया था। यह कार्य मैंने पं. बनारसीदास चतुर्वेदी के सुझाव पर अपने हाथ में ले लिया था। पहली पुस्तक जो मैंने उन पर तैयार की वह संस्मरणों की थी तो दूसरा उनके निबन्धों का संग्रह 'कद्दावर की दास्तान'। पंडित की आत्मकथा के प्रकाशन में भी मैंने पं. बनारसीदास चतुर्वेदी और विश्वम्भरनाथ पांडे को भरपूर सहयोग किया था। 1986 में पंडित की जन्मशती मनाने के लिए जिस समिति का गठन किया गया उसमें मैं भी मन्त्री था। इन सारे आयोजनों में पांडे का बहुत सहयोग रहा। देखा जाए तो यह सब उन्हीं के बूते की बात थी। पर मैं समय रहते दादा चतुर्वेदी या पांडे से यह सवाल नहीं पूछ सका कि सुन्दरलाल ने अपने किसी लेख या अपनी आत्मरचना में 'चाँद' के सम्पादक रामरख सिंह सहगल का जिक्र क्यों नहीं किया। पंडित की आत्मकथा के चौथे खंड में जो एक अध्याय 'इतिहास पुस्तक : भारत में अँग्रेजी राज' लिखा गया है, उसमें भी कहीं रामरख सिंह सहगल का उल्लेख नहीं है। यहाँ तक कि अपने सम्पूर्ण लेखन में भी वे प्रायः सहगल को विस्मृत ही किए रहे, जबकि इस पुस्तक के प्रकाशन के लिए सहगल ने बहुत खतरे उठाए और ब्रिटिश सरकार ने इसे तुरन्त जब्त कर लिया था। कथाकार प्रियंवद ने एक बार मुझसे पं. सुन्दरलाल की ओर से सहगल की इस उपेक्षा का कारण जानना चाहा, पर काफी खोजबीन के बाद भी मैं उन्हें कोई उत्तर नहीं दे सका। यह सवाल आज भी मेरे भीतर घुमड़कर मुझे बेचैन करता है। पंडित की इस पुस्तक की जब्ती सहगल के लिए बहुत बड़ी चोट थी। सहगल के बेटे नरेन्द्र सहगल के शब्दों में—'यह झटका पं. सुन्दरलाल

लिखित 'भारत में अँग्रेजी राज' का प्रकाशन था। दो खंडों में प्रकाशित और खादी की जिल्दीवाली इस पुस्तक के पृष्ठ सी.आई.डी. गायब करती रही और डाकखाने में ही उठाकर नष्ट कर दिया। यह 'मरे को मारे शाह मदार' लोकोक्ति को चरितार्थ करता है। इन सबके कारण पिताश्री पर भारी कर्ज हो गया, 'चाँद' को पुस्तकालयों में मँगाने पर सरकारी रोक लग गयी। इस कर्ज पर उस जमाने में 1500 रुपये महीने का सूद अदा करना पड़ता था। इस कारण 'चाँद' प्रेस को एक लिमिटेड कम्पनी के शेयर बेचने के लिए पिताश्री गया पहुँचे और व्यक्ति विशेष से अगले दिन मिलने का समय निश्चित हुआ। इसी बीच कुछ कर्मचारी भागते हुए गया आए और पिताश्री को सूचना दी कि उन पर दफा 124 (देशद्रोह) के अन्तर्गत वारंट जारी हो चुका है। शेयर बेचने की बात छोड़कर वे इलाहाबाद आए और तुरन्त गिरफ्तार कर लिये गये। मुकदमा चला और 6 मास के कठोर कारावास और 500 रुपये जुर्माना भी लगा। आदमी सोचता कुछ है और होता कुछ और है। निश्चय यह हुआ कि वे 1 जनवरी, 1933 से कम्पनी को सरकारी प्रकोप से बचाने के लिए प्रबन्ध निदेशक का पद छोड़ दें और इस अवधि में उनको 400 रुपये प्रतिमाह मिलता रहेगा। यह भत्ता भी इस आधार पर बन्द कर दिया गया कि उन्होंने मेरे नाम पर नरेन्द्र पब्लिशिंग हाउस बना लिया। यहाँ से केवल कुछ पुस्तकों का ही प्रकाशन हुआ था और कोई पत्र-पत्रिका का प्रकाशन नहीं। जब वे 1938 में दोबारा पदभार सम्भालने गये तो कुछ निकटतम सम्बन्धियों की मिलीभगत से फौजदारी की दफा 103, 177, 3 और 448 के अनुसार एक झूठी शिकायत लिखा कर गिरफ्तारी करा दी। काफी लम्बा मुकदमा चला और पिताश्री को निर्दोष और कम्पनी को दिवालिया करार दिया गया। बना-बनाया महल देखते-देखते ढह गया और वे हाथ मलते रह गये। इसे प्रभु इच्छा ही कहना चाहिए क्योंकि इलाहाबाद में तीन मकान के मालिक को किराए के मकान में बाकी जिन्दगी गुजारनी पड़ी।'

'चाँद' के शुरुआती दिनों में कुछ माह तक रामकृष्ण मुकुन्द लघाटे भी सहगल के साथ इसके सम्पादक रहे। लघाटे का 24 वर्ष की अल्पायु में ही निधन हो गया। पं. सुन्दरलाल के मन में लघाटे के लिए बड़ा आदर था। सहगल ही पीलीभीत के कवि और कथाकार चंडीप्रसाद 'हृदयेश' को 'चाँद' में लाए। 'चाँद' के अनेक विशेषांक बहुत चर्चित हुए। जनवरी, 1926 में 'चाँद' ने 'प्रवासी अंक' निकाला जिसका सम्पादन इस विषय के प्रसिद्ध विद्वान पं. बनारसीदास चतुर्वेदी ने किया था। इसमें प्रवासी भारतीयों की समस्याओं को गहराई से उठाया गया था। 225 पृष्ठों का पत्रिका का यह 39वाँ अंक था। मई, 1927 में उसका 'अछूतांक' प्रकाशित हुआ जिसका सम्पादन नंदकिशोर तिवारी ने किया था। इसके

मुखपृष्ठ पर तिवारी और हिन्दी विभाग का एक कम्पोजीटर वंशीलाल कोरी एक ही थाली में भोजन करते दिखाए गये थे। तिवारी अच्छे कवि थे और महादेवी वर्मा की कविताओं के उत्तर में 'अध्यापिका महादेवी शर्मा' के नाम से 'चाँद' में लिखा करते थे। तिवारी के ही सम्पादन में 'चाँद' का एक 'पत्रांक' भी छपा जिसकी खूब चर्चा हुई। बाबू जयशंकर प्रसाद, अवध उपाध्याय, बालकृष्ण शर्मा नवीन, श्रीधर पाठक, रामचरित उपाध्याय, रामदास गौड़, आचार्य चतुरसेन, अयोध्या सिंह उपाध्याय हरिऔध जैसे प्रतिष्ठित लेखकों ने इस अंक के लिए खास तौर पर अपनी विशिष्ट रचनाएँ दीं।

जून, 1928 तक तिवारी 'चाँद' के सम्पादन से जुड़े रहे। इसके बाद पूरा भार रामरख सिंह सहगल ने उठाया। पत्रिका का 'वेश्या' पर भी एक अंक निकला। इसके 'फाँसी अंक' और 'मारवाड़ी अंक' को तो लोग आज भी नहीं भूले हैं। मारवाड़ी अंक के प्रकाशन से मारवाड़ी समाज बहुत उद्वेलित हो गया था। इस पर मुकदमा भी दायर कर दिया गया। नेताजी सुभाषचन्द्र बोस के भाई शरतचन्द्र बोस इसमें वकील थे। इसी सिलसिले में सहगल एक बार अपने कलकत्ते कार्यालय में बैठे थे कि किसी ने उन पर जूता फेंक दिया। पर वे डरे नहीं, बल्कि घोषित कर दिया कि मारवाड़ी अंक की अभूतपूर्व सफलता को देखते हुए इसका दूसरा संस्करण शीघ्र ही प्रकाशित किया जाएगा। इसके बाद मामला ठंडा पड़ गया। ऐसे ही जब जनसंख्या नियन्त्रण के लिए सहगल ने गर्भपात कानून को मान्यता दिए जाने की बात लिखी तब भी हो-हल्ला हुआ। महिला कान्फ्रेन्स ने तो आन्दोलन ही कर दिया। यहाँ तक कि उसे देखकर गाँधी ने 'नवजीवन' में लिख दिया था कि सहगल के सुझाव से व्यभिचार बढ़ेगा। इस पर भी सहगल चूके नहीं। उन्होंने 'चाँद' में ही गाँधी का लेख उद्धृत करते हुए लिखा कि बारह बच्चे पैदा करने के बाद भी गाँधी मानते हैं कि आत्मसंयम से बच्चों की पैदाइश को रोका जा सकता है। यहाँ गाँधी से उनकी असहमति को साफ तौर पर चीन्हा जा सकता है।

'चाँद' के प्रसिद्ध 'फाँसी अंक' का सम्पादन किया था आचार्य चतुरसेन ने। ब्रिटिश सरकार ने इसे भी जब्त किया। इसमें क्रान्तिकारियों के छद्म नाम से लिखे, कई आलेख भगत सिंह के लिखे बताए जाते हैं, और कुछ शिव वर्मा के जो हरिनारायण कपूर नाम से लिखा करते थे। अपनी तरह का यह विस्फोटक अंक भारतीय क्रान्तिकारी आन्दोलन का विशिष्ट दस्तावेज है। इसमें क्रान्तिकारी और शहीद चाफेकर बन्धु, सत्येन्द्र कुमार बसु, कन्हाईलाल दत्त, मदनलाल ढींगरा, अमीरचन्द, भाई भाग सिंह, भाई वतन सिंह, मेवा सिंह, पं. काशीराम, अली शाह, गन्धा सिंह, करतार सिंह, विष्णु गणेश पिंगले, जगत सिंह, बलवन्त सिंह, डॉ.

मथुरा सिंह, बन्ता सिंह, धन्ना सिंह आदि के सम्बन्ध में ऐतिहासिक सामग्री है। फाँसी अंक का एक भाग है विप्लव यज्ञ की आहुतियाँ, जिसमें 50 के करीब क्रान्तिकारियों के रेखाचित्र हैं। यह इस विशेषांक का खास आकर्षण है। इसके प्रकाशन में रामचरित उपाध्याय, जनार्दन झा 'द्विज', विशम्भरनाथ शर्मा कौशिक, जी.पी. श्रीवास्तव, पांडेय बेचन शर्मा 'उग्र', कन्हैयालाल मिश्र 'प्रभाकर', जयदेव विद्यालंकार, प्रफुल्लचन्द्र ओझा 'मुक्त' आदि का सहयोग रहा। इसमें सहगल की पत्नी विद्यावती की लिखी देवी जॉन की जीवनी प्रकाशित भी की गयी थी। इसमें 1857 की क्रान्ति का जिस तरह दमन किया था उसे भी सचित्र छापा गया था। विशेषांक की 1000 प्रतियों पर 12500 रुपये खर्च हुए थे। इस विशेषांक ने साहित्यिक पत्रकारिता में नया इतिहास रच दिया। भले ही 'चाँद' प्रेस और रामरख सिंह सहगल को इसकी बड़ी कीमत चुकानी पड़ी।

'चाँद' का एक लोकप्रिय स्तम्भ था 'दुबे की चिट्ठी' जिसे विजयानन्द दुबे लिखते थे। पाठकों के बीच उसकी इतनी लोकप्रियता थी कि वे सबसे पहले दुबे की चिट्ठी का पाठ करते थे। 'फाँसी अंक' में उनकी एक बहुत दिलचस्प चिट्ठी फाँसी को ही केन्द्रित करके लिखी गयी थी।

'चाँद' का मूल्यांकन करते हुए प्रफुल्ल चंद्र 'मुक्त' ने लिखा था—'इस शती का पूर्वार्द्ध हमारे देश में साहित्यिक नवजागरण का काल था। कलकत्ता से 'विशाल भारत', लखनऊ से 'सुधा' और 'माधुरी' तथा इलाहाबाद से 'चाँद' का प्रकाशन ऐसी घटनाएँ थीं जिन्होंने साहित्यिक गतिविधियों को बड़ी तेजी से आगे ही नहीं बढ़ाया, बल्कि उन्हें एक नया मोड़ भी दिया। कलकत्ते के साप्ताहिक 'मतवाला' ने कुछ समय बाद साहित्यिक क्षेत्र में अभूतपूर्व हलचल मचा दी। 'मतवाला' के माध्यम से ही हिन्दी की दो महान साहित्यिक विभूतियाँ उपलब्ध हुईं, जिन्होंने साहित्य के क्षेत्र में नये तेवर के साथ प्रवेश किया। सूर्यकान्त त्रिपाठी 'निराला' और पांडेय बेचन शर्मा 'उग्र' ने कविता और गद्य विधा में क्रान्तिकारी प्रयोग किए। लेकिन इलाहाबाद के 'चाँद' ने उस युग में प्रसिद्धि और कीर्ति पायी, वह अद्वितीय थी। 'चाँद' के संचालक रामरख सिंह सहगल अत्यन्त मेधावी, कल्पनाशील और प्रबन्ध-कुशल व्यक्ति थे। उन्होंने समय की नाड़ी को पकड़कर न केवल तत्कालीन श्रेष्ठ साहित्यिकों की रचनाओं से ही अपनी पत्रिका का शृंगार किया, बल्कि समय की आवश्यकता के अनुसार उसकी गतिविधियों में विविध परिवर्तन करते हुए 'चाँद' को सर्वप्रिय और सर्वग्राह्य पत्रिका बना दिया था। सम्पादक के रूप में उन्हें पंडित नंदकिशोर तिवारी जैसे अक्खड़ और अधीर व्यक्ति का सहयोग सुलभ हो गया था, जो सोने में सुहागा बना। उस जमाने में, एक के बाद दूसरे, 'चाँद' के जो विशेषांक निकले, वे अपने ढंग के अनूठे थे। सहगल

साहित्यिक तो नहीं थे, लेकिन साहित्य में उनकी रुचि और पैठ बहुत गहरी थी। बड़े-बड़े साहित्यिकों का दल 'चाँद' के इर्द-गिर्द जुटाने में उन्हें बड़ी दक्षता प्राप्त थी। सहगल को हिन्दी पत्रकारिता की दयनीय स्थिति देखकर बड़ा क्षोभ होता था और वह चाहते थे कि हिन्दी पत्रों के स्तर को भी अँग्रेजी के बड़े-से-बड़े पत्र की शान-शौकत और गरिमा प्रदान करें। इसीलिए 'चाँद' कार्यालय की साज-सज्जा उन्होंने ऐसी बना रखी थी कि हिन्दी का लेखक उसे देखकर आतंकित और अभिभूत हो जाता था और अन्य भाषा-भाषियों को उसकी तड़क-भड़क देखकर ईर्ष्या होती थी। जमाना ऐसा था, जब पत्रकारिता न तो आय का साधन थी और न लेखकों को अपनी रचनाओं के लिए पारिश्रमिक ही मिलता था। मुझे स्मरण है कि एक बार प्रेमचन्द ने मुझसे कहा था कि आरम्भिक काल में उन्हें अपनी कहानी के लिए पाँच रुपये तक का पारिश्रमिक मिला था। स्वयं मुझे जब आगरा के साप्ताहिक 'सैनिक' में छपी मेरी एक कहानी के लिए पाँच रुपये का मनीआर्डर मिला, तब मैं आश्चर्यचकित रह गया था। सहगल ने इस दिशा में भी पहल की और 'चाँद' के लेखकों को अच्छा परिश्रमिक देना आरम्भ किया। जहाँ तक स्मरण है, मुझे 'चाँद' से प्रति कॉलम एक रुपया के हिसाब से पारिश्रमिक मिलता था। 'चाँद' से मिलनेवाले पारिश्रमिक ने स्वभावत: हिन्दी के लेखकों-कवियों को अधिकाधिक आकर्षित किया और हिन्दी के पाठकों में उसका प्रचार-प्रसार बढ़ता गया।'

ओझा ने 'चाँद' से जुड़ी अपनी संस्मृतियों में जो कुछ बताया वह सहगल के व्यक्तित्व और उनकी कार्यपद्धति को जानने के लिए जरूरी है। उन्होंने कहा था—'एक दिन मैं अपने कक्ष में बैठा सम्पादकीय लिखने की तैयारी कर रहा था कि अचानक कविता का मूड बन आया और मैं एकाग्रचित से एक लम्बी कविता लिखने लगा। इसी बीच दो बार प्रेस के फोरमैन का फोन आया कि सम्पादकीय के लिए अंक रुका हुआ है और मैं तत्काल मैटर भेज दूँ। लेकिन मैं कविता लिख रहा था और बार-बार फोन पर उन्हें आश्वस्त भी कर रहा था कि थोड़ी देर में मैं भेजता हूँ। आखिर मेरी कविता समाप्त हुई और मैंने सिर उठाकर सामने देखा तो सहगल साहब मुस्कराते हुए सामने खड़े थे। मुझे थोड़ा अपराध-बोध हुआ, क्योंकि सचमुच जब मुझे सम्पादकीय लिखना चाहिए था, तब मैं कविता लिख रहा था और मेरे कारण 'चाँद' के उस अंक के प्रकाशन में विलम्ब हो रहा था। सहगल कुर्सी खींचकर मेरे सामने बैठ गये और मुस्कराते हुए उन्होंने पूछा—कविता लिखी जा रही थी? मैं थोड़ा झेंपा। मैंने कहा—हाँ, लेकिन इस समय मुझे सम्पादकीय लिखना चाहिए था। सहगल ने हँसकर कहा—भई, जब दिमाग में कविता कुलबुलाएगी तो कोई सम्पादकीय कैसे लिखेगा? कविता आपकी समाप्त

हो गयी या मैं कुछ लिखने की कोशिश करूँ? मैंने उत्तर दिया—नहीं, मेरी कविता खत्म हो गयी है और मैंने सम्पादकीय का विषय भी सोच रखा है। अभी आधे घंटे में मैं सम्पादकीय लिखकर भेज दूँगा।'

कुछ ही दिनों बाद, जब ओझा के पिता का देहावसान हो गया उन्हें 'चाँद' और इलाहाबाद छोड़कर पटना चले जाना पड़ा। फिर तो जैसे उनका यहाँ से सम्बन्ध ही टूट गया।

सहगल अत्यन्त कल्पनाशील व्यक्ति थे और धुनी भी। खतरे उठाने का तो अकूत साहस था उनके भीतर। वे प्रयोगधर्मी भी थे। नयी-नयी बातें सोचना और उन्हें कार्यान्वित करना उनके स्वभाव में था। कह सकता हूँ कि वे बहुत डायनमिक व्यक्ति थे। उनके पास अपने समय को पहचानने वाली आँखें थीं और जनता तथा पाठकों की नब्ज पर सदैव उनका हाथ रहता था। वे सजग और चौकन्ने पत्रकार थे। 'चाँद' के साथ ही उन्होंने साप्ताहिक 'भविष्य' का भी प्रकाशन शुरू किया। क्या कोई खोजी इतिहास लेखक 'चाँद' और 'भविष्य' की पत्रकारिता के ऐतिहासिक महत्त्व की छानबीन कर सकता है? यह जानना जरूरी है कि 'भविष्य' ने बलिदानी पत्रकारिता में बहुत जल्दी ही एक अनोखा कीर्तिमान स्थापित कर लिया। छपने के छह महीने के भीतर ही उसके कई सम्पादक एक-एक कर पकड़ लिये गये। 'भविष्य' इन परिस्थितियों में अधिक दिन नहीं चला, पर उस दौर में वह जनता का चहेता अखबार बन गया। शायद उसमें देश की मुक्ति की जनाकांक्षा की बड़ी अभिव्यक्ति थी। वह जब तक निकला, अपनी गौरव पताका फहराते हुए उसने एक सार्थक जिन्दगी जी।

सहगल इलाहाबाद में 8 हेस्टिंग्स रोड पर रहते थे। वहाँ उनकी कोठी का नाम 'रैन बसेरा' था। कहा जाता है कि उनके छोटे भाई नन्दगोपाल सिंह सहगल ने जो प्रेस और कार्यालय के व्यवस्थापक थे, उनके सम्मुख ऐसी स्थितियाँ उत्पन्न कर दीं जिसके कारण उन्हें 'चाँद' और इलाहाबाद को अलविदा कहना पड़ा। बाद में उन्होंने 'कर्मयोगी' और एक अँग्रेजी साप्ताहिक शायद 'क्राइसिस' भी निकाला था। राजेन्द्र यादव से उनकी निकटता रही और दो-ढाई साल पत्र-व्यवहार भी चला। वे पत्र सहगल को जानने के लिए एक जरूरी आधार हो सकते थे। मैंने कई बार राजेन्द्र से उन पत्रों के सम्बन्ध में पूछताछ की पर वे हर बार टाल जाते रहे। राजेन्द्र की पहली मनलायक 'प्रतिहिंसा' कहानी 'कर्मयोगी' में ही छपी थी। राजेन्द्र मानते थे कि सहगल पत्रकारिता के क्षेत्र में धमाके करनेवाले बहुत दबंग सम्पादक थे। वे यह भी चर्चा करते हैं कि सहगल के भाई नन्दगोपाल ने धोखा देकर उन्हें जेल भिजवाया और सारा परिवार तितर-बितर हो गया। नन्दगोपाल 'चाँद' पर कब्जा जमाकर बैठ गये और उससे मिलनेवाली सुविधाओं

का लाभ उठाते रहे। सहगल के लिए यह सब अत्यन्त पीड़ादायक रहा। उनके छोड़ते ही 'चाँद' भी देश की बलिदानी पत्रकारिता और आजादी की लड़ाई के इतिहास में अपनी जीवन्त भूमिका का निर्वाह कर ओट में जा छिपा।

मुझे राजेन्द्र से ही पता लगा था कि सहगल ने डायरी लिखनी भी शुरू की थी जिसके कुछ पृष्ठ 1946 में 'कर्मयोगी' में छपे थे। उस डायरी का अंश यहाँ देने का हमारा उद्देश्य यह है कि सहगल पर चन्द्रशेखर आज़ाद की मुखबिरी करने का जो आरोप दबे-छिपे एक बार लगा था उसके पीछे की सच्चाई क्या है—'हमारा देश तमाशबीनों की मजलिस और बिना समझे ताली पीटनेवालों की क्रीड़ास्थली है। प्रत्यक्ष अनुभव मुलाहिज़ा कीजिए : आज से करीब 10 साल पहले का चुटकुला है। मुझे सौभाग्य या दुर्भाग्यवश अपने एक परम मित्र अवध के एक राजा साहब के अनुरोध से नैनीताल में कुछ दिन रहना पड़ा। सच्चे पहाड़ी जीवन का मैं जितना प्रशंसक हूँ, उसे लेखनी द्वारा प्रकट करना मेरी परिमित योग्यता के परे की बात है। पहाड़ी प्रदेशों के सम्बन्ध में, एक किंवदन्ती ही समझ लीजिए, कहा जाता है कि प्राचीन काल में गृहस्थ अपने चौथेपन में प्राय: जीवन भर की पूँजी अपने बाल गोपालों को सौंपकर वानप्रस्थ ले लिया करते थे और मृत्यु-पर्यन्त जंगलों में एकान्तवास, अध्ययन-चिन्तन-मनन उनका एकमात्र व्यवसाय होता। अतएव आज भी, कलि-काल की इस लपलपाती दोपहरिया में, पहाड़ी प्रदेशों में भारतीयता एवं निष्कपट मनुष्यता का जो धुँधला-सा प्रकाश दिखाई देता है, उसे उन महापुरुषों के आशीर्वाद के अतिरिक्त और कहा भी क्या जा सकता है? इनकी छोटी-सी दुनिया आज भी प्राचीन जीवन का एक जीता-जागता 'मॉडल' समझा जाता है और इस सिलसिले में मैं इतना और भी निवेदन कर देना चाहता हूँ, कि संसार में जो उंगलियों पर गिनी जानेवाली छोटी सी मेरी मित्र-मंडली है, उनमें से भी अधिकांश मित्र सुषुप्त कन्दराओं के सरल अधिवासी हैं। इनमें से कुछ चुने हुए मित्रों में शराफ़त की चर्चा प्रसंगवश की जाएगी। मैं असल में कहना यह चाहता था, कि नैनीताल, अल्मोड़ा मसूरी, डलहौजी और शिमला, जहाँ कहीं भी गौरांग महा-प्रभुओं का साया पड़ गया, इसके सर्वथा अपवाद और फलत: पूँजीपतियों के क्रीड़ास्थल बन गये हैं। एक बार डलहौजी के एक परम प्रतिष्ठित वयोवृद्ध 'बिजिनेस-मेगनेट' मित्र से यह जानकर, कि पंजाब के कुछ पूँजीपति परिवारों की सात महिलाएँ—साल में छ: महीने नये-नये फैशन तथा बनाव-शृंगार का आविष्कार करना और शेष छ: महीने पहाड़ों पर जाकर अपने संचित सौन्दर्य को बिखेरना मात्र ही अपने जीवन का अन्तिम छोर समझने लगी हैं, लज्जा से मेरा मस्तक सहज ही नत हो गया और चम्बा के प्रसिद्ध साहित्यिक भाई दौलतराम की प्रतीक्षा में डलहौजी में दो रातें मैंने इसी बात के चिन्तन में

गुजार दीं कि आखिर हमारा देश किधर जा रहा है? अस्तु!

'कहने क्या जा रहा था और मैं क्या ले बैठा। मुझे इसका खेद है पर मेरी हालत तो आप उस वाद्य-यन्त्र-सी समझें, जिसका तार जरा हिलते ही बज उठता है। अभिप्राय यह, कि जब तक नैनीताल रहा, दिन में पानी-बूँदी के कारण लिहाफ़ में दुबके रहना और शाम को अपनी परिस्थिति के हिसाब से 'मेक-अप' करके 'बैडस्टैंड' तक चहल-कदमी कर आना पूँजीपतियों का एक सहज चोचला है। राजा साहब के साथ मैंने भी कई संध्याएँ इन्हीं हरकतों में गुजारीं। मनोवृत्ति सर्वथा विपरीत होते हुए भी सोहबत का असर तो था ही, मेरा भी यही कार्यक्रम हो गया। इसी दौरान एक दिन प्रान्तीय कौंसिल की बैठक का लुत्फ उठाने का प्रोग्राम बन गया। कुँवर सर महाराज सिंह, मेरी धर्मपत्नी के स्वर्गीय पिता के मित्र, उन दिनों होम मेम्बर थे और कई बार मुझे जेल की हवा खिलवाने वाले मि. एच.एस. बम्फर्ड (जो बाद में बिहार के गवर्नर भी हो गये थे) चीफ सेक्रेटरी। अतएव 'डिस्टिंगुइज्ड गैलरी' का पास सहज ही मिल गया। इसके पूर्व मैंने कभी इस ओर ध्यान तक देने का कष्ट नहीं किया। मेरे जीवन में यह पहला ही अवसर था, जबकि मैंने कौंसिल (जो आजकल लेजिस्लेटिव असेम्बली कही जाती है) की कार्यवाही का लुत्फ उठाया। नैनीताल में लखनऊ जैसी सुविशाल अट्टालिकाएँ नहीं, बल्कि एक साधारण से हॉल में डेमोक्रेटिक सिद्धान्तों का श्राद्ध किया जाता था। साधारण समाज-सोसाइटियों की भाँति टूटी-फूटी कुर्सियों की व्यवस्था थी। स्थानाभाव के कारण कोई हिल तक नहीं सकता था। कौंसिल के मेम्बरों की बगल में ही एक स्थानीय पूँजीपति रायबहादुर एम.एल.सी (उस जमाने के) बैठे हुए घरेलू चर्चा कर रहे थे। अपने दूसरी ओर बैठे हुए किसी एम.एल.सी. से, प्रान्तीय गवर्नमेन्ट के शिक्षा विभाग सम्बन्धी किसी प्रस्ताव पर गरमागरम बहसें हो रही थीं। अन्त में 'टाई' पड़ जाने के कारण वोट लेने की नौबत आ गयी। जब घंटी बजी तब रायबहादुर साहब की निद्रा टूटी। घबराकर मुझसे पूछने लगे कि 'सहगल जी, आप तो खूब समझ रहे होंगे, जरा बतलाइए क्या बहस थी और किस पक्ष का वोट हो रहा है। स्मरण रहे, मैं अपना वोट, जो भी सरकारी पक्ष हो, उसे ही देना चाहता हूँ।' मेरे आश्चर्य की सीमा न रही। वहाँ का यह कलुषित वातावरण देखकर और एक भारतीय के नाते, मैं यह जानकर लज्जा से मानो गड़-सा गया कि रायबहादुर साहब 11 विभिन्न चुनाव में 'जनता के प्रतिनिधि' चुने जा चुके थे अर्थात पूरे 11 टर्म तक आप एम.एल.सी. रहे। स्मरण रहे, मैं उसी कलुषित युग की चर्चा करने जा रहा हूँ, जीवन के इस अध्याय में। अस्तु!

'सन् 1931 की बात है। प्रसिद्ध क्रान्तिकारी खुदीराम बोस तथा 'भारत और आयरलैंड' सम्बन्धी एक तुलनात्मक रचना 'भविष्य' में प्रकाशित करने के अभियोग

में मैं स्थानीय नैनी जेल के 'गोलघर' में कैद था। 'गोलघर' नैनी सेन्ट्रल जेल का वह स्थान है, जहाँ किसी जमाने में पागल गोरे रखे जाते थे। इसी बैरक में, इसी को जरा ठीक-ठाक कराकर, स्वर्गीय पं. मोतीलाल नेहरू, पं. जवाहरलाल नेहरू तथा स्वर्गीय आर.एस. पंडित को देहरादून जेल भेजा जा चुका था। केवल पं. मोतीलाल नेहरू तथा सीलोन-गवर्नमेन्ट के वर्तमान एग्रीकल्चर-मिनिस्टर बर्नाड आलूविहारे वहाँ मौजूद थे। यदि मैं भूल नहीं करता, तो मेरे वहाँ पहुँचने के आठ-दस दिन के भीतर ही पं. मोहनलाल नेहरू रायबरेली भेज दिए गये थे। जब तक पं. मोहनलाल रहे हम लोगों का 'लंच' बड़े ठाठ का होता रहा। कच्ची सिंकी रोटियों के स्थान पर डबलरोटी के टोस्ट सेंक लिये जाते थे और 'कुकर' में पतली दाल पका ली जाती थी। जेल के बाग में टमाटर, पुदीना, नींबू तथा प्याज बगैरह का सलाद बनता। दो छोटी-सी लकड़ी की मेजों को जोड़कर टेबिल बनाया जाता और उस पर तौलिया बिछाकर हम लोग डबलरोटी के टोस्टों को दाल में डुबा-डुबाकर जायका लिया करते। इस सुबुक खाने की मुझे ऐसी चाट पड़ गयी है कि घर पर भी कभी-कभी टोस्ट को दाल में डुबाकर खाने लगा हूँ। कहना न होगा कि इस आविष्कार का सारा श्रेय पं. मोहनलाल नेहरू को है।

'मोहनलाल जब रायबरेली से छूटे, तो एक दिन हम लोगों से मिलने आए। उन्होंने मुझे बतलाया कि शहर भर में यह अफवाह बड़े जोरों से फैली हुई है कि स्वर्गीय चन्द्रशेखर आज़ाद की मुखबिरी मैंने की है, अर्थात मैंने ही उनका पता पुलिस को दिया है। उन्होंने मुझे इस बात की सलाह भी दी कि इस सम्बन्ध में मुझे एक वक्तव्य प्रेस में अवश्य देना चाहिए, नहीं तो मेरी जिन्दगी भी खटके में पड़ सकती है। अब जरा विचार कीजिए अपने देशवासियों की कलुषित मनोवृत्ति तथा चरित्र-बल पर! जेल से छूटने पर मुझे पता चला कि यह सारा तूफान उठानेवाले एक ऐसे पत्रकार हैं, जो 'भविष्य' की सफलता देखकर एक बार ही विचलित हो उठे थे। यह कायरतापूर्ण हमला उन्होंने उस समय करना ठीक समझा, जबकि मैं जेल की चहारदीवारी में पूर्वजों के पापों का प्रायश्चित कर रहा था।

'स्वर्गीय चन्द्रशेखर आज़ाद 27वीं फरवरी, सन् 1931 को स्थानीय कम्पनी बाग में दिन के करीब 10 बजे पुलिस की गोलियों के शिकार हुए थे और मेरी गिरफ्तारी भारतीय दंड विधान की धारा 124ए के मातहत दूसरी मार्च, सन् 1931 को हुई थी। जो आज़ाद जीवन में मेरे चरण स्पर्श करते नहीं अघाते थे, उन्हीं आजादी-प्रिय आज़ाद को पकड़वा देने का सेहरा मेरे सर बँधेगा, मैंने इसकी कल्पना स्वप्न तक में नहीं की थी।

'एक बड़े प्रतिष्ठित रईस और 11 वर्ष एम.एल.सी. रहनेवाले की योग्यता का नमूना ऊपर दिया जा चुका है। अधिकांश पत्र-पत्रिकाओं का नीति-संचालन

पूँजीपतियों का व्यवसाय बन गया है। सदियों की दासता ने हमारे चरित्र-बल को सहज ही खोखला कर दिया है। स्वतन्त्र रूप से कुछ सोचने-विचारने की क्षमता का देशवासियों में सर्वथा अभाव है। ऐसी हालत में एक ही गति शेष रह जाती है, यानी 'जैसी बहे बयार पीठ तब तैसी दीजै।' यदि कोई कह दे कि कौआ कान ले गया, तो इस अभागे देश के अधिकांश नागरिक कौए के पीछे भागना ही पसन्द करेंगे। टटोलकर यह देखने का कष्ट नहीं करेंगे, कि कान लगा भी है या वास्तव में कौआ ले गया? ऐसी दारुण परिस्थिति में यदि मुझे मुखबिर समझ लिया जाए, तो इसमें आश्चर्य ही क्या? बहस में पार न पानेवाले व्यक्ति, प्राय: व्यक्तिगत आक्षेप तथा छिद्रान्वेषण करके ही आत्म-सन्तोष प्राप्त कर लिया करते हैं। यदि इसमें भी कुछ अड़चनें उपस्थित हुईं, तो विपक्षियों को सी.आई.डी. घोषित कर दिया जाता है। मैं बचपन से ही विरोधियों की गोद में पला हूँ। अतएव इस तरह की बातों ने मुझे कभी भी विचलित नहीं किया, बल्कि वे मेरे मनोरंजन का कारण रही हैं। प्रसंगवश इस स्थल पर मैं पाठकों को ऐसी बातें बतलाने जा रहा हूँ, जो अब तक प्रकाश में नहीं आई हैं—आ भी नहीं सकती थीं। अस्तु!

'पाठकों को स्मरण होगा नवम्बर, सन् 1928 में 'चाँद' का एक वृहत् विशेषांक 'फाँसी अंक' के नाम से प्रकाशित किया था। उस ऐतिहासिक प्रकाशन के सिलसिले में मुझे लगभग सभी चोटी के क्रान्तिकारियों के सम्पर्क में आने का सौभाग्य प्राप्त हुआ था और इसके बाद तो एक ऐसा अटूट सिलसिला कायम हो गया, जिसके स्मरण मात्र से अतीत की मधुर स्मृतियाँ मेरे सामने चित्र-पट पर पड़े हुए अक्स की भाँति नाच उठती हैं। फाँसी अंक के प्रकाशन के समय मुझे विशेष रूप से 'बलवंत' (सरदार भगतसिंह), हरिनारायण कपूर (श्री शिव वर्मा जो अभी-अभी जेल से छूटे हैं,) सुखदेव, राजगुरु आदि मित्रों का सहयोग प्राप्त था। सच पूछिए तो यह उन्हीं लोगों के अथक परिश्रम और प्रोत्साहन का फल था कि फाँसी अंक इतना सफल रहा। उस विशेषांक में जो दुर्लभ सामग्री प्रकाशित हुई थी, उसने देश ही में नहीं, बल्कि विदेशों में भी तहलका मचा दिया था, पुलिसवालों की परेशानियाँ देखने ही योग्य थीं। और बात ठीक भी थी। इन लाल-बुझक्कड़ों ने अपनी योग्यता तथा अनुभव के बल पर ही क्रान्तिकारी नवयुवकों की हिस्टरी-सीट तैयार कर रखी थी। जो उनके हिसाब से मर गया था वह अभी जिन्दा था और जिसे वे जीवित समझ रहे थे, वह बेचारा कब का स्वर्ग सिधार चुका था। विभिन्न प्रान्तों की पुलिस के सब-इन्स्पेक्टर, इन्स्पेक्टर डी.एस.पी. तथा कतिपय सी.आई.डी. के उच्च पदाधिकारी प्राय: नित्य ही मेरे पास आकर पूछा करते कि ये सारी बातें मुझे कैसे और किस व्यक्ति द्वारा प्राप्त होती हैं। सभी के लिए मेरा एक ही टकसाली उत्तर था कि आपके होम-मेम्बर द्वारा! पंजाब के

एक दारोगा साहब एक बार उलझ भी पड़े थे मुझसे। पंजाब की पुलिस अपनी दुर्व्यवहारों के कारण दुनिया भर में बदनाम है इसलिए आपने भी बड़ी बदतमीजी से मुझसे कैफियत तलब की और गुस्ताखाना ढंग से फरमाया कि मुझे हस्त-लिखित कापियाँ फौरन 'पेश' करनी चाहिए ताकि तफ़तीश मुकम्मिल हो सके। इसके जवाब में आपको समझाया कि पत्र-सम्पादक ऐसा करने को बाध्य नहीं किया जा सकता, बल्कि यदि कोई चीज कानून के खिलाफ प्रकाशित हुई हो तो उसे उसका दंड दिया जा सकता है, पर पंजाबी प्राय: जब अपनी रट लगाते हैं, तो दूसरे की सुनते भी नहीं। यह दारोगा साहब भी कुछ ऐसे ही मुल्ला-टाइप के थे। आप कहने लगे जबकि एम.एस.एस. पुलिस के सामने पेश नहीं कर सकते तो ऐसी चीजें रिसाला में शाया करने का आपको क्या हक था? अब मेरे धैर्य का बाँध टूट चुका था। मुझे दारोगा साहब को बतलाना पड़ा कि इस वक्त वे अपने 'हलके' में न होकर, मेरी कोठी के कम्पाउंड में हैं। अतएव दूसरी बार यदि उनकी जबान से इस तरह की बदतमीजी की बात निकली तो कान थामकर उनको हाते से बाहर निकलवा दिया जाएगा। दारोगा साहब फौरन सर्द पड़ गये और फरमाने लगे कि मैं तो दोस्ताना ढंग से पूछ रहा था। इस पर मैंने उन्हें समझा दिया कि जब तक वह अपनी ज़लील हरकतें नहीं छोड़ते उस समय तक उन्हें मेरी दोस्ती का दावा कर मुझे और भी नादिम न करना चाहिए। इस समय पुलिस के कई उच्च-पदाधिकारी उपस्थित थे। परिणाम यह हुआ कि इसके बाद पुलिस के किसी व्यक्ति ने भी मेरे पास आने का साहस तक नहीं किया, पर फाँसी अंक प्रकाशन के दूसरे ही दिन जब्त घोषित कर दिया गया।

'फाँसी अंक के प्रकाशन में करीब 2500 रुपये व्यय हुए थे जिसमें कुछ कापियाँ और कुछ रुपये पार्टी को भी दिए गये थे। इस प्रकाशन का प्रत्यक्ष परिणाम यह निकला, कि चटगाँव-पंजाब तक के क्रान्तिकारियों ने मुझे घेरना शुरू कर दिया। मुझे वे अपना एक प्रमुख सहायक समझने लगे और जहाँ जक मुझसे भी बन पड़ा मैंने किसी भी नवयुवक को हताश नहीं लौटाया। लेखनी द्वारा, धन अथवा परामर्श द्वारा, जो भी मैं कर सका, करता रहा। परिणाम यह हुआ कि मेरा घर तथा कार्यालय इन तूफानी—क्रान्तिकारियों का एक प्रमुख अड्डा बन गया, जिसकी मनोरंजक-चर्चा पाठक इसी स्तम्भ में पढ़ेंगे।'

नवम्बर, 1928 में छपे इस फाँसी अंक का मुद्रण फाइन आर्ट प्रिंटिंग कॉटेज, 28 एलगिन रोड, इलाहाबाद में हुआ था। विषय सूची में 94 शीर्षकों से विभिन्न सामग्री छापी गयी थी जिसमें 16 रंगीन और 100 सादे चित्र थे। 335 पृष्ठों का यह अंक 2 रुपये मूल्य का था। इनकी 10000 प्रतियाँ छापी गयी थीं। खर्चे का विवरण बाकायदा मद के हिसाब से घोषित किया गया था जिसमें कागज, छपाई

के साथ ही कर्मचारियों का वेतन, मकान किराया व बिजली का व्यय सम्मिलित था। इस विवरण को हम इस पत्रिका के सम्पादक और प्रकाशक की ईमानदारी और पारदर्शिता के तौर पर भी देख सकते हैं। 'चाँद' के फाँसी अंक की जब्ती ब्रिटिश सरकार की एक ऐसी कार्यवाही थी जिसने पत्रकारिता की आजादी पर बहुत सारे सवाल खड़े कर दिए। क्या ब्रितानी शासन इस अंक को इतना खतरनाक मानता था कि उसके प्रचार-प्रसार से उसकी जड़ें हिल जाएँगी। निश्चय ही स्वतन्त्रता संग्राम के सशस्त्र युद्ध और उसकी प्रेरक शक्तियों का यह ऐसा अनोखा दस्तावेज था जो भविष्य के संग्राम के दरवाजे भी खोलता था। इसमें निहित क्रान्तिकारी चेतना की विचार-यात्रा सिर्फ मुक्ति-युद्ध तक ही सीमित नहीं थी, बल्कि देश के विप्लवी नौजवान किस तरह के स्वतन्त्र समाज का निर्माण करना चाहते हैं, यह भी स्पष्टतः दृष्टव्य था।

फाँसी अंक की जब्ती की कार्यवाही से सम्बन्धित 'चाँद' का फरवरी, 1929 का अग्रलेख 'फाँसी-अंक को फाँसी' शीर्षक से लिखा गया था जो बहुत विचारोत्तेजक था। 'चाँद' के विरुद्ध अँग्रेज सरकार के इस कठोर कदम की हर तरफ आलोचना हुई। जनता में भी इसकी बहुत तीव्र प्रतिक्रिया थी। लोग मान रहे थे कि यह तो अभिव्यक्ति की स्वतन्त्रता पर गहरा कुठाराघात है और इसकी निन्दा की जानी चाहिए। हम जान सकते हैं कि 1929 के उस जमाने में देश में प्रेस की क्या स्थिति थी, लेकिन इसके साथ ही इस तथ्य को भी नजरन्दाज नहीं किया जाना चाहिए कि तब के सम्पादक और प्रकाशक मुक्ति-संघर्ष के बड़े सवाल पर बहुत मजबूती से अपने पाँव जमाए हुए थे। उन्हें न तो जब्ती का डर था, न प्रेस के बन्द होने और न ही अपनी जेल-यात्रा का थोड़ा भी खौफ उन्हें सता रहा था।

हम यहाँ उन ऐतिहासिक दस्तावेजों को प्रस्तुत कर रहे हैं जो एक साम्राज्यवादी सत्ता के दमनकारी चरित्र को तो बताते ही हैं, साथ ही उस पूरे संघर्ष का भी खुलासा करते हैं जिसे 'चाँद' के सम्पादक रामरख सिंह सहगल ने झेला और लड़ा। यह कम बड़ी बात नहीं है कि देश में क्रान्तिकारियों के खुले सशस्त्र संग्राम के साथ ही तत्कालीन समाचार पत्र-पत्रिकाएँ भी उसमें बराबर की भागीदार थीं। कलम इस मोर्चे पर कहीं पीछे नहीं रही, बल्कि क्रान्तिकारी संघर्ष को पैनाने और उसे विचार का जामा पहनाने का जरूरी कार्य ये कलमकार ही पूरा करते रहे।

(1)

'फाँसी-अंक को फाँसी'

फाँसी-अंक की जब्ती का फतवा देकर प्रान्तीय सरकार ने 'चाँद' जैसी सामाजिक पत्रिका पर जो अनुचित प्रहार किया है, उसे देखकर हमें तथा 'चाँद' के विशाल

परिवार को क्लेश का होना स्वाभाविक ही है। आज अपनी दासता का हमें विशेष तथा प्रत्यक्ष अनुभव हुआ है और अपने गरेबान में मुँह डालकर आज हम अपनी परवशता का बड़ा दारुण स्वरूप देख रहे हैं।

'चाँद' का फाँसी-अंक भारत में ब्रिटिश शासन की जड़ खोदने के अभिप्राय से प्रकाशित नहीं किया गया था और न इस प्रकाशन का उद्‌देश्य अँग्रेजी साम्राज्य के विरुद्ध घृणोत्पादक भावों का प्रचार ही था। केवल सामाजिक दृष्टि से, इस उन्नति और विकास के युग में फाँसी की जंगली प्रथा के विरुद्ध आन्दोलन उठाना ही हमारा एकमात्र उद्‌देश्य था। हमने यथाशक्ति भिन्न-भिन्न प्रदेशों में प्रचलित प्राणदण्ड की अमानुषिक प्रथाओं की इस अंक में चर्चा की है। किसी भी जाति अथवा देश का पक्षपात नहीं किया है। इस समस्त अंक को बार-बार पढ़ने पर भी हमारी दृष्टि में एक भी पंक्ति आपत्तिजनक नहीं दिखाई दे रही है। एक गुरुतर अपराध अवश्य हुआ है, वह है फाँसी-अंक के परिशिष्ट भाग में मरे हुए विप्लवकारियों की चर्चा करना। इन बेचारे मरे हुओं की चर्चा हमीं ने की हो, सो बात भी नहीं। इन स्वर्गीय आत्माओं की संक्षिप्त चर्चा अनेक पत्र-पत्रिकाओं में हो चुकी है, जिसके प्रकाशन पर सरकार द्वारा कभी आपत्ति नहीं की गयी। पृष्ठों के अतिरिक्त फाँसी-अंक को जब्त करने का हमें कोई दूसरा कारण दिखाई नहीं दे रहा है। पर सरकार स्पष्ट बतलाती भी तो नहीं कि उसकी दृष्टि में किस अंश का प्रकाशन घृणोत्पादक समझा गया है?

यदि इस अंक के प्रकाशन द्वारा ब्रिटिश साम्राज्य का अस्तित्व ख़तरे में पड़ गया था और इस अंक को जब्त करके ही भविष्य की शासन-प्रणाली को प्रान्तीय सरकार सुदृढ़ करना चाहती थी, तो उसके ऐसा करने को हम पराधीन रोक नहीं सकते थे, पर फिर भी हमें न्यायानुकूल कार्यवाही की आशा थी, वह भी नहीं हुई। ज़ब्ती का संक्षिप्त ब्योरा इस प्रकार है—

फाँसी-अंक में पृष्ठ-संख्या बहुत अधिक होने के कारण इसके प्रकाशन में इस बार असाधारण देरी हो गयी थी। 1ली नवम्बर को प्रकाशित न होकर, यह अंक प्रकाशित हो सका 11वीं नवम्बर को। चूँकि दिवाली के कारण डाकख़ाना 12 तारीख को बन्द हो रहा था, इसलिए इस सप्ताह तक रात-दिन कार्य करके हमने 12वीं नवम्बर की डाक से अन्तिम कॉपी रवाना कर देने का निश्चय कर लिया था और हुआ भी ऐसी ही। 14वीं नवम्बर को प्रात:काल 6 बजे के क़रीब शहर कोतवाली का एक सिपाही घबड़ाया हुआ आया और 'चाँद' के फाँसी-अंक की एक प्रति माँगने लगा। पूछा गया, क्या करोगे? उत्तर मिला, कोतवाल साहब माँग रहे हैं, कप्तान साहब इन्तज़ार में बैठे हैं, देखकर लौटा देंगे। उससे कहा गया, लिखा कर लाओ तब कॉपी मिल सकती है। 16 नवम्बर को दूसरा

सिपाही खुफिया पुलिस के किसी दारोग़ा साहब का एक पत्र लाया, जिसकी नक़ल नीचे दी जा रही है—

O.H.M.S

Dear Mr. Saigal

I Will be highly oblige (obliged?) if you will send your magazine (Chand on phansi) for a short time. It will be returned after a short time.

Your truly

(Sd.) Jai Narain Singh

S.I., D.I.S.

16th November, 1928

फाँसी-अंक की एक प्रति दे दी गयी, हालाँकि दो कॉपियाँ सरकारी रिपोर्टर को सदा की भाँति भेजी जा चुकी थीं। हम निश्चिन्त थे, हमारी यह कल्पना भी नहीं हो सकती थी कि 'मियाँ की जूती और मियाँ का चाँद' वाली कहावत चरितार्थ की जाएगी (मुफ़्त 'चाँद' न देकर, दारोग़ा साहब' से 2/- वसूल किए जा सकते थे) इसके 5-6 रोज़ के बाद चारों ओर हल्ला सुनाई पड़ रहा था कि 'चाँद' का फाँसी-अंक ज़ब्त हो गया! हमारे पास लोग पत्र लिखते, टेलीफ़ोन करते और स्वयं आकर कुशल-समाचार पूछते। 19वीं दिसम्बर तक यही क्रम जारी रहा और फाँसी-अंक की कॉपियाँ बराबर रवाना होती रहीं, हालाँकि ज़ब्ती की आज्ञा 10 दिसम्बर को निकल चुकी थी। समस्त भारत के डाकख़ाने में सरकारी आज्ञा-पत्र भेजा जा चुका था कि 'चाँद' का फाँसी-अंक जहाँ भी मिले; सी.आई.डी. के बड़े दफ़्तर शिमला भेज दिया जाए—पर हमें आज यह पंक्तियाँ लिखते समय (20-01-29) तक कोई व्यक्तिगत सूचना नहीं मिली है। 19 दिसम्बर को एक मित्र प्रातःकाल आए। उन्होंने कहा कि 15 दिसम्बर के सरकारी गज़ट में फाँसी-अंक की ज़ब्ती की आज्ञा प्रकाशित हो चुकी है, मँगाकर देख लीजिए। उसी समय गवर्नमेन्ट प्रेस आदमी भेज कर गज़ट मँगाया गया। पढ़कर हम स्तम्भित रह गये। अफ़वाह ठीक थी। उसमें छपा था—

December 10, 1928

No. 3774/VIll-100–In exercise of the power conferred by section 99/A of the Code of Criminal Procedure, 1898 (Act V of 1898), the Governor in Council hereby declares to be forfeited to His Majesty every copy of the special Phansi Ank (Capital punishment number) of the Hindi CHAND Magazine issued in November 1928, edited by Sri Chatur Sen Shastri and Printed and published by R. Saigal at the Fine Art Printing Cottage, 28,

Elgin Road, Allahabad, on the ground that the said number contains matter, the publication of which is punishable under section 124/A of the Indian Penal code.

अब प्रश्न यह है कि हर एक व्यक्ति नियमित रूप से सरकारी गज़ट नहीं पढ़ता, हमारा भी न पढ़ना स्वाभाविक था। गज़ट 15 तारीख़ को प्रकाशित हो चुका था, किन्तु फाँसी-अंक की कॉपियाँ 19 तारीख़ तक बराबर भेजी जा रही थीं। कानून की अनभिज्ञता क्षम्य नहीं है (Ignorance of law is no excuse)। यह हमारा सौभाग्य था कि ऐसा नहीं हुआ, किन्तु यदि पुलिस चाहती तो ज़ब्त किए हुए साहित्य के प्रचार करने का अभियोग ला कर हमें दंड दिला सकती थी। वास्तव में कैसा अन्धेर है; आधी दुनिया जान ले कि 'चाँद' ज़ब्त हो गया, लेकिन उसके प्रवर्तकों को पता ही न दिया जाय! हमें यदि सामयिक सूचना मिल गयी होती तो वृथा डाक-व्यय में हमारी आर्थिक हानि न होती और न ग्राहकों को असुविधा ही। जिन ग्राहकों की कॉपियाँ डाकख़ानों से ही उठा ली गयी थीं, उनसे हमें वृथा लिखा-पढ़ी भी न करनी पड़ती। सैकड़ों ग्राहक लिख रहे थे। उन्हें फाँसी-अंक नहीं मिला। यहाँ से जाँच कर लिखा जाता कि अमुक तारीख़ को ठीक तौर से देखभाल कर रवाना किया जा चुका है, डाकख़ाने को शिकायत कीजिए। अस्तु—

फाँसी-अंक की 10 हज़ार प्रतियों में से हमारे यहाँ वापसी आनेवाली केवल 40 प्रतियाँ शेष बची थीं, जिसे सरकारी गज़ट पढ़ते ही हमने कलेक्टर साहब के पास तुरन्त भेजकर अपने औचित्य का पालन किया और प्रान्तीय सरकार के चीफ़ सेक्रेटरी की सेवा में 22 दिसम्बर के अपने पत्र में अपनी नीयत (Intention) की सफाई देते हुए हमने पूछा कि आख़िर फाँसी-अंक के किस अंश पर आपत्ति की गयी है, ताकि उस प्रकार का साहित्य भविष्य में 'चाँद' में न छापा जाए। हमारे पत्र की नक़ल यह है:—

The Chief Secretary to Government U.P.

Lucknow

December, 22nd 1928

Sir,

I was shocked at the perusal of Notification No. 3774/Vlll-100 of December 10th appeared in the U.P. Gazette dated 15th, in which the Governor in Council has been pleased to forfeit copies of Special Phansi Ank of the Chand (November issue, edited by Prof. Chatur sen Ghastri of Delhi).

The magazine was brought in to existence in the year 1922 and since then it has worthily served the society. The only object of the magazine being the betterment of society and uplift of Indian Womwn. The magazine is mostly subscribed by educated people of thought and is highly spoken of the readers, public and Government officials alike. I take the liberty of presenting you a book-let entitled "Resposible Opinions." This will give an idea of what the magazine stands for,

The question of the elimination of the deathpenalty has been agitating the minds of the Western jurists for so long. They rightly claim that the punishment for a murder should not be a legalized killing. The Society in its present stage of evolution does not favour the prinicple of eye for eye and tooth for tooth, on which the system of deathpenalty is based. These are my confirmed views that prompted me to bring out a Special Number on the most important topic of the day. In short, my object was purely humanitarian and not spread disaffection against His Majety's Government, I am charged with.

Words fail me to express, how damaging I feel when I See that the foreituer of my magazine is claimed urder section 124/A I never thought of and how anxious I am to vindicate my position in the eyes of the government.

If you have time I would beg you to go through the issue and see for yourself how grave injustice is done to me by the local police. In the issue you will find that atrocities committed by any commutity-irrespective of color, caste or creed has been codemned on authentic grounds. The magazine begins with the pathetic account of the Christ. The history of French Revolution is amply traced. The trial of Charles not excepted. The killing of Jone of Arc is recalled. Atrocities of the Indian Mutiny of 1857 is vehemently condemned and assassination of President Lincoin is given full of pathos. In the end short account is given of some misguided Indian who were done to death by the Govenment for their revolutionary activities, which was only a collection from Newspapers and periodicals which were never objected to by the Government. This is the long and short of the whole issue. I have re-read the whole number, immediately after seeing the order and to me nothing appears to be so serious as to justify the action of the local Police. I shall thank you so much, if you be so good as to inform me what particular portion is taken exception to, so that the publication of such contributions may be particularly avoided in future.

In the end, I assure you once more that as a creed I am as loyal to the Crown as anybody could claim to be. At times, unfortunately so often in the present poliltical atmosphere, that as a Journalist one has to comment against particular action of the Govenment but that does not mean that he, at a time cannot be loyal and true to his Journalistic profession. This is what I mean by representing my case to you and hope you will do me Justice.

I have the honour to be

Sir,

Your most obedient servant

(Sd.) R. SAIGAL

हमने इस पत्र की एक नक़ल प्रान्तीय गवर्नर के प्राइवेट सेक्रेटरी की सेवा में भी भेजकर प्रार्थना की थी कि यह पेशगी भेजी हुई कॉपी गवर्नर महोदय के सामने रख दी जाए, जिसका उत्तर हमें 1ली जनवरी के पत्र में यह मिला कि विचार हो रहा है, और चीफ़ सेक्रेटरी आपको सरकारी निर्णय की सूचना देंगे। अस्तु—

हमने प्रान्तीय सरकार के चीफ़ सेक्रेटरी महोदय से ख़ास तौर से प्रार्थना की थी कि वे इस अंक को आदि से अन्त तक पढ़ लेने की अवश्य कृपा करें, क्योंकि कुछ भी हो, कुँवर जगदीश प्रसाद भारतीय थे, हिन्दी जानते ही होंगे—केवल यही समझ कर हमने यह अनुरोध करने की धृष्टता की थी, क्योंकि निम्न श्रेणी के पुलिस-कर्मचारियों की योग्यता में हमें सदा सन्देह रहा है। इसका कारण है। इन्हीं दिनों में खुफ़िया पुलिस के कई दारोगाओं ने अपने चरण-रज से कार्यालय को पवित्र किया था। एक दरोग़ा साहब की योग्यता का नमूना भी दे देना अप्रासंगिक न होगा। वे कार्यालय के मैनेजर महोदय के टेबुल पर बैठे थे। मेज़ पर एक कॉपी 'आदर्श चित्रावली' की पड़ी थी, उसमें अनेक कविताएँ भी थीं, आपने उन्हें बड़े ग़ौर से पढ़ा और बोले—''वास्तव में आपका 'चाँद' बहुत सुन्दर निकलता है, चित्र भी इतने अधिक निकलते हैं। आपको तो बड़ा ख़र्च करना पड़ता होगा! छपाई बहुत साफ़ होती है।'' शायद बतलाना न होगा, दारोग़ा साहब ने इस चित्रावली को ही 'चाँद' समझ लिया था, उनका यह भ्रम दूर करने पर बेचारे बड़े लज्जित हुए। इस

घटना से हमें केवल यह दिखाना है कि इसी प्रकार के बहुत से जाहिल आज हमारे भाग्य-विधाता बना दिए गये हैं। जो लोग 'चाँद' तथा 'चित्रावली' में भेद नहीं समझ सकते वे साहित्यिक लेखों को कितना समझ सकते होंगे, इसका सहज ही में अनुमान लगाया जा सकता है। एक दारोग़ा साहब ने, हमें विश्वस्त सूत्र से पता लगा है, अपनी रिपोर्ट में लिखा था "Its very name is objectionable" अर्थात इस विशेषांक का नाम (फाँसी-अंक) ही आपत्तिजनक है। इन्हीं भाग्य-विधाताओं के डर से हमने चीफ़ सेक्रेटरी महोदय से इस अंक को आद्योपान्त पढ़ने की प्रार्थना की थी, पर उन्हें इतनी हमदर्दी क्यों होने लगी। मन्त्री महोदय का यही टकसाली उत्तर आया है, जिसकी नकल नीचे दी जा रही है—

No. 29-Z

From

KUNWAR JGDISH PRASAD
C.I.E., O.B.E., I.C.S.
Chief Secretary to Government
United Provinces.

To,
R. SAIGAL SAHIB (?)
Printer and publisher of the "Chand" Magazine
Allahabad

Dated, Lucknow the January 10, 1929

Sir,

With reference to your letter, dated December 22, 1928, regarding the proscription of the Special Phansi Ank issue fo the Chand magazine, I am directed to say that the grounds on which this issue of the magazine was proscribed are stated in notification No. 2774/Vlll-100, dated December 10, 1928, and that Government have nothing further to add.

I have the honout to be,
Sir,
Your most obedient servant,
(Sd.) JAGDISH PRASAD
Chief Secretary.

इधर हमसे प्रान्तीय सरकार से यह लिखा-पढ़ी हो ही रही थी; इस बीच में प्रयाग के एक दूसरे खुफ़िया पुलिस के दारोग़ा साहब का पत्र हमें मिला, जिसमें

उन्होंने अलीगढ़ ज़िले के 'चाँद' के ग्राहकों की सूची हमसे माँगी थी। पत्र में कहा गया था कि अलीगढ़ के डिस्ट्रिक्ट मजिस्ट्रेट को इसकी ज़रूरत है। पत्र की नक़ल यह है—

To,

Mr. R. Saigal,
Chand Press,
28, Elgin Road,
Allahabad

Dear Sir,

Will you please give me a list of your subscribers in Aligarh District. The District Magistrate of Aligarh wants it.

Yours Sincerely
(Sd.) Surendra Nath Mukerjea
S.l., D.I.S.

Allahabad 23.12.28

हमारे क्षोभ की सीमा न रही। इस पत्र के उत्तर में हमने ग्राहकों के पते देने से साफ इनकार कर दिया। हमने जो उत्तर दिया था, उसकी नक़ल भी नीचे दी जा रही है।

December, 24th

Dear Sir,

I have your letter of yesterday's date. You know what addresses mean to a Newspaper : and as such on business principles. I am sorry I do not see my way to comply with your request.

Yours truly
(Sd.) R. Saigal

Mr. S.N. Mukerjea.
S.I., D.I.S.
Allahabad

पुलिस के साधारण कर्मचारियों के इस छिछोरेपन को उत्साहित करना हमने उचित नहीं समझा। इन पंक्तियों के लेखक ने 24 दिसम्बर को खुफ़िया पुलिस के डिप्टी डायरेक्टर जनरल (Deputy Director General of the Criminal Investegation Deptt.) से भेंट की। आप बहुत शराफ़त से पेश आए और इन अनुचित कार्यवाहियों

के विरुद्ध आपने बड़ा रोष प्रकट किया। उन्होंने कहा कि पुलिस का कोई भी कर्मचारी आपसे पते माँगने की जुर्रत नहीं कर सकता। मैं इस बात की पूरी-पूरी जाँच ही नहीं करूँगा, बल्कि जो कुछ भी कर सकता हूँ, करूँगा।

उनसे फाँसी-अंक के ज़ब्त होने के सम्बन्ध में और भी अनेक बातें हुईं, जिनका यहाँ प्रकाशन करना साधारण-शिष्टाचार के विरुद्ध समझकर हम उन्हें नहीं देना चाहते। उन्होंने शहर-कोतवाल से पूछताछ की और इस सम्बन्ध की फ़ाइल मँगाने की आज्ञा भी दी। कोतवाल साहब तथा अन्य पुलिस कर्मचारियों से उनकी क्या बातचीत हुई, इसका तो हमें पता नहीं, किन्तु दूसरे रोज़ शहर के कोतवाल साहब हमारे यहाँ माफ़ी माँगने के लिए तशरीफ़ लाए और इन सारी कार्यवाहियों पर उन्होंने बहुत खेद प्रकट किया। उनका कहना था कि मुझे आज तक इन दरोगाओं की इन अनुचित हरकतों का जरा भी पता नहीं और न मैंने कभी 'चाँद' ही मँगाया था। मुझे आज तक इस बात का इल्म ही नहीं है कि 'चाँद' की शिकायत किसने की और वह ज़ब्त कैसे हो गया!'' हमें इस बात का भी विश्वास दिलाया गया कि ''भविष्य में इस प्रकार की मूर्खताएँ कदापि न होने पाएँगी और पुलिस के जिन कर्मचारियों ने इस प्रकार वृथा आपको कष्ट दिया है, उनकी भरपूर तम्बीह की जाएगी।'' किन्तु अब एक नया गुल खिला है, पिछले 15 दिनों से हमारी सारी डाक—बाहर के आने वाली तथा यहाँ से जाने वाली—दोनों ही सेन्सर (Censor) हो रही हैं—(खोल कर देखी जाती हैं) कोतवाल साहब से, जो डिप्टी सुपरिन्टेन्डेन्ट पुलिस भी हैं और जिनके अधीन शहर तथा सिविल लाइन दोनों हल्क़े हैं, पूछा गया। आप फ़र्माते हैं कि उन्हें इस बात का ज़रा भी इल्म नहीं है, शायद खुफिया पुलिस के विशेष विभाग (Special Branch of the C.I.D) की ओर से ऐसा होता हो। इस अन्धेर का भी कोई ठिकाना है! 'बड़े सो बड़े छोटे मियाँ सुभान अल्लाह' वाली कहावत अक्षरशः चरितार्थ हो रही है। बड़े हाकिमों को पता भी नहीं और साधारण कर्मचारी अपनी मनमानी कार्यवाही कर ब्रिटिश शासन-पद्धति को इस प्रकार कलंकित कर रहे हैं!

हमने प्रान्तीय सरकार के चीफ़ सेक्रेटरी महोदय की सेवा में जो सफ़ाई पेश की है और जिसकी नक़ल ऊपर दी जा चुकी है, उससे अधिक हमें कुछ भी नहीं कहना है। यदि सरकारी कोष में अन्याय के विरोध का ही दूसरा नाम अराजकता अथवा सरकार के विरुद्ध घृणोत्पादक भावों का प्रसार समझा जाता है, तो हम हृदय की समस्त शक्ति से किसी भी प्रकार के दंड का स्वागत करते हैं और परमात्मा से प्रार्थना करते हैं कि वह सर्वशक्तिमान हममें इतना साहस दे कि हम दृढ़तापूर्वक सदैव अन्याय का विरोध करते रहें। रही, पुलिस की हम पर विशेष कृपा-दृष्टि की बात, सो उसकी भी हमें चिन्ता नहीं है। जब भारतीय सरकार

के भूतपूर्व क़ानूनी सदस्य (Law member) डॉक्टर सर तेजबहादुर सप्रू जैसे राज-भक्त व्यक्ति का नाम पुलिस की डायरी में अंकित हो सकता है; जबकि इसी प्रान्त के भूतपूर्व गवर्नर सर हारकोर्ट बटलर के अभिन्न मित्र महाराणा महमूदाबाद और भूतपूर्व अस्थायी गवर्नर-छत्तारी के नवाब साहब जैसे राज-भक्तों पर पुलिस की कृपा-दृष्टि रह सकती है तो हमारी हस्ती ही क्या है? इन प्रतिष्ठित व्यक्तियों की श्रेणी में अपना नाम देखकर हमें भी क्षणिक गर्व का होना स्वाभाविक ही है और इसे हम अपना सौभाग्य समझते हैं।

(2)

न्याय का श्राद्ध

सुन्दरलाल की प्रणीत 'भारत में अंग्रेजी राज्य' नाम के विस्तृत और प्रामाणिक ऐतिहासिक ग्रन्थ को प्रकाशन के बाद चार दिनों के भीतर अत्यन्त उद्धत और निरंकुश प्रणाली से जब्त करके प्रान्तीय गवर्नमेन्ट ने न्याय की जो निर्मम हत्या की थी, वह समाचार पत्रों के पाठकों से छिपा हुआ नहीं है। अब इस ज़ब्ती में 2100 से अधिक पृष्ठों का यह प्रामाणिक ऐतिहासिक ग्रन्थ पिछले साल 18 मार्च के दोपहर के बाद 'चाँद' कार्यालय से प्रकाशित हुआ था। प्रकाशन के दो वर्ष पूर्व से इस पुस्तक का विज्ञापन 'चाँद' में तथा उत्तर भारत के लगभग सभी प्रसिद्ध पत्र-पत्रिकाओं में निकल रहा था। 'चाँद' के 'फाँसी-अंक' के साथ 12 पृष्ठों का एक विस्तृत विज्ञापन भी प्रकाशित हुआ, जिसकी 10,000 प्रतियाँ 'फाँसी-अंक' के साथ और 5,000 एजेन्टों द्वारा सर्व-साधारण में बाँटी गयीं। 'फाँसी-अंक' प्रकाशन के एक ही महीने बाद ज़ब्त कर लिया गया, परन्तु उस समय इस विज्ञापन को ज़ब्त करना गवर्नमेन्ट ने आवश्यक नहीं समझा। 'भारत में अँग्रेज़ी राज्य' के प्रकाशित होने के दूसरे दिन अर्थात 19 मार्च को सी.आई.डी. के एक दरोगा ने आकर प्रकाशक महोदय को कहा कि पुलिस-सुपरिन्टेन्टेन्ट उनसे कल सुबह एक ज़रूरी कार्य के लिए मिलना चाहते हैं। दूसरे रोज़ अर्थात 20 मार्च को मिलने पर पुलिस-सुपरिन्टेन्डेन्ट ने प्रकाशक महोदय को सूचना दी कि 'भारत में अँग्रेजी राज्य' का वह विज्ञापन, जो 'फाँसी-अंक' के साथ प्रकाशित हुआ था, ज़ब्त कर लिया गया है और यदि वह पुस्तक प्रकाशित की जाएगी तो उसकी सारी जिम्मेदारी प्रकाशक पर ही होगी। ध्यान देने की बात है कि इस सूचना के दो दिन पहले ही पुस्तक प्रकाशित हो चुकी थी! अस्तु, 22 मार्च को पुस्तक भी ज़ब्त कर ली गयी और विज्ञापन तथा पुस्तक दोनों की ज़ब्ती के आर्डर 23 मार्च के गज़ट में एक साथ ही प्रकाशित हुए। परन्तु ज़ब्ती के बहुत पहले ही, अर्थात्

20 मार्च की शाम से ही पुस्तक के पार्सल इलाहाबाद के डाकख़ाने में रोक लिये गये थे! इस प्रकार इस ज़ब्ती की सारी कार्यवाही शुरू से आख़िर तक निरंकुशता और औद्धत्य से भरी हुई थी!!

इस ज़ब्ती के विरुद्ध समस्त भारत के सभी प्रतिष्ठित हिन्दी, अँग्रेजी, गुजराती, मराठी तथा उर्दू आदि के पत्र-पत्रिकाओं ने घोर आन्दोलन किया। 'पायोनियर' के समान ऐंग्लो-इंडियन पत्र से लेकर देश-पूज्य महात्मा गाँधी के 'यंग इंडिया' और 'हिन्दी-नवजीवन' तक सभी पत्रों ने एक स्वर से इस ज़ब्ती को अन्यायपूर्ण और निन्दनीय बताया। भारत के हृदय-सम्राट महात्मा गाँधी ने तो यहाँ तक कहा कि यह ज़ब्ती 'दिन-दहाड़े डकैती' से किसी भी प्रकार कम नहीं है और इस प्रकार के अन्यायपूर्ण कामों द्वारा केन्द्रीय और प्रान्तीय गवर्नमेन्ट हम लोगों को छोटे पैमाने पर सत्याग्रह करने का सुअवसर प्रदान कर रही हैं। (The Central Government and the Local Governments are providing us with opportunities for offering mild civil disobedience...) परन्तु एक उत्तरदायित्वहीन और स्वेच्छाचारी गवर्नमेन्ट पर भला लोकमत का क्या असर पड़ सकता है? भारत की केन्द्रीय तथा प्रान्तीय गवर्नमेन्टों ने भी देश के इन प्रतिष्ठित पत्र-पत्रिकाओं के अनुरोध और विरोध, अनुनय और विनय की उपेक्षा करना ही उचित समझा।

अन्त में जब कोई उपाय नहीं रह गया तो पुस्तक-प्रकाशक सहगल महोदय ने ज़ब्ती के विरुद्ध इलाहाबाद हाईकोर्ट में अपील की। तीन जजों—जस्टिस बॉयज़, जस्टिस किंग और जस्टिस बनर्जी—के एक स्पेशल बेंच के सामने विगत 10 फरवरी से लेकर प्राय: आठ दिनों तक मुकदमे की सुनवाई होती रही। प्रकाशक की ओर से इलाहाबाद के सुप्रसिद्ध एडवोकेट डॉक्टर कैलाशनाथ काटजू ने बड़ी योग्यता और परिश्रम के साथ जजों को मुकदमा समझाया। सहगल महोदय को स्वप्न में भी यह आशा नहीं थी कि हाईकोर्ट इस ज़ब्ती को न्याय-संगत ठहरावेगा, परन्तु अन्त में परिणाम वह निकला, जिसकी आशा नहीं थी। हाईकोर्ट ने न केवल पुस्तक की ज़ब्ती को क़ायम रखा, बल्कि प्रकाशक को 4,050/- रुपये भी मुक़दमे के व्यय स्वरूप सरकार को देने की आज्ञा दे दी है। बड़े-बड़े अनुभवी वकील बैरिस्टरों का कहना है कि इस प्रकार का अन्धेर और ज़ुल्म आज तक किसी भी भारतीय प्रकाशक पर शायद ही हुआ हो!!

जज़ों ने अपने फ़ैसलों में ज़ब्ती को क़ायम रखने के अनेक कारण बताए हैं, परन्तु उन सबका सारांश केवल दो ही बातों में प्रकट किया जा सकता है—(1) पुस्तक निष्पक्ष भाव से नहीं लिखी गयी और (2) लेखक ने यह दर्शाया है कि भारतवर्ष को इंग्लैंड से अपना पूर्ण सम्बन्ध-विच्छेद कर लेना चाहिए। जजों का कहना है कि यह पुस्तक किसी भी तरह इतिहास कहे जाने योग्य नहीं है,

क्योंकि इसमें केवल पक्षपातपूर्ण बातें भरी पड़ी हैं। इसमें रेलवे जैसी संस्थाओं तक को भारतवासियों और भारतवर्ष पर केवल जुल्म करने का साधन बताया गया है। पीनलकोड तक के विषय में कहा गया है कि इस (इंडियन पीनल कोड) का उद्‌देश्य है भारतवासियों को दरिद्र बनाना, उनका नैतिक पतन करना और उनमें बेईमानी तथा मुकद्‌दमेबाज़ी की आदतें डालकर उनका सर्वनाश कर डालना।

हाईकोर्ट के जजों को ये बातें निस्सन्देह बहुत बुरी लगी होंगी। यूरोपिन और अँग्रेज लेखकों ने अब तक भारतवर्ष के जितने भी इतिहास लिखे हैं, उनमें से अधिकांश में यही बताया गया है कि अँग्रेजों के आने के पूर्व भारतवर्ष के लोग जंगली और दरिद्र थे। अँग्रेजों ने इस देश में आकर रेल, तार आदि जारी किए, जिससे यहाँ के लोगों को असीम लाभ हुआ है, और उन्हीं चीज़ों की बदौलत भारतवासी अब सभ्य, शिक्षित और सम्पन्न होते चले जा रहे हैं। परन्तु इन इतिहासों में यह नहीं बताया जाता कि रेल और तार फैलाए जाने का ही यह परिणाम हुआ कि भारतवर्ष का समुन्नत वस्त्र-व्यवसाय देखते-देखते चौपट हो गया और लंकाशायर के कपड़े सस्ते दामों में भारतीय ग़रीबों की झोंपड़ियों तक में पहुँचाए जाने लगे। आज भी रेलों के ही अस्तित्व का यह प्रभाव है कि भारतवर्ष के घरेलू शिल्प और उद्योग पनपने नहीं पाते, और भारतवर्ष में बनी हुई चीज़ों की अपेक्षा विलायती चीज़ें कहीं अधिक सस्ते दामों में आकर पड़ती हैं। महात्मा गाँधी ने अपनी सुप्रसिद्ध पुस्तिका 'हिन्द स्वराज्य' (Indian Home-Rule) में रेलों की कुछ कम निन्दा नहीं की है।

ऐसी अवस्था में विदेशी लेखकों का यह कथन कि रेल और तार से भारतवासियों का केवल लाभ ही लाभ हुआ है, नितान्त भ्रमात्मक और मिथ्या है। कम से कम इतना तो प्रत्यक्ष ही है कि रेल और तार से भारतवासियों को कुछ लाभ हो या न हो, गवर्नमेन्ट के लिए ये चीज़ें अनिवार्य हैं। रेल और तार के अभाव में भारत में अँग्रेजी राज्य एक दिन के लिए भी नहीं टिक सकता। फिर ऐसी बातें क्यों कही जाती हैं कि भारत में रेल और तार का प्रवेश केवल मात्र भारतवासियों के ही लाभ के लिए कराया गया था और राज्य विस्तार अथवा शासन की मज़बूती के साथ इनका कोई सम्बन्ध नहीं था? शुद्ध ऐतिहासिक दृष्टि से इस बात की बड़ी आवश्यकता है कि रेल, तार आदि के भारत में प्रवेश कराए जाने के वास्तविक कारणों और उनसे होनेवाले हानि और लाभ दोनों पर निर्भयतापूर्वक प्रकाश डाला जाए। परन्तु खेद है कि वर्तमान गवर्नमेन्ट की सुरक्षा के लिए इन बातों को अँधेरे में रखा जाना ही आवश्यक समझा जाता है! क्या वर्तमान गवर्नमेन्ट की भित्ति इतनी कमज़ोर, और इसकी उत्पत्ति-कथा इतनी कुत्सित और पापपूर्ण है कि सत्य के प्रकाश-मात्र से इसके ध्वंस हो जाने की आशंका की जाती है?

यदि सुन्दरलाल ने रेलवे के हानि-लाभों का विचार करने में पक्षपात से भी काम लिया हो तो भी राजविद्रोह के साथ इसका क्या सम्बन्ध हो सकता है? यदि रेलवे की समालोचना करना भी राजविद्रोह समझा जाए तक तो राजविद्रोह का अर्थ इतना विस्तृत हो जाएगा कि कोई भी निर्भीक लेखक या वक्ता अपने को इसके शिकंजे से बाहर नहीं समझ सकता।

इंडियन पीनल कोड के विषय में सुन्दरलाल की राय और आयरिश पीनल कोड के विषय में इंग्लैंड के प्रसिद्ध वक्ता एडमण्ड बर्क की राय में तो आश्चर्यजनक समानता दिखती है। आयरिश पीनल कोड के विषय में बर्क ने लिखा है—

"Well digested and well disposed in all its parts; a machine of wise and elaborate contrivance, and as well fitted for the oppression, impoverishment and the debasement in them of human nature itself, as ever proceeded from the perverted ingenuity of man."

भावार्थ यह कि आयरिश पीनल कोड एक बहुत योग्यतापूर्वक लिखा हुआ ग्रन्थ है; किसी जाति पर अत्याचार करने, उसे दरिद्र बनाने, उसका नैतिक पतन करने और उस जाति के जीवन में स्वयं मानव-स्वभाव तक को कलुषित बना देने के लिए इससे बढ़कर उपयुक्त यन्त्र की रचना न की होगी।

आयरिश पीनल कोड और इंडियन पीनल कोड में कितनी समता है, इसे तो कोई क़ानून का पंडित ही बता सकता है, परन्तु इतना तो कोई भी न्यायशील मनुष्य कह सकता है कि पीनल कोड की समालोचना करना राजविद्रोह नहीं समझा जाना चाहिए।

जजों ने अपने फ़ैसले में एक स्थान पर कहा है कि 'भारत में अँग्रेज़ी राज्य' नाम की पुस्तक में जहाँ कहीं भी अँग्रेजों के चरित्र का वर्णन किया गया है, वहाँ केवल उनके दोष ही दोष दिखाए गये हैं, और जहाँ अन्य किसी (हिन्दू या मुसलमान) का वर्णन आया है, वहाँ केवल उसके गुणों का बखान किया गया है। यहाँ ध्यान देने योग्य बात यह है कि जहाँ तक राज्य विस्तार का सम्बन्ध है, वहाँ तक ईस्ट इंडिया कम्पनी के शासन अथवा कम्पनी के कर्मचारियों के चरित्र में ऐसी कोई बात ही नहीं है, जिसकी कोई भी सभ्य मनुष्य प्रशंसा कर सके। जब स्वयं हेस्टिंग्स के देशवासियों तक ने उसके राज्य-विस्तार के साधनों की कड़े से कड़े शब्दों में निन्दा की है, तब भारतीय लेखकों से यह आशा रखना कि वे हेस्टिंग्स के किए हुए भयंकर अत्याचारों और रोमांचकारी जख्मों का समर्थन करेंगे, कदापि न्याय नहीं कहा जा सकता। डॉ. काटजू ने बार-बार इस बात पर ज़ोर दिया था कि साम्राज्य और सत्ता का विस्तार क्राइस्ट के उपदेशों का पालन करने से नहीं हुआ करता। साम्राज्य सदा छल, दग़ा, झूठ, धोखेबाज़ी आदि से

फैलाए जाते हैं। यह मानने के लिए कोई कारण नहीं कि ब्रिटिश साम्राजय भी इन्हीं साधनों से स्थापित नहीं किया गया। परन्तु जजों ने अपने फ़ैसले में कहीं भी इस दलील की आलोचना करने की आवश्यकता नहीं समझी है! इस प्रकार पेश की गयी अनेक युक्तियों (arguments) की फ़ैसले में सर्वथा उपेक्षा की गयी है!!

हाईकोर्ट के जजों को केवल इसी बात पर आपत्ति नहीं है कि इस पुस्तक में कम्पनी के शासन के दोष दिखाए गये हैं, वरन् उनका यह भी कहना है कि एक ओर मुसलमान शासकों की भूरि-भूरि प्रशंसा की गयी है और दूसरी ओर अँग्रेज़ों के चरित्र में केवल दोष ही दोष दिखाए गये हैं। जजों की सम्मति में इसका स्पष्ट उद्‌देश्य यह है कि मुसलमानों के मन में पहले से ही एक ऐसा भाव बैठा दिया जाय, जिससे वे पुस्तक में अन्यत्र लिखी जानेवाली बातों को फौरन स्वीकार कर लें। इसमें कोई सन्देह नहीं कि अधिकांश विदेशी लेखकों ने भारतवर्ष का इतिहास लिखने में इस चाल से बहुत काम लिया है। उन्होंने मुस्लिम शासकों द्वारा हिन्दुओं पर होनेवाले अत्याचारों का ऐसा बढ़ा-चढ़ा कर वर्णन किया है कि उन्हें पढ़कर कोई भी हिन्दू मुसलमान से घृणा और द्वेष किए बिना नहीं रह सकता। आज जो हिन्दू और मुसलमान एक दूसरे के रक्त के प्यासे हो रहे हैं, उसका एक कारण—और एक जबरदस्त कारण—यही है कि इन झूठे और आधे झूठे ऐतिहासिक ग्रन्थों ने हिन्दू और मुसलमान बच्चों के मन में पारस्परिक घृणा और असहिष्णुता के भाव बड़ी निर्दयता के साथ ठूँस-ठूँस कर भर दिए हैं। जब तक इन दोनों जातियों के मन में पुराने ज़माने के उन कल्पित और अर्द्ध-कल्पित अत्याचारों की याद आती रहेगी, तब तक भारतीय नेताओं के हज़ार प्रयत्न पर भी हिन्दू-मुस्लिम समस्या हल नहीं हो सकती। यदि 'भारत में अँग्रेज़ी राज्य' के विद्वान लेखक महोदय ने मुस्लिम शासन की समालोचना करने में विदेशी लेखकों के चरण-चिह्नों का अनुसरण न करके, स्वतन्त्र बुद्धि, ऐतिहासिक सत्य और उदार भाव से काम लिया तो निस्सन्देह यह एक परम स्तुत्य प्रयत्न समझा जाना चाहिए था। एक ऐसे प्रशंसनीय और मंगलमय उद्‌देश्य की भी निन्दा और दमन करके इलाहाबाद हाईकोर्ट के जजों ने न्याय और मनुष्यता की रक्षा कहाँ तक की है, इसका निर्णय हम पाठकों पर ही छोड़ते हैं।

यदि थोड़ी देर के लिए यह मान लिया जाए कि 'भारत में अँग्रेज़ी राज्य' के सुयोग्य लेखक महोदय ने कम्पनी के शासन का वर्णन निष्पक्ष-भाव से नहीं किया है, उन्होंने मुस्लिम शासन का वर्णन करने में अत्यधिक उदारता से काम लिया है और क्लाइव, हेस्टिंग्स, वेलेज़ली आदि कम्पनी के कर्मचारियों के कार्य-कलाप की कटु से कटु समालोचना की है तो भी पुस्तक को ज़ब्त करने का यह

कोई कारण नहीं हो सकता। विन्सेंट स्मिथ अपनी कुख्यात पुस्तक' आक्सफर्ड हिस्ट्री ऑफ़ इंडिया' (Oxford History of India) में हिन्दू और मुसलमानों की केवल निन्दा ही निन्दा की है; कहीं भी उनके गुणों पर यथोचित प्रकाश नहीं डाला है। यहाँ तक कि प्रात: स्मरणीय शिवाजी महाराज को 'लुटेरों का सरदार' और सम्राट शाहजहाँ तक के शासन को—जो मुग़ल-शासन में सब से अधिक सम्पन्नता, शान्ति और सहिष्णुता का शासन था—दरिद्रता, उपद्रव और अत्याचार का शासन कहा गया है! यदि किसी ऐतिहासिक ग्रन्थ का पक्षपातपूर्ण होना ही इस बात का यथेष्ट प्रमाण है कि वह पुस्तक राजनीति प्रापेगैंडा के लिए लिखी गयी है तो निस्संदेह 'आक्सफोर्ड हिस्ट्री ऑफ इंडिया' से बढ़कर राजनीतिक प्रापेगैंडा वाली पुस्तक शायद ही कभी लिखी गयी हो! केवल इस पुस्तक ने भारतवासियों के मन में विदेशी लेखकों के प्रति कितना गहरा अविश्वास उत्पन्न कर दिया है, इसका अनुमान भी लगाना कठिन है। परन्तु इस प्रकार की पुस्तक, जो हिन्दुओं और मुसलमानों के प्रात: स्मरणीय और पूज्य महापुरुषों को गालियाँ देकर "सम्राट की प्रजा" (His Majasty's Subject) में व्यर्थ ही असन्तोष फैलाती हैं, ज़ब्त नहीं की जातीं, और कम्पनी के शासन का सच्चा वर्णन करनेवाले ग्रन्थ भी ज़ब्त कर लिए जाते हैं! अँग्रेज शासकों की असहिष्णुता का इससे बढ़कर निन्दनीय उदाहरण और क्या हो सकता है?

यह एक सिद्धान्त की बात है कि भूतकाल की संस्थाओं की समालोचना करना—कटु से कटु समालोचना करना भी—राजद्रोह नहीं समझा जाना चाहिए। वर्तमान भारतीय दंड-विधान (Indian Penal Code) में भी ऐसी कोई धारा नहीं है। ईस्ट इंडिया कम्पनी के जीवन और शासन दोनों का ख़ात्मा हो चुका है। वर्तमान गवर्नमेंट कम्पनी के पापों और कुकर्मों के लिए उत्तरदायी नहीं है। ऐसी अवस्था में कम्पनी के शासन की समालोचना करना किसी दृष्टि से राज-विद्रोह नहीं समझा जा सकता। परन्तु इलाहाबाद-हाईकोर्ट के जजों की राय इस विषय में कुछ और ही है। जजों के फैसले में एक स्थान पर लिखा है:—

"Even if the book was limited to a criticism of the East India Company it would not necessarily follow that it was not a book calculated to create disaffection towards the present Government."

भावार्थ यह कि यदि यह पुस्तक केवल ईस्ट इंडिया कम्पनी की समालोचना तक ही परिमिति होती तो भी इसका यह अर्थ नहीं लगाया जा सकता है कि इससे वर्तमान गवर्नमेन्ट के विरुद्ध असन्तोष नहीं फैल सकता।

यह एक ऐसी बात है, जिसका प्रत्येक भारतवासी को, प्रत्येक देश-प्रेमी को, प्रत्येक स्वतन्त्रता-प्रेमी मनुष्य को अपनी सारी शक्ति से विरोध करना चाहिए।

इसका स्पष्ट अर्थ यह है कि जब तक वर्तमान गवर्नमेन्ट कायम है तब तक भारत की देशी भाषाओं में न तो कम्पनी का सच्चा इतिहास लिखा जा सकता है और न भारतवर्ष के अधिकांश निवासियों को, जिन्हें अँग्रेज़ी भाषा का ज्ञान नहीं है, कम्पनी का सच्चा हाल जानने का अवसर मिल सकता है। ऐसी अवस्था में भारतीय बच्चों को स्कूलों में पढ़ाए जानेवाले उन्हीं आधे सच्चे और आधे झूठे इतिहासों को पढ़कर अपना जीवन और चरित्र नष्ट करना पड़ेगा जिनमें यह लिखा हुआ है कि पुराने भारतवासी जंगली और मूर्ख थे, और अँग्रेजों ने आकर उन्हें सभ्यता और उन्नति का पाठ पढ़ाया। यदि जजों की उपरोक्त टिप्पणी को सचमुच कार्य-रूप में कराया जाए तो कोई भी लेखक अँग्रेज़ी राज्य का इतिहास लिखने का साहस न करेगा, और यदि कोई अभागा लेखक यह संकटपूर्ण कार्य कर भी डाले तो कोई प्रकाशक तो उसमें रुपये लगाने की हिम्मत कदापि नहीं कर सकता।

जजों की सबसे बड़ी आपत्ति इस बात पर है कि लेखक ने यह दर्शाने की चेष्टा की है कि भारतवर्ष को इंग्लैंड से अपना पूर्ण सम्बन्ध-विच्छेद कर लेना चाहिए। हम नहीं कह सकते कि 'भारत में अँग्रेज़ी राज' में कोई ऐसी बात है या नहीं, जिसका ऐसा अर्थ लगाया जा सके, परन्तु यदि थोड़ी देर के लिए यह मान भी लिया जाए कि ऐसी कोई बात इस पुस्तक में कहीं लिखी गयी है तो भी इसके आधार पर एक इतने विस्तृत और इतने सामाजिक ऐतिहासिक ग्रन्थ को जब्त कर लेना न्याय-संगत नहीं कहा जा सकता। विशेषत: वर्तमान समय की रफ़्तार देखते हुए तो इसे घोर अन्धेर और जुल्म के अतिरिक्त और कुछ कहा ही नहीं जा सकता। आजकल पूर्ण स्वाधीनता (Complete Independence) का जयघोष तो भारतवर्ष के बच्चे-बच्चे की ज़बान पर है। भारतीय वायुमंडल के कोने-कोने में स्वाधीनता का राग गूँज रहा है। समय की प्रगति के साथ राजविद्रोह की कल्पना में भी परिवर्तन हो रहा है। आज के कुछ ही वर्ष पूर्व 'स्वराज' का नाम लेना भी राजविद्रोह समझा जाता था, परन्तु आज 'पूर्ण-स्वाधीनता' या इंग्लैंड के साथ सम्बन्ध-विच्छेद करने की चर्चा भी राजविद्रोह नहीं समझी जाती। सार्वजनिक सभाओं में खुलेआम ये बातें कही जाती हैं और इसके लिए वक्ताओं को सज़ा नहीं दी जाती। आजकल की सही अवस्था तो यह है कि डोमिनियन स्टेट्स (Dominion Status) चाहनेवालों की अपेक्षा 'इंडिपेन्डेन्स वालाज़' (Independence Wallahs) की संख्या कहीं अधिक है! यदि पूर्ण स्वाधीनता चाहने और इस मत का प्रचार करने को राजविद्रोह समझ लिया जाय तो निस्सन्देह आधे से अधिक भारतवासियों को जेलों में ठूँसना पड़ेगा। क्या किसी भी दृष्टि से यह कहा जा सकता है कि सार्वजनिक सभाओं में सत्याग्रह, असहयोग, सविनय अवज्ञा, पूर्ण स्वाधीनता आदि पर दिए जानेवाले जोशीले भाषणों की तुलना में एक

विद्वान लेखक का लिखा हुआ विद्वत्तापूर्ण ग्रन्थ ज़हरीला साबित हो सकता है? परन्तु एक अनियन्त्रित गवर्नमेन्ट को सत्य, न्याय और तर्क से क्या मतलब?'

यदि पुस्तक की ज़ब्ती तक ही बात समाप्त हो जाती तो भी एक बात थी। परन्तु हाईकोर्ट ने प्रकाशक को मुकद्दमे के व्यय-स्वरूप 4050 रुपये गवर्नमेन्ट को देने की आज्ञा देकर तो सचमुच अन्धेर और ज़ुल्म का अन्त ही कर दिया है। खर्च दिलाने की यह कार्रवाई सर्वथा नयी है। फ़ौजदारी मुकद्दमों में इलाहाबाद गवर्नमेन्ट वर्तमान क़ानून के अनुसार न तो खर्च लेती है, न देती है, परन्तु इस अवसर पर इलाहाबाद-हाईकोर्ट ने एक नयी व्यवस्था बनाकर गवर्नमेन्ट को खर्च दिलाया है। अन्याय का यह नग्न-नृत्य देखकर उस अन्धकारमय समय की याद आ जाती है, जब प्रेस-एक्ट के अनुसार निर्भीक प्रकाशकों के प्रेस ज़ब्त कर लिये जाते थे! भारतीय जनता के सौभाग्यवश प्रेस-एक्ट तो रद्द हो गया, परन्तु आज भी इस सम्बन्ध में जो नीति बरती जा रही है, वह छोटे-मोटे प्रकाशकों का सर्वनाश कर देने तथा सदा के लिए उनकी हिम्मत तोड़ देने के लिए काफी है। 'भारत में अँग्रेज़ी राज्य' की जब्ती से लेकर उसके मुकदमे के फैसले तक जिस प्रकार की कार्यवाही हुई है, उसमें न्याय की अपेक्षा प्रतिशोध का भाव ही अधिक प्रबल दीखता है। ये ही उपाय हैं, जिनके द्वारा भारत में अंग्रेज़ी राज्य को चिरस्थायी बनाने का प्रयत्न किया जा रहा है। परन्तु यह निश्चित है कि जो गवर्नमेन्ट सत्य के प्रकाशित होने से डरती है, उसका जीवन संसार में अधिक दिनों तक सुरक्षित नहीं रह सकता।

(3)

चाँद
पर
वज्राघात!!

कठिन संकट का समय

250,000 रुपयों की अपील!!

'चाँद' के प्रेमियों की कठिन परीक्षा!

'चाँद' के प्रेमी दुख से यह समाचार सुनेंगे कि उनके प्यारे 'चाँद' पर कठिन संकट का समय अन्ततः आ ही पड़ा। गत आठ वर्षों में हमने अपने जीवन और मृत्यु के बीच में 'चाँद' को रख लिया था। हम इसी के लिए और मर रहे थे। हमें इस बात का गर्व था कि हमारे परिश्रम की हमें दाद मिली! पर आज स्थिति कुछ और ही है!! जिन मित्रों के सहयोग, सहायता और प्रेम ने 'चाँद' का प्रचार आज 15,000 से अधिक की संख्या में पहुँचाया है, उनके प्रति कृतज्ञता के शब्द

मुख पर लाने का यह समय नहीं है—हमें केवल इस बात की प्रसन्नता ही नहीं, बड़ा गर्व है कि 'चाँद' से उन्हें जिस सेवा की आशा थी, उसमें बहुत हद तक उसे सफलता हुई। 'चाँद' ने आज समाज में आग लगा दी है, आज उसका सारा पाप धायँ-धायँ करके जल रहा है और साथ ही जल रहा है उन पापियों का हृदय, जो उसके सेवा-मार्ग में रोड़े बिछाने का निन्दनीय प्रयत्न करते आ रहे हैं—उन पापियों का हृदय—जो सदियों से इस अभागे देश को इस बुरी तरह लथेड़ रहे हैं!

आज तक 'चाँद' पर आई हुई आपत्तियों पर हमें उतना आश्चर्य नहीं होता, जितना इस बात पर होता है कि आज तक इतने गर्व के साथ वह जीवित कैसे है? 'चाँद' के सुधारों का मार्ग जरा टेढ़ा है और यह भी सत्य है कि टेढ़े मार्ग सदा टेढ़े ही होते हैं! इस बार आपका प्यारा 'चाँद' ज़रा चोट खा गया है—धोखे में नहीं, यह उसके विशेष साहस, सद्भावना और समाज का एक नवशुभचिन्तक होने का अवश्यम्भावी फल था! अस्तु—

जब से 'चाँद' का 'फाँसी-अंक' प्रकाशित हुआ, तभी से गवर्नमेन्ट की निगाह में वह काँटे के समान खटकने लगा। उसे तुरन्त ज़ब्त करके गवर्नमेन्ट ने हम पर पहले प्रहार किया! इसके थोड़े ही दिनों बाद संयुक्त प्रान्तीय गर्वमेन्ट ने आज्ञा निकालकर, 'चाँद' का स्कूल तथा कॉलेजों में जाना रोककर अपनी कलुषित दमन-नीति का निन्दनीय परिचय दिया!! इस आज्ञा के प्रकाशित होने के थोड़े ही दिनों के भीतर इसी प्रकार की घोषणा मध्य-प्रान्त और बेरार की गवर्नमेन्ट ने भी निकालकर अपने अधीनस्थ स्कूल तथा कॉलेजों में 'चाँद' का जाना रोक दिया। इन आज्ञाओं के विरुद्ध देश के सारे समाचार-पत्रों ने एक स्वर से गवर्नमेन्ट के इस निन्दनीय कार्य की आलोचना तथा घृणा प्रकट की, प्रान्तीय कौन्सिलों एवं बड़ी व्यवस्थापिका सभा तक में अनेक प्रश्न उठाए गये, पर यह सारा प्रयत्न अरण्य-रोदन मात्र साबित हुआ। लोकमत को ठुकराना ब्रिटिश शासन-प्रणाली का एक अन्यतम आदर्श है, ऐसी हालत में हो ही क्या सकता था, मौन होकर हमें यह भयंकर अन्याय भी सहन करना पड़ा!!

इसके बाद 'भारत में अँग्रेज़ी राज्य' नामक एक ऐतिहासिक ग्रन्थ-रत्न का प्रकाशन इस संस्था द्वारा किया गया। वह किन नीच साधनों द्वारा डाकखाने में ही जब्त कर लिया गया—आज देश का प्रत्येक बच्चा इस भंयकर अन्याय से पूर्णतः परिचित है। प्रान्तीय गवर्नमेन्ट की इस निर्मम हत्या के विरुद्ध इलाहाबाद के हाईकोर्ट में अपील की गयी— अपनी इच्छा से नहीं, बल्कि 'देश-पूज्य' नेताओं तथा भारतीय समाचार-पत्रों की राय से! कुछ प्रतिष्ठित वकीलों ने, जो दुर्भाग्य से देश के परम पूज्य नेता माने जाते हैं—हमसे बिना कुछ लिए मुकदमा लड़ने का वचन दिया। उनके आश्वासन पर ही हाईकोर्ट में अपील दायर की गयी, पर

ठीक समय पर सब अलग हो गये!! यह एक ऐसी दुखप्रद कहानी है, जिसे इस समय प्रकट न करने में ही देश का कल्याण है। अस्तु—

चूँकि अपील दायर हो चुकी थी, इसलिए इसका लड़ना हमारे लिए आवश्यक हो गया, नहीं तो 'स्वतन्त्र' जैसे देश के शुभचिन्तक पत्रों को यह कहने की गुंजाइश हो जाती कि "सहगल महोदय सरकार से मिल गये हैं, तभी ऐसा किया गया" जैसा कि बेचारा पहिले कह चुका है। सारांश यह है कि अन्त में हजारों स्वाहा करके हमें इस अपील की पैरवी करनी ही पड़ी। अपील जीतने की और प्रान्तीय गवर्नमेन्ट द्वारा की गयी नादिरशाही की खिल्ली उड़ाने की हमें पूर्ण आशा थी, पर साथ ही हम पर इतना भयंकर अन्याय एवं अत्याचार किया जाएगा, इस बात की आशा कल्पना के परे थी। पाठकों ने सुना ही होगा कि अपील खारिज होने के अतिरिक्त, कानून की एक नयी धारा बना कर हमें गवर्नमेन्ट के खर्च-स्वरूप 4,050 रुपये (चार हजार पचास रुपये) देने की आज्ञा हुई है और प्रेस तथा कार्यालय को कुड़क करने की धमकी दी जा रही है।

इधर यह दुर्घटना हुई, उधर कलकत्ते का मारवाड़ी-समाज (केवल कलकत्ते का नाम इसलिए लिया जा रहा है कि वहीं के कुछ सुधारक नामधारी मारवाड़ियों का दिल सबसे अधिक दुखा है!!) 'मारवाड़ी-अंक' के प्रकाशन से कुपित हो उठा है और आज 'चाँद', इस संस्था तथा इन पंक्तियों के लेखक के विरुद्ध जो आन्दोलन उठाया गया है उससे पाठकगण पूर्णतः परिचित हैं, इसलिए विशेष कहना व्यर्थ है! ऐसे-ऐसे नीच और कलुषित साधनों का प्रश्रय लिया गया है, जिसकी सविस्तार चर्चा 'चाँद' के शीघ्र ही प्रकाशित होने वाले दूसरे 'मारवाड़ी-अंक' में की जाएगी, जिसकी सूचना अन्यत्र दी जा रही है!

एक हाल ही की नयी दुर्घटना भी है, इसे भी हम पाठकों को बतला देना अपना कर्तव्य समझते हैं। चार पुस्तकें—

(1) विवाह-विज्ञान

(2) यौवन विज्ञान

(3) गुप्त चिट्ठी और

(4) स्त्री की चिट्ठी

आज से सात वर्ष पूर्व (सन् 1923 में) कलकत्ते के एक 'शिशिर पब्लिशिंग हाउस' नाम के कार्यालय से प्रकाशित हुई थीं, जिन्हें भारत के लगभग सारे पुस्तक-विक्रेता बराबर विज्ञापन देकर बेच रहे हैं। इस संस्था में भी ये चारों पुस्तकें पिछले सात वर्षों से बिक रही थीं। गवर्नमेन्ट ने आज तक इस पर कभी आपत्ति नहीं की। इस संस्था द्वारा कलकत्ते के एक मारवाड़ी—आर.डी. बाहिती—की समस्त पुस्तकें तथा उनका अधिकार गत वर्ष खरीद लिया गया था (जिसके विरुद्ध भी

मुकदमा चल रहा है), उसी स्टाक के साथ कुछ प्रतियाँ इन पुस्तकों की भी हमें लेनी पड़ी थीं। पाठकों को सुनकर आश्चर्य होगा, बंगाल गवर्नमेंट ने इन पुस्तकों को अश्लील समझकर गत मास हम पर कलकत्ते में भारतीय दंड-विधान की 292वीं धारा के अनुसार अभियोग चला दिया है, जिसकी दो पेशियाँ हो चुकी हैं; केस अभी चल रहा है!

गत होली के दिन (16 मार्च, 1930) को हमारे यहाँ कलकत्ते से फिर तलाशी आयी और मालूम हुआ कि बंगाल गवर्नमेन्ट ने उपरोक्त धारा के अनुसार ही 'मारवाड़ी-अंक' के विरुद्ध भी हम पर केस चला दिया है, जिसकी एक पेशी हो चुकी है। चूँकि मामला विचाराधीन है, इसलिए हम इन दोनों केसों पर अपनी ओर से कोई टिप्पणी प्रकाशित करना असंगत समझते हैं। हमारा उद्देश्य केवल पाठकों को इस संस्था पर आई हुई आज की आपत्तियों से परिचित करना मात्र है। इन मुकदमों का फैसला होने पर हम पाठकों को सप्रमाण यह बतलाने का प्रयत्न करेंगे कि आखिर समाज के प्रति बंगाल गवर्नमेन्ट को ऐसी असाधारण सहानुभूति दिखलाने की आवश्यकता क्यों प्रतीत हुई और किन-किन साधनों द्वारा हम पर ये केस चलाए गये। अस्तु—

उपरोक्त घटनाओं के उल्लेख का कारण 'चाँद' के प्रेमियों को यह बतलाना है कि सुधार प्रिय विचारों के कारण उस पर चारों ओर से कैसे-कैसे भीषण प्रहार हो रहे हैं, और ऐसी स्थिति में हमारे लिए यह जान लेना परमावश्यक है कि समाज तथा देश की सहानुभूति कहाँ हमारे साथ है? 'चाँद' की हैसियत और प्रतिष्ठा एक रईस की हैसियत और प्रतिष्ठा से सर्वथा भिन्न है—यह बात 'चाँद' के प्रेमियों को विस्मरण न करना चाहिए!! रात-दिन खाना, पीना, सोना हराम करके 'चाँद' के लिए पसीना—और आवश्यकता पड़ने पर खून-बहाना हमारा कर्तव्य है, जिसके लिए हम प्रतिक्षण तैयार हैं, परन्तु सोने की छड़ी की चोट सहना, हम स्वीकार करते हैं, हमारी शक्ति के बाहर की बात है!

'फाँसी अंक' की जब्ती से जो धक्का हमें पहुँचा था, वह हमने गर्व-पूर्वक सहन किया, परन्तु 'भारत में अँग्रेज़ी राज्य' नामक पुस्तक के प्रकाशन में 'चाँद' का सर्वस्व लगा हुआ था। न्याय के लिए हमने भीख तक माँगने की विडम्बना की, उसका ठीक ही फल आज हमें मिला है! इन पंक्तियों का लेखक स्वयं किस रोज़ ज़ब्त कर लिया जाय, यह कोई नहीं कह सकता!!

एक ओर यह प्रश्न है, दूसरी ओर मारवाड़ी-समाज के घृणास्पद पतन के प्रति खरी कहने के उपलक्ष में एक अभियुक्त की भाँति 14 अप्रैल को कलकत्ते की अदालत में हमें फिर जाना पड़ेगा! यह है समाज तथा देश की तुच्छ सेवा का पुरस्कार!! जबकि देश-द्रोही भारत माता की गोद में आज चैन की बंशी बजा रहे हैं!!!

हमें बुढ़िया के मरने का उतना भय नहीं है, जितना इस बात का, कि मौत ने घर देख लिया, इसलिए इन किसी भी मामलों को उपेक्षा की दृष्टि से देखना हमारे लिए ही नहीं, देश तथा समाज के लिए घातक सिद्ध हो सकता है, अतएव इन मामलों को न्याय की अन्तिम सीढ़ी तक पहुँचाना हमारा मुख्य कर्तव्य हो गया है और इच्छा रखते हुए भी हम उनकी उपेक्षा नहीं कर सकते! यहाँ प्रश्न हमारे व्यक्तित्व का नहीं, किन्तु उन लाखों और करोड़ों भारतवासियों के व्यक्तित्व का प्रश्न है, जिनके विचारों को परिमार्जित करने का श्रेय आज सौभाग्य से हमें प्राप्त है। 'चाँद' जिए या मरे, यह हमारा चिन्तनीय विषय नहीं है; हमारा चिन्तनीय विषय केवल यह है कि जब तक 'चाँद' जीवित रहे, वह अपनी नीति पर सिंह की भाँति दहाड़ता रहे!!

चूँकि 'चाँद' हमारे प्राण और पाठकों के पवित्र प्रेम के सहयोग का मधुर फल है, इसलिए 'चाँद' के प्रत्येक प्रेमी का इस समय कर्तव्य ही नहीं, धर्म हो गया है कि वह यथाशक्ति उसकी सहायता कर अपने औचित्य का पालन करे! इस समय इस संस्था द्वारा प्रकाशित पुस्तकें खरीदकर, 'चाँद' के ग्राहक बनकर अथवा बना कर ही नहीं, बल्कि अधिक से अधिक आर्थिक सहायता भेज कर प्रेमी पाठकों को इस संस्था की सहायता करनी चाहिए। 'भारत में अँग्रेज़ी राज्य' के मुकदमे ने जैसी भयानक परिस्थिति उत्पन्न कर दी है, वैसी परिस्थिति में किसी भी प्रकाशक के लिए केवल अपने पैरों पर खड़े रह सकना एक बार भी असम्भव है। अब तक इस मुकदमे में लगभग आठ हजार रुपये खर्च हो चुके हैं और इस समय भी हमारे ऊपर जो मुकदमे चल रहे हैं तथा भविष्य में जिनके चलाए जाने की सम्भावना है, उसमें कितना खर्च होगा—इसका अनुमान नहीं लगाया जा सकता। आज के केवल एक ही वर्ष पहले 'भारत में अँग्रेज़ी राज्य' के प्रकाशन में लगभग 13,000 रुपयों का घाटा हमें हो चुका है!

अब तक हमने इतनी भयंकर आर्थिक क्षति—मुँह से बिना एक बार आह निकाले हुए—सहन की है, परन्तु इस अन्धाधुन्ध चलाए जानेवाले मुकदमों का व्यय सहन करना और ऊपर से गवर्नमेन्ट को हजारों रुपये खर्च भी देना हमारी परिमित शक्ति के बाहर की बात है। ऐसी दशा में उन सज्जनों का—जिन्हें यह विश्वास है कि 'चाँद' जैसे एक निर्भीक पत्र के अस्तित्व से हमारी पतित जाति को पुनरुज्जीवन लाभ करने में थोड़ी भी सहायता मिल सकती है—यह अत्यन्त आवश्यक कर्तव्य है कि इस विपत्ति-काल में यथाशक्ति आर्थिक सहायता देकर वे हमें अपने सिद्धान्त पर हिमालय की भाँति अटल और शेषनाग की भाँति अविचल रहने में साहयता प्रदान करें।

हम इस अपील से संस्था के लिए एक पैसे का लाभ हराम समझते हैं—

हम केवल चाहते हैं उस भयंकर क्षति की पूर्ति करना, जो पिछले ढाई वर्षों से हमें इन मुकदमों के सम्बन्ध में उठानी पड़ी है अथवा पड़ेगी और जिसके लिए आज हम अपने को सर्वथा अयोग्य पा रहे हैं।

इस मद में जितना दान अथवा अन्य सहायता हमें प्राप्त होगी, विवरण प्रत्येक मास के 'चाँद' में छपा रहेगा—दानी-सज्जनों तथा देवियों के शुभ नाम भी धन्यवाद सहित प्रकाशित होते रहेंगे। जो लोग किसी कारण से अपना नाम प्रकाशित न कराना चाहें, उन्हें इस बात की सूचना देनी चाहिए।

जब से 'चाँद' का प्रकाशन प्रारम्भ हुआ है, हमने आर्थिक साहयता की आज तक कभी याचना नहीं की, इसलिए प्रस्तुत अपील को हमारी परिस्थिति की दारुणता तथा हमारे सिद्धान्त की अटलता का ही प्रमाण समझना चाहिए!!!

विनीत

संचालक और सम्पादक 'चाँद'

(रामरख सिंह सहगल)

मैं समझता था कि सहगल ने नंदगोपाल की धोखाधड़ी और गतिविधियों की कहीं चर्चा अपनी डायरी में जरूर की होगी। शायद वह अन्यत्र दर्ज हो। पर यह डायरी क्रान्तिकारी आन्दोलन के कई दबे-छिपे बिन्दुओं को भी सामने लाने में हमारी बहुत मददगार है। मैंने किसी से सुना तो यह भी था कि अल्फ्रेड पार्क इलाहाबाद में ब्रिटिश पुलिस से गोली चलाने से पहले चन्द्रशेखर आज़ाद सहगल से मिले थे। यह सूचना पुलिस के पास थी। पुलिस को आज़ाद के बारे में यह जानकारी सहगल के भाई नंदगोपाल से मिली। पर इस रहस्य से अभी पर्दा नहीं उठा।

मुझे यह भी लगता है कि शायद इस बात में कुछ पेंच हो। यह सर्वविदित है कि अल्फ्रेड पार्क में आज़ाद की शहादत के समय क्रान्तिकारी सुखदेव राज उनके साथ थे। सुखदेव राज ने अपने संस्मरणों में विस्तार से उस घटना के साक्ष्य और पृष्ठभूमि पर रोशनी डाली है। उसमें आज़ाद के प्रति उस समय दल के सदस्यों के विश्वासघातों और षड्यन्त्रों का भी खुलासा किया है, पर उसमें यह उल्लेख नहीं मिलता कि आज़ाद अल्फ्रेड पार्क के उस सन्मुख युद्ध से पूर्व रामरख सिंह सहगल से मिले हों। सुखदेव राज यह बताते हैं कि उस गोलाबारी के समय आज़ाद के निर्देश पर ही किसी तरह वहाँ से निकलकर सहगल के पास पहुँचे थे। उन्होंने अपनी प्रसिद्ध पुस्तक 'जब ज्योति जगी' में लिखा है—'भैया के आदेश पर मैंने निकल भागने का रास्ता देखा। बायीं ओर एक समर हाउस था। पेड़ की ओट से निकलकर मैं समर हाउस की ओर दौड़ा। गोलियाँ मेरे ऊपर चलाई गयीं, मगर मुझे लगी नहीं। ये गोलियाँ नॉट बाबर और उसके सिपाहियों द्वारा ही चलाई

गयी थीं। समर हाउस के पास एक तारों का घेरा था। मैं उसे फाँद कर सड़क पर आया। यह सड़क लाइब्रेरी की ओर जाती थी। सड़क पर मैंने देखा कि एक लड़का साइकिल पर जा रहा है। मैंने उसे पिस्तौल दिखाई और साइकिल से उतरने को कहा। लड़के ने चुपचाप साइकिल मुझे दे दी और मैं साइकिल पर सवार हो लाइब्रेरी की ओर दौड़ा। वहाँ से घूमते-घामते मैं 'चाँद' प्रेस पहुँचा। 'चाँद' प्रेस के सम्पादक रामरख सिंह सहगल दल के समर्थकों में से थे। मैं उन्हीं के यहाँ 'भविष्य' के सम्पादन विभाग में काम करता था। मेरा असली नाम भी वे जानते थे। मैंने जाते ही सारी घटना उन्हें बताई। उन्होंने सलाह दी कि हाजिरी रजिस्टर में फौरन दस्तखत करो और अपनी जगह बैठ जाओ। मैं पार्क में जाकर स्थिति देख आता हूँ।''

वीरभद्र तिवारी ने एक समय जब यह कहा था कि 26 फरवरी को रामरख सिंह सहगल के मार्फत आज़ाद से मिले, तब इस पर क्रान्तिकारी विश्वनाथ वैशम्पायन ने यह सवाल उठाया था कि ''सहगल से सम्बन्ध होने का उन्हें कैसे पता चला। इसका पता केवल चार व्यक्तियों को था—भाभी, दीदी, आज़ाद तथा मैं। दूसरी, आज़ाद के पास सन्देश भेजने तथा उनसे मिलने का प्रयत्न करने के लिए कानुपर में मासी माँ थीं जिनसे मिलकर वह कह सकते थे। वे उनसे मिलते भी रहे।''

यहाँ वीरभद्र तिवारी का झूठ साफ पकड़ जाता है। सही तो यह है कि आज़ाद की शहादत के पश्चात स्वयं सी.आई.डी. सुपरिन्टेन्डेन्ट ने, जो 'चाँद' प्रेस की तलाशी लेने गया था, उसने सहगल से आज़ाद के जीवन की प्रशंसा की थी। उसका कहना था कि ऐसे सच्चे निशानेबाज उन्होंने बहुत कम देखे हैं, खासकर ऐसी शंकामय परिस्थिति में जब तीन ओर से उन पर गोलियों की वर्षा हो रही थी। उसने यह भी स्वीकार किया कि यदि पहली गोली आज़ाद की जांघ में लगी होती तो पुलिस का एक भी अफसर जीवित न बच पाता क्योंकि नॉट बाबर का हाथ पहले ही बेकार हो चुका था। उसने यह भी बताया कि आज़ाद विप्लवी दल का कोई प्रतिष्ठित नेता था।

सहगल क्रान्तिकारी दल के बड़े सहयोगी थे। यह इससे भी विदित होता है कि उनका घर क्रान्तिकारियों का आश्रय स्थल था। वैशम्पायन ने अपने संस्मरणों में लिखा है—'एक समय भैया (आज़ाद) ने भावी कार्यक्रम की रूपरेखा पर विचार किया। सुखदेव राज को पंजाब भेज दिया गया। दीदी (सुशीला) को पंजाब से बुलाया गया। बाद में दीदी ने पहले इलाहाबाद जाने का निश्चय किया। वे 'चाँद' के सम्पादक रामरख सिंह सहगल के यहाँ गयीं। उनकी पत्नी दीदी की सहेली और जालन्धर कन्या महाविद्यालय में दीदी के साथ पढ़ चुकी थीं। उन्होंने इनके

लिए अपने यहाँ रहने की व्यवस्था करना स्वीकार किया। इसके बाद दीदी और भाभी (दुर्गा देवी) शची (पुत्र) को साथ लेकर इलाहाबाद चली गयीं। सहगल ने इनकी व्यवस्था रसूलाबाद 'मातृ मन्दिर' में कर दी। बाद में भैया और मैं अनेक बार रामरख सिंह सहगल के यहाँ गये। भोर में हम इलाहाबाद पहुँचते और भाभी दीदी से मिलकर रात को लौट आते। कैलाशपति के मुखबिर हो जाने के बाद जब हम लोग स्थायी रूप से इलाहाबाद में रहने लगे तो सुखदेव (राज) ने सहगल के 'भविष्य' हिन्दी साप्ताहिक में काम करना प्रारम्भ कर दिया था। हमने इलहाबाद के कटरों में दो मकान ले रखे थे। एक में भाभी, दीदी और सुखदेव राज रहते थे और दूसरे में आज़ाद तथा मैं। भैया ने इन लोगों को भी अपना मकान नहीं दिखाया था। आवश्यकता होने पर या तो वे स्वयं वहाँ चले जाते या उन लोगों से अल्फ्रेड पार्क में मिलते।'

'मातृ मन्दिर' संस्था का उद्देश्य निर्धन, निराश्रित और असहायों की मदद करना था। ऐसी महिलाएँ जो किसी अनैतिकता की शिकार हो जातीं, उनके पुनर्वास के लिए भी काम करना इसका लक्ष्य था। यहाँ बच्चों की शिक्षा का भी प्रबन्ध किया गया था। शुरुआत में ही अनेक स्त्रियों और बच्चों को मदद दी गयी। फरार क्रान्तिकारी महिलाओं का तो यह आश्रय-स्थल था। इस संस्था के सहायक प्रसिद्ध समाज सुधारक सेठ रामगोपाल मेहता थे। इलाहाबाद के रसूलाबाद इलाके में 'कृष्ण-कुंज' में इसका मुकाम था। इसके जरिए छिपकर जो क्रान्तिकारी गतिविधियाँ संचालित की जातीं उनकी जानकारी सभी को नहीं होती थी। सुशीला दीदी इसकी संचालिका थीं जिनके ऊपर उन दिनों कड़ी निगरानी थी और उन्हें पकड़ने के आदेश भी सरकार ने जारी कर रखे थे। दुर्गा भाभी भी इस संस्था को बड़ा सहयोग करती रहीं। उन्होंने 'चाँद' के सम्बन्ध में जो विचार व्यक्त किए उनका उल्लेख भी जरूरी प्रतीत होता है—'जब 'चाँद' पत्रिका में सुधा नहीं—क्रान्ति की चिनगारियाँ उठती थीं, उस पत्रिका ने पूरे देश में क्रान्तिकारियों तथा अन्य काँग्रेसी (गरमदल) के नेताओं में आजादी की ज्वाला फूँक दी थी। एक तहलका मचा दिया था। ब्रिटिश सरकार ने इस पत्रिका को नष्ट करने में देरी नहीं की। पत्रिका के फाँसी अंक से पूरे राष्ट्र में एक धूम मच गयी थी। लोग चोरी-चोरी उसे खोजकर पढ़ते थे। स्वर्गीय रामरख सिंह सहगल के प्रेस पर जमानत का कलंक अथवा तिलक सा लग गया था। सहगल साहब से मेरा खुला परिचय था। अपनी फरारी की अवस्था में मुझे सहगल साहब के निवास पर शरण मिली थी। यदि उनके घर पर पकड़ी जाती तो उन्हें सात साल की सजा होती। ऐसा था वह समय सहगल साहब का। वह निधड़क व्यक्तित्व कभी भी भुलाया नहीं जा सकता है। उनका घर, उनका दफ्तर और उनकी गाड़ी हम लागों की सदा सहायक रही। क्रान्तिकारियों को प्रश्रय

देना उनका धर्म बन गया था। 'मातृ मन्दिर' नाम की संस्था की संचालिका के रूप में उन्होंने सुशीला दीदी को रखा था। फरार सुखदेव राज को अपने प्रेस के प्रूफ रीडर के रूप में काम दे दिया था, 60 रुपये मासिक का। इसी प्रकार की कई घटनाएँ हैं जिनको आज उनका सौजन्य ही कहा जा सकता है। वे धन से, मन से और तन से हम लोगों की सहायता किया करते थे।'

यह भी जानकारी मिलती है कि कभी-कभी चन्द्रशेखर आज़ाद और उनके कुछ साथी भी यहाँ आकर छिपकर रहते रहे। यह सब सहगल के निर्भीक स्वभाव के चलते ही सम्भव हो सका। उनमें खतरे उठाने की अद्भुत क्षमता थी। वैशम्पायन ने अपने संस्मणों में सहगल के 'मातृ मन्दिर' की संचालिका लीलावती का जिक्र करते हुए कहा है—''यहीं मेरी भेंट दीदी, लीला तथा सरदार भगतसिंह की बहन बीवी अमर कौर से हुई। लीला दल की सदस्या तो नहीं थीं परन्तु क्रान्तिकारियों को वे यथाशक्ति सहायता करती थीं। जब वे इलाहाबाद के रामरख सिंह सहगल के 'मातृ मन्दिर' की संचालिका थीं तो वहाँ पर मुझसे उनकी सन् 1930 में एक-दो बार भेंट हुई थी। उन दिनों वे डेन्टिस्ट थीं। वे बड़ी भावुक हृदया थीं। जीवन में जहाँ अनेक ममत्व की स्मृतियों का बसेरा है और जो यदा-कदा जीवन में उभर आती हैं, उनमें से एक स्मृति लीला की भी है। बाद में जब मैं जेल में था तो एक दिन सुना कि प्रेम में पराजय सहन न होने के कारण उन्होंने आत्महत्या कर ली।''

क्रान्तिकारी जितेन्द्रनाथ सान्याल की प्रसिद्ध पुस्तक 'अमर शहीद सरदार भगतसिंह' का हिन्दी अनुवाद रामरख सिंह सहगल की सुपुत्री स्नेहलता सहगल ने ही किया था स्नेह को भगतसिंह ने अपनी गोद में खिलाया था। वे जब छोटी थी उस समय एक रोज इलाहाबाद की उनकी कोठी पर बात करते-करते भगत सिंह ने एकाएक उछलकर पेड़ पर टंगी पतंग उतार कर स्नेह को दी। स्नेह भगतसिंह के उस प्यार को कभी नहीं भूलीं। बाद में उन्होंने भगतसिंह पर सान्याल की पुस्तक का अनुवाद कर शायद उस शहीद के प्यार का ही कर्ज चुकाया। इस पुस्तक का पहला संस्कारण अगस्त, 1947 में 'कर्मयोगी प्रेस' इलाहाबाद से छपा। पहले यह पुस्तक अँग्रेजी में सहगल के द्वारा ही उनके 'फाइन आर्ट प्रिटिंग काटेज' (चाँद प्रेस) में मुद्रित हुई थी किन्तु वह संयुक्त प्रान्तीय गवर्मेन्ट द्वारा जब्त कर ली गयी। 12 जून, 1931 की बात है जब प्रात:काल संस्था पर पुलिस का धावा हुआ और सहगल को स्थानीय डिस्ट्रिक्ट मजिस्ट्रेट का हस्ताक्षरित तलाशी वारन्ट दिखाया गया। इस वारन्ट में एक विशेषता यह थी कि तलाशी लेने की आज्ञा के साथ यह भी जोड़ा गया था कि 'यदि आवश्यकता समझी जाए तो तलाशी के सिलसिले में बल प्रयोग भी किया जा सकता है। संस्था में पुस्तक की केवल

एक प्रति मिली जिसे पुलिस ले गयी। दूसरे दिन फिर शाम को पुलिस का एक सबल दल संस्था में उपस्थित हुआ जिसमें 4-5 दरोगा, खुफिया पुलिस के कर्मचारी तथा 10-15 सिपाही थे। सहगल को खबर भेजी गयी कि पुलिस 'चाँद' तथा 'भविष्य' के सम्पादक, मुद्रक और प्रकाशक को गिरफ्तार करने आई है। मुद्रक त्रिवेणी प्रसाद बीए ने इस शुभ समाचार का बड़ी प्रसन्नता से स्वागत किया। जैसे सहगल, वैसे ही त्रिवेणी! चलते समय प्रेस तथा कार्यालय के कर्मचारियों ने उन्हें बधाई दी। उन पर फूलों की वर्षा की गयी और हार आदि पहनाकर वे पुलिस के हवाले कर दिए गये। चूँकि सहगल के साथ उन्हें निजी मोटर में बैठने की आज्ञा नहीं दी गयी इसलिए उन्हें जेल की लारी में ही बैठना पड़ा। प्रेस के कर्मचारियों ने 'इन्कलाब जिन्दाबाद' तथा 'भगतसिंह जिन्दाबाद' आदि नारों से सिविल लाइन को गुँजा दिया था।

जिस समय गिरफ्तारी की जा रही थी, उस समय संस्था के बगलवाले बंगले में अपने मोटर में छिपकर डिस्ट्रिक्ट मजिस्ट्रेट मि. मूडी सारा दृश्य देख रहे थे। सहगल स्वयं त्रिवेणी प्रसाद का जरूरी सामान लेकर जेल तक गये किन्तु डिस्ट्रिक्ट जेल के जेलर ने सामान लेने से मना कर दिया। उन्हें अधिकारियों की ओर से आज्ञा नहीं मिली थी। बहुत कहने-सुनने पर दो रुपये दूध के लिए स्वीकार किए तथा एक कम्बल और तकिया भी ले लिया।

लाहौर से समाचार मिला कि इस पुस्तक के सम्बन्ध में वहाँ 14 जून को अनेक तलाशियाँ हुईं जिनमें कुछ व्यक्तियों और संस्थाओं के नाम इस प्रकार हैं— मेसर्स रामकृष्ण एंड सन्स अनारकली पुस्तक विक्रेता और प्रकाशक, कामरेड रामचन्द्र बीए सम्पादक 'वन्देमातरम्', सरदार किशनसिंह (भगतसिंह के पूज्य पिता), मेहता आनंद किशोर मेसर्स वर्मा एंड कम्पनी, अखिल भारतवर्षीय भगतसिंह-राजगुरु-सुखदेव स्मारक संघ, हिन्दुस्तानी सेवा दल, 'वीर भारत' कार्यालय, 'वन्देमातरम्' कार्यालय, सर्वेन्ट्स ऑफ द पीपुल सोसाइटी आदि।

लेकिन पुलिस को इन स्थानों से पुस्तक की एक भी प्रति हाथ नहीं लगी। मुकदमा डिस्ट्रिक्ट मजिस्ट्रेट की अदालत में ही चला। अभियुक्तों की ओर से युक्त प्रान्तीय धारा सभा तथा सर्वेन्ट्स ऑफ इंडिया सोसाइटी के भूतपूर्व सदस्य पं. वेंकटेश नारायण तिवारी तथा केन्द्रीय असेम्बली के भूतपूर्व सदस्य पं. कृष्णकांत मालवीय से जो सफाई पक्ष की ओर से गवाही देने आए थे, जिरह की गयी। मुकदमे में पुस्तक के लेखक जितेन्द्रनाथ सान्याल को दो वर्ष तथा प्रिन्टर त्रिवेणी प्रसाद को एक हजार रुपए जुर्माना या उसे अदा न करने पर छह महीने की कड़ी कैद की सजा दी गयी। इस मुकदमे की कार्यवाही के दौरान अखिल नाथ सान्याल बार-एट-ला, जे.सी. मुकर्जी एडवोकेट हाईकोर्ट तथा सहगल जेल में अभियुक्तों

से मिलने गये किन्तु पहले मिलने की आज्ञा नहीं दी गयी। बाद में अधिकारियों ने कुछ सोचकर प्रतिबन्ध हटा लिया।

इस पुस्तक का हिन्दी संस्करण जब बाद में छपा तो उसमें प्रकाशक के नाते रामरख सिंह सहगल का एक विस्तृत नोट दिया गया था जिससे पता लगता है कि भगतसिंह से उनकी बहुत निकटता थी। इसमें उन्होंने अपने भाई नंदगोपाल को विश्वासघाती भाई कहकर सम्बोधित किया है। अपने बारे में सहगल ने स्पष्ट कहा है—''चाहे आप इसे मेरी भूल कहें, चाहे दूरदर्शिता, पर मैं जीवन के प्रथम प्रभात से हिंसात्मक सिद्धान्तों का पोषक और समर्थक रहा हूँ। व्यक्तिगत रूप से मैंने ही नहीं, बल्कि मेरे द्वारा सम्पादित एवं संचालित आन्दोलनों ने उग्र रूप धारण किया, तब-तब मुझे जेल-यात्रा करनी पड़ी और प्रचुर धन का नाश भी हुआ पर मुझे इस बात का हार्दिक सन्तोष है कि मैं न तो कभी नमक बनाने के अभियोग में जेल गया और न झंडा लेकर आम सड़क पर चलने के अपराध में। प्रत्येक बार मुझ पर भारतीय दंड विधान की धारा 124 ए बगावत के मातहत अभियोग लगाया गया और मुझे इसका गर्व है कि मैंने अपने इस सिद्धान्त की ईमानदारी से आज तक रक्षा की। मेरी तो निश्चित धारणा है कि आज इस देश में जो भी थोड़ा-बहुत राजनैतिक जागरण दिखाई देता है, उसका अधिकांश श्रेय महात्मा गाँधी के शब्दों में, उन मुट्ठी भर 'गुमराह, उतावले, मूर्ख तथा पथ-भ्रष्ट' हुतात्माओं को ही है जिनकी राजनीति ने ब्रिटिश साम्राज्य का नातका बन्द कर दिया, प्रत्येक अँग्रेज की नींद हराम कर दी थी। मैंने सदैव इन मुट्ठी भर नवयुवक तथा नवयुवतियों की कद्र की है—यथाशक्ति समय-समय पर इनकी सहायता भी। इनकी निर्भीकता, साहस, त्याग एवं खड़े-खड़े बलिदान हो जाने की भावना ने मुझे इनका गुलाम बना दिया था। इन्हीं सद्गुणों से प्रभावित होकर मैंने इनके लिए क्या नहीं किया।''

'कर्मयोगी' का प्रकाशन सहगल ने किया तो उस समय के अनेक क्रान्तिकारी उनके सहयोगी थे। 1938 में 'कर्मयोगी' के प्रकाशन के समय क्रान्तिकारी सुखदेव राज इसके प्रबन्धक तथा यशपाल सम्पादकीय विभाग में थे। उनके द्वारा संचालित 'मातृ मन्दिर' में भी क्रान्तिकारियों और उनके परिवार के सदस्यों का सहयोग मिला। श्रीमती सुशीला दीदी, उनकी सहोदरा शांता देवी, शहीद भगवतीचरण वोहरा की धर्मपत्नी श्रीमती दुर्गा भाभी, डॉ. लीलावती आदि महिलाएँ एक सुदीर्घ काल तक वहाँ रहीं जबकि उन दिनों उनकी गिरफ्तारी के लिए सरकार ने हजारों रुपये ईनाम घोषित कर रखे थे। जिन दिनों 'भविष्य' प्रकाशित हो रहा था तब भी कई क्रान्तिकारी अपना नाम तथा भेष बदलकर इसके सम्पादकीय विभाग में काम करते थे जिसका पता केवल सहगल, उनकी धर्मपत्नी तथा उनकी साली को ही था।

सहगल की इलाहाबाद की कोठी ब्रिटिश हुकूमत के लिए सिरदर्द बनी रही। उन्होंने स्वयं कहा—'मेरी कोठी के चारों ओर 24 घंटे खुफिया पुलिस के भूत मंडराया करते थे। बाद में तो उन्होंने कोठी के सामने अपने खीमें तक गाड़ लिये थे। कहीं कोई बम फटा अथवा कोई राजनैतिक हत्या हुई कि इलाहाबाद में सबसे पहले मेरी तलाशी हुआ करती थी। यदि मैं भूल नहीं करता तो कुल मिलाकर करीब 40 बार मेरे यहाँ पुलिस ने तलाशियाँ ली होंगी। किसी-किसी बार तो पुलिस के सैकड़ों सशस्त्र सिपाही तथा आफिसर मेरी कोठी का रातों-रात घेरा डाल लिया करते और दिन निकलते ही तलाशी शुरू हो जाती।'

सहगल जी ने इन स्थितियों में भी देश के स्वतन्त्रता आन्दोलन के इतिहास की पता नहीं कितनी 'खतरनाक' सामग्री अपने पास सुरक्षित छिपाकर रखी और उसका सदुपयोग किया। यह दर्ज रहेगा कि जब उन्होंने 'कर्मयोगी' छापा तो लोगों ने 'चाँद' के अभाव को विस्मृत कर दिया था। यह सच है कि 'कर्मयोगी' दीर्घजीवी नहीं हो सका और थोड़े समय बाद सहगल ने भी इस दुनिया को छोड़ दिया।

वे बड़े जीवट के और जुझारू सम्पादक व प्रकाशक थे। देश के स्वतन्त्रता आन्दोलन को गति देने के लिए अपने जीवन को खतरे में डालने से वे कभी हिचके नहीं। उनकी जिन्दगी को देखकर लगता है कि जैसे खतरों से खेलने में उन्हें मजा आता था। अपने यहाँ क्रान्तिकारियों को आश्रय देना उस समय कम साहस की बात नहीं थी। वे उन्हें आर्थिक सहायता भी करते थे। कहा तो यह भी जाता है कि इलाहाबाद में 'नारी निकेतन' चलाने के पीछे क्रान्तिकारियों की गतिविधियों के लिए उन्होंने एक आवरण जैसा निर्मित कर रखा था। दबी चर्चा तो यह भी रही कि आज़ाद अपनी शहादत से पूर्व सहगल के संरक्षण में थे। स्वतन्त्रता संग्रम के दौर में एक समय हिन्दी पत्रकारिता में उन्होंने जो गजब की हलचल मचाई उसकी धमक को दूर तक सुना और महसूस किया गया। यह भी उतना ही तर्कपूर्ण है कि बलिदानी पत्रकारिता का इतिहास सहगल के कृतित्व को विस्मृत कर लिपिबद्ध नहीं किया जा सकता।

आज रामरख सिंह सहगल का नाम कोई नहीं जानता। पत्रकारिता और साहित्य की दुनिया के लोगों को भी उनके ऐतिहासिक क्रान्तिकारी योगदान का पता नहीं। किसे मालूम कि स्वतन्त्र भारत में कब, कहाँ उनका निधन हुआ। राजेन्द्र यादव ने मुझे बताया था कि सहगल की सुपुत्री स्नेहलता दिल्ली के सूचना विभाग में आ गयी थीं। इसके बाद राजोरी गार्डन में मकान बना लिया। कुछ दिन पहले स्नेह का भी निधन हो गया। कभी राजेन्द्र उनके बहुत करीब रहे। आगरा के उनके घर पर रहकर ही स्नेह ने बीएड किया था।

...इलाहाबाद में अब 'कर्मयोगी' और 'चाँद' के साथ ही रैन बसेरा' की

यादें भी शायद ही किसी के पास हों। सहगल को जाननेवाले भी पता नहीं कहाँ खो गये। याद नहीं पड़ता कि प्रफुल्लचन्द्र ओझा 'मुक्त' को छोड़कर हिन्दी के किसी साहित्यकार ने उनकी स्मृतियों को कहीं लिपिबद्ध किया हो। मुक्त ने उन्हें हिन्दी को श्री और समृद्धि देनेवाले कर्मयोगी के रूप में ही एक बार स्मरण किया था। उन्होंने उनके बारे में जो कुछ लिखा उसका कुछ अंश मैं यहाँ उद्धृत कर रहा हूँ—

'सहगल थोड़ा हकलाकर बोलते थे, लेकिन बड़े खुशमिजाज, हँसने-हँसाने वाले तथा साहित्यिकों का सम्मान करनेवाले व्यक्ति थे। उन्होंने अपनी सूझबूझ से हिन्दी पत्रकारिता को ऊँचा उठाया, उसे लाभकर बनाया और ऐसा दृष्टान्त प्रस्तुत किया कि अन्य भाषा-भाषियों को यह स्वीकार करना पड़ा कि हिन्दी के प्रति उनका जो उपेक्षाभाव था, उचित नहीं था।

'सहगल नयी-नयी बातें सोचते थे और उन्हें तत्काल क्रियान्वित करते थे। उनका व्यक्तित्व ही नहीं, उनके विचार भी डायनमिक थे। मैं नहीं जानता कि हिन्दी के प्रचार-प्रसार के लिए, हिन्दी पत्रकारिता के स्तर को ऊँचा उठाने के लिए और हिन्दी लेखकों के योग-क्षेम के लिए अकेले सहगल ने जितना काम किया था, उतना किसी अन्य व्यक्ति के लिए सम्भव होता। सुनने में आया कि सहगल के छोटे भाई नंदगोपाल सिंह सहगल ने जो प्रेस और कार्यालय के व्यवस्थापक थे, ऐसी स्थितियाँ उत्पन्न कर दीं कि सहगल को न केवल 'चाँद' बल्कि इलाहाबाद छोड़कर भी लखनऊ जाना पड़ा। स्वाभाविक था कि जो सहगल 'चाँद' के प्राण थे, जब वही नहीं तो 'चाँद' को भी नहीं रहना था। शीघ्र ही 'चाँद' अस्तंगत पत्रिकाओं की श्रेणी में चला गया। 'चाँद' जब अपनी सोलह कलाओं में से चमक रहा था, उन्हीं दिनों सहगल ने शहर से दूर 'नारी निकेतन' या ऐसी ही किसी नामवाली एक संस्था की स्थापना की थी। सुनने में आता था कि 'नारी किनेतन' भी क्रान्तिकारियों की गतिविधियों के लिए एक आवरण के रूप में स्थापित किया गया था। चन्द्रशेखर आज़ाद जब इलाहाबाद में शहीद हुए थे, मैं कुछ समय के लिए दिल्ली में था, इलाहाबाद लौटने पर अनेक प्रकार के प्रवादों में एक यह भी सुनने में आया था कि मृत्यु से पहले आज़ाद सहगल के संरक्षण में थे।... सहगल और 'चाँद' ने हिन्दी के एक युग का इतिहास बनाया था, लेकिन आज वे दोनों स्वयं इतिहास की वस्तु हो गये हैं।'

बावजूद इसके सहगल ने 'चाँद' के फाँसी अंक का श्रेय स्वयं नहीं लिया, बल्कि वे कहा करते थे कि यह स्वर्गीय सरदार भगतसिंह तथा उनके सहयोगियों की ही देन थी, जिसने देश में एक बार बिजली कौंधा दी थी। उन्हें इस बात का गर्व था कि 1928-29 में भगतसिंह के सम्पर्क का सौभाग्य मिला और नाम

तथा वेष बदलकर कुछ नौजवान क्रान्तिकारी उनके निकटतम सहयोगियों में रहे।

यह बड़ा ही दुखद प्रसंग था कि आजादी के बाद उन्होंने सरकार को इस आशय का एक ज्ञापन प्रस्तुत किया कि उनके विभिन्न प्रकाशनों की जब्ती, मुकदमों और जुर्माने के रूप में अदा की गयी धनराशि की वापसी की जाए, जिस पर उन्हें स्वतन्त्रता सेनानी मानने से ही इनकार कर दिया गया था। वे उस अर्थ में स्वतन्त्रता सेनानी थे भी नहीं जिस आधार पर काँग्रेस सरकार ने लोगों को मदद या पेन्शनें दीं। जो व्यक्ति ब्रिटिश हुकूमत की अमानवीय दमनात्मक कार्यवाहियों से टूटा-झुका नहीं, न कोई समझौता किया वह अपने अन्तिम दिनों में बहुत हार-बिखर गया था। उन्हें सबने धोखा दिया। उनकी छोटी बेटी सुमनलता 3 जनवरी, 1948 को नहीं रही और फिर 1 अप्रैल, 1949 को उनकी पत्नी का भी निधन हो गया। फिर तो सहगल खुद भी बीमार पड़ते चले गये। इलाज हुआ लेकिन वे बिस्तर पर पड़े तो फिर उठे ही नहीं। 22 महीना बीमार रहकर उन्होंने 1 फरवरी, 1952 को अन्तिम साँस ली। उनकी यह अस्वस्थता शारीरिक कम, मानसिक अधिक थी। जिस व्यक्ति ने अपनी आग उगलती पत्रकारिता से ब्रिटिश साम्रज्यशाही की चूलें हिला दीं, वह आखिरी दिनों में कितना अकेला पड़ता चला गया। उनकी कमजोर आँखों और बाजुओं ने आजादी के जिन शुरुआती पाँच वर्षों को देखा, वह उनके सपनों का स्वराज्य नहीं था। उनके सामने ही से सब कुछ भरभराकर बिखर चुका था। काश, उनमें इतनी शक्ति बची होती जिसके चलते वे अपने उस दौर को चित्रित कर पाते जब उस बलिदानी पत्रकारिता की जमीन का खिसकना शुरू हो गया था जिसे अपना रक्त देकर वे सींचते रहे थे। वे साफ-साफ कहते थे—'चाहे आप इसे भूल कहें, चाहे दूरदर्शिता, पर मैं जीवन के प्रथम प्रभात से हिंसात्मक-सिद्धान्तों का पोषक तथा समर्थक रहा हूँ और आज हमारे देश में जो भी हो रहा है उसने मेरी इस धारणा को और भी पुष्ट कर दिया है। 'शठे शाठ्यं समाचरेत्' सिद्धान्त का प्रेरक चाणक्य मूर्ख नहीं था। युद्ध में आक्रमण तथा आत्मरक्षा के निश्चित सिद्धान्तों का सृजन अभी तक नहीं हो सका है। युद्ध तथा प्रेम में सभी कुछ जायज है वाली लोकोक्ति का निर्माणकर्त्ता भी अवश्य ही कोई भुक्तभोगी रहा होगा। जीवन के प्रत्येक पक्ष के प्रत्येक परिमाण में हम इस निश्चित-सत्य का अनुभव कर सकते हैं। हमारे देश की एकमात्र राष्ट्रीय संस्था की नीति परोक्ष रूप में अहिंसात्मक रही है। युद्ध विद्या को विभिन्न चालों में से मैंने इसे भी एक प्रमुख चाल-मात्र समझा है, क्योंकि जिस कलुषित वातावरण से होकर हमारे देश को गुजरना पड़ा है, उसको दृष्टि में रखते हुए कोई दूसरा चारा भी तो नहीं था।'

वे बहुत दुख के साथ कहा करते थे कि सोशलिस्ट रिपब्लिकन कमांडर-इन-चीफ स्वर्गीय चन्द्रशेखर आज़ाद की जननी आज जालौन के जंगलों में उपले

पाथ कर और कंडे बेचकर जीवन का बोझ हल्का कर रही है और इसके विपरीत देश के छँटे हुए गुंडे काँग्रेस के नाम पर विलासिता की गोद में अठखेलियाँ करते प्रत्यक्ष दिखाई दे रहे हैं।

जेल के भीतर वे जिन लोगों के साथ रहे उनमें रफी अहमद किदवई, पुरुषोत्तम दास टंडन और चन्द्रभानु गुप्त सरीखे लोग थे। पता नहीं किसी ने उनकी यादों की लड़ियों को कहीं पिरोया या नहीं। कैलाशनाथ काटजू से भी उनके निकट के सम्बन्ध थे। बावजूद इसके सहगल परिवार को बाद के दिनों में कठिन संघर्ष के दौर से गुजरना पड़ा। मैं अकसर स्नेहलता का एक चित्र देख लिया करता हूँ और तब मुझे उनके बचपन की वह घटना याद आ जाती है जिसमें भगतसिंह पेड़ पर लटकी एक पतंग उतार कर उनके नन्हे हाथों में थमा देते हैं और फिर मेरी आँखों के सामने सहगल की तस्वीर घूम जाती है। उनके अन्तिम दिनों को सोचकर मैं एक अव्यक्त पीड़ा से भर उठता हूँ। स्वतन्त्रता आन्दोलन के दौर में जिस तरह की पत्रकारिता सहगल ने की उसका कोई दूसरा उदाहरण नहीं। राजेन्द्र यादव के पास शायद सहगल की कुछ चिट्ठियाँ सुरक्षित थीं पर वे इस मामले में मेरी मदद नहीं कर पाए। मैं जब कभी उनकी चर्चा करता तो वे बात को दूसरी ओर मोड़ दिया करते थे। कभी-कभी स्नेहलता सहगल की बात जरूर चल पड़ती लेकिन वह भी दूर तक न जाती। सहगल के बेटे से मेरा पत्र-व्यवहार हुआ। स्नेहलता ने शायद अपने पिता की यादों को कहीं लिपिबद्ध किया हो। मुझे लगता है कि उसमें 'चाँद' की बलिदानी परम्परा का जिक्र जरूर होगा और यह भी कि उन्होंने जितेन्द्रनाथ सान्याल की भगतसिंह पर बड़ी पुस्तक का हिन्दी अनुवाद किया। ऐसा करते हुए बार-बार उन्होंने भगतसिंह का वह रूप भी स्मरण किया होगा जिसने एक बार उन्हें स्नेह से सराबोर कर दिया था।

आज पत्रकारिता का वह मिशनरी युग नहीं रहा। व्यवसायिक और सनसनीखेज खबरों की दुनिया में रामरख सहगल को स्मरण करने की जगह ही कहाँ बचती है। सहगल परिवार और 'चाँद' के क्रान्तिकारी अवदान को भुला देने को क्या हमारी भयंकर भूलों में शामिल नहीं किया जाना चाहिए?

'चाँद' और सहगल एक समय बलिदानी पत्रकारिता के पर्याय बन गये थे। आज दोनों का ही कोई नामलेवा हिन्दी संसार में दिखाई नहीं देता। क्या अपने इतिहास-पुरुषों को भुला देने की हमारी यह प्रवृत्ति बहुत ओछी नहीं है?

इलाहाबाद शहर में तो रामरख सिंह सहगल का भव्य स्मारक बनना चाहिए। पर यह सब कौन करेगा? उन पर कोई स्मृति-ग्रन्थ भी नहीं छप सका। हम सचमुच शर्मिन्दा हैं।

'मुकम्मल आज़ादी' के हसरत मोहानी

सन् 2000 की बात है जब कानपुर में हसरत मोहानी का घर ध्वस्त होने के कगार पर था। शायद अब वह ज़मींदोज हो चुका हो या फिर उस पर नयी तामीर खड़ी कर दी गयी हो। हसरत का वह घर उनका अपना नहीं था। वे वहाँ किराए पर रहे थे पर उससे उनकी सघन स्मृतियाँ जुड़ी थीं। किराए का न भी होता तो भी क्या हम उसे सम्भालकर रख पाते? शायद नहीं। हमने अपने राष्ट्रीय नायकों के साथ बहुत नाइंसाफी की। कानपुर ने देश को बड़े क्रान्तिकारी दिए। सुरेशचन्द्र भट्टाचार्य, राजकुमार सिन्हा, विजय कुमार सिन्हा, सुरेन्द्र पांडे, बटुकेश्वर दत्त, डॉ. गयाप्रसाद, शिवकुमार मिश्र, श्यामलाल गुप्त 'पार्षद', गणेशशंकर विद्यार्थी, श्रीदेवी मुसद्दी, मुंशीराम शर्मा 'सोम' जैसे क्रान्तिकारी नेता इसी जमीन के थे। क्रान्तिकारी दल के सेनापति रहते चन्द्रशेखर आज़ाद ने भी इस शहर को अपना केन्द्र बनाया था और भगतसिंह के विप्लवी जीवन की शुरुआत भी यहीं से होती है। हसरत मोहानी भी एक तरह से कानपुर के ही थे। कानपुर में ही सत्यभक्त ने 1925 में प्रथम कम्युनिस्ट कान्फ्रेन्स का आयोजन किया था जिसमें हसरत मोहानी ने बढ़कर हिस्सेदारी की थी। आज़ाद हिन्द फौज की कैप्टन लक्ष्मी सहगल ने भी अपनी उम्र का लम्बा वक्त इसी शहर में व्यतीत किया और यहीं अन्तिम साँस ली।

वैसे दिल्ली के बल्लीमारान इलाके में एक जगह ऐसी है जो शायर और आजादी के दीवाने हसरत मोहानी का मुकाम हुआ करता था। वे तब लेखन में खूब मशगूल थे और नयी दिल्ली में संसद भवन के सामने स्थित जामा मस्जिद में गर्म तकरीरें किया करते थे। पर वे दुनियावी अर्थ में मौलाना नहीं थे। हसरत उन चँद मुस्लिमों में से थे जिन्होंने काँग्रेस को अपनाया था। फिर भी उसमें होने और बने रहने की उनकी अपनी शर्तें थीं। वे बहुत सख्त मिजाज और धुन के पक्के थे। इतने कि कई बार वे गाँधी और काँग्रेस की नीतियों के विरोध में तन कर खड़े हो गये। बल्लीमारान की उन गलियों में जहाँ हसरत मोहानी ने तबील

वक्त गुजारा अब किसे उनकी याद होगी। जमाना गुज़र गया। यहाँ यह बता दूँ कि इन्कलाबी मिजाज के होने के बावजूद हसरत साहब के भीतर रूमानियत भी जिन्दा थी। कहा जाता है कि 60 साल की उम्र में वे एक रोज रेल में सफर कर रहे थे। उनके पास एक रूसी लड़की बैठी हुई थी। गजब की खूबसूरत। उसके लम्बे बाल हवा में झोंके से हसरत साहब के चेहरे से क्या टकराए कि उन्होंने उस लड़की का माथा चूम लिया। लड़की ने इसका बुरा नहीं माना और वह मुस्करा दी। हसरत साहब के व्यक्तिव के इस पक्ष को कम लोग जानते हैं। यह भी माना जाता है कि उन्होंने बल्लीमारान के अपने मकान के सामनेवाले छज्जे पर भरी दुपहरी में एक हसीना को बार-बार आते और कपड़े सुखाते देखा। बातें तो नहीं पर सिर्फ आँखें चार हुईं। वे उसे दिल दे बैठे। उनकी मशहूर ग़ज़ल उन्हीं दिनों लिखी गयी थी—

चुपके-चुपके रात-दिन आँसू बहाना याद है
हमको अब तक आशिकी का वो जमाना याद है
दोपहर की धूप में मेरे बुलाने के लिए
वह तेरा कोठे पे नंगे पाँव आना याद है
तुझसे कुछ मिलते ही वो बेबाक हो जाना मिरा
और तिरा दाँतों में वो उँगली दबाना याद है
खेंच लेना वो मिरा पर्दे का कोना दफअतन
और दुपट्टे से तिरा वो मुँह छिपाना याद है
गैर की नज़रों से बचकर सबकी मर्जी के ख़िला.फ
वो तिरा चोरी-छुपे रातों को आना याद है
चोरी-चोरी हमसे तुम आकर मिले थे जिस जगह
मुद्दतें गुज़रीं पर अब तक वो ठिकाना याद है।

डॉ. अंजुम कहते हैं कि उनकी यह ग़ज़ल बल्लीमारान में नहीं बल्कि अपने जन्मस्थान में उन्होंने इसे लिपिबद्ध किया था। जो भी हो हसरत मोहानी की जिन्दगी का यह कोना भी बहुत काबिलेगौर है। ब्रितानी हुकूमत से जूझनेवाला इनसान अपनी जिन्दगी में किस तरह बेहद रूमानी था, यह जानना सचमुच हमारे लिए दिलचस्प और जरूरी है। वे जौके तसव्वुफ और जज्बए-इश्क के शायर थे।

पर उस दिन जब सुना कि कानपुर में हसरत मोहनी की याद अब मिटने के कगार पर है तो भीतर एक कील-सी चुभी। आज भी हिन्दी पट्टी में शायद कुछेक लोग हों जिनके लिए हसरत का नाम और काम अजूबा नहीं होगा पर उनके गाँव मोहान पहुँचने पर जब एक फिल्मकार ने पूछा कि यहाँ हसरत मोहानी

का पुश्तैनी घर कौन-सा है, तो जवाब भी सवाल की ही शक्ल में था—'कौन हसरत मोहानी?' जब हसरत मोहानी के निधन के छह दशकों बाद यह स्थिति हो तो भविष्य की कल्पना सहज ही की जा सकती है। आज जब अधिकांश लोग उन्हें नहीं जानते तो इसके पीछे दोष उस बदलते परिवेश का है जिसमें उनकी प्रासंगिकता की कोई जगह तलाश करना बेमानी होता चला जा रहा है। उनके साथ तो यह तब भी हुआ था जब विचारधारा के स्तर पर गाँधी की मुखालफत करने के कारण उन्हें एक तरह से इतिहास बदर ही कर दिया गया था। विगत दिनों जिस तरह देश की राजनीति और साहित्य में भी मोहम्मद अली जिन्ना के जीवन और उनके कार्य-कलापों पर सघन विमर्श जारी रहा उसे देख-सुन, पढ़कर मैं लज्जित हो जाता रहा। क्या इतिहास में सिर्फ जिन्ना हुए हैं, हसरत मोहानी नहीं। भारतीय जनता पार्टी के नेता लालकृष्ण आडवाणी ने पाकिस्तान में जिन्ना की मजार पर पहुँचकर उनके चिन्तन पर धर्मनिरपेक्षता की भी मोहर लगा दी। इसी दल के दूसरे नेता जसवंत सिंह ने तो जिन्ना पर पोथी ही रच डाली जिसके कारण संघ उनसे बेहद नाराज हो गया और उन्हें पार्टी से चलता भी कर दिया। फिर न जाने किस तरह वे फिर पार्टी में दाखिल हो गये जबकि मेरे जानते जिन्ना पर लिखे के लिए उन्होंने न अफसोस जाहिर किया और न ही उस पुस्तक को वापस लिया है।

राजनीति कैसे-कैसे खेल खेलती है यह हम सब जानते हैं। पर साहित्य के सामने वह कौन-सी विवशता थी जिसके चलते मुस्लिम समुदाय के उन नायकों को एक-एक करके दरकिनार कर दिया जाता रहा जो प्रगतिशील सोच के थे और जिनके नाम और काम को सामने रखकर इस तबके की सामाजिक और राजनीतिक चेतना को माँजने की दिशा में जरूरी काम किया जा सकता था। इसमें खान अब्दुल गफ्फार खाँ, गदर पार्टी के मौलाना बरकतउल्ला, यूसुफ मेहर अली, शहीद अशफ़ाक़उल्ला खाँ, कामरेड मुजफ्फर अहमद, शौकत उस्मानी और हसरत मोहानी जैसे कुछ नाम मेरे जेहन में आ रहे हैं। पर देखिए यह कि साहित्य की दुनिया में हिन्दी लेखक वीरेन्द्र कुमार बरनवाल 'जिन्ना : एक पुनर्दृष्टि' जैसा भारी-भरकम ग्रन्थ लिखकर जिन्ना को राष्ट्रवादी, उदार और धर्मनिरपेक्ष साबित करने की निरर्थक कोशिशें करते देखे जाते हैं। जिन्ना न तो उदार थे, न ही राष्ट्रवादी और धर्मनिरपेक्षता से तो उनका दूर का भी कोई रिश्ता कहे जाने का कोई अर्थ नहीं है। यह अजब बात है कि लोग गाँधी को भी धर्मनिरपेक्ष कहते हैं, जिन्ना को भी और इस सूची में भगतसिंह का भी नाम शामिल कर लिया जाता है। सवाल है कि धर्मनिरपेक्षता कितनी तरह की? क्या गाँधी-मार्का, जिन्ना-मार्का और भगतसिंह-मार्का धर्मनिरपेक्षता एक ही तरह की होगी या उनके भिन्न-भिन्न रूप और प्रकार होंगे। यह प्रश्न वर्षों

से मुझे लगातार मथ रहा है। हमारे देश के राजनेताओं और चिन्तकों ने वैसे भी धर्मनिरपेक्षता का पेंदा निकाल दिया। इस मुल्क के राष्ट्रपति और प्रधानमन्त्री या दूसरे हुक्मरान मन्दिर में पूजा-अर्चना और मजार पर चादरपोशी करके या गुरुद्वारे में शीश नवाकर भी धर्मनिरपेक्ष बने रहते हैं, जबकि धर्मरिपेक्षता का अर्थ धर्म से पूरी तरह विलगाव है। काँग्रेस-मार्का सर्वधर्मसमभाव को धर्मनिरपेक्षता नहीं कहा जा सकता। वास्तविक धर्मनिरपेक्षता की कसौटी पर भगतसिंह ही खरे उतरते हैं। वे फाँसी से ठीक पहले एक बूढ़े सिख वार्डर को खुश करने के लिए भी गुरुग्रन्थ साहब का पाठ करने और वाहे-गुरु का नाम लेने से साफ इनकार कर देते हैं और 'मैं नास्तिक क्यों हूँ' जैसा चिन्तनपरक आलेख फाँसीघर में बैठकर लिखते हैं।

बात मैं हसरत मोहानी की कर रहा था और धर्मनिरपेक्षता जैसे मसले में उलझ कर रह गया जिसे सब अपनी-अपनी सुविधानुसार गढ़ने और परिभाषित करने की शातिर कोशिशें करते देखे जाते हैं और मैं हूँ कि चीज़ें मेरे गले नहीं उतरतीं। जिस जिन्ना ने धर्म के आधार पर मुस्लिम होमलैंड ले लिया हो उसे कौन कूढ़मगज धर्मनिरपेक्ष कहेगा और ऐसा कहने का आधार क्या होगा, यह मेरी समझ से परे है।

हसरत मोहानी की स्मृतियों को जीवित न रख पाने की विडम्बना के पीछे कोई एक कारण नहीं है। हाँ, यह जरूर है कि यदि उनका अपना कोई जाती मकान न भी होता तो भी उनकी मृत्यु के बाद किसी राष्ट्रीय संग्रहालय या विश्वविद्यालय में उनकी चीज़ों को संजोया जा सकता था। वे हमारी राष्ट्रीय धरोहर होतीं। हम अभी तक देश में एक 'भगतसिंह भवन' नहीं बना पाए जहाँ क्रान्ति के इस सर्वोच्च प्रतीक की स्मृति से जुड़े तमाम दस्तावेज, उनके पत्र, लेख, पर्चे, अदालती बहसें और कार्यवाहियाँ अथवा फिर उनके वे जूते जिन्हें पहनकर वे दिल्ली की केन्द्रीय असेम्बली में बम फेंकने गये थे और वह घड़ी भी जो रासबिहारी बोस ने शचीन्द्रनाथ सान्याल को दी थी और बाद में सान्याल भगतसिंह को दे गये थे, सुरक्षित रख पाते। भगतसिंह का लिखा समस्त साहित्य भी जिस एक जगह सुरक्षित और उलपब्ध हो, वैसे किसी स्थान की हम सिर्फ कामना ही करते रहे। सरकारें इस ओर क्यों ध्यान दें। भगतसिंह को प्यार करनेवाले विभिन्न खेमों, दलों और गुटों में हैं जो उस शहीदे-आज़म की तस्वीर को अपनी-अपनी तरह गढ़ने और उनमें मनमाने रंग भरने की कोशिशों में लगे रहते हैं। इसमें न भाजपाई पीछे हैं, न अकाली, काँग्रेसी और वामपंथी संसदीय दल। सारे सांस्कृतिक संगठन राजनीतिक पार्टियों के पिछलग्गू हैं। उनके अपने पैर तो बेहद लुंज-पुंज हैं। इधर नया षड्यन्त्र यह कि भगतसिंह को फिर से सिख बनाकर उनके सिर पर पगड़ी पहना दी जा रही है और हम इसे खामोश बनकर देख रहे हैं। छत्तीसगढ़

की राजधानी रायपुर के शंकरनगर चौक पर भगतसिंह की हैट वाली प्रतिमा की गर्दन खुलेआम काट ली जाती है पर कहीं कोई हलचल नहीं।

लोगों को अब अपना बीता कल जानने की जरूरत नहीं है, न उस पर विचार करने की। उनके लिए सब कुछ वर्तमान है और भोगने योग्य है। ऐसे में हसरत मोहानी के घर का भी क्या अर्थ होगा। मैं तो सोचता हूँ कि उन्नाव जिले के उस मोहान कस्बे में अब उनके व्यक्तित्व और कृतित्व को जाननेवाले ही कितने बचे होंगे। जो हैं उनके लिए यह अर्थहीन है कि इस निपट कस्बाई जमीन के मुस्लिम परिवार में जन्मा फजलुल हसन नाम का एक शख्स आगे चलकर 'हसरत' में तब्दील होकर अपने नाम के साथ अपनी बस्ती को भी एक पहचान दे गया। वह पहचान इतनी बड़ी है कि उसे अपने-अपने गजों से नाप पाना हमारे लिए सम्भव नहीं होगा। वे 1881 में पैदा हुए थे और उनका पूरा नाम था सैय्यद फजलुल हसन। पर धीरे-धीरे वे सिर्फ 'हसरत मोहानी' रह गये। उन्होंने अपने एक शेर में कहा भी—

इश्क ने जब से कहा 'हसरत' मुझे
कोई भी कहता नहीं फजलुल हसन।

1925 में कानपुर की धरती पर भारत में प्रथम कम्युनिस्ट कान्फ्रेन्स के आयोजक कामरेड सत्यभक्त से मिलने से पूर्व हसरत मोहानी के सम्बन्ध में मेरी जानकारी इतनी ही थी कि उन्होंने 1921 की अहमदाबाद काँग्रेस में पूर्ण स्वाधीनता का प्रस्ताव रखा था जिसे काँग्रेस ने स्वीकर नहीं किया। गाँधी ने उनके इस प्रस्ताव को 'गैरजिम्मेदारी की बात' कहकर रद्द करवा दिया था। यह बहुत बड़ी बात है कि जब काँग्रेस और उनका नेतृत्व देश की स्वतन्त्रता के वास्तविक संग्राम को अनदेखा करके समझौतों के लचर तौर-तरीकों पर विचार कर रहा था तब हसरत मोहानी 'मुकम्मल आजादी' का प्रस्ताव लेकर सामने आए। उनका यह कदम उनकी प्रगतिशील सोच और जोखिम उठाने की उनकी प्रवृत्ति की ओर संकेत करता है। गाँधी तब काँग्रेस के सर्वेसर्वा थे। बावजूद इसके हसरत मोहानी के पूर्ण आजादी के प्रस्ताव को काँग्रेस में एक-तिहाई वोट मिल गये। प्रस्ताव आगे तो नहीं बढ़ा लेकिन काँग्रेस और गाँधी जैसे उनके नेता के सामने पूर्ण आजादी के प्रस्ताव को रखे जाने के परिणाम को जानते हुए भी उन्होंने ऐसा करके देश के स्वाधीनता संग्राम के इतिहास में अपने लिये विशेष जगह बना ली थी और जाने-अनजाने उन्होंने देश को पूर्ण आजादी का एक मन्त्र दे दिया था।

जब असहयोग आन्दोलन शुरू हुआ तो विदेशी वस्तुओं के बहिष्कार के

बारे में भी हसरत मोहानी के विचार गाँधी से भिन्न थे। उनका कहना था कि हमारी लड़ाई सिर्फ ब्रिटिश साम्राज्यवाद से है, इसलिए सिर्फ ब्रिटिश माल का बहिष्कार किया जाए। गाँधी ने उनकी यह बात नहीं मानी। देखा जाए तो हसरत मोहानी ही वह पहले व्यक्ति थे जिन्होंने स्वदेशी आन्दोलन की नींव डाली। हसरत मोहानी की एक विशेषता यह भी थी कि गाँधी की तरह देश के स्वतन्त्रता संग्राम को वे अहिंसा और हिंसा के खानों में बाँटकर देखने के पक्षधर नहीं थे। अपनी इसी दृष्टि के चलते उन्होंने यह माँग की थी कि आन्दोलन के दौरान अहिंसा का अंकुश हटा दिया जाए। इस तरह गाँधी और काँग्रेस से उनका मतभेद निरन्तर बना रहा पर वे मजबूती से अपने पक्ष को रखते रहे। उनकी विचारधारा को जानने के लिए उनका यह शेर पर्याप्त है—

क्यों गाँधी की तरह बैठके कातेंगे चर्खा
लेनिन की तरह देंगे न दुनिया को हिला हम।

हसरत मोहानी रूस की साम्यवादी क्रान्ति से बहुत प्रभावित थे। 1925 में जब सत्यभक्त ने कानपुर में पहली कम्युनिस्ट कान्फ्रेन्स बुलाई तो हसरत मोहानी, राधामोहन गोकुल और नारायण प्रसाद अरोड़ा आदि मित्रों ने उन्हें बहुत सहयोग किया। सत्यभक्त से जब एक बार मैं मथुरा में मिला तब देर तक मैंने हसरत मोहानी के बारे में उनसे बातें कीं। वे कहने लगे—'मैं जिस बात के लिए हसरत साहब का सबसे अधिक सम्मान करता हूँ और उनके सामने श्रद्धा से अवनत होता हूँ, वह सन् 1925 के अन्तिम सप्ताह में होने वाला कम्युनिस्ट कान्फ्रेन्स का अधिवेशन था। कहने को इंडियन कम्युनिस्ट पार्टी की स्थापना मैंने ही की थी और कम्युनिस्ट कान्फ्रेन्स की योजना भी मैंने ही बनाई थी, पर अगर हसरत साहब, राधामोहन गोकुल, नारायण प्रसाद अरोड़ा जैसे मित्र मेरी सहायता को न खड़े होते तो मेरे जैसा व्यक्ति जिसकी जमा पूँजी कभी हजार-पाँच सौ से ज़्यादा नहीं हुई, इस ऐतिहासिक काम को कभी अंजाम नहीं कर सकता था। मुझे यह कहने में कुछ भी संकोच नहीं कि जमीन से लेकर उस पर पंडाल खड़ा करने में जो सात-आठ सौ खर्च हुआ, वह सब हसरत साहब ने ही अपने स्वदेशी स्टोर की बैंक से सूद के रूप में मिली रकम से किया। मैं तो स्वागतकारिणी समिति के टिकट बेचकर दो-तीन सौ ही इकट्ठा कर सका होऊँगा। वह प्रचार के लिए पर्चे, पोस्टर, प्रवेश टिकट आदि फुटकर कामों में खर्च हो गया। कान्फ्रेन्स में हसरत साहब ने मेरे कम्युनिस्ट पार्टी को स्वतन्त्र रखने का पूर्णतया समर्थन किया, जिससे बौखला कर मुजफ्फर अहमद (कलकत्ता) अपनी पुस्तक में लिख गये हैं कि हसरत मोहानी जैसे पूर्ण स्वतन्त्रता के समर्थक ने सत्यभक्त के निस्सार

विचारों का समर्थन कैसे कर दिया।

'बात यह थी कि हसरत साहब इस्लाम को कम्युनिज्म के अनुकूल मानते थे। उनका कहना था कि इस्लाम ने सबसे पहले सूद लेने को हराम कह दिया है और बड़ी-बड़ी सम्पत्तियाँ और जायदादें सूदखोरी ही से बनती हैं। फिर अगर किसी तरह किसी के पास अधिक रुपया जमा भी हो जाए तो वह जमात, जाजिया, हज आदि में खर्च कर दिया जाता है। सारांश यह है कि जिस प्रकार कम्युनिज्म की मान्यता है कि हर एक मनुष्य को अपनी व्यक्तिगत जरूरत के लायक ही धन ग्रहण करना चाहिए, उसी प्रकार इस्लाम ने शुरू में ही ऐसे नियम बना दिए थे जिससे व्यक्तियों के पास फालतू धन जमा न हो। इस दृष्टि से हमको कम्युनिज्म के आदर्श को मानने में कोई एतराज नहीं। इस्लाम तो अपरिग्रह की दृष्टि से उससे भी ऊँचा है।'

हसरत ने एक शेर में कहा था—

दुर्वेशी वे इनक़िलाब मसलक है मेरा,
सूफ़ी मोमिन हूँ इश्तिरारी (कम्युनिस्ट) मुस्लिम।

उनकी ये पंक्तियाँ भी देखिए—

ज़माना वह जल्द आने वाला है जिसमें,
किसी का न मेहनत पे दावा रहेगा।

और भी—

सरमायादार ख़ौफ़ से लरज़ा हैं, क्यों न हों,
मालूम सबको कूवते मज़दूर हो चुकी।

इसके बाद उन्होंने यहाँ तक कहा था—

लाज़िम है यहाँ ग़लब-ए-आइने सोवियत,
दो एक बरस में हो के दस बीस बरस में।

उनके भाषण का वह अंश देखिए जिसे उन्होंने कानपुर कम्युनिस्ट पार्टी के अधिवेशन में दिया था—'कम्युनिज्म का आन्दोलन काश्तकारों और मजदूरों का आन्दोलन है। बाज़लोग यह समझते हैं कि कम्युनिज़्म और खूंरेजी एक दूसरे के पूरक हैं। हालाँकि वास्तविकता इसके अतिरिक्त कुछ और नहीं कि हम लोग अहिंसा को केवल आवश्यक व मसलहत के आधार पर जायज़ समझते हैं और महात्मा गाँधी की तरह उसको हर परिस्थिति में सिद्धान्त के रूप में आवश्यक

करार नहीं देते। बाज़ मुसलमान लीडर अकारण ही कम्युनिज़्म को इस्लाम के विरुद्ध बताते हैं। हालाँकि वास्तविकता इसके बिलकुल विपरीत है। उदाहरण के तौर पर पूँजीवाद के विरुद्ध तो इस्लाम का फैसला सम्भवतः कम्युनिस्टी विश्वास से भी ज्यादा सख्त है। उन्होंने कहा जो व्यक्ति हमारे उसूलों को माने वह हमारे साथ सम्मिलित है चाहे वह हिन्दू हो, मुसलमान हो, या बौद्ध, धार्मिक हो या नास्तिक। दूसरे शब्दों में हम धर्मों के अस्तित्व को स्वीकार करते हैं। हमारे यहाँ नास्तिकता भी एक धर्म है।'

हसरत साहब का जीवन बहुत सादा और उदार था। धार्मिक होते हुए भी उनमें कट्टरता नाममात्र को नहीं थी। वे जब तक मुस्लिम लीग में रहे, जिन्ना से बराबर उनका मतभेद बना रहा। शायद लोकमान्य तिलक की विद्वता के प्रभाव में वे भगवद्गीता और श्रीकृष्ण प्रेमी भी बन गये। उनके दामाद के पत्र से मालूम पड़ा कि वे हर वर्ष जन्माष्टमी को वृन्दावन जाते थे। उनकी कृष्णविषयक कुछ कविताएँ भी बहुत महत्त्वपूर्ण हैं। वे लोकमान्य तिलक के कितने भक्त थे, यह हमने अपनी आँखों से देखा है। लोकमान्य के देहान्त के बाद जब उनके फूल (अस्थियों) का कलश इलाहाबाद में त्रिवेणी संगम ले जाया जा रहा था, उस समय हसरत साहब ने आँसू बहाते हुए रुंधे हुए गले से केवल दो शेर फरमाए—

आलम में मातम क्यों न हो बरपा, दुनिया से सिधारे आज तिलक।
बलवंत तिलक महाराज तिलक, आजादों के सरताज तिलक।
जब तक वह रहे दुनिया में रहा, हर एक दिल पर काबू उनका।
अब होके नज़र से पोशीदा, रूहों पे करेंगे राज तिलक।

उन पर और भी लिखा था उन्होंने—

ऐ तिलक, ऐ इफ़्तिख़ारे-ज़ज्बा-ए हुब्बे-वतन
हक़ शनासो-हक़ पसन्दो-हक़ यक़ीनो-हक़ सुख़न
तुझसे कायम है बिना आज़ादी-ए बेबाक की
तुझसे रोशन है अहले-इख़्लासे-वफ़ा की अंजुमन
सबसे पहले तूने की बर्दाश्त ऐ फ़र्ज़ दे-हिन्द
ख़िदमते-हिन्दोस्ताँ में कुल्फ़ ते-क़ै दे-मिहन
तूने खुद्दारी का फूँका ऐ तिलक ऐसा फुसूँ
यक कलम जिससे खुशामद की मिटी रस्मे-कुहन
नाज तेरी पैरवी पर 'हसरते'—आज़ाद को
ऐ तुझे कायम रखे ता देर रब्बे जुलमनन

तिलक से उन्हें इतना अधिक लगाव था कि 1907 में जब सूरत काँग्रेस में लोकमान्य अलग हुए तो हसरत साहब ने भी काँग्रेस छोड़ दी।

हसरत का बचपन मोहान में बीता। वहीं प्रारम्भिक शिक्षा हुई। स्कूली पढ़ाई फतेहपुर में हुई। फिर कालेज में दाखिल हुए अलीगढ़ में, जहाँ से 1903 में उन्होंने बी.ए. किया।

छात्र जीवन में हसरत साहब साहित्यिक-राजनीतिक आन्दोलनों में हिस्सेदारी करने लगे थे। इसी से वे कालेज से निकाले गये। उनमें प्रतिभा थी, जो विद्यार्थी जीवन में ही रंग ले आई। अपना पत्र 'उर्दू-ए-मुअल्ला' निकालना शुरू किया। पहला अंक छपा जुलाई, 1903 में। इस पत्र के माध्यम से उन्होंने साहस और जोश से साहित्यिक, राजनीतिक और धार्मिक मसलों पर अपने विचारों को छापा और स्वदेशी का जमकर प्रचार किया। सन् 1908 में इसी पत्र में 'मिस्र में अँग्रेजों की तालीमी पॉलिसी' लेख लिखने के कारण उन पर राजद्रोह का मुकदमा चला। 23 जून, 1908 को वे पकड़कर कारागार में डाल दिए गये। दो साल की सजा और पाँच सौ रुपये का जुर्माना।

जेल जीवन की कहानी को हसरत साहब ने लिपिबद्ध करके 'उर्दू-ए-मुअल्ला' में तेरह भागों में प्रकाशित किया। उन्होंने लिखा है कि जेल में उन्हें प्रतिदिन एक मन गेहूँ पीसना पड़ता था। अपनी प्रसिद्ध कविता 'चक्की की मशक्कत' उन्होंने उन्हीं दिनों लिखी थी—

है मश्के सुखन जारी चक्की की मशक्कत भी
इक तुर्फा तमाशा है 'हसरत' की तबीयत भी।
जो चाहे सज़ा दे लो तुम और भी खेल खेलो
पर हमसे कसम ले लो की हो जो शिकायत भी।

हसरत साहब दूसरी बार 1916 में राजद्रोह के आरोप में गिरफ्तार हुए और नैनी जेल में रहे। तीसरी बार 1922 में पकड़े गये। वे कुल छह साल कैद में रहे। फिर भी उन्होंने लिखा—

रूह आज़ाद है, खयाल आज़ाद
जिस्मे हसरत की है कैद बेकार।

जेल से छूटने पर 'उर्दू-ए-मुअल्ला' पर फिर छापा, लेकिन जमानत माँगे जाने पर वे उसे अदा नहीं कर पाए और अखबार बन्द हो गया। सन् 1921 में वे मुस्लिम लीग अहमदाबाद अधिवेशन के अध्यक्ष थे जहाँ उन्होंने पूर्ण स्वाधीनता की माँग की। उनका अध्यक्षीय भाषण प्रतिबन्धित कर दिया गया और राजद्रोह के आरोप में वे दो वर्ष के लिए जेल में डाल दिए गये। 1936 में वे लीग में

फिर सक्रिय हुए। सन् 1942 में लीग के इलाहाबाद अधिवेशन में जिन्ना को पूर्ण अधिकार देने के प्रस्ताव के विरोध में वे तनकर खड़े हो गये।

हसरत अपने ढंग के अनोखे नेता थे। साम्यवाद से उनका गहरा लगाव था। भारतीय जनता की शक्ति और समझ पर उनका अटूट भरोसा था और स्वतन्त्रता और गैरबराबरी के विरुद्ध उसके संघर्ष के प्रति वे बहुत आशान्वित थे। हंसराज रहबर उन्हें भारतीय राजनीति के अजीबोगरीब पात्र मानते थे। हसरत खुले स्वभाव के बहुत दबंग व्यक्ति थे। साइमन कमीशन का विरोध नहीं किया तो नहीं किया। यहाँ तक कि गाँधी जब कानपुर में कमीशन का विरोध करने पहुँचे तो उन्होंने 'गाँधी गो बैक' के नारे लगाए। रायसिंह ने 28 मई, 1991 को 'जनसत्ता' में हसरत मोहानी की आलोचना करते हुए कहा था कि, '17 सितम्बर, 1949 को अम्बेडकर ने संविधान के मसौदे पर पुनर्विचार करने के बाद संविधान के मसौदे की धारा को पेश किया जिसमें कहा गया था कि इंडिया अर्थात भारत एक राज्यों का संघ होगा। इस आधार पर टिप्पणी करते हुए संसद सदस्य हसरत मोहानी—जो अपने को राष्ट्रीय मुसलमान होने के अलावा प्रगतिशील होने का दावा करते थे, ने सुझाव दिया कि भारत को भारतीय समाजवादी गणतन्त्रों का संघ घोषित करना चाहिए। इस सुझाव के पीछे मोहानी ने भी आज के मार्क्सवादी-लेनिनवादी प्रगतिशील लोगों के समान वही कल्पना की थी जिसके द्वारा भारत के विभिन्न राज्यों को भारत से अलग होने का अधिकार मिल जाए।' इस बिन्दु पर हसरत मोहानी से कभी हमारी सहमति नहीं बन पायी और मैंने सत्यभक्त से इसकी चर्चा भी की थी।

हसरत मोहानी का व्यक्तित्व साहित्य, राजनीति और मजहब का विचित्र मिश्रण था। सईद नक़वी ने कभी उनका एक बहुत अच्छा रेखाचित्र प्रस्तुत किया था जिसमें हसरत साहब की पूरी तस्वीर उभरती है। उनके बचपन का किस्सा यह भी है कि उनके कस्बे मोहान में नदी के किनारे दरगाहें थीं जहाँ हिन्दू और मुसलमान जुमेरात को मिठाई चढ़ाने आते थे। जब लोग वहाँ से विदा हो जाते तब हसरत साहब नदी के किनारे बैठकर दोस्तों के साथ मिठाई के उन दोनों को उड़ाया करते थे। उनकी बेटी नईमा बताती हैं कि उन्हें कहानियाँ सुनने का बड़ा शौक था। ऐसी कहानियाँ बड़े शौक से सुनते, जिनमें लड़ाइयों का वर्णन हो। बड़ी फूफी से भी वे अकसर किस्से सुना करते थे। उनका यह शौक बराबर जारी रहा। वे बताती हैं कि हसरत साहब गाँव के बच्चों को जमा करके कभी-कभी आल्हा सुना करते थे। मोहान में उनके मिडिल स्कूल के हेटमास्टर पं. लक्ष्मीनारायण थे। उन्होंने हसरत की प्रतिभा को पहचान लिया था। वे बराबर उन्हें प्रोत्साहित करते। पंडित की दिलचस्पी भी शेरो-शायरी में थी। हसरत साहब भी उसी रौ में बहने लग गये। रबिया ने लिखा है—उस जमाने में जबकि वह

मोहान के स्थानीय स्कूल में पढ़ते थे, उन्होंने सोचा कि एक साथ दो इम्तिहान पास करना चाहिए। एक इम्तिहान स्थानीय स्कूल में दिया। दूसरे के लिए मोहान से करीब एक स्थान झलोतर जाना पड़ा। कोई साथ ले जाने वाला नहीं था। अन्त में स्कूल के हेडमास्टर पं. लक्ष्मीनारायण साथ ले जाने के लिए तैयार हो गये। नतीजा निकलने पर मालूम हुआ कि हसरत दोनों इम्तिहानों में फर्स्ट आए।

उसके बाद वे फतेहपुर पढ़ने गये, फिर अलीगढ़। उनकी बेटी लिखती है कि तब अलीगढ़ जाने को कम नहीं समझा जाता था। हसरत अलीगढ़ जाने लगे तो बहुत रोना-धोना हुआ। बाजू पर इमामज़ामिन बाँधे गये और उनके बाद रुखसत किये गये। उनके अलीगढ़ के दिनों को बहुत लोगों ने शब्दों में तरतीब दी। रशीद अहमद सिद्दीकी ने लिखा है कि उनकी गोल छिदरी दाढ़ी, उनकी बारीक आवाज, छोटे ताल की ऐनक, बगैर फुंदने की पुरानी तुर्की टोपी, घिसी-पिटी चप्पल, मोज़े से कोई सरोकार नहीं, मोटे खद्दर की पेबन्द लगी शेरवानी जिसके अकसर बटन टूटे या गायब होते, हाथ में बदरंग जूट का झोला, दरी, तकिया, मोटी मलगजी चादर का मुख़्तसर बिस्तर, टेढ़ा-मेढ़ा पुराना छोटा-सा एक ट्रंक। ये थे हसरत।

सुना कि हसरत इसी हुलिया में अलीगढ़ गये तो उनका खूब मजाक उड़ा। रशीद के शब्दों में ही देखिए—'बाजू पर इमामज़ामिन बँधा हुआ, मशरू का पायजामा, एक बड़ा पानदान साथ, लड़कों में 'खाला अम्मा' के से मशहूर हो गये, लेकिन यही हसरत अपनी प्रतिभा, हिम्मत और सत्यता में ऐसे खरे साबित हुए कि साथियों की आँख का तारा बन गये। अलीगढ़ कालेज में छात्र की हैसियत से विदेशी हुकूमत से सबसे पहले 'ख़ाला अम्मा' ने ही टक्कर ली। कॉलेज में हलचल मच गयी। हसरत निकाले गये।'

हसरत का एक और चित्र शौकत थानवी ने भी प्रस्तुत किया है—'एक बार हमीरपुर में एक मुशायरा था। मैं लखनऊ से चला, कानपुर में एक साहब और साथ हो लिये। उजड़ी सूरत, ऐनक में एक तरफ धज्जी बँधी, मैली-सी तुर्की टोपी, उटंगा-सा चार खाने का पाजामा, ढीली-ढाली शेरवानी, पैरों में मैला-सा किरमिच का जूता, चीं-चीं करती आवाज, अजीब भद्दा-सा नक़्शा। साक़िब कानपुरी ने परिचित कराया कि आप मौलाना हसरत मोहानी हैं। मैं सकते में रह गया। या अल्लाह ऐसे होते हैं हसरत मोहानी?'

पर यही थे वे हसरत जिन्होंने अलीगढ़ पॉलिसी के खिलाफ आजादी की आवाज उठाई। उनकी इसी सोच के चलते 'उर्दू-ए-मुअल्ला' साहित्य के साथ राजनीति की भी पत्रिका बन गयी। वह राजनीति जो देश की आजादी के लिए अपना रास्ता अख्तियार कर रही थी और जिसे दिशा देने का काम अपने तईं हसरत

मोहानी ने बहुत ढब से सम्पन्न किया। नईमा लिखती हैं कि 'उर्दू-ए-मुअल्ला' के शुरुआती दिनों में अलीगढ़ कालेज के प्रशासन ने विद्यार्थियों पर यह पाबन्दी लगा दी थी कि इस पत्रिका को न कोई खरीदे, न पढ़े और न ही हसरत के स्वदेशी स्टोर से कोई सामान खरीदा जाए। सच तो यह है कि 'उर्दू-ए-मुअल्ला' ने बिना किसी खौफ के आजादी की लड़ाई का परचम थाम लिया था। हसरत साहब को इसमें छपे एक लेख के कारण जेल भी जाना पड़ा। लेकिन वे तो उस लीक पर चल पड़े थे जो आजादी के दीवानों की थी। जब पुलिस एक्ट के कारण 'उर्दू-ए-मुअल्ला' में छपे कुछ कानून विरोधी शब्दों पर एक सप्ताह के अन्दर तीन हजार रुपये जिला मजिस्ट्रेट के यहाँ जमा कराने का आदेश हुआ तब उन्होंने लिखा—'उर्दू प्रेस का खात्मा, जमानत के लिए नोटिस। 12 मई, 1913 को 9 बजे शब के करीब अलीगढ़ सुपरिन्टेन्डेन्ट पुलिस ने बज़ाते-खुद वारिद होकर राकिमुल हुरूफ के सामने हुकूमत की जानिब से एक नोटिस पेश किया जिसका मफ़हूम यह था कि उर्दू प्रेस चूँकि अज़ रूए ऐक्ट 1910 चन्द खिलाफ अल्फाज छापे हैं इसलिए एक हफ्ते के अंदर तीन हजार रुपये की जमानत मजिस्ट्रेट जिला के पास जमा करनी चाहिए। वाज़ेह हो कि उर्दू प्रेस की कुल कायनात एक लकड़ी के प्रेस और दो पत्थरों पर मुश्तगिल है जिसकी मजमूई कीमत पचास रुपये से ज्यादा नहीं। ऐसे बे-बिज़ाअत प्रेस से तीन हजार रुपये तलब करना मज़हका खेज होने के अलावा हैरत से मुजरकर कीना-परवरी की हद तक पहुँच गया है, जिसका मतलब इसके सिवा कुछ नहीं हो सकता कि उर्दू प्रेस के जारी रहने का कोई इमकान बाकी न रहे। खै़र 19 मई को प्रेस बन्द हो जाएगा मगर बन्द होकर अपने बाद मिसेज़ जेम्स मेस्टन की शिआरी यह अफसाना यादगार छोड़ जाएगा कि आपने एक बीमार दस्ती प्रेस से इतनी कसीर रक़म तलब की जिससे ज्यादा इस वक़्त तक शायद हिन्दुस्तान में किसी बड़े स्टीम प्रेस से भी न ली गयी। हम जनाब मौसूफ़ की इस खास नवाज़िश को बखुशी बर्दाश्त करते हैं। एक बात अलबत्ता क़ाबिले-इत्मिनान और लायके-शुक्र है, वो यह कि इस किस्म के नोटिस से रामि को किसी किस्म का माली, जिस्मानी या रूहानी सदमा न इस वक्त तक पहुँचा, न आइन्दा पहुँचेगा, इन्शा अल्लाह तआला।'

उस समय 'उर्दू-ए-मुअल्ला' के पाँच सौ से ज्यादा ग्राहक न थे। आरिफ़ हसवी उनकी आर्थिक स्थिति के बारे में लिखते हैं—'उनकी आमदनी इब्तिदा से इस वक्त तक (गिरफ्तारी के वक्त तक) कभी शायद पचास रुपये से ज़ाइद नहीं हुई। 'उर्दू-ए-मुअल्ला' की महदूद आमदनी पर मौलाना क़ाने (संतोष करते) थे और 'उर्दू-ए-मुअल्ला' की इशाअत पाँच सौ से ज्यादा कभी नहीं हुई। बस यही एक आमदनी थी जिस पर हसरत अपने अहलो-अयाल के साथ जिन्दगी

बसर करते थे। जेल जाने के बाद 'उर्दू-ए-मुअल्ला' बन्द हो गया और यह थोड़ी-बहुत आमदनी भी जाती रही। खुदा ही जानता है कि उस वक्त बेगम हसरत मोहानी और उनकी शीरख़्वार (दूध पीती) बच्ची ने क्यों कर दिन गुज़ारे।'

तो यह था हसरत मोहानी और उनकी बीवी का पुख़्ता इरादा जिसे बड़ी-से-बड़ी मुश्किल डिगा न सकी। उन दोनों पर जितनी कठिनाइयाँ आतीं, वे और भी मजबूत होते जाते रहे। 'उर्दू-ए-मुअल्ला' के जरिए हसरत मोहानी ने हिन्दुस्तान के अवाम में राजनीतिक चेतना को पैदा करने का बहुत बड़ा काम किया। काँग्रेस में वे पहले मुसलमान थे जिन्होंने ब्रितानी हुकूमत से जमकर लोहा लिया और कहीं कमजोर नहीं पड़े।

और पहले की बात है। 1904 में बम्बई काँग्रेस हुई। हसरत उसमें डेलीगेट बनकर पहुँचे। याद किया जाना कि यह वह दौर था जब किसी मुसलमान का काँग्रेस के अधिवेशन में हिस्सेदारी करना आश्चर्यजनक था। सर सय्यद अहमद का रास्ता कुछ और था और उस पर चलने वाले नवाब मोहसिनुल-मुल्क और नवाब बक़ारूल-मुल्क काँग्रेस के विरोध में खड़े हुए थे। पर हसरत का रास्ता इन सबसे अलग था। उनके भीतर कोई भय नहीं था। उन्होंने अपनी पत्रिका में काँग्रेस के हक में बहुत कुछ छापा और मुसलमानों से अपील भी की कि आजादी की लड़ाई में काँग्रेस के साथ खड़े हों। उन्होंने सर सय्यद की उस अपील को भी खारिज कर दिया कि 'हम दावा कर सकते हैं कि लोग इस जमाने में भी काँग्रेस में शिरकत को मुसलमानों के हक में हानिकारक समझते हैं, उनके पास सिवाय इसके और कोई मजबूत दलील नहीं है कि हम सर सय्यद की पॉलिसी की पैरवी करते हैं।' उन्होंने और तर्क किया कि 'सर सय्यद अपने जमाने में कौम के मुस्लिम रहनुमा थे और उस वक्त मुसलमानों के हक में जो कुछ किया बेहतर किया, लेकिन हम सवाल करते हैं कि क्या जमाने के अभी वही हालात हैं जो सर सय्यद के जमाने में थे?'

काँग्रेस के सूरत अधिवेशन में नरम और गरम दलों के बीच टकराव के बाद वे लोकमान्य तिलक के साथ हो गये। यह एक तरह से काँग्रेस से उनका अलगाव था। वे काँग्रेस के नरमपन्थियों और मुस्लिम लीग दोनों को हुकूमत का वफादार मानते थे और वे दोनों के विरोध में थे। ऐसे में इनका साथ निभ पाना नितान्त मुश्किल था उनके लिए। तिलक भी मुकम्मल आजादी के पक्षधर थे। शायद यही कारण था कि हसरत निरन्तर उग्र से उग्रतर होते चले गये। 1921 में हसरत मोहानी ने खुले अधिवेशन में गाँधी और दूसरे काँग्रेस के नेताओं की राय के विरुद्ध' मुकम्मल आजादी' का प्रस्ताव पेश कर दिया। गाँधी ने बहुत कोशिश की समझाने की। प्रस्ताव 23 के मुकाबले 36 मतों से गिर गया। नेताजी

सुभाषचन्द्र बोस ने इस पर कहा—'मौलाना हसरत मोहानी के भाषण का श्रोताओं पर गहरा प्रभाव हुआ और ऐसा लगा कि मौलाना का मुकम्मल आजादी का प्रस्ताव मंजूर कर लिया जाएगा, लेकिन गाँधी के विरोध की वजह से अधिवेशन ने इस प्रस्ताव को नामंजूर कर दिया।'

यद्यपि गाँधी को भी हसरत साहब के लिए कहना पड़ा—'मौलाना हसरत मोहानी हम लोगों में बहुत सख्त मिजाज़ आदमी हैं। पक्के इरादे वाले इनसान हैं। बेबाक तो वह हैं ही, कि उनकी ये खूबी ऐब-सी बन गयी है... मैं जानता हूँ कि हिन्दू मुस्लिम एकता और कौम परस्ती का समर्थक उनसे बढ़कर कोई नहीं।'

हसरत साहब पहली बार जेल गये थे 1908 में। उनकी पत्रिका में एक लेख छपा था 'मिस्र में बर्तानियाँ हुकूमत की पॉलिसी।' इसमें लिखने वाले का नाम नहीं था, पर हसरत मोहानी ने सम्पादक होने के नाते सारी जिम्मेदारी खुद पर ले ली और जेल चले गये। दो साल की कैद और जुर्माना। जुर्माना नहीं भर पाए तो उनकी बेशकीमती किताबें नीलाम कर दी गयीं। बताया जाता है कि जैसे ही वे अदालत से जेल पहुँचे तो वहाँ का नजारा ही कुछ और था। उन्हें ज़िन्दगी ने नये अर्थ सिखा दिए कि आदमी कितनी कम चीज़ों में अपनी ज़िन्दगी को गुजार सकता है। उन्हीं दिनों का उनका एक शेर है—*'कट गया कैद में माहे रमजान भी 'हसरत', गरचे सामान, सहर का था न अफ़तारी का।'*

लेकिन उससे भी बड़ी बात यह है कि जब वे जेल गये तब उनकी बेटी नईमा बीमार थी। फिर भी उनकी बेगम ने घर से एक पुर्जे पर उन्हें लिखा—'तुम पर जो उफ़ताद पड़ी है, उसे मर्दाना वार बर्दाश्त करो, मेरा या घर का बिलकुल खयाल मत करना। खबरदार, तुमसे किसी किस्म की कमजोरी का इज़हार हो।'

उनकी बेगम का नाम था निशातुन्निसा। बड़ी बहादुर और खुद्दार औरत थीं। हसरत से बहुत मुहब्बत थी उन्हें। उनके मुकदमे की पैरवी के लिए अकेले भागती-दौड़ती रहीं। हिम्मत नहीं तोड़ी, न किसी नजदीकी से मदद माँगी। उन दिनों का उनका एक ख़त देखिए—

'सख़्त अफ़सोस है कि आज मैं हस्बे मामूल सुबह को हसरत से मिलने जेल गयी, वहाँ से मालूम हुआ कि वह सात बजे सुबह को कहीं बाहर खुफिया तौर पर भेज दिए गये हैं—देखिए, खुदा पर भरोसा है। मालूम नहीं क्या मुकद्दर में है। जिसका पुरसाने-हाल कोई नहीं होता, उसका मददगार अल्लाह तआला तो होता ही है। चुनांचे मैंने कोशिश की या न की, खुदा के फ़ज़लो-करम से हसरत की अपील बगैर किसी वकील, बैरिस्टर के मंजूर हो गयी और पेशी पहली जुलाई को मुक़र्रर है। अगर कोई पेशी के दिन गया तो गया, वरना जहाँ अब तक खुद ही सब कुछ किया कराया है यह भी मरहला तै कर लेंगे। ख़्वाह नतीजा

कुछ भी हो।'

ऐसी थीं हसरत मोहानी की बेगम। बहुत कठिन वक्त गुजारा उन्होंने। ख़्वाजा हसन निज़ामी ने उन्हें देश की मशहूर हस्तियों में शुमार किया है। 'मशाहीरे-हिन्द' में वे उनके बारे में लिखते हैं—'हसरत की बीवी मुसलमानाने-हिन्द की औरतों में बड़ी वफ़ाशुआर और शौहरपरस्त औरत है। अय्यामे-बला में ऐसी वफ़ाशुआरी इस औरत से ज़ाहिर हुई जैसी सीता ने रामचन्द्र के साथ की थी।' उर्दू के ख्यातनामा लेखक और आलोचक पं. किशनप्रसाद कौल ने 'निगार' के हसरत अंक में उनकी बेगम के बारे में जो लिखा वह बहुत महत्त्वपूर्ण है—'मैंने दरवाजा खटखटाया और अपना नाम बताया। बेगम हसरत ने दरवाजा खोला और मुझे एक कमरे में ले जाकर बिठाया। उस जमाने में बेगम हसरत अपनी बूढ़ी बीमार माँ और अपनी बच्ची (नईमा) को साथ लेकर इस मकान में रहती थीं। हसरत के मुताल्लिक बातचीत हुई। वह जेल में हसरत का हाल और कैफियत मुझे बता रही थीं। हसरत तो जेल में थे लेकिन उनके घर के दरो-दीवार से हसरत टपक रही थी। आखिर मैंने झिझकते हुए कहा कि अगर आप मंजूर करें तो कुछ माली इमदाद का जिक्र किया जाए। उन्होंने जवाब में कहा कि मुझे यह गवारा नहीं कि मेरे लिए पब्लिक से चन्दा किया जाए। मैं जिस हालत में हूँ, खुश हूँ, आप इसकी जहमत गवारा न करें। लम्हे भर के सुकूत के बाद फिर बोलीं कि हसरत ने शोरा के कई दीवान छपवाए थे, उनका यह ढेर लगा हुआ है। 'उर्दू-ए-मुअल्ला' बन्द हो चुका, यह करोबार ही अब तर हो गया। अब यह ढेर बेकार पड़ा जगह घेर रहा है। अगर इन दवावैन (काव्य-संकलनों) की फरोख़्त कराने का कोई इन्तजाम कर सकें तो अलबत्ता कुछ सहूलियत हो जाएगी। मैं यह कहकर कि कोशिश करूँगा, उनसे रुखसत हुआ। लखनऊ आकर मैंने अपने दोस्त बाबू शिवप्रसाद गुप्ता जो अलावा रईस होने के बड़े मुख़ैयर थे। कई लाख रुपया उन्होंने काशी विद्यापीठ के कायम होने में सर्फ किया। काँग्रेस के बड़े हामी थे। इसके लिए सऊबतें भी बर्दाश्त कीं। हसरत के मिज़ाज और तबीयत से उनको बड़ा लगाव था। उन्होंने मुझे पाँच सौ रुपये का चेक फौरन भेज दिया जो मैंने बेगम हसरत को रवाना कर दिया। उन्होंने किताबों का पार्सल मुझे भेज दिया। यह दवावैन और किताबें अरसे तक 'हिन्दुस्तानी' अखबार के दफ्तर में पड़ी रहीं, याद नहीं कि फिर क्या हुआ।'

पंडित किशनप्रसाद के इस विवरण से हमें बेगम हसरत के जीने के ढंग का पता चलता है। बेगम के हसरत के नाम लिखे ख़त अलग से पढ़ने की माँग करते हैं। उनसे यह जानने का मौका मिलता है कि एक बड़े बाप की बेटी ने ब्याह के बाद किस तरह हसरत के संग-साथ में बहुत कठिन वक्त गुजारा और हिम्मत न हारी। रूखा-सूखा खाकर, सिलाई करके और चक्की पीस कर अपना

गुजारा किया। हसरत ने बाद को अपने जिन्दगीनामे 'मशादिहाते-ज़िन्दां' में तफसील से उन दिनों का जिक्र किया है। बेगम हसरत के भी खुतूत छपे जिनसे पता चलता है कि हसरत की जिन्दगी को बनाने में उनका कितना बड़ा योगदान था।

पूरी जिन्दगी फ़कीराना अन्दाज में बिताने वाले हसरत कितने बड़े आदमी थे इसे वही जान सका जिसने उनके उसूलों और काम को देखा और परखा। कानपुर के उनके एक दोस्त अनवार अहमद ज़ई ने लिखा है—'हसरत अपने किसी दोस्त के साथ बाजार से गुजर रहे थे कि रास्ते में मटके बेचने वाले का ठिहा दिखाई दिया। हसरत ने दोस्त से कहा कि घर के मटके टूट गये हैं, बीवी हमेशा याद दिलाती हैं भूल जाता हूँ। तुम मेरी मदद करो तो आज कुछ मटके घर ले चलूँ। दोस्त को क्या एतराज हो सकता था। मोल-तोल के बाद हसरत ने आधा दर्जन मटके खरीदे। दोस्त हैरान कि इतने सारे मटके कैसे ले जाएँगे। मजदूर नहीं करते थे। दो मटके हसरत ने उठाए, दो उनके दोस्त ने। हसरत ने जरा दूर पर खड़े एक व्यक्ति से कहा कि भाई दो मटके तुम हमारे साथ लेकर चल सकते हो। वह तैयार हो गया। घर पहुँचने पर उस तीसरे व्यक्ति ने घड़े ड्योढ़ी में रख दिए और सलाम करके चला गया। दोस्त से नहीं रहा गया। पूछ ही लिया कि यह कौन थे। आपने इस व्यक्ति को मजदूरी भी नहीं दी। हसरत ने फौरन कहा—मियाँ, यह साहब सी.आई.डी. के आदमी थे। उन्हें वैसे भी हमारा पीछा करते हुए मुखबिरी के लिए घर तक आना था, हमने सोचा खाली हाथ क्यों आएँ।'

हसरत मोहानी संसद के भी सदस्य रहे। पर उनके ज़िन्दगी का ढर्रा फिर भी नहीं बदला। न गाड़ी ली, न बंगला, टेलीफोन और भत्ते भी नहीं। संसद के निकट की एक मस्जिद के छोटे-से कमरे में ठहर जाते। पास के किसी सस्ते होटल में खाना खाते। हाथ में जूट का एक थैला और उसमें भरे होते जरूरी कागजात। तो ऐसे थे हसरत। जगन्नाथ आज़ाद ने कहा कि उन्होंने कई बार हसरत मोहानी को दिल्ली की सड़कों पर पैदल गुजरते देखा। एक बार पीछे से एक मोटर आई। हसरत मोहानी को पैदल देखा तो गाड़ी वाले ने पूछा—'आप पार्लियामेंट जा रहे हैं। मैं भी वहीं जा रहा हूँ। बैठ जाइए।' पर हसरत थे कि अपनी रौ में रहते। उसमें नहीं बैठे और पैदल ही चलते चले गये। हसरत मोहानी ने कई बार विदेशी यात्राएँ भी कीं, पर अपने उसी तामझाम के साथ। यानी एक मामूली दरी में लिपटा बिस्तर और टीन का बक्सा। पाकिस्तान गये तो वहाँ की सरकार के अनुरोध पर भी सरकारी मेहमान बनने से इनकार कद दिया और उस टूटे-फूटे मकान में रहे जो उनके दोस्त का था।

हसरत मोहानी बड़े-से-बड़े जलसे में जाते तो भी अपनी उसी धज में। पर वहाँ उन्हें जो भी देखता वही स्वागत में खड़ा हो जाता। कम्युनिस्ट पार्टी

के प्रचार के लिए जाते तो किसी की साइकिल के पीछे कैरियर पर बैठकर गाँव-गाँव का सफर कर आते। चेहरे पर कोई थकान नहीं। 1936 में लखनऊ में प्रगतिशील लेखक संघ का अधिवेशन हुआ। इसके अध्यक्ष मुंशी प्रेमचन्द थे। हसरत मोहानी भी बुलाए गये। उन्हें प्रथम श्रेणी का किराया दिया गया तो बोले—'इतना क्यों दे रहे हो। मैं तो तीसरे दर्जे में सफर करता हूँ।' सो किराया और इक्के के पैसे जोड़कर लिये और बाकी वापस कर दिए। ऐसा ही वाक्या एक बार अलीगढ़ का हुआ। कोई पूछ बैठा—'आप तीसरे दर्जे में क्यों सफर करते हैं?' जवाब दिया—'क्योंकि चौथा क्लास नहीं होता।'

एक बार जेल में उन्हें ओढ़ने के लिए विलायती कम्बल दिया गया। रात भर ठिठुरते रहे, पर उसे ओढ़ा नहीं। वे विदेशी माल का इस्तेमाल नहीं करते थे। एक दोस्त के घर भी ऐसा ही किस्सा हुआ। हसरत अपने ज़िद और उसूलों के कड़े पाबन्द थे। वे अफसरों और बड़े आदमियों के घरों पर दावत से परहेज करते थे। एक किस्सा है—एक दिन कानपुर के लकड़ी के सौदागर उनसे मिलने उनके घर पहुँचे। हसरत उस समय फटे हुए टाट पर बैठे कुछ लिख रहे थे। पीछे एक पुराना पर्दा लटक रहा था। हसरत लिखते जाते और पर्दे के पीछे से कुछ निकालते और मुँह में रख लेते। साथ में गुड़ की डली भी। सौदागर कुछ समझ नहीं पाया। पूछा तो हसरत ने पीछे से मिट्टी की हांडी निकाली जिसमें पानी में भीगी हुई सूखी रोटी थी। बोले—'खाओ। फ़कीरों का खाना रईस नहीं खा पाएँगे।' सौदागर चुप्पी मार गया। ऐसी थी हसरत की ज़िन्दगी की किताब। इसे पढ़ने के लिए भी कूवत चाहिए।

हम फिर से 1920 के दिनों की बात करेंगे जब हसरत स्थायी रूप से कानपुर आ गये थे और उन्होंने वहाँ 'खिलाफत स्वदेशी स्टोर' खोल लिया था। कानपुर के अमीनगंज में वे रहे। फिर अपने एक मित्र रामप्रसाद के साथ उनके मकान में रहते रहे। इसके बाद कमाल खाँ के घेर में ठिकाना लिया। वे अपने स्वेदेशी स्टोर में बैठते तो बेगम भी उनका साथ देतीं। इसका उद्घाटन गाँधी ने किया था। 27 जनवरी, 1920 के एक पत्र में गाँधी ने लिखा था—'मैं परयाग (इलाहाबाद) में पंडित मोतीलाल नेहरू से मुलाकात करके वापस आ रहा था कि कानुपर के शहरियों ने बहुत इसरार किया कि मैं चन्द घन्टों के लिए कानपुर चलकर स्वदेशी भंडार का उद्घाटन करूँ। मैं इनकार नहीं कर सका। इस इलाके में अपनी प्रकृति का यह पहला कार्य है, इस स्टोर को स्थापित करने में असल हाथ मौलाना हसरत मोहानी का है।'

हसरत मोहानी श्रीकृष्ण के तो अनन्य भक्त थे। श्रीकृष्ण जन्माष्टमी पर वे मथुरा जरूर जाते। सितम्बर, 1923 दिन सोमवार (तारीख पता नहीं) को उन्होंने

श्रीकृष्ण के सम्मुख अपनी हाजिरी इस प्रकार निवेदित की थी—

आँखों में नूर जल्वए कैफो करम है खास
जब से नजर पे उनकी निगाहे करम है खास
कुछ हमको भी आता हो कि ऐ हजरते कृष्ण
अकलीम इश्क आपके जेरे कदम है खास
हसरत की भी कुबूल हो मथुरा में हाजिरी
सुनते हैं आशिकों पे तुम्हारा करम है खास

कृष्ण-स्तुति की उनकी कुछ और पंक्तियाँ देखिए—

कासे कहें नहीं चैन, बनवारी बिना
रोये कहे सारी रात, मुरारी बिना
कोऊ जतन जिया धीरे न धारे
नींद न आवे नैन, गिरधारी बिना
देख सखी कोऊ चीन्हत नाहीं
इस हसरत हिय वैन, विहारी बिना

मथुरा में धूनी रमाने को वे कितने तत्पर दिखते हैं, यह 'जमाना' में छपा था—

मन तोसे प्रीत लगाई कन्हाई
काहू और की सूरत अब काहे को आई
गोकुल ढूँढ वृन्दावन ढूँढो
बरसाने लग घूम के आई
तन-मन-धन सब वार के 'हसरत'
मथुरा नगर चल धूनी रमाई

हसरत ने एक पद में होली का वर्णन किया है—

मो पे रंग न डारो मुरारी
विनती करत हूँ तिहारी
पनिया भरन काहू नाय न देही
श्याम भरे पिचकारी
थर-थर काँपत लाजत 'हसरत'
देखत हैं नर-नारी

श्रीकृष्ण के इस प्रेम में उनकी विरह भावना भी कुछ यों व्यक्त हुई है—

मनमोहन श्याम से नैन लाग
निसदिन सुलग रही तन आग
विरहा की रैन निपट अन्धियारी
रोवत-धोवत कटत जाग-जाग
प्रेम का रोग लगाय के 'हसरत'
राग रंग सब दीन्हे त्याग

हसरत मोहानी की शायरी के अनेक रंग हैं। उनके लिखे को पृथक् से पढ़े जाने की जरूरत है। वर्षों पहले एम. हबीब ख़ाँ ने उनके मूल्यांकन का अत्यन्त सार्थक प्रयास किया था, पर वह ज्यादा लोगों के हाथों में पहुँचे तो बड़ी बात होगी।

हसरत शायरी में अपना गुरु अमीरूल्लाह तसलीम लखनवी को मानते थे। वे छात्र जीवन में ही शायरी में रुचि लेने लगे थे। 1893 में उनकी पहली ग़ज़ल छपी। उनकी किताबों के नाम हैं—अरबाबे-सुखन (दो भाग), इंतिख़ाबे-सुखन (ग्यारह खंड), इंतिख़ाबे-अशरफ़, इंतिख़ावे-जुरअत, इंतिख़ाबे-हातिम, इंतिख़ाबे-सोज़, इंतिख़ाबे-क़ायम, इंतिख़ाबे-मुसहफ़ी, इंतिख़ाबे-मीर हसन, दीवाने-शेफ्ता (सम्पूर्ण), दीवाने-ग़ालिब (टीका के साथ), मतरूकाते-सुखन, महासिने-सुखन, नवादिरे-सुखन, कुल्लियाते हसरत, कैदे-फिरंग, मुशाहिदाते-ज़िन्दां, मुकाते-सुख़न।

लेखन के साथ-साथ राजनीति में हिस्सेदारी करके हसरत मोहानी ने देश की आजादी की लड़ाई में जो बड़ा मुकाम हासिल किया उसके मूल्यांकन की जरूरत महसूस की जानी चाहिए। राजनेता भी वे अपनी तरह के थे। फ़कीराना ज़िन्दगी और उसूलों की पालिटिक्स। ऐसी कि धुर विरोधी भी उनके सामने सिर झुका दे। काँग्रेस के भीतर गाँधी और नरमदलियों से मोर्चा लेने वाले वही अकेले शख्स थे। आजादी के बाद जब देश का संविधान 6 जनवरी, 1949 को संविधान सभा के समक्ष प्रस्तुत किया गया। पूछा गया कि क्या यह सभी को मंजूर है। सबने समर्थन में हाथ उठा दिए। इस संविधान को समाजवाद विरोधी बताने वाले थे पुराने क्रान्तिकारी दामोदर स्वरूप सेठ। हसरत मोहानी ने भी कहा कि यह हमें मंजूर नहीं है। पर संविधान तो सभा में बहुमत से स्वीकृत हो गया। जब कभी देश के संविधान की बात आती है तो मुझे दामोदर स्वरूप सेठ और हसरत मोहानी बहुत याद आते हैं। कम्युनिस्ट पार्टी के संस्थापक कामरेड सत्यभक्त हसरत मोहानी का बहुत आदर करते थे। सत्यभक्त से मथुरा में मैंने उनके अनेक संस्मरण सुने। कह सकता हूँ कि यदि सत्यभक्त से मेरी निकटता न होती तो मैं हसरत मोहानी की ज़िन्दगी को इतना अधिक नहीं जान पाता। उनका एक शेर अकसर मुझे याद आ जाता है—*'उधर जुर्मे-मुहब्बत पर वो बरहम होते जाते हैं, इधर*

दिल में तमन्ना-ए-शहादत बढ़ती जाती है।'

बताया जाता है कि बीमारी के दिनों में पंजाब काँग्रेस के एक नेता हबीबुर्रहमान लुधियानवी उनसे मिलने आए और तसल्ली देने के लिए कहा उन्होंने—'मौलाना आप बिलकुल ठीक हैं।' यह सुना तो हसरत उठकर बैठ गये। बोले—'सुनिए, मैं बीमार जरूर हूँ लेकिन बेवकूफ नहीं हूँ। मुझे अच्छी तरह मालूम है कि मेरा आखिरी वक़्त आ गया है।'

निधन से कुछ पहले हसरत मोहानी लखनऊ आकर फिरंगी महल में रहने लग गये थे। उन्हें दस्त की बीमारी लग गयी थी जिसने उन्हें बहुत कमजोर कर दिया था। आखिरी वक़्त तक वे दिमागी तौर पर बिलकुल दुरुस्त रहे। कभी हिम्मत नहीं हारी। न ही टूटे और झुके। उनकी आँखों में वह पैनापन हरदम बरकरार रहा जिसे लोगों ने उनके संघर्ष के दिनों में देखा-परखा था और वह खुद्दारी भी जिसने उन्हें फजलुल हसन से हसरत मोहानी बना दिया था।

1951 में मई की वह 13 तारीख थी जब उस तूफानी ज़िन्दगी का अन्त हो गया जिसने हिन्दुस्तान की राजनीति को अपने विचारों और संघर्ष से बहुत गहरे तक प्रभावित किया। उन्होंने अपने जीवट से गाँधी और काँग्रेस को भी एक बार हिलाकर रख दिया था। अपने कृतित्व से आजादी की लड़ाई में जिस इबारत को उन्होंने दर्ज किया, उसे बार-बार पढ़ने और उस पर विचार करने की जरूरत है। 'मुकम्मल आजादी' के जन्मदाता होने के साथ ही 1925 में कम्युनिस्ट पार्टी की स्थापना में लगकर उन्होंने देश में उस प्रगतिशील राजनीति की नींव रख दी जिस पर आगे चलकर वामपन्थ की इमारत को खड़ा करना सम्भव हो सका। स्वतन्त्रता के संग्राम में हसरत मोहानी का योगदान बहुत बड़ा है। उनकी शायरी के मूल्यांकन के लिए भी पृथक् से काम करने की जरूरत है। हसरत मोहानी की ज़िन्दगी को जानकर हम उस प्रगतिशील और समझौता विहीन संग्राम से भी परिचित हो सकते हैं जो हमें भविष्य का वह रास्ता दिखाती है और जिस पर चलकर शोषण और गैरबराबरी के विरुद्ध संघर्ष की गुंजाइश बची रह जाती है।

क्या इस वक्त में भी एक खुद्दार और ईमानदार आदमी की ज़िन्दगी जीना वैसा मुहाल नहीं है जैसा कि हसरत के लिए उन दिनों में था जब मुल्क विदेशी हुकूमत का गुलाम था। हसरत 'मुकम्मल आज़ादी' का सपना उसी जरूरतमन्द आदमी के हक में पूरा करने के लिए दृढ़प्रतिज्ञ थे जिसे आज भी अपनी मेहनत से दो जून की रोटी जुटा पाना कठिन होता जा रहा है। पूँजी के असमान वितरण ने हालात और भी मुश्किल कर दिए हैं। गरीब ज्यादा गरीब तथा रईस और भी रईस होता चला जा रहा है। हसरत मोहानी आज ज़िन्दा होते तो भी शोषण पर आधारित इस व्यवस्था को बदलने के लिए कहीं मर-कट रहे होते। वे तो बने ही थे इस मिट्टी के।

जो कहीं दर्ज नहीं होगा

देश के स्वतन्त्रता-युद्ध में अपना भाग तय करने में महिलाएँ कभी पीछे नहीं रहीं। शुरुआती सत्तावनी संग्राम में झाँसी की रानी लक्ष्मीबाई की चर्चा हम इस अर्थ में नहीं करते कि उनके व्यक्तित्व और कृतित्व को केन्द्र बनाकर वृन्दावनलाल वर्मा ने एक महान उपन्यास की रचना की थी, बल्कि हमारे लिये यह जानना अधिक महत्त्वपूर्ण है कि सुभद्रा कुमारी चौहान ने उन पर लिखी अपनी अमर कविता का आधार उस लोक-स्मृति को बनाया जिसे उन्होंने बुन्देले हरबोलों के मुँह से सुना था। कोई जीवनगाथा लोक के भीतर गहरे पैठकर कब उसकी चेतना का हिस्सा बन जाती है, इसे निरे बौद्धिक नजरिए से जान-समझ पाना सम्भव नहीं है। 1857 की क्रान्ति का इतिहास लखनऊ की बेगम हजरत महल की वीरगाथा से भरा पड़ा है, पर मैं यहाँ कानपुर की वेश्या अजीजन बाई और उनकी 'मस्तानी टोली' का खास तौर पर जिक्र करना चाहूँगा जिसके बारे में कवि सुदर्शन चक्र ने लिखा था—
'तबला बोला बोली मृदंग, बोले सितार के तार-तार/महफिल में कितने लोग मरे, कुछ मिला नहीं इसका शुमार/रंग गयी रक्त से रंगभूमि, हाथों से राज फिरंगी के/ इसलिए भैरवी गाते थे, स्वर आज अजीजन रंडी के।'

अजीजन मारी गयी। उसने कितने ही अँग्रेजों का वध किया और अपनी जान देकर विद्रोह की कीमत चुकाई। अपने कृतित्व से अनोखी वीरगाथा रचते हुए वह वेश्याओं के कुनबे से निकलकर शहीदों की टोली में जा मिली। कानपुर नगर अजीजन के बलिदन से गौरवान्वित है। लखनऊ में हुए 1857 के संघर्ष के दौरान उजारिया गाँव की ऊदा देवी पासी का कालिन कैम्पबेल से जो मुकाबला हुआ वह इतिहास के पृष्ठों पर बहुत मामूली हरूफ़ों में दर्ज है। पर उसे पढ़ने के लिए जिन आँखों की जरूरत है वे हमारे पास नहीं हैं। कहा जाता है कि उस वीरांगना ने एक पेड़ पर चढ़कर उस महायुद्ध में 22 ब्रिटिश सैनिक मारे। कैम्पबेल को कुछ समझ में नहीं आ रहा था। एकाएक उसकी निगाह एक पेड़ पर पड़ी जिधर से गोलियाँ आ रही थीं। उसने निशाना साधा तो नीचे एक लाश

गिरी जो स्त्री की थी। ऊदा देवी इस तरह देश के शहीदों में शुमार हो गयीं।

सत्तावनी क्रान्ति के बाद भी स्वतन्त्रता आन्दोलन का इतिहास उन असंख्य महिलाओं के मूक बलिदान से भरा पड़ा है जिन्हें स्मरण करने का भी हमने कभी प्रयास नहीं किया। उसके बाद मुक्ति-युद्ध के 90 वर्ष लम्बे सफरनामे में पूरे देश में पता नहीं कितनी स्त्रियों ने इस महायज्ञ में अपनी मूक आहुति दी। उनमें कुछ नाम तो जाने-पहचाने हैं। दुर्गा भाभी, सुशीला दीदी, प्रीतिलता, शान्ति घोष, सुनीति (घोष) चौधरी, कनकलता बरूआ, बीणा दास, उनकी बहन कल्याणी दास, कल्पना दत्त (जोशी), वनलता दास गुप्ता, कैप्टन लक्ष्मी सहगल, मानवती आर्य्या, वसुमति शुक्ल, रानी गादेन्ल्यू, लज्जावती, शन्नो देवी, मीरा दत्त गुप्ता, इन्दुमती सिंह, मृणालिनी देवी, लाला पिंडीदास की पुत्रियाँ लीला और स्वदेश, अरुणा आसफ अली आदि को हम ऐसी वीरांगनाओं में शामिल कर सकते हैं। पर हम यहाँ उन महिलाओं की चर्चा करना चाहते हैं जिनका योगदान इतिहास में जगह पाने से नितान्त दूर ठिठका खड़ा रहा।

1912 में दिल्ली में वायसराय लार्ड हार्डिंग पर बम फेंका गया। लाला हरदयाल और रासबिहारी बोस क्रान्ति के जिस पौधे को सींच रहे थे यह उसी का नतीजा था। सात महीने मुकदमा चलने के बाद मास्टर अमीरचन्द, अवधबिहारी तथा भाई बालमुकुन्द को फाँसी की सजा सुना दी गयी। चीफ कोर्ट में फैसला और भी सख्त हो गया, जिसमें बसन्त कुमार विश्वास को भी फाँसी देना तय किया गया। इस मुकदमे के दौरान पुलिस ने अमीरचन्द का एक पर्चा पेश किया जिसमें लिखा था—'भारत संवैधानिक सुधारों से कुछ भी हासिल नहीं कर सकता। एकमात्र तरीका, जिससे हम स्वतन्त्रा प्राप्त कर सकते हैं, वह है क्रान्ति का तरीका। इतिहास यह बताता है कि उत्पीड़कों ने किसी भी देश को अपनी खुशी से कभी आजादी नहीं दी और वे तो हमेशा तलवार से ही मुक्त किए गये।' अवधबिहारी भी अपनी तरह के क्रान्तिकारी थे। फाँसी के दिन अँग्रेज ने पूछा—'कहिए, आपकी अन्तिम इच्छा क्या है?' वे बोले—'मेरी एक ही अन्तिम इच्छा है कि अँग्रेज राज का नाश हो।' इस पर अँग्रेज ने कहा—'अब तो शान्तिपूर्वक मरिए'। अवधबिहारी फिर बोले—'अब शान्ति कैसी, मैं तो चाहता हूँ कि ऐसी प्रचंड क्रान्ति की आग सुलगे जिससे यह सारी ब्रिटिश सत्ता ही नष्ट हो जाए।' और तीसरे थे भाई बालमुकुन्द जिनके साथ मैं उनकी पत्नी रामरखी की चर्चा विशेष तौर पर करना चाहता हूँ। रामरखी न तो क्रान्तिकारिणी थीं, न देशभक्त। उनके किए को हम कोई राजनीतिक महत्त्व भी नहीं दे सकते। लेकिन जिस तरह उन्होंने पति का साथ दिया, वह एक उल्लेखनीय और मार्मिक घटना है। इसके बिना बालमुकुन्द की जीवनगाथा पूरी नहीं होती। पति की गिरफ्तारी होने के बाद से ही रामरखी

दुबली होने लगीं। उन्हें अनुमान हो गया था कि उनके पति बलिदान के मार्ग पर चलते चले जाएँगे। बड़ी कठिनाई से जेल में मिलने की इजाजत मिली। पति से पूछा उन्होंने—'खाना कैसा मिलता है?' बालमुकुन्द ने इस पर हँसकर कहा—'मिट्टी मिली रोटी।' रामरखी घर लौटकर गयीं और आटे में मिट्टी मिलाने लगीं। फिर एक बार भेंट करने आईं। पूछा—'सोते कहाँ हैं?' भाई ने बताया—'अन्धेरी कोठरी में दो कम्बल पर।' बस उस दिन रमरखी घर वापस आईं और गर्मी के मौसम में कम्बल बिछाकर लेटने लगीं। पर इसके बाद जो कुछ हुआ वह और भी हैरत में डालने वाला था। जिस दिन बालमुकुन्द की फाँसी का दिन तय था, रामरखी सवेरे उठीं, वस्त्रादि धारण किए और बाहर चबूतरे पर जाकर बैठ गयीं। उनका चेहरा एकदम शान्त था। थोड़ी देर में वे वहाँ मृत पायी गयीं। पति और पत्नी दोनों की चिताएँ साथ-साथ जलीं।

1918 के प्रसिद्ध 'मैनपुरी षड्यंत्र केस' के नेता थे पं. गेंदालाल दीक्षित। 21 दिसम्बर, 1920 को अपनी शहादत से पहले अपनी पत्नी श्रीमती फूलमती दीक्षित से उन्होंने कहा था—'तुम रोती ही क्यों हो। आखिर रोने से क्या हासिल होगा? भारत की न जाने कितनी महिलाओं का कोई नहीं है। अब तुम भी उन्हीं में से एक हो। दुख तो मुझे भी है। मैंने किस बात का बीड़ा उठाया था और उसे कितना सिद्ध कर पाया। मर तो रहा हूँ, पर जिस कारण मैं मर रहा हूँ, वह पूरा कहाँ हुआ। मैं यह देखकर मर रहा हूँ, कि मैंने जो कुछ भी किया वह छिन्न-भिन्न हो गया। मुझे दुख है कि माता पर अत्याचार करने वालों से बदला नहीं ले सका। जो मन की बात थी वह मन ही में रह गयी। मेरा यह शरीर नष्ट हो जाएगा, किन्तु मैं मोक्ष नहीं चाहता। मैं तो चाहता हूँ कि बार-बार इसी भूमि पर जन्म लूँ और बार-बार इसी के लिए मरूँ। ऐसा तब तक करता रहूँ जब तक कि देश गुलामी की जंजीरों से छुट न जाए।'... गेंदालाल दीक्षित शहीद हो गये। उनके बारे में अधिक पता न लगता यदि उनके शिष्यों में रामप्रसाद 'बिस्मिल' और मुकुन्दीलाल जैसे क्रान्तिकारी न रहे होते। बाद को उनकी पत्नी फूलमती दीक्षित भयंकर संकटों में रहीं। देश आज़ाद हो चुका था, पर उस आजादी का उनके लिए कोई अर्थ नहीं था। आगरा से प्रकाशित होने वाले 'युवक' के सम्पादक प्रेमदत्त पालीवाल को एक बार उन्होंने अपने कष्ट भरे जीवन का वर्णन करते हुए मार्मिक पत्र लिखा जिसे उन्होंने 'शहीद की पत्नी की करुण पुकार' शीर्षक से छापा था। पढ़कर कलेजा हिल गया। उस महिला के मूक बलिदान और उसकी अप्रतिम त्याग गाथा को कौन दर्ज करेगा, किस इतिहास में उसे जगह मिलेगी। किसे यह देखने-जानने की फुर्सत है कि देश ने उनकी बहुत उपेक्षा की। शहीद की उस पत्नी के प्रति हमारा व्यवहार कतई क्षम्य नहीं है।

'काकोरी कांड' (1925) के नायक रामप्रसाद 'बिस्मिल' को इस मामले में 19 दिसम्बर, 1927 को गोरखपुर जेल में फाँसी पर चढ़ा दिया गया था। बलिदान के एक दिन पूर्व उनके पिता मुरलीधर जेल में उनसे मिलने गये। माँ को यह सोचकर नहीं लाए कि वे बेटे से मिलकर रोएँगी-धोएँगी। पर जेल के दरवाजे पर आकर उन्होंने देखा कि माँ वहाँ पहले से मौजूद हैं। वे किसी को साथ लेकर खुद ही गोरखपुर जेल में बेटे से मिलने चली आई थीं। माँ को सम्मुख पाकर बिस्मिल की आँखों में आँसू आ गये। माँ ने यह दृश्य देखा तो फौरन डाँटा—'तुम्हें रोकर ही मरना था तो इस लाइन में क्यों आए? मैं तो समझती थी कि मेरे बेटे से ब्रिटिश सरकार डरती है।' बिस्मिल ने उन क्षणों में आँसू पोंछते हुए माँ से कहा—'माँ, ये आँसू मौत के डर से नहीं। पर मुझे तुम्हारी जैसी माँ अब दुबारा कहाँ मिलेगी। जिस तरह आग के पास घी रख देने से वह पिघल जाता है, ठीक वही स्थिति मेरी हुई है। विश्वास रखो माँ, कल तुम्हारा बेटा वीरोचित मौत मरेगा।' माँ ने फिर तुरन्त ही उस क्रान्तिकारी युवक को आगे कर दिया जिसे वे अपना भानजा बनाकर भीतर ले गयी थीं। कहा—'पार्टी के बारे में जो चाहो इनसे कह सकते हो।' उस समय माँ का यह रूप देखकर जेल के अधिकारी भी कहने को बाध्य हुए कि बहादुर माँ का बेटा ही बहादुर हो सकता है।...और सच ही अगले दिन प्रातः बिस्मिल हँसते हुए फाँसी के फन्दे में झूल गये।

मैजिनी की तरह बिस्मिल की माँ ने भी उन्हें क्रान्तिकारी कार्यों में सहयोग किया था। बिस्मिल के व्यक्तित्व के निर्माण में उस बहादुर माँ का बड़ा योगदान था। गोरखपुर जेल के फाँसीघर में बैठकर बिस्मिल ने अपनी माँ को बहुत याद किया है। मौजूदा स्त्री-विमर्श से बहुत पीछे स्त्री की स्वाधीनता, अधिकार और संघर्ष की ऐसी इबारतें तब भी लिखी जाती रहीं जब देश गुलाम था, और इसे रचने में बिस्मिल की माँ जैसी स्त्रियाँ मजबूती से खड़ी थीं।

नाम उनका मूलमती था। पर उनका चेहरा और चर्चा सामने आने पर मैं उन्हें बिस्मिल की माँ ही कह पाता हूँ। बिस्मिल ने अपनी माँ की विशिष्टताओं और संघर्ष को रेखांकित करते हुए फाँसी से पूर्व अपनी आत्मरचना में लिखा है—'मेरे बाद पाँच बहनों और तीन भाइयों का जन्म हुआ। दीदी ने बहुत कहा कि कुल की प्रथा के अनुसार कन्याओं को मार डाला जाए। किन्तु माता ने इसका विरोध किया और कन्याओं के प्राणों की रक्षा की। मेरे कुल में यह पहला ही समय था कि कन्याओं का पोषण हुआ। पर इनमें से दो बहनों और दो भाइयों का देहान्त हो गया। शेष एक भाई, जो इस समय दस वर्ष का है और तीन बहनें बचीं। माताजी के प्रयत्न से तीनों बहनों को अच्छी शिक्षा दी गयी और विवाह बड़ी धूमधाम से किए गये।

इसके पूर्व हमारे कुल की कन्याएँ किसी को नहीं ब्याही गयीं क्योंकि वे जीवित ही नहीं रखी जाती थीं।'

बिस्मिल ने बहुत विस्तार से माँ के प्रति अपनी कृतज्ञता को दर्ज किया है। वे कहते हैं—'मेरी माता मेरे धर्म-कार्यों में तथा शिक्षादि में बड़ी सहायता करती थीं। वह प्रात:काल चार बजे ही मुझे जगा दिया करती थीं। मैं नित्यप्रति नियमपूर्वक हवन किया करता था। मेरी छोटी बहन का विवाह करने के निमित्त माता और पिता ग्वालियर गये। मैं और श्री दादी शाहजहाँपुर में रह गये क्योंकि मेरी वार्षिक परीक्षा थी। परीक्षा समाप्त करके मैं भी बहन के विवाह में सम्मिलित होने को गया। बारात आ चुकी थी। मुझे ग्राम के बाहर ही मालूम हो गया कि बारात में वेश्या आई है। मैं घर न गया और न बारात में सम्मिलित हुआ। मैंने विवाह में कोई भाग न लिया। मैंने माता से थोड़े रुपये माँगे। माता ने मुझे लगभग 125 रुपये दिए जिनको लेकर मैं ग्वालियर गया। वह अवसर रिवाल्वर खरीदने का अच्छा लगा। मैंने सुन रखा था कि रियासत में बड़ी आसानी से हथियार मिल जाते हैं। बड़ी खोज की। टोपीदार बन्दूक तथा पिस्तौल तो मिलते ही थे, किन्तु हथियारों का कहीं पता नहीं लगा। पता लगा भी तो एक महाशय ने मुझे ठग लिया और 75 रुपये में टोपीदार पाँच फायर करने वाला एक रिवाल्वर दिया। रियासत की बनी हुई बारूद और थोड़ी-सी टोपियाँ दे दीं। मैं इसी को लेकर बड़ा प्रसन्न हुआ। सीधा शाहजहाँपुर पहुँचा। रिवाल्वर को भरकर चलाया तो गोली केवल पन्द्रह या बीस गज पर ही गिरी, क्योंकि बारूद अच्छी न थी। मुझे बड़ा खेद हुआ। माता भी जब लौटकर आईं तो उन्होंने मुझसे पूछा कि क्या लाए। मैंने कुछ कहकर टाल दिया। रुपये सब खर्च हो गये। शायद एक गिन्नी बची थी, सो मैंने माता को लौटा दी। मुझे जब किसी बात के लिए धन की आवश्यकता होती तो मैं माता से कहता और वह मेरी माँग पूरी कर देती थीं। मेरा स्कूल घर से एक मील दूर था। मैंने माता से प्रार्थना की कि मुझे साइकिल ले दें। उन्होंने लगभग एक सौ रुपये दिए। मैंने साइकिल खरीद ली। उस समय मैं अँग्रेजी के नवें दर्जे में आ गया था। किसी धार्मिक या देश सम्बन्धी पुस्तक पढ़ने की इच्छा होती तो माता से ही दाम ले जाता। लखनऊ काँग्रेस में जाने के लिए मेरी बड़ी इच्छा थी। दादी और पिता तो विरोध करते रहे, किन्तु माता ने मुझे खर्च दे ही दिया। उसी समय शाहजहाँपुर में 'सेवा समिति' का आरम्भ हुआ था। मैं बड़े उत्साह के साथ 'सेवा समिति' में सहयोग देता था। पिता तथा दादी को मेरे इस प्रकार के कार्य अच्छे न लगते थे, किन्तु माता मेरा उत्साह भंग न होने देती थीं जिसके कारण उन्हें बहुधा पिता की डांट-फटकार तथा दंड भी सहन करना पड़ता था। वास्तव में मेरी माता स्वर्गीय देवी हैं। मुझमें जो कुछ जीवन तथा साहस

आया, वह मेरी माता तथा गुरुदेव सोमदेव की कृपाओं का ही परिणाम है। दादी पिता मेरे विवाह के लिए बहुत अनुरोध करते, किन्तु माता यही कहतीं कि शिक्षा पा चुकने के बाद ही विवाह करना उचित होगा। माता के प्रोत्साहन तथा सद्व्यवहार ने मेरे जीवन में वह दृढ़ता उत्पन्न की कि किसी आपत्ति तथा संकट के आने पर भी मैंने अपने संकल्प को न त्यागा।'

यही माँ 19 दिसम्बर, 1927 को प्रात: गोरखपुर जेल के फाटक पर खड़ी अपने शहीद बेटे बिस्मिल की लाश की प्रतीक्षा कर रही थी। जनाजा बाहर आया तो सबने माँ के धैर्य की प्रशंसा की। वह न रोयी, न कलेजा काँपा और न ही पैर थरथराए उसके। अरथी का जुलूस निकाला गया। लोग जब उर्दू बाजार में पहुँचे तो माँ ने शहीद बेटे की अरथी को खड़ा करवा दिया। फिर ऊँची आवाज में एक संक्षिप्त-सा भाषण दिया—'मेरे बेटे ने न केवल मेरी कोख की लाज रखी है, बल्कि आप सबको वह रास्ता दिखाया है जिस पर चलकर आप एक-न-एक दिन देश को अवश्य आज़ाद करा लेंगे। मेरे पास देश को देने के लिए और कुछ नहीं है। हाँ, एक छोटा बेटा है, इसे मैं जयदेव कपूर को सौंपती हूँ और इनसे कहती हूँ कि वे इसे भी ऐसा ही बनाएँ, जैसा कि उसका बड़ा भाई था। वह भी अपने बड़े भाई के पदचिह्नों पर चलकर हँसते-हँसते फाँसी पर झूल जाए, यही मेरी अभिलाषा है।' उस रोज जिसने भी उस जननी की वाणी सुनी वह दंग रह गया। चेहरे पर कोई शोक और पछतावे का निशान नहीं। पता नहीं किस मिट्टी की बनी थी वह माँ।

पर बिस्मिल के न रहने के बाद उस माँ का समय कैसे व्यतीत हुआ, यह जानने के लिए माँ के साथ गोरखपुर जेल में बिस्मिल से मिलने गये क्रान्तिकारी दल के शिव वर्मा की डायरी का एक पृष्ठ पढ़ना पर्याप्त होगा। 23 फरवरी, 1946 को उन्होंने लिखा था—

माँ फिर रो पड़ी!

अशफ़ाक़ और बिस्मिल का यह शहर कालेज के दिनों में मेरी कल्पना का केन्द्र था। फिर क्रान्तिकारी पार्टी का सदस्य बनने के बाद काकोरी के मुखबिर की तलाश में काफी दिनों तक इसकी धूल छानता रहा। अस्तु, यहाँ जाने पर पहली इच्छा हुई बिस्मिल की माँ के पैर छूने की। काफी पूछताछ के बाद पता चला। छोटे से मकान की एक कोठरी में दुनिया की आँखों से अलग वीर प्रसविनी अपने जीवन के अन्तिम दिन काट रही है...

पास जाकर मैंने पैर छुए। आँखों की रोशनी प्राय: समाप्त-सी हो चुकने के कारण पहचाने बिना ही उन्होंने मेरे सिर पर हाथ रखकर आशीर्वाद दिया और पूछा—'तुम कौन हो?' क्या उत्तर दूँ, कुछ समझ में नहीं आया। थोड़ी देर बाद

उन्होंने फिर पूछा—'कहाँ से आए हो बेटा?' इस बार साहस करके मैंने अपना परिचय दिया—'गोरखपुर जेल में अपने साथ किसी को ले गयी थीं अपना बेटा बनाकर।' अपनी ओर खींचकर सिर पर हाथ फेरते हुए माँ ने पूछा—'तुम वही हो बेटा। कहाँ थे अब तक। मैं तो तुम्हें बहुत याद करती रही, पर जब तुम्हारा आना एकदम ही बन्द हो गया तो समझी कि तुम भी कहीं उसी रास्ते पर चले गये।' माँ का दिल भर आया। कितने ही पुराने घावों पर एक साथ ठेस लगी। अपने अच्छे दिनों की याद, जवान बेटे की जलती हुई चिता की याद और न जाने कितनी यादों से उनके ज्योतिहीन नेत्रों में पानी भर आया। वह रो पड़ीं। बात छेड़ने के लिए मैंने पूछा—'बिस्मिल का छोटा भाई कहाँ है?' मुझे क्या पता था कि मेरा प्रश्न उनकी आँखों में बरसात भर लाएगा। वे जोर से रो पड़ीं। बरसों का रुका बाँध टूट पड़ा सैलाब बनकर। कुछ देर बाद अपने को सम्भालकर उन्होंने कहानी सुनानी शुरू की... आरम्भ में लोगों ने पुलिस के डर से उनके घर आना छोड़ दिया। वृद्ध पिता की कोई बँधी हुई आमदनी न थी। कुछ साल वह बेटा बीमार रहा। दवा-इलाज के अभाव में बीमारी जड़ पकड़ती गयी। घर का सब कुछ बिक जाने पर भी इलाज न हो पाया। पथ्य और उपचार के अभाव में तपेदिक का शिकार बनकर एक दिन वह माँ को निपूती छोड़कर चला गया। पिता को कोरी हमदर्दी दिखानेवालों से चिढ़ हो गयी। वे बेहद चिड़चिड़े हो गये। घर का सब कुछ तो बिक ही चुका था। अस्तु, फाकों से तंग आकर एक दिन वे भी चले गये, माँ को संसार में अनाथ और अकेली छोड़कर। पेट में दो दाना अनाज तो डालना ही था। अस्तु, मकान का एक भाग किराए पर उठाने का निश्चय किया। पुलिस के डर से कोई किराएदार भी नहीं आया और जब आया तब पुलिस का ही एक आदमी। लोगों ने बदनाम किया कि माँ का सम्पर्क तो पुलिस से हो गया है।

उनकी दुनिया से बचा हुआ प्रकाश भी चला गया। पुत्र खोया, लाल खोया, अन्त में बचा था नाम, सो वह भी चला गया।

उनकी आँखों से पानी की धार बहते देखकर मेरे सामने गोरखपुर फाँसी की कोठरी घूम गयी। तब माँ ने कितनी बहादुरी से बेटे की मृत्यु (फाँसी) का सामना किया था। उस दिन समय पर विजय हुई थी माँ की और आज माँ पर विजय पायी है समय ने। आघात पर आघात देकर उसने उनके बहादुर हृदय को भी कातर बना दिया है। जिस माँ की आँखों के दोनों ही तारे विलीन हो चुके हों उसकी आँखों की ज्योति यदि चली जाए तो इसमें आश्चर्य ही क्या है। वहाँ तो रोज ही अँधेरे बादलों से बरसात उमड़ती रहेगी।

कैसी है यह दुनिया, मैंने सोचा। एक ओर 'बिस्मिल जिन्दाबाद' के नारे

और चुनाव में वोट लेने के लिए 'बिस्मिल द्वार' का निर्माण और दूसरी ओर उनके घरवालों की परछाईं तक से भागना और उनकी निपूती बेवा माँ पर बदनामी की मार। एक ओर शहीद परिवार फंड के नाम पर हजारों का चन्दा और दूसरी ओर पथ्य और दवा-दारू के लिए पैसों के अभाव में बिस्मिल के भाई का टीवी से घुटकर मरना। क्या यही है शहीदों का आदर और उनकी पूजा।

'फिर आऊँगा माँ'—कहकर मैं चला गया, मन पर न जाने कितना बड़ा भार लिये।

कहाँ थे तब बिस्मिल के शहर के राजनेता और समाजसेवी। किसी ने बिस्मिल की माँ और उनके पिता को सहारा नहीं दिया। वे कब, कहाँ और कैसे मरे यह भी किसी को नहीं पता। कोई यादगार नहीं बनी शाहजहाँपुर की धरती पर पिता मुरलीधर और माँ मूलमती की। इस शहर के किसी सभागार में इनकी तस्वीरें नहीं लटकाई गयीं। 1992 में जब मैं इस शहर के खिरनी बाग मुहल्ले में 'रामप्रसाद बिस्मिल उद्यान' का निर्माण करा रहा था तब मैंने बिस्मिल की आदमकद संगमरमर की प्रतिमा के एक ओर माँ मूलमती की समाधि भी बनवा दी जिस पर गोरखपुर जेल में बिस्मिल से उनकी मिलन कथा दर्ज है।

बिस्मिल की माँ और पिता के अन्तिम दिन इस शहर के माथे पर कलंक की तरह लगते हैं मुझे। आखिर कौन माफ करेगा हमें। क्या हम बिस्मिल के एक भाई और उनके माँ-पिता को स्वाभिमान से जीने और मरने की सुविधा देने लायक भी नहीं थे। यहाँ बिस्मिल के पिता की चर्चा करना अप्रसांगिक न होगा जिन्होंने अपने बेटे की फाँसी होने से ठीक पहले ढाई सौ रईस, ऑनरेरी मजिस्ट्रेट तथा ज़मींदारों के हस्ताक्षर से एक प्रार्थनापत्र उन्हें बचाने के लिए भेजा था, पर नतीजा कुछ नहीं निकला। 19 दिसम्बर, 1927 को जब फाँसी के बाद बिस्मिल का मृत शरीर जेल से बाहर आया होगा तब पिता मुरलीधर ही उसे श्मशान भूमि तक ले गये होंगे। पिता की आँखों के सामने बेटे की जलती लाश और फिर अस्थियाँ चुनकर उनका शाहजहाँपुर वापस लौटना...। किसने सहारा दिया होगा उन्हें तब। मेरे सामने मुरलीधर का एक चित्र है जिसमें वे अपने कमजोर हाथों से शहीद हुए अपने बेटे के कँधे और सिर को सहारा देकर उकड़ूँ बैठे हुए हैं। जीवन संघर्षों की आँच में तपा हुआ मुरलीधर का ताँबई चेहरा। हलकी मूँछें और दाढ़ी की रंगत सफेद है। सिर पर साफा बँधा हुआ है। कुर्ता पहने हैं....

पिता! तुम्हें भीतर तक जानने की छटपटाहट है मेरे भीतर। कहाँ-कहाँ भटका हूँ मैं इसके लिए। किससे-किससे मिला। पर मुझे किसी ने नहीं बताया कि बिस्मिल की शहादत के बाद तुम्हारा बुढ़ापा कैसे व्यतीत हुआ। कहाँ और कैसे रहे तुम। कब यह दुनिया छोड़ी तुमने यह भी तो कोई नहीं बताता। तुम्हारा दर्द

कहीं किसी इतिहास में, किसी शायरी और कविता में या डायरी के पन्नों में दर्ज नहीं हुआ। इस शहर का कोई समाज सेवक निकट जाकर तुम्हारे चेहरे की आड़ी-तिरछी रेखाओं को नहीं पढ़ पाया...

ओ पिता! इस तस्वीर में तुम्हारी बुझी और पीड़ा भरी आँखों के सामने मैं अपने को अपराधी महसूस कर रहा हूँ। तुम्हें प्रणाम करने का साहस भी नहीं है मेरे भीतर।

मुरलीधर जी! मुझे गर्व है तुम पर। तुम उस बेटे के पिता थे जिसके विरुद्ध 'सम्राट बनाम रामप्रसाद' के नाम से काकोरी षड्यन्त्र का प्रसिद्ध मुकदमा उस ब्रिटिश सत्ता ने चलाया जिसके साम्राज्य में सूर्य अस्त नहीं होता था। तुम्हारे इसी बेटे ने भारतीय क्रान्तिकारी आन्दोलन में अपने कृतित्व से नयी चेतना और स्फूर्ति का संचार ही नहीं किया, बल्कि उसे विचार से भी परिपक्व किया। अपने मुसलमान दोस्त अशफ़ाक़उल्ला खाँ को भी फाँसी के फन्दे पर ले जाकर वह 'साझी शहादत' की बड़ी लकीर हमारे सामने खींच गया है।... शहीद बिस्मिल के पिता! नतमस्तक हैं हम तुम्हारे सम्मुख।

काकोरी के दूसरे शहीद अशफ़ाक़उल्ला खाँ की माँ थीं मजहरउलनिसा बेगम। अशफ़ाक़ के व्यक्तित्व के निर्माण में भी इस माँ की बड़ी भूमिका थी। अपने खानदान में उनकी बहुत इज्जत थी। वे पूरे मुहल्ले में अपना प्यार बाँटती थीं। लोगों की मदद करना उनका ध्येय था। उन्हें पुस्तकें पढ़ने का तो शौक था ही, साथ ही अखबार पढ़ने में उनकी बहुत रुचि थी। बताया जाता है कि वे पान बहुत खाती थीं और उनके पलंग पर एक तरफ किताबें रखी रहती थीं। साहित्य और शिक्षा से उनके इस गहरे रिश्ते का असर अशफ़ाक़ पर भी पड़ा। अशफ़ाक़ ने अपनी डायरी में एक जगह लिखा है—'मेरी माँ की तालीमी हालत अच्छी खासी थी और निहायत अक्लमन्द थीं। उन्होंने हम लोगों को ऐसी तरबियत दी कि आज हम जवान होने पर चारों भाई उनसे इतना डरते हैं कि उनके खिलाफ हुक्म कुछ भी नहीं कर सकते। मेरी वालिदा जो बाकायदा तालीम हासिल किए हुए थीं, बराबर अखबार की मुस्तकिल खरीदार बन गयीं और मैं भी अखबार पढ़ने लगा। तब मैंने जाना कि मुसलमान और भी कहीं हैं, क्योंकि उस वक्त जुगराफिया से नावाकिफ था और महज हिन्दुस्तान को ही मुकम्मल दुनिया खयाल करता था, जैसे मेंढक कुएँ को ही तसव्वुर करता है...'

अशफ़ाक़ देश और समाज के बड़े सवालों पर अपनी माँ से गुफ्तगू करते थे। वालिदा के नाम जेल से लिखे गये पत्र इसका बड़ा साक्ष्य हैं। वे जेल के भीतर बैठे अपनी माँ के लिए नूह पैगम्बर की आयु की दुआ करते हैं। उनके पत्रों के भीतर से झाँकता उस माँ का चेहरा साफ-साफ पढ़ा जा सकता है जिसका

बेटा मौत के दरवाजे पर खड़ा है और जो अपने जीने-मरने की चिन्ता न कर अपनी माँ को बार-बार ढाढ़स बँधाता है, उसे ज़िन्दगी के मायने समझाता है। आज अशफ़ाक़ की माँ मजहरउलनिसा की कोई तस्वीर मेरे सामने नहीं है। बहुत खोजने पर भी नहीं मिल सकी। पर उसकी जरूरत क्या है। दुनिया की सारी माँओं के चेहरे एक जैसे होते हैं—दुलार और नेह से भरे-पुरे। बेटे पर प्यार लुटाती माँ की आँखों को कौन नहीं जानता। अशफ़ाक़ ने जेल से अपनी माँ से कहा भी था—'आप अपनी तस्वीर हिगू से खिंचवा लीजिएगा। आप कुछ फिक्र न करें। वह आपका दामाद है और सामने आता है यानी साफिया का खाविन्द। कम-अज-कम बाहर आकर आपकी तस्वीर से कुछ तसल्ली होगी। आप बखूबी वाकिफ हैं कि आपको देखे बिना मैं दो रोज भी नहीं रह सकता। मगर यह मसला मजबूरी और इज्जत व जिल्लत का था।'

कितने बेचैन हैं अशफ़ाक़ माँ के लिए। वे यह भी सोचते थे कि अगर मौत (फाँसी) से बच गये तो लम्बी कैद की सजा काटनी पड़ेगी। लेकिन उनके बाहर आने पर माँ कहाँ रहेगी तब। वह तो इस दुनिया से जा चुकी होगी। तब माँ की तस्वीर ही सहारा होगी। लेकिन अशफ़ाक़ तो माँ से पहले ही इस संसार से विदा हो गये। क्या उस माँ ने बाद को लखनऊ स्टेशन पर उतारी गयी कफन ओढ़े अपने बेटे अच्छू (अशफ़ाक़ का बचपन का नाम) की लाश की वह तस्वीर देखी होगी जिसे परसी शाह फोटोग्राफर ने अपने कैमरे से उतारा था। उसे देखकर उसने जरूर अशफ़ाक़ का न टूटनेवाली नींद में सोया चेहरा चूम लिया होगा और जार-जार रोई होगी वह। शाहजहाँपुर के उस खानदानी कब्रिस्तान में दफन के लिए जब अशफ़ाक़ को लाया गया होगा तब कैसे सामना किया होगा उसने बेटे की सूरत का। क्या उन क्षणों में उस माँ की छातियों से दूध नहीं उतर आया होगा...

बाद को एक दिन अशफ़ाक़ की कब्र की बगल में ही वह माँ भी चुपचाप जाकर सो गयी अपने बेटे के सीने से चिपककर जिसके बारे में अशफ़ाक़ ने कहा था—'काश कि खुदा एक मौका और अता करता कि आपकी खिदमत करूँ और कदमों से जुदा न होऊँ। मैं निहायत बदकिस्मत हूँ कि आपकी खिदमत करने का जब मेरा वक्त आया तो आपके कदमों से दूर हूँ।'

अशफ़ाक़ के पत्रों में उनकी माँ का बूढ़ा चेहरा बार-बार झाँकता है। अपने छोटे बेटे को फाँसी के फन्दे की ओर जाते देखती माँ की आँखों में पछाड़ खाता समन्दर तब किसने देखा होगा, किसने अहसास किया होगा उसकी पीड़ा को। मुझे नहीं पता कि शहीद की माँ के शेष दिन किस तरह व्यतीत हुए...

माँ मजहरउलनिसा बेगम! देश की आजादी के लिए तुमने अपना जवान बेटा कुर्बान कर दिया। तुमने उसे सिर्फ अपनी छाती का दूध ही नहीं पिलाया

और न ही पाल-पोस कर बड़ा किया, बल्कि उसके व्यक्तित्व को तुमने ही तो अपने सुगढ़ हाथों से बनाया-संवारा था। तुम्हारी जिन्दगी को अन्धेरों की तरफ बढ़ाकर वह आजादी की मशाल को अपने खून से रोशन करके मुक्तिपथ पर चलता चला गया। सदियों तक जलती रहेगी शहादत की वह शमाँ, पर कोई तुम्हें क्यों और कब याद करेगा। दफ्न हो जाएगी तुम्हारी बलिदान गाथा। लेकिन तुम तो अशफ़ाक़ की जिन्दगी में जा समायी हो। अलग कहाँ हो तुम उससे। तुम्हारे नाम से हरूफ़ भले ही किसी को याद न रहें, पर वे यह नहीं भूलेंगे कि शहीदे-वतन अशफ़ाक़उल्ला खाँ एक बहादुर माँ के बहादुर बेटे थे। इतिहास के लिए इतना ही काफी है...

काकोरी के मामले में बनारस के राजेन्द्र लाहिड़ी को भी फाँसी का पुरस्कार मिला था। बनारस के ही क्रान्तिकारी मणीन्द्र बनर्जी ने उन्हें फाँसी दिलानेवाले सीआईडी के जितेन्द्र बनर्जी पर गोली चलाकर उसका बदला लिया। मणीन्द्र पकड़े गये और सजा देकर केन्द्रीय कारागार फतेहगढ़ भेज दिए गये। यहाँ उन्होंने लम्बा अनशन किया जिसमें 20 जून, 1934 को उनका प्राणान्त हो गया। उस समय क्रान्तिकारी मन्मथनाथ गुप्त और यशपाल इसी जेल में बन्द थे। इस शहीद की माँ सुनयना देवी बड़ी बहादुर महिला थीं। मणीन्द्र का पूरा परिवार ही क्रान्तिकारी था। उनके भाई मोहित बनर्जी से एक बार मैं इलाहाबाद में मिला था। सबसे छोटे बसन्त बनर्जी से मेरी बहुत निकटता रही। याद आता है मणीन्द्र की माँ का किस्सा। जिन दिनों मणीन्द्र पर मुकदमा चल रहा था तब उन्होंने सहायतार्थ किसी से चन्दा लेना स्वीकार नहीं किया। कहा—'मेरे पास साधन हैं तो क्यों लूँ।' अपनी सम्पत्ति बेचकर वे मामले की पैरवी करती रहीं। ब्रिटिश सरकार के भय से मणीन्द्र के सभी भाई घर से हट गये थे। प्रभाष बाबू गाँधी आश्रम मेरठ में अन्य भाइयों के साथ रहने लगे। वहीं 1932 में भूपेन्द्र बनर्जी ने सत्याग्रह किया। बीमार हुए। छूटे। लेकिन 1933 में उनका देहावसान हो गया। माँ बेटे को नहीं देख पायी। उन्हें क्या पता था कि एक साल बाद ही मणीन्द्र भी बलिपथ पर जाकर उनसे बिछुड़ जाएगा। मणीन्द्र के पिता ताराचरण बाबू होम्योपैथ के चिकित्सक थे। सुनयना कलकत्ता की थीं। वे अपने साथ बंगाल के विद्रोही संस्कार लेकर आई थीं। बहुत साहसी महिला थीं। फतेहगढ़ जिन दिनों मैं रहा तब मणीन्द्र की प्रतिमा पर पहुँच जाता। मणीन्द्र को छोड़कर दूसरे भाइयों के साथ माँ सुनयना की तस्वीर मेरे झोले में रखी है जिसे बसन्त बाबू ने मुझे भेंट किया था। यह बड़ी धरोहर है मेरे लिए। पर क्या यह सब इतिहास का हिस्सा बन सकेगा। कौन लिपिबद्ध करेगा इन्हें...

अब मुझे बिहार के शहीद बैकुंठ शुक्ल की याद आती है जिनकी पत्नी

राधिका देवी बाद को जीवित रहीं। बड़े जीवट की महिला थीं। खुद भी स्वतन्त्रता आन्दोलन में हिस्सेदारी की थी। एक दिन गिंजास (मुजफ्फरपुर) के पंकज भूमिहार के पत्र से मुझे पता लगा कि राधिका देवी बहुत बीमार हैं और उन्हें 58 रुपये महीने पेन्शन मिलती है। मेरे अनुरोध पर पीटीआई में रहे वरिष्ठ पत्रकार नारायण दत्त और 'प्रभात खबर' के सम्पादक हरिवंश ने उन्हें 5 हजार रुपये की धनराशि भिजवा दी। पंकज ने राधिका देवी की तस्वीरें भी मुझे भिजवाईं जो उनके संकटग्रस्त जीवन की गवाह हैं।

ऐसे समय मेरे सामने लाहौर षड्यन्त्र केस के प्रसिद्ध क्रान्तिकारी डॉ. गया प्रसाद का चेहरा घूम जाता है। वे पार्टी में आए तब शादीशुदा थे। जब क्रान्ति के इस मार्ग पर चलना तय कर लिया तब एक रोज पत्नी के पास जाकर कहा—'मैंने देश की आजादी के लिए अपना सर्वस्व अर्पित करने का फैसला कर लिया है। अब तुम मेरे सिर पर हाथ रखकर मुझे विदा करो और माथे का सिन्दूर पोंछ डालो।' गाँव की गैर पढ़ी-लिखी पत्नी यह सब क्या जाने। सुनकर वह रोने-धोने लगी। गया प्रसाद ने अनेक वीर स्त्रियों के किस्से सुनाए। पर सब व्यर्थ। ऐसे में गया प्रसाद ने उसका हाथ पकड़कर अपने सिर पर रखा और स्वयं उसके माथे का सिन्दूर पोंछ दिया। बाद को गया प्रसाद को जब जेल हो गयी तब वह महिला उनसे मिलने भी नहीं पहुँच पायी और एक दिन उसका प्राणान्त हो गया। एक मूक बलिदान का अप्रतिम उदाहरण।

भगतसिंह के साथी विजय कुमार सिन्हा कानपुर के थे। लाहौर षड्यन्त्र केस के वे अभियुक्त थे। उनके भाई राजकुमार सिन्हा को काकोरी कांड में सजा मिली थी। सिन्हा बन्धुओं की माँ बहुत साहसी महिला थीं। दोनों बेटे जेल में और वे हैं कि निडरतापूर्वक कष्टों का सामना कर रही हैं। कहती थीं—'मुझे देखो, मैं दो-दो बाघों की माँ हूँ।' बहुत संकटों का सामना किया उन्होंने। विजय दा और राजकुमार सिन्हा की एक बहन थी जो दोनों भाइयों के जेल जाने और परिवार के पुलिस उत्पीड़न से इतनी तंग आ गयी थी कि वह अपना मानसिक सन्तुल खो बैठी थी। देश स्वतन्त्र हो गया तब भी वह अपनी विक्षिप्तावस्था से बाहर नहीं निकल पायी। कहती थी—'वह देखो पुलिस आ गयी है। पुलिस... पुलिस।' विजय दा बाद को आन्ध्र के सिकन्दराबाद शहर में रहने लगे थे। मैंने कई बार उनसे उस बहन के बारे में जानना चाहा, पर वे हर बार बताने में असमर्थ रहे। कहते थे कि उसकी चर्चा होने पर मैं सन्तुलित नहीं रह पाता।

क्रान्तिकारी दल के सेनापति चन्द्रशेखर आज़ाद की माँ जगरानी देवी का पूरा जीवन अभावों और कष्टों में व्यतीत हुआ। भयंकर गरीबी का जीवन जिया उन्होंने। आज़ाद दल के कार्यों में सघनता से लगे थे पर वह माँ अपनी जिन्दगी

के दिन जैसे अपनी साँसों से लड़ते हुए व्यतीत कर रही थी। 27 फरवरी, 1931 को जब इलाहाबाद के अल्फ्रेड पार्क में आज़ाद शहीद हो गये तब तो जैसे उनके दुर्दिन मुँह फैलाकर सामने खड़े हो गये। वे न क्रान्ति जानती थीं और न की स्वाधीनता संग्राम के महत्त्व से किसी तरह परिचित थीं। उन्हें भरोसा नहीं था कि उनका बेटा सन्मुख युद्ध में शहीद हो गया जिसकी वापसी के लिए उन्होंने अपने एक हाथ की दो उँगलियाँ धागे से बाँधकर मनौती मानी थी। पं. बनारसीदास चतुर्वेदी ने उनकी खबर ली। जवाहरलाल नेहरू को उनके कष्टमय जीवन की जानकारी मिली तो उन्होंने 500 रुपये की मदद भेज दी थी। पर देश उन्हें राष्ट्रीय शहीद की माँ होने का गौरवबोध नहीं करा पाया। यह हमारी असफलता थी और कृतघ्नता भी।

चन्द्रशेखर आज़ाद को उनके क्रान्तिकारी जीवन में मदद करनेवाले अनेक परिवार थे जिनके कारण वे फरारी हालत में सुरक्षित बने रहे। ऐसे लोगों में झाँसी के क्रान्तिकारी मास्टर रूद्रनारायण का परिवार था। उनकी पत्नी आज़ाद को अपना देवर मानती थीं। आज़ाद उस घर को अपना समझकर वर्षों तक रहते रहे। कानपुर में स्वतन्त्रता सेनानी रामचन्द्र मुसद्दी और उनकी पत्नी श्रीदेवी मुसद्दी ने आज़ाद को बहुत स्नेह और संरक्षण प्रदान किया। ऐसे ही तारारानी अग्रवाल का परिवार था और क्रान्तिकारी भगवानदास माहौर की माँ भी आज़ाद से पुत्रवत स्नेह रखती थीं। राजकुमार सिन्हा जब बरेली जेल में थे तब उनकी बहन सुशीला घोष बाहर के अखबारों से उनके लिए जरूरी कतरनें काटकर भेज दिया करती थीं। वह उन्हें पैसे और कुछ खाने की व्यवस्था भी कर देती थीं। ऐसी प्रतिबद्धता थी तब संग्राम के प्रति घर के सदस्यों की। इन महिलाओं का योगदान क्रान्तिकारी संग्राम में अप्रतिम है पर उसे कौन कागज पर उकेरेगा।

भगतसिंह के परिवार में उनकी माँ विद्यावती देवी और बहन अमर कौर के योगदान को रेखांकित न करना हमारी चूक होगी। माँ विद्यावती को पंजाब सरकार ने बाद में 'पंजाब माता' की उपाधि भी दी। पर अमर कौर की जिन्दगी दूसरी तरह की थी। वे जनवादी चेतना से सम्पन्न महिला थीं और देश की आजादी के बाद भी अपने शहीद भाई के सपनों को पूरा करने का अथक प्रयास करती रहीं। 8 अप्रैल, 1983 को उन्होंने सरकार की जनविरोधी नीतियों के विरुद्ध भारतीय संसद में पर्चे फेंके। इस परिवार की उन अन्य महिलाओं की चर्चा प्रारम्भ में ही करनी चाहिए जिनकी क्रियाशीलता, प्रेरणा और मदद से उनके बीच एक क्रान्तिकारी वातावरण तैयार हो गया था। भगतसिंह के दादा अर्जुन सिंह के साथ क्या उनकी पत्नी जयकौर की गाथा को शब्द नहीं दिए जाने चाहिए जिन्होंने उन दिनों में जबकि किसी स्त्री का घर की चहारदीवरी से बाहर झाँकना भी वर्जित माना जाता था, अपने पति के

क्रान्तिकारी जीवन में डटकर साथ दिया। अर्जुनसिंह वैद्यक जानते थे तो जयकौर भी अपने इलाके के 'लेडी डॉक्टर' बन गयीं। उनके सहयोग के चलते कितने ही वर्षों तक उनका घर सामाजिक कार्यकर्त्ताओं का धर्मशाला बना रहा। उनके मकान को 'क्रान्तिकारियों का तहखाना' कहा जाता था। वहाँ रहते वे देशभक्त पूर्णतया सुरक्षित थे। एक बार पुलिस का छापा पड़ा। सूफी अम्बाप्रसाद घर में थे। अब वे कैसे बचें। जयकौर ने आगे बढ़कर मोर्चा सम्भाला। वे दरवाजे पर गयीं। पूछा—'क्या बात है? आप क्या चाहते हैं?' पुलिस अफसर ने कहा तलाशी लेनी है। दरअसल, वह क्रान्तिकारी अजीतसिंह और सूफी को गिरफ्तार करना चाहता था। जयकौर दिलेरी से बोलीं—'आपको सरकार ने तलाशी लेने को कहा है तो आप जरूर तलाशी लें, पर आप भी तो बहू-बेटी वाले खानदानी आदमी हैं इसलिए पहले पर्दानशीन औरतों को घर से निकल जाने दें, तब घुसें।' वही किया गया। औरतें सब अपनी-अपनी चादर में लिपटीं घर से बाहर हो गयीं। उसी में सूफी साहब भी थे। बाद को तलाशी में पुलिस को मानना पड़ा कि साहब के वहाँ होने की जानकारी गलत थी। घर में बड़ी मात्रा में क्रान्तिकारी साहित्य मिला जिसे पुलिस सात ऊँटों पर लादकर अपने साथ ले गयी। मई, 1940 में जयकौर की मृत्यु हुई।

निर्वासित क्रान्तिकारी सरदार अजीतसिंह की पत्नी हरनाम कौर तो अद्भुत महिला थीं। वे भगतसिंह की चाची थीं। बचपन से ही भगतसिंह के हृदय पर चाचियों के जीवन का बहुत प्रभाव पड़ा। अजीतसिंह के देश निकाले की सजा के दिनों में उन्होंने बहुत कष्ट उठाए। और संयोग देखिए कि जिस दिन स्वतन्त्रता का उद्घोष हुआ, अजीतसिंह उसी रोज देश आए और उनका प्राणान्त भी हो गया। जयकौर 1962 तक जीवित रहीं। उनकी इच्छा थी कि मरने के बाद दाह संस्कार भगतसिंह की समाधि के निकट हो। फीरोजपुर में थीं वे जब उनका निधन हुआ और भगतसिंह की समाधि के निकट ही उन्हें जला दिया गया।

और भगतसिंह के चाचा सरदार स्वर्णसिंह की पत्नी हुकम कौर। वे भगतसिंह के भाई कुलतार सिंह को बेहद प्यार करती थीं। एक बार कुलतार मांटगुमरी जेल में बन्द थे। बहुत दिनों बाद मुलाकात की मंजूरी मिली। कानूनी तौर पर माता-पिता, पत्नी और भाई-बहन ही मिल सकते थे। पर हुकम कौर इनमें से कुछ भी न थीं। पर वे मिलने के लिए बहुत बेचैन थीं। उन्हें बहन बनाना तय किया गया। बताया गया कि वे अपना नाम सुमित्रा या शकुन्तला बताएँ। लेकिन जेल के दरवाजे पर पहुँच कर वे इतना विह्वल हो गयीं कि अपना असली नाम हुकम कौर बता बैठीं। उन्हें रोक दिया गया। वे चीख उठीं। तड़पकर रोना शुरू कर दिया। कुलतार सिंह के लिए वे घी का डिब्बा लेकर आई थीं। उस रुदन के बीच उनके शब्द फूट रहे थे—'काका कुलतार सिंह, मैं बाहर हूँ। मैंने तुम्हें जन्म

ही तो नहीं दिया, पाल-पोसकर बड़ा तो किया है। अरे, फिर मैं गैर कैसे हो गयी।' उनके विलाप से व्यथित होकर जेलवालों ने ड्योढ़ी पर कुलतार सिंह से उनकी मुलाकात करा दी। वे कुलतार से लिपट गयीं और रोते हुए बोलीं— 'कुलतार, मेरी जिन्दगी तो कट गयी किसी तरह, पर सतीन्द्र कौर (कुलतार सिंह की पत्नी) का क्या होगा? वह कहाँ रहेगी?'

पूरा परिवार देशभक्त। पूरे घर का सपना देश की आजादी। सभी सदस्यों का संकल्प गुलामी की जंजीरें तोड़ना। और उस अभियान के लिए बड़े-से-बड़े कष्ट उठाने में भगतसिंह के खानदान का कोई सदस्य पीछे नहीं रहा कभी।

इस अवसर पर मुझे पेशावर कांड के विख्यात क्रान्तिकारी वीर चन्द्रसिंह गढ़वाली की पत्नी भगीरथी देवी की भी याद आती है। गढ़वाली ने फौज में रहते हुए पेशावर में निहत्थे देशभक्त आन्दोलनकारियों पर गोली चलाने से इनकार कर दिया था। वह बहुत बड़ी अहिंसक क्रान्ति थी देश में। इसकी सजा उन्हें आजीवन कारावास और जमीन-जायदाद की जब्ती के रूप में मिली। परिवार भयंकर संकट में आ गया। ऐसे में उनकी पत्नी भगीरथी देवी ने असहनीय कष्ट उठाए। उनके त्याग के सम्मुख स्वयं चन्द्रसिंह गढ़वाली भी नतमस्तक हो गये। उन्होंने बरेली जेल में रहते हुए भगीरथी देवी पर एक पुस्तक लिखी जो कहीं गुम हो गयी। गढ़वाली का लिखा हमारे सामने होता तो भगीरथी देवी के जिन्दगी के कुछ बरक हमारे सामने खुल पाते।

यहाँ बंगाल की कुछ क्रान्तिकारिणियों का जिक्र करना चाहता हूँ जिनमें लीलावती नाग एम.ए., रेणुका सेन एम.ए., लीला कमाल बी.ए., इन्दुमती सिंह, अमिता सेन, कल्याणी देवी, कमला चटर्जी बी.ए. जैसी महिलाओं के अलावा कमलादास गुप्ता भी थीं जो बीणादास के साथ पकड़ी गयीं। दो दर्जन और नाम इस सूची में हैं जिनमें सभी का उल्लेख किया जाना यहाँ सम्भव नहीं।

बयालिस की क्रान्ति के शहीद राजनारायण मिश्र खीरी लखीमपुर जिले के भीखमपुर गाँव के निवासी थे। वे 9 दिसम्बर, 1944 को लखनऊ में फाँसी चढ़े। उनकी पत्नी और एक पुत्री थी। राजनारायण की शहादत के बाद पत्नी विद्यावती और पुत्री बेसहारा हो गयीं। अपने क्रान्तिकारी जीवन में भी राजनारायण घर-परिवार की ओर ध्यान नहीं दे पाए। राजनारायण की पत्नी ने बहुत कष्ट उठाए। प्रख्यात कम्युनिस्ट नेता झारखंडे राय से मुझे पता लगा था कि फीरोज गाँधी ने महात्मा गाँधी को लिखा था कि राजनारायण मिश्र की पत्नी और बच्ची को वर्धा के महिला आश्रम में बुला लिया जाए। फाँसी से पहले राजनारायण मिश्र के सम्मुख भी इस तरह का प्रस्ताव आया, पर सिद्धान्तः उन्होंने इसके लिए सहमति नहीं दी। खबर तो यह भी थी कि खीरी जिले में 'राजनारायण स्मारक कोष' की भी स्थापना

की गयी। लेकिन जिस तरह हम अपनी विरासत के साथ भयंकर और अक्षम्य अनदेखियाँ करते आए हैं, शायद वैसा ही हमनें इस शहीद की याद के साथ किया। याद आता है कि राजनारायण जब क्रान्तिकारी अभियान पर चले तब उन्होंने अपनी वीर पत्नी से पूछा था—'कहो, मुझे अपने आप जेल जाना चाहिए या देश की जो पुकार है वह कार्य मैं करूँ परन्तु उसकी अन्तिम सजा फाँसी होगी।' उनकी वीर पत्नी ने उनसे यही कहा—'नाथ! आप वही काम करें जिससे देश का लाभ हो, चाहे मुझे आपको ही क्यों न खोना पड़े। मरना तो सभी को एक दिन है। देश की खातिर मरे तो मेरा सौभाग्य होगा।'

सावन का महीना था। उनकी पत्नी ने उस दिन डिया पूजी थी। सुबह उनके गाँव में प्रभात फेरी निकली थी। चारों ओर नौजवान तथा उनके भाई जनता को इकट्ठा करने में जुटे थे। तहसील और थाने पर कब्जा जो करना था। राजनारायण पर हथियार जमा करने का दायित्व था। 14 अगस्त का दिन था। वे आठ साथी घर से निकले। मृत्यु का उन्हें खौफ नहीं था। उनकी पत्नी ने उनके माथे पर रोचना लगाया, आरती उतारी और कहा—'नाथ! पीठ कहीं मत दिखाना। बस, आपके चरणों में हमारे यही अन्तिम शब्द हैं।'

कैसी विदाई थी यह। नियति देख रही थी यह सब। राजनारायण को फिर वापस नहीं आना था। वे शहादत के रास्ते पर चल पड़े थे। लेकिन देश की मुक्ति के इस मार्ग पर उनकी पत्नी का बलिदान भी कुछ कम बड़ा नहीं था, जिसे हमने विस्मृत कर दिया। पर इस कथा को कौन बाँचे।

अब बयालिस के ही एक और शहीद की गाथा मेरे मस्तिष्क में कौंधती है। वे हैं फुलेनाप्रसाद श्रीवास्तव जो इस आन्दोलन में नौ गोली खाकर महाराजगंज में शहीद हुए। जुलूस जिसमें वे आगे थे और गोलियाँ चलाई गयीं तब उनकी पत्नी ताරारानी श्रीवास्तव उनके साथ थीं। फुलेना बाबू के हाथ में तिरंगा था। पर वह अन्त तक झुका नहीं। नवीं गोली पर ही वह उनके हाथ से छूटा जिसे उनकी पत्नी ने सम्भाल लिया। गोलियों की बौछार से खून का जो फब्बारा छूटा उसे तारारानी ने अपनी साड़ी को फाड़कर पट्टियाँ बाँधकर रोकना चाहा। उनके कोई सन्तान नहीं थी। पर कौन जाने फुलेना बाबू की शहादत के बाद उनकी पत्नी किन स्थितियों में जीवित रहीं। पं. बनारसीदास चतुर्वेदी ने तारारानी का पता करके उनसे संस्मरण लिखवाए। वे सीवान जिले के बाल बंगरा गाँव में रहती थीं। बाद को मैंने कई बार पता करने का प्रयास किया लेकिन सब व्यर्थ। तारारानी की सम्पूर्ण व्यथाकथा ही अनजानी रह गयी। सब कुछ विस्मृति के गर्भ में समा गया। याद आता है दादा चतुर्वेदी के नाम लिखा गया उनका पत्र जिसमें उनकी दर्द में डूबी इबारत दर्ज हुई है—'मैं तो इस देश की कुन्ददिमागी पर चकित हूँ। मेरे पति देशोद्धार के मणिरथ

पर चढ़कर चले गये, उसके बाद किसी ने मुझसे यह नहीं पूछा कि मेरा समय कैसे व्यतीत हो रहा है।' चतुर्वेदी यह उम्मीद करते रहे कि समय आएगा कि स्वाधीन भारत की माताएँ अपने बच्चों को फुलेनाप्रसाद का नाम लेकर प्रोत्साहित करेंगी, पाठ्य-पुस्तक में उनके चरित्र छपेंगे और ऐतिहासिक ग्रन्थों में उनका नाम शहीदों के उदाहरणस्वरूप आदर के साथ उपस्थित किया जाएगा।

तारारानी श्रीवास्तव की लिखी 'उनकी याद' पुस्तक आँसुओं से भीगी रुला देने वाली कथा है। पर उसे पढ़ने की जरूरत आज किसे है। सीवान से कुछ लोग एक सांस्कृतिक यात्रा पर मेरे शहर शाहजहाँपुर आए हुए हैं। मैं उनसे ललककर मिलता हूँ। फिर उन सभी से तारारानी श्रीवास्तव के बारे में जानने की उत्सुकता प्रकट करता हूँ। पर वे हैं कि तारारानी का नाम नहीं जानते, न फुलेनाप्रसाद श्रीवास्तव की शहादत का उन्हें पता है। मेरे भीतर एक सन्नाटा तैरने लगता है।

हम यहाँ अगस्त क्रान्ति में स्त्रियों के बलिदान की कुछ और कथाएँ कह लें। मल्लू नाम का एक व्यक्ति 1942 की क्रान्ति में फरार था। उसी का पता लगाने के लिए उसकी माँ काशीबाई पर भयंकर अत्याचार किए गये। काशीबाई, उसके पति और उसके छोटे बच्चे तथा दो अन्य व्यक्ति 1944 के 19 अक्टूबर को चिखावल के पुलिस स्टेशन ले जाए गये। वहाँ काशीबाई से दरोगा ने पूछा कि तुम मल्लू की माँ हो या बीवी। फिर दरोगा ने काशीबाई के बाल पकड़कर उसे जमीन पर गिरा दिया। उसके पति से कहा कि तुम इसे नंगी कर दो। काशीबाई को नंगा किया गया और उन पर हंटर बरसाए जाने लगे। उनके शरीर पर थोड़ा पानी भी छिड़क दिया गया ताकि हंटर के दाग न पड़ सकें। दरोगा ने काशीबाई को धमकाया कि यदि वह मल्लू का पता नहीं बताएगी तो उसके गुप्त स्थान में मिर्चों की बुकनी डाली जाएगी। फिर ऐसा ही किया गया। सवेरे पिटाई का क्रम चालू रहा। परिवार के दूसरे सदस्यों को भी खूब मार पड़ी। एक स्त्री की गवाही में यह बात सामने आई कि घर लौटकर काशीबाई के गुप्त स्थान से रक्त का स्राव हो रहा था।

बंगाल के मेदिनीपुर जिले के महिषादल इलाके के चंडीपुर मौजा के अधरचन्द्र माइति की पत्नी सिन्धुवाला माइति का बयान देखिए—'मेरी उम्र 19 साल है, और मेरा एक बच्चा है। 1943 की 9 जनवरी के दिन के साढ़े नौ बजे एक पुलिस अफसर कुछ फौजियों के साथ मेरे घर में दाखिल हुआ। उन लोगों ने मेरे पति को जबर्दस्ती पकड़कर अलग कर दिया। फिर मुझ पर बलात्कार किया। मैं बेहोश हो गयी थी।' बलात्कृता होने का यह दूसरा मौका था। इस स्त्री पर 1942 के 20 अक्टूबर को एक बार और बलात्कार हो चुका था।

इसी गाँव के हरिपद पंडित की पत्नी खुदिबाला पंडित ने भी अपने बयान

में कहा—'मेरी उम्र 21 वर्ष है। मैं तीन बच्चियों की माँ हूँ। 1943 की 9 जनवरी को सवेरे एक पुलिस अफसर कुछ फौजियों के साथ मेरे घर में आया। मेरे पति को गिरफ्तार कर कहीं और ले जाया गया। वे व्यक्ति फिर मेरे कमरे में आए और उसकी हिदायत के अनुसार दो फौजियों ने मेरे मुँह को कपड़े से बाँध दिया, और उन लोगों ने धमकाया कि यदि मैं चिल्लाऊँगी तो मुझे गोली मार दी जाएगी। इसके बाद उन दोनों फौजियों ने एक के बाद एक मुझ पर बलात्कार किया। मैं बेहोश हो गयी। होश में आने के बाद देखा कि मेरे पति लौट आए हैं। उनके शरीर पर चोटें हैं और उन चोटों से खून टपक रहा है।'

मन्मथनाथ दास की पत्नी सुहासिनी दास भी यहीं की थीं। उन्होंने बयान दिया—'मेरी उम्र 20 साल है। अभी कोई बच्चा नहीं है। 1943 की 9 जनवरी को एक पुलिस अफसर कुछ फौजियों के साथ मेरे घर पर आया। उन्होंने मेरे पति को पकड़कर कहीं अलग पहुँचा दिया। उस व्यक्ति के हुक्म से दो फौजियों ने कपड़े के टुकड़े से मेरा मुँह बन्द कर दिया। और मुझे धमकाया कि यदि मैं चिल्लाऊँगी तो मुझे गोली मार दी जाएगी। उन दोनों फौजियों ने मेरे साथ जबरदस्ती की। मैं लज्जा तथा घृणा से बेहोश हो गयी। आप लोग हमें फिर से सामाजिक बनाएँ।'

और इस गाँव में स्वर्गीय सुशील मुखर्जी की विधवा पत्नी स्नेहबाला भी बलात्कार का शिकार हुईं। उनका बयान इस प्रकार है—'मेरी उम्र 28 साल है। मेरे चार लड़के हैं। 1943 की 9 जनवरी को एक पुलिस अफसर कुछ फौजियों को लेकर हमारे घर आया। उनमें से कुछ ने मेरे बड़े लड़के को पकड़कर और कहीं भेज दिया। फिर मेरे मुँह में कपड़ा ठूँस कर मुझ पर बारी-बारी से बलात्कार किया। मैं बेहोश हो गयी। फिर जब होश में आई तो दिखा कि लड़का लौट आया है, पर उसके शरीर पर चोटें हैं और उसके घावों से खून बह रहा है।'

इसी थाने के डिही मसुरिया गाँव के गिरीश मापारू की पत्नी बसन्त बाला मापारू ने इसी प्रकार का बयान दिया कि उस पर तीन फौजियों ने जबरदस्ती की। भुवन पाड़िया की पत्नी राइमणि पाड़िया के कथन में भी ऐसी ही बातें थीं। अगस्त क्रान्ति में देश में अनेक जगहों पर ऐसा हुआ।

मैं जानता हूँ कि ये कथाएँ किसी इतिहास का हिस्सा नहीं बनेंगी, न इन पर ग्रन्थ लिखे जाएँगे। स्वतन्त्रता आन्दोलन की इन अनजानी अतीत गाथाओं को हम सुनाएँ भी तो किसे। कोई इन पर कान नहीं देता। सब कुछ मेरे भीतर घुमड़कर रह जाता है और मेरी छटपटाहट बढ़ती जाती है। मन में दर्द का समन्दर लहरा रहा है पर आँखें हैं कि सूखने लग गयी हैं...

योगेश दा के दिए कपड़े पहनकर फाँसी चढ़े राजनारायण मिश्र

1942 में केवल दो व्यक्तियों को फाँसी दी गयी। सिन्ध में हेमू कालाणी को और उत्तर प्रदेश में राजनारायण मिश्र लखनऊ जेल में फाँसी पर लटकाए गये।

राजनारायण मिश्र 9 दिसम्बर, 1944 को प्रात: 5 बजे फाँसी के फन्दे में झूल गये। उस समय अनेक क्रान्तिकारी लखनऊ जेल में बन्द थे। उत्तर भारत में क्रान्तिकारी दल के नेता योगेश चन्द्र चटर्जी भी उसी जेल में सजा काट रहे थे और झारखंडे राय भी। जेल के भीतर पत्र-व्यवहार के जरिए इन दोनों क्रान्तिकारियों का राजनारायण मिश्र से सम्बन्ध बना हुआ था। राजनारायण के लिखे वे पत्र झारखंडे राय के पास बहुत दिनों तक सुरक्षित रखे रहे। मुझे नहीं पता कि बाद में शहीद की उस धरोहर का क्या हुआ। उनकी फाँसी के एक दिन पहले 8 दिसम्बर, 1944 को जेलर की आज्ञा लेकर योगेश दा, झारखंडे राय, जयबहादुर सिंह और गोबर्धन सिंह ने काल कोठरी में राजनारायण से मुलाकात की। वह क्रान्तिकारी योद्धा तब भी अपनी धुन में था। अपनी शहादत के लिए वे गौरव से भरे हुए थे। झारखंडे राय ने कहा था, 'हम उन्हें कभी नहीं भूल सकते। मरने में इतना आनन्द! जीवन में पहले-पहल एक क्रान्तिकारी-शहीद देखा। क्या वह दृश्य भुलाया जा सकता है? वे हमारे लिए आदर्श थे और भविष्य में भी रहेंगे। उनके पथ पर चलकर उनकी प्यारी पार्टी—क्रान्तिकारी समाजवादी पार्टी—सफलता तक पहुँच सकेगी तथा भारतीय शोषितों का उचित नेतृत्व कर सकेगी, ऐसा विश्वास शहीद राजनारायण मिश्र को अन्तिम समय तक रहा। मैं उन्हें अपने साथी और बन्धु के रूप में पाकर अपने को परम सौभाग्यशाली समझता हूँ। भारत को ऐसे शहीदों पर गर्व करना उचित है।'

उनकी फाँसी से ठीक पहले योगेश दा ने राजनारायण को एक पत्र लिखा था जो इस प्रकार है—

'आपको मैंने देखा नहीं किन्तु आपका नाम मुझे अच्छी तरह याद है।

माखनलाल से आपके बारे में बातें होती थीं। आज आपसे क्या कहूँ, समझ में नहीं आता। आप एक शहीद हैं, मातृभूमि की सेवा के लिए बलि चढ़ने की प्रतीक्षा में काल कोठरी में बैठे हैं। आज हम में और आप में कितना अन्तर है। आज हम आपको कोई तसल्ली नहीं दे सकते हैं। आपको तो उसकी कुछ आवश्यकता भी नहीं है। हम कितने असमर्थ हैं! कितने कमजोर हैं!! एक वीर भाई को फाँसी होने जा रही है, किन्तु हम उसकी कोई सहायता नहीं कर सकते। न दर्शन ही कर सकते हैं, न बातें ही। देशवासी आपको बचा नहीं सकेंगे। कैसी दयनीय स्थिति है!! इस समय परिस्थिति ऐसी है कि कोई भी प्रयत्न सफल होना अत्यन्त कठिन है। कैसा अच्छा होता, अगर आज आपके स्थान पर मैं होता और आप होते मेरे स्थान पर! मैं इस अवस्था का हूँ कि मुझे दुनिया में अधिक दिन नहीं रहना है और आप ऐसे शक्तिशाली युवक को तो भविष्य में बहुत कुछ करना है—आप कर सकते हैं। किन्तु हम चाहते कुछ हैं, होता कुछ और ही है। बंगाल से पंजाब तक मेरे कितने युवक साथी फाँसी से या गोली खाकर शहीद हो गये, लेकिन मेरा तो दुर्भाग्य! सिर्फ दुख के बोझ को लेकर व्यथित जीवन व्यतीत कर रहा हूँ।

'आज आप जैसे ही नवयुवक के संघर्ष से भगतसिंह की याद आती है। अपने साथियों के साथ बलिवेदी पर चढ़कर उन्होंने भारत में जीवन फूँक दिया था। आप भी थोड़े ही दिनों में फाँसी पर चढ़ जाएँगे। हम आपको नहीं बचा सकेंगे, न ही देख सकेंगे। किन्तु मैं एक बात जानता हूँ कि आपके शहीद हो जाने पर इस प्रान्त में हजारों राजनारायण पैदा हो जाएँगे और जिस कार्य को आप अधूरा छोड़कर जा रहे हैं, उसको पूरा करेंगे। शहीदों के खून से ही शहीद पैदा होते हैं। मुझे अपने जीवन में जब कभी कमजोरी आई तभी शहीद साथियों को याद करके नया जोश पैदा हो गया। आपके लिए यही एक तसल्ली है।'

एक अक्टूबर के पत्र में राजनारायण मिश्र ने योगेश दा के बारे में लिखा था—'दादा की ही बदौलत हम आज गर्वित हो रहे हैं। उन्हीं का आदेश लेकर मैं दौड़ा था। उन्हीं के आशीर्वाद को स्मरण करते हुए हम जाएँगे। साथी ही अपने साथी को ऊँचे उठाते हैं, वही गिराते भी हैं। मैं जो कुछ भी कर सका, आप ही लोगों का स्मरण करके कर सका।'

सजा के बाद प्रिवी कौंसिल में अपील के लिए राजनारायण को मोहलत मिली थी। मित्रों ने इसकी तैयारी भी कर ली थी। पर समय रहते कार्य पूरा नहीं हो पाया। झारखंडे राय ने राजनारायण को सलाह दी कि वे गवर्नर के पास 2 सप्ताह का समय देने के लिए अर्जी भेज दें। उत्तर में उन्होंने लिखा—'हमारे जीवन के बहुत थोड़े दिन शेष रह गये हैं। मैं अब अपने बचने का किसी प्रकार का भी प्रयत्न न करूँगा। न गवर्नर को ही लिखूँगा।'

क्षमा-याचना के लिए तो उन्होंने पहले ही मना कर दिया था। जेल अधिकारियों ने भी उन्हें समझाया। कई राजबन्दियों ने भी उन्हें इसके लिए तैयार करने की कोशिश की। परन्तु वे दृढ़ थे। साम्राज्यवादी सत्ता से कोई विप्लवी माफी माँगे, ऐसा वे सोच भी नहीं सकते थे। फाँसी की तरफ से वे बहुत निश्चिन्त और लापरवाह थे। उनके चेहरे पर हरदम हँसी खेलती रहती। झारखंडे राय को उन्होंने अपने एक पत्र में लिखा—'आपने जो मुझ जैसे भाइयों के लिए अपने हृदय के उद्गार प्रकट किए हैं, मैं उनका हृदय से स्वागत करता हूँ। रही जाने की बात—एक न एक दिन सभी को जाना है। कोई आगे जाता है और कोई पीछे। हर एक देशवासी का फर्ज है कि वह अपनी सामर्थ्य के अनुसार देश की आजादी की लड़ाई में भाग ले। वही मैंने किया और जब तक रहूँगा अपना कर्तव्य करता रहूँगा। दूसरे से कहने का मेरा फर्ज भी नहीं है। देश के हजारों युवक भिन्न-भिन्न कार्य करके अपना समय पूरा करके चले गये। उन्हीं की बदौलत आज हमारा भी सिर ऊँचा है। हम तो देश के सैनिक हैं। संघर्ष हमारा जीवन है। जब शान्ति का समय हो जाता है, सैनिक को बहुत बेचैनी महसूस होती है। हम लोग इसीलिए पैदा हुए हैं। मैं भले ही न रहूँ—किन्तु हृदय आप जैसे देशवासियों के पास ही रहेगा। आप लोग चिन्ता न करें, मैं हँसते-हँसते जाऊँगा। स्वतन्त्रता देवी अपने पुजारियों को यही प्रसाद प्रदान करती है। जो सभी भाइयों को मिलता है, वही मुझे भी मिला।

'रही आपने जो जीवन के हाल लिखने को कहा। भाई साहब, मैंने कोई ऐसे काम नहीं किए जिनके द्वारा उन पूज्य शहीदों की पंक्ति में खड़ा हो सकूँ। मेरा तो जीवन ही अधूरा रहा। मैं तो देश की खातिर कुछ भी नहीं कर पाया। पानी के बुलबुले की तरह उठा और बैठ गया।'

ऊपर लिखा गया पत्र सम्भवतः एक अक्टूबर, 1944 का है। इसके बाद पाँच अक्टूबर को उन्होंने झारखंडे राय को पुनः लिखा जिसमें उन्होंने अनेक स्थितियों का खुलासा करने के साथ ही अपने बलिदान की सार्थकता को भी सिद्ध किया है—

श्री भाई साहब, सादर वन्दे!

आपका समाचार मिला। मेरे घर से पत्र आया था। नियमों (प्रिवी कौंसिल सम्बन्धी) के कागज वहाँ पर पहुँच गये। परन्तु काफी समय बाद पहुँचे। मेरी अपील का प्रबन्ध कुँवर खुशबख्त राय कर रहे हैं। पैसा जमा होने की नौबत नहीं मालूम होती। पत्र में लिखा है हमारे ससुर को बुलाया है। अगर पैसे के बारे में तै हो गया तो अपील हो जाएगी। 400 रुपये का मुझसे माँगते हैं, बाकी पैसा अपने पास से लगाने को कहते हैं। हमारे पास से 400 रुपये तो दूर 100 रुपये

भी प्रबन्ध नहीं हो सकता है। न 400 रुपये हम कर पाएँगे, न अपील होगी। मेरी समझ में नहीं आता, जबकि लोगों को मेरी दशा मालूम है, किसी से छिपी नहीं, फिर भी मुझसे कहते हैं। हमने उन्हें साफ लिख दिया है—आप अपील न करें। मुझे इसी में आनन्द है। *माँ हमें बुलाती है, मुझे शीघ्र जाना है। हमारे साथी मिलने की बाट देख रहे हैं। माँ को जब तक मेरी सेवा लेनी थी, ली। अब मुझे बुला रही है—तो मुझे हँसते-हँसते जाना चाहिए।* शीघ्र ही आप लोगों के बीच से जा रहा हूँ। मेरे हृदय में किसी प्रकार का दुख नहीं है। आजादी के लिए मरनेवाले किसी के प्रति द्वेष-भाव नहीं रखते हैं, हँसते-हँसते बलिवेदी पर चढ़ जाते हैं, किसी के भी प्रति कोई कटु वाक्य नहीं कहते हैं। जाने वाले का कौन साथ देता है, आप लोग किसी तरह की चिन्ता न करें। माँ ने मुझे हँसने ही के लिए पैदा किया था। अन्तिम समय में भी हँसता ही रहूँगा। यदि अगले सप्ताह तक रह गये तो फतेहगढ़ पत्र लिखूँगा। भाई साहब (राम शिरोमणि) ने सुपरिन्टेन्डेन्ट से मिलने के लिए कहा था। मित्र से मिलने की आज्ञा नहीं है, अतः उन्होंने आपको भाई कहा था—अपनी बुआ का लड़का। सुपरिन्टेन्डेन्ट काफी देर तक पूछता रहा। आज्ञा तो दे दी है किन्तु जेलर ने कहा है—यदि राय की मुलाकात ड्यू होगी तो मैं करा दूँगा। अब जेलर के हाथ में है। चाहेगा तो आपका दर्शन हम लोगों को हो जाएगा। हम चाहते तो यही हैं कि आप सभी लोगों का दर्शन मुझे एक बार अन्तिम समय में हो जाए, तो अच्छा था (पत्र पहले लिखा था। उसे राम शिरोमणि के जाने के बाद पूरा करके भेजा था)। भाई राम तो इलाहाबाद चले गये। अच्छा है, उनके दो साथी भी वहीं हैं। हमें अपने से बिछड़ने का दुख भी है, साथ ही खुशी भी है। अपने घर के करीब पहुँच गये। वाह री मानवता, एक साथी दिया था, उसे भी मुझसे अलग कर दिया। साथी जा रहे हैं, जाएँ, मैं भी जा रहा हूँ। चन्द दिनों का ही तो साथ रहता। मुझे अब आशा नहीं कि आप लोगों का भी दर्शन हो जावेगा। मेरी उत्कट इच्छा थी, आपसे मिलने की परन्तु निरंकुश शासन, जालिम सरकार के कारण आपका दर्शन न हो सकेगा।

आपका—साथी।

और फिर 10 अक्टूबर का पत्र—

श्री भाई, सादर वंदे!

आपका समाचार मिला। मेरी स्त्री के भाई मेरी मुलाकात करने आए थे। उनका कहना था—कुँवर जी हमसे 400 रुपये माँगते हैं। हमारे पास कहाँ से इतना रुपया आवे। उन्होंने मेरी स्त्री का जेवर बेचकर 200 रुपये उनके हवाले किया था। कुँवर जी ने 40 रुपये उसी में से देकर लखनऊ भेजा था—चीफ कोर्ट फैसले की नकलों के लिए। एक अर्जुनसिंह वकील हैं, उन्हीं के पास जमा कर गये

थे। कुँवर जी ने उनके नाम पत्र भी दिया था। आठ अक्टूबर को पूरा रुपया लेकर आऊँगा—ऐसा कह गये थे। मेरी मुलाकात करने को भी कहा था। न मुलाकात को ही कोई आया, न रुपया ही जमा हुआ। 11 अक्टूबर तक मियाद थी। अब केवल एक दिन शेष रहा है—हाँ, मुझे अब जाना ही पड़ेगा। भाई साहब, इसी गरीबी से परेशान होकर मैंने अपनी जान की बाजी लगाई थी। देश आज़ाद हो, हम भी आनन्द से रहें। देखा भाई, कुँवर जी बहुत बड़े पूँजीपति हैं। वे हमारे जिले के काँग्रेस के कर्त्ता हैं। एक नौजवान, जो अपने जीवन की अन्तिम घड़ियाँ गिन रहा है, उनकी निगाह में कुछ नहीं है। उसके साथ नहीं, वे देश के साथ विश्वासघात कर रहे हैं। *हमारे नौजवान साथी इन पूँजीपतियों को नष्ट करके ही मानेंगे। मैं तो जा रहा हूँ—मेरा अन्तिम सन्देश देश के युवकों से कहना—पूँजीपतियों के प्रति, चाहे जिस जगह पर वह हों, काँग्रेस में हों या और कहीं, मिटाने में कोई कसर न रखें। हमारे देश का सारा पैसा हड़पने में इनका भी हाथ है।*

भाई साहब, आजकल आपकी ही तरह मैं भी अपने को आप ही के पास पाता हूँ। सोता हूँ तो यही देखता हूँ कि आप सभी साथी प्रेम के फूल चुन-चुन कर मुझे हार पहना रहे हैं, खाना भी आपके साथ खा रहा हूँ। सफेद कपड़े आपने भेंट किए हैं, आप लोग गले से मिल रहे हैं। सभी साथी मुझे अपने हृदय से लगा रहे हैं, मेरे माथे में रोचना लगा रहे हैं। मुझे बलिवेदी पर चढ़ने को विदा कर रहे हैं। एक बहुत शान्त पथिक के रूप में मैं दिखाई देता हूँ। सामने एक शहरी और अत्यन्त विस्तृत नदी आ जाती है। आप लोग कितने साथी मुझे विदा करने आए हैं। मुझे नाव पर चढ़ाकर आप सभी मुमुक्ष-पात कर रहे हैं। देखते-देखते मैं आपके सामने से ओझल हो गया। अकस्मात् मेरी नाव दरिया में डूब गयी। मैं एक नवीन स्थान में पहुँच गया हूँ। वह स्थान नितान्त अज्ञात है। मैं चारों ओर आश्चर्य में देख रहा हूँ—मानो नींद से अभी-अभी आँखें खुली हों। यकायक क्या देखता हूँ कि हजारों नौजवान साथी हँसते-हँसते आ रहे हैं। वे लोग मुझे घेर लेते हैं। तरह-तरह से प्रेम प्रदर्शन करते हैं। दो-तीन शायद मुझसे परिचित जान पड़ते हैं। उन सभी लोगों ने देश का हाल तथा शहीद वृक्ष के बारे में पूछा। मैंने आप सभी साथियों का सन्देशा कहा और कहा कि आप लोगों का लगाया पेड़ बराबर बढ़ रहा है। वीर साथी अपने खून से उसे सींचते जा रहे हैं। आशा है आपके पेड़ में बहुत शीघ्र ही मधुर फल लगेंगे। उन फलों को खाकर देशवासी बहुत आनन्द मनाएँगे। आपको आशीर्वाद देंगे। मैं भी उस नये स्थान में जाकर कौतूहलवश हो गया। हमारे साथियों ने मेरी खूब आवभगत की। वहाँ भी साथियों ने अपने प्रेम की एक नगरी बसा रखी है, वहाँ पर पहुँचते समय देश के नौजवानों का वे भाई बड़ी धूम से स्वागत करते हैं...। मैं तो आजकल

यही देखता रहता हूँ। जागता हूँ तो इसी भावी आनन्द में गुजरा करता हूँ। शहीदों के नारे कानों में गूँजा करते हैं। मैं फाँसी के तख्ते के ऊपर तक अपने को पहुँचा हुआ पाता हूँ। यहाँ पर जो साथी (राम शिरोमणि) हैं, उनसे कई बार मैंने अपने स्वप्न की बातें कही हैं। मैं तो जिस समय सोता हूँ, यही देखता हूँ—आप सभी साथी मुझे हार पहना रहे हैं। हमारे साथियो ने अन्तिम सन्देश नौजवानों के नाम कहने को कहा है। हम यही कह पाए थे—'साथियों! प्रेम से रहो, प्रेम से पेड़ को सींचते रहना। हम शहीदों की याद भी इसी से हो जावेगी।' यही इतना कह पाए थे कि गला भर आया। सामने जल्लाद आ गये। आप सभी के बीच से लेकर मुझे चल दिए। आप सभी ने नारे लगाए। वे सभी मेरे कानों में अमृत के समान गूँजते हैं।

मुझे 18 ता. के अन्दर किसी न किसी दिन फाँसी लग जावेगी। हम आपका सन्देशा लेकर जा रहे हैं—अमर शहीदों के पास...

आपका—राजू

21 अक्टूबर वाले पत्र में पार्टी के प्रति अपने मनोद्गार और विश्वास प्रकट करते हुए उन्होंने लिखा था—'आर.एस.पी. ही देश को आजादी के पथ का सच्चा मार्ग बताएगी।' और अपने इसी पत्र में देशवासियों के नाम सन्देश में कहा था—भारत का क्रान्तिकारी आन्दोलन सदा परिस्थितियों के अनुसार परिवर्तनशील एवं विकासोन्मुख रहा। समय-समय पर भारतीय क्रान्तिकारी चिन्ताधारा विभिन्न पार्टियों द्वारा व्यक्त एवं अभिव्यक्त होती रही—अर्थात अभिनव भारत, अनुशीलन समिति, युगान्तर दल, गदर पार्टी, एच.आर.ए., पुनः एच.एस.आर.ए. तथा अन्य अनेक छोटे-छोटे ग्रुप, अन्ततोगत्वा इन अन्तिम तीनों तत्त्वों को मिलाकर (अर्थात सभी सच्चे क्रान्तिकारियों के प्रतिनिधि) आर.ए.पी. का निर्माण हुआ। अर्थात प्रायः 40 साल के पश्चात भारतीय क्रान्तिकारी आन्दोलन की व्यंजना केवल मात्र एक पार्टी से होने लगी, अर्थात आर.एस.पी. द्वारा। अतः आर.एस.पी. भारत के क्रान्तिकारी आन्दोलन से विकसित हुई है, उसकी प्रतीक एवं प्रतिनिधि है।

अमर शहीद का. चन्द्रशेखर आज़ाद के बलिदान के पश्चात प्रायः मृत एवं लुप्त-प्राय एच.एस.आर.ए. का संगठन पुनः एक बार 1937 की मई के अन्तिम सप्ताह में का. वीरूपाक्ष आंगदी तथा का. जगदीशदत्त शुक्ला के नेतृत्व में किया गया। उस एच.एस.आर.ए. ने 22 जनवरी, सन् 1939 को (अनुशीलन तथा अन्य लोगों की पार्टी में गूँथने के प्रस्ताव के आधार पर) अपने को आर.एस.पी. में परिवर्तित कर दिया। उस दिन से एच.एस.आर.ए. का विकास आर.एस.पी. से उसी प्रकार हो गया जैसे एक दिन एच.आर.ए. से एच.एस.आर.ए. का हुआ था। अब एच.एस.आर.ए. के नाम का प्रयोग करने का नैतिक एवं वैधानिक अधिकार

किसी को नहीं है। ये सभी ऐतिहासिक बातें आर.एस.पी. के विभिन्न सदस्यों द्वारा लिखी विभिन्न पुस्तकों द्वारा विस्तृत रूप में जानी जा सकती हैं।

आर.एस.पी. निर्माण के लिए भारतीय क्रान्तिकारी सम्मेलन मार्च, सन् 1940 में रामगढ़–काँग्रेस–अधिवेशन के अवसर पर हुआ था। भारत की एक मात्र क्रान्तिकारी पार्टी यही है। अत: मैं सभी नौजवानों से अपील करता हूँ कि वे आर.एस.पी में सम्मिलित हो जाएँ।

आर.एस.पी जिन्दाबाद!

प्रार्थी—राजनारायण मिश्र

भीषमपुर, पो. सिकन्दराबाद जिला–खीरी (यू.पी.)

20/10/44

एच.आर.ए. : हिन्दुस्तान रिपब्लिकन आर्मी

एच.एस.आर.ए. : हिन्दुस्तान सोशलिस्ट रिपब्लिकन आर्मी

आर.एस.पी. : रिवोल्यूशनरी सोशलिस्ट पार्टी

राजनारायण मिश्र के इस पत्र से यह बात और भी साफ हो जाती है कि चन्द्रशेखर आज़ाद की शहादत के बाद किसी ने यशपाल को पार्टी यानी 'हिन्दुस्तान समाजवादी प्रजातन्त्र संघ' का कमांडर–इन–चीफ नहीं चुना था, बल्कि ऐसा यशपाल ने स्वयं ही घोषित किया था।

चीफ कोर्ट में राजनारायण मिश्र की अपील खारिज हो गयी। ऐसा पहले से ही अनुमान था। अब उन्हें किसी भी दिन फाँसी पर लटकाया जा सकता था। इस घटना को अब किसी तरह टाला नहीं जा सकता था। राजनारायण भी इसे भली भाँति जानते थे। फिर भी उनकी चिन्ता पार्टी के प्रति बरकरार थी। यह ध्यातव्य है कि पार्टी के प्रश्न पर वे पहले से ही साथियों से निरन्तर सम्वादरत थे। पार्टी के निर्माण की प्रक्रिया में उनके भीतर जो सवाल उठ रहे थे, उन्हें जानना बेहद जरूरी है—

1. आर.एस.पी. किस प्रकार की शासन–प्रणाली चाहती है और क्यों? इसे विस्तार से लिखिए।
2. पार्टी के उद्देश्य, नियम, उपनियम एवं प्रतिज्ञा पत्र आदि विस्तार से लिखिए।
3. क्रान्ति किन–किन वर्गों को लेकर होगी? एक ही क्रान्ति होगी अथवा समाजवादी–समाज के पहले दो क्रान्तियाँ होंगी? उत्तर सकारण हो।
4. एक साथ कौन–कौन क्रान्तियाँ की जावेंगी?
5. जनता के सामने आर.एस.पी. कुछ भी घोषणा स्पष्ट करेगी अथवा

नहीं?

6. अपनी पार्टी के प्रचार की क्या रूपरेखा होगी?
7. सदस्य कौन-कौन वर्ग के लोग हो सकेंगे?
8. पार्टी जनतन्त्र चाहती है अथवा अधिनायक तन्त्र?
9. क्या सभी वर्ग के लोग पार्टी के सदस्य हो सकते हैं? अगर हाँ, तो क्यों? क्या उससे पार्टी की हानि नहीं होगी?

अपने 21 अक्टूबर वाले पत्र में राजनारायण ने अपनी कुछ और चिन्ताओं तथा मुद्दों का खुलासा किया था। वे सारी स्थितियों को बहुत बेचैनी की हद तक देख रहे थे। भीतर एक हलचल थी जो उन्हें चुप नहीं बैठने दे रही थी। लिखा है—'भाई साहब, मैंने आज पुनः यही निश्चय किया है कि जब तक जीवित रहूँगा, आर.एस.पी. को उन्नति के शिखर पर पहुँचाने का प्रयत्न करूँगा, चाहे बलिदान ही होना पड़े। इसी के नाम पर क्रान्तिकारी आन्दोलन में शामिल हुए थे और इसी का नाम लेते-लेते हँसते-हँसते झूल जाऊँगा। आशा है, पार्टी सदा भारत की शोषित जनता का सच्चा प्रतिनिधित्व करती रहेगी तथा एक दिन, जो बहुत दूर नहीं है, उसे तमाम शोषणों से मुक्त करने में समर्थ हो सकेगी।'

एक सप्ताह बाद फिर उन्होंने कई प्रश्न उठा दिए। उनकी वैचारिक जद्दोजहद को समझने के लिए इन्हें देखा जाना चाहिए : 1. क्या आर.एस.पी. अपने को किसानों तथा अन्य शोषितों का प्रतिनिधि नहीं कहती, सिर्फ मजदूरों का ही कहती है? 2. आर.एस.पी. क्या उसी तरह का प्रजातन्त्र शासन चाहती है जिस प्रकार के शासन की डींग, इस साम्राज्यवादी युद्ध में, मित्र-राष्ट्र हाँकते हैं? 3. क्या राष्ट्रीय, सामाजिक तथा आर्थिक क्रान्तियाँ तीनों एक ही साथ नहीं होंगी? 4. आर.एस.पी. अपने को मजदूरों का ही प्रतिनिधि क्यों कहती है?

राजनारायण मिश्र अपनी खुली आँखों से यूरोपीय और अमेरिकन प्रजातन्त्रों को देख पा रहे थे। उन्होंने कहा था कि विदेश में जैसा प्रजातन्त्र है, उससे मुझे हार्दिक कष्ट है। उसमें जनता का शोषण जारी रहता है। वे अपनी पार्टी आर.एस.पी. के वैचारिक व सैद्धान्तिक आधारों पर इसलिए भी प्रश्नाकुल थे क्योंकि उन्हें बाहर काम करने का अधिक समय नहीं मिला। वे जेल की चहारदीवारी में कैद होकर रह गये। एक बार उन्होंने पूछा था कि महात्मा गाँधी ने छूटने के बाद से अब तक जो ब्रिटिश साम्राज्यवाद से तथा साम्प्रदायिकतावादियों से समझौते की कोशिश की, उसे पार्टी किस निगाह से देखती है और कि क्या अगस्त-विद्रोह के साथ गाँधी विश्वासघात नहीं कर रहे हैं? पाकिस्तान, सी.आर. फार्मूला और गाँधी के संशोधित प्रस्ताव पर पार्टी क्या विचार रखती है?

झारखंडे राय से उनका पत्र-व्यवहार उनके भीतर की बेचैनी और एक

राजनीतिक कार्यकर्त्ता के मार्ग को तलाश करने का उद्यम ही प्रतीत होता है। 'हिन्दुस्तान समाजवादी प्रजातन्त्र संघ' के विघटन से जो स्थान रिक्त हुआ था, उस शून्य को वे आर.एस.पी. के माध्यम से भरना चाहते थे। परन्तु परिस्थितियों ने उनका साथ नहीं दिया और वे शहादत के रास्ते पर चले गये।

राजनारायण मिश्र का 6 नवम्बर का अन्तिम एक पत्र व्यथित करनेवाला है। लिखा है—'मेरी मुलाकात आई थी। मेरी स्त्री अधिक दुखी थी। घरवाले उन्हें अपने पास रखना नहीं चाहते हैं। ताना मारते हैं। क्या किया जाए? दूसरी जगह पर रहने का और कोई जरिया नहीं है। मैंने यही सोचा है कि उनकी दूसरी शादी आर्यसमाज के जरिए हो जाए तो अच्छा है। फिर आप जैसी उचित सलाह दें, वहीं करूँगा। मैं साफ तौर से उनके पास पत्र लिखना चाहता हूँ। वे फिर जैसा चाहें, करें।'

पुनः 16 नवम्बर को उनका लिखा गया पत्र भी कुछ इसी प्रकार का था—'मैंने अपनी स्त्री के सामने सभी बातें खोलकर रख दी हैं। उन्हें अपनी ओर से पूर्ण आजादी दे दी है। जो चाहें वह करें। पुनर्विवाह करने पर मैंने काफी जोर दिया है, क्योंकि ससुराल वाले भी उन्हें अपने पास नहीं रख रहे हैं।'

पर इन निजी चिन्ताओं के मध्य भी उन्होंने क्रान्तिकारी पक्षधरता को नहीं छोड़ा। का. कैलाश उन दिनों जेल अधिकारियों के दुर्व्यवहार को लेकर अनशन कर रहे थे। ऐसे में वे कैलाश की लड़ाई के पक्ष में खड़े हो गये। बोले—'अधिकारियों के दुर्व्यवहार का हृदय से घोर विरोध करता हूँ। का. कैलाश के लिए कामना करता हूँ कि अधिकारियों को नीचा दिखाने में वे सफल हों। मुझे भी आप आज्ञा दें, मैं भी अनशन प्रारम्भ करूँगा। आप जो भी कदम उठाएँ, मैं हृदय से सहमत हूँ।'

राजनारायण बहुत सतर्क और सचेत थे। फाँसी से ठीक पहले यानी 27 नवम्बर का उनका पत्र उनकी कुछ इसी भावना का प्राकट्य है—'हमें ऐसा उपाय करना चाहिए कि प्रतिक्रियावादी हमारे बलिदान का प्रयोग न कर सकें। मेरे क्रान्तिकारी विचार मेरे जिले वालों से छिपे नहीं हैं। मैंने कई बार लोगों को स्पष्ट करके समझाया है। कुँवर जी से भी मैंने अपने विचार कई बार जाहिर किए हैं...परन्तु जो लोग त्याग और तपस्या की ओर ध्यान देते हैं, वे ही आर.एस.पी. में शरीक होते हैं। हमें वह दस आदमी ही चाहिए जो त्यागी हैं, अपनी जान की बाजी देश की खातिर लगा सकें। वे कई सौ आदमी नहीं चाहिए जो लम्बी-चौड़ी हाँकते हों, जो अवसरवादी हुआ करते हैं। हमें वे नौजवान देश के अन्दर से चुनकर लेने हैं, जो चाकू की नोक की भाँति अपने को शोषित वर्गों के आगे रखते हैं, जो किसान मजदूरों का कष्ट निवारण कर सकें तथा जिनका पेशा ही

क्रान्ति करना हो।... जिन भाई की बदौलत आज मैं इस सौभाग्य को प्राप्त कर सका हूँ, जो सराहनीय हैं। उनका नाम बाबूराम चोटइया वाले है। हमारे जिले में हर एक किसान-बच्चा इस नाम से परिचित है। वे आजकल लखनऊ सेन्ट्रल जेल में 38 साल की सजा काट रहे हैं। यह सजा मेरे ही केस में हुई है। केस चलने के बाद से अब तक उन्होंने किसी से भेंट नहीं की है। उन्हीं को साल में तीन माह की तनहाई की सजा मिली है। जब से सेन्ट्रल जेल गये हैं, अभी तक तनहाई में ही हैं। उन्होंने अभी तक न बाल बनवाए हैं, न स्नान ही किया है। मुझसे भी नहीं मिले। मुझे और साथियों के जरिए आशीर्वाद भेजा है। माँ का दूध न लजाने को कहा है।'

राजनारायण मिश्र के यह सभी पत्र झारखंडे राय के सौजन्य से प्राप्त हुए हैं। इनके अभाव में हम राजनारायण की विचार-शृंखला नहीं जान पाते। इस नाते झारखंडे राय से उनके निरन्तर सम्वाद ने हमें उनकी जिन्दगी में झाँकने का अवसर प्रदान किया। प्रिवी कौंसिल से राजनारायण की अपील खारिज हो गयी। उनके साथियों पर क्या गुजरी इस पर कहना कठिन है। पर राजनारायण ने झारखंडे राय को एक और पत्र में लिखा—

'प्रिय भाई साहब! नमस्कार!

आज हमारी अपील खारिज हो गयी है। आप लोगों का सन्देशा लेकर अमर शहीदों के पास शुक्रवार के दिन जा रहा हूँ। यह मेरा अन्तिम पत्र है। आप जेलर साहब से मुलाकात के लिए कहना। यदि अन्तिम समय में आपके दर्शन हो सकें तो अच्छा ही है। देश के नारे लगाता हुआ जाऊँगा। सभी को नमस्कार!

आपका-राजू'

फाँसी का दिन नजदीक आता जा रहा था। समय तेजी से गुजर रहा था। योगेश दा के बुलाने पर जेलर उनकी बैरक में आए। उनसे कहा गया—'फाँसी गारद में एक राजनीतिक बन्दी राजनारायण है। उसको फाँसी तो हो ही रही है। हम उसका अन्तिम दर्शन करना चाहते हैं।

जेलर मान गये और कहा गया कि वे लोग तीन-तीन, चार-चार के समूहों में तीन दिन के भीतर मिल लें।

यह 5 दिसम्बर की तारीख थी। पहले चौ. बदन सिंह, सी.बी. शुक्ला और सूरजनाथ पांडे गये। बताया आकर कि भाई, जब तक हम रहे वह मुस्कराता ही रहा। गजब का बहादुर है। बहुतों की आँखों में आँसू आ गये। पांडे ने कहा कि मैं तो इतना द्रवित हो गया कि मानो काठ मार गया हो। एक शब्द भी मुँह से नहीं निकल रहा था। उन्हीं का मुँह देख रहा था और उन्हीं की बात सुन रहा

था। मानों इन्द्रियाँ स्तब्ध हो रही थीं। बहुत ही बहादुर युवक है। अत्यन्त मस्ती की अदा है। उस क्रान्तिकारी ने हमारे हृदयों को जाते-जाते भी मोहित कर लिया। आज ही उनके जिले के दो सज्जन, जो काँग्रेस जन थे, मिलने आए थे। उनको मुलाकात करने के लिए आते और मिलकर जाते मैंने देखा था। मैं आज दो बजे से ही घेरे के गेट पर खड़ा था। किसी काम में लग ही नहीं रहा था।

अब मैं राजनारायण मिश्र के उन दो महत्त्वपूर्ण अन्तिम पत्रों को देख रहा हूँ जो उन्होंने माखनलाल मिश्र और अपने भाई बाबूराम चोटइया वाले को लिखे थे—

प्रिय भइया माखन,

हम सदा साथ रहे। परन्तु अन्तिम समय में मैं आपको छोड़े जा रहा हूँ। इसलिए मैं जो कार्य अधूरा छोड़े जा रहा हूँ, उसे आप पूरा करें। अपने जीवन उद्देश्य को कभी मत भूलना, मेरा अन्तिम सन्देश है। मुझे पाना मेरे जीवन के उद्देश्य की पूर्ति करना है। मैं जा थोड़े ही रहा हूँ—मेरी आत्मा सदा आपके पास ही कदम-कदम पर चलेगी।

यदि किसी कारणवश विचारों में परिवर्तन हुआ हो तो कोई बात नहीं है। साथी! मैं अन्तिम समय में क्या लिखूँ? आप जिन विचारों को लेकर पहले चले थे, उन्हीं को लेकर जीवन पर्यन्त चलें। संख्या की तरफ ध्यान नहीं देना चाहिए। थोड़े मंजे हुए सिपाही अच्छे होते हैं, बनिस्बत अधिक के। *मेरा हमेशा, और अन्तिम समय में भी पूर्ण विश्वास है सशस्त्र क्रान्ति में। वर्गहीन समाज के हाथों में देश की शासन-सत्ता आए—हमारी समाधि से यही सदाएँ निकलेंगी।*

साथी योगेश बाबू (दादा जी) को कभी मत भूलना। अन्तिम क्षमा! अन्तिम विदा!!

—तुम्हारा जीवन साथी

सशस्त्र क्रान्ति—जिन्दाबाद! वर्गहीन समाज—जिन्दाबाद!!! इन्कलाब जिन्दाबाद!!!

और उनका अन्तिम पत्र बाबूराम चोटइया वाले के नाम—

श्री भाई साहब!

आज मैं आपको जब अन्तिम पत्र लिख रहा हूँ। आज हमें यह सौभाग्य आप के ही आशीर्वाद से मिल रहा है। हमारा यही सदा जीवन-उद्देश्य रहा—किसान और मजदूर सुखी रहें। शासन-सत्ता उन्हीं के हाथ में आए। आज मैं आपसे विदा हो रहा हूँ। परन्तु हमारे उद्देश्य की पूर्ति करना हमें पाना है। हम क्रान्तिकारी सोशलिस्ट पार्टी में हमेशा रहे, उसी पेड़ के नीचे पनपे थे। मेरी अन्तिम प्रार्थना आपसे है, आप भी इसी में शरीक होकर देश को, क्रान्ति को फलीभूत करें।

मेरी समाधि भी बनवाना। वहाँ से आपको हृदय से सुनने में, इन्कलाब जिन्दाबाद, सशस्त्र क्रान्ति जिन्दाबाद, यही सदाएँ आएँगी। आप चिन्ता न करें। आप तो कहते थे, मेरा छोटा भाई जिस दिन देश की खातिर बलिवेदी पर चढ़ेगा, उस दिन को सौभाग्य समझूँगा। आपके चरणों के आशीर्वाद से मैं हँसते-हँसते जा रहा हूँ। सदा हँसते रहे, अन्तिम समय में भी हँसते ही जाएँगे। अन्तिम क्षमा! अन्तिम विदा!!

आपका छोटा भाई—राजनारायण

राजनारायण मिश्र अन्तिम समय में अपनी पार्टी आर.एस.पी. के नाम सन्देश देना भी नहीं भूले—

पार्टी के जितने सदस्य हैं वे सभी चाकू की नोंक की भाँति किसान-मजदूर के हृदय में घुसकर उन्हें जीवन-उद्देश्य के मार्ग पर लावें। अभी तक आर.एस.पी. चन्द शहरों में ही है। हम देश के 7 लाख गाँवों में आकर पार्टी के उद्देश्य, शासन का प्रचार करें। हमेशा चाकू की नोंक की भाँति क्रान्ति में अगुआ रहें। आशा है, हमारा परिवार हमारे बलिदान से विकसित होगा। अन्तिम विदा!

जिले के किसानों के नाम सन्देश—

देश के प्रत्येक नौजवान का जीवन-उद्देश्य यही है कि वह अपने देश की आजादी लेने में अपने को खपा दे। आज मैं आप सभी दुखी भाइयों से विदा हो रहा हूँ। अन्तिम सन्देश हृदय से मेरा यही है—आप सभी लोग धन, जीवन से सशस्त्र क्रान्ति में भाग लें। ब्रिटिश साम्राज्यवाद के साथ ही जमींदारों, ताल्लुकेदारों, देशी रियासतों और पूँजीपतियों को खत्म कर देना। किसान-मजदूर मिलकर क्रान्ति करना ताकि वर्गहीन समाज के हाथों में शासन-सत्ता रहे। अन्तिम विदा!

पंचायती हिन्दोस्तान—जिन्दाबाद।

झारखंडे राय के नाम राजनारायण का अन्तिम पत्र इस प्रकार है—

मैं ऐसी घड़ी में पैदा नहीं हुआ हूँ कि किसी प्रकार की चिन्ता करूँ। मेरा तो यह सौभाग्य है, मैं आज देश की खातिर बलिवेदी पर चढ़ रहा हूँ। हमेशा हँसते रहे। आप सभी साथियों के त्याग की वजह से अन्त में भी हँसते ही जाऊँगा। मेरे न रहने के बाद आप जहाँ भी मेरी समाधि स्थापित करेंगे, हृदय से वहाँ पर सुनने में 'इन्कलाब जिन्दाबाद' की सदाएँ आएँगी।

अन्तिम विदा!

-साथी

झारखंडे राय लिखते हैं कि आज राजनारायण की भाभियाँ और एक भतीजा उनसे मिलने आए। वे फाटक पर देखते रहे। आज उनकी मिलाई न हो सकी।

साढ़े पाँच बज चुके थे। देर हो गयी थी। उस दिन 1944 के 6 नवम्बर की तारीख थी।

और राजनारायण से अन्तिम मुलाकात का वह मार्मिक दृश्य जिसे झारखंडे राय ने अपनी डायरी में अंकित किया है जो हमारे लिए भी आज मृत्यु की देहरी पर खड़े एक क्रान्तिकारी से हृदय को झकझोर देने वाला साक्षात्कार ही है—

'प्रातः काल से ही हम चिन्तित थे कि कहीं आज चूक न जाएँ। दादा के जिम्मे किया गया था कि वे सवेरे ही जेलर साहब से इस मुलाकात के लिए स्मरण करा दें। लिखकर भी जेलर साहब से कहा गया था। अन्ततः दस बजे तीन जने—सर्व श्री जय बहादुर सिंह, कैलाशपति गुप्त तथा जगत मोहन दर्शन करने गये। प्रायः 15 मिनट वे लोग रहे। आने के साथ ही जय बहादुर सिंह ने 'वेरी ब्रेव, एक्सेप्शनली स्प्रिटिड' शब्दों से अपने उद्‌गार प्रकट किए। कैलाशपति गुप्त ने तो अपने हाव-भाव से उक्त उद्‌गार का समर्थन मूक भाषा में ही किया।

'उसके पश्चात हम चार व्यक्ति—योगेश चन्द्र चटर्जी, गोबर्धन सिंह, शिब्बनलाल सक्सेना और मैं गये। हृदय में उथल-पुथल हो रहा था। पाँव सीधे न पड़ते थे। भावों के उतार-चढ़ाव तेजी से हो रहे थे। कौन विचार कहाँ से प्रारम्भ होते, कहाँ समाप्त होते, कुछ पता नहीं। सब अपने-अपने विचार-सागर में डूबे चले जा रहे थे। धीरे-धीरे चलकर हम वहाँ पहुँचे। उसने दूर से ही हमें देखकर, हँसते हुए नमस्कार किया। हम जाकर कोठरी के सामने बरामदे में बैठ गये। वे अपनी कोठरी में पास ही बैठे थे। केवल तीन-चार छड़ों का अन्तर हमारे मध्य था। मैं प्रायः चुप था। केवल उस अमर शहीद का मुँह देख रहा था और उसके आन्तरिक भावों के अध्ययन की चेष्टा कर रहा था। लम्बा छरहरा युवक, गेहुँआ रंग, अधखुली आँखें, पतली मूँछें, चौड़ी छाती, बन्दी के एकबाड़े कुरते और जाँघिए में—भारतीय क्रान्तिकारी आन्दोलन का प्रतीक हमारे सामने बैठा था। उनकी स्त्री-बच्चे, घर की आर्थिक सहायता, उनके जिले के काँग्रेस जनों की असाधारण उदासीनता आदि विषयों पर बातें होती रहीं। वे इतने प्रसन्न थे, इतना मुस्कराते थे जो बीच-बीच में वृहद् हँसी के रूप में खिलखिला पड़ती थी, हमें स्वयं ढाढ़स बँधाते थे कि हमारी सबकी उदासीनता क्षण भर के लिए काफूर हो गयी। परन्तु वह क्षणिक ही थी। बातचीत के मध्य सशस्त्र-जनक्रान्ति में उन्होंने बार-बार अपना अटल विश्वास प्रकट किया था। घरेलू मामले में हम उन्हें जबर्दस्ती ही खींच लेते थे। उन्होंने स्पष्ट बताया मैं रिवोल्यूशनरी सोशलिस्ट पार्टी का सदस्य था, अतः जिले के धनी-मानी काँग्रेसजन केस की पैरवी भी न किए, और अन्त समय कोई विशेष लोग मिलने भी न आए। उन्होंने अपनी अन्तिम इच्छा और अपने अन्तिम उद्‌गार यों प्रकट किए—*मेरी हार्दिक कामना यही है कि देश की शासन-*

सत्ता किसान-मजदूरों के हाथों में जाए। उनकी स्त्री बच्चों को वर्धा-आश्रम भेजने के हमारे प्रस्ताव पर उन्होंने यह कहकर कि हम सशस्त्र क्रान्ति में विश्वास करते हैं, हम गाँधी के आश्रम में अपनी स्त्री और बच्चों को कैसे जाने के लिए कहें। विरोध किया, परन्तु मेरे आग्रह पर वे राजी हो गये। हमने तर्क किया कि वहाँ प्रारम्भिक शिक्षा हो जाएगी, पुनः बाहर निकलने पर हम उनकी देखभाल करेंगे। जब तक हम रहे, वे सदा हँसते ही रहे। 44 घंटे बाद की निश्चित मृत्यु की तनिक भी छाया उसके मुख-मंडल पर नहीं थी। उसका खिलखिला पड़ना हमारे साधारण मनोवैज्ञनिक विश्लेषण को व्यर्थ बना रहा था। बीच-बीच में हम लोग द्रवित हो गये, आँखें भर आईं। प्रायः आधे घंटे तक हमारी मुलाकात होती रही। दादा (योगश दा) के प्रति उन्होंने कहा—'*दादा आप ही के त्याग और तपस्या को आदर्श मानकर तो हम चले थे। आपसे तो हम सदा जीवनी-शक्ति ग्रहण करते रहे।*' दादा के सूखे जीवन में भी आर्द्रता आ गयी। नेत्र भर आए। उनका गला भर आया। उन्होंने भर्राए गले से कहा—'हम क्या कहें? न जाने कितने साथी बंगाल से लेकर पंजाब तक एक-एक करके शहीद हो गये। मेरे जीवन में यही देखना बदा है—नहीं तो मैं भी कभी का चल बसा होता! मुझसे तो कहा कुछ नहीं जाता।'

'वहाँ से चलते समय हमने हाथ मिलाए, नमस्कार किए और मैंने उस भावी शहीद पर दो फूल चढ़ाए तथा उन्हें अपने सिर-आँखों में लगाकर जतन से उन्हें अपने पास रख लिया। स्पष्ट ही चलते समय हम अपने को सम्भाल न सके। हमारे इस भाव को उन्होंने स्पष्ट देख लिया और ढाढ़स बँधाया—'आप लोग दुखित न हों, हँसते-हँसते आप लोग जाएँ, मैं तो हँसते-हँसते ही जा रहा हूँ।' जब तक वह मुख-छवि दिखाई पड़ी, मैं घूम-घूमकर देखता रहा। भारी हृदय लेकर हम लौटे।'

फिर राजनारायण से दो-तीन काँग्रेस जन और गाँव के लोग मिलने आए। उनमें उनकी स्त्रियाँ भी थीं। वे सबसे हँसते हुए मिले। खूब बातें कीं। यह मुलाकातें उन्हें फाँसीघर से निकालकर जाली में (जहाँ साधारण मुलाकात होती थीं।) वहाँ कराई गयीं। उनकी पत्नी और दोनों बच्चे भी वहाँ थे।

अन्तिम समय निकट आता जा रहा था। योगेश दा ने जेलर को लिखा कि हम राजनारायण को एक खद्दर की कमीज और जाँघिया देना चाहते हैं ताकि वे उसी पोशाक में बलिवेदी पर चढ़ सकें। ऐसी उनकी इच्छा थी। जेलर ने इसे मंजूर कर लिया। अजब दृश्य था। जिसने भी बाहर से आकर राजनारायण से मिलना चाहा, वह निराश नहीं लौटा। वे बिना हथकड़ी के फाँसी की गारद से निकाले जाते। ऐसा पहली बार देखने में आया। जेल-इतिहास में ऐसा पहले कभी नहीं

हुआ था। सब राजनारायण को एकटक भर आँखों देख रहे थे। शहादत की देहरी पर खड़े एक नौजवान को जो भी देखता, वही दंग रह जाता। कैसा जीवन्त व्यक्तित्व। मौत के सम्मुख निडर खड़े एक क्रान्तिकारी की वह दुर्लभ छवि जिस किसी ने निहारी वह धन्य हो गया। जेल के भीतर के सभी राजबन्दी उनसे मिले। योगेश दा और झारखंडे राय फाटक पर ही थे। सबने उन्हें नमस्कार किया। राजनारायण यह दृश्य देखकर मारे खुशी के मस्ती से उछल पड़े और प्रत्युत्तर में नमस्कार किया। कहा—और लोगों को बुलवाइए। झारखंडे राय दौड़े हुए गये। लेकिन तब तक वे फाटक के भीतर जा चुके थे।

आदमी होकर मृत्यु से न डरनेवाले अजेय क्रान्तिकारी राजनारायण मिश्र की ये अन्तिम छवियाँ हैं। न भय, न कोई चिन्ता। वे साहस की प्रतिमूर्ति बने खड़े थे अडिग। उनके हाथों में थी क्रान्तिकारी आन्दोलन की विरासत जो उन्हें भीतर से दृढ़ बनाए हुए थी। जिस किसी ने उन्हें देखा उसे लगा कि हिमालय सरीखी ऊँचाई का कोई शख्स उनके सामने निर्भीक बना खड़ा मौत को चुनौती दे रहा है। जीवन और मृत्यु जैसे कोई खेल हो उनके लिए। अपनी बैरक में विदा होने लगे तो सभी ने हाथ हिलाकर उनका अभिवादन किया। उन्होंने भी अपने हाथ उठाकर कहा—'हँसते-हँसते नारे लगाते जाएँगे।'

समय अपनी गति से चल रहा था...

रात में बड़े जमादार अब्दुल समद आए। कहा—राजनारायण ने कमीज और जाँघिया मँगाया है। जेलर ने आज्ञा दे दी है। योगेश दा ने जाँघिया और कमीज दे दी। कैसा क्षण रहा होगा। अपने एक क्रान्तिकारी साथी को योगेश दा अन्तिम क्षणों में पहनने के लिए वस्त्र भेज रहे हैं। सोचकर कलेजा मुँह को आने लगता है और भीतर एक थरथराहट की गूँज महसूस होती है।

इसके बाद जेलर साहब ने बताया कि वे स्वयं फाँसी गारद में राजनारायण के पास गये थे। पूछा उन्हें कि किसी चीज की जरूरत हो तो मैं सब पूरी करूँ। राजनारायण ने अपनी लाश को राजबन्दियों से उतरवाना पसन्द किया और जेलर ने कहा कि ऐसा ही होगा। यह भी तय हो गया कि उनकी लाश बाहर सम्बन्धियों और राष्ट्रीय कार्यकर्त्ताओं को दे दी जाएगी।

और फिर वह रात्रि ढल ही गयी जिसकी अगली सुवह यानी 9 दिसम्बर को प्रात: 6 बजे राजनारायण मिश्र को शहादत का जाम पीना था। तीन घंटे पहले ही झारखंडे राय ने मृत्यु के नजदीक खड़े राजनारायण को एक और पत्र लिखा—

'प्राण प्रिय जीवन साथी,

तुम जा रहे हो! जाओ!! किस मुख से तुमसे न जाने को कहूँ? बन्धु जाओ! हँसते-हँसते जाओ!! तुम्हारी याद में रोते-रोते भी हम हँसते रहेंगे! तुम्हारे बलिदान

के अवसर पर एक बार पुनः हम दृढ़ प्रतिज्ञा करते हैं—तुम्हारे पथ पर, तुम्हारे सम्बल से, अविरल गति हम चलते रहेंगे। अनेक राजनारायण हमारे बीच इस बलिदान के फलस्वरूप उत्पन्न होंगे। हम जीवन-पर्यन्त किसान-मजदूर राज्य की स्थापना के लिए सचेष्ट रहेंगे—यह हमारी प्रतिज्ञा है, तुम्हारे समक्ष है। जिस साधन को तुमने अपने लक्ष्य-प्राप्ति के लिए अपनाया वही हमारा साधन सदा रहेगा। तुम्हारी याद हमें सदा अनुप्राणित करती रहेगी। जाओ साथी! जाओ!! मित्र! जाओ!! बन्धु!! हँसते-हँसते जाओ!!!

'विदा! अन्तिम विदा!! पार्थिव शरीर के रूप में सदा के लिए विदा!!! कुछेक घंटे और शेष रह गये हैं। तत्पश्चात स्थूल रूप में तुम दूसरी दुनिया के हो जाओगे। अमर शहीद! वीर साथी, अन्तिम बार पुनः एक बार हम तुम्हारे चरणों में अपनी श्रद्धा के फूल अर्पित करते हैं!

विदा! अलविदा!! अन्तिम विदा!!! इन्कलाब जिन्दाबाद! पंचायती हिन्दोस्तान जिन्दाबाद! क्रान्तिकारी शहीद जिन्दाबाद!!! रिवोल्यूशनरी सोशलिस्ट पार्टी जिन्दाबाद! आर.एस.पी. जिन्दाबाद! अँग्रेजी साम्राज्यवाद का नाश हो!'

अब पाँच बज गये। एक घंटे की शेष जिन्दगी। जीवन की डोर खिंचती ही चली जा रही है अन्तिम क्षणों की ओर।

छह बजे कि सभी बैरकों के लोग अड़गड़े के पास आकर खड़े हो गये। सब खामोश थे। सबके भीतर राजनारायण की छवियाँ गूँज रही थीं। राजबन्दियों ने 'राजनारायण जिन्दाबाद' के नारे लगाने शुरू कर दिए। इसी बीच राजनारायण का गूँजता स्वर सभी ने सुना—'इन्कलाब जिन्दाबाद, पंचायती हिन्दोस्तान जिन्दाबाद, रिवोल्यूशनरी सोशलिस्ट पार्टी जिन्दाबाद, अँग्रेजी साम्राज्यवाद का नाश हो!' उन्होंने नारे लगाने से पहले एक क्रान्तिकारी तराना भी गाया।

और फाँसी के तख्ते की ओर कदम-कदम बढ़ाते जा रहे राजनारायण की यह आवाज धीरे-धीरे क्षीणतर होती चली गयी और कुछ ही पलों में क्रान्तिकारी राजनारायण शहीदों की टोली में जा मिले...

जिस किसी ने राजनारायण के अन्तिम क्षणों को देखा, दंग रह गया। मौत के सामने भी उसके पाँव नहीं लड़खड़ाए और वह नौजवान आखिरी साँस तक अपनी क्रान्तिकारी चेतना और विश्वास से भरा-पुरा था।

जेल में राजबन्दियों ने 24 घंटे भूख हड़ताल रखी। सब खामोश थे। योगेश दा बहुत व्यथित थे भीतर से। उन्होंने ही बलिवेदी पर चढ़ते समय पहनने के लिए राजनारायण को वस्त्र प्रदान किए थे। झारखंडे राय की भी बुरी हालत थी। अन्दर बहुत कुछ घुमड़ रहा था उनके। कुछ ऐसा कि उसे शब्दों में उतारना सम्भव नहीं होता। शाम को उन्हीं की बैरक में एक शोक सभा आयोजित की गयी जिसका

अध्यक्ष योगेश दा को बनाया गया। उन्होंने भारी मन से कहा—'मेरे अनेक प्राण-प्रिय मित्रों ने अपने को स्वाधीनता की वेदी पर बलिदान कर दिया है, फाँसी के तख्ते पर वे झूल गये हैं, किन्तु शहादत के ठीक पहले दिन सिर्फ इन्हीं को देख सका हूँ। इतनी खुशी से मृत्यु को आदमी आलिंगन कर सकता है, यह केवल मेरे लिये ही नहीं, बल्कि पुराने जेल कर्मचारियों के लिए भी आश्चर्यजनक घटना थी। फाँसी की कोठरी में (बंगाल में) कन्हाईलाल दत्त का 9 पौंड वजन बढ़ गया था। ऐसे ही इनका (का. राजनारायण का) भी 6 पौंड वजन बढ़ गया था। यह एक ही बात सिद्ध करती है कि मौत को इस वीर देशभक्त ने कैसे ग्रहण किया।'

और किसने क्या कहा, इसे बताना सम्भव नहीं। सब कुछ उसी क्रान्तिकारी राजनारायण की जिन्दगी के इर्द-गिर्द था जो अभी कुछ समय पहले तक उपस्थित था और अब आँखों से सदा के लिए ओझल हो चुका था। 'राजनारायण जिन्दाबाद' के नारों के साथ राजबन्दियों ने एक प्रस्ताव भी पारित किया जो इस प्रकार है—

'हम सब लखनऊ जेल के 'बी' क्लास के राजबन्दियों की यह सभा आज अपने देश के होनहार वीर नवयुवक क्रान्तिकारी राजनारायण मिश्र की फाँसी से अत्यन्त क्षुब्ध और गौरवान्वित हैं। वीर राजनारायण ने अपने नन्हे-से जीवन में जिस वीरता और त्याग का परिचय दिया है और जिस हिम्मत और बहादुरी के साथ फाँसी के तख्ते पर हँसते-हँसते झूलकर मातृभूमि की बलिवेदी पर अपनी प्राणाहुति दी है, उससे उस वीर आत्मा ने देश के सभी नवयुवकों के सामने ज्वलन्त देशभक्ति का महान आदर्श उपस्थित कर दिया है। हम सब लोग उस दिवंगत आत्मा की शान्ति के लिए प्रार्थना और उस वीर-परिवार के साथ हार्दिक संवेदना प्रकट करते हैं।'

बयालिस का आन्दोलन अपने चरित्र में सर्वथा पृथक् ढंग का था। इसकी घोषणा काँग्रेस ने की थी लेकिन जगह-जगह क्रान्तिकारी शक्तियों ने इसे अपने हाथ में लेकर संचालित किया। यहाँ दोनों धाराएँ एकमेव हो गयी थीं। राजनारायण मिश्र की शहादत, सिन्ध के हेमू कालाणी का बलिदान, महाराजगंज में नौ गोली खाकर शहीद होनेवाले फुलेनाप्रसाद श्रीवास्तव और इलाहाबाद में शहीद लालपद्मधर सिंह का कृतित्व इस बात का साक्षी है कि बयालिस का आन्दोलन गाँधीवादियों के हाथ से निकलकर पूरी तरह क्रान्तिकारी शक्तियों के हाथों में जा पहुँचा था और वे उसे अपने ढंग से संचालित करने लग गयी थीं। गाँधी ने तब जेल के भीतर से इस आन्दोलन का जो चरित्र देखा तो उसके पितृत्व से ही उन्होंने इनकार कर दिया था। बयालिस के आन्दोलन में शहीद होनेवाले राजनारायण मिश्र अपने ढंग के अनोखे क्रान्तिकारी थे। उनके आदर्श भगतसिंह थे।

मुझे नहीं पता कि राजनारायण की शहादत के बाद उनकी पत्नी विद्यावती और दो बच्चों का क्या हुआ। झारखंडे राय से ही पता लगा था कि फ़िरोज गाँधी ने महात्मा गाँधी को लिखा था कि राजनारायण मिश्र की पत्नी और बच्चों को वर्धा के महिला आश्रम में बुला लिया जाए। पर किसी को इसका पता नहीं लगा। हमें अपनी इस कृतघ्नता पर बहुत रोना आता है। खबर तो यह भी थी कि तब खीरी जिले में 'राजनारायण स्मारक कोष' की भी स्थापना की गयी थी। लेकिन जिस तरह हम अपनी विरासत के साथ घोर अनदेखी करते आए हैं, शायद वैसा ही इस शहीद की याद के साथ हुआ होगा।

राजनारायण की जीवन-कथा अत्यन्त रोमांचक है। आजादी हासिल करने के बाद इस क्रान्तिकारी युवक के पास नये समाज के निर्माण की अद्‌भुत ललक और योजना थी। बहुत बेचैनी थी उनके भीतर देश के लिए कुछ करने की। उनके जिन्दगीनामे को अक्षरशः पढ़ना और आत्मसात करना मेरे लिए किसी जरूरी कर्तव्य की मानिन्द है। मौत के किनारे से लिखे गये उनके शब्द सचमुच मन्त्र सरीखे हैं। इसमें उनकी पारिवारिक और सामाजिक स्थिति के साथ क्रान्तिकारी जीवन की विकास-यात्रा का भी खाका है और इससे हमें यह भी देखने-जानने का मौका मिलता है कि बयालिस का आन्दोलन गाँधीवादी ढंग का कतई नहीं था। वह एक स्वतःस्फूर्त संग्राम था जिसे क्रान्तिकारी नौजवान सशस्त्र संग्राम के जरिए चला-बढ़ा रहे थे।

राजनारायण मिश्र की जीवनगाथा उन्हीं के शब्दों में देखिए—

'मेरा जन्म सम्वत् 1976 के माघ माह में वसन्त पंचमी के दिन हुआ था। मेरे पिता गरीब थे, किन्तु कनौजिया ब्राह्मण परसू के मिश्र थे। इसी कारण उनकी शादी हो गयी, नहीं तो गरीब के साथ अपनी कन्या कौन ब्याहता। मेरे ननिहाल वाले सम्पन्न व्यक्ति हैं। उनके पास जमींदारी भी है। उन्हीं के यहाँ से मेरे पिता के प्रारम्भिक जीवन का निर्वाह होता था। मेरी माता से पाँच भाई और दो बहनें उत्पन्न हुई थीं। बहनें सभी भाइयों से बड़ी थीं। मैं सब भाइयों में छोटा था। मेरी माता बड़ी वीरांगना स्त्री थीं। कई बार उन्होंने लाठियों से डाकुओं का सामना किया और उन्हें मार भगाया। मेरे गाँव में एक बहुत बड़ा बदमाश, नीच प्रकृति का दुष्ट रहता था। उसने एक दिन मेरे बड़े भाई को मार दिया। मेरी माता ने प्रतिज्ञा की कि जब तक उस दुष्ट को नीचता का दंड न दे लूँगी, अन्न-जल ग्रहण नहीं करूँगी। सन्ध्याकाल उस नीच व्यक्ति को मारकर ही मेरी माता ने दम लिया और उसका-पुरुष से कुछ करते न बना। मेरे पिता अत्यन्त सीधे व्यक्ति थे। किसी के कहने से वे आम के पेड़ को इमली का पेड़ तक कह देते। मेरी माता का देहान्त बहुत पहले हो चुका था। उस समय मेरी आयु केवल दो साल की थी।

एक बार मेरे भाई ने माता की बात का जवाब दे दिया। माता के कोमल हृदय पर कठिन आघात हुआ। भावुक मातृ-हृदय उसको सहन न कर सका। उसी दिन सन्ध्याकाल गाँव में सबके घर खुशी-खुशी मिल आईं और घर आकर फाँसी लगा ली। मैं उस नन्ही-सी आयु में ही मातृ-सुख-विहीन हो गया। मेरे गाँव का नाम भीषमपुर है। वह कठिना नदी के किनारे बसा है। मेरे पिता का नाम पंडित बल्देवप्रसाद मिश्र और माता का नाम तुलसी था।

'माता के स्वर्गवास के पश्चात मेरे लालन-पालन का भार मेरी बड़ी बहन पर पड़ा। मेरे बहनोई का चरित्र अच्छा न था। वे लम्पट व्यक्ति थे। इसी कारण मेरी बड़ी बहन प्राय: मैके ही में रहा करती थीं। थीं तो वे मेरी बहन किन्तु मेरे लिए तो वे माता तुल्य थीं। सात साल की आयु में मुझे अपने ही गाँव के प्राइमरी स्कूल में पढ़ने के लिए बिठाया गया। प्रारम्भिक शिक्षा वहीं हुई थी। इसी समय मेरे विचार कुछ-कुछ बदलने लगे थे। जब मैं दर्जा 4 में पढ़ता था, उसी समय गाँधी द्वारा संचालित सन् 1930 का सविनय अवज्ञा आन्दोलन पूरे जोर-शोर से चल रहा था। मुझको आन्दोलन सम्बन्धी बातें सुनने में आनन्द आता था। भीषमपुर गाँव में एक व्यक्ति इन्ट्रेन्स तक पढ़ा था। अन्य कोई व्यक्ति उस गाँव में अँग्रेज़ी नहीं जानता था। उसी व्यक्ति से भारतीय क्रान्तिकारी युवकों की कहानियाँ सुनने का पहला अवसर मिला था। उस व्यक्ति ने सन् 30 के आन्दोलन में 6 माह की सजा भी काटी थी तथा उस पर उसी समय एक बम-केस भी चला था। इस कांड ने और भी मुझको क्रान्ति-पथ की ओर झुका दिया था। मैंने अपने गाँव के लड़कों की एक वानर-सेना संगठित की थी। उसमें 40 वानर थे। इन वानरों का कार्य था, जो कोई विदेशी टोपी पहने मिल जाता था उससे तुरन्त उतरवा लेते थे, उसे जला देते थे। राष्ट्र तथा देशभक्ति के गाने भी सब मिलकर गाते थे। इन वानरों को अपने-अपने घर से खुली आजादी थी। इसी समय सरदार भगतसिंह को मृत्यु-दंड दिया गया था। देश में चारों ओर त्राहि-त्राहि मची थी। मुझको भी उस वीर प्रात: स्मरणीय सरदार की पुकार सुनाई दी। मैं उसे अनसुनी न कर सका। उसी दिन अपने हृदय में मैंने प्रतिज्ञा की कि जब तक देह में प्राण हैं, ब्रिटिश हुकूमत की नींव की एक-एक ईंट उखाड़ डालूँगा, चाहे इस प्रयास में मुझे भी फाँसी की रस्सी क्यों न गले लगानी पड़े। उसका हृदय से स्वागत करूँगा। सन् 1921 के असहयोग आन्दोलन में मेरी माता जी, बड़ी बहन तथा गाँव की कई अन्य महिलाएँ जेल गयी थीं। चार साल में गाँव के स्कूल की पढ़ाई समाप्त हो गयी, किन्तु देश-प्रेम की जो आग मेरे हृदय में जल चुकी थी, वह बढ़ती ही गयी।

'भीषमपुर से तीन मील दूर सिकन्दराबाद नामक ग्राम में मिडिल स्कूल था,

वहीं मुझे भर्ती करा दिया गया। इस बीच मेरे बड़े भाई साहब ने गाँव के एक दुष्ट व्यक्ति को मार डाला था। वह गाँववालों को बहुत परेशान करता था। पुलिस का एजेंट था और उनकी सहायता से लोगों को दंड दिलवाया करता था। मेरे भाई साहब को सात साल की सजा हो गयी थी। वे पूरी सजा काटकर छूटे थे। यह उस समय की बात है जब मैं मिडिल स्कूल के दर्जा 6 में पढ़ता था। मेरे (किसान) परिवार की दशा अत्यन्त हीन थी। थोड़ी-सी खेती थी। उसी में गुजर-बसर होती थी। जीवन-निर्वाह का और कोई साधन न था। मेरे चारों भाई मिडिल तक पढ़े थे। आगे कोई न पढ़ सका था।

'इसी समय मेरे गाँव के ही एक व्यक्ति मेरे जीवन-मरण के साथी बने। उनके विचार भी मेरी ही तरह के थे। सदा क्रान्तिकारी विषयों पर ही हम लोगों में बातें हुआ करती थीं। सन् 1936 में मैंने मिडिल पास किया। आगे शिक्षा-प्राप्ति का कोई साधन न था। घर की आर्थिक दशा इस योग्य न थी कि उच्च शिक्षा का कोई प्रबन्ध हो सकता। मेरे बड़े भाई ने एक सेठ के यहाँ मुनीमी पढ़ने के लिए मुझको भेज दिया था। वहाँ एक साल तक मुनीमी पढ़ता रहा, किन्तु मेरा इस धन्धे में तनिक भी नहीं लगता था। मेरी मातृ-तुल्य बड़ी बहन भी इसी साल मर गयीं। कोई भी सहारा देनेवाला नहीं रहा। उस समय मेरा सोहलवाँ वर्ष था। मैं अत्यन्त खिन्न और परेशान रहा करता था। गाँव के निकट कोई अँग्रेज़ी स्कूल न था। उन्हीं दिनों गोला गोकरननाथ में जनता की ओर से एक हाईस्कूल खुला था। वहाँ के हेडमास्टर बनारस जिले के रहने वाले बहुत ही सुन्दर विचारों के व्यक्ति थे। वे मेरे मकान के निकट ही रहा करते थे। मेरे पिता के एक भाई और थे। उन्हीं की धर्मपत्नी गोला गोकरननाथ में रहती थीं। उन्हें मुझसे तनिक भी प्रेम नहीं था। अपनी देह के अतिरिक्त उनके पास अपना कोई नहीं। उनके पास सम्पत्ति भी पर्याप्त है। उनका मकान पक्का बना है। उन्होंने कभी एक पैसा मुझे नहीं दिया, उन्हीं ने एक हजार रुपया उस पब्लिक स्कूल में दिया था इसी कारण हेडमास्टर मुझे जान गये थे। उनके विचार भी देशभक्ति से पूर्ण थे। उनमें सच्ची लगन थी। उनसे मैंने अपने हृदय की बात कह दी। हेडमास्टर ने सब बात सुनकर मुझे पढ़ने की सलाह दी। उन्हीं की कृपा से मेरा नाम छठे दर्जे में लिख लिया गया और उन्होंने मेरी फीस माफ कर दी। मेरे गाँव के वे साथी भी मेरे ही साथ पढ़ने लगे। हम दोनों मित्रों का साथ अधिक दिनों तक रहा।

'सन् 1937 में सीतापुर जिले में (मई की 27, 28, 29 तारीखों को) प्रान्तीय युवक संघ का वार्षिक अधिवेशन हुआ था। सम्मेलन के प्रधान एम.एन.राय थे। मैं भी वहाँ गया था। वह पहला ही अवसर था जब मैंने गाँव के बाहर देश के युवकों को देखा। वहाँ भूपेन्द्रनाथ सान्याल, राजकुमार सिन्हा आदि भूतपूर्व क्रान्तिकारी

बन्दी तथा आजमगढ़, बलिया, गोरखपुर, जौनपुर के अनेक नवयुवक थे। उनमें आजमगढ़ के एक साहब (फूलबदन सिंह) मन्त्री चुने गये। सम्मेलन तीन दिनों तक होता रहा। कई एक साथियों से मेरा परिचय भी हो गया। अनेक से मैंने अपने हृदय के उद्‌गार प्रकट किए परन्तु किसी भाई ने मेरा हाथ नहीं पकड़ा और न मुझे किसी ने रास्ता ही सुझाया।

'मेरा अब यही काम था, जहाँ भी कहीं बैठक सुनते, वहाँ पर जाते परन्तु मेरे हृदय की बात किसी ने भी नहीं सुनी। सेठ दामोदर स्वरूप से भी भेंट की, किन्तु कुछ हासिल न हुआ। लाचार होकर हमने अपने ही दर्जे के पाँच साथियों ने, एक पार्टी तथा उसके लिए तीन प्रतिज्ञाएँ भी तैयार कीं और कार्यक्रम बनाया। पार्टी का नाम 'मातृ-वेदी' रखा गया और उसके चौदह नियम बनाए गये। हमारी पाँच आदमियों की यह पार्टी बनी। हमारे पास इस समय कोई आर्म न था। अब हमने पहले हथियार लेने का निश्चय किया। एक रिवाल्वर 184 रुपये में मिलता था। हम उसे खरीदने गये परन्तु वह चीज़ हमें न मिल सकी। निराश लौटना पड़ा। मैं कक्षा 8 में पढ़ रहा था। इस समय मार्च के महीने में मुझमें तथा एक धनी घर के लड़के में झगड़ा हो गया। उस स्कूल से हमारा 'एक्सपल्शन' हो गया। हमारी वार्षिक परीक्षा में कुल 18 दिन शेष रह गये थे। हम तीनों साथियों ने अपना नाम लखीमपुर क्षत्रिय हाई स्कूल में लिखाया। परीक्षा में भी उत्तीर्ण हो गये। गर्मियों की छुट्‌टी में हम घर आए। देहात के गाँवों में जाते और किसानों की तकलीफें सुनते थे। उन्हें दूर करने का भरसक प्रयत्न करते थे। काँग्रेस के मेम्बर भी बनाते थे। अपने आगामी कार्यक्रम पर विचार करते। गर्मी की छुट्‌टी समाप्त होने के बाद हम दो साथियों ने लखीमपुर धर्मसभा हाईस्कूल में नाम लिखाया। एक साथी ने ओयल में अपना नाम लिखवाया। हमारे जिले में एक बम-पार्टी थी। सन् 1930 के आन्दोलन में पुलिस कप्तान तथा कोतवाल ने हमारे जिले में बड़ा जुल्म किया। उन्हीं को मारने के लिए इस पार्टी ने बम बनाए थे। बनाते समय एक बम फट गया जिससे एक आदमी के हाथ की उँगलियाँ उड़ गयी थीं। इस केस में कुल 18 आदमी थे। सबको पाँच-पाँच साल तक की सजा हुई थी। उन्हीं साहब से हमारी भेंट हुई जिनकी उँगलियाँ कट गयी थीं। उन्होंने कहा कि बिना आर्म्स के हमारी पार्टी के अन्दर कोई भी शामिल नहीं हो सकता। हमारी हार्दिक इच्छा थी बम बनाने का उपाय सीखने की। उन्होंने कहा कि पहले आर्म्स लावें फिर बम बनाना सिखाऊँगा। हमने भी उनसे वादा कर लिया। हमारे एक साथी जो ओयल हाईस्कूल में पढ़ते थे, उनका एक मास्टर से झगड़ा हो गया था। वे ओयल छोड़कर लखनऊ में पढ़ते थे। उनका परिचय दादा (जोगेशचन्द्र चटर्जी) से हुआ था। घर पर हम लोग इकट्‌ठे होते थे तो आर.एस.पी. की बातें

हमारे भाई साहब से हुआ करती थीं। इस समय हम दसवीं कक्षा में पढ़ रहे थे। सावन के महीने में मेरे बड़े भाई साहब का हैजे से देहान्त हो गया। हम पाँच भाई थे उनमें सबसे छोटा मैं हूँ। चौबीस साल की अवस्था में भाई साहब मरे थे। वे मुझसे बड़े तथा अन्य तीन भाइयों से छोटे थे। उनकी मृत्यु से मेरा सारा परिवार बहुत दुखी हुआ। बड़े भाई साहब ने पहले से ही साधु वेष धारण कर लिया था और देशाटन करते थे। एक भाई साहब अपनी ससुराल में रहते थे। घर पर मैं तथा मेरे एक और भाई साहब रहते थे। जो भाई घर पर रहते थे वे दिन रात जाड़ा गर्मी को कुछ भी नहीं समझते थे। किसानों की सेवाकर के दो वर्ष के अन्दर उन्होंने अपनी सेवा से किसानों पर काफी असर जमा लिया था। कम्बल, जूता पहने माघ का पाला काट देते थे। पुलिस या रियासत के जरिये किसी प्रकार की ज्यादती किसानों के ऊपर नहीं होने देते थे। प्रतिदिन किसानों के कार्य में कहीं-न-कहीं जाया करते थे। अगर किसी किसान ने कुछ दे दिया तो उसे ले भी लेते थे। जमींदारों ने बहुत लालच दिया किन्तु वे जरा भी न डिगे। दो दिन खाने को मिलता तो एक दिन भूखे रहना पड़ता। कभी-कभी तीन-तीन दिन तक भी फाके करने पड़ते थे। तीस अप्रैल तक हम लोगों की यही दशा रही। परिवार में दो स्त्री, दो हम लोग, दो बड़े भाई साहब की लड़कियाँ थीं। शेष औरतें अपने माँ-बाप के पास रहती थीं।

'हम जिस दिन यह वस्तु (रिवाल्वर) लाए थे उसी दिन प्रण किया था कि अपने स्वार्थ के लिए कभी इस वस्तु का इस्तेमाल न करेंगे। हमारे दिल में कई बार आया कि उसकी सहायता से रुपया लाएँ परन्तु फिर भी विचलित नहीं हुए। एक बार हमें तथा पूरे परिवार को तीन दिन तक खाने को न मिला। हमारे गाँव में एक धनी आदमी रहता था। उससे पैसा माँगा किन्तु उसने इनकार कर दिया। सोचा, ऐसे नहीं देगा। हम रिवाल्वर में कारतूस भरकर चलने को तैयार हुए, किन्तु मेरी स्त्री ने देख लिया। मुझे समझाया यदि आपको यही करना है तो साथ में हमें भी ले चलिए। खैर, कुछ सोचकर हम रुक गये।

'चार अप्रैल को हमें 400 रुपया अकस्मात मिला। उसी से हमारे घर का काम चलना शुरू हुआ। मार्च के महीने में दादा (जोगेशचन्द्र चटर्जी) ने माखन को भेजा था, क्रान्ति की तैयारी करने के लिए। हमने तथा बड़े भाई ने क्रान्ति की तैयारी के लिए किसानों को खूब तैयार किया। रात-दिन एक कर दिया। हमारे ग्राम में सौ नवयुवक मरने-कटने को तैयार थे। पहली क्रान्ति में हमारे ग्राम से 28 युवक जेल गये थे और 76 हमारे मंडल से।

'हमारे भाई साहब किसी को अपना शत्रु नहीं समझते थे। सैकड़ों जगह उन्होंने पुलिस तथा रियासतवालों से किसानों का पैसा वापस कराया था। हमारे

इलाके में लगान के अलावा और कोई टैक्स वे वसूल नहीं कर पाते थे। भाई साहब मौत को कुछ भी नहीं समझते थे। उनका कहना था, वह दिन सबसे अच्छा होगा जब मैं या मेरा भाई फाँसी के तख्ते पर जाएँगे। उन्हें कई बार कड़ी-कड़ी परीक्षाएँ देनी पड़ी थीं। उनके हाथ जलाए गये, परन्तु वे टस से मस नहीं हुए। अपनी मीटिंग के लिए उन्हें आदमी इकट्ठा करने में विशेष प्रयत्न नहीं करना पड़ता था। उनकी आवाज इतनी बुलन्द थी कि साधारण बातचीत में मालूम होता था कि झगड़ा हो रहा है। उनकी हमसे प्रशंसा हो ही नहीं सकती।

'हमने उन साहब (बम पार्टीवाले) से आर्म्स लाने का वादा किया था। हमारे मामा के लड़के थानेदार हैं जो सन् 40 में उन्नाव में तैनात थे। वे बहुत सीधे थानेदार हैं, उन्हीं का रिवाल्वर ले आवें, वे दूसरा जमा कर देंगे।

'हमारी भी समझ में यही आया और कहीं से मिलने का जरिया न था। जन्म भर के लिए ननिहाल से बैर मोल लिया, देश की खातिर। अपने भाई साहब के यहाँ हमने जाने का निश्चय किया। बम पार्टी के साहब ने कहा, हम अपना एक आदमी साथ भेजते हैं। उसे रिवाल्वर उठाकर आप दे देना। बाद में स्वयं भी चले आना। हमारी समझ में कुछ धोखा मालूम हुआ, अतः उनका आदमी साथ न लेकर स्वयं लखनऊ आए। दिसम्बर सन् 40 का समय था। बड़े दिन की छुट्टियों में मैं रिवाल्वर लेने गया। अपने साथी को साथ में लिया जो उखनऊ में पढ़ते थे। उनको साथ लेकर हम उन्नाव गये। हम तो भाई साहब के यहाँ चले गये, साथी को शहर में दूसरी जगह ठहरा दिया। मैंने अपने साथी को रिवाल्वर उठाकर दे दिया और उन्हें वापस भेज दिया। बाद में मैं भी चला आया। शाम को भाई साहब को मालूम हो गया। तेईस दिसम्बर को हम लाए थे। हमारे भाई ने अभी रिपोर्ट नहीं की थी। बगैर छुट्टी लिये दौड़ते हुए हमारे पास आए। मैं अपनी ससुराल गया हुआ था, अतः घर पर न मिल सका। हमारे भाई साहब जब ससुराल गये तब मैं घर पर आ गया। आधी रात के समय भाई साहब आकर हमसे मिले। उन्होंने कहा, तुम्हीं रिवाल्वर लाए हो। हमने कहा, हम नहीं लाए। परन्तु उन्हें हम पर ही सन्देह था। उन्होंने मुझसे कहा, मेरी रोजी पर क्यों लगे हो? यदि तुम्हें रिवाल्वर ही चाहिए तो मैं दूसरा दे सकता हूँ और कुछ रुपया भी, वह मेरा सर्विस रिवाल्वर है उसे वापस कर दो। बहुत समझाया कि पढ़ाई तुम्हारी जाती रहेगी। अभी हमने रिपोर्ट भी नहीं की है। परन्तु हमारी समझ में कुछ भी नहीं आया। हमने वापस करने से इनकार कर दिया! हमारे भाई घर पर थे, उन्हें एक साल की सजा 12 दिसम्बर को हो चुकी थी—एक व्याख्यान देने में। थानेदार साहब ने जाकर हमारे नाम रिपोर्ट की। वहाँ से जाँच के लिए एक इन्स्पेक्टर आया था। उसने करीब 12 स्थानों पर तलाशी ली। हमारे साथियों ने

उस समय यही विचार किया था कि पकड़ने के पहले हम फौरन जेल चले जावें। अतः हमने ऐसा ही किया। हम 6 जनवरी सन् 41 को स्पीच देकर जेल चले गये। उसी दिन से हमारी पढ़ाई का अन्त हो गया। 16 जनवरी, को मुझे एक साल की सजा डी.आई.आर. में मिली थी। हमारे जेल चले जाने पर पुलिसवालों का हम पर किसी तरह का उपाय न चल सका। केस भी नहीं चला क्योंकि रिवाल्वर बरामद नहीं हुआ। हमारे भाई साहब मुअत्तल कर दिए गये थे, सात माह बाद उन्हें फिर जगह मिली। उन्हें बहुत परेशानी उठानी पड़ी। इस पर भी मुझसे एक बार जेल में मिलने भी आए थे। वे रिवाल्वार वापस माँगते थे। 26 जनवरी को मेरा तबादला सीतापुर जेल हो गया। वहाँ पर कई जिलों के लोग थे। बहुत से नौजवान भी मिले। अपने विचारों के युवकों की कमी न थीं। 20 अप्रैल को मेरा चालान बदायूँ जेल को भेजा गया। वहीं पर हमने कुल सजा काटी। 1 दिसम्बर, सन् 41 को मैं छूटा था। हमारे बड़े भाई साहब सदा हमारे साथ थे। हमें वीरता की शिक्षा देते रहे। हमारे भाई साहब 10 नवम्बर को छूटे थे। हमारे सबसे बड़े भाई, जो साधु थे, पेचिश की बीमारी से नवम्बर में मर गये। उनसे छोटे वे थे जो सुसराल में रहते थे। उनके साले ने एक आदमी को मार दिया था। वे वहाँ थे भी नहीं, किन्तु उन्हें 20 साल की सजा हो गयी। घर पर हमारे पिता के सिवा कोई नहीं था। पिता भी 12 दिसम्बर, सन् 42 को भाई साहब के शोक में मर गये। खैर, मरना जीना तो लगा ही रहता है। हमारे घर पर खेती दो हल की थी। बैल बगैरह भी मर गये थे। नौकरी सभी भाइयों में कोई भी करना नहीं चाहता था। हमारे सामने आर्थिक कठिनाई अधिक थी। कोई दुख बटाने वाला साथी भी न था।

'सन् 42 मई का महीना था। हमारे भाई साहब ने मुझे फिर बुलाया। मुझसे कहा, तुम रिवाल्वर वापस कर दो। हम तुम्हारे ऊपर से निगरानी हटवा देंगे तथा किसी और स्थान पर रिवाल्वर बरामद कर देंगे। हमने साफ इनकार कर दिया था। हम इस समय अपने जिले के नौजवानों को तैयार कर रहे थे क्रान्ति के लिए, जैसा कि दादा का आर्डर था। हमारे भाई साहब काफी प्रयत्न कर रहे थे। उनको पूरा भरोसा था कि हम अपनी ताकत से एक जिले पर अधिकार करने के लिए काफी थे। 4 जून को पी.सी.सी. की मीटिंग थी। लखनऊ में मैं भी इसी विचार से आया था कि दादा का दर्शन करूँगा। मैं उनके स्थान पर गया किन्तु उनका मुझे दर्शन न हो सका परन्तु हमारी लगन कम न हुई। हम सामूहिक क्रान्ति की तैयारी करने लगे। देश की भी आवाज उस समय ऐसी ही थी। चारों ओर से क्रान्ति का बिगुल-नाद सुनाई देता था। हमने भी अपने को क्रान्ति की अग्नि के अन्दर झोंक दिया। देश के लिए (हमारी) जान की कोई भी कीमत नहीं है। आजादी या मौत के सिवा हमारे सामने

कुछ नहीं था। हमारे ग्राम में दफा 26 डी.आई.आर. के 18 वारन्ट थे। *चाहते तो हम भी आनन्द से 'बी' क्लास में रह सकते थे जैसा कि कुछ नेताओं ने किया। वे ही थोड़े से नेता लोग आन्दोलन के प्रोग्राम को जानते थे। किस तरह कार्य होगा, यह आम जनता में नहीं फैलाया गया था। जो जानते थे वे अपने को आग में झोंकना नहीं चाहते थे। जनता अन्धकार में थी, कोई नेतृत्व करनेवाला नहीं था। हमारे नेताओं ने देश के साथ बड़ी गद्दारी की। मैं तो उन्हें घृणा की दृष्टि से देखता हूँ। आफिसरों को सूचना देकर अपने आप जेल चले गये। जेल से सन्देश दे रहे थे ये गद्दार— अबोध जनता के नाम! जनता के में जो भी आया, उसने किया। थाने, डाकखाने, कचहरियों पर कब्जा कर लिया। उसके सामने नया प्रोग्राम रखनेवाला कोई भी न था, वह परेशान हो गयी। तब तक क्रान्ति सफल नहीं हो सकती, जब तक हमारे देश की पार्टी चाकू की नोंक की तरह नहीं बनेगी, जब हम आगे बढ़ेंगे, अपने को मिटाने के लिए, तब जनता हमारा साथ देगी— उसी समय हमारी क्रान्ति सफल हो सकेगी।* अस्तु, उस समय देश की आवाज बहुत जोरों से लग रही थी। देश अपने बच्चे पुजारी को पुकार रहा था। माँ की काली मूर्ति हमारे सामने थी। उसका कुम्हलाया हुआ चेहरा मुझे अपने खून से साफ करना था। मेरा देश के ऊपर अन्ध-विश्वास था। हमें अपने खाने की कोई परवाह न थी। पूर्ण प्रतिज्ञा की, जब तक ब्रिटिश शासन की नींव भारत से न उखाड़ डालेंगे, वापस घर न आएँगे। मैंने ऐसा ही किया। तन-मन-धन से हमने माँ की सेवा की। अभी वही धारणा है।

'हमारे भाई साहब जनता को खुला विद्रोह करने के लिए इकट्ठा कर रहे थे। पूरे जिले पर कब्जा करने का प्रोग्राम बनाया गया। हथियार इकट्ठा करने का कार्य हमारे जिम्मे सौंपा गया था। सबसे पहले माँ ने हमारी ही परीक्षा लेनी चाही। हमने भी माँ की सेवा में अपने को समर्पित कर दिया। हमारे ग्राम के नौजवानों की तादाद अधिक थी। सभी अन्धविश्वासी थे। तीन-चार दिन तक रोज मीटिंग होती रही। हमारे ग्राम में एक रिवोल्यूशनरी पार्टी के पुराने मेम्बर थे। वे बम-कांसपिरेसी में सजा भी काट चुके थे। वह बड़ा गद्दार निकला। हमारे कार्य में वह रोड़ा अटकाता था, काम होने नहीं देता था। मैंने अपनी वीर पत्नी से पूछा— *'कहो, मुझे अपने आप जेल जाना चाहिए या देश की जो पुकार है वह कार्य मैं करूँ परन्तु उसकी अन्तिम सजा फाँसी होगी। हमारी वीर पत्नी ने यही मुझसे कहा— 'नाथ! आप वही काम करें जिससे देश का लाभ हो, चाहे मुझे आपको ही क्यों न खोना पड़े। मरना तो सभी को एक दिन है। देश की खातिर मरे तो मेरा सौभाग्य होगा।'* सावन का महीना था। हमारी पत्नी ने उस दिन डिया पूजी थी। सुबह हमारे ग्राम में प्रभात फेरी निकली थी। चारों ओर नौजवान तथा भाई साहब जनता को इकट्ठा करने गये थे—तहसील तथा थाने पर कब्जा करने के

लिए। हमारे ऊपर हथियार इकट्ठा करने का कार्य सौंपा गया था। चौदह अगस्त को हम आठ साथी घर से निकले—मरने के लिए। हमारे घर में *हमारी स्त्री के सिवा कोई भी न था। हमारी स्त्री ने रोचना लगाया, आरती उतारी और कहा—'नाथ! पीठ कहीं मत दिखाना। बस, आपके चरणों में हमारे यही अन्तिम शब्द हैं।'* घर से अपने साथी एक ही साथ निकले। सभी फौजी ड्रेस में थे। उसी दिन हमने अपने को आज़ाद पाया। हमारे सामने आजादी के सिवा कुछ भी न था। खुला रिवाल्वर डालकर सभी बड़े-बड़े आदमियों का आशीर्वाद लेकर हम चले थे जैसा प्रोग्राम बना था उसी को पूरा करने।

'हमारे पड़ोस के गाँवों में चार ज़मींदार थे जिनके पास कारतूसी बन्दूकें थीं। आठ मील के भीतर ही वे लोग थे। सोलह बन्दूकों की लिस्ट थी—एक दिन में छीनने की।

'हम आठ साथी अपने ग्राम से निकले। तिरंगा झंडा भी हमारे साथ था। हमारे ग्राम से तीन मील दूरी पर एक सूबेदार था। पहले हम उसी के यहाँ गये। हमने उनसे कहा—आपके पास बन्दूक है, उसे मुझे दे दीजिए, हमें सरकार के साथ लड़ना है। करीब 15 मिनट लगे थे—एक बन्दूक लेने में। ज़मींदार ने कहा—भैया रुपया चाहे तो ले लो। हमने रुपया लेने से इनकार कर दिया। हमने कहा—आपका पैसा हमें नहीं चाहिए। चार बन्दूकें हमने भिन्न-भिन्न स्थानों से चार घंटे के अन्दर लीं। किसी भी तरह का झगड़ा या कोई घटना कहीं नहीं हुई। शान्ति के साथ चार कारतूसी बन्दूकें कारतूस सहित हमारे हाथ लगीं। एक बन्दूक हमारे हाथ में थी। तीन बन्दूकें हमारे दूसरे साथियों के पास थीं। अब हम पाँचवीं बन्दूक लेने गये। हमारे ग्राम में रियासत महमूदाबाद की तहसील थी जिसमें 20 सिपाही, एक बन्दूक और एक जिलेदार रहता था। 38 हजार रुपया सालाना हमारे ग्राम के कोठार से वसूल होता था। 27 गाँव का लगान वहाँ पर जमा होता था। हमारी समझ में ज़मींदार और गवर्नमेंट में कोई अन्तर नहीं है। दोनों शोषक हैं और दोनों आजादी की लड़ाई के विरुद्ध एक साथ हैं। उनसे हम बहुत चूसे जाते हैं। वे आजकल गवर्नमेंट के हाथ हो रहे हैं। अस्तु, हम लोगों ने यही निश्चय किया—बन्दूकें भी मिल जाएँगी और किसानों का लाभ भी हो जाएगा। कोठार के जितने रिकार्ड हैं, सब जला देंगे। अतः हम लोग यही सोचकर कोठार के अन्दर गये। उस समय पानी बरस रहा था। सिपाही को अपने स्थान पर बैठे रहने का आर्डर दिया। जिलेदार को भी आवाज दी। इतने में हमारा एक साथी कमरे के अन्दर चला गया, जहाँ पर जिलेदार लेटे थे—अपने आराम कमरे में। साथी के पास एक बन्दूक थी। वह अन्दर घुस गया, किन्तु हम देख नहीं पाए। हम 7 आदमी बाहर खड़े थे। चार बन्दूकें बाहर भी थीं जिनमें एक मेरे पास थी। हमारा साथी जिलेदार

को पकड़े बाहर निकला। उसकी बन्दूक की नाल बाहर निकली थी। हम सामने ही खड़े थे। मुझे मालूम हुआ, जिलेदार बन्दूक लेकर अन्दर से आया है—हम पर हमला करने। हमने अपने साथियों से कहा— खबरदार! साथ ही में बन्दूक की गोली भी छूट गयी थी। हाथों की उँगलियाँ ट्रेगर पर थीं। बन्दूकें बिलकुल नयी थीं। मुझे नहीं मालूम, किसकी गोली से फैर हुआ। हम लोगों का मारने का इरादा बिल्कुल नहीं था। बन्दूकें भरी थीं। घोड़ा भी चढ़ा था। बन्दूक की गोली जिलेदार के सीने में लगी और फौरन ही वे मर गये। पहले हमने समझा, हमारा साथी ही मर गया। मारने का इरादा किसी का था नहीं। एक आदमी मर गया—सभी के पैर फिसल गये। सभी साथी घबड़ा उठे। सभी मुझे अकेले छोड़कर बाहर चले गये। मैं अकेला ही अन्दर रह गया। हमने अन्दर जाकर वह बन्दूक भी उठाई। रिकार्डों में भी आग लगाई। बाहर के साथियों को बहुत फटकारा। उस समय कोठार में 18 हजार रुपया भी था। वह भी नहीं ले सके। चारों ओर हाहाकार मच गया। हमने सिर्फ पाँच कारतूसी बन्दूकें छीन पायी थीं। अब मैं अकेला रह गया। सबने मेरा साथ छोड़ दिया। कत्ल में शरीक होने को कौन हमारा साथ करता। जान पर खेलनेवाले बहुत कम होते हैं। हमारे भाई साहब, जो आदमियों को इकट्ठा किए थे, उन्हें एक रेलवे स्थान में ले गये—हमारे पहुँचने के पहले ही उन लोगों ने स्टेशन जलाया, नहर की कोठी जलाई और पटरी उखाड़ी। पुलिस की लारी से उनसे मुटभेड़ हो गयी, तीन आदमी मारे गये, एक आदमी का अभी तक ठीक पता नहीं लगा। हम जिधर भी जाते थे, लोग कहते, डाकू आ गये, भागो! भागो!! इत्यादि। तीन दिन तक परेशान रहे। थाने पर लोग हमला करने गये। मुखबिरी हो जाने से वहाँ पहले से ही पुलिस तैनात थी। हमारे बड़े भाई साहब गिरफ्तार हो गये थे। जब जनता ने हमारा साथ नहीं दिया, हम कर ही क्या सकते थे। पाँचों बन्दूकें घर पर साथियों को देकर हम तीन साथी दिल्ली गये। वहाँ पर भी तोड़-फोड़ का कार्य जोरों से चल रहा था। चौदह दिन तक हम लोग वहाँ काम करते रहे।

'14 अगस्त को हमारा उपरोक्त कांड हुआ था। सोचा, चलो फिर अपने यहाँ चलें। वहीं पर मरेंगे। परन्तु हमारे साथी नहीं आए। मैं दिल्ली से वापस आ गया। लखनऊ में दादा से भी मिलने की कोशिश की थी। हमारे ग्राम में स्त्री, बच्चे तथा आदमी कोई भी नहीं रह गया था। पूरा का पूरा गाँव खाली पड़ा था। कप्तान एक अँग्रेज आया। गोरों की एक पलटन भी लारी पर गाँव में गयी थी— साथ में पुलिस के इन्स्पेक्टर जनरल भी थे। उन्होंने हमारे गाँव को फुँकवाना शुरू किया। 16 मकान भी खोदवा डाले गये। उसमें मेरा तथा मेरे एक साथी का मकान भी जमीन में मिला दिया। वे लोग करीब 400 फावड़े लेकर गये। मेरे मकान

में नमक भी बोया था। आदमियों को हल में जोता गया था। आज्ञा दी गयी—जितने आदमी मिलें, गोली से उड़ा दो। दो-चार व्यक्ति पकड़कर लाए गये। उन्हें गोली से उड़ा देने का आर्डर दिया गया। किन्तु अन्त में उड़ाया नहीं। कहा—राजनारायण को लाकर हमारे हवाले कर दो। जो ऐसा करेगा उसे 400 रुपया इनाम तथा एक बन्दूक भी देंगे। तीन सितम्बर तक मोहलत दी थी। आई.जी. पुलिस के चले जाने के बाद हमारे यहाँ जुल्म की हद हो गयी। हमारे थाने में एक नासिर अली नाम का बड़ा थानेदार था। उसे 25 आर्म्ड पुलिस तथा 25 सवार मिले थे। वह जिसे खद्दर का एक सूत भी पहने देख लेता था उसी के घर को लूट लेता था। चारों ओर हाहाकार मचा दिया। औरतों के गर्भ से बच्चे तक गिर पड़े। उन काली करतूतों को कहाँ तक लिखूँ! हमारे गाँव में मिलिटरी का पहरा था। कोई भी थानेदार आता था, उसे खूब पीटते थे। मेरी खेती, माल सब जब्त कर लिया गया। मैं उसे (नासिर अली को) मारने के लिए आया था। भाई साहब ने गाँव में आने से मना किया और पास से रिवाल्वर ले लिया। मुझसे कहा, हमने उसके मारने का प्रबन्ध किया है। मगर वे कुछ नहीं कर सके। हमारे केस में 16 आदमी लिखाए गये थे। 10 आदमियों को 38-38 साल तक की सजाएँ स्पेशल कोर्ट से हुई थीं। हमारे यहाँ एक साल तक आर्म्ड पुलिस का पहरा रहा। जब तक मैं पकड़ा नहीं गया, यदि एक दिन भी बेकार रहता तो मुझे चैन नहीं आता था। देश के काम के सामने खाना-पीना सब भूल जाते थे।

'28 सितम्बर, सन् 42 को मैं नागपुर (सी.पी.) में एक काँग्रेसी के यहाँ पकड़ा गया। दफा 129 में दो माह तक रहे। पता मैंने गलत लिखाया था। दो माह बाद नागपुर जेल से छोड़ दिया गया। मेरे पास जो कुछ कपड़े थे वे सब उन्हीं काँग्रेसी के यहाँ रह गये थे जो अभी तक नहीं छोड़े गये थे। इससे मेरे कपड़े भी नहीं मिले। वहाँ से मैं पुनः दिल्ली आ गया और जोरों से काम करने लगा। देश में चारों ओर से लोग वहाँ आए हुए थे। वहाँ की हाई-कमान्ड से हमारा परिचय था। जो भी कार्य हमें करने को दिया जाता था, उसे करते थे। सारे देश का संचालन वहीं से होता था।

'इसी समय मुझे बंगाल जाने का मौका मिला। मिदनापुर जिले में हम करीब 20 दिन तक रहे। वहाँ पर मेरा विचार अच्छा बम बनाना सीखने का था। उस समय वहाँ पर अकाल पड़ा था। *आर्य समाज दिल्ली की ओर से हम गये थे। उन्हें हमारा पता लग गया। उन्होंने हमें अपने कैम्प से निकाल दिया और कहा—'भाई हम क्रान्तिकारियों को किसी तरह की मदद नहीं दे सकते।'* आखिर मुझे वहाँ से निराश लौटना पड़ा। मैं पुनः दिल्ली आ गया। वहीं काम करने लगे। उन दिनों गाँधी का अनशन चल रहा था। हम हड़ताल करवा रहे थे। एक जुलूस

निकाला गया। उसी के साथ में हम भी पकड़े गये। दफा 188 में हमें छह माह की सजा मिली। दिल्ली तथा फीरोजपुर जेल में मैंने अपनी सजा काटी। सजा पूर्ण होने के बाद पहली अगस्त सन् 43 को छूट गये। उस समय देश में श्मशान की शान्ति विराज रही थी। हमें इस शान्ति से परेशानी मालूम होती थी। छूटने के बाद मैं बम्बई गया। वहाँ पर बहुत से भागे हुए लोग थे। परन्तु सब कागजी कार्रवाई में लगे थे। एक माह वहाँ रहने के बाद मैं अब चारों ओर से निराश हो गया—खाने-पीने का भी अब जरिया न था। साधु होने के विचार से मैं तीर्थ-स्थानों में गया—हरिद्वार, ऋषिकेश, बनारस। फिर वापस आए।

'मेरे विचार इस समय उथल-पुथल हो रहे थे। इस समय कहीं चैन नहीं मिल रहा था। इरादा करके एक स्थान को जाते, दूसरे दिन फिर वहाँ से दूसरी जगह को चल देते। पैसा भी जो कुछ मेरे पास था, किराए में चला जाता था। मैं देहरादून से लखनऊ आ रहा था। ट्रेन में एक साहब से परिचय हुआ। उनके भी दो सगे भाई इसी आन्दोलन में फरार थे, अभी तक पकड़े नहीं गये थे। उनसे मैंने अपना थोड़ा-सा परिचय दिया। उन्होंने कहा—'आप मेरठ में आएँ। वहाँ पर हम कोई सर्विस आपको गाँधी आश्रम में दिला देंगे।' मेरे पास अब कोई जरिया शेष न था। सोचा—चलो, नौकरी ही कर लेंगे। लखनऊ से 15 अक्टूबर, सन् 43 को मैं मेरठ पहुँचा। उन्हीं भाई से मिला। उन्होंने रहने का प्रबन्ध कर दिया। कई स्थानों में मुझे भेजा। *गाँधी आश्रम में भी मैं गया था। भाई राजाराम वहाँ के कार्यकर्त्ता थे। उनसे मैंने अपने दुख की कहानी कही, परन्तु उन्होंने इनकारी का कोरा उत्तर दे दिया। कहा—'गाँधी आश्रम में क्रान्तिकारियों के लिए स्थान नहीं, हमें कोई क्रान्ति थोड़े ही करनी है।'* मैं तो जानता था कि गाँधी आश्रम के जितने कार्यकर्त्ता होंगे, एक नवीन साँचे में ढले होंगे। वहाँ से निराश होकर अपने रहने के स्थान पर वापिस आया। उन्हीं अपने साथी से फिर कहा। 15 अक्टूबर शाम को हमारे साथी ने श्याम वीर सिंह खादी भंडार के मैनेजर के पास भेजा। हमारे साथ में एक साथी और थे। वे श्याम वीर सिंह से परिचित थे। उनके रहने का स्थान वहीं उन्हीं के पास था। छह बजे शाम को मैं उनके मकान पर गया, उन्होंने मेरा परिचय माँगा। हमने उनसे कहा—'दुखी आदमी हूँ, यही हमारा परिचय है।' पर वे इतने से सन्तुष्ट न हुए। उन्होंने मुझसे कहा—'भाई, मुझसे डरने की कोई बात नहीं। अपना परिचय सही बता दें। हमने भी देश की खातिर 10 साल की सजा काटी है। हमसे आप निश्चिन्त रहें। किसी तरह का खटका नहीं। शायद आप सी.आई.डी. हों।'

'14 माह बाद हमारी जबान से प्रथम बार अपना असली नाम निकला। पूरा पता तथा केस के बारे में बता दिया था। इनाम के बारे में भी उन्होंने पूछा था। मैंने

कहा—'प्रथम 400 रुपये की घोषणा थी, अब ईश्वर जाने।' उन्होंने कहा—'आप परसों आइएगा। मैं आपकी मदद करूँगा और नौकरी भी दिला दूँगा।' वहाँ से मैं वापस आया और अपने मित्र से सब हाल कहा। उसने बतलाया कि दादा से (जिस नाम से वे श्याम वीर सिंह पुकारे जाते हैं) मैंने अपना पूरा परिचय दे दिया है। रहने का स्थान मैंने नहीं बताया था। 19 अक्टूबर को सुवह मेरे मित्र के पास उन्होंने एक आदमी भेजा और कहलवाया—'गाँधी आश्रम में दादा ने जगह तलाश की है। उस आदमी को बुलाया है।' मेरे मित्र मेरे पास आए। उन्होंने कहा—'भैया, इनके साथ चले जाओ, देखो शायद काम बन जावे तो अच्छा हो।' हम उसी आदमी के साथ चल दिए। दादा के घर गये। हम मेरठ कोतवाली के पीछे ठहरे थे। वहीं से तीन सी.आई.डी. इन्स्पेक्टर पीछे लगे। हमने साथवाले आदमी से पूछा—'ये तीनों खद्दरपोश हमारा पीछा कर रहे हैं। मुझे कुछ डर मालूम होता है।' उसने कहा—'जाने दो, शहर के आदमी हैं।' मुझे दादा के मकान पर वह आदमी ले गया। वह दादा के मकान के अन्दर गया और मुझे दरवाजे पर खड़ा कर दिया। जाने क्या-क्या उन लोगों में बातें हुईं। आकर उन्होंने कहा—'दादा साफ इनकार कर रहे हैं और कहते हैं कि ऐसे आदमी की मदद करने से हम मजबूर हैं।' मैंने कहा—'फिर आप बुला क्यों लाए?' तीनों पीछा करनेवाले दादा के यहाँ पहले से ही पहुँच गये थे। मैं अपने स्थान को वापस चला। थोड़ी ही देर चलने पर पीछे से गिरफ्तार करके कोतवाली में बन्द कर दिया गया। मुझे पता पूछा। मैंने सुल्तानपुर जिला तथा रहने का स्थान अमेठी बताया। क्योंकि गलत पता बताकर मैं दो बार पुलिस के हाथ से छूट चुका था। पकड़नेवाले साहबों के नाम थे—चौधरी दिगम्बर सिंह ग्रुप सी.आई.डी. इन्स्पेक्टर, पंडित शंकर लाल तथा चौ. मुल्गल सिंह। पिछले दोनों असिस्टेंट सी.आई.डी. इन्स्पेक्टर थे। दो घंटे बाद मुझे सी.आई.डी. दफ़्तर में ले गये। वह शहर के बाहर था। करीब 70 कर्मचारी बिना वर्दी के वहाँ पर थे। मेरा यह पहला ही मौका था इतने सी.आई.डी. कर्मचारियों के बीच में जाने का। मुझको सबसे पहले लाखन सिंह डी.एस.पी. सी.आई.डी. के सामने पेश किया गया। उन्होंने जल्दी-जल्दी में मेरे घर का पता पूछा। मैंने भी उतनी ही शीघ्रता से उत्तर दिया। बहरहाल उन्हें यह विश्वास हो गया। कि मैं यहाँ का रहनेवाला नहीं था, क्योंकि ठाकुर लाखन सिंह पहले रायबरेली में रह चुके थे। मैंने उस दिन कुछ भी नहीं बताया, न उन्होंने परेशान ही किया। कुर्सी पर आमने-सामने बिठा लेते थे। कुर्सी ही से रस्सी में मुझे भी बाँध देते थे। सभी को वहाँ से हटा देते थे। हमें शाम को ले जाकर लाल कुरती थाने में बन्द कर दिया। सुबह फिर लाए और पूछना शुरू किया। इधर-उधर की बातें कीं। वहाँ से तो पूछ कर आए थे ही। मेरे सामने मेरा फोटो हुलिया तथा इनाम भी बताया। उन्हें हमारे केस के बारे में पूरा परिचय था—क्योंकि बरेली

सी.आई.डी. में रह चुके थे। मेरा जिला भी बरेली सी.आई.डी. सर्किल में है। वह जाँच करने भी गया था। हमें अपना असली पता मजबूरन बताना पड़ा। तीन दिन बाद मुझे मेरठ जेल भेज दिया गया। दफा 129 डी.आई.आर. में मुझे गिरफ्तार किया था। एक कागज लखनऊ भेजा गया और एक मेरे जिले को। 10 दिन बाद उन लोगों ने फिर मुझे वापस मँगाया क्योंकि *मेरे जिले से सख्ती का आर्डर था। उन्होंने पूछना शुरू किया, धमकाया भी। तरह-तरह की यातनाएँ भी दीं। तीन दिन तक बराबर सोने नहीं दिया। चूतड़ों पर बर्फ की सिल्लियाँ बाँधीं। गुदा-स्थान में मिर्च ठूँस दिया। मारपीट तो साधारण बात थी। इतना सब करके भी कुछ हासिल न कर सके। बार-बार पूछते रहे— कहाँ रहे इतने दिन तक? रिवाल्वर के बारे में अधिक परेशान करते थे। 12 दिन तक लगातार यही व्यवहार करते रहे। अन्त में हार मान कर फिर जेल भेज दिया।* 26 नवम्बर को हमारा चालान लखीमपुर भेज दिया गया। वहाँ मेरे पैरों में बेड़ियाँ डाल दी गयीं। मेरे ऊपर खास एक वार्डर की नौकरी लगी। मैं सबसे अलग रखा गया। हमारे जिले में आतंक अधिक छाया था। कोई भी मुलाकात करने नहीं आता था। यहाँ तक कि मेरे साले-ससुर भी नहीं आए और कोई आए ही क्यों? दो माह तक मेरा केस नहीं चला। कुल 16 आदमी केस में थे जिनमें 10 को जनवरी सन् 43 में तीन केसों के सिलसिले में 38-38 साल की सजाएँ हो चुकी थीं। स्पेशल कोर्ट द्वारा छह आदमी फरार घोषित किए जा चुके थे। उनमें से मैं ही अकेला पकड़ा गया। लोअर कोर्ट में मेरा केस चलना शुरू हो गया। मेरी तरफ से कलक्टरी के एक मामूली वकील थे जो बयान भर लिख लेते थे। वहाँ से खत्म होकर मेरा केस सेशन कोर्ट में चला। वहाँ एक वकील 140 रुपये पर किया गया। उसमें से 100 रुपये हमारे एक मित्र ने दिया था और 10 रुपये काँग्रेस से मिला था। 27 जून को तीन बजे दिन के समय मुझे फाँसी की सजा सुनाई गयी। वैसे तो कोई देखने नहीं आता था किन्तु फैसले के दिन चन्द काँग्रेस मैन तथा कुछ अन्य दर्शक भी आ गये थे। फैसला सुनाते ही मैंने 'इन्कलाब जिन्दाबाद' तथा अन्य कई नारे लगाए परन्तु दुख है कि साथ देनेवाला उन दो सौ में से कोई भी न निकला। मेरी स्त्री, भाभी, बहन, बहनोई सभी बहुत जोरों से रोते थे। परन्तु मेरे हृदय में अपार प्रसन्नता थी। चलते समय मैंने कामरेडी सैलूट किया और वहाँ से विदा हुए। मेरे पीछे कोहराम मचा था, किन्तु माँ का पुजारी आनन्द मनाता चला जा रहा था। उस दृश्य का मैं वर्णन नहीं कर सकता कि मेरे हृदय में क्या-क्या भाव उठ रहे थे। जेल में आने पर कपड़े बदले गये, मिट्टी के वर्तन मिले और फाँसी की कोठरी में बन्द कर दिया गया। उस रात में क्या-क्या भावनाएँ मेरे हृदय में उठतीं और विलीन हो जातीं, क्या वे भी चित्रित की जा सकती हैं?

'मुझे तीन दिन तक लखीमपुर जेल में रहना पड़ा था। इस बीच में दो बार

मेरी मुलाकात भी हुई थी। वहाँ से मेरा चालान पहली जुलाई को लखनऊ आया। तभी से यहीं पर हूँ और शायद यहाँ से प्राणान्त भी होगा। मेरे हृदय में कैसे-कैसे विचार उठे तथा मनोभावों में क्या-क्या परिवर्तन होते हैं, यह सब किसी समय लिखूँगा।

'यह मेरी थोड़ी-सी जीवनी है। मेरे पास पाँच बन्दूकें तथा रिवाल्वर हैं। मेरे न रहते भी मेरे हथियारों से ही देश का कुछ कल्याणकारी कार्य हो सके तो उससे मेरी आत्मा को शान्ति मिलेगी। भाई! मैं आपके यहाँ क्या लिखूँ!! हृदय में न जाने क्या-क्या लहरें उठती रहती हैं। भूलें नहीं—यही मेरी अन्तिम अभिलाषा है।'

यह बयालिस के क्रान्तिकारी योद्धा राजनारायण मिश्र की संक्षिप्त जीवन-कथा है जिसे वे आगे लिपिबद्ध नहीं कर पाए। उनके आदर्श भगतसिंह थे। बयालिस की क्रान्ति इस मायने में कामयाब रही कि उसने देश भर में राजनारायण जैसे हजारों नवयुवकों को आजादी के सशस्त्र संग्राम में हिस्सेदारी करने के लिए तैयार किया। उनकी इस आत्मरचना से यह भी खुलासा होता है कि आर्यसमाजी और काँग्रेसी तत्कालीन क्रान्तिकारी आन्दोलन से किस तरह की दूरी बनाकर रखते थे। महाराजगंज में नौ गोली खाकर शहीद होने वाले फुलेनाप्रसाद श्रीवास्तव और इलाहाबाद में बलिदान होने वाले लालपद्धर सिंह शहीदों की इसी कड़ी में आते हैं जिन्हें प्राय: भुला दिया गया।

उत्तर प्रदेश के खीरी लखीमपुर जिले में शहीद राजनारायण मिश्र का कोई स्मारक नहीं है। यह हमारी कृतघ्नता है जिसके लिए क्षमा भी नहीं किया जा सकता। मुझे नहीं मालूम कि राजनारायण की फाँसी के बाद उनकी पत्नी विद्यावती और उनके बच्चों का क्या हुआ। वे कहाँ मरे-खपे इसका भी कुछ पता नहीं लगा। हम सचमुच अपने उन इतिहास-नायकों और उनके घर-परिवारों की कोई देखभाल नहीं कर पाए जिनका हमारे ऊपर बड़ा ऋण है।

जो लक्ष्मी सहगल को नहीं जानते

कैप्टन लक्ष्मी सहगल मेरे सामने थीं। हरदोई का कम्पनी बाग जिसे 'शहीद उद्यान' का नाम दे दिया गया था वहाँ क्रान्तिकारी जयदेव कपूर ने शहीद चन्द्रशेखर आज़ाद के प्रतिमा के अनावरण के लिए उन्हें आमन्त्रित किया था। लाहौर षड्यन्त्र मामले के शिव वर्मा और डॉ. गया प्रसाद भी आए थे। गया प्रसाद की तबियत बहुत अस्वस्थ थी। उनके पैरों में खूब सूजन थी। फिर भी किसी तरह आयोजन में उपस्थित होने का उन्होंने साहस किया था। कुछ महीने पहले ही मैं कानपुर के निकट जगदीशपुर गाँव में जाकर उनसे मिल चुका था। तब वे ठीक-ठाक थे, पर इतनी जल्दी बीमारी ने उन्हें घेर लिया। मैं ज्यादा समय गया प्रसाद के पास ही बैठा रहा। आज़ाद की प्रतिमा के अनावरण समारोह के बाद लक्ष्मी सहगल से मेरी संक्षिप्त ही बातचीत हो सकी। कई मित्र भी आसपास बैठे रहे। बोलती सिर्फ वे ही रहीं। हम तो सिर्फ श्रोता बने रहे। उस दिन देश की तत्कालीन राजनीति के कुछ ज्वलंत मुद्दे हमारे सामने थे जिनमें एक पंजाब का आतंकवाद भी था। कवि अवतारसिंह 'पाश' को उसी दिन खालिस्तानियों ने मार दिया है इसकी सूचना हमें देर रात तक मिल गयी थी।

याद है लक्ष्मी सहगल से पहली बार मिला तब भी देर तक आज़ाद हिन्द फौज और नेता के संस्मरण उनसे सुनने में ही समय व्यतीत हो गया। शायद 1978-79 के दिनों की बात होगी। फिर बीच में कई अवसर आए जब उनसे आमना-सामना हुआ, पर एक रोज वे अचानक बरेली आ गयीं। बेटी सुभाषिनी अली उनके साथ थीं। हम बहुत खुश थे। पर वह उनका आना भी क्या था। कहीं से लौटते हुए वे थोड़े समय के लिए शहर में हमारे एक मित्र के घर ठहरीं और जल्दी ही कानपुर वापस चली गयीं। उसके बाद अनेक बार उनकी बीमारी का समाचार मिलता रहा, पर हर बार चाहते हुए भी मेरा कानपुर उनके पास जाना टल जाता रहा। फिर 2012 की 23 जुलाई को जब उनके निधन की खबर आई तो अपने आलस्य पर मुझे बहुत लज्जा का अनुभव हुआ।

उन दिनों मैं बहुत उत्साह में था जब 2002 में राष्ट्रपति के चुनाव में एपीजे अब्दुल कलाम के विरुद्ध सीपीएम ने उन्हें अपना उम्मीदवार बनाया था। तब वे बहुत निश्चिन्त थीं। पूछने पर बोली थीं कि मैं तो एक सैनिक थी और आज भी खुद को पहले जैसा ही मानती हूँ। उनकी उम्र उस समय नब्बे से कुछ ही कम रही होगी। पर चेहरे पर वही ताजगी, वही ओज। खूबसूरत तो थीं ही। सफेद कटे हुए बाल उन्हें और अधिक सुन्दर बना देते थे। जिन्दगी के इस पड़ाव पर चुनाव? कहा था उन्होंने कि सैनिक के लिए इसका कोई अर्थ नहीं है। देश को जब भी मेरी सेवा की जरूरत होगी मैं पीछे हटने वाली नहीं हूँ।

मुझे उनके जीतने की उम्मीद नहीं थी, लेकिन पता नहीं क्यों उनके चुनाव मैदान में आने से मैं बहुत प्रसन्न था। उस जंग में उनका उत्साह देखते बनता था। उन्हें खुद लगता था कि वे इस चुनावी युद्ध को जीत नहीं सकेंगी, पर उनका वह कहा आज भी मुझे ताकत देता है कि जंग तो जंग होती है, पहले हार मान लेने पर तो जंग ही खत्म हो जाएगी। लक्ष्मी सहगल को कभी मैं एक स्त्री के तौर पर नहीं देख पाया। वे हर बार मुझे एक सशस्त्र सैनिक ही प्रतीत होती थीं—नेताजी सुभाषन्द्र बोस की आज़ाद हिन्द फौज की रानी लक्ष्मीबाई ब्रिगेड की सेनानायक। एक दुबली-पतली लड़की डॉ. लक्ष्मी स्वामीनाथन जो युद्ध क्षेत्र में परेड की सैनिक सलामी ले रही है। उनका वह चित्र बार-बार मेरी आँखों के सामने घूम जाता है। नेताजी के साथ की उनकी वह छवि मैं कभी विस्मृत नहीं कर पाया जिसे सिर्फ तस्वीरों में ही देखा-निहारा था और तब से जिन्दगी एक लम्बा वक्फा ले चुकी थी। नेताजी की घोषित अस्थायी सरकार के मन्त्रिमंडल के ग्रुप फोटो में वे नेताजी के बायीं ओर खड़ी हैं। देशभक्त सेनानियों का वह हुजूम जो उन दिनों मुक्ति-युद्ध के इतिहास की संरचना में लिप्त था जिनमें से किसी को अपने जीवन की परवाह नहीं थी।

हम लक्ष्मी सहगल से सवाल कर रहे हैं कि उस जंग और आज की इस लड़ाई में क्या फर्क लगता है आपको जब आप चुनाव मैदान में हैं? बोली थीं कि फर्क की बात तो बाद में करूँगी, पहले समानता की बात करूँ। दोनों में एकरूपता यह है कि वो जंग भी मैं हार गयी थी और इस बार भी हार के ही ज्यादा आसार हैं। पर उस पहली लड़ाई में हम हारे जरूर थे, लेकिन हमारा असली मकसद पूरा हो गया, देश आज़ाद हो गया। पर इस बार पता नहीं क्या होगा? यह सब उन्होंने कुछ इस तरह कहा जैसे वे खुद से भी एक सवाल कर रही हों। कहने लगीं, मैंने ऐसा कभी सोचा भी न था। सच पूछिए तो मुझे जैसे ही इस चुनाव को लड़ने की जानकारी दी गयी, मुझे ऐसा लगा कि मेरे सिर पर किसी ने बम फेंक दिया है। मैं तो बस हैरान रह गयी। फिर मैंने सोचा कि जब पार्टी

ने फैसला कर ही लिया है तो मुझे पार्टी की उम्मीदों पर खरा उतरने की पूरी कोशिश करनी चाहिए।

याद आया उपराष्ट्रपति का वह चुनाव जिसमें लोकसभा के प्रतिपक्ष ने अलीगढ़ विश्वविद्यालय के इतिहास विभाग के अध्यक्ष प्रोफेसर हबीब (इरफान हबीब के पिता) को अपने प्रत्याशी के रूप में खड़ा करने का निश्चय किया। यह सातवें दशक की बात है। और उन्हें खड़े होने के लिए राजी करने का जिम्मा पंडित सुन्दरलाल को सौंपा गया, यह सोचकर कि इसे सिर्फ वही कर सकेंगे। सुन्दरलाल के अचानक अलीगढ़ पहुँचने पर प्रोफेसर साहब ने उनसे पूछा—'कैसे आ गये?'

'यह कहने कि तुम्हें उपराष्ट्रपति का चुनाव लड़ना है।'

'यह आदेश तो किसी से भी एक पर्चा भेजकर कहलवाया जा सकता था।'

'और तुमसे मिलना भी तो था। सुना है कि तुमने न मिलने की कसम खायी है।'

'गुनाह मैं करूँ और सजा भुगतें आप। मैं दिल्ली गया और आपसे मिले बगैर चला आया, उसके लिए सजा तो मुझे मिलनी चाहिए थी।'

'सजा तो मैंने सुना दी।'

इस पर दोनों दोस्त ठहाका मारकर हँस पड़े। पंडित ने प्रोफेसर हबीब से यह भी स्पष्ट कर दिया कि वे चुनाव में हार के लिए तैयार रहें।

इस बार माकपा ने भी लक्ष्मी सहगल को ऐसी ही हार के लिए ही युद्ध क्षेत्र में उतारा था। पर इस हार में भी कितनी बड़ी जीत थी। मेरे लिए भीतर से बहुत हौसला देनेवाली बात थी कि उन दिनों बने 'लोक मोर्चा' ने कैप्टन लक्ष्मी सहगल को उम्मीदवार बनाकर देश के समक्ष एक सर्वश्रेष्ठ सेनानायक को जनता के समक्ष ला दिया था। क्या ही अच्छा होता यदि वे इस सर्वोच्च पद पर चुनी जातीं। इससे नेताजी सुभाष का भी गौरव बढ़ता और देश की जनता को उसका स्वाभाविक नायकत्व भी मिल पाता। काश, तब मुलायमसिंह और काँग्रेस ने उसका साथ दिया होता क्योंकि कलाम भाजपा के उम्मीदवार थे। पर वे बताती थीं कि मुलायमसिंह के हाथों उन्होंने एक सम्मान लेने से इनकार कर दिया था। तभी से वे उनसे नाराज थे। उन्होंने स्पष्ट कहा कि काँग्रेस खुद को धर्मनिरपेक्षता का अलम्बरदार बताती है लेकिन साम्प्रदायिकता के खिलाफ लड़ाई में वह दिल से नहीं जुड़ी है। अयोध्या में जो कुछ हुआ वह सबके सामने है। काँग्रेस उस वक्त सत्ता में थी। वह चाहती तो बाबरी मस्जिद को बचा सकती थी। खुद राजीव गाँधी ने वहाँ ताला खुलवाया। मुझे याद है कि लक्ष्मी सहगल ने तब कितना

खुलकर कहा था कि कलाम के मुस्लिम होने का फायदा उठाने के लिए संघ ने उन्हें उम्मीदवार बनाया है। उन दिनों एक पत्रकार ने उनसे सवाल किया था कि नेताजी सुभाष के बारे में वामपन्थियों की राय जानते हुए भी वे कम्युनिस्ट पार्टी में कैसे शामिल हो गयीं? उनका उत्तर था कि नेताजी का वामपन्थियों से कोई विरोध नहीं था। वे किसी का पिछलग्गू नहीं होना चाहते थे। उनके लिए भारत की आजादी अहम थी। उन्होंने हिलटर से साफ कह दिया था कि मजबूरन उन्हें मदद लेनी पड़ रही है, लेकिन वे यहूदियों की हत्या के एकदम खिलाफ हैं।

'कौन हैं लक्ष्मी सहगल?' चुनाव के उन दिनों में बहुत-से लोगों ने मुझसे यह सवाल किया था। मैंने कहा, जो लक्ष्मी सहगल को नहीं जानते वे देश को नहीं जानते। पर देशवासियों का यह विस्मरण मुझे आहत कर देता है। हमारी इतिहास-चेतना क्या इतनी लूली-लंगड़ी हो चुकी है कि वह अपने ऐसे अनोखे जाँबाज नायकों को इतनी जल्दी भुला बैठे, जबकि आज़ाद हिन्द फौज और कैप्टन लक्ष्मी सहगल का संघर्षमय अतीत बहुत पुरानी बात नहीं है। क्या उसे सिर्फ इसलिए कूड़ेदान के हवाले कर दिया गया कि वह आजादी के युद्ध की गैरकाँग्रेसी धारा थी। सब कुछ गाँधी और नेहरू खानदान के हवाले। 'दे दी आजादी बिना खड्ग बिना ढाल, साबरमती के सन्त तूने कर दिया कमाल' जैसी इतिहास की बेशर्म व्याख्याएँ देश के जेहन में उतारी गयीं और उस समूचे क्रान्तिकारी संग्राम पर पर्दा डाल दिया गया जो गाँधी के राजनीतिक जन्म के बहुत पहले इस धरती पर शुरू हो चुका था और बाद को आज़ाद हिन्द फौज के अभियान और 1946 की नौसेना बगावत तक अनवरत चलता रहा।

हाँ, तो लक्ष्मी सहगल मद्रास में जन्मी थीं 24 अक्टूबर, 1914 को। उनके पिता एस. स्वामीनाथन केरल के मलाबार जिले के एक छोटे-से गाँव के साधारण ब्राह्मण परिवार के थे। माँ थीं अम्मू कुट्टी अम्मा। स्वामीनाथन उच्च शिक्षा के लिए एडिनबरा गये और बैरिस्टर बन गये। फिर अमरीका रहे और देश आकर मद्रास के लॉ कालेज में प्रिंसिपल नियुक्त हो गये। उन्होंने अपने छात्र जीवन के साथी पी. गोविंद मेनन की विधवा की पुत्री अम्मू कुट्टी से विवाह कर लिया। अम्मू उनसे उम्र में काफी छोटी थीं, पर उन्होंने उनकी शिक्षा-दीक्षा की ओर बहुत ध्यान दिया। उनके दो बेटे और दो बेटियाँ हुईं जिनमें लक्ष्मी (सहगल) और मृणालिनी (साराभाई) थीं। पिता फौजदारी के कामयाब वकील बन गये थे और माँ भी सामाजिक कार्यों में हिस्सेदारी करने लगी थीं।

1930 में पिता का देहान्त हो गया। माँ अब राजनीति में अधिक सक्रिय हो गयी थीं। काँग्रेस आन्दोलन भी उभार पर था। यही वह समय था जब लक्ष्मी सहगल भी इस दिशा की ओर भीतरी तौर पर बढ़ने लग गयी थीं। उन दिनों

गाँधी उन्हें 'मसीहा' प्रतीत होने लगे थे। उन्होंने आगे की पढ़ाई के लिए इंग्लैंड जाने से मना कर दिया और स्वतन्त्रता के लिए चलाए जा रहे आन्दोलन में हिस्सेदारी करने लगीं। वे जुलूसों-सभाओं में जातीं। पर उनके भीतर डॉक्टर बनने का सपना भी पला हुआ था। उन्हीं दिनों की बात है, जब उनकी माँ ने का. सुहासिनी को कुछ दिनों के लिए अपने घर पर रखा। तब दो वर्दीधारी उनके घर के बाहर पहरा देते। लक्ष्मी सहगल सुहासिनी के व्यक्तित्व की तरफ आकर्षित हो गयीं। वे उनसे रात-दिन बातें करतीं, संघर्षमय जीवन की गाथाएँ सुनतीं। रूसी क्रान्ति और समाजवाद के बारे में उन्हीं से सुना। अब वे चीज़ों को आर-पार देखने लग गयी थीं। देश की मेहनतकश जनता और उसके शोषकों का चेहरा उनके सामने साफ होने लगा था। सुहासिनी से ही उन्हें गाँधी के संग्राम और जवाहरलाल नेहरू की साम्राज्यविरोधी संघर्ष की असलियत को जानने का अवसर मिला। वे अपनी डॉक्टरी की पढ़ाई में व्यस्त हो गयीं, पर साम्यवादी और क्रान्तिकारी साहित्य भी प्रभावित कर रहा था। 'चीन के ऊपर लाल सितारा' पुस्तक पढ़ी जिसका उन पर गहरा प्रभाव पड़ा।

1936 में उनका विवाह बी.के.एन. राव से हो गया। पर एक छमाही में ही वे दूर हो गये। वैधानिक तौर पर उनका अलगाव आगे चलकर 1946 में हुआ।

1938 में मद्रास मेडिकल कालेज से एमबीबीएस पास करके लक्ष्मी सहगल ने वहीं सरकारी अस्पताल में प्रशिक्षण लेकर स्त्री रोग में विशेषज्ञता प्राप्त कर ली। फिर एक वर्ष तक विक्टोरिया कास्ट एंड धोजा अस्पताल में वे काम करती रहीं।

1940 में वे मद्रास छोड़कर सिंगापुर गयीं तब 11 जून का दिन था। इसका पहला कारण तो यही था कि वे अपने पति से दूर रहना चाहती थीं और सिंगापुर में उनकी डॉक्टरी प्रैक्टिस के लिए सम्भावनाएँ भी अधिक थीं। वहाँ उनके ममेरे भाई और मामी तथा एक सहपाठी रहते थे। सिंगापुर में उनका पेशा जल्दी ही ढंग से चलने लगा। उन दिनों काँग्रेस के पुराने नेता के.पी. केशव मेनन भी उधर ही थे। वे उनके पास आते तो राजनीति पर बातें होतीं। देश की हलचलों पर सबकी निगाह थी पर सिंगापुर की गतिविधियाँ भी उनके मानस से अछूती नहीं रह पा रही थीं। 1940 के अन्त में उनकी माँ और बहन भी अमरीका से इधर आ गयी थीं। सुदूर पूर्व में युद्ध की सम्भावनाएँ बन रही थीं। ऐसे में लक्ष्मी सहगल पर देश लौटने का दबाव डाला गया, पर वे इसके लिए तैयार नहीं थीं। वे एक साहसिक और उत्साहवर्द्धक अनुभव से गुजरना चाहती थीं। जब सितम्बर 1941 के आखिरी दिनों में जापान के प्रधानमन्त्री ने राष्ट्रपति रूज़वेल्ट से शान्ति वार्ता शुरू की तो लगा कि लड़ाई का खतरा टल गया है। पर ऐसा हुआ नहीं। जापानियों ने चीन पर अपना अभियान तेज करने की कवायद तो 1941 में पहले से ही

शुरू कर दी थी और इंग्लैंड तथा अमरीका के विरुद्ध प्रचार भी चल रहा था। लेकिन दिसम्बर आते-आते लोगों को रेडियो पर खबर मिली कि ऑस्ट्रेलिया की हवाई सेना ने जापानी बेड़ों को थाईलैंड की तरफ बढ़ते देखा। टोक्यो ने कहा कि जापान और थाईलैंड में मित्रतापूर्ण रिश्ते हैं इसलिए यह कोई खास बात नहीं है। अँग्रेज समझते थे कि जापान यदि सिंगापुर पर आक्रमण करेगा तो पूर्वी तट की तरफ नौसैनिकों का हमला होगा। ऐसे में इधर एक मील के भीतर के बाशिन्दों को सचेत कर दिया गया कि वे लड़ाई शुरू होते ही कहीं चले जाएँ। लक्ष्मी सहगल बताती हैं—'इन स्थितियों में हम लोगों ने तय किया कि केशव मेनन की पुत्री के घर चले जाना ठीक रहेगा क्योंकि वह द्वीप के पश्चिमी छोर पर रहती थीं और केशव मेनन की पुत्री का परिवार उनके यानी मेनन के घर चला जाएगा। यद्यपि हमें अभी तक कोई सरकारी नोटिस नहीं मिला था, फिर भी हमने बेहतर समझा कि हम लोग पहले ही वहाँ चले जाएँ। यानी मेरा चचेरा भाई पी.के. मेनन, उनकी पत्नी पद्मिनी, उनकी 6 और 2 साल की दो बेटियाँ और मेरा साथी डॉक्टर और मैं। हम लोगों ने जल्दी-जल्दी सामान बाँधा और ट्रक लेने के लिए निकले। अकसर इस काम के लिए बहुत कम खर्च की जरूरत थी पर इस समय हमारी ही तरह अनेक परिवार घर बदल रहे थे और चीनी ट्रक चालकों ने इस मौके का फायदा उठाया और अनाप-शनाप पैसे माँगे। थोड़ी देर तो हमने मोल-भाव करने की कोशिश की। पर लगा कि भाव बढ़ता ही जा रहा है इसलिए हम लोगों ने वक्त बरबाद न करके ट्रक तय कर लिया और दो घंटे में हम अपने घर आ गये। घर बदलकर हमें प्राथमिक चिकित्सा केन्द्र पर हाजिरी देनी थी। वह करीब ही था और ऐसा हमने जल्दी कर लिया। सब समझते थे कि अँग्रेज़ी लड़ाकुओं के सामने जापानी क्या टिकेंगे। और फिर उनके साथ आस्ट्रेलिया, चीन और भारत की फौजें हैं। अफवाह यह भी थी कि जापानियों की नजर कमजोर है और उनके यान चालक बम गिराते समय अपने लक्ष्य को ठीक से देख नहीं पाते। लेकिन ऐसा था नहीं। जापानियों ने जमकर बमबारी की। उन्होंने दिखा दिया कि वे अपने बल पर शक्तिशाली इंग्लैंड को शिकस्त दे सकते हैं। हम अँग्रेज़ी सम्मान पर इस सीधे आघात से बड़े उल्लसित थे। हमें जापानियों की जीत से कुछ लेना-देना न था। बात सिर्फ इतनी थी कि हम गुलाम यही देखकर बहुत खुश थे कि लगभग सारे ही पूर्व का अब तक का निरंकुश शासक एशियाइयों के हाथों पिट रहा और पस्त हो रहा है।'

उस समय का रोमांचक वर्णन लक्ष्मी सहगल के शब्दों में सुनना ही दिलचस्प है—'हम चिकित्सक केन्द्र से घर जा ही रहे थे कि अचानक कई गोलियों की आवाज आई। हम लोगों ने जल्दी से मोटर सड़क के किनारे खड़ी की और कूदकर

सड़क के किनारे एक खाई में पनाह ली। धीरे-धीरे गोलीबारी रुक गयी और उनके बाद हमारे सामने बड़ा ही अजीब दृश्य था। सिपाहियों का एक बड़ा जत्था, कीचड़ से सने फटे कपड़े पहने अपने हेलमेटों पर पेड़ों की टहनियाँ और पत्ते लगाकर अपने को छिपाए मशीनगनें लिए, आगे बढ़ता चला आ रहा था। उनके पीछे कुछ छोटे टैंक और शस्त्रवाही गाड़ियाँ आ रही थीं। कुछ क्षणों में ही हमारी समझ में यह बात आ गयी कि ये जापानी शाही सेना के सिपाही हैं। उन्होंने जैसे ही हमें देखा एक सिपाही हमारी ओर दौड़ा और हमने जल्दी से अपने हाथ ऊपर उठा दिए। उन्होंने जैसे ही देखा कि हमारे पास हथियार नहीं हैं वह आगे बढ़ गये। इससे पहले कि दूसरी टुकड़ी आ पाती हम जल्दी से सड़क के दूसरे किनारे पर भागे और सार्वजनिक निर्माण विभाग के एक हिन्दुस्तानी ओवरसियर के घर में शरण ली। उनका पूरा परिवार पहले तो बुरी तरह भयभीत हो गया लेकिन थोड़ी ही देर में वह प्रकृतिस्थ हुआ और उन्होंने हमारा स्वागत किया। मैंने खाकी पैंट और कमीज पहन रखी थी। उन्होंने हमें पहनने के लिए साड़ी दी। उसके बाद मैं चौंक गयी। पहले चाय बनायी, फिर शाम का खाना खाया। जैसे ही रात हुई हम कमरों में घुस गये और पुरुष बरामदे में बैठ गये; रात में बार-बार जापानी सिपाही हमारी तरफ आते किन्तु 'इंडो' या 'गाँधी' शब्द सुनते ही बिना हमें किसी तरह छेड़े वापस अपने रास्ते चले जाते। यह बात बड़ी ही आश्चर्यजनक थी। हम सुना करते थे कि जापानी भारतीयों को अपना मित्र मानते हैं और उन्हें हमारी आजादी की लड़ाई से पूरी सहानुभूति है और आज हम देख रहे थे कि यह भावना किस तरह छोटे सिपाही तक में मौजूद थी। यह भी एक विचित्र अविश्वसनीय सत्य था कि अहिंसादूत महात्मा गाँधी का नाम यह युद्धप्रिय जापानी कितनी इज्जत से लेते हैं। हमें बाद में नुकसान उठाकर यह पता चला कि जवाहरलाल नेहरू का नाम जापानियों में लोकप्रिय नहीं था क्योंकि उनकी दोस्ती मैडम एवं जरनल च्यांग-काई-शेक से थी।'

अब उस रात को क्या हुआ कि कुछ जापानी सैनिकों ने आकर इन लोगों से घर खाली करके जाने को कहा। बताया कि युद्ध के फौरन आसार बन रहे हैं। सामान छोड़ा और सब भाग निकले। केशव मेनन मिले तो उन्होंने बताया कि सिंगापुर का पतन हो गया है और जापान के अधिकारी हिन्दुस्तानियों से सम्पर्क में हैं। इसके दूसरे दिन ही मेनन ने बताया कि भारतीय सेना के कैप्टन मोहनसिंह और कुछ जापानी अफसरों से मिलने के लिए उनसे कहा गया है। दोनों मिले तो मेनन ने कहा कि हमें अँग्रेजों की हार का लाभ तो उठाना चाहिए परन्तु कहीं ऐसा न हो कि हम जापान के हाथ की कठपुतली बन जाएँ। इस पर ठीक से

सोचा जाना चाहिए कि अपने देश के मुक्ति-युद्ध में जापान हमारी कितनी और क्या सहायता कर सकता है। यह सवाल बहुत बड़ा था, महत्त्वपूर्ण भी।

17 फरवरी, 1942। इस दिन इंग्लैंड और आस्ट्रेलिया की सेना को भारतीय सेना से पृथक् कर दिया गया। वे दोनों फौजें पृथक् युद्धबन्दियों के कैम्पों में भेज दी गयीं। अब कैप्टन मोहन सिंह पर बड़ी जिम्मेदारी आ गयी। उन्हें 60 हजार भारतीय अफसरों और जवानों के बीच जनरल का ओहदा दे दिया गया जिन्होंने ब्रिटिश सेनाओं के साथ जापानियों के सामने आत्मसमर्पण किया था।

यह 'आज़ाद हिन्द फौज' के गठन की शुरुआत थी।

अगले दिन से ही मोहन सिंह ने दायित्व सम्भाल दिया। उन्होंने सीधे-सीधे कहा—'या तो वे आज़ाद हिन्द फौज में शामिल हों अथवा युद्धबन्दी बनें।' ज्यादा लोगों ने आईएनए में होना स्वीकार कर लिया। कुछ ऐसे भी थे जो इसके लिए तैयार नहीं हुए, पर इसके पीछे कारण था जापानियों के प्रति विश्वास का न होना।

आजादी की लड़ाई सशस्त्र संघर्ष से ही जीती जा सकती है

लक्ष्मी सहगल कहती हैं—'जहाँ तक मेरा व्यक्तिगत सवाल है, मेरा यही विचार था कि यह सुनहरा अवसर हमें नहीं गँवाना चाहिए क्योंकि अब हमें मौका मिला था कि हम अपनी आजादी के लिए एक मजबूत मुक्तिसेना बनाकर अँग्रेजों को कड़ी टक्कर दे सकते थे। मेरा शुरू से ही विश्वास था कि आजादी की आखिरी लड़ाई सशस्त्र संघर्ष से ही जीती जा सकती है। यह हमारे हाथ में था कि हम जापानियों के हाथ की कठपुतली न बन जाएँ और अगर जापानी वायदाखिलाफी करें तो हम उन्हें भी मुँहतोड़ जवाब दें।... मई, 1942 में भारतीय सेना में सेवारत डॉक्टर तथा अन्य लोग अकसर हम लोगों से मिलने आते रहते थे। उनमें से कई एक आज़ाद हिन्द फौज के बारे में अब भी अनिश्चय की स्थिति में थे। जॉन सोमसुन्दरम् और प्रेम सहगल अकसर ही हमारे यहाँ आ जाया करते। उन्हें जनरल मोहनसिंह की ईमानदारी और सच्चाई पर तो शक नहीं था, किन्तु उनका फिर भी विचार यह था कि जापानियों के विरुद्ध वह सख्ती से खड़े न हो पाएँगे। हम लोगों के साथ एक लम्बे बहस-मुबाहिसे के बाद और सेना में अपने अन्य साथियों से बातचीत के पश्चात वे अपने और कई साथियों को लेकर आज़ाद हिन्द फौज के सदस्य बन गये क्योंकि उनका विचार था कि आज़ाद हिन्द फौज को और मजबूत करने तथा उसे जापानियों के हाथ की कठपुतली बनने से बचाने के लिए यही आवश्यक था।'

मार्च 1942 में मलाया और थाईलैंड के खास भारतीयों की बैठक सिंगापुर में हुई जिसमें लोग एकमत नहीं हो पाए कि क्या किया जाए। इसमें केशव मेनन के अलावा सिंगापुर के प्रसिद्ध भारतीय वकील गोहा, पेनांग के मशहूर वकील एन. राघवन, पत्रकार नीलकांत अय्यर, थाईलैंड के स्वामी सत्यानन्द पुरी आदि ने भागीदारी की। उन्हें भारत के प्रसिद्ध क्रान्तिकारी रासबिहारी बोस का आमन्त्रण मिला जो जापान में रह चुके थे। वे लार्ड हार्डिंग बम केस से जुड़े थे और उन्हें इंग्लैंड की सरकार ने उन पर मुकदमा चलाने के लिए वापस माँगा था, परन्तु जापान सरकार ने ऐसा नहीं किया। वे पूर्वी-एशिया में भारतीय स्वातन्त्र्य समिति का गठन कर रहे थे। वे किसी बड़े अवसर की तलाश में थे। वक्त पर उनकी नजर थी। शायद अब उनका सपना पूरा होने जा रहा था। उन्होंने इस मौके पर कतिपय भारतीय नागरिकों और सैन्य अधिकारियों को जापान जाकर वहाँ के प्रधानमन्त्री तोजो और उनके सहयोगियों से वार्ता के लिए बुलाया जिसमें यह फैसला लिया जाना था कि मलाया और बर्मा में ब्रिटिशों की पराजय के बाद भारत की आजादी के लिए किस तरह काम किया जा सकता है।

एक शिष्टमंडल जापान पहुँचा जिसमें जनरल मोहनसिंह, ले. कर्नल एन.एस. गिल और कैप्टन इकराम थे ही, भारत के नागरिक प्रतिनिधि के रूप में केशव मेनन के अलावा गोहा, राघवन, नीलकांत अय्यर और स्वामी सत्यानन्द पुरी रहे। सभी लोगों को जापानी सेना के दो जहाजों से ले जाया गया। परन्तु यह बैठक एक जहाज के दुर्घटनाग्रस्त होने के चलते असफल हो गयी जिसमें अय्यर, इकराम और पुरी थे। यह बड़ा हादसा था जिसमें कोई नहीं बचा। ऐसे में रासबिहारी बोस ने सिंगापुर वापस आकर वहीं से अपना काम शुरू कर दिया।

जापान में बैठक हुई थी और 22 को भारतीयों ने एक जनसभा की जिसमें हवाई जहाज दुर्घटना में मारे गये लोगों को श्रद्धांजलि अर्पित की गयी। टोक्यो में जो बैठक हुई उसमें तोजो ने स्पष्ट किया कि जापान सरकार का ऐसा कोई इरादा नहीं है कि जीत के बाद भारत पर अपना आधिपत्य जमाए।

अब भारतीय स्वातन्त्र्य लीग के गठन की तैयारी शुरू कर दी गयी जिसके प्रमुख रासबिहारी बोस बने। इसका प्राथमिक उद्देश्य यही था कि आसपास के भारतीयों को इससे जोड़ा जाए। ऐसा आर्थिक सहूलियत के लिए भी किया गया। लीग ने कुछ प्रस्ताव भी पारित किए। वे जापानी सरकार को भी भेजे गये। लीग देश की सम्पूर्ण आजादी की पक्षधर थी। इसके प्रस्तावों से आज़ाद हिन्द फौज के अधिकृत रूप से गठन का रास्ता भी साफ हो गया। जनरल मोहन सिंह इसके कमांडिग आफिसर नियुक्त किए गये। आज़ाद हिन्द फौज और लीग के नियन्त्रण

के मकसद से एक कार्यकारिणी का भी गठन किया गया जिसमें रासबिहारी बोस, जनरल मोहन सिंह, ले. कर्नल गिलानी, केशव मेनन और राघवन को रखा गया। यह स्पष्ट कर दिया गया था कि देश की आजादी के सवाल पर जापान के किसी हस्तक्षेप को सहन नहीं किया जाएगा।

केशव मेनन लीग के प्रचार विभाग के खास थे। उन्हें जापान के नियन्त्रणवाले स्योनोन रेडियो से भारतीयों के लिए हर रोज हिन्दी, अँग्रेजी और क्षेत्रीय भाषाओं में प्रसारण की इजाजत दे दी गयी जिसमें के.पी.के. मेनन एक प्रमुख उद्घोषक थे। इसका विशेष उपयोग यह था कि लीग और आज़ाद हिन्द फौज के बारे में देशवासियों और जापान-सम्बन्धों को लेकर लोगों को सन्देश के जरिए भ्रम में न रखा जाए। देश की आजादी का अभियान अब तेजी से चल पड़ा था। सभी में उम्मीद और उत्साह था। कुछ कर गुजरने का हौसला भी।

लक्ष्मी सहगल बताती हैं—'मैंने रेडियो से अपना प्रथम प्रसारण 19 अगस्त को किया। न तो मुझे पहले से कुछ हिदायतें दी गयीं और न ही मेरी तकरीर की पहले से कोई जाँच-पड़ताल की गयी। उस समय तक मेरे मन में किसी विशेष राजनीति की ओर झुकाव नहीं था। इस अवसर का लाभ उठाते हुए मैंने अपने परिवारवालों पर सिर्फ यह जाहिर कर देना चाहा था कि मैं यहाँ सकुशल हूँ और जापानियों का व्यवहार भारतीयों के प्रति बहुत अच्छा है। अन्त में मैंने अपने देशवासियों से अपील की कि वे युद्ध में अँग्रेजों की कोई मदद न करें और इसके लिए बरखिलाफ जहाँ मौका मिले उनके युद्ध प्रयासों में तोड़-फोड़ करें।'

देश में 9 अगस्त को 'भारत छोड़ो आन्दोलन' का प्रस्ताव काँग्रेस पास कर चुकी थी। लक्ष्मी सहगल समझ रही थीं कि काँग्रेस ने भी अब आजादी के लिए अन्तिम लड़ाई शुरू कर दी है। उन्हें लग रहा था कि आज़ाद हिन्द फौज का गठन इस मकसद में और भी मददगार होगा।

अब आज़ाद हिन्द फौज की टुकड़ियों को संगठित और लैस किया जाने लगा। उनके प्रशिक्षण की व्यवस्था की गयी। इरादा अब सम्पूर्ण सैन्य अभियान का था और तय हुआ कि सेना पहले बर्मा और उसके बाद भारत में प्रवेश करेगी। मोहन सिंह के नेतृत्व में सिंगापुर में एक जुलूस निकाला गया जिसमें सड़कों पर राष्ट्रीय तिरंगा दिखाई दिया। वहाँ आम सभा भी हुई जिसमें मोहनसिंह ने भाषण दिया। लक्ष्मी सहगल ने उन्हें पहली बार बोलते हुए सुना। बताती हैं—'जनरल मोहन सिंह के प्रयासों का आकलन कोई कठिन काम नहीं है। अब वह एक नूतन धर्मावलम्बी के रूप में उभरे थे। अपने पारम्परिक सिख बाने में वह धर्मयुद्ध नायक की साक्षात मूर्ति दिखाई देते थे। उनकी ईमानदारी और निष्ठा पर सन्देह

होने का प्रश्न ही नहीं उठता था। भारतीय सेना के जवानों को वे विशेष रूप से आकर्षित करते थे क्योंकि वे महसूस करते थे कि वह उन्हीं में से एक हैं। जापानियों ने उनके असर को आंक लिया था इसलिए उन्हें आज़ाद हिन्द फौज के गठन को और आगे बढ़ाने के लिए अपरिमित अधिकार दे दिए। अभी तक नागरिकों की भर्ती की कोई कोशिश नहीं की गयी थी। स्त्रियों का तो यहाँ इस सेना में कोई स्थान ही नहीं था।'

जापान ने प्रारम्भ में उत्साह दिखाया। बाद में आज़ाद हिन्द फौज के प्रति उनका रवैया टाल-मटोल जैसा बन गया। उनकी तरफ से शस्त्र नहीं भेजे जा रहे थे। जो संघर्ष समिति बनी थी वह इस स्थिति में अजीब-सा महसूस कर रही थी। लगने लगा था कि स्थितियाँ अनुकूल नहीं बन पा रही हैं।

तभी सुना गया कि दक्षिण-पूर्व एशिया में रह रहे भारतीयों के नाम सुभाषचन्द्र बोस रेडियो टोक्यो से अपना सन्देश प्रसारित कर रहे हैं। उन्होंने कहा कि वे टोक्यो पहुँच चुके हैं और जल्दी ही उन लोगों से भेंट करेंगे। उनकी यह भी अपील थी कि देशवासी आजादी के लिए अपना संघर्ष जारी रखें क्योंकि लड़ाई अब अन्तिम स्थितियों में है।

ऐसा लगा कि एक महान व्यक्तित्व आया...

वह 2 जुलाई, 1943 का दिन था। लक्ष्मी सहगल के लिए कुछ अलग-सा। उनसे तथा कुछ अन्य महिलाओं से येल्लप्पा ने कहा कि वे लोग लीग के कार्यालय में आएँ जहाँ एक जरूरी मीटिंग होने जा रही है। उस बैठक में एक दर्जन महिलाएँ थीं जिनसे येल्लप्पा बोले कि कल सुभाषचन्द्र बोस पहुँच रहे हैं और स्वागत समिति में उन लोगों को रहना है और प्रातः हवाई अड्डे पर पहुँचना है। लक्ष्मी सहगल के शब्दों में—'हवाई अड्डा जापानियों के नियन्त्रण में था और उस पर जबरदस्त पहरा था। शुरू में तो वे आज़ाद हिन्द फौज के वरिष्ठ अधिकारियों के अलावा किसी को भी वहाँ जाने नहीं देना चाहते थे। लेकिन काफी गरमागरमी से भरे बहस-मुबाह से के बाद वे इस बात पर राजी हुए की आज़ाद हिन्द फौज के मेजर पद तक अधिकारी, पूरी गार्ड ऑफ़ आनर, भारतीय स्वातन्त्र्य लीग की सिंगापुर तथा अन्य शाखाओं की कार्यकारिणी के सभी सदस्य तथा हम सभी महिला सदस्य सुभाषचन्द्र बोस के स्वागत के लिए उपस्थित हो सकते हैं। हम सभी सुवह 8 बजे हवाई अड्डे पहुँच गये। पूरा वातावरण उत्साह और भावुकता से परिपूर्ण था लेकिन जैसे-जैसे समय बढ़ रहा था, हमारा जोश ठंडा पड़ता जा रहा था। 11 बजते न बजते हमें विश्वास हो चला कि यह सब झूठ था और

सुभाष बाबू को आना-अवाना नहीं है। लेकिन दोपहर में बताया गया कि सुरक्षा की दृष्टि से हवाई जहाज इस हवाई अड्डे पर न उतार कर द्वीप के दूसरे सिरे पर सैनिक हवाई अड्डे पर उतारा गया है और वहाँ से वह मोटरकार से यहाँ आएँगे। लगभग एक घंटे में गाड़ियों का एक काफिला दिखाई दिया। पहली गाड़ी से ही सुभाष बाबू उतरे। वह थके-से दिखाई दे रहे थे। उन्हीं के साथ रासबिहारी बोस थे और एक नागरिक सहायक थे जिनके बारे में मालूम हुआ कि वह आबिद हसन हैं। कुछ भारतीय और जापानी अफसर भी थे। सुभाष बाबू ने गार्ड ऑफ आनर का निरीक्षण किया। हमारा स्वागत स्वीकार करते हुए कुछ देर हमारे साथ रहे और इसके बाद फिर किसी अज्ञात जगह पर चले गये। कुछ ऐसा लगा जैसे कि हमारी उमंगें उच्च शिखर से नीचे धरातल पर आ गयी हों, क्योंकि हम लोग न जाने क्या-क्या आशा लगाए बैठे थे। हालाँकि यदि हमसे पूछा जाता कि हम क्या आशा लगाए बैठे थे तो हममें से कोई इसका उत्तर निश्चित रूप से न दे पाता। ऐसा लगा कि एक महान व्यक्तित्व आया और चला गया—बस। जहाँ तक मेरा सवाल है मैंने सुभाष बाबू को कोई पहली बार ही नहीं देखा था। जैसे ही वह गाड़ी से उतरे मेरे सामने 15 साल पहले मध्य दिसम्बर, 1928 की कलकत्ता की वह कोहरा भरी धूमिल सुबह घूम गयी। भारतीय राष्ट्रीय काँग्रेस का वार्षिक अधिवेशन कलकत्ते में हो रहा था। काँग्रेस के साधारण कार्यकर्त्ताओं के दिमाग में यह बात बैठी थी कि इस अधिवेशन में नेहरू पिता और पुत्र के बीच शक्ति परीक्षण होनेवाला है। किन्तु वह थे काँग्रेस के विद्रोही उग्रवादी सुभाषचन्द्र बोस। सुबह-सुबह हम लोग उनकी वालंटियर परेड देखने गये थे। यद्यपि उन लोगों के पास हथियार नहीं थे किन्तु वे जिस चुस्ती और फुर्ती से परेड कर रहे थे वह किसी भी अच्छी लड़ाकू सेना के लिए गौरव की बात हो सकती थी। सुभाष बाबू एक मंजे हुए सैनिक अफसर की तरह परेड की अगुवाई कर रहे थे। और आज इतने लम्बे समय के बाद वह सचमुच एक संगठित सेना के नायक के रूप में उपस्थित हुए थे।'

यह वे स्मृतियाँ हैं जो लक्ष्मी सहगल के मस्तिष्क में विद्यमान थीं जिनसे सुभाषचन्द्र बोस की एक नेतृत्वकारी छवि निर्मित होती है। यह उनके विगत रूप से सर्वथा भिन्न थी और यह भी कि इस शख्स में वह खूबी है कि देश से बाहर भी मुक्तियुद्ध का सैन्य संचालन कर सकता है।

...अगले रोज सुभाष बाबू से उन लोगों की मुलाकात हुई। प्रेम सहगल ने कहा कि अब से हम लोग सुभाष बाबू को केवल 'नेता जी' कहकर सम्बोधित करेंगे। लक्ष्मी सहगल के अनुसार इस पर सुभाष बाबू ने आपत्ति व्यक्त की थी,

पर किसी ने सुना नहीं। *वे बताती हैं कि 'जयहिन्द' का नारा आबिद हसन ने ही दिया था, वह उन्हीं की ईजाद थी।*

और फिर 4 जुलाई को सिंगापुर के सबसे बड़े कैथॉय हॉल का दृश्य। यहाँ दक्षिण-पूर्व एशिया में बसे भारतीयों का सम्मेलन। मंच पर भारतीय स्वातन्त्र्य लीग के अधिकारीगण और आज़ाद हिन्द फौज के पदाधिकारी। सबसे पहले 'वन्देमातरम्' गाया गया। फिर रासबिहारी बोस ऊपर आए। उन्होंने एक छोटा लेकिन गम्भीर वक्तव्य दिया। कहा कि उन्हें उनका लक्ष्य प्राप्त हो गया है। मैंने भारत की आजादी की मशाल जापान और दक्षिण-पूर्व एशिया में 30 वर्षों तक जलाए रखी और अब जबकि देश की आजादी का अन्तिम अभियान होने जा रहा है, तब मैं अपना सम्पूर्ण उत्तरदायित्व सुभाष बाबू को सौंप रहा हूँ। उन्होंने यह भी कहा कि राष्ट्रीय आन्दोलन में अपने महान योगदान और भारत के भीतर अपने विशाल समर्थन को देखते हुए वे इस पद के लिए सर्वथा योग्य व्यक्ति हैं। रासबिहारी यह भी बोले कि जहाँ तक उनका सवाल है वह कोई सम्मान या सम्माननीय पद नहीं चाहते। वह पदमुक्त होकर जापान जा रहे हैं। जहाँ पर वह अन्तिम विजय का बेसब्री से इन्तजार करेंगे।

सुभाष बाबू ने नेतृत्व सम्भाला

हम उस चित्र को देख रहे हैं जिसमें सुभाष इस नेतृत्व के लिए आगे आए। वह सफेद सादा सूट पहने हुए हैं और उनके सिर पर सफेद गाँधी टोपी लगी हुई है। जैसे ही सुभाष बाबू बोलने के लिए खड़े हुए उनका जोरदार स्वागत हुआ। पूरा हाल तालियों से गूँज उठा। वे हिन्दुतानी में बोले। आजादी की लड़ाई के लिए अब तक लड़े जा रहे संग्राम पर कुछ कहते हुए उन्होंने गाँधी की भी प्रशंसा की। पर उन मतभेदों को भी वे नहीं भूले जो काँग्रेस में उनके रहते हुए उठे।

5 जुलाई को सुभाष बाबू ने आज़ाद हिन्द फौज के जवानों, पदाधिकारियों और नागरिकों की मिली-जुली सभा को सम्बोधित किया। उस दिन वे फौजी वर्दी में थे। कुछ ऊँचे सैन्य जूते और सिर पर खाकी टोपी जिस पर आज़ाद हिन्द फौज का बिल्ला लगा था। इस सभा में उन्होंने 'जयहिन्द' और 'दिल्ली चलो' का नारा दिया।

नेताजी के स्वागत में सब मन्त्रमुग्ध थे। खड़े होकर लोगों ने अभिवादन किया। सैनिकों ने अपनी रायफलें ऊपर उठा लीं। सब तरफ शोर और आजादी के नारे। इसी समय उन्होंने घोषणा की कि आज़ाद हिन्द फौज तब तक अधूरी रहेगी, यदि उसमें महिलाएँ नहीं होंगी। उनकी इच्छा थी कि इस सशस्त्र लड़ाई

में महिलाएँ आगे बढ़कर हिस्सेदारी करें। उन्होंने कहा कि 1857 के संग्राम की वीरांगना रानी लक्ष्मीबाई के नाम पर 'रानी झाँसी रेजिमेंट' बनाई जाए। लक्ष्मी सहगल कहती हैं कि उनके लिए सुभाष बाबू के भाषण का वह सर्वाधिक महत्त्वपूर्ण हिस्सा था जबकि दूसरे कुछ लोग आज़ाद हिन्द फौज में इसे असम्भव मान रहे थे। सुभाष बाबू के भाषण के समय पानी बरसने लगा था पर सब उन्हें एकाग्र होकर सुनते रहे।

अगले दिन जापानी युद्धमन्त्री जनरल हिदेकी तोजो आए और उन्होंने व सुभाष बाबू ने आज़ाद हिन्द फौज की एक परेड की सलामी ली।

9 जुलाई को सुभाष बाबू एक और मीटिंग में बोले। यहाँ भी उन्होंने 'रानी झाँसी रेजिमेन्ट' बनाने पर विशेष जोर दिया। इसे सुनने लक्ष्मी सहगल पहुँची थीं। लौटीं तो रात भर सो न सकीं। उनके दिमाग में आता रहा कि सुभाष बाबू का यह सपना कैसे सच होगा। भीतर अनेक सवाल घुमड़ रहे थे। क्या सचमुच स्त्रियों की फौज बन सकती है। क्या इसकी तनिक भी सम्भावना है, और अगर ऐसा हो पाता है तो अचम्भे की बात होगी... सुभाष बाबू सचमुच प्रगतिशील नजरिए के हैं।

येल्लप्पा ने उन्हें सवेरे ही बुलवा लिया। उन्होंने कहा कि सुभाष बाबू 'रानी झाँसी रेजिमेन्ट' के लिए बातचीत करना चाहते हैं। तय हुआ कि 12 जुलाई को सभा रखी जाए जिसमें महिलाओं की ओर से सुभाष बाबू को गार्ड ऑफ आनर दिया जाए। बड़ी मेहनत से 20 महिलाएँ इसके लिए तैयार की गयीं। आज़ाद हिन्द फौज की तरफ से कुछ शस्त्र भेज दिए गये थे। अब उन्हें सैनिक कवायद सिखाई जाने लगी। ऐसा सुबह और शाम दोनों वक्त किया जाता। यह सारी तैयारी खामोशी से चलाई गयी ताकि सुभाष बाबू एकाएक उसे देखकर उत्साह से चौंक उठें। यह सचमुच रानी झाँसी रेजिमेन्ट की नींव बनाने जैसा था। 'वन्देमातरम्' की जगह 'जन-गण-मन' गाया गया। सुभाष बाबू ने एक समिति बना कर आज़ाद हिन्द फौज का गीत 'सब सुख चैन की बरखा बरसे, भारत भाग्य है जागा' तैयार कराया।

महिला सभा के दूसरे दिन येल्लप्पा ने कहा कि सुभाष बाबू उनसे मिलना चाहते हैं। लक्ष्मी सहगल पुलकित हो गयीं। सुनिए उनके शब्दों में—'मैं इस सम्मान से हर्ष-विभोर हो उठी। पर साथ ही एक भय भी मन में व्याप्त हो रहा था क्योंकि मैं जानती थी कि अब अपनी पिछली जिन्दगी से तो पूरी तरह नाता तोड़ना और एक कतई नये ढंग की साहसिक खतरे भरी जिन्दगी जीनी पड़ेगी। किन्तु मैं तो इस जिन्दगी का पहले से ही इन्तजार कर रही थी इसलिए इस भय

को फौरन त्यागकर मैं उत्फुल मन से नेताजी से मिलने चल दी। नेताजी से मेरी बातचीत उनके सरकारी निवास पर ही हुई। हम लोग तीन घंटे तक बात करते रहे। अभी तक मैंने नेताजी को दूर से मात्र एक नेताजी के रूप में देखा और केवल उनका भाषण सुना था। आज हम आमने-सामने बात कर रहे थे। वह बहुत खुश थे। उनके दोस्ताना और बेतकल्लुफ अन्दाज से मुझे बहुत इत्मीनान रहा। उन्होंने कहा कि उन्हें नारी शक्ति पर पूरा विश्वास है। *उन्हें यकीन था कि अगर औरतों को मौका दिया जाए तो उसके लिए कोई काम असम्भव नहीं है। उनके विचार से स्त्री और पुरुष समूचे समाज के दो समान अंग हैं। इसलिए इस स्वतन्त्रता संग्राम में भी उन्हें मौन-दृष्टा नहीं रहना चाहिए बल्कि सक्रिय भाग लेना चाहिए। उनका यह भी विचार था कि इस तरह हम एक पन्थ दो काम करेंगे। हम विदेशी साम्राज्यवादी शत्रु को तो हराएँगे ही, पुरुष समाज द्वारा स्त्रियों के दमन और उनकी पराधीनता पर भी विजय पाएँगे। इस तरीके से हम समान अधिकारों की माँग कर सकेंगे और पुरुषों द्वारा किए जानेवाले शोषण को समाप्त कर सकेंगे। उन्होंने मुझसे पूछा कि क्या मैं 'रानी झाँसी रेजिमेन्ट' का कमांड सम्भाल सकती हूँ?* उन्होंने भविष्य में सम्भावित सारे खतरों से आगाह कर दिया। साथ ही यह भी कह दिया कि वह मुझसे किसी किस्म की सुरक्षा का कोई वायदा नहीं कर सकते हैं। मैंने उनकी हर बात को गौर से सुना और इसके बाद मैंने उनसे कह दिया कि मैं बिना किसी शर्त के उनका समर्थन करती हूँ। मैंने उन्हें बताया कि जिस दिन से उन्होंने इस रेजिमेन्ट का जिक्र किया था उसी दिन से मैं इसके सम्बन्ध में बड़ी गम्भीरता से सोच रही थी और यह तय कर लिया था कि भर्ती शुरू होते ही मैं स्वयं इस रेजिमेन्ट में भर्ती अवश्य हो जाऊँगी। बात को खत्म करते हुए उन्होंने कहा कि दूसरे दिन से ही मैं अपना काम सम्भाल लूँ। मुझे मुख्यालय में ही एक दफ्तर दे दिया जाएगा और मैं अपनी रेजिमेन्ट तैयार करने का कार्यक्रम प्रारम्भ कर दूँ।

14 जुलाई को सवेरे ही लक्ष्मी सहगल ने रेजिमेन्ट का काम सम्भाल लिया। उनके दरवाजे पर एक स्टाफ कार उन्हें लेकर दफ्तर चल पड़ी। आबिद हसन की सलाह पर वे पहले उन महिलाओं को लेकर काम शुरू करने में लग गयीं जो नेताजी के गार्ड ऑफ आनर में आई थीं। पर उनमें से सिर्फ 15 महिलाएँ ही इसके लिए तैयार हुईं। शेष के लिए अन्य पारिवारिक दायित्वों के चलते आना सम्भव नहीं हो पा रहा था। इनका प्रशिक्षण उन्होंने शुरू कर दिया। प्रशिक्षकों का चुनाव नेताजी ने स्वयं किया था। 'रानी झाँसी रेजिमेन्ट' की स्त्रियों को वे 'रानी' कहा करते थे। धीरे-धीरे इनकी संख्या सैकड़ा पार गयी।

आज़ाद हिन्द फौज की इस 'रानी झाँसी रेजिमेन्ट' के प्रति सब जगह उत्साह था। लक्ष्मी सहगल जहाँ जातीं, महिलाएँ उनसे मिलकर रेजिमेन्ट से जुड़ने की इच्छा व्यक्त करतीं। कुछ नाम उन्हें याद थे, जैसे क्वालालम्पुर की थेवर, जानकी और पापथी। पूनम्मा नवरत्नम और रोजम्मा नवरत्नम बहनें थीं इपोह की और वहाँ की ही ब्लांश थीवी व दास।

19 अक्टूबर को नेताजी ने उन्हें बुलाया और कहा कि वह 21 अक्टूबर को स्वतन्त्र भारत की अस्थाई सरकार की घोषणा करना चाहते हैं। वे स्वयं उस सरकार के अध्यक्ष होंगे और दूसरे सैनिक अफसरों के साथ नागरिक नेताओं का एक मन्त्रिमंडल भी। लक्ष्मी सहगल से उन्होंने पूछा कि क्या वे स्त्रियों की समस्याओं को लेकर उस मन्त्रिमंडल में कोई प्रभावी पद ले सकती हैं? कुछ सोच-विचार कर उन्होंने उसे स्वीकार कर लिया। नेताजी इस मामले में बहुत स्पष्ट थे कि वे देश से बाहर स्वतन्त्र भारत की एक अस्थाई सरकार कर गठन कर रहे हैं, जो स्वतन्त्रता के इस संघर्ष को मातृभूमि तक ले जाकर वहाँ चल रहे संघर्ष में हिस्सेदारी करनेवाली ताकतों से एकीकरण का काम करेगी। मन्त्रिमंडल में नागरिक सदस्य थे एस.ए. अय्यर प्रचार मन्त्री, आनन्द मोहन सहाय मन्त्रिमंडल सचिव, करीम गनी, सरकार, दोस्त मोहम्मद खान, देवव्रत दास, ईश्वर सिंह और लक्ष्मी सहगल को सलाहकार बनाया गया। सैनिक सदस्यों में कर्नल भोंसले, क. चटर्जी, क. लोगनाथन्, क. एहसान कादिर, क. भगत, क. जमाल कियानी, क. अजीज अहमद, क. शहनवाज खान और ले.के. गुलजारा सिंह।

अगले दिन मन्त्रिमंडल के सदस्यों की नेताजी के घर बैठक हुई। 21 अक्टूबर को एक बड़े समारोह में नेताजी ने इस सरकार की घोषणा कर दी। वह देश की आजादी की लड़ाई के इतिहास का अनोखा दिन था जब वहाँ कैथॉय हॉल में दक्षिण-पूर्व एशिया के 30 लाख भारतीयों के प्रतिनिधि उपस्थित थे। अजब दृश्य था। रोमांच से भरपूर। भीगी आँखों से नेताजी सुभाषचन्द्र बोस ने ईश्वर और 40 करोड़ देशवासियों को साक्षी मानकर अपने पद की शपथ ली और देश की पूर्ण आजादी के लिए अनवरत लड़ने का संकल्प लिया। उसके बाद सभी के शपथग्रहण का कार्यक्रम सम्पन्न हुआ। आसमान ने जैसे फूल बरसाए हों और सब तरफ हर्ष ध्वनि थी युद्ध की हुंकार के साथ।

दो दिन बाद ही मन्त्रिमंडल की पहली बैठक हुई। नेताजी ने सभी को बताया कि उनकी अस्थाई सरकार को जापान, जर्मनी और इटली ने मान्यता प्रदान कर दी है। वे कुछ और कह ही रहे थे कि तभी किसी ने एक पुर्जा लाकर दिया जिसमें लिखा था कि आयरलैंड ने भी सरकार को मान्यता देने की घोषणा की है। उसके बाद नेताजी ने अँग्रेज़ी साम्राज्यवाद के विरुद्ध युद्ध की घोषणा की,

अनेक महिलाओं ने अपने आभूषण नेताजी को अर्पित कर दिए। छोटे-छोटे दुकानदारों और व्यापारियों ने भी चन्दा दिया। कुछ ने अपनी महीने की आमदनी में से नियमित कुछ देने का फैसला किया। सारा नजारा किसी सपने की मानिन्द था जो साकार हो रहा था।

आज़ाद हिन्द सरकार सब पक्षों पर विचार कर रही थी। एक 'राष्ट्रीय एकता उप समिति' भी बनी जिसमें लक्ष्मी सहगल को रखा गया। राष्ट्रभाषा के मुद्दे पर भी विचार हुआ। आज़ाद हिन्द फौज के सेनानियों को शिक्षित करने का काम भी किया जाने लगा। सबसे खास बात यह थी कि जिन महिलाओं को अब तक घर की चहारदीवारी के भीतर रहने और पिछड़ा हुआ माना-समझा जाता था वे अब युद्ध भूमि में देश की आजादी के लिए पुरुष सैनिक के कन्धे से कन्धा मिलाकर चल रही थीं। यह नेताजी का ही करिश्मा था। इसे इससे पहले किसी ने सोचा, न देखा था। सब कुछ अटूट एकता के सूत्र में बँधा हुआ। मानो एक संयुक्त परिवार हो और सब उसके निष्ठावान सदस्य। एक सांस्कृतिक कार्यक्रम में लक्ष्मी सहगल के लिखे व निर्देशित किए गये 'आजादी या मौत' की अनूठी प्रस्तुति की गयी। आज़ाद हिन्द फौज के उल्लास और साहस से भरपूर मुक्तियुद्ध के उस अभियान को जिन आँखों ने भी देखा, वे धन्य हो गयीं।

1944 का वर्ष। नेताजी के बुलावे के अनुसार लक्ष्मी सहगल को पहले बैंकाक जाना था, फिर वहीं से उनके साथ रंगून। वे उनके साथ कुछ अन्य फौजी अफसरों सहित रवाना हो गयीं। बैंकाक में थाईलैंड के प्रधानमंत्री फील्डमार्शल फीबाल भोज में आए। उनकी पत्नी ने लक्ष्मी सहगल से मिलना चाहा। उन्हें 'रानी झाँसी रेजिमेन्ट' में रुचि थी। वे इसके बाद रंगून रवाना हो गये।

आज़ाद हिन्द फौज बढ़ती जा रही थी। नयी भर्तियाँ हो रही थीं। सब तरफ से मदद मिलना उत्साह को और भी बढ़ाने वाला था। रंगून रेडियो से नेताजी के भाषण का रोज प्रसारण होता। दो बार लक्ष्मी सहगल के भाषण का भी प्रसारण हुआ। 'रानी झाँसी रेजिमेन्ट' में जो भी उन महिलाओं को काम करते देखता वही दंग रह जाता। लक्ष्मी सहगल मानती थीं कि 30 मार्च का दिन उनके लिए जीवन में सर्वाधिक गौरवशाली रहा। उस दिन उनकी रेजिमेन्ट की अफसरों की पहली मार्निंग परेड थी। आठ नौजवान लड़कियों को कमीशंड अफसरों का ओहदा मिला था। उन लोगों को लिखित और प्रयोगात्मक पूरा इम्तहान उसी तरीके से पास करना पड़ा था जिस प्रकार का सैनिक प्रशिक्षण स्कूलों में पुरुष अफसरों को करना पड़ता था। अब वह कमीशंड अफसर बना दी गयी थीं और अपनी रेजिमेन्ट के साथ आज़ाद हिन्द फौज का अंग बन गयीं। चूँकि नेताजी और कर्नल भोंसले बर्मा में थे इसलिए कार्यकारी सेनाध्यक्ष कर्नल नय्यर ने परेड की सलामी ली।

30 मई को एक सांस्कृतिक आयोजन किया गया। उस दिन मोर्चे पर जानेवाली सेना की विदाई थी। एक जून को सभी एक हुए। नेताजी भी। लक्ष्मी सहगल की रेजिमेन्ट के कैम्प में विदाई आयोजन था। रात्रि में शत्रु के बमवर्षक दिखाई दिए यानी अब युद्ध सन्निकट था। लोग खाइयों में पहुँच गये। नेताजी ने मोर्चा सम्भाल लिया। इस रेजिमेन्ट को दूसरी जगह भेज दिया गया। यह इम्फाल का मोर्चा था। भारत-बर्मा सीमा पर वर्षा शुरू हो गयी थी। यह उनके अनुकूल नहीं था पर इससे बचने का कोई उपाय न था। जैसे ही यह पता लगा कि इम्फाल में सेना बढ़ा दी गयी है, उनके कमांडर ने वहाँ से वापस होने का आदेश दिया। जून की 26 तारीख थी जिस दिन ऐसा करने को विवश होना पड़ा। यद्यपि इस समय तक रानी झाँसी रेजिमेन्ट का पहला जत्था रंगून आ गया था। युद्ध जारी था। नेताजी योजनानुसार काम कर रहे थे। वे रंगून आए और उन्होंने बैंक ऑफ आज़ाद हिन्द फौज की शुरुआत की। उन्हें बड़ी मात्रा में धन मिल रहा था। महिलाएँ अपने जेवर उनको समर्पित कर रही थीं। यह सब बहुत उत्साहवर्द्धक था। मैंम्यों में युद्ध की स्थिति में काफी नुकसान भी हुआ।

21 सितम्बर को नेताजी मांडले आए। वहाँ उन्होंने सम्मेलन बुलाया जिसमें उत्तरी बर्मा के सभी भारतीय स्वातन्त्र्य लीग के सदस्य थे। आज़ाद हिन्द फौज के अधिकारी और मंत्रिमंडल के सदस्य भी उसमें थे। उन्होंने दुनिया की परिस्थितियाँ सबके सामने रखीं। रूस के विरुद्ध जर्मन मोर्चे का पतन हो गया था। योरोप में अब लड़ाई का भिन्न रूप बन रहा था। जापान पर मित्र राष्ट्रों का संयुक्त हमला होने की सम्भावनाएँ थीं। पर नेताजी आज़ाद हिन्द फौज को किसी तरह पीछे हटते नहीं देखना चाहते थे। उनकी मंशा थी कि संघर्ष जारी रहे। अँग्रेज इस दुष्प्रचार में लगे थे कि वे जापान के हाथों में खेल रहे हैं। पर असलियत यह न थी। वे चाहते थे कि उनकी लड़ाई का सत्य देशवासियों तक पहुँचे और देश के भीतर उनका स्वागत एक क्रान्तिकारी सेना के तौर पर हो जो मुक्ति के लिए संघर्षरत है। सारी स्थितियों और कठिनाइयों पर विचार-विमर्श जारी था। यह भी कि यदि इस लड़ाई में नेताजी पकड़े जाते हैं तब क्या किया जाना चाहिए। नेताजी का स्वयं मत था कि वैसे हालात में सैनिक अदालत का सामना किया जाए जिससे उनकी लड़ाई और उसके मकसद से देश के लोग भलीभाँति अवगत हो सकें।

भारी भरकम काफिला मैंम्यों से चल पड़ा। फिर पिन्निना होते हुए जियावाड़ी पहुँचे। लक्ष्मी सहगल ने तय किया कि वे रंगून वापस नहीं जाएँगी। पहले वे मैंम्यों गयीं। फिर कालो ताकि वहाँ बहुत पुराने और कमजोर मरीजों के लिए अस्पताल में काम किया जा सके। नेताजी कालो में भी स्थिति देखने आए जहाँ लक्ष्मी सहगल ने उन्हें अन्तिम बार देखा।

लड़ाई जारी थी। बर्मा में अँग्रेज आगे बढ़ रहे थे। नेताजी ने शीघ्र ही रंगून छोड़ने का निश्चय कर लिया पर वे अपनी रानी झाँसी रेजिमेन्ट की सदस्यों को सुरक्षित हटाना चाहते थे। छुटपुट लड़ाइयों के चलते और थोड़ी-बहुत हानि उठाते हुए नेताजी के नेतृत्व में लोग बैंकाक पहुँच गये।

पर मोर्चा तो हारा जाने लगा था। 28 मई को अजीब स्थिति आ गयी। सुबह ही लक्ष्मी सहगल जहाँ थीं वहाँ उन्हें जापानी सिपाहियों ने ही घेर लिया। उन्होंने टूटी-फूटी भाषा में बताना चाहा कि वे शत्रु छापामार नहीं हैं बल्कि आज़ाद हिन्द फौज के सिपाही हैं, पर जापानी अफसरों के आने पर उन लोगों की शिनाख्त हुई और वे सब बच पाए।

इस लड़ाई में येल्लप्पा शहीद हो गये। सम्पूर्ण घटनाक्रम को दर्शाने के लिए यहाँ स्थान नहीं है। संक्षेप में बताया जा सकता है कि 4 मार्च, 1946 को लक्ष्मी सहगल पहरेदारी में देश लौट आईं। उन्हें यहाँ तक लेकर अँग्रेज अफसर आए थे। उस दिन दमदम हवाई अड्डे पर जब वे उतरीं तब एक भी परिचित उन्हें लेने नहीं पहुँचा। जैसे ही वे एअरपोर्ट भवन में दाखिल हुईं, एक पुलिस अफसर उनके पास आया। वे समझीं कि गिरफ्तारी वारन्ट होगा। पर वैसा कुछ नहीं था। उसने लक्ष्मी सहगल से एक फार्म भरने को कहा कि वे कहाँ से आ रही हैं, स्थायी पता क्या होगा जैसी बातें लिखनी थीं। इसके बाद वे बाहर आकर अपने छोटे भाई एस.के. स्वामीनाथन के कलकत्ते वाले घर में चली गयीं।

नेताजी सुभाष लोगों की नजरों से ओझल हो चुके थे। उनकी मृत्यु को लेकर कई तरह के कयास लगाए जाते रहे... उन दिनों देश में नेताजी और आज़ाद हिन्द फौज के लिए बहुत उत्साह और सम्मान था। अँग्रेज सरकार ने आज़ाद हिन्द फौज पर मुकदमा चलाया, पर उससे तो देशभक्ति की भावना और लड़ाई का बहुत प्रचार हुआ। जिन लोगों पर मुकदमा चलाया जा रहा था वे देश की सम्पत्ति और जनता की नजरों में 'हीरो' बन चुके थे। यह इस मुकदमे का ही प्रचार था कि पूरा मुल्क अब आजादी के लिए उठ खड़ा हुआ था। सब तरफ नेताजी और आज़ाद हिन्द फौज के सेनानियों की जय-जयकार। अँग्रेज आज़ाद हिन्द फौज की इस अनोखी लोकप्रियता को देखकर हैरत और बहुत घबराहट में थे।

लक्ष्मी सहगल कर्नल पी.के. सगहल के सम्पर्क में थीं। कानपुर के एक सूती मिल में कर्नल सहगल को एक पद मिल गया था। अब लक्ष्मी सहगल ने उनसे विवाह कर लिया। अब तक वे लक्ष्मी स्वामीनाथन थीं, पर अब 'लक्ष्मी सहगल' हो गयीं। यह विवाह बहुत ही साधारण ढंग से सम्पन्न हुआ।

देश बँटवारे के कगार पर खड़ा था। पर आज़ाद हिन्द फौज के सैनिक इसे रोकना चाहते थे जिसमें वे कामयाब नहीं हुए। हमें खंडित आजादी प्राप्त हुई।

लक्ष्मी सहगल ने कानपुर के ग्वालटोली में एक दवाखाना खोल लिया और चिकित्सा कार्य प्रारम्भ कर दिया। यह सब उन्होंने अत्यन्त सेवा भाव से किया। वे 1953 से लेकर 16 वर्षों तक पुलिस कल्याण केन्द्र कानपुर में अवैतनिक चिकित्सा कार्य करती रहीं। बंगलादेश का युद्ध होने पर भी वे वालंटियर बन कर गयीं। कानपुर में अखिल भारतीय कामगार महिला समिति का भी काम उन्होंने सम्भाला। 1974 में वे मार्क्सवादी कम्युनिस्ट पार्टी से जुड़ गयीं और सीटू के लिए भी सक्रिय रहीं। कानपुर के आर्यनगर व लाल बंगला में जिस किसी ने उन्हें कार्यरत देखा वही उनकी सेवा भावना का अनुमान लगा सकता है। ऊर्जा और समर्पण से भरपूर उनके व्यक्तित्व में खास आकर्षण था। सर्वहारा उनकी चिन्ता के केन्द्र में सदैव बना रहा। उन्होंने अपने लिये जिन आदर्शों को निर्मित किया था उनकी रक्षा के लिए वे अपना सर्वस्व अर्पित करती रहीं। नेताजी सुभाष उनके सबसे बड़े आदर्श थे। अपनी बड़ी बेटी का नाम उन्होंने सुभाषिनी रखा था जिन्हें बाद में सुभाषिनी अली के नाम से जाना गया जो कानपुर से सांसद भी रहीं। उनकी दूसरी पुत्री का नाम अनीसा है।

लक्ष्मी सहगल के बीमारी के समाचार हमें मिल जाते रहे। पर कानपुर शहर के ग्वालटोली, सूटरगंज, बादशाही नाका और दौलतगंज के जिन इलाके में मैं अकसर पुराने क्रान्तिकारियों से मिलने जा पहुँचता था, वहाँ उन्हें एक बार भी देखने नहीं जा सका। मैं उन दिनों बरेली में था जब 23 जुलाई, 2012 को वे बीमार रहकर हमारे बीच से चल बसीं। तब उन्हें याद करने के सिवा कर ही क्या सकता था। मैं उनकी वह छवि कभी विस्मृत नहीं कर पाता जब शब्द-ब-शब्द उन्होंने अपने जीवन संघर्ष और आज़ाद हिन्द फौज अभियान पर ही नहीं, बल्कि नेताजी सुभाषचन्द्र बोस के व्यक्तित्व और कृतित्व का अनोखा चित्र हमारे सामने खींचा था जिसमें सब कुछ देश की आजादी और उसके सम्मान व उत्थान के लिए समर्पित था। उनके निकट बैठकर उस गरिमा और उष्मा को मैं तनिक आभासित कर पाया यह मेरे लिए बड़ी बात थी। उस दिन हरदोई में शहीद चन्द्रशेखर आज़ाद की प्रतिमा के अनावरण के बाद जब सबसे आगे खड़े होकर वे उस भारतीय क्रान्तिकारी दल के सर्वोच्च सेनापति को एक सैनिक के तौर पर सलाम कर रही थीं, तब भी उनके भीतर से 'रानी झाँसी रेजिमेन्ट' की कैप्टन ही अधिक झाँकती प्रतीत हो रही थी। कानपुर में तो अब आज़ाद हिन्द फौज की मानवती आर्य्या ही हैं जिनके पास नेताजी के उस रोमांचक मुक्तिसंघर्ष की अटूट यादें शेष हैं।

मेरे पास लक्ष्मी सहगल की अनेक तस्वीरें हैं जिन्हें मैं कभी-कभी उलटकर उनके संग-साथ की स्मृतियों को ही नहीं लेता, बल्कि अतीत के उन पलों का

भी साक्षात्कार कर लेता हूँ जब वे अपने भविष्य की चिन्ता न करते हुए सचमुच रानी झाँसी की भूमिका निभाने के लिए मुक्ति संग्राम में कूद पड़ी थीं। तभी तो जब वे देश वापस आयी थीं उस समय घर जाते समय टैक्सी चलाते-चलाते अचानक टैक्सी वाले ने घूमकर उनसे पूछा था—'क्या वे ही रानी झाँसी हैं?' लक्ष्मी सहगल ने उसे बताया था कि मैं रानी झाँसी तो नहीं हूँ, हाँ मैं आज़ाद हिन्द फौज में इस नाम की रेजिमेन्ट की नायिका जरूर थी। हमारे लिए यह जानना जरूरी है कि वे उस टैक्सी से पहुँचकर अपने भाई के घर जिस पल उतरीं तब टैक्सीवाले ने उनसे किराया लेने से इनकार कर दिया था। उस समय उनके पास कोई पैसा नहीं था। मैं आगे की इस बात को भी कभी विस्मृत नहीं कर पाता जिसे उन्होंने अपनी संस्मृतियों को ताजा करते हुए बताया था कि उस टैक्सीवाले ने चलते समय उनसे यह भी कहा था कि जब भी उन्हें जरूरत होगी, उसकी टैक्सी उनकी सेवा में हाजिर रहेगी।

आज़ाद हिन्द फौज और नेताजी सुभाष के प्रति देशवासियों का यह प्यार उन दिनों आसमान पर था। देश बाद को भी उनके नायकत्व की प्रतीक्षा करता रहा। पर वह मसीहा गया तो फिर कभी नहीं लौटा। लक्ष्मी सहगल जब तक जीवित रहीं, पता नहीं उनकी आँखों में कितनी बार नेताजी की यादें कौंधी होंगी, कब-कब वे अपनी खुली आँखों स्वयं को उन मोर्चों पर खड़ा पाती रही होंगी जिन्हें आज़ाद हिन्द फौज ने देश की आजादी के संघर्ष के क्षणों में उनके लिए निर्धारित किया था। जो दायित्व उन्हें सौंपा गया, उन्हें पूरा करने में वे पूरी लगन से निडर होकर प्रतिपल जुटी रहीं। मैंने नेताजी की छवियों को उनकी आँखों से देखा है... और यह प्रसन्नता की बात है कि जिन आँखों से उन्होंने देश के उस अनोखे मुक्ति संघर्ष और उसके सर्वाधिक लोकप्रिय नायक के संग-साथ रहकर और आजादी के बाद भी हिन्दुस्तान को जान-समझा और उसकी सेवा करती रहीं, उनकी वे आँखें आज भी रोशन हैं और हमें देख रही हैं। लक्ष्मी सहगल के निधन के बाद उनकी आँखों को 15 साल की बबली और 55 साल की रामप्यारी की अँधेरी दुनियाओं को दे दिया गया। वे आँखें आज भी अपने समय और समाज को पहले की ही भाँति देख रही है...

कानपुर के प्रख्यात नेत्र चिकित्सक डॉ. महमूद रहमानी ने तब बताया था कि उस समय तक वे बिना एक पैसा लिए 449 नेत्रहीनों की आँखों में कार्निया प्रत्यारोपित कर चुके हैं और उनके पास करीब सात हजार नेत्रहीनों की सूची है जो कार्निया की प्रतीक्षा में हैं। उन्होंने कहा कि जब लक्ष्मी सहगल का देहान्त हुआ और उनकी बेटी सुभाषिनी अली ने नेत्रदान की उनकी इच्छा को उनके सम्मुख प्रकट किया, तभी उन्होंने अपने चिकित्सकों की टीम के साथ कैप्टन लक्ष्मी सहगल

की आँखों का कार्निया निकालकर सुरक्षित रख लिया। उसके बाद हरदोई के सांडी कस्बे में रहने वाले दूध विक्रेता और बहुत ही गरीब गुड्डू को फोन कर बताया कि वह अपनी 15 साल की बेटी बबली को लेकर तुरन्त कानपुर पहुँच जाए। वह बच्ची करीब दो साल से कार्निया का इन्तजार कर रही थी। इसके बाद डॉ. महमूद के पास प्रतीक्षा सूची के आधार पर कानपुर में हरिया की माँ रामप्यारी का नाम था। बबली और रामप्यारी की आँखों में रोशनी नहीं थी, पर लक्ष्मी सहगल मरते-मरते भी उन दोनों के संसार को रोशन कर गयीं। वे दोनों अब लक्ष्मी सहगल की आँखों से अपनी दुनिया देख-बुन रही होंगी...

लक्ष्मी सहगल के पास यादों का बड़ा खजाना था। हम उसमें से कुछ ही ले पाए। पर जो लिया वह सब अनुभूति के स्तर पर भीतर तक उतरता चला गया। आज भी स्मृतियों में बसे उनके चेहरे को देखकर उनकी भीतरी शक्ति का सघनता से अहसास होता है...

जहाजियों की क्रान्ति

... शहीद
कहीं
हुए हैं, लोग
अपने
लोग।
बम्बई
फिर बना
सुहाग
बलि-वेदी का
रायल इंडियन नेवी का
फाग
खिला।

—शमशेर बहादुर सिंह
('जहाजियों की क्रान्ति'—कविता अंश)

राष्ट्रवादी भारतीय उन्हें भाड़े के सिपाही समझते थे, लेकिन अब वे देश के संग्राम में हिस्सेदारी करके यह सिद्ध कर देना चाहते थे कि उन्हें भी अपनी मातृभूमि से उतना ही प्यार है...

उस दिन रॉयल इंडियन नेवी के सैनिक अपनी धरती के मुक्तियोद्धा बनकर खड़े हो गये। अपना नाम रखा उन्होंने—'आज़ाद हिंदी'। बम्बई में एच.एम.आई.एस. 'तलवार' ब्रितानियाँ का दूसरा सबसे बड़ा नौसेनिक सिग्नल ट्रेनिंग स्कूल था। इसकी कैंटीन पर वे इकट्ठे होते तो अपने विचारों के सिपाहियों को जोड़ने के लिए प्रयत्न करते। धीरे-धीरे वे गिनती में कई हो गये। एक दिसम्बर 1945 को 'नौसेना दिवस' के अवसर पर उन्होंने तोड़फोड़ की पहली कार्यवाही की। उन्होंने

रात में झंडियाँ और वन्दनवार जला दिए और दीवार पर लिख दिया—'भारत छोड़ो', 'साम्राज्यवादियों का नाश हो', 'विद्रोह करो', 'अँग्रेजों को मारो' आदि। अधिकारियों ने समझ लिया कि यह एक आदमी का काम नहीं है। अत: कुछ संदिग्ध लोगों पर कार्यवाहियाँ की गयीं।

1946 की 2 फरवरी को 'तलवार' पर प्रधान सेनापति के आने का कार्यक्रम घोषित हुआ तो चौकसी बढ़ा दी गयी। फिर भी जिस प्लेटफार्म पर प्रधान सेनापति को सलामी लेनी थी, उस पर 'जयहिन्द' और 'भारत छोड़ो' के नारे लिखे देखे गये।

ऐसी छुटपुट कार्यवाहियाँ फरवरी के मध्य तक चलती रहीं।

18 फरवरी को हमेशा की तरह नौसैनिक 'तलवार' पर सुबह पाँच बजे उठे और थोड़ी देर में नाश्ते के लिए मैस में इकट्ठे होने लगे। कुछ क्षण बाद उनमें से कुछेक ने एक दूसरे के चेहरे को गौर से देखा, धीरे से कुछ कहा भी और एकाएक शोरगुल मच गया। नौसैनिक मैस से बाहर निकल आए। उनके चेहरों पर एक विचित्र प्रकार की चमक थी उस समय। वे चीख रहे थे—

''हम खाना नहीं खाएँगे।''

''हमें अच्छा खाना दो।''

''हमें पूरा राशन दो।''

''हमें गोरों के समान वेतन दो।''

''हमें गाली देनेवाले अफसरों को दंड दो।''

नारे लगाते-लगाते बहुत से नौसैनिक खुशी से झूमने लगे। वे पागलों की तरह लग रहे थे। वे एक दूसरे से गले मिलते और ऊँचे स्वर में नारे लगाकर ब्रिटिश हुकूमत के प्रति अपना आक्रोश व्यक्त करते। एक शक्तिशाली साम्राज्य से टक्कर लेने निकल पड़े थे वे आज। अधिकारी देखकर हैरान थे। नौसैनिकों की बगावत उनके लिए सबसे बड़ी चुनौती बन गयी थी। वे समझ नहीं पा रहे थे कि क्या किया जाए। जो कोई अधिकारी नौसैनिकों को देखने आता या यह मालूम करने कि मामला क्या है, वह नारों की आवाज सुनकर दूर से ही लौट जाता था। उस दिन साधारण नौसैनिकों की कारगुजारी देखकर किसी ने 'तलवार' पर आने का साहस नहीं किया था....

'तलवार' का संचालन ब्रिटिश अधिकारियों के हाथ में रहता था। वहाँ पर करीब 1500 नौसैनिक थे। यद्यपि 'तलवार' पर कुछ भारतीय अधिकारी भी थे, पर नौसैनिकों के प्रति उनका व्यवहार अच्छा नहीं था। इस कारण वहाँ असन्तोष तो था ही लेकिन खराब भोजन ने जल्दी ही सैनिकों को विद्रोह की स्थिति में पहुँचा दिया। लेफ़्टिनेन्ट कमांडर कोल वहाँ एक अत्यन्त उदार-शिष्ट अधिकारी

था। नौसैनिक उसे पसन्द करते थे। 'तलवार' की दीवारों पर एक बार 'जयहिन्द' और 'भारत छोड़ो' नारे लिखने के कारण उसने किसी के विरुद्ध कोई कार्यवाही नहीं की थी और यही कारण था कि कोल को फ्लैग आफीसर द्वारा जल्दी ही वहाँ से हटा दिया गया। उसके स्थान पर भेजा गया कमांडर किंग को, जिसने आते-आते दो नौसैनिकों को बिना किसी तहकीकात के दंड दे दिया। इससे नौसैनिकों में रोष व्याप्त था।

ब्रिटिश विरोधी नारे लिखने के कारण एक सीनियर मुख्य टेलीग्राफिस्ट बी. सी. दत्त को भी गिरफ्तार किया जा चुका था। उस दिन, जबकि 'तलवार' पर प्रधान सेनापति आनेवाले थे, उनके इस अपराध को गम्भीरता से लिया गया। पर नौसैनिकों की गतिविधियाँ कम नहीं हुईं। 8 फरवरी को कमांडर किंग की कार पर भी किसी ने अँग्रेज विरोधी नारे अंकित कर दिए। प्रातः रसद आदि लाने के लिए कुर्ला के डिपो में जानेवाले ट्रकों पर भी ऐसी इबारतें लिखी देखी गयीं।

...उस दिन नौसैनिक लगातार पाँच घंटे तक अपना असन्तोष जाहिर करते रहे। बीच में, करीब 11 बजे दो भारतीय अधिकारियों—लेफ़्टिनेन्ट कोहली और लेफ़्टिनेन्ट नन्दा ने नौसैनिकों से उनकी माँगों के बारे में पूछताछ करने का प्रयत्न किया, पर नौसैनिकों ने उनसे कुछ भी कहने से इनकार दिया। वे अधिकारियों से कोई बातचीत नहीं करना चाहते थे। स्थिति की भयंकरता को समझकर बम्बई नौसेना का सबसे बड़ा अधिकारी—फ्लैग आफीसर रियर एडमिरल रेटरे 'तलवार' पर आया। कैप्टन इनिगो-जोन्स उसके साथ था। दोपहर का एक बज चुका था। उसने सीधे जाकर सैनिकों से अनुरोध किया कि वे काम पर वापस लौट जाएँ क्योंकि वह उनकी माँगों के बारे में पूरी तरह सावधान है और उन पर गम्भीरतापूर्वक विचार करेगा। वह भोजन में भी सुधार कराएगा। किंग की गतिविधियों के कारण ही सैनिक भड़क रहे हैं, वह ऐसा समझता था। उसने आश्वासन दिया कि शीघ्र ही किंग के स्थान पर इनिगो-जोन्स की नियुक्ति कर दी जाएगी। पर नौसैनिक इस मुद्दे पर शान्त नहीं हुए। वे अतिक्रुद्ध थे। जोन्स के पुराने व्यवहार से वे भली-भाँति परिचित थे। जोन्स के कारण ही 1944 में नौसेना की एक बैरक में इसी तरह का एक छोटा-सा आन्दोलन हो चुका था। नौसैनिक चिल्लाए—"हम जोन्स को नहीं चाहते हैं। हमें कोहली, शॉ या दूसरा कोई भारतीय अधिकारी दिया जाए।"

कुछ नौसैनिकों ने नारे भी बुलन्द किए। रेटरे आश्चर्य में था। उसकी योजना धराशायी हो चुकी थी। वह क्रुद्ध भी हुआ, नौसैनिकों को समझाया भी पर किसी ने उसकी एक न सुनी। वह वापस चला गया।

नौसैनिकों को काम पर वापस लाने के सभी प्रयत्न व्यर्थ हो रहे थे। रेटरे

ने प्रस्ताव किया की नौसैनिक यदि अपने प्रतिनिधि शान्तिपूर्ण बातचीत के लिए भेजें तो उनकी माँगों पर चर्चा की जा सकती है। उसका प्रस्ताव किसी ने माना नहीं। अपनी माँगें स्वीकार न होने पर नौसैनिक काम पर वापस जाने को तैयार नहीं थे। रेटरे की बात उन्हें षड्यन्त्र लग रही थी। वे अपने प्रतिनिधि भेजने के मामले में सशंकित थे। उन्होंने उत्तर भेजा—"यदि हम तुम्हारे पास अपने प्रतिनिधि भेजेंगे, तो तुम उन्हें सजा दोगे, जैसै कि तुम पहले भी कर चुके हो। हम किसी को भेजने को तैयार नहीं हैं। हम एक राष्ट्रीय नेताजी चाहते हैं, चाहे वह काँग्रेस से हो, मुस्लिम लीग से या कम्युनिस्ट पार्टी से, जो हमारे मामले को तय करे।"

रेटरे को यह असम्भव लगा। वह इसे नौसेना का आन्तरिक मामला मान रहा था और उसकी दलील थी कि इसके लिए किसी बाहरी व्यक्ति की मध्यस्थता का प्रश्न ही नहीं उठता। पर उसने यह वचन दिया था कि किसी प्रतिनिधि नौसैनिक को किसी तरह दंडित नहीं किया जाएगा।

उस दिन शाम तक 'तलवार' पर हुए इस विद्रोह का समाचार देश भर में फैल गया। आकाशवाणी ने इस घटना का बुलेटिन प्रसारित किया था। बम्बई के सभी समुद्री जहाजों, बन्दरगाहों और दूसरे ठिकानों पर यह खबर आग की तरह फैल गयी कि 'तलवार' के साथी अपनी न्यायोचित माँगों के लिए संघर्ष कर रहे हैं।

प्रत्येक जगह उत्तेजना का वातावरण था। 'कैसल बैरक', 'फोर्ट बैरक' तथा दूसरे समुद्रतटीय मुकामों पर नौसैनिक छोटे-छोटे दलों में इस मुद्दे को लेकर चर्चा कर रहे थे। गुप्त बैठकें भी हुईं। कभी-कभी बहस भी छिड़ जाती कि वे वास्तव में आज एक बड़े संग्राम की शुरुआत करने जा रहे हैं। क्या देश के लोग उनके इस कदम का समर्थन भी करेंगे। उन्हें 'तलवार' के भाइयों के लिए अवश्य कुछ-न-कुछ करना चाहिए। उन्होंने तय कर लिया था कि वे अब अपमान और पीड़ा की जिन्दगी नहीं सकते। कल वे हड़ताल पर चले जाएँगे।

उस रात दूसरे जहाजों पर भी ऐसा ही हुआ था....

एच.एम.आई.एस. 'गोंडवाणा' पर खलबली थी। किसी ने पूछा था—"क्या 'तलवार' पर हड़ताल है?"

"हाँ सभी नौसैनिक हड़ताल पर हैं"—सुनकर बड़बड़ाए थे वे। धीरे-से कुछ बातें भी हुईं और फिर इधर-उधर चले गये। अपने सोने के स्थानों पर इकट्ठे हुए। विस्मय से भरे वे कुछ सोच रहे थे। कई क्षण तक कोई कुछ बोला नहीं। अचानक नीरवता को भंग करते हुए एक ने कहा—"अच्छा, हमें क्या करना चाहिए?"

"हम भी हड़ताल करेंगे। हमारे साथ जिस तरह का सलूक किया जाता

है, उसका बदला लेने का यही तरीका है''—दूसरा बोला।

एक वरिष्ठ नौसैनिक ने बीच में टोका—''बिना यह जाने कि हमारे साथियों ने ऐसा कदम क्यों उठाया, हम हड़ताल पर जाने का निश्चय कैसे कर लें।''

एक क्षण को समय जैसे ठहर गया हो वहाँ। सभी शान्त थे। वरिष्ठ नौसैनिक ने अपनी बात को आगे बढ़ाते हुए कहा—''क्या तुम सोचते हो कि बगैर किसी तैयारी के हड़ताल पर जाना आसान है। यदि हम अपने 'तलवार' के साथियों के समर्थन में हड़ताल करते हैं तो हमें जहाज पर प्रत्येक से बातचीत करनी होगी और इस मुद्दे पर उन्हें तैयार करना होगा। यदि हम यह कार्य सफलतापूर्वक कर सकते हैं तभी हड़ताल पर जाने का फैसला ले सकते हैं।''

एक युवा नौसैनिक को यह सब बर्दाश्त नहीं हुआ। व्यग्र स्वर में वह बोला—''क्या तुम समझते हो कि हम हड़ताल के लिए तैयार नहीं हैं। क्या अब भी तुम्हारा खयाल है कि हड़ताल के लिए लड़नेवाले लोगों के लिए समझाने की आवश्यकता है। अगर तुम ऐसा समझते हो तो तुम्हारा खयाल गलत है।'' उसने आगे कहा—''रोजाना अखबार खोलते ही एक ही बात सामने आती है—बम्बई में गोली चली। कलकत्ता में गोली चली। आज तक उन सफेद चमड़ी वालों ने हम पर जुल्म किया है। अब हम उन्हें दिखा देंगे कि हिंदुस्तानी अपने बच्चों का बदला लेना जानता है।''

प्रत्येक उसकी इस बात को मान रहा था। वरिष्ठ नौसैनिकों ने विश्वास दिलाया कि अपने 'तलवार' के भाइयों के समर्थन में हड़ताल पर न जाने का तो प्रश्न ही नहीं है। हाँ सवाल सिर्फ तैयारी का है। अपने साथियों को बचाने में यदि हमारी जिन्दगी दाँव पर लगती है, तो भी हमें साहस नहीं छोड़ना चाहिए।

उस रात वहाँ कोई फैसला नहीं हो सका। कोई सोया भी नहीं। सभी सोच रहे थे कि कैसे 'तलवार' के भाइयों की मदद की जाए...

एच.एम.आई.एस. 'पंजाब' पर बहुत जल्दी प्रतिक्रिया हुई। उन्हें दोपहर बाद 'तलवार' का समाचार मिल गया था। सान्ध्य समाचार पत्रों ने नौसैनिकों की कुछ माँगों को प्रकाशित भी किया था। 'पंजाब' पर रात्रि के दस बजे नौसैनिकों की एक बैठक बुलाई गयी, जिसमें 15 सदस्यों ने हड़ताल की स्थिति का जायजा लिया। वे जल्द ही निर्णय पर पहुँच गये। 'तलवार' की माँगों पर उन्होंने गम्भीरतापूर्वक विचार-विमर्श किया और प्रस्ताव रखा कि ये माँगें नौसेना की प्रारम्भिक माँगें हैं। अतः वे अगली सुबह हड़ताल पर जाएँगे। उन्होंने फैसला किया कि अधिकारियों को हड़ताल की सूचना देने के उपरान्त वे सफेद झंडे को गिरा देंगे और उसके स्थान पर देश के तीन प्रमुख राजनीतिक दलों के ध्वज फहरायेंगे। उन्होंने यह भी तय किया कि वे पड़ोसी जहाजों पर जाकर उनसे आन्दोलन में सम्मिलित

होने का अनुरोध भी करेंगे। 'इन्कलाब जिन्दाबाद', 'हमारी माँगें पूरी हों', 'आज़ाद हिंद फौज के बन्दियों को रिहा करो', 'जयहिन्द' आदि नारों का चुनाव भी कल के लिए उन्होंने कर लिया था।

मीटिंग एक घंटे तक चली। तत्पश्चात जहाज के चारों ओर जाकर सभी को निर्णय की सूचना पहुँचा दी गयी।

एच.एम.आई.एस. 'बड़ौदा' उस समय कोलम्बो में था। एक सम्पर्क करनेवाले नौसैनिक ने अपने वायरलेस टेलीग्राफ सेट पर बी.बी.सी. से 'तलवार' का समाचार सुन लिया था। समाचार को दूर-दूर तक पहुँचाने में वह सर्वाधिक सहायक सिद्ध हुआ। समुद्र पर सारी रात उत्तेजना का वातावरण बना रहा। जिन्हें अब तक भाड़े के सैनिक कहा जाता था, दूसरे दिन सुबह तड़के वे एक महान युद्ध में आहुति देने जा रहे थे...

19 फरवरी को प्रातः लगभग 20,000 नौसैनिक हड़ताल पर थे। उस दिन सब अखबार की प्रतीक्षा कर रहे थे। सभी को 'तलवार' की ताजा स्थिति के बारे में जानने की उत्सुकता थी। 'कैसल बैरक' में सुबह अखबार आते ही सब घेर कर खड़े हो गये। उनमें से एक ने मोटे हरफों को पढ़ना शुरू किया—'भारतीय नौसैनिक हड़ताल पर', 'कमान्डिंग आफीसर के अपमानजनक व्यवहार से नौसैनिकों में तीव्र रोष', 'नौसेना अधिकारियों में घबराहट', 'भारतीय यूनिट की अन्य देशों से संचार व्यवस्था भंग।'

इसके बाद सभी नौसैनिक मैदान में एकत्र हुए। वे जोर-जोर से बातचीत कर रहे थे कि अब उन्हें क्या करना चाहिए। एक ने भूख हड़ताल पर जाने का सुझाव दिया। दूसरे ने कहा—"नहीं, सबसे पहले हम 'तलवार' पर जाएँगे। वहाँ हम निश्चय करेंगे कि हमें क्या करना चाहिए।" फिर और भी प्रस्ताव आए, बहसें हुईं। वे जोर देकर कह रहे थे—"हमने अभी समाचार पढ़ा कि 'तलवार' पर हमारे भाई भूख हड़ताल पर चले गये हैं। कमान्डिंग आफीसर ने नौसैनिक को गालियाँ भी दीं। यह हमारे जीवन में पहला अवसर नहीं है, जब हमें यह सुनना पड़ा हो। ऐसा कई बार हुआ था पर आज 'तलवार' पर हमारे भाइयों ने युद्ध का बिगुल बजा दिया है। हम किसी अधिकारी का दुर्व्यवहार अब बर्दाश्त नहीं कर सकते।"

सब शान्त होकर सुनते रहे। स्वीकृति में उन्होंने अपने सिर हिलाए थे। तभी एक नौसैनिक एक कटोरी दाल लेकर दौड़ता हुआ आया। दाल खाने लायक नहीं थी। बोलनेवाले ने अपनी बात को आगे बढ़ाते हुए कहा—"तुम देख ही रहे हो कि यह दाल हमारे भोजन के लिए बनाई गयी है—दुर्गन्ध भरी और अधपकी दाल।" उसमें भूसी नहीं छानी गयी थी और कंकड़ साफ नजर आ रहे थे। उन्होंने

कहा कि अब हम 'तलवार' के भाइयों का समर्थन करेंगे और इस भोजन को नहीं खाएँगे। नौसैनिक जोर से चीखे—''तलवार पर चलो।''

नौसैनिकों ने बैरकों के चक्कर लगाए, लोगों से मिले भी और नारे लगाकर गन्तव्य की ओर चल पड़े। उनके आक्रोश भरे स्वर वातावरण में गूँज रहे थे—'इन्कलाब जिन्दाबाद', 'हिन्दू-मुस्लिम एक हो।'

उसी समय 'कैसल बैरक' का कमांडर आफीसर स्ट्रीट फील्ड जेम्स वहाँ पहुँचा। उसने नौसैनिकों को धमकी दी। पर नौसैनिक उस दिन लौटने के लिए नहीं निकले थे। वे चल पड़े, जहाँ जाना था उन्हें। उनमें से कोई काँग्रेस, मुस्लिम लीग और कम्युनिस्ट दल के झंडे भी ले आया। जनता आश्चर्य से देख रही थी। फुटपाथों पर भारी भीड़ थी। औरतें खिड़कियों से झाँक रहीं थीं। बच्चे अपना खेल बन्द कर उस ओर कौतूहल से देखने लगे थे। नौसैनिक देश के बारे में कितनी गम्भीरता से सोच रहे थे, इसका अनुमान बस लगाया जा सकता है कि अपने इस अभियान में 'काँग्रेस-लीग एक हो' के नारे लगा रहे थे। उस दिन हजारों नागरिक भी ऊँचे स्वर में नारे लगा रहे थे। 'फोर्ट बैरक' पहुँचकर वे एक साथ चिल्लाए—''तलवार पर चलो।''

भीड़ बढ़ती जा रही थी। 'फोर्ट बैरक' के सिपाही भी अपने बैनर और झंडे लेकर उनके साथ चल पड़े। कुछ सिपाही ट्रकों पर भी सवार थे। बोरी बन्दर के मार्ग में एक गोरे सार्जेन्ट ने उन्हें रोकने का प्रयास किया। नौसैनिक उस पर टूट पड़े। सार्जेन्ट खूब पिटा और उसका रिवाल्वर भी छीन लिया गया। वह मुश्किल से जान छुड़ाकर भाग सका। हार्न वे रोड (अब दादा भाई नौरोजी मार्ग) पहुँचकर जुलूस ने दुकानदारों से दुकानें बन्द करने का आग्रह किया और कहा कि वे उनके आन्दोलन का समर्थन करें। भारतीय दुकानदारों ने शीघ्र ही दुकानें बन्द कर दीं। उनमें से बहुत से उस अभियान में सम्मिलित भी हो गये। विदेशी दुकानदार दुकानें बन्द कराने का विरोध कर रहे थे। नौसैनिकों का आवेश चरम सीमा पर था। वे दौड़कर दुकानों पर चढ़ गये और जो मिला, उसे तोड़ते और नष्ट करते गये। उस दिन प्रत्येक विदेशी चीज पर उनका क्रोध बरस रहा था। जो भी विदेशी शहर के राजमार्ग पर उनके सामने पड़ जाता, वे उसी के पीछे दौड़ पड़ते। यू.एस.आई.एस. के पुस्तकालय से अमेरिकी झंडा उतारकर जला दिया गया। 'ईवनिंग न्यूज' ने उस दिन के सम्पूर्ण घटनाक्रम को देखकर लिखा था—'नौसैनिक बौरा गये।'

'तलवार' पर भारी भीड़ थी। प्रत्येक जहाज और बन्दरगाह से नौसैनिक वहाँ पहुँच रहे थे। 12.30 बजे परेड मैदान में सभा की कार्यवाही प्रारम्भ हुई। 'तलवार हड़ताल समिति' के एक नौसैनिक ने कहा—''जब हमने आन्दोलन

आरम्भ किया था तो हम कभी नहीं सोचते थे कि हमें अपने भाइयों से इतना बड़ा सहयोग मिल सकेगा। हमें समाचार मिला है कि शाही नौसेना के सभी नौसैनिक बाकायदा संघर्ष में सम्मिलित हो गये हैं। बम्बई के ग्यारह के ग्यारह तटवर्ती अड्डों और बन्दरगाहों में खड़े जहाजों के 20,000 नौसैनिकों ने ब्रितानियाँ का झंडा उतार फेंक दिया है। अँग्रेज सरकार अपनी सेना के समूचे विभाग पर से नियन्त्रण खो चुकी है। हड़ताल मुकम्मिल है और इस एकता पर आज हमें अत्यधिक गर्व का अनुभव हो रहा है।

"अभी आप यहाँ आ रहे थे तो आप में से कुछ ने बहुत कुछ ऐसा कर डाला है, जो हमें नहीं करना चाहिए था परन्तु मैं इसके लिए आपको दोषी नहीं ठहराता। हम जानते हैं कि हमने आज तक कितना अपमानपूर्वक वक्त गुजारा है और मैं यह भी समझता हूँ कि आज हमारे लिए अपनी भावनाओं को नियन्त्रण में रखना नितान्त मुश्किल था। पर हमें यह स्मरण रखना चाहिए कि हमारा संघर्ष अहिंसात्मक है। मैं आपसे माँगें पूरी न होने तक आन्दोलन चलाने के साथ-साथ अनुशासित रहने की अपील करता हूँ। हमारी प्रमुख माँगे जो अधिकारियों के सम्मुख रखी जा रही हैं, इस प्रकार हैं—

1. आई.एन.ए. सहित सभी राजनीतिक बन्दियों को रिहा करो।
2. नौसैनिकों को गाली देनेवाले अफसरों को दंड दो।
3. शाही नौसैनिकों के समान वेतन और भत्ते आदि दिए जाएँ।
4. अच्छा भोजन दिया जाए।
5. इंडोनेशिया से भारतीय सैन्य-दल की वापसी शीघ्र हो, आदि।

माँगों के बारे में नौसैनिकों को विस्तार से बताया गया और यह घोषणा भी की गयी कि उनके नेताओं ने काँग्रेसी नेता अरुणा आसफ अली से आन्दोलन का समर्थन करने और निर्देश देने का अनुरोध भी किया है। वे यह भी बोले की आसफ अली ने दोपहर बाद यहाँ आने का वादा भी किया है। बहुत से नौसैनिक इसके पश्चात अपनी बैरकों और जहाजों पर वापस चले गये। कुछ 'तलवार' पर थे और गुजरे वक्त की बातें और अनुभवों को एक दूसरे से कहते रहे। हड़ताल के नेताओं के कुछ ट्रक शहर के विभिन्न भागों में भेजे ताकि वे नौसैनिकों की गतिविधियों को देखते रहें। ट्रकों पर तीनों राजनीतिक दलों के झंडे लगे हुए थे। वे अपने ऊपर होने वाले अत्याचारों और अपनी माँगों के बारे में बताने के साथ-साथ नागरिकों से अपने संघर्ष को मदद देने की अपील भी कर रहे थे।

लगभग एक बजे कुछ पत्रकारों ने 'तलवार' पर पहुँचने का प्रयत्न किया। मुख्य द्वार पर सन्तरियों ने उन्हें घुसने से रोका। एक नौसैनिक उन्हें शाही दरवाजे की ओर ले गया, जहाँ कुछ नौसैनिक दीवार पर बैठे थे। पत्रकार दीवार फाँदकर

अन्दर प्रवेश कर गये। ...भीतर उत्तेजना थी और एक नौसैनिक मेज पर खड़े होकर छोटी भीड़ को सम्बोधित कर रहा था। उन्होंने नौसैनिकों को भोजन और दूसरी शिकायतें के बारे में बातचीत करते सुना। उनमें ब्रिटिश विरोधी भावना थी। पत्रकारों ने देखा, वहाँ चारों ओर अँग्रेज विरोधी नारे और 'जयहिन्द' शब्द लिखे हुए थे।

19 फरवरी की शाम तक 'तलवार' और दूसरे जहाजों पर चलाए जा रहे आन्दोलन का समन्वय और संचालन करने के लिए 'नौसेना केन्द्रीय हड़ताल समिति' का गठन कर लिया गया। इसका मुख्यालय 'तलवार' था। जहाजों और दूसरे तटवर्ती अड्डों के साथ सम्पर्क रखने के लिए वायरलेस सेट का उपयोग किया गया। कहा जाता है कि टेलीग्राफिस्टों ने एक नया सांकेतिक कोड भी बना लिया था ताकि उनके संवाद पकड़े ना जा सकें और हड़ताल की गति में कोई बाधा न पड़े। हड़ताल समिति ने एक प्रस्ताव पारित करके यह घोषित किया कि अब वे अधिकारियों से कोई बातचीत नहीं करेंगे और केवल राष्ट्रीय नेताओं के आदेशानुसार ही कार्य करेंगे। उन्होंने रायल इंडियन नेवी का नाम बदल कर इंडियन नेशनल नेवी रख लिया था। पूरी शाही नौसेना पर केन्द्रीय हड़ताल समिति का अधिकार था। रेटरे ने एक बार फिर हड़ताल समिति के सदस्यों से बातचीत करने का प्रयत्न किया। यद्यपि उसने कहा था कि वह इस मामले को नेवी मुख्यालय के सामने रखेगा और उसके परिणाम से समिति को सूचित भी करेगा, लेकिन समिति इस बात से सन्तुष्ट नहीं थी।

समाचार पूरे देश में फैल गया था कि नौसेना पर केन्द्रीय हड़ताल समिति का कब्जा है। जनता ने हड़ताल की सफलता की कामना की थी। नौसैनिक राष्ट्रीय नेताओं की ओर आशा की दृष्टि से देख रहे थे। वे चाहते थे कि उनमें से कोई आए और उनके संग्राम का नेतृत्व करे। वे यह भी जानते थे कि राष्ट्रीय नेता उनकी इस लड़ाई के प्रति क्या दृष्टिकोण रखते हैं। उन्हें विश्वास था कि अरुणा आसफ अली उनके इस आन्दोलन को समर्थन देंगी। पर वैसा नहीं हुआ। उन्होंने हड़ताल समिति के सदस्य प्रतिनिधियों से कहा कि वे 'शान्त' रहें। नौसैनिकों को उनका यह कहना अजीब-सा लगा। विशेषकर उन परिस्थितियों में, जबकि पूरी नौसेना को अपने हाथ में ले चुके थे और ऐसे में आसफ अली का यह कहना कि नौसैनिकों की माँगें में कमजोरियाँ हैं अथवा उन्हें अपनी नौकरी सम्बन्धी माँगों के साथ राजनीतिक माँगें नहीं जोड़नी चाहिए, हमारे राष्ट्रीय नेताओं के खोखलेपन को जाहिर करता है। वे बगावत से डर रहे थे। यह सोचकर उन्होंने कितनी भयंकर भूल की थी कि ब्रिटिश सेना के एक समूचे अंग पर कब्जा कर लेने के पश्चात नौसैनिक 'शान्त' कैसे रह सकते थे। इस तथ्य को कोई नहीं समझ सका कि ऐसी स्थिति में स्थल सेना और वायु सेना को भी विद्रोह में सम्मिलित किया

जा सकता है और तब एक बड़ी क्रान्ति की सम्भावना से इनकार नहीं किया जा सकता था जिसमें ब्रिटिश साम्राज्य जल कर राख हो जाता। सरदार पटेल ने भी नौसैनिकों को 'बेमतलब की बात में टाँग अड़ाने वाले चन्द उतावले लोग' कहकर अपने दिमागी दिवालियेपन का सबूत ही नहीं दिया, अपितु क्रान्ति के साथ विश्वासघात भी किया था। क्या वे यह नहीं समझते थे कि देश की आजादी की लड़ाई में सेना की भी एक भूमिका हो सकती है। प्रमुख हड़ताली नौसैनिक बी.सी. दत्त ने इस सम्बन्ध में जो कुछ कहा वह ध्यान देने योग्य है। उनके अनुसार—"उस समय अखिल भारतीय स्तर का कोई नेता हमारे बीच प्रकट होता, जैसे कि सुभाष उस समय हुए प्रकट थे, जब रासबिहारी बोस और मोहन सिंह द्वारा स्थापित आज़ाद हिन्द फौज स्वामिभक्तों के विरोध के कारण डगमगाने लगी थी। पर हमारे सभी नेता—हिन्दू, मुस्लिम, सिख सभी अँग्रेजों से बातचीत और सम्मेलनों के कायल हो चुके थे। वे विदेशी शासन के विरुद्ध हमारे साथ लड़ने की स्थिति में नहीं रह गये थे। तब हमें क्या मालूम था कि सुधार और हिंसक आन्दोलन में विश्वास रखनेवाले नेताओं की मदद से क्रान्ति का चक्र नहीं घुमाया जा सकता। सिद्धान्तों की बात जाने दें, तो भी भारतीय राजनीतिज्ञ अब निकट आ पहुँची सत्ता की चाँदी देखकर मुदित थे और सत्ताधारियों के लिए सेना की अनुशासनहीनता से बढ़कर कोई विभीषिका नहीं।"

यद्यपि आसफ अली के व्यवहार से नौसैनिक क्षुब्ध थे। पर उन्होंने अपनी बैठक बुलाकर स्थिति का जायजा लेना उचित समझा। समिति को फ्लैग आफीसर का सन्देश प्राप्त हुआ था कि जहाँ तक नौसैनिकों की भोजन सम्बन्धी माँग का प्रश्न है, इसे मानने को वह राजी है पर शेष माँगों को स्वीकार किया जाना असम्भव है। 'तलवार' ने उसके प्रस्ताव को ठुकरा दिया। उन्होंने स्पष्ट कहा कि वे अपना संघर्ष उस समय तक जारी रखेंगे, जब तक कि सभी नौसैनिकों की सम्पूर्ण माँगें स्वीकार नहीं हो जाती.....

20 फरवरी को समुद्र पर अनिश्चितता का वातावरण था। 'तलवार' गतिविधियों का केन्द्र बन गया था। 'फोर्ट बैरक' पर हमेशा की तरह बिगुल बजा, पर कोई नौसैनिक जगा नहीं। उस दिन वे स्वयं अपने मालिक जो थे। वे जल्दी ही इकट्ठे होकर 'तलवार' की ओर चल पड़े।

प्रातः 8 बजे 'कैसल बैरक' भी खाली पड़ा था। वे सब 'तलवार' की ओर जा चुके थे। 'तलवार' पर उस दिन भारी भीड़ थी और सब यह जानने को उतावले थे कि दूसरे जहाजों और बन्दरगाहों पर पिछले दिनों क्या हुआ। एच.एम.आई.एस. 'गोंडवाणा' के प्रतिनिधियों से लोग बीते दिनों की बातें जानने में रुचि ले रहे थे। 'तलवार' पर जब मीटिंग शुरू हुई तो पिछले दिनों की अपेक्षा वहाँ अनुशासन

था। एक नौसैनिक ने खड़े होकर इकबाल का गीत गाया। यह अत्याचारी शासन के विरुद्ध संघर्ष का आह्वान था। 'तलवार' हड़ताल समिति के अध्यक्ष ने कहा —"हमारा संघर्ष उस समय तक जारी रहेगा, जब तक कि हमारी माँगें पूरी नहीं हो जातीं। पर अब हमें अपने बल पर लड़ना है और एकता बनाए रखनी है।"

हड़ताल समिति के एक सदस्य ने कहा—"हमारी लड़ाई ब्रिटिश साम्राज्य के विरुद्ध है। पिछले छह वर्षों से अधिकारी हमारे साथ इस तरह का व्यवहार कर रहे हैं, जैसे हम आदमी न होकर कुत्ते हों। यद्यपि हमारी कुछ नौकरी सम्बन्धी माँगें हैं, पर हमारा असली मुद्दा देश की आजादी है और इसके लिए हमें आई.एन.ए. के राजनीतिक बन्दियों की रिहाई पर विशेष बल देना है।"

दूसरे ने कहा—"हम एक कठिन संघर्ष से गुजर रहे हैं और हमें लड़ते हुए इस संघर्ष को मंजिल की ओर ले जाना है। हम फिर याद दिलाते हैं कि हमें किसी प्रकार ब्रिटिश अधिकारियों के सामने आत्मसमर्पण नहीं करना है। यदि आवश्यकता पड़ेगी तो देश की स्वतन्त्रता के लिए हम अपने जीवन की आहुति दे देंगे।"

नौसैनिक जोर से चिल्लाए—'इन्कलाब जिन्दाबाद', 'हम आत्मसमर्पण नहीं करेंगे।'

लगभग 11 बजे 'नौसेना केन्द्रीय हड़ताल समिति' की एक आवश्यक बैठक 'तलवार' के अध्ययन-कक्ष में आरम्भ हुई। वहाँ 45 प्रतिनिधि थे। उस दिन सबसे पहले हड़ताल समिति के अध्यक्ष पद पर एम.एस. खान का सर्वसम्मति से चुनाव किया गया। चार अन्य सदस्य भी चुने गये, जिन्हें नौसेना अधिकारियों से अपनी माँगों के मुद्दे पर बातचीत करनी थी। उन्हें अधिकृत किया गया कि वे विभिन्न राजनीतिक दलों से भी अपने समर्थन के लिए सम्पर्क कर सकते हैं। कुछ वक्ताओं ने राजनीतिक माँगों पर विशेष बल दिया। वे आई.एन.ए. के राजनीतिक बन्दियों की रिहाई को सार्वधिक जरूरी समझ रहे थे। उन्होंने यह भी कहा कि इधर जब हम गोरे साहबों से अपनी स्वतन्त्रता के लिए संघर्ष कर रहे हैं, तो हमारे ही भाइयों को इंडोनेशिया के विरुद्ध इस्तेमाल किया जा रहा है। इसलिए यह बहुत आवश्यक है कि इंडोनेशिया से भारत सैन्य दल की वापसी शीघ्र हो।

अचानक उसी समय एक भारतीय नौसेना अधिकारी ने कक्ष में प्रवेश किया। सभी शंका और आश्चर्य से उस ओर देखने लगे। अधिकारी ने उन सब नौसैनिकों की ओर देखा और बोला—"मैं तुम्हारा साथ देने आया हूँ।"

नौसैनिक चुप रहे। उनके चेहरों पर अविश्वास झलक रहा था। अधिकारी ने आगे कहा—"मैं जानता हूँ तुम्हें मुझ पर शक हो रहा है। मैं यह भी जानता हूँ कि तुम यह सोच रहे होगे कि मैं यहाँ जासूसी करने आया हूँ पर मैं विश्वास

दिलाता हूँ कि मैं यहाँ ऐसे किसी मलिन उद्‌देश्य से नहीं आया हूँ क्योंकि मैंने महसूस किया है कि तुम्हारा संघर्ष स्वतन्त्रता के लिए किया जानेवाला संघर्ष है। तुम्हें इत्मीनान दिलाने के लिए मैं अपने बयान के सबूत में तुम्हारे सामने अपने पद के बिल्ले को उतारे दे रहा हूँ।''

और उसने वैसा ही किया। बोला—''अब मैं तुम में से एक हूँ। जैसा कि तुम जानते हो कि हमारी लड़ाई अँग्रेजों के विरुद्ध है और इसके लिए हमें अनुशासनबद्ध रहकर संघर्ष करना होगा। तुम्हें अनुशासन बनाए रखने के लिए एक नया नेता चुनना चाहिए, जैसा कि आई.एन.ए. में एक अधिकारी होता था। एक आन्दोलनकारी के रूप में तुम सब अच्छी तरह समझ सकते हो कि तुम्हें एक ऐसे व्यक्ति की आवश्यकता है और इसके लिए मैं अपनी सेवाएँ अर्पित कर रहा हूँ।'' उसने फिर कहा—''यहाँ आने के पूर्व मेरे मित्रों और सहकर्मियों ने मुझे यहाँ न आने का अनुरोध किया था। मैंने उनसे कहा कि खुद को मनसिक रूप से मैं इसके लिए तैयार कर चुका हूँ।''

उसके चुप होते ही एक नौसैनिक बोला—''यहाँ हम सब आपका स्वागत करते हैं, पर हम अपने को निर्देशित कराने के लिए आपको नेता नहीं चुन सकते। इसके लिए हम पहले ही केन्द्रीय हड़ताल समिति का गठन कर चुके हैं।''

यह एक अधिकारी का उन्माद था, जो शीघ्र ही वाष्प की तरह ठंडा हो गया। वह नौसैनिकों को धन्यवाद देकर चला गया। 12 बजे मीटिंग समाप्त हुई। जब मीटिंग चल रही थी, बाहर कहीं दूर से हजारों नागरिक हड़ताली नौसैनिकों की गतिविधियाँ देखने में व्यस्त थे। प्रत्येक छत, प्रत्येक खिड़की आदमियों, औरतों और बच्चों से भरी थी। वे नारे लगाकर नौसेनिकों का उत्साहवर्द्धन भी कर रहे थे...

'तलवार' पर नौसैनिक पूरे दिन इस प्रतीक्षा में रहे कि कोई राष्ट्रीय नेता आकर उनके आन्दोलन का समर्थन करेगा। पर हड़ताल के लिए किसी ने बधाई भी नहीं भेजी। उस समय गाँधी पूना में थे। सुनते ही बोले कि अगर नौसैनिक असन्तुष्ट थे तो त्यागपत्र दे सकते थे। उन्होंने नौसैनिकों के हालात पर भी गौर नहीं किया और न ही यह देखना जरूरी समझा कि उनकी माँगें क्या हैं। उन्हें नौसेना की बगावत में हिंसा की बू आ रही थी। उन्होंने कहा कि हिंसात्मक क्रिया के लिए हिन्दू-मुसलमानों की एकता अपवित्र है। गाँधी कई बार हिंसा और अहिंसा के पचड़े में पड़कर क्रान्ति को ब्रेक लगाते रहे और राष्ट्रीय आन्दोलन के नेता भी बने रहे। उस समय भी, जबकि क्रान्ति की शक्तियाँ उभार पर थीं, उन्होंने नौसैनिकों का सारा मामला अपने लेफ़्टिनेन्ट सरदार पटेल पर छोड़ दिया था। हम ऊपर बता चुके हैं कि पटेल ने नौसैनिकों के इस कदम को 'गुंडों का उत्पात' कहकर उसकी निन्दा की थी। उन्होंने आन्ध्र काँग्रेस के नेता विश्वनाथन को लिखा

कि सेवा में अनुशासन के साथ खिलवाड़ नहीं किया जा सकता...हमें आज़ाद भारत में सेना की आवश्यकता होगी। पटेल ने अँग्रेजों की भाँति विद्रोह की निन्दा करने में साम्राज्यवादी संहिता का सहारा लिया। साहिर लुधियानवी ने अपनी मशहूर नज़्म 'ये किसका लहू है?' में उस समय कहा था—

वो कौन-सा जज्बा जिससे फर्सूदा निजामे जीस्त हिला
झुलसे हुए वीराँ गुलशन में इक आस-उम्मीद का फूल खिला
जनता का लहू फौजों से मिला, फौजों का लहू जनता से मिला
ये किसका जुनूँ है, कौन मरा?
ऐ रहबरे-मुल्को-कौम बता
ये किसका लहू है, कौन मरा?
क्या कौमों-वतन की जय गाकर मरते हुए राही गुंडे थे?
जो देश का परचम ले उठे, वो शेख सिपाही गुंडे थे?
जो बारे गुलामी सह न सके, वो मुजरिम शाही गुंडे थे?
ये किसका लहू है, कौन मरा...

अखिल भारतीय विद्यार्थी काँग्रेस के अध्यक्ष पद से समाजवादी नेता अशोक मेहता ने इस सम्बन्ध में जो कुछ कहा, वह बड़ा ही हास्यापद है—"आज हम सत्ता छीनने की बातें सोच रहे हैं। यह युग की भावना का प्रतिबिम्ब है—विद्रोह और बगावत के युग का प्रतिबिम्ब। रायल इंडियन नेवी अब 'रायल' नहीं रह गयी है। ....हमें उस दिन के लिए तैयार रहना है, जब स्थल सेना, जल सेना, वायु सेना और जनता मिल-जुलकर सड़े-गले साम्राज्यवाद पर अखिरी बार करेगी।"

पता नहीं मेहता कौन से 'उस दिन' की प्रतीक्षा कर रहे थे। बम्बई में हजारों हड़ताली नौसैनिक, जिनका सम्पूर्ण सेना पर कब्जा हो चुका था, राष्ट्रीय नेताओं का इन्तजार करते-करते थक चुके थे। इसे कौन जान सकता है कि मेहता और दूसरे नेताओं के चातुर्यपूर्ण वक्तव्य सुनकर आन्दोलनकारी नौसैनिकों को उस समय कैसा लगा होगा। बाद को उनमें से एक ने अपनी भावनाओं को प्रकट करते हुए कहा भी था—"हमने रायल इंडियन नेवी को राष्ट्रीय नौसेना के रूप में नेताओं के सामने पेश कर दिया। मगर नेताजी थे कि उसे छूने को तैयार नहीं थे। हमने हैरानी, परेशानी और भयंकर बेइज्जती अनुभव की। राष्ट्रीय नेताओं की प्रतिक्रियाओं का समाचार, बाद में हम पर अँग्रेजों द्वारा किए गये प्रहार से अधिक मारक था।"

हड़ताल समिति यह समझ गयी थी की राष्ट्रीय नेताओं को उनकी आवश्यकता नहीं है। उनके उत्साह का ज्वार ठंडा पड़ने लगा था और स्वयं को अकेला महसूस कर रहे थे। उनके सामने दो ही विकल्प थे—अपने बल पर संग्राम करते या नौकरी सम्बन्धी माँगों को लेकर अधिकारियों से समझौता-वार्ता। वे क्या करें और क्या

न करें की असमंजसपूर्ण स्थिति में आ गये थे।

दोपहर बाद समाचार मिला कि सेना बुला ली गयी है। 3.30 बजे 'कैसल-बैरक' को मराठा गार्ड ने घेर लिया था। दूसरे जहाजों और बन्दरगाहों पर भी ऐसा ही हुआ था। मिलिटरी पुलिस की गाड़ियों ने बम्बई की सड़कों पर से विद्रोही नौसैनिकों को पकड़ना शुरू कर दिया था। उन्हें गिरफ्तार कर 'तलवार' या 'कैसल-बैरक' में छोड़ दिया जाता था। वहाँ सशस्त्र सैनिक पहरे पर आ गये थे। नौसैनिक समझ गये थे कि अब उनका आन्दोलन अधिक नहीं चल सकेगा। वे बेचैन थे और उनके सीने अब फूले हुए नहीं थे। यद्यपि हड़ताल समिति ने सशस्त्र गारद का विरोध किया था, पर गारद पहले की भाँति तैनात थी। नौसैनिकों का उग्रवादी दल इस स्थिति में छटपटा रहा था। अहिंसा का सन्देश उन्हें बेमानी लग रहा था। उनकी अकुलाहट हथियार उठाकर दो-दो हाथ करने की थी। वे सोच रहे थे कि ऐसा मौका, जिसमें साम्राज्यवाद पर अन्तिम बार जबरदस्त चोट की जा सके, फिर कभी नहीं आएगा। राष्ट्रीय नेताओं के व्यवहार से वे अन्दर-ही-अन्दर क्रोध से जल रहे थे। पर समिति का रुख बदलने पर उग्रवादी क्या करते।

एक सन्धिवार्ता समिति का गठन करके एडमिरल गॉडफ्रे से रेटरे के बँगले पर बातचीत की गयी। गॉडफ्रे भोजन सम्बन्धी माँगें मानने को तैयार था, पर वह अन्य माँगों पर चर्चा नहीं करना चाहता था। वह अपनी बात पर दृढ़ था, शायद इसलिए भी कि अब तक राष्ट्रीय नेताओं के रुख की जानकारी सभी को मिल चुकी थी। अधिकारियों की ओर से भोजन सम्बन्धी माँगें पूरी किए जाने का खूब प्रचार किया जा रहा था। वे जानते थे कि नौसैनिक 18 फरवरी से भूख हड़ताल पर हैं और भोजन के मसले पर जल्दी समझौता कर सकते हैं, उसने सशस्त्र गारद हटाने से इनकार कर दिया था। सन्धिवार्ता समिति कोई निर्णय न ले सकने की स्थिति में वापस चली आई।

केन्द्रीय हड़ताल समिति सिर्फ भोजन के प्रश्न पर समझौता करने को तैयार नहीं थी। उसने समस्त जहाजों, बन्दरगाहों और बैरकों में यह समाचार भेजा कि हमारी एकता भंग करने के लिए नौसेना अधिकारी झूठी अफवाहें फैला रहे हैं। जब तक डेक सिग्नल स्टेशन कोई सूचना न दे, किसी प्रचार पर ध्यान न दें। याद रखें कि आप नौसेना हड़ताल समिति के अधीन हैं। अगली आज्ञा मिलने तक कृपया पूर्णतया शान्ति और अहिंसा कायम रखें। नौसैनिकों को यह भी निर्देश दे दिए गये कि यदि कल तक सशस्त्र गारद का पहरा न हटाया जाए, तो वे प्रात: 7.30 बजे से भूख हड़ताल शुरू कर दें। आप कुछ भी ऐसा न करें, जिसमें हिंसा प्रतीत हो।

21 फरवरी को प्रात: अखबारों से पता लगा कि कुछ वामपन्थी पार्टियों

ने नौसैनिकों के समर्थन में आम हड़ताल की घोषणा की है। पर वैसा कुछ भी सामने नहीं आया। काँग्रेस ने आम हड़ताल के विरुद्ध अपीलनामा जारी किया था। पर उसकी ओर ध्यान न देकर नौसैनिक प्रातः हड़ताल पर चले गये थे।

लगभग 9 बजे 'कैसल बैरक' पर गारद ने गोली चलाई। नौसैनिक अब शान्त कैसे रहते। वे अहिंसा का सन्देश भूल गये। उन्होंने लपककर मोर्चा ले लिया और बन्दूकें तान लीं। सामने खड़ी गारद के भारतीय सिपाहियों को देखकर एकबारगी उन्हें लगा कि स्वतन्त्रता संग्राम के नाम पर अपने ही भाइयों पर गोली चलाना कहाँ तक न्यायसंगत है। नौसैनिकों ने गारद को सुनाने के लिए जोर देकर कहा—'भाइयो, हम अच्छे भोजन अथवा अपनी सुख-सुविधाओं के लिए नहीं लड़ रहे हैं। हमारा संघर्ष देश की स्वतन्त्रता के लिए है। हम ब्रिटिश साम्राज्यवाद का विनाश चाहते हैं। आप भी हमारी तरह इसी देश की सन्तान हैं। हम पर गोली चलाने के लिए आनेवाली पीढ़ियाँ कभी तुम्हें माफ नहीं करेंगी।'

फायरिंग रुक गयी। यह खबर पाकर 'कैसल बैरक' में उत्साह की लहर दौड़ गयी कि गारद के सिपाही इस तरीके से गोली चला रहे थे कि किसी को चोट न आए। अँग्रेज अफसरों ने जल्दी ही गारद का इरादा भाँपते ही उसे वापस भेज दिया। हमला करने के लिए अब अँग्रेज सैनिक बुला लिये गये थे। अब तक 'कैसल बैरक' में रसोइयों ने खाना तैयार कर लिया था। बिना खाना खाए लड़ाई लड़ना अब उनके लिए असम्भव था। भूख हड़ताल तोड़ दी गयी। नौसैनिक लड़ाई के लिए अब पूरी तरह तैयार हो गये थे और उन्होंने मोर्चाबन्दी कर ली।

11 बजे अँग्रेज सैनिकों ने हमला किया। नौसैनिकों ने ब्रिटिश टुकड़ियों की गोलियों का जवाब गोलियों से दिया। डाकयार्ड की ओर से भी नौसैनिकों की रक्षापंक्ति शक्तिशाली थी और उन्होंने अँग्रेज सैनिकों को आगे नहीं बढ़ने दिया।

'कैसल बैरक' पर हमले की सूचना से 'तलवार' पर हलचल मच गयी। केन्द्रीय हड़ताल समिति को जहाजों की घेराबन्दी की जानकारी मिल गयी थी। समिति ने सुरक्षा की दृष्टि से 'तलवार' को छोड़ना उचित समझा। वे 'नर्बदा' पर आ गये और वहाँ से सभी जहाजों के लिए सन्देश भेज दिया गया कि वे युद्ध के लिए तैयार रहें। यह भी बता दिया गया था अपने को बचाने के लिए सम्भव है उन्हें शहर के बाहरी भागों की मोर्चाबन्दी करनी पड़े। पर नौसैनिकों का यह गुप्त संदेश गुप्त नहीं रह सका। उन पर आरोप लगाया गया कि वे शहर को उड़ाने की तैयारी कर रहे थे ताकि वे जनता की सहानुभूति खो दें। यह सिर्फ अधिकारियों ने कहा हो, ऐसा नहीं था। जिनसे नौसैनिक मार्गदर्शन की आशा लगाए बैठे थे, उन राष्ट्रीय नेताओं ने भी उन पर ऐसे ही आरोप लगाए थे। दोपहर 1 बजे एक सरकारी विज्ञप्ति में कहा गया था—

''सबेरे 9 बजे 'कैसल बैरक' और एच.एम.एस. 'तलवार' पर स्थिति सामान्यत: शान्त थी। नौसैनिक भूख हड़ताल पर थे। 'कैसल बैरक' और 'तलवार' की कैंटीनों के ताले तोड़कर अधिकांश समान निकाल लिया गया। 9.40 के करीब बैरक में स्थिति खराब हो गयी। नौसैनिक जिन्होंने अन्दर से मोर्चाबन्दी कर रखी थी, फाटक से बाहर आने लगे। तब ड्यूटी पर तैनात मिलिटरी को सिंगल फायर करना पड़ा। नौसैनिकों ने गारद पर पत्थरबाजी की जिससे गारद कमांडर को चोट आई। छुटपुट फायरिंग लगभग आधे घंटे तक चलती रही। नौसैनिक हथियार भी ले आए और उन्होंने जवाबी फायर किए। 10.50 पर 'कैसल बैरक' पर मदद के लिए कुमुक बुलानी पड़ी। उसी समय एच.एम.आई.एस. 'नर्बदा' का एक सिग्नल पकड़ा गया, जिसमें कहा गया था कि यदि सेना गोलीबारी करे तो सब जहाज गोलीबारी शुरू कर दें। यह भी सूचना है कि उसने लाउडस्पीकर पर सब जहाजों को यह निमन्त्रण दिया है कि सब तोपों में गोले भर दिए गये हैं। आप भी यही करें और अगर तट पर से गोलीबारी हो तो गोलीबारी शुरू कर दें। यह भी सूचना है कि बैरक से सैनिक एच.एम.आई.एस. 'जमना' पर गये हैं और उन्हें कहा गया है कि ज्यों ही बैरक के सब विद्रोही हटा दिए जाएँ, उस पर गोलीबारी शुरू कर दें।''

''विद्रोहियों ने धारा में खड़े जहाज को सन्देश भेजकर सब अँग्रेज अफसरों को जहाज छोड़ने का आदेश दे दिया और कहा कि जो भारतीय अफसर विद्रोहियों के साथ होना चाहें, वैसा कर सकते हैं। 11.30 पर जहाज डाकयार्ड पर बन्दूकों से फायर कर रहे थे। फ्लैग आफीसर कमांडिग रायल इंडियन नेवी की सहमति से सब अफसरों को जहाज छोड़ देने का संकेत भेजा गया। बम्बई के रायल इंडियन नेवी के दूसरे अड्डे सामान्यत: शान्त थे और ऐसा प्रतीत होता है कि ज्यादातर नौसैनिक अपने अड्डे पर लौट गये हैं।''

विज्ञप्ति का अधिकांश हिस्सा झूठा और बनावटी था। न तो नौसैनिक ने कैंटीनों के ताले ही तोड़े और न ही पत्थर फेंके, जैसा कि कहा गया था। हाँ 'नर्बदा' से यह सन्देश अवश्य भेजा था कि यदि जहाजों पर कोई अफसर छिपे हों तो उन्हें बाहर खदेड़ दिया जाए। 'कैसल बैरक' पर नौसैनिकों ने तीन अफसरों को पकड़कर बन्द कर लिया था। 'नर्बदा' के सन्देश के अनुसार नौसैनिकों ने शस्त्रों का उपयोग उसी स्थिति में किया, जब अँग्रेजों ने उन पर गोले बरसाए। उनका यह कदम आत्मरक्षा की दृष्टि से था। पर विज्ञप्ति में उन्हें हमलावर और बिगड़े किस्म के सिपाहियों के रूप में पेश किया गया था। जनता के हृदय में उनके प्रति घृणा उत्पन्न करने के लिए विज्ञप्ति को खूब तोड़ा-मरोड़ा गया था।

अँग्रेज जानते थे कि विद्रोही नौसैनिकों के कब्जे में शस्त्र, तोपें और भरपूर

गोला-बारूद है और इस स्थिति में सिर्फ आक्रमण व घेराबन्दी करके झुकाया नहीं जा सकता। पता नहीं कैसे जनता को यह मालूम हो गया कि नौसेना को भूखों मरने के लिए विवश किया जा रहा है और तब उनके सामने आत्मसमर्पण के अतिरिक्त कोई चारा नहीं होगा। जनता नौसैनिकों के साथ थी। वह नहीं चाहती थी कि उन्हें पराजय का मुँह देखना पड़े अथवा खाद्य समाग्री के अभाव में वे शिथिल होकर हथियार रखने को विवश हो जाएँ। लोग नौसेनिकों के लिए खाने की वस्तुएँ लेकर दौड़ पड़े। एक प्रत्यक्षदर्शी के अनुसार—"हर पेशे और हर तबके के लोग खाने के पैकेट और पानी की बाल्टियाँ लेकर 'गेट वे ऑफ इंडिया' के पास बन्दरगाह पर उमड़ पड़े। होटलों के मालिक जनता से प्रर्थना कर रहे थे कि नौसैनिकों के लिए जो कुछ भी ले जा सकें हमारे यहाँ से ले जाएँ। कुछ भिखारी भी नौसैनिकों के लिए खाने की चीजों के पुड़े लाते देखे गये। कुछ दूरी पर ब्रिटिश टुकड़ियाँ तैयार बैठी थीं। पीठ पर रायफलें लटकाए भारतीय सैनिक जनता द्वारा लाई गयी भोजन समाग्री को जहाजों से आई किश्तियों में भर रहे थे। लाचार ब्रिटिश अफसर चुपचाप खड़े ताक रहे थे। चन्द घंटों में ही दीवार पर से 'तलवार' में इतना खाना आ पहुँचा, जो कि कई दिनों के लिए काफी था।

पर उस दिन फिर विज्ञप्ति में कहा गया था कि 12-15 विद्रोही नौसैनिकों का एक दल रायफलों से लैस होकर अपोलो बन्दरतट पर खाद्य की दुकानों और होटलों का माल लूटकर जहाजों पर लौट आया। कितने बड़े असत्य का सहारा लिया गया था, मात्र इसलिए कि ब्रिटिश साम्राज्य की पोल न खुलने पाए कि राष्ट्रीय नेताओं के समर्थन के बिना भी हिन्दुस्तान में नौसैनिकों की हड़ताल समाप्त नहीं हुई और यह कि जनता किस भावना से विद्रोही सैनिकों का साथ दे रही है। विचारणीय है कि अँग्रेज सेना के इतने सख्त पहरे तोड़कर 12-15 नौसैनिक अपोलो बन्दरतट पर खाद्य सामग्री की लूट के लिए नहीं जा सकते थे। अँग्रेज सैनिकों का प्रत्येक हमला और घेराबन्दी विफल होने लगी थी। डाकयार्ड और 'कैसल बैरक' में वे प्रयत्न करने पर भी नहीं घुस सके। दोनों ओर से छुटपुट गोलाबारी और फायरिंग होती रही। दोपहर बाद पता लगा कि रायल इंडियन नेवी का फ्लैग आफीसर कमांडिंग समिति से स्वयं बातचीत करने का इच्छुक है। यद्यपि नौसैनिक अभी तक आत्मरक्षा के लिए ही लड़ रहे थे, फिर भी समिति ने नौसैनिकों की ओर से फायरिंग और गोलाबारी रुकवा दी गयी। फ्लैग आफीसर कमांडिंग नहीं आया, पर 'कैसल बैरक' के नजदीक तीन व्यक्तियों का 'शान्तिदल' हाथ में सफेद झंडी लिये हुए दिखाई पड़ा, जिसमें लेफ़्टिनेन्ट इन्दरसिंह, सब-लेफ़्टिनेंट एस.एस. चौधरी तथा तीसरे हातिम दरबारी थे। उन्होंने अध्यक्ष खान से हथियार डाल देने और तीनों बन्दी अफसरों को रिहा कर देने के लिए कहा।

खान ने ब्रिटिश सेनाओं को हटाए जाने का प्रस्ताव किया। बातचीत के बाद तीन में से दो बन्दी अफसर छोड़ दिए गये, परन्तु ब्रिटिश सेनाएँ यह कहकर नहीं हटाई गयीं कि यह 'शान्तिदल' के अधिकार की बात नहीं है। नौसैनिकों ने पुनः मोर्चा सँभाल लिया और वे सुरक्षात्मक युद्ध के लिए तैयार हो गये। एच.एम.आई.एस. 'हिन्दुस्तान' कराची में सेना से संघर्ष कर रहा था। बम्बई, पूना तथा दूसरी जगहों पर वायु सैनिकों ने भी हड़ताल कर दी थी। यह वह समय था जब कोई समर्थ नेतृत्व आकर इस सारी स्थिति को सँभालता और इस बिखरे आन्दोलन को जोड़कर एक दिशा देता। दुर्भाग्य कि काँग्रेस अध्यक्ष मौलाना आज़ाद उस समय युद्ध सचिव मेसन से वार्ता में व्यस्त थे।

अब नौसैनिकों पर की जा रही घेराबन्दी को और अधिक मजबूत कर दिया गया। गिरफ्त लगातार तेज होती जा रही थी और वक्त फिसल रहा था। इंग्लैंड के प्रधानमन्त्री एटली ने घोषणा की कि रायल नेवी के जहाज तेजी से बम्बई की ओर बढ़ रहे हैं। दरअसल नौसैनिकों को चारों ओर से घेरा जा रहा था। यह उस समय और भी स्पष्ट हो गया, जब रेटरे ने अध्यक्ष खान से कहा कि अँग्रेज सेनाएँ हटा लेना अब उनके बस की बात नहीं है क्योंकि प्रधान सेनापति ने इस मामले का पूरा अधिकार दक्षिणी कमान के जनरल आफीसर कमांडिंग-इन-चीफ लेफ़्टिनेन्ट जनरल ब्रूस लोकहार्ट यानी स्थल सेना को दे दिया है। स्थिति निरन्तर बिगड़ती जा रही थी। शहर में आम हड़ताल कराने के नौसैनिकों के आह्वान का किसी ने साथ नहीं दिया। सरदार पटेल ने काँग्रेस की ओर से कहा था—"नौसैनिकों और अँग्रेज नेवल व मिलिटिरी पुलिस के बीच दुर्भाग्यपूर्ण मुठभेड़ के कारण शहर में तनावपूर्ण स्थिति पैदा हो गयी है।....गोलीबारी का ठीक कारण क्या था, यह ज्ञात नहीं है और न यह पता लगाना ही सम्भव है कि कितने लोगों के प्राण गये, पर आशंका है कि शायद बहुत मारे गये होंगे। सर्वोत्तम तो यह है कि लोग सदा की तरह अपना कामकाज करते रहें। हड़ताल कराने या मिलें व स्कूल-कालेज बन्द कराने की कोई कोशिश नहीं की जानी चाहिए। उससे अभागे नौसैनिकों को अपनी उचित शिकायतों से राहत पाने या जिस मुसीबत में वे पड़ गये हैं, उससे उबरने में कोई सहायता नहीं मिलेगी। केन्द्रीय असेम्बली में काँग्रेस का बहुमत है और वह उनकी मदद के लिए अपनी ओर से पूर्ण प्रयत्न कर रही है। मैं उनसे अपील करता हूँ कि वे धैर्य रखें और शान्तिपूर्वक रहें।"

पटेल तथा दूसरे नेताओं के वक्तव्यों से विद्रोहियों के निपट अकेले पड़ जाने की स्थिति को सभी ने भाँप लिया था। यह जानकर कि राष्ट्रीय नेताओं ने अपने दरवाजे बन्द कर लिये हैं, एटली ने यह कहने की हिम्मत जुटा ली थी कि केवल बिना शर्त आत्मसमर्पण ही स्वीकार किया जाएगा। 22 फरवरी को 11

बजे रेटरे ने रेडियो पर प्रसारित किया—

''यह सन्देश एडमिरल गॉडफ्रे, फ्लैग आफीसर कमांडिंग रायल इंडियन नेवी की ओर से है। मैंने आपसे कल कहा था कि शान्ति-स्थापना के लिए भरपूर सेना उपलब्ध है। महामहिम प्रधान सेनापति ने जनरल आफीसर कमांडिंग-इन-चीफ दक्षिणी कमान को बम्बई का नियन्त्रण अपने हाथ में लेने का आदेश दिया है। आपको यह दिखाने के लिए कि भरपूर सेना उपलब्ध है, उन्होंने रायल एयरफोर्स के एक दस्ते को आज बन्दरगाह पर उड़ान भरने का आदेश दिया है। वे वायुयान जहाजों पर से नहीं उड़ेंगे और न उन पर आक्रमण की कोई कार्यवाही करेंगे, बशर्ते उनसे छेड़छाड़ न की जाए। मेरी चेतावनी के अनुसार अब तक यदि आपने बिना शर्त आत्मसमर्पण कर लिया हो तो बड़ा-सा काला या नीला झंडा फहरा दें और सारे नौसैनिकों को बम्बई शहर की ओर वाले डेक पर खड़ा करके अगली आज्ञा की प्रतीक्षा करें।''

उधर बम्बई की सड़कों पर रायफलों, मशीनगनों और टैंकों से लैस होकर गश्त करनेवाली ब्रिटिश सेना की टुकड़ियों पर जनता ईंटों और पत्थरों की वर्षा कर रही थी। लोग घरों से निकलकर सड़कों पर गोरे सिपाहियों से संग्राम कर रहे थे। पहला अवसर था जब निहत्थी और नेता-विहीन जनता के विरुद्ध अँग्रेजी फौज को शस्त्र इस्तेमाल करने पड़े। दूसरे दिन समाचार पत्रों में जनता और गोरे सैनिकों के इस युद्ध में सौ से अधिक आदमियों के मारे जाने का समाचार छापा गया, पर वास्तविकता का किसी को पता नहीं चल सका। काश, उस निहत्थी जनता को उस दिन किसी का नेतृत्व मिला होता तो गोरी फौजों को शहर से बाहर भाग जाने को विवश होना पड़ता। यद्यपि विद्रोही नौसेनिक कड़ी घेराबन्दी के कारण जनता से नहीं मिल पाए, पर उन्होंने कहा था कि जब हमारे भाई सड़कों और चौराहों पर हमारे लिए अपना लहू बहा रहे हैं, हम आत्मसमर्पण नहीं करेंगे।''

पर नौसैनिकों की स्थिति पहले जैसी नहीं रह गयी थी। उस दिन सन्ध्या सरदार पटेल का एक और सन्देश प्राप्त हुआ था जिसमें कहा था—''जो दुर्भाग्यपूर्ण स्थिति पैदा हो गयी है, उसमें रायल इंडियन नेवी के नौसैनिकों को काँग्रेस की यही सलाह है कि हथियार डाल दें और आत्मसमर्पण की औपचारिकता निभाएँ। काँग्रेस इसकी पूरी कोशिश करेगी कि नौसैनिकों को दंडित न किया जाए और उनकी न्यायपूर्ण माँगें यथाशीघ्र स्वीकार कर ली जाएँ।''

केन्द्रीय हड़ताल समिति के अध्यक्ष ने कहा—''अब मेरी यह राय है कि शुरू में हमने राष्ट्रीय नेताओं की सलाह मानना स्वीकार किया था और अब चूँकि हमें आत्मसमर्पण की सलाह दी गयी है, हमें वैसा कर लेना चाहिए। हम अँग्रेजों

को आत्मसमर्पण नहीं कर रहे हैं। हम अपनी जनता को आत्मसमर्पण कर रहे हैं।''

अध्यक्ष खान के इस कथन का कई लोगों ने विरोध किया। जहाजों, 'कैसल बैरक' और 'तलवार' के 36 प्रतिनिधियों की रात्रि के एक बजे 'तलवार' पर बैठक हुई। खान की बातें मानने को कोई तैयार नहीं लग रहा था। नौसैनिक कह रहे थे—''हमें नेताओं की परवाह नहीं है। जनता हमारा समर्थन कर रही है और उसने हमारे लिए सड़कों और गलियों में अपना खून बहाया है। हम आत्मसमर्पण नहीं करेंगे।''

खान परेशान लग रहा था। उसने नौसैनिकों को समझाया कि अब इतनी देर हो चुकी है कि हमारे पास इसके अतिरिक्त कोई रास्ता नहीं रह गया है...

नौसैनिक जीतकर भी हार गये। सुबह 6 बजे आत्मसर्पण करने से पूर्व हड़ताल समिति ने वक्तव्य में कहा था—

''जनता से आखिरी शब्द—हमारी हड़ताल हमारे राष्ट्रीय जीवन की एक ऐतिहासिक घटना रही। पहली बार समान ध्येय के लिए सैनिकों और जनता का रक्त एक साथ बहा है। हम सेना के लोग इसे कभी नहीं भूलेंगे। हमारे भाइयो और बहनो, हम यह भी जानते हैं कि आप भी इसे कभी नहीं भूलेंगे। हमारी महान जनता अमर रहे! जयहिन्द!

इस विद्रोह के बारे में लन्दन के 'डेली वर्कर' ने लिखा था कि विद्रोह के मूल में भारत की आजादी की उत्कट इच्छा है। 'न्यूयार्क टाइम्स' ने 'ब्रिटिश के खिलाफ एशिया का विद्रोह' बताते हुए कहा कि यह निश्चित है कि भारत युद्धोपरान्त विश्व में असंदिग्ध संघर्ष का स्थल होगा।

यद्यपि विद्रोही नौसैनिकों के आत्मसमर्पण के बाद चार सौ से अधिक नौसैनिकों को गिरफ्तार करके अमानवीय स्थिति में मुलुन्द कैम्प में रखा गया तथा उनका कोर्ट मार्शल किया गया। उनमें कुछ को सजा दी गयी और बाकी को नौकरी से निकाल दिया गया। क्या यह उसी तरह नहीं था, जैसा आज़ाद हिन्द फौज के सैनिकों के साथ किया गया।

देखा जाए तो नौसेना विद्रोह ब्रिटिश साम्राज्यवाद के लिए 1857 का वृहत् संस्करण था और यह विद्रोह हमारे इतिहास की कोई आकस्मिक घटना नहीं, बल्कि यह स्वाधीनता युद्ध की चरम परिणति थी। यह जानने योग्य है कि मार्च, 1942 से अप्रैल, 1945 तक रायल इंडियन नेवी में उन्नीस विद्रोह हुए लेकिन हुकूमत ने उन्हें दबाया और उन पर पर्दा डाला। यह एकाएक नहीं था कि आज़ाद हिन्द फौज के सिपाहियों को लाहौर में रिहा किए जाने पर सम्पन्न हुए स्वागत

समारोह में भारतीय सैनिक अपनी यूनीफार्म में शामिल हुए थे, और इसलिए 1946 में जब नौसेना में यह महाविस्फोट हुआ तो उसकी लपटें दूर-दूर तक गयीं। ब्रिटिश साम्राज्य इस आग से अपने को बचा नहीं सका। कवि शमशेर के ही शब्दों में—

लगी हो आग जंगल में कहीं जैसे
हमारे दिल सुलगते हैं
हमारी शाम की बातें
लिये होती हैं अकसर जलजले महशर के : और जब
भूख लगती है हमें तब इन्कलाब आता है।
हम नंगे बदन रहते हैं झुलसे घोंसलों से,
बादलों सा
शोर तूफानों का उठता है—
डिवीजन के डिवीजन मार्च करते हैं,
नए बमबार हमको ढूँढ़ते फिरते हैं....
सरकारें पलटती हैं जहाँ हम दर्द से करवट बदलते हैं।
हमारे अपने नेता भूल जाते हैं हमें जब,
भूल जाता है जमाना भी उन्हें, हम भूल जाते हैं उन्हें खुद।
और तब
इन्कलाब आता है उनके दौर को गुम करने।

(नाविक विद्रोहियों पर बमबारी : बम्बई 1946)

□□□

णाणं पयासयं

भारतीय ज्ञानपीठ